中共中央党校年鉴

2013

《中共中央党校年鉴》编辑委员会

中共中央党校出版社
The Central Party School Publishing House

ISBN 978-7-5035-5686-9

9 787503 556869 >

图书在版编目（CIP）数据

中共中央党校年鉴.2013/《中共中央党校年鉴》编辑委员会.—北京：中共中央党校出版社，2015.10
ISBN 978-7-5035-5686-9

Ⅰ.①中…　Ⅱ.①中…　Ⅲ.①中国共产党－党校－2013－年鉴　Ⅳ.①D261.41-54

中国版本图书馆 CIP 数据核字（2015）第 230318 号

中共中央党校年鉴（2013）

责任编辑　蔡锐华
版式设计　尉红民
责任校对　马　晶
责任印制　王洪霞

出版发行　中共中央党校出版社
（北京市海淀区大有庄 100 号）
邮　　编　100091
网　　址　www.dxcbs.net
电　　话　（010）62805800（办公室）　（010）62805824（发行部）
经　　销　新华书店
印　　刷　北京柏力行彩印有限公司
字　　数　1232 千字
版　　次　2015 年 10 月第 1 版　　2015 年 10 月第 1 次印刷
开　　本　787 毫米 × 1092 毫米　1/16
印　　张　52
定　　价　298.00 元

2013年1月5日，中共中央总书记、中央军委主席习近平在新进中央委员会的委员、候补委员学习贯彻党的十八大精神研讨班开班式上讲话

2013年1月5日，中共中央政治局常委李克强主持新进中央委员会的委员、候补委员学习贯彻党的十八大精神研讨班开班式

（新华社记者 黄敬文 摄）

2013年1月6日，中共中央政治局常委、中央书记处书记、中央党校校长刘云山在新进中央委员会的委员、候补委员学习贯彻党的十八大精神研讨班上作辅导报告

2013年1月6日，中共中央政治局常委张高丽在新进中央委员会的委员、候补委员学习贯彻党的十八大精神研讨班上作辅导报告

（新华社记者 黄敬文 摄）

2013年1月7日，中共中央政治局常委、中央书记处书记、中央党校校长刘云山出席新进中央委员会的委员、候补委员学习贯彻党的十八大精神研讨班结业式并作总结讲话

（新华社记者 黄敬文 摄）

2012 年 7 月 17 日，中共中央政治局常委、中央书记处书记、中央党校校长习近平出席全国党校校长会议开幕式并讲话

习近平接见全国党校校长会议代表

（新华社记者 马占成摄）

2012 年 3 月 1 日，中共中央政治局常委、中央书记处书记、中央党校校长习近平出席中央党校 2012 年春季学期开学典礼并讲话

(新华社记者 马占成摄)

2012 年 4 月 28 日，中共中央政治局常委、中央书记处书记、中央党校校长习近平出席中央党校 2012 年春季学期第一批进修班毕业典礼并为学员颁发毕业证书

(新华社记者 李涛 摄)

2012 年 5 月 16 日，中共中央政治局常委、中央书记处书记、中央党校校长习近平出席中央党校 2012 年春季学期第二批入学学员开学典礼并讲话

（新华社记者 谢环驰 摄）

2012 年 7 月 13 日，中共中央政治局常委、中央书记处书记、中央党校校长习近平出席中央党校 2012 年春季学期毕业典礼并为学员颁发毕业证书，接见毕业学员

（新华社记者 黄敬文 摄）

2012年12月6日，中共中央总书记、中央军委主席习近平，中共中央政治局常委、中央书记处书记、中央党校校长刘云山，与中央党校校委成员座谈并合影

（学习时报社记者张永摄）

2012年12月17日，中共中央政治局常委、中央书记处书记、中央党校校长刘云山深入中央党校调研，视察学校食堂、学员宿舍

（学习时报社记者 张永 摄）

2012年12月17日，中共中央政治局常委、中央书记处书记、中央党校校长刘云山深入中央党校调研，参观校史展，并与中央党校校委成员座谈

（学习时报社记者 张永 摄）

2013年1月15日，中共中央党校举行2012年秋季学期毕业典礼。中共中央政治局常委、中央书记处书记、中央党校校长刘云山出席并为学员颁发毕业证书

(新华社记者 谢环驰 摄)

2013年1月15日，中共中央政治局常委、中央书记处书记、中央党校校长刘云山亲切看望慰问中央党校离退休老同志江流和经济学教研部青年教师李鹏

（学习时报社记者 张永 摄）

2012年4月11日，原中共中央政治局常委、国家副主席、中央书记处书记、中央党校校长曾庆红在校委成员陪同下参观中央党校校史展

（学习时报社记者 张永 摄）

2012年3月12日，中共中央政治局委员、中央书记处书记、中央组织部部长李源潮与中央党校县委书记任职培训班（第4期）学员座谈

李源潮接见中央党校县委书记任职培训班（第4期）学员

2012年5月17日，中共中央政治局委员、中央书记处书记、中央组织部部长李源潮与国家特聘专家研修班学员座谈

（学习时报社记者 张永 摄）

2012年12月17日，中共中央政治局委员、中央书记处书记、中央组织部部长赵乐际与中央党校学员座谈

2012年12月24日，中共中央政治局委员、中央书记处书记、中央组织部部长赵乐际与中央党校学员座谈

（学习时报社记者 张永 摄）

2012 年 6 月 19 日，民政部部长李立国在中央党校作报告

2012 年 9 月 7 日，科技部部长万钢在中央党校作报告

2012 年 10 月 12 日，商务部部长陈德铭在中央党校作报告

（学习时报社记者 张永 摄）

2012 年 11 月 9 日，中国共产党第十八次全国代表大会新闻中心举办主题为“中国共产党的理论创新”的首场集体采访，中央党校常务副校长李景田（左二）接受采访

（人民网记者 毛雷 摄）

李景田回答记者提问

（学习时报社记者 张永 摄）

2012 年 11 月 26 日至 27 日，中央党校召开校委理论中心组扩大会议，学习讨论党的十八大精神。副校长张伯里、徐伟新，校委委员罗宗毅、黄宪起、赵长茂、梁言顺、王东京出席会议并发言

常务副校长李景田讲话

副校长李书磊作主题发言

（学习时报社记者 张永 摄）

2012年11月30日，科研部、机关党委共同主办“中央党校理论工作者学习贯彻党的十八大精神理论研讨会”

副校长张伯里出席会议并讲话

副校长、机关党委书记徐伟新主持会议

(学习时报社记者 张永 摄)

2012年7月17日，全国党校校长会议在中央党校开幕。中共中央政治局常委、中央书记处书记、中央党校校长习近平出席开幕式并讲话

2012年7月18日，全国党校校长会议在中央党校闭幕

（学习时报社记者 张永 摄）

2013 年 1 月 17 日，中央党校召开全国党校系统第二届精品课评选暨第一届教学管理奖评选活动动员会

（学习时报社记者 张永 摄）

2012 年 9 月 7 日，中央党校通过远程教学网召开 2012 年秋季学期全国党校系统远程教学电视会议

（选自中央党校网）

2012 年 9 月 10 日，中央党校召开 2012 年教师节庆祝表彰大会

常务副校长李景田讲话

获奖代表发言

副校长陈宝生主持会议

副校长李书磊宣读表彰决定

（学习时报社记者张永 摄）

副校长张伯里、徐伟新颁发证书

2013 年 1 月 18 日，中央党校举办喜迎建校 80 周年暨新年文艺汇演

(学习时报社记者 张永 摄)

2012年9月1日，中央党校进修部举办迎新会

2012年11月23日，中央党校培训部举办中青年干部培训一班（第33期）学员社会调研成果交流会

（学习时报社记者 张永 摄）

2012 年 12 月 11 日，中央党校进修部厅局级干部进修班（第 59 期）“新形势下党的群众工作”研究专题的学员做客人民网，与广大网友互动交流

(选自中国共产党新闻网)

2012 年 6 月 15 日，中央党校培训部举办以“足迹、心路、感悟”为主题的春季学期学员论坛

(学习时报社记者 张永 摄)

2012 年 7 月 13 日，中央党校召开学位与研究生教育 30 周年纪念大会

2012 年 12 月 26 日，中央党校研究生院举办学位研究生“读经典、学原著”交流会

（学习时报社记者 张永 摄）

2012 年 9 月 27 日，由中央组织部、中央宣传部、中央党校、教育部、财政部、解放军总政治部联合举办的第 47 期、第 48 期哲学社会科学教学科研骨干研修班在中央党校举行结业式

2012 年 3 月 24 日，中央党校干部教育学院举办中国移动通信集团公司高管人员党性修养轮训班开班式

（学习时报社记者 张永 摄）

2012 年 12 月 28 日，中央党校召开中国马克思主义论坛 2012 暨中国马克思主义研究基金会成立 20 周年纪念大会

2012 年 7 月 9 日，中央党校召开“学习贯彻习近平同志重要批示精神暨《思想理论内参》出刊 500 期座谈会”

（学习时报社记者 张永 摄）

2012 年 4 月 26 日，中央党校与韩国三星电子集团联合举办“中国青年领导干部赴韩学习考察 10 周年庆典”

（选自中央党校网）

2012 年 3 月 13 日，在建校 79 周年之际，中央党校举行校史馆开馆揭幕仪式

（学习时报社记者 张永 摄）

2012年3月31日，意大利总理马里奥·蒙蒂一行访问中共中央党校并发表演讲

2012年4月18日，泰国总理英拉一行访问中共中央党校并发表演讲

2012年9月6日，新加坡总理李显龙一行访问中共中央党校并发表演讲

（学习时报社记者 张永 摄）

【照片编辑：刘为群】

《中共中央党校年鉴》编辑委员会

《中共中央党校年鉴》编辑部

主　任　冯秋婷

副主任　刘能杰（常务）　刘为群

编　辑　刘能杰　刘为群　王超英　王文创　闫景明　苏　丹
安　勇

供　稿　人

中央党校：

李作钦　金　晶　彭公璞　周衍冰　焦佩峰　梁　朋
白平浩　王治华　高中华　吕　品　纪　庆　高祖贵
韩爱勇　席　琳　卢红兵　全　昱　刘魁明　任尊严
丛　静　栾　岚　于朝霞　冯　辉　杨　迪　王永清
朱培蕾　宿　华　张　琳　周炳成

中央党校分校（部）：

潘凤东　高　峰　张亚红　钟铁军　刘力维

地方党校：

赵金枝　杨晓清　张小虎　张耀东　韩　宝　金　钊
孙　伟　孙思明　胡立安　费伟民　周秀国　罗　高
刘　振　冀倩茹　郭晓旭　王艺涵　张　旋　邓迎春
潘向阳　马维庭　柏本豪　廖　欣　陶　扬　高　飞
张礼平　德吉央宗　于晓明　康继尧　华　宝　柳自明
伍　军　黄银萍　刘凤新　杨　丽　徐　晨　李　琳
路　军　张杰君　黄　滢　李　涛　于建玮　孙晓满
朱志国　刘　鹏　臧　晓　梅　瑾　陈钱敏　王增良

编 辑 说 明

一、《中共中央党校年鉴》是在中央党校年鉴编辑委员会领导下编纂的资料性工具书，逐年记载中央党校重大事件、重要工作、重要文献和重要信息，主要反映中央党校及分校（部）各方面工作的发展情况，适当反映全国各省区市（含副省级城市）党校的发展概况。

二、《中共中央党校年鉴》创刊于1984年，时任中共中央政治局委员、中央军委常委、中央党校校长的王震同志为本刊题名。2009年12月3日，中央党校校务委员会会议研究决定，恢复出版《中共中央党校年鉴》。目前已编纂出版1984、1985、1990、1992、1994、1995、1996、2001、2010、2011、2012卷（前3卷反映当年内容，后8卷反映上年内容）。

三、《中共中央党校年鉴》实行编委会领导下的主编负责制。编委会主任由中央党校常务副校长何毅亭同志担任，副主任由其他校委成员担任，编委由中央党校各直属单位主要负责人、各分校（部）和全国各省区市（含副省级城市）党校常务副校长组成。编委会下设主编、副主编和编辑部。中央党校研究室负责《中共中央党校年鉴》的具体工作。

四、《中共中央党校年鉴（2013）》采用分类编辑法，主要栏目包括：新进中央委员会的委员、候补委员学习贯彻党的十八大精神研讨班，习近平校长、刘云山校长重要活动和重要讲话，中央领导与中央党校学员座谈，职能与机构，工作概况，全校重要工作和重大活动，教学教务，学科建设，科研工作，学员管理，学位与研究生教育，干部短期培训，组织人事，机关党的工作，离退休干部工作，图书工作，报刊工作，出版工作，财务行政管理，机关服务，信息化建设，行政办公·新闻报道·安全保卫保密，对外交流与合作，中国马克思主义研究基金会，分校工作，地方党校工作，大事记，附录。

五、本卷年鉴主要收编和反映的是从2012年1月19日至2013年1月23日的相关资料和数据。

六、本卷年鉴在继承《中共中央党校年鉴（2012）》特点和优长的基础上，对整体框架、具体内容、体例风格等作了进一步的优化和创新，力求既全面、真实、客观、准确地反映2012年的总体情况，又符合年鉴编纂的常规和基本要求，体现中央党校特色。

七、本卷年鉴由中央党校年鉴编辑部编辑。中央党校各直属单位、各分校（部）和全国各省区市（含副省级城市）党校给予大力支持，我们谨表衷心感谢。

《中共中央党校年鉴》编辑部

2013年12月

目　录

新进中央委员会的委员、候补委员学习贯彻党的十八大精神研讨班

习近平校长、刘云山校长重要活动和重要讲话

中央领导与中央党校学员座谈

职 能 与 机 构

工 作 概 况

全校重要工作和重大活动

教学教务

学 科 建 设

科 研 工 作

学员管理

学 位 与 研 究 生 教 育

干部短期培训

组织人事

机 关 党 的 工 作

离退休干部工作

图 书 工 作

报 刊 工 作

出 版 工 作

财 务 行 政 管 理

机 关 服 务

信息化建设

行政办公·新闻报道·安全保卫保密

对外交流与合作

中国马克思主义研究基金会

分 校 工 作

地方党校工作

大　事　记

附　录

新进中央委员会的委员、候补委员学习贯彻党的十八大精神研讨班

编辑：刘能杰

习近平在新进中央委员会的委员、候补委员学习贯彻党的十八大精神研讨班开班式上发表重要讲话，李克强主持开班式

2013年1月5日，新进中央委员会的委员、候补委员学习贯彻党的十八大精神研讨班在中共中央党校开班。中共中央总书记、中央军委主席习近平在开班式上发表重要讲话。他强调，道路问题是关系党的事业兴衰成败第一位的问题，道路就是党的生命。中国特色社会主义，是科学社会主义理论逻辑和中国社会发展历史逻辑的辩证统一，是根植于中国大地、反映中国人民意愿、适应中国和时代发展进步要求的科学社会主义，是全面建成小康社会、加快推进社会主义现代化、实现中华民族伟大复兴的必由之路。

习近平指出，全党同志必须坚持以邓小平理论、“三个代表”重要思想、科学发展观为指导，毫不动摇坚持和发展中国特色社会主义，坚持马克思主义的发展观点，坚持实践是检验真理的唯一标准，发挥历史的主动性和创造性，清醒认识世情、国情、党情的变和不变，永远要有逢山开路、遇河架桥的精神，锐意进取，大胆探索，敢于和善于分析回答现实生活中和群众思想上迫切需要解决的问题，不断深化改革开放，不断有所发现、有所创造、有所前进，不断推进理论创新、实践创新、制度创新。

开班式由中共中央政治局常委李克强主持，中共中央政治局常委张德江、俞正声、刘云山、王岐山、张高丽出席。

习近平在讲话中指出，党的十八大精神，说一千道一万，归结为一点，就是坚持和发展中国特色社会主义。今年是邓小平同志提出建设中国特色社会主义进入31个年头了。习近平重点从历史和现实的角度，就坚持和发展中国特色社会主义谈了自己的学习体会。

他从6个时间段分析了社会主义思想从提出到现在的历史过程，内容包括空想社会主义产生和发展，马克思、恩格斯创立科学社会主义理论体系，列宁领导十月革命胜利并实践社会主义，苏联模式逐步形成，新中国成立后我们党对社会主义的探索和实践，我们党作出进行改革开放的历史性决策、开创和发展中国特色社会主义。

习近平指出，邓小平同志开创了中国特色社会主义，第一次比较系统地初步回答了在中国这样经济文化比较落后的国家如何建设社会主义、如何巩固和发展社会主义的一系列基本问题，用新的思想观点，继承和发展了马克思主义，开拓了马克思主义新境界，把对社会主义的认识提高到新的科学水平。

习近平强调，中国特色社会主义是社会主义而不是其他什么主义，科学社会主义基本原则不能丢，丢了就不是社会主义。一个国家实行什么样的主义，关键要看这个主义能否解决这个国家面临的历史性课题。历史和现实都告诉我们，只有社会主义才能救中国，只有中国特色社会主义才能发展中国，这是历史的结论、人民的选择。随着中国特色社会主义不断发展，我们的制度必将越来越成熟，我国社会主义制度的优越性必将进一步显现，我们的道路必将越走越宽广。我们就是要有这样的道路自信、理论自信、制度自信，真正做到“千磨万击还坚劲，任尔东西南北风”。

习近平指出，我们党领导人民进行社会主义建设，有改革开放前和改革开放后两个历史时期，这是两个相互联系又有重大区别的时期，但本质上都是我们党领导人民进行社会主义建设的实践探索。中国特色社会主义是在改革开放历史新时期开创的，但也是在新中国已经建立起社会主义基本制度、并进行了20多年建设的基础上开创的。虽然这两个历史时期在进行社会主义建设的思想指导、方针政策、实际工作上有很大差别，但两者决不是彼此割裂的，更不是根本对立的。不能用改革开放后的历史时期否定改革开放前的历史时期，也不能用改革开放前的历史时期否定改革开放后的历史时期。要坚持实事求是的思想路线，分清主流和支流，坚持真理，修正错误，发扬经验，吸取教训，在这个基础上把党和人民事业继续推向前进。

习近平强调，马克思主义必定随着时代、实践和科学的发展而不断发展，不可能一成不变，社会主义从来都是在开拓中前进的。坚持和发展中国特色社会主义是一篇大文章，邓小平同志为它确定了基本思路和基本原则，以江泽民同志为核心的党的第三代中央领导集体、以胡锦涛同志为总书记的党中央在这篇大文章上都写下了精彩的篇章。现在，我们这一代共产党人的任务，就是继续把这篇大文章写下去。坚持马克思主义，坚持社会主义，一定要有发展的观点。我们的事业越前进、越发展，新情况新问题就会越多，面临的风险和挑战就会越多，面对的不可预料的事情就会越多。我们必须增强忧患意识，做到居安思危，懂就是懂，不懂就是不懂；懂了的就努力创造条件去做，不懂的就要抓紧学习研究弄懂，来不得半点含糊。

习近平指出，共产党员特别是党员领导干部要做共产主义远大理想和中国特色社会主义共同理想的坚定信仰者和忠实践行者。我们既要坚定走中国特色社会主义道路的信念，也要胸怀共产主义的崇高理想，矢志不移贯彻执行党在社会主义初级阶段的基本路线和基本纲领，做好当前每一项工作。革命理想高于天。没有远大理想，不是合格的共产党员；离开现实工作而空谈远大理想，也不是合格的共产党员。衡量一名共产党员、一名领导干部是否具有共产主义远大理想，是有客观标准的，那就要看他能否坚持全心全意为人民服务的根本宗旨，能否吃苦在前、享受在后，能否勤奋工作、廉洁奉公，能否为理想而奋不顾身去拼搏、去奋斗、去献出自己的全部精力乃至生命。一切迷惘迟疑的观点，一切及时行乐的思想，一切贪图私利的行为，一切无所作为的作风，都是与此格格不入的。

李克强在主持开班式时指出，习近平总书记的重要讲话对社会主义的历史发展进程特别是我们党探索中国特色社会主义的历史进程和伟大实践，对坚持和发展中国特色社会主义需要把握的几个重大理论问题，进行了系统而深刻的阐述。对于深入理解和贯彻落实党的十八大精神，进一步增强坚持和发展中国特色社会主义的自觉性和坚定性，具有重要的指导意义，要认真学习、深刻领会、切实贯彻。

在京中共中央政治局委员、中央书记处书记，以及有关方面负责同志出席开班式。

（摘自《人民日报》2013 年 1 月 6 日）

刘云山、张高丽在新进中央委员会的委员、候补委员学习贯彻党的十八大精神研讨班上作辅导报告

2013 年 1 月 6 日，中共中央政治局常委、中央书记处书记、中央党校校长刘云山，中共中央政治局常委张高丽，分别在新进中央委员会的委员、候补委员学习贯彻党的十八大精神研讨班上作辅导报告。

刘云山作题为《坚定自信、增强自觉、实现自强，夺取中国特色社会主义新胜利》的辅导报告。他指出，坚持和发展中国特色社会主义是党的十八大报告的一条主线，学习贯彻党的十八大精神和习近平总书记系列重要讲话，要切实解决好中国特色社会主义自信、自觉、自强问题。坚定自信，就是保持对中国特色社会主义伟大事业的坚定信念和必胜信心。增强自觉，就是加深对中国特色社会主义道路、理论体系、制度的认识，对中国特色社会主义真谛要义的深刻把握，对事业发展的主动精神和责任担当。实现自强，就是立足自己实际、依靠自己力量，坚定不移地走自己的路，努力实现国家富强、民族复兴、人民幸福。要始终牢记人民是创造历史的真正英雄，坚持一切为了人民、一切依靠人民；始终牢记发展是硬道理，不断解放和发展社会生产力，朝着共同富裕方向稳步前进；始终牢记改革

开放是决定当代中国命运的关键抉择，以更大的政治勇气和智慧不失时机地深化重要领域改革；始终牢记关键在党、党要管党、从严治党，全面提高党的建设科学化水平；始终牢记空谈误国、实干兴邦，坚持脚踏实地、不懈奋斗，用苦干、实干实现伟大的“中国梦”。

张高丽围绕全面建成小康社会的主题，从重大意义、发展机遇和风险挑战、主要工作三个方面作辅导报告。他指出，全面建成小康社会是我国现代化进程中的一个重要阶段性目标，是“中国梦”的重要体现，既鼓舞人心，又切实可行。我们党所确定的小康社会目标内涵是不断丰富发展的，也是一脉相承、与时俱进的，体现了方向的一致性、战略的连续性、步骤的阶段性、实施的务实性。全面建成小康社会已进入决定性阶段。我国发展仍处于可以大有作为的重要战略机遇期，要准确判断重要战略机遇期内涵和条件的变化。看形势要坚持“两点论”，既看到有利一面，又看到不利一面，善于运用“底线思维”方法，凡事从最坏处准备，努力争取最好结果。我们要从全局和战略高度，深入分析世情、国情，紧紧抓住重要战略机遇期，及时防范化解各种风险，坚定信心，迎接挑战，争取有更大作为。全面建成小康社会，这五年是关键，任务繁重艰巨，需要做的工作很多。要坚持主题主线主攻方向，站在高起点、抢占制高点、达到高水平，要促进经济持续健康发展，推动经济结构优化升级，实施创新驱动发展战略，积极稳妥推进城镇化，切实保障和改善民生，全面深化改革开放，努力实现十八大确定的奋斗目标。

中共中央政治局委员赵乐际主持。研讨班全体学员认真听取了辅导报告。新进中央委员会的委员、候补委员学习贯彻党的十八大精神研讨班1月5日在北京开班，为期3天。

（摘自新华网2013年1月6日）

刘云山出席新进中央委员会的委员、候补委员学习贯彻党的十八大精神研讨班结业式并作总结讲话

2013年1月7日，新进中央委员会的委员、候补委员学习贯彻党的十八大精神研讨班在中共中央党校结业。中共中央政治局常委、中央书记处书记、中央党校校长刘云山出席结业式并作总结讲话。他强调，要紧紧围绕坚持和发展中国特色社会主义，紧密结合党和国家事业发展进程，深化思想认识，把握真谛要义，明确实践要求，以历史的主动精神和责任担当，把党的十八大精神的学习贯彻引向深入。

研讨班期间，参加研讨班的全体学员认真研读党的十八大报告和新修订的党章，认真学习习近平总书记在开班式上的重要讲话，联系工作实际和思想实际，深入研讨交流，加

深了对党的十八大精神的认识，加深了对坚持和发展中国特色社会主义的重大理论问题的认识，加深了对改革发展重大实践问题的认识，进一步增强了履行职责、做好工作的责任感使命感。结业式上，研讨班 10 个小组的代表分别发言，汇报交流了学习收获。

刘云山在讲话中对研讨班的成果给予肯定，对把学习贯彻党的十八大精神引向深入提出要求。他指出，学习宣传贯彻党的十八大精神，有了一个好的开局。要把学习贯彻进一步引向深入，需要全党同志付出更大的努力，重要的是要树立良好的作风、学风、文风，在学用结合上下功夫，在真抓实干上下功夫。要坚持原原本本地学，认真研读党的十八大报告和新修订的党章，认真学习习近平总书记系列重要讲话，全面深入地领会精神实质，努力掌握贯穿其中的马克思主义立场观点方法。要坚持联系实际学，紧密结合各地区各部门实际情况，把党的十八大确定的重大方针政策、重要目标任务具体化，不断完善工作思路和政策措施，更好地推动科学发展、促进社会和谐。要坚持带着问题学，增强问题意识，善于发现问题、提出问题、直面问题，实践提出什么问题就及时研究什么问题，以党的十八大精神为指导，切实解决改革发展稳定中的难点问题，解决人民群众反映强烈的突出问题，解决党的建设面临的严峻课题，努力使各方面工作有所发展、有所创造、有所前进。要坚持领导干部带头学，领导干部要发挥示范表率作用，多学一点、学深一点，真正做到了然于胸、运用自如，切实用党的十八大精神武装头脑，树立正确的世界观、权力观、事业观，加强党性修养、坚定理想信念，不断提高推进事业发展的能力。

中共中央政治局委员赵乐际主持结业式。中共中央政治局委员王沪宁、刘奇葆、栗战书，中央书记处书记杜青林、赵洪祝、杨晶，以及有关方面负责同志出席。

（摘自新华网 2013 年 1 月 7 日）

习近平校长、刘云山校长重要活动和重要讲话

编辑：刘能杰

习近平出席春季学期开学典礼并作重要讲话

3 月 1 日，中共中央政治局常委、中央书记处书记、中央党校校长习近平出席中央党校 2012 年春季学期开学典礼，并作了题为《扎实做好保持党的纯洁性各项工作》的重要讲话。他指出，胡锦涛同志在十七届中央纪委七次全会上发表重要讲话，突出强调在新形势下保持党的纯洁性问题，具有重大而深远的意义。各级党组织要认真贯彻落实胡锦涛同志重要讲话精神，坚持不懈地做好保持党的纯洁性各项工作，不断交出党和人民满意的答卷。

习近平强调，保持党的纯洁性是马克思主义政党的本质要求。中国共产党在革命、建设、改革各个历史时期，始终把保持党的纯洁性作为党的建设的根本问题和重要目标。我们党 90 多年来的历史证明，党的坚强有力和事业发展取决于多种因素，党的纯洁性对党的创造力、凝聚力、战斗力有着根本性影响。什么时候党的纯洁性保持得好，党就更加坚强有力，党的事业就能健康发展；什么时候党的纯洁性受到影响和削弱，党的战斗力就会下降，党的事业就会遭受损失。

习近平指出，党的纯洁性体现在党的思想、组织、作风等各个方面。保持党在思想上的纯洁性，是保证党的正确政治方向和党的团结统一的思想基础。在新的历史条件下，要大力弘扬我们党注重思想建党的优良传统，坚持对党员和党的干部加强思想政治教育特别是中国特色社会主义理论体系教育，帮助他们牢固树立正确的世界观、权力观、事业观，保持对共产主义的坚定信仰、对中国特色社会主义的坚定信念，始终坚守共产党人全心全意为人民服务的精神家园。保持党在组织上的纯洁性，是保持全党步调一致和推进党的事业发展的组织保证。要严格管理党员队伍和党的干部队伍，严把入口、加强教育、强化监督、畅通出口。发展新党员，要严格掌握标准和程序，确保质量。培养和任用干部，也要

严格把关，坚持五湖四海、任人唯贤，坚持德才兼备、以德为先用人标准。保持党在作风上的纯洁性，是保持党同人民群众血肉联系和不断从人民群众实践中吸取经验、智慧和力量的固本之道。要不断加强党的宗旨教育和群众路线教育，引导党员和党的干部牢固树立立党为公、执政为民理念，把实现好、维护好、发展好最广大人民根本利益作为检验作风纯洁性的试金石，切实做好宣传群众、组织群众、服务群众、团结和带领群众前进的工作。

习近平强调，保持党的纯洁性，关键在党的各级领导干部。领导干部要时时、处处用党的纯洁性要求对照自己、检点自己、修正自己、提高自己，要求别人做的自己带头做到，要求别人不做的自己带头不做，以率先垂范的实际行动充分体现党的纯洁性。要自觉加强党性修养和党性锻炼，秉公用权、廉洁从政，坚决抵制拜金主义、享乐主义、极端个人主义，做到为官一任既要发展一方、又要始终保持清正廉洁。要增强主动接受监督的意识和依法依规保护监督的意识，自觉把自己置于党和人民事业所要求的各种监督之下。要增强纪律意识，切实把党的各项纪律规定转化为行为规范，尤其要严格遵守党的政治纪律，在思想上政治上行动上自觉同党中央保持高度一致。

习近平指出，是否具有担当精神，是否能够忠诚履责、尽心尽责、勇于担责，是检验每一位领导干部身上是否真正体现了共产党人先进性和纯洁性的重要方面。要在推进干部队伍建设和人才队伍建设中大力倡导担当精神，努力形成勇于担当、敢于负责的用人导向。要全面考察干部的德才表现，特别注意选拔那些原则性强、对群众感情深、一身正气、敢抓善管和工作中有思路、有激情、有韧劲、有实绩的干部。

中央党校常务副校长李景田主持开学典礼。中央有关部门负责人何毅亭、王尔乘，副校长陈宝生、孙庆聚、李书磊、张伯里，教育长徐伟新，校委委员贾高建、罗宗毅、黄宪起、赵长茂出席开学典礼。

中央党校各直属单位主要负责人、新入学学员、在校学员、分校学员代表、全校教职工，共2200多人参加开学典礼。

（摘自《党校信息》2012年第2期，办公厅供稿）

扎实做好保持党的纯洁性各项工作*

（2012 年 3 月 1 日）

习 近 平

今年我们党将召开第十八次全国代表大会。今年又是实施“十二五”规划承上启下的重要一年，我们将在复杂多变的国际环境和艰巨繁重的国内改革发展任务双重考验下努力实现稳中求进。光荣的使命和艰巨的任务，对加强和改进党的建设、做好保持党的先进性和纯洁性工作提出了新的要求。胡锦涛同志在十七届中央纪委七次全会上发表重要讲话，突出强调了在新形势下保持党的纯洁性问题，具有重大而深远的意义，大家要深刻学习领会、认真贯彻执行。

一、保持党的纯洁性是马克思主义政党的本质要求

马克思、恩格斯创立的共产主义者同盟，是世界上第一个工人阶级政党。在同盟创立初期，同盟章程就对保持党的纯洁性作出严格规定，要求每一个支部对它所接受的会员的品质纯洁负责。列宁在创建俄国工人阶级政党的过程中也特别注重党的纯洁性，强调“我们的任务是要维护我们党的坚定性、彻底性和纯洁性。我们应当努力把党员的称号和作用提高、提高、再提高”。马克思主义政党之所以高度重视保持党的纯洁性，从根本上说是为了永葆党的政治本色，永葆党的生机活力，从而更好地肩负起自己的历史使命。

中国共产党作为马克思主义政党，在中国革命、建设、改革各个历史时期，始终把保持党的纯洁性作为党的建设的根本问题和重要目标。毛泽东同志早就明确指出，我们要建设的是“一个有纪律的、思想上纯洁的、组织上纯洁的党，合乎统一的标准的党”。党的纯洁性，体现在党的思想、政治、组织和作风各个方面。体现在思想上，就是要求各级党组织和广大党员、党的领导干部必须坚持把马克思主义及其中国化的理论成果作为指导思想，坚持把为社会主义、共产主义奋斗作为理想信念，坚持马克思主义实事求是的思想路线，坚决抵制各种反马克思主义思想的侵蚀，坚决同各种违背马克思主义的错误思想作斗争；体现在政治上，就是要求各级党组织和广大党员、党的领导干部必须坚决执行党的纲

---

* 此文是习近平同志 2012 年 3 月 1 日在中央党校春季学期开学典礼上的讲话。载《学习时报》2012 年 3 月 5 日第 1 版。

领、章程和路线方针政策，在社会主义初级阶段必须坚持以经济建设为中心、坚持四项基本原则、坚持改革开放的基本路线，坚决抵制和反对一切违背党的基本路线的错误政治倾向；体现在组织上，就是要求各级党组织和广大党员、党的领导干部必须坚持贯彻党的民主集中制原则和遵守党的组织纪律的要求，自觉维护党的团结统一，坚决反对一切危害和分裂党的行为，严格坚持党章所规定的共产党员标准和领导干部条件，坚决把背离党纲党章、危害党的事业、已经丧失共产党员资格的蜕化变质分子和腐败分子清除出党；体现在作风上，就是要求各级党组织和广大党员、党的领导干部必须坚持发扬党的理论联系实际、密切联系群众、批评和自我批评以及谦虚谨慎、不骄不躁、艰苦奋斗等优良作风，坚持贯彻党的从群众中来到群众中去的工作路线和调查研究的工作方法，坚决反对主观主义、官僚主义、形式主义、以权谋私、弄虚作假和个人专断、追求奢华等不正之风。始终保持党的纯洁性，是由我们党的性质和宗旨决定的。我们党是中国工人阶级的先锋队、同时是中国人民和中华民族的先锋队，党除了工人阶级和最广大人民群众的利益没有自己特殊的利益，党在任何时候都把人民群众的利益放在第一位，全心全意为人民服务。党的这种性质和宗旨，既决定了党的先进性，也决定了党的纯洁性。党的纯洁性同党的先进性相辅相成、密不可分。纯洁性是先进性的前提和基础，先进性是纯洁性的体现和保证，二者在本质上是一致的。我们党成立 90 多年来的历史证明，党的坚强有力和事业发展取决于多种因素，党的纯洁性对党的创造力、凝聚力、战斗力有着根本性影响。什么时候党的纯洁性保持得好，党就更加坚强有力，党的事业就能健康发展；什么时候党的纯洁性受到影响和削弱，党的战斗力就会下降，党的事业就会遭受损失。

当前，我国正处在全面建设小康社会的关键时期和深化改革开放、加快转变经济发展方式的攻坚时期，党所面临的执政考验、改革开放考验、市场经济考验、外部环境考验更加突出，所面临的精神懈怠的危险、能力不足的危险、脱离群众的危险、消极腐败的危险更加凸显。保持党的先进性和纯洁性，是我们党在改革开放和社会主义现代化建设进程中应对和经受住各种考验、化解和战胜各种危险的重要法宝。现在，我们党的队伍总体上是纯洁、团结、有战斗力的，这是中国特色社会主义事业不断取得伟大成就的根本保证。但是也要看到，在深刻变化的国内外环境中，管党治党的任务越来越艰巨，如何保持党的纯洁性也面临不少新情况新问题。特别是胡锦涛同志在讲话中指出的理想信念不坚定、作风不正、原则性不强、为政不廉等不符合党的纯洁性要求的问题，在一些党员和党的干部中不同程度地存在，这必然影响党在人民群众中的威信和削弱党的战斗力。我们要从保证党永不变色、保证国家长治久安的高度，从应对新形势下党面临的风险和挑战出发，充分认识保持党的纯洁性的极端重要性和紧迫性，不断增强党的意识、政治意识、危机意识、责任意识，为保持党的纯洁性而不懈努力。

二、始终保持党在思想上组织上作风上的纯洁性

在新形势下保持党的纯洁性，要按照胡锦涛同志讲话提出的要求，坚持党要管党、从

严治党，坚持强化思想理论武装和严格队伍管理相结合、发扬党的优良作风和加强党性修养与党性锻炼相结合、坚决惩治腐败和有效预防腐败相结合、发挥监督作用和严肃党的纪律相结合，不断增强自我净化、自我完善、自我革新、自我提高能力，始终保持党的思想纯洁、组织纯洁、作风纯洁。

保持党在思想上的纯洁性，是保证党的正确政治方向和党的团结统一的思想基础。思想是导向，是灵魂。如果我们的党员和党的领导干部思想不纯洁，理想信念不可能坚定，是非认识必然模糊，政治立场很容易动摇。在新的历史条件下，一定要坚持发扬我们党注重思想建党的优良传统，坚持对党员和党的干部加强思想政治教育特别是中国特色社会主义理论体系教育，帮助他们做到真学真懂真信真用，牢固树立正确的世界观、权力观、事业观，带头践行社会主义核心价值体系，在大是大非面前保持清醒认识，在大风大浪面前坚持正确立场，在各种诱惑面前筑牢思想防线。保持思想纯洁，最重要的是保持对共产主义的坚定信仰、对中国特色社会主义的坚定信念。我们既要脚踏实地地办好今天的事情，又不能忘记远大目标。党员和党的干部有了这样的理想信念，无论从事什么样的工作，都会有一种崇高的使命感和神圣感。革命战争年代，无数共产党人为了革命的成功，南征北战，流血牺牲，靠的正是坚定正确的政治信仰。和平建设时期，无数共产党人为了社会主义事业，艰苦奋斗，无私奉献，靠的还是坚定正确的政治信仰。改革开放以来，无数共产党人为了国家富强和民族振兴，顽强拼搏，勇往直前，靠的仍然是坚定正确的政治信仰。信仰的力量是无穷的。信仰纯洁是共产党人最根本的纯洁。现在，有些党员和党的领导干部在市场经济大潮中晕晕乎乎、头脑发热，不能正确认识价值问题，不能正确对待个人利益，导致精神支柱坍塌、人生方向迷失，有的甚至守不住党纪国法的底线，最终走向腐败堕落，教训是极其深刻的。在国家、人民和社会、个人的多层次利益格局中，党员和党的干部当然也有个人的正当利益，实现自身价值应该受到尊重。但是，我们共产党人的最高利益和核心价值是全心全意为人民服务、诚心诚意为人民谋利益。作为党员和党的干部，都要经常思考和解决好入党为了什么、当干部干些什么、身后留下什么的问题，决不可为个人或少数人谋私利，而应该始终坚守共产党人全心全意为人民服务的精神家园。

保持党在组织上的纯洁性，是保持全党步调一致和增强党的创造力、凝聚力、战斗力的组织保证。我们党现在是一个拥有8000多万名党员、380多万个基层组织的大党，又处在长期执政和改革开放的环境下，保持党员队伍和党的干部队伍的纯洁，比以往任何时候都更为困难又更为重要。各级党组织要严格管理党员队伍和党的干部队伍，严把入口、加强教育、强化监督、畅通出口。现在有的人入党、当干部，不是因为信仰马克思主义，不是要矢志为中国特色社会主义、共产主义事业奋斗终身，而是认为入党、当干部能给自己带来好处，把入党、当干部作为个人或家庭、亲属获取利益的政治资本。列宁曾经指出，“徒有其名的党员，就是白给，我们也不要”。发展新党员，必须认真分析入党动机，严格掌握标准和程序，确保质量，切忌“带病入党”。培养、任用和提拔党的干部，也必须严格把关，坚持按照五湖四海、任人唯贤原则和德才兼备、以德为先用人标准选好干部配好班子。要认真落实中组部制定的《关于加强对干部德的考核意见》，以对党忠诚、服务人民、廉洁自律为重点，加强对干部政治品质和道德品行的考核，切忌“带病提拔”。近年来，有些地方和部门在对党员队伍和党的干部队伍管理上不同程度地存在失之于宽、失之于软的问题，导致不良倾向得不到及时纠正，小毛病演变成大问题，小事情酿成大事件，损害党在人民群众中的形象。常言道，“小洞不补，大洞吃苦”。经常的教育提醒是最好的防微杜渐。对出现的苗头性、倾向性问题早发现、早提醒、早纠正，才能防患于未然。要建立健全党员党性定期分析、民主评议党员等制度。对于党员和党的干部中那些屡经教育仍不悔悟和改正的人，要按照党章和其他党内法规的规定予以严肃处理，对那些无可救药的蜕化变质分子、腐败分子要坚决从党的队伍中清除出去。

保持党在作风上的纯洁性，是保持党同人民群众血肉联系和不断从人民群众实践中吸取经验、智慧和力量的固本之道。加强和改进党的作风，坚持发扬党的优良作风，保持党的作风纯洁，核心是密切联系群众，始终与人民群众同呼吸、共命运，始终代表人民群众的意志和利益，始终依靠人民群众来推动历史前进。这是保证党永不变色的根本所在。在建设中国特色社会主义整个过程中，要不断加强党的宗旨教育和群众路线教育，引导党员和党的干部牢固树立立党为公、执政为民理念，坚持马克思主义群众观点，把实现好、维护好、发展好最广大人民根本利益作为检验作风纯洁性的试金石，切实做好宣传群众、组织群众、服务群众、团结和带领群众前进的工作，坚决反对一切脱离群众、不关心群众疾苦的不良现象。如果我们的党员和党的领导干部高高在上，不关心群众的生产和生活，不了解群众的需求和愿望，不虚心向群众学习，不总结群众在实践中创造的经验，关起门来想问题、作决策，习惯于“想当然”地发号施令，就会犯主观主义、官僚主义、形式主义的错误，就会给党和人民事业造成极大的损失。保持党的作风纯洁，必须及时整治党风建设中存在的突出问题，其中要十分注意治理庸懒散和好人主义等不良风气。好人主义盛行，有问题不指出，有过错不批评，这种庸俗作风盛行之处，往往就是党组织和领导上政治软弱、作风涣散的地方，就是党员、干部中出问题多的地方。批评和自我批评是我们党的优良传统和作风，一定要结合新的实际长期坚持、不断发扬光大，以不断增强党内生活的政治性和原则性。

三、领导干部要以身作则带头保持纯洁性

保持党的纯洁性，关键在党的各级领导干部。党的领导干部既是保持党的纯洁性的组织者和领导者，又是保持党的纯洁性的执行者和实践者。领导干部处在党和人民事业的领导岗位上，这就决定了在保持党的纯洁性方面负有极为重要的责任，由此也决定了务必时时、处处用党的纯洁性要求对照自己、检点自己、修正自己、提高自己，要求别人做的自己带头做到，要求别人不做的自己带头不做，以自己率先垂范的实际行动充分体现党的纯洁性。

党的纯洁性同一切腐败现象是根本对立的，反腐倡廉就是要同各种腐败现象作斗争，

维护党的肌体健康，维护党的纯洁性。作为党的领导干部，一定要以正确的世界观立身、以正确的权力观用权、以正确的事业观做事，带头遵守廉洁自律各项规定，以淡泊之心对待个人名利和权位，以敬畏之心对待肩负的职责和人民的事业，任何情况下都要稳住心神、管住行为、守住清白，做到一尘不染、一身正气，始终保持共产党人的高尚品格和清廉形象。有些领导干部所以走向违纪违法、腐化堕落的深渊，从根本上讲是世界观、人生观这个“总开关”出了问题，丧失了拒腐防变的能力。这些前车之鉴，每个领导干部都要引以为戒。不管是哪一级哪一个岗位上的领导干部，都要自觉加强党性修养和党性锻炼，秉公用权、廉洁从政，自觉弘扬中华民族和我们党勤俭节约、艰苦奋斗的优良作风，自觉抵制拜金主义、享乐主义、极端个人主义，做到为官一任既要发展一方、又要始终保持清正廉洁。

严格的监督是防止党员和党的干部腐化变质、维护党的纯洁性的重要途径。上级对下级、下级对上级、群众对领导干部以及干部之间，都要敢于进行有效的监督。各级领导干部要纠正那种监督就是不信任的观念，增强主动接受监督的意识和依法依规保护监督的意识，自觉把自己置于党和人民事业所要求的各种监督之下。凡是重大事项的决策，必须严格贯彻党的民主集中制原则，不能搞“一言堂”，不能由个人或少数人说了算，而应该搞“群言堂”，依靠集体智慧和严格程序来决定；凡是与群众利益密切相关的重大事项，能公开的都要依照法律和规定向群众公开，充分听取群众意见。特别是在行使选拔任用干部权、行政审批权和在经济方面行使财政资金使用、固定资产运营、金融资本运作、土地使用权出让等重要权力时，更要自觉接受监督，防止权力失控、决策失误和行为失范。

严明的纪律是维护党的纯洁性的有力保证。各级领导干部都要增强纪律意识，切实把党的政治纪律、组织纪律、经济工作纪律、群众工作纪律和廉政纪律的规定转化为自己的行为规范。尤其要严格遵守党的政治纪律，提高政治敏锐性和政治鉴别力，毫不动摇地坚持党的领导，毫不动摇地坚持走中国特色社会主义道路，毫不动摇地坚持把改革开放推向前进，在思想上政治上行动上自觉同党中央保持高度一致。党的各级领导干部还要担负起加强纪律建设的责任，严肃查处违反纪律的行为包括各类腐败案件，切实做到纪律面前人人平等，遵守纪律没有特权，执行纪律没有例外，努力使党的纪律真正成为全党同志在任何时候任何情况下都必须遵守的统一的铁的纪律。

我们国家正处在改革开放和社会主义现代化建设伟大进程中，机遇与挑战并存，困难与希望同在，任重而道远。许多新的问题需要在探索中解决，许多重要工作需要在创新中发展。这就要求党的各级领导干部必须始终认真地履行自己的领导职责，始终自觉地担当做好改革发展稳定工作的领导责任，不可有任何懈怠和摇摆。是否具有担当精神，是否能够忠诚履责、尽心尽责、勇于担责，这是检验每一个领导干部身上是否真正体现了共产党人先进性和纯洁性的重要方面。如果一事当前，不是首先想到自己应该担当起什么样的责任，作出什么样的贡献，而是一味考虑和计较个人得失，遇到矛盾绕道走，碰到问题不敢抓，面对风险不敢闯；如果热衷于做表面文章，热衷于哗众取宠和追逐个人功利；如果不思进取，那么不仅党和人民事业难以向前推进，而且会损害党的形象，会让人民失望进而丧失对我们的信任。敢于担当，既是党和人民事业的要求，也是共产党人应该具备的精神状态。我们要在推进干部队伍建设和人才队伍建设中大力倡导担当精神，努力形成勇于担当、敢于负责的用人导向。要全面贯彻党的干部政策，全面考察干部的德才表现，特别注意选拔那些经过实践锻炼、原则性强、对群众感情深、一身正气、敢抓善管和工作中有思路、有激情、有韧劲、有实绩的干部。

党的纯洁性同党的先进性一样，都不是静止的，也不可能一劳永逸。其内容和要求，都是随着时代的前进、随着党和人民事业的发展而发展的。加强党的自身建设，保持党的纯洁性，是一篇永无止境、在实践中常做常新的大文章。各级党组织要认真贯彻落实胡锦涛同志重要讲话精神，坚持不懈地把保持党的纯洁性这篇文章做实做深做好，不断交出党和人民满意的答卷。

习近平出席春季学期第一批进修班毕业典礼并为学员颁发毕业证书

4 月 28 日，中共中央政治局常委、中央书记处书记、中央党校校长习近平出席中央党校 2012 年春季学期第一批进修班毕业典礼，并为学员颁发毕业证书。

中央党校本期毕业学员共 245 人。学员们反映，通过学习，对保持党的纯洁性有了更加清醒的认识，坚定了与党中央保持高度一致的政治信念，增强了党性；对学习马克思主义理论的重要性深化了认识，汲取了丰富的理论营养，夯实了理论功底；对党和国家的大政方针、一些热点难点问题加深了认识，培养了战略思维，提高了领导能力。

常务副校长李景田在毕业典礼上讲话。他希望学员们继续加强学习，不断提升领导素养；坚持不懈地加强党性修养，做保持纯洁性的表率；把握好稳中求进的总基调，以优异成绩迎接党的十八大胜利召开。

中央有关部门负责人何毅亭、王尔乘，副校长陈宝生、李书磊、张伯里、徐伟新，教育长贾高建，校委委员罗宗毅、黄宪起、赵长茂、梁言顺、王东京出席毕业典礼。

中央党校各直属单位主要负责人和全体毕业学员共 270 多人参加毕业典礼。

（摘自《党校信息》2012 年第 5 期，办公厅供稿）

习近平出席春季学期第二批入学学员开学典礼并作重要讲话

5月16日，中共中央政治局常委、中央书记处书记、中央党校校长习近平出席中央党校2012年春季学期第二批入学学员开学典礼，并作了题为《坚持实事求是的思想路线》的重要讲话。他强调，实事求是作为党的思想路线，始终是中国共产党人认识世界和改造世界的根本要求，是我们党的基本思想方法、工作方法和领导方法，是党带领人民推动中国革命、建设、改革事业不断取得胜利的重要法宝。

习近平指出，实事求是是马克思列宁主义的精髓和灵魂，是毛泽东思想的精髓和灵魂，是包括邓小平理论、“三个代表”重要思想以及科学发展观在内的中国特色社会主义理论体系的精髓和灵魂。坚持实事求是，就是坚持一切从实际出发来研究和解决问题，坚持理论联系实际来制定和形成指导实践发展的正确路线方针政策，坚持在实践中检验真理和发展真理。党员干部特别是各级领导干部要深刻理解实事求是的科学含义和精神实质，始终按实事求是的要求办事。

习近平强调，坚持实事求是，最基础的工作在于真正摸清楚本地区本部门本单位的实际情况，真正摸清楚影响改革发展稳定的突出问题，真正及时了解人民群众的所思所盼，这样才能真正掌握客观实际，真正做到耳聪目明、心中有数。这里最重要的，是要清醒认识和准确把握我国社会主义初级阶段的基本国情和基本特点，全面看待和辩证分析我国经济社会发展出现的新情况新变化，真正做到既尽力而为又量力而行，推动经济社会又好又快发展。坚持实事求是，关键在于探求和掌握事物发展的规律。作决策、抓工作、办事情、谋发展，都要认识规律、遵循规律，这样才能使我们的工作真正取得主动权，保证改革发展不断取得胜利。

习近平指出，群众路线是我们党的根本工作路线，它同党的实事求是思想路线是相辅相成、在本质要求上完全统一的。要把坚持实事求是与坚持从群众中来、到群众中去紧密结合和统一起来，把对上级负责与对群众负责紧密结合和统一起来，深入基层了解情况，深入群众听取意见，使各项决策和各方面工作符合实际情况、符合客观规律、符合人民意愿。

习近平强调，领导干部对党和人民事业肩负着光荣而重大的领导责任，始终贯彻执行党的实事求是思想路线，对于推动科学发展、促进社会和谐至关重要。各级领导干部要把实事求是贯彻到领导工作全过程，自觉做坚持实事求是的表率。这就必须打牢马克思主义理论功底，在学习中国特色社会主义理论体系上下功夫，切实掌握认识世界、认识客观规律的思想武器，打牢坚持实事求是的思想理论基础；必须加强党性修养，坚持一切以人民利益和党的事业为重，自觉践行全心全意为人民服务的根本宗旨，以坚强的党性来保证做到实事求是；必须坚持求真务实，大力弘扬党的优良作风，做到讲实情、出实招、办实事、求实效，为坚持实事求是提供作风保证；必须与坚持解放思想、开拓进取有机统一起来，勇于变革、勇于创新，永不僵化、永不停滞，在深入研究新情况、不断解决新问题的实践中努力开创各项工作新局面。

中央党校常务副校长李景田主持开学典礼。中央有关部门负责人张惠新、何毅亭、王尔乘、翟卫华，副校长陈宝生、李书磊、张伯里、徐伟新，教育长贾高建，校委委员罗宗毅、黄宪起、赵长茂、梁言顺、王东京出席开学典礼。

中央党校各直属单位主要负责人、新入学学员、在校学员、全校教职工等共1400多人参加开学典礼。

（摘自《党校信息》2012年第6期，办公厅供稿）

坚持实事求是的思想路线*

（2012年5月16日）

习 近 平

同志们出入中央党校大门时，都会看到花岗岩上镌刻的“实事求是”四个大字。这四个字，是毛泽东同志为中央党校题写的校训。大家在学习和工作中，要注意深刻理解实事求是的科学含义和精神实质，正确掌握实事求是这个马克思主义的精髓和灵魂，始终按实事求是的要求办事。

一、充分认识坚持实事求是的重大意义

马克思、恩格斯没有直接用过“实事求是”这个词汇，但他们创立的辩证唯物主义和历史唯物主义，突出强调的就是实事求是。实事求是，是毛泽东同志用中国成语对辩证唯

* 此文是习近平同志2012年5月16日在中央党校春季学期第二批学员入学开学典礼上的讲话。载《学习时报》2012年5月28日第1版。

物主义和历史唯物主义世界观和方法论所作的高度概括。坚持实事求是，就是坚持一切从实际出发来研究和解决问题，坚持理论联系实际来制定和形成指导实践发展的正确路线方针政策，坚持在实践中检验真理和发展真理。

我们党是靠实事求是起家和兴旺发展起来的。正如邓小平同志指出的："过去我们搞革命所取得的一切胜利，是靠实事求是；现在我们要实现四个现代化，同样要靠实事求是。"实事求是作为党的思想路线，它始终是马克思主义中国化理论成果的精髓和灵魂，即是毛泽东思想的精髓和灵魂，是包括邓小平理论、"三个代表"重要思想以及科学发展观在内的中国特色社会主义理论体系的精髓和灵魂；它始终是中国共产党人认识世界和改造世界的根本要求，是我们党的基本思想方法、工作方法和领导方法，是党带领人民推动中国革命、建设、改革事业不断取得胜利的重要法宝。回顾我们党 90 多年的历史可以清楚地看到，什么时候坚持实事求是，党就能够形成符合客观实际、体现发展规律、顺应人民意愿的正确路线方针政策，党和人民事业就能够不断取得胜利；反之，离开了实事求是，党和人民事业就会受到损失甚至严重挫折。胡锦涛同志在庆祝中国共产党成立 90 周年大会上的讲话中对坚持实事求是的重要性作了精辟论述。他说："在历史上的一些时期，我们曾经犯过错误甚至遇到严重挫折，根本原因就在于当时的指导思想脱离了中国实际。我们党能够依靠自己和人民的力量纠正错误，在挫折中奋起，继续胜利前进，根本原因就在于重新恢复和坚持贯彻了实事求是。"实践反复证明，坚持实事求是，就能兴党兴国；违背实事求是，就会误党误国。

坚持实事求是，就必须坚持一切从实际出发。为什么想问题、作决策、办事情必须从实际出发，而不能从本本出发呢？因为实际事物是具体的，而本本是对实际事物研究、抽象的结果，不能成为研究问题和作决策的出发点，出发点只能是客观实际。要了解客观实际，就必须深入群众、深入实践进行调查研究，把客观存在的事实搞清楚，把事物的内部和外部联系弄明白，从中找出能够解决问题、符合群众要求的办法来。所以，调查研究是从实际出发的中心一环。没有调查就没有发言权，没有调查也没有决策权。

坚持实事求是，就必须坚持理论联系实际。为什么理论与实际必须联系而不能互相脱离呢？因为理论是从实践中产生的，理论是否正确还要接受实践检验并要在实践中得到丰富和发展；同时，理论只有与实际紧密联系，才能发挥对实践的指导作用，实现自身的价值和意义。理论如果脱离了实际，就会成为僵化的教条，就会失去其活力与生命力。理论家如果脱离了社会实践，只是从书本上来到书本上去，就会成为空洞的理论家，而不可能成为党和人民所要求的实际的理论家。党和人民希望我们的理论工作者，能够对当今中国和世界的经济、政治、文化、社会等领域的重大问题给予科学的理论说明，能够提供解决问题的正确方案，真正成为理论联系实际的理论家。对待马克思主义经典著作和世界社会主义运动的历史经验，要坚持学习和运用，但决不能脱离中国具体实际而盲目照抄照搬。在这方面，我们党的历史上是有过沉痛教训的。对待西方经济学、政治学等方面的理论著作和资本主义经济发展的经验，要注意分析、研究并借鉴其中于我们有益的成分，但决不能离开中国具体实际而盲目照搬照套。

现在，在我们党内，贯彻执行实事求是思想路线的状况总体是好的。各级党组织自觉坚持以实事求是的思想路线指导工作，积累了不少新的经验。广大党员和干部解放思想、实事求是、与时俱进、开拓创新，展示了共产党人追求进步、追求真理的科学态度和良好形象。同时也要清醒地看到，一些党员和干部在坚持实事求是的思想路线方面还存在一些必须引起注意的问题。比如，有的常年坐在办公室，很少下基层，很少接触群众，对下情若明若暗，接“地气”不够；有的一切从本本出发，唯上、唯书、不唯实；有的固步自封、因循守旧，思想和工作落后于客观形势的要求；有的不按客观规律办事，急功近利，急于求成以至蛮干、瞎干；有的为了迎合或满足某种需要，说假话、大话、空话，甚至弄虚造假；有的怕担风险，明哲保身，明知是错的，却听之任之，不批评制止；有的不喜欢听真话、实话，不愿意修正错误、择善而从。凡此种种，都违背了实事求是的要求，虽然不是主流，但如果不重视、不警惕、不纠正，其消极影响和后果不可低估。

我国已进入全面建设小康社会的关键时期和深化改革开放、加快转变经济发展方式的攻坚时期，我们面临的国内外形势更加复杂多变，新情况新问题新矛盾层出不穷。这些都对我们坚持和更好地贯彻实事求是的思想路线提出了新的要求。各级党员干部特别是领导干部要更加清醒地认识所面临的形势和任务，自觉坚持实事求是，不断提高自己的思想水平、工作水平和领导水平。

二、真正把握坚持实事求是的基本要求

毛泽东同志曾对“实事求是”作过精辟的概括，他指出：“‘实事’就是客观存在着的一切事物，‘是’就是客观事物的内部联系，即规律性，‘求’就是我们去研究。”这一论断，深刻揭示了实事求是的科学内涵和基本要求。

坚持实事求是，最基础的工作在于搞清楚“实事”，就是了解实际、掌握实情。这就要求我们必须不断对实际情况作深入系统而不是粗枝大叶的调查研究，使思想、行动、决策符合客观实际。去年 11 月 16 日，我在中央党校秋季学期第二批入学学员开学典礼上，曾专门讲了调查研究问题。只有通过调查研究，努力掌握全面、真实、丰富、生动的第一手材料，真正搞清楚本地区本部门本单位的实际情况，真正搞清楚影响改革发展稳定的突出问题，真正及时了解人民群众的所思所盼，我们才能真正掌握客观实际中的“实事”，做到耳聪目明、心中有数。而这始终是我们进行一切科学决策所必需的也是唯一可靠的前提和基础。

这里我要着重强调一点，就是我们了解实际、掌握实情，最重要的是要清醒认识和准确把握我国社会主义初级阶段的基本国情。我们现在的基本国情，主要是人口多，底子薄，发展很不平衡。经过新中国 60 多年的发展，现在人口总量已达到 13 亿多。要解决这么多人口的小康和富裕问题，是非常艰巨复杂的历史任务。“底子薄”，就是旧中国留给我们的基础非常落后。新中国成立以来特别是改革开放以来，我国社会主义事业取得举世瞩

目的伟大成就，但底子薄的状况还未得到根本改变，要达到发达国家的经济文化发展水平，将是一个相当长的奋斗历程。始终牢记和准确把握这个基本国情非常重要。比如，我们在考虑和解决城镇化问题的时候，对国外城镇化的经验应该研究和借鉴，但必须看到我国有13亿多人口，而且半数人口在农村，因而就不能拿外国的城镇化经验来简单对比和套用。又比如，我们是社会主义发展中大国，同西方资本主义发达国家相比，社会制度不同，经济文化发展水平也不同。因此，我们在改革和发展两方面，既要借鉴和利用西方资本主义发达国家那些对我们有益的东西，又要鉴别和摒弃那些不符合中国特色社会主义道路和不适合我国现阶段生产力发展要求的东西。总之，我们想问题、作决策、办事情，都不能忘记、忽视我国社会主义初级阶段的基本国情和基本特点。

我们还应该看到，改革开放30多年来，我国的经济社会发展已经出现了不少新情况新变化。我国经济总量已跃居世界第二，但人均国内生产总值仍排在世界100位左右；经济持续快速增长，但发展中不平衡、不协调、不可持续的问题突出；人力资源丰富，但高层次创新型人才匮乏，人口老龄化进程加速，劳动力低成本优势减弱；工业化、城镇化、农业现代化步伐加快，但工业大而不强，农业基础仍然薄弱、农村发展相对滞后、农民增收困难的问题依然不少；全国人民生活总体达到小康水平，但城乡、区域和居民收入分配差距仍然较大，部分群众生活仍然困难；社会创造活力普遍增强，但影响社会和谐稳定的各种矛盾还不少，等等。对这些新情况新变化，要全面地看，辩证地分析。既要充分看到这些年来我国发展成绩巨大，有利条件不断增多，这是我们继续前进的坚实基础；又要清醒看到发展中的困难、问题和不利因素，继续前进还面临不少制约和障碍。列宁说过，辩证地全面地看问题，这种全面性的要求是唯物辩证法的第一要求。因而，它也是实事求是的科学态度的最基本要求。增强忧患意识，充分看到发展中的困难、问题和不利因素，不是消极泄气，而是要避免犯脱离实际、超越阶段而急于求成、急躁冒进的错误，真正做到既尽力而为又量力而行，推动经济社会又好又快发展。这是我们在社会主义初级阶段处理发展问题要始终注意的一个重大问题。

坚持实事求是，关键在于“求是”，就是探求和掌握事物发展的规律。对事物客观规律的认识，只能在实践中完成。勇于实践、善于实践，在实践中积累经验、进行理论升华，再用以指导实践、推动实践，在实践中使认识得到检验、修正、丰富和发展，这是认识客观规律的根本途径，也是把握客观规律的必由之路。我们作决策、办事情、谋发展，都要认识规律、遵循规律。从这个意义上说，能否坚持实事求是，能否按客观规律办事，这是决定我们的工作特别是领导工作有无主动权和得失成败的关键所在。

坚持实事求是，必须始终坚持一切为了群众、一切依靠群众，从群众中来、到群众中去的群众路线。群众路线是我们党的根本工作路线，它同党的实事求是的思想路线是相辅相成、在本质要求上完全统一的。正如江泽民同志指出的，真正掌握和实践了群众观点、群众路线，也就能真正掌握和实践历史唯物主义和党的实事求是的思想路线。从马克思主义认识论来看，坚持群众路线是坚持实事求是的认识和实践基础。一方面，实事求是是在实践基础上认识世界的过程，这一过程要通过“从群众中来”才能实现。人民的伟大实践是认识的真正源泉。只有切实尊重人民首创精神，倾听人民呼声，反映人民意愿，及时发现、总结、概括人民创造的新鲜经验，才能获得正确反映客观规律的真理性认识，才能制定出符合客观规律的科学决策。另一方面，实事求是又是在实践基础上改造世界的过程，这一过程只有通过“到群众中去”才能实现。人民是历史的创造者，是改造世界的主体和力量源泉。党的奋斗目标与人民的根本利益、经济社会发展规律是根本一致的。马克思主义政党只有充分调动和发挥人民的积极性和创造性，才能实现自己的历史使命。这就必须把从群众中集中起来的意见、办法，拿到群众中去实践和验证，使正确的意见和真理性认识为群众所掌握，成为群众实践的思想武器，转化为改造世界的实际行动。所有这些说明，只有坚持群众路线，才能真正做到实事求是。我们要把坚持实事求是的思想路线与坚持从群众中来、到群众中去的根本工作路线紧密结合和统一起来，把对上级负责与对群众负责紧密结合和统一起来，坚持一切从人民根本利益出发，深入基层了解情况，深入群众听取意见，使各项决策和各方面工作符合实际情况、符合客观规律、符合人民意愿。这样，我们的工作，党和人民事业，就会无往而不胜。

三、领导干部要努力做坚持实事求是的表率

领导干部对党和人民事业肩负着光荣而重大的领导责任，始终贯彻执行党的实事求是的思想路线，对于推动科学发展、促进社会和谐至关重要。各级领导干部要把实事求是贯彻到领导工作全过程，自觉做坚持实事求是的表率。

领导干部一定要打牢马克思主义理论功底，这是坚持实事求是的理论基础。道理很清楚，没有科学理论功底，不掌握科学的世界观和方法论，就不能透过事物的现象看本质，就不能把握事物的内在联系，就容易陷于盲目性、片面性、被动性，也就很难做到实事求是。因此，领导干部必须努力学习马克思主义理论，在学习中国特色社会主义理论体系特别是在学习实践科学发展观上下功夫，牢牢掌握认识世界、认识客观规律的思想武器。要弘扬理论联系实际的学风，善于运用马克思主义立场、观点、方法分析和解决面临的实际问题，借鉴历史经验和总结新鲜经验，不断增强工作的原则性、系统性、预见性、创造性。

领导干部一定要加强党性修养，坚持一切以人民利益和党的事业为重，这是坚持实事求是的思想基础。敢不敢坚持实事求是，考验着我们的政治立场，考验着我们的道德品质，始终是领导干部党性纯不纯、强不强的一个重要体现。要做到实事求是，不仅要有正确的思想方法和工作方法，还必须有公而忘私和不计个人得失的品格。所以，领导干部必须带头加强党性修养，带头践行全心全意为人民服务的根本宗旨，为了人民利益敢于坚持真理、修正错误，自觉为党分忧、为国尽责、为民奉献，以坚强的党性来保证做到实事求是。

领导干部一定要求真务实，大力弘扬我们党优良的思想作风和工作作风，讲老实话、

办老实事、做老实人，这是坚持实事求是的作风保证。坚持求真务实，既要在“求真”上下功夫，更要在“务实”上做文章，尤其要做到讲实情、出实招、办实事、求实效。讲实情，就是讲事物的本来面貌，讲真话、讲真理。讲真话是一个领导干部真理在身、正义在手和有公心、有正气的重要体现。讲真话，前提是要听真话。听真话是一种智慧。英国哲学家培根曾讲过：能够听到别人给自己讲实话，使自己少走或不走弯路，少犯错误或不犯大的错误，这实在是福气和造化。《古文辑要》上记载了这样一个故事：初唐名臣裴矩在隋朝做官时，曾经阿谀逢迎，溜须拍马，想方设法满足隋炀帝的要求；可到了唐朝，他却一反故态，敢于当面跟唐太宗争论，成了忠直敢谏的诤臣。司马光就此评论说：“裴矩佞于隋而诤于唐，非其性之有变也。君恶闻其过，则诤化为佞；君乐闻其过，则佞化为诤。”这个故事告诉我们，人们只有在那些愿意听真话、能够听真话的人面前，才敢于讲真话，愿意讲真话，乐于讲真话。我们的领导干部一定要本着“言者无罪，闻者足戒”的原则，欢迎和鼓励别人讲真话。出实招，就是要求按照实际情况决定工作方针，不提不切实际的口号，不提超越阶段的目标，不做不切实际的事情。办实事，就是要求从点滴入手、从具体事做起，力戒形式主义、官僚主义，力戒空谈。求实效，就是要求雷厉风行、狠抓落实，不抓则已、抓则必成，做出实实在在的业绩，不好大喜功、不做表面文章、不搞花架子。如果我们的各级领导干部在各自的工作岗位上，时时处处都坚持讲实情、出实招、办实事、求实效，实事求是的要求就会在各个地方、各个部门、各个单位变成实实在在的行动！

领导干部一定要坚持解放思想，开拓进取，这是坚持实事求是的内在要求。解放思想与实事求是是辩证统一的，就是要求我们的思想认识符合客观实际，冲破落后的传统观念和主观偏见的束缚，改变因循守旧、不接受新事物的精神状态，与时俱进地把我们的事业和各项工作不断推向前进。只有解放思想，才能真正做到实事求是；只有实事求是，才是真正解放思想。改革开放 30 多年来的伟大实践充分证明，只有把二者有机统一起来，不唯书、不唯上、只唯实，才能冲破教条主义和经验主义的禁锢，才能纠正僵化的形而上学的思维方式，正确认识和把握客观事物的内在联系、本质和规律，也才能制定正确的政策，作出正确的决策。客观实际是不断发展变化的，我们对客观事物及其规律的认识是不断深化的，实事求是永无止境，解放思想也永无止境。当前，世情、国情、党情继续发生深刻变化，前进中还会遇到各种可以预见和难以预见的矛盾和问题。各级领导干部要继续解放思想、坚持实事求是，以科学态度对待马克思主义，用发展着的马克思主义指导新的实践，始终坚持真理、修正错误，勇于变革、勇于创新，永不僵化、永不停滞，不为任何风险所惧，不被任何干扰所惑，在深入研究新情况、不断解决新问题的实践中努力开创各项工作新局面。

习近平出席春季学期毕业典礼并为学员颁发毕业证书

7月13日，中共中央政治局常委、中央书记处书记、中央党校校长习近平出席中央党校2012年春季学期毕业典礼，并为学员颁发毕业证书。

中央党校本期毕业学员共740人。另有中央直属机关分校、中央国家机关分校、国务院国资委分校和部队分部的3300多名学员同期毕业。学员们普遍反映，通过参加学习培训，增强了保持和发展党的先进性与纯洁性、坚持实事求是思想路线的自觉性和坚定性，提升了党性修养；深化了对马克思列宁主义、毛泽东思想特别是中国特色社会主义理论体系的学习理解，夯实了理论功底；加深了对当前世界大势和我国大政方针的理解认识，丰富了知识，强化了世界眼光和战略思维；汲取了理论联系实际、学以致用的智慧和力量，增强了工作本领。

中央党校常务副校长李景田在毕业典礼上讲话。他希望学员们坚持终身学习，做学习型领导干部；切实贯彻中央决策部署，以优异成绩迎接党的十八大胜利召开；坚持创先争优长效化，做保持和发展党的先进性与纯洁性的表率。

中央有关部门负责人何毅亭、王尔乘，副校长陈宝生、李书磊、张伯里、徐伟新，教育长贯高建，校委委员罗宗毅、黄宪起、赵长茂、梁言顺、王东京出席毕业典礼。

中央党校各直属单位主要负责人、在校全体学员、分校学员代表共1000多人参加毕业典礼。

（摘自《党校信息》2012年第11期，办公厅供稿）

习近平出席全国党校校长会议开幕式并发表重要讲话

7月17日，中共中央政治局常委、中央书记处书记、中央党校校长习近平出席全国党校校长会议开幕式并发表重要讲话。他强调，党的十七大以来，各级党校继承和发扬党校工作优良传统，以科学精神研究党校办学规律，积累了新的经验，为进一步办好党校提供了科学指导。各级党校要结合自身实际，善于运用成功经验，真正做到科学办校，全面开创党校工作新局面。

习近平指出，党的十七大以来的五年，是党校工作继往开来、与时俱进、大有作为的五年。全国各级党校坚持以邓小平理论和“三个代表”重要思想为指导，深入贯彻落实科学发展观，认真落实全国党校工作会议精神和《中国共产党党校工作条例》（以下简称《党校工作条例》），全面履行职责，扎实开展工作，不断提高为党和国家工作大局服务水平，充分发挥干部教育培训主渠道作用和思想库作用，推动党校各方面工作取得新的成绩和进步。这些成绩和进步，是以胡锦涛同志为总书记的党中央高度重视和正确领导的结果，是地方各级党委和政府切实关心和大力支持的结果，是全国党校系统教职工开拓奋进、辛勤工作的结果。

习近平强调，我国正处在全面建设小康社会的关键时期和深化改革开放、加快转变经济发展方式的攻坚时期，党中央对党校工作寄予殷切期望，党校工作使命光荣，责任重大。各级党校要切实运用党校工作积累的成功经验，深刻认识和把握党校教育规律，更好地指导和推进党校工作。第一，坚持把党校姓党作为党校的灵魂，贯穿于教学、科研、行政、后勤各个方面工作之中，融入到党校教员和管理人员的思想与行动之中。第二，坚持党校的科学定位，发挥好党校教育的自身优势，突出服务大局的特色、理论教育和党性教育的特色、思想库的特色。第三，坚持质量立校，把高标准办学作为党校各项工作的重要抓手，通过扎实持久的工作使教学科研、基础设施、人才队伍、管理服务、学风校风的质量和水平不断得到改进和提高。第四，坚持把深化改革作为党校各项工作的强大动力，进一步转变培训观念，创新培训内容，改进培训方式，整合培训资源，优化培训队伍，在推进党校各方面改革上取得新进展。第五，坚持制度管校，严格按照《党校工作条例》办学，进一步提高党校工作的制度化、规范化、科学化水平。第六，坚持抓好学风校风建设，把从严治校作为党校各项工作的重要方针，推动形成良好的学风校风，保证党校教育目标的实现。第七，坚持人才强校，进一步形成尊重人才、爱护人才、用好人才的氛围和导向，努力营造充满活力、富有效率、更加开放的人才制度环境。第八，坚持上级党校对下级党校的指导，加强中央党校与地方党校之间以及地方各级党校相互之间在教学、科研、管理服务等方面的通力合作，充分发挥党校系统的整体优势。第九，坚持党委对党校的领导，在政治思想上更加关心，在财力物力上加大支持力度，在组织人才上加强保障，在领导方法上注意改进，把党委的领导和支持作为做好党校各项工作的根本保障。

中央党校常务副校长李景田主持开幕式。中央有关部门负责人何毅亭、王尔乘，副校长陈宝生、李书磊、张伯里、徐伟新，教育长贾高建，校委委员罗宗毅、黄宪起、赵长茂、梁言顺、王东京出席开幕式。

全国党校校长会议代表及列席人员，共400多人参加开幕式。

（摘自《党校信息》2012年第12期，办公厅供稿）

在全国党校校长会议上的讲话*

（2012 年 7 月 17 日）

习 近 平

这次全国党校校长会议，主要任务是总结党的十七大以来的党校工作经验，进一步认识和把握党校工作规律，更好地指导和推进党校工作。

党的十七大以来的五年，是我们党团结带领全国各族人民为夺取全面建设小康社会新胜利而奋斗并不断取得重大成就的五年，也是党校工作继往开来、与时俱进、大有作为的五年。全国各级党校坚持以邓小平理论和“三个代表”重要思想为指导，深入贯彻落实科学发展观，认真落实全国党校工作会议精神、《党校工作条例》、《2010—2020年干部教育培训改革纲要》（以下简称《干部教育培训改革纲要》）和党中央关于党校工作的一系列重要精神，全面履行职责，扎实开展工作，推动党校工作取得新的成绩和进步。

一、在贯彻落实中央精神、提高党校为党和国家工作大局服务水平上取得新的成绩和进步

各级党校把学习、宣传、贯彻党的十七大和十七届历次全会精神作为党校工作的主线，把用中国特色社会主义理论体系教育培训干部作为党校教学的首要任务，把中央重大理论观点、重大战略思想、重大工作部署纳入党校教学的重要内容，通过多种形式加强对中央精神的学习、研究和宣传，充分发挥党校在理论武装工作中的重要阵地作用。同时，围绕经济社会发展中存在的突出问题、改革开放和加快转变经济发展方式面临的难点问题、干部群众普遍关注的热点问题，着力推进研究式教学，不断提高党校教育培训的针对性、实效性和吸引力、感染力，努力做到党委和政府的工作重心在哪里、就把教育培训工作的重点放到哪里。党校工作紧密围绕大局、主动服务大局的实践，为加强党的执政能力建设和先进性、纯洁性建设，为推动经济社会又好又快发展，作出了积极贡献。

---

* 此文载《十七大以来党校工作研究》，中共中央党校出版社 2013 年 1 月版。

二、在发挥党校干部教育培训主渠道作用、提高领导干部整体素质和能力上取得新的成绩和进步

党的十七大提出继续大规模培训干部、大幅度提高干部素质的战略任务。《党校工作条例》进一步明确了党校的属性和定位。各级党校认真贯彻落实中央部署，坚持和完善教学布局，深化和推进教学改革，扩大培训规模，充分发挥党校在干部教育培训中的主渠道作用。五年来，中央党校和地方各级党校的办班数量、参训人数均有较大增长，各级党校在办学中不断深化对干部成长规律、党校教育规律的研究，坚持用合乎规律的科学认识指导和改进党校各方面工作、推动和深化教学科研等方面改革，使干部教育培训的质量得到进一步提高。

三、在加强党的思想理论研究、发挥思想库和资政作用上取得新的成绩和进步

党的十七大以来，各级党校加强和深化马克思列宁主义、毛泽东思想特别是中国特色社会主义理论体系研究，加强和深化社会主义经济建设、政治建设、文化建设、社会建设以及生态文明建设和党的建设重大现实问题研究，加强和深化学科基础理论研究，形成一批有影响、有价值的科研成果。同时，积极推进思想库建设，加强决策咨询平台构建，完善科研激励机制和科研成果报送机制，提高科研管理水平，推动科研成果更多地转化为教学精品课程，转化为对党和政府的政策建议，转化为理论创新成果，为提高党校教学质量和促进党委、政府科学决策发挥了重要作用。

四、在推动党校的学风文风校风建设、培育清正廉明风气上取得新的成绩和进步

各级党校在学风建设上，坚持理论联系实际，倡导教师和学员爱读书、读好书、善读书，始终保持解放思想、实事求是、与时俱进的精神风貌，在马克思主义学习型党组织建设中积极发挥表率和引领作用；在文风建设上，倡导教师和学员自觉改进文风，无论是讲话还是写文章，反对“长、空、假”，提倡“短、实、新”；在校风建设上，既加强对教师的思想教育和严格要求，切实提高他们的思想政治水平，又加强对学员的思想教育和严格管理，推动学员形成严格自律、风清气正的行为规范。这些措施都得到较好贯彻，取得明显成效。

五、在加强党校的队伍建设、提高教师整体素质上取得新的成绩和进步

各级党校大力实施人才强校战略，制定和实施了一系列培养、引进、使用、鼓励人才的新思路新举措，以师资队伍为重点全面加强人才工作和队伍建设，在用好现有人才、稳定关键人才、引进急需人才、造就高层次人才等方面，都取得了新的进展。党校系统人才

队伍素质在不断提升、结构在逐步优化，总的来说已形成一支政治修养、理论功底、教学能力、知识储备、实践经验都达到相当水平的师资和管理人才队伍，拥有一批在理论界学术界有较大影响的马克思主义理论骨干和教学骨干，基本适应大规模培训轮训干部的需要。

六、在优化党校的管理服务、做好教学科研保障工作上取得新的成绩和进步

各级党校本着勤俭办学、节俭办事原则，适应大规模培训干部需要，结合各自实际，通过改建、扩建、新建等方式加强校园建设，使校园布局更为合理，功能更为完备，环境更为优美，相当一部分党校的基础设施、办学条件得到较大改善。党校系统信息化建设也实现新的突破，现代化办学能力显著增强，一些党校还新建情景模拟实验室，加快了数字图书馆建设和办公自动化建设。各级党校管理和服务工作的全面加强，为教学科研和教育培训干部提供了重要保障。

七、在促进开放式办学、扩大党校社会影响上取得新的成绩和进步

中央党校开展面向驻华高级外交官的开放日活动、中外记者来校采访活动，确立新闻发言人制度，举办新闻发布会，一些地方党校也积极开展这方面工作，向外界展示了新时期党校开放包容、求真务实、创新进取的形象。各级党校与国内外干部培训机构、学术研究机构、高等院校、企业以及一些国家政府机构开展的相互交流与合作也日益增多。通过开放办学，充分利用校内校外两种资源，博采众长，为我所用，拓展了办学空间，提高了教学质量，提升了党校在国内外的影响力。

八、在开展业务指导、提高党校系统整体办学水平上取得新的成绩和进步

党的十七大以来，中央党校加强对地方党校落实《党校工作条例》情况的督促和指导，及时了解、反映和解决党校办学中的问题，在合作办学、教材编写、科研立项、学科建设、学位评定等方面为地方党校办了不少实事。除每年召开全国党校校长会议外，还首次召开了全国党校系统学员管理工作座谈会、全国县级党校工作座谈会，首次开展了全国党校系统精品课评选活动。修订完善《中央党校对地方党校业务指导办法》，特别是加大了对西部和困难地区党校支持力度，举办了多期全国市地州盟党委党校常务副校长培训班和党校师资培训班。地方党校也认真履行业务指导职责，积极开展对下级党校的督促检查、调查研究、信息交流、师资培训、办学评估、教研评比等活动，办学水平进一步提高。

党的十七大以来党校工作取得的成绩和进步，是以胡锦涛同志为总书记的党中央高度重视和正确领导的结果，是地方各级党委和政府切实关心和大力支持的结果，是全国党校系统教职工开拓奋进、辛勤工作的结果。我向全国党校系统的全体教职工表示诚挚的问

候！向所有关心支持党校工作的有关部门和同志们表示衷心的感谢！

在过去五年中，各级党校围绕“办什么样的党校、怎样办好党校”这个基本问题，继承和发扬党校工作优良传统，以科学精神研究党校办学规律，积累了新的经验，为进一步办好党校提供了科学指导。各级党校要结合自身实际，善于运用党校工作的成功经验，真正做到科学办校，全面开创党校事业发展新局面。

一、要坚持把党校姓党作为党校各项工作的灵魂，做到“三个适应、三个促进”

党校姓党这一原则，是胡锦涛同志2002年总结党校工作经验时提出的。在2008年全国党校工作会议上胡锦涛同志再次强调：“党校是党直接兴办的学校，必须以党的旗帜为旗帜、以党的意志为意志。不管形势和任务怎样变化，党校姓党的原则绝不能变，忠诚于党的立场绝不能变。”党的十七大以来，各级党校的工作所以能够不断取得新的成绩和进步，根本原因就在于始终坚持把党校姓党原则贯穿于教学、科研、行政、后勤各个方面工作之中，融入到党校教师和管理人员的思想与行动之中，努力完成党赋予的光荣使命。

要充分体现党校姓党，最重要的是各级党校的教育一定要做到“三个适应、三个促进”。这就是：适应党和国家大局的要求，促进党的中心任务的落实；适应党的干部教育和理论武装的要求，促进干部素质和能力的提高；适应党的理论建设的要求，促进理论创新和实践创新。这“三个适应、三个促进”，丰富了党校姓党的内涵，进一步揭示了党校事业发展的基本规律。做到这“三个适应、三个促进”，是贯彻党校姓党原则的核心和关键。各级党校要继续探索党校姓党的具体实现形式，注意总结成功做法和经验，并用制度形式固定下来和坚持下去。

二、要坚持发挥党校的特色和优势，把党校的科学定位作为各项工作的基本遵循

《党校工作条例》明确规定：党校是在党委直接领导下培养党员领导干部和理论干部的学校，是党委的重要部门，是培训轮训党员领导干部的主渠道，是党的哲学社会科学研究机构。这个定位表明，党校是执政党培养执政骨干的学校，是对党员领导干部进行理论武装、党性教育和能力提升的主渠道，不同于普通高等学校，也不是一般的培训机构。长期以来，各级党校正是遵循这一定位，发挥在干部教育培训中的独特优势和作用，才保证了党校事业的正确方向。

坚持党校的科学定位，必须发挥好党校教育的自身优势，努力突出三个特色。一是突出服务大局特色。围绕中心、服务大局，是办好各项事业也是办好党校的重要方针。党校各个部门、各个环节的工作，都要服从服务于党和人民事业的需要。二是突出理论教育和党性教育特色。党校教育是为党的干部队伍建设服务的，理所当然地要把加强对干部的理论教育和党性教育作为首要任务，不断提高学员的思想理论素质和党性修养。三是突出思

想库特色。党校有教师资源和学员资源优势，有理论研究优势。要充分运用这些资源，发挥好这些优势，努力为党的理论创新服务，为党委和政府的科学决策服务。

三、要坚持质量立校，把高标准办学作为党校各项工作的重要抓手

办学质量是党校发挥干部教育主渠道作用的基础。中央党校是培训轮训党的高中级领导干部的最高学府。如果办学质量达不到应有水平，不能满足对广大学员教育培训的需要，就难以发挥最高学府的作用和影响力。2009 年底中央党校提出建设“一流学府”的目标。很多地方党校也结合实际，提出有地方党校特色的目标要求。实践告诉我们，只有坚持实施质量立校战略，不断在现有基础上扎扎实实向更高目标迈进，使党校各方面工作赢得干部教育培训对象的认可和社会的肯定，才能使党校真正发挥干部教育培训主渠道作用。

质量立校是不断与时俱进、不断自我提高的过程，不可能一蹴而就，也不可能一劳永逸。各级党校要把质量立校作为一项长期的战略任务，并体现在每年的各项工作中，科学谋划，不断深化和细化，切实解决好办学质量方面存在的各种问题。通过扎实持久的工作，使教学科研、基础设施、人才队伍、管理服务、学风校风的质量和水平不断得到改进和提高，真正把中央党校建成一流水平的教育培训干部的最高学府，把地方各级党校建成办学水平高、教学效果好、具有吸引力的学校。

四、要坚持改革创新，把深化改革作为党校各项工作的强大动力

改革创新是提高党校办学质量的不竭动力，也是党校工作保持生机活力的必由之路。党的十七大以来，党校教学科研管理水平的不断提高，与注重推进各方面改革创新是密不可分的。各级党校要坚持研究新情况、解决新问题，进一步转变培训观念，创新培训内容，改进培训方式，整合培训资源，优化培训队伍，努力在推进教学、科研、人才队伍建设、学员管理、后勤服务等方面改革上取得新进展。

实践证明，坚持党校工作的改革创新，处理好三个关系很重要。一是解放思想与遵守政治纪律的关系。解放思想的目的，就是要在思想上摆脱各种落后的传统观念和主观偏见的束缚，使自己的思想认识符合客观实际，做到实事求是。而实事求是始终是我们党的思想路线的精髓和灵魂，也是党的政治纪律确立的思想基础。所以，坚持解放思想同遵守政治纪律不仅不矛盾，而且相辅相成，统一在党校姓党的实践之中。党校应该成为最讲政治纪律、在思想上政治上行动上同党中央保持高度一致的地方，同时应该成为解放思想、实事求是、与时俱进的表率。二是改革创新与继承党校优良传统的关系。党校的改革创新，主要是转变与党校科学发展要求、高标准办学要求、办学规律要求不符合的观念，革除与这些要求不适应的方式方法、体制机制。各级党校要结合新的实际努力继承和弘扬党校的优良传统，同时要通过改革创新，努力培育和增强党校发展的新优势。三是改革创新与调动教职工和学员积极性创造性的关系。我们进行改革创新，目的是要形成符合实际、符合

党和国家事业发展要求的各种科学决策、正确方针、合理措施和完备制度，而形成这些决策、方针、措施和制度，归根到底又是为了最大限度调动和发挥广大党员、干部和人民群众的积极性创造性，从而把党和国家各项事业更好地推向前进。从党校来说，一切改革创新，都要最终体现在充分调动和发挥广大教职工和学员的积极性创造性上。各级党校要不断健全鼓励创新的体制机制，形成有利于改革创新的环境氛围，以此为动力不断开创新的工作局面。

五、要坚持制度管校，把制度化规范化建设作为党校各项工作的可靠保证

2008年，中央总结《党校工作暂行条例》贯彻13年来的实践，修订并颁布《党校工作条例》，进一步明确了党校的性质、地位和作用，对党校改革发展一系列基本问题作了新的规定。2010年8月，中央出台《干部教育培训改革纲要》，对干部教育培训一系列基本问题作出科学规范和全面部署。《党校工作条例》和《干部教育培训改革纲要》，是做好党校工作最重要的法规和依据。

坚持制度管校，就要严格按照《党校工作条例》、中央出台《干部教育培训改革纲要》办学，进一步提高党校工作的制度化、规范化、科学化水平。要按照《党校工作条例》的要求，结合各自特点和实际需要，健全和细化各项制度，优化工作流程，形成涵盖党校各方面工作、切实可行的制度体系。要重点完善鼓励出人才、出成果、出精品的教学科研制度，完善参照管理与分类管理相结合、人员能进能出、职称职务能上能下的人事制度，完善覆盖全体教师学员、贯穿工作学习全过程的管理制度。制度建立了，就要严格按照制度办事，坚持以制度管人、用制度管事，真正做到有章可循、有章必循、违章必究。

六、要坚持抓好学风校风建设，把从严治校作为党校各项工作的重要方针

从严治校是对党校校风、校纪、校规的一个根本要求。只有坚持从严治校、从严施教、从严管理，才能真正落实党校姓党原则，才能使党校成为不正之风的“净化器”，推动形成良好的学风校风，提升和保持党校的良好形象和声誉，保证党校教育目标的实现。

各级党校要把从严治校方针作为传家宝长期坚持下去，任何时候都不能削弱。要坚持在教职工和学员中大力加强党性党风教育，大力加强世界观人生观价值观教育、理想信念教育、道德情操教育、拒腐防变教育，大力弘扬党的优良作风，使广大教职工和学员始终保持清醒的政治头脑和高尚的道德情操，始终保持共产党人本色，自觉抵制弄虚作假、形式主义、官僚主义等不良风气。我国古代教育就有“教不严、师之惰”之说。我们的党校更应该从严施教、从严管理。要抓住教师与学员两个主体、教与学两个环节，把从严治校的要求贯彻到党校教学教育全过程、落实到各项具体工作上。党校教师和学员都必须遵守党的纪律，始终站在党的立场考虑自己的言行，坚持为了党和人民事业竭诚教书、刻苦学习。各级党校都要认真查找学风、文风、校风建设方面存在的问题和差距，抓住校风校纪的薄弱环节和突出问题及时整治，治出成效。

七、要坚持人才强校，把人才队伍建设作为党校各项工作的重要支撑

人才是第一资源。党校培训既要实现“量”的增加，又要突出“质”的提升。做好“量”与“质”两方面工作，都要求抓好人才队伍建设。各级党校要继续坚持人才强校战略，全面建设教学科研、行政管理、后勤保障三支队伍，努力培养造就有真才实学的马克思主义理论家和教育家，培养造就一批忠诚于马克思主义、在学科领域有影响的知名专家学者，培养造就一批素质高的行政后勤管理服务人才，大力提升党校教学科研和管理服务水平。要更好地制定和实施人才教育培训规划，注重党性教育和党性锻炼，拓展培训内容，创新培训方式，大幅度提高党校教职工整体素质和能力。在用好现有人才基础上，要积极引进党校事业发展需要的高端人才，进一步优化人才结构。进一步形成尊重人才、爱护人才、用好人才的氛围和导向，努力营造充满活力、富有效率、更加开放的人才制度环境。

八、要坚持加强上级党校对下级党校的指导，把统筹各级党校资源、发挥整体优势作为党校系统各项工作的重要要求

据统计，目前全国有33个省部级党校（包括新疆生产建设兵团党校和铁道部党校）、15个副省级党校、333个市级党校、2488个县级党校。此外，一些政府部门、事业单位、国有企业也办了党校。全国党校系统有干部、教职工近10万人。这是巨大的资源。进一步加强上级党校对下级党校的业务指导，加强中央党校与地方党校之间以及地方各级党校相互之间在教学、科研、管理服务等方面的通力合作，充分发挥党校系统的整体优势，对于更好地发挥党校系统在党和国家工作全局中的作用十分重要。

中央党校和省区市委党校都要坚持把《党校工作条例》作为业务指导的基本依据，更好地担负起指导下级党校的责任。要以教学科研等业务指导为重点，对下级党校课程设置、教材编写、科研立项、学科建设、学位评定、队伍建设等工作给予支持，对各项成果进行评估，对先进单位和个人进行鼓励。要以开展考核评估工作为抓手，健全和完善省市县委党校工作评估体系和示范体系，定期开展业务交流和师资培训，加强横向联系和区域合作。要坚持开展深入的调查研究，不断了解新情况，总结新经验，发现新问题，积极研究解决党校事业发展中的各种矛盾和问题。

九、要坚持党委对党校的领导，把党委的领导和支持作为做好党校各项工作的根本保障

完备的党校体系是中国共产党重要的执政特色和政治优势。世界上没有哪一个政党像我们党这样重视干部教育培训工作，充分发挥党校在党和人民事业中的独特作用。党的十七大以来，各级党委对党校工作更加重视，党委主要负责同志经常过问党校工作，经常深入党校加强调查研究和指导工作，有的还多次到党校讲课；党委分管负责同志认真履行职

责，认真研究解决党校办学中的重大问题；党委组织部门充分发挥了干部教育培训的宏观指导作用。一些地方党委还坚持让同级党校常务副校长参加党委中心组学习和党委重要会议、重要活动，以便及时了解掌握党委中心任务和重点工作，使党校教学科研更好地为党委和政府服务。这些年党校工作的全面加强和办学能力的大幅提高，是与各级党委对党校工作的高度重视和加强领导密不可分的。从平时掌握的情况看，哪个层级、哪个地方的党委高度重视党校建设，领导得法、保障有力，这个层级、这个地方的党校就办得有成效，作用就发挥得好。

目前，党校工作既有难得机遇，也面临不少新情况新问题。各级党委要进一步加强和改进对党校工作的领导，在政治思想上更加关心，在财力物力上加大支持力度，在组织人才上加强保障，在领导方法上注意改进。特别要牢牢把握党校办学的正确方向，处理好党校改革发展面临的各种问题，切实把党校培训与干部使用紧密结合起来，真正把党校作为培养干部、发现干部、考察识别干部的重要渠道。要加强党校领导班子建设，把那些政治立场坚定、理论功底扎实、实践经验丰富、作风求真务实、有开拓创新精神、忠诚党的干部教育事业的优秀干部选拔充实到党校领导班子中。现在，基层党组织建设任务日益繁重，基层党员干部培训工作量大面广，十分紧迫。相比较而言，不少市、县级党校的基础设施条件和师资力量相对薄弱，难以全面履行党校职能。各级党委和政府要从实际出发加强党校基础设施和师资力量建设，尽可能改善市、县级党校的办学条件，为党校发挥干部教育培训主渠道作用提供更好的物质基础和师资保障。

同志们，我国正处在全面建设小康社会的关键时期和深化改革开放、加快转变经济发展方式的攻坚时期，党校工作任务艰巨，使命光荣，责任重大。党中央对党校工作寄予殷切期望。我们要紧密团结在以胡锦涛同志为总书记的党中央周围，高举中国特色社会主义伟大旗帜，以邓小平理论和“三个代表”重要思想为指导，深入贯彻落实科学发展观，扎扎实实做好党校各项工作，为建设高素质干部队伍、推进中国特色社会主义伟大事业和党的建设新的伟大工程作出新的更大贡献，以优异成绩迎接党的十八大胜利召开。

（摘自《校内通报》2012 年第 9 期，研究室供稿）

习近平出席秋季学期开学典礼并作重要讲话

9 月 1 日，中共中央政治局常委、中央书记处书记、中央党校校长习近平出席中央党校 2012 年秋季学期开学典礼，并作重要讲话。他指出，领导干部集中一段时间到党校学习，很有必要，很有好处。一是有利于补充和丰富知识。领导干部肩负领导责任，知识水平如何直接影响工作水平、领导水平和思想政治水平。当今时代，知识增长、更新很快，新知识新事物层出不穷。领导干部既要“温故知新”，又要“学新知新”，这样才能不断增强本领，才能保持思想活力和与时俱进，才能更好地胜任所肩负的领导工作。到党校进行系统学习，是补充和丰富知识的一种很好的机会与方式。二是有利于总结和提高。善于对思想和工作情况进行总结，对一个领导干部的进步和提高很重要。领导干部到党校学习，结合工作经历和通过读书学习回顾和总结自己以往的工作与生活，从中汲取经验与教训，坚持真理、修正错误，使自己的认识和工作立于新的起点，这对于增加领导工作中的战略智慧和主动权很有益处。三是有利于相互交流和学习。党校学员来自不同地方、不同部门和不同工作领域，来自四面八方、五湖四海，大家的知识积累、经验积累和个人经历、政治阅历也都不同，这为大家提供了一个相互交流、相互学习的良好环境。

习近平强调，领导干部进党校，最重要的是学习党的基本理论，提高理论素养。这是党校姓党的重要体现，也是党校同普通高等学校的主要区别。现在在干部特别是年轻干部中，最重要也是最需要注意并切实解决好的是理想信念问题和思想作风问题，最需要加强的是理论教育。各级领导干部都要坚持不懈地抓好理论学习，特别要认真学习邓小平理论、“三个代表”重要思想以及科学发展观，努力掌握马克思主义立场、观点、方法，增强坚持中国特色社会主义道路、理论体系、制度的自觉性坚定性。同时，要坚持不懈地学习党的优良传统和优良作风，牢固树立正确的世界观、权力观、事业观，养成宽阔的胸襟和眼界、高尚的思想情趣、艰苦朴素的生活作风，永做人民的忠实公仆。党校学员还要注意学习正确认识客观事物、做好领导工作所必须具有的辩证思维、战略思维、全局思维、创新思维等方面的知识和经验，学习历史的和现实的领导工作经验，努力提高领导水平和领导能力。

习近平指出，党校学习时间一般都比较短。要真正学有所得、学有所成，就必须下一番苦工夫。党校学员要安下心来，心无旁骛、专心致志地看书学习，深入进行研讨。要结合工作实际，脑子里经常装几个问题，反复思考，这对于培养和提高理论思维和战略思维能力很有好处。要按照实事求是的党校校训要求，坚持理论联系实际，坚持学以致用，提高运用党的基本理论解决实际问题的能力，不断拓宽领导工作思路，同时把学习理论同增强党性锻炼结合起来，自觉加强思想修养。通过在党校的学习，进一步把掌握的理论转化为牢固确立科学世界观和方法论的思想力量，把学到的知识和经验转化为丰富做好领导工作的智慧和能力的储备，把党对领导干部的党性要求转化为培养高尚品德和发扬优良作风的自觉性。

中央党校常务副校长李景田主持开学典礼。中央有关部门负责人何毅亭、王尔乘，副校长陈宝生、李书磊、张伯里、徐伟新，教育长贾高建，校委委员罗宗毅、黄宪起、赵长茂、梁言顺、王东京出席开学典礼。

中央党校各直属单位主要负责人、新入学学员、在校学员、分校学员代表、全校教职工等共1800多人参加开学典礼。

（摘自《党校信息》2012年第13期，办公厅供稿）

在中央党校2012年秋季学期开学典礼上的讲话*

（2012年9月1日）

习 近 平

中央党校2012年秋季学期今天开学了。我代表中央党校校委，对全体学员表示热烈欢迎。同志们进党校，主要任务是学习。今天，我围绕党校学员的学习讲三个问题。

一、关于党校学习的重要性

知识就是力量、就是财富。知识可以改变一个人的命运，也可以改变一个民族、一个国家的命运。古今中外，传承知识、创新知识、学习知识、运用知识，始终与历史进步相伴、与社会发展共存，是人类提高自己的重要阶梯，是国家发展兴盛的重要基础。在中央党校2009年春季学期开学典礼上，我专门讲过“领导干部要爱读书读好书善读书”问题，就是强调领导干部加强学习的必要性和重要性。

领导干部抽一段时间到党校学习，有什么必要和好处呢？我有如下体会。

第一，有利于补充和丰富知识。领导干部肩负领导责任，知识水平如何直接影响工作水平、领导水平和思想政治水平。对于领导干部来说，学习不只是个人的问题，也不是一般性的问题，而是关系到党和国家工作的推进、社会主义现代化事业的发展和党的执政地位的巩固问题。当今时代，知识增长、更新很快，新知识新事物层出不穷。面对这种情况，领导干部如果不加强学习，不加强知识武装，就可能跟不上形势的发展而落伍。古人云：“温故而知新。”现在既要“温故知新”，又要“学新知新”，这样我们的本领才能不断增强，我们的思想才能保持活力与时俱进，才能更好地胜任所肩负的领导工作。领导干部工作任务繁重，平常主要靠中心组学习和自学，很难有整段时间系统学习，如果不安排

---

* 此文是习近平同志2012年9月1日在中央党校秋季学期开学典礼上的讲话。载《学习时报》2012年9月10日第1版。

系统学习补充和丰富知识，就可能“透支”原来的知识储备，对工作带来影响。大家能够集中一段时间到党校进行系统学习，是补充和丰富知识的一种很好的机会与方式。

第二，有利于总结和提高。善于对思想和工作情况进行总结，对一个领导干部的进步和提高很重要。大家平时工作忙，难得静下心来深入总结，到党校学习有助于解决这个问题。好多事情通过认真总结会有豁然开朗的感觉。我们常说“吃一堑，长一智”，“一智”是怎么长的？通过总结，认识到“一堑”为何，从中吸取了教训、引为鉴戒，这样才会长“一智”。由“堑”到“智”的转化，是通过总结实现的，总结是这种转化的认识之桥，没有这座桥，“堑”就无法转化为“智”。工作中的经验是财富，工作中的教训也是财富，关键在于是否善于总结。安排领导干部到党校学习，就是为大家在工作“热运行”中提供一个“冷思考”的宝贵时机，创造一个能静下心来“踱方步”的宝贵时机，使大家有时间来回顾和总结自己以往的工作与生活，从中汲取经验与教训，坚持真理、修正错误，使自己的认识和工作立于新的起点，以利实现新的提高。希望大家利用好这个难得时机，结合工作经历和通过读书学习冷静思考和深谋远虑，这对于增加我们领导工作中的战略智慧和主动权是很有益处的。

第三，有利于相互交流和学习。党校学员来自不同地方、不同部门和不同工作领域，来自四面八方、五湖四海，大家的知识积累、经验积累和个人经历、政治阅历也都不同。这种学员构成，给大家提供了一个相互交流、相互学习的良好环境。孔子说：“三人行必有我师焉，择其善者而从之，择其不善者而改之”；“见贤思齐焉，见不贤而内自省也。”《礼记》中说：“独学而无友，则孤陋而寡闻。”诸葛亮说：“集众思，广忠益。”这些古语说明了什么呢？一是说明人与人之间要进行交流思想、交流学识、交流经验的学习活动；二是对交流出来的东西要进行分析、比较和辨别，凡是好的就学习遵从，不好的就自省自戒，这样就可以达到相互学习、取长补短、共同提高的目的。古人这种交流学习的经验，值得借鉴和应用。大家在党校学习过程中，交流工作经验、畅谈心得体会、切磋研究成果，肯定能够取得集思广益的效果。

二、关于党校学习的主要任务

延安时期，毛泽东同志亲自兼任中央党校校长，他在一次讲话中说：“我们办党校，就是要使我们同志的政治水平和理论水平提高一步，使我们党更加统一。”毛主席这段话，把党校教学的重点和学员学习的目的讲得很明确，就是通过学习提高领导干部的政治水平和理论水平，把大家的思想统一到党的路线方针政策上来，更加自觉地维护党的统一。这在今天和今后的党校学习中仍然适用。

中央党校是轮训培训党的高中级干部和理论骨干的最高学府，是学习、研究、宣传马克思列宁主义、毛泽东思想、邓小平理论、“三个代表”重要思想以及科学发展观的重要阵地，是进行党性锻炼的重要渠道。领导干部进党校，最重要的是学习党的基本理论，提高理论素养。这是党校姓党的重要体现，也是党校同普通高等学校的主要区别。现在在我们的干部特别是年轻干部中，最重要也是最需要注意并切实解决好的是理想信念问题和思想作风问题，最需要加强的是理论教育。领导干部无论在党校学习还是在平时工作中学习，都要高度重视理论学习，自觉提高政治水平和理论水平。理论修养是干部综合素质的核心，理论上的成熟是政治上成熟的基础。可以这样说，学习和掌握理论的深度，直接影响甚至决定着一个领导干部的政治敏感程度、思维视野广度和思想境界高度。各级领导干部一定要进一步提高对学习理论重要性的认识，坚持不懈地学习党的基本理论，努力掌握马克思主义立场、观点、方法，增强坚持中国特色社会主义道路、理论体系、制度的自觉性坚定性。同时，要坚持不懈地学习党的优良传统和优良作风，牢固树立正确的世界观、权力观、事业观，养成宽阔的胸襟和眼界、高尚的思想情趣、艰苦朴素的生活作风，永做人民的忠实公仆。培养一个领导干部不容易。一个领导干部在一生中始终坚持正确政治立场，保持艰苦奋斗作风，保持与人民群众的密切联系，保持清正廉洁，同样不容易。如果一朝不慎，便会一失足而成千古恨，这样的教训太多了。面对种种诱惑，我们的领导干部务必保持古人所说的“夙夜震畏、不敢荒宁”的清醒认识，正确对待手中的权力，珍重自己的人格，珍爱自己的声誉，珍惜自己的形象，始终保持一个共产党员的本色。大家应照此毕生为之追求、为之努力。

我们在干部教育培训工作中，在突出抓好理论教育和党性教育的同时，还要坚持抓好干部的能力培训。到中央党校学习的高中级干部，对于那些有益于掌握工作技巧、有益于提高驾驭工作能力的一般知识和经验，是需要注意学习的。但我在这里强调的是，还要注意学习正确认识客观事物、做好领导工作所必须具有的辩证思维、战略思维、全局思维、创新思维等方面的知识和经验。毛泽东同志等老一辈革命家，能够在我国革命和建设过程中领导我们党一次又一次地转危为安，就是因为他们是马克思主义政治家、战略家，具有辩证思维、战略思维、全局思维、创新思维，具有远大眼光，因而能够作出正确的判断和决策，制定并坚持正确的路线、方针和战略。现在，我们要全面建成小康社会和实现社会主义现代化，有许许多多的重大问题需要进行战略谋划。凡是涉及我国经济、政治、文化、社会、生态、外交、国防和党的建设等全局性的重大问题，都需要从战略上进行思考、研究和筹谋；凡是涉及改革发展稳定工作中的各种重大问题，也都需要从战略上拿出治本之策。同志们来中央党校学习，一定要注重在养成辩证思维、战略思维、全局思维、创新思维能力上下功夫。大家要在听课研讨的基础上，通过读书、案例研究、从政经验交流等活动，学习历史的和现实的领导工作经验，努力提高自己的领导水平和领导能力。尤其要努力学会运用马克思主义世界观、方法论观察世界全局和时代发展趋势，努力掌握更多的国际问题基本知识和战略科学知识，努力增强工作的原则性、系统性、预见性、创造性，努力提高对现实问题进行战略思考和政治决断的能力。

中央党校一直重视对学员新知识的培训，周一晚上的知识讲座、校园网络课程，安排了不少这方面的内容，大家要充分利用好这一学习资源，多学一些，学深一些。知识多了，见识广了，才能使自己成为领导科学发展的行家里手。

三、关于学习、思考和应用

大家到党校学习，时间一般都比较短。要真正学有所得、学有所成，就必须下一番苦工夫。我们的先人有许多勤学苦读的动人故事，如悬梁刺股、凿壁偷光、囊萤映雪等等，一直传为美谈，这种刻苦学习的精神值得记取。大家要安下心来，心无旁骛、专心致志地看书学习，深入进行研讨。“学而不思则罔，思而不学则殆。”孔子这句话讲得好。学习与思考、勤学与善思是相互联系和相辅相成的，不可把二者割裂开来。在学习过程中，要结合自己的工作实际，脑子里经常装几个问题，反复思考。这对于培养和提高自己的理论思维和战略思维能力很有好处。中央党校在每学期教学安排中，都有学员论坛和从政经验交流活动，这有助于大家深入研究和切磋执政经验。大家还可以利用课间休息、茶余饭后交流学习体会，在相互交流、相互启发中分享经验。

一切学习都不是为学而学，学习的目的全在于应用。宋代学者朱熹说过：“为学之实，固在践履。苟徒知而不行，诚与不学无异。”这句话的意思是说，学习的目的在于实践，如果只是明白道理而不去做，那么学与不学就没有什么区别了。大家要按照实事求是的党校校训要求，坚持理论联系实际，坚持学以致用、用以促学。一方面，大家要把学习党的基本理论、基本路线、基本纲领、基本经验同全面建设小康社会和社会主义现代化建设的实践紧密联系起来，从理论与实践的结合上研究和解决改革发展稳定中的重大问题，提高运用党的基本理论解决实际问题的能力，不断拓宽领导工作思路，推动经济社会又好又快发展。另一方面，大家要把学习党的基本理论同增强党性锻炼结合起来，紧密联系自己的思想实际自觉加强思想修养，始终坚守中国共产党人应该具有的精神境界和道德情操。在认识和改造客观世界的过程中不断推进认识和改造主观世界，通过认识和改造主观世界不断推进认识和改造客观世界，这是中国共产党人推动党和人民事业前进的规律，也是领导干部成长进步的规律。大家在党校的学习中，要坚持把理论与实践、学习与应用、改造客观世界与改造主观世界很好地结合起来，努力取得实实在在的新进步。通过在党校的学习，进一步把掌握的理论转化为牢固确立科学世界观和方法论的思想力量，把学到的知识和经验转化为丰富做好领导工作的智慧和能力的储备，把党对领导干部的党性要求转化为培养高尚品德和发扬优良作风的自觉性。

党校学员中不少同志是地方和部门的主要负责人，在党校学习期间，大家要潜心学习。同志们在原来单位无论担任什么领导职务，到了党校都是学员，都要按照党校的规定和要求去学习。地方上来的学员利用空闲时间到部委走访，商谈一些事情，可以理解。学员建立友谊，交为朋友，这也正常。但不能把这些当作来党校学习的目的，更不能把时间花在拉关系和请客吃饭上。大家知道，当年沈阳市的马向东在中央党校学习期间，一面写着反腐倡廉的文章，一面利用双休日到澳门赌博。这虽属个别极端的例子，但应从中吸取教训，严加防范。中央党校要始终坚持从严治校，加强对学员的管理，严格校纪校规。广大学员也要积极配合党校的管理，自觉遵守纪律，维护中央党校的声誉。

我就讲这些。最后，祝同志们在党校期间学习好、生活好、身体好，以良好的学习成果迎接党的十八大胜利召开！

习近平、刘云山与中央党校校委成员座谈

12 月 6 日，中共中央总书记、中央军委主席习近平，中共中央政治局常委、中央书记处书记、中央党校校长刘云山与中央党校校委成员进行座谈。

根据中央决定，习近平不再兼任中央党校校长，由刘云山兼任。

在座谈会上，习近平总书记作重要讲话。他联系国际国内形势变化，联系党和国家事业发展，系统总结了党的十七大以来中央党校取得的突出成绩，深刻阐述了党校工作的宝贵经验，对履行好校委会职责提出了殷切希望。

刘云山强调，习近平同志的重要讲话为进一步做好党校工作提供了重要遵循，我们要认真学习领会、很好贯彻落实。他表示，深感责任重大，一定要尽快熟悉情况，按照习近平同志的要求，同校委班子一道，努力把党校工作做实做好。他指出，做好今后中央党校的工作，就是要认真学习贯彻党的十八大精神，认真学习贯彻习近平同志一系列重要讲话和提出的要求，在贯彻已有工作思路上下功夫，在强化已有工作措施上下功夫，不断提高党校工作水平。

（根据会议记录概述，研究室供稿）

刘云山在中央党校调研

12 月 17 日，中共中央政治局常委、中央书记处书记、中央党校校长刘云山深入中央党校调研。

在常务副校长李景田和其他校委成员陪同下，刘云山视察学校食堂、学员宿舍，参观校史展，并召开座谈会。

座谈会上，李景田全面介绍了中央党校的工作情况，汇报了 2013 年工作的打算。其他校委成员也提出了一些建议。

刘云山在讲话中指出，这些年，在党中央坚强领导下，在习近平同志直接指导下，党校工作开创了新的局面，党校事业取得了历史性成就。他强调，党校工作使命光荣、责任重大，前景广阔、大有可为，下一步的工作重点主要有四点：一是切实贯彻好党校姓党、从严治校的根本方针；二是突出抓好理论武装、党性修养的基本任务；三是着力提升办学质量、努力建设“一流学府”；四是更加注重自身建设、弘扬良好的校风学风。他对中央党校学习贯彻党的十八大精神提出了进一步要求，强调要把党的十八大精神贯穿到教育培训之中，贯穿到科研之中，贯穿到党校改革发展之中。

（根据会议记录概述，研究室供稿）

刘云山出席秋季学期毕业典礼并为学员颁发毕业证书

2013 年 1 月 15 日，中共中央政治局常委、中央书记处书记、中央党校校长刘云山出席中央党校 2012 年秋季学期毕业典礼，并为学员颁发毕业证书。

中共中央政治局委员、中央书记处书记、中央组织部部长赵乐际，中共中央政治局委员、中央书记处书记、中央办公厅主任栗战书，中央书记处书记、中央纪律检查委员会副书记赵洪祝出席毕业典礼。

中央党校本期毕业学员 604 人。另有中央直属机关分校、中央国家机关分校、国务院国资委分校和部队分校的 2800 多名学员同期毕业。学员们普遍反映，通过学习，进一步提高了把思想和行动统一到党的十八大精神上来的自觉性；夯实了理论基础，提高了理论素养；开阔了视野，完善了知识结构；提高了思维水平和领导能力；锤炼了党性，提升了思想境界。

中央党校常务副校长李景田在毕业典礼上讲话。他希望学员们继续深入学习宣传贯彻党的十八大精神；坚持实干兴邦，不断开创各项工作的新局面；认真贯彻中央“八项规定”精神，切实改进工作作风、密切联系群众；关心党校事业、支持党校发展。

中央有关部门负责人、全体校委成员出席毕业典礼。

校各直属单位主要负责人、在校全体学员、分校学员代表共 1000 多人参加毕业典礼。

（摘自《党校信息》2013 年第 2 期，办公厅供稿）

刘云山看望慰问中央党校教师

2013 年 1 月 15 日，中共中央政治局常委、中央书记处书记、中央党校校长刘云山在出席中央党校 2012 年秋季学期毕业典礼后，亲切看望慰问中央党校教师。

刘云山首先来到原校领导江流家中看望慰问，亲切询问了江流同志的身体状况和生活情况，高度评价老同志为党校事业作出的贡献，勉励老同志、老教师一如既往地关心和支持党校发展，并祝他们身体健康、新春快乐。随后，刘云山来到青年教师李鹏家中，与他们一家进行了亲切交谈，鼓励青年教师要刻苦钻研、潜心治学，为党校事业作出更大贡献。

两位教师及其家人对刘云山同志在百忙之中抽出时间登门看望慰问倍感亲切，备受鼓舞，对领导的关心和问候表示衷心感谢。

常务副校长李景田、副校长陈宝生陪同看望慰问。

离退休干部局和经济学教研部主要负责同志分别陪同看望慰问。

（摘自《党校信息》2013 年第 1 期，办公厅供稿）

附录：

习近平 2007—2012 年在中央党校的重要讲话一览表

类　型	时　间	标　题
在开学典礼上的讲话	2008 年 3 月 1 日	关于中国特色社会主义理论体系的几点学习体会和认识
	2008 年 5 月 13 日	领导干部要认认真真学习老老实实做人干干净净干事
	2008 年 9 月 1 日	改革开放 30 年党的建设回顾
	2008 年 11 月 10 日	在第一期学习贯彻党的十七届三中全会精神县委书记培训班上的讲话

续 表

类 型	时 间	标 题
在开学典礼上的讲话	2008 年 11 月 12 日	在中央党校 2008 年秋季学期第二批进修班暨师资班开学典礼上的讲话
	2009 年 3 月 1 日	关于干部队伍建设的几点思考
	2009 年 5 月 13 日	领导干部要爱读书读好书善读书
	2009 年 9 月 1 日	关于新中国 60 年党的建设的几点思考
	2009 年 11 月 12 日	关于建设马克思主义学习型政党的几点学习体会和认识
	2010 年 3 月 1 日	深入学习中国特色社会主义理论体系　努力掌握马克思主义立场观点方法
	2010 年 5 月 12 日	努力克服不良文风　积极倡导优良文风
	2010 年 9 月 1 日	领导干部要树立正确的世界观权力观事业观
	2011 年 3 月 1 日	关键在于落实
在开学典礼上的讲话	2011 年 5 月 13 日	领导干部要重视学习马克思主义经典著作
	2011 年 9 月 1 日	领导干部要读点历史
	2011 年 11 月 16 日	谈谈调查研究
	2012 年 3 月 1 日	扎实做好保持党的纯洁性各项工作
	2012 年 5 月 16 日	坚持实事求是的思想路线
	2012 年 9 月 1 日	在中央党校 2012 年秋季学期开学典礼上的讲话
在听取中央党校校委工作汇报时的讲话	2007 年 11 月 30 日	在同中央党校校委座谈时的讲话
	2007 年 12 月 8 日	在听取中央党校校委汇报工作时的讲话
	2008 年 12 月 16 日	在听取中央党校校委汇报工作时的讲话
	2010 年 1 月 5 日	在听取中央党校校委汇报工作时的讲话
	2010 年 12 月 29 日	在听取中央党校校委汇报工作时的讲话
	2012 年 1 月 6 日	在听取中央党校校委汇报工作时的讲话
	2012 年 12 月 6 日	在同中央党校校委座谈时的讲话
在全国党校工作会议及党校校长会议上的讲话	2008 年 10 月 26 日	在新的历史起点上开创党校工作新局面
	2012 年 7 月 17 日	在全国党校校长会议上的讲话
在中央党校西藏民族干部培训班创办 30 周年座谈会上的讲话	2010 年 10 月 21 日	在中央党校西藏民族干部培训班创办 30 周年座谈会上的讲话

（依据习近平 2007 年 11 月 30 日至 2012 年 12 月 6 日在中央党校的重要讲话资料内容整理，研究室供稿）

中央领导与中央党校学员座谈

编辑：刘能杰

李源潮与县委书记任职培训班（第4期）学员座谈

3月1日至12日，县委书记任职培训班（第4期）在中央党校举办。中共中央政治局委员、中央书记处书记、中央组织部部长李源潮在与县委书记任职培训班（第4期）学员座谈时指出，县委书记要有为民之心、务实之行、清廉之求，把服务群众、造福百姓放在心中最高位置，创造经得起实践检验、人民检验和历史检验的政绩。

本期培训班是经中央领导批准，按照中办发〔2009〕17号文件《关于加强县委书记队伍建设的若干意见》的精神举办的。2010年3月和2011年9月、11月中央党校已先后举办3期县委书记培训班，此次第4期培训班有来自20个省区市的440多名新任县委书记参加培训。学员们在座谈时一致认为，通过培训开阔了眼界、开阔了思路、开阔了胸襟，加强了党性锻炼，强化了廉洁从政意识，表示要牢记宗旨、履职尽责，不辜负组织重托和人民期望。

李源潮指出，新任县委书记要坚持科学发展、造福于民的根本方向，把人民满意作为检验工作成效的根本标准，不仅重视客观经济指标，而且重视群众主观感受，不求金杯银杯，但求百姓口碑。要带头落实直接联系群众制度，身入基层、心入基层，做焦裕禄、杨善洲和王伯祥那样受群众公认、干部效仿、党员敬佩的县委书记。要立务实之心、讲务实之言、做务实之事、求务实之绩，保持一届接着一届干的稳定性和连续性，积极化解前任没有解决的矛盾，不搞脱离实际、劳民伤财的政绩工程。

李源潮说，新任县委书记要做清正廉洁的表率，带头严格执行廉洁自律各项规定。要严把选人用人关，发扬民主、坚持原则，严守纪律、接受监督，用改革的办法选德才兼备的干部。要严把重大项目决策关，坚持民主决策、集体决策、阳光决策。要严把生活情趣关，杜绝影响不良的爱好，隔离风气不正的朋友，见贤思齐，警钟长鸣，坚守共产党人的精神家园。

中央党校常务副校长李景田主持座谈会。中央组织部常务副部长沈跃跃，副部长李智勇、张纪南、王尔乘、王秦丰，副部长兼干部一局局长王京清，部务委员兼干部二局局长潘立刚，部务委员兼组织二局局长陈向群，秘书长邓声明，中央党校副校长孙庆聚、李书磊，校委委员、进修部主任黄宪起参加座谈。

座谈会结束后，与会领导同志为县委书记班学员颁发结业证书。

中央组织部有关部门负责同志、中央党校有关直属单位负责同志、教学及工作人员和第 4 期县委书记培训班 440 多名学员参加座谈会。

（摘自《党校信息》2012 年第 3 期，办公厅供稿）

李源潮与国家特聘专家研修班学员座谈

5 月 17 日，中共中央政治局委员、中央书记处书记、中央组织部部长李源潮与国家特聘专家研修班学员座谈。他勉励学员把个人理想抱负与国家和人民需要结合起来，多出世界一流的科研成果，创办世界一流的科技企业，培养世界一流的创新创业人才，为理想而奋斗，与祖国共成功。

李源潮说，每个回国创新创业的海外高层次人才都有一个中国梦，这个梦根植于近现代中华儿女追求国家富强、民族复兴的百年梦想，是进步的梦、良好的梦。改革开放和中国特色社会主义事业的发展，为中国梦的实现创造了机遇、空间和现实条件。留学回国人才能赶上中华民族实现伟大复兴的时代大潮，机遇难得。艰苦奋斗是成功之母，希望国家特聘专家专心致志、执着追求，潜心科研、勇攀高峰，与国内人才加强合作、协调攻关，共同推动建设创新型国家和社会主义现代化建设大业。国家将进一步营造创新创业的良好环境，大力引进和用好海外人才，为各类人才施展才华、实现人生理想提供更好的条件和服务。

座谈会上，专家们畅谈报国理想和事业追求。发言一个接一个，有的说自己想让拥有自主品牌的中国汽车跑遍世界各个角落，有的介绍自己想开发中国特色的管理理论体系，有的建议国家应对回国创业的青年科技人才和基层创业的人才提供更多的支持，等等。座谈会气氛热烈融洽，不时响起笑声和掌声。

中央组织部常务副部长沈跃跃、中央党校常务副校长李景田和科技部、教育部、人力资源和社会保障部、中国人民银行、国务院国有资产监督管理委员会等部门负责同志参加座谈会。

（摘自《党校信息》2012 年第 6 期，办公厅供稿）

李源潮与市地党政主要领导干部任职培训班（第 1 期）学员座谈

5 月 25 日，中共中央政治局委员、中央书记处书记、中央组织部部长李源潮与市地党政主要领导干部任职培训班（第 1 期）学员座谈。他勉励学员按照胡锦涛总书记要求，把党和人民赋予的责任看得比泰山还重，为党负责、为民尽责、自律守责，以经得起实践、历史和人民检验的贡献与奉献，向党向人民交出一份问心无愧的答卷。

2011 年以来，在地方领导班子集中换届中，全国新任市（地州盟）委书记有 130 多名、新任市（地州盟）长有 160 多名。为加强换届后领导班子和领导干部思想政治建设，从 2012 年 5 月开始，中央组织部将在中央党校分 3 批对新任市委书记、市长进行任职培训。来自 24 个省区市的 67 名新任市委书记参加第 1 期培训班。

李源潮指出，市委书记是党在一个地区科学发展的带头人，要领班子、带队伍、抓发展、保稳定，担负好立党为公、执政为民的重任。要对党的事业负责，解放思想、改革创新，积极破解制约科学发展的难题；增强维护社会稳定的预见性和前瞻性，见微知著、抓小抓早；做好党建工作第一责任人，用心抓党建，重点抓班子、抓干部。要为人民尽责，谋民利创民富，保民生解民难，聚民意促民主，格外关心困难群众的生产生活，让发展的成果惠及全体百姓。

李源潮说，新任市委书记要打牢为党和人民履职尽责的基础。要坚定中国特色社会主义理想信念，一辈子坚持共产党人的先进追求，一辈子坚守共产党人的精神家园。要把学习作为工作与生活的习惯，多读书少应酬，善于总结经验、研究问题，虚心向先进学习。要直接联系群众，增进与群众的深厚感情，求真务实、艰苦奋斗。要严格执行党的纪律，依靠内心自觉和外在约束，保持清正廉洁政治本色。

中央组织部常务副部长沈跃跃主持座谈会。中央党校副校长李书磊，校委委员、进修部主任黄宪起参加座谈。

（摘自《党校信息》2012 年第 7 期，办公厅供稿）

李源潮与中青年干部培训班（第32期）学员座谈

7月3日，中共中央政治局委员、中央书记处书记、中央组织部部长李源潮与中央党校中青年干部培训班（第32期）学员座谈。他指出，中青年干部要按照胡锦涛总书记要求，把成长进步的根深深扎在人民群众之中，为人民谋利益，与人民有感情，向人民学本领，为人民干实事，始终保持同人民群众的血肉联系。

这期中青年干部培训班有80多位学员。座谈会上，大家围绕中青年干部健康成长问题谈经历、谈体会、谈建议。李源潮说，中青年干部要健康成长，一要坚定理想信念、对党忠诚；二要对人民负责、为人民谋利。要深刻认识人民群众是历史的创造者和选择者，为人民谋利益是党的立党之本，群众路线是党不断胜利的主要法宝。要始终牢记党的宗旨，把为人民谋利益放在第一位，发扬密切联系群众的优良传统，防止脱离群众的危险。

李源潮指出，中青年干部要培养对人民群众的深厚感情，必须了解群众关切，熟悉群众生活，对群众疾苦有切肤之痛。要经常到群众中去，和群众打成一片，特别是要到艰苦环境和基层一线经受锻炼，亲身体验普通群众的甘苦，真心实意与群众交朋友。要虚心向人民群众学本领，直接联系群众，了解真实情况，发扬民主作风，善于总结运用群众创造的经验组织动员和引领群众。

李源潮指出，中青年干部要努力为人民干实事，把为民造福作为干事创业的出发点和落脚点。要求真务实、埋头苦干，办实事、求实效，让群众得实惠。要敢于坚持原则，敢于担当责任，敢于直面困难。要严格遵守廉洁自律各项规定，在任何情况下都能稳得住心神、管得住行为、守得住清白，清正廉洁做人，干干净净干事。

中央组织部常务副部长沈跃跃主持座谈会。中央党校副校长徐伟新，校委委员、培训部主任罗宗毅出席座谈会。

（摘自《党校信息》2012年第10期，办公厅供稿）

赵乐际与市地党政主要领导干部任职培训班（第2期）学员座谈

11月29日，中共中央政治局委员、中央书记处书记、中央组织部部长赵乐际与市地党政主要领导干部任职培训班（第2期）学员座谈。他勉励学员学习好贯彻好党的十八大精神，尽心竭力履职，奋发有为工作，脚踏实地干事，在推动科学发展中不断增进群众福祉。

为加强换届后领导班子和领导干部队伍建设，中央组织部在中央党校分3批对新任市委书记、市长进行任职培训。来自26个省区市的100名新任市长参加了第2期培训班。

赵乐际指出，学习贯彻党的十八大精神，深刻领悟是基础、自觉落实是关键。要原原本本通篇研读文件，立足岗位工作讨论交流，在中央要求的“七个深刻领会”上下功夫，在把握新思想、新要求、新部署上下功夫。要了然于胸、运用自如、以用促学，结合当地实际深入调研，找准贯彻的切入点和着力点，切实把十八大精神落实到经济社会发展各方面。

赵乐际指出，市长是一个地方的执政骨干。要认清肩负的历史重任，推动科学发展、加快转变经济发展方式，夯实富民强市的物质基础；保障和改善民生，在发展中既见物更见人，尊重人、依靠人、关爱人、为了人，使人民的日子越过越好；创新社会管理，积极回应群众利益诉求，发挥群众在利益调整中的主体作用；建设生态文明，敬畏自然、善待自然、顺应自然、保护自然，为群众创造良好生产生活环境。

赵乐际说，能力素质是履职之本，充实提高是人生常态。要自觉地在思想上政治上行动上与以习近平同志为总书记的党中央保持高度一致，自觉服从服务大局；贯彻民主集中制，严格按照程序、规则和集体意志办事，形成同心同向、共谋发展工作合力。坚持人民利益至上，坚持人民主体地位，完善直接联系群众制度，尊重客观规律，创造性地贯彻中央决策部署，真抓实干、勇于承担，以廉当福、视贪为祸，切实做到为民、务实、清廉。

中央组织部常务副部长沈跃跃主持座谈会。中央党校副校长李书磊，校委委员黄宪起、王东京出席座谈会。

（摘自《党校信息》2012年第23期，办公厅供稿）

职 能 与 机 构

编辑：刘为群

中央党校主要职能

中央党校是轮训培训党的高中级领导干部和马克思主义理论干部的最高学府，是党中央直属的重要部门，是学习、研究、宣传马列主义、毛泽东思想和中国特色社会主义理论体系的重要阵地和干部加强党性锻炼的熔炉，是党的哲学社会科学研究机构。其主要职能有七项：

（一）根据党中央对干部队伍建设的要求，发挥对高中级党政领导干部培训轮训主渠道的作用，有计划地培训和轮训省部级领导干部、地厅（局）级主要领导干部、中青年后备干部、县（市）委书记、少数民族领导干部和理论宣传骨干，负责对学员在党校学习期间的表现进行考核，提出使用建议。

（二）研究马克思主义列宁主义、毛泽东思想、邓小平理论和中国特色社会主义理论体系，围绕党的中心任务和党中央、国务院的重大战略部署，对国内外重大现实问题和战略问题开展理论研究，为教学和社会实践服务，将重要成果提供中央决策参考。

（三）受中央委托举办高级研讨班，研讨中央提出的重大理论、战略和方针政策问题。

（四）以党政干部和马克思主义理论骨干为主要对象，按照中央有关政策和国家有关学位与高等教育的法规和办法，开展博士、硕士学位研究生教育、在职研究生教育。

（五）以多种适当方式开展同国外、境外学术研究机构的交往和学术交流，举办国际学术研讨会。

（六）负责对全国党校进行业务指导，

承担省、市（地）两级党校骨干教师的培训工作和编写党校教材及辅导材料。

（七）完成党中央交办的其他任务。

（摘自校园网“中共中央党校概况”及“中央党校2012年部门决算公开”）

直属单位主要职能

办公厅：

协助校领导组织校内日常工作的运转；负责校内外的联系与综合协调、秘书事务、会议、机要、档案、信访、外事、办公自动化、保密、保卫、公务接待工作；承办对地方党校业务指导的具体工作。

下设处级机构6个：综合处、秘书处、机要档案处、保卫处、地方党校工作办公室、外事工作办公室。

马克思主义研究基金会（代管）。

教务部：

编制全校和各分校教学计划，管理、协调教学活动，招收学员，管理学籍；负责组织教学大纲的编写与教材的审定；反映教学情况，研究并提出教学改革方案；开展党校教育规律的研究。

下设处级机构5个：党校教育研究室、招生办公室、教务处、教材处、分校工作办公室。

科研部：

编制全校科研规划，管理、协调科研活动，管理科研档案和科研经费；负责中央党校中国特色社会主义理论体系研究中心的管理工作；组织评估和宣传科研成果，提供科研信息咨询；组织党校系统的科研协作；负责全校社团组织的管理。

下设处级机构4个：科研规划处、科研管理处、科研协作处、中国特色社会主义理论体系研究室。

马克思主义理论教研部：

承担与马克思主义理论学科有关的教学、研究、学位研究生培养和教材建设等工作。

下设教研室5个：马克思主义基本原理教研室、马克思主义发展史教研室、马克思主义中国化研究教研室、国外马克思主义研究教研室、思想政治教育教研室。

哲学教研部：

负责马克思主义哲学、科技哲学与现代科技、中外哲学史、战略学、伦理学等学科的教学科研工作；编写本学科教材；培养本学科的博士、硕士研究生。

下设教研室6个：马克思主义哲学教研室、马克思主义哲学史教研室、战略学教研室、伦理学教研室、中外哲学教研室、现代科学技术与科技哲学教研室。

经济学教研部：

负责马克思主义经济理论、宏观经济

学、微观经济学、发展经济学、经济管理、经济学说史等学科的教学科研工作；编写本学科教材；培养本学科的博士、硕士研究生。

下设教研室6个：政治经济学教研室、宏观经济学教研室、微观经济学教研室、发展经济学教研室、经济学说史教研室、管理学教研室。

科学社会主义教研部：

负责科学社会主义、社会主义发展史、中国特色社会主义、当代世界社会主义、社会学、民族宗教理论及相关学科的教学科研工作；编写本学科教材；培养本学科的博士、硕士研究生。

下设教研室6个：科学社会主义原理教研室、社会主义发展史教研室、当代世界社会主义教研室、社会学教研室、民族与宗教理论教研室、社会制度比较教研室。

政法教研部：

负责马克思主义法学和政治学理论、社会主义民主法治建设、法学、政治学、人权理论等学科教学科研工作；编写本学科教材；培养本学科的博士、硕士研究生。

下设教研室6个：政治学理论教研室、法学理论教研室、宪法与行政法教研室、人权理论教研室、公共管理教研室、经济学教研室。

中共党史教研部：

负责中共党史、毛泽东思想基本问题、中国现代政党史及相关学科的教学科研工作；编写本学科教材；培养本学科的博士、硕士研究生。

下设教研室5个：第一教研室、第二教研室、第三教研室、第四教研室、第五教研室。

党的建设教研部：

负责马克思主义党的学说、党的建设理论、党的领导与领导科学、党的学说史、政党制度、世界政党比较等学科的教学科研工作；编写本学科教材；培养本学科的博士、硕士研究生。

下设教研室5个：马克思主义党的学说史教研室、党的建设原理教研室、党的领导与领导科学教研室、世界政党比较教研室、政党制度教研室。

文史教研部：

负责马克思主义文化理论、社会主义文化建设、语言文学、中国历史、世界历史等学科的教学科研工作；博士、硕士研究生的外语教学及全体学员的体育教学；培养本学科的博士、硕士研究生。

下设教研室4个：文化学教研室、文学教研室、历史教研室、外国语言与文化教研室。

国际战略研究所：

负责国际政治、世界经济、中国外交政策、港澳和台湾问题等学科的教学科研工作；编写本学科教材；培养本学科的博士、硕士研究生。

下设教研室5个：国际政治研究室、世界经济研究室、当代世界思潮研究室、中国外交研究室、国际关系与台港澳研究室。

研究室：

负责党校系统学员和教师思想理论信息的研究和利用工作，协助校领导组织和参与国内外重大现实问题的专项调研及重要文章的撰写，承担校委重要文稿的起草工作，承办校外宣传的组织工作，主办《思想理论内参》，编写《中共中央党校年鉴》和《党校发展决策参考》。

下设处级机构3个：一处、二处、三处。

进修部：

组织实施省部级领导干部、地厅（局）级主要领导干部、县（市）委书记和大企业党委书记的轮训工作；承办高级研讨班、专题研究班等有关事宜。

下设处级机构2个：办公室、组教处。

培训部：

组织实施地厅（局）级中青年领导干部、意识形态部门的理论宣传领导干部和少数民族干部的培训工作。

下设处级机构4个：办公室、组教处、新疆班、西藏班。

研究生院：

组织实施博士、硕士学位研究生的招生、教学与学籍管理、学位评定、就业指导工作；负责省、市（地）两级党校骨干教师的培训工作；负责在职研究生培养的管理工作；负责全国省级党校学位管理和指导工作。

下设处级机构3个：学生处、培养处、在职研究生工作办公室。

图书馆：

负责文献、信息的采集、整理和开发，提供信息服务；管理中央党校及党校系统数字图书馆文献信息资源和网络系统。

下设处级机构3个：办公室、数字资源综合管理中心、文化展览处。

下设教研室一级机构7个：文献采编室、图书馆借阅室、报刊借阅室、参考咨询室、数字资源建设中心、文献研究室、系统与技术保障中心。

组织部：

负责校内干部的录用、调配、考核、奖惩、职务任免、专业技术职务评审、培训、工资福利、离退休和工勤人员的人事管理工作，校内机构编制管理工作，学校的专家管理工作；负责出国出境人员的审查等工作。

下设处级机构5个：办公室、干部一处、干部二处、干部三处、人事处。

财务行政管理局：

负责全校的后勤综合管理，即校园规划、基建、财务、审计、国有资产和后勤其他事务的综合管理。

财务行政管理局所属单位2个，即基建办公室、财务部。

直属处级机构4个：办公室、综合管理处、房地产管理处、卫生处。

基建办公室下设处级机构2个：计划材料处、工程处。

财务部下设处级机构6个：财务一室、财务二室、财务三室、资产管理室、计算中心、审计室。

机关党委：

负责全校的思想政治工作、精神文明建设、机关及所属单位的党群工作及侨务工作等。

下设处级机构4个：办公室（与团委、青年工作处一个机构、三块牌子）、组织处、宣传处、机关纪委办公室。校工会为机关党委下属单位。

离退休干部局：

负责离退休人员的政治理论学习、党务工作、管理和服务工作，组织开展各种活动，发挥离退休人员的作用。

下设处级机构5个：办公室、党务工作处、宣传教育处、文体工作处、服务处。

报刊社（注：2009年3月26日，原校刊社、学习时报社合并为报刊社）：

主要承担研究和宣传马克思列宁主义、毛泽东思想和中国特色社会主义理论体系以及马克思主义中国化的最新成果，探讨重大理论和现实问题，反映党政干部和理论界关注的热点和难点，宣传党的路线、方针、政策、宣传党校教育方针，交流党校建设和教学经验等工作。

下设处级机构2个：办公室、经营发展部。

下设教研室级机构7个：总编室、一编室、二编室、专刊室、《中国党政干部论坛》编辑部、《中央党校学报》编辑部、《理论动态》编辑部。

另：根据中校字〔2011〕64号文件，设立中共中央党校学习时报社，不定机构规格和编制。

干部教育学院（注：2011年8月22日，原函授学院更名为干部教育学院）：

主要负责受中央部门、企业及地方委托，对县处级以上党员干部进行思想政治理论等方面的培训。

下设处级机构4个：办公室、教务处、教材服务中心、财务处。

下设教研室级机构3个：教研室、培训办公室、研究生办公室。

机关服务局（注：2012年7月，原后勤服务部更名机关服务中心，又名为机关服务局）：

负责全校后勤保障和后勤服务工作，即餐饮、交通、医疗保健、物业监管等服务工作，教学、办公、学员生活场所的管理服务工作，供电、供水、供暖、供冷等服务保障工作、校园绿化、环境卫生、房屋修缮及社区管理服务工作。

下设按处级配备领导干部的服务实体8个：餐饮服务中心、综合服务中心、交通服务中心、医院、园林修缮环卫中心、社区服务中心、物业监管中心、动力保障中心。

信息中心（注：2010年9月26日，原信息管理部更名为信息中心）：

负责全校课堂教学保障、远程教学网络、校园计算机网络、有线电视和电话通信等信息化建设管理工作，承办党校系统远程教学网络建设的组织协调和使用管理工作。党校电视台的管理、维护及宣传报道工作，学校交办的其他工作等。

下设处级机构5个：办公室、电话教学处、远程教学处、校园网络管理处、电视通讯处。

出版社：

负责党校教材和教学参考读物、干部学习读物、理论研究著作等哲学社会科学类图书的出版和发行工作。为全国党校的教学和科研服务，为党的干部教育和思想理论建设服务，为社会主义两个文明建设服务。

下设处级机构5个：办公室、总编室、出版部、发行部、财务室。

下设教研室级机构5个：一编室、二编室、三编室、四编室、五编室（中央党校求索音像出版社）。

（摘自2012年校园网）

附：

直属机构设置简表

（2012）

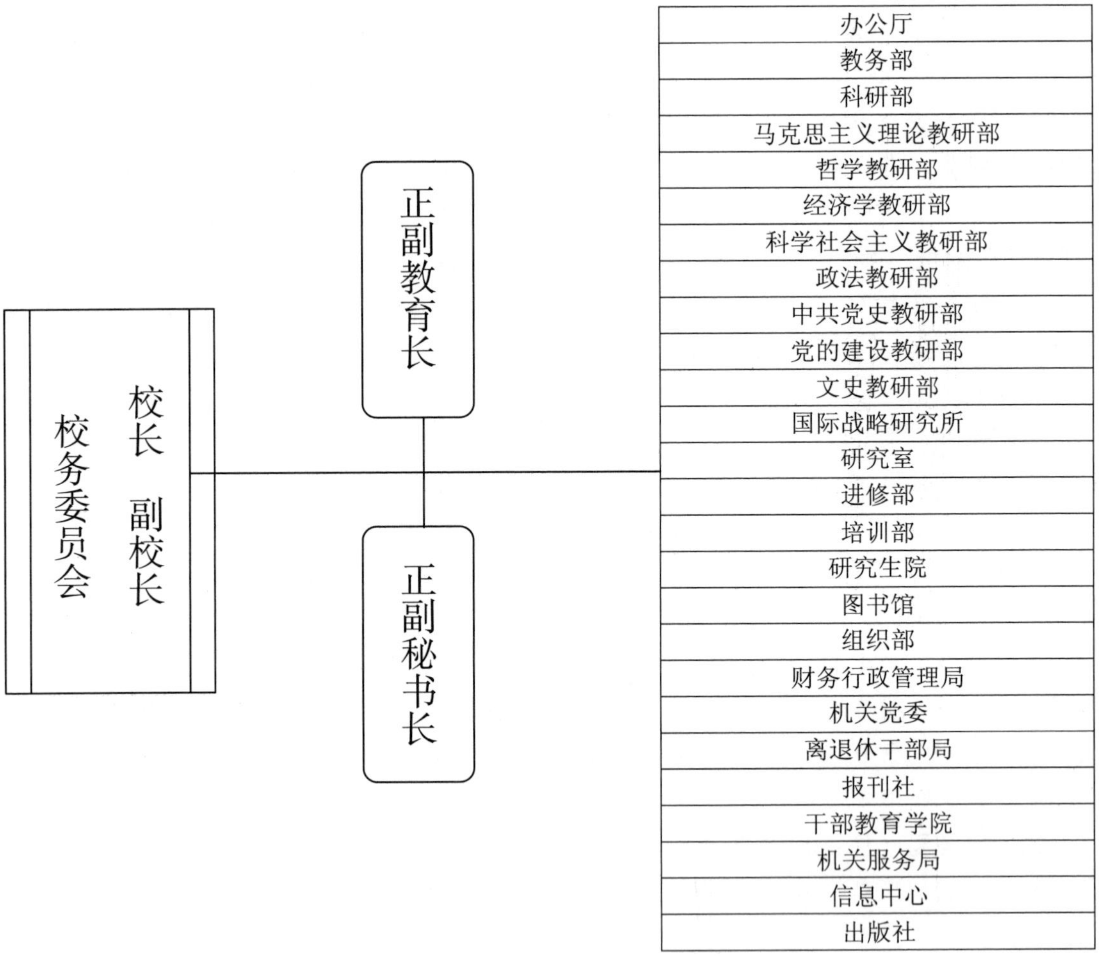

（摘自《中共中央党校校史文献史料选编》下卷）

校领导职务任免

刘云山兼任校长

2012年12月，根据中共中央决定，中共中央总书记、中央军委主席习近平同志不再兼任中央党校校长职务，由中共中央政治局常委、中央书记处书记刘云山同志兼任。

贾高建、罗宗毅、徐伟新职务任免

根据工作需要，经中央党校校务委员会3月30日研究决定，贾高建同志任教育长；罗宗毅同志任培训部主任，免去其办公厅主任职务；免去徐伟新同志教育长、培训部主任职务。

转发中共中央组织部（干任字〔2012〕63号）通知："中央批准：明确贾高建同志为副部长级干部"。

（摘自中校通〔2012〕6号、8号文件，办公厅供稿）

徐伟新、孙庆聚职务任免

转发中共中央4月5日《关于徐伟新、孙庆聚同志职务任免的通知》（中委〔2012〕123号）：中央批准，徐伟新同志（女）任中央党校副校长，免去孙庆聚同志的中央党校副校长职务。

（摘自中校通〔2012〕7号文件，办公厅供稿）

梁言顺、王东京任职

转发中共中央组织部4月5日关于梁言顺、王东京同志任职的通知（组任字〔2012〕56号）："经研究，同意梁言顺、王东京同志任中央党校校务委员会委员"。

（摘自中校通〔2012〕9号文件，办公厅供稿）

校务委员会成员及分工

成 员 名 单

校长：刘云山

常务副校长：李景田

副校长：陈宝生　李书磊　张伯里　徐伟新

教育长：贾高建

校委委员：罗宗毅　黄宪起　赵长茂　梁言顺　王东京

（摘自2012年12月校园网）

分 工 调 整

经校委会议研究并报习近平同志批准，对校领导工作分工进行了局部调整。调整后的校领导工作分工如下：

李景田同志主持全面工作，分管组

织部。

陈宝生同志主管行政后勤、报刊宣传工作，分管办公厅、哲学教研部、经济学教研部、研究室、财务行政管理局、报刊社、后勤服务部。

李书磊同志主管教学工作，分管教务部、中共党史教研部、党的建设教研部、文史教研部、研究生院、干部教育学院。

张伯里同志主管科研工作，分管科研部、马克思主义理论教研部、科学社会主义教研部、政法教研部、国际战略研究所。

徐伟新同志主管机关党的工作和思想政治工作，分管进修部、培训部、机关党委、离退休干部局。

贾高建同志分管图书馆、信息中心、出版社，兼哲学教研部主任。

（摘自中校字〔2012〕18 号文件，办公厅供稿）

附录：

2007 年以来校务委员会成员任职情况

1. 习近平于 2007 年 11 月至 2012 年 12 月兼任中央党校校长、校务委员会委员。

2. 刘云山于 2012 年 12 月兼任中央党校校长、校务委员会委员。

3. 李景田于 2007 年 12 月任中央党校常务副校长、校务委员会委员。

4. 李君如于 2000 年 4 月至 2008 年 12 月任中央党校副校长、校务委员会委员。

5. 石泰峰于 2001 年 7 月至 2010 年 9 月任中央党校副校长、校务委员会委员。

6. 孙庆聚于 2003 年 7 月至 2012 年 4 月任中央党校副校长兼机关党委书记、校务委员会委员。

7. 陈宝生于 2008 年 5 月至 2013 年 3 月任中央党校副校长兼秘书长、校务委员会委员。

8. 李书磊于 2008 年 12 月任中央党校副校长、校务委员会委员。

9. 张伯里于 2007 年 4 月任中央党校校务委员会委员；2009 年 12 月任中央党校教育长；2011 年 1 月任中央党校副校长。

10. 徐伟新于 2007 年 4 月任中央党校校务委员会委员；2011 年 1 月任中央党校教育长兼培训部主任（2012 年 4 月不再兼任）；2012 年 4 月任中央党校副校长。

11. 贾高健于 2008 年 6 月任中央党校校务委员会委员兼哲学教研部主任；2012 年 3 月至 2013 年 1 月任中央党校教育长兼哲学教研部主任（2012 年 6 月不再兼任哲学教研部主任）。

12. 李兴山于 2003 年 6 月至 2008 年 6 月任中央党校教育长；1999 年 10 月至 2008 年 6 月任中央党校校务委员会委员。

13. 郝时晋于 1999 年 10 月任中央党校校务委员会委员；2008 年 6 月至 2009 年

12 月任中央党校教育长。

14. 罗宗毅于 2003 年 11 月至 2012 年 4 月任中央党校办公厅主任；2008 年 6 月任中央党校校务委员会委员；2012 年 4 月任培训部主任。

15. 黄宪起于 2008 年 6 月任中央党校进修部主任；2009 年 12 月任校委委员会委员。

16. 赵长茂于 2008 年 8 月任中央党校组织部部长；2009 年 12 月任校务委员会委员。

17. 梁言顺于 2009 年 12 月任中央党校科研部主任；2012 年 4 月任校务委员会委员。

18. 王东京于 2009 年 12 月任中央党校教务部主任；2012 年 4 月任校务委员会委员。

（组织部供稿，统计时间为 2013 年 3 月）

直属单位行政和党组织主要负责人

单　　位	行政主要负责人	党组织主要负责人
办公厅	张忠军	张忠军
教务部	王东京	王统销
科研部	梁言顺	倪德刚
马克思主义理论教研部	周为民	王彦民
哲学教研部	李晓兵	孔　柠
经济学教研部	赵振华	鲍永升
科学社会主义教研部	王怀超	白平浩
政法教研部	张恒山	王治华
中共党史教研部	柳建辉	李怀义
党的建设教研部	王长江	梁俊平
文史教研部	周熙明	纪　庆
国际战略研究所	韩保江	顾丽丽
研究室	冯秋婷	曾业松
进修部	黄宪起	赵凤珍
培训部	罗宗毅	薛泽洲
研究生院	韩庆祥	王军敏
图书馆	陈高炯	刘俊瑞
组织部	赵长茂	王　洋

续　表

单　　位	行政主要负责人	党组织主要负责人
财务行政管理局	赵晓光	朱　鸣
机关党委	李庆华（常务副书记）	沈黎萍
离退休干部局	钟绍强	王金龙
出版社	田国良	张坚石
报刊社	谢春涛	赵慧珠
干部教育学院	史金龙	吴江浩
机关服务局	欧亚平	张素峰
信息中心	郭英楼	冯永胜

（名单为2012年情况，据组织部、机关党委提供资料整理）

工 作 概 况

编辑：刘能杰

中央党校2012年工作概述

2012年，在中央的高度重视和亲切关怀下，在习近平校长、刘云山校长的直接领导下，中央党校按照中央要求和《中共中央党校2012年工作要点》的具体安排，坚持党校姓党，以“质量立校”为总战略，以“一流学府”建设为抓手，齐心合力、开拓奋进，集中办了三件大事，做了六项主要工作，很好地完成各项任务，取得新的成绩。

三 件 大 事

一是积极做好迎接、筹备党的十八大和深入学习贯彻十八大精神的各项工作。为迎接党的十八大胜利召开，校委精心组织、周密部署，全校上下齐心，各部门通力配合，积极做好代表选举、大会动员等相关工作，完成中央交办的调研、征集意见等任务。召开学习贯彻胡锦涛“7·23”重要讲话精神理论研讨会，增设相关专题讲题和辅导报告，制定印发了《中央党校校委关于学习贯彻党的十八大精神的安排意见》。十八大召开当天，组织全校学员、教职工收看大会盛况。会后，校委立即召开全校学员、教职工大会传达宣讲十八大精神；各部门集中时间深入系统地学习、研读十八大报告。同时，中央党校积极配合中央宣传部等相关部门，在主流媒体上接受访谈；及时举办全国党校系统和中央党校理论工作者学习贯彻十八大精神座谈会、研讨会，组织刊发专门文章，出版专门图书。有关同志还参加中央组织的宣讲活动。在校学员组织多种形式的学习十八大精神交流活动。

二是深入贯彻落实全国党校工作会议精神、《党校工作条例》和《干部教育培训改革纲要》，召开了全国党校校长会议。 7月17日至18日，在中央党校召开了全国党校校长会议，习近平同志作主报告，对十七大以来的党校工作进行了深入总结，概括了八个方面的成绩、提炼出“九个坚持”的经验。与会者认为这是近年来规格最高、收效最大的一次全国党校校长会。2012年，中央党校以“十七大以来党校工作”作为课题，进行系统研究，形成一批有价值的研究成果。此外，召开全国党校系统教学、科研等工作会议和业务研讨会，开展第九届全国党校系统科研评奖工作，举办四期全国党校系统资源共建共享培训班，加强对地方党校工作的指导和支持力度，推动了党校系统整体实力的提升。

三是做好迎接中央党校80周年校庆的准备工作，校史馆正式开馆。经过大量准备工作，中央党校校史馆正式开馆。校史馆展示了中央党校的发展历程。习近平、刘云山、曾庆红等参观了校史馆，给予肯定。一年来共接待参观者229批次，5437人。制定中央党校80周年校庆活动方案，得到习近平同志批准，加紧推进各项筹备工作。中央党校校委向刘云山同志汇报了有关情况，刘云山同志给予肯定。

六项主要工作

第一，深化教学改革，做好大规模培训干部工作，打造“一流教学”取得新成效。2012年，中央党校举办计划内主体班次44个，招收学员3172人，与中央组织部等单位联合举办7个计划外班次，培训学员490人，先后举办新任市地州盟党委书记和市长（专员、州长、盟长）、新任县委书记任职培训班。承办中央组织部“182”境外培训班相关工作和中央国家机关司局级干部选学的相关教学任务，继续开展党校系统师资队伍培训工作。

进一步调整教学内容，优化细化教学布局，深化教学管理改革。如修改完善教学效果评估体系，培训班末位调整制度推行至进修班；加强教师集体备课，着力解决讲课内容重复的“老大难”问题；调整资助奖励方向，侧重于对学科建设有重要意义的基础研究与前沿研究；启动进修班学员考核方式改革试点等。

开放办学有新成绩。接待意大利总理

马里奥·蒙蒂、泰国总理英拉、新加坡总理李显龙等外国政要来校访问，与英国渣打银行等机构新签或续签合作协议和备忘录9个；举办“2012中欧美学术论坛”、第11届中西发展论坛、“世界经济新秩序下的繁荣”等国际学术研讨会；与国家留学基金管理委员会签署合作备忘录。

短期培训成效显著。2012年，举办各类干部短期培训班98个，培训局、处级干部7819人，其中全国党校系统学习贯彻党的十八大精神师资培训班，培训师资近2000人；完善各项规章制度，制定《中央党校干部教育学院在职研究生管理办法》等规章；完成党校函授学历教育收尾工作，党校函授学历教育27年培养360万名学员。

此外，组织开展2010—2012学年中央党校分校教学管理评奖活动，评出23个教学管理先进集体，62位教学管理先进个人，并予以表彰。

第二，重点推进基本理论、学科基础理论与重大问题研究，加强思想库建设，完善科研制度，打造“一流科研”取得新成果。精心组织各类项目的申报立项、中期管理和鉴定结项工作。中央党校2012年度国家社会科学基金项目立项达22项，其中，《中国现阶段社会矛盾问题研究》是十二五期间中央党校中标的第二个重大项目。设立2012年度校级课题43个。组织设立2012年度全国党校系统调研课题195项。加大对逾期项目的清理力度，着力解决“重立项、轻结项”问题。顺利通过国家开发银行资助的2010年、2011年度57项校级课题结项。

积极推进理论创新和理论宣传。组织、参与多个理论研讨会；以“中央党校中国特色社会主义理论体系研究中心”名义在中央“四报一刊”发表理论文章52篇，连续四年在全国七大“中特中心”中保持第一。积极完成对中央宣传部的舆情信息直报工作和对中央办公厅秘书局的内部信息速报直报工作，中央办公厅专门来电对中央党校报送材料进行赞扬。

科研工作的制度建设有新举措。修订《中央党校科研项目管理办法（试行）》，横向课题劳务费最高可达40%，这个比例目前是全国最高的。为激励出成果、出精品，修订《中央党校科研重点津贴发放办法（试行）》，从2010年开始，大幅度提高重点津贴标准，第一批发放180万元。此外，制定《中央党校自筹科研项目经费管理实施细则（暂行）》等相关规章。

第三，推进人才强校战略，深化干部人事制度改革，培养“一流人才和队伍”取得新进展。继续加强教师队伍建设，补充人才队伍。2012年补充各类人才54人。开展全国干部教育培训师资库入库人选推荐、全国新闻出版行业第三批领军人才选拔等专家工作，组织中央党校第三次事业单位岗聘和2012年专业技术职务评审，举办第二期教研室正副主任培训班，继续做好教师进修访学和挂职锻炼，以及新进教师培训等工作。

大力推进干部人事制度改革，加强干部队伍建设。2012年共对12个直属单位、47个处级机构（或教研室级机构）领导班子进行补充调整，选拔任用48名局级干部、90名处级干部，首次面向全校公开选拔副局级组织员。加强和改进干部培训和挂职锻炼，对“八部一所”副巡视员进行专门培训。

此外，加强工勤人员培训管理工作，制定《工勤技能岗位聘用工作细则》，完成新一轮工勤技能人员岗位聘用等工作。

第四，进一步加强学员管理和学位研究生工作，做实党性锻炼和读书环节，塑造“一流的风气和人文环境”取得新进步。继续加强学员管理。深入探索学员在校期间党性锻炼的特点和规律，优化党性教育实施方案和具体日程安排，并严格实施。进一步提高读书效果和课题研究质量。进修部学员完成课题主报告118篇，学习札记193篇，52篇研究成果在《思想理论内参》等报刊发表。培训部学员完成调研报告280余篇，在内参上发表22篇成果，发表论文457篇、论文集3部、专著10部、从政经验文集10本。健全完善管理制度，严格到课率、就餐率的检查通报，强化社会调研纪律。

学位研究生管理有新举措。举办“求是大讲堂”、“周二学术讲座”等高水平学术论坛、讲座，承办大型学术年会，召开中央党校学位与研究生教育30周年纪念大会，开展“读经典”交流活动。采取多种措施严把“入口关”。制定规章制度，严格管理，严防代考、代签、代笔。2012年研究生毕业论文全部实行匿名评审。

第五，以完善基础设施和信息化工程为重点，增强保障能力，“一流的硬件和基础设施”建设呈现新亮点。校园基本建设方面，落实《中央党校校园建设“十二五”规划》，做好学工食堂、学员楼功能扩展和节能改造项目的申报立项等工作；完成数字图书馆、老干部活动中心、社区医疗服务中心等工程，并与第四军医大学签订了医疗合作协议；旧住宅加装电梯工作、合建职工住宅及腾退房配售工作顺利进行。

信息化建设方面，完成综合楼电教设备改造和育园楼同声传译项目；由中央党校承担的农村党员干部现代化远程教育项目顺利通过验收；完成一卡通系统的软件升级，以及南院“一卡通”相关工作；在全国党校系统征集教学资源，丰富远程网播出内容；完成中央党校门户网站的改版工作，补充了校园媒体资源。

第六，进一步增强服务教学科研的能力，追求“一流的管理和服务”取得新成绩。行政管理方面，认真施行《行政机关公文处理条例》和行政机关公文格式标准，促进机关公文处理工作科学化、规范化，加强保密工作的制度化建设。

后勤服务方面，完成北门改造等十项“民生工程”建设，完成一食堂后厨改造和垃圾分类等工作。定期监督检查校内各餐饮单位落实食品安全制度情况，进行食品安全快速检测，对全校餐饮单位炊管人员进行多种形式的食品安全知识培训，培训350人次。

财务管理方面，2012年财政部批准中央党校财政拨款27291.29万元，比上年增加922万元。完成中央党校预决算和“三公经费”向社会公开工作。制定印发《中央党校国有资产使用和处置管理实施细则》，加强政府采购、资产管理、成本管理、内部审计工作和对全校的货币资金的管理，取得明显效果。财务行政管理局综合管理处荣获“‘十一五’时期全国节能减排先进集体”荣誉称号。中央党校财务部被评为中央直属机关唯一的财政部预算管理二等奖。

离退休干部工作方面，印发《关于离退休干部原单位协助做好离退休干部工作的意见》，召开中央党校纪念干部离退休制度建立30年座谈会；举办纪念《燕京诗刊》创刊10周年座谈会，组织文体比赛等，丰富老同志精神文化生活；进一步落实好离退休干部政治和生活待遇，特困帮扶措施更加突出个性化和针对性。

报刊出版方面，围绕党的中心工作，联系重大理论和现实问题，以重大宣传活动为契机，加强策划，深入进行宣传报道。特别是党的十八大召开之后，所属报、刊、网站都做了宣传方案，认真贯彻落实。党校报刊大量稿件被国内外报刊和网站转载，在社会上引起较大反响，受到广泛好评。

图书资料工作方面，大力推进数字图书馆建设；举办全国党校系统图书馆馆长培训班，进行全国党校系统图书馆“三大文库”建设中期检查评估；大力推进校园文化建设，举办7场文艺演出；加大对馆藏珍本、孤本的保护、开发和宣传力度，加强对外交流与合作。

机关党的工作方面，召开机关党的工作会议和直属单位党组织书记座谈会，加强对机关党的工作规律研究；加强和谐校园建设和机关文化建设，营造迎接党的十八大的浓厚氛围；继续深化创先争优活动，做好抓基层打基础工作；加强惩防体系建设，开展遵守党的政治纪律专项检查。

（摘自《校内通报》2013年第1期，依据常务副校长李景田在全校局以上干部大会上的述职报告整理，研究室供稿）

校委会议议事情况

序次	时间	讨论和议定重要事项
1	2012年 1月12日	一、学习讨论习近平同志1月9日对深入学习胡锦涛总书记在中央纪委第七次全会上讲话精神的重要批示。 二、讨论并原则同意办公厅拟定的《中央党校2012年工作要点》。 三、听取校职工住房委员会关于制定中央党校新建住房调整配售方案有关情况的汇报。 四、听取组织部关于中央党校清理机构编制情况的报告。 五、讨论有关人事问题。
2	1月17日	一、学习讨论中发电〔2012〕1号文件。 二、研究有关人事问题。

续 表

序次	时间	讨论和议定重要事项
3	3月8日	一、学习讨论习近平同志3月1日在开学典礼上的重要讲话。 二、讨论并原则同意教务部关于举办省部级领导干部专题研讨班有关工作的意见。 三、讨论并原则同意校财务部制定的《中央党校2012年预算方案》。 四、讨论并原则同意组织部制定的《关于在全校利用3个副局级机动职数选拔副巡视员的实施方案》。 五、讨论有关人事问题。
4	3月20日	一、讨论并原则同意研究生院关于中央党校学位研究生教育30周年庆祝活动安排的意见。 二、听取校史展工作领导小组关于校史馆建设工作总结及今后工作建议的汇报。 三、讨论有关人事问题。 四、传达学习习近平同志3月17日在中央和国家机关有关会议上所作《关于进一步加强中央和国家机关领导班子思想政治建设》的重要讲话。
5	3月30日	审议组织部关于办公厅主任、培训部主任职务任免的建议意见。
6	4月12日	一、讨论并原则同意办公厅外事办公室提出的关于中央党校与日本住友化学株式会社签署学术合作备忘录的意见。 二、讨论同意校相关委员会提交的关于调整中央党校人口与计划生育委员会、爱国卫生运动委员会成员的意见。 三、讨论有关人事问题。 四、讨论并原则同意教务部提出的关于举办残疾人工作专题研讨班的意见。 五、传达中共中央、中央组织部关于中央党校有关人事任免的文件。
7	4月19日	一、会议同意校机关党委提出的关于中央党校机关党委书记变动的意见。 二、讨论并原则同意教务部提出的关于举办“国家特聘专家研修班”、“年轻干部专题培训班”等班次的意见。 三、讨论通过组织部提出的关于副局级校务委员会秘书任职人选的建议意见。
8	4月26日	一、讨论并原则同意办公厅提交的《2012年全国党校校长会议方案》。 二、讨论并原则同意组织部提出的关于选拔中央党校2012年享受政府特殊津贴人员工作安排的意见。 三、讨论同意组织部提出的关于确定3名副巡视员任职人选的意见。 四、讨论并原则同意组织部提出的关于民主推荐哲学教研部主任、干部教育学院院长、出版社社长兼总编辑等正局级领导职务干部人选的方案。

续 表

序次	时间	讨论和议定重要事项
9	5月10日	一、讨论并原则同意校财务部和科研部提交的《中央党校科研项目经费管理办法（试行）》。 二、批准科研部提交的关于中央党校2012年度校级重点科研项目立项的名单。 三、讨论同意组织部关于科学社会主义教研部部分下设机构及职能调整问题的意见。 四、讨论并原则同意组织部关于后勤服务中心（后勤服务部）更名为机关服务中心（机关服务局）的意见。 五、讨论同意组织部提交的《中央党校关于2012年事业单位专业技术岗位聘用工作的意见》。 六、讨论同意组织部提交的关于在全校范围内选拔副局级组织员的实施方案。 七、听取组织部关于局级领导班子及领导干部2011年度考核民主测评情况报告。
10	5月23日	一、学习讨论习近平同志5月16日在开学典礼上的重要讲话。 二、讨论并原则同意机关党委提交的关于调整中央党校党务公开工作领导小组成员的意见。 三、讨论并原则同意组织部提交的关于设立中央党校校务委员会纪律检查机构的报告。 四、讨论同意关于推荐2012年享受政府特殊津贴人员的意见。 五、讨论并原则同意组织部提交的关于在部分单位内部差额选拔副巡视员工作的实施方案。 六、其他人事问题。
11	6月6日	一、讨论并原则同意教务部提交的关于全国党校系统教学管理评比活动方案。 二、听取教务部关于组织学员赴黑龙江省大庆市开展体验式教学并举行中央党校教学基地挂牌仪式的汇报。 三、讨论并原则同意组织部提交的关于2012年评奖工作的意见、教务部提交的《关于评选2011—2012学年教学优秀奖、教学组织优秀集体奖的实施意见》和科研部提交的《关于评选2011年度科研优秀成果奖、科研组织优秀集体奖的实施意见》。 四、讨论并原则同意组织部提交的关于落实2012年接收安置军转干部计划的意见。 五、讨论并原则同意校工会提交的关于中央党校工会委员会换届改选的意见。 六、讨论并原则同意办公厅提交的关于中央党校外事办公室与日本财务省财务综合政策研究所签署学术交流合作备忘录的意见。 七、讨论并原则同意组织部提交的关于选拔正局级非领导职务干部的工作方案。 八、讨论有关人事问题。

续 表

序次	时间	讨论和议定重要事项
12	6月14日	一、讨论中央党校如何认真贯彻“马克思主义理论研究和建设工程工作会议”精神。 二、讨论通过组织部提交的关于2012年度中央党校事业单位专业技术二级岗位人选的建议名单。 三、讨论同意组织部提交的关于2011年度中央党校局级干部年度考核等次的意见。 四、讨论同意组织部提交的关于部分单位局级领导干部职务任免的建议意见。 五、讨论同意组织部提交的关于确定第三届校工会正副主席候选人的意见。
13	6月21日	一、学习讨论习近平同志6月13日在《关于“中央党校〈思想理论内参〉出刊500期”工作情况的报告》上所作的重要批示。 二、讨论并原则同意教务部提交的《中央党校2012年秋季学期教学安排的意见》。 三、听取信息中心关于中共中央党校网站（外网）改版工作方案的汇报。 四、讨论有关人事问题。
14	7月5日	一、讨论并原则同意教务部提交的《中央党校2012年秋季学期“形势与任务”报告计划安排》。 二、听取干部教育学院关于中央党校函授学历教育收尾工作的汇报。 三、讨论并原则同意办公厅提交的关于中央党校与加拿大泰克资源有限公司签署合作备忘录的意见。 四、讨论并原则同意组织部提交的关于开展推荐全国干部教育培训师资库入库人选工作的意见。 五、讨论并原则同意组织部提交的关于开展全国新闻出版行业第三批领军人才选拔推荐工作的意见。 六、讨论通过组织部提交的关于部分局级非领导职务干部岗位任职人选的建议意见。
15	7月12日	一、学习贯彻中央领导同志在全国科技创新大会上的重要讲话精神。 二、讨论并原则同意办公厅提交的《中央党校建校80周年庆祝活动方案（送审稿）》。 三、同意组织部关于部分局级干部职务任免的建议意见。

续　表

序次	时间	讨论和议定重要事项
16	7月19日	一、学习讨论习近平同志7月17日在全国党校校长会议上发表的重要讲话。 二、讨论同意组织部提交的关于中央党校推荐全国新闻出版行业第三批领军人才人选的意见。 三、讨论同意组织部提交的关于中央党校推荐全国干部教育培训师资库入库人选的意见。 四、讨论有关人事问题。
17	7月25日	学习讨论胡锦涛、习近平同志在省部级主要领导干部专题研讨班上的重要讲话。
18	9月5日	一、学习讨论习近平同志9月1日在秋季学期开学典礼上发表的重要讲话。 二、听取机关服务局关于新能源汽车中央党校体验中心启动仪式等有关事宜的汇报。 三、讨论同意组织部提交的关于中央党校2012年获奖个人和单位的意见。 四、讨论并原则同意办公厅提交的关于中央党校与德国戴姆勒股份公司签署学术交流合作协议的意见。 五、讨论并原则同意组织部提交的《关于部分副局级领导职位竞争上岗的实施方案》。 六、讨论并原则同意组织部提交的关于民主推荐哲学教研部副主任人选工作的意见。 七、讨论并原则同意组织部提交的《关于在全校范围选拔哲学教研部副巡视员的实施方案》。 八、讨论并原则同意组织部提交的关于民主推荐组织部副巡视员工作的意见。 九、讨论有关人事问题。
19	9月13日	一、学习讨论中办发〔2012〕25号文件。 二、讨论并原则同意组织部提交的关于民主推荐文史教研部主任、国际战略研究所所长人选工作的意见。
20	9月19日	一、讨论并原则同意组织部提交的关于在财务行政管理局内部差额选拔一名“审计督察员”的意见。 二、讨论有关人事问题。

续表

序次	时间	讨论和议定重要事项
21	9月27日	一、讨论并原则同意组织部提交的关于申报中央党校2013年度参公单位录用计划。 二、讨论并原则同意组织部提交的关于2012年度中央党校专业技术职务任职资格评审意见。 三、讨论并原则同意组织部提交的关于民主推荐办公厅主任人选的意见。 四、讨论通过组织部提交的关于确定组织部副巡视员任职人选的意见。 五、讨论有关人事问题。
22	10月11日	一、讨论并原则同意办公厅提交的关于向中央对外联络部呈报《关于举办“中美学术论坛”的请示》。 二、讨论有关人事问题。
23	10月18日	一、讨论并原则同意机关党委提交的《关于召开学习贯彻党的十八大精神暨全国党校系统机关党的工作交流会的请示》。 二、讨论并原则同意办公厅提交的关于签署《中共中央党校和国家留学基金管理委员会开展公派出国留学人才培养合作备忘录》的意见。 三、讨论同意组织部提交的关于对部分副局级领导职位拟任人选进行差额票决的意见。 四、讨论同意组织部提交的关于确定文史教研部主任拟任人选的意见。 五、讨论同意组织部提交的关于确定哲学教研部副巡视员拟任人选的意见。 六、讨论同意组织部提交的关于确定财务行政管理局审计督察员拟任人选的意见。 七、讨论其他人事问题。
24	10月25日	一、讨论并原则同意办公厅提交的关于清理以中央名义颁发的有关党校工作文件的建议。 二、讨论并原则同意科研部提交的《关于召开全国党校系统学习贯彻党的十八大精神理论研讨会暨第九届科研评奖颁奖会议的筹备方案》。 三、讨论并原则同意组织部提交的关于哲学教研部战略学教研室更名的意见。 四、讨论并原则同意组织部提交的关于确定国际战略研究所所长拟任人选的意见。 五、讨论并原则同意组织部提交的关于确定哲学教研部副主任拟任人选的意见。

续 表

序次	时间	讨论和议定重要事项
25	12月6日	一、讨论并原则同意科研部提交的关于对全国党校系统第九届优秀科研成果进行表彰的意见。 二、听取机关党委关于召开直属单位党组织负责人座谈会情况的汇报。 三、讨论并原则同意离退休干部局提交的关于调整中央党校离退休干部工作领导小组成员的建议。 四、讨论并原则同意办公厅提交的关于中央党校与美国战略复兴学会签署学术交流合作协议的意见。
26	12月13日	一、学习讨论《中办国办〈贯彻落实十八届中央政治局关于改进工作作风、密切联系群众的八项规定〉实施细则》（中办发〔2012〕30号）。 二、讨论并原则同意组织部提交的关于中央党校2013年进人计划的意见。 三、讨论并原则同意组织部提交的关于中央党校2012年年度考核工作安排的意见。 四、讨论中央党校向全国人大、全国政协推荐有关人选事宜。 五、讨论并原则同意组织部提交的关于民主推荐经济学教研部副主任、政法教研部副主任人选的意见。 六、讨论并原则同意组织部提交的关于在进修部、培训部、研究生院各设置一名副巡视员的意见。 七、讨论并原则同意组织部提交的关于在报刊社内部差额选拔一名副巡视员工作的意见。
27	12月20日	一、讨论并原则同意教务部提交的《中央党校2013年招生计划》。 二、讨论并原则同意教务部提交的《中央党校2013年春季学期教学安排意见》。 三、讨论有关人事问题。
28	12月27日	一、学习习近平同志、刘云山同志同校委座谈时的重要讲话。 二、讨论并原则同意科研部提交的《中央党校校级科研项目2013年年度课题指南》。 三、讨论研究生院提出的关于加强和改进学位研究生培养工作的若干建议。 四、讨论并原则同意办公厅提交的中央党校2013年外事出访计划。 五、讨论并原则同意办公厅提交的关于中央党校和经济合作与发展组织签署合作备忘录、与美国阿斯平研究所签署关于联合举办“中美学术论坛”合作备忘录的意见。 六、讨论并原则同意组织部提交的《关于2012年度中央党校高级专业技术职务任职资格评审结果的报告》。

续 表

序次	时间	讨论和议定重要事项
28	12月27日	七、讨论组织部提交的关于部分单位申请增加机构、编制和机关服务局关于部分下设机构更名的意见。 八、讨论同意组织部提交的关于确定经济学教研部、政法教研部副主任拟任人选的意见。 九、讨论其他人事问题。
29	2013年 1月10日	一、讨论并原则同意研究室拟定的《中共中央党校贯彻落实〈十八届中央政治局关于改进工作作风、密切联系群众的八项规定〉的实施意见》。 二、讨论并原则同意办公厅拟定的《中共中央党校2013年工作要点》。 三、讨论并原则同意教务部提交的《中央党校2013年春季学期"形势与任务"报告安排》。 四、讨论并原则同意组织部提交的关于《国家留学基金资助我校人员出国研修项目实施方法（试行）》的请示。 五、同意组织部提交的关于确定报刊社副巡视员任职人选的建议意见。 六、会议讨论干部教育学院关于2013年有关工作部署的请示。
30	1月21日	审议并同意组织部关于相关人事任免的建议意见。

（依据2012年1月12日至2013年1月21日期间的《校委会议纪要》整理）

附录：

中央党校2012年工作要点

2012年是党和国家事业发展具有重要意义的一年，将召开中国共产党第十八次全国代表大会。中央党校工作总的思路是：全面贯彻党的十七大和十七届三中、四中、五中、六中全会精神，以邓小平理论和"三个代表"重要思想为指导，深入贯彻落实科学发展观，认真贯彻全国党校工作会议精神和《党校工作条例》、《干部教育培训改革纲要》，以推动科学发展为主题，以迎接党的十八大胜利召开和学习宣传贯彻党的十八大精神为主线，以"一流学府"建设为总抓手，以理论教育、党性教育和保持党的纯洁性教育作为党校教育的首要任务，坚持解放思想、实事求是、与时俱进、开拓创新，坚持党校姓党、从严治校，稳步推进教学、科研和管理改革，努力提高党校工作科学化水平，全面开创党校事业发展新局面。

一、以扎实的工作迎接党的十八大胜利召开，深入学习贯彻十八大精神

1. 抓好迎接党的十八大胜利召开和学习贯彻十八大精神的各项工作。深入学习贯彻胡锦涛总书记“七一”重要讲话精神和六中全会精神，特别要在推动六中全会精神进课堂上下功夫。积极宣传十七大以来党和国家事业取得的伟大成就和宝贵经验，为十八大胜利召开营造浓厚氛围。十八大召开后，迅速组织党员干部认真学习宣传贯彻十八大精神，做好理论武装和宣传研究工作。（机关党委、教务部、科研部、“八部一所”、校各直属单位）

2. 系统总结党校工作，不断提高党校工作科学化水平。继续深入贯彻落实全国党校工作会议精神和《党校工作条例》、《干部教育培训改革纲要》。以评估为抓手，抓好全国县级党校工作座谈会精神的贯彻落实。以中央党校校史馆开展和筹备建校80周年庆祝活动为契机，总结成绩和经验，进一步研究和把握党校发展规律。适时召开全国党校校长会议。（办公厅、研究室、科研部、图书馆、后勤服务部、信息中心、校各直属单位）

3. 以建立健全建设机制和评价体系为重点，推动“一流学府”建设再上新台阶。研究制定并不断完善“一流学府”建设的各项评价标准，抓好各项措施的落实，推动“一流学府”建设机制化、常态化。通过科研项目资助等方式，引导鼓励各直属单位加强对工作规律的研究和把握，争创一流的工作水平和工作业绩。（校各直属单位）

4. 深入学习贯彻胡锦涛总书记在中央纪委七次全会上的重要讲话精神，做好保持党的纯洁性各项工作。把保持党的纯洁性作为加强和改进党的建设的一项重要任务，贯穿于教学、科研、干部队伍建设和机关党的建设等各项工作中。（机关党委、教务部、科研部、进修部、培训部、组织部、“八部一所”、校各直属单位）

二、推进“一流教学”建设，不断提高教学水平

5. 把大规模培训干部、大幅度提高干部素质工作做得更加扎实，进一步发挥主渠道作用。按照中央部署，做好省部级主要领导干部专题研讨班和新进中央委员、候补中央委员学习贯彻党的十八大精神研讨班有关工作。继续办好进修班、培训班、专题研讨班和师资培训班等主体班次，配合各级地方党委换届，重点组织好对新一届党政领导班子正职的培训。继续办好哲学社会科学教学科研骨干研修班，做好2012年中央国家机关司局级干部选学工作。（教务部、“八部一所”、进修部、培训部、研究生院、办公厅、研究室、后勤服务部、信息中心）

6. 进一步完善教学布局，更加突出理论教育和党性教育，凸显党性特色和优势。从加强师资、课程和教材建设入手，进一步提高中国特色社会主义理论体系和马克思主义原著导读课的教学分量和质量，引导学员深入学习党的基本理论、基本路线、基本纲领、基本经验，学习党的历史，学习马克思主义经典著作，系统掌握马克思主义立场观点方法，增强坚持中国特色社

会主义道路、理论体系、制度的自觉性和坚定性。把理论学习作为党性教育的主渠道，研究如何发挥教研部门的学术力量和资源，为党性教育提供学理支撑，提升党性教育的科学性和实效性。深入开展社会主义核心价值体系学习教育，引导学员真正保持对马克思主义的坚定信仰和对中国特色社会主义的坚定信念，增强纯洁性。注重从世界观、方法论和世界眼光、战略思维层面设计和形成具有中央党校特色的能力训练课程框架，促进学员执政能力提高。（教务部、“八部一所”、进修部、培训部）

7. 增强教学的学术性和问题导向，弘扬理论联系实际的学风。在进修班突出以问题为导向，注重从多学科角度研究重大理论和现实问题。在培训班以系统学习中国特色社会主义理论体系为主，教学中强调基本理论、学科基础及其与重大现实问题研究的结合，强调世界眼光和历史对比。做好新疆、西藏班学员需求调研，进一步密切联系民族地区改革发展稳定的实践，加强和改进民族班教学。增加调查研究课程，完善调查研究制度，提高教研人员和学员社会调研的水平和质量。（教务部、“八部一所”、进修部、培训部）

8. 完善教学管理、创新教学方法，进一步健全和落实各项制度。继续在进修班实施项目制和招标制，在培训班坚持竞争上岗和末位调整制度。完善学员学习考核制度，改进课堂教学效果评估机制。坚持和完善集体备课制度，以评选优秀讲稿为抓手，加强讲稿审核和管理。大力推进研究式教学，增强教学互动，倡导研讨式教学，增强案例式教学的规范性，开展情景模拟式教学。增强教学组织的规范性，保证教学计划的严肃性。继续着力打造“形势与任务”系列品牌课，完善与报告人联系制度，建立报告人储备机制。（教务部、“八部一所”、进修部、培训部）

9. 以教材建设作为突破口，进一步强化学科建设。研究适应党校事业科学发展的教材建设规律，改进和规范党校教材编写和使用机制。整合党校系统专家资源，着手统编一批主干教材，组织编写中国特色社会主义理论体系、马克思主义经典著作导读和有关战略思维、党性教育的教材等，修订“五当代”系列教材。实施《中央党校 2011—2015 年学科建设规划》和《中国马克思主义研究基金会“学科建设专项基金”资助奖励实施办法》，加大学科支持力度。（教务部、研究生院、“八部一所”、出版社、办公厅）

三、推进“一流科研”建设，着力打造精品力作

10. 紧紧围绕大局组织科研攻关。制定并落实《中央党校 2012 年度课题指南》，围绕六中全会和事关全局的重大理论、现实问题，组织精干力量进行科研攻关，力争拿出高质量的研究成果。继续抓好“指导思想的与时俱进对党的事业发展的重大意义”、“中国共产党 90 年来成功应对危局和化解困境的历史经验研究”、“开发性金融研究”等课题研究。增设“社会主义核心价值观研究”、“中国特色社会主义制度中的政治法律建设研究”、“‘十二五’时期影响和制约科学发展的突出问题研究”三项校级重大课题。设置党校系统 2012 年度重点调研课题。配合十八大的召开，适时与中央有关部门联合召开理论研讨会，

并召开党校系统理论研讨会。鼓励支持学科层面的研讨与交流活动。（科研部、“八部一所”、办公厅、研究室）

11. 深入推进马克思主义理论研究和建设工程。继续做好“毛泽东思想、邓小平理论和‘三个代表’重要思想对党的建设特别是执政党建设的理论贡献”课题研究任务，抓好“马克思主义理论教育和人才培养研究”有关工作。继续做好《中国革命史》、《外交学导论》、《当代中国外交》等马克思主义理论研究和建设工程第二批高等学校哲学社会科学重点教材编写工作。（科研部、教务部、党的建设教研部、中共党史教研部、国际战略研究所）

12. 不断强化理论宣传阵地职能。发挥“中央党校中国特色社会主义理论体系研究中心”作用，组织重大课题研究和理论宣传。利用党校报刊和出版社优势，围绕学习宣传胡锦涛总书记“七一”重要讲话精神和六中全会精神，迎接十八大召开和学习贯彻十八大精神等主题，组织出版和发表一批精品力作，发挥理论宣传阵地作用。（科研部、研究室、“八部一所”、报刊社、出版社）

13. 大力加强科研体制机制建设。推进教学科研一体化，促进科研成果进课堂。推进科研成果评价体系建设，改进重点津贴发放办法，鼓励和资助教研人员申报国家课题，强化科研项目全程管理，严格结项程序，提高成果质量。认真组织好全国党校系统科研评奖工作。（科研部、教务部、“八部一所”）

14. 充分发挥思想库作用。制定《中央党校思想库建设实施方案》，组织和引导教研人员积极开展思想库建设的调查与研究。根据国内外形势的发展变化，适时召开闭门会议，研究新情况，分析新问题，为中央决策提供理论和智力支持。充分发挥学员在思想库建设中的积极作用，完善学员研究成果的转化机制，提升学员研究成果的咨询资政作用。重视发挥《思想理论内参》、《中共中央党校研究报告》直通车优势，编发高质量的内参报告。（科研部、“八部一所”、研究室）

四、推进“一流人才队伍”建设，实施人才强校战略，深化干部人事制度改革

15. 加强教师队伍建设。研究制定青年优秀教师“量身定做”培训计划。召开老教师座谈会，发挥老教师的传帮带作用，提高现职教师教学水平。研究完善人才强校专项基金奖励资助项目评审办法。研究制定教师挂职锻炼管理办法，提高挂职锻炼工作科学化水平。研究规范专业技术岗位聘用工作。（组织部、教务部、“八部一所”）

16. 推进干部选拔制度改革。贯彻落实中组部《关于加强对干部德的考核意见》精神，改进干部考核办法，强化考核结果的运用。完善竞争性选拔干部机制，出台《中央党校副局级组织员选拔办法（暂行）》，研究制定干部选拔工作信息公开化制度。研究制定行政管理干部挂职锻炼工作意见。（组织部）

17. 抓好事业单位及报刊体制改革工作。按照中央精神，同时从中央党校实际出发，做好分类推进事业单位改革相关工作。按照中宣部和新闻出版总署的要求，按时完成报刊体制改革。（组织部、报刊社）

五、进一步贯彻从严治校方针，培育和弘扬良好校风

18. 加大学员管理工作力度。认真贯彻习近平同志关于党校学风校风建设的批示精神，把坚持党校姓党原则和从严治校方针贯彻到干部教育培训工作各个方面，在继续抓好常规班次学员管理的同时，有针对性地加强对短期班学员的管理。加强和完善各项制度，着力营造团结、紧张、严肃、活泼的学习氛围，让学员通过培训真正在理论上得到提高、精神上得到升华、党性上得到增强。（进修部、培训部、教务部、“八部一所”）

19. 提高研究生教育工作水平。加强对学位研究生教育工作的经验总结和发展规划，进一步完善学位研究生教育的各项制度，提高学位研究生培养质量。举办学位研究生教育30周年庆祝活动，积极申办全国学位与研究生教育学会文理科委员会2012年学术年会。（研究生院、“八部一所”）

20. 规范做好短期培训和在职研究生教育工作。积极研究短期培训工作规律，做好短期培训工作。扎实做好函授学历教育收尾工作。按照“控制规模，严格管理，保证质量”的要求，认真做好在职研究生教育工作。（研究生院、干部教育学院）

六、推进“一流校园”建设，提高管理和服务水平

21. 提高行政管理科学化水平。按照“办事高效、运转协调、行为规范、服务优良”的要求，推进管理和服务创新。围绕校委中心工作，规范做好新闻报道工作。加强舆情监测，建立网络舆情突发事件处置常态化机制。以批办件和交办工作为重点内容，加强和改进督办工作。切实加强会议管理，进一步改进会风和文风。争取国家财政经费支持，重点抓好预算和支出管理，不断强化成本、政府采购、内部审计和制度化管理。（办公厅、研究室、图书馆，财务行政管理局）

22. 加大安全保密工作力度。积极推进安全保密工作规范化、制度化建设，研究制定《中央党校保密工作管理规定》和《中央党校工作国家秘密范围的规定》。以教研人员和涉密单位人员为重点，深入开展保密教育。加强对公用计算机、涉密信息存储载体和校园网络的保密检查，提高技术防护能力，确保秘密安全。（校保密办、信息中心、校各直属单位）

23. 加强对地方党校的业务指导。在教学科研、教材编写、师资队伍建设、信息化建设等方面进行组织协调。推进党校系统网络互联互通，探索网上干部培训模式。推进全国党校系统数字图书馆和信息资源共建共享工作。加强对分校工作的管理和指导。召开全国党校系统第五次教学改革研讨会。（办公厅、教务部、科研部、图书馆、信息中心）

24. 不断推进外事工作规范化建设。努力提升外事工作质量，提高外事工作为教学科研和人才队伍建设服务的水平。深化对外项目合作，加强对外学术交流。（办公厅、教务部、科研部、培训部）

25. 抓好基建工程项目，持续提升后勤管理服务水平。启动学员楼功能扩展和节能改造，师资和涉外培训基地项目申报立项筹建工作。做好学工食堂项目投资批复后的招标和开工建设工作。继续做好旧住宅楼加装电梯试点及合建工程新建房配

售工作。加强校园文化建设，提升校园文化内涵。按照“服务社会化、管理企业化、保障规范化、队伍专业化”的要求，提升后勤管理服务质量和保障水平。（财务行政管理局、后勤服务部）

26. 认真做好离退休老同志工作。健全完善离退休老同志工作齐抓共管机制，加强离退休老同志思想政治建设、党支部建设和文化阵地建设，鼓励老同志继续为党和国家事业作出力所能及的新贡献。加大对困难同志的帮扶力度。（离退休干部局、后勤服务部）

27. 切实搞好校园信息化建设。加强校园网资源建设，做好党校系统远程教学工作。协助中组部等单位做好全国农村党员干部现代远程教育工作，保障中心资源库、辅助教学中心网站、专题教材制播工作正常进行。全面展开以中国共产党党史文库、马克思主义理论文库、中国国情与地方志文库“三大文库”建设为中心的数字资源建设。（信息中心、图书馆）

七、加强机关党建工作，推进创先争优活动深入开展

28. 不断增强党员干部的政治意识。坚持党校姓党原则和从严治校方针，认真贯彻执行校委关于进一步严肃有关政治、工作纪律的规定和要求，引导教育党员干部增强党的意识、宗旨意识、大局意识、责任意识，增强政治敏锐性和政治鉴别力，在思想上政治上行动上与党中央保持高度一致，切实维护中央党校的形象和声誉。（校各直属单位）

29. 深入开展创先争优主题实践活动。以迎接党的十八大为主题，深化“我为建设‘一流学府’作贡献”创先争优主题实践活动，进一步丰富内容、创新载体、拓展领域，充分发挥党组织的战斗堡垒和党员的先锋模范作用，在创先争优的实践中锻炼和培养党员干部。（机关党委）

30. 扎实推进学习型党组织建设。不断深化对学习型党组织建设规律的认识，健全制度、完善机制、丰富内容、创新方法，把学习型党组织建设继续引向深入。加强和改进中心组学习，坚持务虚与务实相结合，理论学习与专题调研、研究解决重大现实问题相结合。充分发挥各基层党组织功能，实现工作学习化、学习组织化，学习目标与工作目标一体化。适时开展研讨交流活动，总结推广好的做法和经验。（机关党委）

31. 大力加强机关党建工作。贯彻落实《中国共产党党和国家机关基层组织工作条例》，建立健全机关党的工作制度和机制。积极推进基层党组织建设，严格党内生活，不断提高“三会一课”和党员领导干部民主生活会质量，实施基层党组织建设“创新亮点示范工程”。加强反腐倡廉教育，推进惩治和预防腐败体系建设，不断提高反腐倡廉科学化水平。组织教职工和学员参观校史展，对学工人员进行党校优良传统和作风教育，积极推进机关“思想文化年”建设。以“健康体态、和谐心态”为目标，继续实施健康关爱工程，组织“1+1”健身活动，开展丰富多彩的文体活动，培育良好的校园文化。（机关党委、教务部、进修部、培训部、研究生院、图书馆、财务行政管理局）

（摘自中校发〔2012〕1号文件，经2012年1月12日校委会议讨论通过）

全校重要工作和重大活动

编辑：刘为群

学习贯彻党的十八大精神

常务副校长李景田接受党的十八大新闻中心举办的首场集体采访

11月9日，中国共产党第十八次全国代表大会新闻中心举行首场集体采访，主题为“中国共产党的理论创新”。党的十八大代表、中央党校常务副校长李景田，党的十八大代表、中国社会科学院常务副院长王伟光接受了中外媒体的采访。大会新闻中心副主任、中央宣传部新闻局副局长夏学平主持集体采访。

李景田认为，党的十八大报告是一篇蕴含一系列新思想、新观点、新举措的马克思主义纲领性文献。报告的理论创新主要体现在五个方面：第一，高举中国特色社会主义伟大旗帜，这是我们党理论创新的旗帜；第二，确立科学发展观为党的指导思想，这是十八大报告理论创新的最大亮点和最突出的理论贡献；第三，对中国特色社会主义作了新阐述新概括，把对中国特色社会主义的认识提高到新水平；第四，丰富和拓展了中国特色社会主义事业的总体布局和部署，为全面建成小康社会制定了路线图；第五，丰富和拓展了党的建设的部署，使党的建设理论达到了新境界。

王伟光说，作为领导13亿多中国人民

发展中国特色社会主义伟大事业核心力量的中国共产党，必须以发展着的科学理论为指导，才能取得中国特色社会主义事业的成功。这就需要中国共产党人，在不断推进中国特色社会主义事业的伟大实践中，准确把握世界发展大势，深入研究我国发展的阶段性特征，及时总结党领导人民创造的新鲜经验，科学回答经济社会发展的重大问题，作出新的理论概括，不断推进理论创新，为实践提供科学指导。

谈到对中国特色社会主义旗帜、道路、理论体系、制度相互关系的认识时，李景田认为，在改革开放30多年一以贯之的接力探索中，中国共产党坚定不移高举中国特色社会主义伟大旗帜，既不走封闭僵化的老路，也不走改旗易帜的邪路。报告强调高举中国特色社会主义伟大旗帜，是对党内外、国内外关于我们党今后举什么旗、走什么路这一普遍关注的重大问题集中而鲜明的回答。中国特色社会主义道路，中国特色社会主义理论体系，中国特色社会主义制度，是党和人民90多年奋斗、创造、积累的根本成就。高举中国特色社会主义伟大旗帜，最根本的就是要坚持和拓展中国特色社会主义道路，坚持和发展中国特色社会主义理论体系，坚持和完善中国特色社会主义制度。

集体采访在梅地亚中心举行，中外记者纷纷就自己感兴趣的问题提问，现场气氛热烈。十八大新闻中心网站、人民网、中国共产党新闻网对集体采访进行了现场直播。

（摘自《党校信息》2012年第19期，办公厅供稿）

传达学习党的十八大精神大会

11月17日，中央党校召开全校教职工和全体学员大会，传达学习党的十八大精神。常务副校长李景田传达党的十八大精神并作专题辅导报告。副校长陈宝生主持会议。副校长李书磊、张伯里、徐伟新，教育长贾高建，原校领导韩树英、江流、刘海藩、杨春贵、张志新、孙庆聚、李兴山，校委委员罗宗毅、黄宪起、赵长茂、梁言顺、王东京出席会议。

李景田全面深入介绍了党的十八大主要成果、十八大报告主要精神以及《中国共产党章程》（以下简称《党章》）修改的主要情况，并谈了体会。他指出，党的十八大是我国进入全面建成小康社会决定性阶段召开的一次十分重要的大会。大会取得了三个主要成果：讨论并批准胡锦涛总书记代表十七届中央委员会所作的题为《坚定不移沿着中国特色社会主义道路前进，为全面建成小康社会而奋斗》的报告；讨论通过了《中国共产党章程（修正案）》；选举产生了十八届中央委员会和中央纪律检查委员会，并在随后召开的十八届一中全会上选举产生了新的中央政治局、政治局常委会和中央委员会总书记。

李景田强调，胡锦涛同志的报告，高举中国特色社会主义伟大旗帜，以邓小平理论、“三个代表”重要思想和科学发展观为指导，着眼党和国家事业全局和长远发展，准确判断国际国内发展大势，科学总结五年工作和十年历程，把科学发展观同马列主义、毛泽东思想、邓小平理论、“三个代表”重要思想一道确立为党的指导思想，系统阐述了坚持和发展中国特色社会主义的一系列重大理论和实践问题，提出了夺取中国特色社会主义新胜利的基本要求，全面部署了社会主义经济建设、政治建设、文化建设、社会建设、生态文明建设以及国防军队建设、“一国两制”和“祖国统一”、对外工作，深刻阐明了加强和改进新形势下党的建设、提高党的建设科学化水平的新任务新要求，是新的历史条件下夺取中国特色社会主义新胜利的政治宣言，是全面建设小康社会的行动纲领，是马克思主义的纲领性文献。

李景田指出，修改后的《党章》充分体现了近年来党的理论创新和实践创新成果，充分体现了十八大报告的重大理论概括，充分体现了党的工作和党的建设的新鲜经验，既保持了《党章》的稳定性和连续性，又实现了与时俱进。

李景田还就党的十八大精神的学习，谈了五点体会。他指出，坚持并发展马克思主义，是中国共产党克敌制胜的传家法宝；全心全意为人民谋利益，是中国共产党人永远不变的宗旨；发展与公正是中国特色社会主义本质的集中体现；改革开放是推动中国特色社会主义不断发展前进的不竭动力；居安思危是我们永远立于不败之地的精神状态。

陈宝生在主持会议时指出，传达学习好、贯彻落实好党的十八大精神是当前和今后一个时期中央党校的首要政治任务。他指出，校委和校委成员要带头学习，发挥表率作用，并加强对全校学习贯彻活动的领导和检查。他要求，全体学员和工作人员要集中一段时间深入系统地学习研读十八大报告，原原本本研读十八大文件，读细、读实，全面准确领会十八大精神。他强调，要将十八大精神贯彻落实到党校教学科研等各项工作中，贯彻落实到坚持科学办校、推进“一流学府”建设的实践中。

全校教职工、离退休老同志、全体在校学员和在校研究生共 2200 多人参加会议。

（摘自《党校信息》2012 年第 21 期，研究室、办公厅供稿）

校委理论中心组扩大会议

11 月 26 日至 27 日，中央党校召开校委理论中心组扩大会议，集中学习讨论党的十八大精神。常务副校长李景田和副校长李书磊主持会议。李景田讲话，李书磊作主题发言。副校长张伯里、徐伟新，校委委员罗宗毅、黄宪起、赵长茂、梁言顺、王东京出席并发言。

李景田在听取了与会人员的发言后指出，党的十八大是我国进入全面建成小康社会决定性阶段召开的一次十分重要的大会。学习贯彻十八大精神是当前和今后一个时期中央党校的首要政治任务，大家要在原原本本读报告上下功夫，在深入思考研究重点问题上下功夫，尤其要深刻理解和把握十八大报告的精神实质，要从十八大报告的主题、五年工作和十年的基本总结、科学发展观的内涵和要求、坚持和发展中国特色社会主义等方面阐述和宣传好十八大精神。

他强调，要抓住学习贯彻党的十八大精神的重点难点问题进行研究宣传，拿出理论成果，发表有力度的文章，真正发挥解疑释惑作用、理论创新作用和思想库作用。要加大对教职工、离退休老干部的思想工作，把大家的思想真正统一到十八大精神上来，使学习贯彻十八大精神有实质性推进，不做表面文章。

李书磊在主持会议时指出，李景田同志的讲话对党的十八大精神的学习、宣传和研究提出了新要求，对校各直属单位进一步贯彻落实十八大精神起到了画龙点睛的作用，大家要深刻领会，真正把十八大精神作为推进党校事业科学发展的动力和资源。

校各直属单位主要负责人参加会议，并分别汇报交流了本单位的学习讨论情况和个人学习体会，以及在下一步工作中深入学习贯彻党的十八大精神的打算等。

（摘自《党校信息》2012 年第 22 期，研究室、办公厅供稿）

理论工作者学习贯彻党的十八大精神理论研讨会

11 月 30 日，由中央党校科研部、机关党委共同主办的“中央党校理论工作者学习贯彻党的十八大精神理论研讨会”召开。副校长张伯里出席会议并讲话。副校长、机关党委书记徐伟新主持会议。校委委员、科研部主任梁言顺出席会议。

张伯里强调，全校党员干部尤其是理论工作者要精读原文、深入领会，全面学习好十八大精神，并在此基础上准确解读、完整阐释、广泛宣传好十八大精神。他要求，在深入研究十八大提出的重大理论与现实问题上要能够很好地运用“几支笔”：一是能写专业学术著述的笔，二是能写理论宣传文章的笔，三是能写调研咨询报告的笔。他希望大家多出高质量的教学、科研成果和工作成果，为推进党的理论创新和干部教育事业作出新的更大贡献。

徐伟新在主持会议时指出，这次会议通过理论研讨达到了相互学习、加强交流、共同提高的目的，体现了理论工作者的理论素养，为掀起学习贯彻党的十八大精神的高潮开了个好头，机关党委还要组织全校党员干部深入学习贯彻十八大精神，希望理论工作者进一步深入思考，加强研究，共同营造浓厚的学习氛围。

11名理论工作者代表分别从各自专业角度，就中国特色社会主义道路、科学发展观、改革开放、加快健全基本公共服务体系、社会主义协商民主等问题交流了学习收获和体会。

校各直属单位有关负责人和部分理论工作者等60余人参加会议。

（摘自《党校信息》2012年第23期，科研部、机关党委、办公厅供稿）

党务干部学习贯彻党的十八大精神培训班

12月4日至5日，机关党委举办党务干部学习贯彻党的十八大精神培训班。副校长、机关党委书记徐伟新出席会议并讲话，校委委员、科研部主任梁言顺参加会议并发言。

徐伟新在讲话中对党务干部提出三点要求：一是全面准确学习领会党的十八大精神，抓住重点，加强理论武装。既从总体上把握报告的精神实质和思想内涵，又系统研究和理解报告提出的新观点、新思想和新论断，不断把学习引向深入。二是坚持党校姓党、从严治校的原则，不断提高机关党的建设科学化水平。要牢牢把握加强党的执政能力建设、先进性和纯洁性建设这条主线，在坚定理想信念等方面下功夫。三是学以致用，用以促学，以十八大精神推动党校事业不断发展。要自觉地把学习贯彻十八大精神与扎实做好各项工作结合起来，努力改进工作作风，推动各项工作上水平、上台阶。

10位机关党委委员结合自身工作先后发言，交流了学习十八大精神的体会。马克思主义理论教研部教授宋福范以“时局变化与执政党应对之策”为题，对十八大报告进行了全面介绍和系统解读。与会者就学习贯彻十八大精神有关情况进行了讨论交流。

校机关党委委员、纪委委员，各直属单位党组织负责人与宣传委员共90多人参加培训班开班式。

（摘自《党校信息》2012年第24期，机关党委、办公厅供稿）

学习贯彻党的十八大精神情况

习近平同志高度重视中央党校学习贯彻十八大精神的工作。10 月 24 日，他批示同意校委呈报的《关于中央党校学习贯彻十八大精神安排意见的请示》。习近平同志的重要批示，对中央党校学习贯彻活动给予了有力指导。

按照中央的统一要求和部署，中央党校校委把学习宣传贯彻党的十八大精神作为当前和今后一个时期的首要政治任务和光荣政治责任，切实加强组织领导，迅速掀起学习贯彻党的十八大精神的热潮。同时，在学习宣传贯彻的过程中，注重发挥特色和优势，努力发挥好党的理论武装的重要阵地作用、理论创新的生力军作用和建设学习型政党的积极推动作用。

到 12 月 4 日，中央党校学习贯彻活动分三个阶段：

一是党的十八大开幕前，注重超前谋划。早在年初制定 2012 年工作要点时，校委就对学习贯彻十八大精神作了部署。6 月 21 日，校委召开会议专门研究做好“学习贯彻党的十八大精神”专题研讨班的有关教学安排工作。10 月 18 日，校委召开会议对全校在十八大召开前后要做的几项重要工作进行了研究。根据习近平同志指示，11 月 6 日，校委印发了《中共中央党校校委关于学习贯彻党的十八大精神的安排意见》，对全校学员和教职工学习贯彻十八大精神作出具体部署。

二是党的十八大召开期间，注重及时关注大会盛况。11 月 8 日，组织全校学员和教职工认真收听收看十八大开幕式盛况，听取胡锦涛同志代表十七届中央委员会作的《坚定不移沿着中国特色社会主义道路前进，为全面建成小康社会而奋斗》的报告。当天下午，以支部为单位组织全体学员、教职工进行初步学习交流。十八大召开期间，组织全体学员和教职工通过报纸、电视、网络进行自学。教务部召开“学习贯彻党的十八大精神”研究专题班任课教师备课会。各教研部组织教师积极开展集体学习和备课活动，通过先学一步、学深一些，为做好学习宣传贯彻工作奠定了坚实基础。

三是党的十八大闭幕后，注重学习宣传贯彻。十八大胜利闭幕后，校委号召全校教职工认真研读党的十八大文件，原原本本学习党的十八大报告和《党章》，学习习近平同志在同中外记者见面时的重要讲话、在十八届中共中央政治局第一次集体学习时的重要讲话和在参观《复兴之路》展览时的重要讲话精神。11 月 17 日下午，召开全校教职工和全体学员大会，学习传达党的十八大精神。常务副校长李景田传达十八大精神并作专题辅导报告，全面深入介绍了十八大的主要成果、十八大报告的主要精神以及《党章》修改的主要情况，并谈了体会。校委及时决定，把学习、宣传、贯彻党的十八大精神作为党校教学的主线，切实推进党的十八大精神进课堂、进教材、进头脑。在11月17日开学的第二批进修班，专门开设了省部级、厅局级两个“学习贯彻党的十八大精神”研究专题，在其他班次开设了学习十八大精神单元。11月26日至27日，召开校委理论中心组扩大会议，校委成员和各直属单位主要负责同志集中两天时间学习十八大文件并讨论交流学习体会。各直属单位也开展了形式多样的学习交流活动。

经过20多天的初步学习，中央党校全体学员和教职工已经把思想统一到党的十八大精神上来，把力量凝聚到实现党的十八大确定的各项任务上来，在思想上政治上行动上与以习近平同志为总书记的党中央保持高度一致，努力把学习成果贯彻落实到党校教学科研等各项工作中，体现到做好2012年党校各项工作和安排好2013年工作之中。

第一，充分认识了党的十八大的重要意义。大家一致认为，十八大是我国进入全面建成小康社会决定性阶段召开的一次十分重要的大会，也是党在奋斗历程中又一次承前启后、继往开来的大会，对中国发展进步具有“定音鼓”、里程碑意义。十八大在中国共产党历史上，在中国现代化进程中，必将写下浓墨重彩的一页。随着时间的推移，随着实践的发展，它的重大意义将会越来越凸显。

一是十八大决定中国发展方向。当前，中国的发展正处在重要历史关头、历史节点上。一方面，中国的发展取得了举世瞩目的成就，另一方面，国内外局势发生了复杂的变化。国际上进入了金融危机以来的世界局势的巨变期，国内进入了改革攻坚期、矛盾多发期。中国下一步怎么走，向着何处走，决定着中国未来发展前途命运。十八大高举中国特色社会主义伟大旗帜，强调坚定不移走中国特色社会主义道路，既不走封闭僵化的老路、也不走改旗易帜的邪路，鲜明地向党内外、国内外宣誓了我们党将举什么旗、走什么路、以什么样的精神状态、朝着什么样的目标继续前进这一根本问题，充分展示我们党的道路自信、理论自信、制度自信，为中国未来发展指明了正确的方向。二是规划中国的宏伟蓝图。同志们认为，十八大准确判断国际国内发展大势，科学总结五年工作和十年历程，确定了全面建成小康社会和全面深化改革开放的目标，全面部署了社会主义经济建设、政治建设、文化建设、社会建设、生态文明建设以及国防军队建设、“一国两制”和祖国统一、对外工作，与时俱进地提出了更具明确政策导向、更加针对发展难题、更好顺应人民意愿的新要求。这些目标部署必将激励全党全国人民解放思想、改革开放、凝聚力量、攻坚克难。三是展示中国共产党的勃勃生机。十八大将科学发展观确立为我们党的指导思想，讨论通过了充分体现近年来党的理论创新和实践创新成果的《中国共产党党章（修正案）》，为做好新形势下党的工作提供了指导和规范。十八大平稳有序完成了中央领导集体的新老交替，标志着中央领导集体的新老交替已经步入制度化、规范化和程序化轨道，充分显示了中国特色社会主义事业薪火相传、生机勃勃、后继有人。大家一致认为，新的中央领导集体年富力强、德才兼备、奋发有为，是一个富有改革创新精神、具有丰富实践经验、深得人民群众信任和拥护的中央领导集体。我们党一定能够战胜各种艰难险阻，实现全面建成小康社会的宏伟目标，向全世界和全国人民展示中国和中国共产党更加光明的前景和未来。

第二，深刻领会了党的十八大精神尤其是重大理论创新。同志们一致认为，十八大报告是一篇蕴含一系列新思想、新观点、新目标、新举措的马克思主义纲领性文献，是党的理论创新的集中展示。主要体现在以下五个方面。

一是高举中国特色社会主义伟大旗帜。自邓小平同志在我们党的十二大开幕词中提出，走自己的路、建设有中国特色的社会主义以来，我们党的十三大、十四大、十五大、十六大、十七大，都强调高举中国特色社会主义伟大旗帜。这次十八大报告也是如此。同志们一致认为，中国特色社会主义旗帜是我们党团结带领人民继续前进、开创工作新局面、赢得事业新胜利的旗帜，也是我们党理论创新的旗帜。二是确立科学发展观为党的指导思想。同志们认为，十八大报告明确科学发展观同马克思列宁主义、毛泽东思想、邓小平理论、“三个代表”重要思想一道，是党必须长期坚持的指导思想。同时，对科学发展的内涵进行了进一步阐述，对贯彻落实科学发展观提出了新要求。这是十八大报告理论创新的最大亮点和最突出的贡献。三是对中国特色社会主义作了新阐述新概括。十八大报告科学阐述了中国特色社会主义道路、中国特色社会主义理论体系、中国特色社会主义制度的内涵及其相互关系，提出中国特色社会主义的总依据、总布局、总任务，提出不断丰富中国特色社会主义的“四个特色”，强调在新的历史条件下夺取中国特色社会主义新胜利必须牢牢把握“八项基本要求”。这些新阐述新概括，把对中国特色社会主义的认识提高到了新水平。四是丰富和拓展了中国特色社会主义事业的总体布局和部署。同志们认为，十八大报告把生态文明建设纳入了中国特色社会主义事业总体布局，提出了全面建成小康社会新的要求和全面深化改革开放的目标，对中国特色社会主义各项建设、各方面工作，作出重大部署，提出了一系列新要求，为全面建成小康社会制定了路线图。五是丰富和拓展了党的建设的部署。同志们认为，十八大报告对党的建设主线、总体布局、总体目标和要求，作出了新概括，明确了新形势下加强和改进党的建设的正确方向和基本要求，对全面提高党的建设科学化水平作出了一系列新部署，使党的建设理论达到了新境界。

第三，认真学习研讨了党的十八大对党校工作提出的新要求。同志们一致认为，党的十八大对党校工作提出了新的更高要求。具体体现在四个方面：

一是对干部教育培训工作提出了新要求。同志们认为，新时期以来，每次党的代表大会后，我们党都会根据理论创新的最新成果加强干部教育培训工作。十八大胜利闭幕后我们即将迎来新一轮大规模培训干部的高潮。特别是十八大提出要建设一支政治坚定、能力过硬、作风优良、奋发有为的高素质执政骨干队伍，对干部教育培训工作在“质”和“量”两个方面都提出了更高要求。二是对理论武装工作提出了新要求。同志们认为，理论创新每前进一步，理论武装就跟进一步。作为党的理论武装工作的重要阵地，党校要将十八大精神、十八大的理论创新成果作为教学的重要内容，更好地为推进党的理论武装服务。三是对理论创新、理论宣传提出了新要求。同志们认为，一方面，十八大提出了一系列新思想、新观点、新论断，需要我们去研究、去解读、去宣传；另一方面，在不断推进党的事业和党的建设的新的伟大实践中，仍然会出现新的热点、难点问题，需要我们去回答、去总结、去概括。我们要充分发挥好党的理论创新的生力军作用，为党的理论宣传、理论创新作出新贡献。四是对党性教育提出了新要求。同志们认为，十八大报告是一部党性教育的好教材，特别是“坚定道路自信、理论自信、制度自信”的提出进一步丰富和深化了新时期干部党性教育的内涵，应纳入干部坚定理想信念的重要组成部分，作为党性教育的着力点。

第四，进一步理清了贯彻落实十八大精神，做好各单位各部门工作的思路。各单位各部门围绕十八大精神的贯彻落实，围绕“一流学府”建设，结合本单位本部门实际，提出了今后一个时期的工作思路，为做好下一步工作奠定了很好的基础。

一是把十八大精神的学习贯彻体现到教学工作的各方面，大力推进十八大精神进教材、进课堂、进头脑。11 月 24 日，在贵州省委党校召开了全国党校系统第五次教学改革研讨会，专题研究如何推进十八大精神进教材、进课堂、进头脑。二是把十八大精神的学习贯彻体现到理论研究和宣传工作各个方面。拟于 12 月 10 日在四川省委党校召开全国党校系统学习贯彻党的十八大精神理论研讨会暨第九届科研评奖颁奖会，组织中央党校和全国党校系统科研力量，开展对十八大精神的专项课题研究，加强对十八大精神学习贯彻的重点难点热点问题的研究，发挥好党校的思想库作用。三是加大对十八大精神研究成果和理论文章的发表力度，推出一批有分量有深度的理论文章。

（摘自中校发〔2012〕22 号文件，研究室、办公厅供稿）

附录：

关于学习贯彻党的十八大精神的安排意见

中校发〔2012〕19 号

党的十八大是我们党在全面建设小康社会的关键时期和深化改革开放、加快经济发展方式转变的攻坚时期召开的一次十分重要的大会。大会高举中国特色社会主义伟大旗帜，以邓小平理论和“三个代表”重要思想为指导，深入贯彻落实科学发展观，进一步动员全党全国各族人民，坚定不移沿着中国特色社会主义道路前进，继续推动科学发展、促进社会和谐，继续改善人民生活、增进人民福祉，为全面建成小康社会而奋斗。中央党校要把学习贯彻党的十八大精神放在党校工作的首要位置，以高度的政治责任感，切实抓好大会精神的学习贯彻。现结合我校实际，提出如下贯彻落实意见。

一、统一思想，凝聚共识，认真学习十八大文件，深刻领会十八大精神

党的十八大高举中国特色社会主义伟大旗帜，认真总结过去5年的工作和党的十六大以来的实践，回顾总结党团结带领全国各族人民坚持和发展中国特色社会主义的历史进程和宝贵经验，全面审视当今世界和当代中国发展大势，全面把握我国发展新要求和人民群众新期待，科学制定适应时代要求和人民愿望的行动纲领和大政方针，对全面推进我国改革开放和社会主义现代化建设、全面推进党的建设新的伟大工程作出战略部署。

全体学员和教职工要紧密联系思想和工作实际，集中一段时间深入系统地学习、研读十八大报告，认认真真、原原本本地学习理解十八大精神，努力在学深、学透上下功夫。教务部和各学员部要结合教学计划，组织全体学员集中学习，认真研讨，要特别注意深刻领会和准确把握十八大报告提出的一系列新思想、新论断、新举措。机关党委要组织好各单位理论学习中心组、全校教职工的学习讨论；离退休干部局党委要根据老同志特点组织好离退休党员干部的学习讨论活动。学习方式可以灵活多样。

要充分发扬理论联系实际的优良学风，力戒形式主义，力求取得实效。通过学习，切实把全体学员和教职工的思想统一到十八大精神上来，进一步坚定信念，认清形势，明确方向，立足本职岗位做好工作，推动中央党校事业科学发展。

二、联系实际，全面落实，扎实做好教学科研等各项工作

中央党校要把十八大精神的学习贯彻，与贯彻落实习近平同志7月17日在全国党校校长会议上的讲话精神结合起来，与总结建校80年来尤其是改革开放以来的办学经验结合起来，围绕“办什么样的党校、怎样办好党校”这个主题，总结经验，探索规律，将十八大精神贯彻落实到“一流学府”建设的实践中，贯彻落实到党校教学科研管理等各项工作中。

第一，认真研究、周密安排，把十八大精神贯彻到教学的方方面面。教务部和各教研部、学员部要从教学内容、教材建设、学科建设等方面入手，把十八大精神贯穿于党校教学的各个环节，真正让十八大精神进教材、进课堂、进头脑。近期，一是要组织学员及时收看十八大的有关报道，并集中安排一段时间学习会议精神，邀请有关领导、专家为全体学员做学习贯彻十八大精神的专题辅导。二是要在省部级和厅局级干部进修班分别开设“学习贯彻党的十八大精神”研究专题，教学设计要完整准确地体现十八大精神，以十八大精神为指导，从多学科角度深入研究重大理论与现实问题。三是在校内各主体班次

及研究生教学中，把十八大精神的学习贯彻体现在课堂讲授、课题研究、研讨交流和教材使用等各个环节。四是要在“形势与任务”报告、全校电视选修课、校园网网上选修课中，增加有关学习贯彻党的十八大精神的专题。

第二，精心组织、加强领导，围绕落实十八大精神开展科研工作。要紧紧围绕贯彻落实十八大精神，紧密联系改革开放实践问题以及学员学习过程中提出的问题，立足中央党校自身和全国党校系统，精心组织科研力量，在课题立项、理论研讨、组织文章、重点攻关等方面充分体现十八大的新精神、新要求。一要精心组织开展对十八大精神的专项课题研究，尤其要加强对十八大精神学习贯彻中的重点难点热点问题的研究，通过调整和充实科研立项，多出高质量的学习研究十八大精神的理论成果。二要组织召开专家学者座谈会，邀请校内外专家联系实际进行深入研讨，交流学习心得体会。近期要开好党校系统和校内专家学者学习贯彻十八大精神理论研讨会和座谈会。三要在认真学习、全面领会、深入研究的基础上，科研部、报刊社、出版社等单位密切合作，严格把关，加大研究成果和理论文章的发表力度，为十八大精神的学习和宣传活动作出应有的贡献。

第三，坚持标准、注重培养，以学习贯彻十八大精神为动力加强队伍建设。要以十八人精神为指导，坚持党校姓党、从严治校，坚持质量立校、人才强校和制度管校，真正以“一流人才和队伍”建设为基础，不断增强中央党校的竞争力，科学推进“一流学府”建设。一要切实加强校委和各直属单位领导班子的思想政治建设、组织建设、作风建设、制度建设和反腐倡廉建设，提高各级领导班子的凝聚力、战斗力和创造力。二要继续坚持人才强校战略，全面建设教学科研、行政管理、后勤保障三支队伍。要贯彻习近平同志提出的“坚持人才强校战略，把人才队伍建设作为党校各项工作的重要支撑”新要求，以学习贯彻十八大精神为动力，全面加强中央党校的人才队伍建设。要努力培养造就忠诚于马克思主义、忠诚于党的干部教育事业的理论家和教育家；培养造就一批有真才实学、在学科领域有影响的著名专家学者；培养造就一批高素质的行政后勤管理服务人才。

行政管理、后勤服务、信息化建设、报刊出版、地方党校工作、图书资料、分校工作、外事工作、离退休干部工作等各方面也都要根据校委总体部署，结合各自工作实际认真学习贯彻十八大精神，确保学习贯彻活动富有成效。发挥业务指导职能，对全国党校系统学习贯彻十八大精神做好指导工作。

三、加强领导，明确责任，确保学习活动取得实效

认真学习贯彻党的十八大精神是当前和今后一个时期中央党校的首要政治任务，要统筹安排，明确责任，细化任务，力争学得深一点、收获多一点、提高大一点。为确保学习贯彻活动取得实效，特提出以下要求：

1. 及时学习传达。十八大召开当天，组织全校学员、教职工收听、收看大会盛况；十八大闭幕后，立即召开全校大会，由我校十八大代表传达会议精神，并组织学习讨论。

2. 校委起表率作用。校委和校委成员要带头学习贯彻党的十八大精神，发挥表

率作用。一是及时召开校委理论中心组扩大会议，集中三天左右的时间学习十八大报告；二是请中央有关领导作关于十八大精神的辅导报告（全校学员、教职工参加）；三是组织中心组扩大会议成员在认真学习、听取辅导的基础上，讨论交流学习体会；四是加强对全校学习贯彻活动的领导和检查，不断推动学习贯彻活动的深入开展。

3. 各直属单位领导班子认真落实校委部署。校各直属单位领导班子在学习贯彻十八大精神工作中担负着重要责任，要根据校委的部署和要求，结合自身的工作职能，抓紧提出贯彻落实的具体方案。校领导要对所分管单位的学习进行检查和督促，各直属单位的主要负责同志要带头抓好落实。

4. 充分发挥机关党组织的作用。机关党委要及时印发《关于认真学习贯彻党的十八大精神的通知》，对全校党员干部学习作出具体安排；机关党委和各直属单位党组织要积极探索学习贯彻十八大精神的有效形式和方法，适时举办党务干部学习培训班，使学习贯彻十八大精神的活动取得更大的成效。

5. 及时了解掌握情况，做好宣传。办公厅和机关党委要及时了解和掌握各直属单位学习贯彻情况和教职工的思想反映，及时编发简报。教务部和各学员部要及时了解和掌握学员支部的学习情况和学员的思想反映，并做好反馈工作。党校报刊、信息中心要通过专刊、专栏等形式，加强学习宣传报道，营造浓郁的学习氛围。

中共中央党校校务委员会
2012 年 11 月 6 日

贯彻落实中央“八项规定”

校委学习讨论《中办国办〈贯彻落实十八届中央政治局关于改进工作作风、密切联系群众的八项规定〉实施细则》

12 月 13 日，受中央党校常务副校长李景田委托，副校长陈宝生主持召开校委会议，学习讨论《中办国办〈贯彻落实十八届中央政治局关于改进工作作风、密切联系群众的八项规定〉实施细则》（中办发〔2012〕30 号）。

会议指出，为认真贯彻落实中央提出的“八项规定”，中央党校要按照中央文件精神，尽快研究制定中央党校关于贯彻落实“八项规定”的具体实施意见，切实把中央精神落到实处。由办公厅和研究室负责拟定相关实施意见，并提交校委会议讨论。

（摘自《校委会议纪要》2012 年第 26 期，办公厅供稿）

贯彻落实中央“八项规定”情况

12 月 4 日中央政治局召开会议，审议通过了关于改进工作作风、密切联系群众的“八项规定”。中央党校校委认真学习贯彻，努力把“八项规定”不折不扣地落实到党校各项工作中去。

“八项规定”一出台，中央党校校委、各直属单位都非常重视，认真学习，逐条逐句领会，给予高度评价。大家的初步看法，集中在四点：

一是意义重大。高度重视作风建设，密切党群关系，是党的事业从胜利走向胜利的重要保证。“八项规定”，作为当前加强和改进党的作风建设的重大举措，展示了新一届中央领导集体执政为民的情怀，是聚党心得民心之举。

二是针对性可操作性强。“八项规定”，每一条都是针对人民群众长期反映强烈的问题，非常实在、具体，好操作、易执行，有助于领导机关、领导干部将作风建设做实、做细。

三是关键在落实。再好的东西，不落实，等于没有。只要我们认真贯彻落实“八项规定”，一定能进一步密切新形势下党同人民群众的血肉联系，一定能使党的执政基础更加巩固。

四是中央党校贯彻落实“八项规定”责任重大。“八项规定”是对党员干部的长期要求。中央党校担负着高中级领导干部教育培训的任务，一方面党校的干部教师要率先垂范，另一方面要将八项规定的精神体现到党校教学中去、体现到学员管理中去。

中央党校作为党的干部教育培训的主渠道、主阵地，近几年在习近平同志直接领导下，在改进作风方面，特别是在从严抓好党校的文风、学风和校风建设方面，已经作了一些探索和努力，取得了比较好的效果，得到了较好的社会反响。

12 月 4 日中央政治局会议审议通过“八项规定”以来，中央党校立即严格贯彻执行，采取一些具体举措，取得初步成效。

一是校委带头改进作风。12 月 10 日，在四川省委党校召开全国党校系统贯彻落实十八大精神理论研讨会暨第九届科研评奖颁奖会，校委全体成员参加会议，身体力行“八项规定”，不搞宴请，不组织观看演出；接送从简，会风从简，不摆放鲜花，不住酒店、住学员宿舍；领导讲话不念稿子，大会发言讲短话，讲管用的话，效果很好。

二是加强对学员的教育和管理。“八项规定”精神及时进教学，组织学员认真学习把握“八项规定”的各项要求。同时，健全完善学员管理制度，严格执行查“两堂”（课堂和饭堂）、抓“两风”（吃喝风和送礼风）制度，严格调研考察的要求，发现苗头，及时提醒，发生严重问题通报批评。

三是加强对教员课题研究和授课的管理。对教师开展课题研究、讲课、参加社会活动等，提出严格要求。要轻车简从，深入实际，特别是要深入基层一线，深入群众。

四是加强对会议的审批管理。可开可不开的会坚决不开，开会务求实效。严格会议报批程序，精简会议议程。改进新闻报道，严格文稿发表。厉行勤俭节约，降低会务费用。

（摘自常务副校长李景田2012年12月13日在中央党建工作领导小组会上的发言，研究室供稿）

附录：

贯彻落实《十八届中央政治局关于改进工作作风、密切联系群众的八项规定》的实施意见

中校发〔2013〕6号

为深入贯彻落实《十八届中央政治局关于改进工作作风、密切联系群众的八项规定》（以下简称“八项规定”），进一步转变作风、端正学风、改进文风，扎实推进党校校风建设，经校委研究，结合党校工作实际，提出如下实施意见。

一、切实改进工作作风

1. 提高调查研究成效。校委成员要定期走访分管直属单位，细致了解情况，加强指导。校委及各直属单位领导班子经常采取座谈会、个别谈话等方式，深入实际、深入群众、深入学员，了解掌握教职工的意愿诉求和意见建议，为教职工办实事办好事；认真倾听学员意见，不断提高党校教学实效，为学员提供优质高效的服务。到地方调研要紧紧围绕调研主题安排考察内容，既要到工作开展好的地方，也要到存在问题、困难较多的地方，力求准确、全面、深入了解情况，在此基础上，深入研究影响和制约党校科学发展的突出问题，防止调研工作走形式、走过场。要轻车简从、减少陪同、简化接待，不住超规格住房，不吃高档菜肴，自助餐也要注意节俭，不看专场演出，不接受地方赠品和土特产。除工作需要，原则上不去旅游

景点参观。

2. 精简会议活动和文件简报。减少各类会议活动，全国党校系统会议、校内会议及各直属单位会议能不开的坚决不开，可以合并的坚决合并。有的会议，可充分利用电视电话等现代信息技术召开。各直属单位举办全国党校系统部门性会议，要严格履行报批程序。严格控制会议规模、参会人员范围，简化会议流程，降低会务费用。会场布置要简朴，合理设定主席台人数，工作性会议一律不摆花草、不挂会标、不制作背景板、不铺迎宾地毯。办公发文要从简从实，没有实质内容、可发可不发的文件简报，一律不发。必须发的文件要突出思想性、针对性、可操作性，严格控制篇幅和印发数量。简报要重点反映重要动态、经验、问题和工作意见建议等内容。积极应用电子公文，一般性公文实行网上公布下载，逐步减少纸质文件和简报资料。

3. 规范出访活动。校委成员要严格按中央要求规范出访次数、时间和随行人数。直属单位班子成员、教职工出访计划，每年年初由外事办公室根据工作需要合理安排，校委会审议通过。坚决不搞照顾性安排，不把出访作为待遇。简化机场迎送和接待工作。严肃出访纪律，严禁借考察之名旅游。

4. 厉行节俭办校。严格执行经费预决算方案，用有限的经费办好党校。坚持勤俭节约，精打细算，管好用好每一笔钱。大力倡导艰苦奋斗之风，严格执行人走灯熄、公车公用、电话公用等规定，减少办公经费支出。

二、加强学风建设

5. 坚持理论联系实际。党校教师研究问题、课堂讲授和讲稿撰写要有问题意识，善于独立思考，善于运用理论分析和解决实际问题，力戒无的放矢。学员要坚持学以致用、用以促学，紧密联系自己的工作实际和思想实际开展研究式学习，“实事求是，不尚空谈”。撰写论文要注重学术深度和解决实际问题的对策，避免穿靴戴帽、套话连篇。

6. 倡导爱读书读好书善读书。充分发挥党校在推动学习型政党建设中的“火车头”作用，营造浓厚的学习读书氛围，鼓励学员认真读书，鼓励教职工勤奋读书。学员必须通读宿舍书架上党校推荐的马克思主义经典著作，认真阅读做好工作必需的各种知识书籍、古今中外优秀传统文化书籍。坚持阅读与思考相结合、读书与运用相结合，定期组织读书报告会、交流会等，不断提高读书学习效果。

7. 坚持教学相长、学学相长。积极推进教学改革，推广案例教学、现场教学、情景模拟教学等，发挥学员在学习过程中的主体作用。优化课堂教学的时间构成，互动交流时间要达到30分钟左右，鼓励学员提问，鼓励教师有针对性地回答问题，提高教学效果。增加小组讨论、支部交流、学员论坛的次数，使学员相互借鉴、共同提高。

三、加强文风建设

8. 讲短话。以“能少则少、能短则短、能精则精、能减则减”为原则，文件、讲话、文章，都要开门见山、直奔主题，做到要言不烦、意尽文止。限制发言时间，重要会议报告时间一般不超过30分钟，会议交流发言时间一般不超过15分钟，讨论发言时间一般不超过10分钟。反对短话长说、离题万里。

9. 说实话。文件、讲话、文章，要力求反映事物的本来面目，实事求是，有一说一、有二说二，是则是、非则非，不夸大成绩，不掩饰问题，阐述对策具体、实在，有可操作性。杜绝一切形式的空话套话大话，反对照抄照搬。

10. 说新话。文件、讲话、文章，力求思想深刻、富有新意，回答和解决实际问题有新思路、新举措，力求角度新、材料新、语言表达新。反对弄虚作假、夸大其词。

11. 建章立制。从制度上保证弘扬优良文风，鼓励真知灼见。将文风作为干部考核的重要内容，让群众进行测评，向领导干部反馈，并作为组织上任用干部的重要依据。

四、加强校风建设

12. 坚持从严治校、从严施教、从严管理。坚持党校姓党、从严治校，增强教职工、学员的党性意识、党校意识，增强维护党校形象的自觉性，坚决不做损害党校声誉的事情。凡是要求学员做到的，工作人员要带头做到，凡是要求学员不做的，工作人员要带头抵制。更好地坚持宁严勿松、宁紧勿散、宁苦勿纵的要求，营造“团结、紧张、严肃、活泼”、风清气正的优良校风。

13. 严肃培训纪律。完善细化学习管理制度，坚持学员到课率、就餐率的检查通报制度，加强学员晚自习的检查监督，不准搞“秘书陪读”，不准请人代写学习笔记或论文，不准抄袭他人学习研究成果。严格按照教学计划安排教学参观，加强对学员在校期间开展课题调研、参加社会活动的管理。引导学员认真遵守廉洁自律的各项规定，坚决反对和遏制吃喝风、送礼风。严肃校规校纪，对违反规定的，及时进行批评教育，情节特别严重的，给予相应的纪律处分。学员毕业时，支部对其党性锻炼和遵守纪律情况作出评鉴。

14. 严肃教学科研工作纪律。教师要严格遵守政治纪律、组织纪律、财经纪律、保密纪律。坚持研究无禁区、讲坛有纪律，不准发表违背党的路线方针政策的言论。要以校内教学科研为主业，外出授课、调研、接受采访等，要按规定报批，严格履行请销假制度、财务报销制度，不接受礼物、不搞高标准接待、不借机办私事。

五、加强督促检查

15. 加强领导，确保实效。校委和各直属单位要加强领导，把“八项规定”落实到坚持科学办校、质量立校，推进“一流学府”建设的实践中，落实到党校各项具体工作中。

16. 明确分工，形成合力。校委成员和各直属单位要各负其责，共同抓好学风、文风和校风建设。办公厅要定期督查检查，年底要通报执行本意见情况。机关党委和纪委要把监督执行本意见情况作为改进学风、文风和校风的一项经常性工作来抓。

财务审计部门每年要对经费使用情况进行审查。

17. 定期检查，狠抓落实。每年年底结合年度考核对执行本意见情况进行一次专项检查。各直属单位要制定并落实本单位改进作风、联系群众的长效机制。

中共中央党校校务委员会
2013 年 1 月 21 日
（办公厅、研究室供稿）

党的十七大以来党校工作研究

党的十七大以来党校工作的新发展*

李 景 田

党的十七大以来，国内外形势波澜壮阔，党和国家经受了从未有过的国际金融危机等困难和国内深层次矛盾的挑战，取得了举世瞩目的成就。中央党校顺应党和国家工作大局发展要求，紧紧抓住党校发展的机遇，在以胡锦涛同志为总书记的党中央坚强领导下，在习近平校长直接领导和关心支持下，在深入分析研究形势发展对党校工作提出的新任务、新要求基础上，积极探索党校工作的新思路、新举措，大力推进科学办校，取得了一系列新成就、新进展，开创了新局面。

一、党校姓党、从严治校得到强化

党的十七大以来，党校始终坚持党校姓党的根本原则，坚持在思想上、政治上、行动上同党中央保持高度一致，始终围绕党和国家的中心任务和工作大局开展工作，把学习、宣传、贯彻落实党的十七大和十七届历次全会精神作为党校工作的主要任务，及时将中央重大理论观点、重大战略思想、重大工作部署以及党的路线方针政策纳入各班次的教学中。通过举办多种形式座谈会、研讨会，组织刊发专门文章，出版专门图书，开展社会宣讲，加强对中央精神的学习、研究和宣传。从严治校是党校姓党用以治校的基本方针。党的十七大以来，适应党的建设的新要求，党校努力建设风清气正的学府，采取各种措施推

* 此文载《中直党建》2012 年第 10 期，题目为原文的附标题。

动形成良好的学风文风校风，向全社会展现了党校工作人员和学员的良好精神风貌，党校的党性锻炼熔炉作用和不正之风“净化器”作用进一步加强。

二、高质量办学深入人心

为适应党的十七大以来干部教育培训的新形势新要求，有效应对各种新情况对党校工作的挑战，2009 年底中央党校校委提出要建设干部教育培训的“一流学府”。2010 年 3 月至 6 月，中央党校开展了建设“一流学府”讨论活动。下半年，又以中央深入开展创先争优活动为契机，开展了“我为‘一流学府’作贡献”创先争优主题实践活动。近几年，各部门各单位定目标、立标准，找差距、寻对策，做规划、理思路，努力争创“六个一流”，即大力推进教学改革，突出优势和特色，提升教学水平和质量，尽力打造“一流教学”；大力推进思想库建设，加强重大理论和现实问题研究，强化学科基础理论研究，尽力打造“一流科研”；大力实施人才强校战略，加强业务培训和人才引进，培育更多的大家、名家等高端人才，尽力打造“一流人才和队伍”；大力推进从严治校，加强学风文风校风建设，尽力打造“一流的风气和人文环境”；大力推进基础设施建设，加强信息化保障功能，尽力打造“一流的硬件和基础设施”；大力推进管理创新，加强后勤服务和机关党建、离退休干部、报刊出版、图书资料等工作，尽力打造“一流的管理和服务”。地方各级党校也结合各自实际，纷纷提出有地方党校特色的质量立校战略。高质量办学成为党校工作的总抓手，极大推动了党校各项工作科学发展。

三、按规律办学成为自觉追求

党的十七大以来，党校把重视规律，按规律办事，提高党校工作的科学化水平，放到了更加突出的位置。2007 年至 2008 年中央党校围绕干部成长规律和党校教育规律，开展了大范围、系统化的研究，取得了一批研究成果。特别是 2008 年 10 月习近平同志在全国党校工作会议上提出的“三个适应、三个促进”，进一步揭示了党校工作的基本规律。在不断深化对规律研究和认识的同时，党校重视对规律的运用，努力使已经获得的规律性认识制度化、规范化，并努力坚持按制度办学。2007 年开始，中央党校积极组织修订《中国共产党党校工作条例（暂行）》。2008 年中央颁布《中国共产党党校工作条例》后，中央党校在带头贯彻落实的同时，认真督促检查各地党校贯彻落实。2010 年中央又出台《2010—2020 年干部教育培训改革纲要》（以下简称《纲要》或《干部教育培训改革纲要》），这是反映干部教育培训规律新的重要指导性文件，中央党校积极解决干部教育培训改革过程中出现的一些困惑及问题，推动了《纲要》精神的有效贯彻，推进了党校工作的科学化。

四、改革创新深入推进

党的十七大以来，党校始终坚持解放思想、实事求是、与时俱进，按照中央提出的结合实际创新路、加强培训求实效的要求，不断推进党校各个方面的改革创新，取得明显进展。在教学上，坚持和完善“一个中心、四个方面”的教学新布局，深化和推进教学改革。如建立教学讲题和内容的更新机制，优化教学资源配置，改进教学方式和学习考核方式，加大教学的学科支持力度和教材建设力度，开展精品课评选等。在做好主体班次教学改革的同时，还推进了计划外短期培训、学位研究生教育的改革。与此同时，在科研方面，理顺管理体制，鼓励创新，倡导精品意识，大力促进教学科研一体化。在管理服务方面，完善分类管理办法，突出科学管理、精细管理，不断提高管理服务的能力和水平。各方面的改革创新为党校事业发展源源不断地注入生机与活力，推动党校工作不断取得新的成绩，以改革创新谋发展已成为党校人的共识。

五、党校教育特色和优势更加鲜明

党的十七大以来，党校进一步突出了中国特色社会主义理论体系的教育。中央党校在原有教学基础上，2010 年开设了“中国特色社会主义理论体系”专题班；2011 年春季学期开始，恢复举办了系统学习马克思主义理论的进修类班次。与此同时，进一步加大了马克思主义经典著作教学分量。在中央组织部的支持下设立了马克思主义经典著作导读课资助奖励项目，着力培养一批讲授马克思主义经典著作的优秀中青年教师，打造马克思主义理论教学精品课。进一步突出党性教育。一方面发挥党校的理论优势和学科优势，初步形成课堂化的党性教学框架。另一方面把党性教育贯穿于学员管理活动中，通过多个环节，采用多种形式对学员进行党性教育和锻炼。能力教育和知识教育也注意突出党校特色。重点是世界观、方法论的学习以及战略思维和世界眼光的培养，如在案例教学中教育引导领导干部从个案的“技”和“巧”中悟出“论”和“道”来。

六、干部教育培训的主渠道作用得到巩固

党的十七大以来，党校在大规模培训干部、大幅度提高干部素质和能力方面取得了重大成绩。据统计，2008 年以来，中央党校共举办进修班、培训班、专题研讨班和师资培训班 199 个，培训轮训领导干部和理论骨干 12864 人；与中央纪委、中央组织部、中央宣传部等部门联合举办专题培训班 58 个，培训学员 8795 名。从 2010 年以来，中央党校还承担了中央和国家机关司局干部选学培训任务，培训干部 9663 人次。除此之外，计划外干部短期培训工作成为常规班次的必要补充和多渠道培训党员干部的有效形式。仅 2011 年，举办各类班次 93 个，培训局、处级干部 5281 名。中央党校的教学受到了学员的充分肯定，学员给出的教学效果评估分数每年都有新提高。

七、思想库作用充分发挥

党的十七大以来，按照胡锦涛总书记关于党校科研工作要发挥“四个服务”功能的要求，以打造“一流科研”为目标，中央党校的思想库建设提到了更加重要的日程，积极采取各种方式引导鼓励教研人员加强对中国特色社会主义理论体系的研究、重大现实问题研究和学科基础理论研究，取得了丰硕的研究成果。十七大以来，以“中央党校中国特色社会主义理论体系

研究中心”名义在《人民日报》、《光明日报》、《经济日报》、《解放军报》、《求是》等中央“四报一刊”上发表文章100余篇；组织设立全国党校系统调研课题1019项，围绕党和国家的中心工作以及重要纪念活动，举办高层次理论研讨会20余次；2011年在国家社会科学基金项目立项24项，比中央党校历史上最高纪录增长了85%；打造了中国马克思主义论坛、中国社会发展问题高端论坛、中欧美学术论坛等学术交流平台；积极承担了马克思主义理论研究和建设工程研究项目，完成了中央交办的重大课题调研任务。

八、社会形象和声誉明显提升

党的十七大以来，党校的开放办学步伐加快。一方面，对社会的开放程度加大。确立了新闻发言人制度，举办了新闻发布会，举办了面向驻华高级外交官的开放日活动、中外记者来校采访活动，向外界展示了党校“党校姓党”、开放包容、清正务实、创新进取的良好形象。另一方面，与国外开展的交流合作日益增多。目前，中央党校已与世界上30多个国家和地区的有关干部培训机构、政府相关部门、跨国企业及著名智库、知名大学等研究机构建立了学术交流合作关系。仅2011年中央党校就接待外国政要、知名学者和国外研究机构、跨国公司负责人等各类代表团165个；举办演讲、研讨会、座谈会等学术交流活动近50场，多名外国政要到党校演讲，如联合国秘书长潘基文、德国总理默克尔、意大利总统纳波利塔诺、智利总统皮涅拉、美国财长盖特纳等。通过开放办学，各级党校充分利用校内校外两种资源，博采众长，为我所用，拓展了办学空间，提高了教学质量，提升了党校的影响力。

九、管理和服务创造新佳绩

党的十七大以来，党校坚持和推进管理创新，各项管理和服务工作全面加强。在基础设施上，各级党校本着勤俭办学、节俭办事原则，适应大规模培训干部需要，结合各自实际，通过改建、扩建、新建等方式加强校园建设，相当一部分党校的办学条件得到较大改善，有的党校面貌焕然一新。中央党校编制了《中央党校校园建设规划（2010—2020年）纲要》和《中央党校校园建设“十二五”规划》，促进办学设施和服务设施的持续改善。在信息化建设上，进一步加强了硬件建设和网络内容建设，中央党校和一些地方党校还新建了“一卡通”智能综合服务平台、《应急指挥仿真实验室》和《新闻仿真实验室》等情景模拟教学实验室，现代化办学能力显著增强。后勤服务、财务管理、离退休干部工作、报刊出版、图书资料、机关党的工作等全面加强和改进，为教学科研和教育培训干部提供了重要保障。

十、队伍建设取得新进展

党的十七大以来，党校围绕当前和今后一个时期各类人才队伍建设需要，提出并有效实施了一整套新思路、新措施，建成了一支具有扎实专业理论素质、能教学善科研的教学科研队伍。针对党校人才队伍总量不足，年龄结构不合理，不少学科缺乏高层次领军人才的实际情况，按照自我培养和外部引进相结合的方针，中央党校努力培养造就名师大家级高端人才。在引导和鼓励高层次人才安心教学岗位、潜心理论研究、发挥示范和领军作用的同时，加大人才引进力度，选拔具有较高知名度、比较年轻、具备成长为名师大家综合素质与发展潜质的教学科研人才，选拔具有较强管理能力、专业知识丰富、比较年轻的复合型管理人才，一定程度上解决了部分学科、岗位人才缺乏问题。深化干部人事制度改革，2011 年，中央党校首次面向社会公开选拔副处级领导干部，首次以竞争方式面向全校选拔教研部副巡视员，首次开展了正处级组织员竞争上岗，拓宽了选人用人渠道。完善人才评价制度，形成了由品德、知识、能力等要素构成的各类人员评价体系。队伍建设的成就有效带动了党校教学科研、管理服务水平的提高。

十一、整体办学能力有效提高

党的十七大以来，中央党校加强了对地方党校的业务指导，每年确定一个主题进行调查研究，及时帮助解决基层党校发展中的现实问题。2009 年暑假期间，校委分 6 个调研组，对 31 个省（区、市）党校工作情况进行全面了解。在此基础上，起草了《中央党校支援新疆自治区及兵团党校工作方案》，召开党校系统援藏工作会议，加大了对西部和困难地区党校的指导支持力度。2011 年开展了全国县级党校建设情况调研，与中央组织部联合召开了全国县级党校工作座谈会。修订完善《中央党校对地方党校业务指导办法》。每年召开一次全国党校校长工作会，并视情况召开全国党校教学、科研、后勤、信息化建设等专题工作会和区域校长座谈会。举办多期全国市地州盟党校常务副校长培训班和党校师资培训班。加强各级党校之间的日常联系，规范地方党校办学。地方党校认真履行业务指导职责，积极开展对下级党校的调查研究、督促检查、信息交流、办学评估、教研评比等活动，党校系统的整体优势得到增强。

十二、党委对党校的领导进一步加强

2008 年 9 月，中央颁布了《中国共产党党校工作条例》，出台了规范和指导党校工作的法规性文件。同年 10 月召开全国党校工作会议，胡锦涛总书记发表重要讲话，习近平同志作工作报告，对新的历史条件下全面开创党校工作新局面提出了明确要求。5 年中，中央先后在中央党校举办了新进中央委员会委员、候补委员学习贯彻党的十七大精神研讨班、省部级主要领导干部深入学习实践科学发展观专题研讨班、深入贯彻落实科学发展观加快经济发展方式转变专题研讨班、社会管理及其创新专题研讨班等，胡锦涛、温家宝、李长春、习近平、贺国强等中央领导同志到班上作重要讲话。习近平同志在每次开学典礼上都发表重要讲话，多次主持召开校委座谈会，对党校工作精心指导，支持中央党校的各项建设。他还多次到党校调研，主持学员座谈会，对党校工作人员和学员提出明确要求，为教师深入基层、深入实践提升教学科研质量创造条件。在 2012 年 7 月召开的全国党校校长会议上，习近平同志对党校工作又提出了新的更高的要求。地方各级党委对党校工作也都更加重视。这为党校做好各项工作提供了最根本的政治保障。

党的十七大以来中央党校工作概况

李 景 田

党的十七大以来，在中央高度重视和习近平同志直接领导下，中央党校以邓小平理论和“三个代表”重要思想为指导，深入贯彻落实科学发展观，全面贯彻十七大及中央历次全会精神，认真贯彻全国党校工作会议精神、《党校工作条例》和《干部教育培训改革纲要》，以建设“一流学府”为抓手，不断推动党校工作科学发展，取得了新的成绩和进步，为党的干部教育事业和中国特色社会主义事业发展作出了新的贡献。具体来说主要围绕一条主线，做了以下九项工作。

一条主线是质量立校，不断提升党校工作科学化水平。建设干部教育培训的“一流学府”做的九项工作是：

一、认真学习贯彻党的十七大和中央历次全会精神，积极做好迎接、筹备党的十八大和学习贯彻十八大精神的各项工作

党的十七大以来，中央党校围绕党和国家的大局和中心任务，以学习、宣传、贯彻落实十七大和中央历次全会精神为主线开展工作。十七大闭幕后，迅速举行传达十七大精神报告会。党的十七届三中、四中、五中、六中全会召开后，邀请习近平、李长春及有关部门的领导同志来校作全会精神专题辅导报告。对全校党员干部学习、宣传、贯彻全会精神作出具体安排，并及时将中央精神纳入各班次的教学中，在一些重要班次增设研究专题班或相关讲题。及时举办学习贯彻中央精神座谈会、研讨会，组织刊发专门文章、出版专门图书，加强宣传力度，努力发挥党校建设学习型政党的推动作用。

为迎接党的十八大胜利召开，精心组织、周密部署，积极做好代表选举等相关工作，完成中央交办的调研、征集意见等任务，制定印发了《中央党校校委关于学习贯彻党的十八大精神的安排意见》。十八大召开当天，组织全校学员、教职工收看大会盛况。会后，立即召开全校大会传达党的十八大精神；组织全校学员和教职工、离退休老同志听取十八大精神学习辅导报告，努力把广大教职工的思想统一到十八大精神上来。各部门集中时间深入系统地学习、研读十八大报告，紧密联系思想和工作实际领会十八大精神，努力把十八大精神贯彻落实到教学科研管理等各项工作中，初步形成学习贯彻十八大精神的热潮。

二、贯彻落实全国党校工作会议精神、《党校工作条例》和《干部教育培训改革纲要》，加强对地方党校的指导，提高党校工作科学化水平，提高党校系统整体实力

为贯彻落实好党的十七大和中央历次

全会精神，认真开展《党校工作条例》修订工作和全国党校工作会议筹备工作。《党校工作条例》颁布和会议召开后，中央党校发挥表率、带头作用，积极贯彻落实《党校工作条例》和会议精神。同时，认真督促检查各地党校贯彻落实，及时听取反馈意见。2009 年，校委根据习近平校长的指示，分 6 个调研组，采取汇报座谈、实地考察等形式，对 31 个省（区、市）进行大范围督促检查。加大对西部和民族地区党校发展的支持力度，召开了全国党校系统援助西藏党校工作会议，对西藏党校工作提供物质和智力支持。加强和规范县级党校建设，中央党校与中央组织部联合，在充分调研基础上，首次召开全国县级党校工作座谈会。《干部教育培训改革纲要》颁布后，把《干部教育培训改革纲要》作为深化改革的重要指导性文件，进一步明确定位，发挥优势，提高党校工作科学化水平。2012 年还对十七大以来党校工作进行系统的总结，提炼概括党校工作的新经验，深化党校工作规律性认识，以更科学的指导今后的工作。

五年来，中央党校召开 1 次全国党校工作会议、3 次全国党校校长会议，多次召开全国党校系统教学、科研、学员管理、后勤服务、信息化建设等工作会议和业务研讨会，继续开展全国党校系统科研评奖工作，首次开展了全国党校系统教学精品课评比活动。此外，举办 2 期全国市地州盟党校常务副校长培训班、4 期党校系统信息化建设培训班，举办党校系统科研管理工作专题研讨班、全国党校图书馆长培训班等。通过这些具体的实际工作，全面加强对地方党校工作的指导和支持力度，党校系统整体实力得到明显提升。

三、积极推动“一流学府”建设，着力提升党校办学水平和质量，提高中央党校的地位和影响力

适应党的十七大以来干部教育培训新形势新要求，校委于2009 年底提出建设干部教育培训的“一流学府”的设想。习近平校长在充分肯定的同时，要求把建设“一流学府”作为一项战略考虑来谋划和推进，体现在每一年的工作中。

从 2010 年 3 月 23 日到 6 月 11 日，中央党校用两个多月的时间，在各直属单位开展了建设“一流学府”讨论活动，努力把全校教职工的智慧和力量凝聚到“一流学府”建设的共同行动上来。2010 年 6 月 25 日，习近平校长在中央党校校委呈报的《关于建设“一流学府”讨论情况的报告》上批示：“建设‘一流学府’讨论富有成效。要在统一思想的基础上，把‘一流学府’建设深入扎实地加以推进。”

2010 年下半年，中央党校以深入开展创先争优活动为契机，开展了“我为‘一流学府’作贡献”创先争优主题实践活动，将“一流学府”建设讨论中形成的共识转化为创先争优的具体内容，用创先争优活动的实效检验“一流学府”建设的业绩。2010 年底，习近平校长再次肯定：“‘一流学府’建设和创先争优活动结合得很好。各单位都制定了规划和措施，初见成效。”三年来，“一流学府”建设扎实推进，逐步实现机制化、常态化，取得了阶段性成果，全校各项工作呈现新的气象。

四、坚持和完善“一个中心、四个方面”的教学新布局，深入推进教学改革，打造“一流教学”

教学是党校的中心工作。党的十七大以来，中央党校坚持和完善“一个中心、四个方面”教学新布局，深化和推进教学改革，充分发挥干部教育主渠道作用，在大规模培训干部、大幅度提高干部素质和能力方面取得重大成绩。

（一）突出抓好理论教育和党性教育，深化和细化“一个中心、四个方面”教学新布局

2008年《党校工作条例》完善了党校“一个中心、四个方面”的教学布局。近年来，中央党校以学习马克思主义理论特别是中国特色社会主义理论体系为中心，以理论教育和党性教育为首要任务，进一步明确党校定位，彰显党校特色，加强了理论基础、世界眼光、战略思维、党性修养四个方面的教育。尤其突出了中国特色社会主义理论体系教育。加大了党性教育分量。

（二）全面推进教学改革，为打造“一流教学”提供良好的机制保障

改进教学讲题设计机制，调整教学框架，优化教学资源配置。在进修类班次全面推行项目制管理，在培训类班次实行竞争上岗和末位调整；各类班次集体备课，解决授课内容重复等“老大难”问题。改革教学考评方式，以考促学、以评促教。加大学科支持力度，2011年出台《中央党校2011—2015年学科建设规划》，对中央党校今后五年的学科建设工作进行规划和部署。加大教材建设力度，修订《马列著作选编》，重点资助一批学科经典教材和学科经典著作导读教材的编写。不断创新教学方法，综合运用讲授式、案例式、体验式、情景模拟式、菜单式等多种教学方法开展教学。

（三）充分发挥干部教育主渠道作用，教学质量进一步提高

据统计，2008年以来，中央党校共举办进修班、培训班、专题研讨班和师资培训班199个，培训轮训领导干部和理论骨干12864人；与中央纪委、中央组织部、中央宣传部等部门联合举办专题培训班58个，培训学员8795名。2010年3月中央组织部会同中央直属机关工委、中央国家机关工委在中央和国家机关中开展了司局级干部自主选学试点工作，中央党校开设了“中国特色社会主义理论体系研究”等五个专题班和有关讲座，相关单位251名司局级干部参加了学习。2011年，承担了全部必修课的教学任务，101家中央和国家机关的3609名司局级干部分批参加了学习；同时，开设了4个选修专题班和8个讲座，共901名学员参加学习。中央党校的教学受到了学员的充分肯定。学员给出的教学效果评估分数每年都有新提高。在各种形式的学员座谈会上，学员们都对我们的教学给予高度评价。

（四）做好主体班次教学的同时，继续抓好计划外短期培训、学位研究生教育以及开放办学等工作，取得了新的成绩

计划外干部短期培训工作仅2012年（截止到10月底），就举办各类干部短期培训班80个，培训局、处级干部4850人，受到地方党委、中央部委和央企的欢迎。学位研究生教育质量进一步提高，学生就

业状况良好。根据年度统计，2008 年就业率为 87.2%，2009 年为 96.7%，2010 年为98.6%，2011 年达到 100%，2012 年为92%。特别是2011 年，选择到西部就业的有23 人，占总数的 12.64%。开放办学取得新的突破。仅 2011 年，中央党校接待外国政要、知名学者和国外研究机构、跨国公司负责人等各类代表团达 165 个，安排出访团组 90 多个、540 余人，不仅开阔了教员和学员的眼界，也有力地提升了党校的地位和影响力。

五、坚持和推进理论创新，发挥党校思想库功能，开展“一流科研”

科研是党校教育的基础。党的十七大以来，中央党校以打造“一流科研”为目标，进一步加强科研工作。根据中央的战略部署，紧紧围绕建设中国特色社会主义这个主题，加强对马克思主义中国化最新成果的研究，取得了丰硕成果。

（一）更加注重科研导向和规划，马克思主义基本理论特别是中国特色社会主义理论体系的研究、重大现实问题研究和学科基础理论研究进一步加强

制定《中共中央党校年度校级科研项目指南总体规划》，作为年度科研项目指南制定的依据。制定《中央党校 2011—2015 科研年发展规划》，鼓励和支持教研人员积极申报国家级、部委级课题项目和校内课题项目，引导教研人员加强对中国特色社会主义理论体系、重大现实问题和学科基础理论研究。2011 年在国家社会科学基金立项 24 项，比中央党校历史上最高纪录增长了 85%，取得历史性突破。

（二）积极推进思想库建设，决策咨询作用进一步发挥

根据思想库建设的需要，中央党校组织了“思想库建设”专题调研，包括到地方党校进行调研、与世界著名智库进行交流，制定了《中央党校思想库建设方案》。校委高度重视内部刊物编辑工作，《思想理论内参》和《中共中央党校研究报告》坚持为中央决策服务、为党的理论创新服务、为教学科研服务，质量水平不断提高，得到领导同志的批示越来越多，思想库作用日益显著。

（三）着力打造高水平科研成果交流平台，科研协作和科研交流进一步加强

围绕党和国家的中心工作以及重要纪念活动，每年都确定重大课题项目在全国党校系统组织集体攻关。党的十七大以来，组织设立全国党校系统调研课题 1019 项。举办高层次理论研讨会 20 余次，打造了中国马克思主义论坛、中国社会发展问题高端论坛等国内一流、国际知名的学术交流平台。同时，与意大利阿斯平研究所和美国阿斯平研究所合作，打造了具有全球影响力的高层次国际交流平台——中欧美学术论坛，目前已成功举办两次，有力提升了党校的科研水平和国内外影响力。

（四）充分发挥“中央党校中国特色社会主义理论体系研究中心”的作用，理论宣传力度进一步加大

党的十七大以来，以“研究中心”名义在《人民日报》、《光明日报》、《经济日报》、《解放军报》、《求是》等中央“四报一刊”上发表文章 100 余篇。2009 年以来，历年发文数量均居全国七大研究中心之首，为宣传党的理论路线方针政策、推

介党校科研成果发挥了重要作用。

（五）拓宽经费来源渠道，科研投入进一步增加

2010年以来，先后与国家开发银行和联想集团弘毅投资管理公司签订了“两个五千万”的五年战略合作协议。据统计，目前全校在研的科研项目有400多项，经费达4500万元。

（六）深入推进科研管理制度改革，科研激励机制进一步健全

五年来，制定了《中央党校支持国家社科基金项目研究的实施意见（试行）》等管理办法，完善了科研评奖方法和科研激励机制，提高了课题研究水平和成果质量。从实践上看，科研“四个服务”作用得到了进一步发挥。

六、坚持和推进人才强校，建设“一流的人才队伍”

2004年5月中央党校制定了《中央党校人才强校战略实施纲要》。2011年6月又制定《中央党校人才强校战略实施纲要（2011—2015年）》和《教师队伍建设规划（2011—2015年）》、《行政干部教育培训规划（2011—2015年）》，对当前和今后一个时期各类人才队伍建设提出了思路和措施。党的十七大以来，中央党校全面深入落实《人才强校战略实施纲要》，在建设“一流的人才队伍”方面取得新的进展。

（一）全方位开展培训，提升工作人员整体素质

拓展培训内容，创新培训方式，扩大培训对象。重点加强教学科研队伍的培养，千方百计提高教师的学习研究能力、理论联系实际能力、理论创新能力，培养一批思想政治素质好、业务能力强的教学科研骨干。同时注意加强对中层领导干部、教研室主任和组织员的培训，有计划、有针对性地对财会人员、机要人员、图书情报人员、医护人员、信息管理人员、基建管理人员以及党务干部、组织人事干部等进行相关培训。

（二）培养和引进结合，造就名师大家级高端人才

一是做好“百千万人才工程”国家级人选、“四个一批”人才、享受国务院政府特殊津贴人员以及其他专家项目人选的推荐选拔工作，对造诣深厚、成就突出的专家学者，倍加珍惜、倾心支持、重点培养。二是加大人才引进力度，选调引进高端人才。制定《关于公开招聘选拔高端战略人才的意见》及两个配套办法，严格按照程序公开招聘选拔高端战略人才。特别是在教学科研领域选拔具有较高知名度、比较年轻、具备成长为党校名师大家综合素质与发展潜质的人才，在管理领域选拔具有较强的管理能力、丰富的专业知识、比较年轻的复合型人才。优化人才队伍结构，提高教学科研和管理服务工作水平。

（三）深化干部人事制度改革，建构人才成长的有效机制

制定《中央党校事业单位岗位设置管理实施方案》、《关于事业单位专业技术岗位设置的意见》，首次开展岗位聘用工作，得到了广泛肯定。构建参公人员信息数据库，完成干部档案改版工作。在干部选拔任用工作中，进一步扩大公开选拔和竞争上岗范围，增加党校人才使用的公开性。首次面向社会公开选拔副处级领导干部，首次以竞争方式面向全校选拔教研部副巡

视员，首次开展正处级组织员竞争上岗工作，拓宽选人用人渠道，得到校内外的好评。根据需要，对一些部门机构进行调整、合并或更名。顺利完成机构编制清理规范工作，完成校内各直属单位及下设机构编制的重新核定工作。改革完善人才评价制度，形成由品德、知识、能力等要素构成的各类人员评价体系。从实践上看，实施人才强校战略已经取得明显成效。一是建成了一支具有扎实专业理论素质、能教学善钻研的教学科研队伍，培养一批有社会影响、受学员欢迎的专家学者，带动党校教学科研水平的提高。二是带动党校学科建设。目前，中央党校有哲学、理论经济学、政治学和马克思主义理论 4 个博士后流动站，政治学、哲学、马克思主义理论、理论经济学 4 个一级学科博士授权点，政治学、哲学、马克思主义理论、理论经济学、法学、社会学 6 个一级学科硕士授权点。可授予博士学位的二级学科点由 2008 年的 23 个增加到 28 个，可授予硕士学位的二级学科点由 2008 年的 32 个增加到 47 个，学科结构和布局逐步完善。三是整体提升工作人员的素质能力，提升了党校的管理和服务质量。

七、坚持和推进从严治校，培育“一流的风气和人文环境”

党的十七大以来，中央党校坚持党校姓党、从严治校，切实改进文风、学风、校风，努力使党校真正成为党性锻炼的熔炉、风清气正的学府。

（一）提倡“短、实、新”，改进文风

在 2010 年春季学期第二批学员开学典礼上，习近平校长提出反对“长、空、假”，提倡“短、实、新”文风。中央党校及时召开了改进文风座谈会，并采取多种措施予以贯彻落实。

（二）坚持理论联系实际，改进学风

校委始终坚持弘扬理论联系实际的学风，及时认真落实习近平校长的指示和要求，在学员中倡导爱读书读好书善读书、多读历史、精读原著、深读经典；鼓励教研人员深入实践调研、潜心做学问、扎实做学问，提高教学质量，提高为党和国家决策咨询服务的质量。党的十七届四中全会提出建设马克思主义学习型政党的战略任务以来，中央党校按照中央关于要充分发挥党校在建设马克思主义学习型政党中的重要作用的要求，按照习近平校长关于中央党校要在建设学习型党组织方面起“表率和引领作用”的要求，从自身实际和特点出发，从强化职能、践行使命入手，努力做建设学习型党组织的模范实践者和推动者。

（三）加强学员和教职工管理，改进校风

党的十七大以来，中央党校抓住教员与学员两个主体、抓住教与学两个环节，不断加强对教职工和学员两支队伍的管理，坚决制止各种不良习气。一是健全从严施教管理体系，规范施教教师的校风校纪。2008 年 11 月，习近平校长在中央党校 2008 年秋季学期第二批进修班开学典礼上的重要讲话发表后，校委召开理论学习中心组扩大会议，进行专题学习讨论，并于 12 月下发《关于学习近平同志重要讲话精神　认真贯彻党校姓党的会议纪要》。2011 年 12 月又下发了《关于认真贯彻落实校委关于进一步严肃政治、工作纪律的规定和要求的通知》。二是加强对学员的党性教育和严格管理，以党性带管理，以管理促党性。根据习近平校长多次指示和批示的精神，本着对党和人民负责、对学员负责的原则，在营造宽松和谐学习环境的同时，从学员入校到毕业实行全过程、全方位校纪校规教育管理，宁严勿松、宁紧勿散、宁苦勿纵，严防社会上不良现象和风气蔓延到党校这块净土。近年来，在继续抓好常规班次学员管理的同时，有针对性地加强对短期班学员的管理。

八、加强基础设施和信息化建设，打造“一流的硬件和基础设施”

在中央、国家有关部门和北京市政府的大力支持下，中央党校本着勤俭办学的原则，按照优质、高效、安全、文明、廉洁的要求，进一步加强校园基本建设和信息化建设，办学条件得到进一步改善。

（一）增强校园文化内涵，基本建设进一步完善

一是进一步改善办学设施和服务接待设施，为学员创造良好的学习和生活环境。完成数字图书馆土建工程施工，具备数据库安装条件，为推进大型的信息存取服务系统的建成提供了基础。中央党校校史馆正式开馆，展示了中央党校的发展历程，进一步提升了校园的文化内涵。二是进一步改善办公条件和职工住房条件，为教职工创造良好的工作和生活环境。三是进一步加强校园建设规划。在广泛调研的基础上，编制了《中央党校校园建设规划（2010—2020年）纲要》和《中央党校校园建设“十二五”规划》。

（二）推进信息化建设，“一流学府”的信息技术支撑更加坚实

一是加强了硬件建设。党的十七大以来，中央党校关注信息技术发展动向，及时将最先进最优质的信息设备运用于党校的信息化建设当中。对已有的远程教学网、校园网、数字电视网、电教保障网等网络，进行了升级改造。二是加强内容建设。以校园网络升级改造为契机，党校内、外网都进行了改版，栏目设计更加合理，内容进一步丰富。引进“新华频媒”，加强了校电视台新闻报道工作。教学保障网在15个教室部署了课程网络直播、课件采集系统，大大丰富了教学内容。三是加强资源共享。在全国党校系统进行远程教学资源征集评比活动，丰富网络资源，确保党员干部现代远程教育中心资源库、辅助教学中心网站、专题教材制播工作正常进行，保证每周两讲每年52小时的课程制作播出。受众扩大到3000余家省地市三级党校系统接收站点。

九、提升管理水平，创建“一流的管理和服务”

行政后勤工作是党校事业的重要组成部分，是教学科研工作的依托和保证。党的十七大以来，中央党校把创建“一流的管理和服务”作为“一流学府”建设的突破口，行政后勤服务教学科研的能力和水平跃上新的台阶。后勤服务方面，加大社会化改革力度。坚持为教职工和学员办实事、办好事，受到教职工和学员的一致好评。财务管理方面，严格预算管理，积极与财政部沟通，为学校各项建设提供了有力的经费保障。配合审计署完成了相关工

作。离退休干部工作方面，进一步发挥离退休干部工作领导小组作用，加强对离退休工作的领导，着力落实好离退休干部政治和生活待遇，积极为离退休人员办实事、解难事。报刊出版方面，合并校刊社和学习时报社，并转换机制，产生了良好的社会反响。推动出版社转企改制，改制后的出版社进一步焕发了活力。图书资料工作方面，加强文献信息资源建设、书刊和电子信息服务、文献研究与开发、参考咨询、党校系统数字资源共建共享、对外合作交流等工作，扩展文化建设功能，在繁荣校园文化上发挥了积极作用。机关党的工作方面，牢牢把握围绕中心、建设队伍两大任务，进一步加强了思想、组织、作风、制度建设和反腐倡廉建设，为推动中央党校各项工作不断开拓创新提供了可靠保证。分校管理方面，进一步强化对分校办学、教学组织和安排、教学方式方法创新、学员管理、教学服务及保障等环节的规范管理和教学质量的督促检查，分校办学质量和水平显著提高。此外，中央党校在资源节约、交通人防、国有资产等方面的行政管理和医疗保健、爱国卫生、人口计生服务等方面更加规范严谨。

根据中央的统一部署，近年来，中央党校还加大对外宣传力度。成功举办一系列对外宣传活动，开展了面向驻华高级外交官的开放日活动、中外记者来校采访活动，配合中央对外宣传办公室成功举办两次中央党校专场新闻发布会，确立新闻发言人制度等等。在外界眼中，中央党校开放包容、清正务实、创新进取，在党和国家事业发展中地位重要，知名度和影响力不断提升。许多外国政要、高层人士访问中国、访问北京，都以能在中央党校举办讲座为荣。党校的社会声誉不断提高，党校姓党的形象越来越深入人心。

党校发展取得了新进步，作出了新贡献，但也清醒地看到，当前影响党校工作科学发展的体制机制障碍仍然存在，“一流学府”建设常态化、机制化的要求十分迫切，教学、科研、管理和服务等各个方面的质量都还有待提高，人才队伍建设、学风校风建设还面临许多难题有待进一步加以克服。

（依据常务副校长李景田所作“中央党校五年工作总结”汇报提纲整理，研究室供稿）

质量立校是关乎党校盛衰的总战略*

李景田

习近平同志在今年全国党校校长会议上的讲话中明确提出，“要坚持质量立校，把高标准办学作为党校各项工作的重要抓手”。这是对党校发展规律的深刻揭示，是在推进党校事业科学发展、总结党校历史经验基础上提出的新命题、新论断，是对新的历史起点上全面开创党校事业发展新局面提出的新战略、新要求。我们要提高认识，使质量立校真正成为党校人的自觉追求；要创新实践，使质量立校战略真正成为党校科学发展的强大力量。

一、充分认识新形势下坚持质量立校的必要性和重要性

坚持质量立校，不断提高党校办学质量，是党和国家对党校工作的基本要求，也是新形势新情况对党校工作提出的新要求。

（一）坚持质量立校是党和国家对党校工作的基本要求

虽然质量立校是刚刚提出不久的新概念，但其精神却贯穿于党校办校以来的全部历史、全部要求中。在大革命和土地革命时期，党校尚处于初创阶段，就有了对党校办学质量的要求。延安时期，毛泽东同志亲自兼任中央党校校长，对党校办学质量提出了比较系统的要求。进入改革开放新时期以来，针对新的情况，邓小平同志、江泽民同志对党校办学质量提出了新的要求。党的十六大特别是十七大以来，在胡锦涛同志、习近平同志的讲话中以及中央关于干部教育培训的相关文件中都多次提到要提高干部教育培训质量和党校办学质量。在2008年召开的全国干部教育培训工作会议上，习近平同志在讲话中25次提到了“质量”。他特别讲到：“胡锦涛同志指出，干部教育培训工作要‘联系实际创新路，加强培训求实效’。创新路，强调的是改革创新问题；求实效，强调的是质量问题。干部教育培训工作一定要牢固树立改革创新意识，积极探索大规模培训干部的新举措新方法；一定要强化质量意识，始终把提高培训质量和效益放在第一位。”2008年中央颁布的《中国共产党党校工作条例》中，8处提到了“质量”。2010年中央颁布的《2010—2020年干部教育培训改革纲要》中明确提出，要“以提高培训质量为主线，不断提高干部教育培训科学化水平”。2010年初，习近平同志在听取中央党校工作汇报时指出：“教学质量是中

* 此文载《学习时报》2012年11月12日第1版。

央党校发挥主渠道主阵地作用的一个重要体现，可以说是安身立命之本。”今年全国党校校长会议上，习近平同志进一步提出要坚持质量立校，把我们党和国家对党校办学质量的认识推进到了新水平。

（二）坚持质量立校是党校深入贯彻落实科学发展观的新要求

科学发展观是党校事业科学发展的根本指导思想，也是质量立校战略的理论基础。坚持以科学发展观推进工作、指导实践，必须坚持把发展摆在各项工作的中心环节，认真克服制约党校事业发展的突出问题，促进党校事业又好又快发展。这就要求党校教育既要有量的增加，更要突出质的提升；既要实现大规模培训干部，更要注重提高培训实效；既要注重“硬件”建设，更要注重“软件”建设。近年来，各级党校把科学发展观贯彻落实到教学科研、管理服务等各项工作中去，着力解决影响和制约科学发展的突出问题，开创了党校工作的新局面。但客观地说，贯彻落实科学发展观，还存在尚不到位的问题。比如，近年来，在各级党委的领导支持下，各级党校的校园建设、基础设施都不同程度地得到改善，但仍有改善不够、办学条件不适应问题；各级党校的教学工作、科研工作及人才队伍建设等取得了不少的成效，保证了大规模培训干部、大幅度提高干部素质任务的完成，但不可否认，教学、科研及队伍建设等各方面尚存在着这样那样问题，仍然制约着党校各项工作的效果。只有坚持质量立校，才能更好地解决党校发展中的各种困难和问题，在更高层面实现科学发展观对党校事业发展的要求。

（三）坚持质量立校是干部教育培训大发展的新要求

自党的十六大提出“大规模培训干部，大幅度提高干部素质”的要求以来，干部教育培训进入大发展时期，干部教育培训规模不断扩大，逐步做到了广覆盖。近年来，提高干部教育培训质量和效益问题越来越突出。中央组织部 2008 年针对 10400 名县处级以上领导干部开展了抽样问卷调查，从对干部教育培训质量的评价看，有 67.6% 的干部认为“较好和很好”，但也有 29.2% 的干部认为“一般”，3.2% 的干部认为“较差和说不好”。由此可见，提高干部教育培训质量和效益已经成为干部教育培训工作需要突出解决的问题。就党校而言，提高干部教育培训质量和效益也是干部教育培训新格局形成后需要高度关注的问题。在培训机构多元化、培训需求差别化、培训方式多样化、培训手段现代化等条件下，党校的办学质量上不去，不能达到同级同类干部教育培训的一流水平，不能满足广大学员教育培训的需要，就难以发挥党校的作用和影响力。

（四）坚持质量立校是教育发展潮流的新要求

近年来，国外一些领导人才培训机构纷纷把提高培训质量作为追求的目标。2008 年 5 月，联合国出台了《公共行政教育和培训卓越标准》，作为开展公共行政教育和培训工作的重要指导原则。近年来，我国教育部也把提高教育质量作为教育改革发展的核心任务，作为中国特色社会主义教育发展道路的根本方针。顺应当前教育发展的潮流，党校必须更加注重提高办学质量，用更高的标准全面推进党校工作。

二、全面认识和把握质量立校战略的内涵

质量，通俗地讲，就是事物、产品或工作的优劣程度。判断质量高低的标准是是否满足了需求，是否达到了目标。具体到质量立校，就是党校工作要满足党和政府、参训学员、社会公众的需求；就是教学追求高质量，科研追求高水平，管理追求高效率，服务追求高标准，队伍追求高素质，真正发挥党校培训轮训领导干部的主渠道作用、党的理论武装工作的重要阵地作用、推进党的理论创新的生力军作用、建设学习型政党的积极推动作用、促进领导干部加强党性锻炼的熔炉作用、党委和政府决策的思想库作用。

质量立校是以质量为抓手、实现党校又好又快发展的战略。质量立校的基本内涵至少包括以下五个方面：

一是质量统领。党校的教学科研、管理服务等各方面的工作都要讲质量，以质量推动，用质量衡量。

二是质量优先。无论党校的何种工作，当规模、速度、数量与质量、效益发生矛盾时，优先选择质量。

三是以质取胜。在越来越激烈的竞争中，党校只能通过全面提升质量特别是教学科研质量水平形成和巩固自身的核心竞争力。

四是追求卓越。质量立校强调的是高标准办学。质量是无上限的，要在发展过程中不断提出更高的标准，实现质量水平的不断提升。

五是科学发展。质量立校是党校贯彻落实科学发展观的必然要求，与科学发展观的目标高度一致。

要全面认识和把握质量立校战略的内涵，还需要分析研究坚持质量立校与坚持党校其他重要原则及战略之间的关系，明确质量立校在党校各工作战略和原则中的地位和作用。

第一，坚持质量立校与坚持党校姓党的关系。党校姓党原则既是党校的根本指导原则，也是党校工作始终沿着正确轨道前进、在党和国家事业发展中发挥作用的政治保证。党校姓党原则是党校的灵魂，决定了质量立校战略的性质和方向，决定着质量立校战略实施的出发点和落脚点。正如胡锦涛同志强调过的：“党校是党直接兴办的学校，必须以党的旗帜为旗帜、以党的意志为意志。”同时，质量立校又是党校姓党原则的实现形式和外在表现，更是党校姓党原则的核心要求。党办党校决不是要走个形式、摆个架势、装个样子，而是要真正促进党和国家中心任务的实现，促进干部素质和能力的提高，促进理论创新和实践创新。这就对党校各项工作提出了质量要求。没有工作质量，党校姓党原则就会落空。

第二，坚持质量立校与坚持党校科学定位的关系。《党校工作条例》规定的党校是“学校”、“部门”、“主渠道”、“研究机构”、“思想库”等定位，决定着党校的办学思路、办学重点等重大问题，决定着党校的特色和优势，也决定着质量立校的着力点和重点。同时，质量立校又决定着党校定位实现的程度。在一定意义上，质量就是特色，没有质量就没有特色。人无我有是特色，人有我强是特色，人强我新是特色，质量立校的过程也是党校特色

和优势不断凸显和彰显的过程。没有质量立校的坚持和有效贯彻，就没有党校科学定位的实现。

第三，坚持质量立校与坚持改革创新的关系。改革创新是提高党校办学质量的不竭动力。不改革就没有出路，不触及深层次矛盾就难见成效。全面提高党校办学质量必须坚持改革创新，克服不敢改、不愿改、不会改的畏难情绪，摒弃安于现状、小富即安的惰性思维，敢于突破思想观念和体制机制障碍。同时，质量立校决定着改革创新的成效。不讲质量的改革创新，很可能是无效的，甚至是有害的。

第四，坚持质量立校与坚持制度管校、从严治校、人才强校的关系。制度化规范化建设是党校各项工作的可靠保证，也是实施质量立校战略的支撑和保障。实施质量立校战略，依赖于质量管理，依赖于规范、评估、考核等制度机制的建立和完善。同时，质量立校又决定着制度管校实现的程度。实现制度管校，一方面，制度的建立要科学，要按照《党校工作条例》的要求，结合各自特点和实际需要，健全和细化各项制度，优化工作流程，形成涵盖党校各方面工作、切实可行、行之有效的制度体系；另一方面，要真正发挥制度的作用，提高制度运用和执行的水平。没有质量立校的坚持和有效贯彻，制度管校就实现不好，甚至落空。从严治校，形成良好的学风校风是质量立校的基本要求。高质量的学校必须要有严格的管理、严格的纪律来保障。只有从严治校，推动形成良好的学风校风，提升和保持党校的良好形象和声誉，才能保证党校教育目标的实现。人才是事业之基，是强校之本。人才强校战略是增强党校竞争力的关键，也是质量立校的题中应有之义。人才水平是办学质量的重要内容和体现，也是提高办学质量的关键和源泉。然而，只有坚持质量立校，才能将从严治校、人才强校真正做出效果，做出水平。

由上述分析可以看出，质量立校虽然也受到其他原则、战略某种程度、某个方面的影响、制约，但却决定着所有其他原则、战略能否实现以及实现的程度、效果，在党校事业科学发展中发挥着基础性、支撑性、决定性、全局性的作用，是推动党校科学办校的总抓手、总战略。

三、大力实施质量立校战略亟须注意的几个问题

党的十七大以来，全国各级党校自觉把高标准办学作为做好党校工作的总抓手，推动党校工作迈上了新台阶。中央党校提出建设干部教育培训的“一流学府”，一些地方党校结合实际，提出了有地方特色的办学目标，如建设“特色化、开放型、示范性”党校、“西部领先、全国一流”党校、“有特色高水平干部教育学府”等，这些做法体现了各级党校要提升内涵、打造品牌的办学理念，是实施质量立校战略的有益探索和实践。习近平同志指出，质量立校是不断与时俱进、不断自我提高的过程，不可能一蹴而就，也不可能一劳永逸。我们要把质量立校作为长期的战略，坚持不懈地实施。当前，要特别注意从以下四个方面努力。

第一，牢固树立质量立校意识。思想是行动的先导。做好任何事情，都必须从提高思想认识、转变思想观念入手。大力

实施质量立校战略，要进一步提高对办学质量重要意义的认识。质量是党校安身立命之本，是党校发挥干部教育培训主渠道主阵地作用的根本。质量兴则党校兴，质量强则党校强。如果我们的办学质量不高，不能实现党和国家对我们的要求，不能赢得干部教育培训对象的认可和社会的肯定，党校就没有立足之地，就没有存在的价值。坚持质量立校，是党校事业科学发展的必由之路。要通过深入持久的宣传教育，使质量是立校之本、质量关系党校盛衰存亡成为所有党校人的自觉意识，增强危机感、使命感、责任感，形成人人重视办学质量、人人对办学质量负责的质量文化氛围，使提高教育质量、提高办学水平真正成为党校全部工作的基本追求。

第二，推进和深化质量立校实践。党的十七大以来，各级党校积极探索和实践质量立校战略，取得了一定的成绩，也积累了宝贵的经验。但还是初步的，质量立校实践有待各级党校不断推进和深化。进一步推进和深化质量立校实践，首要的是要实现质量立校常态化，使其体现在每年的各项工作中。再就是要不断研究解决质量立校实践中遇到的各种情况、困难和问题，不断总结推广实践中的好做法好经验。通过扎实持久的努力，使党校的教学科研、管理服务、人才队伍、基础设施、学风校风的质量和水平不断得到改进和提高，真正使中央党校成为具有一流水平的教育培训干部的最高学府，使地方各级党校成为办学水平高、教学效果好、具有吸引力的学校。

第三，建立健全质量评估评价体系和保障机制。实施质量立校，必须有一整套科学、有效的质量评估评价体系和保障机制。党校工作涉及方方面面，环节众多，影响办学质量的因素十分复杂。确保办学质量提高的基础工作是逐步建立起党校工作各个方面、各个环节的质量评估评价监控的标准体系。党校办学质量评估工作已有一定的基础，但从目前来看，还存在评估指标体系不尽完善、操作过程不规范、对评估结果重视不够等诸多问题，质量评估对提高质量的保障作用还没有充分发挥出来。大力实施质量立校战略，要按照高的标准，根据新的实际，在理念上、制度上和操作层面对已有的质量评估评价体系不断进行改进完善，不断提高对党校的教学科研、管理服务、人才队伍、基础设施、学风校风等各方面工作评估评价的科学化水平。要积极构建规范有效的质量保障机制，通过一系列组织体系和工作程序的优化，使党校各部门、各岗位、各项工作实现科学化、规范化的运作，使提高办学质量的实践运行在一个更完善、更健全的保障机制之中，不断推动党校办学质量得到新的更大提升。

第四，坚持不懈抓好“一流学府”建设。建设干部教育培训“一流学府”是中央党校实施质量立校战略的具体体现和表现形式。“一流学府”建设的核心要求是高标准办学，内在本质是质量立校。两年多来，“一流学府”建设取得了明显成效，中央党校教学科研、管理服务、人才队伍等各项工作都呈现出了新的气象。对中央党校来说，当前和今后一个相当长时期，大力实施质量立校战略，就是要坚持把“一流学府”建设作为党校工作的总抓手、总战略，并使其与时俱进，科学推进，不断深化，不断取得实效。要采取有力措施，建立健全“一流学府”建设长效机制。要不断总结“一流学府”建设的实践经验，不断丰富和深化对“一流学府”内涵、标准体系及保障制度的认识，不断丰富和深化对“一流的教学和科研”、“一流的人才和队伍”、“一流的硬件和基础设施”、“一流的管理和服务”、“一流的风气和人文环境”等的认识，不断创新“一流学府”建设实践，真正把质量立校战略落到实处。

（此文编入《十七大以来党校工作研究》，中共中央党校出版社2013年1月版）

强化六个认识*

陈宝生

习近平校长在全国党校校长会议上的重要讲话，围绕“办什么样的党校，怎样办党校”这个基本问题，科学全面评价了五年来党校工作的成绩，深刻总结概括了党校办学的基本经验，深化了党校科学发展的规律性认识，为我们在新的起点上开创党校事业发展的新局面提供了强有力的指导。认真学习深入贯彻这个重要讲话，我们要强化六个认识。

一、离开了党校姓党，党校就什么都不是

党校姓党是党校性质、属性的科学概括，是党校办学的总原则，是推进党校科学发展的灵魂。党校是为立党、兴党、强党而办的。党校工作的任务来源于党，党校工作的目标服务于党，党校工作的展开就必须体现党的意志，传递党的声音，承担党赋予的职能，完成党交给的任务；党校教育工作者的课堂教学、理论研究和行为操守必须遵守党的政治纪律，与党同心同德。坚持党校姓党，在实践上必须做到适应党和国家大局的要求，促进党的中心任务的落实；适应党的干部教育和理论武装的要求，促进干部素质和能力的提高；适应党的理论建设的要求，促进理论创新和实践创新。这“三个适应、三个促进”，是贯彻党校姓党原则的核心和关键，是党校之为党校的主要标志，必须毫不动摇、毫不偏移、毫不懈怠地做好。否则，党校就会名不副实，就不成其为党校了。

二、离开了科学定位，党校就什么都不能

科学定位是党校职能、任务、作用的准确表述，是党校办学的总要求，是推进

* 此文载《学习时报》2012年8月27日第15版。

党校科学发展的基本遵循。2008年9月中央颁布的《中国共产党党校工作条例》明确规定：党校是在党委直接领导下培养党员领导干部和理论干部的学校，是党委的重要部门，是培训轮训党员领导干部的主渠道，是党的哲学社会科学研究机构。明确要求：各级党委要把党校办成培训轮训党员领导干部，培养党的理论队伍，学习、研究和宣传马克思列宁主义、毛泽东思想、中国特色社会主义理论体系的重要阵地，使之成为干部加强党性锻炼的熔炉。还要求：发挥党校在党委和政府决策中的思想库作用。这些规定明确了党校是党的“学校”、“部门”、“主渠道”、“研究机构”、“三个阵地一个熔炉”、“思想库”的定位。《2010—2020年干部教育培训改革纲要》的贯彻落实，推进了党校进一步认清自己在国家干部教育培训大格局中的定位。这次党校校长会议上，习近平校长明确指出“党校是执政党培养执政骨干的学校，是对党员领导干部进行理论武装、党性教育和能力提升的主渠道，不同于普通高等学校，也不是一般的培训机构”，深化了对党校科学定位的认识。党校的科学定位，把党校与其他承担干部培训任务的机构在办学方向、办学思路、办学重点上区分开来。党校的一切工作都要符合中央对党校的科学定位，党校的一切资源都要向实现科学定位集中。否则，就是越位，就可能“荒了自己的地”。

三、离开了突出特色，党校就什么都不强

党校教育的特色，构成党校教育的比较优势，支持和保障党校科学定位的实现。马克思主义理论教育和党性教育是党校教育的特色课程和看家本领。党校应该在学习研究马克思主义中国化的最新成果，并用这一成果武装全党方面，发挥生力军主力军作用；应该在指导学员把中国特色社会主义理论体系特别是科学发展观等重大战略思想与马克思主义经典著作学习结合起来方面，创造新经验；应该在不断深化党性教育的内容、丰富党性教育的载体、拓宽党性教育的方法和途径、强化党性教育的效果方面，取得新成效。尤其是要紧紧扭住理论教育这个龙头，以理论教育引领和带动党性教育和能力提升，使学员通过党校教育培训，树立坚定的理想信念，坚持优良的思想作风，提升治国理政的能力本领。坚持围绕中心、服务大局，努力为党的理论创新服务，为党委和政府的科学决策服务，也是党校的重要特色。强党校，主要是强特色。有特色才有核心竞争力，彰显和突出特色才有强大的影响力。否则，党校就立不起来，更强不起来。

四、离开了党校优势，党校就什么都不成

党校教育的优势，来自于党校的历史传统和资源禀赋。党校的优势，一是马克思主义理论学科齐全，马克思主义理论研究力量雄厚，对马克思列宁主义、毛泽东思想、中国特色社会主义理论体系研究有深厚的基础。二是拥有丰富的教师资源和学员资源，在教与学互动，共同研究社会主义经济建设、政治建设、文化建设、社会建设以及生态文明建设和党的建设重大现实问题和存在的突出问题，改革开放和加快转变经济发展方式面临的难点问题，

干部群众普遍关注的热点问题，形成有影响、有价值的科研成果方面，有丰富的经验。三是有全方位开放的教学科研体制，全国党校系统在学科建设、教材编写、重大课题集中力量攻关等方面具有整体合力。四是作为党委的重要工作部门，与党委政府有着通畅的沟通渠道。实现党校的科学定位，突出党校教育服务大局的特色、马克思主义理论教育和党性教育的特色、思想库特色，离不开深刻认识、精心组织和充分利用好这些优势。否则，党校的特色就形不成，科学定位、党校姓党都会落空。

五、离开了从严治校，党校就什么都不好

从严治校是党校办学的总方针，是对校风校纪校规的根本要求，是党校教育目标实现的重要条件。党校的学风文风校风是党校性质和党校办学宗旨的外在反映，不仅关系着党校的形象和声誉，也影响着党的形象和声誉。加强学风文风校风建设是从严治校的具体体现。只有坚持从严治校、从严施教、从严管理，培育清正廉明的学风文风校风，打造风清气正的学府，党校才能成为不正之风的“净化器”，成为领导干部读书养成的“孵化器”。在学风建设上，要坚持理论联系实际，鼓励爱读书、读好书、善读书，引导党校教师和学员勤奋好学、学以致用；在文风建设上，要反对“长、空、假”，提倡“短、实、新”，引导党校教师和学员自觉改进文风；在校风建设上，要加强对教师和学员的党性教育和严格管理，形成纪律严明、艰苦朴素、风清气正的行为规范，严防社会上不良现象和风气的浸染。否则，党校就会成为社会上不良风气积聚之处，处于社会舆论批评的焦点。

六、离开了科学办校，党校就什么都不行

科学办校，是习近平校长针对推进未来党校工作提出的一个新命题，是解决“怎样办党校”问题的一个总思路。科学办校强调党校工作要以科学发展观为指导，按客观规律办学，不断提高党校工作科学化水平。做到科学办校，必须按照习近平校长的要求，坚持质量立校、改革兴校、制度管校、人才强校，坚持加强业务指导、党委领导。在质量立校上，要坚持把高标准办学作为党校科学发展的总抓手，持续抓好“一流学府”建设，不断在现有的基础上，向更高的目标迈进；在改革兴校上，要坚持实事求是、求真务实，勇于改革、不断创新，积极转变培训观念，创新培训内容，改进培训方式，整合培训资源，优化培训队伍，认真研究新情况，不断解决新问题；在制度管校上，要进一步健全完善贯彻落实《党校工作条例》所需的各项具体制度规定，细化各项工作制度，优化工作流程，消除制度漏洞，树立制度权威，严格按照制度和规定办事；在人才强校上，要以教师队伍为重点，全面建设教学科研、行政管理、后勤保障三支队伍，努力培养造就有真才实学的马克思主义理论家、教育家，培养造就一批出色的忠诚于马克思主义、在学科领域有影响的知名专家学者，培养造就一批素质高的行政管理服务人才；在加强业务指导上，上级党校要把加强对下级党校的业务指导放到应有位置，更好地负起指导下级党校的责任，充分发挥党

校系统的整体优势，集思广益，集中力量办大事，推进党校教学科研、管理服务共同提高，增强党校系统整体办学实力；要坚持党委对党校的领导，为做好党校工作提供根本保障。只有如此，党校才能实现科学发展，充分发挥应有的作用。否则，就什么都做不成，什么都做不好。

（此文编入《十七大以来党校工作研究》，中共中央党校出版社2013年1月版）

党校教学的新框架*

李书磊

研读习近平校长在全国党校校长会议上的讲话与他近年来在中央党校的讲话，我们深化了对党校教育规律的认识，明确了教学中一些关键环节的定位。习近平校长是从党的思想建设的高度来讲的，也打开了我们看党校教学的视野。处在中国现代化进程关键性的历史阶段，处在网络时代开放的文化环境之中，面对市场经济条件下复杂的利益关系，党校教学作为思想教育和精神培养应该做什么、怎么做，怎么才能真正有效而不是虚应故事，不是一个轻易、简单的问题。习近平校长的讲话给党校教学确定了新框架，这个新框架是“一个中心、四个方面”的教学布局在新形势下的实现。我就此谈谈个人体会。

（一）突出理论教育与党性教育

共产党是有意识形态的党，是有信仰、有主义的党，有自己的世界观和方法论，对人类社会有自己的理想和追求，在这一点上与西方仅仅以选胜、执政为目标的机会主义政党有本质不同。理论和信仰是党力量、智慧的源泉，必须代代相传。党是工人阶级的先锋队，也是中国人民和中华民族的先锋队，先锋队的性质、党员特别是领导干部的先锋队觉悟对党来说至关重要，必须时时强化。理论教育和党性教育就是要强化这种信仰和觉悟，这是党保持先进性与战斗力的保证，理所当然应成为党校的首要任务。实际上理论教育也是广义的党性教育。专门的党性教育中，在强调党的优良传统教育的同时，近平校长还讲到中华民族传统美德的教育，这是大有新意的。中华民族的优秀文化根植于党员、干部的心中，从“以身许国”到“有所不为”，从“鞠躬尽瘁”到“先忧后乐”，中国传统的圣贤精神与我们党的先锋队意识相契合，成为党性教育的重要资源。

（二）深化中国特色社会主义理论体系的教学

近平校长在中央党校的讲话中有两次

---

* 此文载《学习时报》2012年8月27日第15版。

专门讲对干部进行中国特色社会主义理论体系教育的问题，提出了明确要求。目前中国特色社会主义理论体系已成为党校教学的中心内容，在培训班是系统讲授，在进修班是专题讲授、研讨。怎样深化对“体系”的教学，是我们一直在探索的问题。我们强调教学的“学科基础、问题导向”，力图用马克思主义的基本原理、用哲学社会科学各学科来深入阐释党的理论，用对现实问题的深入调研来促进对理论的认识、推动学术创新，避免教学的表面化与八股化。我们也努力借助对“体系”的教学推进党校的学科建设，为党积累学术资源、培植文化元气。

（三）坚持学习马列经典

马列经典是中国特色社会主义理论体系的思想来源，是共产党人信仰的理论基础。近平校长对学马列经典有专门论述，我们对此有强烈共鸣。我们在所有班次都开设了马列经典导读课，辅导学员研读原著，真正读进去，不仅从中学得理论与思想，也从字里行间体会文气与词采，体会经典作家的情怀与人格，受到熏陶。马恩列毛的著作都是真文章、好文章，学员研读有浓厚的兴趣。党校教师也借导读课深化对马列经典的研究，巩固党校在这方面的学术优势。

（四）以读历史辅助学理论

近平校长强调干部读史，是对党校教学的新拓展。马恩的哲学称为“历史唯物主义”，中国特色社会主义理论体系也产生于中国历史，马克思主义与历史有特别密切的关联，学理论必须辅之以读历史。中国古代的政治教育历来是“经史并重”，读经以立身明志，读史以增智益能，所谓的“熟读经史”。我们应借鉴这种成功的教育经验。读史也是个人修养的过程，通过读史把数千年的兴衰成败装在心里，通过读史与前代的仁人志士对话，通过读史增进对祖国的了解与认同，也通过读史增强历史感。我们在教学中安排了党史、中国史、世界史导读，深受学员欢迎。

（五）读书、改进文风和调查研究是重要的教学手段

读书是比听课更深刻、更积极的学习，读书也是共产党人的精神生活。党校教学就是要引导学员进入潜心读书的状态，养成读书的习惯，在读书中反思实践。文风是干部内心世界的外化，是党风的体现，也折射出党的气象，事关重大。调查研究是了解实际、贴近群众的不二法门，是实事求是校训的直接体现。我们按照近平校长的讲话精神，把读书、改进文风和调查研究作为重要的教学手段，觉得确实行之有效。读书以勤，为文以诚，求是以实，党校学习乃有可喜景象。

（此文编入《十七大以来党校工作研究》，中共中央党校出版社 2013 年 1 月版）

建设好党校思想库*

张 伯 里

一、建设什么样的党校思想库

建设什么样的党校思想库，是关于党校研究机构、思想库的性质、定位、特色是什么的问题。

党校作为研究机构和思想库与国外的思想库比较，有着自己鲜明的特色。“思想库”或“智库”在西方国家已有百余年历史，特别是自20世纪七八十年代以来蓬勃发展，思想库在我国的发展，是最近十几年、几十年的事情。思想库正式成为党的全国代表大会的语汇，是2007年10月召开的十七大。胡锦涛同志在报告中指出，“鼓励哲学社会科学界为党和人民事业发挥思想库作用”。2008年9月中央颁布的《中国共产党党校工作条例》载明，“发挥党校在党委和政府决策中的思想库作用”。2012年7月17日习近平同志在全国党校校长会议上提出，“积极推进思想库建设”，“突出思想库特色”。

党校姓党原则决定了党校作为研究机构和思想库与一般的、特别是国外的思想库在定位上有很大的不同——是姓党的研究机构、姓党的思想库。胡锦涛同志2008年9月在全国党校工作会议上强调指出，“党校是党直接兴办的学校，必须以党的旗帜为旗帜、以党的意志为意志。不管形势和任务怎样变化，党校姓党的原则绝不能变，忠诚于党的立场绝不能变。”习近平同志2012年7月在全国党校校长会议上的讲话中重申，“要坚持把党校姓党作为党校各项工作的灵魂”。

这个思想库“姓党”的定位、性质、特色主要体现为四个方面：一是要在思想上、政治上和行动上与党中央保持高度一致，始终坚持党性原则、牢牢把握理论研究的正确方向。二是要坚决贯彻党的基本理论、基本路线、基本纲领、基本经验，致力于深化对马克思主义基本理论特别是中国特色社会主义理论体系的研究，充分发挥推进党的理论创新的生力军作用。三是要围绕党和国家工作大局和中心任务开展科学研究，充分利用党校的优势、突出服务大局特色，努力推动科研成果更多地转化为对党和政府的政策建议，发挥决策咨询、资政服务的作用。四是要适应全党干部教育培训战略任务的需要，加强党校科研为提高教学质量服务的重要功能，充分发挥党校在理论武装工作中的重要阵地作用。以上四个方面的定位，当为党校思

* 此文载《学习时报》2012年8月27日第15版。

想库有别于其他思想库的特色之所在。

二、怎样建设好党校思想库

怎样建设好党校思想库，是一个需要不断探索和实践的大问题。这里结合学习习近平同志讲话精神和党校科研的实际，谈几点体会。

（一）按照质量立校、“一流学府”要求，建设党校思想库

“要坚持质量立校，把高标准办学作为党校各项工作的重要抓手。”科研质量是党校发挥思想库作用的基础。提高科研质量，涉及党校科研工作的各个方面，主要包括——提高理论研讨、调研活动的质量；提高科研课题立项、完成的质量；提高学术著述、宣传文章的质量；提高成果评奖、评审的质量；提高科研管理工作的质量。只有坚持科研质量，不断向更高目标迈进，使党校科研各方面工作赢得广泛的认可和社会的肯定，才能使党校真正发挥思想库作用。

（二）按照制度管校、改革创新要求，建设党校思想库

要坚持改革创新，坚持“制度管校”。我们要坚持把改革创新作为提高党校科研质量、加强党校思想库建设的不竭动力，把制度化规范化建设作为党校科研工作和思想库建设的可靠保证。特别是要继续建立完善以科研项目为枢纽的科研管理体制。党校科研工作怎么干、党校思想库怎么建？就是要抓住科研项目这个核心、发挥好项目在科研工作中的枢纽和导向作用，辐射带动党校科研工作的各个环节。

（三）按照从严治校、弘扬优良作风要求，建设党校思想库

“从严治校是对党校校风、校纪、校规的一个根本要求。”按照从严治校、弘扬优良作风要求，建设党校思想库，一是要在科研工作中严格政治纪律，党校科研工作者都必须遵守党的纪律，始终站在党的立场上考虑自己的言行；二是要在科研工作中严格作风要求，树立良好学风、文风、校风；三是要在科研工作中严格质量标准，真正做到出人才、出成果、出精品；四是要在科研工作中严格学术规范，自觉恪守科研道德和学术诚信。

（四）按照人才强校、统筹资源要求，建设党校思想库

要坚持人才强校，“统筹各级党校资源”。如何在党校科研发展中、思想库建设中贯彻以人为本、体现人才强校？那就是要以从事党校科研工作的三支队伍的人为本——从事科学研究工作的教研人员；从事科研管理的工作人员；在校学习研究的党校学员。党校科研力量不仅在于数量，更重要的在于力量整合、统筹资源。特别要注重统筹全国党校系统科研资源，通过科研业务指导与协作来聚合整体优势、形成整体合力，使党校发挥思想库作用，既体现为微观的每个党校个体作用，又体现为宏观的全国党校整体作用。

（本文编入《十七大以来党校工作研究》，中共中央党校出版社2013年1月版）

把从严治校作为党校工作的重要方针*

徐伟新

中央党校是中国共产党的最高学府，肩负着培养党的中高级领导干部的重要使命，是大规模培训中高级领导干部的主渠道，是党员领导干部加强党性锻炼的大熔炉。充分发挥党校在党和国家事业发展中的重要作用，必须把从严治校作为党校各项工作的重要方针。

从严治校是对党校校风、校纪、校规的一个根本要求。只有坚持从严治校、从严施教、从严管理，才能真正落实党校姓党原则，才能使党校成为不正之风的“净化器”，推动形成良好的学风校风，提升党校的形象和声誉，保证党校教学目标的实现。1933年中央党校在瑞金创办。创立伊始，党校就把学习马克思列宁主义作为教学的主要内容，把用马克思主义指导研究解决中国革命问题作为办学的根本目标。延安时期，中央党校坚持和发扬实事求是、理论联系实际的优良学风，推动整顿党的作风，从严治校，形成良好的学风、文风和校风，严格的校规和校纪，中央党校成为中国革命力量和党员领导干部的“红色摇篮”。新中国成立以来，中央党校坚持用马克思主义中国化的最新成果教育干部，特别是改革开放以来，中央党校把中国特色社会主义理论作为教学中心，坚定不移地推进解放思想、改革开放，改进校风、严肃校纪，为推进中国特色社会主义事业做了重要的思想武装和力量准备。党校办学近80年的历史证明，坚持从严治校方针，是党校事业的传家宝。

坚持从严治校要做到从严施教。我国古代教育就有“教不严、师之惰”之说。中央党校更应该做到从严施教。新的形势下，从严施教根本是要坚持把中国特色社会主义理论体系作为教学的中心，坚持推进马克思主义中国化，用马克思主义中国化的最新理论成果武装全党，用科学理论和革命精神教育、团结、鼓舞广大干部为实现共同目标而奋斗。一个时期、一些地方，在党校的定位、培训的主题、培训的对象上曾有些模糊认识，忽视了坚持党校姓党基本原则所赋予党校教育的根本要求。我们必须牢牢把握党校办学的正确方向，坚定不移地用马克思主义理论，特别是马克思主义中国化的理论成果，培养、教育党员领导干部，处理好解放思想与遵守政治纪律的关系、改革创新与继承党校优良传统的关系，使党校成为最讲政治纪律、在思想上政治上行动上与中央保持高度一

---

* 此文载《学习时报》2012年8月27日第15版。

致的地方，成为解放思想、实事求是、与时俱进的表率，努力完成党赋予的光荣使命。

坚持从严治校要做到从严治学。适应新形势和任务要求，党校把以中国特色社会主义理论为中心，理论武装、世界眼光、战略思维、党性修养作为干部教育的新布局，目的是使每一位学员实现理论武装、党性教育和能力提升的培训目标。因此，学员们要把理论学习作为党校学习的主要任务，自觉加强党性锻炼、党风教育，加强世界观人生观价值观的教育、理想信念教育、道德情操教育、拒腐防变教育，大力弘扬党的优良作风，始终保持清醒的政治头脑和高尚的道德情操，保持共产党人本色，自觉抵制弄虚作假、形式主义、官僚主义等不良风气，刻苦学习，勤于思考，学以致用，切实做到带着问题来，带着成果回，树立终身学习的理念，做学习型的好干部。

坚持从严治校要做到从严管理。严肃纪律、从严管理是贯彻党校姓党原则的基础和保证。面对新形势下各种前所未遇的考验和挑战，面对各种新媒体的监督，我们务必要增强纪律意识。要教育引导学员严格执行和维护党的纪律与党校纪律，自觉遵守学习纪律、课堂纪律、考试纪律、请销假纪律等，把党性锻炼贯穿、落实于党校生活的各个环节，体现在党校学习的全过程；要提高学员管理工作的制度化、规范化、科学化水平，坚持制度管校、制度管事、制度管人，真正做到有章可循、有章必循、违章必究；要不断提高学员管理部门工作人员的政治素养、理论素养和管理水平，加强对学员部工作人员的党性党风教育，加强队伍建设，自觉做党性锻炼、廉洁自律、风清气正的模范，以其表率作用带动学员树立良好风尚，遵守校规校纪，使党校真正成为不良风气的“净化器”。

（此文编入《十七大以来党校工作研究》，中共中央党校出版社2013年1月版）

坚持质量立校以高标准做好党校工作*

贾 高 建

习近平校长在全国党校校长会议上的讲话中，对进一步做好党校工作提出了一系列新的要求，其中特别强调了“质量立校”，要求我们将高标准办学作为党校各项工作的重要抓手，从各个方面着手改进工作，不断提高教学、科研及其他各方面工

* 此文载《学习时报》2012年8月27日第14、15版。

作的质量和水平。对于这一要求，我们应认真领会，深入贯彻落实。

党校作为党委的重要部门，在党的干部队伍建设和思想理论建设中承担着重要职责。在以往的历史时期，党校曾作出过重要贡献；改革开放以来，各级党校坚持“解放思想、实事求是”的思想路线，高举中国特色社会主义的伟大旗帜，在促进马克思主义中国化大众化时代化和以马克思主义中国化的最新成果武装全党方面发挥了十分积极的作用。但是，随着社会各领域的进步和党的事业的发展，党校工作也遇到了许多新的情况和问题；要在新的条件下继续履行好自己的职责，党校就必须进一步改进工作，使各方面工作的质量得到新的提高。只有这样，才能适应新的形势和任务要求。

党校是我们党培训、轮训党员领导干部的主渠道，教学工作是党校的中心工作。因此，要提高党校工作质量，首先就要提高教学质量和水平。经过长期的努力，党校已形成了自己特有的教学体系，从校内外的评价和反馈来看，大家对党校教学总体上是肯定的。但同时也要看到，我们的教学工作中还存在各种差距和不足，可改进的地方还很多。党校教学的基本布局是“一个中心、四个方面”，这符合党校的定位，应该继续坚持；但这个基本布局具体如何展开，还需要从党校教学的实际出发做出合理设计。这里的关键是要解决好各级党校之间以及党校内部各种班次之间的合理分工与衔接，建构“分类别、分层次”的教学体系，以此实现教学资源的有效配置，克服教学内容重复与缺失并存的现象。党校教学以理论教学为主，课堂讲授是基本方式，而如何提高这种讲授式教学的质量，还需要在总结已有经验的基础上做出新的探索。同时，如何更好地将研讨式、案例式、体验式等不同的教学方式运用于党校课堂，也都需要综合考虑。此外，党校的教学组织和教学管理有其特殊性，一些难点问题长期存在，也应积极创造条件，逐步加以解决。

党校不仅是教学机构，而且是党的哲学社会科学研究机构，具有思想库的职能。而且，科研是教学的基础，教学质量的提高有赖于科研工作的支持。因此，在搞好教学工作的同时，还必须进一步做好科研工作，提高科研质量和水平。党校拥有一支有较高素养的马克思主义理论工作者队伍，多年来辛勤耕耘，产生了不少有较高质量的研究成果；但从党校应有的地位和作用来看，还存在明显差距。特别是真正有分量、有影响的成果还不够多，对党的思想理论建设的贡献还不够大。要解决这个问题，必须立足党校定位，找准自己的生长点，充分发挥党校优势，形成党校的品牌和特色。应该说，党校的特殊性质使之正处于理论与实践的结合部，十分有利于从理论高度研究重大现实问题，以及着眼于现实实践对理论进行反思。这里虽然也会遇到某些具体条件的限制，但只要我们合理安排，有效组织，应该能够取得更大的成绩和进展。

党校工作是一个有机的整体，除了教学、科研两方面的工作之外，还承担着学位研究生的培养工作，以及报刊出版、信息通讯、图书资料等辅助性工作，组织人事、行政后勤等管理服务工作，还有机关党建工作等。要从整体上提高党校工作的质量和水平，就必须依照所有这些工作方面之间的有机联系，把它们统筹协调起来，共同加以推进。各级党校在这些工作中也积累了不少好的经验，取得了一定的成绩，但也还存在着差距和不足，与党校事业的发展还有不完全适应之处。我们一定要按照习近平同志的讲话精神，坚持质量立校的原则，高标准、严要求，认真查找存在的问题，全面改进党校工作。要以高度的责任感和自觉性，勇于开拓，不断创新，推动党校事业在现有基础上向更高的目标迈进。

（此文编入《十七大以来党校工作研究》，中共中央党校出版社2013年1月版）

把人才队伍建设作为党校各项工作的重要支撑*

赵 长 茂

习近平同志在全国党校校长会议上的讲话指出：党的十七大以来，各级党校大力实施人才强校战略，在用好现有人才、稳定关键人才、引进急需人才、造就高层人才等方面，都取得了新的进展。面对新形势新任务，习近平同志强调，“要坚持人才强校，把人才队伍建设作为党校各项工作的重要支撑。”

国以才立，政以才治，业以才兴。党校事业的发展，从来离不开人才的支撑。中央党校自成立以来，一直是人才荟萃之地，不仅为党和国家培养了一大批治国理政的高素质领导人才，而且汇集、培养了许多理论大家、名家，为干部教育事业作出了突出贡献。近些年来，适应大规模培训干部、大幅度提高干部素质的需要，党校人才队伍建设不断取得新的成绩和进步，已形成一支政治修养、理论功底、教学能力、知识储备、实践经验都达到相当水平的师资和管理人才队伍，拥有一批在理论界学术界有较大影响的马克思主义理论骨干和教学骨干。但是，要落实习近平同志讲话中提出的“真正把中央党校建成一流水平的教育培训干部的最高学府”的要求，充分发挥党校干部培训主渠道、思想库作用，就必须继续坚持人才强校，全面建设教学科研、行政管理、后勤保障“三支队伍”，为各项工作的开展、上新水平提供有力的人才支撑。

对于党校来说，事业发展最根本的支撑是教研人才的培养和成长。历史和现实证明，决定党校作用和影响力大小的关键，不是大楼有多高，伙食有多好，环境有多美，而在于有没有一批有真才实学的马克

---

* 此文载《学习时报》2012年8月27日第15版。

思主义理论家和教育家，在于学科领域有影响的知名专家学者，在于能不能出创新性、高质量的研究成果。一句话，教研人才强则学科强，学科强则党校强。中央党校作为培养高中级党员领导干部的最高学府，理应拥有一支适应党校教育需要、在相关学科领域水平最高的师资队伍，由中央党校性质和特定的培养对象所决定，也应当是一支党性强、道德素质高、能够“为官师表”的师资队伍。为了造就这样一支队伍，必须在总结经验的基础上继续加大实施人才强校战略的力度，努力创造吸引人才、留住人才、凝聚人才，使各种人才能够脱颖而出、聪明才智得以充分发挥的良好环境。

教研人才队伍建设的重心是“用好现有人才”，而用好现有人才的关键是构建人尽其才、各展才华的事业平台。教研人才是党校事业发展最宝贵的资源。实施人才强校战略以来，中央党校的教研人才队伍不断壮大，教学科研水平不断提高，涌现出一批有重要社会影响的专家学者，但总体上看，大家、名家还不是很多。为了多出人才，多出大家、名家，必须形成尊重知识、尊重人才的氛围，不仅要创设宽松、宽容、鼓励理论创新的学术环境，而且要为人才成长提供相应的物质待遇，实现“官本位”向“师本位”转变，形成尊师重教的导向。同时，要走出“人才就是全才”的认识误区，给“偏才”甚至“怪才”以发挥作用的空间；改革和完善教师考核评价办法，走出重成果数量、轻成果质量的误区。着眼于党校人才队伍长远建设，必须特别关注青年教研人才的培养。青年教师代表着党校事业的未来。他们学历高、待遇低、负担重，成才过程竞争激烈，需要对他们施以特别的关爱，为他们提供更多的锻炼成长机会。

为了加快推进人才队伍建设，党校必须把引进人才作为必要的组织手段。“得天下英才而用之”，应成为党校人才队伍建设的重要理念。近年来，中央党校除了加大招收高校毕业生力度，加快补充教研人才之外，还面向全国选拔高端战略人才，取得了良好效果。这项工作将在总结已有经验的基础上，进一步规范化、制度化。

党校教育是一个系统工程，需要各方配合，协同作战。所以，人才强校，不独依靠教学科研人才培养，行政管理和后勤保障人才培养同样不可或缺。习近平同志在讲到抓好党校人才队伍建设时，强调的是“三支队伍”建设，要求“培养造就一批素质高的行政后勤管理服务人才”。如果说党校是一个大舞台，“三支队伍”就是支撑这个舞台的三个支柱。只有各类人才在各自岗位上大显身手，党校事业才能不断跃上新台阶。

（此文编入《十七大以来党校工作研究》，中共中央党校出版社2013年1月版）

坚持科学定位　突出三个特色*

罗 宗 毅

习近平同志在全国党校校长会议上的讲话中指出："坚持党校的科学定位，必须发挥好党校教育的自身优势，努力突出三个特色"。一是突出服务大局特色；二是突出理论教育和党性教育特色；三是突出思想库特色。这些重要论述，阐明了坚持科学定位与发挥党校的特色和优势的辩证关系，既是对过去党校工作经验的科学总结，也是对未来党校事业发展提出的根本性、方向性、战略性的要求。学习这些重要论述，使我们深化了对党校工作规律的认识，进一步明确了党校的功能定位和今后工作的方向和重点。

所谓科学定位，就是明确党校在党和国家各项工作全局中的职能和作用，知道自己是谁，该干什么和怎样干。这是解决"办什么样的党校，怎样办好党校"这一基本问题的前提和关键。定位不准，没找到自己正确的位置，把党校混同于一般的高校和培训机构，模糊了培训主体和培训对象的性质，结果是"种了别人的田，荒了自己的地"，党校就没有自身存在的必要，在生存竞争中难以形成优势，随时有可能被淘汰。因此，科学定位问题是党校生存发展必须解决好的首要问题，这个问题不解决，一切都无从谈起。《中国共产党党校工作条例》规定，党校是执政党培养执政骨干的学校，是对党员领导干部进行理论武装、党性教育和能力提升的主渠道，不同于普通高等学校，也不是一般的培训机构。长期以来，各级党校正是遵循这一定位，发挥在干部教育培训中的特色和优势，才保证了党校事业的正确方向。

坚持科学定位必须发挥党校的特色和优势。党校的特色和优势是在长期办学实践中形成的、区别于普通高校和一般培训机构的办学风格和发展模式，体现了党校办学的个性化特征，是党校科学发展的核心竞争力和生命力之所在。发挥好这些特色和优势，才能固本强基，有为有位，确保党校事业科学发展和可持续发展。

应当看到，在长期的办学实践中，党校教育形成了自身的特色和优势。与其他教育培训机构相比，党校教育的最大特色和优势是马克思主义理论教育和党性教育。通过理论教育和党性教育，帮助学员夯实马克思主义理论基础，坚定共产主义理想信念，增强坚持党的基本路线的自觉性，提高运用马克思主义的立场、观点、方法分析解决实际问题的能力。这是其他形式

---

* 此文载《学习时报》2012年9月3日第15版。

的教育培训所不能替代的。党校教育的另一个特色和优势是拥有得天独厚的学员资源和素质优良的教师资源，充分地运用好这些资源，通过教学相长和学学相长，把学员的实践优势和教员的理论优势相结合，不仅能很好地为党校教学服务，还能为党的理论创新服务，为党委和政府的科学决策服务。

但是，也要清醒地看到，党校特色和优势的发挥还远远不够，离上级党委和中央的要求还有差距。一是不平衡。在全国3000多所党校中，由于办学实力不同，省级以上党校的优势相对明显一些，特色突出一些，市县级党校的特色和优势相对薄弱甚至没有什么优势。二是不全面。即便是中央党校和省级党校，有些特色和优势发挥得好，有些特色和优势发挥得不那么好。比如思想库作用的发挥，就大有提升的空间。三是不稳固。特色和优势具有相对性和动态性，既不是与生俱来，更不是一劳永逸、一成不变的。在优胜劣汰的市场竞争条件下，如果不积极进取，开拓创新，就难以保持已有的特色和优势。对此，我们要有足够清醒的认识，在取得成绩的时候，一刻不能松懈，要自觉增强危机感、责任感和使命感。

特色和优势是党校安身立命之本。发挥党校的特色和优势，最重要的是做好“突出服务大局特色，突出理论教育和党性教育特色，突出思想库特色”这三篇大文章。这就要求党校的各个部门、各个环节的工作都要服从、服务于党和人民事业的需要，紧紧围绕党的中心工作和改革发展稳定大局开展教育培训，做到党和政府的重心在哪里，就把教育培训工作的重点放在哪里，党和国家的事业需要什么就培训什么；要求充分发挥党校在理论武装工作中的重要阵地作用，把加强对干部的理论教育和党性教育作为首要任务，不断提高学员的思想理论素质和党性修养；要求党校积极推进思想库建设，自觉把党委政府不同时期的工作中心作为科研工作的重点，广泛开展理论创新研究和对策性、应用性研究，及时推出有新意、有分量、有影响力的理论创新成果，为党委决策当好参谋，为国家建设发展提供智力支持。总之，突出三个特色要求我们围绕党和政府工作需要，更好地把教育培训、科学研究、决策咨询密切结合起来，使三者相互促进、协调发展。

近平同志关于“坚持科学定位”和“突出三个特色”的重要论述，深刻阐明了坚持科学定位的重要性和坚持科学定位的三个着力点，明确了党校工作的主攻方向，我们要以此为遵循，以不进则退的精神，更加努力地做好党校的各项工作，不断强化党校的核心竞争力，更好地彰显与自己的功能定位相适应的办学特色，推动党校事业又好又快发展。

（此文编入《十七大以来党校工作研究》，中共中央党校出版社2013年1月版）

切实增强党性教育的针对性和实效性*

黄宪起

学习贯彻习近平同志在全国党校校长会议上的重要讲话精神，很重要的一项任务就是要进一步加强党性教育工作，切实增强党性教育的针对性和实效性。在党性教育工作方面，思想认识要有新的提高，工作要有新的思路和举措，努力收到实实在在的效果。

要进一步提高对党性教育在党校工作大局中地位和作用的认识。加强党性教育，这首先是由党校的性质和功能定位决定的，是坚持党校姓党原则的根本要求。党校本质上是一所政治学校，其首要任务就是要做好对领导干部学员的马克思主义理论武装和党性教育工作。学习其他各种知识很重要，提高党员领导干部其他方面的能力也很重要，但是，如果舍弃或者弱化理论武装和党性教育，那么，党校就会偏离正确的发展方向，甚至会失去存在的合理性。其次，这是领导干部队伍的现状所要求的。我们的党员领导干部队伍总体状况是好的，但是，由于种种原因，相当一部分领导干部还缺乏对马克思主义特别是中国特色社会主义理论体系的系统学习，理想信念还不够坚定，宗旨观念淡漠，缺乏对党的优良传统的深入了解，缺乏严格的党内生活和群众工作的锻炼等。这种状况迫切要求通过党校的党性教育来进一步提高领导干部的党性修养。再次，这既是党校办学的历史经验和光荣传统，也为近年来党校办学的实践所明证。在近80年的漫长历史上，中央党校始终把党性教育作为根本的办学宗旨。多年来，中央党校和各级党校在开展党性锻炼方面积极探索，积累了比较丰富的经验。广大学员普遍反映，在党校最难忘、最受益的是党性教育，党校不愧是党性锻炼的“大熔炉”。

要进一步深化对党性教育的内容和重点的把握。回顾党的建设史和党校历史，可以看到，党校重视党性教育的基本要求是一贯的，但随着党所处的历史方位和面临的形势环境的变化，党性教育的内容和重点呈现出一系列的新特点新要求。当前，党面对的执政考验、改革开放考验、市场经济考验和外部环境考验是长期的、复杂的；党内的精神懈怠、能力不足、脱离群众和消极腐败的危险更加尖锐。我们必须认真学习领会习近平同志重要讲话精神，把握党性教育的新要求、突出重点，着力针对性，在大力加强对学员的党性党风教育、世界观人生观价值观教育、理想信念

* 此文载《学习时报》2012年8月27日第15版。

教育、道德情操教育和拒腐防变教育方面下功夫，使学员始终保持清醒的政治头脑和高尚的道德情操，大力弘扬党的优良作风，自觉抵制弄虚作假、形式主义、官僚主义等不良风气，始终保持共产党人本色，保持共产党人的先进性和纯洁性。

要在认真总结经验的基础上，进一步采取措施，切实加强党性教育。一是把党性教育同进一步加强理论武装结合起来。理论上的坚定是政治立场坚定、理想信念不动摇的基础。要通过加强理论武装的科学性，增强学员对马列主义、毛泽东思想和中国特色社会主义理论体系的理论认同、政治认同和感情认同；要通过加强理论武装的系统性，使学员夯实政治立场的根基，把牢理想信念的航标。二是同学习党的历史、学习党的优良传统结合起来。要通过多种形式的教育活动，使学员全面了解党的90多年的光辉历史和理论联系实际、批评与自我批评、密切联系群众、艰苦奋斗、谦虚谨慎、求真务实、与时俱进等一系列的优良传统，把人生追求同党的历史使命融合起来，使党的优良传统得到传承光大。三是同中华民族传统美德教育结合起来。勤劳勇敢，自强不息，天下兴亡、匹夫有责，先天下之忧而忧、后天下之乐而乐，鞠躬尽瘁、死而后已的传统美德，是中国共产党人精神家园的历史根基。党员领导干部应该是中华民族传统美德的当代继承者。四是同开展读书活动结合起来。要进一步响应习近平同志提出的多读书读好书善读书的号召，积极组织和引导学员学习马克思主义的经典著作，学习党的十一届三中全会以来的重要文献，学习历史。通过读书思考，进一步坚定信念，陶冶情操，提高素养。五是同从事领导工作的经验交流结合起来。党性教育本质上是一种自我教育和自我改造。要组织引导学员认真总结从事领导工作的经验，回味其中的“喜怒哀乐”、“酸甜苦辣”，相互学习、相互鼓励、共同提高。六是同从严管理结合起来。对学员，严是爱，松是害。要严格学校的教学管理、组织管理和生活管理，教育引导领导干部以一个普通学员的身份参加学习，把在党校的学习作为严格党内生活的一种锻炼，力争收到好的效果。

（此文编入《十七大以来党校工作研究》，中共中央党校出版社2013年1月版）

“三个适应、三个促进”揭示了党校事业发展的基本规律*

梁言顺

习近平同志自兼任中央党校校长以来，在公开场合至少三次讲到“三个适应、三个促进”。第一次是在2008年召开的全国党校工作会议上，提出要认真学习和运用改革开放30年党校办学的宝贵经验，科学把握和遵循党校教育规律，做到“三个适应、三个促进”，并对“三个适应、三个促进”的内涵作了深刻的阐释。第二次是在中央党校2008年秋季学期第二批进修班开学典礼上的讲话中，阐述了“三个适应、三个促进”与锦涛同志提出的党校姓党原则的关系，明确指出党校姓党历来是党校教育的第一原则，“三个适应、三个促进”集中到一点也就是要坚持党校姓党。在最近召开的全国党校校长会议上，近平同志再次强调，要充分体现党校姓党，最重要的是各级党校的教育一定要做到“三个适应、三个促进”。他首次提出，“三个适应、三个促进”丰富了党校姓党的内涵，进一步揭示了党校事业发展的基本规律。这是一个非常重要的科学论断，需要从历史、理论逻辑和新的实践三个维度来全面准确理解其精神实质。

首先，从历史维度来看。中国共产党从开办党校伊始，党校就围绕党在各个历史时期的中心任务，以教育培训领导干部为己任，为革命、建设、改革事业不断从胜利走向新的胜利培养了大批领导干部，也为党的思想理论建设作出了重要贡献。纵观中央党校各个重要时期的办学方针和课程安排，绝大部分都体现了为党的中心任务服务的精神和原则。当然，也有个别时候脱离了党的中心任务，或者停留在为党的中心任务服务的概念和口号上。比如在延安整风运动之前，包括党校在内的干部学校不能把马列主义理论与中国革命的实际联系起来。毛泽东同志在《改造我们的学习》一文中批评了这种现象，但是并没有引起大家的注意。1943年9月，毛泽东自己就说过：“一九四一年五月，我作《改造我们的学习》的报告，毫无影响。”正是由于存在着这种现象，才有1942年2月28日和3月底的中央党校两次改组，中央决定由毛泽东直接领导中央党校的工作，以便彻底改造中央党校旧有的一套教学做法。由此可以看出，坚持“三个适应、三

* 此文载《学习时报》2012年8月27日第15版。

个促进”，我们党校的事业就会顺利发展；背离“三个适应、三个促进”，我们党校的事业就会遭受挫折。这是历史规律使然，是党校全部历史给我们的重要启迪。

其次，从理论逻辑维度来看。第一，“三个适应、三个促进”深刻揭示了“党校姓党”的精神实质和具体实现路径，是“党校姓党”的进一步深化和具体化。“三个适应、三个促进”体现出的总要求，是坚持“党校姓党”原则；而“党校姓党”的精神实质及其实现的具体路径，就是“三个适应、三个促进。”第二，“三个适应、三个促进”明确而完整地概括了党校工作的主要任务。其中，第一个“适应和促进”就是推进党的伟大事业；第二个“适应和促进”是推进党的建设，具体说就是通过培养党的干部队伍加强党的组织建设；第三个“适应和促进”既为推进党的伟大事业提供理论支持，也为党的自身建设提供理论依据。这三个方面具有内在的联系，其中第一个方面是管总的，第二、三方面是对党校工作或任务的更为具体的要求。第三，“三个适应、三个促进”确定了衡量党校工作的总体标准。衡量党校工作的质量和效果如何，主要看是否促进了党的中心任务的落实，是否促进了干部素质和能力的提高，是否促进了理论创新和实践创新。第四，“三个适应、三个促进”突出了党校的特色要求。党校不同于普通高等学校，也不是一般的培训机构，要突出自己的特色，这就是近平同志所讲的突出服务大局特色，突出理论教育和党性教育特色，突出思想库特色。这三个特色要求是“三个适应、三个促进”的题中应有之义。总之，只要我们能深刻领会“党校姓党”的精神实质和具体实现路径，把握中心任务，坚持办学标准，突出党校特色，党校人就会不辱使命，党校事业就会不断取得新进展。这是理论逻辑使然。

最后，从实践维度来看。近平同志主持中央党校工作以来，做了大量对党校事业发展具有重要推动作用的工作，就根本来说主要有三个方面的工作：一是在为促进党的中心任务的落实上下功夫，二是在提高领导干部的素质和能力上下功夫，三是在促进理论创新和实践创新上下功夫。近五年来，正是自觉按照“三个适应、三个促进”要求推进党校各项工作，才使党校事业在已有的基础上又取得新的进展。这是新的实践给出的答案。

由此看，提出“三个适应、三个促进”进一步揭示了党校事业发展的基本规律的论断，具有充分的历史依据、理论逻辑依据和实践依据，是对党校事业发展具有根本性、战略性和指导性的科学论断，需要我们深入学习和领会。

（此文编入《十七大以来党校工作研究》，中共中央党校出版社2013年1月版）

必须始终坚持党校的科学定位*

王 东 京

在全国党校校长会上聆听了习近平同志的重要讲话，我体会最深的一点，就是办好党校必须遵循党校姓党原则，始终坚持党校的科学定位。

多年来党校工作的成功经验，首要的一条就是坚持党校姓党。何谓党校姓党？过去我们通常的理解，就是要与党中央保持一致，尤其是党校课堂不能出现与党的路线、方针、政策相悖的杂音。这样理解当然也对，但现在看并不全面。近平同志在这次讲话中指出，体现党校姓党最重要的是要做到“三个适应、三个促进”，即适应党和国家大局的要求，促进党的中心任务的落实；适应党的干部教育和理论武装的要求，促进干部素质和能力的提高；适应党的理论建设的要求，促进理论创新和实践创新。显然，这一概括进一步丰富了党校姓党的内涵：坚持党校姓党不仅是要严格遵守党的政治纪律，而且也是党校人应肩负的神圣职责与庄严使命。

近年来，与大规模培训干部、大幅度提高干部素质的战略任务相适应，干部教育已形成多元化竞争格局，除了党校、行政学院和干部学院外，一些高校、社会培训机构甚至境外的某些名牌大学也都参与到干部教育培训中来。面对这种前所未有的压力，我们少数同志曾一度出现过急躁和悲观的情绪。听了近平校长的讲话，大家豁然开朗，我坚信，党校只要按照“三个适应、三个促进”找准自己的定位，在竞争中扬长避短，必将大有作为。

关于党校的定位，习近平同志在讲话中重申，“党校是执政党培养执政骨干的学校，是对党员领导干部进行理论武装、党性教育和能力提升的主渠道，不同于普通高校，也不是一般的培训机构”。而且对如何坚持这一科学定位，近平同志还强调“必须发挥党校教育的优势，努力突出三大特色，即突出服务大局特色，突出理论教育和党性教育特色，突出思想库特色。”近平同志这番话高屋建瓴，寥寥数语，对落实党校科学定位作出了最好的阐释。试想一下，如果我们不保持这些特色，不做强这些特色，党校何以安身立命？

突出三大特色，是近平同志对办好党校的殷切期望，同时也是我们党校人的不懈追求。关于突出服务大局特色，我体会

* 此文载《学习时报》2012 年 8 月 27 日第 14、15 版。

就是要紧密围绕党和国家的中心工作，服从和服务于党和国家事业的需要。也就是说，办党校首先要把国家需求、组织需求、岗位需求放在第一位，党的事业发展需要什么就培训什么，干部履职尽责需要什么就培训什么，这既是客观需要，也是前提约束。当然，学员的个人需求也应该充分考虑，但个人需求必须服从前两个需求，不可喧宾夺主；否则，脱离了党和国家的事业需求，就不过只是个人的兴趣爱好。只有明确了这一点，我们才能理直气壮地坚持服务大局而不乱阵脚。

回顾党校历史，无论是在革命战争年代，还是建设社会主义新时期，党校开设的课程始终都以马克思主义理论为主课。实践表明，理论教育和党性教育是凝聚党员思想、加强领导干部战斗力的重要法宝。可是从目前领导干部的现实情况看，有相当比例的同志未曾系统学习过马克思主义理论，还有部分领导干部存在轻理论、重技能的倾向，这说明，理论教育亟待加强，领导干部学理论不是想不想学的问题，而是必须学的问题。

必须把马克思主义理论特别是中国特色社会主义理论体系作为必修课，不仅要学，更要学深学透。正因为此，各级领导干部进党校学习理论必须有制度性规定，党校学员必须坚持以组织选调为主。

关于“突出思想库特色”，这里有一个观点要澄清。过去很多人以为发挥“思想库”作用就是做课题、写内参，而未把教学活动作为思想库建设的重要方面。其实党校教学也是发挥资政作用的重要途径。众所周知，党校学员都是来自各行各业的领导干部，是某个地区或部门的决策者，党校课堂不仅要宣传党的路线、方针、政策，讲清楚马克思主义基本原理，同时也是围绕改革发展稳定中的重大理论和现实问题，联系干部群众关注的热点和难点，从学理层面对这些问题做出深入阐释。一堂课讲得好，事实上也是在为党和政府的决策服务，是教学“资政”的一种重要方式，为此，党校教学必须坚持“以问题为导向、以学科为支撑”，不断提高针对性与实效性，为学员提供研究现实问题的理论框架，帮助学员理性决策，科学执政。

（此文编入《十七大以来党校工作研究》，中共中央党校出版社2013年1月版）

党的十七大以来党校工作研究课题简介

党的十七大以来，党中央明确提出“继续大规模培训干部、大幅度提高干部素质”的新要求，党的干部教育培训工作进入多层次、多渠道、大规模推进的新时期。五年来，中央党校深入贯彻落实科学发展观，认真落实全国党校工作会议精神、《中国共产党党校工作条例》、《2010—2020年干部教育培训改革纲要》，在干部教育大格局中坚持党校姓党、从严治校，全面推进党校工作科学化，坚持以“一流学府”建设作为各项工作的总抓手，强化优势，彰显特色，取得明显成效。2012 年 1 月 6 日校委在向习近平校长汇报时，提出 7 月至 8 月间召开全国党校校长会议，邀请习近平校长出席并作重要讲话，对党的十七大以来党校工作进行系统总结，对如何进一步加强党校工作、提高党校工作科学化水平进行部署，得到了习近平校长的赞同。

为更好地筹备党校校长会议，做好党的十七大以来这五年的党校干部教育培训工作经验总结、统一思想等工作，2012 年 1 月中旬，中央党校设立“十七大以来党校工作研究”校级委托课题，2012 年 6 月，形成由 1 个总报告和 9 个分报告组成的课题成果：

总报告：坚定不移贯彻党校姓党原则脚踏实地推进“一流学府”建设——十七大以来中央党校工作实践和经验研究；分报告一：坚持并强化党校姓党原则突出党校政治优势；分报告二：明确和实践科学定位彰显党校办学特色；分报告三：确立质量立校理念推进“一流学府”建设；分报告四：遵循党校教育规律，推进党校工作科学化；分报告五：坚持改革创新推进党校工作与时俱进；分报告六：坚持从严治校提升党校形象和声誉；分报告七：实施人才强校战略奠定党校发展坚实基础；分报告八：加强和改进业务指导工作提高党校系统整体办学水平；分报告九：加强党委对党校的领导为党校事业科学发展提供根本保障。

课题研究成果精华，被吸收进 2012 年 7 月 17 日习近平在全国党校校长会议上的重要讲话中。10 份研究报告先后于 2013 年 3 月至 5 月在《学习时报·党校教育专刊》连续登载，并连同地方党校的部分研究成果，汇编成《十七大以来党校工作研究》，2013 年 1 月由中共中央党校出版社出版。

（研究室供稿）

中央党校课题研究总报告：

坚定不移贯彻党校姓党原则 脚踏实地推进“一流学府”建设*

——十七大以来中央党校工作实践和经验研究

中共中央党校课题组

党的十七大以来，国内外形势波澜壮阔，党和国家抓住机遇、推进科学发展，成功应对了从未有过的国际金融危机等困难和国内深层次矛盾的挑战，取得了举世瞩目的成就。中央党校与党和国家的发展相适应，在机遇与挑战并存的大背景下，在以胡锦涛同志为总书记的党中央坚强领导下，在习近平同志直接领导和关心支持下，坚持“三个适应、三个促进”**，全力推进“一流学府”建设，努力提升教学能力、科研实力和服务管理水平，为党的干部教育事业和中国特色社会主义事业发展作出了新的贡献。五年来，党校工作始终突出党性、遵循规律性、体现创新性，迈出了坚实的一步，写下了闪光的一页。

一、五年来党校工作面临的新形势

党的十七大以来，适应世情国情党情的深刻变化，中国共产党提出了一系列新思想、新判断，并对党的干部教育培训事业提出了新任务、新要求。党校工作面临新形势、新课题，既充满机遇，又充满挑战。办好党校，责任重大、考验巨大，使命崇高、前程光明。

（一）党校发展处于重要战略机遇期

党的十七大强调，我国发展处于可以大有作为的重要战略机遇期。中央党校校委提出，党校事业发展同样面临和处于重要的战略机遇期。

第一，党校办学取得了巨大成绩和进

---

* 此文编入《十七大以来党校工作研究》，中共中央党校出版社 2013 年 1 月版。

** 2008 年 10 月，在全国党校工作会议上，习近平同志在总结改革开放 30 年来党校工作经验基础上，提出了“三个适应、三个促进”的党校教育规律，即适应党和国家大局的要求，促进党的中心任务的落实；适应党的干部教育和理论武装的要求，促进干部素质和能力的提高；适应党的理论建设的要求，促进党的理论创新和学术研究的发展。

步，为党校事业发展奠定了良好基础。新中国成立以来，特别是改革开放30多年来，中央党校在理论武装、理论创新、干部教育培训等方面发挥了重要作用，为党和国家的发展作出了重大贡献。党校在教学、科研、管理和服务等方面积累了许多宝贵经验，为党校事业加快发展积蓄了力量。党校的办学成就已经得到了党内外人士的一致认可，具备了较好的办学条件和良好的社会声誉。

第二，中央高度重视党校工作，为党校事业发展提供了根本保障。我们党历来高度重视党校工作。特别是党的十七大以来，以胡锦涛同志为总书记的党中央采取一系列措施加强党校建设。2008年中央颁布《中国共产党党校工作条例》，召开全国党校工作会议。胡锦涛同志在全国党校工作会议上发表重要讲话，提出发挥党校“五个方面的重要作用”。习近平同志兼任中央党校校长，亲自领导、关心党校工作，解答困扰我们的重大问题，为进一步搞好干部教育培训工作指明了方向，提供了指导。

第三，推进经济社会科学发展的新任务，为党校事业发展提供了广阔空间。党的十七大确定的全面建设小康社会、加快推进社会主义现代化的新目标新任务，迫切需要我们切实承担起“继续大规模培训干部、大幅度提高干部素质”的责任；“十二五”时期经济社会发展的目标任务，迫切需要我们切实承担起提高领导干部加快实现经济发展方式转变、推动科学发展能力的责任，在加强干部培训和提高干部素质的工作中发挥更大作用，为经济社会科学发展的新目标新任务的顺利实施提供有力的干部和人才保证。同时，中国特色社会主义经济建设、政治建设、文化建设、社会建设、生态文明建设和党的建设新任务新目标的实现，面临着很多热点难点问题，党的十七届四中全会提出的建设马克思主义学习型政党的重大而紧迫的战略任务，中央要求我们充分发挥在党的思想理论建设中的推动作用等，对党校科研工作提出了大量新课题、新任务，迫切需要我们深入研究，需要我们在加强科研、发挥思想库作用方面有更大的作为。

校委从上述几个方面引导全校教职工，充分认识党校事业发展正处于重要战略机遇期，充分体会中央对党校工作高度重视、寄予厚望，进而牢牢抓住机遇，乘势而上，积极推进党校事业更好更快地发展，充分发挥党校的重要作用。

（二）党校工作面临国内外新情况的考验和挑战

党的十七大以来，我国发展面临许多新情况、新考验、新挑战，既有国际的又有国内的，既有可以预见的也有难以预见的。党校在加大干部培养工作力度、提高各级领导干部执政能力方面，要求更高了，挑战更多了，考验更大了。

第一，解决国内深层次矛盾和问题，对党和领导干部的执政能力要求更高，党校的任务更重，极大考验着党校的办学能力。十七大以来的这五年，党和国家的发展在新的历史起点上向前推进，面临党内国内深层次矛盾和问题的挑战。胡锦涛同志在纪念建党90周年大会上的讲话中，在肯定我们党取得巨大成就的同时，深刻警示我们，“四大考验”是长期的、复杂的、严峻的，“四大危险”更加尖锐地摆在全党面前，科学发展的体制机制障碍躲不开、绕不过。能否顺利经受住这些考验和挑战，关键在于全面加强党的建设，加大干部培养工作力度，显著提高各级领导干部素质和能力，不断培养造就一支政治上靠得住、工作上有本事、作风上过得硬、人民群众信得过、善于治国理政的干部队伍。党校能否在这方面作出新的贡献，直接关系到我们党能否不断提高党的执政能力、保持和发展党的先进性，直接关系到我们党能否有效应对各种可以预见和难以预见的风险、确保党始终保持同人民群众的血肉联系，直接关系到我们党能否团结带领全国各族人民成功实现全面建设小康社会的宏伟目标、不断把中国特色社会主义伟大事业推向前进。

第二，应对全球化背景下国际前所未有风险严峻挑战，对党和领导干部的执政能力要求更高，党校的任务更重，极大考验着党校的办学能力。当代世界，全球化加速。全球化在推动经济社会发展的同时，也大大增加了风险的来源，增加了风险的后果。能否顺利经受住这种风险的考验和挑战，关键在于全面加强党的建设，加大干部培养工作力度，显著提高各级领导干部素质和能力。2008 年由美国次贷危机引发的全球金融危机，其程度之深、范围之广远超出人们的预料，其带来的严重后果也是人们始料不及的。中国能够成功应对，与党的坚强有力领导和各级领导干部良好的素质能力密切相关。党校能不能做得更好，关系着中国能不能成功应对各种新的国际风险。

校委引导全校教职工，深刻认识到，办好各级党校，是中国共产党的一条成功经验，是我们管党治党、治国理政的一条成功经验，也是中国共产党不断提高执政能力、成功应对各种风险、危局，各种困境、挑战和考验的一个重要方面。我们党花本钱办党校，就是要让领导干部在党校提高政治业务素质，增强党性，增强执政本领。作为党校人，一定要增强办好党校的责任感和使命感，扎扎实实推动党校工作和党校事业实现新的发展和进步，为提升中国共产党的执政能力、成功应对各种考验和挑战，作出应有的贡献。

（三）党校工作面临干部教育培训新情况的考验和挑战

党的十七大后，为了落实中央“大规模培训干部、大幅度提高干部素质”的战略任务，干部教育培训形势发生了明显变化：一是干部教育培训多元化新格局形成。在充分发挥党校、行政学院、干部学院作用的同时，还推出了利用高校优质资源、建立全国干部教育高校基地等新举措。更多的科研院所、社会培训机构等优质教育资源纳入干部教育培训体系，甚至还有在境外举办的各类干部培训。二是启动了干部自主选学工作。根据问卷调查，学员对培训内容、施教机构、教师选择的预期都比较高。

面对干部教育培训的新情况，校委引导全校教职工增强忧患意识，增强紧迫感和危机感，充分认识到，近年来，党校各方面工作都有了新的发展和进步，出现了新的局面，但与中央的期望、新形势新任务的需要和科学发展观的要求相比，还有不少差距，与其他干部教育培训机构相比也有不足之处；充分意识到如果办学质量水平上不去，科研质量上不去，党校就会失去吸引力和竞争力；必须通过一系列的努力，有效提升党校教学、科研、行政、后勤等各项工作水平，使党校教学质量更高、科研精品更多、基础设施更好、人才队伍更强、管理服务更优、校风学风更正，以独特鲜明的、不可替代的特色彰显中央党校的特殊地位和作用，以高标准办学的实际成效保持最高学府和干部教育培训主渠道的崇高地位。

二、五年来党校工作的新进展

五年来，中央党校校委在习近平同志的领导下，带领全校各直属单位领导班子和全体工作人员，在深入分析研究形势发展对党校工作提出的新任务、新要求基础上，积极探索党校工作的新思路、新举措，不断推动党校工作科学发展，取得了一系列新成就、新进展，开创了新局面。最大的成效，是突出党校姓党原则，坚持从严治校方针，深化规律性认识，推动了党校事业科学发展。最大的突破，是开展了“一流学府”建设，全面提升了办学能力。最大的变化，是强化了主渠道地位，拓展了思想库功能，促进了风清气正，提升了党校的形象和声誉。具体说来，主要有以下十二个方面。

（一）党校姓党、从严治校得到强化

党的十七大以来，习近平同志要求中央党校始终把党校姓党作为做好党校工作必须坚持的一条根本原则。校委多次在多种场合，用各种方式，阐述党校姓党的具体内涵和要求，采取各种措施构建坚持党校姓党原则的长效机制，保证党校工作始终体现鲜明的党性。五年来，中央党校坚持在思想上、政治上、行动上同党中央保持高度一致，始终围绕党和国家的中心任务和工作大局开展工作，把学习、宣传、贯彻落实党的十七大和十七届历次全会精神作为党校工作的主要任务，及时将中央重大理论观点、重大战略思想、重大工作部署以及党的路线方针政策纳入各班次的教学中，通过举办多种形式座谈会、研讨会，组织刊发专门文章，出版专门图书，开展社会宣讲，加强对中央精神的学习、研究和宣传，紧紧围绕改革开放和经济社会发展的重点问题、围绕干部群众普遍关心和急需解决的热点问题，突出在改革开放和现代化建设中带有全局性、战略性、前瞻性的重大理论和现实问题的教学与研究，进一步提高了教育培训的针对性和实效性，为加强党的执政能力建设和先进性建设、推动经济社会又好又快发展作出了积极的贡献；始终高举党的旗帜，围绕落实“继续大规模培训干部、大幅度提高干部素质”的要求，把用中国特色社会主义理论体系教育培训干部作为教学的首要任务，努力使中国特色社会主义这面旗帜，真正在广大干部心中树立起来，在广大干部执政实践中体现出来，促进干部素质和能力的提高；始终遵循党的思想路线，坚持解放思想、实事求是、与时俱进，积极推进党的理论创新和实践创新。

从严治校是党校姓党用以治校的要求和体现。党的十七大以来，中央党校坚决纠正和制止各种不良风气，建设风清气正的学府。抓住教员与学员两个主体、抓住教与学两个环节，努力形成纪律严明、艰苦朴素、风清气正的行为规范，展现党校工作人员和学员良好的精神风貌。对工作人员，循循善诱，并制定专门制度规定，在思想上政治上行动上严格要求，在讲坛论坛上坚持“科学探索无禁区、党校讲坛有纪律”，任何时候都不公开发表违背党章和党的决定的思想观点，不出现违背党校形象的言行。对学员，从入校到毕业，全程强化党性校纪校规教育，修订完善学员管理的一系列规定。2009 年 11 月，专门在武汉召开全国党校系统学员管理工作座谈会，广泛交流各地党校学员管理工作的经验，研究探讨新形势下学员管理工作的思路，促进党校系统学员管理水平的整体提升。通过从严治校，党校学风文风校风建设取得明显成效。党校教职工和党校学员都更加珍惜“党校人”这个神圣的称号。

（二）高质量办学深入人心

为适应十七大以来干部教育培训新形势新要求，有效应对各种新情况对党校工作的挑战，2009 年底校委提出要建设干部教育培训的“一流学府”，得到了习近平同志的充分肯定，并要求把建设“一流学府”作为一项战略考虑来谋划和推进，体现在每一年的工作中。

2010 年 3 月 23 日到 6 月 11 日，我们在全校各直属单位开展了建设“一流学府”讨论活动，明确了“一流学府”的目标和思路。6 月 25 日，习近平同志在校委呈报的《关于建设“一流学府”讨论情况的报告》上批示：“建设‘一流学府’讨论富有成效。要在统一思想的基础上，把‘一流学府’建设深入扎实地加以推进。”贯彻习近平同志的批示，在 2010 年下半年，校委以中央深入开展创先争优活动为契机，开展了“我为‘一流学府’作贡献”创先争优主题实践活动，将“一流学府”建设讨论中形成的共识转化为创先争优的具体内容，用创先争优活动的实效检验“一流学府”建设的业绩。在这个过程中，各部门各单位定目标、立标准，找差距、寻对策，做规划、理思路，努力向“六个一流”努力，即大力推进教学改革，突出优势和特色，提升教学水平和质量，尽力打造“一流教学”；大力推进思想库建设，加强重大理论和现实问题研究，强化学科基础理论研究，尽力打造“一流科研”；大力实施人才强校战略，加强业务培训和人才引进，培育更多的大家、名家等高端人才，尽力打造“一流人才和队伍”；大力推进从严治校，加强学风文风校风建设，尽力打造“一流的风气和人文环境”；大力推进基础设施建设，加强信息化保障功能，尽力打造“一流的硬件和基础设施”；大力推进管理创新，加强后勤服务和机关党建、离退休干部、报刊出版、图书资料等工作，尽力打造“一流的管理和服务”。2010 年底，习近平同志再次肯定：“‘一流学府’建设和创先争优活动结合得很好。各单位都制定了规划和措施，初见成效。”2011 年“一流学府”建设扎实推进，取得了新的阶段性成果，全校各项工作呈现新的气象。

目前，“一流学府”的理念已得到广泛认可，被认为是应对新时期干部教育培训一系列重大挑战的勇气之举，是不断追求卓越、实现自我超越，走向更高发展阶段的智慧之举，也是关系党校长远发展的科学选择，是既得人心又得到社会广泛认可的系统工程。“一流学府”建设也已成为党校工作的总抓手。

（三）按规律办学成为自觉追求

在长期的办学实践中，中央党校积累

了丰富的工作经验，获得了许多规律性认识。胡锦涛同志总结的“九条经验”，曾庆红同志提出的“实事求是、与时俱进、艰苦奋斗、执政为民”，是党校工作规律性认识的最重要成果。十七大以来，中央党校把重视规律，按规律办事，提高党校工作的科学化水平，放到了更加突出的位置，取得了长足发展。

2007—2008 年中央党校围绕干部成长规律和党校教育规律，开展了大范围、系统化的研究，全校 26 个直属单位都拿出了分课题报告，不仅取得了一批研究成果，而且使尊重规律、探索规律、遵循规律的观念深入人心。2008 年 10 月习近平同志在全国党校工作会议上总结党校工作经验，提出的“三个适应、三个促进”，是近年来党校工作规律研究的最基本最重要的认识成果。在不断深化对规律研究和认识的同时，中央党校十分重视对规律的运用，积极组织修订《中国共产党党校工作条例（暂行）》，将研究成果反映在新的《中国共产党党校工作条例》中，使已经获得的规律性认识制度化、规范化，并于 2008 年由中央颁布。《中国共产党党校工作条例》颁布后，中央党校积极贯彻落实，坚持按规律办学，依《中国共产党党校工作条例》办学，在发挥表率、带头作用的同时，认真督促检查各地党校贯彻落实。2010 年中央又出台反映干部教育培训规律的指导性文件——《2010—2020 年干部教育培训改革纲要》，中央党校注意解决干部教育培训改革过程中出现的一些困惑及问题，推动《干部教育培训改革纲要》精神的贯彻落实。随着《党校工作条例》和《干部教育培训改革纲要》的颁布和贯彻实施，以及越来越多、并逐步深化的规律性认识付诸实施，极大地提升了党校工作的科学化水平。

（四）改革创新深入推进

近年来，中央党校始终坚持解放思想、实事求是、与时俱进，按照中央提出的结合实际创新路、加强培训求实效的要求，不断推进党校各个方面的改革创新，增加各项工作的针对性和实效性，取得明显进展。

教学是党校的中心工作，也是改革创新的主要方面。十七大以来，我们坚持和完善“一个中心、四个方面”的教学新布局，深化和推进教学改革。在教学内容上，突出抓好理论教育和党性教育，深化和细化“一个中心、四个方面”教学新布局，以“学科基础、问题导向”为着力点，建立教学讲题和内容的更新机制。在教学管理上，改进了教学讲题的设计机制，既要以问题为导向，围绕党和国家的中心工作、领导干部关注的热点难点问题来设题，又要以学科为基础，注重从多个学科的角度来设题；进一步优化教学资源的配置，全面推行项目制管理，实行竞争上岗和末位调整；进一步改革学习考核方式，以考促学；出台中央党校《2011—2015 年学科建设规划》，加大了教学的学科支持力度；修订《马列著作选编》，重点资助一批学科经典教材和学科经典著作导读教材的编写，加大了教材建设力度。实行精品课评选等新的教学评估方法，增强党校学习的吸引力，为打造“一流教学”提供良好的机制保障。在教学方式方法上，不断探索和完善多种教学方式，综合运用讲授式、案例式、体验式、情景模拟式、菜单式等多种教学方法开展教学，突出互动性、实效性，广泛使用信息化手段。

在做好主体班次教学改革的同时，还推进了计划外短期培训、学位研究生教育的改革。2009年，中央党校整合短期培训力量和机构，出台《中央党校短期培训管理办法（试行）》，实现短期培训归口函授学院统一承办，规范管理。2011年，经中央编办批准，中央党校函授学院正式更名为干部教育学院。学位研究生培养方案及课程设置全面更新，强化了基础理论教学，增设了经典著作导读、学术方法论等课程，对博士生毕业论文全部实行匿名评审。

与此同时，在科研方面，理顺管理体制，鼓励创新，倡导精品意识，大力促进教学科研一体化。在管理服务方面，完善分类管理办法，突出科学管理、精细管理，不断提高管理服务的能力和水平。在师资队伍建设方面，不断推出新的举措，整合资源，优化结构，增加活力。

各方面的改革创新为党校事业发展源源不断地注入生机与活力，推动党校工作不断打开新的局面，不断取得新的成绩，以改革创新谋发展已成为党校人的共识。

（五）党校教育的特色和优势更加鲜明

培训轮训党员领导干部是党校的主要任务。五年来，中央党校把中国特色社会主义理论体系作为领导干部学习的主课，进一步突出了中国特色社会主义理论体系的教育。在原有教学基础上，2010年开设了“中国特色社会主义理论体系”专题班；2011年春季学期开始，恢复举办了系统学习马克思主义理论的进修类班次。在全校各类班次加大了马克思主义经典著作的教学分量。在中央组织部的支持下设立了马克思主义经典著作导读课资助奖励项目，着力培养一批讲授马克思主义经典著作的优秀中青年教师，打造中央党校马克思主义理论教学精品课。加强中国特色社会主义理论体系教材建设，完成了五本重要教材编写工作。下大力气引导学员坚持实事求是的思想路线，牢固树立理论联系实际的学风，重视并善于调查研究，切实掌握党的最新理论观点，研究解决改革发展中的热点难点问题。

进一步加大了党性教育的分量。一方面发挥党校的理论优势和学科优势，初步形成课堂化的党性教学框架。2010年，中央党校首次将党史专题教学系统地纳入党性教育中，突出党性教育的学科支撑与历史参照。在培训班开设系列党史专题课，在进修班增设“党性教育专题课”教学单元。2011年，在全校范围内开设了“中共党史专题讲座”，通过讲授党的重大历史事件、重要历史人物来增强学员的党性观念。另一方面把党性教育贯穿于学员管理活动中，通过入学教育、主题活动、专题教育、党性分析、党性锻炼小结等多个环节，采用党课、报告会、体验式教学、民主生活会等多种形式对学员进行党性教育和锻炼，做到党性教育同进一步加强理论武装相结合、同学习贯彻《党章》相结合、同学习和弘扬党的优良传统相结合、同中华民族传统美德教育相结合、同读书读史相结合、同从事领导工作的经验交流相结合、同严格遵守校规校纪相结合、同反腐倡廉和警示教育相结合，引导学员坚定理想信念，增强宗旨意识和廉洁自律意识。

进一步抓好民族班的理论教学和党性

教育。民族班的理论教学和党性教育有其特殊性。2010 年 10 月，中央党校隆重纪念西藏班办班 30 周年，习近平同志到会讲话。会后按照习近平同志提出的要求，我们对新疆班、西藏班教学进行了改革。主要是根据新疆、西藏发展稳定大局的需要，紧密联系民族地区的实际，强化了中国特色社会主义理论体系、党的民族宗教理论政策等方面的教学，增加了民族团结的内容，增设能力训练课程，并特别针对新疆、西藏历史文化和发展稳定中的重大问题，作了专门的教学安排，得到学员的认可。

能力教育和知识教育也注意突出党校特色。重点是世界观、方法论的学习以及战略思维和世界眼光的培养，而不是简单的工作技巧的训练。通过案例教学，教育领导干部从个案的“技”和“巧”中悟出“论”和“道”来。

随着党校办学特色和优势不断强化，党校作为党员领导干部学习研究马克思主义的神圣殿堂，学习运用中国特色社会主义理论、探讨重大理论和现实问题解决方法的求是讲堂以及党性锻炼的熔炉的地位和作用日益彰显。

（六）干部教育培训的主渠道作用得到巩固

十七大以来，中央党校坚持和完善“一个中心，四个方面”的教学布局，深化和推进教学改革，不断扩大培训规模，不断提高培训质量，干部教育培训主渠道作用进一步发挥，在大规模培训干部、大幅度提高干部素质和能力方面取得了重大成绩。据统计，2008 年以来，截至目前，中央党校共举办进修班、培训班、专题研讨班和师资培训班 199 个，培训轮训领导干部和理论骨干 12864 人；与中央纪律检查委员会、中央组织部、中央宣传部等部门联合举办专题培训班 58 个，培训学员 8795 名。从 2010 年以来，中央党校还承担了中央和国家机关司局干部选学培训任务，培训干部 9663 人次。除此之外，计划外干部短期培训工作成为常规班次的必要补充和多渠道培训党员干部的有效形式。仅 2011 年，举办各类班次 93 个，培训局、处级领导干部 5281 名，受到地方党委、中央部委和央企的欢迎。

办学中，我们坚持用规律性认识指导和改进党校以教学为中心的各方面工作、推动和深化教学等各方面改革，干部教育培训质量进一步提高。经过党校培训轮训的领导干部在马克思主义理论素质、现代科学文化知识水平方面有了更大的提高，在统筹国内国际两个大局的能力，推动科学发展、促进社会和谐的能力，总揽全局、应对复杂局面的能力，治党管党、解决自身问题的能力方面有了更大的增强。

中央党校的教学受到了学员的充分肯定。学员给出的教学效果评估分数每年都有新提高，在各种形式的学员座谈会上，学员们都对我们的教学给予了高度评价。有的学员说，在党校的学习，使自己终生受益，党校是“学习理论的沃土、研究问题的热土、提高党性的净土、交流思想的乐土”。

（七）党校的思想库作用充分发挥

这几年，按照胡锦涛同志关于党校科研工作要发挥“四个服务”功能的要求，以打造“一流科研”为目标，思想库建设提到了更加重要的日程，取得了丰硕的研究成果，其中不少成果得到中央领导和决策部门的高度重视。

进一步加强马克思主义基本理论特别是中国特色社会主义理论体系的研究、重大现实问题研究和学科基础理论研究。制定了《中央党校2011—2015年科研发展规划》、《中共中央党校年度校级科研项目指南总体规划》，引导教研人员加强对中国特色社会主义理论体系的研究，重大现实问题研究和学科基础理论研究。2011年在国家社会科学基金项目立项上取得了历史性突破，立项24项，比中央党校历史上最高纪录增长了85%。同时，加强对课题的管理，严把出口关，确保出精品。积极承担马克思主义理论研究和建设工程研究项目，完成中央交办的重大课题的调研任务。以“中央党校中国特色社会主义理论体系研究中心”名义在《人民日报》、《光明日报》、《经济日报》、《解放军报》、《求是》等中央“四报一刊”上发表文章100余篇。

积极开展科研协作和交流，着力打造高水平科研成果交流平台。校委每年确定重大课题组织全国党校系统集体攻关。十七大以来，共组织设立全国党校系统调研课题1019项，围绕党和国家的中心工作以及重要纪念活动，举办高层次理论研讨会20余次。2010年以来，打造了中国马克思主义论坛、中国社会发展问题高端论坛、中欧美学术论坛等学术交流平台，还与国家开发银行和联想集团弘毅投资管理公司签订了五年战略合作协议，提升了党校科研成果的水平和国内外影响力。

加强科研管理，为思想库建设提供机制保障。开展了“思想库建设”调研，为制定《中央党校思想库建设方案》和召开中央党校思想库建设动员大会作准备。根据思想库建设的需要，加强中央党校调研基地的调整和建设工作。同时，精编《思想理论内参》和《中共中央党校研究报告》，培育思想库建设的品牌。制定了《中央党校支持国家社科基金项目研究的实施意见（试行）》、《中央党校重点科研津贴发放办法（试行）》、《中央党校思想库课题结项办法（试行）》等一整套办法，完善科研评奖方法和科研激励机制，资助奖励精品力作，发挥科研导向功能，提高课题研究水平和成果质量。进一步拓宽经费来源渠道，大幅增加科研投入，为思想库建设提供经费保障。据统计，目前全校在研的科研项目有400多项，经费达4500万元。

（八）党校的社会形象和声誉明显提升

学风校风是党校性质和办学宗旨的外在反映，直接关系党校的形象和声誉。党的十七大以来，我们加强了学风文风校风建设，培育“一流的风气和人文环境”。在学风建设上，坚持理论联系实际，鼓励爱读书、读好书、善读书，积极发挥在学习型政党建设中的表率和引领作用，解放思想、实事求是、与时俱进的思想作风始终处于党校学风的主导地位，党校教师和学员勤奋好学、学以致用的氛围日益浓厚。在文风建设上，反对“长、空、假”，提倡“短、实、新”，引导党校教职工开短会、讲短话、讲有用的话，引导学员自觉改进文风。在校风建设上，一方面，加强对教师校风校纪的教育管理，强化党校姓党观念，切实提高党校教师的思想政治水平，为党校学员带好头、作表率。另一方面，加强对学员的党性教育和严格管理，进一步建立健全制度，细化优化措施，形成纪律严明、艰苦朴素、风清气正的行为规范，严防社会上不良现象和风气的浸染，党性锻炼的熔炉作用进一步加强。

实施开放办学，发展对外交流与合作，是提升党校竞争力和影响力的重要途径。十七大以来，适应干部教育形势需要，中央党校加快了开放办学的步伐。一方面，对社会的开放程度加大。确立了新闻发言人制度，举办了新闻发布会，举办了面向驻华高级外交官的开放日活动、中外记者来校采访活动，向外界展示了党校“党校姓党”、开放包容、清正务实、创新进取的良好形象。另一方面，与国外开展的交流合作日益增多。据统计，中央党校目前已与世界上30多个国家和地区的有关干部培训机构、政府相关部门、跨国企业及著名智库、知名大学等研究机构建立了学术交流合作关系。五年来，多国政要来党校演讲、访谈，仅2011年中央党校就接待外国政要、知名学者和国外研究机构、跨国公司负责人等各类代表团达165个，举办研讨会、座谈会等学术交流活动近50场。通过开放办学，充分利用校内外两种资源，拓展了办学空间，有力地提升了党校的影响力。

（九）队伍建设取得新的进展

十七大以来，中央党校从长远发展需要出发，制定了《人才强校战略实施纲要（2011—2015年）》，围绕当前和今后一个时期各类人才队伍建设需要，提出并有效实施了一整套新思路、新措施。

全方位开展培训，提升在职工作人员整体素质。针对党校人才队伍总量不足，年龄结构不合理，不少学科缺乏高层次领军人才的实际情况，采取多种途径和方式，加强在职人员培训，力争把工作人员整体素质提升到新的水平。重点加强教学科研队伍培训，同时加强对中层领导干部、教研室主任和组织员的培训，有计划、有针对性地对财会、机要、图书出版、医护、信息管理、基建管理人员以及党务、组织人事干部等进行相关培训。十七大以来，仅组织各类行政干部培训班就达12个，710人次参加了不同类型的学习培训。

按照自我培养和外部引进结合的方针，努力培养造就名师大师级高端人才。做好“百千万人才工程”国家级人选、“四个一批”人才、享受国务院政府特殊津贴人员以及其他专家项目人选的推荐选拔工作，建立高层次人才库并实行动态管理，通过政策引导、待遇保障、精神和物质激励相结合等措施，引导和鼓励高层次人才安心教学岗位，潜心理论研究，发挥其示范和领军作用。构建鼓励青年人才不断成长的良好机制。同时，制定了《关于公开招聘选拔高端战略人才的意见》及两个配套办法，加大人才引进力度，选拔具有较高知名度、比较年轻、具备成长为名师大家综合素质与发展潜质的教学科研人才，选拔具有较强管理能力、专业知识丰富、比较年轻的复合型管理人才，一定程度上解决了部分学科、岗位人才缺乏问题。

深化干部人事制度改革，建构人才成长的有效机制。改进和完善事业单位岗位聘用工作，顺利完成了第二轮专业技术聘用工作，形成能上能下、能进能出的聘用制度。按照《公务员法》，加强参公人员管理。扩大公开选拔和竞争上岗范围。

2011年，首次面向社会公开选拔副处级领导干部，首次以竞争方式面向全校选拔教研部副巡视员，首次开展了正处级组织员竞争上岗，拓宽了选人用人渠道。完善人才评价制度，形成由品德、知识、能力等要素构成的各类人员评价体系。

从实践上看，人才强校战略已经取得明显成效。整体提升了工作人员的素质能力，建成了一支具有扎实专业理论素质、能教学善科研的教学科研队伍，培养了一批有社会影响、受学员欢迎的专家学者，带动了党校教学科研、管理服务水平的提高。同时，带动了党校学科建设，拥有了政治学、哲学、马克思主义理论、理论经济学4个一级学科博士授权点，政治学、哲学、马克思主义理论、理论经济学、法学、社会学6个一级学科硕士授权点，可授予博士学位的二级学科点由23个增加到28个，可授予硕士学位的二级学科点由33个增加到47个，学科结构和布局逐步完善。

（十）基础设施和信息化条件明显改善

十七大以来，在中央、国家有关部门和北京市政府的大力支持下，中央党校本着勤俭办学的原则，按照优质、高效、安全、文明、廉洁的要求，进一步加强校园基本建设和信息化建设，打造“一流的硬件和基础设施”。

在基础设施上，按照建设环境友好型、资源节约型、管理智能化和人文示范型的“一流校园”的要求，编制了《中央党校校园建设规划（2010—2020年）纲要》和《中央党校校园建设“十二五”规划》。进一步改善了办学设施和服务设施，对综合教学楼、礼堂等进行了修缮、改造，完成数字图书馆土建工程施工，校史馆正式开馆。进一步改善了办公条件和职工住房条件，新增职工住宅110余套，启动中直系统旧住宅加装电梯试点工程，新学工食堂项目审批立项工作进展顺利。

在信息化建设上，进一步加强了硬件建设，完成远程教学网卫星通讯设备和播出新平台的升级，校园网主干从千兆以太网升级为万兆以太网，建成“一卡通”智能综合服务平台、网上电视节目点播系统——中央党校宽频、《应急指挥仿真实验室》和《新闻仿真实验室》等情景模拟教学实验室。进一步加强了网络内容建设，党校内、外网进行改版，引进“新华频媒”，在15个教室部署了课程网络直播、课件采集系统，实现教学课件自动录制、编目、自动存储、课程在线网络直播等。进一步推动全国党校系统资源共建共享，进行远程教学资源征集评比，加强全国农村党员干部现代远程教育中心资源库和辅助教学中心网站工作，积极推进副省级以上党校VPN的互联互通工作。

（十一）管理和服务创造新佳绩

行政后勤工作是党校的重要组成部分，是教学科研工作的依托和保证。十七大以来，中央党校坚持和推进管理创新，“一流的管理和服务”建设逐步常规化和常态化。

后勤服务方面，通过开展全员知识竞赛和技术比武活动，提升职工素质，努力做到“五有五无”，即有标准、有特色、有典型、有技能、有操守，责任无遗漏、管理无死角、空间无盲区、岗位无投诉、个人无失职，坚持为教职工和学员办实事、办好事。

财务管理方面，严格预算管理，加强支出管理，积极与财政部沟通，为学校各项建设提供了有力的经费保障。加强了“三公经费”向社会公开工作，加强了“小金库”治理和复查工作，配合有关部门强化了财务审计工作。

离退休干部工作方面，充分发挥离退休干部工作领导小组作用，认真落实离退休干部政治和生活待遇，积极为离退休人员办实事、解难事，加大了对困难离退休人员的帮扶力度，丰富和完善了老年大学教学内容。

报刊出版方面，合并校刊社、学习时报社，成立中央党校报刊社，围绕党的中心工作，联系重大理论和现实问题，深入进行宣传报道，产生了良好的社会反响。出版社顺利完成转企改制的各项工作，出版了一批有影响力的图书，获得了良好的社会效益和经济效益。

图书资料方面，加强文献信息资源建设、书刊和电子信息服务、文献研究与开发、参考咨询、党校系统数字资源共建共享等工作，进一步提高了为教学科研服务的水平。2011 年，增设图书馆“文化展览处”，扩展校园文化建设功能。

机关党的工作方面，紧紧围绕服务中心、建设队伍两大任务，进一步加强思想、组织、作风、制度建设和反腐倡廉建设，在开展学习实践科学发展观、学习型党组织建设、创先争优等活动中发挥了重要作用。

分校管理方面，加强对分校教学组织安排、教学方式方法创新、教学服务和保障、学员管理等环节的规范管理，加强教学质量的督促检查。2010 年开展庆祝分校成立 30 周系列活动，总结了分校办学经验。

（十二）党校系统的整体办学能力有效提高

十七大以来，中央党校加强了对地方党校落实《党校工作条例》情况的督促和指导，每年确定一个主题进行调查研究，及时搜集和反映解决基层党校发展中的现实问题。2009 年暑假期间，校委根据习近平同志指示，分 6 个调研组，对 31 个省（区、市）进行了督促检查，掌握了党校系统大量的一手材料。在此基础上，起草了《中央党校支援新疆自治区及兵团党校工作方案》，召开了党校系统援藏工作会议，加大对西部和困难地区党校的指导力度。2011 年开展了全国县级党校建设情况调研，并与中央组织部联合，首次召开了全国县级党校工作座谈会。

修订完善《中央党校对地方党校业务指导办法》，每年召开一次全国党校校长工作会，并视情况召开全国党校教学、科研、后勤、信息化建设等专题工作会和区域校长座谈会，加强各级党校之间的日常联系，规范地方党校办学。举办了多期全国市地州盟党委党校常务副校长培训班和党校师资培训班。

重视强化教学科研业务指导。在教学业务指导方面，在坚持“一个中心、四个方面”基本教学布局的基础上，联系各地实际和干部需求，对班次和学制设置、讲题选择、教学方式和方法、教学效果测评等多个教学环节共同进行深入探讨和改革，促进各党校创造了许多深受学员欢迎的精品讲题和培训专题。在科研业务指导方面，每年组织全国党校系统的课题申报、筛选、确定，定期对各项成果进行评估。围绕重大的纪念活动或重大的理论课题，适时组织全国党校系统理论研讨会，交流各地党校教研人员研究成果。还开展了一些考核评估和信息交流工作。

不少基层党校的同志说，全国党校是一家，近年来“家”的感觉更明显了。

三、五年来党校建设和发展的基本经验

五年来，中央党校的工作更有作为，作用更加重要，地位进一步提升。五年中，围绕“办什么样的党校、怎样办好党校”这个基本问题，在继承和发扬党校工作的优良传统的基础上，大力推进科学办校，积累了新鲜经验。归纳起来，主要有以下九点：

（一）坚持党校姓党，实践“三个适应、三个促进”，是党校科学发展的灵魂和根本

党校姓党原则是胡锦涛同志2002年总结党校工作经验时提出来的。2008年在全国党校工作会议上胡锦涛同志进一步强调：“党校是党直接兴办的学校，必须以党的旗帜为旗帜、以党的意志为意志。不管形势和任务怎样变化，党校姓党的原则绝不能变，忠诚于党的立场绝不能变。”曾庆红同志在兼任中央党校校长期间，多次强调无论什么时候、无论哪级党校，都要始终坚持党校姓党的根本原则。习近平同志兼任中央党校校长以来，反复强调党校姓党是党校办学原则和办学方向的总概括，并全面、系统、深刻地阐述了党校姓党的基本内涵、重大意义和基本要求，丰富和发展了党校姓党思想。

坚持党校姓党，解决的是党校的性质属性、根本要求问题。中央党校校委始终把坚持党校姓党作为部署和推进党校建设的根本原则。十七大召开之前，就先后两次召开校委会，学习讨论胡锦涛同志和曾庆红同志关于党校姓党的一系列重要指示，并形成会议纪要。2008年11月，习近平同志系统阐述党校姓党后，校委立即召开理论中心组扩大会议，并组织全校教职工学习讨论。与此同时，各项实际工作中，牢牢把握党校姓党的核心要求，努力探索党校姓党原则的实现形式。党的十七大以来，党校各项工作能够取得新成绩，根本原因在于我们始终坚持党校姓党，坚持在思想上、政治上、行动上同党中央保持高度一致，始终高举党的旗帜，始终围绕党的中心任务和工作大局来开展工作。实践证明，只有把党校姓党这一原则和要求贯穿到党校教学科研、行政后勤各方面工作之中，融入到党校学员和工作人员的思想深处和日常行动之中，为立党、兴党、强党发挥特有的作用，党校才有存在、发展的价值，党校事业才能兴旺发达。

十七大以来，我们在坚持和推进党校姓党方面积累了新鲜经验，对我们今后继续坚持党校姓党提供了有益的启示：

——坚持“三个适应、三个促进”。“三个适应、三个促进”完整、清晰地概括了党校姓党的内涵外延，是“党校姓党”原则的总体要求，揭示了党校事业发展的基本规律。我们坚持党校姓党，不断推进党校事业发展，必须始终坚持这“三个适应、三个促进”，并及时总结实践中的成功做法、新鲜经验，用制度形式固定下来、坚持下去。

——在思想上、政治上、行动上同党中央保持高度一致。最重要的，就是要高举党的中国特色社会主义伟大旗帜，坚持走中国特色社会主义道路，坚持中国特色社会主义理论体系，坚持和完善中国特色社会主义制度，坚定不移地创造性地把党的基本理论、基本路线、基本纲领、基本经验及党中央对党校工作的方针、指示，贯彻落实到党校工作各个方面各个环节。

——正确处理三大关系。处理好解放思想和与中央保持一致的关系、言论自由和政治纪律的关系、学术研究与理论宣传的关系。做到在形成全党共同意志过程中解放思想、发扬民主，形成全党共同意志后保持一致；在重大决策部署上保持一致，在重大决策部署贯彻落实的方法途径上解放思想、发扬民主；同已经形成的全党共同意志保持一致，对未知事物的探索解放思想、发扬民主。不能把全党形成共识的重大政治原则问题等同于学术问题，随意拿来自由讨论，动摇党的理论基础；同样不能把与个人的与党的主张不同的、但可以在党内自由讨论时发表的观点，拿到不适当的讲坛、论坛和媒体上大肆宣扬。

——加强对党校工作人员和学员的教育和管理。引导大家牢固树立党的意识、党性意识和党校意识，牢固树立正确的世界观、权力观、事业观，忠于党、忠于祖国、忠于人民、忠于中国特色社会主义事业，保持和弘扬优良的党风、学风和校风，培养良好的思想作风、工作作风、生活作风和健康的生活情趣，努力成为党性修养、理论修养、作风修养、人格修养的表率。

（二）把握科学定位，彰显优势和特色，是党校科学发展的基本前提

2008 年 9 月，党中央颁布《中国共产党党校工作条例》，明确规定：党校是在党委直接领导下培养党员领导干部和理论干部的学校，是党委的重要部门，是培训轮训党员领导干部的主渠道，是党的哲学社会科学研究机构。《党校工作条例》还规定：各级党委要把党校办成培训轮训党员领导干部，培养党的理论队伍，学习、研究和宣传马克思列宁主义、毛泽东思想、中国特色社会主义理论体系的重要阵地，使之成为干部加强党性锻炼的熔炉；要发挥党校在党委和政府决策中的思想库作用。2010 年 12 月，习近平同志就贯彻落实《干部教育培训改革纲要》精神考察国家行政学院时提出，各个干部教育培训机构都要“进一步认清在国家干部教育培训大格局中的定位，充分发挥自身优势，更好地彰显与自己功能定位相适应的办学特色”。

党校定位，解决的是党校的办学职能、办学重点、办学特色等重大问题，对党校的生存发展和兴衰成败具有基础性决定性作用。党的十七大以来，中央党校根据习近平同志的要求和《党校工作条例》的规定，对实现党校科学定位做了大量探索，极大地促进了党校的科学发展。党的十七大以来，党校各项工作能够取得很大成绩，获得重大社会影响，重要原因在于我们遵循了党校的科学定位。实践证明，面对干部培训多元化新格局，只要我们按照中央对党校的科学定位去做，党校就具有不可替代的地位和作用，就能为党和国家的事业作出应有的贡献。

十七大以来，我们在坚持和推进科学定位方面积累了新鲜经验，对我们今后继续坚持科学定位提供了有益的启示：

——强化服务大局特色和优势。围绕全党中心、服务全国大局，是办好党校的第一要务。党校的“学校”、“部门”、“主渠道”、“研究机构”、“思想库”等属性，都是从属于党，为党的事业服务的。强化这一特色，要特别注意学习贯彻中央精神、中央要求。2007 年 10 月—2012 年 3 月，中央党校共召开 127 次校委会，其中把学习理解中央精神、中央要求列为校委会重要内容的达 35 次，努力把中央精神和中央领导同志的要求贯彻落实到党校的各项工作中，推进党校事业新发展。还要特别注意把党的需求、组织需求作为第一需求。坚持党的事业发展需要什么就培训什么，干部履职尽责需要什么就培训什么；坚持组织调训为主、自主选学为辅。

——强化理论教育、党性教育特色和优势。作为以党命名的干部教育最高学府，作为党培养党员领导干部和理论骨干的学校和学习研究宣传马克思主义理论的阵地、党性锻炼的熔炉，党性教育、理论教育理所当然应当作为党校教育的看家本领和独特优势。在党和国家干部培训的整个大格局中，也正因为党校具有党性教育和理论教育的优势，才使党校与其他干部培训院校在性质和职责上有着明显的区别，才有了党校的特有地位和作用，并成为培训轮训干部的主渠道。在一定意义上说，这几年党校教育运行的过程就是进一步强化和发展这两大教育特色和优势并扎扎实实抓出成效的过程。强化这一特色，要提高自觉性。这几年校委反复强调，理论教育和党性教育是党校的看家本领，必须牢牢抓住，绝不能弱化。理论武装、党性修养是领导干部的必修课，绝不能想学就学，不想学就不学。要特别注意处理好理论教育、党性教育与能力教育、知识教育的关系。这几年校委多次强调，党校教育突出抓好理论教育和党性教育，绝不意味着可以忽视知识培训、能力培训。党校的能力培训也要突出自己的特色和优势，着力培养战略思维、增强世界眼光，教育我们的干部善于从案例教学和以往工作经验的具体“技”和“巧”中悟出宏观的“论”和“道”来，更好地掌握“总钥匙”、“总开关”。强调理论教育和党性教育是党校教育培训的首要任务，有特色的领导能力培训是党校教育培训的重要内容，知识培训是党校教育培训内容的必要补充。

——强化思想库特色和优势。2002 年胡锦涛同志在与中央党校校委成员座谈时总结了党校工作九点经验，提出了科研工作要发挥“四个服务”的功能，中央党校的思想库作用提上日程。2008 年《党校工作条例》的颁布，中央党校发挥思想库作用有了党内法规的依据。近几年，对于党校是党的哲学社会科学研究机构和党委政府决策思想库的性质和定位，已经形成共识。从实践看，党校拥有教员和学员双重资源优势，还有着全方位开放的科研体制，特别是作为党委的职能部门，与党委和政府有着畅通的沟通渠道，成为党委和政府思想库的优势十分明显。大力推进思想库建设，加强对重大理论和实践问题的研究，既有利于把课堂教学讲深讲透，又有利于把政策建议提准提好。要充分发挥好这些优势，为党的理论创新和战略决策服务。

强化这一特色，要特别注意把学习、研究、宣传中国特色社会主义理论体系作为科研工作的中心内容，深化科研改革，提高科研管理水平，鼓励出成果、出人才，努力使党校办成一流的“党的哲学社会科学研究机构”。

（三）建设“一流学府”，强化质量立校，是党校科学发展的总抓手

建设“一流学府”，是中央党校十七大以来的一项重大战略举措。中央党校校委清醒地认识到，办学质量、水平上不去，不能达到同级同类干部教育培训和哲学社会科学研究机构的一流水平，党校的主渠道主阵地作用就会落空，党的“最高学府”就会处于名不符实的尴尬境地。

建设“一流学府”，解决的是党校的办学目标、办学标准问题。中央党校无论从办学主体，还是培训对象来看，都是我们党的最高学府。然而，最高学府不等于教学水平最高，也不等于教学效果最好。党校的教学科研、管理服务等现状，与中央的期望、学员的需求都有很大差距，与同类学科、同类性质的培训机构比，也存在很多不足。如果办学的质量和水平不能尽快提高，就难以发挥好干部教育培训的主渠道、主阵地作用。为了解决这个问题，中央党校校委推动开展了“一流学府”建设，有效促进了党校各项工作水平和质量的提高。党的十七大以来，党校工作能够取得很大成绩，获得重大社会影响，重要原因在于把高标准办学作为党校科学发展的总抓手。实践证明，只要我们持续抓好“一流学府”建设，不断在现有的基础上，向更高的目标迈进，党校工作就能赢得同行尊重和社会肯定。

十七大以来，我们在推进“一流学府”建设方面积累了经验，对我们今后继续推进“一流学府”建设、促进党校科学发展提供了有益的启示：

——提高认识，深化研究。经过两年多的实践，“一流学府”建设取得了不少认识成果，对进一步推进“一流学府”建设具有基础性先导性作用。但不可否认，已经取得的认识成果是阶段性的，也是初步的。需要我们深入总结“一流学府”的实践，同时积极开展前瞻性研究，并随着实践的发展不断总结经验，不断深化认识。

——坚持不懈，系统推进。“一流”本身是比较的结果，会随着社会的发展、同行的进步而不断变化，此一时的“一流”可能成为彼一时的“二流”。所以，建设“一流学府”，既是一个目标，更是一个过程，而且是一个长期的过程，是主体自身不断与时俱进、追求卓越、超越自我的过程，不可能一蹴而就或一劳永逸，需要党校人不断地努力。同时，“一流学府”体现在教学、科研、人才和队伍、硬件和基础设施、管理和服务、风气和人文环境“六个方面”，囊括了学校建设发展的方方面面，各部门都能在其中找到自己的位置和任务，需要全体党校人共同努力。

——学习借鉴，交流合作。任何一所学府的资源都是有限的，要想在竞争中走在前列，就必须加强合作交流，主动学习借鉴。因此，进行“一流学府”建设，意味着我们要有包容的胸襟、谦虚的态度、广阔的视野，积极建立广泛的、有意义的伙伴关系，实现优势互补。

——常态化、机制化。建设“一流学府”是一件抓基础、管长远的大事，是一

项长期的战略任务，要体现在每年的工作之中，既不能懈怠放松，也不能急于求成。要根据实践中的情况，科学谋划，不断深化，扎实推进。

（四）坚持按规律办学，提高工作科学化水平，是党校科学发展的内在基础

胡锦涛同志、曾庆红同志担任中央党校校长时，提出研究“两个规律”（党校教育规律和干部成长规律）。2008 年 10 月，胡锦涛同志在全国党校工作会议的讲话中又强调：“坚持实事求是、求真务实，积极探索党校教育培训规律，认真研究新情况，切实解决新问题，不断总结新经验，推进党校工作科学化、规范化、制度化，努力使党校工作体现时代性、把握规律性、富于创造性。”这为十七大以来党校按规律办学、探索研究办学规律指明了方向。

按规律办学，要求我们在党校办学过程中遵循其固有的、深藏于现象背后的本质联系和必然趋势。党的十七大以来的党校办学实践，就是认真研究规律，科学把握规律，切实按照规律办学治校的过程，这使我们圆满完成了中央赋予党校的历史使命和任务。实践证明，按规律办学，才能不断提高党校工作的科学化水平，才能更好地坚持党校姓党，坚持党校科学定位，推进“一流学府”建设，圆满完成党赋予党校的使命和任务。

十七大以来，我们在按规律办学方面积累了丰富的经验，为我们继续探索规律、按规律办学提供了重要启示：

——尊重规律、探索规律、按规律办学，是党校工作的永恒课题。尊重规律、探索规律、按规律办学，是伴随党校工作持续发展的长远大计。既要重视研究党校教育基本规律，正确认识和把握党校教育内在的贯穿于党校教育全过程的规律，明确党校发展的大趋势、大方向、大思路；也要注重存在和作用于党校教育的不同领域、不同层次、不同阶段的具体规律，明确各个部门、各个岗位、各个时期的具体工作目标、工作思路、工作方法，增强党校工作的科学性、预见性和创造性。还要看到党校教育规律并不是孤立存在的，既要把握和遵循党校教育的自身规律，也要把握和遵循干部成长规律、教育规律、党的执政规律和建设规律。此外，还要着力研究党校工作中经常、反复出现的一些现象，从规律性上分析原因、寻找对策；研究党校工作中面临的一系列重大关系，从规律性上理顺和处理好各项工作之间内在的相互关系，保证党校工作全面协调可持续发展。

——以科学态度看待规律，以务实精神探索规律，是按规律办学的前提。党校规律的研究，既是一个理论问题，也是一个实践问题，更是一个长期的、艰苦的、经常性的工作，必须要有科学的态度，有务实的精神。要切实探索研究好党校工作的规律，必须做到“三个结合”。一是总结历史与前瞻未来结合。总结历史经验，是研究规律的切入点，为的是吸取前人研究规律的成果；展望未来发展，是研究党校规律的落脚点，目的是用对规律的新认识，指导当前和今后的工作。二是实践考察与理论研讨结合。实践考察是坚持从实际出发，掌握第一手的直接资料，在实践中发现新情况、新经验，寻找解决问题的新思路、新对策；理论研讨是要通过分析梳理，归纳提炼，借助众人的智慧，挖掘

其精髓，发现一些带规律性的东西。三是研究共性与探求个性结合。正确认识干部教育培训的共性，以便全面科学地认识党校的地位和作用，明确党校发展的方向、目标和基本思路；正确把握党校教育的特性，以便突出办学优势和特色，充分发挥党校在干部教育培训事业中的主渠道、主阵地作用。

——运用规律指导党校办学实践，是按规律办学的关键。一是要注重把规律性认识转化为法规、制度，实行依法治校、制度管校。比如《党校工作条例》、《干部教育培训改革纲要》等法规性文件等，都是一系列规律性认识的制度化、规范化、具体化。再比如《中央党校对地方党校业务指导办法》的修订完善，也是依据对地方党校工作规律性的新认识及时修订出来的，进而使已有的法规制度更加完善，更加符合客观规律、符合变化了的实际情况。二是我们注重通过会议总结经验、研究规律、探讨解决问题的思路。比如2009年11月，专门在武汉召开全国党校系统学员管理工作座谈会，广泛交流各地党校学员管理工作的经验，研究探讨新形势下学员管理工作规律，促进了党校系统学员管理水平的整体提升。再如2011年12月，中央党校和中央组织部在广西南宁联合召开全国县级党校工作座谈会，交流县级党校办学经验，探讨县级党校办学的规律，对推进县级党校改革发展的思路有了更加清晰的把握，进一步促进了县级党校的改革和发展。

——坚持制度管校，特别是坚持依《党校工作条例》办学。制度是党校工作规律及其实践经验的规范化、固定化。党的十七大以来，党校的制度化、规范化水平不断提高，极大促进了党校科学发展。坚持制度管校，推进党校事业开创新局面，必须更加严格地依照《党校工作条例》办学。要进一步健全完善贯彻落实《党校工作条例》所需的各项具体制度规定，根据党校工作特点和实际需要，细化各项工作制度，优化工作流程，消除制度漏洞，逐步形成涵盖党校工作方方面面、切实可行的制度体系，将各项工作都纳入制度化、规范化轨道。要重点健全完善鼓励出人才、出大家名家、出成果、出精品的教学科研制度；健全完善参照管理与分类管理相结合、人员能进能出、职称职务能上能下的人事制度；健全完善覆盖全体教员学员、贯穿工作学习全过程的管理制度。要树立制度权威，严格按照制度和规定办事，坚持以制度管人、用制度管事，真正做到有章可循、有章必循、违章必究。

（五）坚持从严治校，培育清正廉明风气，是党校科学发展的基本途径

胡锦涛同志总结了党校工作九条经验。其中就有“坚持从严治校”这一条。曾庆红同志反复强调坚持党校姓党、从严治校的办学原则，强化了“从严治校、从严施教、从严管理”的制度和纪律要求。2007年11月30日，习近平同志在与曾庆红同志交接中央党校工作时，明确表示“我们一定要用党性原则确保党校姓党、从严治校的方针像传家宝一样长期坚持下去、传承下去”。

从严治校是对党校校风、校纪、校规的根本要求。十七大以来，中央党校校委按照中央的要求，坚持从严治校方针毫不动摇，把加强学风、文风建设和校风建设

作为改进党校工作、树立党校良好形象的重要切入点和突破口，对党校教职工和广大学员加强党的优良传统教育和党校校风校纪教育，严格规章制度，着力形成“短实新”的文风、理论联系实际的马克思主义学风、读书的风气，坚决制止各种不良风气，打造了一个风清气正的学府，党校的形象和声誉进一步提升，为圆满完成中央赋予党校的使命和任务提供了良好的环境和氛围。实践证明，从严治校、从严施教、从严管理，培育清正廉明的学风、文风、校风，才能使党校成为不正之风的“净化器”，有效提升党校的形象和声誉。

十七大以来，我们在坚持从严治校方针、建设风清气正的学府方面积累了丰富的经验，为我们继续坚持从严治校方针、建设风清气正的学府提供了重要启示：

——坚持搞好党性党风教育。党性党风教育与学风校风建设密切联系。把加强党性党风教育放在更加重要的位置，特别是强化世界观、人生观、价值观教育，理想信念教育，道德情操教育，拒腐防变教育，促使学工人员始终保持清醒政治头脑和高尚道德情操，始终保持共产党人的本色，是党校学风校风建设的坚实基础，而党校学风文风校风状况也体现着党校党性党风教育的质量和效果。

——加强科学管理。古代教育就有“教不严、师之惰”之说，有“严是爱、松是害”之共识。党校要有效防止成为不正之风的放大器和集中表现的场所，真正成为不正之风的净化器，树立良好形象，并以此促进党风、政风和社会风气的好转，必须加强科学管理、从严管理。要抓住教员与学员两个主体、抓住教与学两个环节，努力把从严治校的要求贯彻到干部教育培训全过程中、落实到各项具体工作上。党校教师必须遵守党的纪律，始终站在党的立场上，为党说话，为党立言，为党育人。对党校学员，要坚持以人为本，引导他们自我约束、相互促进；也要本着宁严勿松、宁紧勿散、宁苦勿纵的原则，严格管理。做到“四个到位”，即思想认识到位，管理制度机制到位，管理措施到位，管理手段到位。

——重点整治突出问题。认真查找学风、文风、校风建设方面存在的问题和差距，抓住校风校纪的薄弱环节、突出问题和突发问题及时整治。

（六）坚持改革创新，铲除体制机制障碍，是党校科学发展的不竭动力

改革创新是发展中国特色社会主义的强大动力，也是新时期推进党校工作科学发展的不竭动力。在2008年全国党校工作座谈会上，胡锦涛同志要求党校系统“坚持以改革创新精神全面推进党校工作，充分发挥党校在党和国家事业中的重要作用”。他强调“要牢固树立创新意识，始终把解放思想、开拓创新作为党校工作必须汲取的不竭动力。”习近平同志也明确要求“认真贯彻落实《中国共产党党校工作条例》，以改革创新为动力开创党校工作新局面”。

改革创新，就是党校工作要坚持解放思想、与时俱进、开拓进取。党的十七大以来，中央党校认真贯彻胡锦涛同志、习近平同志的要求，坚持解放思想、与时俱进、开拓进取，加大了各项工作改革创新力度，在教学、科研、人才队伍建设、学员管理、后勤服务等各个方面取得了诸多

新的突破，为党校发展注入了活力，使党校事业增强了生机。实践证明，坚持实事求是、求真务实，勇于改革、不断创新，积极转变培训观念，创新培训内容，改进培训方式，整合培训资源，优化培训队伍，认真研究新情况，不断解决新问题，就能够促进党校发展登上新的台阶，进入新的境界。

十七大以来，我们在改革创新方面积累了新鲜经验，也为我们继续搞好改革创新、不断推进党校事业发展提供了重要启示：

——处理好解放思想与遵守政治纪律的关系。解放思想与遵守政治纪律统一于党校姓党的实践中。党校既要成为最讲政治纪律的地方，也要成为最解放思想的地方。用改革创新的办法解决党校发展中的新问题、新挑战，才能保证党校不断沿着科学发展的轨道向前推进，才能更好地坚持党校姓党的原则，使党校的旗帜高高飘扬。

——处理好继承党校优良传统与改革创新的关系。改革创新不是对以往一切的简单否定、推倒重来，主要是转变与科学发展要求、与高标准办学要求、与办学规律要求不符合的观念，革除与这些要求不适应的方式方法、体制机制。要继承弘扬党校的优良传统，根据新形势的需要，提出改革思路和措施，培育强化党校发展新优势，确保党校能在各个时期为党的干部教育培训事业作出重大贡献。

——处理好改革创新与保护和调动人的积极性创造性的关系。不管什么样的改革创新，能否成功主要取决于改革创新主体的积极性、创造性能否充分发挥。中央党校改革创新涉及教学科研、管理服务等工作领域，既包含理念创新、机制创新，也包含知识创新、技术创新、形象创新等等。改革创新能不能成功，能不能实现对现状的超越，关键看全体工作人员特别是一线工作人员能否在实践中发挥创造性。近年来的改革实践告诉我们，要充分发挥每个党校人的积极性创造性，就要继续培育党校人的创新意识、创新素质和创新能力，不断健全完善鼓励创新的体制机制，形成有利于改革创新的环境氛围，促进党校始终走在时代前列，不断创造新的辉煌。

（七）实施人才强校战略，建设高素质人才队伍，是党校科学发展的关键举措

胡锦涛同志总结党校工作经验时，强调“把教师队伍建设作为党校的一项重要的基础性工作来抓”。习近平同志也强调“人才是事业之基，是强校之本”，“建设一支高素质的人才队伍是增强党校竞争力、建设‘一流学府’的关键。”

人才强校，就是在遵循人才工作基本规律的基础上，以改革创新精神，探索实行一系列培养、引进、使用和激励人才的新思路新措施。十七大以来，中央党校校委积极推进人才强校战略，深化人才工作体制机制改革，努力形成人才辈出、人尽其才的生动局面，使党校人才队伍的规模、质量和效益得到明显提升，为完成大规模培训干部、大幅度提高干部素质的战略任务、推动党校事业科学发展，奠定了坚实的人才基础。实践证明，一流的学府要有一流的人才，人才比钱财重要，拥有人才才有党校的未来。党校有了人才优势，质量立校、制度管校等道路就会越走越宽。

十七大以来，我们在人才强校方面积

累了新鲜经验，也为我们继续搞好人才强校、不断推进党校事业发展提供了重要启示：

——解放思想更新人才理念，奠定加强人才队伍建设的思想基础。人才是立校之本、强校之基、兴校之要，人才工作是党校工作的关键环节，推进人才强校是开创党校事业发展新局面的重要保障。要从这样的高度认识人才强校战略，将其作为推动党校发展的核心战略，把人才工作和人才队伍建设放到更加重要的战略地位。坚持和推进人才强校还必须转变思想，树立“大人才观念”、“团体化人才观念”，使党校人才不断适应新形势新任务的要求，为党校事业科学发展提供更为强大的主体支撑。

——以教师队伍为重点，全面建设教学科研、行政管理、后勤服务“三支队伍”。要鼓励教师讲好课、讲出精品课，使“能讲课者有讲台，讲好课者上奖台”。要鼓励拔尖人才出更多的精品课程和精品力作，更多地参与国际国内学术交流和合作，在更大范围内发挥党校高端人才的作用。要培养造就一些在国内外有影响力的知名专家学者、学术大师，培养造就一批出色的忠诚于党校事业的马克思主义理论家、教育家，培养造就一大批学科带头人、学术骨干以及各层次的教学名师，大力提升党校教学科研质量。还要培养造就一批符合党校科学发展要求的行政管理人才和后勤服务人才，大力提升党校管理服务质量。要提高“三支队伍”对新形势的适应能力。教师要适应教学科研改革的需要，不断创造新的优秀的教学科研成果。参公管理人员要根据干部培训多元化新格局的需要，不断提高工作效率。工勤人员要适应学员教员等服务对象多样化的需要，不断提升服务能力。

——加大对人才教育培养和引进力度。高度重视原有人才的培养，把现有队伍的素质和能力提高到一个新水平。要更好地制定和实施人才教育培训规划，拓展培训内容，创新培训方式，大幅度提高党校教职工整体素质和能力。既重视对高级职称教师的培训，激励高端人才为党校发展继续做贡献；又重视对优秀青年教师的培养，给年轻人提供平台和机会，为年轻人才脱颖而出创造环境。既重视对人才的关心、爱护和激励；又重视对人才的教育和管理。既重视人才的党性修养和锻炼；也重视人才的能力素质培训。既考虑人才培养的个性需求，又要考虑人才培养的共性特点。力求使人才引进、使用、培养、管理的整个过程科学化、规范化、高效化。在用好现有人才的基础上，加大引进适应党校事业发展需要的高端战略人才，完善公开招聘办法，扩大引进人才的范围，提供更加优惠的条件，引进适应党校事业发展需要的高端战略人才，进一步优化人才结构。

——进一步构建促进人才成长的有效机制。人才队伍建设有了制度和体制保障，才能保持经久不衰的活力，党校发展才有用之不竭的动力。要进一步创新人才工作体制机制，坚决破除束缚人才发展的思想观念和制度障碍，进一步形成尊重人才、爱护人才、重用人才的氛围和导向，让每个人人尽其才、人尽其能，安心从事教学科研，有尊严地教书育人，努力营造充满活力、富有效率、更加开放的人才制度环境。

（八）坚持对地方党校的指导，是党校整体事业科学发展的迫切要求

目前，全国除有中央党校，还包含34个省级党校（包括新疆生产建设兵团党校和铁道部党校）、15个副省级党校、333个市级党校、2488个县级党校。此外，一些政府部门、事业单位、国有企业也普遍设置党校。据统计，全国党校系统有干部、教职工近10万人。中央、省、市、县四级党校，虽然级别不同、地域不同，但是目标一致、功能一致，只有加强统一的业务指导，才能防止“碎片化”，促进资源的合理流动配置。因此《党校工作条例》第11条规定“上级党委党校负责对下级党委党校进行业务指导”。这一规定明确了上级党校指导下级党校、中央党校指导全国党校的指导体制。

坚持对地方党校的指导，就是自觉把党校事业作为一个整体，加强各级党校之间的相互联系、相互协作，发挥党校系统的整体优势，共同解决关系党校事业发展的问题。党的十七大以来，特别是2008年9月《党校工作条例》颁布和全国党校工作会议召开以来，中央党校校委高度重视对地方各级党校的业务指导，切实加强党校系统的整体建设。在中央党校的指导和带动下，地方省市（地）级以上党校也相应地加强和改进了对所属下级党校的业务指导，加强各级党校之间的相互联系、相互协作，共同解决关系党校事业发展的问题。由此，全国党校系统整体建设取得了显著的成就，党校事业呈现出欣欣向荣的局面。实践证明，只要把加强对地方党校业务指导放到应有位置，充分发挥党校系统的整体优势，集中力量办大事，在推进党校教学、科研、管理服务方面集思广益、共同提高，就能提高党校系统整体办学水平的提升。

十七大以来，我们在对地方党校指导工作方面积累了新鲜经验，也为今后做好对地方党校指导工作，统筹党校系统科学发展，提供了重要经验和启示：

——要坚持以《党校工作条例》作为业务指导的基本准则和依据。要更好地负起指导下级党校的责任，必须继续以《党校工作条例》作为基本准则和依据，加大对《党校工作条例》贯彻落实情况的督促检查力度。

——坚持以教学科研指导为重点。要以教学科研业务指导为重点，对下级党校课程设置、教材编写、科研立项、学科建设、学位评定、队伍建设等工作给予支持，对各项成果进行评估，对先进单位和个人进行表彰奖励。

——坚持以考核评估为抓手。要以开展考核评估工作为抓手，健全和完善省市县党校工作评估体系和示范体系，定期开展业务交流和师资培训，加强横向联系和区域合作。

——坚持开展深入调查研究。五年来，中央党校对地方党校的业务指导工作，有一个显著的特点，就是注重调研，狠抓落实。要坚持开展深入的调查研究，不断了解情况，总结经验，发现问题，积极研究解决党校事业发展中的各种矛盾、问题。

（九）坚持党对党校的领导，是党校科学发展的根本保障

坚持党对党校工作的领导，重视办好党校，是我们党的宝贵经验和优良传统。

加强和改进党对党校工作领导，无论对干部教育培训和党校工作，还是对推进党的自身建设和党所领导的事业发展，都具有重大意义。

党委对党校工作的领导，就是从战略和全局高度，从思想政治、组织、条件保障上保障和指导。党的十七大以来，中央进一步加强了对中央党校的领导。2008年9月，中央颁布了《党校工作条例》，出台了规范和指导党校工作的法规性文件。同年10月召开全国党校工作会议，胡锦涛同志发表重要讲话，习近平同志作工作报告，对在新的历史条件下全面开创党校工作新局面提出了新的更高要求。五年中，中央先后在中央党校举办了新进中央委员会的委员、候补委员学习贯彻党的十七大精神研讨班、省部级主要领导干部深入学习实践科学发展观专题研讨班、深入贯彻落实科学发展观加快经济发展方式转变专题研讨班、社会管理及其创新专题研讨班等，胡锦涛、温家宝、李长春、习近平、贺国强等同志亲自授课。回良玉、李源潮等中央领导也多次到党校授课。特别是习近平同志在每次开学典礼上都发表重要讲话，多次主持召开校委座谈会，对党校工作精心指导，支持中央党校的各项建设。他还多次到党校调研，主持学员座谈会，对党校工作人员和学员提出明确要求，为教师在深入基层、深入实践提升教学科研质量创造条件。实践证明：党始终把党校工作纳入整体工作部署和党的建设总体布局，重视发挥党校的作用，是做好党校各项工作最根本的政治保障。

十七大以来，在加强党对党校工作领导方面积累了新鲜经验，对进一步加强和改进党对党校工作领导提供了重要启示：

——严把思想政治关，坚持正确的办学方向。要始终把党校工作纳入党的建设总体布局加以部署，发挥党校在服务党的中心工作、促进党的建设和干部成长中的作用，不仅在政治思想上关心，而且要在工作部署上优先、教学科研上指导、财力物力上倾斜、组织人才上保障、领导方式上改善。特别要严把政治思想关，牢牢把握党校办学的政治方向，处理好党校工作中面临的一系列重大关系，解决好党校改革发展面临的各种问题，保证党校工作全面协调可持续发展。

——加强党校领导班子建设。把那些政治立场坚定、理论功底扎实、实践经验丰富、年富力强、有开拓创新精神、忠诚于党的干部教育事业的优秀干部选拔充实到党校领导班子中，并不断加大党校与其他党政机关和单位干部交流的力度，把党校干部的交流纳入整个干部交流工作统筹安排，进一步增强党校干部队伍的活力，增强其领导党校科学发展和为整个经济社会科学发展服务的能力。

——解决党校改革发展的重大问题，改善党校办学条件。近几年是新中国成立以来党校基建规模最大、速度最快的时期，多数党校面貌发生了变化，有的党校焕然一新，但仍有一些地方党校面貌依旧，在这方面不要攀比，但也要量力而行，按照实际条件加大经费投入，尽可能不断改善党校办学条件，为党校发挥干部教育培训主渠道作用提供扎实的物质基础和设施保障。

（撰稿人：冯秋婷、曾业松、崔禄春）

附1：

中央党校课题组研究分报告简表

序号	标　　题	执笔人	《学习时报·教育专刊》登载情况
1	强化党校姓党原则　突出党校政治优势	单　玉	2012年3月11日第1版
2	明确党校定位　彰显党校特色	王文创	2012年3月18日第2版
3	坚持质量立校　建设“一流学府”	尹晓微	2012年3月25日第2版
4	按规律办学　提高党校工作科学化水平	刘为群	2012年4月1日第2版
5	坚持改革创新　开创党校工作新局面	闫景明	2012年4月8日第2版
6	坚持从严治校　建设风清气正的学风校风	赵　杰	2012年4月15日第2版
7	实施人才战略　夯实强校基础	鼓劲松	2012年4月22日第2版
8	加强党校系统业务指导　提高整体办学水平	谢煜桐	2012年5月6日第2版
9	加强和改进党委的领导　确保党校事业科学发展	刘能杰	2012年5月13日第2版

注：九个分报告均编入《十七大以来党校工作研究》，中共中央党校出版社2013年1月出版。

附2：

地方党校课题组研究成果简表

<table>
<tr><th>标　题</th><th>单　位</th><th>执笔人</th><th>编入著作</th></tr>
<tr><td>拓宽办学思路　创新办学模式
——中央党校中央直属机关分校办学实践与思考</td><td>中央党校中央直属机关分校</td><td>常务副校长周维现</td><td rowspan="4">《十七大以来党校工作研究》，中共中央党校出版社2013年1月版</td></tr>
<tr><td>以评促建　以评促改
——中央党校中央国家机关分校以办学质量评估促办学质量提升</td><td>中央党校中央国家机关分校</td><td>常务副校长杨文玖</td></tr>
<tr><td>坚持改革创新突出办学特色
为国有企业改革发展助力加油</td><td>中央党校国资委分校</td><td>常务副校长张志强</td></tr>
<tr><td>坚持“党校姓党”原则
强化“军政装指”素质</td><td>中央党校部队分部
总装备部党校班</td><td>钟铁军　宋泽滨
翟　宁</td></tr>
</table>

续 表

标题	单位	执笔人	编入著作
开展局级干部免职脱岗培训 为首都科学发展培养战略领导人才——举办北京市区县局级干部一年制研修班的几点经验	北京市委党校	常务副校长王民忠	《十七大以来党校工作研究》，中共中央党校出版社2013年1月版
加强学员管理 树立良好学风——天津市委党校推进学员管理工作的探索与实践	天津市委党校	常务副校长祝宝钟	
实施质量立校战略 打造一流干部教育培训基地	辽宁省委党校	常务副校长于言良	
抓好“四个突出”提升培训实效	河北省委党校	常务副校长刘忠昌	
以机制创新为动力 不断推进党校事业科学发展	吉林省委党校	常务副校长倪连山	
注重内涵建设 切实提升党校办学水平	黑龙江省委党校	常务副校长马志勇	
坚持理论、能力、党性“三位一体” 发挥党校教学培训的特色优势	上海市委党校	常务副校长王国平	
突出党校特色 注重抓好“四进”在推动“八项工程”中彰显作为	江苏省委党校	常务副校长王　军	
以干部教育研究为引领 大力推进党校教学创新	浙江省委党校		
切实加大党校业务指导力度 着力推进安徽党校整体建设	安徽省委党校	常务副校长刘长功	
推进“六个创新” 增强培训实效	福建省委党校	常务副校长陈　雄	
深入开展“双争创”活动 扎实推进党校人才队伍建设	江西省委党校	常务副校长陈春明	
省委的坚强领导是推动河南党校事业科学发展的根本保障	河南省委党校	常务副校长赵　鹏	
从严治校从严管理 构建“一主三动”学员管理长效机制	湖北省委党校	常务副校长马哲军	
坚持科学定位 建设“四型一流”红色学府	湖南省委党校	常务副校长徐晨光	
以提升领导力为核心 努力提高党校干部教育水平	广西壮族自治区委党校	常务副校长黄学权	

续 表

标　题	单　位	执笔人	编入著作
以精细化管理为目标　在制度建设上做文章	海南省委党校	常务副校长彭京宜	《十七大以来党校工作研究》，中共中央党校出版社2013年1月版
抓好思想库建设　服务党委政府科学决策	重庆市委党校	常务副校长吴康明	
深入实施“人才强校”战略　奋力推进党校建设发展	四川省委党校	常务副校长刘　毅	
高举反分裂斗争的旗帜　努力培养政治坚定的党员领导干部	西藏自治区委党校	常务副校长石俊华	
坚持“四个服务”　推动科研咨询工作新发展	青海党委党校	常务副校长武伟生	
以改革创新精神切实做好新时期党校教学工作	宁夏回族自治区委党校	常务副校长郑　震	
围绕中心　服务大局　突出特色——十七大以来兵团党校科研工作	新疆生产建设兵团党校	常务副校长赵柳成	
强基固本练内功　创新发展争一流	铁道部党校	常务副校长赵庆国	
发挥特色优势实施教研一体　彰显党校干部教育培训主阵地	广州市委党校	常务副校长王永平、办公室副主任杨玉斌	
创新人才建设机制　提升师资素质能力	武汉市委党校	常务副校长王观松	
围绕中心　服务大局　以改革创新精神推动党校事业跨越发展	哈尔滨市委党校	常务副校长姜　宏	
深化党性教育内容　贯彻党校姓党宗旨	沈阳市委党校	常务副校长韩玉奇	
坚持改革创新　不断提高培训质量	成都市委党校	常务副校长郭建平	
以校园文化建设为抓手　努力开创党校工作新局面	西安市委党校	常务副校长张长乐	
高举旗帜　与时俱进　打造党校宣读新品牌	长春市委党校	常务副校长林　姗	
紧紧抓住提高干部教育培训质量的关键环节	济南市委党校	常务副校长纪宝华	

续 表

标　题	单　位	执笔人	编入著作
推进办学体制改革创新　争创软硬件全国一流党校	杭州市委党校	常务副校长陈建一	《十七大以来党校工作研究》，中共中央党校出版社2013年1月版
坚定不移走人才强校之路	大连市委党校	常务副校长王元新	
重铸灵魂的经历 ——深圳创新中青年干部培养模式	深圳市委党校	常务副校长陈图深	
把实践引入课堂 ——中青班“新农村建设专题”尝试“综合模拟教学”初探	宁波市委党校		
以教学改革为抓手　提升党校办学科学化水平	石家庄市委党校	常务副校长孙晋康	
充分挖掘基层党校特色和优势　提高干部培训的针对性和实效性	北京市海淀区委党校	常务副校长许　云	
创新人才培养方式　支撑党校科学发展	上海市杨浦区委党校	常务副校长徐松亮	
我们是如何开展对县级党校业务指导的	咸阳市委党校	常务副校长杨　震	
强化文化引领　彰显办学特色　打造教研咨江阴品牌	江阴市委党校	常务副校长俞伟人	
以“黄金比例”改革课程体系　打造企业党校党员领导干部培训独有特色	辽宁省鞍山钢铁集团公司委员会党校	常务副校长王　欣	
让管理成为一种服务	中国华能集团公司党校	常务副校长杜秋霞	
发挥优势创新　突出特色强校	山东省寿光市委党校	常务副校长金树亮	
发挥核心能力　塑造党校品牌　在服务企业中心任务中实现科学发展	东风汽车公司党校	第一副校长刘建奇	

全国党校校长会议

全国党校校长会议开幕

7月17日上午，全国党校校长会议在中央党校综合楼报告厅开幕。中共中央政治局常委、中央书记处书记、中央党校校长习近平出席并讲话。

中共中央政治局委员、中央书记处书记、中央组织部部长李源潮，中央书记处书记、中央纪律检查委员会副书记何勇出席开幕式。

中央党校常务副校长李景田主持开幕式。中央有关部门负责人何毅亭、王尔乘，中央党校副校长陈宝生、李书磊、张伯里、徐伟新，教育长贾高建，校委委员罗宗毅、黄宪起、赵长茂、梁言顺、王东京出席开幕式。

全国党校校长会议代表及列席人员，共400多人参加开幕式。

（摘自《党校信息》2012年第12期，办公厅供稿）

全国党校校长会议闭幕

7月18日下午，全国党校校长会议在中央党校育园楼报告厅举行闭幕式。中央党校常务副校长李景田作总结。副校长陈宝生主持会议。副校长李书磊、张伯里、徐伟新，教育长贾高建，校委委员罗宗毅、黄宪起、赵长茂、梁言顺、王东京，中央组织部干部教育局局长李小三、中央宣传部理论局副巡视员袁祥出席会议。

李景田指出，这次会议主要有四个特点：一是领导重视，准备充分。二是时机特殊，意义深远。三是主题鲜明，重点突出。四是会风严谨，高效务实。他说，会议期间，大家联系各自的工作实际，深入学习领会习近平同志的讲话精神，围绕党校发展中的共性问题、难点问题、热点问题，谈体会、谈认识、谈打算，进行了广泛深入的交流和讨论，收获很大，概括起来主要有五个方面：第一，习近平同志的重要讲话，充分体现了中央对党校事业的关心和期望，振奋了精神，增添了干劲；第二，通过学习习近平同志讲话，增强了做好党校工作的信心、使命感和责任感；第三，通过学习习近平同志讲话，深化了对党校工作规律性的认识，明确了今后党校工作的思路和方向；第四，通过学习习近平同志讲话，汲取了提高党校工作科学化水平的智慧和力量，推进党校科学发展的认识达到了新境界；第五，通过分组讨论和大会交流，进一步沟通了工作信息和办学经验，受到了深刻的启发和砥砺。

李景田强调，这次会议研究的是党的十七大以来党校工作及其取得的成绩和经验，立足全局、谋划长远，对党校事业的科学发展有重要的、深远的指导意义。对会议精神的传达贯彻，他提出了三点要求：第一，传达贯彻要及时；第二，学习领会要深入；第三，结合实际抓落实。

辽宁、山东、湖南、上海、广东、铁道部6个省级党校和深圳市委党校的常务副校长先后作大会交流发言。

全国党校校长会议全体代表参加会议。

（摘自《党校信息》2012 年第 12 期，办公厅供稿）

校委学习讨论习近平
在全国党校校长会议上的重要讲话精神

7 月 19 日，常务副校长李景田主持召开校委会议，学习讨论习近平同志 7 月 17 日在全国党校校长会议上发表的重要讲话精神。

会议认为，此次会议是近年来规格最高、收效最大的一次全国党校校长会议，是总结成绩经验、把握办学规律的交流会，也是迎接党的十八大、开创党校工作新局面的动员会。习近平同志的讲话围绕党的十七大以来党校工作的成绩和经验展开，对“办什么样的党校、怎样办党校”问题进行了深刻全面的阐释，对我们进一步明确党校工作在党的事业中的地位和作用，进一步认识和把握办学规律，推进党校事业科学发展具有十分重要的指导作用。习近平同志的讲话，充分体现了党中央对党校事业的关心和期望，也充分体现了习近平同志对党校工作的高度重视和亲切关怀，使大家深受鼓舞和激励，增强了做好党校工作的信心、使命感和责任感。

会议强调，对于习近平同志的重要讲话，我们要认真学习领会、切实贯彻落实。（一）把学习习近平同志的重要讲话，同学习习近平同志在党校发表的一系列重要讲话、批示等结合起来，同迎接党的十八大统一思想的要求结合起来，同学习贯彻党的十八大精神结合起来，同总结党校办学 80 年的经验和校庆活动结合起来。（二）把学习贯彻习近平同志重要讲话精神作为推动党校各项工作的首要任务，进一步增强党校姓党意识、责任意识、质量立校意识、全国党校系统整体意识、机遇意识和忧患意识等，把思想认识统一到讲话精神上来。校委成员要在深入学习讲话精神的基础上，带头在《学习时报》上发表学习体会文章。秋季学期开学后，各直属单位要认真抓好本单位的学习贯彻。（三）用习近平同志重要讲话精神统率“一流学府”建设，狠抓各项工作的落实。在学习讲话精神过程中，要认真研究党校工作的规律，联系实际总结经验、查找不足，推动教学、科研、人才队伍建设、学员管理、行政后勤等各项工作取得新进展，以优异成绩迎接党的十八大胜利召开。

（摘自《校委会议纪要》2012 年第 16 期，办公厅供稿）

高端论坛

2012 中欧美学术论坛

8 月 7 日至 9 日，由中央党校、意大利阿斯平研究所和美国阿斯平研究所联合主办的 2012 中欧美学术论坛在美国科罗拉多州的阿斯平市举行。中央党校常务副校长李景田率团出席并发表主旨演讲。本次论坛是继 2010 年 12 月在北京、2011 年 10 月在威尼斯成功举办后的第三次举行。

本届论坛的主题是“全球事务变革中的国家责任”。与会专家学者围绕“国际经济事务”、“亚太安全事务”、“中东及南亚事务”、“美国对亚洲的再平衡”等议题进行了深入讨论并达成多项共识。

在 2012 中欧美学术论坛全体会议上，李景田以《加强对话，增进互信，扩大交流》为题发表了主旨演讲。他指出，举办中欧美学术论坛，为中欧美三方政界、学界、经济界知名人士提供了一个增加相互了解、分享彼此经验、共同应对挑战的高端对话平台，体现了中国同欧美国家之间的差异性，也反映了中欧美三方增进共识、加强合作的迫切意愿。

关于加强中欧美学术对话，推动中欧美共同发展，李景田提出三点建议：第一，增强各自担负国家责任的意愿。中欧美是当今世界的三大重要力量。中国是最大的发展中国家，美国是最大的发达国家，欧洲是发达国家最为集中的大陆，中欧美应利用各自拥有的独特战略地位和战略资源承担应尽的国家责任。第二，达成共同担负国际责任的共识。中欧美三方在某些核心领域对国际责任的共同担负，有利于更好地维护世界和平、促进共同发展。中欧美应对的困局不仅仅是经济政策的挑战，更是战略决策力的考验。为此，中欧美三方需要充分理解和尊重对方的核心利益，排除一切干扰，实现三方关系长期健康发展，并在此基础上推动全球经济走出低谷。第三，拓展担负国家责任的具体路径。挑战的性质不同，应对的思路和解决的路径也应有所不同。国际社会应积极探讨不同国家应对不同挑战的具体路径，进行必要的、明确的责任分工，各自发挥比较优势。

在论坛闭幕式上，李景田指出，深刻变革的国际新形势对中欧美学术论坛提出了更高的期待，希望有更多的各界人士加入到中欧美三方对话中来，加强交流、增进互信、深化合作，为中欧美之间关系的健康发展作出更多的贡献。

博鳌亚洲论坛秘书长、中美友协副会长、原驻美大使周文重，外交部部长助理乐玉成，军事科学院中美防务关系研究中心主任姚云竹少将，中央党校校委委员、教务部主任王东京，经济学教研部主任赵振华，国际战略研究所所长宫力，办公厅副主任张忠军，国际战略研究所副所长刘建飞、潘悦以及来自中国社会科学院、国防大学、中国人民大学、中国国际问题研究所等单位的专家学者出席论坛。美国前国防部副部长、前副国务卿、美国阿斯平研究所联合主席约瑟夫·奈，美国前总统国家安全事务顾问、美国阿斯平研究所联合主席布伦特·斯考克罗夫特，美国前副国务卿、美国阿斯平研究所所长尼古拉斯·伯恩斯，美国前国务卿奥尔布赖特，美国总统奥巴马特别助理杰费里·贝德，美国前国防部副部长米歇尔·佛洛诺伊，美国前助理国务卿克里斯托弗·希尔，美国前国家安全顾问史蒂芬·哈德利，美国前副国务卿斯特罗布·特尔伯特；意大利外交部国务秘书玛尔塔·达苏，北约前秘书长、欧盟前外交和安全政策高级代表、西班牙阿斯平研究所主席哈维尔·索拉纳，意大利前副总理吉阿尼·德米凯利斯等来自10多个国家的60多位专家学者出席本次论坛。

（摘自校园网2012年8月13日，办公厅供稿）

2013年冬季达沃斯论坛

2013年1月23日至27日，2013年冬季达沃斯论坛在瑞士达沃斯举办。本届论坛的主题是“为持久发展注入动力”。常务副校长李景田在“2020年中国——愿景与现实的碰撞”分论坛发表了演讲。

李景田强调，中国的发展不可能独善

其身，而是越来越和世界各国、各大跨国企业的发展相关，因此中国要继续改革开放的道路。中共十八大已经明确宣示改革决心，而且将其写进《党章》。下一步改革既需要顶层设计，也需要摸着石头过河。

李景田认为，中共领导人的执政风格和执政理念一向具有连续性，但是新的党中央已经展现不少新变化，包括更注重科学发展，更注重民生，更注重改革开放，更注重依法治国，更注重求真务实等。

李景田还着重向海外嘉宾介绍了中共中央党校的作用和使命——既是提高中高级领导干部政治素养的摇篮，也是党中央的思想智库。他说，中央党校成立于1933年，已有近80年历史。改革开放之初，党校为不少学员起到教育和函授的作用。而现在干部学历普遍较高，中共十八大后开设的新进中委培训班中，70%有研究生学历，但他们处理复杂问题的能力亟待提高，基本理论和素养亟待提高，特别要具有世界眼光。

李景田还提到对执政党的监督问题：要做到不犯错误和少犯错误，执政党需要来自社会、民主党派，包括新闻舆论的监督。

（摘自财新网，2013年1月24日）

首届中国国际战略研讨会

5月5日，首届中国国际战略研讨会在中共中央党校召开。本次研讨会由中央党校国际战略研究所和中国工商银行共同主办。中央党校副校长张伯里、中国工商银行行长杨凯生、中央对外联络部副部长于洪君、外交部部长助理乐玉、中央党校校委委员梁言顺等领导同志出席会议。来自中央党校、军事科学院、国防大学等单位的40余位专家学者参加研讨会。

开幕式上，张伯里首先致辞，杨凯生、于洪君、乐玉成分别作主旨演讲，强调了谋划中国国际战略的重要性和紧迫性，表达了对一些具体问题的看法，以及对各位专家学者的殷切期望。

本次研讨会共包括四个议题：国际格局变动与中国国际战略选择；亚太格局变动与中国周边战略构建；世界经济格局变动与中国新时期的对外开放；新形势下的中国国际战略研究。

中央党校国际战略研究所所长宫力和副所长刘建飞分别作总结发言。

（摘自校园网2012年5月7日，国际战略研究所供稿）

“世界经济新秩序下的繁荣”国际学术研讨会

3月13日至14日，由中央党校、英国威尔顿庄园国际会议组织主办，英国驻华大使馆协办的“世界经济新秩序下的繁荣”国际学术研讨会在中央党校举行。中央党校常务副校长李景田，副校长张伯里，校委委员、办公厅主任罗宗毅出席开幕式。

张伯里和英国驻华大使吴思田分别在开幕式上致辞。张伯里指出，本次国际学术研讨会的召开，是中央党校与英国威尔顿庄园国际会议组织开展合作的一件大事，是双方推动合作向深层次发展的重要成果。张伯里说，中英两国有着广泛的共同利益，近年来双边关系蓬勃发展，战略合作前景十分广阔，双方应本着相互尊重、优势互补、形式多样、共同发展的原则，不断拓展合作领域，创新合作方式，丰富合作内涵，携手应对全球性挑战。

与会的中英两国专家学者围绕“通过G20及其他组织加强国际经济治理”、“加强国际贸易，削弱保护主义”、“增强国家投资吸引力”、“推动经济再平衡向可持续增长模式转变”4个分议题进行了深入的交流研讨。与会者一致认为，中英两国作为世界上有影响力的大国，应该在共同应对国际金融危机和加强全球经济治理等方面加强合作，发挥更加积极的作用。中英两国经济的健康发展对全球尽快摆脱金融危机影响，实现经济复苏和可持续发展具有至关重要的作用。

中央党校教务部主任王东京、国际战略研究所所长宫力主持研讨会。中国投资有限责任公司董事长楼继伟、中央党校经济学教研部主任赵振华、英国就业和养老金国务大臣利亚姆·伯恩等分别作了主题发言。来自英国威尔顿庄园国际会议组织、英国渣打银行、经济合作与发展组织、欧盟委员会，北京大学、国务院发展研究中心，中央党校经济学教研部、国际战略研究所的专家学者和进修部、培训部部分学员等共80余人参加研讨会。

（摘自校园网2012年3月13日，办公厅供稿）

“中国社会发展与外部环境建设”国际学术研讨会

5月26日，“中国社会发展与外部环境建设”国际学术研讨会在中央党校召开。本次研讨会由中央党校国际战略研究所主办、美国福特基金会协办，并由中央党校科研部提供支持。中央党校校委委员、科研部主任梁言顺，国际战略研究所所长宫力、副所长刘建飞等领导同志出席会议。来自中央党校、对外经贸大学、北京师范大学、中国社会科学院、环球网、美国福特基金会、美国战略与国际研究中心、香港科技大学、欧盟对外关系研究委员会等单位的50余位中外专家学者参加研讨会。

开幕式上，梁言顺致辞，美国福特基金会北京办事处的首席代表也发了言。双方均强调对中国社会发展议题等相关研究的重要性，以及其会对中西方关系发展产生的重要影响。

本次研讨会共包括7个议题：中国法制建设及中西方的认知；中国非政府组织发展及中西方的认知；中国非官方传媒发展及中西方的认知；中国宗教发展及中西方的认知；香港政改对中美关系的影响；香港政改对中英关系的影响；香港政改对台海两岸关系的影响。

（摘自校园网2012年5月31日，科研部供稿）

“中德社会结构的变化及对国家发展模式的影响”学术研讨会

7月16日，由中央党校科学社会主义教研部与德国卢森堡基金会共同举办的“中德社会结构的变化及对国家发展模式的影响”学术研讨会在中共中央党校举行。

中央党校科学社会主义教研部副主任叶庆丰和卢森堡基金会驻中国负责人博勒分别介绍了出席会议的中德双方人员。科学社会主义教研部主任王怀超致欢迎词，向德方介绍了科学社会主义教研部的基本情况，希望双方的交流能够成为惯例，每年举行两次研讨会，五月在中国，十月在德国，每次深入探讨一个专题，甚至可以围绕一个问题连续讨论，经过多次互动之后能够使双方的交流制度化、机制化。

会议发言与讨论，主要围绕最近30多年来中德两国“社会结构的变化”及其导致的问题以及可能的对策进行。中方向德方、德方向中方互相介绍了自己国家的情况，双方均就本国情况进行了深入的思考与透彻的分析。转型期中国社会阶层与群体力量的变化，及其可能导致的未来中国走向，是德方人员非常关注的问题。而中方人员则对德国福利国家的经验及其处理经济社会矛盾的做法颇感兴趣。

（摘自校园网2012年7月19日，科学社会主义教研部供稿）

“烟草控制：国际经验与中国战略”国际学术研讨会

12月8日，由中央党校与强生公司联合举办的“烟草控制：国际经验与中国战略”国际学术研讨会在中央党校举行。中央党校副校长陈宝生，校委委员、培训部主任罗宗毅出席研讨会。

陈宝生对研讨会的成功召开表示祝贺。他指出，烟草控制问题越来越引起国际社会的广泛重视，中国在烟草控制方面已经取得了一定成就，但受经济社会发展阶段和发展水平的影响，还存在许多困难，需要统筹考虑分阶段、分步骤积极推进。围绕烟草控制工作开展国际经验交流十分必要，有助于中国了解、借鉴有关国家在控烟领域的先进经验和有效做法，进一步促进中国控烟事业的不断推进和深入开展。

与会人员围绕“烟草控制：国际经验与中国战略”，就控烟政策的国际比较、中国控烟现状评价与发展战略以及中国控烟立法研究等议题进行了深入的研讨交流。

来自强生公司、世界卫生组织等机构的负责人和美国、英国、加拿大、新西兰、中国香港等国家和地区的控烟专家，以及来自中国卫生部、中国疾控中心、中国控烟协会等单位的专家学者共计60多人参加研讨会。

（摘自校园网2012年12月14日）

第 11 届中西发展论坛

10 月 16 日，由中央党校和西班牙对外贸易发展局联合举办的第 11 届中西发展论坛在中央党校开幕。校委委员、进修部主任黄宪起出席论坛开幕式并致辞。

黄宪起在致辞中回顾了中央党校自 2006 年以来与西班牙对外贸易发展局开展学术交流合作的情况，肯定了双方交流合作取得的丰硕成果，希望双方今后进一步拓展合作领域、深化合作内容、创新合作方式，不断取得新的成果。希望通过研讨会的召开，进一步深化双方学者对后危机时代中国和西班牙经济、金融业发展状况及面临挑战的认识，深入交流，形成更多共识。

西班牙对外贸易发展局执行副主席格里希欧·冈萨雷斯女士出席论坛开幕式并致辞。研讨会上，中央党校经济学教研部、国际战略研究所部分学者与来自西班牙经济和竞争力部、投资促进局、驻华使馆的政府官员、学者及西班牙在华企业有关人士，以“后危机时代金融业的变革”为主题进行了为期一天的研讨。

（摘自《党校信息》2012 年第 15 期，办公厅供稿）

中俄执政党对话机制第三次会议

12 月 19 日，中俄执政党对话机制第三次会议在北京举行。中国共产党和俄罗斯统一俄罗斯党的代表围绕“党的建设与国家发展道路”的主题，进行了深入交流。中央党校副校长陈宝生在会上发言指出，要推进党内民主建设，增强党的生机与活力。

陈宝生指出，中国共产党 90 多年的发展历程反复证明，什么时候党内民主得到较好发扬，党的事业就兴旺发达，即使出现问题，也能及时得到纠正；什么时候党内民主受到削弱和破坏，党就会走弯路，党的事业就会遭受挫折。因此，我们党历来把党内民主视为党的生命，作为增强党的生机与活力、维护党的团结与统一的重要保证。

陈宝生强调，民主集中制是中国共产党的根本组织原则。民主主要是指党内生活中下级组织和党员个人的意愿和主张得到充分表达，积极性和创造性得到充分发挥。集中主要是指全党意志、智慧的凝聚和行动上的一致。科学的集中可使党保持团结统一，充分的民主则会使党充满生机与活力。

陈宝生指出，中国共产党发展党内民主的基本路径是自下而上与自上而下相结合，但重点放在基层，以自下而上为主。一些力度较大并与党员权利的实现直接相关的改革，如党务公开、党内选举、党内监督等，先在基层探索与实践。这样做有利于调动生活在基层组织中的党员的积极性，更重要的是，减少了改革风险，即便出现一些问题，影响范围也比较小。

陈宝生表示，中国共产党第十八次全国代表大会既是中国共产党党内民主的一次生动实践，也对未来党内民主的发展提出了新的要求。党内民主建设是执政党的生命、活力和优势所在。我们相信，充分发展党内民主，最大限度地调动全党的积极性、主动性和创造性，执政党就一定能永葆生机，党的事业就一定能蓬勃发展。

（摘自校园网 2012 年 12 月 19 日）

全国创先争优理论研讨会

5 月 21 日，全国创先争优理论研讨会在北京召开。中共中央政治局常委、中央书记处书记、国家副主席习近平出席会议并讲话。他强调，创先争优活动是在新的形势下保持党的先进性和纯洁性的一次有益探索。通过开展创先争优活动，提高了基层党组织的战斗力和党员队伍的素质，密切了党群、干群关系，增强了各级党委聚精会神抓党建和重视基层、加强基层、服务基层的自觉性，为加强党的先进性和纯洁性建设提供了新的经验和重要启示。

习近平指出，先进性和纯洁性是马克思主义政党的本质属性，贯穿于党的性质、宗旨、任务和全部工作中，体现在各级党组织和全体党员的实际行动上。这种先进性和纯洁性，不是固定不变的，而是与时俱进、随着形势和任务的发展变化而不断丰富与发展的；不是一劳永逸的，而是必须通过坚持不懈地加强党的自身建设才能保持与发展的。正反两方面历史经验深刻表明，保持、发展先进性和纯洁性始终是马克思主义政党根本的思想政治任务，关系党的生死存亡和前途命运。

中共中央政治局委员、中央书记处书记、中央组织部部长、中央创先争优活动领导小组组长李源潮主持会议。中共中央政治局委员、中央书记处书记、中央宣传部部长刘云山出席会议。

中央党校常务副校长李景田在 22 日下午举行的全体会议上作了题为“创先争优与党的建设科学化”的大会交流发言。他指出，创先争优与党的建设科学化之间具有密不可分的内在联系。按照党的建设科学化要求进一步深入推进创先争优，必须把握好以下几点：增强党员队伍的生机活力是创先争优的前提，加强党的基层组织建设是创先争优的基础，建设长效机制是创先争优的保障，探索工作规律是创先争优的内在要求，服务人民群众是创先争优的重要目标。

全国党的建设研究会会长、原中央党校常务副校长虞云耀出席会议并主持大会交流发言。全国党的建设研究会顾问、中央党校原副校长张志新，校委委员、科研部主任梁言顺出席会议。

来自中央和国家有关部门、解放军总政治部、31 个省（自治区、直辖市）创先争优活动领导小组和高等院校、中央企业等单位的有关同志及入会论文作者共约 400 人参加会议。

（摘自《党校信息》2012 年第 7 期，科研部供稿）

学习型党组织建设理论研讨会

4 月 7 日，学习型党组织建设理论研讨会在海口召开。中共中央政治局委员、中央书记处书记、中央宣传部部长刘云山出席并讲话。中央建设学习型党组织工作协调小组组长、中央宣传部常务副部长雒树刚主持会议。

刘云山强调，推进学习型党组织建设是新形势下加强党的建设的创新举措，需要从理论和实践结合上不断深化探索、不断深入推进。要认真贯彻落实中央决策部署，进一步加深对学习型党组织建设重要意义、内涵特征、目标任务等基本问题的认识，努力把握工作规律、提高学习成效，为推动科学发展、促进社会和谐提供有力思想保证和智力支持。他指出，我们党作为一个执政 60 多年、推进改革开放 30 多年的马克思主义政党，领导人民创造了不凡的执政业绩，赢得了人民广泛拥护。但随着时代条件和执政环境的深刻变化，我们党面临的新情况新问题不断增多。只有深入推进学习型党组织建设，更加重视学习、善于学习，才能更好地顺应时代潮流、完善执政方略，才能更好地增强工作本领、深化执政实践，才能更好地保持党的先进性和纯洁性、巩固执政基础。必须从提高党的执政能力和执政水平、实现好党的执政使命的高度，充分认识建设学习型党组织的重大意义，切实增强做好工作的责任感、紧迫感。

中央党校副校长孙庆聚作为中央建设学习型党组织工作协调小组成员出席会议。副校长张伯里应邀向大会提交了论文《努力造就学习型领导干部——学以立德、学以增智、学以创业》，并代表中央党校发言。他指出，适应时代发展要求，不断学习、善于学习，是中国共产党始终走在时代前列、引领中国发展进步的决定性因素。领导干部能否真正做到学以立德、学以增智、学以创业，直接关系学习型党组织建设的总体成效，直接关系学习型政党建设的深入推进。

中央建设学习型党组织工作协调小组成

员，中央部分新闻单位主要负责同志，各省区市和新疆生产建设兵团党委宣传部长和分管学习型党组织建设工作的副部长，解放军总政治部宣传部负责同志，部分基层单位和专家学者代表等140多人参加会议。

（摘自《党校信息》2012年第4期，科研部供稿）

马克思主义理论研究和建设工程工作会议

6月2日，马克思主义理论研究和建设工程在北京召开工作会议，对8年来的工作进行系统总结，对深入推进工程进行全面部署。中共中央政治局常委李长春出席会议并讲话。他指出，要深入贯彻党的十七届六中全会精神，以高度的理论自觉和理论自信深入推进工程，更好地推动党的思想理论建设，推动哲学社会科学繁荣发展，为党的十八大胜利召开营造良好的思想理论氛围。

李长春指出，实施马克思主义理论研究和建设工程，是以胡锦涛同志为总书记的党中央，从深入推进马克思主义中国化时代化大众化、坚持和发展中国特色社会主义事业的战略高度，作出的一项重大决策。工程实施8年来，在党中央的高度重视和直接领导下，取得了重要阶段性成果，为推进党和国家事业发展作出了贡献。实践证明，党中央作出实施马克思主义理论研究和建设工程的决策是完全正确的。

中共中央政治局委员、中央书记处书记、中央宣传部部长刘云山主持会议。中共中央政治局委员、国务委员刘延东，全国政协副主席、中国社会科学院院长陈奎元出席会议。

中央党校常务副校长李景田出席会议，并主持分组讨论。会上，中央领导同志和中央宣传思想工作领导小组成员为作出突出贡献的工程咨询委员和首席专家颁发荣誉证书。中央党校原常务副校长虞云耀、原副校长邢贲思、科学社会主义教研部教授赵曜获此殊荣。闭幕式上，中央党校原副校长李君如作了题为《一项党的思想理论建设的基础工程》的发言。中央党校工程课题组首席专家杨春贵、李兴山、侯才、严书翰、陈述等参加会议。

中央宣传思想工作领导小组成员，马克思主义理论研究和建设工程主管单位负责人，工程咨询委员会委员，课题组部分首席专家，中国特色社会主义理论体系研究基地负责人，各省、自治区、直辖市和新疆生产建设兵团党委宣传部及教育厅（教委）、教育局主要负责人，教育部部分直属高校和各省区（市）重点综合高校主要负责人，中央主要新闻单位负责人，共320人参加会议。

（摘自《党校信息》2012年第9期，科研部供稿）

创先争优理论研讨征文颁奖暨座谈会

5月16日，《光明日报》创先争优理论研讨征文颁奖暨座谈会在北京举行。中央党校副校长张伯里出席会议并发表书面致辞。

张伯里指出，《光明日报》精心组织开展这次征文活动，充分体现了对创先争优理论研讨的持久关注和大力支持，意义重大，难能可贵。中央党校始终高度重视创先争优理论研讨工作，严格按照中央创先争优办的要求扎实有效地推进创先争优理论研讨工作，在课题设置、经费支持、政策倾斜、队伍建设和宣传推广等方面给予了充分的保证。期待《光明日报》为深入推进创先争优常态化、长效化，切实提高党的建设科学化水平作出更大贡献。

在中央创先争优活动领导小组办公室的支持下，《光明日报》自2012年3月开展征文活动以来，得到了全国广大党员干部的积极响应和踊跃参与，共收到各类理论文章400多篇，经评审，共评出一等奖10名，二等奖20名和三等奖30名。中央党校以“中央党校中国特色社会主义理论体系研究中心”名义集体报送了20篇论文。经评审，党的建设教研部副主任戴焰军的“‘创先争优’的理论解读”、马克思主义理论教研部副主任韩庆祥的“创先争优与服务人民群众”获得一等奖，党的建设教研部张荣臣的“始终把抓基层打基础摆在更加突出的位置”获得二等奖，科学社会主义教研部青连斌的“论创先争优与社会和谐的相互促进”获得三等奖。

中央党校科研部、中央文献研究室、中央党史研究室、中央直属机关工委、中央国家机关工委、中国社会科学院、国防大学等单位的专家学者参加会议。

（摘自《党校信息》2012年第7期，科研部供稿）

主体班次开学、毕业典礼

春季学期开学典礼

3月1日，中央党校举行2012年春季学期开学典礼。中共中央政治局常委、中央书记处书记、中央党校校长习近平出席开学典礼，并作了题为《扎实做好保持党纯洁性各项工作》的重要讲话。

中共中央政治局委员、中央书记处书记、中央组织部部长李源潮，中央书记处书记、中央纪律检查委员会副书记何勇出席开学典礼。

中央党校常务副校长李景田主持开学典礼。中央有关部门负责人何毅亭、王尔乘，中央党校副校长陈宝生、孙庆聚、李书磊、张伯里，教育长徐伟新，校委委员贾高建、罗宗毅、黄宪起、赵长茂出席开学典礼。

校各直属单位主要负责人、在校全体学员、教职工和分校学员代表共2200多人参加开学典礼。

（摘自《党校信息》2012年第2期，办公厅供稿）

春季学期第一批进修班毕业典礼

4月28日，中央党校举行2012年春季学期第一批进修班毕业典礼。中共中央政治局常委、中央书记处书记、中央党校校长习近平出席毕业典礼，并为学员颁发毕业证书。

中共中央政治局委员、中央书记处书记、中央组织部部长李源潮，中央书记处书记、中央纪律检查委员会副书记何勇出席毕业典礼。

本期毕业学员共245人。学员们反映，通过学习，对保持党的纯洁性有了更加清醒的认识，坚定了与党中央保持高度一致的政治信念，增强了党性；对学习马克思主义理论的重要性深化了认识，汲取了丰富的理论营养，夯实了理论功底；对党和国家的大政方针、一些热点难点问题加深了认识，培养了战略思维，提高了领导能力。

中央党校常务副校长李景田在讲话中希望，学员们继续加强学习，不断提升领导素养；坚持不懈地加强党性修养，做保持纯洁性的表率；把握好稳中求进的总基调，以优异成绩迎接党的十八大胜利召开。

中央有关部门负责人何毅亭、王尔乘，中央党校副校长陈宝生、李书磊、张伯里、徐伟新，教育长贾高建，校委委员罗宗毅、黄宪起、赵长茂、梁言顺、王东京出席毕业典礼。

校各直属单位主要负责人和全体毕业学员共270多人参加毕业典礼。

（摘自《党校信息》2012年第5期，办公厅供稿）

春季学期第二批入学学员开学典礼

5月16日，中央党校举行2012年春季学期第二批入学学员开学典礼。中共中央政治局常委、中央书记处书记、中央党校校长习近平出席开学典礼，并作了题为《坚持实事求是的思想路线》的重要讲话。

中共中央政治局委员、中央书记处书记、中央组织部部长李源潮出席开学典礼。

中央党校常务副校长李景田主持开学典礼。中央有关部门负责人张惠新、何毅亭、王尔乘、翟卫华，副校长陈宝生、李书磊、张伯里、徐伟新，教育长贾高建，校委委员罗宗毅、黄宪起、赵长茂、梁言顺、王东京及校各直属单位主要负责人出席开学典礼。

新入学学员、在校全体学员、教职工等共1400多人参加开学典礼。

（摘自《党校信息》2012年第6期，办公厅供稿）

市地党政主要领导干部任职培训班（第1期）毕业典礼

5月28日，中央党校举行市地党政主要领导干部任职培训班（第1期）毕业典礼。常务副校长李景田出席讲话并为学员代表颁发毕业证书。中央组织部副部长王尔乘出席结业式。副校长陈宝生主持结业式。副校长李书磊、徐伟新，校委委员黄宪起、王东京出席。

本期结业学员共 67 人。学员们反映，通过学习，进一步深化了对实事求是思想路线的认识，增强了坚持实事求是、加强党性修养的自觉性；进一步提升了理论水平，增强了推进科学发展、促进社会和谐的自觉性；进一步提升了领导能力和政策水平，增强了抓落实的自觉性。

李景田指出，作为首期市地党政主要领导干部任职培训班，这次培训得到了中央领导和有关部门的高度重视，培训内容丰富、针对性强，教学管理严格周密、学员聚精会神学习。他希望学员们继续加强学习，坚持终身学习，当好学习型领导干部；加强党性修养，永葆纯洁性，当好人民公仆；切实贯彻中央决策部署，推进当地经济社会科学发展，以优异成绩迎接党的十八大胜利召开；继续关心党校、支持党校发展。

校有关直属单位负责同志、教学及工作人员和市地党政主要领导干部任职培训班（第 1 期）全体学员参加毕业典礼。

（摘自《党校信息》2012 年第 7 期，办公厅供稿）

中国特色社会主义理论体系专题省部班（第 2 期）、厅局班（第 58 期）毕业典礼

6 月 6 日，中央党校举行“中国特色社会主义理论体系”研究专题省部级干部高级研修班（第 2 期）、厅局级干部进修班（第 58 期）毕业典礼。常务副校长李景田出席讲话并为学员代表颁发毕业证书。副校长李书磊主持毕业典礼。副校长张伯里、徐伟新，教育长贾高建，校委委员黄宪起、王东京出席。中央组织部干部教育局副局长张程应邀出席。

李景田指出，这次学习的时机好、主题好、氛围好。通过学习，学员们进一步锤炼了党性，增强了保持党的先进性和纯洁性、坚持实事求是思想路线的自觉性和坚定性；进一步夯实了理论基础，提高了马克思主义理论素养；进一步深化了对重大理论和实际问题的探索回答，提升了学习能力和研究能力；进一步丰富、完善了知识结构，开阔了视野，提高了领导能力。

他希望学员们坚持终身学习，不断提高自身的素质和能力；坚持党性修养，做保持、发展党的先进性和纯洁性的模范；坚持实事求是、真抓实干，以优异成绩迎接党的十八大胜利召开；关心党校事业，支持党校发展。

校有关直属单位负责同志和“中国特色社会主义理论体系”研究专题省部级干部高级研修班（第 2 期）、厅局级干部进修班（第 58 期）全体学员参加毕业典礼。

（摘自《党校信息》2012 年第 8 期，研究室供稿）

春季学期毕业典礼

7月13日，中央党校举行2012年春季学期毕业典礼。中共中央政治局常委、中央书记处书记、中央党校校长习近平出席毕业典礼，并为学员颁发毕业证书。

中共中央政治局委员、中央书记处书记、中央组织部部长李源潮，中央书记处书记、中央纪律检查委员会副书记何勇出席毕业典礼。

中央党校本期毕业学员共740人，另有中央直属机关分校、中央国家机关分校、国资委分校和部队分部的3300多名学员同期毕业。学员们普遍反映，通过参加学习培训，增强了保持和发展党的先进性与纯洁性、坚持实事求是思想路线的自觉性和坚定性，提升了党性修养；深化了对马克思列宁主义、毛泽东思想特别是中国特色社会主义理论体系的学习理解，夯实了理论功底；加深了对当前世界大势和我国大政方针的理解认识，丰富了知识，强化了世界眼光和战略思维；汲取了理论联系实际、学以致用的智慧和力量，增强了工作本领。

中央党校常务副校长李景田在讲话中希望，学员们坚持终身学习，做学习型领导干部；切实贯彻中央决策部署，以优异成绩迎接党的十八大胜利召开；坚持创先争优长效化，做保持和发展党的先进性与纯洁性的表率。

中央有关部门负责人何毅亭、王尔乘，副校长陈宝生、李书磊、张伯里、徐伟新，教育长贾高建，校委委员罗宗毅、黄宪起、赵长茂、梁言顺、王东京出席毕业典礼。

校各直属单位主要负责人、在校全体学员、分校学员代表共1000多人参加毕业典礼。

（摘自《党校信息》2012年第11期，办公厅供稿）

秋季学期开学典礼

9月1日，中央党校举行2012年秋季学期开学典礼。中共中央政治局常委、中央书记处书记、中央党校校长习近平出席开学典礼，并作了题为《关于党校的学习》的重要讲话。

中共中央政治局委员、中央书记处书记、中央组织部部长李源潮，中央书记处书记、中央纪律检查委员会副书记何勇出席毕业典礼。

中央党校常务副校长李景田主持开学典礼。中央有关部门负责人何毅亭、王尔乘，中央党校副校长陈宝生、李书磊、张伯里、徐伟新，教育长贾高建，校委委员罗宗毅、黄宪起、赵长茂、梁言顺、王东京出席开学典礼。

新入学学员、在校全体学员、教职工等共1800多人参加开学典礼。

（摘自《党校信息》2012年第13期，办公厅供稿）

秋季学期第一批进修班毕业典礼

11月2日，中央党校举行2012年秋季学期第一批进修班毕业典礼。常务副校长李景田出席讲话并为学员代表颁发毕业证书。副校长陈宝生主持会议。副校长李书磊、徐伟新，教育长贾高建，校委委员罗宗毅、赵长茂、梁言顺、王东京出席毕业典礼。

李景田指出，学员们通过深入学习领会马克思主义基本理论、中国特色社会主义理论体系尤其是科学发展观，夯实了理论基础，提高了政治水平；通过学习各种新知识及广泛阅读，开阔了视野，完善了知识结构；通过对重大理论和实际问题的专题研究，提升了学习能力和研究能力，培养了战略思维；通过对以往工作的回顾总结和相互交流，丰富了领导经验，增强了工作本领；通过严格规范的党性教育活动，锤炼了党性，提升了思想境界。他希望学员们认真做好十八大精神的学习宣传和贯彻工作；坚持稳中求进，狠抓工作落实，不断开创各项工作的新局面；坚持终身学习，争当学习型领导干部的表率；关心党校事业，支持党校发展。

校各直属单位主要负责人和314名学员参加毕业典礼。

（摘自《党校信息》2012年第18期，办公厅供稿）

秋季学期第二批入学学员开学典礼

11月17日，中央党校举行2012年秋季学期第二批进修班开学典礼。全体学员认真观看了习近平校长9月1日在秋季学期开学典礼上的重要讲话录像。副校长陈宝生出席并讲话。副校长李书磊主持开学典礼。副校长张伯里、徐伟新，教育长贾高建，校委委员罗宗毅、黄宪起、赵长茂、梁言顺、王东京出席开学典礼。

陈宝生强调，2012 年 9 月 1 日，习近平同志在秋季学期开学典礼上所作的“关于党校的学习”重要讲话，是学员们搞好党校学习的重要遵循。希望大家认真学习领会、坚决贯彻落实。他指出，各位学员是在党的十八大胜利闭幕之际来党校学习的，要把学习贯彻党的十八大精神作为学习的主题，认真学习、深刻领会、全面把握十八大精神。要把理论学习和党性修养作为学习的主课，抓好中国特色社会主义理论体系特别是科学发展观的学习，自觉加强党性修养，做保持和发展党的先进性纯洁性的模范和表率。要把学习、思考和应用结合起来作为学习的重要方法，重思考、重总结、重实效。

校各直属单位主要负责同志、教学及工作人员和368 名进修班学员参加开学典礼。

（摘自《党校信息》2012 年第 21 期，办公厅供稿）

市地党政主要领导干部任职培训班（第 2 期）毕业典礼

12 月 2 日，中央党校举行市地党政主要领导干部任职培训班（第 2 期）毕业典礼。副校长李书磊出席讲话并为学员代表颁发结业证书。副校长张伯里主持毕业典礼。副校长徐伟新，教育长贾高建，校委委员黄宪起、王东京出席毕业典礼。

李书磊指出，学员们是在党的十八大胜利闭幕之际来校学习的，这次学习的时机很好、主题突出，内容丰富、针对性强。培训期间，大家深刻学习领会党的十八大精神，自觉把思想和行动统一到党的十八大精神上来，进一步理清了思路，明确了努力方向。通过听取中央有关部委领导同志的报告、专家讲座、参加交流座谈等，加深了对中央重大方针政策的理解和把握，增强了贯彻落实的自觉性，加深了对市地党政主要领导工作岗位重要性的认识，增强了职责意识。通过集中培训，大家充分感受到了中央对市地经济社会发展的高度重视，进一步丰富深化了对领导能力的认识，增强了工作本领。

他希望各位学员继续深入学习贯彻党的十八大精神，唤起强烈的历史感，真正担当起领导干部的历史责任。认真研究城市，深入地理解城市，把握城市发展的规律，努力提高城市治理水平。同时，刻苦学习，认真读书。

校有关直属单位负责同志，教学及工作人员和市地党政主要领导干部任职培训班（第 2 期）100 名学员参加毕业典礼。

（摘自《党校信息》2012 年第 23 期，研究室供稿）

中国特色社会主义理论体系专题厅局班（第59期）毕业典礼

12月6日，中央党校举行“中国特色社会主义理论体系”研究专题厅局级干部进修班（第59期）毕业典礼。副校长陈宝生出席讲话并为学员代表颁发结业证书。副校长李书磊主持毕业典礼。副校长张伯里、徐伟新，教育长贾高建，校委委员黄宪起、王东京出席毕业典礼。

陈宝生指出，在秋季学期开学典礼上，大家聆听了习近平同志关于“党校学员的学习问题”的重要讲话，学习期间又共同关注了党的十八大胜利召开，并深刻学习领会十八大精神，自觉把思想和行动统一到党的十八大精神上来。学习期间大家还通过听取中国特色社会主义理论体系等专题报告和讲座，读原著、学经典，进一步夯实了理论基础，提高了理论素养，深化了对若干重大理论和实际问题的研究，提高了分析和解决问题的能力。大家坚持把党性锻炼贯穿于党校生活的全过程，进一步锤炼了党性，提升了思想境界。学员们一致反映，90多天的党校生活，补充和丰富了知识，开阔了眼界，是一次“求知、求真、求实”的过程。

他希望学员们继续深入学习贯彻党的十八大精神，坚持求真务实、真抓实干，不断开创各项工作的新局面。继续加强学习，当好学习型、服务型、创新型领导干部。同时，更多地关心党校事业、支持党校发展。

校有关直属单位负责同志、教学及工作人员和“中国特色社会主义理论体系”研究专题厅局级干部进修班（第59期）31名学员参加典礼。

（摘自《党校信息》2012年第23期，办公厅供稿）

秋季学期毕业典礼

2013年1月15日，中央党校举行2012年秋季学期毕业典礼。中共中央政治局常委、中央书记处书记、中央党校校长刘云山出席毕业典礼，并为学员颁发毕业证书。

中共中央政治局委员、中央书记处书记、中央组织部部长赵乐际，中共中央政治局委员、中央书记处书记、中央办公厅主任栗战书，中央书记处书记、中央纪律检查委员会副书记赵洪祝出席毕业典礼。

本期毕业学员604人。另有中央直属机关分校、中央国家机关分校、国资委分校和部队分部的2800多名学员同期毕业。

中央党校常务副校长李景田在毕业典礼上讲话。他概括了学员们的四点主要学习收获：通过学习，进一步提高了把思想和行动统一到党的十八大精神上来的自觉性；夯实了理论基础，提高了理论素养；开阔了视野，完善了知识结构；提高了思维水平和领导能力；锤炼了党性，提升了思想境界。他希望学员们继续深入学习宣传贯彻十八大精神；坚持实干兴邦，不断开创各项工作的新局面；认真贯彻“八项规定”精神，切实改进工作作风、密切联系群众；关心党校事业、支持党校发展。

中央有关部门负责人、全体校委成员出席毕业典礼。中央党校各直属单位主要负责人、在校全体学员、分校学员代表共1000多人参加毕业典礼。

（摘自《党校信息》2013年第2期，办公厅供稿）

教　师　节

教师节庆祝表彰大会

9月10日，中央党校在礼堂召开2012年教师节庆祝表彰大会。常务副校长李景田出席并讲话。副校长陈宝生主持会议。

李景田代表习近平同志和校委向全校教职工和离退休老同志致以节日的祝贺和问候，向所有为党校事业作出贡献的同志表示感谢。他肯定了一年来全校教职工在各项工作中取得的新成绩和新进步，并向涌现出的先进集体和个人表示祝贺。他强调，党的十八大召开在即，面对新的形势和任务，全校教职工一定要深入学习贯彻胡锦涛总书记“7·23”重要讲话精神，深入贯彻落实全国党校校长会议精神，认真抓好十八大精神的学习宣传贯彻工作。他指出，明年是我校建校80周年。全校教职工要按照习近平校长的指示，以校庆活动为契机，把校庆活动与学习贯彻党的十八大精神结合起来，扎实做好党校各项工作，努力开创党校事业科学发展的新局面。

副校长李书磊、张伯里、徐伟新，教育长贾高建，原副校长杨春贵、孙庆聚，校委委员罗宗毅、黄宪起、赵长茂、梁言顺、王东京出席会议。现任教师和离退休老教师代表在主席台就座。

会上对获奖单位和个人进行了表彰。获奖个人代表和学员代表作了大会发言。

全校教职工、离退休老同志、学员代表和研究生共1200多人参加会议。

（摘自《党校信息》2012年第13期，研究室供稿）

在中央党校2012年教师节庆祝表彰大会上的讲话

（2012年9月10日）

李景田

同志们：

在我们深入学习贯彻胡锦涛总书记"7·23"重要讲话精神和全国党校校长会议精神、迎接十八大胜利召开的重要时刻，我们在这里隆重集会，共同庆祝第28个教师节，表彰过去一年里在教学、科研和管理服务工作中表现突出的先进集体和个人。在此，我代表近平同志，代表中央党校校委，向全校教职工致以节日的问候！向受到表彰的先进集体和个人表示热烈的祝贺！向所有为党校教育事业作出贡献的离退休老领导、老教师、老同志致以崇高的敬意！

去年教师节以来，在中央的高度重视、亲切关怀下，在近平同志的直接领导关心下，经过全校教职工的共同努力，我校各项工作都取得了新的成绩和进步，党校工作呈现出蓬勃发展的良好局面，为党的干部教育事业和思想理论建设作出了新的贡献。一年来，全校涌现出了许多先进集体和个人。在庆祝教师节之际，校委决定，对6个优秀集体和50位先进个人进行表彰。刚才，获奖个人代表罗平汉、张荣臣、杨靖同志和学员代表蒋建农同志作了精彩发言，听了很受教育，很受启发。由于名额所限，一些工作成绩也很好的单位和个人，这次没能受到表彰，但他们在各自的工作岗位上，都为党校事业发展作出了成绩和贡献，同样值得肯定和赞扬。

同志们，新的学期已经开始，党校工作面临着新的形势和任务。7月23—24日，中央举办了省部级主要领导干部专题研讨班，胡锦涛总书记在开班式上发表了重要讲话，科学阐释了适应时代要求和人民愿望的行动纲领和大政方针。这个重要讲话，全党期待、全国关注、世界瞩目，是为党的十八大胜利召开作的一次重要思想理论准备。此前的7月17—18日，我们成功召开了全国党校校长会议，习近平同志在会议开幕式上作了重要讲话，科学总结了十七大以来党校工作取得的成绩和经验，明确了今后党校工作的思路，对党校事业的科学发展具有重要而深远的指导意义。在9月1日的开学典礼上，习近平同志围绕党校学员的学习问题又发表了重要讲话。所有这些，都对党校工作提出了新的更高要求，我们要始终保持奋发有为的精神状态，以高度的政治责任感切实履行好肩负的职责和使命。下面，我着重强调三点：

第一，深入学习贯彻胡锦涛总书记“7·23”重要讲话精神

胡锦涛总书记的“7·23”重要讲话，从坚持和发展中国特色社会主义的政治高度和宽广视野，精辟分析了当前我国面临的新形势新任务，科学阐述了事关党和国家全局的若干重大问题，深刻回答了党和国家未来发展的一系列理论和实践问题，对进一步统一全党思想，团结动员全党全国各族人民解放思想、实事求是、与时俱进、开拓创新，满怀信心地为全面建成小康社会而奋斗，具有十分重要的指导意义。讲话是我们党治国理政实践经验的科学总结，是我们坚定不移地走中国特色社会主义道路的政治宣言，是一篇马克思主义的重要文献。研讨班一结束，校委就于7月25日召开会议，专题进行了学习讨论，并对全校学习贯彻讲话精神作出了安排布置，提出了五项具体措施。我们要在前一阶段学习的基础上，把学习贯彻活动引向深入。要真正用讲话精神统一思想、指导实践、推动工作，切实把讲话精神转化为推动党校事业科学发展的实际成果，转化为广大教职工爱岗敬业的强大动力。要把讲话精神贯彻落实到党校教学科研管理等各项工作中，努力取得新成效。

第二，深入贯彻落实全国党校校长会议精神

7月中旬召开的全国党校校长会议，时间虽短，但开得很有成效，很有意义，是近年来规格最高、收效最大的一次党校校长会，是一次总结成绩经验、把握办学规律的交流会，是一次迎接十八大、开创党校工作新局面的动员会，对党校事业发展具有里程碑式的意义。特别是近平同志在开幕式上的重要讲话，充分体现了中央和近平同志对党校的关心和期望。讲话围绕“办什么样的党校、怎样办党校”这个基本问题，总结了十七大以来党校工作的“八项成绩”，明确提出了今后党校工作必须做到的“九个坚持”。讲话对党校办学成绩、经验的归纳实事求是，揭示了党校工作的本质和深层次内涵；对今后党校工作的谋划和部署，全面深刻，是新时期、新阶段党校建设的“论纲”；对于我们进一步明确党校工作在党的事业中的地位和作用，进一步认识和把握规律、推进党校事业科学发展具有十分重要的长远的指导作用。

我们要把学习贯彻“7·23”重要讲话精神和近平同志在全国党校校长会议上的讲话精神结合起来，用党的最新理论创新成果和科学办校的新认识指导党校工作实践，研究解决新问题，继续推进“一流学府”建设，不断提高党校办学的质量和水平，不断强化党校教育的特色和优势，在打造“一流教学和科研”、“一流人才和队伍”、“一流硬件和基础设施”、“一流管理和服务”、“一流风气和人文环境”等方面取得新进展、新突破。

在这里，我再强调一下打造“一流人

才和队伍”问题。在全国党校校长会议上，近平同志提出了“坚持人才强校战略，把人才队伍建设作为党校各项工作的重要支撑”的新要求。人才是事业之基，是强校之本。建设一支高素质的人才队伍是增强党校竞争力、建设“一流学府”的关键。我们要坚定不移地推进人才强校战略，全面建设教学科研、行政管理、后勤保障三支队伍，努力培养造就忠诚于马克思主义、忠诚于党的干部教育事业的理论家和教育家，培养造就一批有真才实学、在学科领域有影响的著名专家学者，培养造就一批高素质的行政后勤管理服务人才。要把培养马克思主义理论家和教育家特别是中青年理论家和教育家作为战略任务，充分发挥老教授的传帮带作用，发挥中青年教师的创新热情和创造潜力，努力形成优秀人才脱颖而出、人尽其才的良好局面。要充分调动广大教师的积极性主动性创造性，更多地关心他们的学习、工作和生活，使他们全身心投入到党校教育事业中。

最近一些教研人员对津补贴、聘岗等问题有些反映，我专门开会听取了“八部一所”负责同志的意见，校委要认真研究。有些问题，我们要积极汇报反映，争取中央和有关部门的政策支持。有些问题，校委可以解决的，要尽快研究解决。

第三，认真抓好十八大精神的学习宣传贯彻工作

大家都知道，十八大召开在即。十八大是一次十分重要的会议，学习宣传贯彻好十八大精神，是我们今年下半年的重要任务。我们要按照近平同志在开学典礼上的讲话要求，超前谋划，扎实做好学习宣传贯彻十八大精神的工作。十八大召开后，我们要认认真真、原原本本地学习理解十八大精神，努力在学深、学透上下功夫。要做好十八大精神进课堂、进教材、进头脑工作，做好用中国特色社会主义理论体系的最新成果科学发展观武装干部的工作。要加强对十八大精神学习贯彻中的重点难点热点问题研究，通过座谈会、研讨会、刊发专门文章、出版专门图书、开展社会宣讲等多种形式，推动十八大精神的学习、宣传、贯彻，充分发挥党校干部教育培训主渠道和理论宣传主阵地作用。这里有一点要提醒大家注意，就是在十八大前后，很敏感，发表文章、出席会议、发表讲话，要严守党的政治纪律。

同志们，明年 3 月，中央党校即将迎来建校 80 周年。我们制定了建校 80 周年庆祝活动方案，近平校长已经批准同意。总的原则是，总结经验、继承传统、实事求是、富有特色、庄重大方、节俭朴素、全体参与。我们要把校庆活动与学习贯彻党的十八大精神结合起来。要以十八大精神为指导，科学总结建校 80 年来尤其是改革开放以来的办学经验，深化对党校工作规律的认识，以推动党校事业科学发展为主题，以“一流学府”建设为总抓手，坚持党校姓党、从严治校，坚持改革创新，坚持质量立校、人才强校和制度管校，扎扎实实做好党校各项工作，不断开创党校事业科学发展新局面。

最后，祝各位老师、同志们身体健康、工作顺利、家庭幸福！

（摘自《校内通报》2012 年第 11 期，研究室、办公厅供稿）

重要纪念活动

中国马克思主义论坛2012暨中国马克思主义研究基金会成立20周年纪念大会

12月28日，中央党校举行“中国马克思主义论坛2012暨中国马克思主义研究基金会成立20周年纪念大会”。常务副校长李景田代表中央党校校委致辞。副校长、中国马克思主义研究基金会理事长陈宝生致辞并作开题演讲。副校长、中国马克思主义研究基金会副理事长张伯里，教育长贾高建，国务院发展研究中心副主任韩俊，原副校长、中国马克思主义研究基金会理事会顾问刘海藩，原副校长张志新、孙庆聚，原教育长、中国马克思主义研究基金会副理事长郝时晋，国防大学原副校长、中国马克思主义研究基金会理事许志功，校委委员、培训部主任、中国马克思主义研究基金会理事罗宗毅，校委委员、进修部主任、中国马克思主义研究基金会理事黄宪起，校委委员、科研部主任、中国马克思主义研究基金会理事梁言顺，校委委员、教务部主任、中国马克思主义研究基金会理事王东京，原校委委员、原办公厅主任赵广廷，原校委委员、原函授学院院长孙钱章出席论坛开幕式。

此次论坛由中国马克思主义研究基金会主办。中国马克思主义研究基金会第一、二、三届理事会成员及在基金会工作过的老同志，中央党校培训部部分学员、各直属单位负责人以及部分省级党校校长，中央编译局、国务院发展研究中心、国防大学、南开大学、北京外国语大学等单位负责人和研究人员，全国部分高校马克思主义学院的院长和资深学者等200多位同志出席。

论坛贯彻党的十八大精神，以“科学发展观与全面建成小康社会”为主题，围绕科学发展观是全面建成小康社会的根本指导思想，解决“不平衡、不协调、不可持续”问题是全面建成小康社会的主要着力点，深化改革是全面建成小康社会的强大动力3个议题展开，深入分析了科学发展观对于全面建成小康社会以及坚持和发展中国特色社会主义的重大现实意义和深远历史意义，研究了实现全面建成小康社会新要求的内外部有利条件及需要攻克的难点，并提出了有价值的政策建议。

周为民、韩俊、王元、韩震、王东京、杨宜勇、夏光、朱光磊、王长江、施雪华

10位知名专家发表专题演讲，李晓兵、赵振华、韩庆祥主持专题演讲。

除专家演讲外，论坛还开展了听众与专家间的互动，热议科学发展观与全面建成小康社会中的热点问题。

论坛期间，还宣读了中国马克思主义研究基金会“第二届马克思主义中国化研究优秀成果奖”获奖作者名单，此次评选，从150件参评作品中评选出4部获奖专著，9篇获奖论文。评委代表和部分获奖作者出席论坛。

中国马克思主义研究基金会成立于1992年，是中央党校主管的全国唯一一家以奖励、资助、组织马克思主义和马克思主义中国化成果特别是中国特色社会主义理论体系的学习、研究、宣传为宗旨的基金会。2012年是基金会成立20周年。基金会成立20年来，努力发挥马克思主义研究事业的助推器作用和联系团结党校系统及全国理论工作者的纽带作用以及中央党校“一流学府”的保障作用，为推进马克思主义研究事业，为党校教育事业的发展作出了积极贡献。“中国马克思主义论坛”是基金会的一个公益品牌项目，每年举办一届，2012年是第三届。马克思主义中国化是总主题，每年一个分主题。基金会把20周年的纪念活动同中国马克思主义论坛2012结合在一起，以开展理论研讨的方式，过了自己20岁的生日。

（摘自校园网2012年12月29日）

学位与研究生教育30周年纪念大会

7月13日，中央党校举行学位与研究生教育30周年纪念大会。中共中央政治局常委、中央书记处书记、中央党校校长习近平同志发来贺信。

习近平在贺信中肯定了中央党校学位与研究生教育取得的重大成绩，并指出，中央党校举办学位与研究生教育30年来，按照国家标准开展学位与研究生教育工作，培养了大批高素质理论骨干和领导人才，建立了有党校特色的研究生培养模式，为党的干部教育事业、干部队伍建设作出了重要贡献。贺信中还对中央党校学位与研究生教育工作提出了新的要求，希望中央党校研究生院认真总结30年学位与研究生教育取得的重要经验，坚持党校姓党、从严治校；坚持国家标准，突出党校特色；坚持正确的办学方向，突出马克思列宁主义、毛泽东思想，特别是包括邓小平理论、“三个代表”重要思想以及科学发展观在内的中国特色社会主义理论体系的学习、教育和研究；大力弘扬理论联系实际、学以致用的学风；积极探索和把握党校学位与研究生教育规律，不断提高教学质量和办学水平；努力为党和国家培养更多高素质的理论骨干和领导人才，为党的思想理论建设和干部队伍建设作出新的、更大贡献，以优异成绩迎接党的十八大的召开。

中央党校常务副校长李景田出席并讲话。副校长陈宝生宣读习近平同志的贺信。副校长李书磊主持会议。副校长张伯里、徐伟新，教育长贾高建，校委委员罗宗毅、黄宪起、赵长茂、梁言顺、王东京出席会议。原校领导韩树英、刘海藩、杨春贵、李兴山应邀出席。

李景田指出，中央党校开展学位与研究生教育30年来，拥有了一批理论基础扎实、在理论界有影响的学科带头人，造就了一批政治和业务素质良好、勇于创新的青年学术骨干，形成了以马克思主义理论学科为主的、比较完整的学科体系、课程体系和教材体系，建立了具有党校特色的研究生培养模式，为党和国家培养了大批的、高层次的马克思主义理论骨干和领导、管理人才，为我国改革开放和社会主义现代化建设做出了重要贡献。他就贯彻落实习近平同志的重要指示精神、提高党校学位与研究生教育工作的科学化水平，提出几点意见：第一，充分认识学位与研究生教育在党校工作中的重要地位和作用，抓住发展机遇，进一步促进学位与研究生教育的科学发展；第二，以加强创新能力培养和提高培养质量为核心，进一步做好“坚持国家标准、办出党校特色”、争创“一流研究生院”这篇大文章；第三，切实贯彻人才强校战略，努力建设一支政治强、业务精、作风正的研究生导师队伍和管理队伍；第四，坚持党校姓党、从严治校，进一步建设良好的院风、学风。

中央党校副校长李书磊要求研究生院和全体导师认真学习贯彻习近平同志的指示精神，不断提高学位研究生培养质量，为建设一流研究生院而勤奋工作。

中央党校研究生院院长韩庆祥在工作汇报中总结了开展学位与研究生教育30年来取得的主要成绩、基本经验和主要特点。哲学教研部副主任侯才教授作为导师代表，浙江省委宣传部常务副部长胡坚同志作为校友代表和在校研究生代表丑则静等分别作大会发言。

校各直属单位主要负责人、研究生院全体职工和有关离退休老同志、校友代表、在校研究生等共计500多人参加大会。

（摘自《党校信息》2012年第11期，研究生院供稿）

纪念干部离退休制度建立30周年座谈会

10月30日，中央党校召开纪念干部离退休制度建立30周年座谈会。副校长徐伟新、原副校长张志新出席会议并讲话。

徐伟新指出，离退休工作是中央党校工作大局的重要组成部分，中央党校的每一项工作，都离不开老同志的关心和支持。30年来，离退休干部工作从无到有，由粗放到规范，走过了不平凡历程，取得明显成绩。下一步，要以干部离退休制度建立30周年为契机，认真学习贯彻党的十八大精神，坚持把思想政治建设摆在首要位置，认真落实好《关于离退休干部原工作单位协助做好离退休干部工作的意见》，把广大老同志满意不满意作为检验离退休干部工作的唯一标准，满怀深情，主动服务，积极做好事、办实事、解难事，努力让老同志安享幸福晚年。

会议回顾总结了中央建立干部离退休制度30周年以来，中央党校离退休干部工作的发展历程，取得的成绩和经验做法，分析了面临的形势和存在的问题，就进一步推进离退休干部工作科学发展进行了部署。

离退休干部局局长钟绍强，老同志代表周文琪、柳凤清、辛守良、柳影萍、鲁从明等分别作了发言。会议由离退休干部局副局长、局党委书记王金龙主持。

办公厅、教务部、科研部、组织部、机关党委、财行局、机关服务局等有关单位负责同志和离退休干部工作部门历任领导等有关人员共90余人参加座谈会。

（摘自《党校信息》2012年第18期，离退休干部局供稿）

中国青年领导干部赴韩学习考察10周年庆典

4月26日，中央党校与韩国三星电子集团联合举办中国青年领导干部赴韩学习考察10周年庆典。中共中央政治局常委、中央书记处书记、中央党校校长习近平为庆典发来贺信。

习近平在贺信中祝贺中央组织部、中央党校和韩国三星电子集团迎来中国青年领导干部赴韩学习考察项目10周年，肯定了项目开展10年来取得的成绩，希望中央组织部、中央党校和韩国三星电子集团以合作10周年为新的起点，进一步总结经验、加强合作，在深化考察主题、丰富考察内容、提高考察效果上下功夫，把该项目扎实深入地开展下去，为提高中国青年领导干部履责能力，推动中韩友好关系发展作出新的贡献。

自2002年起，中央组织部、中央党校开始与韩国三星电子集团合作开展中国青年领导干部赴韩学习考察项目，每年组织部分中央党校中青班学员赴韩国开展国际调研，现已有10期433名中青班学员访韩，取得许多积极成果。

中央党校常务副校长李景田会见了来校出席庆典的韩国三星电子集团首席执行官崔志成一行并致辞。他强调，实践证明，组织中央党校中青年领导干部学员赴韩学习考察，促进了中青年干部拓展国际视野、提高领导水平和执政能力，加深了中韩两国及两国人民之间的了解和友谊，希望不断深化今后的交流合作。

李景田与崔志成一起出席了中国青年领导干部赴韩学习考察10周年庆典。

中央党校副校长陈宝生，中央对外联络部副部长刘结一，中央党校校委委员、培训部主任罗宗毅，中央组织部干部教育局局长李小三出席庆典相关活动。庆典由中央党校副校长徐伟新主持。

三星电子集团来宾、部分曾经参加中国青年领导干部第1—10期赴韩学习考察团的中央党校中青年干部培训班学员及2012年中青年干部培训二班在校学员，共220余人参加庆典。

（摘自《党校信息》2012年第5期，办公厅供稿）

纪念马文瑞同志诞辰100周年座谈会

11月5日，纪念马文瑞同志诞辰100周年座谈会在人民大会堂举行。中共中央政治局常委、全国政协主席贾庆林出席座谈会。

马文瑞同志是中国共产党的优秀党员，忠诚的共产主义战士，久经考验的无产阶级革命家，我党政治工作杰出的领导人，曾任中国人民政治协商会议第六、七届全国委员会副主席。

中共中央政治局委员、全国政协副主席王刚出席座谈会并讲话。王刚说，马文瑞同志的一生是革命的一生，光辉战斗的一生，全心全意为人民服务的一生。马文瑞同志在70多年的革命生涯中，为党和人民的事业不懈奋斗，鞠躬尽瘁，在党内和人民群众中享有崇高威望。他为中国人民的解放事业，为社会主义革命、建设和改革开放，为中国特色社会主义事业建立的不朽功勋，深深铭刻在我们心中。他的革命精神和崇高风范，是激励我们开拓前进的宝贵精神财富，永远值得我们学习。我们纪念马文瑞同志，就是要学习他信念坚定，对党的事业无限忠诚的革命立场；学习他奋发有为，勇于开拓的进取精神；学习他好学深思，理论联系实际的优良作风；学习他光明磊落，全心全意为人民服务的高尚情怀。

王刚指出，举世瞩目的中国共产党第十八次全国代表大会就要召开了，中国特色社会主义事业将开启新的伟大征程。让我们紧密团结在以胡锦涛同志为总书记的党中央周围，高举中国特色社会主义伟大旗帜，以邓小平理论和“三个代表”重要思想为指导，深入贯彻落实科学发展观，继承马文瑞等老一辈无产阶级革命家的光荣传统，万众一心，开拓进取，为全面建成小康社会、开创中国特色社会主义事业新局面而努力奋斗。

中共中央政治局委员、中央书记处书记、中央组织部部长李源潮，全国人大常委会原副委员长李铁映出席座谈会。全国政协副主席兼秘书长钱运录主持座谈会。

座谈会上，中央党校副校长陈宝生代表中央党校作了发言。他指出，马文瑞同志在担任中央党校副校长一年间，为推动中央党校复校、为重新确立党校教学体系和确立党校工作格局作出重要贡献，为推动真理标准大讨论发挥了重要作用。纪念马文瑞同志，就是要像他那样立场坚定、旗帜鲜明、努力进取、积极作为，为完成即将召开的党的十八大确立的各项战略任务作出积极贡献。

中央党史研究室副主任李忠杰、人力资源和社会保障部部长尹蔚民、中共陕西省委书记赵乐际先后发言。全国政协办公厅、各民主党派中央和全国工商联、中共甘肃省委、中国延安精神研究会等有关方面负责同志，马文瑞同志亲属、生前友好和身边工作人员代表出席座谈会。

（摘自《党校信息》2012 年第 18 期，离退休干部局供稿）

学习贯彻习近平重要批示精神暨《思想理论内参》出刊500期座谈会

7 月 9 日，中央党校召开学习贯彻习近平同志重要批示精神暨《思想理论内参》出刊500期座谈会。副校长陈宝生主持并讲话。校委委员罗宗毅、黄宪起、梁言顺、王东京出席会议。

陈宝生强调，要充分认识习近平同志6月13日在《关于“中央党校〈思想理论内参〉出刊500期”工作情况的报告》上所作批示的重要意义，批示不仅对《思想理论内参》办刊工作具有直接的指导意义，而且对全校教学科研和报刊宣传工作、对充分发挥中央党校思想库作用具有重要的指导作用。他强调，充分发挥中央党校理论研究优势是办好党校报刊的基础；坚持正确导向是办好党校报刊的灵魂，是党校姓党原则的重要体现；提高办刊质量和水平是办好党校报刊的根本保证；为党的思想理论建设服务，是办好党校报刊的目标。

陈宝生指出，习近平同志的批示对中央党校思想库建设提出了更高的要求。所谓发挥思想库作用，就是要立足理论研究优势，围绕重大理论和现实问题，为党的思想理论建设提供优质服务。加快思想库建设进程，要进一步明确主攻方向、突出自身特色、建立运行机制。他对《思想理论内参》在过去12年中作出的成绩给予充分肯定。他指出，要深入贯彻落实习近平同志重要批示精神，坚持正确方向、发挥比较优势、突出办刊特色、提高质量和水平、加强合作，进一步办好《思想理论内参》。

研究室主任冯秋婷介绍了《思想理论内参》办刊情况、主要成绩以及贯彻落实习近平同志重要批示精神，进一步办好刊物的工作思路。军事科学院世界军事研究部部长王卫星、华电集团党组纪检组组长蒋亮平、国土资源部耕地保护司司长严之尧、中央党校战略研究所教授门洪华、培训部组织员陈富代表作者发言，报刊社社长兼总编肖勤福代表校报刊部门发言。

校各直属单位主要负责人，《思想理论内参》作者代表，教员代表、组织员代表、学员代表及有关人员50多人参加座谈会。

（摘自《党校信息》2012年第10期，研究室供稿）

宣传十八大精神
暨纪念《中共中央党校学报》创刊15周年座谈会

12月18日，中央党校报刊社召开“宣传十八大精神暨纪念《中共中央党校学报》创刊15周年座谈会”。中国社会科学院研究生院院长、中国社会科学院民营经济研究中心主任刘迎秋，财政部财政科学研究所所长贾康，清华大学人文社会科学学院教授、政治经济学研究中心主任蔡继明，国务院发展研究中心研究员周宏春，中央党校政法教研部主任张恒山、研究生院院长韩庆祥、经济学教研部主任赵振华、科研部副主任郝永平，中国社会科学院马克思主义研究二部副主任辛向阳，北京联合大学人文社科部主任韩强，《新华文摘》杂志社副总编辑王善超，《中国社会科学文摘》副主编李放，中国人民大学书报资料中心编辑刘芳等应邀参加本次座谈会。中央党校报刊社常务副总编辑钟国兴，副总编辑赵慧珠、史世鹏，原副总编辑、《中共中央党校学报》主编包驰参加会议。

《中共中央党校学报》创刊15年来，在中央党校校委和编辑委员会的领导下，经过报刊社和编辑部历届同志的共同努力，取得了一定的成绩，位居全国高等院校和社会科学研究机构人文社会科学学报发行量的前列，居于全国各级党校学报发行量首位，受到学术理论界、政策研究部门和党校教研人员的欢迎和好评，社会影响不断扩大，被纳入中国人文社会科学核心期刊、全国中文核心期刊、中国政治类核心期刊、《中文社会科学引文索引》（CSSCI）、《中文核心期刊要目总览》、《中国人文社会科学引文数据库》、《中国学术期刊综合评价数据库》等多家权威评价体系。《中共中央党校学报》以自己鲜明的学术理论性、思想性和现实性享誉学术期刊界，提倡对时代发展中重大理论和现实问题作原创性学术研究，追求深邃的理论思想、高端的学术品位、扎实的原创成果和严格的学术规范，刊发了众多有影响力的学术力作，联系和培育了众多有影响力的作者。特别是在2012年，《中共中央党校学报》成为“国家社会科学基金资助期刊”，这既是对学报的鼓励，也是进一步发展的动力。

与会的各位专家对《中共中央党校学报》创刊15周年表示祝贺，对中央党校主办的各个报刊也给予充分肯定，同时结合学习宣传党的十八大精神，紧紧围绕中华民族的伟大复兴、中国特色社会主义、科学发展观、解放思想推进改革、收入分配及税制改革、党的纯洁性建设、依法执政、农民土地征收问题，以及全球化条件下的外贸外汇战略、生态建设等进行了研讨，从各自研究关注的领域作了精彩的发言，发表了自己的独到见解，为中央党校报刊深入宣传十八大精神提供了充分的选题素材。

（摘自校园网，2012 年 12 月 21 日）

重要交流合作

意大利总理马里奥·蒙蒂访问中央党校并发表演讲

3 月 31 日，来华访问的意大利总理马里奥·蒙蒂一行访问中央党校并发表演讲。常务副校长李景田会见来宾并主持演讲活动。

李景田对蒙蒂一行访问中央党校表示欢迎，并对蒙蒂就任意大利总理表示祝贺。李景田简要回顾了 2009 年率中央党校代表团访意期间访问米兰博科尼大学并受到时任校长蒙蒂热情接待的情景。李景田高度评价中意两国关系及中央党校与意大利有关方面的交流合作，并向来宾简要介绍了中央党校干部培训等有关情况。

蒙蒂感谢李景田出面接待其来访，并对中央党校在培养高中级领导干部及向党和国家提供决策咨询等方面取得的成就表示赞赏。他充分肯定了中央党校与意大利有关方面交流合作取得的丰硕成果，并希望双方今后开展的交流合作能更为深入。

李景田与蒙蒂就欧债危机等双方共同关心的议题深入交换了意见。蒙蒂指出，欧盟正采取削减政府赤字、制定共同财政政策等机制治理主权债务危机，并积极建立防火墙阻止危机向全球其他国家蔓延。目前，危机形势已经好转，欧洲经济正在逐步复苏，希望更多中国企业赴意投资。

会见结束后，蒙蒂以“转变中的意大利、欧洲和中国：全球的挑战和机遇”为题发表演讲。蒙蒂在演讲中全面总结了意中关系的三大基础和支柱，包括：意中双边战略伙伴关系的发展、意大利对中欧关系发展的促进作用以及两国对“全球议题”的共同想法。他表示，意中两国几千年历史文化中的共同点使双方积淀了重要的共识。近年来频繁的高层互访等交流活动进一步增进了两国的相互了解、信任和尊重，这正是构成意中战略伙伴关系的基础。蒙蒂表示，意中应携手促进两国经贸和金融合作，以实现贸易增长和贸易平衡，加强两国的双向投资。意大利将采取切实措施增强中国企业对意大利的投资信心，以帮助意大利实现重要的经济转型。在促进中欧关系发展方面，蒙蒂表示意大利将不断为增进欧洲与中国的相互融合做出贡献，促进各方在承认中国市场经济地位等问题上的交流和相互理解，致力于共同构建一个更加公平和谐的国际社会。在谈及意中两国共同参与“全球议程”时，蒙蒂说，近日结束的首尔核安全峰会以及即将召开的博鳌亚洲论坛年会都表明，无论是从经济角度还是从维护国际安全的角度，积极参与“全球议程”都将有利于各方共同维护并改善国际环境。演讲结束后，蒙蒂与学员进行了对话交流。

中央党校副校长陈宝生、孙庆聚、李书磊、张伯里，教育长徐伟新，校委委员贾高建、罗宗毅、黄宪起出席相关活动。进修部、培训部学员和有关学者共约560人参加演讲活动。

（摘自校园网2012年4月1日，办公厅外事办公室供稿）

泰国总理英拉访问中央党校并发表演讲

4月18日，来华访问的泰国总理英拉一行访问中央党校并发表演讲。常务副校长李景田会见来宾并主持演讲活动。

李景田对英拉一行访问中央党校表示欢迎。他说，当前国际形势正在发生深刻变化，全球化、多极化的国际新秩序正在深入发展，世界各国面临着众多共同的难题和挑战，需要包括中、泰在内的世界各国携起手来，共同努力。中泰地缘相近、文化相通，是好邻居、好朋友、好亲戚、好伙伴。建交37年来，两国关系保持健康发展，双方相互信任，高层交往频繁，政治、经贸、科技、人文、防务、执法等领域交流合作不断扩大，在重大国际和地区问题上保持着良好的协调和配合，为本地区的和平与稳定做出了重要贡献。

英拉总理表示十分高兴访问中央党校，对中国共产党在治国理政方面所取得的伟大成就表示钦佩，对中央党校在中国经济社会发展中所起到的独特作用表示赞赏，对有机会在中央党校与学员一起就共同感兴趣的问题交换意见感到荣幸，希望泰国有关机构与中央党校在开展干部教育培训方面加强沟通和交流。

会见结束后，英拉总理以“泰中战略合作伙伴关系全面发展的方向”为题发表演讲，并回答了学员的提问。

副校长陈宝生、李书磊、张伯里，教育长贾高建，校委委员罗宗毅、黄宪起、赵长茂、梁言顺、王东京出席相关活动。进修部、培训部学员和有关学者共600多人参加演讲活动。

（摘自校园网2012年4月19日，办公厅外事办供稿）

新加坡总理李显龙访问中央党校并发表演讲

9月6日，来华访问的新加坡总理李显龙访问中央党校并发表演讲。常务副校长李景田会见来宾并主持演讲活动。

李景田对李显龙一行访问中央党校表示欢迎。他高度评价了中新建交22年来两国关系的平稳、快速发展，对李显龙在推动中新两国关系健康发展，深化双边合作方面所表现出的远见卓识表示赞赏。希望在此访推动下，中央党校与新加坡有关部门的合作在未来取得更多成果。

李显龙对中国共产党在治国理政方面取得的成就表示钦佩。他高度评价中国共产党建立的党校制度和中央党校在培养领导干部、推进思想理论创新方面所取得的成绩，希望新加坡有关部门继续与中央党校开展深入的交流合作，不断推动中新两国关系健康发展。

会见结束后，李显龙以“中国与世界，互荣共进”为题用中文发表了演讲。他说，亚洲的稳定繁荣有赖于本地区所有国家的紧密合作，我们不应该在亚洲建立排外的壁垒，而应该建立对外开放的区域框架。中国是东盟最大的贸易伙伴，而东盟则是中国第三大贸易伙伴，此外双方也在携手开拓包括基础设施发展、能源开采、文化和医药保健等多领域的合作。所有东盟成员国都期待继续扩大与中国的合作关系，稳定繁荣的亚洲也符合中国的战略利益。

李显龙表示，中新两国关系源远流长。新加坡在苏州、天津和成都等地的合作项目进展顺利，还即将在吉林建立一个食品加工基地。他认为，两国应继续提升合作关系，并随时根据环境改变进行调整。两国可以就共同面对的新挑战和新问题进行有意义的交流，比如在经济社会平衡发展、互联网新媒体影响等方面。他说，中新两国有着广阔的合作空间，中国的发展经验对新加坡有很多值得借鉴的地方，希望新加坡的经验也继续对中国有参考价值。

演讲中，李显龙还就国际金融危机、中国的发展、中美关系和南海问题阐述了新方的立场。

李显龙于2日抵达中国开始为期6天的正式访问。这是他继2005年10月首度访华期间到中央党校访问之后，第二次到中央党校访问并发表演讲。

副校长陈宝生、李书磊、张伯里、徐伟新，教育长贾高建，校委委员罗宗毅、黄宪起、赵长茂、梁言顺、王东京出席相关活动。进修部、培训部学员和有关学者共计600余人参加演讲活动。

（摘自《党校信息》2012年9月6日，办公厅外事办供稿）

古巴共产党中央书记处书记维克托·高特访问中央党校

4月17日，古巴共产党中央书记处书记维克托·高特一行访问中央党校。常务副校长李景田会见来宾。

李景田首先对高特一行来访表示欢迎。应来宾要求，李景田介绍了中国在改革开放过程中遇到的来自国内、国际两个方面的挑战，重点就对社会主义本质的认识，以及如何在坚持改革、发展、稳定的过程中处理好发展与公正的关系，在社会分配问题上不搞平均主义和避免两极分化，从严格治党切实遏制腐败，妥善应对好国际金融危机及欧洲主权债务危机的冲击，应对好西亚北非局势动荡带来的各种挑战等问题交换了意见和看法。李景田说，上述问题都是中国、古巴在探索社会主义发展道路过程中遇到的必须高度重视的问题，希望双方今后进一步深入交流。李景田表示，我们十分钦佩古巴共产党在领导古巴经济社会模式更新、探索社会主义新道路方面取得的伟大成就，相信在古巴共产党的坚强领导下，古巴的未来一定会更加美好。

高特感谢李景田出面接待其来访。他简要介绍了古共六大及古共首届全国代表会议召开的有关情况，并就中、古两党在探索社会主义发展道路过程中遇到的一些重大理论和现实问题交换了意见和看法。

科学社会主义教研部主任王怀超、办公厅副主任张忠军及办公厅外事办公室主任李德伟参加会见。

（摘自校园网2012年4月19日，办公厅外事办公室供稿）

国家行政学院常务副院长李建华一行来中央党校考察交流

6月1日，国家行政学院党委书记、常务副院长李建华带领院领导班子和有关部门主要负责人一行17人来中央党校考察交流。常务副校长李景田主持座谈会并讲话。副校长陈宝生、李书磊、张伯里、徐伟新，校委委员罗宗毅、黄宪起、赵长茂、梁言顺出席座谈会。

李景田在主持会议时说，中央党校和国家行政学院作为国家级的干部教育培训机构，根据分工各司其职、各尽所能，近年来双方不断加强合作交流，逐步建立起有效的合作机制。多年来，双方在工作中相互配合，积极探索干部教育培训规律，为党的执政成绩的不断提升和理论的不断创新作出了应有的贡献，得到了国内外有识之士的广泛认可。双方在工作中也建立起深厚的友谊，此次考察交流活动进一步加深了友谊，推进了合作，取得了良好效果。

李建华代表院领导班子对多年来中央党校给予国家行政学院各方面工作的支持和帮助表示感谢。他表示，期待着双方进一步加强交流合作，进一步拓展合作领域、完善合作机制，实现干部教育培训资源的共建共享，推动各自工作不断取得新成效。

座谈会上，国家行政学院副院长周文彰就双方下一步的合作提了四点建议。双方领导表示，将就合作的具体事宜进一步研究、沟通，稳步推进合作进程。

座谈会前，在陈宝生陪同下，李建华一行先后参观考察了校史馆、学员食堂、体育馆、综合楼等设施。图书馆馆长陈高桐、财务行政管理局局长赵晓光、后勤服务部主任欧亚平、办公厅副主任张忠军、教务部副主任王成志参加上述活动。

（摘自《党校信息》2012年第8期，办公厅供稿）

中国井冈山干部学院常务副院长梅黎明一行来中央党校考察交流

11月27日至29日，中国井冈山干部学院常务副院长梅黎明一行30人来中央党校考察交流。常务副校长李景田会见客人。校委委员、培训部主任罗宗毅主持座谈会并讲话。

李景田在会见时指出，多年来，中央党校和中国井冈山干部学院根据各自的功能定位开展干部教育培训工作，双方分工不同、各具特色，在工作中不断加强交流合作，逐步建立起相互协作、优势互补的良好关系，共同为党的干部教育培训事业作出了应有的贡献。此次考察交流活动，将进一步加深了解，深化友谊，推进合作。

罗宗毅在座谈会上简要介绍了中央党校的基本情况，介绍了中央党校在深入学习贯彻党的十八大精神方面的有关安排及加强学员管理方面的一些好的经验和做法。希望双方在工作中进一步加强沟通、相互支持。

梅黎明对中央党校多年来给予井冈山干部学院各方面工作的支持表示感谢。他表示，期待着双方进一步加强交流合作，拓展合作领域，实现干部教育培训资源的共建共享。

在为期三天的考察交流活动中，梅黎明一行先后参观了中央党校校史馆、观看了党的十八大精神辅导报告录像，听取了中央党校有关专家的授课，开展了交流座谈等。中央党校有关部门负责同志与井冈山干部学院方面的同志，围绕教学、科研、行政后勤、学员管理、组织人事、机关党建、信息化建设等方面作了深入交流。

（摘自《党校信息》2012年第22期，办公厅供稿）

中央党校与国家留学基金管理委员会签署合作备忘录

10月31日，中央党校与国家留学基金管理委员会签署合作备忘录。常务副校长李景田，副校长陈宝生、李书磊，校委委员、组织部部长赵长茂和教育部副部长郝平、刘利民，部长助理林蕙青出席合作备忘录签署仪式。陈宝生和郝平分别代表中央党校和国家留学基金管理委员会签署了双方合作备忘录。

合作备忘录签署前，李景田会见了郝平、刘利民、林蕙青一行。李景田首先对教育部领导关心支持中央党校人才队伍建设，支持优秀中青年教学科研管理人才有更多赴国外访学进修机会表示感谢。李景田说，师资队伍建设是中央党校人才队伍建设的中心，在教育部的支持下，中央党校在师资队伍建设、学科建设和学位研究生培养等工作方面，取得了持续发展，希望今后继续得到教育部的支持和帮助，促进中央党校教学科研管理人员进一步拓展世界眼光、提高战略思维水平，推动中央党校工作不断上新台阶。

郝平对中央党校近年来在干部培训、教学科研及师资队伍建设方面取得的新成绩予以充分肯定，表示教育部将一如既往的支持中央党校干部教育培训、师资队伍建设和学位研究生培养等工作。

根据双方合作备忘录，国家留学基金管理委员会将每年支持中央党校一定的赴国外访学名额，以促进中央党校教学科研管理人才队伍建设。

（摘自《党校信息》2012 年第 18 期，办公厅供稿）

国家开发银行在中央党校组织召开科研项目结项鉴定会

11 月 18 日，国家开发银行在中央党校组织召开中央党校—国家开发银行重大、重点及一般科研项目结项鉴定会。副校长张伯里会见国家开发银行方面有关人员。校委委员、科研部主任梁言顺主持结项鉴定会。

此次鉴定会，由国家开发银行研究院常务副院长姜洪带领国内相关领域的专家学者 20 余人，对中央党校—国家开发银行 2010 年度重点科研项目、2011 年度科研项目的完成情况进行结项验收。

中央党校—国家开发银行合作研究项目，是中央党校与国家开发银行开展战略合作的重要项目。根据 2011 年 6 月双方签订的战略合作协议规定，国家开发银行每年向中央党校提供 1000 万元人民币，用于开展科研项目研究，合作期限为 5 年。按照《中央党校重大、重点科研项目结项管理办法》、《中央党校一般科研项目结项管理办法》的规定，中央党校—国家开发银行合作研究项目实行“双结项”制度，即“国家开发银行组织的校外结项”和“中央党校组织的校内结项”。校外结项，研究期限为一年，结项成果形式为研究报告，由国家开发银行组织专家召开结项鉴定会进行成果验收。验收合格后，项目研究的第二笔经费打入项目账户。在第二笔经费支持下，项目研究继续进行，最后参加校内结项。

此次项目结项鉴定分哲学、马列、科社、党史、党建组等五组分别进行，来自中国社会科学院、国务院研究室、北京大学、清华大学等单位的专家学者参加本次鉴定会。

（摘自《党校信息》2012 年第 22 期，科研部供稿）

庆祝建校 80 周年筹备

校 史 馆 揭 幕

3 月 13 日，在建校 79 周年之际，中央党校举行校史馆开馆揭幕仪式。常务副校长李景田出席并为校史馆揭幕，副校长陈宝生主持。副校长孙庆聚、李书磊、张伯里，教育长徐伟新，校委委员罗宗毅、黄宪起、赵长茂出席仪式。

陈宝生指出，自 79 年前党中央在江西瑞金创办中央党校（马克思共产主义学校）至今，中央党校在革命、建设、改革的各个历史时期为党的干部教育事业作出了重要贡献，谱写了波澜壮阔的历史篇章。把这一光辉的历程展示出来，是党校人共同的心愿。进入新世纪以后，由胡锦涛同志倡议，在中央领导同志的亲切关怀下，经几届校委班子共同努力，中央党校校史馆建设工程历时 3 年半时间，现已竣工。2012 年 1 月 13 日，习近平同志视察校史馆，对校史馆建设工程给予充分肯定，并对如何利用好校史馆作出重要指示。

中央党校校史馆利用原陈列馆改建，整馆面积约 3600 平方米。展览以中国共产党党史为背景，以中央党校的历史发展为主线，充分展示了党中央对党校事业的高度重视，充分体现了中央党校在党的各个历史时期的地位、作用和对党的干部教育事业作出的重要贡献。展览分为一层和三层两个展厅，展厅包括序厅和正式展厅两大部分。

校各直属单位主要负责同志、校史馆筹备工作有关人员和设计、施工、监理等单位的负责人参加揭幕仪式。

（摘自《党校信息》2012 年第 3 期，办公厅供稿）

校委听取校史展工作领导小组汇报

3月20日，常务副校长李景田主持召开校委会议，听取校史展工作领导小组关于校史馆建设工作总结及今后工作建议的汇报。

会议指出：（一）校史馆于3月13日（即建校79周年校庆日）正式开馆试展，使几代党校人的期盼变成了现实，这是中央党校发展历程中的一件大事，值得庆贺。（二）校史馆正式开馆，与胡锦涛、习近平等中央领导同志的亲切关怀、校委的高度重视、校史展工作领导小组的有力领导、有关方面的大力支持、具体从事此项工作同志的辛勤劳动分不开，是各方支持、协同作战的结果。（三）校史展工作领导小组下设的办公室、文本组、项目组、史料组、顾问组等各组人员，把此项工程作为一项事业，埋头苦干，甘于奉献，表现出对党校事业高度负责的精神和严谨细致的工作作风，体现出这是一支特别能战斗的队伍。在此，校委对各组的工作给予充分肯定，对参与此项工程的同志们给予通报表彰；同时，对有关方面的大力支持，表示衷心的感谢。（四）要做好校史馆的利用工作。由图书馆牵头，有计划地组织中央党校各班次学员、教职工、离退休老同志、以及新入校人员参观校史展。要不断丰富、充实和完善展览内容及方式，做好后续开发工作，使校史展成为进行党性教育、党校优良传统和作风教育的重要课堂。（五）在前一段工作基础上，开展校史研究编纂工作。有关成立校史编纂工作领导机构等事项，请陈宝生同志与有关单位研究提出方案，再提交校委会讨论。

（摘自《校委会议纪要》2012年第4期，办公厅供稿）

校委审议《中央党校建校80周年庆祝活动方案（送审稿）》

7月12日，常务副校长李景田主持召开校委会议，讨论并原则同意办公厅提交的《中央党校建校80周年庆祝活动方案（送审稿）》。

会议认为，方案经广泛征求意见，内容丰富、安排周到细致，为办好校庆活动打下了很好的基础。会议指出，第一，在建校80周年之际举办校庆活动，对于认真总结中央党校建校80年来所取得的光辉成就、积累的历史经验，更好地传承党校的优良传统和作风，继续振奋精神做好党校工作具有重要意义。第二，举办校庆活动，是党校人期盼已久的一件大事，也是中央党校历史上的第一次，应当办得既庄重大方又节俭朴素，注重实事求是，不搞形式主义。第三，在校委领导下，成立校庆活动筹备工作小组，由陈宝生同志牵头，办公厅负责综合协调，各有关部门按照职责分工做好相关工作。第四，办公厅根据校委讨论的意见，协调校内有关部门对方案进行适当修改后，起草关于此项活动安排的报告，按照报批程序呈报习近平同志。

（摘自《校委会议纪要》2012年第15期，办公厅供稿）

校庆80周年筹备工作协调会

6月20日，中央党校召开校庆80周年筹备工作协调会。副校长陈宝生主持会议并讲话。

陈宝生指出，2013年是中央党校建校80周年。2012年初，经校委研究决定，在校庆80周年之际举行系列庆祝活动。校庆活动在党的十八大召开之后，恰逢2013年全国“两会”召开之际，结合贯彻落实十八大精神和“两会”精神，办好校庆活动意义重大。他强调，校庆各项活动要本着实事求是、富有特色、庄重大方、节俭朴素、全体参与的原则举办，重点在科学回顾和总结建校80周年来特别是改革开放以来的办学历史和经验，集中展示办学成就，同时，要站在新的历史起点上，弘扬“实事求是”的校训，不断提升党校工作的科学化水平，开启党校事业科学发展的新篇章。

会议初步研究了校庆活动方案。

研究室主任冯秋婷、财务行政管理局副局长朱鸣、信息中心主任郭英楼、办公厅副主任张忠军、教务部副主任冯鹏志、科研部副主任郝永平、图书馆副馆长张瑞红、后勤服务部副主任张素峰出席会议。

（摘自《党校信息》2012年第9期，办公厅供稿）

校庆活动调度会

10月29日，中央党校召开建校80周年校庆活动调度会。副校长陈宝生出席会议并就筹备工作有关问题作了部署和协调。各有关单位负责人汇报了所牵头的校庆各项活动的筹备、推进等情况，并就有关问题作了沟通交流。校庆活动筹备小组成员参加会议。

（摘自《党校信息》2012年第17期，办公厅供稿）

《中共中央党校校史文献史料选编》印发

中央党校是在中共中央直接领导下，培养党的高中级领导干部和理论骨干的最高学府，是党中央的一个重要部门，是培训轮训党员领导干部的主渠道，是党的哲学社会科学研究机构。中央党校于1933年3月在江西瑞金创建，至2013年已经走过了80年的光辉历程。在中国革命、建设和改革开放的各个历史时期，中央党校不辱使命，为党的干部教育事业和思想理论建设作出了重要贡献，谱写出波澜壮阔的历史篇章。

中央党校校史展于2012年3月试展取得成功后，为了进一步研究党校历史，校委决定先编印《中共中央党校校史文献史料选编》（以下简称《选编》）。中央党校的历史是中国共产党历史的有机组成部分。《选编》以党史为背景、校史为主线，第一次比较全面、系统地收录了党中央在各个历史时期有关干部教育和党校工作的决议、决定，收录了中央主要领导同志在中央党校或有关党校工作的报告、讲话、批示，收录了中央党校不同时期在办学过程中产生的重要文献资料。《选编》是一部真实记载、深入了解党校历史发展的珍贵资料书，是一部现行的重要文件选编，是党校的宝贵财富。全书采用了影印件方式印制，保持了文献的历史原貌，其中不少为中国共产党的珍贵历史档案，具有一定的研究收藏价值。

在纪念中央党校建校80周年之际，编印这部《选编》具有特殊的意义。《选编》为我们研究党校历史，总结办学经验，探讨干部成长规律和党校教育规律，继承和发扬党校优良传统与学风，提供了历史教材；为我们贯彻落实中央文件及中央领导同志对党校工作的重要指示，坚持党校姓党、从严治校，坚持科学办校、质量立校，不断改革创新，更好地完成中央赋予的光荣任务，提供了重要依据。

（摘自常务副校长李景田为《中共中央党校校史文献史料选编》所作序言）

《我与中央党校》出版

——校庆80周年纪念文集

根据《中央党校建校80周年庆祝活动方案》安排，中央党校科研部负责组织校庆征文活动，并编辑出版文集《我与中央党校》。

除了征文收到的稿件外，还从中央党校的其他出版物中筛选了部分稿件，并且邀请知名专家对所有稿件进行了认真评审，精选出67篇文章汇编成文集。这些文章或描绘校园美景，或追忆故人，或抒发幸福感受，或刻画岁月年轮，都表达了对党校无比热爱的真挚情感。

（摘自《我与中央党校》后记，此文集由中共中央党校出版社2013年1月出版）

教学教务

编辑：苏　丹

概　况

2012年，教学教务工作以邓小平理论、“三个代表”重要思想、科学发展观为指导，认真学习贯彻党的十七届历次全会精神和党的十八大精神，围绕突出抓好理论教育和党性教育，继续深化教学改革，不断优化教学管理，较好地完成了各项任务。

【开设班次】 班次设置始终立足党校定位，突出对高中级领导干部进行马克思主义理论教育和党性教育。对中央组织部起草的《2013—2017年干部教育培训规划》（征求意见稿）提出了具体修改建议。

全年举办进修班、培训班、专题研讨班和师资培训班等计划内主体班次44个，招收学员3172人。与中央组织部等单位联合举办计划外班次7个，培训学员490人。此外，继续开办哲学社会科学教学科研骨干培训班，分6期培训学员656名；承办中央组织部“182”境外培训班中的“公共政策与治理”专题研讨班，组织27名副部级、厅局级领导干部赴美国耶鲁大学学习2周。继续承担中央国家机关司局级干部选学必修课程、选学专题班和讲座的教学任务，来自中央纪律检查委员会、国务院办公厅等101家中央和国家机关的3549名司局级干部分批参加了必修课程学习，开设“当前中国经济发展中的热点难点问题”等4个选学专题班和10个讲座，874名学员参加了学习。

【教学组织和管理】 在教学中充分体现党的十七届六中全会精神。春季学期在省部级和厅局级干部进修班分别开设“学习贯彻党的十七届六中全会精神”研究专题，引导学员深入研究推动社会主义文化大发展大繁荣方面的重大理论和实践问题。在中青年干部培训班、民族干部培训班增设有关文化建设与文化发展的讲题；在全校电视选修课和校园网网上选修课中，开设学习党的十七届六中全会精神专题辅导报告，供学员随时选看；每周一晚上的“选听讲座”中增设引导学员读史、增强历史知识和修养的有关讲座。

推动党的十八大精神进课堂、进教材、进头脑。党的十八大召开前，及时出台《关于组织全校学员学习党的十八大精神的安排意见》，对学员学习贯彻党的十八大精神做出安排。11 月在省部级和厅局级进修班开设“学习贯彻党的十八大精神”研究专题，科学设计教学计划，及时组织任课教师集中学习党的十八大精神，开展跨部门集体备课，引导教师以问题为导向、从多学科角度把党的十八大精神讲深、讲透。在“形势与任务”报告、校园网网上选修课中，也增加了有关学习贯彻党的十八大精神的专题。把党的十八大会议的有关文件和辅导材料作为教材配发给每位学员。

调整和完善中青年干部培训二班的教学框架。根据学员的意见建议，立足于“一个中心、四个方面”的教学布局，按照该班系统学习中国特色社会主义理论体系的定位，在教学设计上更加注重马克思主义理论发展的一脉相承和与时俱进，引导学员把学习中国特色社会主义理论体系与学习马克思列宁主义、毛泽东思想贯通起来；同时设置“战略思维专题研究”、“执政经验与领导能力”、“社会实践与党性教育专题”等课程，全面提高学员的理论素质和执政能力。

在进修班推行“末位调整”。在培训班全面实施“末位调整”的基础上，秋季学期开始在进修班推广，要求本学期教学效果评估成绩在本研究专题排名末位且低于 8.80 分的教师，下学期不在该专题安排上课，以此来优化师资配置，确保课堂教学质量。

在进修班有关研究专题进行考试改革试点。秋季学期，对厅局级干部进修班“转变经济发展方式与经济结构调整”研究专题和省部级、厅局级“学习贯彻党的十八大精神”研究专题的学习考核方式进行改革试点，要求每位学员围绕本研究专题的有关问题，结合听课、读书和研讨过程中的思考撰写一篇研究札记，督促学员潜心学习和研究。

完善课堂教学效果评估体系。针对学员多次提出“教师讲课内容重复”这一问题，在强调抓好集体备课的同时，修改和完善教学效果评估体系，在“理论阐述”和“联系实际”两项评估指标中增加对教学内容是否有重复的评价，以此来引导同一班次的任课教师相互听课，尽量避免讲课内容重复。

资助中青年教师进行学科研究。加强学科建设，注重培养一批优秀的中青年骨干教师，2012 年的中国马克思主义基金会学科建设专项基金资助奖励项目立项工作调整了资助奖励方向，全部面向 45 岁以下的中青年教师。项目侧重于资助对学科建设具有重要意义的基础研究与前沿研究课题，同时要求教师密切配合党校课堂教学，更好地适应和满足党校教学需要。

针对“生态文明建设”讲题进行公开招标。为适应新的教学需要，提高生态文明建设有关讲题的教学质量，秋季学期组织全校范围内的公开招标，鼓励年轻教师参与竞争，为一些还没上过讲台的年轻教员提供机会，为他们的成长创造更加有利的条件。

【教务管理】 抓好制度性基本建设，

不断完善教学活动动态反映机制。全年在坚持执行教学巡查日志记录制度的基础上，建立了教务工作日志，根据内容和对象标记分类，对日常发生的事项做记录，并将其作为教务档案的一部分。依据这两项日志的信息，可以及时分析掌握一定时期内教学活动的动态性特点，有利于对比较突出、有代表性的问题进行处理，工作的主动性和预见性有所增强。

不断完善"形势与任务"报告相关工作流程。全年通过加强与报告人的沟通，寄送教学参考光盘，报告结束后主动反馈报告信息等，在与报告人的联系上有新的发展，为以后更好地开展工作创造了有利条件。针对上半年召开"两会"、下半年召开党的十八大，部分报告人职务变动，时间很难把握等情况，通过科学筹划和反复沟通协调，并利用报告人日程安排调整应急预案机制积极应对，确保了报告课程安排对教学计划的影响降到最低。

加强课堂教学管理，更好地保障课堂教学秩序。与校财务部、机关服务局、信息中心等单位协调配合，全面完成了对主要教学场所加装屏蔽设备的工作。同时，加强对旁听学员的管理，对批准、听课范围等环节进行严格规范；在分校学员旁听报告的组织配合方面，进一步加强与分校办公室的协同，更加强调制度化管理。

【教材建设】 强化党校系统教材建设。为提高全国党校教材质量，教务部刊发了理论文章"关于加强党校系统教材建设的几点思考"，就如何整合全国党校的学科资源和专家资源、改进教材编写质量进行了专门研究，提出了"以改促用，以用促统，以统促编"的总体建设思路。

适应教学需要推进教材编写工作。为适应马克思主义经典著作教学需要，编辑出版《〈马列著作选编〉导读》，比原计划提前半年完成，8月经专家审定后，在秋季学期作为基本教材配发给学员。收集、整理代表党校办学水平、反映党校办学历史的《中央党校老讲稿选编》，其中不仅包括杨献珍、艾思奇、郭大力等一批党校名师大家的讲稿，还收录了毛泽东、刘少奇、彭真等老一辈中央领导同志在党校的报告和讲话。

以优秀讲稿评选为抓手，不断提高管理服务水平。为进一步提高主体班讲稿的质量，4月组织开展2011学年优秀讲稿和讲稿管理先进单位的评选活动，从各教研部（所）推荐的讲稿中评出19篇优秀讲稿和2个讲稿管理先进单位。从秋季学期开始，建立讲稿质量抽查通报制度，对校内主体班的所有讲稿进行不定期抽查，对抽查出错漏字超过5处以上的讲稿进行通报，督促作者和所在部门认真校对、严格把关。

【对地方党校的业务指导和分校教学管理】 5月在厦门市委党校召开全国党校系统第三次教务工作恳谈会。会议围绕如何整合专家资源、提高教材编写质量进行了交流和研讨，并就下一步的工作达成共识。

9月召开中央党校分校2010—2012学年教学管理先进集体和先进个人表彰大会，对评选出的23个先进集体、62名先进个人进行了集中表彰，进一步推动了分校的教学管理工作。

11月在贵州省委党校举办全国党校系统第五次教学改革研讨会，全国33家省级党校、15家副省级城市党校以及中央党校分校的部分常务副校长、分管教学的副校长、教育长和教务处长，校内各直属单位的负责同志共160多人参加会议。常务副校长李景田作大会主题报告，副校长李书磊作总结讲话。大家深入研讨了如何在党校教学中推进党的十八大精神“进课堂、进教材、进头脑”，并交流了各地党校教学工作的好经验、好做法。

【支部活动】 从教务部实际工作出发，制定年度理论学习安排表，从政治理论、业务知识、工作技能等各个方面加强教职工学习。举办教务部职工学习贯彻党的十八大精神座谈会，交流了各自的心得体会。坚持抓好读书活动，安排“读经典、学经典、用经典”活动3次，教务部3位年轻同志为大家讲解学科经典，交流认识体会，全部同志积极参与研讨发言，学习成效显著。组织参观校史馆、到革命老区进行社会调研等党性教育活动，进一步强化党员干部的党性意识。以“健康体态、和谐心态”为主题，积极开展文体活动，3月和11月分别开展颐和园健步走，5月举行趣味运动会，10月组织全部职工登香山。同时，认真做好群众工作，从各个方面关心职工生活，为大家办实事、办好事。对教务部离退休的老同志，随时关心他们的身体情况和生活状况，每到年节之时都安排慰问，向他们通报校情部情，并帮助他们及时解决困难和问题。

（教务部供稿人：金　晶）

学员选调

关于中央党校2012年学员选调工作的通知

中校发〔2012〕2号

各省、自治区、直辖市党委组织部、宣传部，中央和国家机关各部委、各人民团体组织人事部门，解放军总政治部干部部，新疆生产建设兵团党委组织部，部分国有重要骨干企业党组（党委）：

根据《干部教育培训工作条例（试行）》、《中国共产党党校工作条例》和《2010—2020年干部教育培训改革纲要》，按照深入贯彻落实科学发展观的要求和中央关于大规模培训干部、大幅度提高干部素质的战略部署，围绕党的中心工作和干部学习需求，制定中央党校2012年组织调训计划。现就有关事项通知如下。

一、春季学期班次

（一）进修班、专题研讨班

1. 省部级干部进修班（第51期） 主要根据中央组织部《2009—2012年省部级在职领导干部脱产学习进修计划》（组通字〔2009〕20号）确定学员人选。该班以中国特色社会主义理论体系为指导，深入贯彻落实科学发展观，认真学习贯彻中央重大决策，运用马克思主义的立场、观点、方法，从战略高度深入研究国际国内重大理论和现实问题。本期班开设4个研究专题，学员可根据各地区各部门工作需要申报专题。

（1）“转变经济发展方式与经济结构调整”研究专题　学制2个月，学习时间为2012年3月1日至4月28日。重点研究我国经济发展方式转型路径、现代产业结构调整及其演进规律、统筹城乡协调发展、扩大内需与收入分配结构调整、中国特色新型工业化道路、提高自主创新能力等问题。

（2）“学习贯彻党的十七届六中全会精神”研究专题　学制2个月，学习时间为2012年3月1日至4月28日。重点研究中国特色社会主义文化发展道路、社会主义核心价值体系建设、增强国家文化软实力、构建公共文化服务体系、文化产业发展、文化体制机制创新等问题。

（3）“战略思维与领导能力”研究专题　学制2个月，学习时间为2012年5月16日至7月13日。重点研究提高驾驭全局的战略思维能力、战略思维的理论与方法、建国以来重大问题战略决策的经验与教训、系统科学与创新思维等问题。

（4）“民生与社会建设”研究专题　学制2个月，学习时间为2012年5月16日至7月13日。重点研究党的社会建设思想、转型期的社会公正、国外社会管理思想及经验、基本公共服务体系和社会保障体系构建、就业体制与机制、社会组织发展与管理、教育公益性与教育公平等问题。

2. 省部级干部“中国特色社会主义理论体系”高级研修班（第2期）　学制3个月，学习时间为2012年3月1日至6月6日。重点安排近5年未参加过中央党校2个月以上理论学习的省部级领导干部。该班系统学习“马克思列宁主义基本问题”、“毛泽东思想基本问题”特别是“中国特色社会主义理论体系基本问题”，深入学习“当代世界经济”、“当代世界科技”、“当代世界法制”、“当代世界军事”、“当代世界思潮”、“当代世界民族宗教”等课程，进一步夯实理论基础，拓展世界眼光，培养战略思维，加强党性修养。

3. 厅局级干部进修班（第58期） 学员对象为各省区市正厅局级领导干部，中央和国家机关各部委司（局）长，中央管理的国有重要骨干企业领导人员副职，国务院国有资产监督管理委员会、银行业监督管理委员会、证券业监督管理委员会、保险业监督管理委员会管理班子的企业和金融机构领导班子成员。该班以中国特色社会主义理论体系为指导，深入贯彻落实科学发展观，认真学习贯彻中央重大决策，运用马克思主义的立场、观点、方法，深入研究有关重大理论和现实问题。本期班开设7个研究专题，学员可根据各地区各部门工作需要申报专题。

（1）“党的执政经验与执政能力建设”

研究专题 学制2个月，学习时间为2012年3月1日至4月28日。重点学习党在长期奋斗中形成的优良传统和积累的宝贵经验特别是建国以来的执政理论和经验、党的执政规律与党的建设科学化、新形势下的执政能力建设、党内民主建设、其他国家执政党的执政经验教训等问题。

（2）“战略思维与领导能力”研究专题 学制2个月，学习时间为2012年3月1日至4月28日。重点研究提高驾驭全局的战略思维能力、战略思维的理论与方法、建国以来重大问题战略决策的经验与教训、系统科学与创新思维等问题。

（3）“世界经济与政治格局变化及应对”研究专题 学制2个月，学习时间为2012年3月1日至4月28日。重点研究世界格局变化与中国的对外战略、后危机时期世界经济走势、中国软实力建设、国际产业结构调整与中国产业发展、国际金融格局变化与中国金融发展、国际直接投资与中国经济发展、国际能源与气候等问题。

（4）“转变经济发展方式与经济结构调整”研究专题 学制2个月，学习时间为2012年5月16日至7月13日。重点研究我国经济发展方式转型路径、现代产业结构调整及其演进规律、统筹城乡协调发展、扩大内需与收入分配结构调整、中国特色新型工业化道路、提高自主创新能力等问题。

（5）“学习贯彻党的十七届六中全会精神”研究专题 学制2个月，学习时间为2012年5月16日至7月13日。重点研究中国特色社会主义文化发展道路、社会主义核心价值体系建设、增强国家文化软实力、构建公共文化服务体系、文化产业发展、文化体制机制创新等问题。

（6）“社会管理及其创新”研究专题 学制2个月，学习时间为2012年5月16日至7月13日。重点研究文明转型与社会稳定、社会组织发展与社会管理创新、民主法治建设与维护社会稳定、收入分配机制、就业保障、民族与宗教及其相关政策等问题。

（7）“中国特色社会主义理论体系”研究专题 学制3个月，学习时间为2012年3月1日至6月6日。重点安排近5年未参加过党校系统2个月以上理论学习的正厅局级领导干部，年龄在55岁以下。该研究专题系统学习“马克思列宁主义基本问题”、“毛泽东思想基本问题”特别是“中国特色社会主义理论体系基本问题”，深入学习“当代世界经济”、“当代世界科技”、“当代世界法制”、“当代世界军事”、“当代世界思潮”、“当代世界民族宗教”等课程，进一步夯实理论基础，拓展世界眼光，培养战略思维，加强党性修养。

4. 市地党政主要领导干部任职培训班（第1期） 学制3周，学习时间为2012年5月16日至6月6日。学员对象为换届后新任的市地州盟党委书记。该班以中国特色社会主义理论体系为指导，深入贯彻落实科学发展观，重点围绕岗位责任、岗位知识和岗位规范进行集中培训，帮助新任市地州盟党委书记深刻领会中央决策部署，准确把握经济社会发展面临的新形势新任务，进一步夯实理论基础，培养战略思维，加强党性修养，改进工作作风，提高履职水平，增强推动科学发展、促进社会和谐的能力。

5. “中国特色国有企业发展道路”专

题研讨班　学制15天，学习时间为2012年5月16日至30日。学员对象为中央管理的国有重要骨干企业领导人员副职，国务院国有资产监督管理委员会、银行业监督管理委员会、证券业监督管理委员会、保险业监督管理委员会管理班子的企业和金融机构领导班子成员。该班着重围绕国有企业战略发展、转变经济发展方式与国有企业发展、现代企业制度与公司治理、战略思维与领导能力建设等问题进行学习研讨。

6. “人口工作”专题研讨班（第2期）　学制10天，学习时间为2012年7月4日至13日，学员对象为全国人口计生综合改革和创建幸福家庭示范市的分管地厅级领导干部。

7. 县委书记任职培训班（第4期）　学制12天，学习时间为2012年3月1日至12日，学员对象为2010年以来新任职的县市旗党委书记，学员选调具体安排请按照中央组织部《关于配合县级党委换届开展县委书记任职培训的通知》（组通字〔2011〕44号）要求落实。该班以中国特色社会主义理论体系为指导，深入贯彻落实科学发展观，深刻领会中央的决策部署，准确把握县域经济社会发展面临的新形势新任务，开阔眼界、开阔思路、开阔胸襟，重点学习岗位责任、岗位知识和岗位规范，进一步夯实理论基础，加强党性修养，改进工作作风，提高履行岗位职责的能力。

（二）培训班

1. 中青年干部培训一班（第32期）　学制4个半月，学习时间为2012年3月1日至7月13日。该班学员选调工作另行通知。

2. 中青年干部培训二班（第12期）　学制1年，学习时间为2012年3月1日至2013年1月18日。学员对象为年轻优秀、有发展潜力的厅局级干部，年龄须在45岁以下。该班系统学习“马克思列宁主义基本问题”、“毛泽东思想基本问题”特别是“中国特色社会主义理论体系基本问题”，深入学习“当代世界经济”、“当代世界科技”、“当代世界法制”、“当代世界军事”、“当代世界思潮”、“当代世界民族宗教”等课程和有关知识，加强党性修养，提高领导能力。

3. 新疆地厅级民族干部培训班（第61期）　学制4个半月，学习时间为2012年3月1日至7月13日。学员对象为新疆维吾尔自治区地厅级副职领导干部，其中从新疆驻军中抽调师职干部5名，新疆生产建设兵团抽调师职干部35名，年龄一般在50岁以下。该班学习内容参照中青年干部培训二班设置，同时根据新疆经济和社会发展需要，开设民族理论与政策、宗教理论与政策等课程，加强党性修养，提高领导能力。

4. 新疆县处级民族干部培训班（第62期）　学制4个半月，学习时间为2012年3月1日至7月13日。学员对象为新疆维吾尔自治区正县处级领导干部，其中从新疆驻军中抽调正团职干部3名，新疆生产建设兵团抽调团职干部5名，年龄一般在45岁以下。该班系统学习马克思主义基本理论特别是中国特色社会主义理论体系，认真学习中央重大决策部署，同时根据新疆经济和社会发展需要，开设新疆地方史、民族理论与政策、宗教理论与政策等课程，加强党性修养，提高领导水平和能力。

5. 半年制西藏民族干部培训班（第46期） 学制4个半月，学习时间为2012年3月1日至7月13日。学员对象为西藏自治区地厅级领导干部和有发展潜力的优秀正县处级领导干部，其中从中国藏学研究中心选调处级干部1名。该班学习内容参照中青年干部培训二班设置，同时根据西藏经济和社会发展需要，开设民族理论与政策、宗教理论与政策等课程，加强党性修养，提高领导能力。

6. 一年制西藏民族干部培训班（第47期） 学制1年，学习时间为2012年3月1日至2013年1月18日。学员对象为西藏自治区县处级领导干部，其中从西藏驻军中选调少数民族团职干部4名。年龄一般在45岁以下，具有大专以上学历。该班系统学习马克思主义基本理论特别是中国特色社会主义理论体系，认真学习中央重大决策部署，同时根据西藏经济和社会发展需要，开设西藏地方史、民族理论与政策、宗教理论与政策等课程，加强党性修养，提高领导水平和能力。

（三）师资培训班

1. 哲学社会科学教学科研骨干研修班（第43、44、45、46期） 举办4期，每期学制1个月。学员对象为高校哲学社会科学学院、系（所）、教研室负责人，中国社会科学院研究所及地方社会科学院负责人，中央主要新闻单位理论部门负责人，地方党委讲师团、社科联负责人。年龄一般在55岁以下，具有高级职称。

2. 党校系统“公共管理与公共政策”师资培训班 学制10天，学习时间为2012年5月16日至25日。招生对象为各省、自治区、直辖市党委党校，铁道部、新疆生产建设兵团党委党校，各副省级城市党委党校从事公共管理与公共政策教学工作的骨干教师，年龄在45岁以下。

以上两个班次的学员选调工作另行通知。

二、秋季学期班次

（一）进修班、专题班

1. 省部级干部进修班（第52期） 学员对象、学习内容参照省部级干部进修班（第51期）。本期开设4个研究专题，学员可根据各地区各部门工作需要申报专题。

（1）“战略思维与领导能力”研究专题 学制2个月，学习时间为2012年9月1日至11月2日。重点研究提高驾驭全局的战略思维能力、战略思维的理论与方法、建国以来重大问题战略决策的经验与教训、系统科学与创新思维等问题。

（2）“世界经济与政治格局变化及应对”研究专题 学制2个月，学习时间为2012年9月1日至11月2日。重点研究世界格局变化与中国的对外战略、后危机时期世界经济走势、中国软实力建设、国际产业结构调整与中国产业发展、国际金融格局变化与中国金融发展、国际直接投资与中国经济发展、国际能源与气候等问题。

（3）“转变经济发展方式与经济结构调整”研究专题 学制2个月，学习时间为2012年11月15日至2013年1月18日。重点研究我国经济发展方式转型路径、现代产业结构调整及其演进规律、统筹城乡协调发展、扩大内需与收入分配结构调整、中国特色新型工业化道路、提高自主创新能力等问题。

（4）“学习贯彻党的十八大精神”研究专题　学制2个月，十八大召开后适时举办，具体时间另行通知。

2. 厅局级干部进修班（第59期）

学员对象、学习内容参照厅局级干部进修班（第58期）。本期班开设7个研究专题，学员可根据各地区各部门工作需要申报专题。

（1）“民生与社会建设”研究专题

学制2个月，学习时间为2012年9月1日至11月2日。重点研究党的社会建设思想、转型期的社会公正、国外社会管理思想及经验、基本公共服务体系和社会保障体系构建、就业体制与机制、社会组织发展与管理、教育公益性与教育公平等问题。

（2）“转变经济发展方式与经济结构调整”研究专题　学制2个月，学习时间为2012年9月1日至11月2日。重点研究我国经济发展方式转型路径、现代产业结构调整及其演进规律、统筹城乡协调发展、扩大内需与收入分配结构调整、中国特色新型工业化道路、提高自主创新能力等问题。

（3）“党的执政经验与执政能力建设”研究专题　学制2个月，学习时间为2012年9月1日至11月2日。重点学习党在长期奋斗中形成的优良传统和积累的宝贵经验特别是建国以来的执政理论和经验、党的执政规律与党的建设科学化、新形势下的执政能力建设、党内民主建设、其他国家执政党的执政经验教训等问题。

（4）“文化建设与文化发展”研究专题　学制2个月，学习时间为2012年11月15日至2013年1月18日。重点研究我国主导文化建设、社会主义核心价值体系建设、文化体制改革与创新、文化立法、公共文化服务体系建设、网络舆情演变态势及网络安全等问题。

（5）“新形势下党的群众工作”研究专题　学制2个月，学习时间为2012年11月15日至2013年1月18日。重点研究党的执政基础、基层党组织建设的改革创新、党的领导与社会管理体制创新、群体性事件与党群关系、新型媒体与党群沟通渠道的拓展、党的群众工作优良传统的继承与创新等问题。

（6）“学习贯彻党的十八大精神”研究专题　学制2个月，十八大召开后适时举办，具体时间另行通知。

（7）“中国特色社会主义理论体系”研究专题　学制3个月，学习时间为2012年9月1日至12月6日。重点安排近5年未参加过党校系统2个月以上理论学习的正厅局级领导干部，年龄须在55岁以下。该班系统学习“马克思列宁主义基本问题”、“毛泽东思想基本问题”特别是“中国特色社会主义理论体系基本问题”，深入学习“当代世界经济”、“当代世界科技”、“当代世界法制”、“当代世界军事”、“当代世界思潮”、“当代世界民族宗教”等课程，进一步夯实理论基础，拓展世界眼光，培养战略思维，加强党性修养。

3. 市地党政主要领导干部任职培训班（第2期）　学制3周，学习时间为2012年11月15日至12月6日。学员对象为换届后新任的市长（专员、州长、盟长）。学习内容参照市地党政主要领导干部培训班（第1期）。

（二）培训班

1. 中青年干部培训一班（第33期） 学制4个半月，学习时间为2012年9月1日至2013年1月18日。该班学员选调工作另行通知。

2. 新疆地厅级民族干部培训班（第63期）学制4个半月，学习时间为2012年9月1日至2013年1月18日。学员对象、学习内容参照新疆地厅级民族干部培训班（第61期）。

3. 新疆县处级民族干部培训班（第64期）学制4个半月，学习时间为2012年9月1日至2013年1月18日。学员对象、学习内容参照新疆县处级民族干部培训班（第62期）。

4. 半年制西藏民族干部培训班（第48期）学制4个半月，学习时间为2012年9月1日至2013年1月18日。学员对象、学习内容参照半年制西藏民族干部培训班（第46期）。

（三）师资培训班

1. 哲学社会科学教学科研骨干研修班（第47、48期） 举办2期，每期学制1个月。学员对象参照哲学社会科学教学科研骨干研修班（第43、44、45、46期）。

2. 党校系统图书馆长培训班 学习时间为2012年9月1日至9日。招生对象为各省、自治区、直辖市党委党校，铁道部、新疆生产建设兵团党委党校，各副省级城市党委党校图书馆馆长。

以上两个班次的学员选调工作另行通知。

三、有关要求（编者略）

中共中央组织部

中共中央宣传部

中共中央党校

2012年1月19日

（办公厅、教务部供稿）

培训轮训学员班次情况

1. 主体班次。2012年，举办进修班、培训班、专题研讨班和师资培训班等计划内班次44个，招收学员3172人。其中，培训轮训省部级干部229名、厅局级干部980名、中青年干部291名、新任市地州盟党委书记和市长（专员、州长、盟长）167名、新任县委书记445名、新疆和西藏干部313名、哲学社会科学科研骨干656名、党校系统教师91名。有关班次如下：

类　别	班　　次	
进修班	省部级干部进修班（第51期）	“转变经济发展方式与经济结构调整”研究专题
		“学习贯彻党的十七届六中全会精神”研究专题
	省部级干部“中国特色社会主义理论体系”高级研修班（第2期）	
	省部级干部进修班（第52期）	“战略思维与领导能力”研究专题
		“世界经济与政治格局变化及其应对”研究专题
		“转变经济发展方式与经济结构调整”研究专题
		“学习贯彻党的十八大精神”研究专题
	厅局级干部进修班（第58期）	“党的执政经验与执政能力建设”研究专题
		“战略思维与领导能力”研究专题
		“世界经济与政治格局变化及其应对”研究专题
		“社会管理及其创新”研究专题
		“转变经济发展方式与经济结构调整”研究专题
		“学习贯彻党的十七届六中全会精神”研究专题
		“中国特色社会主义理论体系”研究专题
	厅局级干部进修班（第59期）	“民生与社会建设”研究专题
		“转变经济发展方式与经济结构调整”研究专题
		“党的执政经验与执政能力建设”研究专题
		“文化建设与文化发展”研究专题
		“新形势下党的群众工作”研究专题
		“学习贯彻党的十八大精神”研究专题
		“中国特色社会主义理论体系”研究专题
	市地党政主要领导干部任职培训班（第1、2期）	
	县委书记任职培训班（第4期）	
培训班	中青年干部培训一班（第32、33期）	
	中青年干部培训二班（第12期）	
	新疆地厅级民族干部培训班（第61、63期）	
	新疆县处级民族干部培训班（第62、64期）	
	半年制西藏民族干部培训班（第46、48期）	
	一年制西藏民族干部培训班（第47期）	
研讨班专　题	“中国特色国有企业发展道路”专题研讨班	
	“人口工作”专题研讨班（第2期）	
师　资培训班	哲学社会科学教学科研骨干研修班（第43、44、45、46、47、48期）	
	党校系统“公共管理与公共政策”师资培训班	
	党校系统图书馆长培训班	

2. 中央举办的班次。2013年1月5日至7日，中央在中央党校举办新进中央委员会的委员、候补委员学习贯彻党的十八大精神研讨班。

3. 与中央有关部委联合举办的班次。中央党校与中央组织部等单位联合举办7个计划外班次，培训学员490人。此外，还承办中央组织部“182”境外培训班中的“公共政策与治理”专题培训班，组织27名副部级和厅局级干部赴美国耶鲁大学学习2周。

4. 干部选学情况。按照中央组织部对干部选学工作的安排，中央党校承担必修课教学任务。中央党校围绕党的理论、党的知识和党的历史等内容设计课程，加强对学员的中国特色社会主义理论体系教育和党性教育，来自中央纪律检查委员会、国务院办公厅的3549名学员参加必修课学习。开设“当前中国经济发展中的热点难点问题研究”等4个选学专题班和“哲学的智慧”等10个讲座，共874名学员参加学习。

（教务部供稿人：金　晶）

春季学期教学

2012年春季学期，各教研部（所）、学员部和其他教学相关部门认真落实教学计划，积极探索提高教学质量的新途径、新办法，加强部门之间的协调与配合，较好地完成了全校教学任务。

【保障和提高教学质量】 马克思主义理论教研部针对尚未承担教学任务的新入校年轻教师，专门开展了模拟教学训练，进行提前练兵。教师试讲之后，由部领导和各教研室主任、教学秘书现场点评，帮助他们尽快熟悉和把握党校教学的特点，以便今后能更好地驾驭课堂。配合全校马克思列宁原著课的教学，组织教师完成《〈马列著作选编〉导读》的编写工作。

哲学教研部重点推进教学组织工作，在省部班“战略思维与领导能力”研究专题，项目组主动将学员的“两带来”材料归纳分类，及时报送给相关的授课老师，增强授课内容的针对性。在组织课题研究方面，项目组充分考虑学员所在行业的工作特点，并与当前中国各行各业亟待解决的全局性战略问题紧密结合，确定“对科技创新与产业变革若干问题的认识和思考”、“用战略思维谋划实现加快发展与转型发展的统一”、“从战略思维角度看惩防体系制度建设”、“以战略思维引领文化建设”等选题，使研究报告的对策建议具有较强的现实针对性和可操作性。

经济学教研部在组织进修班研究专题的教学过程中，要求在该班上课的教师相互听课，做到知己知彼，这样既避免了教学内容的交叉重复，又增强了课程的系统性。在省部班“转变经济发展方式与经济结构调整”研究专题，项目组利用校情景模拟实验室，尝试开展了体验式教学，让学员亲自体验期货模拟交易，受到学员的好评。

科学社会主义教研部进一步完善集体

备课制度，在强化备课细节的基础上，专门针对民族干部培训班举行“教学信息交流会”，安排了解民族干部培训班情况的教师，就教学需要注意的事项进行讲解和辅导，为准备上课的教师提前打好基础。举行为青年教师“把脉”活动，安排教学经验丰富的老教师主动了解年轻教师在教学中遇到的困惑和难题，并以自己的切身感受为他们解疑释惑，帮助和带动他们提高教学水平。

政法教研部加大对各班次教学的组织力度，从本学期开始严格执行新修订的《政法教研部管理制度》，将教师参加小组讨论、交流等教辅工作与考核、评优相结合，既充分调动教师全方位参与教学活动的积极性，又督促教师及时了解和把握教学动态；为确保新开设的“社会管理及其创新”专题的教学效果，对每一个讲题都进行了全教研部范围的集体备课。在加强社会调研方面，紧密跟踪社会热点事件，5月赴广东省乌坎村调研，成为全国第一个就乌坎群体性事件进行学术调研的团队。

中共党史教研部高度重视教学说明这一环节，由教研部主任负责对本部门承担的单元教学任务做教学说明，引导学员更好地把握“毛泽东思想基本问题研究”、“中共党史专题研究”等课程的教学内容。在组织学员论文考核方面，先抽调资深教授单独评阅，再组织大家一起讨论，集中推优，以确保论文评阅过程严肃、认真、公正。坚持抓好讲稿的编写和送印工作，在开学之初就派专人提醒讲课教师，至少提前一个月就收齐讲稿，认真校对把关，确保讲稿质量。

党的建设教研部围绕案例教学继续加强调研，2月组织调研组赴山东省枣庄市调研，完成了枣庄转型发展的案例，并及时引入到新疆地厅级民族干部培训班“现代领导能力”的课程讲授中；在补充和丰富案例库的同时，继续关注已有案例事件的动态发展，比如就贵州瓮安群体性事件，3月组织课题组进行实地调研，完成了瓮安由乱到治的案例，在半年制西藏民族干部培训班和新疆县处级民族干部培训班的课堂上讲授。加强与高校和研究机构的学术交流，定期邀请清华大学等院校的知名教授来教研部做学术讲座，帮助教师更好把握前沿的学术观点和学术框架。

文史教研部继续强化进修班研究专题的教学组织工作，项目组不仅把课题研究任务前移，尽早与学员共同确定课题研究方向和选题，还建立了“每周一报”制度，即每周向全体任课教师报告本周的教学情况、学员动态、工作要点、教学计划调整以及课题研究进度等事项，保证任课教师全面了解、全程参与本专题的教学和组织工作。在集体备课方面，重点针对老教师新课试讲、新人新课试讲、年轻教师休整之后重新进入主体班课堂试讲等3种情况组织全部试讲，以确保课堂授课质量。

国际战略研究所紧密跟踪国内外形势变化，及时更新和完善教学内容，在进修班“世界经济与政治格局变化及应对”研究专题新设“美欧债务危机走势及其应对”，在中青年干部培训二班新设“国际经济秩序演变及其趋势”和“中东北非新地缘政治与中国的战略应对”。在教学组织方面，把小组讨论和双向交流作为任课教师的教学任务，规定必须按时参加；要求项目组、下班组强化“卡位”意识，确保下班教师全程参与教学活动，保障每个教学环节不出纰漏。把网络教学作为学科建设和培养梯队的重要平台，开设网上选修课“文化软实力”，9 次课全部交由青年教师讲授，并且比照主体班的教学要求，组织开展集体备课和相互点评，为青年教师走上教学一线构建梯次融入的通道。

进修部出台《关于学员请销假事项的补充规定》和《关于加强学员学习考核鉴定工作的若干意见》，进一步细化学员管理措施；对于教学参观等集体活动，坚决按照教学计划的要求来组织，并且强调教学参观必须有明确的目的和详细的计划，对其他形式的集体活动也进行了严格控制。充分利用学员资源，在厅局班“战略思维与领导能力”研究专题与项目组一起举办了一次由学员自己回答“两带来”问题的学员论坛，围绕学员普遍关心的“维护社会稳定”问题，来自政法、信访、国企、宣传一线的学员结合自身工作实际发言，学员们一起讨论交流，效果很好。

培训部进一步深化和规范中青年干部培训班的从政经验交流活动，并首次将其引入新疆地厅级民族干部培训班，同时也安排新疆县处级民族干部培训班的学员全程参加。在社会调研环节，通过优化调研选题指南、分班次安排文献检索专题讲座、安排关于社会调研方法和案例研究的专题讲座、做好成果交流等措施，把调研的前期准备、调研过程、成果应用的全过程进一步抓实抓细。在学员管理方面，首次引入了中期管理工作会，结合学期中间时段的特点加强学员管理工作。

研究生院坚持举办“周二学术讲座”，邀请校内外的知名专家开设讲座，营造了良好的学术氛围。承办“全国学位研究生教育学会 2012 年年会”，通过这一平台加强与高校的学术交流。

信息中心在扩音、录像、多媒体教学等方面保障了课堂教学的顺利进行，并按照教学计划的新要求，录制和更新了电视、网络选修课，为学员课余自学提供了丰富的资源。其他教学辅助部门和行政后勤部门各司其职，为教学活动的顺利开展提供了有力保障。

【分校教学工作】 本学期各分校在教学中更加强化理论学习，加大教学管理力度。中央直属机关分校系统地安排了马克思主义基本理论和中国特色社会主义理论体系专题课程；中央国家机关分校加大教学巡查，促进教学计划的落实；国务院国资委分校强调经典著作的学习，着力培养学员的哲学基础和哲学思维；部队分部积极开展学员论坛，并从学员的需求出发，围绕突出装备素质安排了特色教学课程。

（摘自《教学情况反映》2012 年第 19 期，教务部供稿人：金　晶）

附 1:

主体班次教学内容与教师

班　次	教　学　内　容	授课教师
省部级干部进修班（第51期）“转变经济发展方式与经济结构调整”研究专题	学习引言	李书磊
	《共产党宣言》导读	周为民
	《资本论》导读	王天义
	中国特色社会主义理论体系是当代中国的马克思主义	秦　刚
	科学发展观若干问题研究	韩庆祥
	科学发展观的方法论研究	刘毅强
	我国经济发展方式转型：历史经验与路径	杨秋宝
	现代产业结构调整与演进规律	韩保江
	区域经济协调发展研究	张玉杰
	城乡经济一体化发展	施　红
	发达国家经济结构调整的经验与启示	于永臻
	转方式调结构与行政管理体制改革	外　请
	基本公共服务均等化与财税体制改革	梁　朋
	转变经济发展方式与中国金融改革	陈启清
	科学政绩观与经济发展方式转变	学员主讲
	我国收入分配问题研究	李　鹏
	当前我国就业问题研究	徐平华
	提高自主创新能力问题研究	陈宇学
	走中国特色新型工业化道路问题研究	李继文
	新形势下中国外经贸发展的战略调整	潘　悦
	深入学习和执行《中国共产党章程》，增强党性修养	张晓燕
	毛泽东调查研究的理论与实践	罗平汉
	中国共产党夺取全国政权的历史经验	刘宝东
	中国改革开放的历程和经验	谢春涛
	中国古代官德	王　杰
省部级干部进修班（第51期）“学习贯彻党的十七届六中全会精神”研究专题	学习引言	李书磊
	《共产党宣言》导读	周为民
	列宁晚年著作导读	贾建芳
	中国特色社会主义理论体系是当代中国的马克思主义	秦　刚
	科学发展观若干问题研究	韩庆祥
	科学发展观的方法论研究	刘毅强
	我国文化建设的主要问题及其成因	周熙明
	中国传统社会主导文化的建构与传播	张　军
	建国以来社会主义文化发展的脉络	田嵩燕

续表

班次	教学内容	授课教师
省部级干部进修班（第51期）“学习贯彻党的十七届六中全会精神”研究专题	中国特色社会主义文化发展道路研究	李文堂
	社会主义核心价值体系建设研究	赵　峰
	文化体制改革问题研究	谢武军
	关于文化立法的若干思考	外　请
	美国文化体制的架构与运作	韩　红
	我国文艺院团改革的困境与出路（案例教学）	外　请
	弱势群体的文化权利保障与公共文化服务体系建设（案例教学）	刘　忱
	网络舆论演变态势及网络安全挑战	外　请
	我国文化创意产业发展的现状与前景	外　请
	城市文化理论的中国化实践问题	陈宇飞
	文化遗产保护中的问题与对策	马奔腾
	深入学习和执行《中国共产党章程》，增强党性修养	张晓燕
	毛泽东调查研究的理论与实践	罗平汉
	中国共产党夺取全国政权的历史经验	刘宝东
	中国改革开放的历程和经验	谢春涛
	中国古代官德	王　杰
省部级干部“中国特色社会主义理论体系”高级研修班（第2期）	学习引言	李书磊
	导论：科学对待马克思主义	杨春贵
	马克思主义是科学的世界观和方法论	韩庆祥
	《路德维希·费尔巴哈和德国古典哲学的终结》与哲学领域的革命	阮　青
	《共产党宣言》与共产党人的历史使命	周为民
	《资本论》和市场经济的逻辑	王天义
	《社会主义从空想到科学的发展》与社会主义的历史必然性	刘海涛
	列宁晚年著作与社会主义建设的初步探索	贾建芳
	讲座：民主社会主义思潮评析	俞可平
	讲座：当代资本主义的发展变化	常欣欣
	毛泽东思想的科学体系和历史地位	祝　彦
	《实践论》、《矛盾论》与党的思想路线	杨信礼
	《新民主主义论》与新民主主义社会	罗平汉
	讲座：中国共产党夺取全国政权的历史经验	刘宝东
	《论十大关系》与中国社会主义建设	谢春涛
	讲座：十一届三中全会以前党对中国社会主义建设道路的探索	曹　普
	中国特色社会主义道路的开创和拓展	秦　刚
	中国特色社会主义理论体系研究	李君如
	科学发展观研究	李建华
	社会主义初级阶段理论研究	王怀超
	社会主义市场经济理论与经济体制改革	韩保江
	讲座：当代西方经济学主要理论简介	王东京
	加快转变经济发展方式与经济结构调整	杨秋宝
	讲座：当代西方管理学主要理论简介	潘云良

续 表

班 次	教 学 内 容	授课教师
省部级干部“中国特色社会主义理论体系”高级研修班（第2期）	扩大内需与收入分配问题研究	赵振华
	社会主义民主政治建设的前沿问题	李良栋
	建设社会主义法治国家的深层思考	张恒山
	改革开放以来的文化发展与我党的文化自觉	田嵩燕
	核心价值体系建设与意识形态创新	周熙明
	社会主义和谐社会问题研究	严书翰
	加快推进以改善民生为重点的社会建设	吴忠民
	当代世界格局与中国和平发展道路	宫 力
	新形势下中国对外开放战略的调整	潘 悦
	提高执政党建设的科学化水平	王长江
	党的执政方式前沿理论问题研究	高新民
	讲座：苏共失败的教训研究	姜 跃
厅局级干部进修班（第58期）“党的执政经验与执政能力建设”研究专题	学习引言	李书磊
	《共产党宣言》导读	牛先锋
	列宁晚年著作导读	贾建芳
	中国特色社会主义理论体系是当代中国的马克思主义	李俊伟
	科学发展观若干问题研究	庞元正
	科学发展观的方法论研究	李建华
	党的执政规律与党的建设科学化	戴焰军
	改革开放以前党执政的历程与经验	曹 普
	改革开放以来党执政的历程与经验	谢春涛
	西方政党治国理政的经验与启示	王 瑜
	苏共丧失执政地位的历史教训	姜 跃
	改革和完善党的执政方式	张希贤
	党内民主建设若干问题研究	高新民
	执政条件下的党群关系	张荣臣
	提高党管干部的科学化水平	梁妍慧
	提高党的拒腐防变能力	任铁缨
	提高领导干部处理突发事件的能力（案例教学）	蔡志强
	提高地方党委处理民族宗教关系促进民族团结的能力（案例教学）	张晓燕
	改善新形势下党的干部作风（案例教学）	王金柱
	提高领导干部新媒体时代的舆论引导能力（体验式教学）	刘炳香
	深入学习和执行《中国共产党章程》，增强党性修养	张晓燕
	毛泽东调查研究的理论与实践	罗平汉
	中国共产党夺取全国政权的历史经验	刘宝东
	中国古代官德	王 杰
	学习引言	李书磊
	《共产党宣言》导读	牛先锋
	《路德维希·费尔巴哈和德国古典哲学的终结》导读	阮 青

续 表

班 次	教 学 内 容	授课教师
厅局级干部进修班（第58期）“战略思维与领导能力”研究专题	中国特色社会主义理论体系是当代中国的马克思主义	李俊伟
	科学发展观若干问题研究	庞元正
	科学发展观的方法论研究	李建华
	提高驾驭全局的战略思维能力	杨春贵
	战略思维的理论与方法	段培君
	系统思想与战略思维	董振华
	建国以来重大问题战略决策的经验与教训	谢春涛
	后金融危机时代与经济发展方式的战略性转变	韩保江
	中国特色社会主义政治发展道路研究	李良栋
	核心价值体系建设与意识形态创新	周熙明
	社会管理创新与社会和谐	向春玲
	提高执政党建设的科学化水平	王长江
	当代世界格局与中国和平发展道路	宫 力
	道德素养与科学决策能力	靳凤林
	提高应对突发事件的能力（案例教学）（1）、（2）	黄小勇 刘永艳
	提高依法行政的能力（案例教学）（1）、（2）	傅思明 王雅琴
	提高公共事件处置与舆论引导能力	外 请
	深入学习和执行《中国共产党章程》，增强党性修养	张晓燕
	毛泽东调查研究的理论与实践	罗平汉
	中国共产党夺取全国政权的历史经验	刘宝东
	中国改革开放的历程和经验	谢春涛
	中国古代官德	王 杰
厅局级干部进修班（第58期）“世界经济与政治格局变化及应对”研究专题	学习引言	李书磊
	《共产党宣言》导读	牛先锋
	《资本论》导读	王天义
	中国特色社会主义理论体系是当代中国的马克思主义	李俊伟
	科学发展观若干问题研究	庞元正
	科学发展观的方法论研究	李建华
	世界格局变化与中国的对外战略	孙建杭
	后危机时期世界经济走势分析	外 请
	新形势下的周边环境与国家安全	高祖贵
	世界格局变化中的中国软实力建设	赵 磊
	美欧债务危机走势及其应对	陈建奇
	世界格局变化中的领土主权安全问题	马小军
	世界格局变化中的东亚经济一体化趋势（研讨式教学）	纪 军
	国际产业结构调整与中国的产业发展	周天勇
	国际金融格局变化与中国的金融发展	陈启清
	新形势下中国外经贸发展的战略调整	潘 悦
	世界格局变动中的美国全球战略调整与影响	刘建飞

续 表

班 次	教 学 内 容	授课教师
厅局级干部进修班（第58期）“世界经济与政治格局变化及应对”研究专题	世界格局变动与海峡两岸和平发展	宫 力
	大国崛起中对世界格局变化的应对（案例教学）	刘 东
	深入学习和执行《中国共产党章程》，增强党性修养	张晓燕
	毛泽东调查研究的理论与实践	罗平汉
	中国共产党夺取全国政权的历史经验	刘宝东
	中国改革开放的历程和经验	谢春涛
	中国古代官德	王 杰
厅局级干部进修班（第58期）“转变经济发展方式与经济结构调整”研究专题	学习引言	李书磊
	《共产党宣言》导读	张荣臣
	《资本论》导读	王天义
	中国特色社会主义理论体系是当代中国的马克思主义	李俊伟
	科学发展观若干问题研究	韩庆祥
	科学发展观的方法论研究	庞元正
	我国经济发展方式转型：历史经验与路径	杨秋宝
	现代产业结构调整与演进规律	韩保江
	区域经济协调发展研究	张玉杰
	城乡经济一体化发展	施 红
	发达国家经济结构调整的经验与启示	于永臻
	转方式调结构与行政管理体制改革	外 请
	基本公共服务均等化与财税体制改革	梁 朋
	转变经济发展方式与金融改革	陈启清
	扩大内需与收入分配问题研究	李 鹏
	转变经济发展方式与建设社会主义新农村	徐祥临
	当前我国社会就业问题研究	徐平华
	可持续发展问题研究	贾华强
	提高自主创新能力问题研究	陈宇学
	走中国特色新型工业化道路问题研究	曹 立
	新形势下中国外经贸发展的战略调整	潘 悦
	深入学习和执行《中国共产党章程》，增强党性修养	张晓燕
	毛泽东农村调查的理论与实践	罗平汉
	中国共产党夺取全国政权的历史经验	刘宝东
	中国改革开放的历程和经验	谢春涛
	中国古代官德	王 杰
厅局级干部进修班（第58期）“学习贯彻党的十七届六中全会精神”研究专题	学习引言	李书磊
	《共产党宣言》导读	张荣臣
	列宁晚年著作导读	贾建芳
	中国特色社会主义理论体系是当代中国的马克思主义	李俊伟
	科学发展观若干问题研究	韩庆祥
	科学发展观的方法论研究	庞元正
	我国文化建设的主要问题及其成因	周熙明

续 表

班 次	教 学 内 容	授课教师
厅局级干部进修班（第58期）“学习贯彻党的十七届六中全会精神”研究专题	中国传统社会主导文化的建构与传播	张 军
	建国以来社会主义文化发展的脉络	田嵩燕
	中国特色社会主义文化发展道路研究	李文堂
	社会主义核心价值体系建设研究	赵 峰
	文化体制改革问题研究	谢武军
	关于文化立法的若干思考	外 请
	美国文化体制的架构与运作	韩 红
	我国文艺院团改革的困境与出路（案例教学）	外 请
	弱势群体的文化权利保障与公共文化服务体系建设（案例教学）	刘 忱
	我国文化创意产业发展的现状与前景	外 请
	现代传媒的特点与舆论引导机制	秦 露
	城市文化理论的中国化实践问题	陈宇飞
	文化遗产保护中的问题与对策	马奔腾
	深入学习和执行《中国共产党章程》，增强党性修养	张晓燕
	毛泽东调查研究的理论与实践	罗平汉
	中国共产党夺取全国政权的历史经验	刘宝东
	中国改革开放的历程和经验	谢春涛
	中国古代官德	王 杰
厅局级干部进修班（第58期）“社会管理及其创新”研究专题	学习引言	李书磊
	《共产党宣言》导读	张荣臣
	《路德维希·费尔巴哈和德国古典哲学的终结》导读	边立新
	中国特色社会主义理论体系是当代中国的马克思主义	李俊伟
	科学发展观若干问题研究	韩庆祥
	科学发展观的方法论研究	庞元正
	文明转型与社会管理创新	张恒山
	民主政治建设与社会稳定	赵虎吉
	法治建设与社会稳定	封丽霞
	建设服务型政府	井 敏
	加强基层政权建设	肖立辉
	坚持科学民主依法决策	黄小勇
	加强社会保障体系建设	王 静
	加强社会组织建设	王 勇
	拓宽社情民意表达渠道	刘素华
	完善社会矛盾化解机制（案例教学）	李雅云
	健全突发事件应急体系	王雅琴
	完善社会治安防控体系	外 请
	加强虚拟社会管理	傅思明
	加强宗教事务管理	外 请
	加强公民意识培育	刘学军
	深入学习和执行《中国共产党章程》，增强党性修养	张晓燕
	毛泽东调查研究的理论与实践	罗平汉

续 表

班 次	教 学 内 容	授课教师
	中国共产党夺取全国政权的历史经验	刘宝东
	中国改革开放的历程和经验	谢春涛
	中国古代官德	王 杰
厅局级干部进修班（第58期）“中国特色社会主义理论体系”研究专题	学习引言	李书磊
	导论：科学对待马克思主义	杨春贵
	马克思主义是科学的世界观和方法论	韩庆祥
	《路德维希·费尔巴哈和德国古典哲学的终结》与哲学领域的革命	边立新
	《1844年经济学哲学手稿》与人的解放	王虎学
	《共产党宣言》与共产党人的历史使命	周为民
	《资本论》和市场经济的逻辑	王天义
	《社会主义从空想到科学的发展》与社会主义的历史必然性	刘海涛
	列宁晚年著作与社会主义建设的初步探索	贾建芳
	讲座：民主社会主义思潮评析	孙劲松
	讲座：当代资本主义的发展变化	常欣欣
	毛泽东思想的科学体系和历史地位	祝 彦
	《实践论》、《矛盾论》与党的思想路线	杨信礼
	《新民主主义论》与新民主主义社会	罗平汉
	讲座：中国共产党夺取全国政权的历史经验	刘宝东
	《论十大关系》与中国社会主义建设	谢春涛
	讲座：十一届三中全会以前党对中国社会主义建设道路的探索	曹 普
	中国特色社会主义道路的开创和拓展	秦 刚
	中国特色社会主义理论体系研究	李君如
	科学发展观研究	李建华
	社会主义初级阶段理论研究	王怀超
	社会主义市场经济理论与经济体制改革	韩保江
	讲座：当代西方经济学主要理论简介	王东京
	加快转变经济发展方式问题研究	杨秋宝
	讲座：当代西方管理学主要理论简介	潘云良
	社会主义初级阶段的收入分配问题研究	赵振华
	社会主义民主政治建设的前沿问题	李良栋
	建设社会主义法治国家的深层思考	张恒山
	改革开放以来的文化发展与我党的文化自觉	田嵩燕
	核心价值体系建设与意识形态创新	周熙明
	社会主义和谐社会问题研究	严书翰
	加快推进以改善民生为重点的社会建设	吴忠民
	当代世界格局与中国和平发展道路	宫 力
	新形势下中国对外开放战略的调整	潘 悦
	提高执政党建设的科学化水平	王长江
	党的执政方式前沿理论问题研究	曹鹏飞
	讲座：苏共失败的教训研究	姜 跃

续 表

班 次	教 学 内 容	授课教师
中青年干部培训一班（第32期）	学习引言	李书磊
	导论：科学对待马克思主义	杨春贵
	马克思主义是科学的世界观和方法论	韩庆祥
	《共产党宣言》与共产党人的历史使命	周为民
	《路德维希·费尔巴哈和德国古典哲学的终结》与哲学领域的革命	边立新
	《资本论》与市场经济的逻辑	王天义
	《社会主义从空想到科学的发展》与社会主义的历史必然性	刘海涛
	列宁晚年著作与社会主义建设的初步探索	贾建芳
	毛泽东思想的科学体系和历史地位	祝 彦
	《新民主主义论》与新民主主义社会	罗平汉
	《论十大关系》与中国社会主义建设	谢春涛
	中国特色社会主义道路的开创和拓展	秦 刚
	科学发展观研究	李建华
	中国社会主义改革的理论与实践	王怀超
	社会主义市场经济理论与经济体制改革	韩保江
	深入学习和执行《中国共产党章程》，增强党性修养	张晓燕
	毛泽东调查研究的理论与实践	罗平汉
	加快转变经济发展方式研究	杨秋宝
	社会主义初级阶段的收入分配问题	赵振华
	社会主义民主政治建设的前沿问题	李良栋
	建设社会主义法治国家的深层思考	张恒山
	改革开放以来的文化发展与我党的文化自觉	田嵩燕
	核心价值体系建设与意识形态创新	周熙明
	社会主义和谐社会问题研究	向春玲
	加快推进以改善民生为重点的社会建设	吴忠民
	当代世界格局与中国和平发展道路	宫 力
	新形势下中国对外开放战略的调整	潘 悦
	提高执政党建设的科学化水平	王长江
	党的执政方式前沿问题研究	蔡 霞
	党内民主问题研究	高新民
	战略思维的理论与方法	段培君
	国际经济秩序的演变与战略调整	外 请
	国家安全形势新变化与战略应对	孙建杭
	大国崛起中的软实力建设	赵 磊
	中国共产党夺取全国政权的历史经验	刘宝东
	中国共产党长期执政的经验	曹 普
	群众路线与党的群众工作	张荣臣
	苏共失败的教训（案例教学）（1）、（2）、（3）	刘炳香 姜 跃 刘玉瑛

续 表

班 次	教 学 内 容	授课教师
中青年干部培训一班（第32期）	哲学思维与领导能力	贾高建
	提高领导干部处理突发公共事件的能力（案例教学）(1)、(2)、(3)	黄小勇 井 敏 王 军
	提高领导干部依法行政的能力（案例教学）(1)、(2)、(3)	李雅云 王雅琴 张立伟
中青年干部培训二班（第12期）	学习引言	李书磊
	导论：科学对待马克思主义	董德刚
	马克思恩格斯的哲学思想	毛卫平
	西方哲学专题研究：(1) 西方哲学的基本精神	杨玉成
	《关于费尔巴哈的提纲》和《路德维希·费尔巴哈和德国古典哲学的终结》导读	边立新
	西方哲学专题研究：(2) 古代西方哲学的基本问题	成官泯
	《德意志意识形态》（节选）导读	侯 才
	西方哲学专题研究：(3) 近现代西方哲学的主要流派	郭大为
	西方社会思潮专题研究：(1) 西方马克思主义评介	张 严
	《资本论》（第一卷）导读	张慧君
	《资本论》（第二卷）导读	李继文
	《资本论》（第三卷）导读	王天义
	马克思恩格斯的社会主义思想	秦 刚
	西方社会思潮专题研究：(2) 民主社会主义评析	常欣欣
	《社会主义从空想到科学的发展》导读	刘海涛
	西方社会思潮专题研究：(3) 新自由主义评析	李绍猛
	《共产党宣言》导读	牛先锋
	世界社会主义专题研究：(1) 当代世界社会主义的发展态势	孙劲松
	列宁晚年著作导读	叶庆丰
	世界社会主义专题研究：(2) 西方发达国家的新社会运动	孟 鑫
	世界社会主义专题研究：(3) 发展中国家的民族社会主义	朱可辛
	毛泽东思想的科学体系和历史地位	祝 彦
	《实践论》、《矛盾论》导读	刘毅强
	《新民主主义论》导读	罗平汉
	中共党史专题研究：(1) 中国特色革命道路的开辟	刘宝东
	中共党史专题研究：(2) 延安整风与马克思主义中国化	卢 毅
	中共党史专题研究：(3) 中国共产党夺取全国政权的历史经验	刘宝东
	中共党史专题研究：(4) 建立新中国的构想及实践	张旭东
	《论十大关系》导读	谢春涛
	中国社会主义革命和建设的历史经验	曹 普
	中国改革开放的历程与经验	谢春涛

续 表

班 次	教 学 内 容	授课教师
中青年干部培训二班（第12期）	苏共失败的教训（案例教学）（1）、（2）、（3）、（4）	姜 跃 赵绪生 王 瑜 谢 峰
	中国特色社会主义理论体系研究	宋福范
	科学发展观研究	李建华
	社会主义初级阶段理论	王怀超
	社会主义市场经济理论与经济体制改革	孙小兰
	经济学与管理学专题研究：（1）西方微观经济学主要理论	胡希宁
	转变经济发展方式与经济结构调整	韩保江
	经济学与管理学专题研究：（2）西方宏观经济学主要理论	于永臻
	中国特色工业化道路研究	曹 立
	经济学与管理学专题研究：（3）现代管理理论	潘云良
	农村改革与农村经济发展	徐祥临
	我国金融体制改革问题研究	董艳玲
	社会主义初级阶段的收入分配问题研究	赵振华
	世界经济专题研究：（1）国际经济秩序演变及其趋势	陈建奇
	世界经济专题研究：（2）金融全球化的发展及其影响	刘 东
	世界经济专题研究：（3）世界产业结构变化态势及其影响	周天勇
	历史讲座：（1）中国古代官制	张 军
	历史讲座：（2）中国古代中央决策制度	赵璐璐
	历史讲座：（3）历史视野中的辛亥革命	刘悦斌
	深入学习和执行《中国共产党章程》，增强党性修养	张晓燕
	毛泽东的读书生活	陈 晋
	周恩来的人格风范	李庆刚
	毛泽东调查研究的理论与实践	罗平汉
新疆地厅级民族干部培训班（第61期）	学习引言	李书磊
	马克思恩格斯的哲学思想	毛卫平
	马克思恩格斯列宁的社会主义思想	叶庆丰
	马克思恩格斯的经济学思想	王天义
	《共产党宣言》导读	牛先锋
	《路德维希·费尔巴哈和德国古典哲学的终结》导读	阮 青
	列宁晚年著作导读	贾建芳
	毛泽东思想的科学体系与历史地位	谢春涛
	中共党史专题研究：（1）中国特色革命道路的开辟	刘宝东
	毛泽东新民主主义理论	罗平汉
	中共党史专题研究：（2）延安整风与马克思主义中国化	卢 毅
	毛泽东哲学思想	刘毅强
	毛泽东对中国社会主义建设道路的探索	李庆刚
	中共党史专题研究：（3）毛泽东调查研究的理论与实践	罗平汉

续 表

班 次	教 学 内 容	授课教师
新疆地厅级民族干部培训班（第61期）	中共党史专题研究：（4）十一届三中全会与伟大历史转折	曹 普
	中国特色社会主义理论体系是当代中国的马克思主义	王中汝
	深入贯彻落实科学发展观	董振华
	在“以人为本”的基点上继续解放思想	郑湘娟
	社会主义初级阶段理论	刘俊杰
	中国社会主义改革的理论与实践	郭 强
	社会主义市场经济理论与实践	韩保江
	走中国特色工业化道路问题	李继文
	可持续发展问题研究	贾华强
	积极稳妥地推进社会主义民主政治建设	赵虎吉
	推进依法行政	王雅琴
	文化认同与边疆稳定	徐 平
	社会主义和谐社会问题研究	王道勇
	中国特色国际战略研究	宫 力
	中国的周边环境与国家安全	孙建杭
	提高执政党建设的科学化水平	戴焰军
	党群关系问题研究	祝灵君
	领导能力训练：（1）现代领导能力（案例教学）	刘玉瑛
	领导能力训练：（2）提高突发事件应对能力（案例教学）	刘永艳
	领导能力训练：（3）决策民主化科学化（案例教学）	王 军
	领导能力训练：（4）提高互联网时代的舆论引导能力	秦 露
	西部大开发专题研究：（1）西部地区转变经济发展方式问题研究	王君超
	西部大开发专题研究：（2）新疆实施优势资源转换战略研究	李 鹏
	西部大开发专题研究：（3）国外地区开发经验研究	潘 悦
	中国特色社会主义民族宗教理论专题研究：（1）新疆历史若干问题研究	蒲长春
	中国特色社会主义民族宗教理论专题研究：（2）我国现阶段的民族问题和民族政策	张建新
	中国特色社会主义民族宗教理论专题研究：（3）我国现阶段的宗教问题和宗教政策	蒲长春
	中国特色社会主义民族宗教理论专题研究：（4）新疆民族问题研究（研讨式教学）	张建新
	中国特色社会主义民族宗教理论专题研究：（5）我国民族区域自治问题研究	外 请
	中国特色社会主义民族宗教理论专题研究：（6）当前新疆反对“三股势力”的斗争	学员主讲
	中国传统文化专题研究：（1）如何看待当前的国学热	王 杰
	中国传统文化专题研究：（2）周易与中国文化	王 峰
	中国传统文化专题研究：（3）禅宗与中国文化	陈中浙
	西方经济学与管理学专题研究：（1）西方宏观经济学主要理论	胡希宁

续表

班次	教学内容	授课教师
新疆地厅级民族干部培训班（第61期）	西方经济学与管理学专题研究：（2）西方新制度经济学主要理论	谢鲁江
	西方经济学与管理学专题研究：（3）现代管理学主要理论	陈宇学
	政治学专题研究：（1）民主的历史发展	齐　惠
	政治学专题研究：（2）权力制约理论研究	刘启云
	政治学专题研究：（3）基层群众自治问题研究	孙培军
	世界经济专题研究：（1）区域经济一体化与中国的区域合作	纪　军
	世界经济专题研究：（2）国际直接投资与中国的开放经济	潘　悦
	世界经济专题研究：（3）国际金融深化与中国的金融发展	刘　东
	战略学专题研究：（1）战略思维理论与方法	段培君
	战略学专题研究：（2）博弈思维与战略决策	胡　卫
	战略学专题研究：（3）系统思想与战略思维	庞元正
	当代世界社会主义专题研究：（1）当代世界社会主义的发展态势	胡振良
	当代世界社会主义专题研究：（2）西方发达国家的新社会运动	孟　鑫
	当代世界社会主义专题研究：（3）发展中国家的民族社会主义	杨玲玲
新疆县处级民族干部培训班（第62期）	学习引言	李书磊
	马克思列宁主义基本问题概论	牛先锋
	《共产党宣言》导读	李海青
	《路德维希·费尔巴哈和德国古典哲学的终结》导读	边立新
	《资本论》导读	曹　立
	毛泽东思想基本问题概论	陈雪薇
	毛泽东著作选读	外　请
	中国特色社会主义理论体系是当代中国的马克思主义	宋福范
	中国特色社会主义道路的历史由来	谢春涛
	深入贯彻落实科学发展观	邱耕田
	解放思想，实事求是，与时俱进	阮　青
	社会主义市场经济理论与经济体制改革	孙小兰
	加快转变经济发展方式问题研究	董艳玲
	积极稳妥地推进社会主义民主政治建设	刘学军
	加快建设社会主义法治国家	张恒山
	现代化进程中的文化发展问题研究	徐　平
	文化建设与文化遗产保护	马奔腾
	社会主义和谐社会问题研究	张　瑞
	以改善民生为重点的社会建设问题研究	林　梅
	执政党建设前沿问题研究	戴焰军
	当代世界格局与中国和平发展道路	赵　磊
	中华民族多元一体格局的形成与发展	外　请
	中国特色社会主义民族理论及我国现阶段的民族问题	张建新
	中国特色社会主义宗教理论及我国现阶段的宗教问题	蒲长春

续 表

班 次	教 学 内 容	授课教师
新疆县处级民族干部培训班（第62期）	正确认识和处理新疆的民族宗教问题（研讨式教学）	张建新
	中国共产党领导人民夺取全国政权的成就与经验	刘宝东
	中国共产党领导社会主义革命和建设的成就与经验	罗平汉
	中国共产党领导改革开放和现代化建设的成就与经验	陈 述
	中国共产党在新疆执政的成就与经验	李国芳
	新疆跨越式发展问题研究	外 请
	新疆长治久安问题研究	祝灵君
	新疆实施优势资源转换战略研究	李 鹏
	新疆城市社会建设与流动人口问题研究	徐 平
	新疆生态建设与可持续发展问题研究	赵建军
	中亚格局与新疆周边国际环境研究	高祖贵
	当前新疆反对“三股势力”的斗争	孙建杭
	新疆的历史发展	厉 声
	新疆民族发展史	厉 声
	新疆宗教演变史	蒲长春
	提高驾驭全局的战略思维能力	杨信礼
	提高领导干部科学执政的能力（案例教学）	蔡志强
	提高领导干部应急管理能力（案例教学）	黄小勇
	提高演讲水平与沟通能力	刘玉瑛
	提高互联网时代的舆论引导能力	秦 露
	文化专题讲座：边陲万古（一）：唐诗欣赏	梅敬忠
	文化专题讲座：边陲万古（二）：宋词欣赏	梅敬忠
	文化专题讲座：日月明觉：《福乐智慧》赏析	刘 忱
	文化专题讲座：昆仑名器：和田玉与中国玉文化	巫新华
	文化专题讲座：如章如潮：当代作家写新疆	王 蒙
半年制西藏民族干部培训班（第46期）	学习引言	李书磊
	马克思恩格斯的哲学思想	王晓林
	马克思恩格斯的经济学思想	张慧君
	马克思恩格斯列宁的社会主义思想	韩云川
	《共产党宣言》导读	李海青
	《〈政治经济学批判〉序言》导读	边立新
	毛泽东思想的科学体系与历史地位	陈 述
	中共党史专题研究：（1）中国特色革命道路的开辟	刘宝东
	毛泽东新民主主义理论	罗平汉
	毛泽东哲学思想	刘毅强
	中共党史专题研究：（2）延安整风与马克思主义中国化	祝 彦
	中共党史专题研究：（3）建立新中国的构想及实践	李国芳
	毛泽东对中国社会主义建设道路的探索	李庆刚
	中共党史专题研究：（4）十一届三中全会与伟大历史转折	曹 普
	中国特色社会主义理论体系是当代中国的马克思主义	王 莉

续表

班次	教学内容	授课教师
半年制西藏民族干部培训班（第46期）	中国特色社会主义理论体系的哲学基础	阮　青
	深入贯彻落实科学发展观	朱辉宇
	中国社会主义改革的理论与实践	张　弥
	社会主义和谐社会问题研究	赵　宏
	社会主义市场经济理论与实践	李旭章
	走中国特色工业化道路问题	曹　立
	新农村建设问题	刘艳梅
	积极稳妥地推进社会主义民主政治建设	李良栋
	加快建设社会主义法治国家	张立伟
	改革开放以来的文化变迁与我党的文化自觉	赵　峰
	推动社会主义文化大发展大繁荣的若干重要问题	李媛媛
	中国特色国际战略研究	罗建波
	祖国统一大业与一国两制	张仕荣
	提高执政党建设的科学化水平	戴焰军
	党群关系问题研究	赵绪生
	西部开发开放专题研究：（1）可持续发展问题研究	刘振英
	西部开发开放专题研究：（2）西部地区转变经济发展方式问题研究	曹　新
	西部开发开放专题研究：（3）国外地区开发经验研究	潘　悦
	领导能力训练：（1）现代领导能力（案例教学）	谢　峰
	领导能力训练：（2）提高领导干部应急管理能力（案例教学）	王　静
	领导能力训练：（3）提高演讲水平与沟通能力	刘玉瑛
	领导能力训练：（4）提高互联网时代的舆论引导能力	秦　露
	中国特色社会主义民族宗教理论研究：（1）中国特色社会主义民族理论	靳　薇
	中国特色社会主义民族宗教理论研究：（2）我国现阶段的民族问题和民族政策（案例教学）	靳　薇
	中国特色社会主义民族宗教理论研究：（3）我国民族区域自治问题研究	外　请
	中国特色社会主义民族宗教理论研究：（4）当前西藏的反分裂斗争	外　请
	中国特色社会主义民族宗教理论研究：（5）中国特色社会主义宗教理论	胡　岩
	中国特色社会主义民族宗教理论研究：（6）我国现阶段的宗教问题和宗教政策（研讨式教学）	胡　岩
	中国传统文化专题研究：（1）如何看待当前的国学热	王　杰
	中国传统文化专题研究：（2）周易与中国文化	王　峰
	中国传统文化专题研究：（3）禅宗与中国文化	陈中浙
	西方经济学与管理学专题研究：（1）西方宏观经济学主要理论	于永臻
	西方经济学与管理学专题研究：（2）西方新制度经济学主要理论	袁　辉

续 表

班 次	教 学 内 容	授课教师
半年制西藏民族干部培训班（第46期）	西方经济学与管理学专题研究：（3）现代管理学主要理论	潘云良
	政治学专题研究：（1）民主的历史发展	齐 惠
	政治学专题研究：（2）权力制约理论研究	刘启云
	政治学专题研究：（3）基层群众自治问题研究	孙培军
	世界经济专题研究：（1）区域经济一体化与中国的区域合作	纪 军
	世界经济专题研究：（2）国际金融深化与中国的金融发展	刘 东
	世界经济专题研究：（3）国际直接投资与中国的开放经济	潘 悦
	社会学专题研究：（1）社会阶层结构研究	青连斌
	社会学专题研究：（2）社会管理与社会和谐	陈天林
	社会学专题研究：（3）社会政策与行动研究	李慧英
	战略学专题研究：（1）战略思维理论与方法	段培君
	战略学专题研究：（2）博弈思维与战略决策	胡 卫
	战略学专题研究：（3）系统思想与战略思维	庞元正
一年制西藏民族干部培训班（第47期）	学习引言	李书磊
	马克思列宁主义基本问题概论	叶庆丰
	毛泽东思想基本问题概论	柳建辉
	中国特色社会主义理论体系概论	毛卫平
	马克思主义的一脉相承和与时俱进	董德刚
	马克思主义哲学是科学的世界观和方法论	侯 才
	唯物主义辩证法	王晓林
	辩证唯物主义认识论	何建华
	社会基本矛盾	焦佩锋
	社会意识和文化	朱辉宇
	科学技术及其社会作用	赵建军
	人民群众和个人在历史上的作用	董振华
	哲学思维与领导方法	刘毅强
	公共管理学讲座：（1）公共管理基本理论	黄小勇
	公共管理学讲座：（2）应急管理基本理论	王 军
	公共管理学讲座：（3）服务型政府基本理论	井 敏
	法学讲座：（1）法理学的原理与原则	王立峰
	法学讲座：（2）宪法学的原理与原则	傅思明
	法学讲座：（3）民法学的原理与原则	王 静
	法学讲座：（4）行政法学的原理与原则	王 红
	法学讲座：（5）刑法学的原理与原则	高长见
	商品货币理论	赵振华
	剩余价值生产与分配理论	王天义
	资本循环和社会资本再生产理论	赵锦辉
	信用与股份公司理论	李省龙
	经济学管理学讲座：（1）西方经济学主要理论	郭 威
	经济学管理学讲座：（2）现代管理学主要理论	李 蕾

续表

班次	教学内容	授课教师
一年制西藏民族干部培训班（第47期）	经济学管理学讲座：（3）现代金融学主要理论	董艳玲
	经济学管理学讲座：（4）公共财政学主要理论	梁　朋
	国际政治讲座：（1）国际政治与国际战略环境的构建	马小军
	国际政治讲座：（2）国外反分裂斗争的经验与启示	张仕荣
	国际政治讲座：（3）南亚局势与中印关系	秦治来
	科学社会主义的创立和基本理论	康晓强
	社会主义本质	门晓红
	社会主义发展阶段	冯书泉
	社会主义的历史命运	徐浩然
	中国特色社会主义民族理论	靳　薇
	我国现阶段的民族问题和民族政策	靳　薇
	中国特色社会主义宗教理论	胡　岩
	我国现阶段的宗教问题和宗教政策	胡　岩
	正确认识和处理西藏的民族宗教问题（研讨式教学）	胡　岩
	西藏民族问题（案例教学）	靳　薇
	西藏周边国家和地区的民族宗教问题	外　请
	统一多民族国家的形成与发展	张　军
	社会发展与文化变迁	徐　平
	世俗化与宗教文化	徐　平
	伦理学讲座：（1）马克思主义伦理学基本问题	靳凤林
	伦理学讲座：（2）发展伦理问题	杨信礼
	伦理学讲座：（3）生态伦理问题	任俊华
	中国古典文学讲座：（1）心曲初唱——先秦至南北朝文学	张　文
	中国古典文学讲座：（2）盛世诗潮——隋唐宋文学	马奔腾
	中国古典文学讲座：（3）人间画卷——元明清文学	廖小鸿
市地党政主要领导干部任职培训班（第1期）	专题报告：中国特色社会主义理论体系	秦　刚——中央党校马克思主义理论教研部副主任、教授
	专题报告：深入贯彻落实科学发展观	李建华——中央党校哲学教研部教授
	专题报告：关于民生建设问题	窦玉沛——民政部党组成员、副部长
	专题报告：完善中国特色社会主义法律体系和全面落实依法治国基本方略	信春鹰——全国人大常委会法制工作委员会副主任
	情景模拟：媒体新形势下的舆论引导与新媒体运用	李希光——清华大学新闻学院教授
	专题报告：宏观经济形势和推动我国经济又好又快发展	毕吉耀——国家发展和改革委员会对外经济研究所所长
	专题报告：转变经济发展方式与“十二五”规划	王一鸣——国家发展和改革委员会宏观经济研究院副院长
	中国书法艺术鉴赏	陈中浙——中央党校哲学教研部教授
	专题报告：当前财政发展改革有关问题	李　勇——财政部副部长

续 表

班 次	教 学 内 容	授 课 教 师
市地党政主要领导干部任职培训班（第1期）	专题报告：环境保护问题	杨朝飞——中国环境科学学会副理事长
	案例教学：我国应急管理的实践与思考	闪淳昌——国务院参事、国务院应急管理专家组组长
	专题报告：中国特色农业现代化道路研究	韩　俊——国务院发展研究中心副主任
	专题报告：城乡规划和城镇化建设	仇保兴——住房和城乡建设部副部长
	专题报告：党的民族和宗教工作	朱维群——中央统战部常务副部长
	专题报告：提高驾驭全局的战略思维能力	杨春贵——中央党校原副校长
	专题报告：加强基层党组织建设	王秦丰——中央组织部副部长
	案例教学：完善科学民主的决策机制	刘炳香　吴　辉　曹鹏飞　王憧棋 郑　琦　张　弛 ——中央党校党的建设教研部
	专题报告：领导班子和干部队伍建设	张纪南——中央组织部副部长
	专题报告：领导干部要作廉洁自律的模范	姚增科——中央纪律检查委员会委员、监察部副部长
县委书记任职培训班（第4期）	专题报告：坚持用中国特色社会主义理论体系武装头脑	秦　刚——中央党校马克思主义理论教研部副主任、教授
	专题报告：深入贯彻科学发展观	李建华——中央党校哲学教研部教授
	专题报告：领导班子和干部队伍建设	张纪南——中央组织部副部长
	专题报告：学习贯彻党的十七届六中全会精神	蒋建国——新闻出版总署副署长
	专题报告：深刻领会胡锦涛总书记“七一”重要讲话精神	曹　普——中央党校中共党史教研部副主任、教授
	案例教学：完善科学民主的决策机制	刘炳香　吴　辉　曹鹏飞　王憧棋 郑　琦　张　弛 ——中央党校党的建设教研部
	专题报告：领导干部要做廉洁自律的模范	宋大军——中央纪律检查委员会党风室正局级副主任
	专题报告：转变经济发展方式与“十二五”规划	袁喜禄——国家发展和改革委员会规划司副司长
	专题报告：环境保护问题	万本太——环境保护部总工程师
	专题报告：积极发展现代农业	梁田庚——农业部党组成员、人事劳动司司长
	专题报告：城乡规划和城镇化建设	仇保兴——住房和城乡建设部副部长
	专题报告：关于民生建设问题	窦玉沛——民政部副部长
	专题报告：城乡收入分配结构调整问题	赵振华——中央党校经济学教研部主任、教授

续表

班次	教学内容	授课教师
县委书记任职培训班（第4期）	专题报告：党的民族政策和宗教政策	朱维群——中央统战部常务副部长
	专题报告：关于机构编制问题	何建中——中央机构编制委员会办公室副主任
	专题报告：创新社会管理与维护社会稳定	王其江——中央政法委副秘书长
	专题报告：加强基层党组织和政权建设	王秦丰——中央组织部副部长
	案例教学：依法应对和处置群体性事件	严鹏程——国务院应急管理办公室副巡视员
	专题报告：财税金融知识与政策	王　军——财政部副部长
	学员座谈会：社会管理及其创新	中央和国家有关部委
	专题报告：提高驾驭全局的战略思维能力	杨春贵——中央党校原副校长
	情景模拟：媒体新形势下的舆论引导与突发事件应对	李希光——清华大学新闻学院教授
“中国特色国有企业发展道路”专题研讨班	当前经济形势与经济政策	田应奎
	后危机时期经济发展方式的战略性转变	韩保江
	现代企业制度与公司治理结构	潘云良
	金融体制改革与国有企业金融环境研究	董艳玲
	国有企业改革与发展的制度经济学分析	谢鲁江
	国有企业管理创新问题研究	张玉杰
	提升中国企业国际创新力研究	李　蕾
	当代国际贸易格局变化与走势	潘　悦
	把握产业变革中的机遇与挑战（案例教学）	李东生
党校系统与“公共管理公共政策”师资培训班	服务型政府与基本公共服务均等化	井　敏
	社会管理及其创新	向春玲
	公共管理的基本理论	黄小勇
	中国特色社会主义理论体系研究	秦　刚
	政府公共关系的理论与实践	牟卫民
	危机管理的理论与实践	王　军
	我党选拔培养女干部的经验与政策	李忠杰
	中国妇女参政问题研究	谭　琳
	妇女人权与国际法律框架	白桂梅
	中国妇女权益保障的法律体系	李明舜
	提高社会性别主流化功能	刘伯红

（根据中央党校2012年春季学期各班次教学计划整理）

附 2：

“形势与任务”报告讲题与报告人

讲课题目	报告人
世界经济走势和我国财政政策	王　军——财政部副部长
当前国际形势和我国对外工作	杨洁篪——外交部部长
两岸关系及台湾问题面临的机遇与挑战	王　毅——中央台湾工作办公室主任
学习贯彻党的十七届六中全会精神	蒋建国——新闻出版总署副署长
加强舆论引导工作	蔡名照——中央宣传部副部长
宗教问题与宗教政策	王作安——国家宗教局局长
国有企业改革及相关问题争论	邵　宁——国务院国有资产监督管理委员会副主任
银监会的任务和银行业的改革发展	尚福林——中国银行业监督管理委员会主席
关于正确处理新阶段工农城乡关系推进“三化同步”的几个问题	韩长赋——农业部部长
当前经济形势和经济工作	朱之鑫——中央财经领导小组办公室主任、国家发展和改革委员会副主任
新型城镇化从概念到行动	仇保兴——住房和城乡建设部副部长
加快推进我国工业和信息化科学发展	苗　圩——工业和信息化部部长
周边形势	傅　莹——外交部副部长
关于新时期我国教育改革发展的形势与任务	袁贵仁——教育部部长
在新形势下推进民政事业改革发展	李立国——民政部部长
关于对外宣传和互联网新闻宣传工作	王　晨——中央宣传部副部长、中央对外宣传办公室主任

（教务部供稿人：金　晶）

附 3：

“当代世界报告”讲题与报告人

课程名称	讲课题目	报告人
当代世界经　济	当代世界经济的主要趋势	张伯里——中央党校副校长、教授
	当代国际金融格局变化与未来走势	张红力——中国工商银行副行长
	当代国际贸易格局变化与未来走势	潘　悦——中央党校国际战略研究所副所长、教授

续 表

课程名称	讲课题目	报告人
当代世界法制	当代世界法治与中国特色的司法制度	胡云腾——最高人民法院研究室主任
	当代行政法的发展	应松年——中国政法大学教授
	我国海洋权益的维护与国际法	吴　惠——国际关系学院院长助理、教授
当代世界科技	战略高科技发展趋势	汪成为——中国工程院院士、北京航空航天大学教授
	低碳技术与能源利用方式转变	赵建军——中央党校哲学教研部教授
当代世界军事	当前世界军事发展态势	肖天亮——国防大学战略教研部副主任、少将
	当前大国军事战略转型及启示	赵　丕——军事科学院世界军事研究部部长
当代世界政治	当代国际政治发展态势	刘建飞——中央党校国际战略研究所副所长、教授
	中美关系演变及发展趋势	宫　力——中央党校国际战略研究所所长、教授
当代世界思潮	西方人本主义哲学思潮	丁东红——中央党校哲学教研部教授
	西方文化与文明问题的哲学思考	李晓兵——中央党校哲学教研部副主任、教授
当代世界民族宗教	世界民族宗教发展趋势及对我国的影响	龚学增——中央党校科学社会主义教研部教授
	当代伊斯兰主义的发展态势及影响	高祖贵——中央党校国际战略研究所教授

（教务部供稿人：金　晶）

附4：

选修课讲题与授课教师

全校选听讲座

讲课题目	授课教师
中医养生与亚健康治疗	曹洪欣——中国中医科学院教授、首席研究员、博士生导师
走进音乐世界	周海宏——中央音乐学院副院长、教授
儒释道与中国文化	王　杰——中央党校哲学教研部教授
《红楼梦》与中国文化	梅敬忠——中央党校文史教研部教授
朝鲜半岛局势与东北亚安全	孙建杭——中央党校国际战略研究所教授
海权维护与中国主权领土安全	马小军——中央党校国际战略研究所教授
如何发布新闻及与媒体打交道	郭卫民——国务院新闻办公室一局局长
中国书画艺术赏析	陈中浙——中央党校哲学教研部教授
领导者的演讲艺术	闻　闸——中央教育电视台播音指导、教授
中国人口与社会发展	原　新——南开大学人口与发展研究所教授
人文的城市	陈宇飞——中央党校文史教研部副教授
管理创新	张玉杰——中央党校经济学教研部教授
《史记》与中国文化	赵璐璐——中央党校文史教研部历史学博士
《资治通鉴》与为政之道	张　军——中央党校文史教研部副教授

中共党史专题讲座

讲课题目	授课教师
陈独秀的历史功过	祝　彦——中央党校中共党史教研部教授
朱毛之争与党内民主	罗平汉——中央党校中共党史教研部教授
中国共产党的隐蔽战线	徐　焰——国防大学战略教研部教授、少将
毛泽东的领导智慧和决策风格	陈　晋——中央文献研究室副主任、研究员
“文化大革命”及其教训	曹　普——中央党校中共党史教研部副主任、教授
从结盟到破裂的中苏关系	沈志华——华东师范大学冷战史研究中心主任、教授
社会主义市场经济体制目标的确立	沈传亮——中央党校中共党史教研部副教授
中国共产党知识分子政策的历史演变	杨凤城——中国人民大学中共党史系主任、教授

电视选修课

项目	讲课题目	授课教师
学习贯彻党的十七大精神专题讲座	中国特色社会主义若干重大问题研究	严书翰
	中国特色社会主义理论的形成和发展	谢春涛
	科学发展观若干前沿问题	庞元正
	国际金融危机后中国经济结构调整战略研究	韩保江
	全面建设小康社会的新要求	刘海涛
	发展社会主义民主政治	李良栋
	十七大关于推进文化大发展大繁荣的新思路	周熙明
	以改善民主为重点，加强社会建设	青连斌
	十七大在对外关系理论上的创新	宫　力
	以改革创新精神全面推进党的建设新的伟大工程	张志明
马克思主义原著导读	恩格斯《路德维希·费尔巴哈和德国古典哲学的终结》导读	张绪文
	列宁《谈谈辩证法问题》导读	何建华
	马克思《资本论》导读（一）、（二）、（三）	张燕喜 李省龙 王天义
	《共产党宣言》导读	韩云川
	《社会主义从空想到科学的发展》导读	刘海涛
国际政治专题讲座	中国国家安全环境现状与走势	亓成章
	联合国改革与我国的多边外交	刘建飞
	中俄关系现状与走势	左凤荣
	中国和平发展道路与国际战略	康绍邦
综合讲座	深入学习贯彻党的十七届六中全会精神，更加自觉更加主动地建设社会主义文化强国	蔡　武
	《周易》与中国传统文化	王　峰
	扩大内需与收入结构分配调整问题研究	赵振华
	现代管理学主要理论	潘云良
	基本公共服务均等化与财税体制改革	梁　朋
	当前我国社会就业问题研究	徐平华

续表

项目	讲课题目	授课教师
综合讲座	加快城乡经济社会一体化发展	施红
	加快转变经济发展方式问题研究	李鹏
	区域经济协调发展问题研究	张汉飞
	国际金融格局变化与中国的金融发展	陈启清
	现代金融理论与金融体制改革	董艳玲
	新型工业化道路问题研究	曹立
	公共卫生与社会危机	靳薇
	性别失衡与社会危机	李慧英
	公共财政法治化研究	孙学博
	强化城乡社区自治与服务功能问题研究	孙培军
	延安整风新论	李东朗
	胡耀邦与拨乱反正	陈述
	深刻领会胡锦涛同志在中国共产党成立90周年庆祝大会上的重要讲话精神	谢春涛
	西方执政党党内民主研究	谢峰
	领导人才战略	李民
	从闭关到开放——中国近代化的起始	刘悦斌
	中国古代的治国方略	岑大利
	中国古代用人之道	齐惠
	推进现代国家制度建设	张勇
	财政运行法治化	王伟
学员论坛和“两带来”问题解答	学员论坛（一）	培训部
	学员论坛（二）	进修部
	“两带来”问题探析（一）	贾华强
	“两带来”问题探析（二）	党的建设教研部

校园网网上选修课

项目	讲课题目	授课教师
学习贯彻党的十七大精神专题讲座	中国特色社会主义若干重要问题研究	严书翰
	中国特色社会主义理论的形成和发展	谢春涛
	科学发展观若干前沿问题	庞元正
	现代产业结构调整与演进规律研究	韩保江
	加快转变经济发展方式问题研究	杨秋宝
	统筹城乡协调发展问题研究	徐祥临
	全面建设小康社会的新要求	刘海涛
	发展社会主义民主政治	李良栋
	十七大关于推进文化大发展大繁荣的新思路	周熙明
	以改善民生为重点，加强社会建设	青连斌
	十七大在对外关系理论上的创新	宫力
	以改革创新精神全面推进党的建设新的伟大工程	张志明

续 表

项 目	讲 课 题 目	授课教师
加强党的执政能力建设专题讲座	党的执政能力建设是党执政后的一项根本建设	刘炳香
	党执政的主要经验研究	柳建辉
	提高发展社会主义民主政治的能力	李良栋
	提高建设社会主义先进文化的能力	戴木才
	提高构建社会主义和谐社会的能力	贾建芳
	提高应对国际局势和处理国际事务能力	康绍邦
马克思主义原著导读	恩格斯《路德维希·费尔巴哈和德国古典哲学的终结》导读	张绪文
	列宁《谈谈辩证法问题》导读	何建华
	马克思《资本论》导读（一）、（二）、（三）	张燕喜 李省龙 王天义
	马克思和恩格斯《共产党宣言》导读	韩云川
	恩格斯《社会主义从空想到科学的发展》导读	刘海涛
社会学专题讲座	社会学的基本理论和方法	青连斌
	阶级阶层理论	谢志强
	社区理论与实践	李慧英
	社会政策	李慧英
	社会变迁	向春玲
	社会调查	林 梅
	中国现阶段社会阶层结构分析	谢志强
	维护社会公正促进社会和谐	吴忠民
	刑事法治与人权保障	高长见
科学技术与社会专题讲座	科学精神与科学方法	傅 立
	信息社会的哲学解释	王克迪
	气候变化与可持续发展	赵建军
	系统科学与管理创新	李建华
文化学专题讲座	中国城市发展的文化动力研究	陈宇飞
	中国教育面临的深层次问题	刘景录
	新媒体对当代社会的影响研究	秦 露
	近代以来中西文化的相遇、冲突与融合	刘景录
	悲从何来——文学作品中的悲剧意识	范玉刚
	道德重建与社会整合	赵 峰
	民国文人传统的特色	王学斌
	古都的近代之路：近代北京城市规划与建设	王 煦
伦理学专题讲座	马克思主义伦理学基本问题	孙向军
	行政伦理问题研究	靳凤林
	发展伦理问题研究	邱耕田
	中国传统伦理研究	刘余莉
	现代西方伦理思潮	梁晓杰
政党学专题讲座	执政党建设问题研究	王长江
	政党制度类型比较研究	谢 峰
	发展中国家的政党政治	姜 跃

续 表

项 目	讲 课 题 目	授课教师
政党学专题讲座	党内选举制度改革	蔡 霞
	党内民主研究	蔡 霞
	执政党与媒体发展	高新民
	建国前党局部执政的实践及其意义	张希贤
	现代企业制度与党的建设	蔡 霞
	台湾政党政治研究	王 瑜
	国外共产党的现状	耿克民
领导科学专题讲座	领导能力提升	刘炳香
	领导干部的语言艺术	刘玉瑛
	领导心理调适	刘余莉
	领导干部的外交礼仪	张 明
	思想政治教育的理论与方法	李俊伟
中共党史专题讲座	陈独秀的历史功过	祝 彦
	王明再认识	刘晶芳
	人民公社化运动与公社体制	罗平汉
	1959 年庐山会议及其教训	谢春涛
	中苏论战与“反修防修”	李 瑗
	刘少奇冤案的形成	王海光
	十一届三中全会的历史转折	陈 述
	国内外毛泽东研究述评	罗平汉
	离休后的邓小平	陈雪薇
	当代中国政治体制的历史演变	韩 钢
	中国共产党领导的多党合作制的由来和发展	李 瑗
	深刻领会胡锦涛同志在中国共产党成立 90 周年庆祝大会上的重要讲话精神	谢春涛
中国哲学专题讲座	如何看待当前的国学热	王 杰
	儒释道与中国文化	王 杰
	孔子与中国文化	王 峰
	周易入门	王 峰
	禅宗与中国文化	陈中浙
	中国古代的生态哲学	任俊华
	中国传统哲学的基本精神	王 杰
国际政治专题讲座	东亚秩序视角下的中日关系	马小军
	中韩关系与东北亚合作	高祖贵
	俄罗斯的发展趋势与中俄关系	左凤荣
	印度的战略走势与中印关系	康邵邦
	中美日俄综合国力的国际比较	门洪华
	国际反恐怖主义斗争问题	马小军
	美国的意识形态外交与我国的应对策略	刘建飞
	上海合作组织与反对三股恶势力的斗争	孙建杭
	国际冲突与中国参与联合国维和	赵 磊

续 表

项 目	讲 课 题 目	授课教师
国际政治专题讲座	国际关系的传媒透视	秦治来
	核军控与防止核扩散	孙东方
	在华外国非政府组织研究	杨 青
	美国两条现代化道路之争	刘 婷
世界经济专题讲座	跨国公司投资及其对中国经济的影响	潘 悦
	转型国家经济状况及启示	纪 军
	日本泡沫经济的教训	孙仲涛
	后危机时期美国经济的战略政策调整及其启示	陈建奇
	积极应对国际贸易摩擦	王金龙
	国际可持续发展战略	史妍媚
国际金融专题讲座	国际金融危机的成因与走势	刘 东
	国际金融格局变化与应对	陈启清
	国际货币体系改革问题研究	陈江生
	人民币国际化问题研究	陈江生
	国际金融深化与中国的金融发展	陈建奇
	欧美主权债务危机演变及其影响	陈建奇
世界民族宗教问题专题讲座	国际视野中的民族冲突与管理	赵 磊
	苏联处理民族宗教问题的经验与教训	左凤荣
	国外处理民族宗教问题与反对民族分裂的经验及启示	张仕荣
	“9·11”以来伊斯兰主义的发展变化	高祖贵
马克思主义国际战略理论专题讲座	马克思恩格斯的国际战略思想	孙建杭
	列宁的国际战略思想与实践	左凤荣
	斯大林的国际战略思想与实践	左凤荣
	毛泽东的国际战略思想与实践	宫 力
	邓小平的国际战略思想与实践	刘建飞
	江泽民的国际战略思想与实践	康绍邦
	胡锦涛的国际战略思想与实践	门洪华
	构建中国大战略的基本框架	门洪华
当代中国外交	战略机遇期与中国对外战略	宫 力
	美国思想库与中美关系	穆占劳
	当代中国的民间外交与公共外交	王红续
	当代中国的外交体制	王红续
	全球化与中国外交	刘德喜
	中国对非洲政策	罗建波
	中国气候外交	周绍雪
	软实力与中国外交	罗建波
	新形势下中国与周边国家关系	康绍邦
海峡两岸关系专题讲座	国际格局变动与海峡两岸关系	宫 力
	中国周边安全与两岸关系	康绍邦
	中央领导集体对台大政方针的调整与发展	郭建平
	美国对台政策与两岸关系	孙建杭

续 表

项 目	讲 课 题 目	授课教师
	台海危机管理	李云龙
	岛内的政治生态变化与两岸关系	张仕荣
文化建设与文化软实力专题讲座	深入学习贯彻党的十七届六中全会精神，更加自觉更加主动地建设社会主义文化强国	蔡 武
	中国软实力评估与增进战略	门洪华
	文化软实力与公共外交	王红续
	大众传媒视野中的软实力建设	秦治来
	软实力与中国外交	罗建波
	文化强国战略与国家形象塑造	赵 磊
	两岸关系中的文化软实力建设	张仕荣
	美国文化软实力建设的主要经验及启示	穆占劳
	欧洲文化软实力建设的主要经验及启示	梁亚滨
	日本文化软实力建设的主要经验及启示	陈积敏
全国党校系统部分精品课	马克思列宁主义基本问题（南京市委党校）	曾向阳
	恩格斯《费尔巴哈论》解读（江苏省委党校）	梁作民
	《资本论》的强大生命力（湖南省委党校）	黄湘燕
	毛泽东思想若干问题研究（安徽省委党校）	胡忠明
其他专题讲座	农民增收问题研究	石 霞
	现代管理学主要理论	潘云良
	基督教伦理与现代西方文明	靳凤林
	中国传统文化与中国式管理	刘余莉
	科学发展观与中国人权保障	张立伟
	可持续发展战略	冯鹏志
	法治政府与可持续发展	刘素华
	生命科学与哲学	李建华
	电子政务与体制创新	蔡德聪
	信息资源开发利用与信息安全	蔡德聪
	社会主义政治文明建设的理论与实践	李良栋
	服务型政府与公共服务均等化	胡 卫
	弘扬中国优秀传统道德，促进社会和谐	刘余莉
	西方马克思主义评介	刘莹珠

电 影 鉴 赏 课

片 名	片 名
金陵十三钗（中国）	凡尔赛拜金女（法国）
太极旗飘扬（韩国）	玛丽和幼犬的故事（日本）
走进毛泽东（中国）	小平，您好！（中国）
教宗的洗手间（巴西）	黑气球（澳大利亚）
情归周恩来（中国）	脱线帝国（美国）

体 育 课

班　　次	教 学 内 容	授 课 教 师
进修部各班次	太极拳、太极剑、网球	谷洪云
培训部中青年干部培训一班、半年制民族干部培训班	太极拳、太极剑、网球	胡德明
培训部中青年干部培训二班	太极拳、太极剑、网球	韩宇红
学员部各班次	乒乓球	韩宇红
培训部一年制民族干部培训班	太极拳、太极剑、练功十八法、网球	何春光

（教务部供稿人：金　晶）

秋季学期教学

2012 年秋季学期，教学教务工作以学习宣传贯彻党的十八大精神为中心，坚持党校姓党，突出抓好理论教育和党性教育。各教研部（所）、学员部和其他教学相关部门认真落实教学计划，围绕提高教学质量积极探索新途径、新办法，较好地完成了本学期的教学任务。

【学习贯彻党的十八大精神】 党的十八大召开后，中央党校校委统一部署，组织全校学员和教职工及时收看党的十八大的有关报道，请参加党的十八大的校领导传达会议精神，集中安排一段时间学习会议精神，并把党的十八大会议的有关文件和辅导材料作为教材配发给每位学员。各教学相关部门围绕学习党的十八大报告、在党校教学中贯彻党的十八大精神开展了丰富多彩的活动。“八部一所”先后召开理论研讨会、学习报告会、教师座谈会、集体备课会等，组织教师共同学习和领会党的十八大报告的深刻内涵，把党的十八大精神贯穿到教学的全过程，体现在课堂讲授、课题研究、研讨交流、教材使用等各个环节。学员部通过举办支部交流、组织生活会等活动，把引导学员学习贯彻党的十八大精神作为党性锻炼的首要任务。

按照招生计划的安排，在 11 月 17 日第二批次入学的进修班中，举办省部级干部“学习贯彻党的十八大精神”高级研修班和厅局级干部“学习贯彻党的十八大精神”研究专题。根据胡锦涛总书记“7·23”重要讲话精神形成两个班次的教学设计初稿，经过反复征集意见，确定教学计划的主体框架和授课教师人选。党的十八大闭幕的当天下午，召集两个班的所有任课教师举行了一场跨部门、跨学科的集体备课会。大家就如何根据党的十八大精神完善教学计划、如何讲好各自承担的教学讲题各抒己见，就完善教学讲题设计，原汁原味地把党的十八大精神贯彻到教学中，从学理上讲深讲透党的十八大精神进行了深入讨论并达成共识。

11 月 24 日至 25 日，在贵州省贵阳市召开全国党校系统第五次教学改革研讨会，常务副校长李景田作了题为《认真学习贯彻党的十八大精神，努力开创党校教学工作新局面》的主题报告。与会代表围绕党校系统贯彻落实党的十八大精神，特别是发挥党校干部教育主渠道、主阵地的作用，做好党的十八大精神进教材、进课堂、进头脑工作，进行讨论与交流。这次会议为全国党校系统在教学中深入贯彻落实党的十八大精神指明了方向，增强了信心。

【保障和提高教学质量】 本学期继续把推动学科建设作为提高教学质量的有力抓手，要求教师在教学中坚持问题导向、学科基础，提高课堂的学术含量。

马克思主义理论教研部举办“科学发展观与当代中国发展”论坛，邀请高校和其他校外研究机构共同研究探讨科学发展观的理论和实践问题，以此提高中央党校“科学发展观”公共课的授课质量。编写《指导思想的与时俱进》教材。

哲学教研部以“中国特色社会主义道路与当代中国哲学发展”为题举办论坛，探讨当代中国哲学如何在中国特色社会主义建设中更好地发挥引领作用。此外，着力打造“战略思维与领导能力”研究专题的品牌，在教学中注重捕捉当前国内外发生的重大战略事件，组织教师和学员进行了 14 次研讨。

经济学教研部本学期将评课现场直接搬到主体班的课堂，依托“转变经济发展方式与经济结构调整”研究专题，组织教研部全体教师随堂听课，课后讲评。接受讲评的教师表示，同行的点评往往很到位，直接并且有效。此外，抓好读书活动，提出讲稿上推荐给学员的书目，教师首先自己要精读，做到对学术框架了然于胸。坚持利用每周例会的时间，组织教师进行读书交流。

科学社会主义教研部针对近几年来学员“两带来”中经常反复提出的问题，比如“什么是社会主义？科学社会主义与中国特色社会主义有什么区别?”等，组织教师进行集中研究，并在教学中有针对性地解疑释惑；此外，对于一些在不同班次均有开设、由不同教师讲授的讲题进行了重点研讨，提高这些常规讲题的讲授质量；针对新疆地厅级民族干部培训班“民族宗教理论研究专题”开设的“当前新疆反对‘三股势力’的斗争”讲题，负责组织教学的民族与宗教理论教研室还充分挖掘学员资源，邀请从事相关工作的学员为教师作学术讲座，共同探讨民族宗教工作的实际问题。

政法教研部高度重视讲稿质量，特别强调讲课内容和讲稿内容要有关联和衔接，杜绝讲课讲稿“两张皮”。调整讲稿审核机制，由原来的分管教学主任负责审核改为教研室主任和分管教学主任的“双审制”。此外，致力于打造教师团队，坚持“整体作战”的思路，强调学术水准、教学质量要有整体提升。本学期通过各种渠道筹措科研经费，资助教师开展公共管理、政治学和法学三大学科的前沿综述，特别要求研究的成果由部内所有教师集体共享。

中共党史教研部强调党史研究要立足于现实问题，以历史为工具来梳理现实问题的发展脉络。本学期聚焦“党内民主”、“土地改革”等主题举办论坛和研讨会。特别是举办“中共党史青年论坛”，以“党内民主与中共历次党代会”为主题，对党的历次党代会上党内民主发展演进的过程进行了全面回顾和总结。这次论坛特别安排了9名青年教师作主题发言，为青年教师涵养学术、尽快融入教学起到了促进作用。

党的建设教研部实行“三个三分之一”，即三分之一的时间用来备课，三分之一的时间用来调研，三分之一的时间用来教学。在三分之一的备课时间里，提倡教员多读学科经典，除了深入学习马克思主义政党建设的相关著作和新时期党的建设文献之外，还要认真阅读政党政治的学术名著以及历史方面的著作。在此基础上，安排教师作读书报告，组织教师集体交流读书心得。

文史教研部致力于整合部内多个学科，倾力打造文化学学科，构建文化学“学术共同体”，通过举办文化沙龙、经典读书会等活动增进学术交流，促进学科融合。在本学期举办的年度学术报告会上，来自部内不同学科背景的教师围绕城市文化、中国古代政治制度等主题分别作报告，促进了各学科间相互借鉴、融合升华。

国际战略研究所注重教师队伍建设，特别强调对青年教师的培养。本学期在中青年干部培训二班的3个新设讲题上，大胆起用年轻教师，将12个教师名额中的10个分配给青年教师。通过以老带新、旁听好课、分组试讲、专家点评、学员热评等一系列环节，为青年教师积累了教学经验，帮助他们尽快融入党校课堂。在教学组织方面，把全班交流、学员论坛的内容整理形成会议纪要进行保存，对于一些有真知灼见的观点，还在所办刊物《新战略》上公开发表，展示了党校教学的风采。

研究生院召开“学位与研究生教育工作座谈会”，加强学位点建设和课程建设，通过推动学科建设为党校教学提供学术支撑。此外，还以“读经典”活动为抓手加强学生的学术训练，本学期各学生支部累计开展了50余次“读经典”活动，12月底举办了全体研究生和部分导师参加的“读经典”交流会，营造了党校浓厚的学术氛围。

财务行政管理局、机关服务局、信息中心和其他教学辅助部门各司其职，在经费安排、后勤保障、教学设备支持方面做了大量的工作，为教学活动的顺利开展提供了有力保障。

【教学组织和管理】 将原来在培训班实行的竞争上岗、末位调整制度全面推行至进修班和培训班各班次，进一步提高主体班次教学质量。秋季学期在进修班开始推行竞争上岗、末位调整制度，对本学期教学效果评估成绩在该研究专题排名末位且低于8.80分的教师，下学期不在该研究专题安排上课。通过制度的有效约束，优化了进修班的师资配置，较好地推动了进修班、培训班各主体班次教学质量的提升。

完善教学效果评估体系，着力解决教师讲课内容重复问题。针对学员多次提出的“教师讲课内容重复”这一问题，在强调抓好教师集体备课特别是教研部（所）集体备课的同时，修改和完善教学效果评估体系，在“理论阐述”和“联系实际”两项评估指标中增加对教学内容是否重复的评价。通过完善质量评估机制，引导同一班次的任课教师相互听课，有效减少了内容的重复问题。

在进修班有关研究专题试点考核方式改革，以提升学员的学习效果。为促使进修班每位学员都积极参与到课题研究过程中，秋季学期，对厅局级干部进修班“转变经济发展方式与经济结构调整”研究专题和省部级、厅局级“学习贯彻党的十八大精神”研究专题的学习考核方式进行改革试点，要求每位学员围绕本研究专题的有关问题，结合听课、读书和研讨过程中的思考撰写一篇研究札记，督促学员潜心学习和研究。

做好学科建设专项基金资助奖励项目工作，为中青年教师的成长提供更加有利的条件。加强学科建设，培养一批优秀的中青年骨干教师，对中国马克思主义基金会学科建设专项基金资助奖励项目立项工作调整了资助奖励方向，全部资助45岁以下的中青年教师。项目侧重于资助对学科建设具有重要意义的基础研究与前沿研究课题，同时要密切配合党校课堂教学，适应和满足党校教学需要。

围绕加强中国特色社会主义生态文明建设方面的教学，面向全校实行讲课人和讲题招标。这次招标得到“八部一所”的积极响应，25名教师报名参加竞争，最终有6名教师获得了资助，其中4名是刚来党校工作一两年的年轻教师。

【举办全国党校系统第二届精品课评选暨第一届教学管理奖评选活动】 本学期期末举办了全国党校系统第二届精品课评选暨第一届教学管理奖评选活动。精品课评选活动是第二次举办，继续遵循校委提出的“公平、公正、公开”和“宁缺毋滥”原则，真正坚持评选精品，树立标杆。教学管理奖评选是全国党校系统范围内首次针对教学管理工作开展的评优活动，得到了各地党校的积极响应。一些党校以此为契机，对本校的教学设计、教学组织与管理、师资队伍建设、教材建设等教学管理工作进行了系统的梳理与总结。经过全国党校系统59名专家评审，从参评的54堂马列经典导读课、中国特色社会主义理论体系专题课和党性教育课中评选出了17堂“全国党校系统精品课”，从45家提供申报材料的省级、副省级党校中评出了24个“全国党校系统教学管理优秀奖”先进单位。

【分校教学工作】 各分校从实际出发，有效利用教学资源，不断创新教学管理形式。中央直属机关分校通过理论教学、高层报告、学术研讨、红色教育基地参观等多个平台抓好党性教育；中央国家机关分校加大了教学巡查的力度；国务院国资委分校进一步提高了面授比重；部队分部提出对学员实行“多维考核”。

（摘自《教学情况反映》2013年第1期，教务部供稿人：金　晶）

附 1：

主体班次教学内容与教师

班　次	教　学　内　容	授课教师
省部级干部进修班（第52期）“战略思维与领导能力”研究专题	学习引言	李书磊
	《共产党宣言》导读	周为民
	《路德维希·费尔巴哈和德国古典哲学的终结》导读	边立新
	中国特色社会主义理论体系是当代中国的马克思主义	贾建芳
	科学发展观若干问题研究	邱耕田
	科学发展观的方法论研究	刘毅强
	提高驾驭全局的战略思维能力	杨春贵
	战略思维的理论与方法	段培君
	系统思想与战略思维	庞元正
	后金融危机时代与经济发展方式的战略性转变	韩保江
	中国特色社会主义政治发展道路研究	李良栋
	核心价值体系建设与意识形态创新	周熙明
	社会管理创新与社会和谐	向春玲
	提高执政党建设的科学化水平	王长江
	世界格局新变化与中国的战略机遇期	宫　力
	哲学思维与领导能力	贾高建
	提高依法行政的能力（案例教学）(1)、(2)	傅思明　王雅琴
	提高公共事件处置与舆论引导能力	外　请
	领导能力经验交流	学员主讲
	深入学习和执行《中国共产党章程》，增强党性修养	张晓燕
	毛泽东调查研究的理论与实践	罗平汉
	中国共产党夺取全国政权的历史经验	刘宝东
	中国改革开放的历程和经验	谢春涛
	中国古代官德	王　杰
省部级干部进修班（第52期）“世界经济与政治格局变化及应对”研究专题	学习引言	李书磊
	《共产党宣言》导读	周为民
	《资本论》导读	王天义
	中国特色社会主义理论体系是当代中国的马克思主义	贾建芳
	科学发展观若干问题研究	邱耕田
	科学发展观的方法论研究	刘毅强
	世界格局变化与中国的对外战略	孙建杭
	后危机时期世界经济走势分析	李向阳
	世界格局变动中的美国全球战略调整与影响	刘建飞
	世界格局变化中的中国软实力建设	赵　磊

续 表

班 次	教 学 内 容	授课教师
省部级干部进修班（第52期）“世界经济与政治格局变化及应对”研究专题	世界格局变化中的领土主权安全问题	马小军
	新形势下的周边环境与国家安全	高祖贵
	世界格局变动与海峡两岸和平发展	宫 力
	美欧债务危机走势及其应对	陈建奇
	国际产业结构调整与中国的产业发展	周天勇
	新形势下中国外经贸发展的战略调整	潘 悦
	东亚经济一体化趋势与中国的战略应对（研讨式教学）	纪 军
	深入学习和执行《中国共产党章程》，增强党性修养	张晓燕
	毛泽东调查研究的理论与实践	罗平汉
	中国共产党夺取全国政权的历史经验	刘宝东
	中国改革开放的历程和经验	谢春涛
	中国古代官德	王 杰
省部级干部进修班（第52期）“转变经济发展方式与经济结构调整”研究专题	学习引言	李书磊
	《共产党宣言》导读	周为民
	《资本论》导读	王天义
	中国特色社会主义理论体系是当代中国的马克思主义	秦 刚
	科学发展观若干问题研究	李兴山
	科学发展观的方法论研究	李建华
	我国经济发展方式转型：历史经验与路径	杨秋宝
	现代产业结构调整与演进规律	韩保江
	区域经济协调发展研究	张玉杰
	城乡经济一体化发展	施 红
	转方式调结构与行政管理体制改革	外 请
	基本公共服务均等化与财税体制改革	梁 朋
	转变经济发展方式与中国金融改革	陈启清
	我国收入分配问题研究	赵振华
	当前我国就业问题研究	徐平华
	提高自主创新能力问题研究	陈宇学
	走中国特色新型工业化道路问题研究	曹 立
	新形势下中国外经贸发展的战略调整	潘 悦
	深入学习和执行《中国共产党章程》，增强党性修养	张晓燕
	毛泽东调查研究的理论与实践	罗平汉
	中国共产党夺取全国政权的历史经验	刘宝东
	中国改革开放的历程和经验	谢春涛
	中国古代官德	王 杰
省部级干部进修班（第52期）“学习贯彻党的十八大精神”研究专题	学习引言	李书磊
	《共产党宣言》导读	周为民
	《社会主义从空想到科学的发展》导读	刘海涛
	中国特色社会主义道路的开创与拓展	秦 刚

续 表

班　次	教　学　内　容	授课教师
省部级干部进修班（第52期）“学习贯彻党的十八大精神”研究专题	中国特色社会主义理论体系研究	王怀超
	科学发展观研究	李建华
	加快转变经济发展方式	杨秋宝
	中国特色社会主义政治发展道路	李良栋
	社会主义收入分配问题	赵振华
	全面深化经济体制改革	韩保江
	加快建设社会主义法治国家	张恒山
	尊重和保障人权	张晓玲
	核心价值体系建设与文化强国	周熙明
	改革开放以来的文化发展与我党的文化自觉	田嵩燕
	网络时代的文化问题	秦　露
	加强以改善民生为重点的社会建设	吴忠民
	加强和创新社会管理	向春玲
	中国特色社会主义生态文明建设	李宏伟
	生态文明建设的创新实践	赵建军
	世界格局新变化与战略机遇期	宫　力
	深入学习和执行《中国共产党章程》，增强党性修养	张晓燕
	毛泽东调查研究的理论与实践	罗平汉
	和平发展道路与中国的和平外交政策	张建杭
	新时期中国开放型经济的发展	潘　悦
	全面提高执政党建设科学化水平	王长江
	新形势下的党群关系问题	张荣臣
	基层党组织建设的改革与创新	张希贤
厅局级干部进修班（第59期）“民生与社会建设”研究专题	学习引言	李书磊
	《共产党宣言》导读	牛先锋
	《路德维希·费尔巴哈和德国古典哲学的终结》导读	阮　青
	中国特色社会主义理论体系是当代中国的马克思主义	李俊伟
	科学发展观若干问题研究	韩庆祥
	科学发展观的方法论研究	李建华
	马克思主义的社会发展理论与党的社会建设思想	严书翰
	转型期社会公正问题研究	吴忠民
	以人为本与民生建设	青连斌
	当代国外社会管理思想及经验	胡振良
	当前我国社会发展中的几个重大问题	王怀超
	构建基本公共服务体系的路径选择	梁　波
	社会保障体系构建问题研究	李慧英
	城乡统筹发展与城乡社会一体化研究（案例教学）	谢志强
	社会组织发展与管理问题研究	向春玲
	提高“两个比重”与收入分配政策调整	赵振华
	教育公益性与教育公平问题研究	外　请

续表

班次	教学内容	授课教师
厅局级干部进修班（第59期）“民生与社会建设”研究专题	我国城乡住房问题及其对策分析	外请
	社会稳定突出问题与应急管理（案例教学）	王军
	深入学习和执行《中国共产党章程》，增强党性修养	张晓燕
	毛泽东调查研究的理论与实践	罗平汉
	中国共产党夺取全国政权的历史经验	刘宝东
	中国改革开放的历程和经验	谢春涛
	中国古代官德	王杰
厅局级干部进修班（第59期）“转变经济发展方式与经济结构调整”研究专题	学习引言	李书磊
	《共产党宣言》导读	牛先锋
	《资本论》导读	王天义
	中国特色社会主义理论体系是当代中国的马克思主义	李俊伟
	科学发展观若干问题研究	韩庆祥
	科学发展观的方法论研究	李建华
	我国经济转型与结构调整问题研究	谢鲁江
	现代产业结构调整与演进规律	韩保江
	区域经济协调发展研究	张玉杰
	扩大内需与收入分配问题研究	李鹏
	转方式调结构与行政管理体制改革	外请
	基本公共服务均等化与财税体制改革	梁朋
	转变经济发展方式与金融改革	董艳玲
	城乡经济一体化发展	施红
	建设社会主义新农村问题研究	刘艳梅
	当前我国社会就业问题研究	徐平华
	提高自主创新能力问题研究	陈宇学
	走中国特色新型工业化道路问题研究	李继文
	新形势下中国外经贸发展的战略调整	潘悦
	深入学习和执行《中国共产党章程》，增强党性修养	张晓燕
	毛泽东调查研究的理论与实践	罗平汉
	中国共产党夺取全国政权的历史经验	刘宝东
	中国改革开放的历程和经验	谢春涛
	中国古代官德	王杰
厅局级干部进修班（第59期）“党的执政经验与执政能力建设”研究专题	学习引言	李书磊
	《共产党宣言》导读	牛先锋
	列宁晚年著作导读	王中汝
	中国特色社会主义理论体系是当代中国的马克思主义	李俊伟
	科学发展观若干问题研究	韩庆祥
	科学发展观的方法论研究	李建华
	党的执政规律与党的建设科学化	戴焰军
	改革开放以前党执政的历程与经验	曹普

续 表

班 次	教 学 内 容	授课教师
厅局级干部进修班（第59期）“党的执政经验与执政能力建设”研究专题	改革开放以来党执政的历程与经验	谢春涛
	西方政党治国理政的经验与启示	王 瑜
	苏共丧失执政地位的历史教训	姜 跃
	党内民主建设若干问题研究	高新民
	改革和完善党的执政方式	张希贤
	执政条件下的党群关系	张荣臣
	提高党管干部的科学化水平	梁妍慧
	提高党的拒腐防变能力	外 请
	提高领导干部处理突发事件的能力（案例教学）	蔡志强
	改善新形势下党的干部作风（案例教学）	王金柱
	深入学习和执行《中国共产党章程》，增强党性修养	张晓燕
	毛泽东调查研究的理论与实践	罗平汉
	中国共产党夺取全国政权的历史经验	刘宝东
	中国古代官德	王 杰
厅局级干部进修班（第59期）“文化建设与文化发展”研究专题	学习引言	李书磊
	《共产党宣言》导读	张荣臣
	列宁晚年著作导读	王中汝
	中国特色社会主义理论体系是当代中国的马克思主义	李俊伟
	科学发展观若干问题研究	邱耕田
	科学发展观的方法论研究	刘毅强
	我国文化建设的主要问题及其成因	周熙明
	中国传统社会主导文化的建构与传播	张 军
	建国以来社会主义文化发展的脉络	田嵩燕
	中国特色社会主义文化发展道路研究	李文堂
	社会主义核心价值体系建设研究	赵 峰
	文化体制改革问题研究	谢武军
	关于文化立法的若干思考	外 请
	美国文化体制的架构与运作	韩 红
	弱势群体的文化权利保障与公共文化服务体系建设（案例教学）	刘 忱
	国家战略视野下的文化产业发展	范玉刚
	现代传媒的特点与舆论引导机制	秦 露
	城市文化理论的中国化实践问题	陈宇飞
	文化遗产保护中的问题与对策	马奔腾
	深入学习和执行《中国共产党章程》，增强党性修养	张晓燕
	毛泽东调查研究的理论与实践	罗平汉
	中国共产党夺取全国政权的历史经验	刘宝东
	中国改革开放的历程和经验	谢春涛
	中国古代官德	王 杰

续 表

班 次	教 学 内 容	授课教师
厅局级干部进修班（第59期）“新形势下党的群众工作”研究专题	学习引言	李书磊
	《共产党宣言》导读	张荣臣
	《路德维希·费尔巴哈和德国古典哲学的终结》导读	阮 青
	中国特色社会主义理论体系是当代中国的马克思主义	李俊伟
	科学发展观若干问题研究	邱耕田
	科学发展观的方法论研究	刘毅强
	执政党建设的理论体系与研究方法	王长江
	群众路线与党的群众工作	高新民
	党的执政基础研究	梁妍慧
	国外政党处理党群关系的做法与启示	姜 跃
	提高党的意识形态宣传工作的科学化水平	戴焰军
	基层党的建设的改革与创新	张希贤
	党的领导与社会管理体制创新	刘炳香
	新型媒体与党群沟通渠道的拓展（体验式教学）	吕 品
	提高应对群体性事件的能力（案例教学）	蔡志强
	执政条件下的党群关系（案例教学）	张晓燕
	苏共处理党群关系的教训（案例教学）	王 瑜
	深入学习和执行《中国共产党章程》，增强党性修养	张晓燕
	毛泽东调查研究的理论与实践	罗平汉
	中国共产党夺取全国政权的历史经验	刘宝东
	中国改革开放的历程和经验	谢春涛
	中国古代官德	王 杰
厅局级干部进修班（第59期）“学习贯彻党的十八大精神”研究专题	学习引言	李书磊
	《共产党宣言》导读	张荣臣
	《社会主义从空想到科学的发展》导读	刘海涛
	中国特色社会主义道路的开创与拓展	谢春涛
	中国特色社会主义理论体系研究	王怀超
	科学发展观研究	李建华
	加快转变经济发展方式	杨秋宝
	全面深化经济体制改革	韩保江
	社会主义收入分配问题	赵振华
	中国特色社会主义政治发展道路	李良栋
	加快建设社会主义法治国家	张恒山
	尊重和保障人权	张晓玲
	核心价值体系建设与文化强国	周熙明
	改革开放以来的文化建设与我党的文化自觉	田嵩燕
	网络时代的文化问题	秦 露
	加强以改善民生为重点的社会建设	吴忠民
	加强和创新社会管理	谢志强
	中国特色社会主义生态文明建设	李宏伟

续 表

班　次	教　学　内　容	授课教师
厅局级干部进修班（第59期）“学习贯彻党的十八大精神”研究专题	生态文明建设的创新实践	赵建军
	深入学习和执行《中国共产党章程》，增强党性修养	张晓燕
	毛泽东调查研究的理论与实践	罗平汉
	世界格局新变化与战略机遇期	宫　力
	和平发展道路与中国的和平外交政策	孙建行
	新时期中国开放型经济的发展	潘　悦
	全面提高执政党建设科学化水平	戴焰军
	新形势下的党群关系问题	高新民
	基层党组织建设的改革与创新	王金柱
厅局级干部进修班（第59期）“中国特色社会主义理论体系”研究专题	学习引言	李书磊
	导论：科学对待马克思主义	周为民
	马克思主义是科学的世界观和方法论	韩庆祥
	《路德维希·费尔巴哈和德国古典哲学的终结》与哲学领域的革命	边立新
	《1844年经济学哲学手稿》与人的解放	王虎学
	《共产党宣言》与共产党人的历史使命	牛先锋
	《资本论》和市场经济的逻辑	王天义
	《社会主义从空想到科学的发展》与社会主义的历史必然性	刘海涛
	列宁晚年著作与社会主义建设的初步探索	贾建芳
	讲座：民主社会主义思潮评析	孙劲松
	讲座：当代资本主义的发展变化	常欣欣
	毛泽东思想的科学体系和历史地位	祝　彦
	《实践论》、《矛盾论》与党的思想路线	刘毅强
	《新民主主义论》与新民主主义社会	罗平汉
	讲座：中国共产党夺取全国政权的历史经验	刘宝东
	《论十大关系》与中国社会主义建设	曹　普
	讲座：十一届三中全会以前党对中国社会主义建设道路的探索	曹　普
	中国特色社会主义道路的开创和拓展	秦　刚
	中国特色社会主义理论体系研究	李君如
	科学发展观研究	李建华
	社会主义初级阶段理论研究	王怀超
	社会主义市场经济理论与经济体制改革	韩保江
	加快转变经济发展方式问题研究	杨秋宝
	讲座：当代西方经济学主要理论简介	王东京
	讲座：当代西方管理学主要理论简介	潘云良
	社会主义初级阶段的收入分配问题研究	赵振华
	社会主义民主政治建设的前沿问题	李良栋
	建设社会主义法治国家的深层思考	张恒山
	改革开放以来的文化发展与我党的文化自觉	田嵩燕

续 表

班 次	教 学 内 容	授课教师
厅局级干部进修班（第59期）“中国特色社会主义理论体系”研究专题	核心价值体系建设与意识形态创新	周熙明
	社会主义和谐社会问题研究	严书翰
	加快推进以改善民生为重点的社会建设	吴忠民
	当代世界格局与中国和平发展道路	宫 力
	新形势下中国对外开放战略的调整	潘 悦
	提高执政党建设的科学化水平	王长江
	党的执政方式前沿理论问题研究	曹鹏飞
	讲座：苏共失败的教训研究	姜 跃
中青年干部培训一班（第33期）	学习引言	李书磊
	导论：科学对待马克思主义	杨春贵
	马克思主义是科学的世界观和方法论	韩庆祥
	《共产党宣言》与共产党人的历史使命	周为民
	《路德维希·费尔巴哈和德国古典哲学的终结》与哲学领域的革命	边立新
	《资本论》与市场经济的逻辑	王天义
	《社会主义从空想到科学的发展》与社会主义的历史必然性	刘海涛
	列宁晚年著作与社会主义建设的初步探索	贾建芳
	毛泽东思想的科学体系和历史地位	谢春涛
	《新民主主义论》与新民主主义社会	罗平汉
	《论十大关系》与中国社会主义建设	曹 普
	中国特色社会主义道路的开创和拓展	秦 刚
	科学发展观研究	李建华
	中国社会主义改革的理论与实践	王怀超
	深入学习和执行《中国共产党章程》，增强党性修养	张晓燕
	毛泽东调查研究的理论与实践	罗平汉
	社会主义市场经济理论与经济体制改革	韩保江
	加快转变经济发展方式研究	杨秋宝
	社会主义初级阶段的收入分配问题	赵振华
	社会主义民主政治建设的前沿问题	李良栋
	建设社会主义法治国家的深层思考	张恒山
	改革开放以来的文化发展与我党的文化自觉	田嵩燕
	核心价值体系建设与意识形态创新	周熙明
	社会主义和谐社会问题研究	刘俊杰
	加快推进以改善民生为重点的社会建设	吴忠民
	新形势下中国对外开放战略的调整	潘 悦
	当代世界格局与中国和平发展道路	宫 力
	提高执政党建设的科学化水平	王长江
	党的执政方式前沿问题研究	蔡 霞
	党内民主问题研究	高新民
	战略思维的理论与方法	段培君

续　表

班　次	教　学　内　容	授课教师
中青年干部培训一班（第33期）	国际经济秩序的演变与战略调整	金立群
	国家安全形势新变化与战略应对	孙建杭
	大国崛起中的软实力建设	赵　磊
	中国共产党夺取全国政权的历史经验	刘宝东
	中国共产党长期执政的历程和经验	曹　普
	群众路线与党的群众工作	张荣臣
	苏共失败的教训（案例教学）（1）、（2）、（3）	刘炳香 姜　跃 刘玉瑛
	哲学思维与领导能力	贾高建
	提高领导干部驾驭市场经济的能力	王东京
	提高领导干部处理突发公共事件的能力（案例教学）（1）、（2）、（3）	黄小勇 井　敏 王　军
	提高领导干部依法行政的能力（案例教学）（1）、（2）、（3）	李雅云 王雅琴 张立伟
中青年干部培训二班（第12期）	坚持中国特色社会主义政治发展道路	刘学军
	政治学专题研究：西方民主理论研究	李良栋
	行政体制改革与转变政府职能	黄小勇
	政治学专题研究：西方权力制约理论研究	刘启云
	推进基层民主建设问题研究	肖立辉
	政治学专题研究：西方选举制度研究	张　勇
	建设社会主义法治国家	张恒山
	法学专题研究：公民人权保障的理论与实践	王立峰
	立法体制改革问题研究	封丽霞
	法学专题研究：公民物权保障的理论与实践	李雅云
	司法体制改革问题研究	姜小川
	法学专题研究：公民社会权保障的理论与实践	王　静
	社会主义时期的民族宗教问题	靳　薇
	中国特色社会主义文化发展道路研究	李文堂
	改革开放以来的文化发展与我党的文化自觉	田嵩燕
	社会主义核心价值体系建设与意识形态创新	周熙明
	文化体制改革与文化发展繁荣	谢武军
	战略理论专题研究：提高驾驭全局的战略思维能力	段培君
	战略理论专题研究：系统思想与战略思维	庞元正
	战略理论专题研究：战略预见与危机管理	胡　卫
	战略案例分析：中国重返联合国（案例教学）（1）、（2）、（3）、（4）	赵　磊　罗建波 穆占劳　高祖贵
	战略案例分析：中美建交（案例教学）（1）、（2）、（3）、（4）	秦治来　陈积敏 梁亚滨　张仕荣
	“国际战略新变化与中国的战略应对”专题研究：国际战略重心的演变与中国的战略应对	孙建杭

续 表

班 次	教 学 内 容	授课教师
中青年干部培训二班（第12期）	“国际战略新变化与中国的战略应对” 专题研究：区域经济一体化趋势与中国的战略应对	纪 军
	“国际战略新变化与中国的战略应对” 专题研究：中东北非新地缘政治与中国的战略应对	高祖贵
	战略案例分析：我国经济特区的设立（案例教学）	刘艳梅
	战略案例分析：中国加入世贸组织（案例教学）（1）、（2）、（3）、（4）	刘 东 纪 军 陈建奇 孙东方
	社会主义和谐社会研究	杨玲玲
	社会学专题研究：西方社会发展观的历史演变	向春玲
	社会公正问题研究	吴忠民
	社会学专题研究：西方社会结构理论	林 梅
	建立覆盖城乡居民的社会保障体系	青连斌
	中国人口发展战略	陈宇学
	创新社会管理与维护社会稳定	谢志强
	社会学专题研究：当代国外社会管理思想及经验	胡振良
	中国特色社会主义生态文明研究	李宏伟
	当代世界格局与中国和平发展道路	宫 力
	新形势下中国对外开放战略的调整	潘 悦
	新形势下的国家安全问题	孙建杭
	“一国两制” 与祖国统一大业	刘建飞
	提高执政党建设的科学化水平	王长江
	政党理论专题研究：西方政党的执政方式	姜 跃
	党内民主研究	张晓燕
	党群关系与党的群众工作	张荣臣
	政党理论专题研究：西方国家政党与社会关系研究	王 瑜
	政党理论专题研究：西方政党的党内民主	谢 峰
	加强反腐倡廉建设	任铁缨
	领导能力训练：毛泽东的领导方法与艺术	刘 峰
	领导能力训练：提高依法行政能力（案例教学）（1）、（2）、（3）、（4）	傅思明 李雅云 王雅琴 王 勇
	领导能力训练：提高应对突发公共事件的能力（案例教学）（1）、（2）、（3）、（4）	王 红 庄玉瑞 王 伟 张立伟
	领导能力训练：提高新媒体时代的舆论引导能力	秦 露
	领导能力训练：提高科学民主决策能力（案例教学）（1）、（2）、（3）、（4）	黄小勇 王 军 井 敏 牟卫民
	文化讲座：传统文化及其当代价值	王 杰
	文化讲座：周易与中国文化	王 峰
	文化讲座：禅宗与中国文化	陈中浙
	学习引言	李书磊
	马克思恩格斯的哲学思想	毛卫平

续 表

班 次	教 学 内 容	授课教师
新疆地厅级民族干部培训班（第63期）	马克思恩格斯的经济学思想	李省龙
	马克思恩格斯列宁的社会主义思想	叶庆丰
	《共产党宣言》导读	牛先锋
	《路德维希·费尔巴哈和德国古典哲学的终结》导读	阮 青
	列宁晚年著作导读	赵 培
	毛泽东思想的科学体系和历史地位	谢春涛
	中共党史专题研究：(1) 中国特色革命道路的开辟	刘宝东
	毛泽东新民主主义理论	罗平汉
	中共党史专题研究：(2) 延安整风与马克思主义中国化	卢 毅
	毛泽东哲学思想	刘毅强
	毛泽东对中国社会主义建设道路的探索	曹 普
	中共党史专题研究：(3) 毛泽东调查研究的理论与实践	罗平汉
	中共党史专题研究：(4) 十一届三中全会与伟大历史转折	沈传亮
	中国特色社会主义理论体系是当代中国的马克思主义	王中汝
	深入贯彻落实科学发展观	董振华
	在“以人为本”的基点上继续解放思想	郑湘娟
	社会主义初级阶段理论	刘俊杰
	中国社会主义改革的理论与实践	郭 强
	社会主义市场经济理论与实践	韩保江
	走中国特色工业化道路问题	李继文
	城乡经济一体化发展	施 红
	积极稳妥地推进社会主义民主政治建设	赵虎吉
	推进依法行政	王雅琴
	文化认同与边疆稳定	徐 平
	社会主义和谐社会问题研究	王道勇
	中国特色国际战略研究	宫 力
	中国的周边环境与国家安全	孙建杭
	提高执政党建设的科学化水平	戴焰军
	党群关系问题研究	祝灵君
	领导能力训练：(1) 现代领导能力（案例教学）	刘玉瑛
	领导能力训练：(2) 提高突发事件应对能力（案例教学）	井 敏
	领导能力训练：(3) 决策民主化科学化（案例教学）	王 军
	领导能力训练：(4) 提高互联网时代的舆论引导能力	秦 露
	西部大开发专题研究：(1) 西部地区转变经济发展方式问题研究	王君超
	西部大开发专题研究：(2) 新疆实施优势资源转换战略研究	李 鹏
	西部大开发专题研究：(3) 国外地区开发经验研究	潘 悦
	中国特色社会主义民族宗教理论专题研究：(1) 新疆历史若干问题研究	蒲长春
	中国特色社会主义民族宗教理论专题研究：(2) 我国现阶段的民族问题和民族政策	靳 薇

续 表

班 次	教 学 内 容	授课教师
新疆地厅级民族干部培训班（第63期）	中国特色社会主义民族宗教理论专题研究：（3）我国现阶段的宗教问题和宗教政策	蒲长春
	中国特色社会主义民族宗教理论专题研究：（4）新疆民族问题研究（研讨式教学）	张建新
	中国特色社会主义民族宗教理论专题研究：（5）我国民族区域自治问题研究	外 请
	中国特色社会主义民族宗教理论专题研究：（6）当前新疆反对“三股势力”的斗争	学员主讲
	中国传统文化专题研究：（1）如何看待当前的国学热	王 杰
	中国传统文化专题研究：（2）周易与中国文化	王 峰
	中国传统文化专题研究：（3）禅宗与中国文化	陈中浙
	西方经济学与管理学专题研究：（1）西方宏观经济学理论与借鉴	胡希宁
	西方经济学与管理学专题研究：（2）西方新制度经济学理论与借鉴	谢鲁江
	西方经济学与管理学专题研究：（3）现代管理学理论与借鉴	潘云良
	法学专题研究：（1）社会保障法律制度研究	罗志先
	法学专题研究：（2）财政运行法治化研究	王 伟
	法学专题研究：（3）司法公正研究	姜小川
	世界经济专题研究：（1）区域经济一体化与中国的区域合作	纪 军
	世界经济专题研究：（2）国际直接投资与中国的开放经济	潘 悦
	世界经济专题研究：（3）国际金融深化与中国的金融发展	刘 东
	战略学专题研究：（1）战略思维理论与方法	段培君
	战略学专题研究：（2）博弈思维与战略决策	胡 卫
	战略学专题研究：（3）系统思想与战略思维	庞元正
	社会学专题研究：（1）社会阶层结构研究	青连斌
	社会学专题研究：（2）社会管理与社会和谐	陈天林
	社会学专题研究：（3）社会政策与行动研究	李慧英
新疆县处级民族干部培训班（第64期）	学习引言	李书磊
	马克思列宁主义基本问题概论	牛先锋
	《共产党宣言》导读	李海青
	《路德维希·费尔巴哈和德国古典哲学的终结》导读	边立新
	《资本论》导读	袁 辉
	毛泽东思想基本问题概论	陈雪薇
	毛泽东著作选读	外 请
	中国特色社会主义理论体系是当代中国的马克思主义	宋福范
	中国特色社会主义道路的历史由来	谢春涛
	深入贯彻落实科学发展观	邱耕田
	解放思想，实事求是，与时俱进	阮 青
	社会主义市场经济理论与经济体制改革	孙小兰

续　表

班　次	教　学　内　容	授课教师
新疆县处级民族干部培训班（第64期）	加快转变经济发展方式问题研究	董艳玲
	积极稳妥地推进社会主义民主政治建设	刘学军
	加快建设社会主义法治国家	张立伟
	现代化进程中的文化发展问题研究	徐　平
	文化建设与文化遗产保护	马奔腾
	社会主义和谐社会问题研究	康晓强
	以改善民生为重点的社会建设问题研究	林　梅
	执政党建设前沿问题研究	戴焰军
	当代世界格局与中国和平发展道路	赵　磊
	中华民族多元一体格局的形成与发展	外　请
	中国特色社会主义民族理论及我国现阶段的民族问题	张建新
	中国特色社会主义宗教理论及我国现阶段的宗教问题	蒲长春
	正确认识和处理新疆的民族宗教问题（研讨式教学）	张建新
	中国共产党领导人民夺取全国政权的成就与经验	张旭东
	中国共产党领导社会主义革命和建设的成就与经验	罗平汉
	中国共产党领导改革开放和现代化建设的成就与经验	匡家在
	中国共产党在新疆执政的成就与经验	李国芳
	新疆跨越式发展问题研究	外　请
	新疆长治久安问题研究	祝灵君
	新疆实施优势资源转换战略研究	李　鹏
	新疆城市社会建设与流动人口问题研究	徐　平
	新疆生态建设与可持续发展问题研究	赵建军
	中亚格局与新疆周边国际环境研究	高祖贵
	当前新疆反对“三股势力”的斗争	孙建杭
	新疆的历史发展	厉　声
	新疆民族发展史	厉　声
	新疆宗教演变史	蒲长春
	提高驾驭全局的战略思维能力	杨信礼
	提高领导干部科学执政的能力（案例教学）	刘永艳
	提高领导干部应急管理能力（案例教学）	蔡志强
	提高演讲水平与沟通能力	刘玉瑛
	提高互联网时代的舆论引导能力	秦　露
	文化专题讲座：边陲万古（一）：唐诗欣赏	梅敬忠
	文化专题讲座：边陲万古（二）：宋词欣赏	梅敬忠
	文化专题讲座：日月明觉：《福乐智慧》赏析	刘　忱
	文化专题讲座：昆仑名器：和田玉与中国玉文化	巫新华
	文化专题讲座：如章如潮：当代作家写新疆	王　蒙
	学习引言	李书磊
	马克思恩格斯的哲学思想	王晓林
	马克思恩格斯的经济学思想	张慧君

续　表

班　次	教　学　内　容	授课教师
半年制西藏民族干部培训班（第48期）	马克思恩格斯列宁的社会主义思想	孟　鑫
	《共产党宣言》导读	李海青
	《〈政治经济学批判〉序言》导读	焦佩锋
	毛泽东思想的科学体系和历史地位	柳建辉
	毛泽东新民主主义理论	王　毅
	毛泽东对中国社会主义建设道路的探索	李庆刚
	毛泽东哲学思想	刘毅强
	中国特色社会主义理论体系是当代中国的马克思主义	王　莉
	中国特色社会主义理论体系的哲学基础	何建华
	深入贯彻落实科学发展观	朱辉宇
	中国社会主义改革的理论与实践	张　弥
	社会主义和谐社会问题研究	赵　宏
	社会主义市场经济理论与实践	李旭章
	走中国特色工业化道路问题	曹　立
	新农村建设问题	石　霞
	积极稳妥地推进社会主义民主政治建设	齐　惠
	加快建设社会主义法治国家	张立伟
	改革开放以来的文化变迁与我党的文化自觉	赵　峰
	推动社会主义文化大发展大繁荣的若干重要问题	李媛媛
	中国特色国际战略研究	罗建波
	祖国统一大业与一国两制	张仕荣
	提高执政党建设的科学化水平	戴焰军
	党群关系问题研究	赵绪生
	中国特色革命道路的开辟	刘宝东
	延安整风与马克思主义中国化	卢　毅
	建立新中国的构想及实践	李国芳
	十一届三中全会与伟大历史转折	陈　述
	领导能力训练：（1）现代领导能力（案例教学）	谢　峰
	领导能力训练：（2）提高领导干部应急管理能力（案例教学）	王　静
	领导能力训练：（3）提高演讲水平与沟通能力	刘玉瑛
	领导能力训练：（4）提高互联网时代的舆论引导能力	秦　露
	可持续发展问题研究	刘振英
	西部地区转变经济发展方式问题研究	曹　新
	国外地区开发经验研究	潘　悦
	中国特色社会主义民族宗教理论研究：（1）中国特色社会主义民族理论	靳　薇
	中国特色社会主义民族宗教理论研究：（2）我国现阶段的民族问题和民族政策（案例教学）	靳　薇
	中国特色社会主义民族宗教理论研究：（3）我国民族区域自治问题研究	外　请

续 表

班 次	教 学 内 容	授课教师
半年制西藏民族干部培训班（第48期）	中国特色社会主义民族宗教理论研究：（4）当前西藏的反分裂斗争	外 请
	中国特色社会主义民族宗教理论研究：（5）中国特色社会主义宗教理论	胡 岩
	中国特色社会主义民族宗教理论研究：（6）我国现阶段的宗教问题和宗教政策（研讨式教学）	胡 岩
	中国传统文化专题研究：（1）如何看待当前的国学热	王 杰
	中国传统文化专题研究：（2）周易与中国文化	王 峰
	中国传统文化专题研究：（3）禅宗与中国文化	陈中浙
	西方经济学与管理学专题研究：（1）西方宏观经济学理论与借鉴	胡希宁
	西方经济学与管理学专题研究：（2）西方新制度经济学理论与借鉴	谢鲁江
	西方经济学与管理学专题研究：（3）现代管理学理论与借鉴	潘云良
	法学专题研究：（1）社会保障法律制度研究	罗志先
	法学专题研究：（2）财政运行法治化研究	王 伟
	法学专题研究：（3）司法公正研究	姜小川
	世界经济专题研究：（1）区域经济一体化与中国的区域合作	纪 军
	世界经济专题研究：（2）国际直接投资与中国的开放经济	潘 悦
	世界经济专题研究：（3）国际金融深化与中国的金融发展	刘 东
	战略学专题研究：（1）战略思维理论与方法	段培君
	战略学专题研究：（2）博弈思维与战略决策	胡 卫
	战略学专题研究：（3）系统思想与战略思维	庞元正
	社会学专题研究：（1）社会阶层结构研究	青连斌
	社会学专题研究：（2）社会管理与社会和谐	陈天林
	社会学专题研究：（3）社会政策与行动研究	李慧英
一年制西藏民族干部培训班（第47期）	中国特色社会主义的形成和发展	冯书泉
	中国特色社会主义理论体系研究	李宏伟
	中国特色社会主义理论体系的哲学基础	阮 青
	深入贯彻落实科学发展观研究	胡 卫
	社会主义价值观研究	孙要良
	社会主义改革开放理论	朱可辛
	社会主义市场经济理论	李旭章
	走中国特色工业化道路问题	曹 立
	建设社会主义新农村问题研究	刘艳梅
	加快转变经济发展方式	杨秋宝
	我国现阶段的收入分配问题	李 鹏
	社会主义和谐社会理论	徐浩然
	坚持中国特色社会主义政治发展道路	孙培军
	深入推进依法行政	王 勇

续 表

班 次	教 学 内 容	授课教师
一年制西藏民族干部培训班（第47期）	权力制约与监督问题	王立峰
	人权保障的理论与实践	张晓玲
	和平发展道路与中国对外战略	秦治来
	和谐世界理念与中国软实力建设	赵 磊
	国家主权理论与中国主权领土安全	马小军
	建国以来文化发展的基本脉络	刘悦斌
	核心价值体系建设与文化认同	刘 飞
	民族文化的传承与发展	张宏明
	提高执政党建设的科学化水平	陈凯龙
	党群关系的基本理论与实践	王金柱
	党的基层组织建设	蔡志强
	国外政党治国理政经验教训	谢 峰
	领导学讲座：（1）领导活动与领导理论	刘炳香
	领导学讲座：（2）领导决策与用人	董亚炜
	领导学讲座：（3）领导影响力	李 民
	领导学讲座：（4）领导者的语言艺术	刘玉瑛
	世界经济讲座：（1）经济全球化与中国的对外开放战略	陈建奇
	世界经济讲座：（2）区域经济一体化与中国的区域合作战略	纪 军
	世界经济讲座：（3）国际金融深化与中国的金融发展	刘 东
	西部大开发与产业结构调整问题研究：（1）统筹区域经济发展与西部大开发	贾华强
	西部大开发与产业结构调整问题研究：（2）西部地区转变经济发展方式问题研究	曹 新
	西部大开发与产业结构调整问题研究：（3）西部大开发与产业结构调整问题研究	张玉杰
	西部大开发与产业结构调整问题研究：（4）城乡一体化问题研究	施 红
	社会学讲座：（1）社会学的基本理论与方法	谢志强
	社会学讲座：（2）社区理论概述	李慧英
	社会学讲座：（3）社会阶级阶层理论	青连斌
	社会学讲座：（4）社会群体与社会交往	向春玲
	中共党史讲座：（1）中国特色革命道路的开辟	高中华
	中共党史讲座：（2）延安整风与马克思主义中国化	祝 彦
	中共党史讲座：（3）建立新中国的构想及实践	张旭东
	中共党史讲座：（4）"大跃进"运动及其教训	李庆刚
	中共党史讲座：（5）十一届三中全会与伟大历史转折	曹 普
	历史讲座：（1）儒家文化与中国传统社会	张 军
	历史讲座：（2）康乾盛世时期的中国与西方	赵璐璐
	历史讲座：（3）中日两国的近代化与两国关系的演变	刘悦斌
	历史讲座：（4）辛亥革命与中国政治现代化	王学斌
	历史讲座：（5）五四新文化运动与中国文化重建	田嵩燕

续 表

班 次	教 学 内 容	授课教师
一年制西藏民族干部培训班（第47期）	历史讲座：（6）中国早期现代化进程中的城市化问题	王 煦
	西藏地方史讲座：西藏地方史（一）、（二）、（三）	胡 岩
	现代领导能力	吕 品
	现代领导能力（案例教学）	张晓燕
	提高领导干部处理公共事件能力（案例教学）	刘素华
	提高领导干部应对突发事件能力（案例教学）	王 伟
党校系统图书馆长培训班	学习引言	李书磊
	学习方式的革命与图书馆转型	陈高桐
	中央党校“三大文库”建设情况与问题	张瑞红
	数字图书馆的全媒体服务	魏大威
	中国特色社会主义理论体系是当代中国的马克思主义	秦 刚
	科学发展观若干问题研究	庞元正
	高校数字图书馆云服务	王文清

（根据中央党校2012年秋季学期各班次教学计划整理）

附2：

“形势与任务”报告讲题与报告人

讲 课 题 目	报 告 人
深化科技体制改革推动创新驱动发展	万 钢——第十一届全国政协副主席、科技部部长
变化中的世界	朱 民——国际货币基金组织（IMF）全球副总裁
工业化城镇化过程中的三农问题	陈锡文——中央农村工作领导小组副组长、办公室主任
加强和创新社会管理的若干问题	周本顺——中央政法委秘书长
关于当前对外经贸工作中的几个问题	陈德铭——商务部部长
当前我国经济形势和宏观政策取向	张 平——国家发展和改革委员会主任
关于当前国际形势与我国的外交工作	杨洁篪——外交部部长
坚持中国特色社会主义文化发展道路 扎实推进社会主义文化强国建设	蔡 武——中央宣传部副部长、文化部部长
当今世界经济棋盘上的“三国演义”	唐双宁——光大集团董事长
当代中国的民族关系	吴仕民——国家民族事务委员会副主任
更好地发挥民航业在加快转变经济发展方式和调整经济结构中的战略作用	李家祥——中国民用航空局局长
当前隐蔽战线的斗争形势	马 建——国家安全部副部长
深入学习贯彻党的十八大精神 进一步加快文化改革发展	孙志军——中央宣传部副部长
当前财政发展改革有关问题	谢旭人——财政部部长

（教务部供稿人：金 晶）

附3：

“当代世界报告”讲题与报告人

课程名称	讲课题目	授课教师
当代世界经济	当代世界经济的主要趋势	张伯里——中央党校副校长、教授
	当代国际贸易格局变化与未来走势	林桂军——对外经济贸易大学副校长、教授
	当代国际金融格局变化与未来走势	张红力——中国工商银行副行长
当代世界法制	当代世界的法学观念变迁	何勤华——华东政法大学校长、教授
	当代世界刑法问题研究	贾　宇——西北政法大学校长、教授
	当代世界行政法的发展	江必新——最高人民法院副院长
当代世界科技	航天技术和中国航天	戚发轫——中国工程院院士、神舟飞船总设计师
	当代科学发展与创新战略	李建华——中央党校哲学教研部教授
当代世界军事	当前世界军事发展态势	肖天亮——国防大学战略教研部主任、少将
	当前大国军事战略转型及启示	王卫星——军事科学院外国军事研究部部长
当代世界政治	当代国际政治发展态势	王逸舟——北京大学国际关系学院副院长
	中美关系演变及发展趋势	宫　力——中央党校国际战略研究所所长、教授
当代世界思潮	当代西方哲学对西方文明的反思	张志伟——中国人民大学教授
当代世界民族宗教	基督教伦理与现代西方文明	靳凤林——中央党校哲学教研部教授
	世界民族宗教发展趋势及对我国的影响	卓新平——中国社会科学院世界宗教研究所所长、研究员
	当代伊斯兰主义的发展态势及影响	吴云贵——中国社会科学院世界宗教研究所原所长、研究员

（教务部供稿人：金　晶）

附4：

选修课讲题与授课教师

全校选听讲座

讲课题目	授课教师
中医养生与保健	张大宁——全国政协常委、中华中医药协会副会长、天津市中医药研究院名誉院长
走进音乐世界	周海宏——中央音乐学院副院长、教授
中国书画艺术赏析	陈中浙——中央党校哲学教研部教授
领导者的演讲艺术	闻　闸——中央教育电视台播音指导、教授

续 表

讲 课 题 目	授 课 教 师
如何发布新闻及与媒体打交道	郭卫民——国务院新闻办公室一局局长
歌唱艺术与欣赏	蒋大为——中央民族歌舞团原团长
中国人口与社会发展	原　新——南开大学人口与发展研究所教授
儒释道与中国文化	王　杰——中央党校哲学教研部教授
《红楼梦》与中国文化	梅敬忠——中央党校文史教研部教授
《史记》与中国文化	赵璐璐——中央党校文史教研部历史学博士
《资治通鉴》与为政之道	张　军——中央党校文史教研部副教授
人文的城市	陈宇飞——中央党校文史教研部副教授
管理创新	张玉杰——中央党校经济学教研部教授
朝鲜半岛局势与东北亚安全	孙建杭——中央党校国际战略研究所教授
海权维护与中国主权领土安全	马小军——中央党校国际战略研究所教授

中共党史专题讲座

讲 课 题 目	授 课 教 师
陈独秀的历史功过	祝　彦——中央党校中共党史教研部教授
朱毛之争与党内民主	罗平汉——中央党校中共党史教研部教授
中国共产党的隐蔽战线	徐　焰——国防大学战略教研部教授、少将
毛泽东的领导智慧和决策风格	陈　晋——中央文献研究室副主任、研究员
“文化大革命”及其教训	曹　普——中央党校中共党史教研部副主任、教授
从结盟到破裂的中苏关系	沈志华——华东师范大学冷战史研究中心主任、教授
社会主义市场经济体制目标的确立	沈传亮——中央党校中共党史教研部副教授
中国共产党文化观的历史演进与当代中国的两次文化转型	杨凤城——中国人民大学中共党史系主任、教授

电视选修课

项 目	讲 课 题 目	授课教师
学习贯彻党的十七大精神、十八大精神专题讲座	中国特色社会主义若干重要问题研究	严书翰
	中国特色社会主义理论的形成和发展	谢春涛
	科学发展观若干前沿问题	庞元正
	全面建设小康社会的新要求	刘海涛
	发展社会主义民主政治	李良栋
	十七大关于推进文化大发展大繁荣的新思路	周熙明
	以改善民生为重点，加强社会建设	青连斌
	十七大在对外关系理论上的创新	宫　力
	以改革创新精神全面推进党的建设新的伟大工程	张志明
	深入学习贯彻党的十八大精神，进一步加快文化改革发展	孙志军

续 表

项　目	讲　课　题　目	授课教师
马克思主义原著导读	恩格斯《路德维希·费尔巴哈和德国古典哲学的终结》导读	张绪文
	列宁《谈谈辩证法问题》导读	何建华
	马克思《资本论》导读（一）、（二）、（三）	张燕喜 李省龙 王天义
	《共产党宣言》导读	韩云川
	《社会主义从空想到科学的发展》导读	刘海涛
国际政治专题讲　座	中国国家安全环境现状与走势	亓成章
	联合国改革与我国的多边外交	刘建飞
	中俄关系现状与走势	左凤荣
	中国和平发展道路与国际战略	康绍邦
综　合讲　座	深入学习贯彻党的十七届六中全会精神，更加自觉更加主动地建设社会主义文化强国	蔡　武
	《周易》与中国传统文化	王　峰
	扩大内需与收入分配结构调整问题研究	赵振华
	现代管理学主要理论	潘云良
	基本公共服务均等化与财税体制改革	梁　朋
	当前我国社会就业问题研究	徐平华
	加快城乡经济社会一体化发展	施　红
	加快转变经济发展方式问题研究	李　鹏
	区域经济协调发展问题研究	张汉飞
	国际金融格局变化与中国的金融发展	陈启清
	现代金融理论与金融体制改革	董艳玲
	新型工业化道路问题研究	曹　立
	公共卫生与社会危机	靳　薇
	性别失衡与社会危机	李慧英
	公共财政法治化研究	张学博
	强化城乡社区自治与服务功能问题研究	孙培军
	延安整风新论	李东朗
	胡耀邦与拨乱反正	陈述
	深刻领会胡锦涛同志在中国共产党成立90周年庆祝大会上的重要讲话精神	谢春涛
	西方执政党党内民主研究	谢　峰
	领导人才战略	李　民
	从闭关到开放——中国近代化的起始	刘悦斌
	中国古代的治国方略	岑大利
	中国古代用人之道	齐　惠
	推进现代国家制度建设	张　勇
	财政运行法治化	王　伟
学员论坛和“两带来”问题解答	学员论坛（一）	培训部
	学员论坛（二）	进修部
	“两带来”问题探析（一）	贾华强
	“两带来”问题探析（二）	党的建设教研部

校园网网上选修课

项　目	讲　课　题　目	授课教师
学习贯彻党的十七大精神、十八大精神专题讲座	中国特色社会主义若干重要问题研究	严书翰
	中国特色社会主义理论的形成和发展	谢春涛
	科学发展观若干前沿问题	庞元正
	现代产业结构调整与演进规律研究	韩保江
	加快转变经济发展方式问题研究	杨秋宝
	统筹城乡协调发展问题研究	徐祥临
	全面建设小康社会的新要求	刘海涛
	发展社会主义民主政治	李良栋
	十七大关于推进文化发展大繁荣的新思路	周熙明
	以改善民生为重点，加强社会建设	青连斌
	十七大在对外关系理论上的创新	宫　力
	以改革创新精神全面推进党的建设新的伟大工程	张志明
	深入学习贯彻党的十八大精神，进一步加快文化改革发展	孙志军
加强党的执政能力建设专题讲　座	党的执政能力建设是党执政后的一项根本建设	刘炳香
	党执政的主要经验研究	柳建辉
	提高发展社会主义民主政治的能力	李良栋
	提高建设社会主义先进文化的能力	戴木才
	提高构建社会主义和谐社会的能力	贾建芳
	提高应对国际局势和处理国际事务能力	康绍邦
马克思主义原著导读	恩格斯《路德维希·费尔巴哈和德国古典哲学的终结》导读	张绪文
	列宁《谈谈辩证法问题》导读	何建华
	马克思《资本论》导读（一）、（二）、（三）	张燕喜 李省龙 王天义
	马克思和恩格斯《共产党宣言》导读	韩云川
	恩格斯《社会主义从空想到科学的发展》导读	刘海涛
社会学专　题讲　座	社会学的基本理论和方法	青连斌
	阶级阶层理论	谢志强
	社区理论与实践	李慧英
	社会政策	李慧英
	社会变迁	向春玲
	社会调查	林　梅
	中国现阶段社会阶层结构分析	谢志强
	维护社会公正促进社会和谐	吴忠民
	刑事法治与人权保障	高长见
科学技术与社会专题讲　座	科学精神与科学方法	傅　立
	信息社会的哲学解释	王克迪
	气候变化与可持续发展	赵建军
	系统科学与管理创新	李建华

续表

项目	讲课题目	授课教师
文化学专题讲座	中国城市发展的文化动力研究	陈宇飞
	中国教育面临的深层次问题	刘景录
	新媒体对当代社会的影响研究	秦　露
	近代以来中西文化的相遇、冲突与融合	刘景录
	悲从何来——文学作品中悲剧意识	范玉刚
	道德重建与社会整合	赵　峰
	别样风流：民国文人传统的特色	王学斌
	古都的近代之路：近代北京城市规划与建设	王　煦
伦理学专题讲座	马克思主义伦理学基本问题	孙向军
	行政伦理问题研究	靳凤林
	发展伦理问题研究	邱耕田
	中国传统伦理研究	刘余莉
	现代西方伦理思潮	梁晓杰
政党学专题讲座	执政党建设问题研究	王长江
	政党制度类型比较研究	谢　峰
	发展中国家的政党政治	姜　跃
	党内选举制度改革	蔡　霞
	党内民主研究	蔡　霞
	执政党与媒体发展	高新民
	建国前党局部执政的实践及其意义	张希贤
	现代企业制度与党的建设	蔡　霞
	台湾政党政治研究	王　瑜
	国外共产党的现状	耿克民
领导科学专题讲座	领导能力提升	刘炳香
	领导干部的语言艺术	刘玉瑛
	领导心理调适	刘余莉
	领导干部的外交礼仪	张　明
	思想政治教育的理论与方法	李俊伟
中共党史专题讲座	陈独秀的历史功过	祝　彦
	王明再认识	刘晶芳
	人民公社化运动与公社体制	罗平汉
	1959 年庐山会议及其教训	谢春涛
	中苏论战与“反修防修”	李　瑗
	刘少奇冤案的形成	王海光
	十一届三中全会的历史转折	陈　述
	国内外毛泽东研究述评	罗平汉
	离休后的邓小平	陈雪薇
	当代中国政治体制的历史演变	韩　钢
	中国共产党领导的多党合作制的由来和发展	李　瑗
	深刻领会胡锦涛同志在中国共产党成立 90 周年庆祝大会上的重要讲话精神	谢春涛

续 表

项 目	讲 课 题 目	授课教师
中国哲学专题讲座	如何看待当前的国学热	王 杰
	儒释道与中国文化	王 杰
	孔子与中国文化	王 峰
	周易入门	王 峰
	禅宗与中国文化	陈中浙
	中国古代的生态哲学	任俊华
	中国传统哲学的基本精神	王 杰
国际关系专题讲座	东亚秩序视角下的中日关系	马小军
	中韩关系与东北亚合作	高祖贵
	俄罗斯的发展趋势与中俄关系	左凤荣
	印度的战略走势与中印关系	康绍邦
	国际关系的传媒透视	秦治来
	美国亚太战略调整与中美关系	陈积敏
	欧债危机背景下的中欧关系	梁亚滨
国际政治专题讲座	中美日俄印综合国力的国际比较	门洪华
	国际反恐怖主义斗争问题	马小军
	美国的意识形态外交与我国的应对策略	刘建飞
	美国思想库与中美关系	穆占劳
	上海合作组织与反对三股恶势力的斗争	孙建杭
	国际冲突与中国参与联合国维和	赵 磊
	核军控与防止核扩散	孙东方
	在华外国非政府组织研究	杨 青
	美国两条现代化道路之争	刘 婷
国际政治经济学专题讲座	国际贸易关系的政治经济学分析	刘 东
	国际货币体系的政治经济学分析	史妍嵋
	霸权与秩序——现实主义视角下的国际政治经济学	陈积敏
	经济全球化的政治回应	杨 青
	区域经济合作与地区秩序	孙志强
	美国霸权的金融与石油逻辑	梁亚滨
世界经济专题讲座	跨国公司投资及其对中国经济的影响	潘 悦
	转型国家经济状况及启示	纪 军
	日本泡沫经济的教训	孙仲涛
	后危机时期美国经济的战略政策调整及其启示	陈建奇
	积极应对国际贸易摩擦	王金龙
	国际可持续发展战略	史妍嵋
国际金融专题讲座	国际金融危机的成因与走势	刘 东
	国际金融格局变化与应对	陈启清
	国际货币体系改革问题研究	陈江生
	人民币国际化问题研究	陈江生
	国际金融深化与中国的金融发展	陈建奇
	欧美主权债务危机演变及其影响	陈建奇

续表

项目	讲课题目	授课教师
世界民族宗教问题专题讲座	国际视野中的民族冲突与管理	赵　磊
	苏联处理民族宗教问题的经验与教训	左凤荣
	国外处理民族宗教问题与反对民族分裂的经验及启示	张仕荣
	“9·11”以来伊斯兰主义的发展变化	高祖贵
马克思主义国际战略理论专题讲座	马克思恩格斯的国际战略思想	孙建杭
	列宁的国际战略思想与实践	左凤荣
	斯大林的国际战略思想与实践	左凤荣
	毛泽东的国际战略思想与实践	宫　力
	邓小平的国际战略思想与实践	刘建飞
	江泽民的国际战略思想与实践	康绍邦
	胡锦涛的国际战略思想与实践	门洪华
	构建中国大战略的基本框架	门洪华
当代中国外交	战略机遇期与中国对外战略	宫　力
	当代中国的民间外交与公共外交	王红续
	当代中国的外交体制	王红续
	全球化与中国外交	刘德喜
	中国对非洲政策	罗建波
	中国气候外交	周绍雪
	新形势下中国与周边国家关系	康绍邦
海峡两岸关系	国际格局变动与海峡两岸关系	宫　力
	中国周边安全与海峡两岸关系	康绍邦
	中央领导集体对台大政方针的调整与发展	郭建平
	美国对台政策与海峡两岸关系	孙建杭
	台海危机管理	李云龙
	台湾岛内的政治生态变化与海峡两岸关系	张仕荣
	ECFA 与海峡两岸经济合作	孙东方
文化建设与文化软实力专题讲座	深入学习贯彻党的十七届六中全会精神，更加自觉更加主动地建设社会主义文化强国	蔡　武
	中国软实力评估与增进战略	门洪华
	文化软实力与公共外交	王红续
	大众传媒视野中的软实力建设	秦治来
	软实力与中国外交	罗建波
	文化强国战略与国家形象塑造	赵　磊
	海峡两岸关系中的文化软实力建设	张仕荣
	美国文化软实力建设的主要经验及启示	穆占劳
	欧洲文化软实力建设的主要经验及启示	梁亚滨
	日本文化软实力建设的主要经验及启示	陈积敏
全国党校系统部分精品课	马克思列宁主义基本问题（南京市委党校）	曾向阳
	恩格斯《费尔巴哈论》解读（江苏省委党校）	梁作民
	《资本论》的伟大生命力（湖南省委党校）	黄湘燕
	毛泽东思想若干问题研究（安徽省委党校）	胡忠明

续 表

项 目	讲 课 题 目	授课教师
其他专题讲座	农民增收问题研究	石 霞
	现代管理学主要理论	潘云良
	基督教伦理与现代西方文明	靳凤林
	中国传统文化与中国式管理	刘余莉
	科学发展观与中国人权保障	张立伟
	可持续发展战略	冯鹏志
	法治政府与可持续发展	刘素华
	生命科学与哲学	李建华
	电子政务与体制创新	蔡德聪
	信息资源开发利用与信息安全	蔡德聪
	社会主义政治文明建设的理论与实践	李良栋
	服务型政府与公共服务均等化	胡 卫
	弘扬中国优秀传统道德，促进社会和谐	刘余莉
	西方马克思主义评介	刘莹珠

电影鉴赏课

片 名	片 名
成事在人（美国）	我的人鱼女友（俄罗斯）
走近毛泽东（中国）	小平，您好！（中国）
孤高的手术刀（日本）	再见，列宁！（德国）
情归周恩来（中国）	独领风潮（美国）
难以忽视的真相（美国）	甲午大海战（中国）

体育课

班 次	教 学 内 容	授 课 教 师
进修部各班次	太极拳、太极剑、网球	谷洪云
培训部中青年干部培训一班、半年制民族干部培训班	太极拳、太极剑、网球	胡德明
培训部中青年干部培训二班	太极拳、太极剑、网球	韩宇红
学员部各班次	乒乓球	
培训部一年制民族干部培训班	太极拳、太极剑、练功十八法、网球	何春光

（教务部供稿人：金 晶）

工 作 会 议

第一次教学工作会议

1月5日，中央党校召开2012年第一次教学工作会议。副校长李书磊出席并讲话。会议由教育长兼培训部主任徐伟新主持。校委委员、哲学教研部主任贾高建，校委委员、进修部主任黄宪起出席会议。各教研部（所）主任（所长）、副主任（副所长）及全体人员，各学员部主任、主管教学的副主任、组教处处长和组织员，其他校直属单位的负责人，各分校负责人和教务处处长，以及教务部的全体人员参加会议。

李书磊在讲话中充分肯定了2011年秋季学期的教学工作，并对教学和学科建设提出两点要求：一是要深入学习党的十七届六中全会精神，让全会精神成为从整体上提高党校学科建设水平和教学水平的强大动力。文化繁荣的一个核心因素是哲学社会科学的繁荣，哲学社会科学在整个文化体系中有引领功能。一个国家的思想学术影响力，是衡量该国对人类贡献的重要尺度，也决定其在国际上的话语权与生存空间。这些年中国学界在讨论马克思主义时代化、中国化问题，讨论各学科的中国学派问题，讨论中国文化复兴问题，已展现出可喜的文化自信。中央党校要从这种大形势下来定位学科建设与学术发展。作为执政党的最高学府，中央党校不能自外于中国思想文化复兴的大潮流，而必须加入其中，起到骨干作用。学术创造本质上是个人性的创造，每个教师都要有高远的学术追求，奋发有为。学校也要营造浓郁的学术气氛，创造各种条件帮助教师在学术上成长。中央党校应造就新的名师大家，重现上世纪50年代的学术阵容。二是要充分领会习近平校长《领导干部要读点历史》和《谈谈调查研究》两次重要讲话的精神，把讲话精神真正落实到教学中去。读史是政治教育的重要途径，读史可以提高能力、开阔眼界、拓展情怀。中国共产党正在领导中国人民创造中国历史，此时读史意味深长，能够唤起强烈的历史感。中国共产党的理论也来自历史，是对历史的总结，知史才能真懂理论，马克思主义理论与历史有特别深刻的关联。中国古代的政治教育就是经史并重，以史辅经，值得借鉴。调查研究是中国共产党的宝贵传统，在新的历史时期重新强调意义深刻。要引导学员把调查研究当成深入群众、密切与群众联系的途径，当成容纳社会参与、民主决策和科学决策的途径。关于引导学员读史和增强学员调查研究能力，学校已做了各个层面的教学安排，要抓好这些教学新要求的落实工作。同时，他还强调要抓好四个重要的教学环节：一是进修班学员研究报告要更好地体现学员研讨的过程与成果；二是继续坚持中青年干部培训一班和二班的答辩式考试，并对学员论文在质量上作进一步的要求；三是加强课堂互动，特别是要有效解决大班互动不足的问题；四是教材建设要和课堂教学相结合，教材编写的方式要改进，要注意体例和规范。

徐伟新在主持会议时指出，党校教师要注重理论联系实际、关注社会生活。党的十八大即将召开，这是党和国家政治生活中的一件大事。同时，受世界经济的影响，中国经济社会发展将面临许多新情况、新问题。党校教师要面对新的实际，进行新的思考，善于形成新的归纳，不断增强教学的针对性。

教务部主任王东京通报了2011年秋季学期教学的基本情况，并对2012年春季学期的招生和教学安排作了说明。

（教务部供稿人：金　晶）

第二次教学工作会议

7月5日，中央党校召开2012年第二次教学工作会议。常务副校长李景田，副校长李书磊出席会议并讲话。会议由教育长贾高建主持。校委委员、培训部主任罗宗毅，校委委员、进修部主任黄宪起，校委委员、教务部主任王东京出席会议。各教研部（所）主任（所长）、副主任（副所长）及全体人员，各学员部主任、主管教学的副主任、组教处处长和组织员，其他校直属单位的负责人，各分校负责人和教务处处长，以及教务部的全体人员参加会议。

李景田在讲话中指出，打一仗一总结，是中国共产党克敌制胜的一个重要法宝。毛泽东说过，中国共产党是靠总结经验吃饭的，总结自己的经验，就可以不犯或少犯过去犯过的错误。中国共产党特别重视历史的学习，不仅包括中华民族这部厚重的历史，同时还学习马克思主义的世界观、方法论，学习马克思主义的辩证唯物主义与历史唯物主义。善于总结经验是做好工作十分重要的方法。每学期召开一次全校教学工作会议，对这一学期的教学工作进行总结，在总结经验中看到成绩，看到不足，不断改进教学工作，对于提高教学质量有十分重要的意义。

他充分肯定2012年春季学期教学工作。他表示，无论是自己到课堂听课、看教师的讲稿，还是与党校教授、学员和校外有关部门同志进行交流等，方方面面对党校教学的评价都比较高。但也要看到，一些课的讲授水平还有待提高。究其原因，一方面在于学问做得还不够深入；另一方面是不够认真，尤其表现在讲稿质量上，形势任务变了，讲稿内容却没有更新，多少年来一个样，还有一些教师对待外面的讲课很积极，校内的教学则不够上心。他要求教师要高度重视和认真对待教学，正确处理好校内教学和校外讲课的关系。

针对当前党校学员开展的反对“讨巧之风”的讨论，他要求教师要做到为人师表，教育学员不讨巧，做老实人，不求做大官，只求做大事，教师自身也要老老实实做学问，学问来不得半点虚假，做学问不能走捷径，更不能去讨巧。党校教师要扎扎实实读书，对于自己研究的这门学问，研究对象是什么，基本观点是什么，学术动态是什么，都要烂熟于心；同时要关注现实问题，了解世情、国情、党情。为了做好教学调研工作，学校也会为教师挂职锻炼提供更多的支持，帮助大家到一线去了解实情，进一步做好学问，搞好教学。他还特别强调，最近在与校组织部的同志研究做好挂职工作时，发现绝大多数教师通过挂职了解了实际情况，理论联系实际的能力增强了，教学水平也得到了提高。但是也有一些教师通过挂职锻炼得了一种“挂职病”，光会当官了，回来不愿意做具体的事情。他要求教师要端正态度，自觉抵制这种不良现象。

李书磊对秋季学期的教学工作提出了三点要求：一是以迎接党的十八大胜利召开和宣讲党的十八大精神为契机，深化中国特色社会主义理论体系教学。下半年召开党的十八大，在教学中要结合学习贯彻党的十八大精神，从各学科的角度深化对中国特色社会主义理论体系的教学和研究，提升党校教学的整体水平。二是认真学习习近平校长近年来在中央党校开学典礼上的一系列重要讲话，从党的思想建设的高度深化对党校教学规律的认识。要按照讲话精神，在党校教育中以理论教育和党性教育为主，引导学员学好中国特色社会主义理论体系，同时学好马列经典著作，巩固共产党人的信仰和信念，确立科学的世界观与方法论；引导学员在学好理论的同时读历史，借鉴古代“经史并重”的传统，通过读史加深对历史规律的认识，拓展政治经验，提升人格境界；引导学员坚持实事求是，加强调查研究，注重抓落实，养成求真务实的作风；在学习方法上引导学员认真读书、改进文风，真正进入思考、研究和精神生活的状态。习近平校长的历次讲话确立了党校教学的基本框架，党校教师要以扎实的学问和深入的教学实践来实现这一框架。三是从反对干部队伍中存在的“讨巧之风”入手，有针对性地加强对学员的党性教育。讨巧之风是干部队伍中一些不良现象的集中表现，从根本上说，是信仰缺失和正心诚意缺乏的问题。党校教学要针对讨巧之风加强党性教育。

王东京通报了2012年春季学期教学的基本情况，并对2012年秋季学期的教学安排作了说明。

（教务部供稿人：金　晶）

教学相关部门工作会议

（一）

6月13日，中央党校教务部召开教学相关部门负责人会议。副校长李书磊出席会议并讲话。校委委员、教务部主任王东京，教务部副主任王成志，各教研部（所）主管教学的副主任（副所长）、教学秘书，学员部主管教学的副主任、组教处长，信息中心主管教学的副主任、电化教学处处长、校园网络管理处处长和教务部有关人员参加会议。会议由教务部副主任冯鹏志主持。

各单位的负责同志介绍了2012年春季学期本部门教学的基本情况和主要特点。

李书磊在听取汇报后，对各教研部（所）围绕提高教学质量组织教师集体备课、注重培养青年教师、加强教师对学员的了解与沟通、鼓励教师将教学与研究相结合等做法给予充分肯定，并对做好秋季学期的教学工作提出要求。

王成志就2012年教学讲题资助奖励项目申报工作作了布置，对制定2012年秋季学期教学计划的有关事宜作了说明。

王东京在总结讲话中指出，各部门负责同志对秋季学期教学计划的制订提出了很好的意见和建议，教务部将认真研究，并把这些意见和建议反映到新学期教学计划之中，不断提高教学计划的科学性。

（二）

10月23日，中央党校教务部召开各教研部（所）有关负责人会议。会议主要内容是布置2012年中央党校学科建设专项基金资助奖励项目申报的有关工作。副校长李书磊出席会议并讲话。会议由校委委员、教务部主任王东京主持。教务部副主任冯鹏志、王成志，各教研部（所）分管教学的主任、副主任（副所长）、教学秘书和教务部有关人员参加会议。

各教研部（所）负责同志对2012年学科建设资助奖励项目设立和申报进行了讨论，达成了共识。

李书磊在讲话中指出，2012年学科建设专项基金项目确定为45岁以下的青年项目，目的是扶持青年教师成长，为党校学科的长远发展作谋划。青年教师学术功底好，大有潜力，也正处在进入学术界、融入党校教学科研的关键时期，特别需要学校的帮助和鼓励。项目要求选择对学科建设有重要意义的基础研究与前沿研究课题，并与教学密切结合。

王东京在总结讲话中指出，各教研部（所）对学科建设专项基金资助奖励项目申报工作要高度重视，把这项工作做好。王成志对2012年学科建设专项基金资助奖励项目申报的有关事宜作了说明。

（三）

12 月 7 日，中央党校教务部召开教学相关部门负责人会议。副校长李书磊出席会议并讲话。会议由校委委员、教务部主任王东京主持。教务部副主任冯鹏志、王成志，各教研部（所）、进修部、培训部、信息中心分管教学的负责人、教学秘书、组教处长和教务部有关人员参加会议。

各部门负责同志介绍了本部门教学的基本情况和主要特点，并就有关教学中出现的一些情况进行了交流和讨论。

李书磊针对 2013 年春季学期教学计划制定工作强调指出，要把党的十八大精神贯彻到教学的全过程，做好党的十八大精神进课堂、进教材、进头脑的工作，特别是要认真研读党的十八大文件，领会精神，并注重教学的学科基础与科研准备。针对近期教学工作中出现的一些情况，他提出了几点要求，一是认真探索党校案例教学的特点和规律，教师既要把案例本身研究透，又要把握学员特点；二是加强集体备课，同一班次任课教师要相互听课，解决教学内容重复问题；三是重视和加强课堂、小组讨论、双向交流等环节中教师与学员的互动；四是要充分发掘党校教学资源，把学员和教师写得好的读书报告作为教学参考资料印发给学员。

王东京在总结讲话中指出，教务部将根据李书磊副校长的要求及大家提出的意见和要求，做好 2013 年春节学期的教学计划制定工作。同时，各教研部（所）要高度重视全国党校系统第二届精品课评选工作，把本部门真正优秀的课程推荐参与全国党校系统的精品课评选。王成志对 2013 年春季学期教学计划制定工作作了说明。

（教务部供稿人：金　晶）

“学习贯彻党的十八大精神”研究专题班任课教师备课会

11 月 14 日，中央党校教务部召开“学习贯彻党的十八大精神”研究专题班任课教师备课会。校委委员、教务部主任王东京主持会议并讲话。教务部副主任冯鹏志、王成志出席会议。各教研部（所）“学习贯彻党的十八大精神”研究专题班任课教师和教务部有关同志参加会议。与会的任课教师就如何根据党的十八大精神完善教学计划、如何讲好各自承担的教学讲题进行了研讨交流，提出了一些意见和建议。

王东京在讲话中指出，教务部召开这次集体备课会，目的是为各位教师搭建一个集体备课的平台，听了大家的发言，很受启发。对于大家提出的意见和建议，教务部将认真研究，进一步完善两个班的教学计划。在谈到如何在教学中贯彻党的十八大精神时，他强调，一要认真研读党的十八大报告，把党的十八大精神原汁原味融入到教学内容之中。二要坚持问题导向，针对领导干部关心的问题来备课，要有专家视角和学术框架，充分发挥理论优势，从学理上将党的十八大精神讲深、讲透，让学员听了真正有收获。三是各教研部（所）要组织好集体备课，承担同一教学单元教学任务的任课教师要相互听课，以避免教学内容的重复。

王成志就省部级、厅局级“学习贯彻党的十八大精神”研究专题班的教学设计和教学安排作了说明。

（教务部供稿人：金　晶）

全国党校系统第三次教务工作恳谈会

5 月 5 日至 6 日，以加强党校教材建设为主题的全国党校系统第三次教务工作恳谈会在厦门市委党校召开。中央党校副校长李书磊，校委委员、教务部主任王东京，厦门市委常委、组织部长陈秋雄出席会议并讲话。福建省委党校常务副校长陈雄，中央党校教务部副主任冯鹏志、王成志，厦门市委党校常务副校长陈二加出席会议。各省区市党校、铁道部党校、新疆生产建设兵团党委党校、各副省级城市党委党校、中央党校各分校负责教务工作的同志，中央党校教务部和出版社有关同志共 70 余人参加会议。

李书磊在讲话中就党校教学工作提出三点意见：一是党校教学要始终强调学科基础和问题导向，并以此为抓手不断提高党校教学质量。他指出，讲课要以学科为基础深刻阐述党的思想理论，用人文社会科学的学科背景和学术框架分析研究现实问题。一些教师的教学水平不高在很大程度上是书底子不厚、学科基础不扎实造成的。教师只有具有了深厚的学科基础，深入的学术研究，并从多角度思考和分析问题，讲课才不会偏激、出格甚至信口开河。同时，教师要针对与讲题相关的现实问题深入基层调研，深入到学员中间调研，把每次的讲课变成学科研究的过程，把教学的过程变成学科积累的过程，通过学科建设和教学过程积累学术资源，培养教师、培养学术人才。这既是建设“一流学府”的需要，也是巩固和扩大中国共产党的文化领导权和文化影响力的需要。二是高度重视党校的教材建设。他强调，党校的教材建设不仅是教学的需要，也是学科建设的需要，要通过改进编写体例和组织方式，编写出高水平的教材，体现党校的学科优势和特色，从而促进党校学科建设，不断提高党校教学水平。三是教务部门要加强对党校教育、教学规律和教学计划的研究。他强调，党校教学计划的制定要体现学术性、针对性；每个班的教学计划都要有明确的意图和目的，每个班的教学计划都要有灵魂、有明确的框架。

王东京围绕党校教材建设作了主题报告，强调了加强党校教材建设的必要性和重要性，提出了高质量的党校教材应有的四个标准：主编应是名师大家；要有对问题研究的学术框架；要有科学的分析体系；要遵循教材编写的体例和规范。他指出，今后党校教材建设的主要思路是“以改促用、以用促统、以统促编”。当前要根据理论教育和党性教育的需要，采取面向全国党校系统进行公开招投标的方式，整合党校系统的优质学科资源，编写高质量的中国特色社会主义理论体系方面的教材，为此，要建立一套行之有效的机制和制度，以确保党校教材编写整体质量的提高。

会议期间，代表们围绕会议主题分组研讨，交流了各个党校在教学上的好做法、好经验，在加强全国党校系统教材建设方面达成了共识。

（教务部供稿人：金　晶）

全国党校系统远程教学电视会议

9月7日，中央党校通过远程教学网召开全国党校系统远程教学电视会议。这次会议的主题是，回顾总结上一学年的远程教学工作，布置和安排本学年的远程教学工作。教育长贾高建出席会议并讲话。信息中心主任郭英楼出席会议，教务部副主任王成志、干部教育学院副院长刘宝东、信息中心副主任张海光先后发言。办公厅副主任李作钦主持会议。

贾高建在讲话中指出，党校作为中国共产党培训轮训党员领导干部的主渠道和党的哲学社会科学研究机构，必须认真学习领会胡锦涛总书记“7·23”重要讲话精神，并将讲话精神贯彻到教学、科研以及其他各方面工作中去。远程教学作为党校教学的有机组成部分，要充分体现这一要求。他同时强调，各级党校要认真学习贯彻全国党校校长会议精神，并将其与学习贯彻习近平校长近年来关于党校工作的历次讲话精神结合起来。要以此为契机，认真总结全国党校系统远程教学的经验，探索和解决存在的问题，进一步提高远程教学工作的质量和水平。

办公厅、教务部、科研部、各教研部（所）、图书馆、干部教育学院、信息中心等部门的负责同志和全国各省级党校、副省级城市党校、中央党校各分校有关负责同志通过远程教学网参加了会议。全国已建A级站党校的有关领导和负责同志通过远程教学网收看了本次会议。

（教务部供稿人：金　晶）

全国党校系统第五次教学改革研讨会

11月24日至25日，全国党校系统第五次教学改革研讨会在贵州省委党校举行。会议的主题是：学习贯彻党的十八大精神，深入研究在党校教学中如何推进党的十八大精神“进课堂、进教材、进头脑”。中央党校常务副校长李景田，中共贵州省委书记、省长赵克志，中央党校副校长李书磊，贵州省委常委、组织部部长、省委党校校长孙永春，省委常委、宣传部部长喻红秋，中央党校校委委员、教务部主任王东京，中央组织部干部教育局副局长张程等出席会议。来自全国各省、自治区、直辖市党校及铁道部、新疆生产建设兵团党校、各副省级城市市委党校以及中央党校分校的部分常务副校长、分管教学的副校长、教育长和教务处长，中央党校各直属单位的负责同志共160多人参加会议。

开幕式上，赵克志致辞，李景田作了题为《认真学习贯彻党的十八大精神，努力开创党校教学工作新局面》的主题报告。闭幕式上，李书磊作了总结讲话。

赵克志首先代表贵州省委、省政府对会议的召开表示祝贺。他着重介绍了贵州省委结合贵州实际，通过举办县委书记培训班、开展“讲、访、帮、促”并组织干部驻村，深入开展宣传宣讲活动，推动党的十八大精神进企业、进农村、进机关、进校园、进社区的部署和做法。

李景田在讲话中介绍了党的十八大报告的起草过程，阐述了党的十八大报告提出的新思想、新观点、新论断。他强调指出，全国党校系统要把深入学习贯彻党的十八大精神作为教学的首要任务，推进党的十八大精神进课堂、进教材、进头脑，在用马克思主义中国化最新成果武装学员头脑方面取得新进展。一要推进党的十八大精神进课堂，不断完善党校教学新布局。要紧紧围绕学习中国特色社会主义理论体系这一中心，加大中国特色社会主义理论体系特别是科学发展观的教学分量，增强中国特色社会主义理论体系教学的内在逻辑，充实教学内容，完善教学框架。二要进一步加强教材建设，形成充分体现党的十八大精神和马克思主义中国化最新成果的教材体系。要以党的十八大精神为指导，围绕中国特色社会主义理论体系对现有教材进行适当调整、充实和完善，在党校系统逐步建立适应党校教学布局的统编教材体系。三要推进党的十八大精神进学员头脑，切实使党的十八大精神成为全面建成小康社会、夺取中国特色社会主义事业新胜利的强大思想武器。党校教师要学深学透党的十八大精神，要大力弘扬理论联系实际的学风，紧密联系党员领导干部的思想实际，发挥自身的理论优势，通过课堂讲授和答疑释惑，增强党的十八大精神特别是中国特色社会主义理论体系的吸引力和感染力。

李书磊在总结讲话中重点强调了两个问题：一是要按照大会主题报告的精神，切实做好党的十八大精神“进课堂、进教材、进头脑”工作。他指出，在教学中深入贯彻党的十八大精神是党校的政治责任，也是党校的学术责任，要根据党的十八大报告所构建的理论框架进一步完善中国特色社会主义理论体系的教学框架。党校教师讲解党的十八大精神，要注重研读报告原文；要与专业研究相结合，强调“学科基础”；要深入调研重大的现实问题，突出“问题导向”；要引导学员以读历史来辅助学理论。要根据党的十八大精神编写一批充分反映党的理论创新成果和实践发展成果的新教材，修订现有的部分教材；要注重教材编写的体例和规范，保持教材的学术性、权威性、稳定性。二是强化质量立校理念，把提高教学质量作为教学工作的基本追求。要着眼于提升党校系统的整体教学质量，针对教学工作的各个方面和环节，坚持共性与个性相结合，定量与定性相结合，研究制定一套科学、合理的教学质量评价指标体系。要以开展全国党校系统教学质量评估活动为抓手，带动和促进全国党校系统教学质量的提高。

会议期间，与会代表围绕大会的主题报告进行了深入研讨，交流了各地党校教学工作的好经验、好做法。中央党校教务部、贵州省委党校和其他6位地方党校的代表作了大会交流发言。大家一致认为，这次会议开得很及时，为全国党校系统在教学中贯彻落实党的十八大精神，做好党的十八大精神“进课堂、进教材、进头脑”指明了方向，增强了信心。

（教务部供稿人：金　晶）

教 学 评 优

全国党校系统第二届精品课评选暨第一届教学管理奖评选活动

2013年1月17日至20日，全国党校系统第二届精品课评选暨第一届教学管理奖评选活动在中央党校举行。常务副校长李景田、副校长李书磊出席动员会并讲话。校委委员、进修部主任黄宪起，校委委员、教务部主任王东京参加评选活动。

李景田在动员会上传达了刘云山校长2012年12月7日在听取中央党校校委工作

汇报时所作的重要讲话精神。他指出，刘云山校长的讲话对全国各级党校的工作以及此次评选活动有着重要的指导意义。质量立校是党校办学的根本战略，不断提高教学质量是质量立校的核心问题和重要举措。只有中央党校和全国各级党校的教学质量达到一流水平，“一流学府”建设才能建立在扎实可靠的基础之上。李景田对全国党校系统以打造精品课带动教学质量提升的做法给予了充分肯定。他说，如果党校的教师都把自己的每一节课讲成精品，那么党校每学期、每学年给学员开设的课就都是精品，长此以往，党校的教学质量以及党校在全国的地位就会有更大的提高。他要求，党校的每一位教师都要深入钻研自己的讲题，把自己所讲的课打造成精品。

李书磊对评审工作提出具体要求。他强调精品课的评审要突出学术标准，注重“学科基础和问题导向”。评审专家在评审过程中要做到公平、公正，只看水平和质量；要坚持宁缺毋滥原则。

本次精品课评选活动按照李景田在第一届精品课评选活动中提出的“评选精品，树立标杆”的要求，强调精品课必须坚持“党校姓党”原则，以党和国家改革发展稳定中的重大理论和现实问题为导向，以学科基本理论和学术框架为基础，同时要有历史比较和国际视野。按照这一要求，45 家地方党校和中央党校 9 个教研部（所）各推荐 1 堂课参评。教学管理奖评选是全国党校系统首次就教学设计、教学组织与管理、师资队伍建设、教材建设等方面的教学管理工作开展的评比活动。这次评选活动得到地方党校的积极响应，有 45 家省级、副省级党校提交了申报材料。

这次评选活动的评审专家组由中央党校教务部和各教研部（所）和进修部、培训部的负责同志以及地方党校有高级职称的校领导共 59 人组成。在为期 4 天的紧张评审工作中，59 名评审专家始终坚持评选原则，严格遵照评选标准，认真观看参评课录像，审阅参评单位的申报材料。经过分组讨论、初选和大会集体投票，王公龙教授的“《共产党宣言》及其当代价值”等 17 堂课获“全国党校系统精品课”；北京市委党校等 24 家地方党校获得“全国党校系统教学管理优秀奖”。入选的精品课中既有《共产党宣言》、《费尔巴哈论》等马克思主义经典著作导读课，也有关注当前政治建设、文化建设、社会建设、党的建设等方面重大理论和现实问题的中国特色社会主义理论体系专题课，还有以加强党性修养为主题的党性教育课，充分展现了党校教学的特色和优势。获得教学管理优秀奖的 24 家党校重视教学工作，在教学管理的各个方面都有自己的创新做法和特色，教学管理水平和教学质量均位于省级党校、副省级党校的前列。

此次评选活动受到全国党校系统的普遍欢迎和好评。大家认为评选精品课对推动全国党校系统优势教学资源共享、促进党校系统教学质量提高意义重大；教学管理奖的评选对全国党校系统牢固树立质量立校理念，不断提升教学管理水平有着积极的促进作用。

（摘自校园网，教务部供稿）

附 1：

全国党校系统第二届精品课及授课教师名单

讲　　题	选送单位及授课教师
《共产党宣言》及其当代价值	上海市委党校王公龙教授
《费尔巴哈论》与马克思主义哲学变革	福建省委党校何建津副教授
马克思《关于费尔巴哈的提纲》解读	山东省委党校贾英健教授
中国共产党政党文化研究	湖北省委党校赵理富副教授
刘少奇与党性修养	湖南省委党校李美玲副教授
群体性事件：认知与能力提升	广东省委党校陈文理副教授
哲学视域中的贫富差距	重庆市委党校刘士文副教授
毛泽东诗词与中共党史	宁夏回族自治区委党校王琼讲师
优化法治环境，建设“创新型”城市——以武汉、北京和深圳为例	武汉市委党校周昕讲师
文化大发展大繁荣三题	南京市委党校郭榛树教授
突发事件应对与领导能力提升	杭州市委党校王柳讲师
《1844 年经济学哲学手稿》与人的解放	中央党校马克思主义理论教研部王虎学副教授
当代资本主义发展变化	中央党校科学社会主义教研部常欣欣教授
加快建设社会主义法治国家	中央党校政法教研部张恒山教授
苏共丧失执政地位的历史教训	中央党校党的建设教研部姜跃教授
现代传媒的兴起与党的舆论引导工作	中央党校文史教研部秦露副教授
当代世界格局与中国和平发展道路	中央党校国际战略研究所宫力研究员

附 2：

全国党校系统第一届教学管理优秀奖获奖单位名单

获　奖　单　位	获　奖　单　位
北京市委党校	天津市委党校
辽宁省委党校	吉林省委党校
黑龙江省委党校	上海市委党校

续 表

获 奖 单 位	获 奖 单 位
江苏省委党校	浙江省委党校
安徽省委党校	福建省委党校
山东省委党校	湖北省委党校
湖南省委党校	广东省委党校
广西壮族自治区委党校	重庆市委党校
四川省委党校	陕西省委党校
南京市委党校	杭州市委党校
青岛市委党校	深圳市委党校
厦门市委党校	宁波市委党校

（教务部、办公厅供稿）

2011 年优秀讲稿和讲稿管理先进单位评审会议

4 月 25 日，中央党校教务部召开 2011 学年优秀讲稿和讲稿管理先进单位评审会议。会议由校委委员、教务部主任王东京主持。

教务部副主任王成志对有关评审情况及投票规则作了说明。评审专家按照评审条件，经过两轮投票，从各教研部（所）推荐的 27 篇讲稿中评选出 19 篇优秀讲稿，从“八部一所”中评出两个讲稿管理先进单位。

评审结束后，王东京对评审工作作了总结。他指出，本次评选活动是中央党校首次讲稿评奖，目的是鼓励教师重视撰写讲稿，希望各教研部（所）进一步加强讲稿管理，引导教师不断提高讲稿撰写质量，更好地服务课堂教学。

附：

2011学年优秀讲稿和讲稿管理先进单位名单

优 秀 讲 稿

序号	编 号	讲 稿 名 称	推 荐 单 位	作 者
1	秋季019号	马克思主义是科学的世界观和方法论	马克思主义理论教研部	韩庆祥
2	秋季003号	马克思恩格斯的哲学思想	哲学教研部	毛卫平
3	秋季062号	科学发展观若干问题研究	哲学教研部	庞元正
4	秋季031号	马克思恩格斯的经济学思想	经济学教研部	王天义
5	秋季112号	西方新制度经济学主要理论	经济学教研部	谢鲁江
6	秋季100号	转型期社会公正问题研究	科学社会主义教研部	吴忠民
7	秋季233号	社会主义初级阶段理论研究	科学社会主义教研部	王怀超
8	秋季420号	中美关系中的西藏问题	科学社会主义教研部	胡 岩
9	秋季343号	完善共产党领导的多党合作和政治协商制度	政法教研部	刘学军
10	秋季414号	转变政府职能与服务型政府建设	政法教研部	井 敏
11	春季089号	延安整风与马克思主义中国化	中共党史教研部	卢 毅
12	秋季140号	毛泽东农村调查的理论与实践	中共党史教研部	罗平汉
13	秋季266号	提高演讲水平与沟通能力	党的建设教研部	刘玉瑛
14	秋季344号	党内民主问题研究	党的建设教研部	高新民
15	秋季251号	改革开放以来的文化发展与我党的文化自觉	文史教研部	田嵩燕
16	秋季304号	提高新媒体时代的舆论引导能力	文史教研部	秦 露
17	秋季342号	关于我国主导文化建设的若干思考	文史教研部	李文堂
18	秋季256号	新时期我国对外开放战略的调整	国际战略研究所	潘 悦
19	秋季380号	中美关系演变及发展趋势	国际战略研究所	宫 力

讲稿管理先进单位

马克思主义理论教研部

国际战略研究所

（教务部供稿人：金 晶）

教材建设

教材及教学参考书出版情况

2012年出版《〈马列著作选编〉导读》教材，由马克思主义理论教研部编写，中共中央党校出版社发行，配发给主体班学员。正式启动“当代世界”系列教材修订工作，计划用3年时间完成。完成申请增加“当代世界”系列教材修订专项经费工作。

（教务部供稿人：金　晶）

教学规律研究

关于加强党校教材建设的几点思考*

中央党校教务部

有关教材建设问题我们已经讨论多年，尽管大家在很多方面达成了共识，但由于各种原因，有些关键性的问题却迄今还未解决。随着党校教学改革的不断深化，教材建设已越来越不适应新的教学需要，对此不仅学员意见大，而且教员中也颇有微

* 此文载《学习时报》2012年5月21日第13版。

词，看来这个问题是到了应该解决的时候了。本文将就此谈几点看法，并与大家讨论。

一、提高教材整体质量必须整合学科资源

各级党校近些年来都很重视教材建设，不仅编写出版了一大批教材，而且有的已经初步建立起一套自己的教材体系。对于取得的成绩应该充分肯定，但同时我们也要看到，虽然目前党校系统编写的教材不少，但精品却并不多，甚至有些教材一编出来就束之高阁，教员不讲，学员不看。为什么会出现这种现象？表面看是教材质量不高，其实背后的原因复杂，一方面是党校教材有其特殊性，问题导向与学科支撑难以统一，尤其是有些编者缺乏学术积累；另一方面，就是党校系统的专家资源缺乏整合，未能发挥出全国党校的整体优势。

按理说，一部教材，不仅应该反映某学科最核心、最权威的理论成果，同时也要能代表该学科师资的最高水准。众所周知，目前高校系统是有统编教材的，可我们党校系统却为何一直没有统编教材？个中原因说来复杂，但最主要的一点，是党校系统没有整合学科资源的平台。虽然大家都说“天下党校是一家”，可实际上各级党校却相互独立，中央党校作为党的最高学府，对地方党校有业务指导职能，但却不能像教育部那样可以指定某教材为全国通用教材。

党校系统的学科资源不整合，党校的教材质量当然难以提高。道理简单，由于党校目前没有统一的教材编写标准，大家都各行其是，你有你的想法，我有我的思路，编出的教材自然五花八门。有一种现象很常见，各个党校都开设某门相同的课程，配套的教材也是家家有，可是每本教材的观点和内容却并不一样，有的甚至还大相径庭。这种状况不仅严重影响了党校教学的科学性，而且容易形成低水平重复，浪费大量的人力、物力和财力。

不仅如此，现在各家党校编教材用的都是本校自己的教员，这倒也无可厚非，而问题是有的党校在某些学科的师资力量并不强，这样编起教材来往往力不从心，于是只好东拼西凑，编成啥样就啥样。当然，有的党校在某些学科也有专家，但即便如此，教材的整体质量也难以保证。因为专家通常只是在某个领域有专长，而编教材需要的却是团队力量，显然，由一家党校组织的团队与在党校系统挑选精兵强将所组成的团队相比，其实力是不可同日而语的。

令人不解的是，大家明明知道全国党校统编教材要比各自为政好，可为何教材一直统不起来呢？前面说是由于没有整合学科资源的平台，那只是一方面。另一方面，我们认为还与背后的利益驱动有关。摆明的一点，各家党校教师都要评职称，评职称就得出书，而编教材无疑是目前最便捷的出书途径，这样为了照顾本校教师的利益，哪家党校也不会放弃自编教材的机会。

不过再想深一层，纵然大家都乐于自编教材，但乐于编不等于就一定编得成，自编教材的做法所以能沿袭至今，在我们看来还有一个重要原因，那就是各党校在教材使用上画地为牢。设想一下，假如党

校系统教材使用是开放的，同学科教材允许竞争，谁的教材编得好就用谁的，让平庸之作进不了课堂，如此优胜劣汰，人们怎敢轻易编教材呢？如果教材编出来没人使用，没有销量出版社肯定不出，这种费力不讨好的事相信是没人会做的。

的确，目前各家党校对自编教材乐此不疲，根子就在教材的使用上。多年以来，党校系统对如何选用教材并无一定之规，既然没具体要求，那么怎么用、用什么都是由各党校自行决定。也正是这种自编自用的体制，结果使得很多人误认为编教材要比写专著容易，认为编教材是“皇帝女儿不愁嫁”，只要编出来就能直接发给学员，销量有保证。由于没有后顾之忧，编者也就不去过多地顾及教材质量了。

教材自编自用还有一个后果，就是“劣币驱逐良币”。由于各党校在教材使用上相互封锁，你用你编的教材，我用我编的教材。只要有自己编的教材，别人的再好也拒之不用。大家你行我效，一些优秀的教材得不到推广，质量差的却大行其道，久而久之谁也不愿在编写精品教材上下功夫，其结果优秀教材越来越少，导致教材质量整体滑坡。

二、整合学科资源关键在改进教材使用机制

从前面的分析可看到，党校教材之所以整体质量不高，主要与三个方面密不可分。一是没有机构来整合资源，教材编写缺乏“统”；二是各党校考虑到自身利益，不愿去“统”；三是教材使用画地为牢，没有压力“统”。看来，要提高教材质量，必须尽快打破这个僵局，否则，教材质量将是党校长期面临的一个“老大难”问题。

不错，要改进教材的编写质量，立竿见影的办法是整合党校系统的专家资源，发挥党校的整体优势。毋庸置疑，如果能举全国党校之力，在党校系统集合一批各学科的领军人物和资深专家，实行强强联合，那么教材编写的质量一定会大为改观。然而“整合专家资源”的思路虽然好，但目前操作起来却困难重重。首先一点，就是现在党校系统还找不到一个机构能出面对资源进行整合，没有抓手。

众所周知，目前高校教材所以能够统编，是因为有教育部在背后调控。教育部作为国民教育的主管部门，手里有人、财、物资源，大权在握当然可以呼风唤雨，说哪本教材要统编，那本教材就必须统编。不仅如此，教育部还有权将其指定为全国通用教材，并有相应的资金投入，这样统编教材不仅具有极高的权威，而且名利双收，各高校自然就要争先恐后地参与了。由此看，是教育部的推动对高校教材统编起了决定性作用。

我们党校系统是否也借鉴这种模式呢？如果说可以，那么就必须找到一个类似“教育部”的机构，这个机构不仅要有一定的权威，而且也要掌握一定的资源，有能力对全国党校的教材建设进行统筹。唯有如此，党校系统的专家资源才可能得到有效调配，教材才可能统得起来。否则，如果没有这样一个强有力的调控机构，谁也不听谁的，还是八仙过海，党校教材建设势必仍是一盘散沙。

困难就在这里，目前党校系统并没有这样一个现存的机构，而且也找不出一个

机构能担此大任。大家知道，各级党校都由各级党委直接领导；党校虽也有中央、省、市、县（区）等层级划分，但上级党校对下级党校只是业务指导，行政上却相互独立，谁也指挥不了谁。几年前中央党校就曾试图牵头统编教材，可为何最后不了了之？因为地方党校对教材统编的积极性不高。大家不响应，中央党校又搞不了强迫命令，结果此事只好搁置。

行政调控走不通，那么可否选用第二个办法，即切断教材编写的利益链条呢？这一点恐怕也很难。时下不少地方党校明文规定，编教材可作为教师职称评定的条件之一。平心而论，这种做法本身并无不妥。把编教材与评职称挂钩，既可为教师评职称提供方便，同时也可鼓励教师参编教材，对此我们没有理由反对。现在要研究的是，教材自编自用的体制不改变，编者无所顾忌而粗编滥造怎么办？

这个问题明摆着，相信大家都看到了，可看到归看到，对于这种内在的利益关联，似乎哪家党校也绕不开。教师要评职称理所当然，把编教材与评职称绑在一起也合情合理，何况事关教师个人的成长和待遇，校方怎能不为自己教师的利益考虑？再说，教师的职称上去了，本校的专家教授更多，对外的影响也更大，这正是校方求之不得的事，何乐而不为呢？正因为这样，所以我们认为这种利益驱动短期内很难消失。

由此看来，要提高教材质量，现在唯一能做的是改变教材使用机制——为教材设立准入门槛。就好比一件商品出厂前必须通过质检方可放行一样，教材使用也要经过质量认证。要不然鱼龙混杂，劣质教材很容易流进课堂。同时更重要的是，对教材设准入门槛可牵一发动全身，使用机制变了编写机制也会跟着变。不仅原来那些师资不强的学校不会再轻易编教材；而那些师资较强的也不会再关门排兵，相反会积极地去寻求校外专家的合作。

对教材质量进行认证，有两个关键点：一是要成立一个“全国党校系统教材审定委员会”；二是各家党校教材都得接受“审定委”的评审。党校系统人才济济，要成立“审定委”不难，去年夏天全国党校评过精品课，可借鉴评课的经验，专家也从全国党校选。至于第二点，大家是否同意将教材送交“审定委”评审要难一些，不过最近在厦门召开了全国党校系统第三次教务工作恳谈会，会议代表纷纷表示赞成。当然这还需听取更多方面的意见，但若能从党校事业的大局出发，相信是能得到大家的理解和支持的。

三、对教材使用要有基本的审定标准

要对教材进行评审，仅有审定机构还不够，同时还得有标准。古人讲“不以规矩，不能成方圆”，只有建立起一套相应的衡量标准，审定机构才能对教材质量进行科学的评定。我们认为，既然针对的是党校教材，那么确立评审标准就应遵循这样两个原则：即既要反映教材编写的一般要求，又要结合党校教学的实际和特色，为此可以从以下几个方面来考虑。

（一）教材主编应为该学科领域的权威专家

教育家叶圣陶先生说，“教学要顺利进行，不能凭空着手，都得有所凭借。凭借什么？就是课本或选文。”这里的“课本”

指的就是教材。教材作为教学的依据，既是传承学识的载体，又是育人之本，关乎千秋大业，所以对教材编写最基本的要求就是主编要有学术权威。

在国外，教材通常都是那些学养深厚的权威学者担纲主编。比如，被国内外很多高校作为经济学专业教材的《经济学》、《国际经济学》，其作者萨缪尔森、克鲁格曼都是蜚声国际的诺贝尔经济学奖得主。而国内有影响力的好教材，其主编也多是学界泰斗，就像堪称经典的《中国现代语法》，就是由国内顶尖的语言学大师王力教授主持编写的。其实，很多老一辈学者对编教材总是心怀敬畏，对编教材都非常谨慎。

再从党校教材建设的实践看，经验证明，凡是获得学员普遍好评的教材，也都是由党校系统的权威专家主编的。以中央党校的“三基本”系列教材为例，主编全是当年马克思主义理论、哲学、党史、党建等学科领域的资深专家。专家编教材之所以质量过硬，不仅因为他们具备深厚的学术功底，理论驾驭能力强，还在于他们治学严谨，把关严格。当下有的教材所以遭受冷遇，要么是主编理论功底不深，对内容拿捏不准，要么是治学态度不端，没有认真对待。说到底，许多教材质量低下，滥竽充数，主要是因为对主编没有进行严格甄选。

当然，教材编写要依靠团队的合力，除了主编得是名师大家，其他编者也应是专家，应在某个学科领域有所专长。不仅如此，编者还应有丰富的教学经验。教材作为教学的工具，最终是要为教学服务，在教学过程中发挥作用，从这个角度而言，教材既是编出来的，也是教出来的。如果能充分吸纳教学一线的实践成果，更好地融入学员的所思、所想和所求，编写出来的教材才更具有吸引力和生命力。

（二）内容和体例应遵循教材编写的规范

编教材显然不同于个人写专著，教材作为权威的教学工具，所传授的内容必须准确规范，必须是学术界公认的经典理论、普遍原理和主流观点，而且所承载的知识不仅要正确而且不失前沿。总之，教材应保持相对稳定，虽然可以适时修订和增减，但不能颠覆性地被推翻。所以哪些内容能进教材哪些不能进，必须经过严格过滤与取舍。

有一种现象，现在不少教师把教材当专著来写，时不时地在教材中发表个人观点，应当说，这是教材编写之大忌，是编写者应力求避免的。个人著书立说可以不拘一格，只要持之有故、言之成理，尽可百花齐放、百家争鸣。可教材不行，在教材中表达个人观点如果别人不同意，不仅会影响课堂教学秩序，而且可能别的教师根本就不会用你的教材。

还有人认为，教材内容既然要准确，那么最保守的观点就是最稳当的观点。其实这也是认识上的一种误区，如果这样取材，编出来的教材一定是拘谨有余，缺乏创新。当然，教材应尽量选择有定论的东西，但有争论的学术观点也应介绍，以便鼓励学员去思考和探讨，所以编教材不仅要讲清最基本的理论，同时还要站在学科发展的最前沿，吸纳最新的研究成果，做到基础与前沿并重。

除此之外，为了保证教学的顺利进行，

教材编写还应合理地安排好框架结构，逻辑要严密。一般说来，一本教材都应有一条主线，各篇章的内容应按照主线的内在逻辑展开，由表及里，由浅入深，这样引导读者形成认识事物的清晰思路，渐进式地完成学习过程。在文字表述上，则要注意用语准确：既要简明扼要，又要能经得起推敲。

（三）应体现党校的教学特点和多学科优势

党校教学的最大特点，主要是针对领导干部进行素质和能力培训，帮助学员解答理论和实践中的难题，因此党校采用的是专题教学。由于学员进党校学习时间有限，而且每堂课又不得超过两小时，如果要求教员严格按教材讲，一本数十万字的教材无论如何是讲不完的。那么这是否是说党校不必重视教材呢？当然不是。恰恰相反，这一特点给党校教材编写提出了更高的要求。

党校教材的直接读者是学员，虽然学员在课堂上的听课时间有限，但他们都有较高的学历背景和丰富的实践经验，自学能力强，就是说，学员读教材是不受时空限制的。只要教材编得好，学员愿意读，那么通过读教材就可以把教学过程延伸到课下，延伸到校外，延伸到工作实践中去，这实际上也是对课堂教学的有益补充。因此党校编教材要特别注意方便学员自学，和其他高校教材比要更加深入浅出、通俗易懂。

同时党校专题式教学的特点还要求教材编写要坚持“问题导向”。所谓“问题导向”，就是要围绕中国特色社会主义建设实践中的重大理论和现实问题进行取材，同时要结合领导干部的思想实际，找准他们关注的热点和难点，着眼于解决实际问题，这样编出来的教材才有针对性。事实上，因为这些问题都是来自经济社会发展的实践，往往涉及多个学科，如果只从某一个学科去分析，难免盲人摸象、失之偏颇，既看不全面也看不透彻。而党校在社会科学领域素有相对完备的学科，对于这些问题的解读，应采用多学科的“专家会诊”。只有这样编写教材，才能发挥出教师的学科优势，而且还能为学员提供多学科的分析视角，引导他们对某些重大问题作更深入的研究。

学 科 建 设

编辑：王文创

概　　况

马克思主义理论教研部

【教学工作】　2012 年，马克思主义理论教研部承担各主体班次讲课任务共计 74 次。

组织实施了进修部各专题研究班、新疆县处级民族干部培训班第一单元、一年制西藏民族干部培训班第六单元的教学工作。在马克思主义理论教研部部内对新入校的青年教师进行了模拟教学训练。

宋福范、李宏伟各获一项中国马克思主义研究基金会“中央党校教学科研专项基金”教学类项目支持。韩庆祥获中央党校 2012 年教师节优秀教学奖。李宏伟获中国马克思主义研究基金会“中央党校学科建设专项基金”重点项目资助。秦刚和李宏伟分别在进修部公共理论课和西藏班教学评估中获第一名。

【科研工作】　围绕教学和改革开放的伟大实践，积极开展科研活动。全年共计获批国家社会科学基金项目和省部级科研项目 7 项：国家社会科学基金重大项目 1 项、一般项目 2 项、青年项目 1 项；校级一般项目 1 项、青年项目 1 项；科技部项目 1 项。全年发表和出版各类科研成果共计 103 项。其中，文章类 101 项（学术论文 101 篇、会议综述 2 篇），著作类 10 项（专著 6 部、编著 4 部）。多篇论文被《新华文摘》和中国人民大学《复印报刊资料》转载。王虎学荣获 2012 年度中央党校科研优秀成果奖。

【学术交流】 牵头召开的各类重要工作会议、研讨会、座谈会、论坛等共计7次。7月20日至23日，在江西南昌召开了“科学发展观与当代中国发展——第四届中国特色社会主义论坛”。12月11日，为了深入学习贯彻党的十八大精神，结合教学和科研的实际情况和现实需要，在北京召开“深入学习党的十八大报告精神研讨会”。

【研究生工作】 各个研究生工作小组严格研究生培养工作流程，做好招生、授课、开题、调研、答辩等各环节工作。共招收硕士生12人、博士生12人。积极组织研究生参加学校开展的各项文体活动。进一步建立并继续完善研究生培养工作流程，合理设置课程，不断提高教学质量；及时协调课程变动情况，做好研究生院与导师、学生之间的协调，配合研究生院的规定，进一步完善学位研究生的教学管理及调课等相关工作。组织申报和推荐2012年学位研究生精品课程资助奖励项目；组织申报和推荐2011年学位研究生优秀教学奖候选人。

【领导班子和队伍建设】 聘任王中汝为马克思主义基本原理教研室副主任，李海青为马克思主义中国化研究教研室副主任。招聘并选录3名高校应届毕业博士生进入本部教研队伍，并进行了教学培训。

【党务工作】 协助做好本部队伍建设。继续开展“我为建设‘一流学府’作贡献创先争优主题实践活动”。继续做好推选中共十八大代表、中央直属机关党代会代表工作。继续开展“建设学习型党组织”活动，组织学习中央和国家有关文件，学习中央领导及校领导的有关重要讲话；鼓励和支持全部党员学习经典著作，学习有关专业理论知识等。及时传达贯彻机关党委及有关部门的工作会议精神。在十八大闭幕后，集中学习贯彻十八大文件。做好基层组织建设工作，建立健全党总支和以教研室为基础的5个党支部。协助马克思主义理论教研部部领导做好年度考核、开好民主生活会。协助做好有关教学和科研工作。春秋两学期，各组织一次集体活动。

【工会工作】 积极组织教职工参加校“1+1”健身活动、乒乓球比赛、趣味运动会、中央党校建校80周年演出。为全部职工办了北京市公园年票。请西苑医院专家到马克思主义理论教研部为教职工举行健康讲座。到陕西杨凌参观中国农业示范区，深化对全面贯彻落实科学发展观的认识。

（马克思主义理论教研部供稿人：王彦民、李宏伟）

哲 学 教 研 部

【教学工作】 2012年，哲学教研部继续按照“找准定位、集约开发”的原则，在提高教学质量上下功夫，体现哲学教学的学科特色。

积极申报讲题，强化教学质量。分别获得两类教学讲题资助，其中段培君的“战略思维理论与方法”（厅局级领导干部进修班）、刘毅强的“科学发展观的方法论研究”（省部级领导干部进修班）、王杰的“中国古代官德”（省部级领导干部进修班）分别获一般项目资助；董振华的“深入贯彻落实科学发展观”（新疆地厅级民族干部培训班）获青年项目资助。

集思广益，加强集体备课。春季和秋季学期开学前，分别组织针对新报讲题和新任教师的集体备课会。同时，要求各教研室选择本室承担的一两个重点讲题，结合授课实际，认真进行集体备课。

做好教学分析和教学总结。每个学期召开一次教学总结工作会议，每个教研室根据需要每个学期至少进行一次教学分析工作，及时总结经验教训，努力提高教学质量。鼓励教员多听课，每个教员每个学期至少听课2次以上。鼓励各教研室组织集体听课，并及时进行“热评”。

春季学期共承担专题课和选修课83次（不包括网上教学），其中参加教学评估的课程52次，平均分为9.41，在全校排第6名，教学评估在全校排第一名的课程有7次。秋季学期承担的课程62次，其中参加教学评估的课程40次，平均分为9.46，在全校排第4名，教学评估在全校排第一名的课程有5次。阮青获全校教学优秀奖。

【科研工作】 坚持以“哲学与社会发展”为主要研究方向以及“整体联动、重点提升”的原则，提升科研成果的质量和哲学学科建设水平，为教学服务，发挥思想库作用。

继续打造“一书两坛”，提升哲学学科品牌。编辑出版了《哲学与社会》第五辑（中国社会科学出版社2012年版）。

2012年度，获国家社会科学基金2项（重点项目和青年项目各1项）、校级课题3项，在各类报刊共发表论文约150余篇。其中，专业权威期刊和综合权威期刊42篇（专业权威期刊21篇、综合权威期刊21篇）。主编、合编、翻译各类著作28部，其中学术著作10部、译著3部、教材3部、合著11部。

【学术交流】 承办各类学术会议，提升科研水平和学术影响力。继续举办“奇思哲学论坛”两次。此外，8月14日，科技哲学教研室联合山西省委党校举办“科技创新与科技革命”学术研讨会。9月25日，举办主题为“‘十二五’时期影响和制约科学发展的体制机制问题”专题研讨会。12月3日，举办主题为“中国特色社会主义道路与当代中国哲学发展——深入学习贯彻十八大精神”的“哲学与社会发展论坛（2012）”。12 月 8 日，联合中国辩证唯物主义研究会、中国社会科学院哲学所、北京大学哲学系在深圳市委党校举办“马克思主义哲学和中国特色社会主义道路”理论研讨会，收到参会论文 61 篇，出版会议论文集一部。5 月，赵建军、庞元正受邀出席美国“全球视野中的绿色发展与创新”国际论坛。胡明艳参加 2012 美国电子电气工程师协会亚洲分会年会（IEEE—SSIT），提交论文：Nanotechnology Development in Mainland China：a governance perspective。12 月 22 日，与中国辩证唯物主义研究会联合主办“开创马克思主义哲学教学与研究新局面理论研讨会——庆祝韩树英教授 90 华诞暨从事哲学研究与教学 70 周年”纪念活动。

【研究生工作】 做好招生、授课、开题、社会调研、答辩等研究生培养各环节的工作。“战略哲学”二级学科申报成功，2013 年开始纳入教育部学位研究生招生计划。启动学位研究生教材《哲学经典著作导读》的编写。修订哲学各二级学科的哲学经典著作导读教材编写方案，落实人员、分工以及启动经费，并开始初稿的撰写。做好 2013 级博士后研究人员的招录以及应届和以往各届（延期）博士后研究人员的出站工作。推荐研究生优秀教师人选；统计和颁发 2011 年度秋季学期和 2012 年度春季学期研究生教学数量奖；推荐 2012 年度学位研究生优秀课程；评选和推荐校级优秀博士论文。举办第四、五、六期“研究生哲学论坛”。

【领导班子和队伍建设】 完成新一轮教研人员专业技术职务岗位评聘工作，完成本年度职称评审工作，完成选录应届博士毕业生工作。制定 2012 年度经费预算方案及业务性经费月度执行计划，进一步规范经费使用，加强经费管理。

【党务和工会工作】 贯彻落实机关党委制定的《中央党校在创先争优活动中开展基层组织建设年实施方案》，组织全体党员扎实开展学习型党组织建设活动，进一步加强基层组织建设。与社会调研相结合，开展系列主题党日活动。继续加强社会主义核心价值体系教育，开展精神文明创建活动。继续开展“健康体态、和谐心态”主题实践活动、“1 + 1”健身活动以及其他各种文体活动。及时看望哲学教研部部内生病的同志，帮助新进教师化解许多生活困难。

（哲学教研部供稿人：焦佩锋）

经济学教研部

【教学工作】 2012 年，经济学教研部为提升教学质量和效果，进一步强化备课环节、抓理论基础学习、完善教学管理工作，取得明显成效。在 1 月和 7 月学校春季和秋季教学工作会议后，集中全部教师进行教学研讨会，分析总结本学期的教学特点和新情况，总结经验、查找不足并进行有针对性地教学安排。在以往的基础上，提出了教学备课、试讲、听课等的新要求和新举措：

抓好备课环节，实施课前集体备课制度，新人新讲题，老人新讲题，前次上课教学效果一般的教员，一律都进行集体备课。

实施课中现场听课制度，选择5位教员，所有老师现场听课，下课后当场点评。

每周进行经典著作读书交流会，每次由一位教员围绕讲题讲读一本经典著作，进行集体交流和研讨。

抓好下班和双向交流互动，所有讲课教员与学员进行双向交流。

抓好案例教学，专门成立由主管教学的副主任牵头组成案例教学课题组，通过深入实地调研，统一设计案例教学流程、统一准备教案，集体备课，在案例教学中取得良好教学效果。

定期召集教研部任课教师召开阶段性教学总结会，及时分析新的教学情况，改进教学管理。

继续请经验丰富且教学效果优秀的教师传授经验，采取以老带新的举措，为青年教师搭建各种平台，着力提高青年教师的教学水平。

全年共承担156次主体班次的教学。在教学任务较重的情况下，通过上述改进措施的实施，教学效果和质量继续保持提升的态势：春季学期承担主体班课程79次，教学评估平均分为9.42，获教学评估全校第一名12人次；秋季学期承担主体班课程71次，教学评估平均分为9.45，获教学评估全校第一名14人次。

【科研工作】 继续抓好国家社会科学基金等课题申报工作，动员和组织全体教师申报国家社会科学基金项目和校级科研项目。在前两年连续通过3项的基础上，2012年又有3项成功立项；鼓励申报国家部委相关课题，在国家发改委成功申报1项；2012年，共获批和设立各类研究项目31项，其中国家级项目8项、校级重大科研项目5项、校级科研项目17项、其他省部级科研项目1项。发表和出版各类科研成果共计100余项。其中，出版学术专著、主编著作、教材11部；在校组织部认定的权威期刊上发表学术论文60余篇、译文1篇；通过内参形式向省部级（含省部级）以上领导干部上报调研报告、咨询报告11篇；在党校科研部承办或科研部和外事办合作组织的国际学术会议上提交论文共10余篇。

围绕教学讲题进行调研。2012是历年来组织各种调研最多的一年。年初参加中央重大委托课题，4月至7月围绕中国特色社会主义实践中的重大问题成立7个课题组分赴全国各地进行调研，7月至9月围绕扶贫开发问题进行专题调研。

夯实经济学学科建设，提高科研成果的质量。定期召开会议，制定了未来五年总体学科建设规划。在学期末各教研室主任进行述职时，要求对各教研室本学期的科研成果进行总结，并对新学期的科研工作做出具体规划；教研室每位教师也要具体汇报本学期取得的科研成果。

【学术交流】 共召开经济学科专业学术会议6次、小型学术交流4次。主要包括：举办“中国经济观察论坛——科学发展观实践经验研讨会”。与洛阳市人民政府共同主办“栾川模式”创新发展高端论坛。举办“中国扶贫开发调查”研讨会。此外，与办公厅外事办密切配合，成功举办第11届中西发展论坛及多项国际研讨会。在上海浦东新区党校成功举办全国党校系统第9届经济学年会。

【研究生工作】 共招收政治经济学专业博士研究生22名，招收政治经济学、国民经济学、区域经济学专业硕士研究生16名。截至2012年底，在校博士和硕士人数达73名。修订博士和硕士研究生培养计划，完善研究生课程体系设置，增加了《经济学方法论》、《计量经济学》等基础课程。多次聘请校外相关领域专家学者，举行学位研究生学术讲座，拓展研究生的视野和思路。教研部定期召开会议，分析和总结研究生培养的经验，严把毕业论文关，提高毕业论文的水平和质量。申报和推荐2012年研究生精品课程奖励资助项目和中央党校优秀博士论文的评选。

【领导班子和队伍建设】 按照全校部署，做好人才招聘工作，新引进高校优秀毕业生3人（2名教员、1名行政人员），充实教师队伍。

【党务和工会工作】 党总支紧紧围绕建设“一流学府”、建设学习型党组织和创先争优三大主题，扎实深入地开展党务工作。定期召开会议，学习和传达中央和学校的各种文件和精神，提高党员的政治素质。还围绕党务和教学任务，组织开展了一系列形式多样的活动：组织党日党课活动，认真学习党的历史；组织研讨会，学习、宣传、贯彻党的十七届五中全会和十八大精神；进一步扎实做好思想政治工作，密切联系群众，反映群众需求和意见，稳定教师队伍；组织学习保密知识，常抓不懈保密安全等工作。党总支荣获全国创先争优先进基层党组织称号。

（经济学教研部供稿人：梁　朋）

科学社会主义教研部

【教学工作】 2012年，科学社会主义教研部继续坚持集体备课制度，以教学讲题为主题举行小型学术研讨会并开展读书会活动，努力提高教学水平，召开青年教师教学科研座谈会，交流教学科研经验，帮助青年教师尽快成长。春季学期承担主体班次课程76讲，秋季学期承担主体班次课程62讲。春季学期，科学社会主义教研部在教学评估中获得全校第一名5人次；秋季学期获得全校第一名7人次。2012年教师节，王道勇获学校教学优秀奖。王道勇、胡岩、蒲长春、刘俊杰获科学社会主义教研部2012年度教学优秀奖。

【科研工作】 全年共计出版个人专著10部、合著6部，发表论文、文章约185篇，其中在权威期刊发表66篇。以中央党校中国特色社会主义理论研究中心名义发表文章2篇。在内参发表文章6篇。

获国家社会科学基金资助项目3项：吴忠民：中国现阶段社会矛盾问题研究（国家社科基金重大项目）；冯书泉：科学发展观的新发展及理论地位研究（国家社科基金一般项目）徐浩然：美国民主输出对中国意识形态安全的挑战及对策研究（国家社科基金青年项目）。获中央党校校级科研项目3项：孙劲松：当代世界社会主义前沿问题研究（重点项目）；常欣欣：民主社会主义思潮对我国的影响研究（一般项目）；胡岩：中国特色社会主义民族政策的完善与创新研究（一般项目）。2012年教师节，科学社会主义教研部获学校科研优秀集体奖。王怀超、王道勇、胡振良、青连斌获科社教研部2012年度科研优秀奖。

【学术交流】 6月21日，科学社会主义教研部和社会发展研究所主办主题为“当前影响我国社会安全的重大问题”的“中国社会发展问题高端论坛·2012”，副校长张伯里代表校委表示祝贺，我国学术界近百名专家学者、在校中青班学员代表、科学社会主义教研部全体教员及部分博士生、硕士生参加了本次论坛。10月27日至28日，举办第三届“社会主义理论前沿问题高层论坛·2012”，论坛的主题是“科学社会主义学科建设基本问题”，常务副校长李景田会见与会代表并合影留念，教育长贾高建代表校委致辞，中央文献研究室、中央编译局、国家行政学院及多所高等学校和部分省市党校、社科联等研究单位的科学社会主义学界的专家学者130余人出席论坛。4月1日，与德国艾伯特基金会共同举办“中国与德国经济体制比较”学术研讨会，德国学者与科社部教员和博士生共计60余人参加了研讨会。5月15日，举办“双月学术论坛”，哲学教研部副主任侯才教授以“哲学前沿问题”为题发表了演讲。3月24日，国际工运教研室召开“后国际金融危机时代世界社会主义发展态势学术研讨会”。6月26日，当代世界社会主义教研室举办“来美、阿拉伯社会主义学术交流会”。7月9日，民族与宗教理论教研室举办“防范和惩治三股势力的再思考”学术讲座。

【研究生工作】 严格规范研究生培养工作流程。完成本年度博士后导师的遴选工作。组织申报和推荐学位研究生课程资助奖励项目，并获得资助奖励项目1项。推荐年度学位研究生优秀教学奖候选人。招收科社专业博士生11名，科社专业硕士生10名，社会学专业硕士生5名。

【领导班子和队伍建设】 国际工人运动史与社会主义发展史教研室合并，实行两块牌子。一套人马，设立当代世界社会主义教研室，主要从事当代世界社会主义、当代资本主义的教学和研究工作。完成了新一轮教学岗位聘任工作。选录2名应届博士毕业生。组织相关教研室主任、副主任参加学校组织的统一培训。1名同志到新疆博尔塔拉州挂职。

【党务和工会工作】 组织学习贯彻党的十八大精神，举办全体党员大会，交流学习体会和收获。开展形式多样的思想教育活动，及时反映广大教员、尤其是青年教员的诉求，每月为当月过生日的同志集体过生日。积极开展创建“最佳党日活动”，举行了“参观新农村建设成就，迎接十八大胜利召开”主题党日活动，到平谷区大华山镇挂甲屿村参观新农村建设成就。多个教研室举办了读书会、小型研讨会，有力地推进了学习型党组织建设。

有效开展各项集体活动。组织爬山活动，经常督促大家认真开展“1 + 1”健身活动，增强教职工体质。组织参加校工会组织的各项文体活动，组队参加了纪念党校建校 80 周年文艺汇演，取得了较好效果。组队参加校乒乓球比赛，取得较好成绩。及时了解教职工困难，积极向有关部门反映情况。做好经常性给职工关心、帮助、送温暖活动。

（科学社会主义教研部供稿人：白平浩）

政 法 教 研 部

【教学工作】 2012 年，政法教研部共承担并完成了主体班 105 课次的教学任务，其中讲座 67 次、案例课 38 次。组织双向交流、小组讨论等共计 42 人次。

春季学期承担省部级干部进修班“中国特色社会主义理论体系”研究专题、厅局级干部进修班“中国特色社会主义理论体系”研究专题、厅局级干部进修班“社会管理及其创新”研究专题、新疆地厅级民族干部培训班、中青年干部培训一班、中青年干部培训二班、一年制西藏民族干部培训班、新疆县处级民族干部培训班、半年制西藏民族干部培训班等班次的讲座 34 次、案例课 14 次，共 48 课次，并承担厅局级干部进修班“社会管理及其创新”研究专题的教学组织工作。

秋季学期承担省部级干部进修班“中国特色社会主义理论体系”研究专题、厅局级干部进修班“中国特色社会主义理论体系”研究专题、厅局级干部进修班“民生与社会建设”研究专题、厅局级干部进修班“战略思维与领导能力”研究专题、新疆地厅级民族干部培训班、中青年干部培训一班、中青年干部培训二班、一年制西藏民族干部培训班、新疆县处级民族干部培训班、半年制西藏民族干部培训班等班次的案例课和讲座 57 课次，其中案例课 24 次、讲座 33 次。全年教学评估效果稳中有升，得到学员好评。

在 2012 年教师节评奖活动中，王雅琴获得校级教学优秀奖，张恒山、王立峰获得校级科研优秀奖。

【科研工作】 结合队伍建设促进学术研究进一步深化。加强教师队伍建设，加强业务指导，使各位老师逐步明确了研究方向和定位，各教研室和专业也明确了共同的重点攻关项目。同时，积极进行各种学术研讨、交流活动，促进学术研究深化。坚持开展“月圆讲座”，先后邀请最高法院副院长江必新、湖北经济学院院长吕忠梅、张恒山等专家学者进行多次讲座。下半年为推进理论学习和读书活动，组织读经典及交流活动，先后由李雅云、黄小勇、刘学军等老师向全体教师做了关于《司法过程的性质》、《论美国的民主》、《科学管理》等政治学法学经典著作的学习交流互动，效果较好。

强化课题申报组织工作。立项数量创历史最高。全年共组织近20位老师申报各类科研课题。其中，获校级重大课题1项（张恒山主持）、获国家社会科学基金委托项目1项（张晓玲主持）、获校级重点科研课题2项（李雅云、封丽霞分别主持）、获校级一般科研课题2项（张晓玲、姜小川分别主持）、获校级青年项目科研课题资助1项（孙培军主持）。鼓励教师尊重自己的学术专长、积极参加“中央党校教学科研专项基金”的教学讲题资助的申报，共有赵虎吉、齐惠、肖立辉、张勇、傅思明、黄小勇、李雅云、王静8位老师获得资助。

完善制度加大科研奖惩力度。对在专业A类权威期刊发表论文的李良栋、王立峰，在专业核心期刊发表论文的张恒山、王勇、黄小勇给予奖励。还资助和鼓励6位教师作公共管理、政治学和法学三大学科的学科前沿综述。对于科研任务不能达到学校规定标准的老师，取消各类评优资格。

2012年，共出版学术专著11部；在校组织部认定的权威期刊发表论文45篇；获校级科研项目11个；获其他省部级科研项目1个；召开学科专业的学术会议3次。

强化和改进调研工作。组织了多次以室为单位的、跨教研室的调研活动，收效很好。

【学术交流】 8月，牵头召开“全国党校系统社会管理创新学术研讨会”。12月，召开“基层民主与公民参与学术研讨会”。同时，加强与国外学术机构的交流。部分学者先后参加“烟草控制——国际经验与中国战略”国际学术研讨会，中央党校与美国乔治城大学主办的“美国政党政治和美国大选研讨会”等有关国际学术会议。

【研究生工作】 明确研究生秘书的工作职责，严格规范研究生的培养工作，做到招生、授课、开题、调研等各个环节有章可循。

明确研究生教学管理制度：教研部要求教授和副教授每年的研究生教学量不能少于48课时，对于不遵守学校纪律，擅自调课，擅自请他人代课的老师，提出严肃的批评，并且年终评定为不称职。如果是研究生导师，需停止招生一年。

设立了博士生论文专家审阅小组，由政法部主任张恒山教授任组长，4位资深教授参加，导师回避。

建立不定期抽查听课制度研究生课程共享制度。鼓励学生特别是家庭经济情况比较困难的学生积极参与老师的课题研究。

创造条件与北京的各大著名高校合作，鼓励研究生参加外校听课。学生和本部老师、校内外请专家就一些专业内的重点和前沿问题进行学术交流。

【领导班子和队伍建设】 新任一位副主任，领导班子得到进一步加强。同时教研部领导进一步加强了对各室的业务指导，室主任的工作能力有一定提高；引入2名博士毕业生充实教员队伍；3人参加组织部组织的干部培训；派出多名教员参与了对外学术交流和访问活动；积极动员推荐干部挂职锻炼，到福建、浙江挂职各1人。

【党务和工会工作】 选举产生新一届（第四届）党总支委员会，并进行了党支部换届，由3个党支部调整增加为7个党支部。在党的十八大召开前，资助青年教师认真梳理十六大以来党的理论创新和政治学、法学和管理学领域取得的理论成果，及时组织各支部进行讨论；张恒山主任在十八大召开期间在全部大会上谈了学习报告的初步体会，推动了全部的深入学习；随后，在自学的基础上进行了学习十八大报告体会交流。迎接建校80周年，党总支组织大家参观了校史展览，并组织党员到江西瑞金、福建古田等地开展“重温党史校史、弘扬优良传统、践行历史使命”专题党日活动，取得全校十佳党日活动第一名。工会按照学校要求组织了红歌表演唱，积极组织教职工参加排练和演出。响应学校号召开展“健康体态、和谐心态”等活动。

（政法教研部供稿人：王治华）

中共党史教研部

【教学工作】 2012年，中共党史教研部进行了教学新尝试，在厅局级领导干部进修班“党的执政经验与执政能力”研究专题班认真组织课题研究。高度重视民族班次教学。中共党史教研部部领导每次均进行教学说明，并参与交流和研讨；任课教员在教学观点的把握及现实问题的把握上，给予充分关注，提出较为中肯的观点。认真组织集体备课，特别对青年教师承担新教学专题加大备课、督促力度，在教学针对性上下功夫，取得较好的效果。春季学期教学评估排全校第3名，秋季学期教学评估排全校第2名。

【科研工作】 全年获批和设立各类项目主要为：国家社会科学基金资助项目1项，国家社会科学基金后期资助项目1项。其中，国家社会科学基金资助项目为《改革开放以来中国共产党决策体制的历史演进研究》（主持人：沈传亮）、国家社科基金后期资助项目为《中共党史若干重大争议问题研究》（主持人：罗平汉）；中央党校校级重点项目1项，项目为《中国特色社会主义制度的形成与发展研究》（主持人：谢春涛）；中国马克思主义研究基金会资助项目2项：一般项目和青年项目各1项，一般项目为《中国共产党党史学研究》（主持人：陈述），青年项目为《报刊与延安时期马克思主义中国化、大众化研究》（主持人：张卫波）；教学基金资助项目为《中国共产党夺取全国政权的历史经验及启示》（主持人：张旭东）。全年由中共党史教研部教师独著、主编各类党史著作共15部种，其中柳建辉等著的《十年辉煌——十六大以来中国共产党治国理政纪实》（人民出版社）、谢春涛主编的《中国共产党如何治理国家?》（新世界出版社）、曹普等著的《科学发展观与当代中国》（福建人民出版社）均入选新闻出版署迎接党的十八大主题重点出版物。在专业权威核心期刊发表学术论文70余篇，其中在一流期刊发表文章18余篇。

【学术交流】 结合专业特点，组织了一系列内容丰富的专家报告会：10月，中国人民解放军军事科学院战争理论与战略研究部副部长曲爱国少将作了题为《建国以来我军现代化建设历史的回顾与思考》的学术讲座。11月，中央文献研究室科研管理部主任刘金田研究员作了题为《邓小平生平与思想》的学术讲座。邀请中国人民大学清史所研究员高王凌、清华大学人文学院历史系教授秦晖、中国人民大学马克思主义学院教授辛逸，召开了题为“五十年代土地改革资料搜集与整理”学术研讨会。12月3日至4日，与福建省委党校联合主办全国党校系统党史教学与研究专业委员会工作年会。

【研究生工作】 严格规范研究生培养工作流程。完成本年度博士后导师的遴选工作。组织申报和推荐学位研究生课程资助奖励项目，并获得资助奖励项目1项。推荐年度学位研究生优秀教学奖候选人。本年度博士毕业生论文匿名盲评，优秀率全校第一。

【领导班子和队伍建设】 选录2名中共党史、中国近现代史专业的应届博士毕业生，为教师队伍增添了新生力量。选聘相关教研室主任、副主任参加学校组织的统一培训。

【党务和工会工作】 组织开展读书、荐书活动，取得良好效果。加强党员队伍特别是学风和学术道德建设，开展形式多样的思想教育活动。积极开展创建“最佳党日活动”。为使活动内容与党史专业密切结合，教研部、党总支利用暑假时间组织大家对鄂豫皖革命历史遗迹进行了实地考察，收到良好效果。工会组织教职工积极参加各项文体活动，如纪念中央党校建校80周年文艺汇演等。经常督促大家认真开展“1+1”健身活动，精心组织开展户外健身、联谊等活动，促进教职工身心健康。做好经常性给职工关心、帮助、送温暖活动，及时了解党员困难，积极向有关部门反映情况，使大家感受到了集体的温暖。

（中共党史教研部供稿人：高中华）

党的建设教研部

【教学工作】 2012年，党的建设教研部承担了进修专题班和培训类班次的教学，推进了研究式教学、案例教学、体验式教学等各类形式的教学，取得良好教学效果。多名老师在各班次中取得教学评估全校第一名，刘玉瑛荣获学校教学优秀奖。

执行集体备课制度和课后热评制度。比如，经过报名、试讲、老师评议、部务会议讨论等程序，最终确定了“党的执政方式前沿问题”3个专题班和中青年干部培训一班的4位授课老师。

注重改进和规范案例教学。课程中案例教学比例较高，在春季学期占讲课总量的32%，因而党的建设教研部不断探索完善案例教学。一是丰富案例库。其中，枣庄转型发展的案例、南京调研所形成的2个案例已引入本学期的主体班教学；二是对已使用过的案例进一步充实和挖掘。比如，3月去贵州瓮安调研，在原有群体性事件案例的基础上进一步扩展，完成贵州瓮安由乱到治的案例。12月专门组织案例调研课题组去江苏宿迁沭阳调研，了解仇和离开后当地的改革实践情况，对原有的仇和案例进一步充实；三是注重案例比较。根据教学需要，有的案例课使用多个案例，即一个主案例并附上几个补充案例。这样的案例组合有助于学员在比较中更好地鉴别和分析问题；四是加强案例教学队伍建设。组织更多的教师参与案例的调研、讨论和撰写，并让一些未主持过案例课的教师承担案例课的教学任务。此外，还进一步规范了领导机构、案例来源、案例使用程序、案例教学组织实施、案例教学推进方向等几个方面的问题。

在南京市江宁区设立党建教学研究联系点，为深化教学研究提供一线实践课堂，推动了和地方在干部教育培训、理论研究、人才建设等方面的合作。

【科研工作】 2012年，围绕“基层党组织建设年”主题，组织了调研活动，丰富了教学案例，更结出了丰硕的理论成果。3月，深入贵州瓮安以“瓮安发展和改革创新的实践”为主题进行调研。4月，深入南京江宁调研，研究了江宁在基层组织建设、干部队伍建设、反腐倡廉建设等方面所创造出的党建工作经验。8月和10月，深入贵州贵阳、安顺、中远集团等地研究输出地和输入地农民工的管理服务难题。10月29日，部分教师参加了河北大成县基层党建调研工作，总结了当地“七权七责”工作机制使广大农村党员的日常行为有了规范和监督，有效解决了部分农村党员“党员意识”不强的问题，激发了党员参与党务村务热情的经验。

2012年度，共出版专著22部，发表文章95篇，承担课题14项。承担省部级项目9项，校级重点项目1项，校级一般项目2项。王瑜获得校科研优秀奖。

【学术交流】 3月，在南京江宁召开“全国党建理论与实践创新研讨会”，对改革进入深水区后的党建新形势、党建工作如何进一步改革、如何实践创新破除发展瓶颈、党校系统如何组合力量等方面进行了全面研讨。6月，在庆祝中国共产党成立91周年和党的十八大即将召开之际，召开“基层党建科学化理论与实践”学术研讨会，回顾与总结了建党91年来中国共产党执政和自身建设的基本经验和基本规律。

【研究生工作】 严密研究生培养工作流程，同时注重提升研究生课程教学质量。充分发挥教师在学生培养过程中的指导作用，组织学生参加调研活动，加强学生间、学生和教师之间的学术交流活动。

【领导班子和队伍建设】 1名教师晋升副教授任职资格。选录3名应届毕业博士生。加强培养青年教师，一是安排研究生课程，锻炼他们的讲课能力；二是安排下班，让他们尽快了解和熟悉主体班学员的情况；三是安排参加调研活动，参与撰写调研报告和案例，增强他们把握党的建设实际问题的能力。中青年教师在导师的指导下，都能胜任所承担的工作，课堂教学得到学员的好评。

【党务和工会工作】 党总支以学习贯彻党的十八大精神为主线，以贯彻落实《中国共产党和国家机关基层组织工作条例》为载体，围绕中心、服务大局，不断提高党总支工作的科学化水平。组织开展读经典活动。健全“请进来”学习制度，请校内外专家来给教师讲解相关领域的前沿理论和研究成果。实行学术报告活动制度化，展示和交流教师近期的科研成果，进一步激发教师的科研兴趣，在党的建设教研部内部营造良好的科研氛围。将党日活动和教职工专业研究结合起来。4 月，全体党员赴南京市江宁区开展了以“走进江宁：感受基层党建工作创新”为主题的党日活动。工会继续以“健康体态、和谐心态”主题实践活动为载体，广泛开展群众性文化娱乐活动。积极参加学校组织的各项文体活动。为每位教师办理了公园年票。引导大家开展登山、羽毛球、乒乓球、游泳等运动，增强了教师体质。在日常生活中建立起激励、关怀、帮扶机制，加强人文关怀和心理疏导，做深做细做实思想政治工作。

（党的建设教研部供稿人：吕　品）

文 史 教 研 部

【教学工作】 2012 年，文史教研部共承担 122 次课，其中外请 12 次课。坚持“2 + 1”的授课模式，加强制度建设、高度重视“文化发展与文化建设”研究专题进修班在学科整合中的平台作用。加强师资队伍建设，先后组织了 10 人次的试讲，分别针对老教师的新课、新人新课、年轻教师重新进入主课堂试讲。个别课程多次试讲。强化课程的科研含量，效果良好。

【科研工作】 明确学术发展理念，完善科研管理制度，加强学科整合，构建学术共同体。文史教研部学科布局广阔，研究领域相对分散。自 2012 年以来，根据国内外学科发展趋势与党校“一流学府”建设需要，调整学科发展方向，加强学科整合，形成一个关涉马克思主义理论、哲学、中国语言文学、外国语言文学、中国历史、世界历史、文化人类学、传播学等多学科的学科群，以人文学为基础，开展跨学科的文化研究。

针对当前文史部学科众多的特点，文史教研部提出了分层次、分类别的学术组织与管理思路，并在此基础上大力开展制度建设，陆续制定了《文史教研部学术委员会章程》、《科研部资助课题项目管理办法》、《文史教研部资助课题项目管理办法》、《文史教研部科研奖励办法》、《公共学术活动组织与嘉宾接待规范》等一系列管理规范，建构“敬畏、激情、真诚、宽容”的学术共同体，为中国文化重建恪尽职守。

科研成果学术性与现实性并重，学术质量和影响进一步提升。2012 年，出版学术专著（独著）4 部，参与合著专著 6 部，出版译著（含合译）4 部，修订再版著作一部。共发表各类论文（含译文）129 篇，其中在校组织部认定的权威期刊上发表论文 37 篇；提交或发表各类内参调研报告（含合著）9 份，此外，还有其他研究报告 7 份。

鼓励申报校内外各类课题项目。2012 年，获得国家社会科学基金资助项目 2 项，校级科研项目 3 项，中国马克思主义研究基金会“中央党校学科建设专项基金”资助项目 2 项。还获得法国电力集团资助的“巴黎历史与城市治理”课题。此外，还有 16 项其他各级各类科研项目（包括主持与参与）。

【学术交流】 除了年度重点学术和理论研讨会议外，还定期举办常规性学术活动。

文化论坛。打造内外开放的学术思想论坛，将论坛宗旨定为“探讨中外文化精神，促进中国思想再生，打开跨学科视野，发挥思想库功能”，选题偏重跨学科研究、智库性研究和主体课堂的需求，全年举办 4 次。

学术沙龙。各教研室轮流承办，选题偏重各学科前沿发展，及重要学术理论问题，全年举办 5 次。

年度学术报告会。倡导多学科的碰撞，坚持“观点不同、风格不同、水平不同，但表达自我的机会相同”的原则，营造学术气氛。10 月 26 日召开 2012 年度学术报告。

经典读书会。加强思想碰撞和学术交流，研读中外经典，每周一次。结合主课堂教学需要，研读《论语》取得良好效果。

博雅教育博客及文史教研部网站建设。开办了“博雅教育博客”，集中报道文史部学术群落的学术活动，宣传“传承人文精神、打开跨学科视野、发挥思想库功能”的学术理念，增进对外学术交流和互动。启动文史教研部网站建设工作，打造公共信息平台，促进对外宣传，加强学术交流和学科整合。

【研究生工作】 注重深化研究生教学中的基础理论研究。组织好 2009 级研究生的论文指导、答辩和毕业工作。圆满完成 2012 级历史学、文艺学硕士生、中国近代史博士生的招生工作，以及各专业研究生入学考试、复试的外语命题和阅卷工作。历史教研室 157 次课。文学教研室 130 次课。外语室安排好博士生和硕士生外语教学工作，教学效果得到学员和研究生院的充分认可。中央党校学位评定委员会一致通过马克思主义理论一级学科下自主设置目录外二级学科“马克思主义文化学”的论证方案，批准文史教研部设置马克思主义文化学硕士博士学位点，并报国务院学位办备案。至此，全国首家马克思主义文化学硕士博士学位点宣告成立。

【党务和工会工作】 认真做好党的十八大代表和中央直属机关党代表会议代表选举工作。举办全部学习贯彻十八大精神理论座谈会，16位同志畅谈了学习感想体会。举办了以“党校的文史传统与学术精神”为主题的座谈会，纪念中央党校建校80周年。此次活动被评为全校2012年“十佳党日”之一。加强对党员干部的思想教育、组织管理和服务工作。落实党内生活各项制度，继续推进学习型党组织建设。工会继续检查督促“1+1”健身计划落实情况，组织大家参加“走进春天”体育活动，参与了全校乒乓球、羽毛球等比赛。为庆祝建校80周年，准备文艺演出节目。

（文史教研部供稿人：纪　庆）

国际战略研究所

【教学工作】　2012年，国际战略研究所教学工作量保持了继续增长的势头，总体评分较上一年又有提升。

教学工作重点突出健全集体备课制度，关键抓好青年教师进课堂的工作，完善竞争上岗的教学模式，形成了以老带新、以新促老、老中青梯队接力的互动格局。

春季学期承担教学评估的课程32次，秋季承担教学评估课程29次，教学成绩均列“八部一所”第一名。本年度，国际战略研究所获得学校教学组织奖，进修部厅局级领导干部（第60期）“世界经济与政治格局变化及应对”研究专题班下班组获得教学小组奖，在培训类班次教学评估中获全校第一名的共计9人次。

【科研工作】　将“思想库建设”定位为科研工作的基本出发点。围绕中国周边战略、中美关系、南海问题、能源安全、中东问题、中日关系、后危机时代世界经济秩序转型、世界格局变迁和全球治理等议题，先后形成16篇文章以理论内参、研究报告的方式上报，为中央及有关部门决策提供咨询或政策性建议。

编辑和出版《新远见》杂志第79期至80期，巩固并提升了国际战略研究所在国际问题研究领域的影响力。

2012年度，共获批和设立各类项目34项。其中：国家社会科学基金项目10项（1个重点项目、7个一般项目、2个青年项目），校级科研项目17项（重点项目5项、一般项目各7项、青年项目5项），其他省部级项目7项。出版学术著作22部（专著8部、合著4部、参著6部、编著3部、译著1部）。在校组织部认定的权威期刊发表论文154篇，5人次获学校科研奖。

【学术交流】　组织了共计25次学术研讨会，促进国际战略研究所教研人员与国内国外学术界的沟通和交流。

配合学校组团参加在美国丹佛举行的2012中欧美学术论坛、在华盛顿举行首届中美学术论坛。举办了有关中国对外投资、中韩关系与东北亚局势的国内国际学术会议，邀请国内外知名专家展开研讨，相关研究成果在内部和公开学术刊物上加以反映，同时通过全校大报告等形式与学员汇报交流。科研和教学相互促进和相助转换取得较好效果。

继续加强与国内相关部门、企业的交流合作，如与中央宣传部、中央对外宣传办公室、中央对外联络部、外交部、商务部、国务院港澳台办公室等中央和国家有关部门，以及与相关研究部门，如中国国际问题研究所、中国社会科学院、上海社会科学院等单位的合作交流不断加强，包括开展合作研究、共同举办研讨会等。这些活动推升了国际战略研究所的学术研究水平，提高了在国内的学术地位和影响力。

【研究生工作】 现有国际政治专业博士后流动站，国际政治、世界经济、国际关系和外交学四个博士点和硕士点。2012年继续加强和完善硕士、博士的培养。完成2009级博士研究生和硕士研究生的论文指导和论文答辩工作，以及2010级博士研究生和硕士研究生的论文开题工作。学科建设得到继续完善和强化，国际经济学开始成为战略所的新兴学科。博士和硕士的课程重点突出了经典文献导读、方法论教学、前沿问题研究和学说史的教学。

【领导班子和队伍建设】 完成新任所长聘任工作。选录3名应届博士生。

【党务工作】 组织学习、宣传、贯彻党的十八大精神，巩固创先争优活动成果，加强党组织队伍建设；落实党员思想政治状况分析制度；利用所里组织全所8月19日外出丹东举办会议和调研的机会，组织开展党日活动，在12月全校直属单位党组织会上进行了交流，被机关党委评选为“十佳党日”活动之一。组织郊游活动，积极支持工会参加学校新年联欢会及建校80周年庆祝活动。

（国际战略研究所供稿人：高祖贵）

学科队伍发展

2012年新增享受政府特殊津贴人员名单

经济学教研部	王天义
科学社会主义教研部	叶庆丰
国际战略研究所	刘建飞
出版社	田国良

2012年新晋升正高级专业技术职务资格人员名单

教　授：李　鹏、门晓红、王　勇、高中华、陈宇飞
编　审：孙　波
主任医师：于　焰

2012年新晋升副高级专业技术职务资格人员名单

副教授：王虎学、胡　卫、王道勇、高长见、王懂棋、潘郁红
副研究员：刘　东
副编审：陈延军

2012年行政口新晋升高级专业技术职务资格人员名单

研究员：洪向华
副研究员：刘君栩

（摘自中校通〔2012〕43号文件，组织部供稿）

学 术 会 议

“全国党建理论与实践创新”研讨会

3月24日至25日，由中央党校、全国党建研究会专委会主办的“全国党建理论与实践创新”研讨会在南京江宁举行。来自全国各地党校的党建专家，对改革进入深水区后的党建新形势、党建工作如何进一步改革、如何实践创新破除发展瓶颈等方面进行了全面探讨。与会专家还考察了江宁在农村基层、非公有制企业中的党建创新工作。

（摘自《新华日报》2012年3月26日）

中国经济观察论坛

——科学发展观实践经验研讨会

6月15日，中央党校经济学教研部举办“中国经济观察论坛——科学发展观实践经验研讨会”。副校长陈宝生出席并讲话，原教育长李兴山出席并作主题发言，经济学教研部主任赵振华出席并致辞，《学习时报》社社长兼总编辑肖勤福出席对相关调研报告作了点评，会议由经济学教研部副主任韩保江主持。来自相关地方的党政领导、企业家，部分在京新闻媒体的记者，经济学教研部全体教职工，以及中央党校经济学专业的博士、硕士研究生等100余人参加会议。

陈宝生在讲话中充分肯定了本次研讨会的意义。他说，党的十七大以来，在理论界围绕科学发展观取得了一系列可喜的成果，在实践中，各地、各个企业都在积极贯彻落实科学发展观，并且积累了许多成功经验。《学习时报》组织发表了中国特色社会主义在实践系列理论性文章和调研报告，这次研讨会围绕第一批调研报告进行研讨，必将推动科学发展观的深入学习贯彻，为党的十八大胜利召开创造良好的舆论氛围。他同时特别强调了调研和撰写调研报告的方式方法，要求调研报告要具有党校风格、党校特色、党校气派，调研不能越位、不能错位、不能缺位。

李兴山、韩保江、施红、曹立、杨秋宝、李鹏，分别就“温州模式”和“苏南模式”、长沙市践行科学发展、湖州市统筹城乡发展、义乌市小微企业发展、“大商模式”、三一集团创新发展经验等介绍了调研成果。中共长沙市委党校常务副校长罗文章，义乌市人民政府副市长吴森民，大连大商集团有限公司总裁吕伟顺，三一重工集团党委第一副书记、副总裁何真临分别针对调研报告进行了点评。

（摘自校园网 2012 年 6 月 20 日，经济学教研部供稿）

中国社会发展问题高端论坛 · 2012

6 月 21 日，中央党校科学社会主义教研部和社会发展研究所举办“中国社会发展问题高端论坛 · 2012”。论坛的主题是“当前影响我国社会安全的重大问题”。中央党校副校长张伯里、中央党史研究室副主任李忠杰、国防大学国防经济研究中心原主任姜鲁鸣、中央党校科学社会主义教研部原主任赵曜、主任王怀超、党的建设教研部主任王长江、中共党史教研部主任柳建辉、政法教研部主任张恒山等出席。

张伯里在讲话中指出，进入新世纪新阶段，党和国家事业发展处在一个新的历史起点上，我国开始向现代化建设第三步战略目标迈进。空前的社会变革在给我国社会经济发展带来巨大活力的同时，也带来了一系列新情况新问题。我国仍面临着错综复杂的国内外环境，影响社会稳定、社会安全的因素依然存在。同经济发展的幅度相比，社会发展相对滞后，社会问题较多。重视社会安全，防范和化解社会风险，已经成为转型社会的重要议题，也是构建社会主义和谐社会的重要内容。这也是本次论坛主题“当前影响我国社会安全的重大问题”的意义所在。面对新形势新任务，“思所以危则安，思所以乱则治，思所以亡则存”。深入探讨当前影响我国社会安全的主要因素，积极探索促进社会科学发展、安全运行的思路和措施，是我们每一位社会主义理论工作者和实践者的光荣使命和神圣责任。

王怀超致辞并分析了当前影响我国社会安全的“八个方面、十三个问题”，引起与会专家的关注。近百名专家学者、在校中青年干部培训班学员代表、科学社会主义教研部全体教员及部分博士、硕士生参加论坛。

（摘自校园网 2012 年 6 月 25 日，科学社会主义教研部供稿）

“陈独秀与大革命研究热点难点问题”学术研讨会

6月28日，中央党校中共党史教研部举办“陈独秀与大革命研究热点难点问题”学术研讨会。中国社会科学院近代史所研究员唐宝林，北京大学教授及华东师范大学特聘教授杨奎松，中共中央党史研究室科研管理部副主任姚金果，中共中央党史研究室第一研究部研究员李颖，中共党史教研部主任柳建辉、副主任曹普出席研讨会。研讨会由曹普主持。中共党史教研部李东朗在会上作了交流发言。中共党史教研部全体教师及部分在读博士生、硕士生约50余人参加研讨会。

与会的校内外专家学者就陈独秀与大革命研究中的热点难点问题进行了讨论。有专家对陈独秀在大革命失败中的责任问题进行了辨析，认为中共在大革命时期的失败有其必然性，陈独秀对此负责任，但不是主要责任，共产国际要负重要责任。有专家把陈独秀和共产国际关系的演变，分为直接联系共事和脱离并反思共产国际指导两个阶段，共产国际对大革命的指导存在严重失误，陈独秀自身的性格弱点也影响了其与共产国际的关系。有专家主张，还原有关陈独秀的基本史实应是进一步深化本问题研究的主要任务。研讨会期间，与会专家学者还和中共党史教研部师生进行了较为深入的问答交流。

（摘自校园网2012年7月12日，中共党史教研部供稿）

“基层党建科学化理论与实践”学术研讨会

6月30日至7月1日，由中央党校党的建设教研部和中共清远市委主办、中国清远市委党校和中共清新市委承办的“基层党建科学化理论与实践”学术研讨会在广东省清新市举行。来自中央党校和全国23个省、自治区、直辖市的党建专家学者共66人参加。专家学者着重对基层党建科学化的理论和实践问题，进行了解剖、分析。

中央党校党的建设教研部主任王长江概括了基层党建所肩负的重任。他认为，基层党建具有非常重要的意义，首先它是建设新型国家和社会关系的节点。基层党组织是关键部位，是党和国家和社会的连接点，要构建新型党群关系，必须从基层党组织着手；其次，基层党建是推动国家政治体制改革的节点。如今政治体制改革已经是大势所趋，而体制改革呼唤顶层设计为基层指引方向，理清边界，但是今后不是坐等顶层设计，而是要基层大胆探索，只有在顶层设计和基层大胆探索之间达成一种良性互动，我们的改革才会沿着健康的方向前进；并且，基层党建是全面推进党的建设的节点。目前，党身上包袱太重，而且呈现农村党员少、机关党员多的漏斗形不合理机构，所以基层党组织形式必须要有所变化，才能发挥党员主体作用。

（摘自《南方日报》2012年7月5日）

全国党校系统法学、政治学、公共管理学年会暨加强和创新社会管理学术研讨会

7月20日至21日，全国党校系统法学、政治学、公共管理学年会暨加强和创新社会管理学术研讨会在吉林省延吉市召开。会议由中央党校政法教研部主办，中共吉林省委党校和中共延边州委党校承办。中央党校政法教研部主任张恒山、副主任张晓玲，中共吉林省委党校副校长闫越，中共延边州委常委、州委党校校长邵利、常务副校长金豪男等领导出席，来自全国党校系统的70余位专家学者参加会议。

与会专家学者围绕文明转型阶段加强和创新社会管理的必要性、重要性和基本原则；加强和创新社会管理与法治建设的关系；加强和创新社会管理与维护社会稳定的关系；加强和创新社会管理与保障公民权利的关系；加强和创新社会管理与社会组织建设的关系；社会管理中党和政府的角色定位以及加强和创新社会管理的具体机制等进行了深入研讨，取得了广泛成果。

会议认为，文明转型是我国加强和创新社会管理的大背景，这一背景提出了加强和创新社会管理的必要性，凸显了加强和创新社会管理的重要性，规定了加强和创新社会管理的基本原则；我国的社会管理及其创新必须与法治建设相契合，必须置于法治建设的框架之下；在新形势下加强和创新社会管理必须超越简单的维稳思维，要从源头和全局高度看待社会稳定问题，在动态平衡中实现社会的长期稳定；加强和创新社会管理必须坚持将保护公民权利作为根本出发点，变传统的社会控制为社会服务；加强和创新社会管理，必须提升社会组织的发育程度，完善对社会组织的管理体制，充分发挥社会组织的社会协同作用；加强和创新社会管理必须坚持“党

委领导、政府负责、社会协同、公众参与”的基本格局，其中党组织和政府的角色定位是关键；加强和创新社会管理还必须采取新措施，建立一些有效的社会管理机制。

（摘自校园网2012年7月23日，政法教研部供稿）

科学发展观与当代中国发展

——第四届中国特色社会主义论坛

7月20日至23日，“科学发展观与当代中国发展——第四届中国特色社会主义论坛”在江西南昌召开。本次论坛由中央党校马克思主义理论教研部和中共江西省委党校联合主办，来自全国党校系统、高校系统、社会科学院系统、中央编译局、中国浦东干部学院的近百位专家学者参加。与会专家学者立足当代中国发展的大局，紧密联系当今世界发展的基本态势，围绕科学发展观的形成、科学发展观的地位、科学发展观的理论贡献以及科学发展观的深入贯彻落实等问题，开展了深入的探讨。

与会者一致认为，以人为本的提出，是科学发展观对中国特色社会主义理论体系的重大理论贡献，体现了党的宗旨和社会主义的本质要求，以人为本进一步凸显了中国特色社会主义和中国现代化的价值和意义。有学者提出，以人为本是科学发展观的核心，也理应是中国特色社会主义理论体系的核心。科学发展深化了当代中国的主题，彰显了中国社会发展的必然趋向。很多学者认为，社会主义核心价值体系的确立，明确了中国特色社会主义的思想基础、价值导向和伦理要求；社会建设和生态文明建设的相继提出，完善中国特色社会主义事业的总体布局，充实了中国现代化建设的总体目标；走和平发展道路的提出，强化了中国特色社会主义的外部特征。大家普遍认为，要从整体上深化对科学发展观的研究。也有学者提出，应当把科学发展观作为一个相对独立的理论体系来加以研究。有的学者提出，要从发展的角度展开对科学发展观的研究，认为发展的实质是社会结构的变化，而结构的问题就是关系问题，关系归结矛盾，对矛盾的分析也就构成了科学发展观研究的展开。有学者认为，发展是第一要义、以人为本是核心、全面协调可持续是基本要求、统筹兼顾是根本方法这四句话，只是科学发展观的科学内涵的集中表述，并不是科学发展观的全部内容。科学发展观具有什么样的内在结构，有哪些基本范畴，这是深化科学发展观研究必须认真解决的理论问题。

（摘自校园网2012年7月24日，马克思主义理论教研部供稿）

“中国教育体制改革创新”研讨会

10月12日，由中央党校和英国培生集团共同主办的“中国教育体制改革创新”研讨会在中央党校举行。教育长贾高建出席开幕式并致辞。

贾高建在致辞中说，自从中央党校和培生集团于2011年6月签署合作备忘录、正式建立合作关系以来，双方结合各自优势，围绕教育、媒体、出版等领域中共同关注的问题开展了一系列学术交流活动，不仅进一步加深了了解，增加了共识，促进了中央党校与培生集团之间的友好合作，还为深化中英两国友好关系作出了积极贡献。希望通过本次研讨会的举办，对双方进一步开展交流合作起到积极的推动作用。

中央党校进修部省部级领导干部班学员，教育部副部长郝平、副部长刘利民、部长助理林蕙青及其他有关部门负责人出席研讨会。郝平和刘利民分别就“世界教育发展趋势及中国的应对”以及“中国基础教育发展政策、现状及未来”作主旨演讲。与会人员还就“中国教育体制改革创新”的相关议题进行了深入的研讨交流。

研讨会由中央党校进修部正局级组织员郭焕永主持，中央党校办公厅副主任张忠军、办公厅外事办公室主任李德伟等参加研讨会。

（摘自《党校信息》第14期，办公厅供稿）

“栾川模式”创新发展高端论坛

10月26日，由中央党校经济学教研部与洛阳市人民政府共同主办的“栾川模式”创新发展高端论坛在北京国家旅游局举行。

中央党校副校长陈宝生出席论坛并讲话。他说，“栾川模式”在八年前提出，现能根据实践不断丰富内涵、创新升级，对于发展县域经济很有启发意义。下一步谋划应突出做好发展方式转变、生活方式转变、思维方式转变三方面的文章。他充分肯定了“栾川模式”在落实科学发展观、构建和谐社会，以及在县域经济发展中所发挥的示范、引领作用，深刻分析了旅游在经济社会发展的重要引领作用，并就如何发展旅游业发表了独到见解。

中央党校经济学教研部主任赵振华等出席会议。李省龙就《栾川县“创建科学发展示范县，打造洛阳新名片”规划纲要》作主旨报告，对“栾川模式”的创新发展进行了全面阐述。

（摘自校园网2012年11月1日，经济学教研部供稿）

2012年度文史学术报告会

10月26日，中央党校文史教研部举办2012年度学术报告会。副校长李书磊、文史部主任赵伯英，副主任周熙明、李文堂，党总支书记纪庆、文史教研部全体教职人员及访问学者、研究生及《学习时报》编辑出席。

2012年4月，文史教研部提出了“反本开新，构建学术共同体”的学术组织理念，制定文化论坛、学术沙龙、经典读书会、年度学术交流会、年度学术报告会、年度学科建设会等不同系列的学术活动计划，旨在形成“敬畏、激情、真诚、宽容”的学术氛围。年度学术报告会即为其中的一个系列，目的是营造学术节日气氛，在这里，“观点不同、风格不同、水平不同，但表达自我的机会相同”。

本次年度学术报告会由文史教研部副主任李文堂主持。文史教研部中青年教师陈宇飞、张军、赵璐璐、潘郁红、范玉刚、马奔腾分别以《人为的城市与为人的城市》、《军府与汉唐政治体制之演化》、《从〈天圣令〉看唐宋县级政务运行机制的转型》、《我的日本漫画研究之路》、《消费性美学生成的可能》、《禅对中国诗歌意境创造的影响》为题作了6场报告，每场报告都安排了专人评论与大众提问。

李书磊对文史教研部举办年度学术报告会给予积极评价，对其中两个制度史方面的报告饶有兴趣地参与提问、讨论，并对今后的学术组织提出要求。他指出，历史教研室在承担思想文化史教学科研任务的同时，要特别注重政治、经济、社会制度史方面的研究，在做近现代史研究的同时，也要重视古代史研究，这方面的研究对于当代中国社会制度建设、对于中国文化复兴具有重要意义。另外，应当注重培养年轻人，帮助他们尽快完成学术上的爬坡与对党校教学科研的融入，同时有意识地将研究生纳入党校科研队伍中，重视他们的经典训练与论文写作，使他们对党校学术发展有所贡献。周熙明在总结发言中谈到，这次学术报告会宗旨很好，作为一个学术部门，就是要构建一个学术共同体，只有通过类似活动，相互敞开、相互理解、相互欣赏、相互借鉴，才能达到整合多学科、形成学术共同体的目标，以后要多搞这种学术交流。

（摘自校园网2012年10月30日，文史教研部供稿）

社会主义理论前沿问题高层论坛·2012

10月27日至28日，中央党校召开“社会主义理论前沿问题高层论坛·2012”。常务副校长李景田会见与会代表并合影留念。中央党史研究室副主任李忠杰出席。中央党校教育长贾高建代表中央党校校委致辞。校委委员黄宪起、梁言顺出席论坛。

贾高建指出，“社会主义理论前沿问题高层论坛”是中央党校科学社会主义教研部组织的系列学术活动，也是中央党校与校外各学术机构进行交流与合作的平台之一，其主旨是为了推进科学社会主义学科建设，打造这一学科的特色品牌。中央党校历来重视学科建设，而科学社会主义学科在中央党校的学科体系中具有特殊重要的地位，应该在相关的教学和科研工作中发挥重要作用。

科学社会主义教研部于2010年10月创办了首届“社会主义理论前沿问题高层论坛·2010”。2011年10月，在上海市委党校召开了第二届“社会主义理论前沿问题高层论坛·2011”。本次论坛是第三届，论坛的主题是“科学社会主义学科建设基本问题”。

科学社会主义教研部主任王怀超代表主办方致辞。与会专家学者着重围绕科学社会主义的研究对象、学科性质、逻辑起点、基本范畴、理论框架和研究方法等学科基础理论问题以及科学社会主义与中国特色社会主义的关系、科学社会主义学科的前沿问题进行了深入讨论，形成了一些新的认识成果。

中央文献研究室、中央编译局、教育部等单位和部分省市党校、社科联等教研单位的专家学者130余人参加论坛。

（摘自《党校信息》2012年第17期，科学社会主义教研部供稿）

“五十年代土地改革资料搜集与整理”学术研讨会

11月28日，中央党校中共党史教研部举办“五十年代土地改革资料搜集与整理”学术研讨会，会议由社会主义革命与建设时期教研室承办。中国人民大学清史所研究员高王凌、清华大学历史系教授秦晖、中国人民大学马克思主义学院教授辛逸等出席会议。中共党史教研部部分教师、研究生参加会议。

与会学者围绕会议主题进行了讨论。有学者对当前学术界对土地改革的研究状况进行了深入反思，认为中国学界不能一味地学“洋片汤”（即国外尤其是美国史学界的研究方法），而应该深入发掘材料，建立自己的资料库，在此基础上通过讲故事的方法重构史实。会上还提出了一个发人深思的方法论问题，即个案研究能否证明宏大命题。因为个案仅仅是个案，仅仅代表或反映其自身。有的学者对近代以来俄国农村的土地占有状况进行了回顾，并对中国的土地改革进行了概略比较。认为俄国的地主事实上都是贵族，其土地是由国家强制划拨给他们的，农民对此自然明了，当然也反对这种土地制度。1917年“二月革命”爆发后，俄国农村的农民乘政府无力控制之际，自动起来进行“土地改革”，平分土地，只不过没有什么阶级斗争的过程。此后，俄国实际上重新回到了“公社”时期的土地制度。结果，到1929年苏联共产党实行集体化时，首要的目标就是破坏长期以来农民在“公社”制度下形成的集体主义传统意识。这时，苏联才开始在农村划分阶级，搞阶级斗争。还有学者结合个人在搜集档案资料、进行口述访谈过程中的经历，提出研究者在资料搜集与整理时，不应抱着推翻某个结论的目的去刻意搜集资料，因为这样很可能漏掉一些相反的材料。学者的目的应该是讲故事，还原历史真相；再次，不要被口述材料所蒙蔽。因为受到时间、利益、心态等因素的影响，被访谈者很可能对某些重要的历史过程已经遗忘，或有意遮蔽某些历史事实；最后，不要拘泥于档案，被档案所欺骗。因为档案本身并非连贯的、事无巨细均会记录下来的，其中难免存在着某些漏洞，利用者一不小心就可能落入想当然的陷阱中。

与会专家还就如何整理中共党史教研部资料室所藏20世纪50年代农村土地调查资料出谋划策，提出了一些建设性的建议。

（摘自校园网2012年12月17日，中共党史教研部供稿）

哲学与社会发展论坛（2012）

12月3日，中央党校哲学教研部、中央党校社会发展研究中心和中国马克思主义研究基金会联合主办“哲学与社会发展论坛（2012）”。会议的主题是“中国特色社会主义道路与当代中国哲学发展——深入学习贯彻十八大精神”。副校长陈宝生，校委委员、科研部主任梁言顺出席会议。原教育长、中国马克思主义研究基金会副理事长郝时晋，哲学教研部主任、中央党校社会发展研究中心主任李晓兵，分别代表主办单位致辞。哲学教研部副主任、中央党校社会发展研究中心副主任董振华主持会议。来自中央党校、中国社会科学院、中央编译局等单位的近70名专家学者参加会议。

本次论坛紧密结合党的十八大精神，围绕“中国特色社会主义道路与当代中国哲学发展”这一主题，就当代中国哲学在中国特色社会主义道路探索和确立中所作出的贡献以及今后中国哲学发展如何在未来中国特色社会主义建设中更好地发挥引领作用等问题进行了深入研讨。在会上，中国社会科学院哲学所李鹏程、中央编译局马克思主义与中国现实问题研究中心主任李惠斌、北京大学哲学系王东、清华大学人文学院邹广文、北京师范大学哲学与社会学学院张曙光、中央党校哲学教研部毛卫平、李建华、刘毅强、任俊华作了大会发言。

（摘自校园网2012年12月4日，哲学教研部供稿）

全国党校系统党史教学与研究专业委员会年会

12月2日至4日，中共党史教研部与福建省委党校联合主办全国党校系统“党史教学与研究专业委员会工作年会”，各党校的90名专家学者与会。

会议学习党的十八大精神，研讨党的十六大以来中国共产党治国理政的理论与实践，交流了教学科研经验，取得了预期效果。中共党史教研部主任柳建辉作了题为《学习十八大精神的几个问题》报告。他指出，从党的十八大的筹备与召开，大会的主题和思想内涵，大会报告的主要内容和理论贡献，大会对党章总纲和条文的修改等四个方面，为大家详细解读了党的十八大会议精神。

各地与会代表就十年来党治国理政的理论与实践相关问题进行了深入研讨。地方党校与会代表分别介绍了本部门中共党史学科教学与科研和学科建设的情况，并围绕会议主题从党史教学、研究及学科建设工作等方面总结各自经验，提出了许多新的工作思路和建设性意见。

（摘自校园网2012年12月7日，中共党史教研部供稿）

开创马克思主义哲学教学与研究新局面理论研讨会

——庆祝韩树英教授90华诞暨从事哲学研究与教学70周年

12月22日，由中央党校哲学教研部和中国辩证唯物主义研究会联合主办的“开创马克思主义哲学教学与研究新局面理论研讨会——庆祝韩树英教授90华诞暨从事哲学研究与教学70周年”在中央党校召开。中央委员、中国社会科学院常务副院长、中国辩证唯物主义研究会会长王伟光，中央党校副校长徐伟新出席会议并致辞，中央党校教育长贾高建，原副校长邢贲思、刘海藩，校委委员罗宗毅、黄宪起、梁言顺，中央党校直属部门领导、韩树英教授的好友、中央党校哲学教研部全体同志，以及来自中央党校、中国社会科学院、外交部等单位的120多位专家学者参加了研讨会。会议由中央党校哲学教研部主任李晓兵、副主任董振华主持。

徐伟新代表中央党校校委致辞，高度评价了韩树英教授为党的干部教育事业，为马克思主义哲学理论研究，为中国特色社会主义重大问题的研究所作出的贡献。她说，今天我们在这里举行这次研讨会，一是要弘扬韩树英教授严谨的治学精神、注重理论联系实际的学风，自觉地把“为社会主义实践服务，为建设中国特色社会主义服务”作为理论研究的根本方向。要努力针对建设有中国特色的社会主义的实际，掌握马克思主义基本理论和基本方法，探索新的历史条件下我国社会生活中的重大现实问题。二是要营造尊师重教、崇尚大师的氛围，就是要树立志存高远、信念坚定、潜心钻研、甘于寂寞、持之以恒的治学精神，造就党校新一代的名师、大家，进一步推进中央党校的学科建设，进一步提高党校的教学科研水平。

王伟光在致辞中充分肯定和高度评价了韩树英教授在马克思主义哲学研究、教学和党的领导干部、理论工作者培养等方面作出的贡献。

李晓兵在致辞中说，我们要学习韩树英教授对祖国和人民的深厚情感，坚持正确的政治方向，坚定中国特色社会主义的信念和信心；学习韩树英教授对哲学研究和教学的矢志不移的热爱，为哲学事业繁荣和发展，勤奋工作，不懈努力，作出自己应有的贡献；学习韩老对青年一代的关心和支持，加强哲学学科建设，凝聚力量，开创马克思主义哲学教学与研究的新局面。

韩树英教授是我国著名的马克思主义哲学家和教育家。他在致辞中回顾了70年前赴日留学参加中国共产党地下外围组织“秘密读书会”读书学习的情景。说自己当年为扩充知识，探寻国家民族的出路，课余从中国近代苦难的历史到世界各种重要思想潮流的介绍读起，由于对近代哲学思潮感到了兴趣，逐渐由浅入深偏重于读了马克思主义哲学的书。通过大量阅读马克思主义哲学著作如日本教授河上肇的《第二贫乏物语》、艾思奇的《大众哲学》、艾思奇、吴亮平：《科学历史观教程》、（苏）米丁：《新哲学大纲》、《哲学选辑》，恩格斯：《家庭、私有制和国家的起源》等，使他了解到科学世界观是完整的马克思主义理论体系的哲学基础；再进一步，懂得了抗日救国、民族解放和解放整个人类的共产主义事业的相互关系。这样，哲学和科学理论的启蒙，使他知道了祖国和社会历史的必然走向。哲学使年轻的他思想大开，大彻大悟，常说：犹如“醍醐灌顶”。他勉励大家要增强对马克思主义哲学的理论自信，坚持理论联系实际的学风，注重对中国特色社会主义实践中的重大问题的哲学研究，在推进马克思主义哲学中国化的进程中，推进中国的马克思主义化。

有关单位和个人发来贺信及贺辞。邢

责思、侯树栋、庄福龄、方克立、赵凤岐、顾锦屏、杨振亚、崔自铎、庞元正等专家学者作了大会发言。与会同志高度赞扬了韩树英教授在哲学教学与研究中取得的成就，并表示在新的历史条件下，继续弘扬理论联系实际的学风，不断开创马克思主义哲学教学与研究的新局面。

（摘自校园网 2012 年 12 月 25 日，哲学教研部供稿）

“中国扶贫开发调查”研讨会

2013 年 1 月 12 日，中央党校经济学教研部举办“中国扶贫开发调查”研讨会，副校长陈宝生出席并讲话，校委委员、进修部主任黄宪起、组织部长赵长茂、科研部主任梁言顺以及中央党校各直属单位的领导参加会议，国务院扶贫办的有关领导，广西富川、贵州威宁和江西赣州三个地区的代表与会，经济学教研部教职工、部分经济学专业博士、硕士研究生，以及新闻媒体记者近百人出席会议。会议由经济学教研部副主任潘云良主持，经济学教研部主任赵振华致辞。

陈宝生在讲话中肯定了经济学教研部近几年的调研工作，特别是调研对提高教学质量、学科建设等方面的作用。他重点阐述了调研工作的意义、作用等。他说，在我们党的历史上，几次重大的调研及其形成的报告，都在党的历史上产生了巨大影响。在经济学方面更是如此，一大批著名经济学家都是通过调研并发表调研报告而成长起来的。他希望中央党校的教师注意运用我们党所具有的独特的调查研究方法，多一些手段，将其结合起来。

本次会议主要是针对经济学教研部在 2012 年围绕扶贫开发，分赴广西富川、贵州威宁和江西赣州三个贫困地区进行调研，经分析和研究所形成的调研成果，陈宇学、石霞、施红、潘云良、孙小兰等同志就调研成果进行了汇报，国家扶贫办公室政法司副司长、巡视员苏国霞，贵州省委威宁县委书记杨兴友，广西富川县委副书记蒋红林，江西省政府投资项目评审中心主任助理、教授黄培华等对调研成果进行了点评，充分肯定了经济学教研部的调研成果。与会的专家学者围绕主题，进行了多角度、全方位、深层次的交流，共同探讨中国扶贫开发的战略措施，以及上述地区扶贫开发的经验、效果对其他贫困地区的启示。

（摘自校园网 2013 年 1 月 16 日，经济学教研部供稿）

研究成果

2012年教研人员出版著作

序号	著作名称	作者	单位	成果形式	出版单位
1	《马列著作选编》导读	马克思主义理论教研部	马克思主义理论教研部	著作	中共中央党校出版社
2	马克思主义哲学前沿问题研究	韩庆祥、邱耕田等	马克思主义理论教研部	著作	中共中央党校出版社
3	当代中国改革路向	李海青	马克思主义理论教研部	著作	中共中央党校出版社
4	科学发展观基本问题研究	庞元正	哲学教研部	专著	人民出版社
5	中共中央党校干部教育学院讲稿选	董德刚	哲学教研部	教材	中共中央党校出版社
6	从实践视阈审视的人——对马克思人的学说的一种理解和描述	侯 才	哲学教研部	专著	人民出版社
7	当代中国马克思主义理论与现实问题	侯 才	哲学教研部	专著	人民出版社
8	怎样当好支部书记	董振华	哲学教研部	教材	人民出版社
9	坚持和发展中国特色社会主义	阮 青	哲学教研部	主编	中共中央党校出版社
10	创新方法战略丛书	赵建军	哲学教研部	主编	中共中央党校出版社
11	技术的哲学追问	赵建军	哲学教研部	主编	中国社会科学出版社
12	如何以言行事?	杨玉成	哲学教研部	译著	商务印书馆
13	近现代国外政要创新之道	杨玉成	哲学教研部	合著	中共中央党校出版社
14	中国古代官员创新之道	任俊华	哲学教研部	合著	中共中央党校出版社
15	中国特色社会主义理论研究	王晓林	哲学教研部	专著	人民出版社
16	“新君主”、“新德国”与“新欧洲”	梁晓杰	哲学教研部	合著	中共中央党校出版社

续 表

序号	著 作 名 称	作 者	单 位	成果形式	出版单位
17	中国能源发展战略问题研究	曹 新	经济学教研部	专著	中国社会科学出版社
18	中国财政变革与基本公共服务均等化	李旭章	经济学教研部	专著	中共中央党校出版社
19	中国特色社会主义史论研究——前沿问题卷	严书翰	科学社会主义教研部	合著主编	中共中央党校出版社
20	中国特色社会主义理论前沿问题研究	叶庆丰	科学社会主义教研部	合著主编	人民出版社
21	当代中国权力制衡结构研究	刘俊杰	科学社会主义教研部	专著	中共中央党校出版社
22	走向世界历史——中国特色社会主义的成长历程	刘海涛	科学社会主义教研部	专著	中共中央党校出版社
23	住房保障制度的国别研究	林 梅	科学社会主义教研部	专著	中共中央党校出版社
24	沿着中国特色社会主义道路前进——深入学习研究党的十八大报告	王怀超	科学社会主义教研部	合著主编	中共中央党校出版社
25	艾滋病防治政策干部读本（第三版）	靳 薇	科学社会主义教研部	专著	中共中央党校出版社
26	社会主义论丛2011	科学社会主义教研部	科学社会主义教研部	合著	中共中央党校出版社
27	中国特色社会主义史论研究——科学体系卷	胡振良	科学社会主义教研部	合著主编	中共中央党校出版社
28	中国特色社会主义史论研究——历史实践卷	叶庆丰		合著主编	中共中央党校出版社
29	当代中国社会管理创新	张恒山	政法教研部	著作主编	中共中央党校出版社
30	政治学基本问题	赵虎吉	政法教研部	著作主编	中共中央党校出版社
31	人权的政治哲学	王立峰	政法教研部	专著	中国社会科学出版社
32	十年辉煌——十六大以来中国共产党治国理政纪实	柳建辉	中共党史教研部	编著	人民出版社
33	禅境与诗境〔修订重印〕	马奔腾	文史教研部	专著	中华书局
34	中国近代文化史	王学斌	文史教研部	合著	中华书局
35	中华人民共和国大典	张爱萍	文史教研部	合著	人民出版社

（依据“八部一所”提供素材整理）

2012 年教研人员发表论文

序号	论 文 题 目	作 者	单 位	发表报刊及时间
1	中国特色社会主义的实践逻辑与发展趋向	韩庆祥	马克思主义理论教研部	《中国社会科学》2012 年第 3 期
2	论马克思主义的整体性	韩庆祥	马克思主义理论教研部	《哲学研究》2012 年第 8 期
3	论马克思主义整体性	韩庆祥	马克思主义理论教研部	《哲学研究》2012 年第 9 期
4	社会主义现代化建设的中国逻辑	韩庆祥	马克思主义理论教研部	《马克思主义与现实》2012 年第 4 期
5	社会心理隐形决定论	韩庆祥	马克思主义理论教研部	《哲学动态》2012 年第 1 期
6	重新认识辩证唯物主义	韩庆祥	马克思主义理论教研部	《毛泽东邓小平理论研究》2012 年第 2 期
7	深化对中国特色社会主义理论的学理研究	韩庆祥	马克思主义理论教研部	《光明日报》2012 年 6 月 5 日
8	服务惠民生　创新促和谐	韩庆祥	马克思主义理论教研部	《人民日报》2012 年 9 月 19 日
9	创先争优与服务群众	韩庆祥	马克思主义理论教研部	《光明日报》2012 年 5 月 18 日
10	深化对中央关于文化改革发展决策部署的认识	韩庆祥	马克思主义理论教研部	《光明日报》2012 年 2 月 23 日
11	学雷锋要处理好几种关系	韩庆祥	马克思主义理论教研部	《光明日报》2012 年 3 月 6 日
12	学习雷锋需要常态化	韩庆祥	马克思主义理论教研部	《解放军报》2012 年 3 月 5 日
13	深入研究社会主义核心价值体系	韩庆祥	马克思主义理论教研部	《人民日报》2012 年 8 月 3 日
14	中国特色社会主义理论体系的时代特色	韩庆祥	马克思主义理论教研部	《光明日报》2012 年 10 月 11 日
15	创新驱动，构建国家发展的战略支点	韩庆祥	马克思主义理论教研部	《光明日报》2012 年 11 月 12 日
16	深化理解和贯彻落实科学发展观的三个问题	韩庆祥	马克思主义理论教研部	《红旗文稿》2012 年第 13 期，中国人民大学《复印报刊资料》（中国特色社会主义理论）2012 年第 10 期
17	中国特色社会主义理论体系的世界视野	秦　刚	马克思主义理论教研部	《马克思主义与现实》2012 年第 6 期
18	社会主要矛盾新特征与科学发展新理念	牛先锋	马克思主义理论教研部	《毛泽东邓小平理论研究》2012 年第 9 期

续 表

序号	论 文 题 目	作 者	单 位	发表报刊及时间
19	民生：发展与公正双推进的结合点	王中汝	马克思主义理论教研部	《学习时报》2012 年 5 月 28 日
20	坚持和发展中国特色社会主义理论体系	王中汝	马克思主义理论教研部	《人民日报》2012 年 12 月 5 日
21	困境中的马克思主义哲学研究——一种反思性的视角	李海青	马克思主义理论教研部	《哲学动态》2012 年第 3 期
22	我国政治发展进程中的程序性参与民主	李海青	马克思主义理论教研部	《中共中央党校学报》2012 年第 3 期
23	试论转型语境下中国政治体制改革的关键期——一种政治社会学的分析	李海青	马克思主义理论教研部	《天津社会科学》2012 年第 2 期，中国人民大学《复印报刊资料》(体制改革) 2012 年第 11 期
24	全球化视域下“两个必然”原理的实现	李海青	马克思主义理论教研部	《郑州大学学报》2012 年第 2 期，中国人民大学《复印报刊资料》(世界社会主义运动) 2012 年第 5 期
25	深化中国特色社会主义理论研究的三个问题	李海青	马克思主义理论教研部	《中国特色社会主义研究》2012 年第 5 期
26	马克思主义中国化进程中的现代性个体价值启蒙——一种基于历史发展逻辑的梳理	李海青	马克思主义理论教研部	《江苏行政学院学报》2012 年第 5 期，中国人民大学《复印报刊资料》(马克思列宁主义) 2012 年第 11 期
27	中国人学研究的新成果	李海青	马克思主义理论教研部	《社会科学战线》2012 年第 3 期
28	价值：基于一种责任论视角的新解读	邱耕田	马克思主义理论教研部	《社会科学战线》2012 年第 1 期
29	历史唯物主义的“名”与“实”	王虎学	马克思主义理论教研部	《哲学研究》2012 年第 3 期
30	“生产力和生产关系的辩证法”的再思考	王虎学	马克思主义理论教研部	《哲学动态》2012 年第 9 期
31	社会主义的价值意蕴与民族国家的价值本性	王虎学	马克思主义理论教研部	《中国特色社会主义研究》2012 年第 1 期，《新华文摘》2012 年第 9 期论点摘编
32	核心价值观究竟该如何凝练	王虎学	马克思主义理论教研部	《光明日报》2012 年 2 月 11 日理论版
33	马克思主义发展史上四大关系问题研究	王虎学	马克思主义理论教研部	《理论动态》2012 年第 5 期
34	马克思哲学视域中的“社会”	王虎学	马克思主义理论教研部	《中共中央党校学报》2012 年第 4 期
35	更高地举起中国特色社会主义的伟大旗帜	宋福范	马克思主义理论教研部	《解放军报》2012 年 11 月 21 日

续 表

序号	论文题目	作者	单位	发表报刊及时间
36	党务公开：共产党人的自觉追求和能力自信	李俊伟	马克思主义理论教研部	《光明日报》2012年6月28日
37	保持和发展党的理论优势	李俊伟	马克思主义理论教研部	《光明日报》2012年8月24日
38	始终注重发挥思想政治工作的重大优势	李俊伟	马克思主义理论教研部	《光明日报》2012年11月1日
39	科学发展观对中国特色社会主义理论体系的丰富和发展	李宏伟	马克思主义理论教研部	《中共中央党校学报》2012年第10期
40	中国特色社会主义应当这样创造——纪念邓小平“南方谈话”	贾建芳	马克思主义理论教研部	《科学社会主义》2012年第1期
41	党的十七大以来科学发展观的新发展	贾建芳	马克思主义理论教研部	《中国特色社会主义研究》2012年第5期
42	坚持马克思主义指导地位不动摇	贾建芳	马克思主义理论教研部	《解放军报》2012年6月3日
43	当代中国哲学的境遇、自我理解和任务	侯　才	哲学教研部	《哲学动态》2012年第11期
44	马克思的“个体”与“共同体”概念	侯　才	哲学教研部	《哲学研究》2012年第1期
45	高语罕：推动马克思主义哲学大众化的先驱	胡为雄	哲学教研部	《哲学动态》2012年第2期
46	绿色发展的价值审视	赵建军	哲学教研部	《哲学研究》2012年第9期
47	凯恩斯的政治哲学及其启示	杨玉成	哲学教研部	《世界哲学》2012年第2期
48	儒学的神学化	王　杰	哲学教研部	《现代哲学》2012年第4期
49	黑格尔的“第三条道路”——《法哲学原理》的合理性与现实性	郭大为	哲学教研部	《世界哲学》2012年第5期
50	毛泽东对孙中山民主革命精神的继承与超越	胡为雄	哲学教研部	《毛泽东思想研究》2012年第2期
51	《在延安文艺座谈会上的讲话》的经典意义	胡为雄	哲学教研部	《理论视野》2012年第5期
52	马克思、恩格斯使用上层建筑概念之比较	胡为雄	哲学教研部	《清华大学学报》（哲学社会科学版）2012年第4期
53	毛泽东对马克思主义阶级斗争、社会政治革命和国家学说的主要贡献——以新民主主义革命时期和建国初期为中心的考察	胡为雄	哲学教研部	《理论学刊》2012年第3期
54	破解“姓社姓资”难题，促进中国更好发展	董德刚	哲学教研部	《科学社会主义》2012年第2期
55	关于“网络实名制”与网络不良信息管理	蔡德聪	哲学教研部	《中国行政管理》2012年第11期

续 表

序号	论 文 题 目	作 者	单 位	发表报刊及时间
56	从斗争哲学到和谐哲学：马克思主义中国化的重大时代课题	毛卫平	哲学教研部	《马克思主义与现实》2012 年第 2 期
57	社会主义核心价值体系与当代中国社会发展	朱辉宇	哲学教研部	《哲学动态》2012 年第 2 期
58	我们将往哪里去？	付 立	哲学教研部	《新华文摘》2012 年第 22 期
59	历史再现，科技革命即将到来吗？	王克迪	哲学教研部	《新华文摘》2012 年第 12 期
60	科学发展观的创新意义	孙要良	哲学教研部	《新华文摘》2012 年第 10 期
61	论生态文明理论的时代价值	赵建军	哲学教研部	《中国特色社会主义研究》2012 年第 4 期
62	从传统行政伦理到现代公共管理伦理	靳凤林	哲学教研部	《道德与文明》2012 年第 12 期
63	《中庸》与原始儒家的生命伦理	靳凤林	哲学教研部	中国人民大学《复印报刊资料（伦理学）》2012 年第 8 期
64	昭示发展方向，凝聚价值共识	侯 才	哲学教研部	《光明日报》2012 年 11 月 28 日
65	加快推进生态文明制度建设	赵建军	哲学教研部	《光明日报》2012 年 12 月 25 日
66	牢牢把握三个重点环节	王 杰	哲学教研部	《人民日报》2012 年 12 月 10 日
67	重视建设优秀传统文化传承体系	王 杰	哲学教研部	《理论动态》2012 年 4 月 30 日
68	西方主流政治哲学对当代资本主义的反思	杨玉成	哲学教研部	《科学社会主义》2012 年第 1 期
69	公正是结果还是过程？	李晓兵	哲学教研部	《中央党校学报》2012 年第 6 期
70	马克思恩格斯哲学形态论纲	边立新	哲学教研部	《中央党校学报》2012 年第 1 期
71	马克思恩格斯的哲学转向	边立新	哲学教研部	《理论视野》2012 年第 4 期
72	进化不是进步，选择不是淘汰	付 立	哲学教研部	《学习时报》2012 年 3 月 5 日
73	我们将往哪里去？	付 立	哲学教研部	《学习时报》2012 年 9 月 17 日
74	核心价值体系建设需要法制	孙要良	哲学教研部	《学习时报》2012 年 10 月 29 日
75	从社会公平看生态文明建设	孙要良	哲学教研部	《学习时报》2012 年 11 月 26 日
76	世界“现代性”话语体系的重释和改写	侯 才	哲学教研部	《学习时报》2012 年 12 月 19 日
77	发展：当代中国始终面临的主题和根本任务	侯 才	哲学教研部	《学习时报》2012 年 5 月 14 日
78	战略文明转型中的全球治理	段培君	哲学教研部	《学习时报》2012 年 8 月 27 日
79	哲学是领导干部的必备素养	靳凤林	哲学教研部	《学习时报》2012 年 3 月 5 日
80	多角度看待网络实名制	蔡德聪	哲学教研部	《学习时报》2012 年 2 月 6 日
81	比较优势到竞争优势的类型转变	段培君	哲学教研部	《学习时报》2012 年 8 月 13 日
82	他组织到自组织的机制转变	段培君	哲学教研部	《学习时报》2012 年 7 月 30 日
83	零和博弈到非零和博弈的模式转换	段培君	哲学教研部	《学习时报》2012 年 7 月 16 日
84	军事战略到发展战略的重心转变	段培君	哲学教研部	《学习时报》2012 年 6 月 18 日
85	战略到大战略的视野变换	段培君	哲学教研部	《学习时报》2012 年 6 月 4 日
86	公正是中国共产党人不懈的追求	何建华	哲学教研部	《学习时报》2012 年 5 月 21 日

续表

序号	论文题目	作者	单位	发表报刊及时间
87	迈克尔·波特："竞争战略之父"	胡卫	哲学教研部	《学习时报》2012年9月24日
88	威慑战略中的策略空间	胡卫	哲学教研部	《学习时报》2012年9月10日
89	道路自信源自哪里?	刘毅强	哲学教研部	《学习时报》2012年12月3日
90	《太上感应篇》的生态伦理思想	任俊华	哲学教研部	《学习时报》2012年6月18日
91	中国特色社会主义道路的哲学探索	杨玉成	哲学教研部	《学习时报》2012年12月17日
92	以哲学的方式关注中国特色社会主义重大实践	王晓林	哲学教研部	《学习时报》2012年11月19日
93	"顶层设计"也要注重"底层"	蔡德聪	哲学教研部	《学习时报》2012年12月10日
94	政治伦理与政府体制改革	朱辉宇	哲学教研部	《学习时报》2012年1月9日
95	社会主义核心价值体系研究的几大问题	朱辉宇	哲学教研部	《学习时报》2012年1月2日
96	政治伦理与政府体制改革	朱辉宇	哲学教研部	《学习时报》2012年1月9日
97	"调研"泰新马	董德刚	哲学教研部	《学习时报》2012年9月3日
98	科学发展观的重大贡献与创新空间	孙要良	哲学教研部	《中国特色社会主义》2012年第6期
99	技术演化与工程演化比较研究	赵建军	哲学教研部	中国人民大学《复印报刊资料(科学技术哲学)》2012年第11期
100	改革征地制度，提高农民土地收益	赵振华	经济学教研部	《学习时报》2012年12月31日
101	市场与政府边界在哪	赵振华	经济学教研部	《解放日报》2012年12月19日
102	着力促进四化同步发展	赵振华	经济学教研部	《经济日报》2012年11月25日
103	如何看待当前经济形势与发展优势	赵振华	经济学教研部	《解放军报》2012年10月28日
104	访韩观感	赵振华	经济学教研部	《学习时报》2012年1月2日
105	收入分配的突出问题与改革重点	赵振华	经济学教研部	《学习时报》2012年10月8日
106	深化改革完善制度体系	赵振华	经济学教研部	《学习时报》2012年5月7日
107	在读书中享受快乐	赵振华	经济学教研部	《学习时报》2012年4月2日
108	继续加快转变经济发展方式	赵振华	经济学教研部	《学习时报》2012年7月30日，《社科论坛》2012年第3期转载
109	中国不会陷入中等收入陷阱	赵振华	经济学教研部	《理论动态》2012年8月20日
110	牢牢把握保障和改善民生这一根本目的	赵振华	经济学教研部	《求是》2012年第13期
111	当代西方管理五大趋势	潘云良	经济学教研部	《学习时报》2012年10月15日
112	坚持和完善基本经济制度	梁朋	经济学教研部	《学习时报》2012年6月4日
113	正确处理政府和市场的关系	王天义	经济学教研部	《经济日报》2012年1月2日
114	让农民专业合作社发展更快些	石霞	经济学教研部	《学习时报》2012年2月6日
115	中老年劳动力就业问题亟须重视	石霞	经济学教研部	《学习时报》2012年5月7日

续 表

序号	论 文 题 目	作 者	单 位	发表报刊及时间
116	推进顶层设计实现住房政策战略调整	田应奎	经济学教研部	《人民日报内参》2012 年 9 月 7 日
117	以结构性减税促进民富国强	李旭章	经济学教研部	《学习时报》2012 年 2 月 13 日
118	从现代化进程看社会保障制度建设	李旭章	经济学教研部	《学习时报》2012 年 6 月 4 日
119	营业税改征增值税促进经济转型	李旭章	经济学教研部	《学习时报》2012 年 11 月 12 日
120	宏观政策组合须在实践中创新	李旭章	经济学教研部	《学习时报》2012 年 12 月 31 日
121	欧洲主权债务危机的深层次原因及其影响	李旭章	经济学教研部	《理论动态》2012 年 6 月 10 日
122	控制烟草的经济视角	曹 立	经济学教研部	《理论视野》2012 年第 10 期
123	实现工业强国的三大路径	曹 立	经济学教研部	《理论视野》2012 年第 6 期
124	小微企业成长需要市场与政府双驱动	曹 立	经济学教研部	《理论视野》2012 年第 7 期
125	中华民族伟大复兴之魂	曹 立	经济学教研部	《学习时报》2012 年 4 月 30 日
126	以土地制度变革推进城乡统筹发展	曹 立	经济学教研部	《学习时报》2012 年 11 月 5 日
127	大商模式：中国企业的改革创新之路	杨秋宝	经济学教研部	《学习时报》2012 年 4 月 23 日
128	坚持科学发展观的指导地位	杨秋宝	经济学教研部	《学习时报》2012 年 6 月 18 日
129	中国经济形势回顾与展望	王君超	经济学教研部	《理论视野》2012 年第 1 期
130	民间融资权利与公民生命财产权利保护	刘艳梅	经济学教研部	《理论视野》2012 年第 4 期
131	全面深化经济体制改革	郭兆晖	经济学教研部	《学习时报》2012 年 12 月 24 日
132	破解城乡二元经济结构的金钥匙——浙江湖州调研	施 红	经济学教研部	《学习时报》2012 年 4 月 30 日
133	积极看待我国出现外贸逆差现象	谢鲁江	经济学教研部	《学习时报》2012 年 4 月 2 日
134	国企：不搞私有化，但要深化产权改革	谢鲁江	经济学教研部	《中国党政干部论坛》2012 年第 5 期
135	当前通胀问题的判断及预期管理	谢鲁江	经济学教研部	《理论动态》2012 年第 19 期
136	把握好在全球经济分工中的新定位	谢鲁江	经济学教研部	《经济日报》2012 年 7 月 13 日
137	先人后己：市场主体的客观行为准则与文化自觉	徐祥临	经济学教研部	《理论动态》2012 年第 5 期
138	“沙集模式”化解“三农”难题	贾华强	经济学教研部	《理论视野》2012 年第 2 期
139	建设生态文明需靠制度	贾华强	经济学教研部	《经济日报》2012 年 12 月 8 日
140	推进城镇化扩大内需	贾华强	经济学教研部	《经济日报》2012 年 11 月 16 日
141	中国光伏产业发展现状和前景	袁 辉	经济学教研部	《理论视野》2012 年第 4 期
142	三一集团：中国民营经济发展的“弄潮儿”	李 鹏	经济学教研部	《学习时报》2012 年 4 月 16 日

续表

序号	论文题目	作者	单位	发表报刊及时间
143	公共财政体制与政府公共管理职能	李鹏	经济学教研部	《中共中央党校学报》2012年第3期
144	管理百年的理论与实践前沿问题	孙小兰	经济学教研部	《光明日报》2012年2月3日
145	管理前沿问题	孙小兰	经济学教研部	《学习时报》2012年2月27日
146	TCL：全方位打造企业竞争力	孙小兰	经济学教研部	《学习时报》2012年8月13日
147	实践科学发展观的典型经验	孙小兰	经济学教研部	《学习时报》2012年7月9日
148	党内民主与保持党的纯洁性	常欣欣	科学社会主义教研部	《科学社会主义》2012年第2期
149	中国特色社会主义理论体系研究述评	冯书泉	科学社会主义教研部	《科学社会主义》2012年第3期
150	“卡夫丁峡谷”问题再研究	韩云川	科学社会主义教研部	《科学社会主义》2012年第3期
151	新形势下的民族宗教理论与实践	靳薇 胡岩	科学社会主义教研部	《中国社会科学·内部文稿》2012年第4期
152	让世人更清楚地了解中国西藏的历史和现实	胡岩	科学社会主义教研部	《人民日报》2012年6月11日
153	减少PX类项目中的共输	靳薇	科学社会主义教研部	《学习时报》2012年12月24日
154	科学发展观对党的发展理念和执政理念的创新	严书翰	科学社会主义教研部	《光明日报》2012年10月27日
155	感受中部崛起的气势	严书翰	科学社会主义教研部	《光明日报》2012年9月19日
156	解析重大历史事件的理论高度和学理深度	严书翰	科学社会主义教研部	《中国特色社会主义研究》2012年第3期
157	邓小平南方谈话的魅力	严书翰	科学社会主义教研部	《科学社会主义》2012年第1期
158	坚持用制度管理党和国家	刘俊杰	科学社会主义教研部	《科学社会主义》2012年第2期
159	要加强有效治理国家的制度建设	刘俊杰	科学社会主义教研部	《科学社会主义》2012年第6期
160	不断丰富中国特色社会主义的特色	刘海涛	科学社会主义教研部	《人民日报》2012年8月6日
161	“中国特色社会主义理论体系”概说	刘海涛	科学社会主义教研部	《当代世界与社会主义》2012年第6期
162	资本主义向社会主义转变之若干问题再认识	叶庆丰	科学社会主义教研部	《科学社会主义》2012年第1期
163	以坚持和发展中国特色社会主义为主线，深入学习贯彻党的十八大精神	叶庆丰	科学社会主义教研部	《科学社会主义》2012年第6期
164	在城镇化进程中坚持统筹与均衡	向春玲	科学社会主义教研部	《学习时报》2012年6月11日

续 表

序号	论 文 题 目	作 者	单 位	发表报刊及时间
165	以社会公正奠定社会安全的基础	吴忠民	科学社会主义教研部	《社会学研究》2012 年第 4 期
166	当代中国社会“官民矛盾”问题特征分析	吴忠民	科学社会主义教研部	《教学与研究》2012 年第 3 期
167	社会矛盾倒逼型改革的来临及去向	吴忠民	科学社会主义教研部	《中国党政干部论坛》2012 年第 4 期
168	平等及畸形的平等	吴忠民	科学社会主义教研部	《世界社会主义问题》2012 年第 2 期
169	以创新的社会管理积极维护社会安全	吴忠民	科学社会主义教研部	《中共中央党校学报》2012 年第 6 期
170	社会骚乱与社会动荡的差别	吴忠民	科学社会主义教研部	《学习时报》2012 年 12 月 30 日
171	民生基本内容框架应是“3 +2”	吴忠民	科学社会主义教研部	《学习时报》2012 年 5 月 7 日
172	欧债危机给欧洲社民党带来的挑战	孙劲松	科学社会主义教研部	《学习时报》2012 年 10 月 22 日
173	金融危机中西方左翼为何依然沉寂	孟　鑫	科学社会主义教研部	《学习时报》2012 年 11 月 14 日
174	新社会运动对西方左翼的影响	孟　鑫	科学社会主义教研部	《科学社会主义》2012 年第 5 期
175	十七大以来中国共产党对中国特色社会主义的新认识	康晓强	科学社会主义教研部	《科学社会主义》2012 年第 5 期
176	社会组织注册体制改革的困境与着力点	康晓强	科学社会主义教研部	《中共中央党校学报》2012 年第 5 期
177	如何认识社会组织的社会性	康晓强	科学社会主义教研部	《人民日报》2012 年 5 月 29 日
178	深入探讨中国特色社会主义基本问题的学术盛会——“社会主义理论前沿问题高层论坛·2011”述评	康晓强	科学社会主义教研部	《科学社会主义》2012 年第 1 期
179	西方学者对中国特色社会主义民主政治的研究评析	徐浩然	科学社会主义教研部	《当代世界与社会主义》2012 年第 5 期
180	变动的视角与不变的原则：美国“中国学家”的中国民主化研究评析	徐浩然	科学社会主义教研部	《国外理论动态》2012 年第 8 期
181	中国特色社会主义民主政治发展的若干问题	徐浩然	科学社会主义教研部	《科学社会主义》2012 年第 6 期
182	社会主义市场经济的发展是需要条件的	朱可辛	科学社会主义教研部	《学习时报》2012 年 3 月 12 日
183	警惕城市化过程中性别分层加剧	李慧英	科学社会主义教研部	《中国党政干部论坛》2012 年第 4 期

续表

序号	论文题目	作者	单位	发表报刊及时间
184	宣传倡导的理念与运作方式	李慧英	科学社会主义教研部	《科学社会主义》2012 年第 5 期
185	农民工子女教育面临的挑战及对策	林梅	科学社会主义教研部	《理论动态》2012 年第 3 期
186	中国保障性住房建设面临的困境及路径选择	林梅	科学社会主义教研部	《中共中央党校学报》2012 年第 2 期
187	转型期城镇化道路的特点	林梅	科学社会主义教研部	《学习时报》2012 年 8 月 6 日
188	发达国家住房保障的基本模式及其经验与启示	林梅	科学社会主义教研部	《当代世界与社会主义》2012 年第 5 期
189	当前中国住房保障制度建设面临的困境及对策	林梅	科学社会主义教研部	《科学社会主义》2012 年第 5 期
190	社会结构分化与社会管理体制创新	梁波	科学社会主义教研部	《理论视野》2012 年第 6 期
191	中国民主政治制度化建设的重点领域分析	梁波	科学社会主义教研部	《科学社会主义》2012 年第 6 期
192	关于中国特色社会主义理论几个基本问题的思考	王怀超	科学社会主义教研部	《科学社会主义》2012 年第 2 期
193	坚定不移地推进改革开放	王怀超	科学社会主义教研部	《中共中央党校学报》2012 年第 6 期
194	下大气力推进科学社会主义学科建设——在“社会主义理论前沿问题高层论坛·2012 上的致辞”	王怀超	科学社会主义教研部	《科学社会主义》2012 年第 6 期
195	关于科学社会主义的学科性质——1978 年以来我国学术界研究状况述评	王怀超	科学社会主义教研部	《科学社会主义》2012 年第 6 期
196	党的十七大以来社会主义社会建设新进展	王道勇	科学社会主义教研部	《中国特色社会主义研究》2012 年第 5 期
197	流动人口社会风险分配研究	王道勇	科学社会主义教研部	《科学社会主义》2012 年第 5 期
198	关注新生代农民工的群体性焦虑	王道勇	科学社会主义教研部	《学习时报》2012 年 8 月 6 日
199	当前影响我国社会安全的重大问题——“中国社会发展问题高端论坛·2012”研讨会综述	王道勇	科学社会主义教研部	《中国特色社会主义研究》2012 年第 4 期
200	关系与结构视角下的利益问题	谢志强	科学社会主义教研部	《科学社会主义》2012 年第 3 期
201	十八大报告对社会建设的新阐述	谢志强	科学社会主义教研部	《学习时报》2012 年 12 月 10 日

续 表

序号	论 文 题 目	作 者	单 位	发表报刊及时间
202	党的十七大以来中国特色社会主义的新发展	赵 宏	科学社会主义教研部	《中国特色社会主义研究》2012 年第 5 期
203	人民群众自主管理社会事务	赵 宏	科学社会主义教研部	《科学社会主义》2012 年第 1 期
204	科学发展观地位作用的新定位	赵 宏	科学社会主义教研部	《科学社会主义》2012 年第 6 期
205	中国特色社会主义与几种模式比较	赵 宏	科学社会主义教研部	《学习时报》2012 年 10 月 29 日
206	中国特色社会主义的独特价值	赵 宏	科学社会主义教研部	《学习时报》2012 年 8 月 6 日
207	当前中国社会稳定的影响因素及其对策	青连斌	科学社会主义教研部	《科学社会主义》2012 年第 2 期
208	自觉履行社会责任是国有企业发展的“必然”选择	青连斌	科学社会主义教研部	《科学社会主义》2012 年第 4 期
209	社会建设的新要求新思路新举措	青连斌	科学社会主义教研部	《科学社会主义》2012 年第 6 期
210	把社会安全与社会预警的研究放在更加突出的位置	王怀超	科学社会主义教研部	《科学社会主义》2012 年第 4 期
211	普通合伙人附带收益课税法律规则研究	张学博	政法教研部	《政治与法律》2012 年第 7 期
212	突发事件处置“高位介入”思考	黄小勇	政法教研部	《北京行政学院学报》2012 年第 4 期
213	当代西方公共管理研究中管理传统分析	黄小勇	政法教研部	《当代世界社会主义》2012 年第 5 期
214	信息自由与网络监管法理分析	刘素华	政法教研部	《现代法学》2012 年第 2 期
215	新的历史性成就和经验启示——学习十八大对十年奋斗历程的基本总结	柳建辉	中共党史教研部	《光明日报》2012 年 12 月 4 日
216	社会主义初级阶段论的确立和发展	曹 普	中共党史教研部	《光明日报》2012 年 11 月 21 日
217	一九五三年的农村粮食统销是如何开展的	罗平汉	中共党史教研部	《中共党史研究》2012 年第 8 期
218	中国共产党对资产阶级认识的真实记录——读毛泽东在瓦窑堡党的活动分子会议上的报告	刘晶芳	中共党史教研部	《中共党史研究》2012 年第 4 期
219	系统阐述马克思主义国家学说的杰作——学习列宁《国家与革命》	高中华	中共党史教研部	《党建研究》2012 年第 9 期
220	七千人大会会议方式探析	王海光	中共党史教研部	《中共党史研究》2012 年第 6 期

续 表

序号	论 文 题 目	作 者	单 位	发表报刊及时间
221	2011 年中共党史研究综述	李庆刚 沈传亮 张 静	中共党史教研部	《中共党史研究》2012 年第 6 期
222	毛泽东对马克思主义中国化的历史性贡献	陈雪薇	中共党史教研部	《光明日报》2012 年 6 月 13 日
223	近年来毛泽东思想研究述评	王 毅	中共党史教研部	《中共党史研究》2012 年第 3 期
224	深刻认识保持党的纯洁性的重要意义	张荣臣	党的建设教研部	《光明日报》2012 年 2 月 7 日
225	在党的领导下谱写中国青年运动的新篇章	张荣臣	党的建设教研部	《光明日报》2012 年 5 月 9 日
226	从“三个自信”中感受执政自信	张荣臣	党的建设教研部	《人民日报》2012 年 12 月 14 日
227	继续推进党的建设的新的伟大工程	张荣臣	党的建设教研部	《光明日报》2012 年 10 月 13 日
228	实践是青年干部锻炼成长的重要途径	李 民	党的建设教研部	《光明日报》2012 年 2 月 21 日
229	社会发展离不开求实创新	刘玉瑛	党的建设教研部	《光明日报》2012 年 10 月 16 日
230	化解社会矛盾，确保百姓平安	刘玉瑛	党的建设教研部	《光明日报》2012 年 10 月 22 日
231	改革创新是最鲜明的特征	戴焰军	党的建设教研部	《人民日报》2012 年 10 月 26 日
232	培养更多优秀后备人才	戴焰军	党的建设教研部	《光明日报》2012 年 2 月 9 日
233	党内民主必须向纵深发展	王长江	党的建设教研部	《当代世界与社会主义》2012 年第 6 期
234	4300 万网民投票“表达”了什么	祝灵君	党的建设教研部	《人民日报》2012 年 6 月 12 日
235	小步快跑：完善党内民主制度	祝灵君	党的建设教研部	《中国社会科学报》2012 年 8 月 31 日，《新华文摘》2012 年第 20 期全文转载
236	列宁关于保持党员队伍纯洁性的思想及其启示	张荣臣	党的建设教研部	《中国延安干部学院学报》2012 年第 3 期，中国人民大学《复印报刊资料》（马克思列宁主义研究）2012 年第 6 期
237	不断深化对党的重大现实问题的回答	张荣臣	党的建设教研部	《理论学刊》2012 年第 6 期，中国人民大学《复印报刊资料》（中国共产党）2012 年第 9 期

续 表

序号	论 文 题 目	作 者	单 位	发表报刊及时间
238	引领社会 服务社会——论党领导社会的内涵与方式	梁研慧	党的建设教研部	《中共中央党校学报》2012 年第 1 期，中国人民大学《复印报刊资料》（中国共产党）2012 年第 6 期
239	加强和改进巡视工作的几点认识	任铁缨	党的建设教研部	《中国党政干部论坛》2012 年第 1 期，中国人民大学《复印报刊资料》（中国共产党）2012 年第 4 期
240	新媒体对领导干部提出的新要求	吕 品	党的建设教研部	《党建研究》2011 年第 11 期，《新华文摘》2012 年第 6 期转载
241	大力推进社会主义先进文化建设	李媛媛	文史教研部	《人民日报》2012 年 7 月 27 日
242	英美世界的美学与马列主义美学的交汇	李媛媛	文史教研部	《文学评论》2012 年第 3 期
243	刹一刹打造“故里”之风	马奔腾	文史教研部	《光明日报》2012 年 1 月 7 日
244	雷锋精神与党员干部永葆先进性纯洁性	徐 平	文史教研部	《求是》2012 年第 10 期
245	新媒体与网络空间的文化表达	范玉刚	文史教研部	《新华文摘》转载，《探索与争鸣》2012 年第 3 期
246	“三个世界划分”理论对当代中国的深远影响	宫 力	国际战略研究所	《中国社会科学》2012 年第 8 期
247	促进国际协商共治机制形成	周天勇	国际战略研究所	《学习时报》2012 年 9 月 24 日
248	怎样看当前的贸易保护主义	潘 悦	国际战略研究所	《学习时报》2012 年 7 月 9 日
249	中国入世十周年：大国的新征程	潘 悦	国际战略研究所	《学习时报》2012 年 1 月 2 日
250	全球直接投资的发展态势	潘 悦	国际战略研究所	《学习时报》2012 年 12 月 3 日
251	中东大变局对以色列的影响	高祖贵	国际战略研究所	《国际问题研究》2012 年第 3 期
252	中东大变局与海湾合作委员会的崛起	高祖贵	国际战略研究所	《外交评论》2012 年第 2 期
253	扩大参与国际规制建设	高祖贵	国际战略研究所	《人民日报》2012 年 1 月 17 日
254	中国在世界格局大变革中的国际战略再调整	高祖贵	国际战略研究所	《学习时报》2012 年 12 月 31 日
255	中美关系和中国国家形象优化	高祖贵	国际战略研究所	《学习时报》2012 年 2 月 13 日
256	亲历美国南加州大学毕业典礼	张明明	国际战略研究所	《学习时报》2012 年 10 月 1 日
257	西方和平演变政策与苏联剧变	左凤荣	国际战略研究所	《学习时报》2012 年 1 月 2 日

续 表

序号	论 文 题 目	作 者	单 位	发表报刊及时间
258	结束冷战是戈尔巴乔夫的主动选择	左凤荣	国际战略研究所	《学习时报》2012 年 1 月 9 日
259	中国在世界格局大变革中的国际战略再调整	马小军	国际战略研究所	《学习时报》2012 年 12 月 31 日
260	弘扬科学精神　建设创新型国家	陈江生	国际战略研究所	《学习时报》2012 年 7 月 16 日
261	“家”和万事兴　和谐才共赢——浙江传化集团构建企业和谐劳动关系的可贵探索	陈江生 史妍嵋	国际战略研究所	《学习时报》2012 年 6 月 18 日
262	破解“特里芬”难题	陈建奇	国际战略研究所	《经济研究》2012 年第 4 期
263	关键时刻：美国精英眼中的中国、美国与世界	门洪华	国际战略研究所	《中国社会科学》2012 年第 7 期
264	互联网时代中国公众表达空间的拓展	李云龙	国际战略研究所	《光明日报》2012 年 12 月 15 日
265	日本为何离“正常国家”越来越远	赵　磊	国际战略研究所	《学习时报》2012 年 12 月 24 日
266	中国形象以及国际印象	赵　磊	国际战略研究所	《学习时报》2012 年 2 月 20 日
267	中美关系和中国国家形象优化	赵　磊	国际战略研究所	《学习时报》2012 年 2 月 6 日
268	一部具有理论和学科开创性的著作	康绍邦	国际战略研究所	《当代世界与社会主义》2012 年第 1 期
269	如何看“奥巴马主义”	惠春琳	国际战略研究所	《学习时报》2012 年 2 月 6 日
270	从芝加哥峰会看北约未来	惠春琳	国际战略研究所	《学习时报》2012 年 7 月 23 日
271	美国“亚太再平衡战略”及对中美关系的影响	张仕荣	国际战略研究所	《当代世界与社会主义》2012 年第 4 期
272	美国重返亚太背景下的美日同盟	张仕荣	国际战略研究所	《学习时报》2012 年 7 月 30 日
273	如何看待第四轮中美战略与经济对话	张仕荣	国际战略研究所	《学习时报》2012 年 5 月 7 日
274	当前世界格局变动与中国和平发展的外交战略取向	孙东方	国际战略研究所	《当代世界与社会主义》2012 年第 4 期

（依据“八部一所”提供素材整理）

科研工作

编辑：王文创

概　况

2012 年，科研部各项工作取得了新的进展，较好地履行了科研管理部门的各项职能，为建设“一流学府”作出了积极贡献。

【贯彻落实规划】 认真贯彻落实《中共中央党校 2011—2015 年科研发展规划》，制定《中共中央党校 2013 年年度课题指南》（以下简称《指南》），特别注意把十八大提出的新精神、新要求、新部署体现在《指南》之中，以指导党校的科研选题和立项工作。

【推进思想库建设】 代拟中央党校思想库建设方案，筹备中央党校思想库建设推进会议；落实联想弘毅投资公司 2012 年度“思想库建设专项基金”一千万元到账相关工作，起草《中央党校——北京弘毅慈善基金会 2011 年度思想库建设专项经费使用情况的报告》。

【健全完善制度】 起草《中央党校委托课题管理办法（试行）》；修订《中央党校科研重点津贴发放办法（试行）》，从 2010 年起大幅提高科研重点津贴发放标准，第一批已向全校发放 180 万元；与财务部一起修订《中央党校科研项目经费管理办法（试行）》及《中央党校自筹科研项目经费管理实施细则（暂行）》，将校横向科研项目中的劳务费报销比例提升至 40%，居全国科研机构前列，较好地解决了科研经费“报销难”的问题，得到科研人员的欢迎和好评；进一步完善校级课题结项办法，与出版社建立合作机制，打造《中央党校科研精品文库》。此外，在信息化建设、科研评奖、社团管理、经费划拨使用、内部管理等方面也都进行了新的制度探索。

【加大科研项目管理力度】 精心组织国家社会科学基金各类项目的申报立项、中期管理和鉴定结项工作。中央党校在2012年度国家社会科学基金项目申报工作中再创佳绩，获准立项课题22个，资金总额达到450万元。其中，《中国现阶段社会矛盾问题研究》是“十二五”期间中央党校中标的第二个重大项目，资助总额为80万元。此外，《中共中央党校学报》、《科学社会主义》杂志也获得2012年度国家社会科学基金学术期刊资助，资助金额为每年每刊40万元。认真做好中央国家机关109家单位国家社会科学基金项目申报和管理工作，及时召开中央国家机关2012年度国家社科基金项目培训会议。积极做好以中心名义申报成功的国家社会科学基金重大项目《中国特色社会主义理论体系基本原理研究》的管理、结项等工作。

继续做好马克思主义理论研究和建设工程项目“毛泽东思想、邓小平理论和‘三个代表’重要思想对党的建设特别是执政党建设理论贡献”、“马克思主义理论教育和人才培养研究”的管理协调工作；定期向中央党建工作领导小组秘书处和中央“马工程”领导小组办公室报告中央党校承担课题的进展情况。

围绕马克思主义基本理论研究、学科基础理论研究和重大现实问题研究组织攻关，与国家开发银行合作，设立2012年度校级重大委托课题“社会主义核心价值观研究”、“中国特色社会主义制度中的政治法律建设研究”、“‘十二五’时期影响和制约科学发展的突出问题研究”。通过公开招标，设立10个重点课题、23个一般课题，课题经费总计1145万元。此外，设立中国马克思主义基金会青年项目10项，课题经费50万元。严格按照管理办法，完成2010、2011年度57项校级课题（涉及资助资金2100万元）结项工作。

严格做好各类课题的中期管理和结项工作，先后召开2010、2011年度校级课题负责人座谈会、2012年度新立项校级课题负责人培训会，并采取每季度一次温馨提示等方式督促项目负责人认真开展研究。

【加强科研协作】 组织设立2012年度全国党校系统调研课题195项，完成2011年度全国党校系统重点调研课题成果结项工作，编辑出版《2010年度全国党校系统优秀调研报告集》。积极做好全国党校系统学习贯彻党的十八大精神理论研讨会暨第九届科研评奖工作，严格按照评奖程序和要求，评选出全国党校系统第九届科研先进单位和优秀成果等。

【组织参与理论研讨会】 先后与学习时报社联合召开学习贯彻胡锦涛同志“7·23”重要讲话精神理论研讨会，与机关党委共同主办“中央党校理论工作者学习贯彻党的十八大精神理论研讨会”，与四川省委党校共同承办“全国党校系统学习贯彻党的十八大精神理论研讨会暨第九届科研评奖颁奖会”等。同时，还参与学习型党组织建设理论研讨会、全国创先争优理论研讨会、《光明日报》创先争优理论研讨征文颁奖暨座谈会等。

【继续发挥“中央党校中国特色社会主义理论体系研究中心”重要作用】 一是组织撰写并以“中央党校中国特色社会主义理论体系研究中心”名义署名在《人民日报》、《光明日报》、《经济日报》、《解放军报》、《求是》杂志等报刊发表理论文章。2012年度在中央“四报一刊”发文共计52篇，再创历史新高，连续四年在全国七大研究中心中保持第一；其中获中央宣传部资助的优秀论文15篇，与全国其他中心相比遥遥领先，再次创造了发文数量和资助优秀论文数量双第一。二是编辑出版《中共中央党校研究报告》13期。其中刊登在第3期的“积极应对虚拟和现实社会环境‘双重复杂化’挑战”和“小社区大政策——四川省南充市社区调查”两篇文章，以及刊登在第10期的“互利共赢，长足发展——海外农业走出去的六点思考”，先后获得中央政治局委员、国务院副总理回良玉的批示。三是承担舆情信息直报工作。按照《中央党校舆情信息直报工作方案》的要求，向中央宣传部舆情局报送61份材料。此外，按照中央宣传部要求，起草《中央党校中国特色社会主义理论体系普及计划实施方案》，经校领导批准后报中央宣传部。四是承担内部信息速报直报工作。按照中央办公厅要求，全年共报送20篇内部研究材料，其中10篇被采用。中央办公厅专门来函予以表扬：“对党中央科学决策和指导工作发挥了重要作用”。

【认真做好其他业务工作】 按照《中央党校建校80周年庆祝活动方案》，做好校庆征文和理论研讨会工作。已编辑出版《我与中央党校》纪念文集，积极筹备召开理论研讨会。立项资助并参与和党的十八大报告相关的重大调研活动。突出服务意识，提高服务质量，认真做好科研管理的日常工作。办公室及各职能处室在日常工作中做了大量管理协调服务、办文办事办会工作，保证了科研管理工作的科学高效运转，受到广大教研人员的普遍好评。

【党组织工作和工会工作】 进一步加强和谐部风建设，为建设“一流科研”提供组织保障和作风保障。围绕“创先争优”活动，继续坚持“业务工作与党支部工作‘三统筹’”的党建工作模式，积极组织走基层活动，及时在部内开展学习贯彻党的十八大精神各项工作。根据2012年中央确定的基层组织建设年活动的总体要求，以及中央党校机关党委的具体部署，科研部党支部先后组织全部同志深入山东聊城茌平县小杨官屯、内蒙古赤峰市喀喇沁旗就基层党建开展专题调研活动，并组织观看电视剧《焦裕禄》有关内容，学习先进人物，努力创先争优；及时组织本部门全体同志收听收看党的十八大开幕式、闭幕式，认真学习十八大精神，并以“读书双月谈”形式进行学习交流。科研部党支部组织开展的“八十六岁老支书，六十三年创先争优的活典型”学习活动，再次被校机关党委评为“最佳党日活动”。工会积极组织会员参加各项文体活动，关心职工生活，特别是参加校庆文艺汇演，获得好评。

坚持贯彻“三个服务、三个营造”理念，认真落实“三监督”、“三倾斜”工作机制，维护班子和队伍团结，进一步推进和谐部风建设。在全校组织的优秀集体评选中，再次获得管理服务优秀集体奖。

（摘自校科字〔2013〕7号文件，科研部供稿）

制度建设

中央党校科研项目经费管理办法（试行）

中校字〔2012〕28号

随着我校科研工作的深入发展，教学、科研及相关人员承担的各类科研项目逐年增多，按照校委多渠道筹集科研经费的要求，用于科研项目的各类资金也大幅度增长。为适应我校科研项目管理的需要，进一步规范并加强科研项目经费的管理，更好的为科研工作服务，现参照《国家社会科学基金项目经费管理办法》等规定和有关高等院校的办法，结合我校实际情况制定如下管理办法。

一、凡经费纳入校财务统一管理的我校科研项目，按照经费来源分为“纵向科研项目”和“横向科研项目”两类，本办法所称“纵向科研项目”是指经费来源为各级财政经费的项目，所称“横向科研项目”是指经费来源为非财政经费的项目。

二、科研项目的申报、立项、审批和管理，执行学校有关规定。

三、我校“纵向科研项目”中，在每年的“科研费专项”和“培训轮训学员专项”中安排的科研项目和相关经费支出，执行《中央党校科研经费支出管理实施细则》；由全国哲学社会科学规划办公室、科技部、财政部下达的各具体项目，其经费管理执行《国家社会科学基金项目经费管理办法》；其他“纵向科研项目”有明确经费管理文件规定的按规定执行。

四、对“纵向科研项目”中经费管理没有明确文件规定的其他项目和“横向科研项目”，考虑我校科研项目管理及经费管理的延续性，统称为“自筹科研项目”。“自筹科研项目”执行以下办法。

1. 执行本办法的“自筹科研项目”，须是按规定经校委、科研部或直属单位（仅限本单位人员承接校外项目）批准承接的项目。未经批准的“自筹科研项目”，财务部不办理经费代管。经批准承接的“自筹科研项目”负责单位或个人在办理经费拨款前，必须持校委、科研部或校直属单位批准承接“自筹科研项目”的有关文件或经批准并加盖公章的“自筹科研项目”协议、委托书、合同等有效文件（须包含经费预算和项目结项时间），到财务部确认备案后办理有关财务手续。未到财务部确认备案的项目，有关单位或个人不得擅自向外单位提供校财务银行账号并汇款。

2.“自筹科研项目”经费支出管理及报销，执行《中央党校自筹科研项目经费管理实施细则》的有关规定。

3.“自筹科研项目”可以列支一定的劳务费（项目研究过程中支付给直接参与项目研究的在校研究生和有关人员的劳务性费用）和专家咨询费（专家咨询费不能给项目组成员和项目管理人员），一般不超过项目经费总额的25%（两项合计），因特殊情况需提高比例的，必须在项目协议、委托书或合同中有详细的预算，经出资方认可，且上限不能超过40%。“自筹科研项目”负责单位或个人不得借非项目参加人员之名套取劳务和专家咨询费。

4.“自筹科研项目”负责单位或个人，支付劳务费和专家咨询费时，必须按国家规定，指定专人到校财务为劳务费和专家咨询费领取人办理代扣代缴“个人所得税”的相关手续。我校在职人员领取的“自筹科研项目”劳务费和专家咨询费，按规定与工薪合并计税。

5.我校原则上不负责向第三方拨款，“自筹科研项目”进行中如须进行科研协作或委托并向第三方拨款，应经出资方书面认可和承接该项目时校内批准单位签字（章）同意，并与第三方签订协作（委托）协议，明确协作任务、外拨资金数额、知识产权归属（如有要求）等。“自筹科研项目”负责单位或个人不得借协作、委托之名挪用项目经费。

6.“自筹科研项目”需按规定的结项时间办理正式结项，并及时到财务部办理经费结项手续。“自筹科研项目”结项后的经费结余上交学校作为学校收入。因特殊情况需延迟办理经费结项的，需持出资人和项目承接批准部门的批件到财务部办理延迟手续，无故超过结项时间半年不办理经费结项手续的，剩余项目经费视同结余上缴学校作为学校收入。

7.学校管理部门按“自筹科研项目”经费总额提取5%的管理费。

五、财务部、科研部负责按规定审核、监督各类项目经费的使用。

六、本办法如与国家有关政策法规或规定有抵触之处，按国家规定执行。

七、财务部“关于我校‘自筹科研项目经费的管理、报销问题’的通知”同时废止。原校内有关规定与本办法有抵触的条款同时废止。

八、本办法由财务部、科研部负责解释。

财　务　部

科　研　部

2012年4月

（摘自校园网科研部网页）

中央党校自筹科研项目经费管理实施细则（暂行）

中校厅字〔2012〕16号

为落实《中央党校科研项目经费管理办法》，明确并规范办法中自筹科研项目（“纵向科研项目”中经费管理没有明确文件规定的其他项目和“横向科研项目”的统称）经费支出管理及报销手续，特制定本实施细则。

一、自筹科研项目经费预算的管理

经校委、科研部或校直属单位批准承接的自筹科研项目，须有批准文件或经批准并加盖批准单位公章的“项目”协议、委托书、合同等有效文件（包含经费预算、课题组成员、项目结项时间等内容）。“项目”协议、委托书或合同等有效文件中包含的项目经费预算，是确保项目顺利完成经费开支的基本依据，编制时一定要科学、合理，符合国家和学校的有关财务制度，符合科研的实际需要。目前，预算项目主要有：资料费、数据采集费、差旅费、会议费、国际合作与交流费、设备费、咨询费、劳务费、印刷费、成果鉴定费、出版补助、管理费、其他支出等。预算应按预算项目列明数额。经科研部批准承接的科研项目，其预算要经过科研部管理部门的审批。“项目”支出有特殊需要的要在预算中明确，也可事前和科研部、财务部就有关问题进行沟通后确定。项目经费预算确定后，原则上不能随意调整。

二、自筹科研项目经费划款的管理

经校委、科研部或校直属单位批准承接的自筹科研项目，在办理经费划款前，负责单位或个人须持有关批准文件或经批准并加盖批准单位公章的“项目”协议、委托书、合同等有效文件，到财务部（财务二室）确认备案，办理有关财务手续。未到财务部确认备案的项目，有关单位和个人不得擅自向外单位提供校财务银行账号并向校财务银行账号划款。

三、自筹科研项目经费的开支管理

自筹科研项目经费的开支，原则按照“项目”协议、委托书、合同中有关经费预算内容专款专用，不得挪作它用。一般经费开支范围包括：

1. 资料费：指在项目研究过程中发生的资料收集、录入、复印、翻排、翻译等费用，以及必要的图书和专用软件购置费等。

2. 数据采集费：指在项目研究过程中发生的问卷调查、数据跟踪采集、案例分析等费用。

3. 差旅费：指在项目研究过程中开展国内调研活动所发生的交通费、食宿费及其他费用。差旅费的开支标准应当执行国家有关标准（开支标准见附表一）。

4. 会议费：指在项目研究过程中为组织开展学术研讨、咨询以及协调项目或课题等活动而召开会议的费用。会议费的开支执行国家有关标准（开支标准见附表二）。

5. 国际合作与交流费：指在项目研究过程中发生的赴国外及港澳台地区调研的交通费、食宿费及其他费用。项目发生国际合作与交流费时，项目的协议、委托书、合同中必须有该项预算。我校工作人员赴国外及港澳台地区必须经学校外事部门批准，不符合学校外事规定的不能报销有关费用。

6. 设备费：指在项目研究过程中发生的购置或租赁使用外单位设备而发生的费用。设备购置所购设备必须是项目研究需要的，且预算中有设备费。

7. 咨询费：指在项目研究过程中发生的支付给咨询公司或专家的咨询费用。专家咨询费用不得支付给项目组成员和项目管理相关人员。

8. 劳务费：指在项目研究过程中发生的支付给直接参与项目研究的在校研究生和有关人员的劳务性费用。

9. 印刷费：指在项目研究过程中发生的项目研究成果的打印费、印刷费和誊写费等。

10. 成果鉴定费：根据项目协议、委托书或合同要求对项目成果进行鉴定而发生的费用。主要有鉴定会议费用、专家评审费等。

11. 出版补助：指对项目研究成果出版发行的补助支出。

12. 管理费：指在项目研究过程中发生的相关部门为组织和支持项目研究而支出的费用。

13. 其他支出：指在项目研究过程中发生的除上述费用以外的支出（如按国家规定缴纳的有关税费）。特殊需要的开支，应当在项目预算中单独列示、核定或与委托项目单位特殊约定。

四、自筹科研项目经费开支、报销应注意的有关事项

1. 科研部或直属单位批准承接的项目，其经费开支分别由科研部领导或直属单位项目负责人（以下统称项目经费审批人）负责审批。科研部批准承接的科研项目在科研部领导签字前要经过科研管理处的审核。项目经费报销业务经办人须是项目负责人或经项目负责人授权的党校工作人员。

2. 项目经费开支要严格执行预算，不能超范围、超预算开支。

3. 经费使用时一定要注意取得合法的会计报销凭证：

（1）各类发票要有税务部门的监制印章，收费收据要有财政部门的监制印章；

（2）要盖有收款单位的发票专用章（带税号）印鉴；

（3）票据所填写项目内容要齐全，一般主要包括：客户名称、时间、业务相关内容（如商品名称、规格、单位、数量、单价、金额及金额的大小写等）、收款单位有关信息及收款人姓名等。发票和收据内

容不得擅自更改、填写、涂抹，不得擅自裁剪，否则为无效票据。购买多种商品时发票联不能明确列出商品名称的（如购书、购办公用品等），要附销售单位的机打商品清单小票；

（4）发票要在有效使用时间内（发票有效使用时间是发票监制部门规定的该种发票的使用时间段。有的发票，票面上标注有此发票使用截止时间）。

4. 在报销调研差旅费时，机票和车票等交通工具票据不能反映业务全貌的或涉及非课题组成员的，要写出情况说明，说明应包括时间、地点、参与人员、事由、需报销票据张数金额等，项目经费审批人签字后报销。

5. 支付劳务费、专家咨询费时，报账人员需要按照校财务部要求，填制有关发放表格。支付外聘人员劳务费、专家咨询费，需要领现金的办理完计税手续后领取现金，支付本校在职工作人员的劳务费、专家咨询费，需办理有关费用转账手续，将劳务费、专家咨询费归集到直属单位应发个人费用户中，每月由单位做表，合并计工薪税后打入个人邮政银行卡中。

支付给外聘个人的劳务费、专家咨询费等款项，需要填制发放表（须 Excel 表，格式及内容见附表三）。程序是：先按照相关内容编制发放表两份，经项目经费审批人审批签字后报账人员持表和 U 盘一起到财务二室找主管项目经费的会计审核，审核通过后到财务一室计算应扣个人所得税额，然后再到财务二室办理领款手续。

6. 对餐费、汽油费、出租车费、电话（手机）费、上网费的报销

（1）餐费报销：会议用餐要和会议其他支出一起报销，并有项目经费审批人批准的《学术会议申报单》（参考科研部“小型会议报告单”），没有发生会议其他支出的要附上项目经费审批人批准的《学术会议申报单》报销。外出调研工作餐要和同时期调研交通费、住宿费等一起报销。

（2）汽油费、出租车费报销：要经项目经费审批人批准，费用报销在差旅费预算额度内，且报销票据须是科研项目实施期间的有效票据。私车公用的汽油费报销仅限于本地。外地出租车费报销需和其他同时期差旅费票据一同报销。预存加油卡、交通卡费不予报销。

（3）电话（手机）费和上网费报销：发生电话（手机）费和上网费必须是该科研项目研究成员工作实际需要。报销额度控制在相应的费用预算中。预存电话费、电话卡不予报销。

7. 自筹科研项目经费借款：科研项目经费开支一般不予借款，个别一次性调研费用较大的酌情考虑预借部分差旅费，且之前如有借款未结清的不能再次办理。

8. 项目经费开支使用现金或支票问题：按照国家现金管理规定 1000 元以下的零星开支、差旅费、支付外聘个人劳务费、外聘专家咨询费、在校研究生劳务费等可使用现金。除此之外，在本地开支的费用请使用支票，如在京发生的会议费（餐费及住宿费等）、购书费、设备购置费、购办公用品、订机票等。支票使用金额起点为 100 元。

9. 自筹科研项目经费要根据科研项目实施时间及时报销，当年的费用当年报销，因年终会计决算及寒假来不及报销的票据原则上延期到下年 3 月，特殊情况可延期

到4月。科研项目实施时间结束时要及时对经费进行结账，不得无故拖延。对已经结项的科研项目的净结余资金，按学校规定处理。

五、自筹科研项目经费开支的报账手续

1. 现金报账手续：需要报销现金时，科研部批准的项目经费，报账人员到科研部领取“校级科研项目报销单”，直属单位批准的项目经费，报账人员到财务部领取“财务报账清单”和“单据粘贴单”。将需要报销的票据按照上述经费开支范围分别整理计算，将计算数据填写在“校级科研项目报销单”或“财务报账清单”上，票据粘贴在“单据粘贴单”上，项目经费审批人审批签字后到财务部报销。一次报销金额在5000元以上需提前预约。

2. 支票报账手续：使用支票时，项目经费报账人员到财务部领取“中央党校支票领用审批单”，按审批单所列内容填写，项目经费审批人审批后到财务部领取支票。支票使用后取得发票等报销凭证，填写“校级科研项目报销单”或“财务报账清单”，项目经费审批人审批签字后到财务部报销。

附表一：

交通工具 级别	火车	轮船（不包括旅游船）	飞机	其他交通工具（不包括出租小汽车）	住宿费限额
副部长及相当职务的人员	软席（软座、软卧）	一等舱	头等舱	凭据报销	600元/每人每天
中央国家机关正副司（局）长，以及相当职务人员；高等学校教授，科研单位研究员，医疗卫生单位主任医师，文化艺术单位艺术一级人员；职务工资在五级（含五级）以上的高级工程师，高级会计师，副教授，副研究员，副主任医师，艺术二级人员，以及相当以上技术人员	软席（软座、软卧）	二等舱	普通舱（经济舱）	凭据报销	300元/每人每天
其余人员	硬席（硬座、硬卧）	三等舱	普通舱	凭据报销	150元/每人每天

附表二：

单位：元/人天

会 议 类 别	会议费用内容			定额控制标准	备 注
一类会议（国务院批准，各省、市领导参加的会议）	房租费	伙食补助	其他费用	600	含会议室租金。会议费开支实行综合定额控制
二类会议（各部委召开各省、市领导参加的会议）	房租费	伙食补助	其他费用	500	同上
三类会议（各部委、各直属机构及其所属内设机构召开的会议）	房租费	伙食补助	其他费用	400	同上

说明：1. 校内单位召开的会议属于三类会议。

2. 会议费开支标准为2009 年 1 月 1 日起执行的新标准。

附表三：

××××项目劳务费（或专家咨询费）发放表

年　月　日　　　　　　　　　　　　　　　　　　单位：元

序号	姓名	身份证号码	职业	发放金额	扣个税	实发金额	领款人签字
1							
2							
3							
4	合计			××××	×××	××××	

项目审批人：　　　　主管会计：　　　　制表人：

财 务 部

2012 年 4 月 11 日

（摘自校园网科研部网页）

中央党校科研重点津贴发放办法（试行）

校科字〔2012〕50号

根据《中共中央党校科研津贴条例》中对于精品力作实行重点倾斜的规定，经过校内外调研和反复征求意见，结合我校科研工作实际，对科研重点津贴发放办法进行调整，制定本办法（试行）。

一、享受津贴人员的范围

中央党校在职和特聘、返聘的人员。

二、重点津贴发放标准

（一）

1. 获全国精神文明建设“五个一工程”奖、中国出版政府奖中的著作，每种享受3万元津贴。

（二）

2. 在《中国社会科学》发表的文章，每篇享受1.5万元津贴；

3. 发表在《中央党校重大、重点科研项目管理办法（试行）》中公布的一流专业学术期刊（18种）中的文章，每篇享受1万元津贴；

4. 在《新华文摘》全文转载的文章或转载字数达4000字以上的文章，每篇享受1万元津贴；转载字数不足4000字的文章，每篇享受0.6万元津贴；

5. 发表在《中央党校权威期刊目录》中（非中央党校公开出版发行）的期刊报纸上，每篇文章享受0.5万元津贴；

6. 入选中央党校组织的国际学术交流会（中文稿需在5000字以上或外文在2000个单词以上）并在科研部备案的文章，每篇享受0.3万元津贴。

7. 在《中国社会科学文摘》、《高等学校文科学术文摘》上转载的文章或在《新华文摘》上摘登理论学术观点的文章，每篇享受0.2万元津贴；在《人大报刊复印资料》上转载的文章，每篇享受0.1万元津贴。

（三）

8. 在中央党校《思想理论内参》、《中共中央党校研究报告》和其他中央部委、中央媒体内参发表的文章，以及公开发表的著作或文章，获得中央领导批示给予肯定并被党和国家决策时采用的，每篇享受1.5万元津贴；

9. 在中央党校《思想理论内参》、《中共中央党校研究报告》和其他中央部委、中央媒体内参发表的文章，以及公开发表的著作或文章，获得部长级领导（时任）批示给予肯定并被党和国家有关部委决策时采用的，每篇享受0.5万元津贴；

10. 在中央党校《思想理论内参》、《中共中央党校研究报告》发表的文章，每篇享受0.1万元津贴。

（四）

11. 入选中央部委联合召开的全国性理论研讨会文章，每篇奖励1万元；

12. 以中央党校中国特色社会主义理论体系研究中心署名，在指定报刊上发表的文章每篇奖励1万元，中宣部评为优秀的追加奖励5000元；

13. 在中央党校专题征文中获奖的理论文章，一等奖奖励1万元，二等奖奖励0.6万元，三等奖奖励0.3万元。

（五）

14. 获中央党校年度科研优秀成果奖，除奖励外，著作类再享受津贴0.5万元，论文类再享受津贴0.1万元。

三、有关情况的说明

1. 2010年1月1日至2011年1月10日结项的国家社科基金项目按照《中共中央党校科研津贴条例》享受重点津贴；2011年1月11日以后结项的按照《中央党校支持国家社科基金项目研究的实施意见》享受配套资助，不再享受重点津贴。

2. 中央委托的项目或中央党校委托的重点项目，2010年度，按《中共中央党校科研津贴条例》给予重点津贴。

3. 享受本津贴的科研成果必须由作者独立完成或者为第一作者。

4. 会议综述、新闻报道、书评、访谈等，不计入重点津贴。

5. 除特殊规定外，转载的文章字数和在指定的报纸上发表的文章字数需达到3000字以上，在规定的杂志上公开发表的文章字数需达到5000字以上，方可享受重点津贴。

6. 在新版《中央党校核心期刊目录》出台之前，仍沿用组织部2006年发布的《中央党校权威期刊目录》和2012年组织部发布的《马克思主义理论教研部专业期刊目录》。目录所列报刊各学科通用。新版《中央党校核心期刊目录》出台之后，再行研究。

7. 第11、12、13类单独发放。

8. 重点津贴不与其他科研资助重复发放，同一成果按照就高不就低的原则只能享受一次。

9. 上述津贴经费来源于思想库建设基金，所获得的重点津贴均为税前收入，需按国家相关法规缴纳个人所得税。

四、本办法解释权在科研部

五、本办法自公布之日起施行，原有的重点津贴办法同时废止

科研部

2012年11月13日

（摘自校园网科研部网页）

附 1：

《中央党校重大、重点科研项目管理办法（试行）》所附的一流综合学术期刊和专业学术期刊目录

一、社会科学类综合学术期刊

《中国社会科学》
《新华文摘》

二、专业学术期刊（18 种）

《马克思主义与现实》
《哲学研究》
《经济研究》
《当代世界与社会主义》
《社会学研究》
《民族研究》
《政治学研究》
《中国行政管理》
《法学研究》
《中共党史研究》
《党建研究》
《历史研究》
《文学评论》
《外语教学与研究》
《世界经济》
《外交评论》
《国际问题研究》
《中国图书馆学报》

三、校内公开出版发行的报刊杂志

（须同时又在《中国社会科学文摘》或《高等学校文科学术文摘》或中国人民大学书报资料中心《复印报刊资料》上转载，或被《新华文摘》论点摘编）

附 2：

中央党校权威期刊目录

一、专业权威期刊

（一）教研系列专业权威期刊

哲学教研部

《哲学研究》、《哲学动态》、《世界哲学》、《现代哲学》、《自然辩证法研究》、《自然辩证法通讯》、《孔子研究》、《伦理学研究》、《中国哲学史研究》、《中国软科学》、《道德与文明》、《周易研究》、《科学学研究》、《文史哲》

经济学教研部

《经济研究》、《经济学动态》、《财贸经济》、《中国工业经济》、《管理世界》、《中国经济问题》、《经济学家》、《金融研究》、《农业经济问题》、《当代经济研究》、《财政研究》、《经济理论与经济管理》、《经济研究参考》、《宏观经济研究》、《企业管理》

科学社会主义教研部

《科学社会主义》、《马克思主义与现实》、《当代世界与社会主义》、《社会主义研究》、《中国特色社会主义研究》、《社会学研究》、《国外社会学》、《青年研究》、《世界宗教研究》、《民族研究》、《国外理论动态》、《政治学研究》、《当代世界社会主义问题》、《教学与研究》、《社会：社会学丛刊》

政法教研部

《政治学研究》、《马克思主义与现实》、《政治与法律》、《世界经济与政治》、《管理世界》、《中国行政管理》、《法学研究》、《中国法学》、《中外法学》、《法学家》、《政法论坛》、《现代法学》、《法学》、《法学评论》、《环球法律评论》、《法制与社会发展》、《当代法学》、《当代世界与社会主义》、《国家行政学院学报》、《国外理论动态》、《北京行政学院学报》

中共党史教研部

《历史研究》、《中共党史研究》、《党的文献》、《百年潮》、《中共党史资料》、《党史研究资料》、《当代中国史研究》、《近代史研究》、《抗日战争研究》、《党建研究》、《教学与研究》、《史学月刊》、《毛泽东思想研究》、《中国经济史研究》

党的建设教研部

《党建研究》、《党建研究内参》、《思想政治工作研究》、《政治学研究》、《当代世界与社会主义》、《马克思主义与现实》、《现代国际关系》、《现代领导》、《中国行政管理》、《国外理论动态》、《党的文献》、《中共党史研究》、《社会主义研究》、《俄罗斯中亚东欧研究》

文史教研部

《哲学研究》、《社会学研究》、《民俗研究》、《中国文化研究》、《史学月刊》、《民族研究》、《拉丁美洲研究》、《中国史研究》、《近代史研究》、《清史研究》、《文学评论》、《文艺研究》、《文艺争鸣》、《人文杂志》、《国外理论动态》、《中国翻译》、《外语教学与研究》、《文史哲》、《中国特色社会主义研究》、《国外文学》、《城市规划》

国际战略研究所

《世界经济与政治》、《现代国际关系》、《俄罗斯中亚东欧研究》、《美国研究》、《外交学院学报》、《当代世界与社会主义》、《马克思主义与现实》、《当代亚太》、《国际经济评论》、《国际贸易》、《国际经济合作》、《世界经济研究》、《世界经济》、《台湾研究》、《财贸经济》、《国际政治研究》、《拉丁美洲研究》

（二）出版编辑系列专业权威期刊

《编辑学报》、《科技与出版》、《编辑学刊》、《中国图书评论》、《编辑之友》、《中国新闻出版报》、《中国出版》、《中国编辑》、《出版发行研究》

（三）图书资料系列专业权威期刊

《中国图书馆学报》、《情报理论与实践》、《情报科学》、《情报资料工作》、《情报学报》、《图书情报知识》、《图书与情报》、《图书馆杂志》、《现代图书情报技术》、《图书馆论坛》、《大学图书馆学报》、《情报杂志》、《图书馆理论与实践》、《图

书馆工作与研究》、《图书情报工作》

二、综合性权威期刊（含权威报纸）

《中国社会科学》、《新华文摘》、《求是》、《改革》、《科学社会主义》、《马克思主义研究》、《毛泽东邓小平理论研究》、《中国人民大学学报》、《北京大学学报》、《中央党校学报》、《社会科学战线》、《江海学刊》、《理论动态》、《中国党政干部论坛》、《人民日报》、《光明日报》、《经济日报》、《解放军报》、《学习时报》

附3：

马克思主义理论教研部专业权威期刊目录

1. 马克思主义研究
2. 马克思主义与现实
3. 毛泽东邓小平理论研究
4. 社会主义研究
5. 当代世界与社会主义
6. 当代世界社会主义问题
7. 科学社会主义
8. 中国特色社会主义研究
9. 思想教育研究
10. 思想政治工作研究
11. 思想理论教育导刊
12. 哲学研究
13. 哲学动态
14. 世界哲学

工 作 会 议

中国特色社会主义理论体系研究中心特约撰稿人会议

3月16日，中央党校科研部组织召开“中央党校中国特色社会主义理论体系研究中心特约撰稿人会议”。副校长张伯里出席会议并讲话，全校各教研部（所）的负责同志、特约撰稿人、中央媒体理论部门的代表、科研部全体工作人员共70余人参加会议。科研部主任梁言顺、副主任郑权、副巡视员倪德刚参加会议。副主任郝永平主持会议。

张伯里指出，2011年，中央党校中国特色社会主义理论体系研究中心在校委领导下，取得了卓越的成绩，亮点颇多，特别是以中央党校中国特色社会主义理论体系研究中心名义在中央“四报一刊”发表文章的数量和被中央宣传部评选优秀论文的数量在全国七大中特中心排名第一，产生了良好的社会反响，为中央党校争得了荣誉。希望科研部及中心研究室在新的一年按照常务副校长李景田批示的要求，再接再厉，再创新高。

张伯里代表校委对特约撰稿人一年来的辛勤工作表示感谢，强调特约撰稿人要切实履行职责，结合自己的专业优势和特点，按照报刊的要求，多出精品力作。特约撰稿人要及时和科研部中心研究室的工作人员加强沟通，主动把自己的科研成果转化为重点文章，为发文工作多作贡献。

会议通报了中央党校中国特色社会主义理论体系研究中心2011年度的各项工作。中央党校高度重视以中央党校中国特色社会主义理论体系研究中心名义在大报大刊的发文工作。几年来，科研部精心组织各学科专家学者，进一步整合全校的优势科研资源，在大报大刊上发表了大量的理论文章，在全国各大基地和各省市区的中心发文工作中一直处于领先地位，特别是近三年来已经取得了“三连冠”的好成绩。这些成绩的取得既为党的理论宣传工作作出了应有的贡献，又彰显了党校作为思想库的重要作用。

会议还通报了2011年中央党校以“中央党校中国特色社会主义理论体系研究中心”署名在中央“四报一刊”发文的具体篇目和被中央宣传部评为优秀论文的具体篇目。

科学社会主义教研部原主任赵曜，经济学教研部主任赵振华，哲学教研部董振华，文史教研部范玉刚作为特约撰稿人代表分别发言。

《人民日报》社理论部部务委员吴珺、《求是》杂志社文化部副主任李文阁、《经济日报》评论理论部副主任吕立勤、《解放军报》理论版主编张心阳应邀参加会议，并分别就本报（刊）的特点、发文的基本要求、2012年度的选题方向作了介绍。与会代表就在大报大刊发表文章中的一些问题与这四位同志进行了互动交流。

（摘自《科研工作简讯》2012年第5期，科研部供稿）

2010、2011年度校级课题负责人座谈会

3月19日和20日，中央党校科研部召开2011年度校级重大科研项目直接责任人和2010、2011年度校级重点、一般、青年科研项目负责人座谈会。副校长张伯里出席会议并讲话。科研部主任梁言顺主持座谈会。科研部、国家开发银行研究院、校财务部、中国马克思主义研究基金会有关负责同志到会并分别就课题管理相关工作作说明和布置。“八部一所”主管科研的副主任及科研部班子成员和相关处室同志也参加会议。

2011年度校级重大科研项目和2010、2011年度校级重点、一般、青年科研项目共77个项目的负责人（直接责任人）或课题组主要成员参加会议，汇报了本课题的研究进展情况和下一阶段的研究计划，并对科研管理工作提出意见和建议。

张伯里听了课题负责人的汇报发言后，肯定了各课题组前一阶段的研究成绩。各课题组采取设立子课题、细化分工负责、制定进度表等措施，以收集资料、查阅档案、实地调研、召开座谈会、研讨会等多种方式开展课题研究，在出版专著、发表论文、报送内参、撰写研究报告等方面都取得了诸多可喜的成绩，一些开展课题研究的经验和做法值得相互学习和借鉴。

张伯里强调开展课题研究要特别注意抓好质量管理工作，就此他讲了三点意见。

第一，要高度重视课题研究的质量问题。目前全校在研省部级以上课题共有260多项，其中仅与国家开发银行合作，就设立了67个校级重大、重点、一般课题。可以说，无论是立项数量，还是经费数额、参与人数，都达到了相当的规模，科研项目工作呈现良好局面。现在面临的一个重要问题是，在课题立项之后，一定要重视在研项目的深入研究工作和强化科研项目的全过程管理，保证出高质量的研究成果。

第二，科研项目质量管理要发挥好三个方面的积极性。一是发挥好项目承担者的积极性。项目承担者是项目研究的主体，除了高水平地抓好在研项目的研究外，还要严格按照有关规定开展研究，注意有关课题管理的新要求。这次国家开发银行研究院和科研部、财务部在课题立项、经费管理、结项标准、结项时间、成果冠名、延期结项等方面都进行了解释和说明，课题组要注意遵照执行。二是发挥好项目评审者的积极性。项目评审专家是高质量科研成果的把关者，课题立项和结项都要经过校内外同行专家的双向匿名通讯评审，课题结项时课题组要按照评审专家提出的意见对课题成果进行修改，有的课题研究成果还要经校委会立项和结项。三是发挥好科研项目管理者的积极性。科研部是学校科研项目管理的职能部门，同时，各教研部所分管科研的主任也是科研项目的管

理者，都要对在研项目经常进行督促和管理，如与项目合同单位对课题研究进行中期检查等，要发挥好项目管理在科研管理中的枢纽作用，履行好管理与服务职能。

第三，要从四个方面把好管理关。一是把好政治纪律关。习近平校长和校委多次强调“党校姓党”原则和党校教学、科研等各项工作的政治纪律要求。中央党校的科研一定要体现这个要求，不能含糊，对所有研究成果在公开发表时，尤其要注意政治影响。二是把好学术质量关。近两年校级课题的资助经费大幅度增加，科研条件大为改善，一定要争取多出高质量的研究成果，扩大中央党校的学术影响力。三是把好学术规范关。课题研究一定要遵守相关的学术规范要求，避免出现问题而影响集体和个人的学术声誉。四是把好科研经费使用关。在使用科研经费时，要严格按照国家相关的财经纪律和审计制度办事。

课题负责人一致认为，通过参加座谈会，交流课题研究开展的基本情况，相互学习了更多的组织课题研究的方法，增加了做好下一阶段研究工作的紧迫感和信心。大家表示，一定按照校领导的要求，遵守学校和国家开发银行相关管理部门的规章制度，保质保量地按时完成研究任务，不辜负各方面的期望，以优异成绩迎接党的十八大的胜利召开。

（摘自《科研工作简讯》2012 年第 6 期，科研部供稿）

校级科研一般项目和青年项目立项评审会议

4 月 18 日，中央党校召开 2012 年度校级科研一般项目、青年项目立项评审会议。来自全校各相关直属单位的负责同志和校外专家共 22 人组成评审委员会，对经过匿名评审遴选上会的科研项目进行认真评审。校委委员、科研部主任梁言顺主持会议。

梁言顺阐述了立项评审工作的重要性。他说，项目管理是科研工作的枢纽，也是发挥科研管理导向作用的重要环节。因此，能否把一批研究基础扎实、人才结构合理、研究预期好的科研项目立项，对于建设“一流科研”，更好地发挥党校党的哲学社会科学研究机构和思想库作用都具有十分重要的意义，希望大家本着客观公正的原则做好一般和青年项目的立项评审工作。

梁言顺介绍了上会评审课题的产生过程。他说，2012 年大家申报的积极性很高，科研部于 1 月 11 日下发《关于做好 2012 年度校级重点、一般和青年科研项目申报工作的通知》后，正式启动项目的申请工作，在 3 月 2 日申报截止时，共有 110 余人提交了一般和青年项目申请书。许多申报材料对拟研究课题的研究意义认识深刻、论证较好、有一定的前期研究基础。为了加强评审的客观性，科研部在专家库中随机抽取 55 位校外专家进行双向匿名评审，最后确定79项课题上会评审。

梁言顺还向评审会宣读了评审程序和评审纪律，征求了评审专家的意见，强调要进一步加强科研质量的管理工作和项目的中期管理工作，重申了校级科研一般、青年项目的结项标准。

评审委员们在逐份阅读课题申请书后，对每项课题进行了预评分和无记名投票。经过紧张有序的认真评审，顺利完成中央党校2012年度校级科研一般项目和青年项目的立项评审工作。

评审会共产生拟立项一般科研项目23项（其中离退休干部3项），青年科研项目10项。

（摘自《科研工作简讯》2012年第7期，科研部供稿）

校级科研重点项目立项评审会议

4月20日，按照《中央党校重大、重点科研项目管理办法（试行）》的规定，中央党校召开2012年度校级科研重点项目立项评审会议。副校长张伯里主持会议。

张伯里阐述了立项评审工作的重要性。他说，中央党校提出建设“一流学府”的奋斗目标，其中很重要的是要建设“一流科研”，为推进党的理论创新服务，为提高党校教学质量服务，为党委和政府决策服务，为社会主义经济建设、政治建设、文化建设、社会建设和党的建设服务。项目管理在科研管理工作中发挥着核心、枢纽和导向作用，项目立项是位于项目中期管理和结项之前的第一个关口，把握好这一关口，把研究基础扎实、人才结构合理、研究预期好的项目遴选出来，直接决定着科研管理工作的效益和水平。所以，希望大家本着客观公正的原则做好校级重点科研项目评定工作。

张伯里还对立项评审以及科研管理工作提出了新的要求。他指出，要立足新的科研工作环境和要求，不断探索科研管理工作的新办法，不断提高科研管理工作的科学化水平。要通过建立制度和严格落实制度，逐渐使各项工作走上规范化的轨道，确保全校科研管理工作顺利推进。中央党校制定的《中央党校重大、重点科研项目管理办法（试行）》是管理重大、重点科研项目的规范性文件，试行一年多以来，证明是行之有效的。包括申报资格审查、匿名通讯评审、会议评审、拟立项名单公示、报请校委批准等立项的工作程序，都要严格按照规定进行，每年都要有新的进步。

校委委员、科研部主任梁言顺就上会名单产生办法、评审程序和答辩要求向会议作了说明。科研部于1月11日发出《关于做好2012年度校级重点、一般和青年科研项目申报工作的通知》，正式启动项目的申报工作。在3月2日申报截止日后，进行资格审查，在专家库中随机抽取50位校外专家对所报科研项目进行双向匿名通讯评审。根据通讯评审中专家的评分和意见，确定25个上会评审项目。

7名校外专家和23名校内专家组成中央党校2012年度校级科研重点项目评审委员会，对经过匿名通讯评审遴选上会的科研项目进行了一整天的认真评审。在项目负责人逐项进行陈述和答辩后，评审委员会进行了预打分和正式投票，最终产生2012年度拟立项重点课题10项。

（摘自《科研工作简讯》2012年第7期，科研部供稿）

中央党校主管社团2012年年度工作座谈会

5月23日，中央党校科研部召开中央党校主管的社会团体2012年度工作座谈会。校委委员、科研部主任梁言顺出席，科研部副主任郑权主持座谈会。中央党校主管的6家全国一级社会团体的相关负责人及财务人员、科研部管理处工作人员参加会议。

中国延安精神研究会、中国马克思主义研究基金会、中国市场经济研究会、中国科学社会主义学会、中国领导科学研究会、中国现代史学会的相关负责人分别报告了本会2011年度的工作情况和2012年度的工作计划。

梁言顺充分肯定了各社团2011年度的工作成绩。他要求各单位既要开拓创新，又要增强政治意识、大局意识、法律意识，严守政治纪律，同时还要切实加强对所属分支机构、杂志、网站等的管理，以优异成绩迎接党的十八大胜利召开。

郑权指出，2011年度各社团活动形式与时俱进，不断创新，日常管理不断规范，社会影响力不断增大。希望大家在新的一年突出加强管理意识，对于出现的各种具体问题要按照国家的相关法律法规认真研究解决。

会议还传达学习了《社会组织举办研讨会论坛活动管理办法》、《社会组织评比达标表彰活动管理暂行规定》两个文件，交流了工作经验，研究了年检、审计等具体工作。大家表示，今后一定按照会议和国家相关法律法规的要求，继续积极发挥好应有的社会作用；继续严格加强管理，落实好各项备案制度；继续齐心协力认真负责做好新一年的工作。

（摘自《科研工作简讯》2012年第8期，科研部供稿）

2012年度新立校级科研项目负责人（直接责任人）会议

5月25日，科研部召开中央党校2012年度新立校级科研项目负责人（直接责任人）会议，对2012年新立项的校级科研项目研究工作进行布置和说明。校委委员、科研部主任梁言顺，财务部主任、后勤机关党委书记朱鸣，科研部副主任郑权出席会议。科研部副主任郝永平主持会议。

梁言顺在会议总结讲话中讲了三点意见。

一是对新立校级科研项目负责人表示祝贺。经过多轮征求意见和校委会研究批准，2012年1月课题指南公布后，共收到申报课题申请书130多份。经过资格审查、双向匿名通讯评审、会议评审和评分投票，重点项目还经过现场陈述和答辩，最终产生重点项目10项、一般项目23项、青年项目10项。一批老中青科研骨干在激烈的竞争中脱颖而出，获得校级科研资助，值得祝贺。

二是立项后要抓好项目研究。立项只是课题研究的开始，一定要突出抓好研究质量的提高。国家开发银行资助的项目研究期限只有一年，时间紧，任务重，校内结项也要按照课题申请书中的时间计划进行。科研经费提高后，更要投入更多的时间和精力，辛勤付出，潜心研究，保质保量地拿出相适应的研究成果，提高中央党校的整体研究实力，扩大中央党校的学术影响力。

三是代表科研部表态，一定要以优质的服务保障教研人员有尊严地开展科研工作。学校尽可能地筹集必要的科研经费，保证科研经费的可持续投入。在日常工作中，科研部保证以良好的工作态度、认真的工作作风为大家服务，诚恳接受大家的监督。

朱鸣介绍了学校新出台的自筹课题经费管理规定，郑权介绍了新立项目的产生过程、课题管理的相关具体要求。科研部协作处、财务部财务二室负责人分别介绍了国家开发银行资助项目合同填写要求和科研经费管理的具体要求。新立项目负责人（直接责任人）与项目管理方进行了互动交流。

2012年新立项的46个校级科研项目的负责人（直接责任人）和财务部财务二室、中国马克思主义研究基金会三项基金办公室、科研部协作处、管理处负责具体工作的同志共60余人参加会议。

（摘自《科研工作简讯》2012年第9期，科研部供稿）

中央国家机关2012年度国家社会科学基金项目培训会议

6月12日至13日，根据全国哲学社会科学规划办公室《关于下达2012年国家社会科学基金项目立项的通知》（社科规划办通字〔2012〕14号）要求，为进一步提高国家社科基金管理工作科学化、规范化水平，指导2012年度新立项目负责人做好预算并尽早开展研究，中央党校科研部召开中央国家机关2012年度国家社会科学基金项目培训会议。校委委员、科研部主任梁言顺出席会议，全国哲学社会科学规划办公室副主任赵川东出席会议并讲话。科研部领导、全国哲学社会科学规划办公室有关处室负责同志、中央国家机关2012年度国家社科基金项目管理单位负责人及项目负责人近90人参加培训，科研部副主任郝永平主持会议并致辞。

郝永平在致辞中回顾了2011年中央国家机关国家社科基金工作所取得的成绩。他指出，一年来，中央国家机关不仅在国家社科基金项目申报立项工作中成绩可嘉，而且推出了一批符合时代要求、具有一定理论深度和重要应用价值的优秀成果，不少成果受到了党和政府有关部门重视并为决策提供了重要参考，智囊团和思想库作用得到了进一步的体现，社会科学理论队伍建设取得了新进展。在肯定成绩的同时，也应清醒地看到，面向未来我们面临的形势更复杂，挑战更严峻，在研究和管理工作中还有不少环节需要加强和改进。我们一定要从全局和战略的高度，充分认识在新形势下做好哲学社会科学工作的重大意义，深入贯彻落实《中共中央关于进一步繁荣发展哲学社会科学的意见》，认真落实《国家哲学社会科学研究“十二五”规划》。在认真总结“十一五”经验的基础上，继续发挥中央国家机关的科研优势，进一步加大工作力度，不断提高研究水平，大力推进中央国家机关国家社科基金工作，为推动哲学社会科学进一步繁荣发展、为实现“十二五”时期社科研究的宏伟目标作出我们应有的贡献，以优异成绩迎接党的十八大胜利召开。

赵川东传达了中共中央政治局委员刘云山同志在2012年国家社会科学基金年度项目评审工作会议上的重要讲话精神，认真介绍了《国家哲学社会科学研究“十二五”规划》主要内容和《国家社会科学基金管理办法》相关情况。还通报了国家社会科学基金2012年度项目评审结果，充分肯定了中央国家机关在国家社会科学基金项目研究和管理工作上取得的成绩，并代表全国哲学社会科学规划办公室，向中央党校科研部表示感谢，向新立项目负责人表示祝贺。同时，就如何做好国家社会科学基金项目的研究和管理工作，提出了四点具体要求：一是要坚持正确导向，在国家社会科学基金项目研究中坚持正确导向是第一位的要求，确保科研成果符合党的路线方针和基本政策；二是积极服务大局，这是研究国家社会科学基金项目的根本职责和基本要求；三是树立创新意识，将创新精神融入研究的始终，避免研究工作低水平的简单重复；四是发扬优良学风，要在研究中坚持科研诚信，坚持学术规范，坚持良好学风，避免繁复冗长。

全国社会科学规划办公室基金处处长徐李孙、中央党校科研部规划处处长高彦斌就国家社会科学基金项目的经费预算、中期管理、成果管理、成果宣传等各项工作进行了细致的辅导和说明。

与会代表一致表示，一定要认真贯彻这次培训会议的精神，努力提高国家社会科学基金工作科学化、规范化水平，为推动理论创新、推动学科发展、推动改革开放作出新的贡献。

（摘自《科研工作简讯》2012 年第 11 期，科研部供稿）

国家社会科学基金 2011 年度重大招标项目开题报告会

2012 年 6 月，国家社会科学基金 2011 年度重大招标项目“中国特色社会主义理论体系基本原理研究”开题报告会在中央党校召开。来自中国社会科学院、北京大学、清华大学、中国人民大学、《光明日报》、《新华文摘》、《哲学研究》、中央党校科研部、中央党校马克思主义理论教研部的专家学者、媒体代表 20 余人出席会议。项目负责人、中央党校马克思主义理论教研部副主任韩庆祥是我国马克思主义哲学、马克思主义理论研究领域的著名学者，在全国理论界具有较大影响，他所带领的马克思主义哲学和马克思主义理论学术研究团队在申报国家社科基金项目方面具有雄厚的实力和经验，作为其研究成果提出的“能力本位论”、“社会层级结构论”和“以国民素质为本的科学发展观”等理论观点，在学术界和社会上产生很大反响。本次开题会由中央党校马克思主义理论教研部马克思主义发展史教研室主任邱耕田主持。

中央党校科研部副主任郝永平代表科研管理部门讲话。课题首席专家韩庆祥教授向与会专家学者详细介绍了该项目研究的基本思路、主要特色、总体框架等相关内容。与会专家学者就该项目的研究进行了深入且富有建设性的讨论。

（摘自《科研工作简讯》2012 年第 11 期，科研部供稿）

理论研讨会

全国党校系统学习贯彻党的十八大精神理论研讨会暨第九届科研评奖颁奖会

12月10日至11日，全国党校系统学习贯彻党的十八大精神理论研讨会暨第九届科研评奖颁奖会在成都召开。受常务副校长李景田委托，副校长陈宝生在会上作主旨报告。

陈宝生指出，要充分认识党的十八大对党校工作提出的新要求，给党校事业发展创造的新机遇，全面开创党校事业发展新局面。各级党校和党校人要增强做好党校工作的责任感和使命感，以科学发展观为指导，大力实施质量立校战略，加强和改进干部教育培训工作，在深入思考研究贯彻落实十八大精神重点难点热点问题上下功夫。他强调，要深化对科研工作基础性作用的认识，进一步改进学风文风会风，进一步加强科研管理，充分发挥党校科研工作在贯彻落实党的十八大精神、推进党校事业科学发展中的基础性作用。

副校长李书磊宣读校委评奖表彰决定。副校长张伯里、徐伟新，教育长贾高建，分别主持会议。张伯里作会议总结。中共四川省委常委、组织部长、党校校长柯尊平在开幕式上书面致词。校委委员罗宗毅、黄宪起、赵长茂、梁言顺、王东京出席会议。

11位论文入选作者代表先后发言，围绕十八大报告中提出的新思想、新观点、新论断进行深入交流研讨。10位会议代表结合对主旨报告的学习讨论，从不同层面、不同角度交流了学习十八大精神的认识和体会。

校各直属单位主要负责人和全国省级党校、副省级城市党委党校的专家学者等共260多人参加会议。

（摘自《党校信息》2012年第24期，科研部供稿）

附：

全国党校系统第九届优秀科研工作组织奖、科研工作进步奖、课题项目中标奖、优秀科研成果奖、优秀科研管理工作者奖获奖单位和个人名单

为充分调动全国党校系统教研人员的科研积极性，多出精品力作，促进科研管理水平的不断提升，经各省级党校和副省级城市党校推荐，中央党校科研部依据《全国党校科研评奖条例》、《全国党校优秀科研成果奖评审细则》、《全国党校优秀科研工作组织奖评审细则》和《全国党校优秀科研管理工作者奖评选细则》（中校字〔2006〕3号）认真组织评审，中央党校校委讨论决定：北京等18所省级党校、广州等10所副省级城市党校荣获全国党校系统第九届优秀科研工作组织奖、科研工作进步奖、课题项目中标奖，何军等165名同志荣获全国党校系统第九届优秀科研成果奖，姚光业等54名同志荣获全国党校系统第九届优秀科研管理工作者奖。中央党校校委对以上获奖单位和个人予以表彰，希望获奖单位和个人发扬成绩，继续努力，在今后的科研工作中作出更大贡献。

全国党校要向获奖单位和个人学习，在科研工作中，坚持以马列主义、毛泽东思想、邓小平理论、“三个代表”重要思想、科学发展观为指导，认真学习贯彻党的十八大精神，贯彻落实《中国共产党党校工作条例》、全国党校工作会议精神和习近平同志在2012年全国党校校长会议上的重要讲话精神，密切联系党和国家事业发展的大局，密切关注国内外形势的发展变化，加强对中国特色社会主义重大理论和现实问题的研究，深化对马克思主义基本理论特别是中国特色社会主义理论体系的研究，紧紧围绕党的十八大提出的一系列新思想、新观点、新论断、新部署，加强研究，总结规律，充分发挥党校科研为推进理论创新服务，为提高党校教学质量服务，为党委和政府决策服务，为社会主义经济建设、政治建设、文化建设、社会建设、生态文明建设和党的建设服务的功能和思想库作用，不断开创党校科研工作新局面。

（摘自中校发〔2012〕23号文件，办公厅、科研部供稿）

省级党校获奖名单

项目	单位
优秀科研工作组织奖	北京市委党校
	辽宁省委党校
	黑龙江省委党校
	上海市委党校
	江苏省委党校
	浙江省委党校
	山东省委党校
	湖南省委党校
	广东省委党校
	四川省委党校
科研工作进步奖	河北省委党校
	河南省委党校
	陕西省委党校
	青海省委党校
课题项目中标奖	重庆市委党校
	甘肃省委党校
	新疆维吾尔自治区委党校
	新疆生产建设兵团党校

副省级城市党委党校获奖名单

项目	单位
优秀科研工作组织奖	南京市委党校
	济南市委党校
	杭州市委党校
	大连市委党校
	青岛市委党校
科研工作进步奖	广州市委党校
	沈阳市委党校
课题项目中标奖	武汉市委党校
	哈尔滨市委党校
	成都市委党校

优秀科研成果奖获奖名单

奖项	姓　名	单　　位	成　果　名　称
一等奖（30项）	何　军	北京市委党校	公众参与：利益表达与利益整合的视角（论文）
	高寿仙	北京市委党校	“行业组织”抑或“服务名册”?（论文）
	刘　娟	河北省委党校	贫困县产业发展与可持续竞争力提升研究（著作）
	张宏华	山西省委党校	增强理想信念教育针对性实效性思路分析（论文）
	荣宏庆	辽宁省委党校	提升辽宁装备制造业竞争力对策研究（著作）
	于言良	辽宁省委党校	辽宁特色产业基地建设与优势产业发展研究（研究报告）
	李　军	黑龙江省委党校	走进林海雪原（著作）
	容　志	上海市委党校	“稳定政治”：中国维稳困境的政治学思考（论文）
	陈奇星	（同上）	（同上）
	黄力之	上海市委党校	从俄罗斯到中国：后马克思时代的社会主义文化问题（著作）
	王　军	江苏省委党校	加快构建江苏现代产业体系研究（研究报告）
	谈　镇	（同上）	（同上）
	陈时兴	浙江省委党校	中国农村金融发展绩效与制度创新研究（著作）
	郭若平	福建省委党校	二十世纪二十年代中共“小资产阶级”观念的起源（论文）
	高莉娟	江西省委党校	治理出生人口性别比例失衡江西案例研究（论文）
	安世银	山东省委党校	诚信：文化产业发展壮大的基石（论文）
	钟丽娟	山东省委党校	自然权利制度化研究（著作）
	廖富洲	河南省委党校	征地乱象与农村土地征用制度改革（论文）
	吴传毅	湖南省委党校	科学发展观视域下的农村土地征收补偿制度思考（论文）
	段华明	广东省委党校	城市灾害社会学（著作）
	杨　劲	广东省委党校	农村土地资本化：基于资本、产权和制度视角的研究（著作）
	黄学权等	广西壮族自治区委党校	探索与创新：县级党校改革的理论思考与广西实践（著作）
	廖　逊	海南省委党校	琼西崛起的双子星座（编著）
	刘　毅	四川省委党校	党政领导干部成长规律研究（著作）
	李　新	（同上）	（同上）
	戴允康	（同上）	（同上）
	吴少柏	（同上）	（同上）
	杨继荣	（同上）	（同上）
	何　伟	重庆市委党校	信息网络技术与基层党组织建设科学化研究（研究报告）
	普布次仁	西藏自治区委党校	中国共产党在西藏工作的决策与实践研究（著作）
	薛引娥	陕西省委党校	新形势下密切干群关系的几个重要问题（研究报告）
	梁春阳	宁夏回族自治区委党校	西部少数民族地区信息化绩效评估（著作）
	牟振江	新疆维吾尔自治区委党校	固本强基：新疆农牧区加强基层党组织建设与建设社会主义新农村研究（著作）
	黄丽萍	杭州市委党校	新媒体视阈中西方政党的现代性症候及其纠错（论文）

续 表

奖项	姓 名	单 位	成 果 名 称
	王乃波	大连市委党校	大连市基层干部培训系列教材（教材）
	王元新	（同上）	（同上）
	王存福	青岛市委党校	社会结构变迁与政党嬗变的向度分析（著作）
二等奖（60项）	刘汉峰	北京市委党校	北京市党内基层民主创新研究报告（研究报告）
	梁 骏	北京市委党校	青石存史（著作）
	杨东广	河北省委党校	尊重党员主体地位的机制构建研究（著作）
	林 洁	山西省委党校	资源型地区“富人当政”对基层治理的影响及对策（论文）
	刘兆征	山西省委党校	留守农民素质：现状、影响因素及提高对策（论文）
	康瑞华	辽宁省委党校	批判、构建、启思：福斯特生态马克思主义思想研究（著作）
	马继东	（同上）	（同上）
	曲 鹏	（同上）	（同上）
	魏子扬	辽宁省委党校	社会管理创新需要实现“六种转变”（论文）
	侯 琦	（同上）	（同上）
	蒋京议	吉林省委党校	创设经济制度的政治学分析框架（著作）
	耿洪彬	吉林省委党校	推进党内基层民主建设的实践与启示（论文）
	赵福生	黑龙江省委党校	福柯微观政治哲学研究（著作）
	祝福恩	黑龙江省委党校	党的先进性建设论（著作）
	李 猛	上海市委党校	地方政府行为对中国经济波动的影响（论文）
	程竹汝	上海市委党校	制度成长与发展逻辑：改革开放时代的中国政治（著作）
	上官酒瑞	（同上）	（同上）
	罗 峰	上海市委党校	渐进过程中的政府职能转变：价值、动因与阻力（论文）
	李宗尧	江苏省委党校	经济快速发展地区区域生态安全评价与调控研究（著作）
	何建华	浙江省委党校	发展正义：当代社会面临的重大课题（论文）
	包海波	浙江省委党校	专利保护水平与企业专利保护需求（论文）
	陈锦其	（同上）	（同上）
	胡承槐	浙江省委党校	党内民主的政治哲学（论文）
	汪锦军	浙江省委党校	公共服务中的公民参与模式分析（论文）
	姚 亮	江西省委党校	重视构建中国现阶段的社会矛盾吸纳机制（论文）
	杨会清	江西省委党校	“国际路线”影响下的宁都会议（论文）
	贾英健	山东省委党校	虚拟生存论（著作）
	谭 建	山东省委党校	党内民主的层次及路径选择（论文）
	赵 鹏	河南省委党校	提高党的建设科学化水平，增强应对考验和抵御风险能力（论文）
	李剑力	河南省委党校	探索性创新、开放性创新与企业绩效关系研究（著作）
	张秋实	湖北省委党校	解密档案中的瞿秋白（著作）
	舒艾香等	湖北省委党校	对领导干部党性方面存在的突出问题的调查与思考（论文）
	刘华清	湖南省委党校	中共湖南省委与真理标准问题讨论（论文）
	朱海波	广东省委党校	理性范式及其对中西宪政的文化制约（论文）
	莫 龙	广西壮族自治区委党校	实现中国人口规模压力和老龄化压力战略平衡的政策建议（研究报告）

续　表

奖项	姓　名	单　　位	成　果　名　称
二等奖（60项）	林晓妹	海南省委党校	海南国际旅游岛建设呼唤学习型领导干部（论文）
	江世银	四川省委党校	预期作用于金融宏观调控的效率（著作）
	裴泽庆	四川省委党校	农村基层党内民主发展研究（著作）
	文茂伟	重庆市委党校	当代英美组织领导力发展：理论与实践（著作）
	崔如波	重庆市委党校	重庆统筹城乡发展研究（著作）
	胡大牛	重庆市委党校	南方局的成立与中共领导人的战略思考（论文）
	伍小涛	贵州省委党校	建构与认同：新中国民族工作研究（著作）
	朱　秦	云南省委党校	边疆民族地区和谐治理（著作）
	李庆梅	甘肃省委党校	用负所得税重新构建中国最低生活保障制度研究（论文）
	聂佃忠	（同上）	（同上）
	张　伟	青海省委党校	领导干部应树立正确的幸福观（论文）
	周泽超	宁夏回族自治区委党校	宁蒙陕甘四省（区）毗连区生态文明建设的研究（著作）
	李西琴	新疆维吾尔自治区委党校	宗教极端势力对乌鲁木齐市维吾尔族流动人口聚居区未成年人渗透现状的调研（研究报告）
	热合木江·沙吾提	新疆维吾尔自治区委党校	中国与中亚地区油气合作中的新疆因素（论文）
	祝　辉	（同上）	（同上）
	罗利华	新疆生产建设兵团党校	建设高素质人才队伍，提升维稳戍边能力，为新疆长治久安服务（论文）
	朱殊洋	广州市委党校	单位商品价值量与劳动生产率的关系（论文）
	尹德慈	广州市委党校	执政党的领导方式研究（著作）
	王观松	武汉市委党校	伟大的中国共产党伟大在什么地方（论文）
	刘家用	（同上）	（同上）
	杨晓猛	哈尔滨市委党校	村镇干部对影响农民增收的制度因素的认知分析（论文）
	韩玉奇	沈阳市委党校	大力发展沈阳现代服务业的战略研究（著作）
	阎质杰	（同上）	（同上）
	孙鸿炜	沈阳市委党校	50强企业的扩展路径与公司重构（著作）
	刘益飞	成都市委党校	从制度上保障党内言论自由（论文）
	曾向阳	南京市委党校	意识科学中的研究纲领及其方法论探析（论文）
	高国舫	杭州市委党校	干部选拔任用机制科学化探索（论文）
	霍团英	杭州市委党校	领导干部的心理健康问题探讨（论文）
	吴高飞	大连市委党校	大连与沈阳蔬菜价格比较研究（研究报告）
	王振海	青岛市委党校	公共职位数量的国际比较与优化配置（论文）
	薛风平	（同上）	（同上）
	王政堂	青岛市委党校	增强党员理想信念教育实效性的对策研究（论文）
	李永清	深圳市委党校	如何应对重大突发事件：以深圳经验为例（著作）
	胡晓地	深圳市委党校	民主社会主义的核心价值及其在北欧的实践（著作）
	池　蕾	（同上）	（同上）
	张雅静	宁波市委党校	休闲文化生活支持体系研究（著作）

续表

奖项	姓名	单位	成果名称
三等奖（75项）	张立杰	天津市委党校	南京国民政府的盐政改革研究（著作）
	臧学英	天津市委党校	京津冀战略性新兴产业的对接与合作（论文）
	刘书祥	天津市委党校	人大对党实施监督的宪政思考（论文）
	王英杰	河北省委党校	自然之道：老子生存哲学研究（著作）
	韩立红	河北省委党校	邓小平和谐观与和谐社会建设（著作）
	杜学文	山西省委党校	引入商谈模式解决群体性事件（论文）
	金　瑞	内蒙古自治区委党校	转型与跨越：内蒙古区域发展战略研究（著作）
	张学刚	（同上）	（同上）
	李彤宇	内蒙古自治区委党校	论时代变迁视野下的《自然辩证法》传播（论文）
	李香兰	内蒙古自治区委党校	我国现代“化”过程中的反思（论文）
	贾云泉	吉林省委党校	中国特色社会主义若干重大理论问题研究（教材）
	刘建明	黑龙江省委党校	利益冲突型群体性事件的化解之道：协商民主视角的解读（论文）
	王金水	江苏省委党校	新制度主义对改善决策方式的思考及其意义（论文）
	钮维敢	江苏省委党校	东亚冷战遗留问题研究（著作）
	陈定洋	安徽省委党校	制度环境变迁与中国企业社会责任路径（论文）
	王　军	安徽省委党校	程序失灵的揭秘与拯救（论文）
	王泽强	安徽省委党校	乡—城人口迁移对农村人口老龄化的影响（论文）
	王华斌	安徽省委党校	强基固本，提高农村党组织的科学化执政能力（论文）
	陈明森	福建省委党校	国际产业转移对我国产业波及传导效应研究（论文）
	俞颖杰	福建省委党校	论达米特反实在论思想的基础（论文）
	叶志坚	福建省委党校	也谈柯瓦列夫斯基笔记主题（论文）
	孙家驹	江西省委党校	重建农林水气一体化森林系统的思考（论文）
	姚巧华	河南省委党校	构建和完善县委书记队伍建设的长效机制（论文）
	陈　曦	湖北省委党校	国家经济安全的维度、实质及对策研究（著作）
	肖万春	湖南省委党校	“加快转变经济发展方式”系列论文（论文）
	唐娅辉	湖南省委党校	奋起？超越中国妇女的过去与现在（著作）
	梁道刚	广东省委党校	论中国共产党执政体制的本质、结构与功能（论文）
	韩　勇	广西壮族自治区委党校	泛北部湾地区基层党政干部领导力模式研究（著作）
	王和平	海南省委党校	完善网络监督的对策探讨（论文）
	义　术	海南省委党校	海南省生态补偿机制建立和完善研究（研究报告）
	夏周青	海南省委党校	农村社区建设工作手册（著作）
	王春英	四川省委党校	中国抗战时期难民问题与政府应对行为（著作）
	赵　森	贵州省委党校	自由、权威与法治意象：欧克肖特的国家理论（论文）
	郑东升	贵州省委党校	中国共产党价值观的心理发生机制（论文）
	付　春	云南省委党校	尊王黜霸：云南由乱向治的历程（1644—1735）（著作）
	钱素华	云南省委党校	农村群体性突发事件处置（著作）

续 表

奖项	姓 名	单 位	成 果 名 称
三等奖（75项）	王松磊	西藏自治区委党校	“4·14”玉树地震应急救援的启示（论文）
	牛治富	西藏自治区委党校	西藏“四观两论”干部读本（教材）
	吴 永	陕西省委党校	1941年陕甘宁边区“救国公粮”征缴及其引发的社会问题论析（论文）
	司 朦	陕西省委党校	社会资本视角下的中国社会官本位意识研究（论文）
	肖 红	（同上）	（同上）
	刘务勇	甘肃省委党校	当代中国政治改革的制度经济分析（著作）
	鲜 鹏	甘肃省委党校	西部地区区域性图书馆联盟建设方案探讨（论文）
	关桂霞	青海省委党校	我省涉及民族宗教的突发性事件研究（研究报告）
	索南旺杰	（同上）	（同上）
	赵 英	（同上）	（同上）
	吴玉敏	青海省委党校	创新社会管理中的社会自治能力增强问题（论文）
	杨国林	宁夏回族自治区委党校	对外开放合作型人才建设（著作）
	杨旭东	宁夏回族自治区委党校	推进石嘴山资源枯竭型城市转型（研究报告）
	王学平	宁夏回族自治区委党校	以改革创新精神全面推进党的制度建设的实践路径考究（论文）
	周 斌	新疆维吾尔自治区委党校	新疆现代林果产业体系发展中的市场建设和创新研究（著作）
	赵庆国	铁道部党校	高速铁路在消除地区差别实现区域经济协调发展中的十大作用（论文）
	张汉斌	铁道部党校	动态低效率、金融资产膨胀与经济增长（著作）
	魏晓洁	铁道部党校	关于我国铁路运价改革的几点思考（论文）
	刘雪涛	铁道部党校	动荡时代的企业责任：21世纪面临的挑战（译著）
	王治强	新疆生产建设兵团党校	构建和谐兵团研究（著作）
	陈 畅	新疆生产建设兵团党校	新疆兵团社会管理困境及路径突破（论文）
	王永平	广州市委党校	对加快社会管理方式转变的研究（论文）
	敖带芽	广州市委党校	社会主义意识形态建设：热问题与冷思考（著作）
	张 璇	武汉市委党校	欧盟泛欧金融监管体系改革及其启示（论文）
	李珞山	武汉市委党校	基层党组织增强服务意识与战斗堡垒作用创新思考（论文）
	闵慧男	哈尔滨市委党校	领导干部学习要实现五个转变（论文）
	赵延年	沈阳市委党校	竞争力理论与沈阳工业企业50强成长研究（著作）
	孙恪廉	成都市委党校	精神治疗与宗教信仰（论文）
	刘喜发	南京市委党校	胡锦涛与新世纪的中共党史研究（论文）
	王玉珍	南京市委党校	基于转化链视角的南京政产学研合作创新研究（研究报告）
	陈 华	南京市委党校	吸纳与合作：非政府组织与中国社会管理（著作）

续 表

奖项	姓 名	单 位	成 果 名 称
三等奖（75项）	张王定	西安市委党校	绿色裂变：西安浐灞生态区生态建设的实践与启示（著作）
	唐 震	西安市委党校	西安国际化大都市建设研究（著作）
	董金荣	长春市委党校	党的执政伦理的发展与进步（论文）
	邵静野	长春市委党校	变革时代的社会管理创新（著作）
	昌业云	济南市委党校	浅析我国治理群体性事件的政策范式转换（论文）
	金 刚	济南市委党校	政党关系和谐与中国特色政党制度发展的新境界（论文）
	汪毅霖	大连市委党校	普特南与森的跨学科对话：科学哲学视阈下的福利经济学贫困化及其解决（论文）
	杨刚勇	深圳市委党校	深莞惠（坪新清）产业合作示范区规划研究（研究报告）
	谢启标	厦门市委党校	推进利率市场化改革的基础条件和路径选择（论文）
	尹 彦	厦门市委党校	列宁时期的党内民主是如何认识和发展的（论文）
	陈鹏键	宁波市委党校	建立健全统筹城乡党建工作一体化新格局研究（研究报告）
	张永明	宁波市委党校	非公有制经济组织党建科学化研究（著作）

优秀科研管理工作者奖获奖名单

姓 名	单 位	职 务
姚光业	北京市委党校	副校长
谭 凯	北京市委党校	科研处调研员
韩凤朝	河北省委党校	科研处副处长
于言良	辽宁省委党校	常务副校长
周大勇	辽宁省委党校	科研处副处长
祝福恩	黑龙江省委党校	副校长
冯 春	黑龙江省委党校	科研处副处长
王国平	上海市委党校	常务副校长
郭庆松	上海市委党校	副校长
杨 明	江苏省委党校	副校长
谈 镇	江苏省委党校	科研处处长
马力宏	浙江省委党校	副校长
徐景彦	浙江省委党校	科研处职员
王延超	山东省委党校	副校长
张云汉	山东省委党校	科研处处长
尹书博	河南省委党校	教育长
李楠华	河南省委党校	科研处处长
雷国珍	湖南省委党校	副校长
杨 炼	湖南省委党校	科研处主任科员
郑楚宣	广东省委党校	校委委员
王新娟	广东省委党校	科研处副处长
周治滨	四川省委党校	副校长

续　表

姓　名	单　位	职　务
李翔宇	四川省委党校	科研处处长
吴康明	重庆市委党校	常务副校长
刘　康	重庆市委党校	科研处处长
高　锋	陕西省委党校	副校长
纪　昱	陕西省委党校	科研处处长
王福生	甘肃省委党校	副校长
马　祺	甘肃省委党校	科研处调研员
张　伟	青海省委党校	副校长
杨松义	青海省委党校	科研部主任
卫利·巴拉提	新疆维吾尔自治区委党校	副校长
申德英	新疆维吾尔自治区委党校	科研处处长
王小平	新疆生产建设兵团党校	科研处处长
丁旭光	广州市委党校	副校长
张　瑞	广州市委党校	科研处主任科员
袁超越	武汉市委党校	副校长
杨　意	武汉市委党校	科研处科员
王玉玲	哈尔滨市委党校	副校长
王喜权	哈尔滨市委党校	科研处处长
韩玉奇	沈阳市委党校	常务副校长
贾杰红	沈阳市委党校	科研处处长
邵　昱	成都市委党校	副校长
潘　斌	成都市委党校	科研处处长
张　丽	南京市委党校	常务副校长
吴澄清	南京市委党校	科研处处长
刘晓钟	济南市委党校	副校长
孔祥敏	济南市委党校	科研处处长
徐　晖	杭州市委党校	副校长
李一平	杭州市委党校	科研处处长
吴高飞	大连市委党校	专职校务委员
殷立新	大连市委党校	科研处副处长
王振海	青岛市委党校	副校长
刘增禄	青岛市委党校	科研部副主任

（办公厅、科研部供稿）

课题指南

校级科研项目2012年年度课题指南

根据《中共中央党校年度校级科研项目指南总体规划》的要求，综合各教研部（所）、学员部以及其他各直属单位等方面的意见，制定本指南。

一、本指南制定的指导思想是：高举中国特色社会主义伟大旗帜，以邓小平理论和“三个代表”重要思想为指导，深入贯彻落实科学发展观，按照党的十七大和十七届三中、四中、五中、六中全会精神以及《国民经济和社会发展第十二个五年规划纲要》的要求，坚持解放思想、实事求是、与时俱进，为推进党的理论创新服务，为提高党校教学质量服务，为党委和政府决策服务，为社会主义经济建设、政治建设、文化建设、社会建设和党的建设服务。

二、本指南制定的基本原则是：1. 坚持正确政治方向，牢固树立精品意识，充分发挥校级项目的科研导向作用。2. 突出党校特色，重视基础理论研究，支持党校优势学科建设。3. 发挥党校资源优势，注重整合全国党校系统和中央党校各教研部（所）、学员部以及其他各直属单位的科研力量。

三、本指南所列课题条目主要来源于如下方面：一是校委根据党和国家工作大局需要提出的重要选题，二是教务部、教研部（所）提供的建议课题，三是学员部提供的学员“两带来”问题，四是校内其他直属单位推荐的工作中需要立项研究的重要问题，五是国家社科基金项目指南里的重要问题（作为补充和参照）。

四、本指南根据党校科研工作实际，分为重大项目、重点项目、一般项目和青年项目四个类别。重大项目和重点项目均为跨学科问题，没有学科划分；一般项目和青年项目按学科分别列题。重大项目属于校委委托项目，按中央党校年度工作要点列出的题目等量立项；重点项目按原题申报，从所列选题中通过招标方式立项12个左右；一般项目、青年项目只提供选题方向，可以按原题申报，也可略作改动或自选题目，拟通过招标方式分别立项20个和10个左右。除以上四类项目外，还将根据国内外形势发展变化，随时组织或者委托研究一些应急项目。同时，继续委托校内有关单位结合工作实际，对建设“一流学府”等关系党校事业发展的重要问题开展研究。

五、本指南所列课题条目主要包含三个方面的内容：一是马克思主义及马克思主义中国化基本理论问题，二是当今世界和中国面临的重大战略性、前瞻性、现实性问题，三是与各学科建设、党校教育相关的问题。

一、重大项目

1. 社会主义核心价值观研究

2. 中国特色社会主义制度中的政治法律建设研究

3. “十二五”时期影响和制约科学发展的突出问题研究

二、重点项目

1. 马克思主义意识形态建设问题研究

2. 唯物史观与中国道路研究

3. 马克思主义中国化的历史进程与基本经验研究

4. 当代中国马克思主义基本范畴研究

5. 社会主义与资本主义制度比较研究

6. 当代世界社会主义前沿问题研究

7. 后国际金融危机时期西方资本主义面临的危机与挑战问题研究

8. 近现代西方政治哲学与当代中国发展研究

9. 科学发展观的哲学基础研究

10. 当代中国社会转型期的需要问题的哲学研究

11. 中国特色社会主义制度的形成与确立研究

12. 中国特色农业现代化道路研究

13. 可持续发展战略的确立和实施研究

14. 人口发展战略与转变经济发展方式研究

15. 保持经济平稳较快发展、调整经济结构、管理通胀预期关系研究

16. 扩大内需的长效机制研究

17. 完善人民代表大会制度的重大理论与实践研究

18. 基本公共服务供给中的中央与地方关系研究

19. 民生建设与社会管理创新研究

20. 开放与保护——国际竞争视野下的中国市场的法律保护研究

21. 近代中国社会转型与文化现代化研究

22. 国家文化产业发展战略研究

23. 当代中国法治文化建设研究

24. 公共文化服务体系建设与公民文化权利保障问题研究

25. 当前影响国家安全的民族宗教问题研究

26. 民族与国家关系的制度化调节研究

27. 边疆民族地区文化认同、文化建设与国家安全研究

28. 中国特色外交理论与实践研究

29. 国家安全环境新变化及其应对战略研究

30. 世界经济格局变化与应对研究

31. 世界格局变化中的能源与气候问题研究

32. 2000 年以来党的对台政策历史演变及经验研究

33. 新世纪十年台港澳中共党史研究评述

34. 用中国特色社会主义理论体系武

装全党的制度安排和基本路径研究

35. 中国政党制度与政治资源配置研究

36. 党政关系问题研究

37. 党内民主基本问题研究

38. 党的领导体制改革研究

39. 新时期贯彻落实群众路线的体制机制建设研究

40. 干部教育特点和规律研究

41. 党校系统教材建设规律研究

42. 图书馆转型与服务模式创新研究

43. 提高老干部工作科学化水平研究

三、一般项目和青年项目

（一）马克思主义·科学社会主义

1. 马克思主义基本理论疑难问题研究

2. 马克思恩格斯思想发展研究

3. 马克思主义收入分配理论研究

4. 马克思主义民主理论与实践研究

5. 马克思主义生态文明思想研究

6. 列宁晚年社会主义思想研究

7. 当代国外马克思主义基础理论、研究现状和发展态势研究

8. 国际共产主义运动历史与现状研究

9. 社会主义国家权力结构与配置原则研究

10. 国外新社会运动研究

11. 西方劳动权益保障的历史与理论研究

12. 新形势下民族区域自治问题研究

13. 西部地区民族与宗教问题研究

14. 推进新疆、西藏跨越式发展和长治久安研究

15. 其他自选题目

（二）党史·党建

1. 马克思恩格斯党的学说研究

2. 中国共产党夺取全国政权的历史经验研究

3. 中国共产党执政规律研究

4. 中国共产党民主革命时期局部执政问题研究

5. 延安时期马克思主义中国化研究

6. 毛泽东执政党思想研究

7. 中国计划经济体制的建立及历史地位研究

8. 中国改革开放史前沿问题研究

9. 中国共产党领袖人物人格风范研究

10. 新时期官德研究

11. 党的领导与中国特色社会主义建设关系研究

12. 党的执政方式若干问题研究

13. 中国共产党党史学研究

14. 调查研究与党的思想路线关系研究

15. 新时期调查研究方法研究

16. 运用现代科技手段提高调查研究的效率与科学性研究

17. 中国共产党反腐倡廉思想与实践研究

18. 中国共产党领导新疆工作的历史经验研究

19. 建国后中国共产党处理劳资关系的历史经验研究

20. 改革开放前夜的中美关系研究（1969—1976）

21. 党的建设的制度化研究

22. 党员主体地位研究

23. 党的决策与用人体制机制研究

24. 新时期发挥基层党组织功能问题研究

25. 新媒体与党的建设研究

26. 科学政绩观的体制机制研究

27. 党执政后干部道德教育的经验和启示研究

28. 创先争优理论研究

29. 学习型党组织学习方式创新案例研究

30. 其他自选题目

（三）哲学

1. 马克思主义哲学形态研究

2. 马克思主义哲学中国化研究

3. 马克思政治哲学视阈中的公平问题研究

4. 近现代西方政治哲学对西方发展的反思研究

5. 现代西方保守主义的理论和实践研究

6. 创新哲学与创新型国家研究

7. 战略哲学与战略方法论研究

8. 中国哲学创新与文化复兴研究

9. 和谐文化与和谐哲学研究

10. 责任伦理与行政道德研究

11. 儒家思想及其当代价值研究

12. 当代科学技术的进展及其对社会的影响研究

13. 现代科学的发展与新自然观研究

14. 新兴技术发展的伦理问题研究

15. 其他自选题目

（四）经济学

1. 马克思主义宏观经济理论研究

2. 经济学方法论问题研究

3. 战略性新兴产业发展研究

4. 资源环境约束下的经济发展模式研究

5. 中国的就业理论与政策研究

6. 深化垄断行业改革问题研究

7. 深化财税体制改革问题研究

8. 深化金融体制改革问题研究

9. 深化收入分配体制改革问题研究

10. 深化资源性产品和要素市场改革研究

11. 制度公平与统筹城乡经济协调发展研究

12. 转变政府职能与提高宏观调控科学性问题研究

13. 经济结构调整与社会主义文化产业发展研究

14. 国际金融体系与中国金融改革发展研究

15. 中国外汇储备资产管理与对外投资战略转变研究

16. 发达国家主权债务危机演变趋势及中国应对策略研究

17. 非公有制经济可持续发展问题研究

18. 其他自选题目

（五）政治学、公共管理学、法学

1. 当代西方政治思潮研究

2. 可持续发展的法律保障问题研究

3. 社会管理体制创新的法治化研究

4. 财政运行法治化研究

5. 司法公正问题研究

6. 中国式政治协商与西方协商民主比较研究

7. 民主视野下的公共财政问题研究

8. 我国公民政治参与中的理性化问题研究

9. 党内法规与国家法律协调性研究

10. 基层党组织在社会冲突治理中的角色定位研究

11. 社会稳定与弱势群体权利保障

研究

12. 维护社会稳定的问责制研究

13. 社会稳定与信访机制改革研究

14. 刑事诉讼中的人权保护研究

15. 分权与制衡——中国明代监察制度得失研究

16. 其他自选题目

（六）社会学

1. 中国特色的社会建设研究

2. 中国现阶段社会矛盾问题研究

3. 国外社会管理创新与借鉴研究

4. 中国传统社会的治理模式研究

5. 社会主义市场经济条件下的贫富差距问题研究

6. 社会媒体与社会管理研究

7. 宏观调控与民生建设研究

8. 教育公平研究

9. 我国现阶段精英群体研究

10. 加强老干部思想文化阵地建设研究

11. 发达国家应对老龄化社会经验借鉴研究

12. 农民工的市民待遇问题研究

13. 其他自选题目

（七）文化学、历史学、语言学等

1. 文化学基础理论研究

2. 中国特色社会主义文化发展道路基本特征研究

3. 中国文化软实力研究

4. 中西文化价值观比较研究

5. 当代大众文化发展与价值导向研究

6. 当前我国文化体制改革中面临的热点难点问题研究

7. 文化产业政策及管理体制研究

8. 中国历史上的社会宣教与主流价值建设问题研究

9. 中国历史上的文化体制与文化政策研究

10. 中国共产党组织文化建设研究

11. 中日两国早期现代化进程中的文化因素比较研究

12. 我国社会转型期的道德文化建设问题研究

13. 互联网技术对当代社会形态的影响研究

14. 文化遗产保护中的问题与对策研究

15. 西方发达国家高等教育的改革趋势研究

16. 其他自选题目

（八）国际问题与台港澳问题

1. 和谐世界理念与中国传统文化研究

2. 区域一体化与东亚经济合作研究

3. 中国国家形象问题研究

4. 新时期边界领土安全问题研究

5. 中国崛起：美国的认知与战略选择研究

6. 后拉登时期的国际反恐形势及其对中国的影响研究

7. 国际主权债务危机问题研究

8. 金融危机与美国霸权地位的维持问题研究

9. 欧债危机深层原因以及对欧元区体制的深远影响研究

10. 全球宏观经济政策溢出效应及国际经济政策协调研究

11. 全球变暖与气候外交问题研究

12. 其他自选题目

（九）图书馆·情报与文献学等

1. 图书馆与人类文明发展关系研究

2. 文化发展中图书馆的作用研究

3. 数字图书馆理论前沿问题研究

4. 数字图书馆知识产权问题研究

5. 数字图书馆技术及标准规范问题研究

6. 数字图书馆运营科学管理问题研究

7. 数字图书馆人才队伍建设问题研究

8. 党校图书馆发展战略问题研究

9. 党校图书馆数字资源建设问题研究

10. 其他自选题目

（十）党校教育等

1. 中央党校校史研究

2. 省市县党校办学水平评估体系研究

3. 党校系统学员学术规范研究

4. 新媒体与中央党校形象宣传研究

5. 新疆班、西藏班干部教育规律研究

6. 改进和完善培训类班次学员社会调研研究

7. 党校学位研究生教育规律和特点研究

8. 学位研究生教育与干部培训教育的互动模式研究

9. 其他自选题目

（摘自中校字〔2012〕2号文件，科研部供稿）

课 题 管 理

2012年度国家社会科学基金项目申报立项工作再创佳绩

经全国哲学社会科学规划领导小组批准，2012年度国家社会科学基金项目评审结果于5月21日正式公布。中央党校在2011年立项数目获得重大突破的基础上，2012年再创佳绩，获准立项17项，立项资助额达到275万元。

2012年国家社会科学基金项目23个学科共申报25243项，比2011年增加4061项，增幅为19.2%，对此全国哲学社会科学规划办公室继续采取适当限额申报办法，使申报难度进一步加大。经资格审查、匿名通讯评审、会议评审和领导小组审批等规定程序，获准立项资助课题共3291项，其中重点项目160项、一般项目1806项、青年项目1325项。2012年立项总数比去年增加408项，平均立项率为13%，比2011年降低了0.6个百分点。

2012年中央党校共申报涉及13个学

科的国家社会科学基金项目74项，比2011年增加6项，增长8.8个百分点。获准立项资助课题共17项，其中重点项目2项、一般项目7项、青年项目8项，申报立项率为22.97%，比全国平均申报立项率高出近10个百分点。从立项数目来看，2012年立项数目虽然与2011年（20项）相比略低，但与中央党校近年来最好成绩相比（2010年为8项）增加了9项；与地方党校相比，2012年中央党校高出地方党校立项数量最多的上海市委党校和湖北省委党校（各为9项）8项，仍然保持着非常明显的领先优势。

（摘自《科研工作简讯》2012年第9期，科研部供稿）

附：

2012年中央党校国家社会科学基金项目立项名单

批准号	项目名称	负责人	项目类别	所在单位
12CDJ005	改革开放以来中国共产党决策体制的历史演进研究	沈传亮	青年项目	中共党史教研部
12BGJ019	大变局下美国中东战略的调整、影响与我国对策研究	高祖贵	一般项目	国际战略研究所
12BGJ043	国际货币体系改革的出路及世界主要货币的地位研究	陈江生	一般项目	国际战略研究所
12CGJ011	欧美主权债务风险溢出效应及中国应对策略研究	陈建奇	青年项目	国际战略研究所
12BJL008	以人为本视角下经济发展指数与发展方式研究	贾华强	一般项目	经济学教研部
12BJY002	人口发展与经济发展方式转变的路径研究	陈宇学	一般项目	经济学教研部
12CJY002	人口发展与加快经济发展方式转变研究	李　鹏	青年项目	经济学教研部
12BKS020	科学发展观的新发展及其理论贡献研究	冯书泉	一般项目	科学社会主义教研部
12CKS037	美国民主输出对中国意识形态安全的挑战及对策研究	徐浩然	青年项目	科学社会主义教研部
12CKS011	文明发展视域下的中国城市化道路研究	吴泽群	青年项目	科研部
12BKS008	马克思恩格斯民主思想与当代中国政治发展研究	于中汝	一般项目	马克思主义理论教研部
12BKS070	执政条件下党的意识形态建设规律研究	李俊伟	一般项目	马克思主义理论教研部
12CKS004	整体性视域下马克思资本批判理论研究	赵　培	青年项目	马克思主义理论教研部

续 表

批准号	项 目 名 称	负责人	项目类别	所在单位
12AMZ002	民族自治区的文化认同与国家认同调查研究	徐 平	重点项目	文史教研部
12CZS018	唐代县级行政体制与政务运行机制研究	赵璐璐	青年项目	文史教研部
12AZX001	马克思主义哲学创新路径与发展趋势研究	庞元正	重点项目	哲学教研部
12CZX021	新兴技术发展的伦理争议研究	胡明艳	青年项目	哲学教研部

注：按全国哲学社会科学规划办公室公布名单排序

（摘自《科研工作简讯》2012 年第 9 期，科研部供稿）

国家社会科学基金重点资助期刊和重大项目立项工作取得新进展

国家社会科学基金第一批学术期刊重点资助工作经过发布申报公告、受理期刊申报、组织专家评审、公示建议资助名单等环节，已于 6 月结束。经全国哲学社会科学规划领导小组批准，中央党校《中共中央党校学报》入选第一批重点资助期刊名单，资助金额为每年 40 万元。

国家社会科学基金重点资助期刊是从 2012 年开始启动的，其宗旨是：通过有重点、持续性的资助，促进我国学术期刊改善办刊条件，提高办刊质量，扩大学术传播力和社会影响力。每种期刊每年资助 40 万元。年度考核优秀或者经费缺口确实较大的，可适当奖励或增加经费。其资助的条件主要有以下几点：坚持正确办刊方向，遵循基本学术规范；具有较高学术水平和较大学术影响，近年来推出了一批具有原创性的代表作，产生了重要的学术和社会影响；主编在学术界具有一定的影响力；主办单位具有较好的社科研究基础和较强的学术研究队伍；确实需要扶持，通过资助可以进一步提高学术水平，扩大学术影响力；公开出版发行、具有国内统一连续出版物号的哲学社会科学学术刊物，且入选《中文社会科学引文索引（2012—2013 年）来源期刊目录》（南京大学）、《中文核心期刊要目总览（2011 年版）》（北京大学）、《中国人文社会科学核心期刊要览（2008 年版）》（中国社科院）中的两个以上检索系统。

此次全国共有 100 家学术期刊入选国家社科基金第一批重点资助期刊名单。《中共中央党校学报》依托中央党校各教学研究部门的专家学者，立足于马克思主义理论特别是中国特色社会主义理论体系的研究，围绕党和国家的工作大局和理论热点问题，推出了一批具有较高学术水平和较大学术影响的原创性作品，发行量一直位居全国高等院校和社会科学研究机构人文社会科学学报的前列。此次入选将为《中共中央党校学报》的发展提供新的契机，必将推动其办刊质量迈上新的台阶。

此外，经全国哲学社会科学规划领导小组批准，2012年度第二批国家社会科学基金重大项目业已公布。以中央党校科学社会主义教研部为责任单位，以吴忠民教授为首席专家投标的《中国现阶段社会矛盾问题研究》课题获准立项，资助总额为80万元。这是“十二五”期间中央党校中标的第二个重大项目。至此，中央党校2012年度国家社会科学基金项目立项总数已达到18项。

（摘自《科研工作简讯》2012年第13期，科研部供稿）

2012年度全国党校系统重点调研课题立项情况

根据中央党校《2012年度全国党校系统重点调研课题申报通知》精神，全国各省级党校、副省级城市党校、中央党校科研基地申报2012年度全国党校系统重点调研课题共计397项。经过同行专家双向匿名评审，根据成绩综合排名，决定对其中195项课题予以立项，其中“社会主义核心价值观研究”课题立41项，“中国特色社会主义制度中的政治法律建设研究”课题立46项，“‘十二五’时期影响和制约科学发展的突出问题研究”课题立108项。以上所立课题均属中央党校2012年度重大课题的子课题。

（摘自中校厅发〔2012〕2号文件，科研部、办公厅供稿）

附1：

“社会主义核心价值观研究”课题立项名单

序号	单　位	项目负责人	子课题题目
1	北京市委党校	顾伟伟	基于“四个认同”的新疆青少年核心价值观研究
2	北京市委党校	黄　杰	社会主义核心价值观的认同与实践研究
3	天津市委党校	谢忠平	马克思主义民族理论中国化时代化大众化历程、经验和路径研究

续 表

序号	单 位	项目负责人	子 课 题 题 目
4	天津市委党校	邱小玲	关于官德制度化建设有效途径探索的调研
5	河北省委党校	王英杰	以社会主义核心价值观引导网络公共领域健康发展研究
6	山西省委党校	张志芳	社会主义核心价值观对非正式组织价值取向引领作用研究
7	黑龙江省委党校	祝福恩	凝练社会主义核心价值观存在的问题及解决对策
8	上海市委党校	王公龙	美国对华民主输出与我国的意识形态安全研究
9	江苏省委党校	杨 明	社会主义核心价值体系建设及新江苏精神的践行研究
10	江苏省委党校	李立峰	社会主义核心价值大众化的范式选择与实现路径研究
11	浙江省委党校	李 涛	百年中国社会嬗变与民族文化自信力建构研究
12	浙江省委党校	何建华	社会主义核心价值观认同机制研究
13	福建省委党校	郑 镇	中国现代化历史逻辑与中国特色社会主义理论体系发展逻辑研究
14	福建省委党校	孙秀艳	社会主义核心价值体系融入党的建设的路径研究——以县处级党员干部践行状况为样本
15	福建省委党校	李海星	马克思主义人权理论中国化研究
16	江西省委党校	欧阳兵	增进人际诚信，推进社会主义核心价值体系建设
17	山东省委党校	魏联合	社会主义核心价值观的建构新范式研究
18	山东省委党校	贾英健	社会主义核心价值观的认同研究
19	河南省委党校	杨军剑	大众价值取向与社会主义核心价值观
20	湖北省委党校	徐仲韬	构筑党政干部核心价值体系和职工道德的精神高地
21	广东省委党校	周 峰	社会主义核心价值体系的历史考察——兼谈广东实践
22	广西壮族自治区委党校	齐先朴	虚拟空间社会主义核心价值观“边缘化”问题研究
23	四川省委党校	裴泽庆	社会主义核心价值体系融入党的建设的方法途径研究
24	四川省委党校	陈名财	历史唯物主义视阈下中国特色社会主义核心价值观的当代凝练
25	重庆市委党校	张 健	中国共产党员理想信念教育问题研究
26	云南省委党校	高 旗	基于协同理论视角的廉政文化建设——以云南领导干部的官德教育为例
27	云南省委党校	张 洁	构建社会主义核心价值体系与边疆民族地区党员的政治信仰问题研究
28	甘肃省委党校	王晋林	延安时期的干部学校教育研究
29	宁夏回族自治区委党校	狄国忠	文化矛盾背景下的社会主义核心价值观研究
30	新疆维吾尔自治区委党校	曹李海	新疆意识形态安全和思想政治工作研究
31	新疆生产建设兵团党校	李迎春	屯垦戍边对促进新疆各民族共有精神家园构建的作用研究
32	广州市委党校	敖带芽	社会主义核心价值观与国家软实力关系研究
33	武汉市委党校	陈俊秀	社会主义荣辱观的民俗文化自觉诉求
34	南京市委党校	万书玉	社会主义核心价值观互动生成机制研究

续 表

序号	单 位	项目负责人	子 课 题 题 目
35	长春市委党校	王 健	社会主义核心价值观的构建与凝练
36	长春市委党校	赵延芳	当代大学生社会主义核心价值观的培育路径研究
37	青岛市委党校	徐文涛	中国传统文化在社会主义核心价值观建设中的作用研究
38	深圳市委党校	许剑波	当代中国志愿文化建设的“源”与“流”
39	厦门市委党校	石仑山	社会主义核心价值体系构建面临的新趋势与社科界知识分子的积极作用
40	宁波市委党校	黄立丰	浙江发达地区新生代农民工党员社会主义核心价值体系的认同研究——以基层党组织社会动员为视角
41	潍坊市委党校	王清涛	马克思学说体系研究

附2：

“中国特色社会主义制度中的政治法律建设研究”课题立项名单

序号	单 位	项目负责人	子 课 题 题 目
1	北京市委党校	金国坤	社会管理创新的法律保障机制建设研究
2	天津市委党校	王慧军	网民政治心理与政府治理研究
3	天津市委党校	张玉波	基层危机预警与社会稳定研究
4	天津市委党校	倪明胜	网络公共事件的生成演变逻辑及其治理机制研究
5	河北省委党校	许 颖	农村多元化纠纷解决机制的运行与完善——以河北省为例
6	山西省委党校	刘素仙	社会风险防范与治理的多元参与机制研究
7	辽宁省委党校	李 玮	我国中小企业融资的政策法律问题研究
8	辽宁省委党校	杨立新	社会诚信视域下的地方政府信用研究
9	黑龙江省委党校	赵守东	县级政府信息公开的体制性障碍及对策研究
10	上海市委党校	周建勇	中国共产党长期执政的制度要素研究
11	上海市委党校	桂 林	预算参与：公共预算改革从形式到实质的转变
12	江苏省委党校	布成良	行政程序法立法研究
13	江苏省委党校	黄辉明	社会组织参与社会管理模式创新的法制建设研究
14	浙江省委党校	杨日鹏	扩权强镇背景下乡镇政府权力运行机制规范化研究——基于绍兴中心镇权力规制的考察
15	安徽省委党校	王学忠	中国中小企业平等发展权的宪法保障制度研究
16	福建省委党校	杨小冬	健全完善中国共产党党内民主程序研究
17	福建省委党校	郭彩霞	互联网公共领域及其对公民意识的型塑
18	山东省委党校	赵 泉	建设诚信的法治政府研究

续 表

序号	单 位	项目负责人	子 课 题 题 目
19	河南省委党校	杨合理	提高党依法管理宗教事务能力研究
20	河南省委党校	赵士红	新形势下保持党的纯洁性面临的问题及对策研究
21	湖北省委党校	赵 静	维稳困境及路径选择研究
22	湖南省委党校	吴传毅	乡镇政权建设的调查与思考
23	湖南省委党校	彭 澎	创新农村社会管理促进基层群众性自治制度发展的理论与实践研究
24	广东省委党校	文小勇	广东社会组织承接政府职能转移调研
25	广西壮族自治区委党校	陆 鹏	民族区域自治制度中的政治法律建设研究——《广西壮族自治区自治条例》制定调查研究
26	重庆市委党校	熊 瑛	重庆统筹城乡户籍制度的阶段性评估及推进路径
27	云南省委党校	陈文兴	《村民委员会组织法》在边境地区的实践——以云南省临沧市为例
28	云南省委党校	邓 博	边疆少数民族地区社会管理中的法律问题调研
29	西藏自治区委党校	刘 恒	西藏基层民主政治建设中的公众参与研究
30	陕西省委党校	潘怀平	乡土法官的城市化与司法传统传承机制研究——中国特色社会主义司法发展道路探索
31	甘肃省委党校	敏生兰	民族地区党建工作中的宗教问题研究
32	宁夏回族自治区委党校	芮云风	创新社会管理语境下的法治政府建设问题研究
33	宁夏回族自治区委党校	贾德荣	西部地区少数民族传统法律文化现代化研究
34	新疆维吾尔自治区委党校	陆海岩	新疆少数民族流动人口法律意识调查研究
35	武汉市委党校	李珞山	干部选用“公推差选”的积极意义与面临挑战研究
36	哈尔滨市委党校	梁桂芝	中国特色社会主义制度中的行政决策法治化问题研究
37	成都市委党校	孟大川	地方党委依法执政的现状调研与法治建设
38	南京市委党校	张华民	我国行政问责法治化建设研究
39	济南市委党校	胡爱敏	公共服务中非营利组织的社会嵌入——以济南市市中区舜玉路街道办事处社区服务为例
40	杭州市委党校	朱晓明	地方政府依法行政动力机制研究
41	杭州市委党校	高国舫	“以德为先”用人机制的实践偏差及其矫正
42	杭州市委党校	蔡金荣	地方民生立法基本框架研究——兼评杭州地方民生立法
43	大连市委党校	李 飞	网络舆情发展趋向及治理对策研究
44	宁波市委党校	张永明	“两新”组织党建与社会管理创新研究
45	无锡市委党校	郁彩虹	加强基层党组织与社会组织互动耦合，推进社会管理创新
46	咸阳市委党校	张攀峰	加强市县政府依法行政的难点及对策研究

附3：

“‘十二五’时期影响和制约科学发展的突出问题研究”课题立项名单

序号	单 位	项目负责人	子 课 题 题 目
1	北京市委党校	朱晓青	我国加快发展生产性服务业面临的突出问题及对策
2	北京市委党校	张 玲	我国政务微博运行现状调查
3	北京市委党校	潘建雷	北京市新生代农民工社会认同问题研究——基于“反城市中心论”的视角
4	北京市委党校	蔡 杨	城镇化进程中乡村文化的保护与发展研究
5	天津市委党校	杨 健	残疾人社会保障政策体系运行现状与完善路径研究
6	天津市委党校	王得新	京津冀都市圈产业一体化发展与结构升级的对策研究
7	山西省委党校	林 洁	问责制背景下乡镇党委书记的心理焦虑及消解途径研究
8	山西省委党校	刘兆征	构建扩大农村消费需求长效机制研究
9	内蒙古自治区委党校	张学刚	内蒙古加快转变经济发展方式的路径及政策研究
10	内蒙古自治区委党校	徐贵恒	“十二五”时期内蒙古集中连片特困地区脱贫政策研究
11	内蒙古自治区委党校	王有星	城市化进程中内蒙古城市民族关系现状及对策研究——以呼和浩特为例
12	内蒙古自治区委党校	沙咏梅	内蒙古发展现代农业中的土地流转问题研究
13	内蒙古自治区委党校	李塔娜	地方政府债务风险问题研究——以内蒙古自治区为例
14	辽宁省委党校	林海斌	我国加快发展战略性新兴产业问题研究
15	吉林省委党校	金盛红	吉林省中等收入阶层发展及解困研究
16	吉林省委党校	迟建民	中国社会管理的支撑体系建设问题研究
17	吉林省委党校	张秀岩	培育发展战略性新兴产业促进老工业基地产业升级——以吉林省为例
18	黑龙江省委党校	闫喜凤	国家重点森林生态功能区生态移民对策研究
19	黑龙江省委党校	杨冬梅	公共治理视域下黑龙江省政府政务诚信建设对策研究
20	黑龙江省委党校	陆静超	黑龙江省循环经济发展模式与应用对策研究
21	黑龙江省委党校	麻秀荣	社会转型期防止党脱离群众危险的对策研究
22	黑龙江省委党校	张 艳	“十二五”时期黑土耕地退化研究和解决对策
23	上海市委党校	刘建洲	“无产阶级化”视角下的新生代农民工社会心态研究
24	上海市委党校	唐珏岚	我国跨境资本流动的风险防范研究
25	上海市委党校	李敦瑞	我国区域间产业转移的生态环境效应及对策研究

续　表

序号	单　位	项目负责人	子　课　题　题　目
26	上海市委党校	石　涛	当前深化国资国企改革方向研究——以上海为例
27	江苏省委党校	谈　镇	城市转型与产业升级良性互动机制研究——基于长三角16市的比较分析
28	江苏省委党校	王　平	“十二五”时期影响和制约沿海发达地区科学发展的突出问题研究——以江苏省为例
29	浙江省委党校	李　涛	初次分配公平的评价标准与实现途径研究——浙江“创业富民”实践的公平内涵
30	浙江省委党校	陈　娟	转型视域下城市管理中社会主体民主参与的机制建构与实现路径——基于杭州经验的分析
31	浙江省委党校	王立军	推进科学发展的体制机制研究——以浙江省为例
32	浙江省委党校	白小虎	民营经济科学发展的制度障碍及其破解对策研究——以浙江省温州、台州为例
33	安徽省委党校	吴梅芳	社区党组织作用发挥问题研究——以安徽为例
34	安徽省委党校	华兴顺	转变经济发展方式的体制性障碍及其对策研究
35	安徽省委党校	王泽强	后发地区创新驱动发展的机制与路径研究——以安徽为例
36	安徽省委党校	陈定洋	新型农村社区建设问题研究——以安徽为例
37	福建省委党校	肖庆文	我国东部沿海发达县域产业升级研究
38	福建省委党校	陈丽华	新型城市化进程中的地方政府作用与制度创新研究
39	江西省委党校	杨泽娟	转型期农村治理中的村级党组织建设研究
40	山东省委党校	王格芳	我国城市化进程中的“城市病”及其防治
41	山东省委党校	王　秋	“十二五”时期扩大居民消费的影响因素及对策研究
42	河南省委党校	贾　博	新型农村合作医疗可持续发展研究——以主体角色及其关系为视角
43	河南省委党校	朱耀先	“十二五”时期河南文化产业发展问题研究
44	河南省委党校	谈　琰	“十二五”时期我国新型城镇化中的突出问题及对策研究
45	河南省委党校	贺卫华	中原经济区人口流动与区域经济发展研究
46	湖北省委党校	冯占民	长江中游城市集群低碳发展的跨域治理协调机制研究
47	湖北省委党校	郝华勇	城镇化科学发展的空间尺度、评价体系、演进机理与调控研究
48	湖北省委党校	李正宏	村级经济科学发展的路径与措施研究
49	湖南省委党校	袁　准	党校办学水平评估研究
50	湖南省委党校	沈素素	我国居民消费需求不足的深层次原因探究及对策研究
51	湖南省委党校	王海峰	党的群众工作与基层自治的良性互动机制研究
52	湖南省委党校	陈飞强	城郊村拆迁中的“非物质补偿”及其应用机制研究
53	湖南省委党校	吴厚庆	切实解决我国收入分配差距拉大问题
54	广东省委党校	王　巍	公共治理资源向基层社区有效下沉的制度障碍及对策研究
55	广东省委党校	危旭芳	中国农民创业资源模式及其现实意义——基于广东的考察
56	广西壮族自治区委党校	谭英俊	少数民族地区县级政府扶贫开发政策执行力问题研究——基于广西的调研

续 表

序号	单 位	项目负责人	子 课 题 题 目
57	广西壮族自治区委党校	杨继君	危机情境下的社会舆情传播机理与控制策略研究——以西部突发环境事件为例
58	海南省委党校	郭 慧	互联网时代新媒体应用与执政能力建设研究
59	海南省委党校	王和平	国际旅游岛背景下的海南人才国际化问题研究
60	四川省委党校	唐昭霞	战略性新兴产业与四川优势产业融合发展研究
61	重庆市委党校	曾芳芳	重庆统筹城乡发展中农村财政转移支付制度建设研究
62	重庆市委党校	陈 霄	城乡统筹发展背景下进城农民土地处分权的实现路径及保障研究
63	重庆市委党校	何 伟	“西三角”经济圈的战略构想及实现途径研究
64	重庆市委党校	卞 彬	提升西部中心城市服务外包企业创新能力绩效与路径研究
65	贵州省委党校	陈建刚	不断破除制约科学发展的体制机制障碍研究
66	贵州省委党校	刘 流	基本公共服务均等化在发达地区和欠发达地区的差别化实施研究
67	云南省委党校	张光雄	边境县群体性事件的预防与控制研究——以云南省孟连傣族拉祜族佤族自治县为例
68	云南省委党校	田 华	边疆民族地方社会管理创新困境与政策设计
69	云南省委党校	赵晓华	促进西部民族地区基本公共服务均等化的公共财政制度研究
70	云南省委党校	许 林	新时期农民工市民化的土地制度安排与社会保障研究
71	陕西省委党校	张 倩	产业融合视角下西部文化产业发展研究
72	甘肃省委党校	朱占荣	中国西部贫困地区自我发展能力研究
73	甘肃省委党校	魏奋子	“十二五”时期影响和制约甘肃省河西走廊绿洲农业科学发展的突出问题研究
74	甘肃省委党校	马应超	西部民族地区科学发展的财税体制优化与政策创新研究
75	甘肃省委党校	李龙江	“3·14”事件后甘南藏族自治州民族关系现状及发展问题研究
76	青海省委党校	关桂霞	“十二五”时期青海民族关系发展态势研究
77	青海省委党校	杜敏学	西部经济欠发达地区社会管理创新问题研究
78	宁夏回族自治区委党校	刘文长	民族地区实施扶贫开发攻坚工程中的社会稳定问题研究——以宁夏回族自治区为例
79	宁夏回族自治区委党校	魏向前	地方政府间协作运行机制研究——以呼包银榆经济区为例
80	新疆维吾尔自治区委党校	热合曼·克比尔	新疆基层党群干群关系的现状及对策研究——以南疆三地州为例
81	铁道部党校	高 岩	我国铁路全面推行安全风险管理理论与实践问题研究
82	新疆生产建设兵团党校	马彦梅	对口援疆背景下提升新疆自我发展能力研究
83	新疆生产建设兵团党校	殷小波	新形势下兵团从屯垦戍边向建城戍边转变问题研究

续 表

序号	单 位	项目负责人	子 课 题 题 目
84	新疆生产建设兵团党校	姜 涛	兵团新型工业化进程中产业集群发展研究
85	广州市委党校	朱殊洋	中国经济结构对经济周期的影响研究——以广东为例
86	广州市委党校	吴瑞坚	区域一体化下的政府协调机制构建——基于协作性公共管理视角
87	武汉市委党校	蔡 钰	我国物联网产业化发展影响因素分析及作用机理研究
88	武汉市委党校	王观松	“十二五”时期统筹城乡文化发展存在的突出问题及对策
89	哈尔滨市委党校	王玉玲	权利反腐问题研究
90	哈尔滨市委党校	胡术阁	东北老工业基地资源型城市低碳化发展对策研究
91	哈尔滨市委党校	李桂芹	“十二五”时期黑龙江省提高粮食综合生产能力对策研究
92	沈阳市委党校	阎质杰	“十二五”时期沈阳老工业基地装备制造业自主创新发展研究
93	南京市委党校	金 雁	南京区域创新体系建设研究
94	南京市委党校	甘文华	南京市农民消费状况的调查
95	西安市委党校	马晓琴	科学发展观的隐性障碍——腐败的社会心理环境研究
96	长春市委党校	鲁 雁	科学发展观视域下的长春市产业生态化发展研究
97	长春市委党校	解梅娟	科学发展观视阈下的劳动关系建设问题研究
98	济南市委党校	吴学军	制约战略新兴产业发展的共性技术政策扶持体系研究——以山东省为例
99	杭州市委党校	沈小勇	当前制约城乡文化统筹发展的突出问题研究：以杭州为例
100	大连市委党校	吴高飞	大力发展生产服务业，促进产业结构优化升级——以大连为例
101	大连市委党校	郑雪梅	“十二五”时期我国城市饮用水源保护区生态补偿问题研究
102	大连市委党校	田琳琳	城市化进程中农房拆迁问题研究——以大连市全域城市化为例
103	青岛市委党校	金 花	我国新型城市化道路选择的区域差异性比较及政策选择研究
104	深圳市委党校	周笑冰	当代中国城市消费文化与城市的科学发展——以深圳为样本的研究
105	宁波市委党校	陈鹏键	创新基层社会管理服务体系的实践与思考——基于对宁波市试点的探索
106	宁波市委党校	王敏旋	“十二五”时期国家战略下的浙江海洋循环经济研究
107	无锡市委党校	肖新岳	基层社会治理困境与化解机制研究——无锡创新社会管理体制的调查与思考
108	无锡市委党校	李建波	苏南发达地区发展创新型经济面临的问题与对策研究

（摘自中校厅发〔2012〕2 号文件，办公厅、科研部供稿）

2010、2011校级重大（点）、一般、青年科研项目结项情况

11月，2010年度校级重点科研项目，2011年度校级重大、重点、一般科研项目顺利通过国家开发银行主持的结项验收，各课题组陆续进行了校内结项工作。

2013年2月26日，经济学教研部曹新教授担任课题负责人的2011年度校级一般项目《中国新能源发展战略问题研究》，顺利通过了校内结项。这是中央党校与国家开发银行合作的校级科研项目中的第一个校内结项项目。曹新教授提交的结项成果完全符合《中央党校一般、青年科研项目结项要求》中的结项要求，并且按照相关规定，专著和论文均注明“国家开发银行资助，中央党校2011年度校级一般项目成果”。

此外，中央党校自2011年设立马克思主义研究基金青年项目（资助金额5万元）以来，已有科学社会主义教研部王道勇、徐浩然、战略所陈建奇、陈积敏4名同志顺利完成结项。

以上5位教研人员承担校级科研项目后，按照学校《中央党校重大、重点科研项目管理办法（试行）》、《中央党校一般、青年科研项目结项要求》的相关管理规定、开发银行的具体要求，投入大量时间和精力专注于课题研究工作，取得有较高质量的丰硕成果，按时完成课题结项，体现了较强的科研能力和学术责任感。

（摘自《科研工作简讯》2013年第1期，科研部供稿）

附：

结项成果一览表

项目类别	课题负责人	课题名称	结项成果	校内结项时间
2011年度校级一般项目	经济学教研部 曹新	中国新能源发展战略问题研究	专著《中国新能源发展战略问题研究》，中国社会科学出版社2012年10月出版。（规定的出版社）	2013年2月
			论文“中国新能源发展战略问题研究”，发表于《经济研究参考》，2011年9月第52期。（规定的权威期刊报纸）	
			论文“中国核电发展及其对策”，发表于《中共中央党校学报》，2012年6月。（规定的权威期刊报纸）	

续　表

项目类别	课　题负责人	课题名称	结　项　成　果	校内结项时间
2011年度校级青年项目	国际战略研究所陈建奇	美国主权债务风险与中国外汇储备安全性研究	专著《霸权的危机——美国巨额财政赤字与债务风险研究》，中国社会科学出版社2011年12月出版。（规定的出版社）	2012年1月
2011年度校级青年项目	科学社会主义教研部王道勇	社会转型期的风险分配问题研究——以流动人口管理为例	论文《流动人口的社会风险分配问题研究》，发表于《科学社会主义》，2012年第5期。（规定的权威期刊报纸） 论文《关注新生代农民工的群体性焦虑》，发表于《学习时报》，2012年8月6日。（规定的权威期刊报纸）	2012年11月
2011年度校级青年项目	科学社会主义教研部徐浩然	西方学者对中国特色社会主义民主政治的研究评析	论文"西方学者对中国特色社会主义民主政治的研究评析"，发表于《当代世界与社会主义》，2012年第5期。（规定的权威期刊报纸）	2013年2月
2012年度校级青年项目	国际战略研究所陈积敏	中国崛起：美国的认知与战略选择研究	论文《评美国〈2012年中国军事与安全发展〉报告》，发表于《现代国际关系》，2012年第7期。（规定的权威期刊报纸） 论文《中美将走向"战略对抗"?》，发表于《学习时报》，2012年9月10日。（规定的权威期刊报纸）	2012年11月

（摘自《科研工作简讯》2013年第1期，科研部供稿）

2011年度全国党校系统重点调研课题鉴定结项工作基本情况

根据中央党校《关于2011年度全国党校系统调研课题结项及成果内容和格式要求的通知》（校科字〔2012〕17号）精神，全国各省级党校、副省级城市党校、中央党校科研基地共报送199份调研课题成果（1人没提交成果，按撤项处理）。按照"严把出口关"的原则，经过同行专家评审，其中，52项课题成果被评为优秀，98项课题成果被评为良好，47项课题成果被评为合格，2项课题成果被评为不合格。经科研部主任办公会研究决定，2012年起，经过专家鉴定为不合格并且不具有修改价值的课题成果，不再返回进行修改，做撤项处理。根据规定，被撤项者，3年之内不得申请全国党校系统重点调研课题。

（摘自《科研工作简讯》2012年第12期，科研部供稿）

附:

2011年度全国党校系统重点调研课题结项名单

序号	单 位	课题负责人	课题组成员	子 课 题 课 目	成绩
1	北京市委党校	秦德占	秦德占、唐海军	国外一些政党指导思想调整的经验教训及对我党的借鉴与启示	优秀
2	北京市委党校	李 劲	李 劲、吕艳红、童 萍	当代中国马克思主义研究的内生逻辑与基本路径	良好
3	北京市委党校	鄂振辉	鄂振辉、王 轩、吕廷君	非常规突发事件行政问责研究	良好
4	北京市委党校	梁 丽	梁 丽、王赛赛	政务微博应对网络舆情危机的经验研究——以新浪政务微博为例	良好
5	北京市委党校	贾小雷	贾小雷	金融消费纠纷替代性解决机制研究	优秀
6	天津市委党校	赵晓呼	赵晓呼、王 健、王伟华	党政领导干部教育培训科学化研究	优秀
7	天津市委党校	任淑艳	任淑艳、杨升祥、张新华	党的事业健康发展的有力推手——十一届三中全会前后指导思想拨乱反正研究	良好
8	天津市委党校	钟龙彪	钟龙彪	建国以来中国共产党应对国际危局和化解国际困境的历史经验研究	合格
9	天津市委党校	谢忠平	谢忠平、李义虎、陈先才、赵学平	中国共产党应对台海危机的历史实践与基本经验研究	优秀
10	天津市委党校	王雪梅	王雪梅、刘东生、杨 艳、程 明、张绍兴、张晓丽、王 蔚、徐秀红、谢富华	金融创新助力科技“小巨人”腾飞——天津滨海新区破解科技型中小企业融资难的探索与实践	良好
11	天津市委党校	李 勇	李 勇、刘东生、杨 艳、程 明、刘西林、徐秀红、王 镇、毕连振、张绍兴	发挥开发性金融作用 大力推动“三农”建设——天津开发性金融支持“三农”建设调查研究	良好
12	河北省委党校	于亚博	于亚博、陈秀梅	中国共产党90年来应对危局的经验与加强党的执政能力建设	合格
13	河北省委党校	牛余庆	牛余庆	建设一支高素质干部队伍是执政党化解各种困难和风险的关键——我党在西柏坡时期应对“干部短缺危机”做法与启示	优秀

续 表

序号	单 位	课题负责人	课题组成员	子 课 题 课 目	成绩
14	河北省委党校	阚景阳	阚景阳、李 勇、赵 哲、尹慧君、孟 愚、张运鹏、李春秋	金融控股公司风险控制与监管研究	合格
15	山西省委党校	张翠莉	张翠莉	改革开放中开辟中国特色社会主义道路的历史经验	良好
16	山西省委党校	苏玉娟	苏玉娟	中国共产党90年来成功应对生态和环境危机的历史经验研究	合格
17	山西省委党校	马丹阳	马丹阳、李学斌、刘 伟、杨珍珠、张佳路	农村地区无担保小额贷款方式探索	良好
18	内蒙古自治区委党校	李利芳	李利芳、李富荣、梁东昊	防治社会群体性事件中基层党组织的经验教训	良好
19	内蒙古自治区委党校	范晨霞	范晨霞	民族地区社会建设与社会管理的理论思考	良好
20	内蒙古自治区委党校	王 虎	王 虎、张仕荣、刘 勇、常卫兵、杨 辉	“党在发展”的历史经验研究——基于应对危机和化解困境的视角	良好
21	内蒙古自治区委党校	张学刚	张学刚、沙咏梅、张力波、李晓冬、付 红	“十二五”时期开发性金融支持内蒙古产业结构优化升级的战略研究	优秀
22	内蒙古自治区委党校	张祝祥	张祝祥、彭 军	创新和发展新型农村经济组织与农村金融研究	合格
23	辽宁省委党校	潘立魁	潘立魁、储 霞、陈景春、祝宪伟、金蕴石、马 林	指导思想的与时俱进对党的事业发展的重大意义	合格
24	辽宁省委党校	王恩宝、王 彪	王恩宝、王 彪、高嵩峰、李 波、阚光联、关润华、陈新芝、刘丽红、王忠国	中国共产党90年来成功应对危机和风险的历史经验	合格
25	辽宁省委党校	冉鸿燕	冉鸿燕、曲明哲、黎先东、张 明、周大勇、刘思善	依靠科技创新应对世界金融危机支撑引领辽宁创新发展经验研究	合格
26	辽宁省委党校	王行伟	王行伟、赵 晔、魏亚男、王少杰、孟 奎、马廷玉、杨 蓉、陈延宏	开发性金融助推资源型城市转型对策研究——以阜新为例	良好
27	辽宁省委党校	荣宏庆	荣宏庆、李 玮、常 丽、蒋晓艳	建设东北区域性国际金融中心研究	合格

续 表

序号	单 位	课题负责人	课题组成员	子 课 题 课 目	成绩
28	吉林省委党校	吴 琳	吴 琳、张忠义、肖爱民、刘 丹、栗晓宏、张 敏	与时俱进思想对党发展中国特色社会主义事业的重大意义	良好
29	吉林省委党校	耿洪彬	耿洪彬、耿洪梅、姜 力、邱信利、孙继民、张洪彬	中国共产党90年来成功应对危局和化解困境的经验启示	良好
30	黑龙江省委党校	华 雷	华 雷、亓 利、周英东、王凤贤、高永泽、唐 晶	科学发展观对党的事业全局的重大意义	良好
31	黑龙江省委党校	李素艳	李素艳、麻秀荣、李 军	指导思想的与时俱进对塑造党的理论形象的意义	良好
32	黑龙江省委党校	祝福恩	祝福恩、高原丽、曹 伟	中国共产党初步成功应对金融危机的经验研究	优秀
33	黑龙江省委党校	孙艳春	孙艳春、王海鹏	注重培育民意资源夯实党领导革命建设改革的社会基础	良好
34	黑龙江省委党校	王 杰	王 杰、宋丹丹	黑龙江农村新型金融组织创新研究	良好
35	上海市委党校	陈胜云	陈胜云	坚持以与时俱进的马克思主义指导我国文化建设基本经验研究	良好
36	上海市委党校	袁秉达	袁秉达、陈 超、王翠萍、王 芳	从苏共指导思想的误区看中国共产党指导思想与时俱进的历史意义	优秀
37	上海市委党校	刘红凛	刘红凛、朱佩明、邢继攀	党的执政理论的历史发展与当代创新	良好
38	上海市委党校	马西恒	马西恒、唐文玉	新时期以区域化党建应对社会转型风险的经验研究	良好
39	上海市委党校	唐珏岚	唐珏岚、周炼石、徐全勇	增强开发性金融的经济周期平抑功能	优秀
40	上海市委党校	鞠立新	鞠立新、马 梅、宗全林、王建新、倪德荣、季 敏、孙 虎	关于创新完善农村“土地银行”与统筹城乡发展的研究——基于大都市圈的农村土地流转机制创新和城郊联动发展	合格
41	江苏省委党校	王庆五、陈国辅	王庆五、陈国辅、王其山、寇 军、赵美英、康永超、王睿倩、赵 熙、孙东河、陈华东、张丁榕、邵云娜、吴雷春	发达地区率先实现社会管理现代化研究	优秀
42	江苏省委党校	王世谊	王世谊、周义程、张桂珍、时 伟、彭亮太	党的思想建设与时俱进的历史进程、基本经验及其启示	良好

续 表

序号	单　位	课题负责人	课题组成员	子 课 题 课 目	成绩
43	江苏省委党校	张加华	张加华、董连翔、周忠丽	党走出"文革"困境和开创改革开放新局面历史经验研究	良好
44	江苏省委党校	汪汉忠	汪汉忠、唐金玲、王　科	群众工作和危机化解——新时期群众工作的江苏经验	良好
45	江苏省委党校	冯　治	冯　治、韩　毅、徐恒俊、苗成斌、崇庆余、柏　骏、王　剑、朱木斌、张加华、周延胜、刘　伟、冯必扬	中共十七大以来党应对突发事件的经验研究	优秀
46	江苏省委党校	黄瑞玲	黄瑞玲	我国宏观调控困境与江苏经济转型研究	合格
47	江苏省委党校	谈　镇	谈　镇、王晓红、田　伟、朱木斌、杨善奇、李小红、杜贵阳	发达国家主权债务风险及中国沿海地区的对策研究	良好
48	浙江省委党校	沈立江	沈立江、郭亚丁、邱　巍、徐　彬	党的思想路线与中国特色社会主义理论体系的形成发展	优秀
49	浙江省委党校	徐　彬	徐　彬	中国共产党90年来政治动员的历史考察与历史经验研究	良好
50	浙江省委党校	刘　勇	刘　勇、邱　巍、孙桂中、陈文胜、刘长军、朱文伟	改革开放以来干部诚信建设研究	优秀
51	浙江省委党校	陈时兴	陈时兴	利用民间资本发展中小金融组织研究	优秀
52	浙江省委党校	王祖强	王祖强、白小虎、包海波、袁涌波	物流金融服务业发展研究——以浙江为例	良好
53	安徽省委党校	汪兴福	汪兴福、方晓红	新时期指导思想创新对党的事业发展作用机制研究——基于新制度经济学的解释	合格
54	安徽省委党校	李本和	李本和、毛　丹	马克思主义经济学中国化的四次转变及其启示	良好
55	安徽省委党校	华兴顺	华兴顺	中国共产党"三农"政策的历史作用及其启示	合格
56	安徽省委党校	陈定洋	陈定洋	安徽农村改革主要经验、当代启示与当前改革发展建议	良好
57	安徽省委党校	张复俊	张复俊、台　红、朱兆华、杨根乔、石　力	我党化解农民工非制度政治参与的理论与实践	合格
58	安徽省委党校	王泽强	王泽强、祝国华、许金菁、王酉宏、韩心灵	金融支持安徽技术创新工程试点省建设研究	合格

续 表

序号	单 位	课题负责人	课题组成员	子 课 题 课 目	成绩
59	福建省委党校	李海星	李海星	“以人为本”价值视阈中的马克思主义大众化	良好
60	福建省委党校	叶志坚	叶志坚	马克思社会形态理论与中国特色社会主义道路	良好
61	福建省委党校	查英青	查英青	中国共产党开辟自主创新道路的历史进程与特色研究	良好
62	福建省委党校	郭为桂	郭为桂、游龙波、张诺夫、王利平	社会治安的协同治理如何可能？——福建南安官桥派出所社会管理创新调查	优秀
63	福建省委党校	蔡承彬	蔡承彬	吸引台资企业在大陆设立企业总部研究	优秀
64	江西省委党校	李吉雄	李吉雄、刘晓青、涂颖清、高建设	我国收入分配思想的演变与经济发展关系	合格
65	江西省委党校	杨会清	杨会清	中国共产党在中央苏区时期应对危局与困境的历史经验研究	良好
66	江西省委党校	王永华	王永华	中国共产党90年来密切党群关系的历史经验研究	良好
67	江西省委党校	冯志峰	冯志峰、吴志远、陶国根、周福振	县委书记权力运行：现状、问题与对策	优秀
68	江西省委党校	吴志远	吴志远	多层次信贷市场建设研究——基于鄱阳湖生态经济区的调查	优秀
69	山东省委党校	谭 建	谭 建	党的建设新布局的创新价值和科学地位	良好
70	山东省委党校	张书林	张书林、张炳文、周浩集	党90年来成功应对危局的总体性研究	良好
71	山东省委党校	魏 磊	魏 磊、王林霞、邓凌月、孙玉华、董业东、张 梅、朱兆香、张 丽	社会稳定视阈中的社会控制科学化研究	良好
72	山东省委党校	张蕴萍	张蕴萍	加强对我国金融消费者保护的对策研究	良好
73	山东省委党校	丁兆庆	丁兆庆	开发性金融支持中小企业信用担保体系建设研究	良好
74	山东省委党校	陈晓红	陈晓红、倪庆东、成素英、陈海燕、户翠娟	开发性金融支持我国产业结构优化升级的研究	优秀
75	河南省委党校	田文富	田文富、陈东辉、路开源、顾绍梅、胡曾胜、申振邦、王铁成、尹红领	与时俱进中的中国特色社会主义人权建设研究	良好
76	河南省委党校	顾绍梅	顾绍梅、吕晶晶、胡曾胜、田文富、常喜梅、刘源源、邹小娟、郑会霞、尹红领	“包容性增长”视阈下的权利同质及其化解当前社会利益矛盾模式研究	良好

续 表

序号	单 位	课题负责人	课题组成员	子 课 题 课 目	成绩
77	河南省委党校	王爱英	王爱英、董立人、邓舒平、余兴国、王志立、胡曾胜、贺卫华	创新党政领导干部选拔任用机制研究	优秀
78	河南省委党校	董立人	董立人、王爱英、何民捷、高松理、苏银海、赵 晨、王志立	社会稳定风险评估理论与实践经验研究	良好
79	河南省委党校	陈铁丽	陈铁丽、王 伟、庞 阳、马江波、雷 瑛	我国地方政府融资平台风险及防控研究	优秀
80	河南省委党校	廖富洲	廖富洲、贺卫华、张月瀛、谈 琰、王 珏、崔海燕、杨启国	开发性金融与新型城镇化发展研究	良好
81	湖北省委党校	于文俊	于文俊、张国祥、陈施宇	党的指导思想与时俱进的基本经验及其重大意义	合格
82	湖北省委党校	徐仲韬	徐仲韬、杨黎星、彭天慧	中国特色社会主义党建理论体系创新研究	合格
83	湖北省委党校	徐 勇	徐 勇、赵理富、袁景凌、范剑锋	党在群体性事件应对中的媒体运用策略研究	优秀
84	湖北省委党校	马哲军	马哲军、陶良虎、张继久、杨 明	中国生猪期货交易制度设计与政策建议	优秀
85	湖北省委党校	罗 莉	罗 莉、周敦卿、章丽珊、姜 涛、刘冬恩、周 其	我国开发性金融支持科技型中小企业自主创新研究	良好
86	湖南省委党校	谢维楚	谢维楚、周正刚、林国标、黄有泰、王 芳、李 霞、陈佳丽、白启辉	党的指导思想创新机制研究	合格
87	湖南省委党校	戴安林	戴安林、周育平、霍修勇、廖俊杰	中共湖南省委20世纪50年代末60年代前期应对危局和化解困境的经验教训研究	良好
88	湖南省委党校	瞿理铜	瞿理铜、肖万春、张四梅	湖南省社区银行发展现状及其对策	良好
89	广东省委党校	伍俊斌	伍俊斌、吕艳红、郭丽兰、李 鹏	当代中国扩大公民有序政治参与的经验、挑战和对策研究	优秀
90	广东省委党校	张 浩	张 浩、毕 德、王玉云、梁道刚	改革开放以来中国共产党抵御执政风险的回顾与思考	良好

续表

序号	单位	课题负责人	课题组成员	子课题课目	成绩
91	广东省委党校	余甫功	余甫功、周立彩、史永隽、邓利方	珠三角城市化过程中农村金融转型与创新研究	优秀
92	广西壮族自治区委党校	李广义	李广义、刘小兵、张忠友、齐先朴、洪长安	生态文明思想演进与社会主义事业科学发展的互动研究	合格
93	广西壮族自治区委党校	韩　勇	韩　勇、朱　懿、吴　丹、孟祥宁、张忠友、陈南生、齐先朴、李　波、熊水龙、汪　寅、王介明	我国西南少数民族边疆地区社会管理创新模式及优化对策研究——以广西为例	良好
94	广西壮族自治区委党校	瞿　磊	瞿　磊	广西县域治理困境与县政改革经验研究——基于扶绥、龙州、苍梧、田阳四县的调查与分析	合格
95	广西壮族自治区委党校	翁　洁	翁　洁、梁晓霞、梁少英、曾　林	农村党员干部教育培训的困惑与破解——以广西为例	良好
96	广西壮族自治区委党校	张家寿	张家寿、韦宇红、陆义敏、谭春枝	“十二五”时期边疆民族地区跨越式发展与长治久安的金融支持理论与政策研究	良好
97	四川省委党校	杨继荣	杨继荣、杨丽梅、涂功德	统筹城乡背景下的基层治理创新研究——以成都市龙泉街道新市民集中居住区为例	优秀
98	四川省委党校	孙超英	孙超英、刘　博、曹廷贵、江世银、黄天虎、张华泉	开发性金融视角下的农村小额信贷机制研究——基于成都市统筹城乡发展实践的调研分析	优秀
99	四川省委党校	胡业勋	胡业勋、唐清利、黄昭昭、孔庆豹	开放性条件下我国民间金融的法律规制研究	良好
100	重庆市委党校	蒋英州	蒋英州、朱剑慧、洪　丹、毛德儒、谭　平、钟　宜	党政领导干部的政治文化对党的事业发展的影响研究	合格
101	重庆市委党校	张志勇	张志勇、杜　荣、司春霞、李祥营、徐信贵	中国发展模式选择与科学发展观研究	良好
102	重庆市委党校	杜　荣	杜　荣、张志勇、廖明辉、刘　娟、王燕飞	我党在对外经贸工作中成功应对危局和化解困境的历史经验	合格
103	重庆市委党校	刘　娟	刘　娟、周学馨、徐信贵、陈　霄、杜　荣	西部农村新型金融组织培育路径创新研究	良好

续 表

序号	单 位	课题负责人	课题组成员	子 课 题 课 目	成绩
104	贵州省委党校	赵 森	赵 森、李飞龙、聂 玉、焦玉石、唐祯熹	农村基层党组织建设与乡村社会治理——以乡村混混问题为中心	优秀
105	云南省委党校	韩 斌	韩 斌、杜 琼、孔继君、施小梅、郑 群、胡 超、吴 俊、王 炜	新时期以加快培育自我发展能力促进云南人口较少民族发展研究	良好
106	云南省委党校	付 春	付 春、于晓燕、王丽华	山区、半山区烤烟生产与生态环境变迁——以云南大姚县石羊镇为例	优秀
107	云南省委党校	李彩霞	李彩霞、田 华、黄东英、张志军	云南民族地区构建幸福社会的难点重点问题研究	良好
108	云南省委党校	王丽华	王丽华、赵启燕、刘 强、高 旗、孙琼仙、付 春	少数民族乡村传统社会资本与当代乡村治理研究——以云南少数民族乡村为例	良好
109	云南省委党校	鲁彩荣	鲁彩荣、付建光、赵 涛、杨耀勋	边境地区基层党组织化解“边缘化”困境的历史经验研究	合格
110	云南省委党校	付明喜	付明喜、张会龙、付 杰、张远荣、付明银	党的民族政策与边疆多民族地区和谐民族关系的构建——以云南的实践为例	良好
111	云南省委党校	赵颖新	赵颖新	加快云南与东盟区域金融合作研究	良好
112	西藏自治区委党校	牛治富	牛治富、彭姣君、次仁多吉	西藏工作指导思想的确立和发展在西藏工作中的核心地位	良好
113	西藏自治区委党校	万金鹏	万金鹏、牛治富、李 宏、续文辉	中国共产党60年来维护西藏稳定的经验研究	合格
114	陕西省委党校	王彦军	王彦军、肖 红、彭义林	党的指导思想与时俱进对党的事业发展的重大意义	合格
115	陕西省委党校	吴 永	吴 永、刘俊红、徐国梅、柳国永	延安时期中国共产党成功应对危局和化解困境的历史经验研究	优秀
116	陕西省委党校	陈心宇	陈心宇、王 聪、孟来果、王青锋、吕向公、张 恒	陕西金融生态环境建设调查研究	良好
117	陕西省委党校	支育辉	支育辉、查培轩、冯 光、李启民	开发性金融支持“关中—天水经济区”发展研究	合格
118	甘肃省委党校	董爱玲	董爱玲、王 锐、刘永哲、曹 殊	中国共产党执政的文化基础研究	良好
119	甘肃省委党校	吴晓军	吴晓军、马雅伦、刘惠萍、王旺祥	红军长征及其结束后党应对危局和化解困境的历史经验研究	合格
120	甘肃省委党校	赵前前	赵前前、张梦茜、陈晶莹、滕海峰、金江磊、张 慧	非政府组织参与社会管理的历史经验与机制研究	良好

续 表

序号	单 位	课题负责人	课题组成员	子 课 题 课 目	成绩
121	青海省委党校	马学勤	马学勤、韩宏亮	科学发展观指导下的民族地区党员教育机制研究	良好
122	青海省委党校	张玉良	张玉良、吴玉敏、梁代生、王 霞、韩宏亮	藏区社会主义和谐价值体系的认同与构建——以青海藏区为例	优秀
123	青海省委党校	陈永进	陈永进、来 君、赵喜平、薛成有、李雅琴	社会主义法治理念在民族地区的实践——转型期民族地区法制建设研究	良好
124	青海省委党校	张 伟	张 伟、王孔容	中国共产党应对特大自然灾害的成功启示	良好
125	青海省委党校	梁代生	梁代生	重大自然灾害面前发挥基层党组织作用研究——青海玉树地震和灾后重建中基层党组织开展“两基一强”活动的研究报告	优秀
126	青海省委党校	何 颖	何 颖、李 明、张 磊、张 建	西部民族地区民族宗教群体性突发事件的调研与思考	良好
127	宁夏回族自治区委党校	王 琼	王 琼、王大力、刘文长、姜晓芸、许丽丽、杨立宾、王生发	坚持党的指导思想与时俱进维护社会主义意识形态安全	良好
128	宁夏回族自治区委党校	梁春阳	梁春阳、马秀霞	少数民族地区党政部门应对网络舆情危机的经验与教训研究	良好
129	宁夏回族自治区委党校	李长德	李长德、吴素芳、狄国忠、李 喆、刘 姝、马汉功、李秀霞	中国共产党成功应对和化解民族地区突发性事件的历史经验研究	良好
130	宁夏回族自治区委党校	马荣芳	马荣芳、彭惠珍、王 娟、骈玉明	开发性金融支持宁夏新农村建设研究	良好
131	新疆维吾尔自治区委党校	孙笑冰	孙笑冰、郑文新、聂 新、申德英、徐本来、张俊飞、孙家鹏、李新生、李晓梅、王 乐、邹 游、高维明、迪里拜尔、艾尼瓦尔·依力牙孜、朱艳华	新疆牧区跨越式发展研究	良好

续 表

序号	单 位	课题负责人	课题组成员	子 课 题 课 目	成绩
132	新疆维吾尔自治区委党校	热合木江·沙吾提	祝 辉、李 丹、申南乔、刘智伟、张 霞、胡陈芳、陈晓伟、巴哈古丽、木哈拜提、热合木江·沙吾提	中国共产党在新疆解决和改善民生问题的历史经验研究	合格
133	新疆维吾尔自治区委党校	卫利·巴拉提	卫利·巴拉提、曾庆忠、沈君立	新疆群体突发事件的社会修复研究	优秀
134	铁道部党校	王 德	王 德、林 淼、曹宪光、翟久梅	中国铁路走出困局的成功探索——坚持建设与改革相统一的发展战略研究	合格
135	铁道部党校	张汉斌	张汉斌、徐 璞、彭宇拓	碳金融发展前景及我国铁路企业开展碳金融业务可行性研究	合格
136	新疆生产建设兵团党校	陈 畅	陈 畅、罗 蜀、姜 涛、罗 素	新疆兵团体制内涵及其演变问题研究	良好
137	新疆生产建设兵团党校	李学军	李学军、刘昌龙、袁敏芳	全国对口支援新疆兵团发展的机制、效果评价的调查研究——以南疆兵团农一师、农二师、农三师、农十四师为例	良好
138	新疆生产建设兵团党校	罗 蜀	罗 蜀、罗 素、李迎春	新中国成立以来中国共产党领导全国支援新疆的历史考察和经验研究	合格
139	新疆生产建设兵团党校	马彦梅	马彦梅、刘 荣、孙景兵	新疆民族地区农村人口就业变迁状况调查——以南疆三地州为例	优秀
140	新疆生产建设兵团党校	罗大胜	罗大胜、刘昌龙、赵志华	兵团经济跨越式发展的金融支持研究	良好
141	广州市委党校	敖带芽	敖带芽、李 萍、熊 威、张 微、黎明泽	中国共产党社会整合与社会认同建设的基本经验	优秀
142	广州市委党校	黄克亮	黄克亮、韦朝烈、黎浩元	中国共产党90年来改善农村民生的历史进程及经验启示	合格
143	广州市委党校	吴瑞坚	吴瑞坚、肖生福、颜海娜、林慕华、黄丽华	基层社会管理体制改革创新研究——以广州市“一队三中心”建设为例	良好
144	广州市委党校	周权雄	周权雄、王可达、章泽武、赖永剑	本土产业升级的约束条件与动力机制	合格
145	武汉市委党校	薛金华	薛金华、徐 洋、王雪凌、马 栋、王梅清、朱玲琳	党员干部的社会主义核心价值体系认同现状及实现机制研究	优秀
146	武汉市委党校	李军银	李军银、周志平、杜斌伟	中国共产党反封建斗争的历史考察及现时路径选择	良好

续 表

序号	单　位	课题负责人	课题组成员	子　课　题　课　目	成绩
147	武汉市委党校	王观松	王观松、刘家用、周志平	从历史这面镜子中不断提高我们党应对危局和困境的能力	良好
148	武汉市委党校	张　璇	张　璇、程启智、叶卫东、柯燕凌、姜焕叶、陈敏娟	开放条件下中国金融监管制度的创新与完善——基于全球金融危机的重新审视	合格
149	哈尔滨市委党校	赵卓莉	赵卓莉、刘　莹、申丽华、李晓兰、刘　红、赫鸿雁	指导思想的与时俱进对党的文化创新的意义研究	合格
150	哈尔滨市委党校	扎　那	扎　那、刘　洁、谷黎君、李彦波、郭　岩	党在抗战时期成功应对危局和化解困境的历史经验及其借鉴	合格
151	哈尔滨市委党校	杨晓猛	杨晓猛、李永亮、冷国臣、吴兆文、王晓天	基于开发性金融理念的黑龙江地方政府投融资平台建设及风险防控研究	良好
152	哈尔滨市委党校	朴松花	朴松花、李永亮、金庆浩	黑龙江省区域金融发展研究	良好
153	沈阳市委党校	陈　萍	陈　萍、李万军、易　玉、朱　军、张万强、盛　涛、周玲琍、黄旻露、张卫东、李智姝、李博惠	辽宁老工业基地振兴绩效评价与深化发展研究	良好
154	沈阳市委党校	韩玉奇	韩玉奇、刘成果、阎质杰、王厚双、李滨虹、刘向丽、贾杰红	中日应对本币升值对策的绩效比较研究	良好
155	成都市委党校	黄仕红	黄仕红、宋小娥、任晓波、侯云鹏、宁金和、梁光晨、向杰文、孙明海	科学发展观与基层国土执法能力建设研究——以S省X县为例	合格
156	南京市委党校	胡宝平	胡宝平、郭榛树、万书玉、项晓霞	指导思想的与时俱进为党的事业发展提供了强大的精神力量	合格
157	南京市委党校	刘喜发	刘喜发、李　亮、周贤山、张家芳	中国共产党应对皖南事变的历史经验研究	优秀
158	南京市委党校	王辉龙	王辉龙、张芬芬、张　杰、孙　涉	开发性金融支持保障房建设的关键问题研究	优秀
159	西安市委党校	雷　军	雷　军、张王定、杨建国	金融支持西安国际化大都市建设研究	优秀

续 表

序号	单 位	课题负责人	课题组成员	子 课 题 课 目	成绩
160	长春市委党校	刘淑英	刘淑英、吴彦杰、赵延芳、杨刘保、张宝忠、杨 晶、王代生	指导思想与时俱进坚持和发展了马克思主义	合格
161	长春市委党校	杨刘保	杨刘保、张宝忠、刘淑英、徐晓海、王 健、邵静野、赵延芳	从历史看未来——社会冲突论视野下中共处理危局的模式研究	良好
162	长春市委党校	于 平	于 平、齐贵权、马欣员、胡 宁、赵 琪、徐大新、吴 迪、鲁 雁、闫泓多	开发性金融支持吉林省县域经济发展问题研究	优秀
163	长春市委党校	于恒奎	于恒奎、解梅娟、林 琳、刘继学、陈颂桥、张振英、郑齐心	助推我国 CDM 项目的碳金融发展模式研究	优秀
164	济南市委党校	赵 敏	赵 敏、张国亭、翟芳铃、张慧霞、昌业云、孟姝嫃、张 讯	开发性金融支持中小企业发展问题研究	优秀
165	济南市委党校	吴学军	吴学军、高 岩、石 玮、王荣杰、张蕴平	地方政府融资平台运营及其风险管理——以济南市为例	优秀
166	济南市委党校	金 刚	金 刚、丛文娟、张 讯、马晓黎、刘晓明	围绕科学发展和社会和谐提高基层党建科学化水平	合格
167	济南市委党校	昌业云	昌业云、马 磊、马晓黎、吴 春、杨新欣	新世纪以来我党应对非常规突发事件经验研究	优秀
168	杭州市委党校	胡序杭	胡序杭、张小燕、张其智	以基层党建创新推进社会管理创新——基于杭州市加强党的群众工作的思考	优秀
169	杭州市委党校	邓念国	邓念国、成杏林、叶劲松	党组织领导的城市基层社会管理模式创新研究——以杭州为例	良好
170	杭州市委党校	翁佩君	翁佩君、童章成	促进民间投资的机制研究——以杭州市为例	优秀
171	大连市委党校	于晓静	于晓静、宫希魁、高莉丽、韩占元、张炳照	中国共产党转危为安实现两次历史性转折的经验研究	良好

续 表

序号	单 位	课题负责人	课题组成员	子 课 题 课 目	成绩
172	大连市委党校	解秀玲	解秀玲、张 克、耿志刚	我国出口加工企业转型发展问题研究	良好
173	大连市委党校	单 伟	单 伟、孙畅雪、刘 丹、刘 伟、张 展	提高党的领导科学化水平的历史考察与对策研究	合格
174	大连市委党校	王晓秋	王晓秋、韩 阳、杨 虹、李崇峰	中国农村金融改革与发展问题研究	良好
175	青岛市委党校	黄建明	黄建明、高相辉、刘 玫、刘桂英、王政堂	党的指导思想确立的历史考察及其经验教训研究	良好
176	青岛市委党校	王 义	王 义、张德友、高 红、冉文伟	改革开放以来中国共产党应对民间组织发展与挑战的经验研究	良好
177	青岛市委党校	王政堂	王政堂、高相辉、黄建明、刘桂英、刘 玫	民主革命时期中国共产党成功应对危局和化解困境的历史经验研究	良好
178	青岛市委党校	倪庆东	倪庆东、陈晓红、刘翠华、韩 萍、刘 玫、于忠珍	“山东半岛蓝色经济区国家战略”实施的金融支持体系研究	良好
179	深圳市委党校	龚建华	龚建华、夏循祥	深圳创新社会管理以实践科学发展观的路径探索	良好
180	深圳市委党校	杨友国	杨友国、杨刚勇、肖湘珍	党的社会建设理论与实践探索研究	优秀
181	厦门市委党校	邓仕仑	邓仕仑、石仑山、杨正武	厦门经济特区建设30年的经验与启示	良好
182	厦门市委党校	尤京文	尤京文、程 红、李 霖、邓晓川、夏 军、陈 敏	政党自觉与中国治理模式研究	合格
183	厦门市委党校	陈二加	陈二加、周明伟、黄向阳、张先文、廖金星、陈子能	厦门建设两岸区域性金融服务中心研究	优秀
184	宁波市委党校	励慧芳	励慧芳、毛协铜、季 夏、刘彦昌、王邦进	学习型党组织建设与中国共产党党建理念的新提升	优秀
185	宁波市委党校	张荣昌	张荣昌、胡道林、邱国兵、陆银辉、傅必骋	宁波市创新社会管理化解社会矛盾的经验研究	优秀
186	宁波市委党校	刘华安	刘华安、孙琼欢、刘彦昌、杨新红、黄立峰	改革开放以来中国共产党成功化解乡村治理困境的历史经验研究	良好

续 表

序号	单 位	课题负责人	课题组成员	子 课 题 课 目	成绩
187	宁波市委党校	吴翔阳	吴翔阳、李 高、俞 罡、陆 斌、季 夏、潘明策、陈 云	民间资本投资新兴产业的融资机制研究	良好
188	宁波市委党校	钟春洋	钟春洋、季 夏、石群华、杨仙丽	宁波发展海洋经济的金融支持研究	优秀
189	无锡市委党校	曹洪东	曹洪东、张 钟、尹志明、杨长鑫、刘焕明	党的指导思想与时俱进方法论研究	合格
190	无锡市委党校	吴文勤	吴文勤、杨长鑫、王 芳、刘安伟	现代化进程中的意识形态困境及其化解策略研究	优秀
191	无锡市委党校	蒋佳林	蒋佳林、张先忧、侯海峰、黄志刚	经济转型背景下无锡科技金融发展的成就、问题和对策研究	良好
192	潍坊市委党校	卜 华	卜 华、盛志红、麻福水、傅 翔	农村基层党的建设创新研究——以潍坊市的实践为例	良好
193	潍坊市委党校	谭 伟	谭 伟、丁坤元、付忠亮	潍坊市转变经济发展方式问题研究	良好
194	潍坊市委党校	徐建军	徐建军、张延升、刘建军、刘 杰	统筹城乡发展视角下农村金融创新问题研究——以潍坊市为例	良好
195	咸阳市委党校	张攀峰	张攀峰、韦付萍、薛明建	陕甘宁边区的法制创建及其当代启示	合格
196	咸阳市委党校	王 芳	王 芳	创新群众工作方式方法与社会管理科学化问题研究	合格
197	咸阳市委党校	林 英	林 英、刘 敏	中小企业融资的政府支持途径	良好

（摘自《科研工作简讯》2012 年第 12 期，科研部供稿）

中国特色社会主义理论体系研究中心

在中央“四报一刊”发表文章情况

2012年度，中央党校以中国特色社会主义理论体系研究中心名义在中央“四报一刊”（《人民日报》、《光明日报》、《经济日报》、《解放军报》、《求是》）共发表文章52篇，被中央宣传部评为优秀的文章15篇，发文数量和评优数量在全国七大基地中都名列第一，顺利完成了常务副校长李景田在2012年初提出的“再接再厉、再创新高”的要求。至此，自2009年起，发文数量逐年递增，发文数量已连续4年位居全国七大基地之首；发文质量逐步提高，被中央宣传部评为优秀的论文也连续4年位居全国七大基地之首。

（摘自《科研工作简讯》2013年第5期，科研部供稿）

被中央宣传部评为优秀的文章

序号	刊物名称	发表时间	文章名称	执笔人
1	《光明日报》	2012年2月22日第10版	深刻理解和积极实践雷锋精神	杨信礼
2	《人民日报》	2012年4月23日第7版	深化改革要坚持科学的改革观	辛　鸣
3	《光明日报》	2012年6月5日第11版	深化对中国特色社会主义理论体系的学理研究	韩庆祥
4	《人民日报》	2012年6月19日第7版	领导干部要做实事求是的表率	崔禄春
5	《求是》	2012年7月1日第13期	牢牢把握保障和改善民生这一根本目的	赵振华
6	《光明日报》	2012年7月3日第1版转第10版	从成功经验看坚持中国道路的自觉自信——写在中国共产党成立九十一周年之际	秦　刚
7	《经济日报》	2012年7月6日第15版	继续推进马克思主义中国化	洪向华

续 表

序号	刊物名称	发表时间	文章名称	执笔人
8	《求是》	2012 年 7 月 16 日第 14 期	增强理论自觉和理论自信用中国话语体系解读中国道路	张伯里
9	《光明日报》	2012 年 7 月 24 日第 11 版	正确认识西方“民主人权输出”的本真面目	郝永平 黄相怀
10	《人民日报》	2012 年 8 月 6 日第 16 版	不断丰富中国特色社会主义的特色	刘海涛
11	《求是》	2012 年 9 月 1 日第 17 期	坚持以社会主义核心价值体系引领社会管理创新	课题组
12	《光明日报》	2012 年 9 月 5 日第 14 版	科学发展观：推动科学发展的根本指针	张伯里
13	《人民日报》	2012 年 10 月 12 日第 23 版	深入把握中国特色社会主义的科学内涵	赵　曜
14	《人民日报》	2012 年 12 月 18 日第 7 版	重要战略机遇期的变化及应对	张伯里
15	《解放军报》	2012 年 12 月 25 日第 7 版	深刻理解和积极实践雷锋精神	课题组

（据《科研工作简讯》2013 年第 5 期整理）

学 员 管 理

编辑：苏　丹

概　　况

进　修　部

【学习贯彻党的十八大精神】 组织在校学员和工作人员收看党的十八大实况直播并进行初步学习讨论。会议闭幕后，组织工作人员和新入学的学员参加学校传达党的十八大精神大会，听取常务副校长李景田的传达和辅导，并进行认真讨论。各学员支部开展学习交流活动，并举办进修部全体学员学习党的十八大精神交流会。

【理论武装】 组织学员学习党的十八大报告，学习习近平总书记系列重要讲话精神。同时，组织学员认真学习《共产党宣言》、《资本论》等经典著作，帮助学员更好地掌握马克思主义的立场、观点和方法，夯实理论基础。

【读书活动】 组织学员学习习近平总书记关于读书问题的一系列重要讲话精神，各学员支部开展读书活动，引导学员“在研究中读书，以读书促进研究”。在各学员支部读书交流的基础上，组织3次全体学员参加的读书心得交流会。

【学员论坛】 发挥学员主体作用。把学员论坛办成“第二课堂”。春季学期第一批、第二批和秋季学期第一批学员各支部共组织学员论坛83次，163名学员走上讲台作主题发言。

【教学参观】 配合学校组织有关座谈会和对外交往活动62次。其中，组织参加了一些重要的外事活动，比如意大利总理、泰国总理、新加坡总理来校演讲等活动，开阔了学员的国际视野。

【课题研究】 组织学员进行“两带来”交流，共整理4期“两带来”问题，近2万字。春季学期第二批进修班“社会管理及其创新”研究专题，举办学员论坛，回答“两带来”问题。组织117个课题组，完成课题研究主报告118篇，子报告和读书报告749篇。配合教务部和教研部（所）在秋季学期3个专题班，推行以“学习札记”作为学习成果的改革，引导学员把听课所获、读书所得、研究思考的历程和成果记载下来，完成学习札记193篇。做好学员研究成果的推介工作。全年在《思想理论内参》发表6篇、《中共中央党校研究报告》发表4篇、《理论动态》发表4篇，《中共中央党校报告选》发表31篇、《内参选编》发表3篇、《学习时报》发表3篇、《湖南日报》发表1篇，共计52篇。

【党性教育和党性锻炼】 不断提高党性教育和党性锻炼的针对性、实效性，突出抓好四个环节：一是把加强党性锻炼同迎接党的十八大、学习和贯彻党的十八大精神相结合；二是把反腐倡廉和警示教育相结合；三是把学习党章和党史教育相结合；四是过好组织生活。

【学员管理】 一是选好切入点，继续抓好入学教育。召开新学员见面会，副校长徐伟新专门强调加强党性锻炼问题，进修部对加强学习管理、生活管理和组织管理提出要求。同时把参观校史馆作为入学教育的重要环节，共安排50批学员参观。二是抓好学员支部骨干的培训。各学员党支部组建后，立即召开学员支部工作会议，学习《中国共产党党校工作条例》，学习习近平总书记关于加强学员管理的重要指示精神，提出学员支部工作的基本原则、工作重点和要求，发挥学员支部在自我管理、自我教育中的主体作用。三是抓住重点环节，严肃校风部纪。党的十八大之后，根据中央“八项规定”精神修订和出台《进修部关于进一步加强学员管理的十条措施》，特别是对学员集体外出活动的有关问题作了更为具体的规定。

【文体活动】 依托学员支部和学员联谊会，组织学员开展趣味运动会、乒乓球赛、书画摄影展、歌唱比赛等活动，并已经形成制度。各个学员支部认真准备、全体学员积极参与，通过举办各种文体活动达到了增进了解、增进友谊、增强团结、活跃气氛、陶冶情操的目的。

【队伍建设】 一是加强学习，及时传达学习党中央、习近平总书记和校委的指示，强化全体同志的政治意识、大局意识、党员意识和党校意识，提高坚持党校姓党原则的自觉性。二是及时补充队伍，搞好“传帮带”，队伍的整体结构得到改善。面向全校选调2名副局级组织员、3名正处级组织员。研究并安排老组织员对新组织员进行“传帮带”培训，定期召开工作情况经验分析总结会。三是抓作风，修订《关于进一步加强工作人员管理的八条措施》。四是积极发挥党支部和工会的作用。庆祝建校80周年，党支部组织全部工作人员共同创作完成了《倍感荣光——进修部部歌》，并参加校庆演出。这项活动入选全校最佳党日活动。五是加强研究工作规律，提高工作科学化水平。在科研部、教务部以及有关地方和部门的关心支持下，组织和参与多项研究课题。在学期之初，就对整体工作的各重点环节进行统一协调，加强工作的整体性、协调性和主动性，进一步细化机关管理和学员管理的工作流程。召开会议讨论学员学习鉴定的规范化问题，在总结经验的基础上，制订了相应的模块和规范的程序。

（进修部供稿人：席　琳）

培　训　部

【学习贯彻党的十八大精神】　制定培训部迎接党的十八大和学习贯彻党的十八大精神实施方案。党的十八大召开前，组织学习党的十七届历次全会精神，特别是胡锦涛总书记“7·23”重要讲话精神，为党的十八大召开营造良好氛围；党的十八大召开后，把学习贯彻党的十八大精神作为教学安排和学员管理重点工作，小组讨论、支部交流、学员论坛、民主生活会和党日活动都紧密围绕党的十八大主题展开，学员俱乐部配合举办了“十八大代表谈十八大”论坛活动；工作人员围绕党的十八大报告、中国特色社会主义理论教科书和科研指南开展学习，认真研读思考报告对领导干部素质、能力、知识结构和党性提出的新要求，明确了教学管理和学员管理的努力方向，机关党支部召开了多次专题学习交流会，取得良好效果。

【理论学习】　深入研究教学计划，注重与教学环节的组织衔接，不断提高贯彻落实教学计划和组织好教学活动的能力，引导学员把学习中国特色社会主义理论体系与学习马克思主义经典著作结合起来，更好地掌握贯穿其中的立场、观点和方法，坚定信仰信念。全年学员共发表论文457篇，出版论文集3部、个人专著10部。

【读书活动】　各个班次和各个支部都制定了推动经典著作学习和研究的计划，采取多种形式，搭建学习交流平台，共举办读书交流会26次、支部论坛44次。

【学员论坛与从政经验交流】　春季学期组织了以从政经验交流为主题的学术论坛，秋季学期组织了以学习研讨党的十八大精神为主题的学术论坛。全年培训部学员以支部、小组为单位共进行70余次从政经验交流会，形成交流文稿290余篇，汇总出版从政经验文集10本。新疆地厅级民族干部培训班从春季学期开始开展从政经验交流活动，新疆县处级民族干部培训班学员全程参加交流，西藏民族干部培训班继续开展以工作经验和方法为主题的交流活动。中青年干部培训一班、中青年干部培训二班和新疆民族干部培训班、西藏民族干部培训班之间就从政经验进行了班际交流，中青年干部培训二班三支部和半年制西藏民族干部培训班之间就预防职务犯罪和廉政教育开展专题论坛。

【社会调研】 优化国际调研方案，明确考察主题，提出调研的具体任务、目标和要求，调整行程，增强针对性和实效性。为做好案头研究，举办文献检索、社会调研方法和案例研究专题讲座。全年各班次学员完成调研报告280余篇，其中22篇在内参发表，部分还得到中央领导和有关部门领导的批示。

【党性教育和党性锻炼】 一是坚持把理论学习作为党性锻炼的主渠道。根据教学计划，科学确定党性教育实施方案和步骤，引导学员从理论学习中汲取党性教育的理性力量，依托理论上的清醒，提升政治上的坚定。重视党性教育实施方案中单元学习思想小结的作用，通过回顾理论学习收获，强化宗旨、责任和大局意识，进一步坚定理想信念。二是抓实环节和步骤，提升党性分析实效。副校长徐伟新为中青年干部培训一班党性分析作动员，学员深受教育；组织学员在理论学习和体验式教学的基础上开展党性分析活动，注意将体验式学习和党性分析两个环节相互促进和有机结合，以井冈山、延安精神和时代精神促进党性升华。三是开展作风建设专题教育活动。春季学期，常务副校长李景田在培训部学员论坛上关于抵御和整治讨巧之风的讲话，在学员中间引起了强烈共鸣。培训部组织学员进行了认真讨论，秋季学期，又把讲话全文印发全体学员，并安排民主生活会，进行专题讨论。中央“八项规定”出台后，组织学员认真学习，把党性教育和锻炼具体化到学员管理工作中，以管理促党性提升和作风养成。四是开展廉政专题教育，提高反腐倡廉的自觉性。通过廉政警示教育活动、专题党日活动、民主生活会，开展反腐倡廉教育，进一步增强宗旨意识、党员意识、公仆意识，提高了学员廉洁从政、廉洁从学的自觉性。五是革命传统教育和时代精神教育相结合，做好民族干部培训班党性教育。民族干部培训班通过参观西柏坡，进行社会调研和体验式教学，促进了对党和祖国的情感认同、道路认同；通过组织学习地方史、中华民族传统文化、研讨交流新疆、西藏科学发展面临的重大理论和现实问题，强化了党性和责任意识。

【学员管理】 一是落实“八项规定”，加强管理。认真贯彻习近平总书记关于党校学风校风建设的批示精神，严格管理，落实制度，常抓不懈。党的十八大召开前，时刻提醒学员，在关键时期，更要讲政治、讲纪律、讲形象。中央出台“八项规定”后，认真组织学员学习，并制定了贯彻落实的具体措施，改进作风，加强管理，促进学习。二是注重制度建设和制度落实，突出重点抓管理。根据入学、中期、后期不同阶段的具体特点，抓住阶段特征和时间节点，抓两头带中间，实现全程管理。抓好入学教育，切实实现“三个转变”，为整个学期的工作开好头；召开中期管理工作会，保持管理运转有序；加强后期管理，重申制度规定，严格执行，不降标准，善始善终。制定课堂检查办法，督促学员到课和组织员到位，严格按照教学计划安排教学参观和结对子活动，严格执行请销假制度，强化社会调研纪律。

【文体活动】 《学员研究报告》改版为只征集学员研究论文和调研报告，更加突出主题，并由定期出版改为不定期出版，全年出刊 10 期。举办 2 次趣味运动会、2 次书画摄影展、2 次文艺晚会。

【队伍建设】 一是规范工作秩序，改善情况通报机制和决策机制。抓好部主任会议制度、部务会制度和处室班工作会议制度，把遵守程序和日常运转结合起来，改进工作作风，提高工作质量。二是加强机关党建工作，推动学习型党组织建设。机关党支部围绕培训任务，精心安排工作计划和活动，抓好理论学习和业务学习，把工作人员和组织员素质能力提升工程落到实处。开展读书学习工程，有选择组织跟班听课，有计划组织学习哲学社会科学通识知识；组织学习贯彻党的十八大精神活动，研读报告、交流学习体会，促进和带动学员支部的学习活动；开展丰富多彩的主题党日活动，组织全部党员干部到青海开展社会调研，到顺义考察基层组织建设；开展党风廉政教育，落实党风廉政建设责任制。

（培训部供稿人：卢红兵）

入 学 教 育

春季学期新学员入学教育情况

类别		班次及学员	主要内容
进修部	第一批	省部级干部进修班（第 51 期）“转变经济发展方式与经济结构调整”研究专题、“学习贯彻党的十七届六中全会精神”研究专题、省部级干部“中国特色社会主义理论体系”高级研修班（第 2 期）共 59 人；厅局级干部进修班（第 58 期）“党的执政经验与执政能力建设”研究专题、“战略思维与领导能力”研究专题、“世界经济与政治格局变化及其应对”研究专题、“中国特色社会主义理论体系”研究专题共 243 人；县委书记任职培训班（第 4 期）445 人；哲学社会科学教学科研骨干研修班（第 43、44 期）220 人。学员总数 967 人。	一、3 月 1 日，开学典礼。迎新会，副校长孙庆聚出席并讲话。 二、3 月 2 日，副校长李书磊作学习引言。开展“两带来”问题交流。 三、开学一周内，各学员支部按照民主集中制原则选出学员党支部。

续 表

类别		班次及学员	主要内容
进修部	第二批	厅局级干部进修班（第59期）“转变经济发展方式与经济结构调整”研究专题、“学习贯彻党的十七届六中全会精神”研究专题、“社会管理及其创新”研究专题共197人；市地党政主要领导干部任职培训班（第1期）67人；中国特色国有企业发展道路专题研讨班53人；国家特聘专家研修班99人。学员总数416名。	一、5月16日，开学典礼。迎新会，副校长徐伟新出席并讲话。 二、5月17日，开展“两带来”问题交流。 三、开学一周内，各学员支部按照民主集中制原则选出学员党支部。
培训部		中青年干部培训一班（第32期）86人、中青年干部培训二班（第12期）116人、新疆地厅级民族干部培训班（第61期）40人、新疆县处级民族干部培训班（第62期）54人、半年制西藏民族干部培训班（第46期）43人、一年制西藏民族干部培训班（第47期）35人。学员总数374人。	一、3月1日，开学典礼。新学员见面会，副校长孙庆聚、教育长兼培训部主任徐伟新出席并讲话。 二、3月2日，副校长李书磊作学习引言；开展“两带来”交流。

秋季学期新学员入学教育情况

类别		班次及学员	主要内容
进修部	第一批	省部级干部进修班（第52期）“战略思维与领导能力”研究专题、“世界经济与政治格局变化及应对”研究专题共106人；厅局级干部进修班（第59期）“民生与社会建设”研究专题、“转变经济发展方式与经济结构调整”研究专题、“党的执政经验与执政能力建设”研究专题共208人；哲学社会科学教学科研骨干研修班（第47、48期）224人。学员总数538人。	一、9月1日，开学典礼。迎新会，副校长徐伟新出席并讲话。 二、9月3日，开展“两带来”问题交流。 三、入学一周内，各学员支部按照民主集中制原则选出党支部。
进修部	第二批	省部级干部进修班（第52期）“转变经济发展方式与经济结构调整”研究专题、“学习贯彻党的十八大精神”专题共66人；厅局级干部进修班（第59期）“文化建设与文化发展”研究专题、“新形势下党的群众工作”研究专题、“学习贯彻党的十八大精神”研究专题共162人；市地党政主要领导干部任职培训班（第2期）100人。学员总数328人。	一、11月17日，开学典礼。迎新会，副校长徐伟新出席并讲话。参加中央党校学习传达党的十八大精神大会。 二、11月19日，副校长李书磊作学习引言。 三、入学一周内，各班次按照民主集中制原则选出学员党支部，开展“两带来”问题交流。

续 表

类 别	班次及学员	主要内容
培训部	中青年干部培训一班（第 33 期）89 人、新疆地厅级民族干部培训班（第 63 期）41 人、新疆县处级民族干部培训班（第 64 期）55 人、半年制西藏民族干部培训班（第 48 期）44 人。新入学学员总数 229 人。	一、9 月 1 日，开学典礼。新学员见面会，副校长徐伟新出席并讲话。 二、9 月 3 日，副校长李书磊作学习引言。

（摘自进修部、培训部提供素材，供稿人：席 琳、卢红兵）

学员“两带来”问题

春季学期学员“两带来”问题汇总

类别		班 次	干部群众关心的热点问题（个）	希望中央党校解决的思想理论问题（个）
进修部	第一批	省部级干部进修班“转变经济发展方式与经济结构调整”研究专题	21	7
		省部级干部进修班“学习贯彻党的十七届六中全会精神”研究专题	10	11
		省部级干部“中国特色社会主义理论体系”高级研修班	11	7
		厅局级干部进修班“党的执政经验与执政能力建设”研究专题	36	5
		厅局级干部进修班“战略思维与领导能力”研究专题	40	17
		厅局级干部进修班“世界经济与政治格局变化及其应对”研究专题	30	30
		厅局级干部进修班“中国特色社会主义理论体系”研究专题	20	11
		班 次	本人关心的社会发展热点问题(个)	自身工作中碰到的难点问题（个）
		县委书记任职培训班	27	40

续　表

<table>
<tr><th colspan="2">类别</th><th>班　　次</th><th>干部群众关心的热点问题（个）</th><th>希望中央党校解决的思想理论问题（个）</th></tr>
<tr><td rowspan="3">进修部</td><td rowspan="3">第二批</td><td>厅局级干部进修班“转变经济发展方式与经济结构调整”研究专题</td><td>61</td><td>43</td></tr>
<tr><td>厅局级干部进修班“学习贯彻党的十七届六中全会精神”研究专题</td><td>16</td><td>9</td></tr>
<tr><td>厅局级干部进修班“社会管理及其创新”研究专题</td><td>61</td><td>33</td></tr>
<tr><td colspan="2" rowspan="3">培训部</td><td>中青年干部培训一班（第32期）、中青年干部培训二班（第12期）</td><td>70</td><td>64</td></tr>
<tr><td>新疆地厅级民族干部培训班（第61期）、新疆县处级民族干部培训班（第62期）</td><td>52</td><td>15</td></tr>
<tr><td>半年制西藏民族干部培训班（第46期）、一年制西藏民族干部培训班（第47期）</td><td colspan="2">24</td></tr>
</table>

秋季学期学员“两带来”问题汇总

<table>
<tr><th colspan="2">类　别</th><th>班　　次</th><th>干部群众关心的热点问题（个）</th><th>希望中央党校解决的思想理论问题（个）</th></tr>
<tr><td rowspan="6">进修部</td><td rowspan="6">第一批</td><td>省部级干部进修班“战略思维与领导能力”研究专题</td><td>58</td><td>40</td></tr>
<tr><td>省部级干部进修班“世界经济与政治格局变化及应对”研究专题</td><td>36</td><td>14</td></tr>
<tr><td>厅局级干部进修班“民生与社会建设”研究专题</td><td>46</td><td>41</td></tr>
<tr><td>厅局级干部进修班“转变经济发展方式与经济结构调整”研究专题</td><td>84</td><td>76</td></tr>
<tr><td>厅局级干部进修班“党的执政经验与执政能力建设”研究专题</td><td>37</td><td>34</td></tr>
<tr><td>厅局级干部进修班“中国特色社会主义理论体系”研究专题</td><td>18</td><td>15</td></tr>
</table>

续表

<table>
<tr><th colspan="2">类 别</th><th>班 次</th><th>干部群众关心的热点问题（个）</th><th>希望中央党校解决的思想理论问题（个）</th></tr>
<tr><td rowspan="5">进修部</td><td rowspan="5">第二批</td><td>省部级干部进修班“转变经济增长方式与经济结构调整”研究专题</td><td>25</td><td>26</td></tr>
<tr><td>省部级干部进修班“学习贯彻党的十八大精神”研究专题</td><td>59</td><td>17</td></tr>
<tr><td>厅局级干部进修班“文化建设与文化发展”研究专题</td><td>36</td><td>8</td></tr>
<tr><td>厅局级干部进修班“新形势下党的群众工作”研究专题</td><td>19</td><td>18</td></tr>
<tr><td>厅局级干部进修班“学习贯彻党的十八大精神”研究专题</td><td>59</td><td>53</td></tr>
<tr><td colspan="2" rowspan="4">培训部</td><td>中青年干部培训一班（第33期）</td><td>95</td><td>74</td></tr>
<tr><td rowspan="2">新疆地厅级民族干部培训班（第63期）
新疆县处级民族干部培训班（第64期）</td><td>17</td><td>13</td></tr>
<tr><td colspan="2">5（新疆生产建设兵团学员）</td></tr>
<tr><td>半年制西藏民族干部培训班（第48期）</td><td>16</td><td>11</td></tr>
</table>

（摘自进修部、培训部提供素材，供稿人：席　琳、卢红兵）

读书与体验式教学

进修部学员读书交流

（一）

4月23日，进修部举办2012年春季学期第一批进修班暨进修部第12次读书心得交流会。副校长徐伟新出席并讲话，教务部、哲学教研部、经济学教研部、文史教研部、进修部、教学组等有关负责人，中央组织部驻省部班联络员等出席交流会。交流会由校委委员、进修部主任黄宪起主持。

交流会上，省部班“转变经济发展方式与经济结构调整”研究专题学员、中南大学党委书记高文兵以“重温《共产党宣言》关于人的全面而自由发展的思想”为题，省部班“学习贯彻党的十七届六中全会精神”研究专题学员、新闻出版总署副署长邬书林以“家长和社会在养成读书习惯中的责任”为题，省部级“中国特色社会主义理论体系”高级研修班学员、中国建设银行执行董事、副行长朱小黄以“马克思主义与中国特色社会主义的持续发展”为题，厅局班“党的执政经验与执政能力建设”研究专题学员、新闻出版总署人事司司长余昌祥以“读列宁《粮食税》有感”为题，厅局班“战略思维与领导能力”研究专题一支部学员、河北省纪委副书记、省委巡视办主任董云鹏以“学习毛泽东战略思想对提高新时期领导干部战略思维能力的启示”为题，厅局班“战略思维与领导能力”研究专题二支部学员、全国总工会中国工人出版社党委书记、社长、总编辑李庆堂以“读《战争论》有感”为题，厅局班“世界经济与政治格局变化及应对”研究专题学员、武汉邮电科学研究院副院长余少华以“《信息改变了美国》读后感——牢牢抓住全球第五次科技革命的战略机遇”为题分别进行了交流发言。

徐伟新在总结讲话中指出，在世界读书日这个特殊的日子里，进修部广大学员聚集起来进行读书交流活动，充分彰显了党的高中级领导干部注重读书、注重学习的优良作风，非常有意义。她总结了本次读书交流会的三个特点，并向学员们提出了三点要求。一是本次读书交流选题广泛，书目涵盖了古今中外各类经典，内容涉及政治、经济、文化、科技、军事、教育等诸多方面。她希望学员们把读书作为治国理政的重要工具，全方位提升素质能力，全角度拓宽眼光视野。二是学员们在读书过程中注重了主客观相结合，把分析客观世界与分析人的主观精神世界连接沟通。她希望学员们通过读书进一步掌握观察、分析、解决问题的基本方法和视角，以读书和思考促进心灵成长。三是学员们在交流中提出了一批很深刻、很有价值的问题。她希望学员们把读书与思考结合起来，带着问题读书，并通过读书寻找解决问题的路径。她要求学员们把在党校养成的优良学风保持下去，让勤读书勤思考成为常态，做全社会爱读书爱学习的表率。

（二）

10 月 29 日，进修部举办秋季学期第一批进修班暨进修部第 14 次读书心得交流会。常务副校长李景田，副校长李书磊、徐伟新出席交流会，校委委员、进修部主任黄宪起主持并作总结讲话。哲学教研部主任李晓兵，教务部副主任王成志，研究室副主任崔禄春，进修部副主任赵凤珍及研究室、组织员、教学组等有关同志参加。中央组织部驻省部班“战略思维与领导能力”研究专题联络员、中央巡视组副局级巡视专员贾文平，中央组织部干部教育局驻厅局班工作人员出席交流会。

交流会上，省部班“战略思维与领导能力”研究专题一支部学员、浙江省宁波市政协主席唐一军以“谈谈社会主义初级阶段的再认识——学习《费尔巴哈论》的体会”为题，省部班“战略思维与领导能力”研究专题二支部学员、国务院国有资产监督管理委员会纪委书记、党委委员强卫东以“坚持社会主义基本经济制度不断推进国有企业改革发展——读《国企热点面对面》的心得体会”为题，省部班“世界经济与政治格局变化及应对”研究专题学员、中国日报社副总编辑兼机关党委书记康兵以“阅读草根作者作品思考美国政治文化——《历史深处的忧虑》读后”为题，厅局班“民生与社会建设”研究专题一支部学员、湖北省委组织部副部长、省人力资源和社会保障厅党组书记、省公务员局局长翟天山以“理解和尊重人是民生工作的基础——读《人呀人，你到底是什么东西》的几点体会”为题，厅局班“民生与社会建设”研究专题二支部学员、中国医药集团总公司总会计师邓金栋以“读《企业的社会责任》心得”为题，厅局班“转变经济发展方式与经济结构调整”研究专题一支部学员、中国社科院工业经济研究所党委书记、副所长黄群慧以“行难知亦难：中国的增长模式与工业化道路——重读吴敬琏《中国增长模式抉择》”为题，厅局班“转变经济发展方式与经济结构调整”研究专题二支部学员、中国证券业监督管理委员会稽查局巡视员洪磊以“转变经济发展方式从调整程序和办法入手——读《故事照亮未来——通往开放社会的100个观念》有感”为题，厅局班“转变经济发展方式与经济结构调整”研究专题三支部学员、江西省工商行政管理局局长、党组副书记邝小平以“永远保持党的密切联系群众的优良作风”为题，厅局班“党的执政经验与执政能力建设”研究专题一支部学员、山东陆军预备役炮兵师政委曹晓明以“在始终关注现实中学习经典著作”为题，厅局班“党的执政经验与执政能力建设”研究专题二支部学员、中央编译局离退休干部办公室主任张文成以“认真学习经典著作，坚定理想信念——如何学习经典的体会”为题分别进行了交流发言。

黄宪起在讲话中指出，习近平总书记非常关心领导干部的读书问题，多次在开学典礼讲话中倡导学员认真读书。习近平总书记倡导的认真读书、读史、读经典既是中央党校的好传统，也是领导干部的基本功。10位学员与大家分享了他们的读书心得，给大家提供了大量的有益信息。学员们带着问题读书，以研究带动读书，用读书促进研究，从深层次解答现实问题，这是值得提倡的。读书要注意学习马克思主义经典著作，学习马克思主义的世界观、方法论，掌握马克思主义的基本原理，这对于大家坚定政治立场、坚定理想信念、坚定理论立场、坚定革命斗志很有好处。在中央党校2个月的学习是领导干部工作实践的“加油站”，希望大家把在党校养成的良好的读书习惯带回去，为推进学习型政党、学习型社会的建设起到示范和带头作用，在读书学习中取得新收获。

（进修部供稿人：席　琳）

培训部学员读书交流

（一）

5月31日，培训部举办中青年干部培训二班马克思主义经典著作读书交流会。副校长徐伟新，校委委员、培训部主任罗宗毅，教务部副主任冯鹏志，马克思主义理论教研部副主任韩庆祥出席，中青年干部培训二班全体学员和组织员以及培训部全体工作人员参加会议。交流会由培训部副主任薛泽洲主持。

交流会上，来自中青年干部培训二班4个支部的4位学员龚雯、刘光溪、董建国和亓新政分别以“让每个人走向自由全面发展——读马克思和恩格斯《德意志意识形态》有感”、“重新认识私有制适应社会生产力发展的长期性——读恩格斯《家庭、私有制和国家的起源》”、“从农业合作社到农民合作社——学习列宁《论合作社》的感悟”以及“实践论·实事求是·科学发展观——读毛泽东《实践论》”为题进行了专题发言。韩庆祥针对学员的发言作了点评。

徐伟新在总结讲话中对学员的发言给予了充分肯定和鼓励。她说，4位学员代表的读书报告书目选得好，横跨了马克思主义历史发展的较大时空；解读得好，从历史中读，在比较中读，在现实中读，原汁原味，解读正确。她还对大家如何进一步加强经典著作的学习提出了要求和建议。远离马列经典，我们会变得盲目和迟钝。作为一名党政领导干部，要成长，就要对世情、国情、社情，对未来的发展有比较清醒、理性和自觉的认识。而马列经典著作通晓人类历史的基本规律，能够帮我们去预见未来发展的方向。她要求大家把读经典坚持下去，作为一生的习惯，坚定理想信念，熟悉马克思主义的发展脉络，学习革命、建设和改革的方法论基础，为实现科学发展找寻历史和逻辑、理论与实践的结合点。

（二）

12月22日，培训部举办新疆地厅级民族干部培训班与中青年干部培训二班一支部“结对子”读书交流会。校委委员、培训部主任罗宗毅，培训部副主任王炳，新疆民族干部培训班班主任王建华，新疆地厅级民族干部培训班和中青年干部培训二班一支部的全体学员和组织员参加交流会。

交流会上，来自两个班次的4位同学分别向大家推荐了《另一半中国史》、《毛泽东的读书生活》、《中国能赢》和《幸福的方法》4本书，简要介绍了梗概，并谈了自己的读后感想。通过介绍，大家对从新的视角看待中国历史的厚重、理解伟人读书的感悟，以及增强对生活和中国未来发展的信心都有了新的认识，引发了与会者的浓厚兴趣。

罗宗毅对此次活动给予充分肯定。他强调，领导干部要养成读书的习惯，要有选书的眼光、掌握读书的方法，通过读书达到“得知、得解、得法、得道”，摒弃热衷应酬、不勤读书、浅尝辄止、不求甚解、学而不思、知行不一、学用脱节等不良学风。他希望广大学员通过读书交流活动，进一步拓宽视野、增长知识、加强修养、提高素质。同时，他要求把读书交流活动作为培训部的一项长期工作，进一步完善和丰富活动内容，把读书活动越办越好。

（培训部供稿人：卢红兵）

厅局班学员与人民网网友在线交流

12 月 11 日，厅局级干部进修班（第 59 期）“新形势下党的群众工作”研究专题 31 名学员和相关教师做客人民网，围绕“提升新时期群众工作能力”问题与广大网友进行互动交流。中国青年政治学院党委副书记、常务副院长王新清，广西壮族自治区人力资源和社会保障厅厅长蒋明红和天津滨海高新技术开发区工委巡视员、副书记张世军作为学员代表与网友进行了在线交流。

针对网友提出的“当前影响党群工作的主要因素”问题，王新清认为，没有落后的群众，只有落后的领导，当前影响党群关系的因素主要还是在党员干部。具体表现：一是腐败现象；二是滥用职权；三是存在不同程度的特权思想和特权行为；四是尚未探索出一条行之有效的群众工作方法和工作路径。根本解决这一问题，必须在制度建设上下功夫，探索出一套党员干部密切联系群众的具体制度，并将落实情况作为干部考核的重要指标，将这项工作与每个党员干部的个人利益挂钩。

针对网友关注的“领导干部如何提升群众工作的能力”问题，蒋明红谈了四点看法：一是要牢固树立群众观点，坚持以人为本、执政为民，要倾听群众呼声；二是要改进作风，深入基层，着力解决人民群众反映强烈的突出问题；三是要提高化解民怨、解除民忧的能力，学会公正协调利益关系，学会和群众交朋友，学会调处和化解各种矛盾与冲突；四是要保持清正廉洁，党的干部要树立为民、务实、清廉的良好形象，努力做到“身正不令而行”。

在谈到“如何畅通党群、干群沟通的渠道，从根源上化解社会矛盾产生的风险”问题时，张世军谈了四个观点：一是要着力提高领导干部的政治素质、沟通能力和做群众工作的能力，使每名干部都能带着浓厚的感情与群众沟通；二是要加强对群众的宣传、教育和引导，使群众了解党和政府出台的好政策；三是要进一步扩大基层民主，完善畅通的沟通渠道；四是要健全和完善干群沟通的长效机制。

此外，围绕中央政治局刚刚出台的“八项规定”，以及领导干部如何面对和运用网络等问题，3 位学员代表与广大网民也进行了深入的沟通和交流。

（摘自校园网）

学员论坛与从政经验交流

进修部学员论坛

（一）

4 月 26 日，进修部厅局级干部进修班（第 58 期）“战略思维与领导能力”研究专题二支部举办由学员自己回答“两带来”问题的学员论坛。副校长李书磊，校委委员、进修部主任黄宪起出席，哲学教研部副主任李晓兵，进修部副主任郭焕永参加论坛。论坛由二支部学习委员、中国光大（集团）总公司战略规划部总经理吴富林主持。

本次论坛围绕“两带来”中的焦点问题——“维护社会稳定”展开。江西省政法委副书记胡焯从如何妥善处置群体性事件的角度作了主题发言，福建省高级人民法院副院长何鸣，东风汽车公司董事、党委常委、纪委书记马良杰，河南省委巡视组正厅级巡视专员高颖照，中国监察杂志社社长兼总编辑任生德，中央对外宣传办公室秘书局局长吴东，中央对外联络部三局局长杜燕凌等在政法、信访、国企、宣传系统一线工作的学员先后发表了自己的观点看法。

李书磊在点评中对本次学员自答“两带来”问题论坛的效果给予充分肯定，认为本次论坛模式新颖、选题准确、发言精彩，是一次对学习成果的再检验。经过研究专题班的系统学习，大家能够站在战略的高度，以全面的视角更加科学合理地看待问题。他还说，做好维稳工作，必须从源头抓起，要更多地依靠党的政治工作手段来解决。对涉及群众利益的重大决策事项要科学决策、民主决策，解决好群众关心的实际问题和思想问题。

（二）

12月4日，进修部厅局级干部进修班（第59期）“学习党的十八大精神”研究专题二支部举办学员论坛。最高人民检察院机关党委书记张志杰，中国残疾人联合会办公厅主任马志强，北京市社会工作委员会书记、市社会建设工作办公室主任宋贵伦作了主题发言。

张志杰从预防职务犯罪的角度谈了学习党的十八大报告关于“建设廉洁政治”的体会。他谈到，预防职务犯罪要坚持“标本兼治、综合治理、惩防并举、注重预防”的方针和“教育、制度、监督并重”的原则，要填补制度漏洞，让权力在阳光下运行，政府部门要依法办事，等等。马志强在发言中讲到，党的十八大进一步明确提出了今后一个时期加强和完善社会保障工作的目标要求和重大举措，这对做好相关工作具有重要的指导意义，也为残疾人事业发展指明了方向。中国有8300多万残疾人，涉及2亿多家庭人口，目前残疾人在生活、康复、就业、教育等方面还存在困难，加强残疾人社会保障和服务体系建设，更好地保障残疾人权益，是改善民生工作的重点和难点。宋贵伦在发言中说，党的十八大进一步为加强社会建设指明了方向。加强社会建设，树立科学理念，坚持“以人为本”、“服务为先”、“整体推进”、“创新发展”、“构建和谐”、“夯实基础”。构建和谐社会是新时期社会建设的一大法宝。要深化理论研究，加快构建中国特色社会建设科学体系；要统筹协调、综合运用各种手段完善社会管理服务；要深化社会体制改革，加快社会建设顶层设计。

学员们认为，论坛交流深化了对党的十八大精神的学习和认识，对进一步学习贯彻党的十八大精神很有帮助。

（三）

12月6日，进修部厅局级干部进修班（第59期）“学习贯彻党的十八大精神”研究专题一支部举办学员论坛。交通运输部管理干部学院党委书记、副院长庞松作了“国际海洋法与中国海洋权益”的主题发言。

他结合党的十八大提出的“提高海洋资源开发能力，发展海洋经济。保护海洋生态环境，坚决维护国家海洋权益，建设海洋强国”的要求，围绕世界海洋及其资源、当代国际海洋法律制度、中国的海洋权益和安全问题、中国海洋经济发展现状、当前中国海洋权益的热点问题、维护中国海洋权益的主要任务6个方面，运用大量的资料和图片，进行了系统的阐释和分析。

学员们普遍感到，这既是一堂生动的海洋知识、海洋法律普及课，也是一堂深化对发展海洋经济的认识课，更是一堂国防安全教育课，对建设海洋强国、维护中国海洋权益的重大意义有了新认识。

（四）

12月10日，中央党校进修部厅局级干部进修班（第59期）“文化建设与文化发展”研究专题二支部举行学员论坛。学员们交流了学习中央政治局新近出台的“八项规定”的认识和体会，并结合自身工作经历和实践，就学风、文风与党风的关系问题进行了研讨互动。

重庆市文学艺术界联合会党组书记、副主席王超以“承诺重千钧、贵在抓落实——学‘八项规定’有感”为题，中央政法委员会综合治理一室主任陈小军以“关于文风问题的几点思考”为题，湖北省委副秘书长姚中凯以“改进文风，从领导干部做起”为题，先后做了主题发言。刘永志、朝戈金等 8 位同学在互动环节发言。

学员们普遍认为，中央“八项规定”作为新一届领导班子的庄重承诺，对于改进党风、文风具有重大的指导意义和深远的现实意义。大家表示，改进作风，必须改变文风；转变文风，需要领导率先垂范。每一个身为领导干部的学员都要从我做起，从自己的言行反思开始，讲真话，写短文，切实转变文风。

（五）

12 月 13 日，进修部厅局级干部进修班（第 59 期）“学习贯彻党的十八大精神”研究专题一、二支部举办学员论坛。中央纪律检查委员会第六监察室主任耿欣秋作了“惩防并举，警钟长鸣”的主题发言。

耿欣秋指出，坚定不移地反对腐败是党的一贯方针，也是党的十八大作出的重大战略部署之一。党的十八大提出反腐倡廉必须常抓不懈，拒腐防变必须警钟长鸣。坚持标本兼治、综合治理、惩防并举、注重预防方针，全面推进惩治和预防腐败体系建设，要更加科学有效地防治腐败。这就为反腐倡廉指明了方向。他谈了学习十八大精神的体会，结合查办的有关案件和案例，就如何看待腐败问题、如何看待当前反腐败斗争的形势、大案要案有哪些特点以及如何开展反腐败斗争等问题进行了深入分析和探讨。他强调，与腐败作斗争是全球面临的共同挑战。我国正处于腐败易发多发的历史阶段，反腐败斗争形势严峻，任务艰巨，建立健全惩治和预防腐败的体制机制还有大量工作要做。只有加强制度建设，从源头治理，才能使干部少犯错误、不犯错误。

学员们对纪委与党委的关系、如何发挥纪委的监督作用提出问题并交流了看法。这次论坛主题鲜明，主题发言具有较强的警示意义，听者深受教育。

（六）

12 月 13 日，进修部厅局级干部进修班（第 59 期）“学习贯彻党的十八大精神”研究专题三支部举行学员论坛，总结和交流了学习党的十八大精神的收获和体会。

中国铁建财务有限公司党委书记、总经理冀涛，云南省政法委员会副书记朱家美，山东省委省直机关工委书记卢得志，分别以“如何看待中国铁路建设的发展及如何实现中国铁路事业的科学发展”、“努力加强和创新社会管理，推进社会建设”以及“深刻领会和把握科学发展观的实质”为题作了发言。学员们围绕发言展开讨论，对3位学员的发言内容给予了充分肯定并发表了各自看法。与会教师对学员们的发言进行了点评。

学员们普遍认为，将近1个月的理论学习和互动交流，大家的政治水平和理论水平得到提高，党性修养得到锻炼。大家认为，党的十八大之后以习近平同志为总书记的党中央体现出的平和亲民、求真务实的工作作风，对新一届党中央充满期待，对坚定不移地走中国特色社会主义道路、实现中华民族的伟大复兴充满信心。

（七）

12月20日，进修部省部级干部进修班（第52期）“转变经济发展方式与产业结构调整”研究专题举办学员论坛和全班交流。学员们结合学习党的十八大精神，围绕如何提高中国自主创新能力进行研讨交流。

武汉大学党委书记李健“以载人航天、超级计算机、高速铁路发展来看中国的自主创新”为题，全面介绍了中国在载人航天、超级计算机和高速铁路领域取得的伟大成就，综合分析了体制机制、政策措施、技术路线和人才支撑所发挥的重要作用，阐述了自主创新是国家竞争力、核心和关键技术买不来、自主创新绝不能闭门造车等观点。湖南省人大常委会副主任杨泰波、国有重点金融机构监事会主席丁仲篪作了发言，就学术规范和激励机制、现代市场经济体制、研究开发投入、教育改革和人才培养等问题，探讨了中国提高自主创新能力的着力点和有效途径。

学员们一致认为，提高自主创新能力、建设创新型国家是国家发展战略的核心和提高综合国力的关键。要坚持走中国特色的自主创新道路，不断完善知识创新体系，进一步完善科技创新评价标准、激励机制、转化机制，实施知识产权保护战略，深化科技体制改革，构建以企业为主体、市场为导向、产学研相结合的技术创新体系。

（八）

12月20日，进修部厅局级干部进修班（第59期）“学习贯彻党的十八大精神”研究专题一支部举办学员论坛。中国国际工程咨询公司总经理、党组副书记肖凤桐和海南省人大常委会财政经济工作委员会主任张震华分别作主题发言。

肖凤桐以“从工程咨询看我国决策民主化科学化进程”为题，介绍了决策民主化科学化提出的背景，结合中国工程咨询的发展历程及在国务院重大决策中的作用，阐释了决策民主化科学化的重大意义。张震华以“推进政治体制改革，充分发挥地方权力机关职能作用”为题，结合党的十八大提出的“要善于使党的主张通过法定程序成为国家意志，支持人大及其常委会充分发挥国家权力机关作用，依法行使立法、监督、决策、任免等职权”的要求，客观地分析了地方人大的现状、履职情况及存在的问题，就如何落实党的十八大精神，推进地方权力机关改革提出了自己的新思路、新见解。

这次学员论坛，既有理论知识的阐释，又有实践经验的总结，还有个人的深入思考，学员们普遍感到增长了知识，深化了对这些问题的认识，是深入学习贯彻党的十八大精神的有益补充，是学学相长的好形式。

（九）

12月21日，进修部厅局级干部进修班（第59期）“学习贯彻党的十八大精神”研究专题二支部举办学员论坛。湖北省体育局局长胡德春、山西省军区政治部主任董江结合学习党的十八大精神，就围绕坚定理想信念，坚守共产党人的人生追求和加强国防建设，妥善解决钓鱼岛问题进行了主题发言。

胡德春以“人生感悟札谈”的形式，介绍了30多年来在基层工作的经验体会，交流了自己对人生的感悟。董江以“钓鱼岛问题成因及对策分析”为题，就钓鱼岛问题的由来、钓鱼岛主权归属问题、钓鱼岛争端未来的走向和解决钓鱼岛问题可能的对策与大家进行了交流。

通过论坛和交流，大家进一步牢固树立了共产党人的世界观、人生观、权力观和事业观，进一步认识到发展综合国力和增强国防实力的重要性必要性，增强了对党和政府解决钓鱼岛问题的坚定信心和决心。

（十）

2013年1月4日，进修部厅局级干部进修班（第59期）“学习贯彻党的十八大精神”研究专题一支部举办学员论坛。环境保护部南京环境科学研究所党委书记、副所长赵克强以“食品安全与安全食品”为题，中国医药集团总公司副总经理曾兵以“健康是福”为题，分别作了主题发言。

赵克强指出，食品安全是关系群众切身利益的问题，世人关注。他重点分析了食物中抗生素、生长激素和农药残留严重超标、农产品重金属富集以及多因子的复合污染的原因，介绍了转基因食品在世界发展情况与中国研究、生产近况以及进入市场的产品种类，强调要加强食品安全管理，规范生产加工规程和要求，建立诚信体系，完善食品监管体系。曾兵从健康的定义及标准、中国人民的健康状况、中国的医疗卫生事业发展状况、中国医药健康产业发展状况、生活中的健康常识5个方面，运用大量的统计数据，系统地介绍了中国医疗医药发展的现状、国家的相关政策及发展规划。强调健康是人的基本权利，是人生的第一财富。现代人的健康应包括身体健康、心理健康、心灵健康、社会健康、智力健康、道德健康、环境健康等，提出人们要通过定期检查、平衡膳食、适量运动、疾病的自我管理等来做自己健康的主人。

学员们听后普遍感到，丰富了知识，开阔了视野。特别是促动学员反思了一些观念和习惯，更加关注食品安全，更加重视健康。

（摘自校园网，进修部供稿）

培训部学员论坛

（一）

4 月 23 日，为纪念中央新疆工作座谈会召开两周年，培训部、新疆发展研究中心举办 2012 年春季“新疆发展论坛”。副校长李书磊、新疆维吾尔自治区人大副主任乔吉甫、区政协副主席约尔古丽·加帕尔，中央党校校委委员、培训部主任罗宗毅，中央新疆工作协调小组办公室、国家发展和改革委员会、教育部、财政部、商务部、海关总署等中央部委有关领导和中央党校有关部门的领导和专家教授以及新疆民族干部培训班的全体学员共 120 多人参加论坛活动。论坛由新疆发展研究中心常务副主任王建华主持。

会上，新疆民族干部培训班袁宝新、买买提明·白克力、梁新渊、杨渭锋 4 位学员代表分别介绍了乌鲁木齐市、喀什地区、霍尔果斯经济开发区以及和田地区的基本情况，各地市贯彻落实中央新疆工作座谈会精神，加快推进跨越式发展和长治久安等方面的工作，并提出了希望中央、国家有关部委研究解决的相关意见建议。中央新疆工作协调小组办公室虞宁勇副巡视员、国家发展和改革委员会邹勇副司长、商务部迪里拜尔处长，分别就国家各部委如何抓好政策落实，做好协调服务，支持新疆跨越式发展和长治久安，以及如何发挥新疆自身的主体作用等方面工作，提出了意见和建议。罗宗毅结合学员发言，提出了下一步探索新疆发展应重点关注的几个问题，并对中央党校进一步做好新疆发展问题研究提出了意见和建议。

李书磊在讲话中肯定了新疆民族干部培训班组织的论坛活动。他说，此次论坛活动主题明确，形式好、气氛好、效果好。4 位学员的报告有思想、有内容，信息密集，言之有物。各部委同志的发言从真心帮助支持新疆发展的角度，谈认识、提看法、讲意见建议，非常有见地，值得认真思考。他认为，实现新疆跨越式发展和长治久安是一项长期的工作，还面临一些困难和疑惑，包括跨越式发展具体内涵的界定、有无可选择借鉴的模式，如何进一步发挥对口援疆的作用，如何让跨越式发展的成果最大限度地惠及广大人民群众，也包括如何总结经验，进一步做好思想教育、社会管理、法制建设、文化建设、党的建设等各方面工作来确保新疆长治久安等问题，这些都需要大家一起来研究。他要求中央党校各相关部门，要高度重视并加人对新疆改革发展稳定方面重大问题研究，不断提高新疆民族干部培训班的教学水平，努力为新疆培养更多适应形势发展的高素质的干部人才，为促进新疆跨越式发展和长治久安作出贡献。

（二）

6月15日，培训部举办以“足迹、心路、感悟”为主题的春季学期学员论坛。常务副校长李景田出席并讲话。副校长李书磊、徐伟新，校委委员、培训部主任罗宗毅，校委委员、科研部主任梁言顺出席。培训部中青年干部培训一班、中青年干部培训二班、新疆民族干部培训班、西藏民族干部培训班各支部学员参加论坛。论坛由学员俱乐部学术交流协会的两位会长朱福堂和谢义亚分别主持。

李景田指出，要坚持实事求是的思想路线，整治讨巧之风。他强调，要提倡“靠真本事立身、靠干实事吃饭”的风气；要多读书，“腹有诗书气自华”；要躬身实践，实践出真知，实干兴邦。整治讨巧之风，核心是要树立正确的世界观、人生观，要做大事，而不是做大官。整治讨巧之风，长期起作用的是制度。制度设计和贯彻，要做到不让老实人吃亏、不让讨巧的人得利，风气自然就会好。整治讨巧之风，最终还要靠党的实事求是思想路线的贯彻和落实。

中青年干部培训一班学员方惠萍、谷春立、刘丽娟，中青年干部培训二班学员冯继康、江娅；新疆民族干部培训班学员高发水，西藏民族干部培训班学员喻昌结合各自的工作经历，谈了自己的从政经历和体会。

（三）

10月15日，西藏民族干部培训班举办学员论坛。一年制西藏民族干部培训班（第47期）支部的两个课题组结合社会实践和暑期调研，重点就“青藏铁路通车对西藏传统文化的影响”、“关于林芝地区非公经济跨越式发展”等课题进行了报告交流。西藏民族干部培训班全体教师和学员参加了活动，部分学员代表还进行了分析点评。

此次论坛活动，增强了学员理论联系实际的水平，提高了研究、分析和解决问题的能力，达到教学相长、学学相长的目的；增进了各班次学员之间的了解和友谊，获得了学员好评。

（四）

12月4日，培训部举办秋季学期学员论坛。副校长徐伟新，校委委员、培训部主任罗宗毅，教务部副主任冯鹏志，研究室副主任崔禄春，培训部副主任王炳、薛泽洲，培训部学员俱乐部主任董昕、副主任纪世德、秘书长江娅，学术交流协会会长赵海英出席论坛。论坛由培训部学员俱乐部学术交流协会会长、中青年干部培训一班学员孙潮主持。培训部全体学员和工作人员约400人参加论坛。

本次论坛以“亲历与感悟——十八大代表谈十八大”为主题，邀请中青年干部培训一班10位党的十八大代表作主题发言。代表们分别从参会感悟、建设海洋强国、周边外交和区域合作、生态文明建设、转变经济发展方式、全面建成小康社会、党的指导思想建设、执政骨干队伍建设、领导者的自信等角度，畅谈了参加党的十八大的亲身感悟。

徐伟新在总结讲话中指出，本次学员论坛具有四个鲜明特点：一是机会难得，能同时听到10位十八大代表谈十八大，实属不易；二是别开生面，各位代表将大会第一现场的各种元素如心情、氛围、场景、热度和力度直观地带给了我们，感同身受；三是放飞梦想，大家提出要建设蓝色中国、绿色中国、小康中国、现代化中国，对实现中华民族伟大复兴的中国梦满怀希冀与期盼；四是充满理性，各位代表的发言客观、冷静、清醒，从中国的实际出发，遵循科学发展的客观规律。她指出，要牢记习近平总书记在全体政治局常委与中外媒体见面会上的要求，“打铁还需自身硬”。走中国特色社会主义道路、全面建成小康社会、实现中华民族的伟大复兴，是铁的目标。要实现这些目标，执政骨干队伍就要有铁的信念、铁的本事、铁的作风。要坚定理想信念，坚守共产党人的精神追求；要提高执政能力，养成战略思维、大局思维、辩证思维和创新思维；要密切联系群众，始终牢记人民立场、人民情怀。

（五）

2013年1月6日，中央党校新疆地厅级民族干部培训班举办“学习贯彻党的十八大精神推进新疆跨越式发展与长治久安”学员论坛。校委委员、培训部主任罗宗毅，中央组织部干部教育局副巡视员、中央组织部驻中青年干部培训一班联络员组组长杨佳木，培训部副主任王炳，新疆地厅级民族干部培训班班主任王建华出席，新疆地厅级民族干部培训班支部书记王江主持论坛。

胡志春、孙浩、戴跃红、史贯中4位学员代表课题研究小组，分别就新疆跨越式发展人口问题及其对策研究、新疆畜牧业发展对策浅议、新疆教育工作的展望与思考及兵地融合发展的实践与思考等作了主题发言。

杨佳木和王炳分别对论坛进行了点评，对新疆地厅级民族干部培训班举办这次学员论坛给予充分肯定，并要求学员牢固树立大局意识，注重科学发展，注重人才开发。

学员们普遍感到，此次论坛收获很大，开阔了视野，拓宽了思路，增长了知识，进一步提高了对推进新疆跨越式发展与长治久安的认识和信心。

（摘自校园网，培训部供稿）

培训部学员从政经验交流

（一）

5月4日，培训部举办新疆地厅级民族干部培训班（第61期）从政经验交流会。培训部王炳副主任和新疆民族干部培训班班主任王建华参加会议，中青年干部培训一班一支部学员、新疆自治区党委副秘书长阿不利孜·阿不都热依木应邀点评。

交流会上，新疆地厅级民族干部培训班3位学员介绍了从政的理念、感想和经验。赵天杰结合在多部门任职的丰富工作经历，以“从政为官应有‘五心’”为题，提出了为官心态决定成效的观点，作为称职的领导必须要有年青之心、感恩之心、珍惜之心、平民之心和敬畏之心；王显车结合在兵团基层工作的经历，针对新疆的特殊区情，以“民生乃为官之本”为题，提出了为官就要发展一方经济，造福一方百姓，维护一方稳定，为民解决实际问题的执政理念；肖健结合多年不同岗位的经历，以“用忠诚守信念，以激情干事业”为题，从领导作用的决定性和重要性的高度，提出了领导出环境，环境出人才，人才出成果的观点，以及做人要端正人品、摆正心态、宽厚善良，做事要满怀激情、踏踏实实的为官做人做事之道。3位学员发言中的思想、观点、理念和经验，引起了与会者的共鸣。

阿不利孜·阿不都热依木进行了点评，并归纳交流学员的中心思想是：做官必须坚定信念、学习提高、正确用人、健康情绪、注重人品、爱岗敬业。王炳作了总结发言。

通过交流，进一步强化了学员的宗旨意识，树立了为官之心信念为本、为官之道以实为先、为官之性品德为基的理念，是一次很好的党性教育课。

（二）

5月29日，培训部中青年干部培训一班二支部和新疆县处级民族干部培训班举行跨班从政经验交流会。校委委员、培训部主任罗宗毅，副主任王炳、中青年干部培训一班组织员宁梅、新疆县处级民族干部培训班组织员闫惠鸾参加交流会。

交流会上，中青年干部培训一班二支部的3位学员浙江省台州市委书记陈铁雄、湖北省黄石市委书记王建鸣和国家质检总局办公厅主任李元平，分别以“做官先做人，万事民为本”、“心静，身沉，情真”和“用创新思维解决发展中问题”为题，介绍了自己为官、做人、做事的经验、体会和感悟。新疆县处级民族干部培训班的学员就自己从政实践中所关心的问题与中青年干部培训一班二支部3位学员进行了互动交流。

与会学员普遍反映，交流报告内容充实、观点鲜明、见解深刻，既是3位学员扎实理论功底、丰富人生阅历的体现，更是多年从政工作探索实践的结晶，对与会学员的学习工作很有启发。

（摘自校园网，培训部供稿）

社会调研与课题研究

进修部学员社会调研

（一）

9月10日，进修部省部级干部进修班（第52期）近40名学员到中国气象局参观调研，并举办学员论坛。中国气象局党组书记、局长郑国光致辞，局党组副书记、副局长许小峰作了“气象灾害防御与可持续发展”的报告。中央党校校委委员、进修部主任黄宪起出席论坛。清华大学党委书记胡和平主持论坛。

郑国光介绍了中国气象事业的改革发展情况。他表示，气象事业是科技型、公益性事业，气象工作关系国计民生。多年来，在党中央、国务院的关心支持下，气象部门在提高预报预测准确率和精细化水平、加强气象防灾减灾能力、合理开发利用气候资源、积极应对气候变化、强化气象为农服务以及扩大气象预警信息覆盖面等方面开展了大量工作，并取得显著成就。今后，气象部门将继续强化气象预测预报能力，提高气象服务的效益和质量，为经济社会发展和百姓福祉安康提供更加优质的气象服务。他寄语此次论坛办出特色，并希望学员们对气象事业发展提出宝贵意见。

论坛上，许小峰为学员们讲述了中国气象事业的发展历程、中国气象灾害和天气气候特点以及中国气象业务发展现状，并围绕学员们关心的气候变化、城市暴雨灾害等问题进行了讲解，得到学员们的一致认可。

论坛结束后，学员们先后参观了国家气象中心、国家卫星气象中心（国家空间天气监测预警中心）和华风气象影视信息集团，深入了解了天气预报业务和预警服务、风云系列气象卫星业务发展及应用、空间天气业务发展以及电视天气预报节目制作流程等情况。

（二）

12 月 4 日，进修部厅局级干部进修班（第 59 期）“党的群众工作”研究专题支部学员来到国家气象局，参观了国家卫星气象中心、国家气象中心（中央气象台）、华风气象影视信息集团。

在国家卫星气象中心，学员们了解了国际气象卫星发展状况及中国在相关领域中的国际先进水平和重要地位；了解了中国气象卫星发展的历程以及气象卫星在国家防灾减灾、资源开发利用及环境保护等方面的重要作用；了解了气象卫星在全球粮食估产中的重要作用和开展空间垃圾碎片监测对保证中国空间活动安全的重要作用等等。在国家气象中心，现场了解了严重影响菲律宾及中国南海的“宝霞”台风的路径、强度以及气象部门如何开展对全球和中国天气形势的分析与预报，进一步认识到了气象防灾减灾在经济与社会发展中的重要作用。在华风气象影视信息集团，现场体验了与每日生活密切相关的电视天气预报的制作流程，增加了感性认识。参观期间，支部学员、上海气象局党组书记、局长汤绪围绕“如何适应气候变化对经济社会发展带来的影响”问题作了报告。

（摘自校园网，进修部供稿）

进修部学员课题研究成果交流

（一）

4 月 25 日，进修部举办春季学期第一批学员课题研究成果交流会。常务副校长李景田、副校长李书磊、徐伟新出席交流会，校委委员、进修部主任黄宪起主持交流会并作总结。政法教研部主任张恒山，党的建设教研部主任王长江，教务部、国际战略研究所、研究室、进修部及教学组等有关负责人，中央组织部驻省部班联络员、驻厅局班联络员出席交流会。

交流会上，省部班“转变经济发展方式与经济结构调整”研究专题学员、共青团中央书记处常务书记王晓就“转方式调结构进程中的新生代农民工问题研究”课题，省部班“学习贯彻党的十七届六中全会精神”研究专题学员、国务院参事室副主任王卫民就“关于文化重建的几个问题”课题，厅局班“党的执政经验与执政能力建设”研究专题学员、中央社会主义学院教务长刘旺就“以基层党建为引领创新社会管理、促进社会和谐”课题，厅局班“战略思维与领导能力”研究专题一支部学员、总参谋部作战部政治部主任周永斌就“深化拓展军民融合式发展的战略思考”课题，厅局班“战略思维与领导能力”研究专题二支部学员、浙江省委政策研究室副主任郭占恒就“我国转变经济发展方式的现状评价、障碍因素和路径选择”课题，厅局班“世界经济与政治格局变化及应对”研究专题学员、人民日报社正局级干部吴海民就“应对国际人才竞争推进人才强国战略”课题分别作了研究成果汇报。

黄宪起在点评和总结中说，课题研究成果交流会开得十分成功，6 位学员的发言质量都很高，集中展现了学员们两个月来的学习成果与收获。学员的课题研究选题好，都是中国经济社会发展、文化建设、社会建设、党的建设、人才队伍建设的重大问题，表明了高中级领导干部学员忧党忧国忧民的责任感使命感紧迫感；学风好，大家立足实际，直面现实，表现出了严肃认真的科学研究态度，许多课题成果都是学员长期总结和思考的结果；对策建议好，大家学以致用，研以致用，课题成果对于推动实践、指导工作具有重要的参考价值。

（二）

7 月 11 日，进修部举办春季学期第二批学员课题研究成果交流会。校委委员、进修部主任黄宪起主持交流会并作总结。教务部副主任王成志，文史教研部副主任李文堂，研究室副主任崔禄春，进修部副主任郭焕永、赵凤珍及组织员、教学组等有关同志参加。中央组织部驻厅局班“转变经济发展方式与经济结构调整”研究专题联络员、中央巡视组副局级巡视专员杨上丰，中央组织部驻厅局班“社会管理及其创新”研究专题联络员、中央组织部组织一局副巡视员张伯平出席交流会。

交流会上，厅局班“转变经济发展方式与经济结构调整”研究专题一支部学员、经济日报社策划部主任张曙红就“正确认识、积极推进国有企业的改革与发展”课题，厅局班“转变经济发展方式与经济结构调整”研究专题二支部学员、中国浦东干部学院教学研究部主任何立胜就“目前结构性产能过剩背景下的产业结构调整研究”课题，厅局班“学习贯彻党的十七届六中全会精神”研究专题学员、中央宣传部中国思想政治工作研究会副秘书长兼《思想政治工作研究》杂志总编辑常青就“关于社会主义文化大发展大繁荣的几点思考”课题，厅局班“社会管理及其创新”研究专题一支部学员、浙江省舟山市委副书记、政法委书记张兵就“进一步完善社会管理格局的深层思考”课题，厅局班“社会管理及其创新”研究专题二支部学员、中国盐业总公司党委副书记史正江就“关于我国社会组织发展的三个基本问题”课题分别作了研究成果汇报。

（三）

10 月 31 日，进修部举办秋季学期第一批学员课题研究成果交流会。副校长李书磊、徐伟新，校委委员、教务部主任王东京，哲学教研部主任李晓兵，中共党史教研部主任柳建辉，经济学教研部副主任韩保江，科学社会主义教研部副主任刘海涛，国际战略研究所副所长潘悦，研究室副主任崔禄春及组织员、教学组等有关同志参加。中央组织部驻省部班“战略思维与领导能力”研究专题联络员、中央巡视组副局级巡视专员贾文平出席交流会。进修部副主任赵凤珍主持交流会并作总结。

交流会上，省部班“战略思维与领导能力”研究专题一支部学员、神华集团总经理张玉卓就“中国清洁能源发展战略研究”，省部班“战略思维与领导能力”研究专题二支部学员、宁夏回族自治区政府副主席、党组成员屈冬玉就“中国‘三农’问题的若干思考”，省部班“世界经济与政治格局变化及应对”研究专题支部学员、国有重点大型企业监事会主席时希平就“抓住机遇，迎接挑战，加快推进我国企业‘走出去’战略”，厅局班“民生与社会建设”研究专题一支部学员、中国地质调查局西安地质调查中心主任、党委副书记李文渊就“当前我国大学生‘就业难’及其对策研究”，厅局班“民生与社会建设”研究专题二支部学员、浙江省金华市副市长、义乌市市长何美华就“创新政府管理，优化流动人口服务——以浙江省义乌市为例”，厅局班“转变经济发展方式与经济结构调整”研究专题一支部学员、江苏省政府副秘书长陆志鹏就“关于运用财税政策促进经济发展方式转变的思考”，厅局班“转变经济发展方式与经济结构调整”研究专题二支部学员、国家开发银行陕西分行行长黄俊就“以开发性金融助力经济发展方式转变”，厅局班“转变经济发展方式与经济结构调整”研究专题三支部学员、国家税务总局国际税务司（港澳台办公室）司长（主任）龚祖英就“加快需求结构调整，促进发展方式转变——围绕国际税收工作重点随笔札记”，厅局班“党的执政经验与执政能力建设”研究专题一支部学员、中央组织部全国组织干部学院党委书记、副院长袁治平就“党建科学化的本质特征及系统性浅析”，厅局班“党的执政经验与执政能力建设”研究专题二支部学员、国防大学军建政工教研部党史党建教研室主任、教授秦利就“提高党的建设科学化水平研究”等分别作了学习研究成果汇报。

（四）

2013年1月10日，进修部举办秋季学期第二批学员学习成果交流会。常务副校长李景田、副校长徐伟新，教务部副主任王成志，党的建设教研部副主任戴焰军，研究室副主任崔禄春，进修部副主任赵凤珍、杨信礼及组织员、教学组等有关同志参加。中央组织部驻省部班“转变经济发展方式与经济结构调整”研究专题联络员、中央组织部组织二局副巡视员牛巧娣，中央组织部驻省部班“学习贯彻党的十八大精神”研究专题联络员、中央组织部机关党委（人事局）副书记（副局长）曹远峰出席交流会。校委委员、进修部主任黄宪起主持交流会。

交流会上，省部班“转变经济发展方式与经济结构调整”研究专题支部学员、湖北省副省长张通就“中国特色生态文明建设问题研究”，省部班“学习贯彻党的十八大精神”研究专题支部学员、广西壮族自治区人大常委会副主任文明就“从巩固党的执政地位谈加强和创新社会管理——学习党的十八大精神一点体会”，厅局班“文化建设与文化发展”研究专题一支部学员、国家人口计生委宣传教育司司长张建就“论党政领导机关的文化建设”，厅局班“文化建设与文化发展”研究专题二支部学员、中国社会科学院民族文学研究所所长、党委书记朝戈金就“多元文化政策与和谐社会建设”，厅局班“新形势下党的群众工作”研究专题支部学员、共青团中央中国青年政治学院党委副书记、常务副院长王新清就“中国共产党执政的青年群众基础研究”，厅局班“学习贯彻党的十八大精神”研究专题一支部学员、交通运输部管理干部学院党委书记、副院长庞松就“中国特色社会主义道路的几点思考”，厅局班“学习贯彻党的十八大精神”研究专题二支部学员、江西警察学院院长、党委副书记程小白就“党政关系的发展历程及其改革方向”，厅局班“学习贯彻党的十八大精神”研究专题三支部学员、贵州省民委党组书记、主任吴军就“深刻领会党的十八大精神自觉坚持民族区域自治制度”等分别作了学习研究成果汇报。

李景田在交流会上发表讲话。他围绕调查研究重点谈了三个问题。第一，调查研究是中国共产党人的传家宝。党所有的正确决策，都是遵循实事求是的思想路线，认真调查研究，科学决策、民主决策的结果。第二，新形势下要做好工作，更要重视调查研究。要使决策不失误，就必须对当前的“形”和“势”作出认真的调研分析和判断。第三，领导干部要练好调查研究的基本功。要认真学习《实践论》、《矛盾论》，并以之为指导，搞好调查研究。要尽可能的运用现代化的调查方法和信息传播手段，同时也要把党的调查研究的好传统、好方法发扬光大。他强调，2011 年 11 月 16 日习近平同志在中央党校秋季学期第二批入学学员开学典礼上，就调查研究问题发表了重要讲话，讲得相当深刻、相当系统，希望大家认真学习并在工作中贯彻落实。

（进修部供稿人：席　琳）

附：

进修部学员课题研究成果目录

春季学期第一批学员

班次		课题研究报告题目	执笔人
省部级	“转变经济发展方式与经济结构调整”研究专题	转方式调结构过程中的人口、劳动力和农民工问题	王　晓
		积极推进经济发展方式转变大力加快我国边境地区区域发展	罗黎明
		转方式调结构政策促进问题研究	王　宁
	“学习贯彻党的十七届六中全会精神”研究专题	全面准确把握文化功能加快文化发展促进经济发展社会进步	邬书林
		文化重建初探	王卫民
厅局级	“党的执政经验与执政能力建设”研究专题	新媒体时代社会热点舆论引导问题研究	胡文佩
		以基层党建为引领，创新社会管理，促进社会和谐——以北京市东城区为例	刘　旺 杨柳荫
		转型期的稳定问题研究	张进海
		改进干部选拔任用的几点思考	谢　元
		加强农村基层党组织建设的探索与思考	吴佩良
	“战略思维与领导能力”研究专题	我国医疗器械产业发展的战略思考	王宝亭
		深化拓展军民融合式发展的战略思考	周永斌
		关于中小学推进素质教育的思考	郑富芝
		对科技创新与产业变革若干问题的认识和思考	吴远彬
		新媒体条件下加强我国主流意识形态传播的对策和建议	严文斌
		对中国红十字会在国家发展战略中地位与作用的思考	王　平
		从养老基金投资运营看养老保险制度可持续发展	陈　良
		诚信文化建设与和谐社会发展	苏　青
		胆识·勇气·魄力——邓小平南方谈话20年的思考	姚建平
		战略思维反腐：反腐思路变迁的新高度	任生德
		坚持始终运用战略思维的方法贯彻落实科学发展观	徐东良
		我国转变经济发展方式的现状评价、障碍因素和路径选择	郭占恒
	“世界经济与政治格局变化及应对”研究专题	促进产业结构优化升级要处理好三个关系	马传景 黄　峰
		应对全球气候变化推进我国绿色低碳发展	苏　伟
		国际货币体系变化与人民币国际化	林成钢
		我国加强国际次区域合作之策略研究	肖金成
		中国高新技术产业国际贸易开拓初探	郭　濂
		应对国际人才竞争，推进人才强国战略	吴海民 张剑武
		中国企业“走出去”的另类思考	沈　昕

春季学期第二批学员

班次		课题研究报告题目	执笔人
厅局级	“转变经济发展方式与经济结构调整”研究专题	施行“精确治水”遏制地下水资源衰竭态势	石建省
		加强内外统筹确保农业产业和粮食安全	倪洪兴
		扩大内需加快转变经济发展方式	戎生灵 王新东
		正确认识积极推进国有企业的改革与发展	张曙红
		转变经济发展方式要突出处理好三个关系	刘思扬
		力促科技金融结合，主推科技成果转化	奚正平
		发挥科技创新作用，促进经济发展方式转变与经济结构调整	张伟汉
		促进区域经济协调发展的思路与对策	朱京生
		关于低成本推进经济发展方式转变的几点思考	宋庆国
		创新型产业集群培育研究	但长春
		加快转变经济发展方式环境下加强科技创新工作的思考和建议	赵冲久
		目前结构性产能过剩背景下的产业结构调整对策研究	何立胜
		转变经济发展方式与城乡统筹发展：问题与建议	郭光磊
	“学习贯彻党的十七届六中全会精神”研究专题	关于社会主义文化大发展大繁荣的几点思考	常　青
		关于当前中国社会组织文化建设的探索	王卓君
		生态文明观应融入社会主义核心价值体系	李瑞农
		关于文化精品创作的几点思考	舒小峰
		非物质文化遗产：文化产业的“富矿”	李宏伟
		云南文化建设的实践与思考	尹　欣
	“社会管理及其创新”研究专题	坚持用社会主义核心价值体系引领社会管理创新	吕　虹
		民主政治建设与社会管理创新	米有录
		进一步完善社会管理格局的深入思考	张　兵
		社会管理创新视野下的法治政府建设	孙志丹
		提高政府服务能力的有效途径及其政策建议	张　岩
		社会管理视角下的社会保障若干问题研究	王意恒
		关于我国社会组织法治的三个基本问题	史正江
		加强社会组织建设推动社会管理创新	胡子健
		社会管理创新下的信访工作研究	徐思明
		国有企业在社会管理创新中的作用	王　旭 王　平
		积极推进消费维权网络体系建设切实改善民生维护社会和谐稳定	王　伟

秋季学期第一批学员

班次		课题研究报告题目	执笔人
省部级	“战略思维与领导能力”研究专题	关于深入推进惩防体系建设的战略思考	陈绪国
		中国企业“走出去”战略模式创新研究	官　庆
		经略南海问题研究	张兆垠
		国际金融危机对中国减贫的影响与对策研究	司树杰
		中国清洁能源发展战略研究	张玉卓
		中国“三农”问题的若干思考	屈冬玉
		落实科学发展战略思维推进政府职能进一步转换	雷鸣山
		课题研究报告：统筹城乡发展让农民享有完整平等的社会权益	葛红林
		发挥政策性金融作用服务国家“走出去”战略	诸鑫强
	“世界经济与政治格局变化及应对”研究专题	国际金融格局变化背景下的中国金融发展	杨国中
		抓住机遇迎接挑战加快推进我国企业“走出去”战略	时希平
		全球经济的格局变动与中国企业的战略应对	李建红
		金融格局变化中的上海国际金融中心建设	屠光绍
厅局级	“民生与社会建设”研究专题	解决人口发展中的结构性问题，促进人口长期均衡发展	郑燕军
		当前大学生“就业难”问题及其对策研究	翟天山 李文渊
		从民生与社会建设视角看西亚北非地区性动荡	潘伟芳
		以法治保障和促进民生事业	施汉生
		关于民生与社会建设有关问题的思考	王　威
		关于增强流动人口“稳定性”的对策建议	王运才
		农民工有关问题研究	杨明仑
		当前形势下构建和谐劳动关系对策研究	郑东亮
		关于加强民生法治保障的研究报告	李仕春
		创新政府管理，优化流动人口服务	何美华
		版权公共服务体系建设问题研究	于慈轲
		资源型开发区农民市民化的就业问题研究	张　湧
	“党的执政经验与执政能力建设”研究专题	邓小平的执政理念及其当代价值	刘金田
		建设马克思主义学习型政党与提高党的执政能力	刘金田
		党建设科学化的本质特征及系统性浅析	袁治平
		依法执政与和谐社会建设研究	贺恒扬
		关于建立科学的干部选拔任用机制的几点思考	梁启通
		党的领导与推动社会组织建设研究	章少民
		正确处理新时期社会矛盾着力提高基层党委政府依法执政的能力	王　华
		新形势下提高我们党有效预防腐败能力的思考	于柯超
		新形势下国企党建工作的若干思考	张力立
		提高党的建设科学化水平研究	秦　利
		深入贯彻落实科学发展观，推进生态文明建设	马　进
		新时期新形势下提高机关党的建设科学化水平的思考	叶　旭

秋季学期第二批学员

班次		课题研究报告题目	执笔人
省部级	"转变经济发展方式与经济结构调整"研究专题	加快转变经济发展方式是推动科学发展的必由之路	黄中平
		转变经济发展方式难在何处——改进我国"县际政府间竞争发展模式"的思考	郑京平
		深化改革创新加快发展多层次资本市场	姚　刚
		转变经济发展方式的体制和动力机制研究	黄海嵩
		中国特色生态文明建设问题研究	张　通
厅局级	"文化建设与文化发展"研究专题	大力推进文化产业发展与金融创新的深度融合	张作荣
		地震巨灾中我国救援文化和国外的差异	孙柏涛
		我国文化产业投融资机制建设探索	赵东亮
		论党政领导机关的文化建设	张　建
		发展壮大文化产业必须持续推进改革创新	阮教育
		多元文化政策与和谐社会建设	朝戈金
		浅议我国社会主义文化的包容性	刘永志
		中华文化走出去战略与国际传播能力的现状、问题与对策	吴毅宏 李曜升
		互联网传播特点和网络舆情分析	李家明
		文化产业的风险特征与投融资模式创新	梁志峰
	"新形势下党的群众工作"研究专题	关于现阶段劳务派遣用工问题的思考	罗茂乡
		提高做好新形势下群众工作能力的探讨	贾德臣
		关于加强和改进非公有制企业党的建设的思考	张世军
		党的群众工作经验及现实启示	于吉林
		青年群众对中国共产党执政的态度研究——基于中国青年政治学院课题组数据的分析	王新清
		社会主义现代化进程中的群众工作新认识	汤　绪
		新型用工制度下国有企业党员队伍教育管理问题研究	张　岚
		维护社会和谐稳定妥善处理社会民生问题与矛盾的思考	马申达

（进修部供稿人：席　琳）

培训部学员"结对子"参观考察

（一）

5月4日，培训部中青年干部培训一班（第32期）一支部与新疆地厅级民族干部培训班（第61期）的教师和学员一行80余人"结对子"考察了北京市顺义区。

考察活动由校委委员、培训部主任罗宗毅带领。

在北京天竺空港经济开发区、北京国际鲜花港，学员们亲身体验了顺义区在改革开放中取得的巨大成就。实地考察后，学员观看了顺义区宣传片，中青年干部培训一班一支部学员、北京顺义区委书记张延昆介绍了顺义区经济社会发展情况，新疆地厅级民族干部培训班学员、新疆维吾尔自治区人民政府办公厅副主任李峪杨介绍了新型工业化在新疆的发展情况。

通过此次活动，学员们深切感受到中国发达地区在经济社会发展中的引领作用，也加深了对不同发展阶段地区、特别是对新疆的了解，还增进了两班学员间的友谊，达到了预期目的。

（二）

5 月 31 日，培训部中青年干部培训一班（第 32 期）一支部与一年制西藏民族干部培训班（第 47 期）学员赴中国海洋石油总公司开展“结对子”参观考察。培训部副主任王炳，两班教师和学员参加活动。

学员们参观了中国海洋石油工业展览馆，听取了中青年干部培训一班学员、中国海洋石油总公司副总经理武广齐关于中国海油科技发展情况和南海情况的报告。参观结束后，两个班的支部书记发言。

这次“结对子”活动体现了学学相长的教学方法，通过相互交流，大家建立了感情、加深了了解、增进了友谊、加强了民族团结。西藏民族干部培训班的学员表示，一定要以实际行动向中国石油人学习，发扬中国石油人的优良传统和作风，为西藏跨越式发展和长治久安作出应有的贡献。

（三）

6 月 5 日，培训部中青年干部培训一班（第 32 期）二支部与新疆县处级民族干部培训班（第 62 期）开展“结对子”活动，赴中国航天科技集团第五研究院参观学习。

中国航天科技集团公司党组成员、总会计师吴艳华向学员介绍了中国航天科技集团公司发展概况和新中国成立以来航天事业取得的辉煌成就。特别是重点介绍了中国在“弹、箭、星、船、器”（导弹武器系统、运载火箭、卫星、飞船、太空探测器）等方面开展的一系列重大技术攻关、取得的一项项重大成果，以及为促进国防现代化建设和国民经济发展作出的巨大贡献。航天科技集团第五研究院副院长李忠保带领学员们参观了“中华航天博物馆”，实地参观航天科技产品和生产流程。学员们反映，通过这次学习考察，很受触动，感受很深。中国航天事业从无到有、从小到大，从仿制到自行研制，成功研制了多种导弹武器系统、运载火箭、应用卫星，发射了载人飞船，实现了中华飞天梦，充分体现了中国的科技发展水平和综合国力。特别是“神七”、“神八”成功飞天，引起全世界的注视，极大地提高了中国的国际地位。

学员们认为，这次活动既是一场现代科学技术的普及，又是一次爱国主义教育。

大家表示要以航天人为榜样，以他们特别能吃苦、特别能战斗、特别能攻关、特别能奉献的精神为动力，不断推动工作创新，争创一流业绩，以实际行动为新疆跨越式发展和长治久安作出自己的贡献。

（四）

10月16日，培训部中青年干部培训二班（第12期）三支部与半年制西藏民族干部培训班（第48期）“结对子”活动以教学参观形式展开。校委委员、培训部主任罗宗毅，总装备部、北京市朝阳区的相关领导参加活动。

学员们首先来到北京航天飞行控制中心。这个中心是中国人造卫星、载人航天和月球探测三大工程的中枢。在指挥控制大厅，大家听取了中国航天工程的情况介绍；在综合训练实验楼，大家参观了载人航天工程展览馆和航天员训练设施。

随后，学员们来到北京朝阳区亚运村社区活动中心，实地考察北京市的基层社区服务，听取了朝阳区社会工委和亚运村街道书记田峡的介绍，并体验了活动中心各种教育、文化、娱乐、健身设施，还与正在中心活动的居民和社区工作人员开展了互动。

通过学习参观，学员们既切身感受到祖国实力的不断强大、科技水平的不断提升，又体会到人民群众不断改善的生活和对美好未来的期盼，受到了一次生动的爱国主义和国情教育。

（摘自校园网，培训部供稿）

培训部学员社会调研成果交流

（一）

5月17日，培训部举办中青年干部培训一班（第32期）学员社会调研成果交流会。副校长徐伟新出席会议并讲话。教务部副主任冯鹏志、科研部副主任郑权、经济学教研部副主任潘云良，中央组织部驻中青年干部培训一班联络员组组长石中和，中青年干部培训一班组织员、联络员和全体学员参加会议。经济学教研部主任赵振华教授和科学社会主义教研部向春玲教授对学员调研报告进行点评。交流会由培训部副主任薛泽洲主持。

交流会上，高翔、王秀峰、周学文、石时态、王力达、谢多6位学员分别代表6个调研组作了“当代大学生政治态度调研”、“鞍山市创新群众利益诉求表达及解决方式调研”、“水利建设用地面临的问题及对策建议”、“被征地农民经济参与由衷感激的征地模式”、“黄石市公共租赁住房改革试点调查报告”和“中石油融资方式转变的案例分析”的主题发言。

赵振华和向春玲对调研报告进行了点评。他们认为这些调研报告选题好，很有实效性和前沿性；调研深入，广泛采用问卷调查、案例分析等科学方法；认识问题深刻，有思考、有探讨；并从更高的层面上进行了概括，政策含量高。两位专家还就进一步修改、完善调研报告，深化对调研问题的研究，调研成果的利用等问题提出了具体的建议。

徐伟新对本次成果交流作了简要总结。她对6位学员的发言和中青年干部培训一班社会调研的成果给予充分肯定。6个调研组的发言作为全班18个调研组的缩影，向大家展现了社会调研的收获和成果。大家紧密围绕党和国家中心工作，盯住国家快速发展面临的紧迫问题，围绕民生和社会建设的重点难点热点问题，有良好的问题意识和使命感，有实践科学发展的态度和方法，抓住以人为本这个核心，胸怀民生关切。大家有针对问题、直面问题的勇气，有理性思考和解决问题的政策研究能力和执政能力。她强调，这些调研报告提出了很多值得借鉴和推广的建议，尤其是以案例分析的形式进行调研在培训部学员中是具有开创性的，是一个富有成果的尝试，提供了很多启示和进一步思考、研讨的空间。希望学员们进一步细化优化调研成果，做好成果转化，充分发挥调研成果的作用。

4月16日至22日，中青年干部培训一班（第32期）学员组成18个调研组分赴各地进行了一周的调研。本次交流的6篇调研报告是支部交流的基础上推荐产生的。

（二）

6月18日，培训部举办新疆民族干部培训班（第61期、第62期）学员社会调研成果交流会。校委委员、培训部主任罗宗毅参加交流会。交流会由新疆民族干部培训班班主任、新疆发展研究中心常务副主任王建华主持。

6位学员代表紧紧围绕中央新疆工作座谈会精神以及新疆实际结合考察的内容和所学的理论，从不同的角度交流了自己的感受和体会。中青年干部培训二班一支部学员、中国浦东干部学院副院长成旦红和中青年干部培训二班三支部学员、广东省体育局副局长谢昌晶从不同角度进行了点评并谈了自己的感受。

5月6日至6月3日，新疆民族干部培训班（第61期、第62期）学员分别赴中国浦东干部学院、安徽、广东进行了体验式学习和社会调研。开学初，新疆民族干部培训班成立了新疆跨越式发展、新疆社会稳定、新疆教育、新疆人才、新疆经济发展、新疆民族宗教、新疆农牧业发展、党的建设问题等9个课题组。此次交流会，是在各学员课题小组充分讨论基础上进行的。

（三）

9月18日，培训部举办中青年干部培训二班（第12期）学员社会调研成果交流会。校委委员、培训部主任罗宗毅，科研部副主任郑权出席会议。中青年干部培训二班全体学员和培训部工作人员参加会议。会议由培训部副主任薛泽洲主持。

交流会上，6 位学员分别代表所在的 6 个调研组汇报了调研成果。调研题目涵盖了海洋经济发展、生态建设和可持续发展、新媒体和舆论引导、基层党建、区域经济发展、社会管理及其创新等国家经济社会发展的重要方面。

经济学教研部张玉杰教授和党的建设教研部高新民教授进行了点评。她们指出，这是一次有质量的社会调研，所选题目都是党和国家有关部门关注以及广大群众关心的热点难点问题，也是学员们相对比较熟悉的问题，各调研组和每位学员对调研活动十分投入、深入扎实，调研报告有基础信息、有调查、有研究，既对学员进一步理论联系实际，开阔视野、把握大局有明显促进作用，也对相关工作领域的决策有比较好的启示和借鉴。

薛泽洲在总结中高度评价了此次社会调研交流的成果，一是选题好，抓住了当前党和国家工作中的急迫问题和人民群众关注的热点问题；二是态度好，各调研组和每位学员对这项活动都高度重视，认真负责；三是方法好，认真学习采用调查研究的相关技术，采用多种研究方法；四是成果好，每份调研报告都有新情况、新分析、新对策，做到了情况反映简明扼要，原因分析比较透彻，对策建议具体实在，听后很受启发。两位教授有针对性的点评，是对调研报告的重要提炼、补充和修正。希望大家进一步改进完善调研报告，进一步深化课题研究，进一步做好调研成果转化和利用工作。

7 月上中旬，中青年干部培训二班（第 12 期）学员组成 17 个调研组分赴浙江、宁夏、内蒙古、湖北、云南、青海、广西、重庆等全国十余省市区，进行为期一周的社会调研。本次大会上交流的 6 篇调研报告，是在前期进行社会调研成果支部交流和全班汇报会的基础上遴选产生的。

（四）

11 月 15 日，培训部举办新疆民族干部培训班（第 63 期、第 64 期）学员社会调研成果交流会。校委委员、培训部主任罗宗毅，培训部副主任王炳以及新疆班民族干部培训全体学员和组织员参加交流会。交流会由新疆民族干部培训班班主任、新疆发展研究中心常务副主任王建华主持。

新疆地厅级民族干部培训班学员代表周海鹰、薛建立、艾山江 · 尕依提和县处级民族干部培训班学员代表李宏、阿迪力 · 艾力、曾斌芳 6 位学员发言，他们分别结合赴湖南、山东两省考察以及中国浦东干部学院体验式教学，从不同角度交流了感受和思考。

中共党史教研部陈雪薇教授、中青年干部培训二班学员、山东省畜牧兽医局党组书记、局长冯继康进行了点评。

10 月 12 日至 28 日、10 月 19 日至 11 月 4 日，新疆民族干部培训班（第 63 期、第 64 期）学员分别赴湖南、山东两省以及中国浦东干部学院，进行社会调研和体验式学习。

（五）

11 月 23 日，培训部举办中青年干部培训一班（第 33 期）学员社会调研成果交流会。副校长徐伟新，校委委员、培训部主任罗宗毅，科研部副主任郑权出席。国际战略所副所长潘悦教授，经济学教研部徐祥临、张玉杰教授，科学社会主义教研部谢志强教授对学员们的调研报告进行点评。交流会由培训部副主任王炳主持。

董祚继、徐晓、才华、韩红梅、刘金焕、寿子琪 6 位学员分别代表 6 个调研组作了“稳定土地供应，促进科学发展”、“深圳市社会组织参与社会管理的经验与启示”、“闵行区农民长效增收机制调研报告”、“进一步支持企业‘走出去’的金融外汇政策研究”、“在创新管理中树立良好的用人导向”和“关于我国企业技术创新主体建设的调研报告”的主题发言。

徐伟新在总结中说，6 位学员的发言都很有质量，理论框架工具运用恰当，调研深入仔细，有较强的研究价值和政策启示，听后很受启发，反映了学员调研的成果和质量。她指出，要解决调研报告中提出的这些问题，不仅需要进一步深化改革，而且更需要一种良好的精神状态，需要凝聚力量、增加共识。党的十八大报告提出的“解放思想、改革开放、凝聚力量、攻坚克难、坚定不移”的精神状态对于高举旗帜、坚持道路，实现目标至关重要。同时也是我们抵御风险、跨越风险需要保持的一种良好精神状态。希望学员们进一步提升精神状态，直面突出问题、难点问题和热点问题。

10 月 22 日至 26 日，中青年干部培训一班（第 33 期）学员组成 18 个调研组分赴各地进行一周的调研。各个小组和支部分别进行了成果交流，6 篇调研报告是在支部交流的基础上推荐产生的。

（六）

11 月 27 日，培训部举办中青年干部培训二班（第 12 期）学员国际调研成果交流会。副校长李书磊，中央组织部中央巡视组副部级巡视专员、国际调研韩国团团长高选民，校委委员、培训部主任罗宗毅，校委委员、进修部主任、国际调研新加坡团团长黄宪起出席。教务部副主任冯鹏志、培训部副主任王炳、中青年干部培训二班全体学员和培训部有关工作人员参加会议。交流会由培训部副主任薛泽洲主持。

陈红红、文学国、曲家文、施小东 4 位学员代表分别作了“在传承与创新中前行——韩国‘文化立国’战略对中国的启示”、“让每位国人过上幸福美好的生活——新加坡社会政策与社会管理透视”、“感悟三星‘五重’浅思中企发展——赴韩国考察学习的几点体会”、“借鉴新加坡经验建造美丽中国城市——新加坡城市治理的经验与启示”的主题发言。

李书磊和高选民对交流会作了点评和总结。李书磊结合自己带领学员出访韩国和新加坡的经历，就如何有效开展国际调研提出了具体要求。他指出，韩国之行有两点感触最深，一是通过考察三星公司，学习韩国的科技创新，进一步认识到科技进步不仅是国家的生存之道，也是共产党人的执政目标和政治理念。党的十八大报告中特别强调要建设创新型国家，推进科技进步，是有远见卓识的。科技是改造世界、塑造生活最强大的物质力量，什么样的体制机制能够促进科技创新，如何培养技术人才并为其创造有利的社会环境，尤其值得深思。二是韩国非常重视文化积累和文化传承，尊重文化，崇尚文化，他们对儒家传统文化的传承发扬值得我们学习。新加坡是华人创建的国家，社会管理和城市治理发展得很到位，显示出中华文化的活力。新加坡重视和善于国际政治运作，前资政李光耀用几十年将新加坡这个地理上的小国变成国际政治上的大国，值得学习。建议大家可以通过阅读李光耀的回忆录和政论集，体会一位政治家如何思考问题、应对问题。他强调，国际调研的目的是拓展学员的世界眼光。目前，中国已是国际政治和经济大国，中国的国家利益遍及全球，中国的青年领导干部要多研读重要国家、地区的相关研究著作，了解其深层的经济政治结构、真实的经济政治运作、社会文化和国民心理，出国学习考察要多留心、多观察、每事问，争取成为外国通。

高选民高度评价 4 位学员的发言。他指出，本次交流会既是学员们考察成果的展示和深化，也是学习成果的交流与分享，达到了学学相长的目的，真正做到了学有所获、学有所悟、学有所成。韩国和新加坡是中国的近邻，两国成功地将东方儒家文化和西方文明相结合，走出了一条适合本国国情的发展道路。他强调，要学习韩国和新加坡的成功经验，尊重人才、重视创新，充分发挥人民群众的主体作用，积极响应党的十八大报告提出的到 2020 年全面建成小康社会的号召，把国家建设得更加美好。

10 月 31 日至 11 月 9 日，中青年干部培训二班（第 12 期）学员在高选民团长和黄宪起团长的带领下分赴韩国和新加坡进行了 10 天的国际调研。

（摘自校园网，培训部供稿）

附：

培训部学员社会调研成果目录

中青年干部培训一班（第 32 期）

学　员　姓　名	调研报告题目	调研地点
王志明、阿不利孜·阿不都热依木、卢　柯、白绍桐、任　勇	当前高校毕业生就业工作面临的突出问题和有关措施建议	山东省济南市
高　翔、张善民、丁宏祥、邵殿祥、王云林	当前大学生基本政治态度调研（现状与对策）	上海市

续 表

学员姓名	调研报告题目	调研地点
武广齐、杨根生、刘家强、马千里、程丽华	中国海洋环保的现状及对策建议	广东省深圳市
张延昆、孙　静、魏增军、李书玉、李逸平	我国边境贸易基本情况及如何进一步加大边贸开放力度	广西壮族自治区崇左市
方惠萍、许慕韩、罗　宁、刘　涛、孙智勇	社区党的建设调研	上海市
严之尧、黄　克、石时态、王梅梅	创新土地制度，促进经济协调发展与社会和谐稳定	海南省三亚市
严光生、王秀峰、陈　缨、陈铁雄、王祥富	群众利益诉求表达及解决方式	辽宁省鞍山市
刘志江、谷春立、崔长征、王正升、张曙光、徐文秀	推进基层民主政治建设，进一步加强和创新社会管理	浙江省台州市
李元平、黄业斌、袁新华、舒　庆、周　斌	生态文明建设与环保新道路研究	江苏省张家港市
刘贵祥、葛洪泽、张新国、肖贵玉、孙　敏	社会管理创新的思考与建议	广东省惠州市
王力达、王光坤、焦方正、马海莉、陈和平	关于保障房建设的思考和建议	湖北省黄石市
谷　澍、王建鸣、朱福堂、沈凤生	地方信用系统的维护与建设	山东省德州市
王小东、周学文、孙　伟、王一新、郭玉芬	水利建设用地面临的问题及对策建议	江苏省扬州市、无锡市
葛付兴、王明达、刘　炤、秦福光、李　洪	水利建设用地面临的问题及对策建议	广西壮族自治区桂林市、来宾市
谢义亚、李晓全、张冬科、庄火林、刘丽娟	崇明岛生态建设的实践创新	上海市
王清宪、彭树杰、王树芬、胡绳木、彭沉雷	核电站建造安全保障	上海市
王永春、白泉民、李　雄、王立志、谢　多	我国公司债券发行面临的问题及对策建议	上海市
林书成、金长征、杨兴强、林少春、石中和	浙江小微企业劳动关系的对策研究	浙江省杭州市、宁波市

中青年干部培训一班（第33期）

学员姓名	调研报告题目	调研地点
李文生、彭　烨、林亚松、柴方国、黄　洪	新时期保障民生民利问题的理论与思考	吉林省延边朝鲜族自治州
黄祚继、王　勇、侯君舒、俞培根、董　昕、梁福林	城镇化推进中的土地持续供应问题	浙江省丽水市

续 表

学 员 姓 名	调 研 报 告 题 目	调 研 地 点
傅　奎、邢　波、王　新、诸骏生、包志敏、殷久勇	民族地区反腐倡廉新思路研究	内蒙古自治区阿拉善盟
尤　红、杨书兵、邵继江、冯祖华、黄保东	我国残疾人老年人辅助器具服务保障政策研究	新疆维吾尔自治区巴音郭楞蒙古自治州
毛有丰、余和平、赖伟德、卢子跃、董新光、陈　富	统计数据：来源、质量、公信力	广东省深圳市
韩红梅、刘文成、唐　兵、宗　明、王尚白、申兆军	企业“走出去”问题研究	山东省青岛市
詹成付、韩志桥、郭庆良、于健龙、夏纪慧	关于成都市锦江区城市管理服务创新的调查	四川省成都市
闫晓明、殷跃平、黄　丹、杜文民、赵海英	低碳城市试点与生态文明建设	湖北省武汉市
吕忠梅、成　刚、张海潮、邓麦村、张冬辰	鄂西生态文化旅游与水资源保护	湖北省恩施土家族自治州
王　森、王延觉、林大庆	关于煤电企业如何通过资本运作实现解困共赢	甘肃省兰州市
王　宇、吴永杰、吴献东、徐　晓	社会组织参与社会管理创新的研究	广东省深圳市
龚建华、魏树旺、郑雁雄、耿彦波、刘金焕、陈龙发	关于新时期干部队伍建设与管理的专题调研	甘肃省兰州市
侯学众、周　伟、江　毅、李　辉、苏　敏	充分发挥信息化效能，重构我国公共卫生服务体系	上海市闵行区
孙　潮、才　华、黄如军、王　东、王炳南	深度城市化进程中的农村产权制度改革	上海市闵行区
朱　永、寿子琪、吴伟章、刘才明、侯松容、杨佳木	关于企业技术创新主体建设的问题和建议	上海市
董洪运、袁吉亮、周　宁、桑杰扎巴、张英杰	如何发挥藏传佛教在西藏和谐社会建设中的作用	西藏自治区林芝地区
白忠泉、李小豹、徐　步、李家世、曾　毅	当前钢铁行业状况的调研	江西省新余市
张晓钦、林　立、宫　鸣、胡海峰、何西庆	新形势下农村基层党员发展和党组织建设的调研	江西省南昌市

中青年干部培训二班（第 12 期）

学 员 姓 名	调 研 报 告 题 目	调 研 地 点
王一鸥、杨　文、古新功、周章新、张　勇	转变经济发展方式与经济结构调整	陕西省榆林市
亓新政、燕　军、胡　琨、张茗朝、李鑫炜	新型工业化道路	宁夏回族自治区灵武市

续　表

学员姓名	调研报告题目	调研地点
李信标、杨建龙、陈常松、曲家文、李　静、杨　春、斯　庆	海洋经济现状及发展趋势	浙江省舟山市
李国俭、戴照明、赵　强、程　强、黄武海、李敦银、文学国	鄂尔多斯民间金融创新	内蒙古自治区鄂尔多斯市
董建国、刘珍瑜、周开让、杨　维、冷劲松	区域经济和社会发展的新经验——农村土地制度	重庆市
汤宛峰、焦瑾璞、谢昌晶、赵振民、左晓龙、刘顺林、徐丹鹿、姜　昕、项水伦、阿合卓力·艾乃斯	生态建设和可持续发展	青海省海南藏族自治州
王善成、赵国卿、江　娅、魏振发、孙　兵	生态建设和可持续发展	宁夏回族自治区固原市
李云峰、施小东、张　伟、窦敬丽、钟会兵	统筹城乡发展	重庆市九龙坡区
李建华、徐　卓、李忠宝、黄振饶、高建军、刘　群、宋　全、刘文华、于海涛	新兴媒体与舆论引导	内蒙古自治区呼和浩特市
曾　艳、王　群、常　利、孙宝林、龙　文、陈正云、周　键	公共文化服务体系建设实践与探索	广西壮族自治区柳州市
常　戌、安钰峰、许桂清、汪克强、杨立明、陈爱民	广西崇左地区文化市场现状与分析	广西壮族自治区崇左市
苗振国、楼中梁、侯俊明、熊茂平、冯继康、蒋建军、刘光溪、袁序成	鹰潭基层党组织建设状况调查	江西省鹰潭市
陶怀颖、崔茂虎、林建田、龚　雯、雷家荣、李　磊、连小敏、白玛卫东	民族地区跨越式发展和长治久安问题研究	云南省德宏傣族景颇族州、保山市
成旦红、李　炜、沙玉山、金　梅、李作钦、曲　波	民族地区社会管理创新研究	湖北省恩施土家族苗族自治州
闫　振、刘纪平、宋秉杰、才仁拉吉甫、万东刚、杨晓山、颜海林、张洪海、杨晓云	关于生态安全和木材安全战略问题研究	内蒙古自治区呼伦贝尔市
常　城、金东海、胡文辉、陈先明、吴小辰、范耀庚、陈红红、邓　勇、陈义平	关于中小企业无形资产质押融资问题研究	黑龙江省哈尔滨市
刘　亢、顾晓华、束庆鹏、李锡文、史家明	三峡工程库区后期扶持政策	重庆市万州区

（培训部供稿人：卢红兵）

党性教育和锻炼

进修部组织学员参观校史馆

3月13日至26日，进修部组织省部班、厅局班各学员支部共300余名学员利用课余时间分15批次陆续参观中央党校校史馆。

中央党校校史馆由原陈列馆改建而成，展览分为一层和三层两个展厅，展厅包括序厅和正式展厅两大部分，整馆面积约3600平方米。展览以中国共产党党史为背景，以中央党校的历史发展为主线，充分展示了中央党校在党的各个历史时期的地位、作用和对党的干部教育事业作出的重要贡献，充分体现了党中央对党校事业的高度重视。校史展览如同一幅绵长的历史画卷，见证了党校的变迁，讴歌先驱，激励当代，照亮未来。

参观过程中，学员们在每个展区都驻足观看，并不时用相机记录下珍贵的历史印迹。参观结束后，学员们纷纷表示，参观校史馆是一次非常好的党史教育和党性教育活动，非常有必要。通过校史馆参观活动，学员们看到了很多珍贵的历史资料，进一步加深了对中国共产党的历史、对中央党校历史的理解和认识，切身感受到中央党校在党的革命、建设、改革的发展历程中发挥的重要作用，特别是改革开放以来，中央党校在培训轮训党员领导干部，培养党的理论队伍，学习、研究、宣传马克思列宁主义、毛泽东思想、邓小平理论、“三个代表”重要思想以及科学发展观等重大战略思想方面发挥的重要阵地作用，在坚持理论联系实际、加强学风建设、加强党性锻炼等方面发挥的熔炉作用。学员们纷纷表示，要更加珍惜在中央党校的学习机会，充分利用好党校宝贵的理论资源，不断提高自身素质和能力，真正做到学有所得、学有所获，为党和国家的事业发展作出更大的贡献。

（摘自校园网，进修部供稿）

培训部开展党性教育活动

4月28日，培训部开展党性教育活动。校委委员、培训部主任罗宗毅，副主任王炳出席。中青年干部培训二班、新疆地厅级民族干部培训班学员和培训部工作人员约170人参加活动。

本次党性教育活动共播放两部录像片，分别是《警钟长鸣》和《堂堂外表下的真相——李堂堂受贿案警示录》。《警钟长鸣》一片结合近年来发生在不同领域的6个泄密、窃密案例，以纪实的手法、翔实的资料和涉案人员的狱中忏悔，道出了保密纪律的严肃性及加强保密教育和管理的重要性。《李堂堂受贿案警示录》一片以宁夏自治区人民政府原副主席李堂堂违反换届纪律和大肆受贿的案例，揭露了其通过拉票方式干扰换届秩序，利用职务便利谋取私利的违纪违法事实，展现了李堂堂从权欲膨胀到利欲熏心、道德败坏的蜕变轨迹。两部录像片对深入贯彻落实第十七届中央纪委七次全会精神，加强广大党员领导干部党性、党风、党纪教育，提高领导干部的保密意识和廉洁自律观念，具有良好的警示教育作用。

（培训部供稿人：卢红兵）

学员座谈

春季学期进修部学员座谈会

（一）

4月20日，进修部召开春季学期第一批学员党支部书记、学习委员座谈会。副校长李书磊出席并讲话。教务部、经济学教研部、国际战略研究所、研究室、后勤服务部及教学组等单位有关负责人，中央组织部驻省部班联络员、驻厅局班工作人员等出席座谈会。座谈会由校委委员、进修部主任黄宪起主持。

座谈会上，6 个学员党支部的支部书记和学习委员汇报了入学以来在理论学习、专题研究和党性锻炼等方面的收获和体会，对党校的教学、管理和服务工作给予了充分肯定。学员们一致认为，党校的课程设置合理，教学内容丰富，管理服务到位。通过在党校的学习，特别是学习习近平校长在春季学期开学典礼上关于“扎实做好保持党的纯洁性各项工作”的重要讲话，进一步增强了党性修养，坚定了理想信念，进一步拓宽了工作思路，提升了领导能力和执政能力，收获很大。全体学员认真学习讨论了中央有关文件精神，坚决表示要与党中央保持高度一致，做保持党的纯洁性的表率。学员们对党校教师的认真授课、辛勤指导，组织管理和服务人员周到热情的服务表示感谢，同时也对党校的教学和管理工作提出了需要进一步改进的意见和建议。

李书磊作了总结讲话，他向学员们在校期间取得的各项成果表示祝贺，向学员们对党校教学管理工作的支持和鼓励表示感谢，对学员们提出的意见和建议做出了回应。他鼓励学员在学员论坛和“两带来”交流中更多地走上讲台，更多地碰撞思想、展开“激辩”，结合在校所学内容对带来的问题进行深入思索，尝试自己解决问题。他还对学员文体活动取得的成果给予肯定。他说，重视学员在校期间的文化生活是中央党校从延安时期沿袭至今的优良传统，应当继续发扬光大。

（二）

5 月 25 日，进修部召开省部级“中国特色社会主义理论体系”高级研修班、厅局级“中国特色社会主义理论体系”研究专题班和“中国特色国有企业发展道路”专题研讨班 3 个班次的支部委员座谈会。副校长李书磊、徐伟新出席并讲话，校委委员、教务部主任王东京，教务部副主任王成志，马克思主义理论教研部副主任秦刚，经济学教研部副主任潘云良，科学社会主义教研部副主任刘海涛，研究室副主任崔禄春，后勤服务部副主任张素峰，进修部副主任郭焕永、赵凤珍及教务部、马克思主义理论教研部教学组、经济学教研部教学组、科学社会主义教研部教学组、研究室、进修部等有关同志参加。座谈会由校委委员、进修部主任黄宪起主持。

座谈会上，3 个学员党支部的 9 位支部委员汇报了入学以来在理论学习、经典选读、党性锻炼方面的收获体会。学员们对党校的教学安排和组织管理工作给予了充分肯定，普遍反映通过在党校的学习，进一步坚定了理想信念，提高了理论素养，拓展了世界眼光，培养了战略思维，强化了党性修养，达到了预期的学习目标，收获很大。同时也对教学、管理和服务工作提出了需要进一步改进的意见和建议。

在听取学员发言后，徐伟新主要从加强学员管理工作角度谈了两点意见。第一，在促进学员的学学相长方面，学员部还可以继续下功夫。在学员部的教学组织和管理工作当中，可以通过学员论坛、读书交流、文献学习、问题讨论等方式，进一步加强学员之间的互动和交流，充分发挥学员的主动性、主体性和积极性。第二，在促进“中国特色社会主义理论体系”教学计划的落实方面，学员部还应发挥更多作用。通过加强对教学活动的中后期组织和管理，提升学员研究报告的水平，多出高质量的研究成果。

李书磊在总结讲话中强调，中国特色社会主义理论体系作为一个新的教学框架，其发展和完善还需要不断地加以探索和总结。在这一过程中，授课教师面临着很大的挑战，需要不断地扩充理论视野，并结合新的实践，对理论做出有效的阐发；学员也要发挥积极作用，多读书，读好书，读经典，读文本，利用难得的机会，真正静下心来潜心学习，传承人类精神的精华。针对学员就教师解放思想、学员互动等方面提出的一些意见和建议，李书磊指出，中央党校的教师需要解放思想，但解放思想需要建立在真正有学问的基础上，要在深入研究、深入思考的基础上解放思想。

（三）

7 月 3 日，进修部召开春季学期第二批学员支部书记、学习委员座谈会。副校长李书磊出席并讲话，教务部副主任王成志，教务部副巡视员兼党校教育研究室主任徐跃，研究室副主任崔禄春，后勤服务部副主任张素峰，进修部副主任郭焕永、赵凤珍及教务部、教学组、研究室等有关同志参加。中央组织部驻厅局班“转变经济发展方式与经济结构调整”研究专题联络员、中央巡视组副局级巡视专员杨上丰，中央组织部驻厅局班“社会管理及其创新”研究专题联络员、中央组织部驻组织一局副巡视员张伯平出席座谈会。校委委员、进修部主任黄宪起主持座谈会。

座谈会上，5 个学员党支部的支部书记和学习委员汇报了入学以来在理论学习、专题研究、党性锻炼方面的收获体会。学员们表示，通过在党校的学习，特别是学习习近平校长关于“坚持实事求是的思想路线”的重要讲话以及李景田常务副校长“讨巧之风不可长”的重要讲话，进一步增强了党性修养，坚定了理想信念，进一步拓宽了工作思路，提升了领导能力和执政能力，收获很大、受益良多。学员们还对党校的教学、管理和服务工作提出了需要进一步改进的意见和建议。

李书磊回应了学员所提建议并作了总结发言。他强调，教师要进一步提高教学质量，按照“学科基础、问题导向”的要求，打牢学术功底，深入调查研究，努力形成自己的真知灼见；要遵守学术规范，立论严谨，对所引用的数字、事实要查考准确。他还指出，要进一步开辟党性教育的新途径，充分发挥北京历史文化底蕴深厚这一资源优势，让学员们更多地了解国家和民族的历史，了解党的历史，增强党性教育的体验性。

（进修部供稿人：席　琳）

春季学期培训部学员座谈会

（一）

3 月 16 日，培训部召开中青年培训二班、西藏民族干部培训班新学员座谈会。副校长孙庆聚、李书磊，教育长兼培训部主任徐伟新，教务部主任王东京，哲学教研部副主任李晓兵，经济学教研部副主任韩保江，文史教研部副主任周熙明出席会议。各教研部的任课、下班教师和培训部工作人员参加会议。会议由培训部副主任王炳主持。

座谈会上，来自中青年培训二班、半年制西藏民族干部培训班、一年制西藏民族干部培训班的 6 位学员代表就当前各地在落实科学发展观、社会管理与创新、党的建设等方面的主要做法及存在的深层次问题，干部群众关心的热点、难点问题，分别畅谈了自己的看法，并就党校教学提出了意见和建议。

在听取了学员代表们的发言后，李书磊与学员进行了交流。他指出，学员们的发言很诚恳、信息量大，听后很有收获、很受启发。党校教师在讲课之前了解学员想什么、思考什么，对教师们的讲课、学术研究以及增强教学的针对性很有用。就大家提出的问题，学员和学员之间、学员和教师之间相互讨论有助于深化思想认识。他强调，党校教学要着重把握两点，即学科基础和问题导向。学员们提供的是现实问题、鲜活材料，同时也是一些调研的线索，非常有用。学员来自各地，有不同学科背景和工作领域，党校教师要充分利用这个优势，开阔多学科视野，加强问题意识。就学员们提出的加强课堂互动问题，他说，要提倡课堂的提问和互动，特别是对如何做好大班提问互动的问题要进一步加以研究。

孙庆聚在总结讲话中指出，通过面对面的座谈，离学员越来越近了，对学员的需求了解得越来越具体和深入了。学员和学员之间、学员和教师之间的交流要制度化、常态化，要增加彼此之间的了解，提高教学、管理和服务的针对性。他强调，有关部门要对学员们提出的管理、服务、生活方面的意见建议认真地去消化和落实。

（二）

3 月 19 日，培训部召开中青年培训一班、新疆民族干部培训班新学员座谈会。副校长孙庆聚，教育长兼培训部主任徐伟新，教务部主任王东京，科学社会主义教研部主任王怀超，哲学教研部副主任李晓兵，马克思主义理论教研部副主任秦刚，科学社会主义教研部副主任刘海涛，国际战略研究所副所长潘悦出席会议。各教研部的任课、下班教师和培训部有关工作人员参加会议。会议由培训部副主任王炳主持。

座谈会上，来自中青年干部培训一班、地厅级新疆民族干部培训班、县处级新疆民族干部培训班的5位学员就当前各地、各部门在落实科学发展观、社会管理与创新、党的建设等方面的主要做法及存在的深层次问题，干部群众关心的热点、难点问题，分别畅谈了自己的看法，并就党校教学提出了意见和建议。

孙庆聚在总结讲话中指出，学员们本着高度负责的态度，认真准备，做了很好的发言，帮助大家加深了对当前一些热点、难点和重点问题的了解。各个部门和相关教师要善于从学员发言中捕捉科研信息和教学资源，不断提高党校教学科研的针对性和实效性。发言学员同时提出了对党校教学和管理的很好的意见和建议，各个部门要认真研究，拿出对策性意见和措施。

（三）

6月12日，教务部组织召开2012年春季学期培训班学员座谈会，听取学员对教学和教学管理工作的意见建议。中青年干部培训一班、中青年干部培训二班、新疆民族干部培训班与西藏民族干部培训班各支部学习委员参加座谈。校委委员、教务部主任王东京出席会议并讲话。教务部副主任王成志，培训部副主任王炳，各班次组织员以及教务部党校教育研究室的有关人员参加座谈会。会议由教务部副主任冯鹏志主持。

座谈会上，与会学员对党校教学给予了较高的评价，一致认为，党校教育有特色，教学主题十分突出，充分践行了“党校姓党”的办学理念，真正做到了理论联系实际；教学计划的针对性很强，教学组织严密；教师素质高、态度好、学识渊博，教学方式灵活多样，富有理论性与现实针对性。通过在党校的学习，学员们提升了理论水平，坚定了理想信念，增强了党性修养，拓宽了世界眼光。围绕进一步改进党校教学与教学管理工作，与会学员还提出了一些意见和建议，主要是授课量比较大，自学与读书时间少；部分教学单元存在着内容重复的问题等。

王东京在总结中指出，教务部将认真研究学员们提出的意见和建议，进一步加强与各有关部门的沟通，不断改进教学管理工作，提高党校教学质量和水平。

（摘自校园网，培训部供稿）

秋季学期进修部学员座谈会

（一）

10月25日，进修部召开秋季学期第一批学员党支部书记、学习委员座谈会。副校长李书磊出席会议并讲话，中共党史教研部主任柳建辉，教务部副主任王成志，国际战略研究所副所长潘悦，研究室副主任崔禄春，进修部副主任赵凤珍，教务部副巡视员兼党校教育研究室主任徐跃及教务部、教学组、研究室等有关同志参加会议。中央组织部驻省部班“战略思维与领导能力”研究专题联络员、中央巡视组副局级巡视专员贾文平，中央组织部驻省部班“世界经济与政治格局变化应对”研究专题联络员、中央组织部干部三局副巡视员侯树根，中央组织部干部教育局驻厅局班工作人员等参加座谈会。校委委员、进修部主任黄宪起主持座谈会。

座谈会上，10个学员党支部的支部书记和学习委员汇报了入学以来学员们的学习情况和党性锻炼情况，对中央党校的教学工作和学员管理工作给予了充分肯定。通过课题讲授、专题报告、读书交流、学员论坛、教学参观等活动，大家在教学相长、学学相长的过程中，在思与学、学与用相结合的过程中，深化了理论，启迪了思想，开阔了视野，坚定了信念。大家表示，在党的十八大即将召开这一重要的时刻，一定要以优异的学习成绩和良好的党性锻炼成果，回报组织的关心，回报党的信任和培养。座谈会上，大家还就如何进一步提高学员研究成果的质量，增强课堂教学的实效性，延长学制，丰富教学形式等问题提出了中肯的意见和建议。

李书磊在讲话中充分肯定了各支部的工作。他指出，本期学员学习状态好，认真、投入，在听课、读书、讨论和思考问题等方面都有很多收获体会。大家的发言讲实情、讲实事，客观实在，所提的一些意见建议也有见识。党校将认真研究学员的需求和建议，进一步提高教学质量。

（二）

11月28日，进修部召开厅局班“中国特色社会主义理论体系”研究专题支委座谈会。副校长李书磊出席并讲话，教务部副主任王成志，研究室副主任崔禄春，机关服务局副局长张素峰，马克思主义理论教研部副巡视员王彦民，马克思主义理论教研部发展史教研室主任、厅局班“中国特色社会主义理论体系”研究专题教学组长邱耕田，进修部副主任赵凤珍、杨信礼及教务部、马克思主义理论教研部教学组、研究室、进修部等有关同志参加。座谈会由校委委员、进修部主任黄宪起主持。

座谈会上，厅局班“中国特色社会主义理论体系”研究专题学员党支部的7位支部委员汇报了入学以来在理论学习、讨论交流、党性锻炼方面的收获体会。学员们对党校的教学安排和组织管理工作给予了充分肯定，对党校教师的认真授课、辛勤指导给予了好评，认为课程设计合理，教学生动精彩，各项教学活动组织有序，服务热情。通过在党校的学习，学员们的马克思主义理论修养有了很大提高，党性观念进一步增强，中国特色社会主义的理想信念更加坚定，认识、解决问题的能力得到很好地锻炼和提升，收获很大。同时，学员们对党校教学、管理和服务工作也提出了需要进一步改进的意见和建议。

学员发言后，李书磊针对学员就课程设计、课堂互动、后续学习等方面提出的一些意见和建议作了回应，并要求相关教学部门认真研究，加以改进。

（三）

2013年1月8日，进修部召开秋季学期第二批学员支部书记、学习委员座谈会。副校长徐伟新出席会议并讲话。教务部副主任冯鹏志，哲学教研部副主任董振华，经济学教研部副主任潘云良，科学社会主义教研部副主任刘海涛，研究室副主任崔禄春，机关服务局副局长张素峰，进修部副主任赵凤珍、杨信礼，教务部副巡视员兼党校教育研究室主任徐跃及教务部、教学组、研究室等有关同志参加会议。中央组织部驻省部班“转变经济发展方式与经济结构调整”研究专题支部联络员、中央组织部组织二局副巡视员牛巧娣，中央组织部驻省部班“学习贯彻党的十八大精神”研究专题支部联络员，中央组织部机关党委（人事局）副书记（副局长）曹远峰参加座谈会。校委委员、进修部主任黄宪起主持座谈会。

座谈会上，8个学员支部的支部书记和学习委员围绕本支部学习贯彻党的十八大精神，进行理论学习，开展党性锻炼等情况进行了汇报，对入学以来的学习收获和体会进行了总结。学员们认为通过听课、研讨、交流、参观等多种教学形式，进一步深化了对党的十八大精神的理解和认识，进一步夯实了理论基础，增强了党性修养，进一步提高了领导能力和执政水平。座谈会上，大家还就如何进一步提高党校教学水平，丰富和创新党性教育的内容和形式，更好地发挥学员思想资源等问题提出了意见和建议。

听取学员发言后，徐伟新对学员在各方面取得的学习成果表示祝贺，希望学员毕业后继续保持在校养成的学习热情、学习习惯和良好学风，不断取得新进步。她对学员提出的意见和建议作了回应，要求相关部门认真研究，不断提高教学、管理的质量和水平。

（进修部供稿人：席　琳）

秋季学期培训部学员座谈会

（一）

9 月 17 日，培训部召开秋季学期新学员代表座谈会。副校长李书磊，校委委员、培训部主任罗宗毅，校委委员、教务部主任王东京，哲学教研部主任李晓兵，中共党史教研部主任柳建辉，研究室主任冯秋婷，马克思主义理论教研部副主任秦刚，经济学教研部副主任潘云良，科学社会主义教研部副主任刘海涛，文史教研部副主任周熙明，培训部副主任薛泽洲、教务部副巡视员兼教育研究室主任徐跃出席会议。各教研部的任课、下班教师和培训部有关工作人员参加会议。会议由培训部副主任王炳主持。

座谈会上，来自中青年干部培训一班、新疆地厅级民族干部培训班、新疆县处级民族干部培训班、半年制西藏民族干部培训班的 7 位学员代表就当前各地各部门在落实科学发展观、社会管理与创新、党的建设等方面的主要做法及存在的深层次问题，干部群众关心的热点、难点问题分别畅谈了自己的看法，并就党校教学提出了意见和建议。

在听取了学员代表们的发言后，王东京表示，学员们认真准备，就相关热点问题和本地区情况做了很好的发言，听后很受启发，大家提供的信息对提升党校教学的针对性和实效性很有帮助，教学部门将会认真研究，吸收到教学管理中去。

（二）

12 月 3 日，教务部召开秋季学期培训班学员代表座谈会。副校长李书磊出席会议并讲话。校委委员、教务部主任王东京主持会议。教务部副主任冯鹏志、王成志，培训部副主任王炳，各学员支部的学习委员和教务部、培训部有关人员参加座谈会。

座谈会上，学习委员代表所在支部交流了学习体会。大家对党校教学工作给予了充分肯定，认为教学设计科学合理，教学内容充实丰富，教学管理严谨有序，教师授课理性自信，学后受益匪浅。特别是党的十八大以后，学校及时组织了学习贯彻党的十八大精神的专题辅导，任课教师围绕党的十八大精神充实教学内容，充分发挥了中央党校在学习贯彻党的十八大精神方面的优势。同时，大家还就如何完善教学内容、提高讲授水平、改进教学方式、增强课堂教学实效性等方面提出了一些好的意见和建议。

听取学员发言后，李书磊对学员所提建议作了回应。

（摘自校园网，培训部供稿）

文体活动

进修部组织学员开展文体活动

（一）学员趣味运动会

3月27日，进修部举办第23届学员联谊会成立大会暨学员趣味运动会，省部班、厅局班共8个支部290多名学员参加。副校长陈宝生出席并给联谊会成员颁发聘书，校委委员、进修部主任黄宪起介绍学员联谊会筹建情况并讲话，文史教研部主任赵伯英，信息中心主任郭英楼，办公厅副主任张忠军，教务部副主任王成志，科研部副主任郝永平，经济学教研部副主任潘云良，科学社会主义教研部副主任刘海涛，培训部副主任王炳，财务行政管理局副局长李峻，后勤服务部副主任张素峰，进修部副主任赵凤珍出席。进修部学员联谊会主席何文波代表联谊会讲话。运动会由进修部副主任郭焕永主持。

本次运动会设定点射门、击球入圈、仿保龄球、钓鱼接力4个比赛项目。比赛有一个项目的两个成绩打破学员运动会记录，一个平记录。厅局班“世界经济与政治格局变化及应对”研究专题支部、厅局班“中国特色社会主义理论体系”研究专题支部、省部班“转变经济发展方式与经济结构调整”研究专题支部分获团体总分前三名。

（二）学员摄影书画展

6月28日，进修部举办庆祝“七一”学员摄影书画展。副校长徐伟新出席开展仪式并致辞，进修部学员联谊会委员、中铁十八局集团有限公司党委副书记、总经理、董事彭仕国代表学员联谊会讲话，开展仪式由校委委员、进修部主任黄宪起主持。进修部学员联谊会主席徐敏杰、委员周郑生、邬永刚，进修部副主任郭焕永、赵凤珍参加开展仪式。进修部在校学员参加开展仪式并观看展出。

摄影书画展由进修部学员联谊会主办，5个支部共有近200幅作品参加了展出。这些作品或讴歌党的丰功伟绩，或赞美祖国的大好河山，或艺术再现博大的中华文明，展示了学员的艺术修养和精神风貌。

展览丰富了学员的课余生活，增进了相互交流和友谊，提高了学员的艺术鉴赏水平。

（三）学员歌唱比赛

7月4日，进修部举办学员歌唱比赛。校委委员、进修部主任黄宪起，进修部学员联谊会主席徐敏杰，学员联谊会委员彭仕国、周郑生、董建军、邬永刚，进修部副主任郭焕永、赵凤珍担任评委并给获奖学员颁奖。活动由郭焕永主持。本次比赛还邀请中央党校原文史教研部教授洪希刚、信息管理部调研员王春英担任评委。

5个学员支部推荐参赛的10首曲目主题健康向上，经过激烈角逐，厅局班“转变经济发展方式与经济结构调整”研究专题一支部向曙光、“社会管理及其创新”研究专题二支部孟宪锋两位学员获得一等奖。

（四）乒乓球团体赛

10月18日，进修部学员乒乓球团体赛落下帷幕。常务副校长李景田，乒乓球世界冠军、中央电视台体育频道节目主持人杨影，校委委员、进修部主任黄宪起观看了比赛，并给获奖的代表队颁奖。进修部副主任赵凤珍主持颁奖仪式。

参加本次乒乓球团体比赛的有11个学员支部代表队，经过激烈角逐，省部班“战略思维与领导能力”研究专题二支部获得团体第一名，厅局班“民生与社会建设”研究专题二支部获得团体第二名，厅局班“转变经济发展方式与经济结构调整”研究专题二支部、厅局班“中国特色社会主义理论”研究专题支部获得团体并列第三名。

（摘自校园网，进修部供稿）

培训部组织学员开展文体活动

（一）学员趣味运动会

3月31日，培训部举办2012年春季学期学员俱乐部成立暨学员趣味运动会，培训部各班次、各支部共计300多名学员参加了万众一心、高山流水、幸运绣球、雷霆战鼓4个项目的比赛。副校长孙庆聚，教育长兼培训部主任徐伟新，科学社会主义教研部主任王怀超，离退休干部局局长钟绍强，校工会主席牛卫国，办公厅副主任张忠军，科研部副主任郝永平，哲学教研部副主任侯才，经济学教研部副主任潘云良，文史教研部副主任周熙明，国际战略研究所副所长潘悦，研究室副主任崔禄春，进修部副主任赵凤珍，研究生院副院长刘春，图书馆副馆长张瑞红，组织部副部长王洋，财务行政管理局副局长李峻，干部教育学院副院长史金龙，后勤服务部副主任刘志刚，信息中心副主任谭荣邦，出版社副社长田国良，中央组织部驻中青一班联络员组组长石中和，马克思理论教研部副巡视员王彦民，中共党史教研部副巡视员李怀义，培训部副主任薛泽洲出席。培训部副主任、学员俱乐部名誉主任王炳介绍学员俱乐部成员并致辞，学员俱乐部主任刘志江代表俱乐部讲话，运动会由学员俱乐部秘书长江娅主持。

国家健美操队表演的精彩节目拉开了运动会的序幕，在经过一个半小时的激烈角逐后，新疆县处级民族干部培训班夺得万众一心、高山流水、雷霆战鼓第一名；半年制西藏民族干部培训班夺得幸运绣球冠军。比赛充分展示了学员们积极向上的精神风貌。

（二）学员书法摄影展

6 月 20 日，培训部举办 2012 级学员春季学期书法摄影作品展。副校长徐伟新，校委委员、培训部主任罗宗毅，图书馆馆长陈高桐，培训部副主任王炳、薛泽洲，培训部学员俱乐部副主任袁序成、学员俱乐部书画摄影协会会长任勇、万东刚观看展出。

徐伟新对学员们展现的较高才艺水平和良好精神风貌给予充分肯定，鼓励大家在学习之余开展课外活动，保持旺盛的学习热情和创新精神，圆满完成学习任务。

本次书法摄影展共收入学员书法作品 10 余幅、摄影作品近 150 幅，充分展示了学员们的艺术修养和精神风貌，体现了支部文化建设的重要成果。

（三）迎“七一”文艺晚会

6 月 19 日，培训部举办“花儿还是这样红——2012 级学员迎七一文艺晚会”。常务副校长李景田，副校长张伯里、徐伟新，校委委员、培训部主任罗宗毅，校委委员、进修部主任黄宪起，校委委员、科研部主任梁言顺，校委委员、教务部主任王东京出席晚会，校内各直属单位领导、教师和离退休老干部也应邀观看演出。

演出开始前，培训部学员俱乐部秘书长江娅简要总结了上半年俱乐部工作开展情况，书法摄影协会会长任勇宣读了“难忘的党校时光”书法摄影比赛获奖名单，文艺协会会长、长影集团董事长刘丽娟致辞。

晚会在管弦乐《红旗颂》的优美旋律中拉开序幕。整台晚会内容丰富、形式新颖，涵盖了男女声独唱、合唱、管弦乐、诗朗诵、影视表演等多种表演形式，许多电影表演艺术家和歌唱家登台演出，多首经典电影主题音乐穿插其中。各支部学员通过精心编排的节目为建党 91 周年献礼，抒发了对祖国的满腔热爱和迎接党的十八大胜利召开的喜悦。

晚会在《走向复兴》的大合唱中落下帷幕。本台晚会得到了长影集团公司的大力支持。

（四）学员毕业暨迎新年联欢晚会

12 月 28 日，培训部举办 2012 级学员毕业暨迎新年文艺晚会。副校长李书磊、张伯里、徐伟新，校委委员罗宗毅、黄宪起、赵长茂、梁言顺、王东京出席。校内各直属单位领导和教职工也应邀观看演出。

各学员支部的节目内容丰富、形式新颖，涵盖了歌曲、舞蹈、情景剧、三句半、快板等表演形式。通过精心编排的节目，各支部学员表达了对党的十八大部署的美好前景的信念和展望，以及对党校情、师生情和同学情的感怀。

（五）乒乓球团体赛

4 月 24 日，培训部举办春季学期中青年干部培训二班乒乓球团体赛。副校长徐伟新，校委委员、培训部主任罗宗毅，培训部副主任王炳、薛泽洲出席比赛颁奖仪式并为获奖支部颁奖。徐伟新对本次比赛给予了充分的肯定，并勉励学员在党校期间努力学习，强健体魄，努力提升个人修养和综合素质。

本次比赛得到了中青年干部培训二班 4 个支部的积极响应，比赛效果良好。四支部获得冠军，二支部获得亚军。

（摘自校园网，培训部供稿）

毕业学员名单

春季学期进修部毕业学员名单

省部级干部进修班（第 51 期）“转变经济发展方式与经济结构调整”研究专题（31 人）

柳纪纲　蔡国雄　李亚力　李雁红
曾　维　周太彤　王　宁　马如龙
姚引良　石　军　乔吉甫　郝明金
肖亚庆　宋　哲　高文兵　罗黎明
周　建　崔　丽　石爱中　丘小雄
钟攸平　肖兴威　吴子丹　陈荣书
王　晓　乔　卫　王锦珍　楼继伟
周清玉　刘梅生　何文波

省部级干部进修班（第 51 期）“学习贯彻党的十七届六中全会精神”研究专题（11 人）

张忠厚　张广宇　赵　金　李升泉
汪金玉　张德修　许宁生　陈小筑

邬书林　王卫民　张学武

省部级干部进修班（第2期）“中国特色社会主义理论体系”高级研修班（17人）

周忠轩　贺　旻　沈晓明　孙金龙
蒋作斌　李友志　刘新文　史贻文
顾伯平　杨文明　李海清　江必新
李如林　林建华　刘学良　朱小黄
约尔古丽·加帕尔

厅局级干部进修班（第58期）“党的执政经验与执政能力建设”研究专题（39人）

杨柳萌　王葚荣　王殿武　尹　军
吴沛良　徐景颜　肖策群　陈　平
蔡德贵　汤效禹　张进海　刘向群
买买提·吐尔迪　刘　旺　谢彦林
郭嗣平　胡文佩　孙　毅　宋　燕
刘　燕　余昌祥　王小平　倪荣鸣
邹　丹　阳向东　谢　元　杨　森
张跃刚　牛建国　李世珏　宁　宇
王　斌　甄少华　丁荣祥　李洪凤
向　军　陈晓钟　向永忠　卞俊峰

厅局级干部进修班（第58期）“战略思维与领导能力”研究专题（100人）

姜沛民　杨鑫传　董云鹏　刘泽光
郭占恒　赵良庆　何　鸣　胡　焯
潘鲁生　史宁安　仉建涛　高颖照
严官金　陈安丽　张自银　陈家记
谢志刚　季　森　侯新华　李　虎
王　俭　万　水　齐新平　周永斌
杨土金　冷少杰　张社卿　任生德
纪　红　周　华　杜燕凌　吴　东
曹贵忠　姚建平　周　峰　万　春
高育生　郑富芝　吴远彬　刘　岩
吴亚军　董华中　李永和　陈　良
杨　璐　王冬青　王早生　郭润英
叶建春　陶永平　侯　岩　武家华
李树廷　王　兵　张金城　赵　刚
顾基平　贾晓光　杨　超　刘　洁
张世良　严文斌　李锦涛　牟光迅
黎　健　智鹏飞　孙建勇　胡承森
吴贵辉　李赤一　王战斌　吴东风
王宝亭　孔繁圃　张　科　姚华舟
李庆堂　苏　青　王钢治　王　平
查慧勤　杨宝华　吕富林　吕华祥
赵　民　程福波　胡金根　殷学明
徐东良　赖佳栋　向梓仲　王振勃
马良杰　王德兴　蒲晓鸥　孙家康
郜烈阳　洪　杰　刘成军　马明文

厅局级干部进修班（第58期）“世界经济与政治格局变化及应对”研究专题（64人）

熊九玲　王　松　高海浩　陈　震
李乃胜　张锦同　胡　奇　刘　侃
王克林　曲吉山　杨毅周　尤宁戈
陈显辉　张雁彬　靳　伟　郝　莉
吴海民　魏　强　苏　伟　肖金成
徐建培　安铁军　张亚力　杨文庄
林铁钢　徐爱生　武津生　杜嗣琨
杜卫群　马传景　梁相斌　刘洪海
王　正　潘晨光　邓文豪　庄育勋
戎　军　沈　昕　刘　建　郭　濂
杨俊峰　栗万欣　钟　坚　邢文华
陆国俊　杨其国　石善博　郑　勇
赵沪湘　黄　峰　徐三好　修　龙
王东兴　魏山峰　余少华　马建萍
李志忠　雷志宏　佟绍成　宋耀华
唐红键　张剑武　孙洪水　李友生

厅局级干部进修班（第58期）“中国特色社会主义理论体系”研究专题（40人）

郑文堂　乔小南　刘志彪　郭剑彪

陈　翔　张晓麟　贾　科　刘群英
刘慧晏　于国安　郑伯阳　郑邦山
刘善桥　任钢建　杨建军　刘金虎
郑　堆　赵　勇　穆建民　于中城
陈品高　车新桥　冯长辉　韩　兵
李春安　万存知　李建新　蔡艺华
王伊娜　张彦通　王晓萍　余龙华
邓俊辉　马小蔚　邓　楷　范希军
唐　勇　袁　欣　李　海　禹春武

厅局级干部进修班（第58期）“转变经济发展方式与经济结构调整”研究专题（90人）

郭光磊　裴宏伟　贾　泓　高建民
刘致远　王焕承　孙慧民　张翠玉
张伟汉　龚　强　王新培　宋卫平
罗　健　宋文军　刘洪涛　张学忙
但长春　万　勇　向曙光　童旭东
吴锐成　陈建军　林回福　段成刚
刘晓东　龚敬政　代欣言　奚正平
戎生灵　夏广泰　杨尚勤　王新东
王伟中　于　薇　张曙红　朱京生
任卫华　傅绍林　陈泉涌　李　军
贾跃明　叶　民　赵冲久　马建华
倪洪兴　刘占圈　刘贵生　殷兴山
刘德恒　李玉林　张贻奏　柳文福
支毅隆　艾立民　张广华　余晓明
樊燕超　许　辉　白光清　刘思扬
赵文洪　陈铁流　肖　璞　曲立峰
孙建宁　刘　峰　王殿昌　林洪亮
石建省　童崇德　何立胜　姜　波
刘满堂　赖伟宣　王之林　宋庆国
郭锡文　韩广德　刘建民　龚艳德
余建国　何在明　付炳锋　杨建辉
曲　哲　徐敏杰　贺海飞　张宏安
彭仕国　谢大勇

厅局级干部进修班（第58期）“学习贯彻党的十七届六中全会精神”研究专题（32人）

舒小峰　鲍常青　侯　元　吴　辰
王卓君　王　佗　吴文峰　李宏伟
王　晓　尹　欣　康　坚　常　青
武在平　刘　杰　刘丽军　李瑞农
窦燕萍　宁丽华　龚亚麟　王冬滨
张云峰　王　炼　傅秉锋　秦国英
黄敢钧　孙德全　杨毅刚　张　江
董亚平　周郑生　彭　牧
穆合塔尔·买合苏提

厅局级干部进修班（第58期）“社会管理及其创新”研究专题（75人）

陈　冬　刘　健　古怀璞　王意恒
刘　福　孙志丹　张　兵　刘志祥
虞国庆　王文海　贾世民　杨健燕
刘旭辉　邹树梁　韦均林　王焕明
吴　亚　赵建生　解　毅　李迎春
陈　刚　郑　震　宋海渭　工光强
田　鸥　孟宪锋　秦安平　高力生
彭官章　赵海啸　洪　都　赵伯英
吕　虹　曹彦芳　李　蓉　李忠诚
孟　扬　吕玉刚　袁瑞青　米有录
翟　钢　贾怀斌　胡子健　王　平
姜晓坛　白京华　王路生　贺常明
青　锋　唐　豹　宋志华　谭　论
徐思鸣　罗丽娜　李春光　章勋宏
郭　象　张　岩　张新龙　李　宁
黄宏祥　董建军　史正江　王　旭
宁方智　李彦利　张羡崇　王彤彦
徐　震　许杰峰　邬永刚　王　坚
聂小铭　任廷军　巴莫阿依

（进修部供稿人：席　琳）

春季学期培训部毕业学员名单

中青年干部培训一班（第32期）（86人）

阿不利孜·阿不都热依木　李书玉
魏增军　王云林　高　翔　丁宏祥
任　勇　方惠萍　杨根生　严之尧
许慕韩　石时态　白绍桐　王志明
卢　柯　张善民　罗　宁　王梅梅
武广齐　黄　克　李逸平　张延昆
刘家强　孙智勇　邵殿祥　刘　涛
马千里　程丽华　刘志江　谷春立
王秀峰　崔长征　陈铁雄　王正升
王祥富　严光生　张曙光　陈　缨
葛洪泽　黄业斌　张新国　孙　敏
李元平　刘贵祥　肖贵玉　舒　庆
周　斌　袁新华　陈和平　王光坤
王建鸣　王力达　焦方正　朱福堂
沈凤生　谷　澍　马海莉　葛付兴
王明达　王小东　周学文　刘　炤
孙　伟　秦福光　李　洪　王一新
郭玉芬　谢义亚　李晓全　张冬科
胡绳木　彭沉雷　庄火林　彭树杰
王清宪　王树芬　刘丽娟　白泉民
李　雄　王立志　谢　多　王永春
林少春　杨兴强　金长征　林书成

新疆地厅级民族干部培训班（第61期）（40人）

买买提·沙吾提　谢义新　念学剑
艾尔肯·阿不都卡德尔　陈道强
高发水　徐秀玲　赵天杰　英　胜
张树山　史文峰　买买提·乌斯曼
李永华　袁宝新　谢　煊　安冬青
杨其君　王卫军　赵　杰　李峪杨
董　琳　方诗国　薛洪伟　李　娟
彭立新　努尔别克·特尔高斯
木太力甫·托合提　吴　峰
阿里木·亚可夫　戴武军　肖　健
王显车　吴红展　杨渭锋　梁新渊
刘云峰　任鸿祺　戴　健　孙新农
拜合提亚·达吾提

新疆县处级民族干部培训班（第62期）（54人）

杰恩斯·哈德斯　段　良　阿　里
赵耀明　郑　敏　屈　华　朱海安
贾那提·海布拉　居来提·买买提
王建强　阿力甫·阿布力米提
李小平　阿不力米提·卡德尔
高庆国　张　蕾　肖　华　冯　波
蒋永凡　高培香　杨贵泉　刘期国
巴特尔　魏新元　三忠辉　韩　华
马合苏提汗·加木沙甫　朱莉莉
买买提明·白克力　王玉刚
买买提·乃买提　李志程　沙　肯
仲生浩　申霜天　彭　季　李安全
贾瑞强　艾麦尔江·吐尼牙孜
李江辉　库尔班·卡依提　哈丽云
熊跃伟　姚新强　颜永芳　汤　梅
马　凯　杨贵军　邹令春　赵国章
艾尔肯·艾白不拉　帕提曼·吐尔逊

努尔夏提·铁来西　李华斌
斯迪克江·马木提

半年制西藏民族干部培训班（第46期）（43人）

汪晓冬　张春玲　勇　扎　黎世江
拉　琼　李亚兵　次　珍　杨惠东
仲格嘉　雷书亮　孙永平　邓元忠
扎西顿珠　尼玛琼拉　索朗玉珍
普布旺堆　达娃次仁　尼玛次仁
石达平措　白曼央宗　拉巴次仁
张学营　郝　静　王　丽　高卫东
杨承碧　喻　昌　余胜能　尼　玛
张丽红　罗　军　戴正明　陈　润
阿布古　任友明　杨秀光　仓姆拉
段高喜　王　勇　王德军　吕茂昌
巴　桑　杨　杰

（培训部供稿人：卢红兵）

秋季学期进修部毕业学员名单

省部级干部进修班（第52期）"战略思维与领导能力"研究专题（73人）

牛有成　傅惠民　曹小红　宋太平
李政文　盘逸阳　符凤春　吴汉民
唐一军　徐　谦　谢　茹　胡振鹏
刘礼祖　叶冬松　杨　松　敬大力
李昌平　葛红林　　　　　曲目史哈
曾清华　陈华祥　武鸿麟　武金辉
陈资全　陈绪国　屈冬玉　钱　智
刘向松　刘结一　王晓翔　周福启
韩晓武　王胜明　姜建初　刘利民
林惠青　王寿祥　李家洋　强卫东
杜渊泉　张　锦　许小峰　赵洪顺
吕　滨　李朋德　雷鸣山　司树杰
孟晓驷　谢经荣　王汝鹏　诸鑫强
李晓鹏　张建国　华庆山　居伟民
吴少华　吴　焰　沈南宁　刘石泉
顾　军　张玉卓　许宪平　司献民
官　庆　王帅廷　胡和平　王树国
周祖翼　王　毅　张兆垠　张超金
秦保中　齐三平

省部级干部进修班（第52期）"世界经济与政治格局变化及应对"研究专题（33人）

陈永川　李守信　盖如垠　屠光绍
吴志明　茅临生　王秀芳　刘可清
阮成发　杨维刚　陈蔚文　贾东军
央　金　周卫健　张世珍　张崇和
康　兵　郑庆东　郝　平　刘红薇
陈　蕾　时希平　宋　兰　张丕民
李　强　刘　越　赵和平　陈文辉
杨国中　陈四清　李建红　谭　跃
巴音朝鲁

省部级干部进修班（第52期）"转变经济发展方式与经济结构调整"研究专题（27人）

黄海嵩　赵　韩　邓力平　尹晋华
张　通　杨泰波　苏道俨　管国忠
张跃平　李进权　张建民　李　健
热孜万·艾拜　　陈元丰　黄中平

张　明　郑京平　吴文学　丁忠篪
姚　刚　杨培森　甄　砚　郭浩达
胡怀邦　王　炯　林　帆　张响贤

省部级干部进修班（第52期）“学习贯彻党的十八大精神”研究专题（37人）

王玉梅　呼尔查　罗一民　文　明
李达球　陈海波　仇　和　周春来
仁青安杰　　　　王会民　王学东
陆彩荣　刘　伟　柯汉民　李小满
何　捷　刘玉亭　陈述贤　何亚非
李　皋　张宏声　马建中　李世明
周长奎　相自成　寿梅生　徐建一
包克辛　龚　克　路　钢　朱崇实
张尧学　王海儒　吕民松　朱和平
王志宏　亢进忠

厅局级干部进修班（第59期）“民生与社会建设”研究专题（64人）

张　平　蒋　斌　丁大恒　李　驰
何美华　仲建成　吴国盛　徐　毅
齐建中　李广胜　翟天山　常智余
林应武　严植婵　吴玉斌　王爱祖
何大清　吕　虹　王建华　孙　林
张　湧　王　有　李兴民　田玉萍
冯鹏志　杨明仑　郑燕军　裴显鼎
阎敏才　卢向东　潘伟芳　王　威
徐孝民　杨锦炎　刘福清　施汉生
郑东亮　江　月　胡甲均　王雪凝
米国庆　李亚民　孙鸿志　刘双来
于慈珂　张　炜　王运才　张正宪
阮利民　李文渊　谷常生　刘选国
熊祚森　李仕春　蔡巽玮　杨东民
黄　强　姚　平　张　军　邓金栋
万建军　孙岩峰　袁　立　吴　刚

厅局级干部进修班（第59期）“转变经济发展方式与经济结构调整”研究专题（86人）

赵文广　陈　添　赵会民　温武瑞
谭景峰　王　维　刘庆恒　张起翔
陆志鹏　张明旭　邝小平　李永健
朱东晖　李建中　于　敏　肖建刚
吴光镭　袁惠民　杨榆坚　李四明
李晓华　张　柱　丁颂国　郭　悦
田永祥　刘建飞　姚眉平　秦德继
姚　红　王　军　马继生　马连芳
闻　库　束伟星　沈元勤　孙国庆
汤鑫华　叶贞琴　孟　群　宣昌能
王　顺　孙成余　白英姿　陆志军
刘　悦　时　光　谢　琳　龚祖英
姜宗亮　骆　飞　马　放　黄群慧
李月瑾　洪　磊　裴　光　毋育生
胡　浩　于青松　海　波　李明祥
吴玉祥　张聚祥　蔡桂茹　沙　鸣
黄　俊　王效仁　李　伟　郭泽义
张天来　向辉明　王志刚　邹正平
时家林　王锦程　商中福　张　翔
刘碧伟　李云鹏　金　辉　陈华元
周龙山　柯　岩　沈尧兴　宋津喜
邹维民　郦晓东

厅局级干部进修班（第59期）“党的执政经验与执政能力建设”研究专题（58人）

赵　文　王晓明　朱　明　郭　健
李春晓　田文媛　徐海鹰　陈善光
孙孺声　刘延生　贺恒扬　罗志军
张如飞　郭永东　叶　旭　孔祥仁
袁治平　邓晨明　王　华　马　进
高弘倩　于柯超　刘金田　张文成
李红梅　周建平　李　平　章少民

裴文田　叶　智　张东亮　彭志凯
王启尧　赵国敏　吴晓军　谢　宪
杜生明　王黎明　梁启通　郑玉芳
战　凯　苑胜岐　熊柏青　李跃平
周厚贵　张永柏　　赫连明利
陈玉胜　周育先　孙兆学　庞　真
张力立　王　涛　刘艳勋　秦　利
曹晓明　夏一军　黄合军

厅局级干部进修班（第59期）“中国特色社会主义理论体系”研究专题（31人）

于洪涛　丁希滨　杨　杰　廖端芳
和红梅　王静波　王永刚　蒋建农
陈广君　许　东　吴元山　胡　驰
张永明　周　萍　王秀明　旦　巴
张晶明　王丽华　乔均录　姜　波
张柏玲　陈建长　陈　越　张黎明
杨志和　马宗林　陈　云　赵海建
王健明　高　康　胡　春

厅局级干部进修班（第59期）“文化建设与文化发展”研究专题（56人）

胡宪武　腾俊杰　徐耀新　陈　瑶
舒仁庆　赵东亮　宿　华　王建勋
姚中凯　张良成　梁志峰　卢仲云
张作荣　王　超　何志勇　黄定承
德青旺姆　　张瑞民　阮教育
张春燕　陈小军　王晓锋　王家明
董　伟　黄安理　王松苗　李曜升
陈方立　赵　杰　雷喜宁　张　建
孙朝晖　黄书元　翟　艳　许基仁
吴毅宏　朝戈金　孙柏涛　冯　锋
刘永志　叶　春　续文利　吴义勤
王小朝　唐苏军　解国光　王国新
陈　剑　秋　敏　都本正　李　耀
张兆本　张继平　杨丽华　朱　颖
逯新华

厅局级干部进修班（第59期）“新形势下党的群众工作”研究专题（31人）

曾繁新　张世军　郭洪波　姜玛俐
姚　平　于吉林　蒋明红　罗茂乡
董　华　刘　潇　顾和玉　靳志伟
卢　平　王景水　郭文奇　贾德臣
汤　绪　马申达　王新清　蒋月娥
杨湘洪　王首丽　党　扣　王露霞
李建伦　李建章　阎宝成　张　岚
刘　平　马　骏　李　岩

厅局级干部进修班（第59期）“学习贯彻党的十八大精神”研究专题（74人）

宋贵伦　张　庆　姚　智　王政和
傅永春　方培琦　许晓明　程小白
卢得志　齐秀生　王　璋　胡经文
李小建　崔世忠　胡德春　李小平
张智军　曾　东　张震华　贾松青
吴　军　朱家美　王　健　李广利
王辛武　耿欣欣　张　民　张志杰
李　普　刘威华　徐　立　赵克强
庞　松　马维驹　刘　琳　潘翔鸣
邱小聪　黄水华　董小君　陈　杰
蒋　强　代　毅　王宪福　马志强
徐　杰　胡　京　沈鹤庭　王晋定
张少明　肖凤桐　孙湧涛　陈永录
于　刚　张小兵　李燕青　尹　刚
夏国斌　刘东生　茆庆国　曾　兵
彭　辉　吕怀珠　李柱桂　程　军
王立新　陈允鹏　张国厚　贾辉东
冀　涛　周志军　樊新太　贾　涛
洪　兵　董　江

（进修部供稿人：席　琳）

秋季学期培训部毕业学员名单

中青年干部培训一班（第33期）（89人）

李文生　赖伟德　林亚松　卢子跃
俞培根　侯君舒　董祚继　邢　波
邵继江　董　昕　尤　红　王　新
董新光　诸骏生　傅　奎　刘文成
柴方国　毛有丰　唐　兵　殷久勇
宗　明　冯祖华　王　勇　杨书兵
黄　洪　余和平　梁福林　王尚白
黄保东　申兆军　韩红梅　彭　烨
郭庆良　韩志桥　吴永杰　刘金焕
吴献东　于健龙　魏树旺　夏纪慧
王　宇　王延觉　殷跃平　龚建华
王　森　郑雁雄　林大庆　徐　晓
赵海英　成　刚　张海潮　耿彦波
邓麦村　阎晓明　张冬辰　杜文民
詹成付　黄　丹　吕忠梅　周　伟
孙　潮　黄如军　王炳南　李　辉
王　东　侯学众　江　毅　才　华
苏　敏　袁吉亮　董洪运　周　宁
吴伟章　刘才明　寿子琪　侯松容
朱　永　张英杰　徐　步　李家世
李小豹　曾　毅　白忠泉　林　立
张晓钦　宫　鸣　胡海峰　何西庆
桑杰扎巴

中青年干部培训二班（第12期）（116人）

陈义平　陈先明　邓　勇　常　城
万东刚　陶怀颖　沙玉山　闫　振
陈红红　崔茂虎　林建田　焦瑾璞
刘纪平　连小敏　杨晓云　宋秉杰
吴小辰　颜海林　龚　雯　成旦红
雷家荣　金东海　张洪海　范耀庚
胡文辉　杨晓山　白玛卫东
汪克强　戴照明　李国俭　杨立明
黄武海　安钰峰　赵　强　常　成
程　强　许桂清　刘光溪　李作钦
李　炜　周章新　古新功　张　勇
曲　波　王一鸥　杨　文　陈爱民
袁序成　楼中梁　文学国　苗振国
熊茂平　冯继康　李敦银　侯俊明
蒋建军　金　梅　周开让　陈常松
李信标　曲家文　董建国　李　静
杨建龙　常　利　刘珍瑜　曾　艳
王　群　杨　春　姜　昕　斯　庆
孙宝林　杨　维　陈正云　周　键
龙　文　谢昌晶　汤宛峰　赵振民
才仁拉吉甫　左晓龙　刘顺林
阿合卓力·艾乃斯　项水伦
冷劲松　李云峰　刘　亢　顾晓华
李锡文　史家明　张　伟　钟会兵
束庆鹏　施小东　窦敬丽　王善成
魏振发　亓新政　李鑫炜　张茗朝
赵国卿　胡　琨　孙　兵　燕　军
江　娅　李建华　刘　群　高建军
李忠宝　刘文华　宋　全　黄振饶
于海涛　徐　卓　李　磊　徐丹鹿

新疆地厅级民族干部培训班（第63期）（41人）

卢向岩　张小一　维力功　王浪涛
樊君梅　王　江　孙　浩　张小庚
袁江峰　张晓宁　叶尔扎提·托肯
尼牙孜·阿西木　戴跃红　李玉梅
薛建立　达楞塔　彭　永　扎马斯
亚力坤·亚库甫　周海鹰
艾山江·尕依提　黄　钰　何　影
陈　光　徐长峰　冯志亮　邱永春
居玛哈孜·哈德尔别克　胡志春
哈德别克·哈汉　武立民　史贯中
葛　军　王建全　艾力·托合提
努尔兰·哈那皮亚　博拉提·加合甫
希尔扎提·巴吾东　古丽·阿不力木
热甫卡提·努热合曼
加思来提·麻合苏提

新疆县处级民族干部培训班（第64期）（55人）

杨　玲　努尔兰·依明　于爱平
贾林·努尔哈米提　管晓伟　王登科
迪力穆拉提·卡斯木　阿迪力·艾力
李　林　张国栋　莫合买提·尼亚孜
蒋怀新　宋春红　马天宇　张　静
任　晖　叶尔兰　王阳喜　杜曙光
薛宏舜　郝俊清　刘江勤　李　宏
刘东露　余　东　刘　让　张晓光
蒋　革　曾斌芳　魏建华　何剑锋
艾合买提·热孜克　张立新
阿合买提江·买买提　王俊康
陈小兵　曹宏斌　陈　凯　张　芃
马依山·扎合帕尔　杨顺轩
高文生　杨志强　孙红新　刘　荷
米吉提·胡加力木　郭　全
居来提·阿不都克里木　唐威西
张小楠　马建新　努尔江·柯赛江
买尔旦·买买提伊力　侯全义

半年制西藏民族干部培训班（第48期）（44人）

孙志强　郭晓东　舒晓莎　索娜吉
纪世德　晏启初　李新昌　央　珍
刘菊梅　张　红　布　嘎　胡顺成
张丽芳　喻云玲　白　珍　向毓意
张明伟　熊　雷　沈小丁　胡　宾
李　桑　郭迎春　次　多　方育刚
肖长伟　陈青霞　马　琳　金文夏
诸伟敏　王光亮　尼玛次仁
扎西多吉　索朗次仁　索朗卓嘎
多吉坚赞　索朗多吉　向巴次仁
泽翁仁真　维色顿珠　普布次仁
吉珠平措　旦巴旺久　拉巴潘多
索南当周

一年制西藏民族干部培训班（第47期）（35人）

加永群措　扎西平措　巴桑次仁
扎西平措　次仁卓嘎　次仁措吉
强巴次仁　巴桑次仁　白玛曲珍
四郎江村　米玛次仁　米玛旦增
洛依慈金　久美多吉　达瓦次仁
梅普琼　杨春生　温　勇　谢明义
赖向东　董昆红　朱玉福　央　金
刘　威　布　措　尼　玛　刘　冲
冯国勇　周　伟　赵存华　李培灵
刘　文　旺　堆　李海云　达　瓦

（培训部供稿人：卢红兵）

学位与研究生教育

编辑：王文创

概　　况

2012年，研究生院贯彻落实全国党校工作会议精神，《党校工作条例》和中央党校校委的要求，集中做了以下十件事。

【把好入口关】　《学习时报》、中央党校网站、中央党校电视台等媒体，积极介绍宣传中央党校研究生院，并加大招生宣传的力度；12月5日，在副校长李书磊的指示下，专门召开全校学位研究生入学考试命题研讨会，与各教研部（所）分管领导及专家共同探讨提升命题质量的有效路径问题。马克思主义理论教研部主任周为民、北京教育考试院张警鹏研究员作提高考试命题质量的专题报告。从招生实际出发，准确把握试题的难度和识别度，努力从“史”、“论”、“实（实践、现实）”、“态（动态）”、“比（比较）”、“析（辨析）”等方面入手，2012年学位研究生的入学考试命题质量有所提高。

【重视研究生就业】　副校长李书磊高度重视研究生就业工作，多次对研究生院提出具体要求。2012年，着重打造就业信息平台，专门在院外网开设就业指导栏目，并结合手机短信同步发放就业信息，以便学生掌握更多的就业信息。上半年，加强内引外联，继续保持与一些“老客户”的良好关系，加强了与重庆市委组织部在选调生方面的合作；下半年，在副校长陈宝生的帮助下，积极联络各方，拓宽就业渠道，不仅与广东惠州达成了定向招聘博士毕业生的合作关系，为应届毕业生争取到了9个政府部门就业岗位，而且与厦门大学马克思主义学院建立了合作关系。11月10日，厦门大学马克思主义学院在中央党校研究生院召开了招聘教学科研人员专场宣讲会。

【营造浓厚学术氛围】 在副校长李书磊的倡导下，在财务部的支持下，建立“经典书目阅览室”，开展了研究生“读经典”系列交流活动。11月2日，召开“读经典”活动启动大会。自此开始，7个年级近40个支部制定了支部和年级的学期“读经典”活动计划，并以支部、班级为单位组织了50多次学术交流活动。12月26日，举办本学期全体学生读经典交流大会，副校长李书磊出席大会，并对读好经典提出了要求。邀请国内外著名专家学者以及外国使节和国企高管，举办3次“求是大讲堂”和27次“周二学术讲座”，受到研究生的欢迎，也形成了浓厚的学术氛围。

【建立约束机制和激励机制】 制定且经中央党校校委通过了“中央党校学位研究生培养工作通报制度”，学校也“把教师在学位研究生教育中的工作量和质作为评职称评奖的依据之一”；加强教学管理，制定且经校委通过了“中央党校学位研究生调课管理规定”。

【加强导师培训】 10月12日至13日，组织召开“学位与研究生教育工作座谈会暨新任导师培训会”。会议提高了新任导师对学位研究生工作在党校工作大局中的重要性的认识，进一步增强了使命感和责任感，也全面交流了学位研究生管理和培养的经验。教研部门就一些具体问题提出了建设性的意见；同时，也找出了学位研究生工作存在的差距以及面临的一些亟待解决的问题。副校长李书磊对建设一流研究生院和培养一流学位研究生提出了明确要求。中国社会科学院美国所所长黄平研究员，马克思主义理论教研部主任周为民、中共党史教研部王海光教授，作如何指导研究生的专题报告，得到了一致好评。

【加大学科建设力度】 合理盘活了一定资金，加大对学科建设尤其是对教材建设、精品课程建设、导师队伍建设、奖励优秀学位论文、扩大学术交流以及重大学术活动的支持力度。

【改善教学条件、工作条件和生活条件】 改造破旧教室，统一更换部分教室的旧桌椅、讲桌，安装现代化的投影设备及教学设备，将教室粉刷一新；把二教区打造成中央党校研究生院学术活动中心，改善了教学条件；同时，着手适当改善办公条件，进行了会议室改造；还注重平台建设，在信息中心的大力帮助下，改造了《研究生院网站》，同时创办了《研究生工作简报》；积极争取校职能部门的支持，逐步改善学生的洗澡和就餐等生活条件，更换硕士生宿舍的家具。

【扩大中央党校学位与研究生教育的社会影响】 成功承办一系列重要会议，产生了较大社会反响。

7月13日，中央党校校委主持召开中央党校学位与研究生教育30周年纪念大会。习近平同志发来贺信，常务副校长李景田出席并发表讲话，为今后的学位与研究生教育事业指明了发展方向。

7月19日，承办全国学位与研究生教育文理科工作委员会2012年学术年会。副校长李书磊出席会议并致辞。来自全国许多知名大学和科研机构从事学位与研究生教育工作的有关领导，以及中国研究生院院长联席会秘书处等单位的负责人，共200多位代表参会。

6月25日，举办“2012·全国社会科学研究生学术论坛”。此次论坛是中央党校研究生院举办的第四届社会科学学术论坛，主题是“思想大解放与改革开放新道路——纪念邓小平南方谈话20周年”。副校长李书磊出席并讲话。来自全国各地的论坛征文获奖代表、新闻媒体记者、首都高校研究生代表以及中央党校研究生等120余人参会。

韩庆祥院长接受校园网采访，介绍了研究生教育的基本情况和学位研究生招生就业等相关政策，介绍宣传研究生院，许多中央媒体给予转载，对树立中央党校学位与研究生教育的良好形象起到了积极作用。

【加强队伍建设】 适当提高研究生院工作人员福利，丰富员工的社会生活和精神文化生活，充分调动工作人员的积极性，研究生院工作人员的精神面貌发生了较大变化。

【加强制度建设和制度管理】 制定和实施《研究生院工作人员出国规定》、《研究生院突发事件应急处理办法》、《研究生院学习制度》、《研究生院出勤考勤管理制度》和《研究生院聘用制工作人员管理制度》等制度，加强了对研究生院工作人员的管理。

（研究生院供稿人：全 昱）

制度建设

中央党校学位研究生培养工作通报制度（试行）

中校厅字〔2013〕1号

第一条 质量是做好学位与研究生教育工作的生命线，责任是做好学位与研究生教育工作的重要保证。建立学位研究生培养工作的通报制度，旨在加强研究生院与教师、教研部门之间在学位研究生培养中的信息沟通和交流，提高教师对学位研究生培养的重视程度，提高学位研究生培养质量。

第二条 通报制度的内容是：将导师和学生在培养主要环节上的实际表现情况（好的和基本情况），每月或每学期汇总一次，报送分管副校长和各教研部（所）。主要包括：

1. 调课情况

根据《中央党校学位研究生调课的管

理规定（试行）》，学位研究生课程表一经公布，任课教师应严格按照课程表规定的时间、地点、内容上课，不得随意调整课程安排。研究生院负责教师教学考勤工作，定期或不定期查课，对违反规定随意调课、停课、找人代课、上课迟到、提前下课、压缩课程次数和随意更换教学计划内容等情况，在教研部（所）范围内进行通报。

2. 课程作业、试卷及成绩单交送

根据《关于加强学位研究生课程作业管理的规定》，学位研究生的课程作业、考试试卷等的评阅工作应在本学期内完成，各负责教师应将成绩单于下学期规定日期（即每年3月25日和9月25日）之前交研究生院培养处。培养处将在适当时候对负责教师进行温馨提示，经提示仍未能按时提交的，将在教研部（所）范围内对课程负责教师进行通报。

3. 开题报告提交

根据《硕士（博士）研究生论文开题报告的有关规定》，硕士学位论文的开题报告应于第4学期末（每年6月底）之前，博士学位论文的开题报告应于第3学期末（每年12月底）之前，提交校学位办。每学期初，校学位办会对应开题的学生及指导教师进行温馨提示。经提示仍未能按时提交的，如无必要原因，将对导师和学生在校学位评定委员会成员范围内进行通报。

4. 学位论文不端行为检测

每年学位论文匿名评审前，校学位办都要运用相关软件对学位论文进行学术不端行为检测。经检测，硕士和博士学位论文的重复率超过40%的，对导师和学生在校学位评定委员会成员范围内进行通报，并推迟一年答辩。

5. 学位论文匿名评审和抽查

在校学位办组织的学位论文匿名评审中，有两位专家评阅意见都是“不合格”的，对导师和学生在校学位评定委员会成员范围内进行通报，并推迟一年答辩。国务院学位办每年都会对我校博士学位论文进行抽检，抽检不合格的，对导师和学生在校学位评定委员会成员范围内进行通报。

第三条 《通报》的使用

1. 任课教师、指导教师因随意调课，未按时提交课程作业、试卷、成绩单以及开题报告等情况，在一学期内累计被通报超过2次的（即：在3次及3次以上者），将采取如下措施：

（1）不得参评本年度学校组织的“中央党校教学优秀奖”；

（2）每年评职称前，将相关教师任职以来的“通报情况”汇总提交校职称评定委员会，作为评职称的基本依据之一；

（3）不得参评本年度研究生院组织的学位研究生各项教学评奖活动；

（4）任课教师是博导、硕导、博士后合作导师的，停止招生一年；任课教师当年度符合博导、硕导遴选条件的，取消申请资格；其他人员的，推迟一届参加博导、硕导遴选。

2. 指导教师因指导的研究生学位论文不合格而被通报的，将采取如下措施：

（1）在校学位办组织的学位论文不端行为检测中，指导的研究生学位论文累计有2人次重复率达40%以上的，导师停止招生一年；累计3人次及以上的，经学位办报校学位评定委员会批准，取消导师资格；

（2）在校学位办组织的学位论文匿名

评审中，指导的研究生学位论文累计有2人次不通过的，导师停止招生一年；累计3人次及以上的，经学位办报校学位评定委员会批准，取消导师资格；

（3）在国务院学位办组织的学位论文抽检中，指导的研究生学位论文有1人次是“不合格”的，导师停止招生一年；累计2人次及以上的，经学位办报校学位评定委员会批准，取消导师资格。

第四条 本制度自公布之日起实施。

第五条 本制度由研究生院负责解释。

关于中央党校学位研究生调课的管理规定（试行）

中校厅字〔2013〕1号

第一条 为了维护正常的教学秩序，严肃教学纪律，加强课堂管理，确保教学质量，特制定本规定。

第二条 学位研究生课程表一经公布，任课教师应严格按照课程表规定的时间、地点、内容上课，未经教学管理部门同意，不得随意调整课程安排。

第三条 有下列情况之一者，可申请调课：

1. 由校务委员会主持的全校性活动需占用上课时间的；

2. 任课教师因学校安排的公务、出国、参加本学科全国一级学会的重要学术会议或中央部委召开的重要会议（有邀请函）、学校临时安排的重要外事活动、基层锻炼、生病等必要原因无法按时上课的。

第四条 因全校性活动需要调课的，研究生院根据校有关部门通知，做好备案工作，同时通知到相关任课教师和学生，并确定具体的补课时间。

第五条 因上述必要原因需要调课的，请按以下程序办理：

1. 一般需要提前3天提出申请，教师本人因特殊原因无法提出申请和办理调课手续，可由教研部（所）研究生秘书提出申请和办理调课手续；因无法预知的特殊原因或紧急情况不能提前3天提出申请的，说明情况后可临时提出调课申请，事后补足申请手续；

2. 请任课教师填写《中央党校学位研究生调课申请表》一式两份（可在研究生院网页下载），写明调课的原因、课程名称、年级、时间、地点等；

3. 请教研部（所）分管研究生工作的主任审核签字，由研究生院确认；

4. 需要调整2个课次以上的，需由研究生院分管教学的副院长审批；

5. 调课申请批准后，一式两份，一份由教研部（所）教学秘书留存，作为教学情况汇总依据；一份由研究生院留存，作为检查上课情况的依据。任课教师负责将调课情况及补课时间、地点等通知到学生。

第六条 任课教师因突然发生的事情导致无法按时上课的，需事后向研究生院说明理由，合乎情理的，补办调课手续，按正常调课对待。

第七条 因必要原因发生的调课，履行调课手续并经批准后，算作正常调课，不在研究生院教学考勤通报范围之内，也不按违反调课管理规定办理。

第八条 各教研部（所）需严格控制任课教师的调课次数。教研部（所）研究生秘书应对上课教师尽到温馨提醒责任。

第九条 任课教师有下列情况之一者，一经发现，均按照违反调课管理规定办理：

1. 未办理调课手续而随意调课的；

2. 无故旷课、缺课，或随意找人代课或代他人上课的；

3. 无正当理由迟到 5 分钟以上的；

4. 无必要原因而压缩课程半个小时以上的；

5. 不按教学计划上课，或随意压缩课程次数，或顺延上课时间，或变换教学计划内容的；

6. 个人因在校外讲课等而擅自调课的。

第十条 研究生院培养处通过巡课、查课来进行教学检查。对违反调课管理规定的，每月以教学考勤通报形式反映至各教研部（所）。每一学期末，将本学期调课情况汇总呈报分管副校长。

第十一条 任课教师在一学期内违反调课管理规定超过 2 次的（即：在 3 次及 3 次以上者），将采取如下相关措施：

1. 不得参评本年度学校组织的“中央党校教学优秀奖”；

2. 每年评职称前，将相关教师任职以来的调课情况汇总提交校职称评定委员会，作为评职称的基本依据之一；

3. 不得参评本年度研究生院组织的学位研究生各项教学评奖活动；

4. 任课教师是博导、硕导和博士后合作导师的，停止招生一年；任课教师当年度符合博导、硕导遴选条件的，取消申请资格；其他人员的，推迟一届参加博导、硕导遴选；

5. 将以上有关情况上报分管副校长和各教研部（所）。

第十二条 本规定自公布之日起实施。

第十三条 本规定由研究生院负责解释。

工 作 会 议

中央党校学位评定委员会会议

7月6日，中央党校召开学位评定委员会会议，审议通过如下事项：1. 审核马克思主义文化学、战略哲学2个自设二级学科；2. 审定2名同志博导兼岗及资格确认，同意3名同志转岗、兼岗申请，决定12名同志为新任硕士后导师；3. 审议通过2012年申请学位人员名单（博士86人、硕士117人、同等学力30人）。

（研究生院供稿人：全　昱）

附1：

新增硕士、博士学位授权点

马克思主义文化学

战略哲学

附2：

新增博士生、硕士生指导教师

经7月6日中央党校学位评定委员会会议审议，通过段培君、韩钢2名同志博导兼岗及资格确认；同意洪向华、董振华、赵峰3名硕导转岗、兼岗申请；决定李海青等12名同志为新任硕士生导师。

一、博士生导师兼岗、资格确认人员

战略哲学　段培君（兼岗，原科哲专业）

中共党史　韩　钢（资格确认，2008年华东师范大学博士生导师）

二、硕士生导师转岗、兼岗人员

思想政治教育　洪向华（转岗，原党建专业）

战略哲学　董振华（兼岗，原马哲专业）

马克思主义文化学　赵　峰（兼岗，原中哲专业）

三、新任硕士生导师

马克思主义中国化　李海青

马克思主义哲学　王晓林

科学社会主义　蒲长春

经济法学　王　静

中共党史　沈传亮

中共党史（党建）　董亚炜

文艺学　梅敬忠

马克思主义文化学　秦　露　徐　平　陈宇飞

国际关系　惠春琳

外交学　穆占劳

附3：

学位研究生名册

《中共中央党校学位评定委员会关于授予杜瑾等87人博士学位、高照立等143人硕士学位的决定》（2012年7月6日）：

授予博士学位人员（共87人）

证书编号	学科专业	研究生姓名	论文题目	导师姓名
8000022012000001	马克思主义哲学（11人）	杜　瑾	新中国三农出路的探寻历程与当代困境的破解研究	毛卫平
8000022012000002		周宁新	个体发展与社会调控	董德刚
8000022012000003		毛良升	哲学视域中的创新研究	赵理文
8000022012000004		杨振闻	当代中国人生存方式的变迁及其影响	韩庆祥
8000022012000005		王海滨	现代性的精神批判——当代中国人的精神世界重构之思	韩庆祥
8000022012000006		汪　强	论我国社会主义市场经济	董德刚
8000022012000007		孙　强	哲学视域下的潜规则研究	阮　青
8000022012000008		付　康	发展价值的哲学研究	杨信礼
8000022012000009		赵文丹	陈唯实与马克思主义哲学大众化	胡为雄
8000022012000010		朱构峨	适度消费的哲学研究	赵理文
8000022012000011		吴　迪	社会进步评价尺度研究	边立新
8000022012000012	科学技术哲学（4人）	高海青	从物化批判到技术批判——韦伯式马克思主义技术哲学思想发展研究	李建华
8000022012000013		涂向阳	战略系统论——基本战略思想史的研究	段培君
8000022012000014		郝　栋	绿色发展道路的哲学探析	赵建军
8000022012000015		姜　杰	矿业生态化开发的哲学研究及模式探索	李建华
8000022012000016	政治经济学（18人）	邓舒仁	低碳经济发展研究：理论分析和政策选择	刘海藩
8000022012000017		赵洪山	我国劳动者报酬份额变动趋势的研究	李兴山
8000022012000018		周会祥	我国主体功能区产业集群发展问题研究	李兴山
8000022012000019		宋　飞	论利率与通货膨胀	王东京
8000022012000020		肖　翔	中国工业化中的政府作用研究	胡希宁
8000022012000021		王洪信	中国国有控股商业银行公司治理研究	王天义
8000022012000022		李　中	我国经济发展方式转变中的制度创新	胡希宁
8000022012000023		王晓飞	中国自然失业率实证研究	赵长茂
8000022012000024		曾繁振	国际化背景下多层次资本市场体系及其构建研究	赵长茂
8000022012000025		徐　沈	中国新型农村金融组织发展研究	杨秋宝
8000022012000026		张庆亮	中部地区承接产业转移研究	杨秋宝
8000022012000027		赵逸楠	复苏阶段宏观调控政策研究	赵振华
8000022012000028		孙慧文	不完全劳资契约剩余分配问题研究	赵振华
8000022012000029		娄季芳	国际比较视角下的人民币国际化研究	张伯里
8000022012000030		郑　晓	产业结构与经济增长——中国战略性新兴产业发展问题研究	曹　新
8000022012000031		杜相乾	中国低利率政策研究	曹　新
8000022012000032		桑　瑜	基于组织创新的农村金融发展研究	谢鲁江
8000022012000033		吴　超	我国金融结构优化和经济增长稳定性研究	韩　康

续 表

证书编号	学科专业	研究生姓名	论文题目	导师姓名
8000022012000034	法学理论（7人）	李志坚	民主党派参政权研究	石泰峰
8000022012000035		邱晓里	民主实现的法治机制	卓泽渊
8000022012000036		司春燕	马克思恩格斯的法正义观研究	张恒山
8000022012000037		沈　玲	新中国城市住房供给制度变迁的研究及思考	张恒山
8000022012000038		杨圣坤	预防职务犯罪制度失灵的法理思考	林　喆
8000022012000039		黄海媛	全球化视野下的国籍权研究	林　喆
8000022012000040		付少军	审判委员会制度研究——以人民法院司法实践为视角	石泰峰
8000022012000041	政治学理论（5人）	陈承新	论当代中国政治意识引导	李良栋
8000022012000042		许　瑞	中国特色的预防腐败机制研究	刘　春
8000022012000043		麻雪峰	韩国和新加坡民主化进程比较研究	朱满良
8000022012000044		臧豪杰	共同体思想视域下的中国现代政治价值选择	赵虎吉
8000022012000045		王永志	市场经济与当代中国政治价值转型研究	赵虎吉
8000022012000046	科学社会主义与国际共产主义运动（7人）	晏　荣	中外基本公共服务制度比较研究——以中国、美国、瑞典为例	叶庆丰
8000022012000047		居　伟	现阶段我国实现共同富裕的路径选择	王怀超
8000022012000048		张　磊	中国共产党对中国发展模式的认识进程	靳　薇
8000022012000049		南储鑫	乡村性别文化重构——以河南省登封市为例	李慧英
8000022012000050		王　科	和谐视野中社会主义建设经验教训研究	贾建芳
8000022012000051		曾辉方	政府推动型现代化模式利弊分析——1978年以来中国初步的经验与教训	吴忠民
8000022012000052		张慧娟	美国文化产业政策及其对中国文化建设的影响	李道中
8000022012000053	中共党史（7人）	赵　威	1956—1957年工人异动问题研究—以洛阳市为例	李　媛
8000022012000054		葛传根	中国共产党早期宣传工作研究（1921—1927）	李东朗
8000022012000055		张致森	中共中央和全国人大关系研究（1954—1959）	李君如
8000022012000056		李荣田	中国共产党党费制度研究	柳建辉
8000022012000057		周　震	新中国成立初期革命大学研究	罗平汉
8000022012000058		赵　亮	1951—1954年整党运动研究	罗平汉
8000022012000059		蒋天策	1949—1956：建国初期干部队伍建设转型的历史考察——以北京市为例	柳建辉
8000022012000060	中共党史（含党的学说与党的建设）（7人）	吴　超	基层党组织服务功能问题研究	王长江
8000022012000061		刘序明	网络监督在反腐败中的作用研究	刘炳香
8000022012000062		苏青场	新媒体与党的建设	高新民
8000022012000063		牛月永	中国共产党党内基层民主制度建设研究	王长江
8000022012000064		李海洋	中国共产党的制度体系建设研究	梁妍慧
8000022012000065		陈焕文	新时期县委书记队伍建设研究	李　民
8000022012000066		谭　鹏	论战后西欧社会民主党治国理政的经验与启示——以英、法、德、瑞四国为例	姜　跃

续 表

证书编号	学科专业	研究生姓名	论文题目	导师姓名
8000022012000067	国际政治（10人）	闫 坤	印度尼西亚民主化进程对其外交政策的影响	刘建飞
8000022012000068		郑东超	“后9·11时代”美国和土耳其的关系	刘建飞
8000022012000069		丁 工	中等强国的崛起与中国外交布局的调整	马小军
8000022012000070		张 亮	“9·11”事件以来俄罗斯的中亚政策研究	张 明
8000022012000071		吴 江	黑格尔暴力—战争观初论——与国际政治理论的比较研究	马小军
8000022012000072		周 明	冷战后印度中亚政策研究	张 明
8000022012000073		王俊峰	冷战后台湾与东盟国家关系研究	郭建平
8000022012000074		康文中	大国博弈下的北极治理与中国权益	郭建平
8000022012000075		郑 毅	冷战后的美俄关系：由“蜜月”到“摩擦”——老布什到克林顿的对俄政策剖析	左凤荣
8000022012000076		周 文	软实力外交与中国的战略抉择	郭建平
8000022012000077	马克思主义基本原理（2人）	李百花	当代中国社会管理的马克思主义分析	王伟光
8000022012000078		部付见	当代中国意识形态建设研究	秦 刚
8000022012000079	马克思主义发展史（1人）	韩跃民	我国社会主义社会建设基本问题研究	严书翰
8000022012000080	马克思主义中国化研究（1人）	袁 静	中国农村家庭联产承包责任制改革中的社会心理变动（1978—1984）——基于豫中西关村为中心的调查	谢春涛
8000022012000081	国外马克思主义研究（3人）	马新颖	西方马克思主义现代性批判理论及其当代意义	胡振良
8000022012000082		马 晨	马克思主义民族理论的时代化研究	胡振良
8000022012000083		吕瑞林	苏联重新斯大林化问题研究	左凤荣
8000022012000084	思想政治教育（4人）	张 哲	经济利益多元化背景下的思想文化建设研究	戴焰军
8000022012000085		刘 明	公安思想政治工作科学化研究	戴焰军
8000022012000086		何爱云	新时期廉政教育研究	张晓燕
8000022012000087		巫阳朔	中美高校思想政治教育比较研究	张晓燕

授予硕士学位人员（共113人）

证书编号	学科专业	研究生姓名	论文题目	导师姓名
8000032012000001	马克思主义哲学（8人）	高照立	马克思职业理想的当代审视	刘能杰
8000032012000002		麻飞	毛泽东矛盾特殊性思想研究	刘毅强
8000032012000003		王丰	中国社会转型进程中的价值观变化研究	林艳梅
8000032012000004		王君霞	“统筹兼顾”方法论的价值哲学探析	董振华
8000032012000005		杨永加	网路民主对我国当前社会管理的影响研究——从权力运行的视角看	钟国兴
8000032012000006		郝永康	人民性：中国化马克思主义的核心意蕴	薛广洲
8000032012000007		曾凯	从抽象到具体——马克思研究俄国社会发展问题的方法论分析	何建华
8000032012000008		曾丽丽	民生问题的唯物史观基础	郝永平
8000032012000009	中国哲学（3人）	丛素霞	龙场悟道——王阳明心学的终极关怀	王杰
8000032012000010		赵洋艺	王阳明“觉民行道”的“外王”思想	陈中浙
8000032012000011		金禹含	试论《吕氏春秋》中的大一统思想	王杰
8000032012000012	外国哲学（3人）	崔宏伟	奥古斯丁《论自由意志》中恶之起源问题	李文堂
8000032012000013		徐小凡	Commonwealth的“现代”意味	李晓兵
8000032012000014		唐竹沁	对柏拉图《会饮》中爱欲的解读	成官泯
8000032012000015	伦理学（2人）	王雪娇	《弟子规》德育思想研究	刘余莉
8000032012000016		王书慧	罗尔斯契约伦理思想研究	靳凤林
8000032012000017	科学技术哲学（3人）	冯志东	互联时代舆论引导策略与技术	蔡德聪
8000032012000018		赵京超	波普尔科学哲学对其政治哲学的影响	杨玉成
8000032012000019		郭琦鑫	浅论转基因产品的溯源管理	付立
8000032012000020	政治经济学（12人）	舒畅	马克思和熊彼特创新理论比较研究	李鹏
8000032012000021		耿烨炜	基于国际比较的我国碳金融发展路径选择研究	李继文
8000032012000022		苟凤丽	提高劳动报酬在初次分配中的比重问题研究——基于劳动力转移视角的研究	李省龙
8000032012000023		林浩	中国农村劳动力转移的三重约束及对策	徐平华
8000032012000024		崔丁化	从制度视角看中国三个五十年的经济增长	贾华强
8000032012000025		陈平	我国银行业垄断问题研究	董艳玲
8000032012000026		张大伟	土地生财机制支撑下的地方债务形成机理研究	李旭章
8000032012000027		支全明	基于脱钩理论的碳减排分析	孙小兰
8000032012000028		陈伊丽	当前金融发展失衡问题研究——基于政府失灵的视角	李省龙
8000032012000029		李欣	公共选择视野下中国收入差距扩大问题研究	李鹏
8000032012000030		石小路	我国城镇化效益评价体系研究	石霞
8000032012000031		熊瑛	人本型经济发展方式探析	贾华强

续 表

证书编号	学科专业	研究生姓名	论文题目	导师姓名
8000032012000032	世界经济（5人）	刘　锋	基于全球视角的外汇储备规模研究	孙仲涛
8000032012000033		李　怀	海外华人资本对中国大陆的直接投资研究	朱邦宁
8000032012000034		潘大洋	中国银行业国际化的现状分析及对策选择	王金龙
8000032012000035		刘　滨	我国企业对外直接投资分析	吕健华
8000032012000036		曹良继	中国股权交易市场发展——基于中美比较的研究	陈江生
8000032012000037	国民经济学（1人）	陈冠英	我国科技金融资源配置分析——基于生命周期理论的研究	陈宇学
8000032012000038	区域经济学（1人）	申小林	中国区域开放度研究	张玉杰
8000032012000039	法学理论（7人）	李志华	行刑社会化研究	赵永红
8000032012000040		曹　森	同性恋婚姻权利的立法保护	王立峰
8000032012000041		宋　刚	我国食品安全监管体制的立法完善	封丽霞
8000032012000042		徐　雪	法治进程中个人信息法律保护研究	刘永艳
8000032012000043		冯永强	通过法律的社会管理创新——社会组织的法治化协同治理视角	刘永艳
8000032012000044		韩　雪	网络言论自由的实现及其限制	张晓玲
8000032012000045		冯　婕	论能动司法的内涵与实现	姜小川
8000032012000046	宪法学与行政法学（2人）	许　洁	行政程序法的价值定位——兼论公正与效率的关系	王雅琴
8000032012000047		刘兰青	试论政府网络治理的立法规制	刘素华
8000032012000048	经济法学（3人）	李泽昆	我国环境影响评价法律制度研究	李雅云
8000032012000049		田　锴	论金融消费者的法律保护	张忠军
8000032012000050		黄　涛	论证券法上的证券	庄玉瑞
8000032012000051	政治学理论（5人）	李凯明	自由主义及其对中国政治价值重构的启示	赵虎吉
8000032012000052		赵　影	中国特色协商民主问题研究	刘学军
8000032012000053		李秀丽	儒学在中国民主转型中的困境与出路——梁漱溟与徐复观民主思想比较的视角	刘学军
8000032012000054		代艳红	当代中国中间阶层对社会稳定的影响	肖立辉
8000032012000055		刘国栋	国家构建与后发国家政治民主化基础的确立	肖立辉
8000032012000056	中外政治制度（2人）	韩晓君	网络群体性事件的行动逻辑	刘启云
8000032012000057		刘　磊	寻租理论视角下的行政审批制度分析	刘启云

续 表

证书编号	学科专业	研究生姓名	论文题目	导师姓名
8000032012000058	科学社会主义与国际共产主义运动（10 人）	肖 钢	当代中国党政关系的历史与现状	刘海涛
8000032012000059		汤立锐	日本早期社会主义思想对中国的影响	门晓红
8000032012000060		鹿志超	试论当前国有企业文化的建设与创新	孙劲松
8000032012000061		王运征	我国民生时代扩大居民消费问题研究	杨玲玲
8000032012000062		李天飞	网络社会与中国公民社会的发育	冯书泉
8000032012000063		刘志超	转型期我国政府体制成本分析	郭 强
8000032012000064		芦 杰	网络民意对我国公共政策制定的影响	梁 波
8000032012000065		程志勇	美国网络外交战略研究	韩云川
8000032012000066		曹超逸	影响我国居民劳动收入提高的体制性原因分析	孟 鑫
8000032012000067		王多晓	我国转型期公共权力规范研究——党执政下分权制衡的视角	刘俊杰
8000032012000068	中共党史（10 人）	龙元平	浙东敌后抗日根据地统战政策研究	刘宝东
8000032012000069		刘 甜	抗日战争时期《群众》周刊研究	张卫波
8000032012000070		孙 新	新中国建立初期的拥军优属工作——以抗美援朝为中心的考察	高中华
8000032012000071		谌 颖	《理论动态》（1977—1982）研究	王海光
8000032012000072		唐璐璐	改革开放以来非公有制企业党的建设工作历史考察——以浙江为例	李庆刚
8000032012000073		辛晓明	红色旅游中的中共党史教育研究	张桂英
8000032012000074		刘 娜	对 20 世纪 80 年代初期流行歌曲争论的回顾	张珊珍
8000032012000075		陈旭晓	20 世纪 30 年代中国的世界语运动研究	张太原
8000032012000076		蒋艳平	中共中央北方局的整风运动	卢 毅
8000032012000087		杨鑫洁	1960 年《毛泽东选集》第四卷的出版与宣传	祝 彦
8000032012000077	中共党史（含党的学说与党的建设）（10 人）	张 博	执政党应对市场经济考验——基于生产要素的分析	祝灵君
8000032012000078		崔文泉	社区党建推进城市基层社会管理创新研究	王金柱
8000032012000079		柏祖国	论改革和完善党对社会的领导	吴 辉
8000032012000080		荀立伟	新时期中国共产党干部管理问题研究	张希贤
8000032012000081		赵 灿	国有企业党建工作科学化的初步思考	张志明
8000032012000082		吕永君	论卡梅伦领导下英国保守党的改革	王 瑜
8000032012000083		杨岳飞	新时期社区党组织凝聚力研究	刘玉瑛
8000032012000084		杨云成	党的反腐制度有效性研究	任铁缨
8000032012000085		杨 昕	论新形势下密切党群关系的路径选择	张荣臣
8000032012000086		汪春艳	微博与党的建设	陈凯龙
8000032012000088	国际政治（5 人）	陈 晔	论中国海外利益的维护和拓展	门洪华
8000032012000089		杨 娜	冷战结束以来的波俄关系研究	左凤荣
8000032012000090		周文鹏	美国网络外交及其运行机制研究	秦治来
8000032012000091		刘 颖	浅析奥巴马政府的美巴反恐合作	张 明
8000032012000092		杜 鹏	奥巴马政府南海政策研究	张 明
8000032012000093	国际关系（2 人）	孙雅静	美国国内政治因素对中美经贸关系的影响	李云龙
8000032012000094		杨 飞	评析米尔斯海默的进攻性现实主义理论	孙建杭

续 表

证书编号	学科专业	研究生姓名	论文题目	导师姓名
8000032012000095	外交学（2人）	姜莹莹	中国基金会对外活动比较研究	王红续
8000032012000096		林剑贞	浅析公共外交在突发事件中的运用	王红续
8000032012000097	社会学（4人）	赵红彬	转型期中国社会主要特权现象研究	林　海
8000032012000098		戴天逸	社会封闭视角下关于流动商贩的实证研究	青连斌
8000032012000099		章敏敏	从社会性别角度看农村养老问题	向春玲
8000032012000100		姜典航	新生代农民工社会流动问题研究	谢志强
8000032012000101	马克思主义基本原理（1人）	许贵兰	马克思恩格斯的利益协调思想及其当代意义	牛先锋
8000032012000102	马克思主义发展史（2人）	张　豪	传统文化与马克思主义中国化——以金刚经为例	白平浩
8000032012000103		王贺庆	论批判教条主义与毛泽东思想的形成和发展	邱耕田
8000032012000104	马克思主义中国化研究（2人）	袁和欣	我国农民阶层分化问题研究	贾建芳
8000032012000105		张　敏	论马克思主义与中国传统文化的结合	秦　刚
8000032012000106	国外马克思主义研究（1人）	刘海燕	英国福利国家的发展、改革及其启示	林艳梅
8000032012000107	思想政治教育（3人）	陈丽芳	新时期中国共产党人政治忠诚问题研究	王　莉
8000032012000108		陆　璐	风险意识养成机制的系统建构	李俊伟
8000032012000109		马　众	葛兰西的文化领导权理论及其当代意义	陈冬生
8000032012000110	文艺学（1人）	殷晓慧	跨文化语境下的中国形象建构	范玉刚
8000032012000111	中国近现代史（1人）	潘　薇	浅析南京国民政府（1928—1949）时期的铨叙制度	岑大利
8000032012000112	行政管理（2人）	廉尔力	中国“省直管县”体制改革的困境与出路研究	黄小勇
8000032012000113		袁　斌	社会管理中的政府能力研究	张　伟

授予同等硕士人员（共30人）

证书编号	学科专业	研究生姓名	论文题目	导师姓名
T8000032012000001	马克思主义哲学（1人）	李建坤	论邓小平的人学思想	薛广洲

续 表

证书编号	学科专业	研究生姓名	论文题目	导师姓名
T8000032012000002	政治经济学（16人）	侯星亮	县级区域节约集约用地研究——以山东省莱芜市钢城区为例	徐平华
T8000032012000003		王 珽	试论构建创新成果交易市场	徐平华
T8000032012000004		苗 苏	菏泽市产业结构优化问题研究	于永臻
T8000032012000005		扈艳华	我国房地产业发展中政府干预研究	孙小兰
T8000032012000006		孔艳艳	我国农村土地征收问题研究	贾华强
T8000032012000007		边轶男	黄河三角洲高效生态经济区生态农业发展问题研究	李 鹏
T8000032012000008		崔 健	我国生态工业园区发展问题研究	李 鹏
T8000032012000009		刘 蕾	山东省养老服务区发展对策研究	徐平华
T8000032012000010		王 宁	我国农民专业合作社发展研究	贾华强
T8000032012000011		路苗苗	我国低碳城市建设探析	孙小兰
T8000032012000012		马文清	我国农业现代化的发展困境与路径突破	刘艳梅
T8000032012000013		薛 凯	增加城乡居民收入与扩大居民消费需求问题研究	李 鹏
T8000032012000014		唐丽娟	后金融危机时期我国大学生就业问题研究	于永臻
T8000032012000015		陈 强	山东省就业结构问题研究——基于产业结构的视角	刘艳梅
T8000032012000016		张秀丽	省级以下财政管理体制研究	刘艳梅
T8000032012000017		邵长清	我国网络经济问题研究	曹 立
T8000032012000018	法学理论（2人）	焦 霞	维护职工劳动权益问题研究	刘永艳
T8000032012000019		孙学朝	我国量刑规范化现状评析及完善思路	姜小川
T8000032012000020	科学社会主义与国际共产主义运动（11人）	张 芳	创新干部品德考评机制研究	孙劲松
T8000032012000021		许 珍	新生代农民工市民化问题探析	孙劲松
T8000032012000022		曹 燕	国民幸福感研究	叶庆丰
T8000032012000023		王 晶	城镇化背景下农村历史文化保护问题研究——以山东为例	叶庆丰
T8000032012000024		宋 琦	社会主义核心价值体系大众化研究	冯书泉
T8000032012000025		钱继花	老龄化社会视角下的农村养老问题研究	常欣欣
T8000032012000026		李广宝	论我国行政问责制的发展与完善	冯书泉
T8000032012000027		仲 影	论改善民生与加强中共执政基础	常欣欣
T8000032012000028		孟 瑜	新形势下创新农村基层党组织设置的思考	孙劲松
T8000032012000029		代 娟	我国社会转型期道德建设问题研究	胡振良
T8000032012000030		隋云鹏	文化市场管理研究	叶庆丰

（研究生院供稿人：全　昱）

全国学位与研究生教育文理科工作委员会2012年学术年会

7月19日，由中国学位与研究生教育学会文理科工作委员会主办，中央党校研究生院承办的“全国学位与研究生教育文理科工作委员会2012年学术年会”在中央党校开幕。来自北京大学、中国人民大学、北京师范大学等高等院校的研究生院、各省级副省级党校、科研机构从事学位与研究生教育工作的有关领导，以及中国研究生院院长联席会秘书处等单位的负责人，共200多位代表参加会议。

在开幕式上，中央党校副校长李书磊致欢迎词，中国学位与研究生教育学会会长、原教育部副部长赵沁平，国务院学位委员会办公室副主任、教育部学位管理与研究生教育司副司长孙也刚，文理科工作委员会副主任兼秘书长、北京大学研究生院副院长高岱分别发表讲话，北京大学化学院教授、中国科学院院士严纯华应邀作了《关于如何培养研究生》的报告，中央党校研究生院院长韩庆祥出席。开幕式由文理科工作委员会副主任、中国科技大学副校长张淑林主持。

主题报告会由文理科工作委员会副主任、吉林大学副校长吴振武主持。中国科技大学副校长张淑林作了《关于研究生培养质量的几个问题》的报告，中央党校研究生院院长韩庆祥作了《国家标准与党校特色》的专题报告，中国人民大学专业学位办公室主任马胜利作了《专业学位研究生教育的几点思考》的报告，中国传媒大学质量管理办公室副主任王德平作了《以质量为核心，全面提高研究生教育水平》的报告。

与会代表分6个小组，围绕“研究生教育的改革与发展”主题，展开讨论交流。讨论内容涉及到研究生培养模式改革、培养机制创新、教育质量保障、研究生的学术训练、提升学位论文质量、研究生课程体系改革、如何保证专业学位研究生培养质量等问题。一些高校代表从实际工作情况出发，提出了一系列具有开创性和可操作性的具体措施。拥有学位授予权的各省级党校代表从自身实际出发，介绍了党校学位研究生的培养情况和培养特色以及政策诉求。

在闭幕式上，各分组组长报告了本组讨论情况和主要观点，高岱作了大会总结发言，文理科工作委员会副主任、国防大学研究生院院长张江宁少将主持闭幕式。中央党校研究生院副院长刘春出席闭幕式。

本次全国学位与研究生教育学会文理科工作委员会学术年会达到了预期目标，起到了学术探讨、政策建议、行业交流的目的。会议也使全国同行全面了解了中央党校学位与研究生教育的基本情况、培养特色与加强党性修养和学术训练的基本思路。

（研究生院供稿人：全　昱）

学术论坛

2012·全国社会科学研究生学术论坛

6月22日，由中央党校研究生院主办、研究生会承办的“2012·全国社会科学研究生学术论坛”在中央党校举行。此次论坛为中央党校举办的第四届社会科学学术论坛，主题是“思想大解放与改革开放新道路——纪念邓小平南方谈话20周年”。中央党校研究生院院长卓泽渊出席开幕式并致欢迎词，副院长刘春、王军敏出席论坛并为获奖代表颁奖。来自全国各地的论坛征文获奖代表、新闻媒体记者、首都高校研究生代表以及中央党校研究生等120余人参会。

开幕式上，卓泽渊作了题为《学术与研究生教育》的开幕词，指出学术优秀是研究生教育的旗帜。研究生教育是教育机构的高地，是学术的高地，必须也只能飘扬起学术的旗帜。学术积累是研究生教育的基础。学术积累是一切研究生教育的基础，也同样是党校研究生教育的基础。对教育机构来说，它的学术精神是一个历史的积淀过程，需要几代人、十几代人甚至几十代人的传承与光大。学术创新是研究生教育的使命。研究生是最具有活力的学术力量，是学术队伍的新军，是学术发展的未来。研究生是否具有创新能力、能否进行学术创新，决定和制约着国家未来的学术前景。他表示，中央党校研究生院愿意与全国所有研究生教育机构共同努力，将学术的旗帜高高举起，夯实学术基础，朝着学术的目标奋力前行。

开幕式上，刘春宣读了论坛征文获奖名单。出席论坛的各位领导为获奖同学颁奖并合影留念。

会上，同济大学的黄立丰同学、西南政法大学的刘元贺同学、江西农业大学的邓志宏同学、中央党校的杨文伟同学、山东师范大学的孙海洋同学、中国社科院的杨莘同学、武汉大学的侯赞华同学等7位获奖论文代表分别作了交流发言。中央党校党的建设教研部梁妍慧教授、国际战略研究所陈江生教授作为论坛嘉宾围绕获奖代表的发言进行了点评。

刘春副院长在闭幕词中指出，纪念“南方谈话”20周年具有非常重要的理论和实践意义，本次学术论坛从筹备到结束历时四个多月，征文数量多、论文主题集中和注重理论创新，社会反响大。

附：

征文获奖名单

序号	作者	学校	论文题目	获奖等级
1	黄立丰	同济大学	南方谈话中邓小平社会动员智慧诠释的三重向度	一等奖
2	邓宏斌	东北大学	民富优先：公平正义引领下中国新改革的路径选择	
3	侯赞华	武汉大学	邓小平南方谈话对公平施政的探索及其启示	
4	杨文伟	中共中央党校	从南方谈话看改革动员着力点的选择及启示	
5	邓李军	湖南省委党校	解放思想对全面推进执政党建设的经验与启示	
6	於素兰	东北师范大学	从邓小平共同富裕思想看我国当前收入分配差距调节	二等奖
7	刘　鹏	南京政治学院	邓小平南方谈话与反腐倡廉建设	
8	赵　耀	中共中央党校	重温邓小平“关键在人”思想：以选人用人为视角	
9	邓其志	安徽师范大学	论南方谈话对邓小平民生思想的深化和发展——基于民生视域解读南方谈话	
10	孙海洋	山东师范大学	作为范式的“结合”何以可能——“南方谈话”的方法论省思	
11	胡亚军	曲阜师范大学	南方谈话对当今执政党建设的现实意义	
12	刘彦芬	中共中央党校	市场经济与官德建设：决定因素、历史经验与价值	
13	邓志宏	江西农业大学	改革指向于建设社会主义——南方谈话20周年的回顾与思考	
14	郑士鹏	北京交通大学	公平正义是发展中国特色社会主义的核心价值诉求	
15	张青媛	中共中央党校	南方谈话的历史抉择与当代启示	
16	李建柱	吉林大学	从计划和市场关系看南方谈话的当代启示	三等奖
17	杨　健	南京师范大学	“南方谈话”在改革开放进程中的作用与启示	
18	刘元贺 孟　威	西南政法大学	南方谈话：建构改革时代的意识形态——建设性意识形态分析框架的提出	
19	郑海祥	中国人民大学	邓小平“南方谈话”的理论品格	
20	赵　伟	首都师范大学	邓小平的发展代价理论及当代启示	
21	张　鹏	宁波大学	论南方谈话对温州金融改革的启示	
22	樊瑞科 胡永保	东北师范大学	邓小平南方谈话对推进马克思主义大众化的若干启示	
23	韩　婧	聊城大学	深化改革的路径选择	
24	刘长军	首都师范大学	从邓小平南方谈话入手解析“改革攻坚期”	
25	杨振闻	中共中央党校	改革·发展·稳定——“南方谈话”的中心论题及其现实意义	
26	杨　莘	中国社会科学院	邓小平的晚年思考——大历史视野下的“南方谈话”	
27	陈　升 喻　辉 张　俊	华南理工大学	新时期邓小平对资本主义的认识	

续 表

序号	作　者	学　　校	论　文　题　目	获奖等级
28	黄广飞	广东省委党校	论“南方谈话”顶层设计的历史意义与现实启示	三等奖
29	李茗茗	南开大学	南方谈话对推进中国特色社会主义建设的理论贡献	
30	席亚楠 闫振伟	华中师范大学	新时期邓小平民生思想探析	
31	马玉庭	重庆师范大学	南方谈话对延续党的执政地位的影响和思考	优秀奖
32	路雨微	中共中央党校	社会资本视角下公民社会与市场经济的良性互动	
33	何佳佳	华南农业大学	一次谈话，一次新的宣言	
34	朱　珠 李宇航	中央财经大学	重温南方谈话　续写“春天的故事”	
35	熊来平	同济大学	邓小平辩证法思想探微	
36	孙东平 周胜庭	广东省委党校	对社会主义本质的再思考	
37	陈娅飞	北京师范大学	南方谈话精神与提升文化自觉	
38	明佳睿	曲阜师范大学	文化凝聚力量　铸就先进指南——从文化自觉和文化自信角度深刻领会“南方谈话”	
39	罗　丹	聊城大学	南方谈话对内陆中小城市发展的影响及启示	
40	吴　涛	黑龙江省委党校	深入思考领悟谈话精髓，深化改革破解分配难题	
41	刘　安	华东政法大学	中国发展转型的宪制之维	
42	王　芳	中共中央党校	改革开放需继续解放思想、实事求是	
43	董树彬	吉林大学	勾勒了中国发展模式的蓝图——纪念邓小平南方谈话发表二十周年	
44	张振兴	华中师范大学	浅谈南方谈话对当前理论创新的几点启示	
45	彭惠琴	贵州大学	重温历史，推动转型——“南方谈话”对当前中国改革的指导与启示	
46	唐　玲	湘潭大学	南方谈话对中国行政改革的指导与启示意义	
47	高文勇 李　璞	东北师范大学	“南方谈话”对践行当代社会主义核心价值体系的历史启示	
48	石儒标	西南政法大学	中国社会主义发展模式的结构与解构——“南方谈话”时代语境下的再认识	
49	孙　杰	中共中央党校	解放思想改革开放社会主义	
50	周　望	南开大学	要素整合与循序渐进——从南方谈话看中国改革的策略选择	
51	尹　浩	长江师范学院	中国公民社会发育的催化剂	
52	臧雷振 劳　昕	北京大学	中国特色公共政策实践现状与前景展望	
53	王玖姣	中共中央党校	社会主义再认识	
54	张定鑫	华中师范大学	中国特色社会主义经典文本	
55	孟　婷 周佳强	东北师范大学	现代化建设中的物化困境及走出困境的“特色”道路	
56	万　庆	中共中央党校	小平同志南方谈话的理论贡献	

续 表

序号	作 者	学 校	论 文 题 目	获奖等级
57	张立军	曲阜师范大学	对当前我国道德教育发展几处困境的思考	优秀奖
58	秦宁波	山东师范大学	关于解放思想实效性评价的基本标准探析	
59	王 玉	中共中央党校	社会生态环境中的政府改革	
60	刘庆丰 林细妹	武汉大学	资本逻辑视野下“南方谈话”的地位及启示	

（摘自新华网 2012 年 7 月 2 日）

获 奖 情 况

校级优秀博士学位论文名单

根据《中央党校优秀博士学位论文评选及奖励办法》规定，2012 年经各学科点推荐、研究生院组织校内外专家匿名评审，最终评选出科技哲学专业张丽的《量子测量中的多世界解释理论研究》（指导教师赵建军）、政治经济学专业刘建伟的《公共产品供给对中国经济增长的影响研究》（指导教师韩保江）、法学理论专业付夏婕的《论英国土地法律制度变迁与经济转型》（指导教师张恒山）3 篇论文获 2012 年校优秀博士学位论文奖。

（研究生院供稿人：全 昱）

博士研究生学术新人奖名单

根据教育部《关于继续开展博士研究生学术新人奖评选试点工作的通知》（教研司〔2012〕11 号），经中央党校研究生院组织专家初审及面试答辩终审，确定唐忠宝等 5 位同学获 2012 年“教育部博士研究生学术新人奖”。名单如下：

2010级马克思主义哲学专业唐忠宝，研究方向：哲学基础理论，导师：侯才；

2010级政治学理论专业胡荣荣。研究方向：比较政治学与政党理论，导师：李良栋；

2010级马克思主义基本原理专业贺方彬，研究方向：全球化与马克思主义，导师：秦刚；

2010级中共党史（党建）专业王雪竹，研究方向：党的领导、党建理论研究，导师：冯秋婷；

2011级科学技术哲学专业杨发庭，研究方向：可持续发展、自主创新、技术哲学，导师：赵建军。

（研究生院供稿人：全　昱）

学位研究生就业情况

2012年中央党校毕业生人数为215人，其中博士生100人、硕士生115人。截至2012年10月，208名毕业生落实去向，其中，181人签约，12人被录取为博士生或博士后，15名毕业生灵活就业。

2012届毕业研究生就业落实率为96.7%，其中，博士生就业率为98.0%，硕士生就业率为95.6%，2013年毕业生签约率和初次就业落实率较之去年同期有所上升。

中央党校已经就业的毕业生中，70%以上在党政机关、事业单位工作。其中，已就业的博士生专业对口较高，30%签约的博士生赴高校或科研院所工作。

毕业生就业去向趋向多样化，就业区域继续扩大。已经就业的毕业生中约30%留京工作，去西部四川、重庆、云南、西藏、新疆等地的毕业生超过15人，去河南、吉林、内蒙古、山西、陕西等地的毕业生持续增加。8名毕业生担任北京村主任支书助理。

（研究生院供稿人：全　昱）

在职研究生教育

研究生院在职研究生教育情况

按照中央党校校委“控制规模、严格管理、保证质量”的要求，在职研究生工作进一步规范化、制度化。

在控制规模方面，2012 级在职研究生共报名 2062 人，最终录取 1205 人，分属 14 个专业、20 个教学班。2012 级在职研究生开学典礼于 9 月 8 日在中央党校大礼堂隆重举行。2013 级导师制在职研究生共报名 74 人，最终录取 69 人。

在培养方面，完成了 2010 级导师制在职研究生应答辩 78 人，往届补答辩 3 人，除 9 人因未能按时提交论文推迟答辩外，共 72 人通过答辩颁发毕业证书；2009 级在职研究生应答辩 1451 人，往届补答辩 100 人，其中 51 人因未能按时提交论文推迟答辩，47 人答辩未通过，成绩合格、答辩通过共 1453 人。

（研究生院供稿人：全　昱）

干部教育学院在职研究生教育情况

干部教育学院认真落实校委提出的“控制规模、严格管理、保证质量”的要求，采取多种措施，不断提高在职研究生办学质量。一是严格审核办学单位资格和报名学员条件，确保生源质量，全年审核通过 25 个办学单位资格，择优录取 1090 名新学员，录取率为 48%。二是认真编制、执行教学计划。全年完成 912 个学时的教学任务，包括 720 个学时的远程教学授课任务。三是严肃考风考纪。顺利完成 2012 年度 3 个年级、2 个专业、20 多门课程的期末考试和毕业综合考试的命题、制卷和试卷评阅等工作。四是周密组织论文答辩。顺利完成 2009 级 37 个办学单位的

1929名毕业生的论文写作指导和论文答辩等工作，初次答辩通过率为94%。五是选聘优秀师资，确保教学质量。各办学单位全年选聘授课教师423人次，其中正高职占51%，副高职占46%。六是严格执行学籍管理工作流程。审核、办理了2009级学员的毕业证书工作，及时归纳、统计新生、在籍学员注册统计等工作，认真处理、协调学籍变动情况及学历认证工作。七是安排学员访校活动。组织4个班次的137名访校学员到校听课、参观中央党校校史馆等。八是加强制度建设。起草、修订《中央党校干部教育学院在职研究生办学管理办法》、《中央党校干部教育学院在职研究生教育评估工作实施方案》、《中央党校干部教育学院在职研究生教育评估指标体系》、《中央党校在职研究生优秀学员、优秀班干部评选活动规则》，为提升在职研究生管理科学化水平打下基础。

（干部教育学院供稿人：冯　辉）

远程教学管理人员工作条例

现代远程教育是随着现代信息技术的发展而产生的一种新型教育形式。要充分发挥远程教学应有的效果和作用，必须狠抓制度的建设和落实，远程教学管理工作人员，必须严格遵守以下工作条例：

第一条　履行工作责任

远程教学管理人员必须具有较高的政治素养和政策水平，有高度的工作责任心和敬业精神，认真履行工作职责，具备较好的组织协调能力，对工作精益求精，对教师和广大学员热情服务、认真负责。

第二条　制定教学计划

依据教学大纲和教学计划，认真制定切实可行的远程教学实施计划。远程教学计划要在远程教学实施前2—3个月完成。远程教学计划形成后，要报有关领导审定，定稿后要及时印制、发行，并通报相关部门。

第三条　认真聘请教师

依据远程教学教师聘请办法，采用选聘、竞聘方式，及时将那些政治理论水平较高，专业业务功底较深，具有较高学术水平，较强的工作责任心和较丰富的教学经验的知名教授、专家聘请到远程教学工作中来。对教师既要明确任务与要求，又要及时沟通、热忱服务。

聘请教师授课，必须提前1—3个月通知主讲教师。要及时、规范地向聘请教师明确教学目的、教学内容和教学要求，提供有关教材和资料。

在教师每次授课前10—15天，将授课讲稿、授课字幕提纲和教学课件收齐，及时审阅、印制、发放和交有关技术人员处理。

第四条　严密组织协调

有效组织各办学网点，实现整体化远程教学，充分发挥党校系统的整体教学、科研优势。教学管理人员，必须组织、调动各办学网点工作人员，及时接收远程教学节目。每次远程教学要提前1—2天与办学点联系，安排布置工作，调试、调通设备，为有效组织学员听课做好一切准备。

第五条　积极进行配合

远程教学技术含量高，应用适时性强，必须与电教人员一起提前做好各项准备工作。要提前1—3天将课表、讲课提纲、授课字幕和教学课件等送交技术人员。及时审核、校对和传送、输出，做好课前准备。

第六条　服务课堂教学

课堂教学是远程教学的关键环节，管理人员必须提前10—20分钟到岗，检查设备情况以及各网点连通情况，遇到问题及时处理。

课前要详细向教师介绍有关设备的使用方法；让教师了解各办学点的教学组织情况、远程接收情况和学员到课情况，做好授课教师与办学点、听课学员的沟通工作。

上课期间要配合技术人员为教师的“课件”教学以及双向交流提供技术支持。

课间和课后要安排好教师休息。

对于外请教师，要安排好接送工作。

授课结束时，要按规定及时支付教师课时费用。

第七条　进行资源建设

每次授课要协助技术人员完成音像带的录制、复制任务，做好登记、分类存档等工作，逐步建立起音像资料库。同时注意做好课件库、教学提纲库等的建设工作。

第八条　搞好教学评估

及时下发、组织回收教学评估调查表，做好统计分析，及时反馈评估意见和建议，并做好评估存档工作。

（干部教育学院供稿人：冯　辉）

在职研究生2012级入学考试实行远程监考

5月12日，中央党校干部教育学院在4个直辖市以外的20多个考区组织了2012级中央党校在职研究生入学考试，有2100多名考生参加了统一考试。

干部教育学院院长赵理文、副院长史金龙、刘宝东，信息中心副主任谭荣邦，以及干部教育学院考务委员会全体成员，通过远程教学网络参加了浙江、山西、河南、广东、西藏等12个办学单位的远程监考。

本次监考采取卫星网络系统远程监考、中央党校派出人员现场监考和各地方党校间交叉循环监考三种方式并行操作，严格考风考纪。从总院到各办学单位，从中央党校信息中心到各省委党校电教中心，高度重视、缜密安排、积极配合、认真落实。各省级党校领导也都亲临考场指导。

（干部教育学院供稿人：冯　辉）

博士后工作

2012 年新进站名册（共 14 人）：姚遥、郭秋平、陈远章、张秀武、高建波、杨春权、许航敏、马兴杰、徐平、张天强、李波、刘爱军、刘可佳。

2012 年出站名册（共 9 人）：王晓伟、姚振军、许宝健、张军果、高超、杨磊、王和仲、涂明君、王耀武。

（研究生院供稿人：全　昱）

干部短期培训

编辑：闫景明

概　　况

2012年，干部教育学院不断提高在职研究生办学质量，完成函授教育收尾工作，推进教材建设、人才队伍建设等方面取得新成效。

【学习贯彻全国“两会”精神和党的十八大精神】 根据校委和机关党委的统一部署，组织全体党员集体收看十八大开幕式，通过个人自学、座谈研讨、跟班学习等形式，学习领会党的十八大精神，并贯彻落实到各项具体工作中。学院在北京、浙江两地的四个教学点举办全国党校系统学习党的十八大精神师资培训班，培训党校系统师资1880余人，提高了党校师资宣讲党的十八大精神的能力。

【干部短期培训】 共举办各类干部短期培训班98个，培训人数7819人。学院采取有效措施做好干部短期培训工作。一是学习借鉴党校常规班次办学经验，加强与相关单位的交流与合作。二是逐步加大优秀青年教师授课比例，并举办干部短期培训优秀青年教师座谈会，充分听取意见和建议，将干部短期培训建成青年教师锻炼成长、提高教学水平的新平台。三是不断充实和改进干部短期培训师资库和课程库。四是进一步加强与委托单位及学员的交流，增强培训的针对性和实效性。五是组织召开全国党校系统干部短期培训工作座谈会，认真探索干部短期培训的特点和规律，加强经验交流。六是课程设置和师资聘请严格遵守中央党校“一个中心、四个方面”的教学新布局和以中央党校师资为主体的要求，设置安排1597个培训专题，聘请教师1471人次，其中，校内师资988人次，占总数的67.2%。

【函授教育收尾和善后工作】 一是

落实校委提出的“函授学历教育工作，要善始善终，保证不出问题”的要求，完成函授教育收尾工作。截止到2012年7月，完成全部办学任务，共培养学员360万人，实现了党校函授学历教育平稳收尾。二是扎实推进电子档案建设，制定下发《中央党校函授教育学员档案管理实施办法》，对函授学历教育结束后如何妥善做好学员档案的管理工作提出明确规定和具体要求，推动函授学员的档案管理工作。三是重新设计中央党校函授教育网站，开发了中央党校函授学员电子档案管理软件系统，改进毕业证书的查询功能。四是及时处理学历咨询、查询工作，全年共接待查询学历人次2000余人，办理学历证明、学历认定证明620份。

【教材建设】 应对函授学历教育收尾带来的教材征订数量缩减的困难，与相关处密切配合，做好教材编审、出版和发行工作。采取“抓老促新”的办法，与销售量大、合作时间长、关系密切的单位保持密切联系，保持一定的发行渠道。做好教材发行零售工作，全年共征订发行零售教材8869套，单册24万3000余册，其中，《中央党校干部教育学院讲稿选》销售状况良好。深入调查了解干部短期培训和研究生教育的教材需求情况，配合院研究室编写下发调查问卷，为编写相关教材打下坚实的基础。

【队伍建设】 打造一流的人才队伍，建设学习型干部教育学院。院党总支、工会、团支部等组织开展多种活动，促进了和谐学院建设。一是在全院范围开展业务学习，将中央、中央党校印发的涉及干部教育学院工作的文件和会议纪要以及领导讲话汇编成册，印发给全体同志学习，使大家认真领会中央和校委要求，切实提高政策水平。二是组织开展读书交流活动，在全院营造浓厚的读书氛围，引导大家多读书、读好书、善读书。三是认真做好职称评审等基础性工作，使优秀人才得到晋升；通过公开招聘，新进编制内人员2人，编制外人员3人；组织对近3年新进的13名年轻同志的思想政治、业务技能培训及工作经验交流活动。四是开展党日、团日活动，锤炼队伍的党性，提高队伍的凝聚力和战斗力。2012年度的党日（团日）活动主题，是“迎接建校80周年、重温党校历程”。全院的8个党支部和1个团支部，每个支部参观一个革命圣地，包括上海一大会址、嘉兴南湖、井冈山和瑞金、延安和西柏坡等，形成系列活动，缅怀党的光辉业绩，使教职工更加深入地了解党校发展历程，更加深刻地体会党校的传统、学风和办学要求。

【行政管理】 院办公室充分发挥综合协调作用、参谋助手作用落实规范公文格式工作，做好文稿起草、文件运转和档案整理工作。做好会务工作和学院的相关接待工作。研究学院的信息化建设工作。办好《中共中央党校函授教育年鉴》和《党校干部教育》专刊，加强全院范围内的信息沟通和业务指导，扩大宣传范围。

【财务管理】 配合国家发改委价格认证中心完成干部教育学院收费许可证的年度审验工作和更换证件工作。通过学校相关部门对干部教育学院的财务审计工作。完成财务软件的更新工作、填制财政部《中央和国家机关所属事业单位情况统计表》的工作。做好日常报账工作。加大催款工作力度，催收欠费工作取得较大进展。配合做好办学、办班费用的收发工作。完成2011年度决算报表、2012年度各月报表以及2013年度财政预算报表工作。

【后勤保障】 不断规范对个人使用物资的管理，提高物资管理的自动化、科学化水平。加强车队管理，狠抓交通安全教育，重视车辆的保养和维护，确保交通安全。负责全院的维修、搬运、清洁等各项工作，努力为全院工作人员创建一个卫生舒适的办公环境。完善防火责任制，加强防火意识教育和提高防火技能，确保全院的消防安全。

（干部教育学院供稿人：冯　辉）

开班、结业式

校领导出席培训班开班、结业式

3月24日，中央党校干部教育学院举行中国移动通信集团公司高管人员党性修养轮训班开班式，副校长李书磊出席并讲话。

3月24日，中央党校干部教育学院举行新疆阿勒泰地区干部培训班结业式，副校长李书磊出席并讲话。

4月20日，中央党校干部教育学院举行税务系统司局级主要领导干部“十七届六中全会精神与税收工作”专题研讨班开班式，副校长李书磊出席并讲话。

5月3日，中央党校干部教育学院举行山西省新任省政协委员、市县政协主席培训班开班式。开班式前，常务副校长李景田、副校长李书磊会见山西省政协的主要领导同志，并与学员合影留念。

5月29日，中央党校干部教育学院举行广州市第二期领导干部新型城市化发展专题培训班开班式，副校长李书磊出席并讲话。

5月29日，中央党校干部教育学院与广州市公安局第三期领导干部知识更新培训班部分学员组织召开城市维稳问题专题座谈会，副校长李书磊出席座谈会。

6月5日，中央党校干部教育学院举行交通公安党政主要领导干部社会管理及其创新培训班开班式，副校长李书磊出席并讲话。

11月16日，中央党校干部教育学院举行新疆阿勒泰地区第二期领导干部学习十八大精神培训班开班，副校长李书磊出席。

11 月 21 日，中央党校干部教育学院举行全国党校系统学习党的十八大精神师资培训班，副校长李书磊出席其中在中央社会主义学院举办的师资培训班的开班典礼并讲话。

（干部教育学院供稿人：冯　辉）

干部短期培训班次

2012 年干部短期培训班次共分为四类，共计 98 个，培训人数 7819 人。

中央国家机关系统领导干部班

班级代码	班　次　名　称
ZP（A）20120001	税务系统司局级主要领导干部“十七届六中全会精神与税收工作”培训班
ZP（A）20120002	青岛市中青年干部培训班
ZP（A）20120003	南京市新任市管领导干部进修班（第 26 期）
ZP（A）20120004	全国交通公安党政主要领导干部社会管理及其创新培训班
ZP（A）20120005	第六期省及副省级市局负责人（医疗器械安全监管专题）培训班
ZP（A）20120006	国家林业局处级领导干部培训班
ZP（A）20120007	广东国家调查系统正处级干部在职培训班
ZP（A）20120008	全国价格行政执法领导干部培训班
ZP（A）20120009	全国青联委员学习党的十八大精神专题培训班

地方党政领导干部班

班级代码	班　次　名　称
ZP（B）20120001	新疆阿勒泰地区干部中央党校培训班
ZP（B）20120002	四川省监狱系统党委书记专题研修班
ZP（B）20120003	广西政法系统处级领导干部培训班
ZP（B）20120004	盐城市机关党务干部素能提升高级研修班

续 表

班级代码	班 次 名 称
ZP（B）20120005	广州市劳教（戒毒）局党委理论学习中心组成员高级研修班
ZP（B）20120006	潍坊市国税局领导干部培训班
ZP（B）20120007	青岛市市管干部进修班
ZP（B）20120008	山东省气象系统处级领导干部培训班
ZP（B）20120009	贵州省国家税务局处级领导干部培训班
ZP（B）20120010	张家港市领导干部培训班（第2期）
ZP（B）20120011	鄂尔多斯市县处级干部领导能力提升专题培训班（第4期）
ZP（B）20120012	内蒙古自治区检察机关处级领导干部履职能力培训班（第2期）
ZP（B）20120013	山西省新任省政协委员、市县政协主席培训班
ZP（B）20120014	广州市领导干部新型城市化发展专题培训班
ZP（B）20120015	广州市劳教（戒毒）局党委理论学习中心组成员培训班
ZP（B）20120016	上海市监狱管理局领导干部培训班
ZP（B）20120017	双鸭山市党务干部专题培训班
ZP（B）20120018	杭州市江干区处级领导干部培训班（第1期）
ZP（B）20120019	贵阳市老干部局（处）长培训班
ZP（B）20120020	广州市公安局领导干部知识更新培训班（第3期）
ZP（B）20120021	新疆维吾尔自治区人民医院党支部书记培训班
ZP（B）20120022	2012年顺德区组织建设工作培训班
ZP（B）20120023	广州市领导干部新型城市化发展专题培训班（第2期）
ZP（B）20120024	黑龙江哈尔滨工信系统领导干部培训班
ZP（B）20120025	广东省地税系统处级领导干部培训班
ZP（B）20120026	广东省梅州市领导干部“党政领导能力提升”培训班
ZP（B）20120027	云南省地税系统处级干部党性修养与领导能力培训班
ZP（B）20120028	内蒙古呼和浩特市县处级干部理论培训班（第15期）
ZP（B）20120029	杭州市江干区处级领导干部培训班（第2期）
ZP（B）20120030	黑河市处级干部任职培训班
ZP（B）20120031	广州市司法行政系统领导干部培训班
ZP（B）20120032	湖北国税系统局处级领导干部培训班
ZP（B）20120033	江苏省农经农业系统公共管理能力建设专题培训班
ZP（B）20120034	河北省唐山市丰南区领导干部培训班
ZP（B）20120035	重庆市江北区正处级后备干部培训班
ZP（B）20120036	郑州市房管局领导干部培训班
ZP（B）20120037	陕西国税局领导干部培训班
ZP（B）20120038	江苏省常熟领导干部公共行政管理能力提升班
ZP（B）20120039	内蒙古财经大学培训班
ZP（B）20120040	湖北省人事考试系统能力提升培训班
ZP（B）20120041	深圳市公安局党建培训班
ZP（B）20120042	四川地税系统领导干部培训班
ZP（B）20120043	南宁市园林系统领导干部培训班
ZP（B）20120044	宁夏回族自治区工会领导干部培训班
ZP（B）20120045	深圳市龙岗区加强社会建设和创新社会管理专题培训班

续 表

班级代码	班 次 名 称
ZP（B）20120046	湖北省地税系统领导干部培训班
ZP（B）20120047	广州市党委中心组秘书培训班
ZP（B）20120048	新疆国税系统处级干部培训班
ZP（B）20120049	浙江临安第五期领导干部培训班
ZP（B）20120050	肇庆市地税系统领导干部培训班
ZP（B）20120051	襄阳市地税系统领导干部培训班
ZP（B）20120052	广西百色市中青干部培训班
ZP（B）20120053	新疆阿勒泰地区干部培训班（第 2 期）
ZP（B）20120054	新疆医科大学书记培训班
ZP（B）20120055	上海市妇联系统干部培训班
ZP（B）20120056	广东大亚湾区领导干部培训班
ZP（B）20120057	内蒙古直属机关党务干部培训班
ZP（B）20120058	河北省唐山市丰南区领导干部学习贯彻党的十八大精神培训班
ZP（B）20120059	江西省县处级女干部专题培训班
ZP（B）20120060	山西阳泉学习贯彻党的十八大精神培训班
ZP（B）20120061	福建市县级党校常务副校长培训班
ZP（B）20120062	南宁教育系统学习贯彻党的十八大精神培训班

企业领导干部班

班级代码	班 次 名 称
ZP（C）20120001	内蒙古电力（集团）有限责任公司党委书记、组织部长培训班
ZP（C）20120002	中国化工集团公司中青年干部培训班
ZP（C）20120003	广东省广晟资产经营有限公司党组织书记培训班
ZP（C）20120004	中国移动通信集团公司高管人员党性修养轮训班
ZP（C）20120005	中国移动通信集团公司高管人员党性修养轮训班
ZP（C）20120006	长庆油田领导干部培训班
ZP（C）20120007	中国恒天集团企业领导人员培训班（第 1 期）
ZP（C）20120008	交通银行北京市分行领导干部政治经济理论提升培训班
ZP（C）20120009	中国中铁领导人员理论培训班（第 7 期）
ZP（C）20120010	广东省粤电集团有限公司高管人员培训班（第 5 期）
ZP（C）20120011	交通银行江苏省分行干部培训班（第 1 期）
ZP（C）20120012	中国移动通信集团公司高管人员党性修养轮训班（第 3 期）
ZP（C）20120013	吉林省金融干部理论与能力提长培训班
ZP（C）20120014	东风汽车公司公共社会事业管理培训班
ZP（C）20120015	广州市番禺区属公有企业负责人科学发展主题培训班
ZP（C）20120016	神华集团神朔铁路分公司培训班
ZP（C）20120017	中国移动通信集团公司高管人员党性修养轮训班（第 4 期）

续 表

班级代码	班 次 名 称
ZP（C）20120018	交通银行江苏省分行干部培训班（第1期）
ZP（C）20120019	交通银行云南省分行领导干部提升培训班
ZP（C）20120020	长庆油田领导干部培训班
ZP（C）20120021	中国人寿集团处级干部培训班
ZP（C）20120022	山西大同煤矿集团优秀青年干部培训班
ZP（C）20120023	番禺区属企业负责人培训班
ZP（C）20120024	中国南车学习党的十八大精神培训班
ZP（C）20120025	中国化工集团公司中青年干部培训班

师 资 班

班级代码	班 次 名 称
ZP（D）20120001	广东省佛山市组工干部及党校师资培训班
ZP（D）20120002	全国党校系统学习党的十八大精神师资培训班

（干部教育学院供稿人：冯 辉）

工 作 会 议

全国党校系统干部短期培训工作座谈会

2月23日至24日，由中央党校干部教育学院主办、广东省委党校承办的首届全国党校系统干部短期培训工作座谈会在广州举行。

会议的主题是：学习贯彻《中国共产党党校工作条例》和《2010—2020年干部教育培训工作条例》，交流干部短期培训工作的经验和体会，探讨党校干部短期培训的特点和规律，更好地发挥党校在干部教育培训中的主渠道作用。

干部教育学院院长赵理文作主题报告，副院长史金龙作总结讲话，副院长刘宝东主持会议。赵理文在报告中回顾总结了党校系统开展干部短期培训的基本情况和主要特点，着重论述了干部短期培训工作的性质和地位、定位和特色、优势和竞争力、培训方式、经济效益和社会效益、交流合作等事关党校干部短期培训发展的关键问题。史金龙总结了座谈会的总体情况、所取得的成果和落实会议精神的主要考虑和建议。干部教育学院和广东、上海、云南、陕西、浙江党校的代表分别作大会交流发言。

各省（市、区）委党校主管领导和部门负责人、广东省部分地市党校常务副校长和中央党校干部教育学院有关人员出席会议。

（干部教育学院供稿人：冯　辉）

函授教育收尾

中央党校函授教育学员档案管理办法

中校厅字〔2012〕2号

中共中央党校函授教育学员档案，是中央党校函授学院（以下简称中函）在办学过程中形成的具有保存价值的各种纸质、电子等不同形式和载体的历史资料，是学员在校学习的真实记录和历史凭证，是解决学员学籍遗留问题、查实学员学历、为用人单位出具有关证明等的重要依据。为妥善做好中共中央党校函授教育学员档案管理工作，总院根据《中华人民共和国档案法》及其实施办法，参照高等学校档案管理办法，结合办学实际，制定本办法。

第一章　总　　则

第一条　各级办学单位应本着对党校函授教育、学员本人及用人单位高度负责的精神，把中共中央党校函授教育学员档案管理工作纳入本单位的管理制度、岗位职责之内，实行分级管理，分级负责。同时在人员、经费、库房和设备等基本条件上给予保证。

第二条　各级办学单位要按照国家有关法规和中函学籍管理的相关规定，认真做好学员档案的整理、归档、移交、保管和使用，做到完整齐全、真实可信、科学规范和安全可靠。

第三条　学员档案整理、归档时，应对电子档案材料和纸质档案材料同步整理、归档。有条件的分院可将学员原始纸质档案数字化，形成学员电子档案。

第四条　学员电子档案的生成、管理和使用所依赖的相关支持软件（如照片图像处理软件、数据库软件、教务管理软件等），整理归档时一并收集、归档。

第二章　机构人员

第五条　总院各级办学单位要指定相应机构，配备专（兼）职人员负责学员档案的管理工作。

第六条　管理人员要忠于职守，认真负责，具有必要的专业知识和技能，并在一定时期内保持相对稳定。

第七条　总院各级办学单位学员档案管理部门变动或管理人员调整，要严格办理移交手续。

第八条　总院各级办学单位的学员档案管理部门之间要保持工作联系，若有部门变动或人员调整，要及时报总院备案。

第三章　管理体制

第九条　学员档案管理实行分级管理体制，总院、分院、学区、辅导站各负其责。

第十条　总院负责学员学籍库、成绩库、学籍变动库及学员照片文件等学员电子档案，以及有关的学员纸质档案的管理，并对分院的学员档案管理工作进行业务监督、检查和指导。

第十一条　分院、学区、辅导站负责学员招生报名库、学籍库、成绩库、学籍变动库、照片文件、学区编码库、基本情况库、注册统计库以及相关学员报名登记表、学员入学成绩册、身份证复印件、原有学历证明复印件、学员入学报名登记册、报到注册登记表、学籍变动情况统计表、学员名册、学员成绩登记册等有关材料的管理。

第十二条　学员毕业后，分院或学区应及时将学员学历证明、学员报名登记表、毕业学员登记表、毕业学员鉴定表等有关材料，转交学员所在单位的组织、人事部门，存入学员本人档案。

第四章　整理归档

第十三条　凡正式形成的具有保存价值的学员档案材料，包括纸质档案和电子档案，均须按规定及时收集、整理、归档，并集中统一管理。

第十四条　学员纸质档案材料应按内容分类立卷，按年级、班次、专业整理归档，制定案卷目录，编注顺序号。做到编目合理，存放有序，查找方便，利于工作。

第十五条　学员纸质档案材料要真实、完整、标注清晰，对档案中已处理的问题，要有详细的文字说明。

第十六条　学员电子档案的整理、归档要符合国家有关规定和标准，确保数据完整准确、真实有效、格式统一。

第十七条　整理、分类、归档后的学员电子档案、电子档案目录连同相关管理软件一并刻录光盘或存入硬盘等耐久性好的存储材料保存。

第十八条　存储学员电子档案的载体表面或包装盒上应贴有标签，标签内填写编号、名称、密级、保管期限、硬件及软件环境等信息。

第五章　档案修改

第十九条　学员电子档案的修改必须严格遵守审核程序，以确凿的证明材料为前提，由专人负责办理。

第二十条 总院、分院的学员电子档案数据应保持一致。若出现不一致的情况，以总院数据为准。

第二十一条 分院若要变动学员电子档案数据，需首先报请总院批准，总院批准后，总院、分院同时修改，确保上下数据的一致性。对修改的电子档案数据要做好登记和说明。

第二十二条 总院各级办学单位要将修改变动后的学员档案定期更新，做好定期整理、归档和检查。

第六章 档案移交

第二十三条 没有学员档案保管条件的学区、辅导站要将办学以来的全部学员档案，包括电子档案和纸质档案，进行认真整理，报送分院。

第二十四条 分院要对学员档案进行集中统一管理，对下级办学单位报送的学员档案进行认真检查核对。

第二十五条 分院若机构撤并、人员调离，要将学员档案妥善移交有关档案管理部门，安排专（兼）职管理人员，并将管理人员姓名、联系方式报总院学历教育管理办公室。

第七章 保管期限

第二十六条 根据国家档案管理规定和中函办学的实际情况，学员档案材料的保管期限分为永久、长期两种。

第二十七条 永久保管的学员档案，电子档案包括：学员招生报名库、学籍库、成绩库、学籍变动库、照片文件、学区编码库、基本情况库、注册统计库等数据库。纸质档案包括：（1）学员报名登记表、学员入学报名登记册、学员入学成绩册、入学学员名册、报到注册登记表。（2）入学学员身份证复印件、原有学历证明复印件。（3）学员学籍变动情况统计表。（4）注册人数统计表。（5）学员成绩登记表、册。（6）颁发毕业证书和学历证明编号登记册等。

第二十八条 长期保管（四年以上）的学员档案材料主要包括：（1）有关学籍管理工作的请示、批复、报告、通知、规定等。（2）学员报名登记材料。（3）学员休学、留级、退学、复学、转学的请示、批复材料。（4）毕业学员在校形成的档案材料转递登记册。（5）优秀学员情况登记表和其他奖惩材料。（6）学员毕业论文。（7）毕业学员党性锻炼材料。（8）学员试卷等。

第八章 档案保管

第二十九条 学员电子档案的保管要确保安全，防止人为和自然因素对档案数据及存储载体的修改和损害。

第三十条 学员电子档案的保管场所要注意控制档案室的温湿度，做到防磁、防划、防擦、防压、防晒、防灰尘、防变形等，并具备电子档案永久保存的技术条件。

第三十一条 学员电子档案必须要有严格的管理制度和技术措施，进行定期检查。每两年进行一次机读有效性检验，发现问题，及时补救。磁性载体上的电子档案，每四年转存一次，需抢救的光盘应及时复制，原载体保留时间不少于四年。

第三十二条 存储学员电子档案的载体（光盘、磁带、硬盘、U 盘等）一式三套，一套封存保管，一套查阅利用，一套异地保存。

第三十三条 学员纸质档案存放场所要做好防火、防盗、防虫、防潮等工作，随时修补破损档案。对特别重要的学员纸质档案要及时数字化，形成电子档案保管。

第九章 档案利用

第三十四条 学员档案的管理由专人负责，使用要严格遵守相关程序、权限范围和保密规定，严防学员档案被随意复印、复制、散播。

第三十五条 学员电子档案使用时谨防被有意或无意修改、变动，封存载体仅用作数据备份、恢复和还原，不得外借和查询使用。

第十章 鉴别销毁

第三十六条 对已过保存期限、失去保存价值的学员档案，要组织有关部门进行鉴别、鉴定，按照国家现行的有关标准和程序执行。未经鉴定和批准，不得私自销毁任何学员档案。

第三十七条 对经鉴定可销毁的学员档案材料要报总院分管领导审批后监销。学员电子档案涉及办学机密和学员信息，被销毁时，应进行彻底物理删除，如存储在不可擦除载体上，须连同存储载体一起销毁。

第十一章 检查考核

第三十八条 总院负责定期对各分院的学员档案管理工作情况进行检查、考核，在全院范围内通报检查、考核情况，并视检查考核情况对相应单位或个人给与奖惩。

第三十九条 各分院负责定期对所属办学单位的学员档案管理工作情况进行检查、考核，在分院内部通报检查、考核情况，并视检查考核情况对相应单位或个人给与奖惩，具体标准和办法由分院制定，并组织实施。

第十二章 附 则

第四十条 本办法适用于中函总院各级办学单位，由总院负责解释。

第四十一条 总院各级办学单位应当根据本办法和本单位的实际情况制定实施细则。

第四十二条 本办法自正式下发之日起施行。

（干部教育学院供稿人：冯 辉）

组织人事

编辑：王文创

概　况

2012年，在校委领导下，组织部认真落实人才强校战略实施纲要，不断深化干部人事制度改革，紧紧围绕党校工作大局开展组织人事工作，完成了各项工作任务。

【完成队伍补充工作】　通过多种渠道为学校补充各类人员54名，其中选调高校博士毕业生、博士后21名，考录公务员13名，接收军转干部6名，编制内聘用高校毕业生14人。在认真调研的基础上，制定了2013年队伍补充计划。

【教师队伍建设取得明显成效】　专家工作。完成2012年度享受政府特殊津贴人员选拔推荐工作，确定王天义、叶庆丰、刘建飞和田国良为中央党校2012年享受政府特殊津贴推荐人员。开展了全国新闻出版行业第三批领军人才选拔工作，推荐选拔出报刊社刘学侠、出版社曲炜为中央党校全国新闻出版行业第三批领军人才人选。根据中央组织部要求，开展全国干部教育培训师资库入库人选推荐工作，推荐周为民等27位同志为师资库人选。

专业技术岗位聘用和职称评审工作。在对各相关单位教学科研任务量、学位点、人员机构等变动情况进行全面梳理和测算的基础上，制定了《中央党校关于2012年事业单位专业技术岗位聘用工作的意见》，并顺利组织实施了第三轮专业技术岗位聘用工作。在仔细摸底并征求相关单位意见的基础上，研究制定了《2012年度我校专业技术职务任职资格评审意见》，经各高级专业技术评审委员会评审，8人晋升正高级专业技术职务、9人晋升副高级专业技术职务。完成2012年新入校人员专业技术职务初定工作。

教师培训工作在总结以往教师培训工作经验的基础上，进一步加强和改进，取得明显成效。

【领导班子和干部队伍建设取得新进展】 领导班子建设和干部选拔任用工作。协助中央组织部完成1名副校长、1名教育长、2名校委委员以及2名中央“两委委员”人选推荐工作；完成十二届全国人大和全国政协换届人选推荐工作。全年共对12个直属单位领导班子、47个处级机构（或教研室级机构）领导班子进行了补充调整，共任免干部145名，其中局级干部48名，处（室）级干部90名。局级干部中，民主推荐选拔5名正局级领导干部，竞争上岗选拔6名副局级领导干部，面向全校公开选拔副局级组织员4名、教研部副巡视员1名，通过述职比选差额选拔3名副巡视员和4名巡视员（组织员）。

干部教育培训的培训内容更加丰富、形式更加多样，受到新入校同志的广泛好评。

【干部考核监督等工作】 完成2012年度26个直属单位领导班子和领导干部的述职测评工作，撰写《局级领导班子及领导干部2011年度考核民主测评情况报告》。研究提出2012年度考核工作的安排意见。完成2012年度领导干部个人事项报告的汇总和上报工作。

对2011年公开选拔的12名副处长进行了试用期满转正考核，听取各用人单位对12名副处长的评价以及对公选工作的建议意见，并向这12名同志逐一反馈考察情况。同时，召开座谈会，12位同志交流一年来的工作体会，组织部部长赵长茂就如何更好地坚持党校姓党原则、履行好岗位职责，对大家提出了希望和要求。

加强对党员干部宣传教育。落实中央确保换届工作做到“5个严禁、17个不准、5个一律”的要求，将学习宣传资料发到每个干部手中，并组织收看了反映2011年以来地方各级领导班子换届特别是党委换届工作中正风肃纪的纪实专题片《战斗正未有穷期》，使全体干部受到了一次深刻、生动的纪律教育，确保了中央党校相关工作的顺利进行。

按照《中央党校进一步提高组织工作满意度工作方案》的精神和要求，组织召开由各直属单位负责人和“八部一所”副巡视员参加的提高组织工作满意度座谈会。

【工勤技能人员管理工作进一步规范】 在认真摸底调研、总结经验的基础上，研究制定了《工勤技能岗位聘用工作细则》，顺利完成了新一轮工勤技能人员岗位聘用工作。

以提高素质与能力为目的，进一步加大工勤技能人员培训工作力度。14人通过各级职业技能资格考试；对500余人进行了职业道德和礼仪培训。

【完成各项机构编制工作】 完成校内机构编制重新核定工作。按中央编制委员会办公室要求，完成中央党校编制核减工作。中央编制委员会办公室批复中央党校新的编制数后，根据2001年以来校机构编制方面出现的新情况、新问题，对校内各单位编制数进行了重新核定。

完成部分单位下设机构及编制调整工作。包括校保密委员会办公室职能划入保卫处；哲学教研部战略学教研室更名为战略哲学教研室；科学社会主义教研部设立当代世界社会主义教研室，社会主义发展史教研室与国际工人运动史教研室一个机构两块牌子；文史教研部历史学教研室增加2名编制；以及机关服务局下设7个机构更名等工作。

【做好工资、津贴补贴、奖励等工作】 完成各类人员工资晋档晋级工作，全年为各类人员变动工资2100多人次。顺利完成教师节表彰有关工作。完成建校80周年庆祝表彰活动前期准备工作，包括设计表彰条件、人员摸底等。修订了人才强校专项基金优秀人才资助项目实施办法。按中央组织部要求，完成档案改版工作；构建了公务员信息系统，为全校参公人员管理的科学化、规范化奠定了基础。

（组织部供稿人：任尊严）

教职工简况

教职工人数

在职教职工

	总数	教研人数	教辅人数	行政管理人数	工人数
数量	1093	320	253	382	138

离退休人员：共1104人

（组织部供稿人：任尊严）

人事任免

局级干部任免情况

（以时间为序）

时　间	文件号	姓名	单　位	任　职	免　职	其他
2012年1月31日	中校通〔2012〕1号	吕建华	国际战略研究所			退休
		魏泽焕	进修部			退休
		秦节荣	培训部			退休
		段洪仁	财务行政管理局			退休
		刘利群	干部教育学院			退休
2012年3月8日	中校通〔2012〕4号	李文堂	文史教研部	副主任		
		孙胜利	组织部	副巡视员		
2012年3月8日	〔2012〕24号	包　驰	报刊社	副巡视员	副总编辑	
2012年3月31日	中校通〔2012〕5号	李燕生	教务部			退休
		黄琼忠	财务行政管理局			退休
2012年4月12日	中校通〔2012〕12号	庞元正				返聘
		丁东红				返聘
		李道中				返聘
		岑大利				返聘
		廖晓鸿				返聘
		康绍邦				返聘
2012年4月19日	中校通〔2012〕10号	刘晓云	办公厅	副局级校委秘书		
2012年4月26日	中校通〔2012〕11号	王　虹	办公厅	副巡视员		
		王庆俐	机关党委	副巡视员		
		曹　迟	报刊社	副巡视员		
2012年6月6日	中校通〔2012〕22号	卓泽渊	报刊社	副总编辑（正局级）	研究生院院长	
2012年6月20日	中校通〔2012〕21号	孙佃香	报刊社			退休

续表

时间	文件号	姓名	单位	任职	免职	其他
2012年6月27日	中校通〔2012〕23号	李晓兵	哲学教研部	主任		
		贾高建	哲学教研部		主任	
		韩庆祥	研究生院	院长	马克思主义理论教研部副主任	
		史金龙	干部教育学院	院长		
		赵理文	干部教育学院	巡视员	院长	
		田国良	出版社	社长兼总编辑		
		胡建华	出版社	巡视员	社长兼总编辑	
2012年7月5日	中校通〔2012〕25号	孙胜利	机关党委	校工会主席	组织部副巡视员	
		牛卫国	机关党委		校工会主席	
2012年7月5日	中校通〔2012〕27号	李连明	科研部	巡视员		
		曾业松	研究室	巡视员		
		郭焕永	进修部	组织员	副主任	
		陈　富	培训部	组织员		
		尤元文	进修部	副局级组织员	后勤部副巡视员	
		朱晋平	进修部	副局级组织员		
		王东方	培训部	副局级组织员		
		葛巍巍	研究生院	副局级组织员		
		张宗英	财务行政管理局	副巡视员		
		李新生	出版社	副巡视员		
2012年7月12日	中校通〔2012〕26号	牛卫国	进修部	组织员	机关党委正局级干部	
	中校通〔2012〕30号	侯　才	哲学教研部		副主任	
2012年7月31日	中校通〔2012〕29号	李连明	科研部			退休
		崔永琳	进修部			退休
		何　畏	进修部			退休
		许桂珍	图书馆			退休
2012年8月31日	中校通〔2012〕33号	孙　琰	哲学教研部			退休
		白金舫	研究生院			退休
		王庆利	机关党委			退休
		刘　春	离退休干部局			退休
2012年9月27日	中校通〔2012〕36号	任尊严	组织部	副巡视员		
2012年9月30日	中校通〔2012〕34号	车继先	机关服务局			退休

续 表

时 间	文件号	姓名	单 位	任 职	免 职	其他
2012年10月18日	中校通〔2012〕39号	周熙明	文史教研部	主任		
		赵伯英	文史教研部		主任	
		赵 杰	研究室	副主任		
		杨信礼	进修部	副主任		
		赵慧珠	报刊社	副总编辑	副局级秘书	
		史世鹏	报刊社	副总编辑		
		仲 平	干部教育学院	副院长		
		崔宪涛	出版社	副社长	副总编辑	
		孔 柠	哲学教研部	副巡视员		
		梁廷鹏	财务行政管理局	审计督察员		
2012年10月25日	中校通〔2012〕40号	韩保江	国际战略研究所	所长	经济学部副主任	
		宫 力	国际战略研究所		所长	
		董振华	哲学教研部	副主任		
2012年10月31日	中校通〔2012〕37号	刘晓云	办公厅			退休
		蔡 霞	党的建设教研部			退休
		张宗英	财务行政管理局			退休
2012年11月30日	中校通〔2012〕41号	葛巍巍	研究生院			退休
2012年12月27日	中校通〔2012〕48号	梁 朋	经济学教研部	副主任		
		刘学军	政法教研部	副主任		
2012年12月31日	中校通〔2012〕47号	刘久深	离退休干部局			退休
		曹 迟	报刊社			退休

（组织部供稿人：任尊严）

机 构 变 动

1.5月10日，经校委会议讨论，同意科学社会主义教研部部分下设机构及职能的调整：社会主义发展史教研室、国际工人运动史教研室合并为社会主义发展史教研室（国际工人运动史教研室），该室主要从事社会主义发展史以及国际工人运动史的教学与研究，机构规格为教研室级，编制7名。

设立当代世界社会主义教研室，原国际工人运动史教研室和社会主义发展史教研室承担的当代世界社会主义、当代资本主义的教学与研究职能划入该室，机构规格为教研室级，编制5名。

2.7月11日，中央编制委员会办公室批准中央党校后勤服务中心（对内使用后勤服务部名称）更名为中共中央党校机关服务中心（对外可使用中共中央党校机关服务局印章）。

另经征求中央编制委员会办公室意见，后勤服务中心（后勤服务部）更名后，对内也可使用机关服务局的名称。

3.10月25日，经校委会议讨论，同意哲学教研部下设机构战略学教研室更名为战略哲学教研室。

4.12月27日，经校委会议讨论，同意机关服务局下设机构餐饮服务中心更名为餐饮服务处、综合服务中心更名为综合服务处、交通服务中心更名为交通服务处、动力保障中心更名为动力保障处、园林修缮环卫中心更名为园林绿化处，物业监管中心更名为物业监管处、社区服务中心更名为社区工作处。以上7个机构更名后，按照《中央党校后勤部门机构编制改革实施意见》（中校字〔2001〕45号）精神，机构性质仍为服务实体，领导班子按处级配备。领导职务名称相应变更。

5.12月27日，经校委会议讨论，同意中央党校保密委员会办公室工作职能划入办公厅保卫处，增加2名编制专司保密工作；保密委员会办公室主任可由正处级干部担任（享受正处长级工资待遇），保卫处增设1个专司保密工作的副处长职位，兼任保密委员会办公室副主任。

6.12月27日，经校委会议讨论，同意文史教研部历史教研室增加编制2名，以加强世界史教学与科研工作。

（组织部供稿人：任尊严）

干部人事制度改革

1. 继2011年开展正处级组织员面向全校竞争上岗后，2012年首次开展了副局级组织员竞争上岗工作，通过笔试、面试、民主测评和组织考察，面向全校公开选拔4名副局级组织员。这项工作的开展，既拓宽了组织员的选拔范围，有利于组织员队伍整体素质的提高；也拓宽了学员部之外其他单位干部的晋升渠道，推动了校内干部的流动、交流，提高了大家的工作积极性。

2. 改革完善教研部处室级领导干部任用的考察工作。为更加全面了解干部情况，配好教研部教研室级机构领导班子，在教研室主任、副主任的组织考察中，要求具体负责专业技术干部管理工作的干部二处参与其中，发挥他们熟悉教研工作、教研人员的特点，使考察工作更加全面、准确。

3. 改革创新教师培训模式，在青年教

师培训中建立了包括必选和自选内容的定制化培训项目，在新入校教师培训中建立了包括五个模块的培训方式，都取得了较好的效果。

4. 改革完善教师节表彰评奖办法，向教师队伍倾斜，体现教师队伍在整个人才队伍中的核心作用。在教研人员中增设了嘉奖、三等功奖项；对科研优秀奖进行了分类，并提高了教学、科研优秀奖的获奖比例。

（组织部供稿人：任尊严）

人才引进与培训

人才引进情况

2012 年通过多种渠道为学校补充各类人员 54 名。其中，选调高校博士毕业生、博士后 21 名，考录公务员 13 名，接收军转干部 6 名，编制内聘用高校毕业生 14 人。

教师业务培训

总结以往教师培训工作经验，为中央党校 2010 年度、2011 年度新入校教师设立了主题为“国际视野与对外学术交流”的定制化培训项目，取得了较好效果。

举办 2012 年度新入校教师培训班。培训分为入校教育、党性锻炼、教学科研传帮带、国际视野、教学科研实践五个主要模块。入校教育模块包括介绍党校历史沿革、党校教学科研特点、教师成长机制和相关工作制度等；党性锻炼模块包括科学认识马克思主义、研读马克思主义经典原著并听取导读讲座、赴延安开展革命传统教育和理想信念教育等；教学科研传帮带模块包括观摩各教研部（所）优秀教师授课、新老教师教学科研经验交流、与校内教学研究相关单位负责人座谈等；国际视野模块包括国际视野拓展与对外交流经验领域的讲座、研讨等；教学科研实践模块包括学术演讲、教学模拟等。

选派10人赴国外进修或访学，6人赴云南、新疆等地方或中央单位挂职锻炼；批准1人在职攻读博士学位，3人从事博士后研究。

制定《国家留学基金资助我校人员出国研修项目实施办法》。11月，中央党校与国家留学基金委员会签署《开展公派留学人才培养合作备忘录》。为落实好备忘录精神，在广泛调研，征求国家留学基金委和中央党校"八部一所"班子成员意见建议的基础上，研究制定了《国家留学基金资助我校人员出国研修项目实施办法》。

行政干部培训

积极支持干部参加在职学历教育，鼓励干部学习成才。批准9名干部进行在职学习，其中攻读硕士研究生6人，博士研究生2人，博士后进修学习1人。

继续加大选派干部参加各类教育培训工作的力度。全年共选派34人参加各类培训班次。其中，1名省部级干部参加国防大学国防战略研讨班培训，7名局级干部参加校内主体班次培训，8名局级干部参加国家行政学院、三所干部学院和北京大学培训，9名局处级干部参加中央直属机关分校走读班培训，3名科级干部参加中直机关事务管理局培训，2名处级干部参加新任职处长培训班培训，4名局级干部参加中央组织部网络干部学院学习。

组织第三期教研室主任（副主任）专题培训班。9月，采取校内外结合的形式，举办了第二期教研室主任副主任培训班，共16人参加。校内阶段，副校长李书磊作动员，梁言顺等分别作专题辅导；校外阶段，组织大家赴延安接受革命传统教育。至此，圆满完成了"两年内对八部一所担任教研室正副主任的干部分三期进行轮训"的培训目标。

对浙江福建挂职基地选派的第一期挂职干部进行了挂职期满考察，并与有关单位协商选派4人参加第二期挂职锻炼。选派1名行政干部参加扶贫挂职锻炼。

工勤技能人员培训

开展以加强和规范用工管理、提高依法用工为主要内容的培训班，各用人单位负责劳动合同制人员管理工作的38名同志参加培训；组织500多名劳动合同制人员进行职业道德和礼仪培训。

新入校人员培训

对新入校人员进行了集中培训。培训内容主要是党校历史、党校人应具备的素质、党校工作制度、拓展训练等。相比以往，2012年的培训内容更加丰富、形式更加多样，受到新入校同志好评。组织新招录的公务员参加了国家公务员局组织的集中培训。

（组织部供稿人：任尊严）

表彰奖励

2012年获奖个人和单位名单

2011学年至2012学年，各直属单位和全校教职工努力践行科学发展观，积极为创建“一流学府”作贡献，出色地完成了校委部署的各项任务，教学、科研、行政后勤等各方面工作都取得了显著成绩。

根据国家和中央党校的有关奖励规定，

学校开展了2012年的评奖工作。在推荐测评、校奖励工作领导小组讨论审议和公示的基础上，校委会议讨论批准：韩庆祥等9名同志获2011学年至2012学年教学优秀奖，《经济、社会与国家——历史唯物主义视域内的社会变迁》等10项科研成果获2011年度科研优秀成果奖，李连明等31名同志记三等功，科学社会主义教研部等6个单位获优秀集体奖。中央党校校委决定，对获奖个人和单位予以表彰奖励。获奖名单如下：

1. 教学优秀奖（9人）：

马克思主义理论教研部　韩庆祥

哲学教研部　刘毅强

经济学教研部　施　红

科学社会主义教研部　王道勇

政法教研部　王雅琴

中共党史教研部　罗平汉

党的建设教研部　刘玉瑛

文史教研部　秦　露

国际战略研究所　赵　磊

2. 教学组织优秀集体奖（2个）：

科学社会主义教研部

2011年秋季学期省部班“统筹城乡发展”研究专题教学组

3. 科研优秀成果奖：

著作类5项：

马克思主义理论教研部　王中汝：《经济、社会与国家——历史唯物主义视域内的社会变迁》

政法教研部　张恒山：《西方法政名著精要》

中共党史教研部　柳建辉：《中国共产党执政历程》

党的建设教研部　王　瑜：《大党的兴衰》

文史教研部　刘悦斌：《薛福成外交思想研究》

论文类5项：

哲学教研部　董振华：《论创新劳动的哲学人类学意义》

科学社会主义教研部　王怀超：《党的指导思想问题研究》

政法教研部　王立峰：《马基雅维里论政治正当性》

党的建设教研部　张荣臣：《〈共产党宣言〉和中国共产党的建设》

国际战略研究所　高祖贵：《中东大变局对美国战略的影响》

4. 科研组织优秀集体奖（2个）：

经济学教研部

国际战略研究所

5. 记三等功人员（31人）：

科研部　李连明

马克思主义理论教研部　李宏伟　吕晓峰

哲学教研部　胡　卫　冯桂兰

经济学教研部　鲍永升　曹　新　李　蕾

科学社会主义教研部　王道勇

党的建设教研部　谢　峰　赵绪生

国际战略研究所　赵　磊

研究室　冯秋婷　单　玉

研究生院　杨　靖

组织部　王　洋

财务行政管理局　孙向军　张春花　赵振福

离退休干部局　崔津秀

报刊社　赵慧珠　曹　迟

干部教育学院　赵理文

机关服务局　周小强　刘广顺
　　　　　　薛静蓉　李福胜
　　　　　　巴福季　张　旭

信息中心　李　琳　张胜利

6. 管理服务优秀集体奖（2个）：

教务部

科研部

校委希望受表彰的个人和单位珍惜荣誉，谦虚谨慎，戒骄戒躁，在今后的工作中取得更出色的成绩。

校委号召，全校教职工和各单位要向受表彰的个人和单位学习，学习他们忠诚于党的干部教育事业的高度政治责任感和使命感，以及踏实工作、认真负责的敬业精神，锐意进取，精益求精，努力提高工作水平。

校委强调，各直属单位和广大教职工要深入学习贯彻胡锦涛总书记“7·23”重要讲话精神，深入贯彻落实全国党校校长会议精神特别是近平同志在开幕式上的重要讲话精神；超前谋划，扎实做好学习宣传贯彻十八大精神的工作。按照中央对党校工作的一贯要求，继续推进“一流学府”建设，不断提高党校办学的质量和水平，不断强化党校教育的特色和优势，在打造“一流教学和科研”、“一流人才和队伍”、“一流管理和服务”、“一流风气和人文环境”等方面取得新进展、新突破，以一流的工作业绩迎接党的十八大胜利召开，迎接80周年校庆。

（摘自中校发〔2012〕9号文件，办公厅、组织部供稿）

2012年局级干部年度考核等次

按照《中央党校2012年年度考核工作安排》的有关规定，经校委会议讨论，同意谢煜桐等27名局级干部2012年年度考核确定为优秀等次，其他局级干部确定为称职等次。优秀名单如下（以单位序列为序）：

办公厅　谢煜桐

教务部　王成志

科研部　郝永平

马克思主义理论教研部　周为民
　　　　　　　　　　　王彦民

经济学教研部　赵振华

中共党史教研部　李怀义

文史教研部　李文堂

国际战略研究所　顾丽丽

研究室　崔禄春

进修部　王英娟　孙慧荣　赵国章

培训部　王　炳　薛泽洲　宁　梅
　　　　阎惠鸾　蒋阿依

研究生院　韩庆祥　苏　燕

图书馆　张瑞红

组织部　王　洋

财务行政管理局　朱　鸣

机关党委　李庆华

离退休干部局　王金龙
干部教育学院　陈果吉
信息中心　郭英楼

（摘自中校通〔2013〕36 号文件，组织部、办公厅供稿）

2012 年年度考核确定为优秀等次人员名单

按照《中央党校 2012 年年度考核工作安排》的有关规定，现将 2012 年年度考核确定为优秀等次的专业技术干部、处级以下干部和工勤人员名单公布如下（按单位序列和姓氏笔画排序）：

办公厅：马玉琴　王远征　王　颖　刘　静　汤肖波　苏　英　李德伟　张锡健　邵五洲　赵争力　姚国英　韩　宁

教务部：刘君栩　罗明琦　金　晶　桑　瑜　薛伟江

科研部：卢杏俊　高彦斌　黄相怀　彭公璞

马克思主义理论教研部：张　严　赵　培　崔丽华

哲学教研部：冯桂兰　孙要良　杨玉成　胡　卫　胡明艳　梁晓杰　焦佩峰

经济学教研部：王天义　孙小兰　刘艳梅　刘淑琴　李旭章　徐祥临　袁　辉

科学社会主义教研部：孙劲松　向春玲　李　玉　林　梅　徐浩然　韩云川　蒲长春

政法教研部：刘武萍　刘素华　齐　惠　张立伟　张学博　高长见　黄小勇

中共党史教研部：王　毅　李庆刚　沈传亮　高中华

党的建设教研部：王　瑜　张　弛　吴　辉　赵绪生　郑　琦　谢　峰

文史教研部：尹永波　王学斌　王　煦　刘　飞　刘　忱　李媛媛　胡德明　焦玉莉

国际战略研究所：左凤荣　张仕荣　陈建奇　陈积敏　罗建波　赵　磊　程福生

研究室：尹晓徽　刘为群　闫景明

进修部：张汉飞　郝全洪

培训部：杨惠洁　辛向前

研究生院：李纪才　余金华　董节英

熊汉洁

图书馆：刘小梅　刘燕飞　苏本英　周　慧　庞桂香　武　岱　高志中　傅振华　霍　飞

组织部：刘立宏　李　洁　沈筱芳　高承禹

财务行政管理局：冯济平　刘星平　刘绮贤　孙瑞芬　李军立　李　嵩　吴晓明　吴慧林　张卫宁　张茂才　张建伟　郇陵春　赵振洲　柏恩杰　郭玉珍　盛景华　程新玉　薛　彬

机关党委：白忠华　刘爱荣　李　伟　张久义

离退休干部局：李文广　李　忠　张桂升　姚　巍　夏玉梅　韩　敏

报刊社：刘　询　李　红　苏毅丽　余昌森　梁丽萍　章兆和

干部教育学院：孙　波　刘　跃　李志萍　李素玲　张宇翔　姚志红　谢保忠

后勤服务部：丁　岩　王玉生　王　军　王克新　王国庆　王春钢　田立中　冯月花　刘伟星　刘守利　刘范红　李志远　李福胜　张　旭　张连军　张京忠　张俊英　范月兰　林晓风　周小强　郑沂昌　赵志刚　赵振东　胡振村　郜耀献　袁建平　贾少敏　柴文平　郭仁军　郭海军　程全利　滑文雄　蔡丽娜

信息中心：古　援　龙　华　刘占勇　李　春　张　炎　赵若玉　薛海岩

出版社：牛书梅　曲　炜　刘　勇　严宏伟　张志军　尉红民

（摘自校组字〔2013〕29号文件，组织部供稿）

劳动合同制人员工作

2012年劳动合同制人员表彰大会

2013年1月10日，中央党校劳动合同制人员表彰大会在礼堂举行，副校长、校劳动合同制人员综合管理委员会主任陈宝生出席会议并讲话。组织部副部长、综管委常务副主任王洋主持会议并在会上作了2011年至2012年综管委工作报告。机关党委副书记、综管委副主任沈黎萍宣读了表彰决定。出版社李云和机关服务局副局长刘志刚分别代表获奖人员和获奖单位在大会上发言。综管委全体成员、有关单位负责同志以及600多名劳动合同制人员参加了会议。

陈宝生代表校委、综管委向获奖同志和单位表示祝贺。他说：我们两年召开一次表彰会，既是一次盘点，盘点两年来我们在合同制用工制度方面、管理方面做了哪些工作，取得了哪些成绩；也是一次总结，总结两年来工作经验，总结合同制人员两年来创造的业绩；又是一次评比，评出两年来管得比较好的单位，做得比较好的个人，树立今后前进的标杆；同时这还是一次动员，动员我们用工单位和合同制人员在今后的工作中能够创造新的业绩。向先进学习，做出更好的成绩。

陈宝生要求各用工单位在以往工作的基础上，既要依法用工、科学管理，又要以人为本、优质服务，使合同制人员在中央党校这个大熔炉里，生活有尊严、工作有岗位、维权有依据、学习有条件。希望合同制人员把党校当做自己生活的家园，把岗位当做自己成长的依托，把工作看做人生事业的重要发展机遇。在党校这个大家庭里，健康成长，快乐生活，建功立业。

（组织部供稿人：任尊严）

附：

劳动合同制获奖个人和单位名单

2011 学年至 2012 学年，各用人单位和全校劳动合同制人员努力践行科学发展观，紧紧围绕学校中心工作，在党校的教辅和行政后勤等方面做了大量的服务性工作，为“一流学府”建设作出了积极贡献，涌现出一大批先进个人和单位。

根据《中央党校劳动合同制人员奖励办法》的规定，在全校范围内开展了评奖工作。在推荐测评、劳动合同制综合管理委员会讨论审议的基础上，报校领导批准：决定对汤凤群等 54 名获工作业绩优秀奖的个人和干部教育学院等 3 个获管理先进集体奖的单位进行表彰奖励。获奖名单如下：

一、工作业绩优秀奖：（54 人，各单位人员按姓氏笔画排序）

研究生院：汤凤群

报刊社：于朝霞　兰文飞　朱云利
武　东　程高乐

干部教育学院：孙　磊　李　宁
郝文静

机关服务局：毛秋生　王正敏
王会存　王国松
王瑞国　谷海霞
刘　姣　刘乃学
刘树明　朱玉凤
张　孟　张　婷
张　颖　张小雪
张道兴　张道林
李　赫　杨凤连
杨克金　杨俊祥
杨春雪　陈　敏
陈艳会　陈锦秀
和立永　孟凡磊
尚志飞　苑德永
英春明　郑丽芳
胡民有　赵　倩
唐　琼　袁志刚
袁姣凤　郭艳飞
郭雪亮　康延生
曹　锋　温红珂
焦蕾蕾　魏　秀

出版社：王洪霞　李　云　杜　锴

二、管理先进集体奖

干部教育学院
机关服务局
出版社

希望受表彰的个人和单位把荣誉作为新的起点，谦虚谨慎、奋发有为，在今后的工作和学习中做出更出色的成绩。全校劳动合同制人员和各用人单位要以他们为榜样，学习他们立足本职、爱岗敬业、勇于开拓、锐意进取的精神和大胆创新、科学管理的方法；学习他们热爱党校事业，全心全意为教学科研服务的思想境界；学习他们立足本职工作，爱岗敬业，忘我工作的优秀品德和勤勤恳恳、任劳任怨的工作作风。希望各用人单位和全体劳动合同制人员，围绕“一流学府”建设，把为教学服务、为教师服务、为学员服务作为一切工作的出发点和落脚点，努力工作，奋发进取，为党校事业的发展作出新的贡献。

（摘自校组字〔2013〕1号文件，组织部供稿）

机关党的工作

编辑：王文创

概　况

2012年，机关党的工作按照中央直属机关工委、校委的工作部署，以迎接党的十八大胜利召开和学习贯彻党的十八大精神为主线，加强机关党的思想、组织、作风、制度和反腐倡廉建设，为推进“一流学府”建设、迎接党的十八大胜利召开提供了坚强的思想政治保证。

【部署推进机关党建工作】 机关党委结合校机关党组织和党员队伍实际，提出2012年机关党建工作要点，经校委同意，于5月23日召开机关党的工作会议。常务副校长李景田出席会议并讲话，副校长、机关党委书记徐伟新作工作报告，办公厅等5个单位党组织书记作交流发言。校机关党委委员、机关纪委委员，各直属单位主要负责同志，各基层党组织负责同志，校“文明窗口”单位负责同志参加会议。会议全面总结了2011年机关党建工作，重点部署了2012年机关党建工作，表彰了2010年、2011年党组织工作目标管理考核优秀单位和2010—2011年度“文明窗口单位标兵”、“文明窗口单位”。

总结党的十七大以来机关党建工作经验，推进2012年机关党的各项工作任务落实，加强对机关党的工作规律性研究，了解掌握全校教职工的工作、思想状态，促进基层党组织工作相互沟通交流借鉴。机关党委于7月至9月期间，先后召开了教辅、行政管理和教研单位党组织负责人座谈会。副校长、机关党委书记徐伟新出席座谈会，并围绕机关党建工作展开调研。与会同志结合本单位实际，汇报了近年来特别是党的十七大以来党组织建设情况，畅谈工作体会，提出问题、困惑和建议。

机关党委在认真梳理基层党组织书记提出的意见和建议基础上，深入分析党员干部职工思想动态，认真落实思想政治工作分析报告制度，形成书面材料上报校委。

【迎接党的十八大和学习贯彻会议精神】 做好党的十八大代表候选人预备人选和中央直属机关党代表会议代表选举服务工作。按照中央和中央直属机关工委的统一部署，严格条件和程序，认真执行民主集中制，做好党的十八大代表候选人预备人选和中央直属机关党代会代表的选举组织服务工作。经中央直属机关党代会代表选举，中央党校李景田、陈宝生、李书磊同志当选为党的十八大代表。

营造迎接党的十八大胜利召开的浓厚氛围。以“科学发展、成就辉煌”为主题，通过组织参加报告会、制作并播放宣传片、布置主题橱窗展、编发简报等多种方式，广泛宣传党和国家经济建设、党校“一流学府”建设、机关党建取得的丰富成果及先进党组织和优秀共产党员的先进事迹。机关党委以“为党的十八大作贡献”为主题，部署直属单位党组织开展党日活动，并开展第五届“最佳党日活动”评选工作。

抓好党的十八大精神的学习贯彻。按照校委部署，认真做好学习宣传党的十八大精神的准备工作，提前制定方案，尽早谋划部署。党的十八大召开前，部署各级党组织密切关注、准确把握党员干部思想动态，及时组织收听收看党的十八大盛况。会议召开后，及时配合有关单位，组织传达会议精神，适时举办培训班和报告会、召开座谈会、开展征文比赛等活动，迅速组织各级党组织和广大党员学习领会党的十八大精神，广泛掀起学习贯彻党的十八大精神的热潮。

【深化创先争优活动成果】 开展基层组织建设年活动。机关党委紧紧围绕“强组织、增活力，创先争优迎接十八大”主题，制定《中央党校在创先争优活动中开展基层组织建设年实施方案》，深入开展基层组织建设年活动。校基层党组织按照部署和要求，结合本单位工作实际和党员队伍现状，将开展基层组织年建设与促进本单位中心工作、建设学习型党组织、加强作风建设、开展建校80周年纪念活动等工作同部署、同落实、同考核，进一步增强了战斗力、凝聚力和创造力。积极做好中央直属机关基层党组织建设专题调研的筹备和汇报工作。全面回顾总结中央党校开展创先争优活动的情况，形成书面材料上报中央直属机关工委。在广泛征求基层党组织和党员干部意见和建议基础上，修改《中央党校机关党支部工作目标管理责任制实施细则》，推进创先争优活动常态化、长效化。

开展评选表彰活动。按照中央直属机关工委部署和要求，严格推选程序，经过层层选拔，经济学教研部党总支荣获“全国创先争优先进基层党组织”，研究生院、后勤服务部荣获“2011年首都文明单位”，办公厅等6家单位荣获“2009—2011年度中央直属机关文明单位”，组织部高承禹荣获全国组织系统嘉奖。并专门下发文件，组织各直属单位党组织，开展网上投票推荐全国创先争优优秀共产党员活动。

加强对党员干部的教育、管理和服务。落实党内生活各项制度，特别是党员领导干部参加双重组织生活会制度。重点加强对年轻党员干部的教育管理，促进年轻同志增强党校姓党原则和从严治校方针的意识和素养，提高学术和业务工作的水平。坚持标准和原则，认真完成发展党员工作。及时更新党组织和党员数据库，实现了动态管理，完成了信息统计和汇总上报工作。

抓好党务干部队伍建设。按照《中国共产党党和国家机关基层组织工作条例》和中央直属机关贯彻落实的《实施办法》，进一步建立健全机关党的工作制度和机制。对8个直属单位党组织组成和书记、副书记配备工作进行了指导和审批。积极组织专兼职书记参加中央组织部和中央直属机关工委组织的培训班，并对校基层党组织组织委员开展集中培训，不断提高党务干部队伍的素质能力。

【推进学习型党组织建设】 全面加强理论武装工作。以领导班子和领导干部为重点，组织党员干部学习党的理论和党史知识，学习马克思主义经典著作，重点抓好中国特色社会主义理论体系特别是科学发展观的学习。通过举办辅导报告、读书会，开展专题研讨，组织学习交流，购发《论文化建设——摘编》读本，编发学习简报等方式，组织学习胡锦涛总书记“七一”重要讲话精神、党的十七届六中全会精神和习近平同志讲话精神，引导党员干部进一步坚定理想信念、明确历史使命、增强责任感和使命感。及时学习传达全国党校校长会议精神，统一思想，明确方向，不断推进“一流学府”建设。

推进学习型党组织建设。组织学习贯彻习近平同志《坚持实事求是的思想路线》的讲话精神和中央宣传部学习型党组织建设理论研讨会议精神，加深在新形势下推进学习型党组织建设重要意义、内涵特征、目标任务等基本问题的认识。中央学习型党组织指导小组的简报刊登了中央党校报送的《强化职能，践行使命，在学习型党组织建设中发挥表率引领作用》一文。及时编发反映直属单位学习型党组织建设情况的专题简报，总结推广基层党组织好的做法和经验。有些单位的活动多次在中央宣传部、中央直属机关工委有关会议上介绍经验，产生广泛影响。机关党委将学习型党组织建设纳入机关党建工作责任制和机关党支部工作目标管理责任制考核内容，建立健全加强机关学习型党组织建设的长效机制。

认真贯彻落实《关于进一步加强中直机关文化建设的意见》。紧密结合中央党校机关文化建设实际，以提高党员干部思想文化素养为重点，以丰富和发展机关文化为目标，通过开展丰富多彩的文化活动，加强机关文化阵地建设，努力打造文化品牌。中央党校机关党委受邀在中央直属机关工委机关文化建设研讨交流会作典型发言，介绍宣传党校文化建设的做法和经验。

【开展反腐倡廉教育】 加强反腐倡廉教育和作风建设。深入学习贯彻胡锦涛总书记在党的十七届中央纪委第七次全会上的重要讲话精神，学习常务副校长李景田《讨巧之风不可长》等讲话精神，加强宣传教育和作风建设，引导党员干部在思想上政治上行动上与党中央保持高度一致，努力保持思想纯洁、队伍纯洁、作风纯洁。参加中央直属机关《党建》杂志社举办的保持党的纯洁性研讨会，提交书面交流材料，并将中央党校学习贯彻中纪委七次全会精神的情况形成书面材料上报中央直属机关纪工委。贯彻党校姓党的原则和从严治校的方针，进一步端正学风和校风，带头转变文风和会风。举办了直属单位纪检委员培训班，进行业务知识和能力的学习培训。

推进惩治和预防腐败体系建设。继续落实中央《建立健全惩治和预防腐败体系2008—2012年工作规划》，认真履行职能，协助有关部门落实惩防体系各项工作。汇总全校各级党组织落实情况，起草全校总结材料，上报中央直属纪工委。参与中央纪律检查委员会组织的2013—2017年惩防体系建设征求意见座谈会。

开展遵守党的政治纪律专项检查。按照中央直属纪工委部署，结合党校实际，下发文件部署在各单位党组织中开展遵守党的政治纪律专项检查。通过基层党组织自查、机关纪委检查、中央直属纪工委抽查等环节，中央党校专项检查工作圆满完成，得到中央直属纪工委肯定，并在中央直属机关开展遵守党的政治纪律专项检查经验交流会上，作典型发言，宣传交流做法和经验。

做好日常监督和信访工作。按照中央纪委要求，对全校贯彻落实中央《关于实行党政领导干部问责的暂行规定》（中办发〔2009〕25号）的情况进行了自查，并上报自查情况报告。按照中央直属机关党务公开工作领导小组的要求，以及全校人员变动和工作实际，校党务公开工作领导小组成员进行了调整，起草制定实行党务公开目录。严格按照党内有关规定，参与组织人事、工程招投标、住房配售等监督工作，不断提高反腐倡廉制度化、规范化水平。做好信访举报和案件查处工作，加大纠正违纪违规行为的力度。

【发挥群团组织作用】 开展庆祝建校80周年系列活动。按照校委统一部署和要求，及时下发文件，部署各直属单位党组织围绕庆祝建校80周年开展党日活动、筹备文艺演出和书画摄影展，广泛掀起宣传校史、深入学习校史的热潮，进一步弘扬党校优良传统，构筑建设“一流学府”的共同愿景。

加强机关精神文明建设。将学雷锋活动与开展社会志愿服务结合起来，弘扬良好社会风尚。宣传和表彰“文明窗口”单位先进典型，发挥示范带动作用。分类召开直属单位党组织书记座谈会，及时了解党员和干部职工思想动态，认真落实思想政治工作分析报告制度，形成书面材料上报校委。深入开展法制宣传教育，推进“六五”普法工作。做好维稳工作，促进机关和谐稳定。

发挥群团组织作用。加强对工青妇等群众组织的领导，支持群众组织依照法律和各自章程独立自主地开展活动。在机关党委的统一领导下，校工会完成了换届改选工作，继续推进职工健康计划和职工文化生活计划的实施，举办第二届“走进春天”广场活动，开展全校乒乓球比赛，做好节日慰问和“送温暖”工作。校团委围绕纪念共青团成立90周年，开展先进基层团组织、优秀团干部和优秀团员评比活动，后勤服务部综合服务中心团支部被评为全国五四红旗团支部。坚持举办青年读书论坛、开展志愿者服务、推进基层共建、组织参观展览等活动，并推选中央直属机关青年文明号和青年岗位能手。

【加强机关党委自身建设】 机关党

委党支部进行了换届改选工作，进一步加强队伍建设。定期开展双月交流活动，推荐优秀图书，举办读书交流会。围绕机关党委文化精神开展学习讨论，形成“忠诚敬业、创新有为、乐群友善”的共识。恢复实行联络员制度，进一步加强与各直属单位党组织的沟通联络。召开机关党委青年人座谈会，加强思想引导。组织参观展览和文书写作报告会，深入革命老区开展党性教育和基层调研，积极参加中央直属机关工委和校级课题研究，不断促进工作人员提升理论修养和实践能力，提高做好新时期机关党建工作的意识和能力。

（摘自机关党委提供素材，供稿人：栾　岚）

代 表 推 选

中央党校出席党的十八大代表名单

根据中央直属机关工委6月15日通知，经中央批准，同意中央党校李景田、陈宝生、李书磊3位同志为中央直属机关出席党的十八大代表。代表资格在党的十八大召开时需经代表资格审查委员会确认。

（摘自校机党发〔2012〕18号文件，机关党委供稿）

中央党校出席中央直属机关党代表会议代表名单

5月18日，中央党校机关党委收到中央直属机关工委组织部《关于同意李景田等9名同志为中央直属机关党代表会议代表候选人预备人选的通知》后，于5月21日，召开全体委员会议（机关党委委员17人，除1名同志因病请假外，16名同志参加了会议），会议采取举手表决形式，一致同意李景田、陈宝生、李书磊、徐伟新、贾高建、黄宪起、赵长茂、卓泽渊、辛守良9名同志为中央党校出席中央直属机关党代表会议的代表。中央党校原副校长、机关党委原书记孙庆聚、机关党委常务副书记、机关纪委书记李庆华2名同志为中央直属机关工委指定出席中央直属机关党代表会议的代表。

中央党校11名代表全部产生，其中，55岁以下的党员5人，占54.6%；女党员2名，一线党员4名，退休党员1名。

（摘自校机党发〔2012〕15号文件，机关党委供稿）

工作会议

2012年机关党的工作会议

5月23日，中央党校召开2012年机关党的工作会议。常务副校长李景田出席会议并讲话，副校长、机关党委书记徐伟新作机关党的工作报告。校委委员、培训部主任罗宗毅，校委委员、进修部主任黄宪起，校委委员、组织部部长赵长茂，校委委员、科研部主任梁言顺，校委委员、教务部主任王东京出席会议。校机关党委委员、机关纪委委员，各直属单位主要负责同志，各基层党组织负责同志，校“文明窗口”单位负责同志，约130人参加会议。会议由机关党委常务副书记李庆华主持。

李景田指出，2011年，中央党校机关党的工作成效显著，有力地保证了校委中心工作的顺利完成。他代表校委向全校各级党组织、广大党员干部和党务工作者表示衷心的感谢。他强调，2012年是党的十八大召开之年，是实施“十二五”规划承前启后的重要一年，也是我们抓住机遇期、全面开创党校事业新局面的关键一年。做好2012年机关党的工作，使命光荣，责任重大。他讲了三点意见：一是以迎接十八大召开和学习贯彻十八大精神为重点，在贯彻落实党校姓党、从严治校上取得新成效；二是以保持党的纯洁性为重要工作内容，在加强党性教育、党性修养上取得新成绩；三是以不断提高机关党的工作科学化水平为主线，在促进“一流学府”建设上取得新进展。

李景田要求，2013年是中央党校建校80周年，总结80年建校经验，特别是党的十七大以来建校经验，对推进“一流学府”建设具有重要作用，各级党组织也应该系统总结党建工作经验，深入研究把握新形势下机关党的建设规律，创新机制、拓展载体、规范标准，进一步提升党建工作科学化水平，努力使党校机关党建工作走在全党基层组织建设前列，以优异成绩迎接党的十八大胜利召开。

徐伟新在讲话中总结了2011年度全校机关党的主要工作情况。她指出，2011年，全校各级党组织以建设“一流学府”为目标，围绕纪念建党90周年，积极践行“服务大局、建设队伍”两大核心任务，机关党的工作实现了全面、扎实、稳步地推进，取得了明显成效。她围绕“着力加强基层党组织建设，不断提高机关党的工作科学化水平”这个主题，对2012年机关党的工作重点从五个方面进行了部署。一是以迎接服务党的十八大、学习贯彻党的十八大精神为重点，大力加强思想政治建设，全面贯彻党校姓党原则；二是以在创先争优活动中开展基层组织建设年为抓手，大力加强组织和制度建设，充分发挥党组织的创造力、战斗力、凝聚力；三是以保持党的纯洁性为目标，大力加强作风和反腐倡廉建设，确保从严治校的方针落到实处；四是以强化教育培训为手段，大力加强党务干部能力建设，全面提高推进“一流学府”建设的综合素养；五是从总结经验与把握规律入手，大力加强理论和实践研究，努力提高机关党建工作科学化水平。

组织部副部长、机关党委副书记王洋宣读了《2010、2011年中央党校直属单位党组织工作目标管理考核成绩优秀单位名单》；机关党委副书记沈黎萍宣读了《2010—2011年度中央党校“文明窗口单位标兵”、“文明窗口单位”名单》。主席台领导向获奖单位颁发了证书和奖牌。办公厅副主任、厅机关党委书记张忠军，政法教研部副巡视员、党总支书记王治华，研究室主任冯秋婷，培训部副主任、党支部书记薛泽洲，离退休干部局副局长、局党委书记王金龙五位同志分别就本单位开展基层党建工作情况、工作中的体会和收获作了会议交流发言。

（摘自校园网2012年5月24日，机关党委供稿）

机关党委分类召开直属单位党组织负责人座谈会

7月至9月期间，为认真总结党的十七大以来机关党的工作经验，进一步加强对机关党建规律性的研究，努力形成适合新形势要求的工作思路和方式方法，为直属单位党组织负责人搭建沟通交流平台，中央党校机关党委先后召开教辅、行政管理和教研单位党组织负责人座谈会。

副校长、机关党委书记徐伟新出席座谈会，并围绕机关党的工作情况开展调研。机关党委常务副书记李庆华主持会议。部分机关党委委员应邀出席会议。机关党委处室以上负责同志参加会议。与会同志紧密结合本单位工作实际，全面回顾总结十七大以来党建工作经验，畅谈工作体会、困惑、问题和建议。

徐伟新充分肯定直属单位党组织和广大党务工作者在坚持党校姓党、建设“一流学府”、促进教学科研发展、加强机关党建工作中作出的贡献和取得的成绩，要求机关党委认真总结提炼会议精神，注重梳理归纳反映出的问题、困惑和建议，充分发挥机关党组织的协助监督作用，不断推进“一流学府”建设。

（摘自校园网2012年9月19日，机关党委供稿）

工会第三次会员代表大会

6月29日，中央党校召开工会第三次会员代表大会。回顾总结校工会自上次会员代表大会以来的工作情况，部署今后一个时期工会工作的主要任务，听取并审议通过第二届工会委员会工作报告，审议通过经费审查报告，选举产生中央党校第三届工会委员会和经费审查委员会。副校长、机关党委书记徐伟新作题为《充分发挥工会组织在“一流学府”建设中的作用》的讲话。中央直属机关工会联合会副主席、妇工委主任崔钦华讲话，对中央党校工会工作给予充分肯定，并就进一步做好工会工作提出明确要求。会议包括三个阶段，先后由机关党委常务副书记李庆华，组织部副部长、机关党委副书记王洋主持。109名工会会员代表参加会议。

徐伟新在讲话中充分肯定了工会第二届委员会的工作，指出，中央党校第二届工会委员会在15年的工作中，紧紧围绕中央党校教学科研主题，服务大局，服务教职工，在促进中心工作、提高队伍素质、活跃职工文化生活等方面做了大量工作。校委对以牛卫国为主席的中央党校第二届工会委员会所做的工作给予肯定。她对今后的工会工作提出五点希望：一是以迎接党的十八大召开和学习贯彻党的十八大精神为重点，紧密结合党校实际开展工作；二是密切联系群众，努力为教职工办实事办好事；三是关注教职工身心健康，切实加强校园文化建设；四是坚持党建带工建，进一步加强工会组织自身建设；五是研究新情况新问题，提高新形势下工会工作科学化水平。她要求，新当选的委员同志们要自觉承担起这份光荣的职责，珍惜大家的信任，要不负重托，虚心学习，勤奋工作，积极探索符合党校特点的工会工作的新思路、新途径，在继承上届工会优良传统的基础上进一步创新，团结带领全校教职工，坚定不移地走中国特色社会主义工会发展道路，为党的干部教育事业发展、为“一流学府”建设作出应有的贡献。

（摘自校园网2012年7月2日，机关党委供稿）

工 作 培 训

直属单位党组织组织委员培训

5月9日至12日，为贯彻落实中央、中央直属机关工委关于在创先争优活动中开展基层组织建设年的指示精神，围绕“强组织、增活力，创先争优迎十八大”这一主题，做好抓基层、打基础的工作，不断提高党务工作者的能力和素质，增强基层组织的创造力、凝聚力和战斗力，中央党校机关党委组织各直属单位党组织组织委员一行25人赴中国井冈山干部学院进行了为期4天的集中培训。

出发前，校机关党委常务副书记、机关纪委书记李庆华对培训班提出要求，她希望参加培训的同志要倍加珍惜和充分利用这次学习机会，加强党性修养，努力做到学有所思、学有所获。机关党委副巡视员赖为华带队，机关党委组织处具体负责组织这次培训学习。

开班式上，中国井冈山干部学院副院长周金堂介绍了中国井冈山干部学院的基本情况以及井冈山在中国革命史中的重要地位。他还向参训人员授予队旗。赖为华对培训班做了动员。

中国井冈山干部学院为这次培训精心设计了课程，既有课堂教学，又有现场教学、实地参观、观看录像、学唱革命歌曲等，内容丰富多彩，方式灵活生动。大家瞻仰了井冈山革命烈士陵园，向长眠在那里的革命烈士敬献花圈。参观了井冈山革命博物馆、茨坪革命旧址群、茅坪八角楼、黄洋界哨口、大井朱毛旧居、小井红军医院和红军烈士墓等现场教学点。各位老师饱含深情地讲述了老一辈无产阶级革命家和革命先烈建立革命根据地的斗争经过和艰苦生活，并带领大家在无名烈士墓前默哀、鞠躬和敬献白花。在课堂教学中，通过学院老师的讲解，同志们对“坚定信念、艰苦奋斗，实事求是、敢闯新路，依靠群众、勇于胜利”的井冈山精神及其时代价值有了更深入的认识。

短短几天的培训学习，大家的心灵受到了震撼，进一步坚定了理想信念，强化了宗旨意识，提高了贯彻落实科学发展观的自觉性和坚定性，增强了做好基层党组织党务工作的责任感和使命感。同时通过学习培训，还加强了沟通和了解，增进了友谊和感情。

（摘自《机关党委简报》2012年第4期，机关党委供稿）

直属单位党组织纪检委员培训

10月11日至12日，为迎接党的十八大胜利召开，深入推进校党风廉政建设和反腐败工作，中央党校机关纪委举办各直属单位党组织纪检委员培训班。这是2010年校机关纪委换届后举办的第一期培训班，校机关纪委委员、各直属单位党组织纪检委员和机关纪委办公室的同志参加培训班。培训班邀请中央纪委有关专家讲授了与日常工作紧密相关的业务知识，安排了学习交流研讨，购买了相关业务书籍供学习参考。

中央党校机关党委常务副书记、机关纪委书记李庆华出席开班式并作了开班动员讲话。她说，坚决惩治和有效预防腐败，关系人心向背和党的生死存亡，是党必须始终抓好的重大政治任务。长期以来，校委高度重视反腐倡廉各项工作，各直属单位党政主要负责同志认真履行党风廉政建设职责，广大党员干部认真学习、严格遵守党规党纪，中央党校反腐倡廉教育和牵头工作深入开展，惩防体系建设有序推进，党风廉政建设和反腐败工作取得了明显成效。她明确了基层党组织纪检委员的职责，希望大家抓住这次难得的学习机会，遵守培训纪律，认真学习、深入研讨，充分交流学习和工作中的体会。

中央纪律检查委员会惩防体系建设工作领导小组办公室戴军从惩防体系建设的提出及其特征、必然性、内涵、基本要素、主要内容、基本经验等方面讲解了惩防体系建设的有关问题。中央纪委案件审理室高玉洁从案件线索的排查与管理、案件初核、立案调查、案件审理、案件处理、处分决定的执行以及树立正确的执纪理念等方面讲解了纪检办案中的主要程序和实体问题。

在交流讨论中，机关纪委副书记陆苏娅宣读了中央直属机关纪工委对中直有关单位处理的一批违纪违法案件的通报，介绍了近年来校机关纪委工作情况和处理的相关案件。各位纪检委员一致认为举办培训班很有必要，课程安排科学，收获很大。近年来，中央党校党风廉政建设和反腐败工作取得了明显成效，但反腐倡廉需警钟长鸣，各项工作要不断深入。希望培训教育经常化、常态化。

（摘自《机关党委简报》2012年第16期，机关党委供稿）

表彰先进

2012年全国奖项

1. 全国创先争优先进基层党组织：经济学教研部党总支。

2. 全国组织系统嘉奖：组织部干部一处处长高承禹同志。

3. 全国五四红旗团支部：后勤服务部综合服务处团支部。

4. 团中央第九届中国青年志愿者优秀组织奖：研究生志愿者服务队。

2012年中央直属机关奖项

1. 后勤服务部综合服务处团支部被评为中央直属机关五四红旗团组织。

2. 马克思主义理论教研部李海清、进修部吕立峰荣获“第八届中直机关青年岗位能手”称号。

3. 机关党委赵永红被评为中央直属机关优秀团干部。

2012年校级奖项

1. 中央党校第五届“最佳党日活动”奖：政法教研部党总支、研究室党支部、组织部党支部、办公厅机关党委、科研部党支部、进修部党支部、文史教研部党总支、国际战略研究所党总支、研究生院机关党支部、图书馆党总支、后勤机关党委财务部党总支。

中央党校第五届“最佳党日活动”入围奖：哲学教研部党总支、培训部党支部、离退休干部局机关党支部、信息中心党支部、中共党史教研部党总支、报刊社党总支、教务部党支部、后勤机关党委机关服务局党总支物业监管中心党支部、干部教育学院党总支。

2. 2010 年、2011 年校直属单位党组织工作目标管理责任制考核成绩优秀的党组织是：办公厅机关党委、教务部党支部、科研部党支部、哲学教研部党总支、政法教研部党总支、国际战略研究所党总支、培训部党支部、组织部党支部、后勤机关党委所属后勤服务部党总支、报刊社党总支。

3. 2010 年、2011 年校直属单位党组织工作目标管理责任制考核成绩达标的党组织是：马克思主义理论教研部党支部、经济学教研部党总支、科学社会主义教研部党总支、中共党史教研部党总支、党的建设教研部党总支、文史教研部党总支、研究室党支部、进修部党支部、研究生院机关党支部、图书馆党总支、后勤机关党委、机关党委党支部、离退休干部局机关党支部、干部教育学院党总支、信息中心党支部、出版社党总支。

（机关党委供稿人：栾　岚）

工会、共青团工作

校工会 2012 年主要工作

2012 年，工会认真工作、勇于创新，勤奋工作，在促进中心工作、提高队伍素质、活跃职工文化生活等方面做了卓有成效的工作。

1. 召开第三次会员代表大会，总结了校工会第二届委员会 15 年的工作经验和成绩，部署今后一个时期工会工作，选举产生中央党校工会第三届委员会。

2. 密切配合机关党委开展党的十八大精神学习，11 月 21 日，召开校工会委员会，传达中央直属机关、机关党委关于学习党的十八大精神的要求；学习宣传委员会主任作学习辅导。

3. “面对面”调查研究。校工会多次召开委员会、主席会、专业委员会，采取多种形式广泛倾听职工的心声，征询工作意见建议，以提高工作的针对性、实用性。新一届委员会上任第一时间就走访了 19 个直属单位，对党校工会的地位、特点、作用进行调研，重点听取老中青教师对工会工作的诉求。调研工作收到良好效果。树立了工会服务中心人群的思想态度、倡导了工会深入基层调查研究的工作作风，拉近了工会与教职工的距离，增强了做好工会工作思想基础，摸清了底数、找到了问题，开拓了工作思路，收集到了解决问题的办法，为推进工作奠定了基础。

4. “实打实”办好事。根据教职工的合理需求，多办得人心、暖人心、稳人心、聚人心的实事好事，尽力为大家排忧解难。校工会主动出击，攻坚克难，积极协调教职工关心的入托、入学、看病难的问题。积极与国防大学、中关村第一小学、北医三院拓展关系，取得可喜成果。与国防大学就孩子入园条件、人数等问题准备签署合作备忘录；与中关村第一小学就党校无户口孩子入学问题进行沟通协商；与北医三院建立乒乓交流机制，建立绿色交流通道。

5. “心贴心”送温暖。坚持“以人为本，真情关爱”的原则，关心和帮助困难职工。坚持走访慰问生病入院、生活困难的教职工。全年看望慰问教职工 30 多人，支出资金 1 万多元。2012 年春节送温暖，慰问 31 人，发放慰问金 97400 元。为全校 1119 名在职职工办理了重大疾病互助保障保险。

6. 开展文体活动，建设和谐校园文化。推进完善“1 + 1”健身活动考核制度。举办迎新年第五届卡拉 OK 演唱会、第二届“走进春天”校园广场健身宣传活动、庆“五一”乒乓球比赛、第一届教职工扑克比赛和网球比赛。校领导、单位领导带头参与，广大教职工积极响应，共有 2000 多人次参加各种活动。筹备中央党校建校 80 周年教职工文艺汇演及职工书画展览。

7. 建章立制，规范文体协会。新成立中央党校扑克牌协会、中央党校网球协会，推选协会领导班子、制定协会章程，规范体育协会的组建、管理、活动安排，推进了协会管理的程序化、正规化。

8. 开展培训，加强自身建设。完成了 8 个直属单位工会换届改选的指导与批复工作。召开第三届委员任职培训班，组建了妇工委、学习宣传委、文体委、福利委；进行了业务培训、拓展训练。参加了中央直属机关工会妇工委培训班；主席、副主席、主任经审委任职培训班。

（校工会供稿人：孙胜利）

校团委、青年联合会 2012 年主要工作

1. 学习贯彻党的十八大精神。校团委、青年联合会按照中央直属机关团工委、校机关党委的要求，组织全校团员青年，认真收看党的十八大召开的开幕式；下发通知，要求各基层团组织组织好十八大精神的学习宣传。11 月，校团委举办了团员

干部学习党的十八大精神学习班，邀请党校有关专家讲解十八大报告，并组织学习班的青年进行了学习交流讨论。

2. 加强团员青年思想引导工作。充分运用新媒体加强思想教育，引导团员青年积极参与校园网“青春家园论坛”交流活动；通过问卷调查、访谈、座谈会等形式，了解掌握各单位青年的思想意识关键点，增强各级团组织和团干部做好青年思想引导工作的意识和能力，深入推进分类引导青年工作。

3. 推进学习型团组织建设。为进一步落实习近平校长爱读书读好书善读书的要求，深入推进学习型党组织、学习型团组织、学习型青年组织建设，推动中央党校青年文化的繁荣，3 月组织部分团员、青年联合会委员参观马克思主义传播史展览馆；4 月举办青年读书交流会，中央直属机关青年联合会委员、校青年联合会委员以及团员青年共 100 多人参加读书交流会，副校长、校青年联合会名誉主席李书磊，中央直属机关团工委副书记、中央直属机关青年联合会主席吴佳松出席读书交流会并讲话。

4. 举办 2012 年党校新入职人员迎新联谊会。为加强交流、展示才艺、增进感情，于 9 月举办 2012 年新入职人员迎新联谊会，2012 年新入职人员自编自演了精彩的文艺节目，青年教职工、校团委、校青年联合会委员等 80 多人参加联谊会。

5. 加强志愿者服务队建设，深入开展志愿活动。为加强服务队建设，1 月，服务队进行了第二届队员的招新纳贤，通过层层面试和选拔，吸收了 16 名新队员。3 月，服务队召开 2012 年度第一次全体大会，表决通过了服务队的章程，规定了服务队的宗旨、目标、服务范围、工作开展流程等。3 月 16 日，在中央党校南院举行以“弘扬雷锋奉献精神，展现党校志愿风采”为主题的“学雷锋”宣传活动。服务队以展板展示、现场宣讲、单页宣传等形式，通过宣传雷锋生平、雷锋精神，强化将雷锋精神代代传承的重要意义，引导更多的同学加入到志愿服务的行列。6 月，服务队在中央党校举行 2012 年度募捐活动，得到师生员工的大力支持和赞赏。11 月，志愿者服务队荣获共青团中央、中国青年志愿者协会颁发的第九届中国青年志愿者优秀组织奖。

6. 深入开展“联合共建活动”。与首都师范大学政法学院、中国青年政治学院、团中央中国青年实业发展有限总公司、中交第三公路工程有限公司、北京轨道交通路网公司、国建正坤科技有限公司等六家单位分别举办“首都校企共青团联合共建系列活动之四‘践行北京精神，勇担青年责任’主题团日”活动、“联合共建、走进基层”主题活动。

（校团委供稿人：赵永红）

离退休干部工作

编辑：王文创

概　况

2012年，离退休干部局按照校委工作部署和全国老干部局长会议精神，坚持围绕中心，服务大局，为老同志办实事、做好事、解难事，离退休干部工作取得新的成绩。

【落实老同志政治待遇】 配合机关党委完成出席党的十八大代表和中央直属机关党代表会议代表的选举工作，组织离退休老同志收听、收看党的十八大盛况并认真学习研讨会议精神，组织召开老同志通气会5次，组织原校领导和离退休老同志分10个批次参观校史馆，与老教授协会联合举办学习党的十八大精神和十一届全国人大五次会议精神等专题研讨会，组织老教授协会会员230人次赴顺义、平谷参观考察，组织900余名老同志参加《中国老年报》等单位举办的知识竞赛答题活动。完成部分离退休干部党支部的支委增补和分工调整工作，分别组织召开了党支部书记和文体、生活委员会议，协助10位老同志完成了2012年校级科研项目的申报工作。

协助财务行政管理局做好加装电梯二期试点工程的相关工作，先后召开党委书记碰头会、党政联席会、党支部书记和生活委员会议，为保证二期工程的开工做了大量思想工作和协调工作。

加强与中央党校老同志有关的网络舆情收集监督工作，做到早发现、早报告、早做工作，教育引导与管理相结合，得到校领导的肯定。

【落实老同志生活待遇】 召开校离退休干部工作领导小组会议，充分肯定离退休干部局2011年的工作，研究了涉及老同志医食住行的民生问题。常务副校长李景田充分肯定了离退休干部局和离退休干部局党委所做的工作，强调要重视解决好老同志关注的民生问题，进一步加强老干部思想政治工作；副校长陈宝生既从“怎么看”角度肯定了近几年来的老干部工作，又从“怎么办”角度提出下一步工作的重点，就是要在精细化、个性化、差异化上做文章。副校长徐伟新谈了自己分管老干部工作半年多来的体会，一是老干部工作的确很重要，二是做好老干部工作真的很不容易，三是要尽力而为，要态度好，多加强沟通，包括工作人员与老同志的沟通，也包括学校相关职能部门与老同志的沟通。他强调，该用的力都用上了，离退休干部工作就会越来越好。

完成209名离休干部生活补贴、健康休养费的统计发放工作，建立离休人员家庭联系方式，组织副部级老同志和部分离休干部参观观复博物馆、鸟巢、水立方，游览了北海公园、北宫森林公园；组织老校长韩树英和50多位离休局级干部到北戴河休养，协助完成原校领导和离退休人员的健康体检。

为年满70岁、75岁、80岁、85岁的老同志集体过生日4次，上门为25位90岁以上的老同志祝寿，走访探望孤寡、病残和住院老同志300余人次，为20位去世老同志办理后事；落实民发〔2011〕192号文件，对去年8月以来去世的老同志，补发一次性抚恤金。

按照《离退休人员特困补助实施细则》，对2012年因大病、重病自付药费过多，导致家庭生活困难的40多位老同志，给予41万余元的补助。

配合财务行政管理局组织离退休人员完成《中央党校职工购房申请表》填报工作；对谢世荣、李春江等9位因疾病困扰、要求调整住房的老同志，及时向有关部门反映情况，采取上门看望、面对面交流等形式，消除他们的疑虑，送去组织的关心。

【活跃老同志精神文化生活】 组织开展丰富多彩的文体活动，举办纪念《燕京诗刊》创刊10周年座谈会，组织春游、秋游、重阳节登高等室外大型集体活动4次，参加人数1600多人次；组织乒乓球队、柔力球队、摄影队、钓鱼队、交谊舞队、服装队、合唱团等老年文体队比赛、交流共计50余次；组织书画社成员参加中央直属机关、中央组织部老干部局及青龙桥地区的书画艺术展；举办了以迎接党的十八大为主题的书画、摄影、工艺美术作品展。

集教学、会议、展览等多功能于一体的钢结构玻璃房建成并已投入使用，活动中心电梯开始试运行，更换了台球桌、乒乓球台等文体器材，老同志活动条件得到进一步改善。

组织召开老年大学学习成果交流座谈会，考察中国科学院老年大学，提出了进一步做好老年大学工作的意见和措施。全年共开设6个专业27个班次的课程，招收学员600多人次。此外，还举办文学欣赏、数码相机使用、老年病防治、养生保健等专题讲座课4次，受到老同志的欢迎。

【加强自身建设】 召开“中央党校纪念干部离退休制度建立30周年座谈会”，印发《关于离退休干部原工作单位协助做好离退休干部工作的意见》和《中央党校离退休干部工作手册》，离退休干部工作正规化水平迈上新台阶。

在信息中心的支持下，老干部活动中心安装了两台新华传媒视频，推出离退休干部局新版局域网，老同志反映栏目更多了、内容更充实了、功能更强了。

加强了横向联系，参加中央组织部组织的纪念干部离退休制度建立30周年座谈会，提交的2篇论文分别获得理论研讨二、三等奖；接待中央办公厅、中央宣传部、审计署等单位离退休干部工作部门的参观来访；服务处获校“文明窗口单位标兵”称号。

认真执行《党政领导干部选拔任用工作条例》，先后对4名同志的职级进行了调整和晋升，公开招录公务员2人，接收军转干部1人。工作人员队伍年龄、素质结构更加合理。

机关党支部、工会活动开展活跃，坚持开展“1+1”健身活动，参观了中央新闻电影制片厂和河北阜平晋察冀军区旧址。为迎接80周年校庆，工作人员排练集体舞“再唱山歌给党听”，展示了老干部工作人员的风采。

（离退休干部局供稿人：王永清）

制度建设

关于离退休干部原工作单位协助做好离退休干部工作的意见

中校字〔2012〕16号

离退休干部工作是党的组织工作、干部工作的重要组成部分。中央党校离退休干部人员较多、居住集中，做好我校离退休干部工作，关系到党校事业的建设和发展。按照《关于进一步加强新形势下离退休干部工作的意见》（中组发〔2008〕10号）关于“要在党委和政府的领导下，形成各有关部门齐抓共管、社会各方面积极参与的工作格局”的要求，为适应新时期离退休干部工作的需要，推进离退休干部工作科学化、制度化、规范化，形成全校做好离退休干部工作的合力，共同营造尊老敬老助老的良好氛围，为老同志提供更好的服务，现就离退休干部原工作单位

（以下简称原单位）协助做好离退休干部工作提出以下意见。

一、协助办理离（退）休相关手续。教职工离（退）休通知下达后，原单位、离退休干部局和离（退）休职工“三见面”，做好欢送、欢迎和转接等工作，原单位协助本人办理离（退）休证，以及组织、医疗等关系的接转，向离退休干部局介绍离退休人员基本情况。

二、建立情况通报机制。每年采取召开座谈会、通气会或其他适当形式，向离退休人员通报本单位基本工作和重要事项等情况，听取老同志对学校和本部门的意见建议，并及时向老同志反馈意见建议的办理情况。

三、开展走访慰问活动。每逢春节等重大节日，应对本单位离退休人员进行慰问。离退休人员病重、病危或家庭发生变故时，应配合离退休干部局及时进行看望。

四、协助做好思想政治工作。注意了解老同志思想动态，从中央和党校工作的大局出发，坚持正面引导，及时解疑释惑。对极个别老同志，要充分沟通，悉心交谈，协助做好思想政治工作。

五、配合解决实际困难。注意了解掌握本单位离退休人员学习、生活、健康、家庭等情况，对老同志的实际困难，配合离退休干部局等部门，积极沟通协调，提供力所能及的帮助。

六、参与办理丧葬及善后事宜。离退休人员去世后，应配合离退休干部局做好有关后事办理工作，组织本单位人员参加遗体告别仪式。对孤寡、空巢或无子女老同志，应参与丧葬及善后工作。

七、加强组织领导。校各直属单位确定一名班子成员分工负责离退休干部工作，指定一名工作人员负责与离退休干部局的沟通联系，离退休干部局应及时将老同志情况通告原单位，共同做好离退休干部工作。

（办公厅、离退休干部局供稿）

工 作 会 议

离退休老同志通气会

6月12日，中央党校召开全校离退休老同志通气会。副校长徐伟新通报了校领导变动和分工调整情况，并从党的工作、政府工作、反腐倡廉和迎接党的十八大召开四个方面，向老同志传达和解读了中央有关会议精神，希望老同志顾全大局，健康长寿，共同迎接党的十八大胜利召开。

组织部副部长王洋通报了校组织人事工作情况；财务行政管理局副局长李峻介绍了校史馆、地下车库维修和老干部活动中心加层改造等基建项目的进展情况；后勤服务部副主任刘志刚介绍了校园美化、农副食品供应和社区服务等情况。

会议由离退休干部局局长钟绍强主持。原副校长刘海藩等近400名离退休老同志参加通气会。

（摘自校园网2012年6月14日，办公厅供稿）

80岁、85岁老同志集体生日茶话会

5月11日，中央党校离退休干部局为80岁、85岁老同志举办集体生日茶话会。副校长徐伟新出席并代表校委向老同志们致祝寿贺词。她在讲话中说，在过去的岁月里，老同志们为中国的革命、建设和改革开放作出了重大贡献，为党校事业的发展立下汗马功劳，离开工作岗位后仍然保持革命本色，通过各种方式关心和支持党校的每一项工作，继续奉献余热，老同志不仅是学校的宝贵财富，也是党和国家的宝贵财富。

徐伟新指出，目前中央党校离退休人员已经突破一千人，与在职员工不相上下，离退休干部工作是中央党校工作的一项重要内容，校委非常重视，离退休干部工作做好了，党校的半壁江山就稳定了。近年来，学校在离退休干部工作方面做了不少工作，2012年4月出台了《关于离退休干部原工作单位协助做好离退休干部工作的意见》，充分体现了校委对老干部的关心和爱护。

徐伟新要求离退休干部局要以干部离退休制度建立30周年为契机，进一步增强工作责任感、使命感，坚持以人为本、真情服务，用心做好离退休干部工作，多为老同志做好事、办实事、解难事，真正做到政治上尊重、思想上关心、生活上照顾、精神上关怀老同志，将党对老同志的各项方针政策认真落实到位，努力让老同志生活幸福、健康长寿、安享晚年。

与会老同志在座谈中由衷地感谢校委对离退休干部工作的高度重视，并对离退休干部局为实现老有所养、老有所医、老有所教、老有所学、老有所乐、老有所为方面所做的大量细致入微、富有成效的工作给予了广泛赞誉。老同志们还共同畅谈了在党校学习工作和生活的岁月，交流了各自在教育子女、健康养生方面的心得体会。

茶话会由离退休干部局局长钟绍强主持，副局长、党委书记王金龙、副局长曹贵忠同志参加会议。

（摘自校园网2012年5月14日，离退休干部局供稿）

图 书 工 作

编辑：闫景明

概　　况

2012年，图书馆围绕“三大文库”建设开展工作，初步搭建起全国党校图书馆共建共享的区域性平台，形成方便读者点击学习的“三大文库”数字资源库群；文化职能和服务功能不断创新、多元发展；校史馆成为中央党校对外形象展示的新窗口；研究参考和人才培养力度进一步加大，纸质图书、报刊和书画资源保护与开发并进；举办全国党校系统图书馆馆长培训班，举办和承办3场研讨会；借阅图书33000多册；全年共接待读者约30000人次。

【“三大文库”建设】 结合自建特色数据、外购资源和网站资源，基本搭建起兼具统筹全局和地方特色的全国党校系统图书馆数字资源平台。

挖掘和开发本馆馆藏资源，自建特色数据库。整理编辑2008—2011年《中国思想理论年鉴》电子版，形成独立文章800篇；数字化2008—2010年《中共中央党校学报》、《中共中央党校报告选》等8种校内刊物，形成独立文章5500篇；数字化善本书库珍藏的延安时期红色文献计890种图书、珍贵线装书96种761册；比对馆藏纸质图书和外购数据库，有选择地进行文献数字化加工。

导入和改造外购数据库资源。2012年，续订中国知网、人民数据等10个数据库，续购数字新方志4376册，新购雷速学科导航、中国人民大学书报资料中心《复印报刊资料》回溯库、晚清期刊全文库、超星名师讲坛学术视频1438集等数字资源；整理和导入地方志图书7374多册、皮书数据906条，视频数据1300多集、图书500多册，图片数据1000多条。

综合地方党校图书馆力量，丰富“三大文库”子库和科研子课题内容。全年共接收、汇总和审批25家副省级以上党校图书馆的项目申请，共批准设立45个子库和38个子课题；开展“三大文库”调研工作，实地考察了广州、江苏、浙江、四川、嘉兴、湖州等省市党校图书馆，检查和验收数字资源建设；根据《全国党校数字图书馆资源建设规划（2011—2015年）》的要求，开展全国党校“三大文库”建设中期检查评估；制定并下发至各地党校《关于开展全国党校系统图书馆“三大文库”建设中期检查评估的通知》、《全国党校图书馆“三大文库”建设项目状况评估标准》和《全国党校图书馆“三大文库”建设组织状况评估标准》3份文件。

与地方党校合作进行资源查重与加工，《合作建设数字资源库协议书》文本已基本形成，与陕西、山东、吉林等省委党校图书馆进行合作试点，推进资源共建共享。

【中国干部学习网建设】 修订《中国干部学习网编辑制度》、《中国干部学习网平台建设规划》、《中国干部学习网内容更新方案》、《中国干部学习网flash图片切换文章来源及规则》等制度；完善网站网页和后台管理系统的设计，确保网站平台的顺畅运行；在原有设计的基础上，加强网页和管理平台的优化工作；重新编辑分类网站栏目，加强思想、知识图、资政、老期刊、文学艺术、党校园地、企业天地和海外采风等栏目的编辑力量，突出资源专题性；精选汇集“三大文库”和数据库资源，通过中国干部学习网向广大党员干部推广传送。5月22日，工业与信息化部向中国干部学习网颁发短信息类服务投入代码使用证书（证书编号〔2012〕00105—A010）。截止到2012年12月中旬，网站共发布经济、政治、文化、社会和生态建设等数据近10000条；网站共有资源17760条，总资源量35GB。

【数字图书馆建设】 数字图书馆工程与资源建设部分总体设计、招投标工作、施工过程有序推进，全面调整、确定和跟踪水电施工方案和装修设计方案，改善现有网络环境所需的软硬件设施，制定相关工程管理文件，为数字图书馆交接做全面准备。调整数字图书馆工程土建部分设计实施方案，包括门禁系统、停车管理系统及室外设计工程的预埋线；修改室外设计方案；洽商变更精密空调和新风空调类型；设计、摆放和确定精密空调位置；确定门材和石材种类，确定弱电系统施工方案和设计室内壁画装饰等。

【打造复合型图书馆】 提供以读者需求为中心的纸质文献服务，打造兼具现代手段和传统职能的复合型图书馆。根据不同系统数据的安全要求，制定相应的数据备份安全策略，定期备份数据。购买“数字资源发现和获取系统”，整合服务于图书馆数字资源；安装镜像站点，包括皮书数据库和超星电子图书馆。完成服务器和相关硬件设备维护，更新图书馆网站主页，完善信息发布；修改和完善文库的数据规范、检索功能和用户界面。

【延伸拓展文化职能】 自2011年10月文化展览处成立以来，图书馆承担起统一协调、综合管理全校文化活动的职能。经校委会议研究，通过《中央党校文化作品展览和文艺演出管理办法（试行）》。全年举办“三高”爱乐之友业余交响乐团等来中央党校演出十余场。编辑出版《中共中央党校图书馆典藏书画集》和《盛世辉煌》画册。校史馆全年接待参观者 300 批次，共计 6500 人。

【参考咨询服务】 加强文献研究和参考咨询力度。全年按期编辑、出版《党政干部参考》13 期，增刊 1 期，新编《党政干部舆情参考》36 期；编辑内刊 4 份：《网上动态》39 期，《台港澳报刊资料》39 期，《网文参阅》20 期，新创刊《中央党校舆情专报》编辑 12 期，另编辑《舆情特刊》1 期；组织编辑并出版发行《中国思想理论年鉴》（2011 年）；承担“党校图书馆事业发展战略研究”和“城市运行安全管理问题及对策研究——以北京市为例”等两个校级科研课题。

【开创多结点合作模式】 依托全国党校数字图书馆理事会、全国党校文献情报学会常务理事会、《党政干部参考》杂志社、中国干部学习网等平台，有序开创跨越地域和部门的多结点合作模式。2 月，中央党校图书馆与上海图书馆在上海签订战略合作框架协议。9 月，在中央党校举办全国党校系统图书馆馆长培训班；在安徽合肥承办中国社会科学情报学会 2012 年学术年会。11 月，作为 2012 年中国图书馆年会分会场的承办方之一，举办主题为“继承与创新：大力发挥新媒体在党的理论宣传与传播中的作用”研讨会。12 月，与中共嘉兴市委和嘉兴市人民政府共同主办“深入贯彻党的十八大精神暨红船精神与嘉兴科学发展研讨会”，并揭牌成立“红船精神与科学发展研究中心”和“革命圣地党建实践联盟”，逐步探索跨地域和部门的合作发展。

【队伍建设】 2012 年既吸纳高学历人才，也注重对老员工在业务能力和思想素质方面的培养，开展业务能力和馆风建设培训；全年共开展处室以上干部集体培训 2 次，新入职员工培训 1 次，全馆人员集中培训 1 次；新录用高校应届毕业生 3 名，中国干部学习网聘用编辑 2 名，校史馆聘用并培训讲解员 3 名。

【党务工作】 图书馆党总支以迎接、学习和贯彻党的十八大精神为主线，组织全体党员、入党积极分子进行专题学习；党总支利用暑假，组织党员和群众赴陕西榆林米脂县高西沟村开展以“黄土高原上的生态奇迹”为主题的党日活动；《访红歌源址，温入党誓词》主题党日活动被评为 2011—2012 年度机关党委第五届“最佳党日活动”。

（图书馆供稿人：刘魁明）

制度建设

中共中央党校文化作品展览和文艺演出管理办法（试行）

中校字〔2012〕9号

第一章 总 则

第一条 为深入贯彻落实《中共中央关于深化文化体制改革推动社会主义文化大发展大繁荣若干重大问题的决定》，贯彻落实校委设立文化展览处的有关精神，进一步发挥图书馆在建设“一流学府”、丰富校园文化生活中的积极作用，结合中央党校实际情况，制定本办法。

第二条 文化作品展览和文艺演出必须坚持正确政治方向，以马列主义、毛泽东思想、邓小平理论和“三个代表”重要思想为指导，深入贯彻落实科学发展观，围绕社会主义核心价值体系建设，坚持高艺术品位，以弘扬社会主义先进文化为目标，以活跃校园文化氛围、丰富学员文化生活、陶冶广大教职工艺术情操为宗旨。

第三条 文化作品展览和文艺演出以配合学校重大活动为重点，融思想性、学术性、知识性、娱乐性、服务性于一体，使校园文化活动既传承优秀传统，又体现时代特色，丰富多彩，生机勃勃，具有高端艺术的吸引力和感召力。

第四条 本规定适用于校内各单位与校外单位、个人以任何形式举办的各类文化作品展览和文艺演出。校内各单位组织的主要由校内职工、学员参与的展览、文艺演出不在此限。

第二章 组织管理

第五条 受校委委托，图书馆负责统筹规划、组织管理校园文化建设。文化展览处作为图书馆下设的一个部门，负责承办具体工作。

第六条 凡在校内举办文化作品展览和文艺演出活动，须经图书馆审核并报有关校领导批准后，由图书馆负责落实，办公厅、教务部、信息中心、后勤服务部等部门密切配合，保证活动顺利进行。

第七条 图书馆负责文化作品展览和

文艺演出活动的全面统筹和管理工作，包括制定长远规划、年度计划、临时安排以及对外联系、对内协调沟通、综合管理等。

第八条 经校领导批准，办公厅负责对参与活动或合作的校外相关部门、有关领导发函、联系等工作；办公厅保卫处统一负责活动中相关车辆出入、活动场地消防安全等相关工作；涉外事宜，需报办公厅外事办，按程序报批。

第九条 活动场地涉及到综合楼、礼堂和教室等教学场所时，需商教务部协调处理。

第十条 信息中心负责新闻报道及音像设备、节目摄制等方面的工作。

第十一条 后勤服务部负责协调安排演出场地和有关人员用餐等工作。

第三章 规划与审批

第十二条 举办文化作品展览和文艺演出要分类列入年度工作计划，配合学校重大活动进行。制定有关方案，有步骤有计划实施。临时安排的活动，经报批后分类实施。

第十三条 举办文化作品展览和文艺演出需提前报送审批，一般举办文化作品展览需提前60天，举办文艺演出提前30天。报批内容包括举办单位名称、协办单位名称、赞助单位名称，时间、地点、主题，作品作者队伍、演出团体、人员规模、所需设备、场地范围、经费来源、展后与赞助方的展品分配等，以备审核备案。

第十四条 凡经批准举办的活动，实际举办必须与报批内容相一致，特别是在时间、主题、作品作者队伍、演出团体、经费来源等内容上不能有较大出入。因各种原因有变化者，须另报审批后举办。未经报批或报批后有较大出入未另行报批的活动，一律不许举办。

第四章 基本条件与要求

第十五条 文化作品展览所邀请书法家、画家一般以中书协、中美协会员为主，可吸收少量有发展潜力的优秀年轻书法家、画家。以画风流派或前卫艺术为主的活动，亦须邀请真正属于该流派或前卫艺术中的名家或优秀书法家、画家。

第十六条 文化作品展览是公益性活动，不作现场交易或现场拍卖。有赞助方的活动，展后文化作品应按展前批复要求进行分配。任何单位和个人不得私自收受或接收捐赠的相关作品。

第十七条 为保证文化作品展览质量，图书馆可视需要聘请中美协、中美院等艺术单位做艺术指导，所需经费由具体举办单位支付。

第十八条 对参加文化作品展览的书法家、画家，在文化作品展览筹备时寄发邀请函，展览结束后，颁发参展证书。

第十九条 举办文艺演出活动，演出团体及参演人员须为社会认可的高水平团队或演员。演出节目须代表其水平，并在演出前报图书馆审核，不能在演出时临时更换演员或节目。

第二十条 经审核，未达到上述各款条件的活动，原则上不在校内举办。

第五章 经费来源与展品处置

第二十一条 文化作品展览和文艺演出所涉经费由举办方负责筹集。涉及学校重大活动且有专项经费的，按专项经费要求使用。

第二十二条 文化作品展览结束后，捐赠于中央党校图书馆的文化作品，可由中央党校图书馆颁发收藏证书。

第二十三条 文化作品展览活动中评选出的优秀作品为图书馆收藏，根据需要存放于图书馆或以悬挂展示形式存放于校内其他地点（图书馆、数字图书馆、校史馆、综合楼、会议室、礼堂等）。

第二十四条 在图书馆外存放的文化作品，由图书馆统一分类编号并制定标牌，展示作品更新后收藏于图书馆。

第六章 附 则

第二十五条 本管理办法自2012年3月1日起施行。

第二十六条 本管理办法由图书馆负责解释。

（图书馆、办公厅供稿）

工作会议

中国社会科学情报学报2012年学术年会

9月11日至14日，中国社会科学情报学会2012年学术年会在安徽合肥召开，主题是“知识·服务·创新——社会主义文化大繁荣大发展背景下社科情报事业及学科发展：机遇与挑战”。

会议期间，来自中央党校、中国人民大学、南京大学、解放军南京政治学院、华中师范大学的领导、专家分别作会议主题报告；来自中国社会科学院、《情报资料工作》编辑部的领导、专家分别作数字资源建设与服务、学术征文规范问题的专题报告；与会代表进行了学术交流、讨论和相关问题的提问；会议完成2012年学术征文讲评和优秀论文评选活动。

本届学术年会由中央党校图书馆承办，安徽省委党校协办，来自全国社会科学院系统、党校系统、军队院校系统、新闻系统、高校系统的图书馆学、情报学教学科研和实际工作部门的代表共100多人参加会议。

（图书馆供稿人：刘魁明）

“新兴媒体在党的理论宣传与研究中的作用”研讨会

11月23日，中央党校图书馆作为2012年中国图书馆年会分会场的承办方之一，在广东东莞的图书馆年会上举办了主题为“继承与创新：大力发挥新媒体在党的理论宣传与传播中的作用”研讨会。参会代表围绕主旨报告和案例分析进行了讨论、互动和点评。

会议期间，举行全国党校文献情报学会常务理事会扩大会议，以“党校系统图书馆数字资源建设情况调研”为主题，研讨了数字资源建设相关议题，部署了2013年学会工作，并为中央党校图书馆、全国党校文献情报学会2009—2011年度科研成果评奖，最终评出成果奖131项，其中一等奖25项、二等奖48项、三等奖58项。

（图书馆供稿人：刘魁明）

“深入贯彻党的十八大精神暨红船精神与嘉兴科学发展”研讨会

12月15日，中央党校图书馆与中共嘉兴市委和嘉兴市人民政府共同主办“深入贯彻党的十八大精神暨红船精神与嘉兴科学发展”研讨会，并揭牌成立“红船精神与科学发展研究中心”和“革命圣地党建实践联盟”。中央党校原副校长刘海藩，中共党史研究室副主任曲青山，《求是》杂志社原副总编刘润为，浙江省委常委、副省长葛慧君，嘉兴市委书记、市人大常委会主任李卫宁等出席会议，来自全国组织系统、宣传系统和党校系统的200多名领导干部和专家学者参加会议。

本次研讨会的主题是“深入学习贯彻党的十八大精神，大力传承和弘扬红船精神，推进嘉兴科学发展”。中央党校教授张希贤，浙江省社科联原副主席蓝蔚青，分别围绕党的十八大精神解读、“红船精神”的内涵与时代价值等理论和现实问题作了主题发言。与会专家、学者围绕“红船精神”产生的历史条件、科学内涵、历史地位及其所代表的红色文化的现实价值展开了深入研讨，对“红船精神”引领下嘉兴在经济社会发展和党的建设等方面取得的成就和经验进行理论层面的阐述和解读。

（摘自光明网，图书馆供稿）

工作培训

全国党校系统图书馆长培训班

9月1日至9日，全国党校系统图书馆长培训班在中央党校举办。该班作为中央党校的正规班次，是近五年来第一次对全国党校图书馆馆长进行的系统学习培训。培训班教学由中央党校图书馆组织实施。

党校系统图书馆长培训班的招生对象为各省级、副省级城市、新疆生产建设兵团和铁道部党校图书馆馆长，共计44人。培训内容包括中国特色社会主义基本理论、图书馆数字资源建设等方面课程的学习，建设“一流学府”中更好地发挥图书馆功能和作用的研讨，对以中央党校“三大文库”为中心的数字资源建设相关问题、资源共建共享过程中的关键性问题的研究讨论等。

中央党校教育长贾高建会见培训班学员，并与学员合影留念。图书馆馆长陈高桐在培训班上作题为《学习方式的革命与图书馆转型》的主题报告，并作结业式总结讲话。

（摘自校园网，图书馆供稿）

入藏新书、文献采编和读者服务

2012年，图书馆共采购外文及港台报刊250种，分编入库港台书265种、英文书209种；采购中文新书5155种/15636册，“三大文库”中文旧书补配2742种/3127册（其中组织史资料248种），接收赠书400多种，编目交送入库中文图书

5080种/14976册。

借阅室全年为近600名新学员开通借书功能，为新入校研究生办理借书证351个；接待读者21000余人次；借阅图书33000余册，还书31000余册；对库本阅览室的E、F大类764架13万册图书和第一借阅室的D类174架2.9万册图书进行了倒架。

报刊阅览室全年共接待读者8千余人，其中外宾参观6批，计98人。外借文艺类期刊约1500千册；现刊、过刊室复印报刊1000多册，近6000张；中文、港台报纸约120种，44000份；全年装订报纸39种/230本、订购报纸的合订本53种/636本，期刊1.2千余种/2100份，约3500册；对新入库的合订本约4000册过刊进行整理、盖馆藏章、分编、上架和馆藏登记并打印；订购2013年报刊153种/180份、期刊1261种/2041份，新订《申报索引》(1919—1949)30册、《中央日报》影印本(1928—1949)60册；录入2013年期刊征订数据约1300种。

（图书馆供稿人：刘魁明）

文 化 活 动

“三高”爱乐之友业余交响乐团、合唱团演出

11月25日晚，“三高（高级干部、高级军官、高级知识分子）”爱乐之友业余交响乐团、合唱团集训汇报演出在中央党校礼堂举行。中共中央政治局原常委、国务院原副总理李岚清观看演出。

本场音乐会以“普遍的音乐”为主题，200多名参演人员用手中的乐器和优美的歌声为观众带来一场精彩的音乐盛宴。

音乐会由乐团艺术总监、国家大剧院音乐总监陈佐湟担任指挥。演出内容丰富，形式多样，既有乐团合奏的《春节序曲》、《土耳其进行曲》、《蓝色多瑙河》，也有小提琴独奏《沉思》、《新疆之春》等，还有大小提琴二重奏、钢琴与打击乐二重奏、手风琴四重奏、合唱曲等十二个节目。由李岚清作曲、中央音乐学院教授唐建平改编的钢琴协奏曲《鉴真东渡随想曲》将音乐会带入高潮。

演出结束后，李岚清亲切慰问演职人员并讲话。他回顾了“三高”爱乐之友业余交响乐团、合唱团的创办历程并对本场演出给予肯定，希望演员们再接再厉，不断提高艺术素养和演出水平。

常务副校长李景田，文化部部长蔡武，

中央宣传部副部长翟卫华，中央党校副校长李书磊、张伯里、徐伟新，教育部副部长郝平，文化部副部长赵少华、董伟，科技部纪检组组长、党组成员郭向远，校委委员罗宗毅、黄宪起、梁言顺等一起观看演出。

校各直属单位有关负责人和部分教职工、在校学员、研究生约 1200 人观看演出。

（摘自《党校信息》2012 年第 22 期，图书馆供稿）

报刊工作

编辑：闫景明

概况

2012年度，报刊社宣传党的理论、路线、方针和政策，紧紧围绕党和国家的中心工作和人民群众关心的热点难点问题策划选题、建言献策，刊发了一批高质量的文章，受到社会广泛好评。

【思想理论宣传】 部署并实施围绕党的十八大的三大思想理论宣传战役。与科研部、研究室和经济学教研部合作，把新学年开学到胡锦涛总书记“7·23”重要讲话期间作为第一阶段，策划、组织、刊发以“学习贯彻胡锦涛同志庆祝建党90周年讲话精神”为主题的两大系列文章。约请校内10位专家学者撰写了10个方面重大选题的文章；组织9个调研组，分赴9个典型地区和企业，形成9份专题调研报告，在《学习时报》上刊发。把胡锦涛“7·23讲话”到党的十八大召开之前期间作为第二阶段，围绕胡锦涛“7·23讲话”精神策划选题，组织文章。把党的十八大召开到年末期间作为第三阶段，围绕党的十八大精神开展新一轮思想理论宣传。

【报刊工作改革】 坚持差异化办报办刊方针，牢牢把握党校报刊以思想理论宣传为己任，着眼于问题，见长于思想，明确报刊社所办报刊的各自定位，推进相关改革。《学习时报》调整了版面，适当撤并原来版面，增设“战略管理”专版，同时按照读者阅读习惯，调整了版面顺序；重点加强言论，开设“观察员”和“报眼评论”新栏目；加强审稿工作，严格履行责任，特别强调编辑室主任的审稿责任。《中国党政干部论坛》以“干部论、论给干部看”及“向下延伸”为要求，进行问卷调查，全面改版，调整栏目设计和安排，新设或加强了一些各级干部关注度高的栏目；增加页码，投入资金，重新设计封面，增加图片，美化装帧，改进印制。《中共中央党校学报》在获得国家社科基金重点资助以后，以提高学术性为导向，加强约稿工作，设立约请社外专家评稿的制度。《学习时报·党校教育专刊》适当压缩一般性理论文章的比重，增加党校系统的新闻报道和经验交流，加强了访谈工作。

【编辑记者队伍建设】 加强编辑记者队伍建设，推进研究式办报办刊。倡导开门办报办刊，让编辑记者深入实际，坚持全员暑期分组专题调研，调研成果全社交流共享，利用党日活动等机会，组织编辑记者参观考察，加强党性锻炼；支持编辑记者外出参加资格培训和各种专题培训，参加各种会议；鼓励编辑记者搞研究、写文章，坚持年终社内人员优秀科研成果评奖。与此同时，报刊社加大了理论研讨的力度，胡锦涛“7·23讲话”发表之后，立即组织校内外专家召开专题座谈会，利用报刊发行会组织党校系统的相关人员第一时间对讲话精神进行研讨，11月又利用召开全国党校报刊理事会的机会，对党的十八大精神以及党校报刊如何研究宣传党的十八大精神进行了研究交流，《中共中央党校学报》组织了以党的十八大精神为专题的小型学术研讨会。

【学习时报】 一版刊发多篇中央领导同志的文章，其中包括习近平同志《扎实做好保持党的纯洁性各项工作》、《坚持实事求是的思想路线》两篇文章和他在中央党校秋季学期开学典礼上的讲话，增强了《学习时报》的权威性和社会影响力。二版（当代世界版）根据国际形势的变化，及时组织专家学者撰写大量时效性较强的文章。三、四、五、六等版面准确把握党的十八大前后三个阶段的不同宣传重点，组织刊发一批思想性、学术性都比较强的文章，《新时期党情变化带来新挑战》等文章还引起中央领导的重视。六版新开设的“战略管理”版，在版面定位、作者开发、选题策划、组约稿件等方面下功夫，受到越来越多读者的关注。七版（科技版、军事版）经常约请部级干部、将军和著名专家写稿，稿件有分量，全年有30多篇文章被各类报刊转载。九版（文艺版、历史版）以其思想性强、内容深刻、文字优美、版面秀气的特点吸引了大批读者。总体看，《学习时报》在党内外和社会上的影响力进一步上升。

【学习时报·党校教育专刊】 立足于党校教育规律和干部成长规律，及时传达中央领导同志对党校工作的指示精神，对党校系统的教学、科研、行政、后勤的改革和发展予以全面及时的报道与介绍。一是对全国党校校长会议作了充分的报道与宣传。二是对党的十八大精神予以充分的解读。其中刘春的《人民民主是社会主义的生命》、侯少文的《政治体制改革应积极稳妥地推进》等在社会上均引起较好反响，转载率较高。三是更加重视对各地党委对党校领导与支持的报道，其中党校要闻版对于各地一些好的经验做法予以更大力度的介绍，同时加大了与各地党校的联系与沟通。四是注重党校系统的整体发展，更加关注地市级党校的发展动态。比如，对上海市杨浦区委党校的整版采访报道《小党校有大作为》，在党校系统内引起关注并受到好评。五是加大访谈的力度，增强报纸的吸引力与影响力。如张恒山的《从文明转型看中国现代化》、周熙明的《传统文化：债务还是资产》、赵长茂的《中国经济增长的“动车组结构”》、韩保江的《国企的改革走向》等均产生了较大的社会影响力。

【中国党政干部论坛】 重点工作是在正常出刊情况下推进刊物改革。一是设计新版式和封面。二是对栏目进行改革。总体思路是：办好优势栏目，探索向下延伸栏目，创设热评栏目。三是加大刊物传播力度。如为了方便读者查阅，将2002年以来的电子版上传网络；建立了与文摘类报刊的联系与合作。通过努力，刊物改革的成效已经逐渐凸现，其中纸质媒体转载率较2011年大幅提高。从转载媒体分析，中国人民大学《复印报刊资料》、《求是》、《红旗文稿》和新近创刊的《红旗文摘》、《求是理论网》多次转摘文章，中央政策研究室上报中央的内刊和中央宣传部活页文选、中央组织部杂志等都对刊物给予关注。

【理论动态】 经过精心策划，深入研究当前理论与实践的动态，组织刊发了许多有分量的文章，有的受到中央领导和有关部门领导同志的批示。其中，中央党校进修部第58期厅局班课题组的《扩大内需的重点是扩大消费》，王宋涛的《产权残缺、土地分置与农村治理模式》，朱玲的《应对极端贫困和边缘化的政策及其效果》，蔡惠福、曾嘉的《充分发挥典型宣传在核心价值体系建设中的作用》，黄远固的《重读〈中共中央关于调查研究的决定〉的启示》，张治江的《互联网应该成为密切联系群众的重要途径》等文章得到回良玉的批示。同时，《理论动态》近年来尤其关注生态建设实践，先后深入四川、青海、黑龙江、内蒙古等生态脆弱地区进行调研，并撰写刊发了多篇调研报告。

【中共中央党校学报】 办刊工作围绕党的十八大展开。即在胡锦涛“7·23讲话”前，为党的十八大营造理论舆论上的准备，组织刊发汪玉凯、庞元正、韩保江、蔡方、齐卫平、蔡建明、梅丽红等专家学者的文章。在党的十八大召开前，组织刊发韩庆祥、许耀桐、邵景均、刘迎秋、郭建宁、肖枫、李良栋等同志对胡锦涛“7·23讲话”精神的解读文章。在党的十八大召开之后，组织刊发李君如、石仲泉、王怀超、李晓兵、吴忠民等同志的文章，对党的十八大精神予以全面深刻解读。召开“宣传十八大精神及纪念《中共中央党校学报》创刊15周年座谈会”。2012年，获得“国家社科基金资助”的首批100种期刊之一；入选中国人民大学人文社会科学学术成果评价研究中心和中国人民大学书报资料中心评选的2012年版《复印报刊资料》重要转载来源期刊。

（报刊社供稿人：于朝霞）

工 作 会 议

贯彻落实科学发展观、推动党校报刊事业发展理论研讨会暨中央党校2013年度报刊工作会议

7月28日，“贯彻落实科学发展观、推动党校报刊事业发展理论研讨会暨中央党校2013年度报刊工作会议”在浙江省临海市举行。中央党校副校长陈宝生出席会议并讲话。台州市委书记陈铁雄、浙江省委党校常务副校长李德忠分别致辞，中央党校报刊社社长兼总编辑肖勤福作主题报告。天津市委党校常务副校长祝宝钟、辽宁省委党校常务副校长于言良、贵州省委党校常务副校长韩卫东等作主题发言。

陈宝生对胡锦涛总书记“7·23”重要讲话作了学习辅导和深入解读。他指出，胡锦涛总书记“7·23”重要讲话关于中国特色社会主义的阐述中，“必须”中蕴含着“毫不动摇”，为我们党举什么旗、走什么路、干什么事指明了方向，坚定了信心。讲话提出了中国特色社会主义的实践特色、理论特色、民族特色、时代特色，“四个特色”是对“中国特色”的进一步具体化和系统化。陈宝生要求，党校系统的同志要按照习近平同志在省部级主要领导干部专题研讨班开班式上提出的要求，率先学习好胡锦涛总书记“7·23讲话”，深刻领会、全面把握，吃透精神实质，以此迎接十八大、宣传十八大。

肖勤福就办好党校报刊提出了如下要求：发挥党校报刊自身理论优势、坚持正确的舆论导向、加大对外开放力度、开展“研究式”办报办刊、进一步改进文风、加强党校报刊之间的协作。来自全国各省市自治区党校的副校长和有关负责人100余人认真学习和研讨了胡锦涛总书记“7·23讲话”，并就党校报刊的发展作了深入探讨。

本次研讨会由中央党校报刊社、中共浙江省委党校、中共台州市委、台州市人民政府共同主办，中共临海市委、临海市人民政府承办，东方永安集团有限公司协办。中央党校报刊社副局级巡视员包驰主持会议。

（报刊社供稿人：于朝霞）

党校报刊学习贯彻党的十八大精神研讨会暨全国党校系统报刊研究会理事会

11月29日至12月1日，“党校报刊学习贯彻党的十八大精神研讨会暨全国党校系统报刊研究会理事会”在广东东莞召开。会议的主题是，进一步探索党校报刊的改革发展，履行好职责，加强党校报刊之间的协作与联系，更好地为推进中国特色社会主义理论的宣传与创新发挥作用。

中央党校副校长徐伟新出席开幕式并讲话。她指出，学习贯彻党的十八大精神应作为当前及今后一个时期党校系统报刊工作的主任务、主旋律，及时、准确、深入宣传十八大精神是党校报刊义不容辞的重大责任。组织报刊宣传任务，需要报刊工作者准确解读十八大报告，只有从历史的、时代的、全球的角度来把握十八大的背景，认真学习十八大报告的要点及亮点，对十八大报告的理解才能生动、丰富和深化。针对全国报刊业改革的深入发展，党校系统报刊体制改革要以十八大精神为指导，按照中央和新闻出版总署的总体部署和要求来推进，要以“解放思想、改革开放、凝聚力量、攻坚克难”的精神状态服务于党校教育事业的发展。

中央党校报刊社社长兼总编辑、全国党校系统报刊研究会会长肖勤福就党校报刊“如何履行好深入学习、宣传十八大报告精神的职责”，“怎样以科学发展观为指导，通过改革创新，进一步走上科学发展之路”，“如何进一步加强党校报刊研究会的作用”做主题讲话。新闻出版总署改革办处长贾铁鹏就“非时政类报刊出版单位体制改革”的相关问题和与会代表们进行深入的沟通与交流。中央党校庞元正教授为代表们做学习十八大精神的辅导报告。

中央党校报刊社常务副总编辑钟国兴主持开幕式。广东省委党校副校长苟志效，东莞市委常委、组织部部长、党校校长甄瑞潮和中央党校报刊社副总编辑赵慧珠、史世鹏等出席开幕式。

（摘自校园网，报刊社供稿）

工 作 动 态

《党员学习手机报》开通

11 月 6 日，在党的十八大召开之前，为给全国 8 千多万党员提供一个更加便捷的学术平台，由中央党校报刊社等单位创办的《党员学习手机报》开通仪式在中央党校举行。副校长陈宝生在讲话中指出：中国共产党成立、成长和发展壮大的 91 年，是不断学习和不断与时俱进的 91 年。在中华民族走向伟大复兴过程中，我们党越来越重视学习。习近平强调“学习是文明传承之途，人生成长之梯，政党巩固之基，国家兴盛之要”。而通过网络、特别是通过手机，则使学习有了更便捷的途径。创办这份手机报正是顺应这一时代要求的有思想、有前途、有需求的创意。他还对这种纸媒和数字媒体结合的有效探索方式表示祝愿，并希望《党员学习手机报》在众多手机报中办出自己的特色，始终坚持正确的政治方向，贴近党员，避免碎片化倾向，真正成为一个“有影响力的思想源”。

龚心瀚发来贺词。李忠杰、于洪君、杨春长、赵长茂、刘汉俊、柳建辉、戴焰军、崔禄春等出席会议。《人民日报》、《求是》、人民网、《光明日报》、光明网、中国网、新华网、《社会科学报》、《党建》、《党建研究》、中国教育电视台等报刊媒体的记者和领导出席开通仪式。中央党校报刊社社长兼总编辑肖勤福主持会议。

《党员学习手机报》包括十二个栏目，分别是：思想理论前沿、热点聚焦、经济观察、民主与法治、社会视点、党建创新、党史撷英、文史经纬、生态文明建设、军事瞭望、世界眼光、治学之道。

（摘自校园网，报刊社供稿）

报刊出刊及文章被转载情况

《学习时报》

2012年度，《学习时报》共出版51期（总第619—第669期）。据不完全统计，有227篇文章被转载，其中，部分文章被转载情况如下：

序号	期　数	原　文　题　录	转　载　报　刊	作　者
1	621	加强湖泊管理保护促进湖泊健康与可持续发展	《新华文摘》2012年第7期	陈　雷
2	623	对当前民族领域问题的几点思考	《新华文摘》2012年第8期	朱维群
3	624	诚信的“诚”与“信”	《红旗文摘》2012年第2期	景凤启
4	624	读党史读什么	《红旗文摘》2012年第2期	刘　斌
5	625	重新找回艰苦奋斗精神	《红旗文摘》2012年第2期	黄铁苗
6	625	能源休制改革需顶层设计	《新华文摘》2012年第9期	杨名舟
7	626	项南：从读书中寻找改革思路	《红旗文摘》2012年第2期	徐文钦
8	626	领导干部要以身作则带头保持纯洁性	《新华文摘》2012年第9期	习近平
9	626	推进社会反腐须突破三大困境	《新华文摘》2012年第9期	吴海红
10	627	坚守共产党人的精神家园	《新华文摘》2012年第10期	李源潮
11	629	官员如何用好网络	《新华文摘》2012年第9期	蔡　奇
12	630	历史再现，科技革命即将到来吗？	《新华文摘》2012年第12期	王克迪
13	631	中国需要什么样的经济改革	《新华文摘》2012年第12期	李韬葵
14	636	我国院士制度运行的问题及对策	《新华文摘》2012年第14期	徐　飞 陈发俊
15	638	坚持实事求是的思想路线	《新华文摘》2012年第16期	习近平
16	642	但开风气亦为师	《新华文摘》2012年第18期	王志立
17	643	农村社会管理创新须把握几个问题	《新华文摘》2012年第13期	陈　里
18	644	以零缺陷管理提升成功的能力	《新华文摘》2012年第18期	李　洪
19	645	改革是化解当前各种矛盾的钥匙	《新华网》2012年7月16日	蒋作斌
20	645	“微时代”说短话	《北京日报》2012年9月10日20版	李　红

续 表

序号	期 数	原 文 题 录	转 载 报 刊	作 者
21	646	深化科技公有制改革应突出管理和文化	《新华文摘》2012 年第 19 期	汪克强
22	652	中国特色社会主义政治发展指什么	《求是》2012 年第 20 期	高新民
23	654	我们将往哪里去？	《新华文摘》2012 年第 22 期	付 立
24	667	如何面对网络偏激	《人民日报》2012 年 12 月 20 日 14 版	宫秀川
25	668	坚决反腐才是真正服从和维护大局	《新华日报》2012 年 12 月 27 日	方 工

《中国党政干部论坛》

2012 年度，《中国党政干部论坛》共出版 12 期（总第 278—第 289 期）。据不完全统计，有 64 篇文章被转载，其中部分文章被转载情况如下：

序号	期 数	原 文 题 录	转 载 报 刊	作 者
1	2012 年第 1 期	加强和改进巡视工作的几点认识	中国人民大学《复印报刊资料（中国共产党）》2012 年第 4 期全文转载	任铁缨
2	2012 年第 1 期	依法执政与党内法规建设	中国人民大学《复印报刊资料（中国共产党）》2012 年第 4 期全文转载	王立峰
3	2012 年第 3 期	把党建工作转化为民营企业发展的软实力和巧实力——关于天津感光公司党建创新的调查	中国人民大学《复印报刊资料（中国共产党）》2012 年第 6 期全文转载	中央党校党的建设教研部课题组
4	2012 年第 3 期	在粮食产地转移中保障国家粮食安全	中国人民大学《复印报刊资料（农业经济研究）》2012 年第 11 期全文转载	彭 超
5	2012 年第 4 期	中国“二代”价值观与志愿精神引导功能	中国人民大学《复印报刊资料（青少年导刊）》2012 年第 7 期全文转载	谭建光
6	2012 年第 4 期	美国的力量变化：10 年来的一些轨迹（上）	中国人民大学《复印报刊资料（国际政治）》2012 年第 12 期全文转载	黄 平
7	2012 年第 5 期	美国的力量变化：10 年来的一些轨迹（下）	中国人民大学《复印报刊资料（国际政治）》2012 年第 12 期全文转载	黄 平
8	2012 年第 5 期	深化国企改革必须厘清八大关系	《新华文摘》2012 年第 15 期全文转载；中国人民大学《复印报刊资料（社会主义经济理论与实践）》2012 年第 8 期全文转载	程 伟

续表

序号	期数	原文题录	转载报刊	作者
9	2012年第5期	执政科学化：瓮安由乱到治的经验与启示	《新华文摘》2012年第14期论点摘编	中央党校党的建设教研部课题组
10	2012年第5期	国企薪酬制度改革的难点与解决思路	中国人民大学《复印报刊资料（社会主义经济理论与实践）》2012年第8期全文转载	熊志军
11	2012年第5期	国企：不搞私有化，但要深化产权改革	中国人民大学《复印报刊资料（社会主义经济理论与实践）》2012年第8期全文转载	谢鲁江
12	2012年第5期	俄罗斯私有化影响及未来发展“路线图”	中国人民大学《复印报刊资料（社会主义经济理论与实践）》2012年第8期全文转载	李建民
13	2012年第5期	国企改革的历史演进及问题争议	中国人民大学《复印报刊资料（社会主义经济理论与实践）》2012年第8期全文转载	胡秀荣整理
14	2012年第8期	德国经济为什么能够保持长期相对稳定增长	中国人民大学《复印报刊资料（世界经济导刊）》2012年第11期全文转载	裘元伦

《中共中央党校学报》

2012年度，《中共中央党校学报》共出版6期（总第73期—第78期）。据不完全统计，有以下11篇文章被转载：

序号	期数	原文题录	转载报刊	作者
1	2012年第1期	新中国行政管理体系变革的主题与主线	中国人民大学《复印报刊资料（体制改革）》2012年第4期全文转载	汪玉凯
2	2012年第1期	区域化党建与执政党对社会的有机整合	中国人民大学《复印报刊资料（中国共产党）》2012年第5期全文转载	唐文玉
3	2012年第1期	引领社会服务社会——论党领导社会的内涵与方式	中国人民大学《复印报刊资料（中国共产党）》2012年第6期全文转载	梁妍慧
4	2012年第1期	马克思恩格斯哲学形态论纲	《中国社会科学文摘》2012年第6期论点摘要	边立新

续 表

序号	期 数	原 文 题 录	转 载 报 刊	作 者
5	2012 年第 2 期	关于党员干部理想信念认知的调研报告	中国人民大学《复印报刊资料（中国共产党）》2012 年第 7 期全文转载	王延超 王 秋
6	2012 年第 3 期	我国政治发展进程中的程序性参与民主	《高等学校文科学术文摘》2012 年第 4 期论点摘要	李海青 赵玉洁
7	2012 年第 3 期	职工医疗互助保险与制度创新——基于云南田野调查	中国人民大学《复印报刊资料（社会保障制度）》2012 年第 9 期全文转载	王东宾 王曙光
8	2012 年第 4 期	我国“微博问政”的规范化发展	《中国社会科学文摘》2012 年第 11 期全文转载	宫秀川
9	2012 年第 4 期	西柏坡精神与反腐倡廉建设	中国人民大学《复印报刊资料（中国共产党）》2012 年第 11 期全文转载	邵景均
10	2012 年第 4 期	关于社会主义核心价值观的若干问题	中国人民大学《复印报刊资料（中国特色社会主义理论）》2012 年第 11 期全文转载	许耀桐
11	2012 年第 4 期	政党发展与中国共产党价值观建构	中国人民大学《复印报刊资料（中国共产党）》2012 年第 10 期全文转载	蔡志强

（报刊社供稿人：于朝霞）

出版工作

编辑：闫景明

概 况

2012年，出版社完成年初制定的生产和工作目标，全年发稿351种，取得较好社会效益和经济效益。

【图书出版】 策划组织编辑出版一批有关党的十八大的出版物，取得良好的社会效益和经济效益。党的十八大召开之前，组织出版《走向世界历史》、《十六大以来执政党建设经验述要》等出版物。及时组织校内外专家编写出版《中央党校知名专家学者深入学习十八大精神专题报告》、《坚持和发展中国特色社会主义》、《中国特色社会主义理论最新成果》、《沿着中国特色社会主义道路前进》、《十八大后党政干部关注的重大理论与现实问题解读》、《学习十八大报告热点难点问题解析》等图书和《深入学习十八大报告专题讲座》音像制品。党的十八大前后，还及时策划编辑修订再版了“十八大版党务类图书精品”系列，包括《十八大党章100题》、《十八大党章学习读本》、《入党培训教材》、《大学生入党培训教材》、《怎样进行党性修养与党性分析》、《发展党员操作规程》等40余种。

配合党校教学科研和全国干部教育培训，出版《党校精品课》、《政治经济学——马克思主义经典著作选读》、《马列著作选读》、《中国特色社会主义理论体系》、《精选马克思主义著作导读》、《图说马列》等图书；策划《中央党校科研精品文库》丛书，陆续编辑出版。同时，出版了一批研究著作，包括《农村改革的战略问题》、《马克思主义哲学前沿问题研究》、《反腐败导论》、《中国特色的生态文明发展》、《制度外政策参与》、《思想政治工作时效性导论》、《十六世纪以来俄罗斯的对外政策》、《苏联解体我的解读》、《为什么会涨价》、《定位决定成败》、《舒同传》等一批研究著作。

组织出版了《中国改革进程中的重大社会矛盾问题》、《群众工作手册》、《保持党的纯洁性学习读本》、《谁是当今最科学的民主》、《应急百例警示录》、《微时代微处理》、《新形势下领导干部道德修养 11 题》、《文化建设 24 题》、《依法行政百问百答》、《领导干部如何提高虚拟社会管理能力》、《古代官员创新之道》、《近现代国外政要创新之道》、《思维创新与党的执政能力建设》、《政府微博实用管理指南》、《党建工作科学化落实体系》等图书。重新修订出版了目前国内比较权威的党政干部公考参考教材《2013 年全国公开选拔与竞争上岗考试教材》系列。

【对外合作】 坚持开门办社，开展对外合作，在和有关公司和单位的合作洽谈中，以我为主，主动灵活，争取了部分资金，增加了图书品种，扩展了业务范围，扩大了中央党校出版社影响，取得可观成效。

【国家出版基金项目申报】 抓住机会，认真申报国家出版基金项目。其中，《走向世界历史》、《十六大以来执政党建设经验述要》两本书获得 2012 年度国家出版基金资助，另有《中央党校大讲堂》系列第一批 10 本书，已列入 2013 年度国家出版基金资助项目。

【获国家级和全国性荣誉及奖项】 多种出版物获得国家级和全国性荣誉和奖项。《走向世界历史》、《十六大以来执政党建设经验述要》和电子出版物《走向辉煌》入选国家新闻出版总署迎接党的十八大主题重点出版物；《中国特色社会主义理论体系核心观点解读》被评为第四届优秀理论通俗读物；《中国改革进程中的重大社会矛盾问题》、《中国信念》被列为第四届优秀理论通俗读物推荐活动入选图书；《中共党史简明教程》（第四版）、《科学发展观研究》被中组部推荐为全国党员教育培训精品教材和优秀教材；《中国特色社会主义理论体系》、《文化道路与价值重建》入选社会主义核心价值体系建设“双百”工程首批重点选题；《中央党校学员关注的党建问题》、《新形势下做好群众工作干部读本》获第十二届全国优秀党建读物一等奖；《反腐败导论》被评为首届优秀廉政文化出版物；《理想·信念·信仰》获第三届全军政治理论研究优秀成果著作类三等奖。图书获奖比例之高，获奖次数之多，为出版社成立以来之罕见，在出版界比较突出，获得国家新闻出版总署的肯定。

【制度建设】 按照企业化、市场化、社会化目标，着力抓了内部管理的基础性制度建设。一是制定《编辑部目标管理责任制实施方案》。该方案推行项目责任制，强调编辑室对每一项目运行全过程全方位（包括从选题论证，到宣传造势、印制营销）负责，扩大编辑室自主权，激励多出书、出好书，以尽量控制成本，扩大销售，争取效益最大化。二是修改、补充、完善全社规章制度，使出版社管理有章可循。

【队伍建设】 顺利完成社领导班子交替，同时，新产生 1 名副社长，1 名副巡视员，新聘 3 名部室主任、5 名副主任；多名专业技术人员晋级专业技术岗位，1 名同志被推荐为全国新闻出版领军人物；

各部室进行了相应的人员调整和分工，充实补充了新生力量。

【党群工作】 制订党员干部学习计划，请专家到出版社开展专题讲座，扎实有序地开展党日活动，组织参观校史馆和航天城，在合同制员工中发展党员，指导工会积极组织春游秋游等集体活动和文娱体育活动，争取职工福利，增加了集体凝聚力。

（出版社供稿人：宿 华）

工 作 会 议

全国党校系统教材建设与出版工作会议

12月16日，“全国党校系统教材建设与出版工作会议”在海南三亚市委党校召开。中央党校教育长贾高建，海南省委党校常务副校长彭京宜，三亚市委常委、组织部部长、三亚市委党校校长苗延红出席会议并讲话。中央党校出版社社长田国良和副社长崔宪涛分别主持会议。

贾高建作《进一步做好教材出版工作，促进全国党校系统的教材建设》的讲话。他指出，这次会议的主要任务和关注点，是如何以十八大精神为指导，适应新的形势和任务要求，进一步做好党校教材的出版工作，促进全国党校系统的教材建设。他对下一步教材建设与出版提出四点具体要求：一是认真总结以往教材出版工作的经验，认识存在的问题和不足，准备迎接新的挑战。二是从党校教学和干部教育工作的实际出发，认真研究教材建设和图书市场的各种需求，做好教材出版的总体规划。三是从教材出版工作的各个环节入手，进一步提高工作质量；同时继续深化中央党校出版社内部改革，完善工作机制。四是加强全国党校系统内部的联系与协作，共同做好教材出版工作，促进党校教材建设和教学工作。

彭京宜用“海南魅力无穷”、“海南正在发展”、“海南即将崛起”三句话，概括了一个美丽无穷、蓬勃发展的海南。

苏作霖作主题发言，系统介绍了2010年呼伦贝尔“全国党校系统教材建设与出版工作会议”以来中央党校出版社教材出版与发行情况，重点介绍了近期出版的深入学习研究党的十八大精神等方面的一系列辅导读物与重点教材。

田国良在总结中介绍了中央党校出版社的品牌和打造一流干部教育及人文社科

类图书出版单位的目标。他指出，中央党校出版社要认真贯彻落实十八大精神，以市场型、服务型、特色型为导向，更加密切与全国各兄弟党校的合作，建立和完善适应党校教学布局的统编教材体系。

4位地方党校代表做交流发言，对中央党校出版社的教材出版和发行提出新的建议。

来自全国省级、副省级党校及部分地（市）级党校的副校长和有关负责同志及中央党校相关部门代表120余人参加会议。

（摘自校园网，出版社供稿）

出版新书

序号	书　　名	作　　者	责　编
1	《中央党校培训部2011中青二班调研报告——经济社会热点问题九人谈》	眭月华主编	井　琪
2	《公务员职业道德培训通用教程》	本书编写组	井　琪 崔宪涛
3	《理论与实践探索——中共六盘水市委党校论文集》	中共六盘水市委党校编	楚双志
4	《新形势下领导调研方法与艺术》	丁恒龙等编著	井　琪
5	《政务微博实用指南》	窦含章等主编	朱晋平
6	《应急百例警示录》（上、下）	桂维民编著	曲　炜 武　帅
7	《学习十一届全国人大五次会议文件辅导》	本书编写组编	井　琪
8	《科学发展观重大战略思想述要》	周忠高主编	井　琪
9	《新形势下加强党的纯洁性建设》	张希贤主编	蔡锐华
10	《求真、求是与求实——我在中共中央党校学习马列经典的思考与启示》	穆占一著	王　琪
11	《新编领导科学教程》（第五版）	万良春著	曲　炜 武　帅
12	《当代思想政治教育若干问题研究》	谢晓娟主编	楚双志
13	《中国经济观察·2012年第1册》	王东京主编	楚双志
14	《战略思维与实践探索——中央党校培训部2011第11期一年制中青班学习期间研究与思考》	芮　宏著	井　琪
15	《中共中央党校干部教育学院讲稿选》（上、下）	赵理文主编	张克敏 武　帅

续 表

序号	书　　名	作　　者	责　编
16	《依法行政百问百答》	傅思明主编	楚双志
17	《当代中国权力制衡结构研究》	刘俊杰著	曲　炜
18	《中国民族自治地方社会建设与管理研究》	段尔煜主编	李华凯
19	《十八世纪以来俄罗斯对外政策》（上、下卷）	陈新明著	井　琪
20	《王伟光讲习录（续集）》	王伟光著	朱晋平
21	《领导者科学素质与科学决策》	中共天津市委党校项目组	严宏伟
22	《文化建设24题——社会学视角下的文化建设》	张春华等主编	楚双志
23	《政治学基本问题》	赵虎吉主编	王　君 李华凯
24	《中国经济观察·2012年第2册》	王东京主编	曲　炜 楚双志
25	《导师寄语》	中央党校研究生院	张克敏 楚双志
26	《党政干部问责制研究》	高国舫、王　柳著	张克敏 武　帅
27	《罗马探秘》	奥加思著李光文译	朱晋平
28	《定位决定成败——中国城市定位经济理论与实践》	李佐军主编	楚双志
29	《四川基层民主建设研究报告》	彭穗宁著	井　琪 冯　研
30	《群众工作手册》	祝灵君等著	井　琪
31	《中共中央党校年鉴2010》	本书编委会	蔡锐华
32	《创新方法战略丛书之一——近现代国外政要创新之道》	杨玉成等著	曲　炜 武　帅
33	《创新方法战略丛书之二——中国古代官员创新之道》	任俊华等著	曲　炜 武　帅
34	《创新方法战略丛书之三——思维创新与党的执政能力建设》	刘卫平等著	曲　炜 武　帅
35	《党政干部关注的100个经济前沿与热点问题》	赵振华著	井　琪 李　云
36	《马列著作选编导读》	中央党校教务部	王　君 蔡锐华
37	《精选马克思主义著作导读》	刘长功主编	井　琪 李　云
38	《中国共产党上海市嘉定区组织史资料（2000—2010）》	上海市嘉定区委组织部	楚双志
39	《走向世界历史——中国特色社会主义的成长历程》	刘海涛著	曲　炜
40	《微博时代的新闻发布与舆论引导》	邹建华著	严宏伟
41	《党校精品课》	中央党校教务部	王　君 蔡锐华

续　表

序号	书　　名	作　　者	责　编
42	《住房保障制度的国别研究》	林　梅著	曲　炜 仝太景
43	《为什么会涨价》	王东京著	井　琪
44	《马克思主义哲学理论探索》	刘觉生编著	楚双志
45	《马克思主义中国化研究论丛（第一辑）》	谭维克主编	井　琪 冯　研
46	《思想政治工作实效性导论》	戴焰军主编	曲　炜
47	《十六大以来执政党建设经验述要》	张荣臣著	井　琪
48	《参政党与公共政策》	张惠康主编	张克敏 楚双志
49	《2010 年全国党校系统优秀调研报告集》	中央党校科研部编	冯　研 井　琪
50	《新世纪新阶段党的建设新论》	韩冰著	楚双志
51	《社会主义论丛·2011》	中央党校科学 社会主义教研部	蔡锐华
52	《中共中央党校哲学学科年鉴 2010—2011》	贾高建主编	曲　炜 王　琪
53	《中国经济观察·2012 年第 3 册》	王东京主编	曲　炜 楚双志
54	《提高领导创新社会管理能力研究》	侯树栋等主编	井　琪 冯　研 李　云
55	《求是创新——中共中央党校第 31 期中青年干部培训一班一支部论文集》	秦节荣等主编	蔡锐华
56	《当代中国社会管理创新》	张恒山主编	王　君 蔡锐华
57	《当代中国改革路向》	李海青著	曲　炜 王　琪
58	《党建工作科学化落实体系》	中央党校“超越之路” 课题组著	王　琪
59	《坚持和发展中国特色社会主义》	中央党校哲学教研部	四编室
60	《沿着中国特色社会主义道路前进》	王怀超主编	四编室
61	《中国特色社会主义理论最新成果》	邓纯东主编	王　君 蔡锐华
62	《十八大党章学习读本》	赵绪生主编	四编室
63	《十八大党章学习 100 题》	张晓燕主编	井　琪
64	《农村改革的战略问题》	陈方勐著	井　琪
65	《2013 年领导干部公开选拔与竞争上岗考试教材系列》	本书编写组	井　琪
66	《马克思主义哲学前沿问题研究》	韩庆祥主编	曲　炜 武　帅
67	《学习十八大报告热点难点问题解析》	本书编写组	井　琪

续 表

序号	书　　名	作　　者	责　编
68	《十八大后党政干部关注的重大理论与现实问题解读》	辛鸣主编	井　琪
69	《1949—1978 年中央与地方关系变迁》	任之江著	蔡锐华
70	《舒同传》	王建华等著	蔡锐华
71	《政治经济学——马克思主义经典著作选读》	赵振华主编	井　琪 李　云 冯　研
72	《创新求是服务决策——2011》	贵州省委政研室等	王　琪
73	《中国财政变革与基本公共服务均等化》	李旭章著	曲　炜 武　帅
74	《中央党校知名专家学者深入学习十八大精神专题报告》	李景田等著	王　君 蔡锐华
75	《中国特色社会主义理论体系学习读本》（十八大修订本）	本书编写组编	王　君
76	《中国扶贫调查研究》	中央党校经济学教研部	曲　炜 王　琪
77	《党性修养 50 例》（十八大版）	张荣臣等编著	井　琪
78	《机关文化建设：理论与实践》	中央国家机关工委	王　琪
79	《中央党校老讲稿》	中央党校教务部选编	井　琪 李　云 冯　研
80	《新中国成立以来重大历史事件回顾与思考》	章猷才主编	司　时 王　琪
81	《新形势下做好群众工作的艺术与方法创新》（第 2 版）	祝灵君等著	井　琪
82	《领导干部如何提高虚拟社会的管理能力》	傅思明等著	曲　炜 楚双志
83	《中国特色社会主义大众读本》	迟树功主编	严宏伟
84	《中共中央党校函授教育年鉴·2006》	赵理文主编	朱晋平

（出版社供稿人：宿　华、陈　坚）

获奖情况

序号	书　　名	作　者	责　编	获　奖　奖　项
1	《走向世界历史——中国特色社会主义的成长历史》	刘海涛著	曲　炜	国家出版基金资助项目；入选迎接十八大主题出版重点出版物
2	《十六大以来执政党建设经验述要》	张荣臣著	井　琪	

续 表

序号	书　　名	作　者	责　编	获　奖　奖　项
3	《中国特色社会主义理论体系核心观点解读》	陈俊宏著	严宏伟	第四届优秀通俗理论读物
4	《中国改革进程中的重大社会矛盾问题》	吴忠民主编	井　琪	第四届优秀通俗理论读物推荐活动初评入选图书
5	《中国信念》	尚　勇著	曲　炜	
6	《科学发展观重大战略思想述要》	周忠高主编	井　琪	列入“十二五”国家图书、音像出版物出版规划增补项目
7	《中央党校学员关注的党建问题》	张志明主编	曲　炜 楚双志	第十二届全国优秀党建读物一等奖
8	《新形势下做好群众工作的艺术与方法创新》	祝灵君 齐大辉著	崔宪涛 井　琪	
9	《中国特色社会主义理论体系》	李景田主编	王　君	列入社会主义核心价值建设“双百”工程首批重点选题
10	《文化道路与价值重建》	李书磊主编	曲　炜	
11	《走向辉煌》（电子出版物）		严宏伟	入选迎接十八大主题出版重点出版物
12	《反腐败导论》	胡　杨著	井　琪	首届优秀廉政文化出版物
13	《理想·信念·信仰：共产主义新解》	高　强著	张克敏 楚双志	第三届中国人民解放军政治理论研究优秀成果著作类三等奖
14	《新编中共党史简明教程》（第四版）	中央党校 中共党史 教研部	张克敏 曲　炜	全国党员教育培训教材精品教材
15	《科学发展观研究》	李兴山 梁言顺	王　君	全国党员教育培训教材优秀教材
16	《古田会议精神读本》	本书编写组	井　琪	全国党员教育培训教材优秀教材
17	《镜头里的美丽事业——谈党员教育电视片创作》	刘奎东	严宏伟	全国党员教育培训教材优秀教材
18	《微博时代的新闻发布与舆论引导》	邹建华	严宏伟	2012 年度全行业优秀畅销品种
19	《中国特色社会主义理论体系大众读本》	迟树功	严宏伟	

（出版社供稿人：宿　华、陈　坚）

财务行政管理

编辑：闫景明

概　况

【贯彻落实校委 2012 年工作要点情况】 落实《中央党校校园建设“十二五”规划》，做好学员楼功能扩展和节能改造的财政申请立项等工作。继续推进旧住宅加装电梯及改扩建工程。一期试点工程进展顺利，二期试点工程于 5 月启动，共有 18 栋楼 42 个单元 504 户顺利开工，完善加装电梯的相关手续；由中央直属机关事务管理局和北京市住房和城乡建设委员会组织的联合检查组分别于 7 月和 11 月两次来校检查工作，对试点工程相关工作给予好评，中央直属机关系统多家单位来工地现场进行考察。

【校园基本建设管理】 完成数字图书馆工程及室外配套工程，校史馆工程与老干部活动中心加层工程全部完工并投入使用；对住宅楼、食堂、锅炉设备、天然气管道进行检查和维修；完成配电室改造设备安装和送电工程，协调供电部门完善多项用电手续的审批，保证合建住房的正式用电；完善已竣工工程的备案及产权确认手续；完成 69 楼用房调整、腾退及拆除工作，为下一步 64 楼、65 楼办理房产手续扫清障碍；加大工程预算的审核审计管理力度。招标金额较概算金额减少 327 万元，合同预算审核审减金额 543 万元，询价认价工作审减金额合计 214.4 万元，为校内其他单位审核结算，审减金额 187 万元；2012 年共签署合同 33 项，支付进度款 50 笔，申报项目 14 个；完成功能社区卫生服务站的建设及二次配套改造任务。

【财务管理、审计和国有资产管理】 加强预算决算、经费执行管理工作，争取国家财政的经费支持。拟定 2012 年校内经费预算分配草案，并进一步细化全校设备购置方案、经常性维修经费使用方案；完成2011年度学校各项部门决算和“三大理论文库”、“综合楼电化教学设备改造”两个绩效考评试点项目的评价工作；完成学校2011年度部门决算和“三公经费”的公开工作及学校2012年部门预算公开等工作；落实学校“学员楼功能扩展和节能改造专项”经费共计17933.6万元；组织进行学校2013年预算申报工作，落实2013年财政拨款总额为36999.34万元。

做好学校和部门的收支管理、货币资金管理和成本管理，在工作中提高服务意识和服务水平。全年完成预算经费各项收入约36800万元、各项支出35200万元的核算与管理；完成课题项目、党校各部门自有资金、暂存款核算账户，以及校基本建设、财政专项维修和经常性维修账户的各项收入约24032万元，各项支出约24803万元的核算与管理等；严格管理全校存款的进出，全年资金进出流量23.5亿元，其中现金收支流量1.7亿元，存款量最高突破10亿元；加强党校内部成本管理等工作。

做好政府采购、资产管理、内部审计及相关工作。完成全校设备采购；对部分办公家具进行了巡视、检修及对报废的旧家具和设备统一收回等工作；对科研部原自有资金形成的固定资产进行了清理、核对、账务调整；对干部教育学院、出版社等校内11个单位15套账进行了内部审计，完成《审计报告》32份；和信息中心一起，配合中央组织部等三部委完成对2003—2011年农村党员干部现代远程教育项目专项经费的审计工作，配合国家发改委对本校进行了收费许可证验审工作，两项工作顺利通过审计。

推进财务工作制度化、规范化管理。制定、印发《中央党校科研项目经费管理办法》（试行）、《中央党校自筹科研项目经费管理实施细则》（试行）、《中央党校国有资产使用和处置管理实施细则》。

完成计税、报表和统计工作。完成2012年度全校人员个人所得税计算、代扣代缴和网上明细报税、各企事业单位、自筹课题的营业税、城建税等的申报和缴纳工作。

【房地产管理】 认真为业主办理相关手续，完成133楼、134楼大产权证办理工作和对旧住宅加装电梯及改扩建二期工程住户的宣传、收费、提取公积金等工作。完成全年大宗房地产、对外出租房、周转房的房租、供暖费的收费及校成本核算工作。审核、测算、发放职工住房补贴69人次，共计金额81.87万元。清理收回对外出租公有住房，为2012年新入校的在京无住房职工提供周转宿舍，对中央党校公共住房使用情况进行核查、登记、上报等工作。严格执行工程档案管理制度，做好职工住房个人档案及工程资料的归集、管理工作。启动中直机关合建职工住宅及腾退房配售工作。

【交通管理、人防、资源节约管理】 签订2012年度交通安全目标管理责任书，做好全国“两会”期间和十八大期间道路交通安全保障等工作。校园建筑节能监管平台已于2011年底通过验收，获得校园建筑节能改造示范补助资金400万元，完成每月全校能耗情况填报等工作。结清2009年、2011年人防工程加固改造工程尾款，对南院研究生公寓D座人防工程中存在的问题进行综合治理等工作。5月与办公厅保卫处联合举办了防灾减灾宣传周活动。完成对部分楼宇地下管线进行核查，水表安装、更换，做好生活饮用水质量检测、全校职工水电气费用结算等工作。雨水收集回用工程自2011年投入使用以来，截至2012年12月，累计收集雨水2.6万立方米，基本满足雨季学校景观用水。

【医疗保健、爱国卫生、人口与计生等】 推进功能社区卫生服务站建站工作。12月利用两周时间，完成全校年度健康体检等工作。加强对校内各餐饮单位食品安全的监督检查，定期组织开展病媒生物控制，积极开展传染性疾病的预防控制等工作。申请到医疗费新增拨款420万元，加大对医药费审核的力度，做好大102人员（北京市公费医疗直管医疗照顾人员）医疗实时结算后的服务和管理等工作。完成平安女性安康险、计划生育家庭意外险的办理、做好独生子女相关工作及定期组织计生委宣传员培训等工作。

【公文流转、宣传报道、网络管理和保密等日常行政管理】 办好《财务行政管理局工作简报》，创办《财务行政管理局宣传栏》，制定下发《网络信息和新闻报道工作管理办法》和抓好网络信息资源建设。下发《党政机关公文格式》，严格公文写作和公文流转程序，做好全校性及全局性活动的组织工作，加强会议管理，及时编写下发《会议纪要》。配合校内其他单位进行工作，如配合组织部多次进行干部选拔测评和组织考察、党校年鉴财务行政管理局部分内容的整理和上报及参加校迎新联合办公等工作。做好全局津贴发放及三公经费的管理工作。做好日常值班和节假日值班工作，加强安全防火与保密宣传工作。

（财务行政管理局供稿人：丛　静）

制度建设

中央党校国有资产使用和处置管理实施细则

中校厅发〔2012〕22号

为规范和加强我校国有资产使用和处置管理，提高资产使用效益，防止国有资产流失，根据《中央级事业单位国有资产使用管理暂行办法》（财教〔2009〕192

号）、《中央级事业单位国有资产处置管理暂行办法》（财教〔2008〕495 号），制定本实施细则。

第一章　总　　则

第一条　本实施细则适用于中央党校本级及所属事业单位。

第二条　本实施细则所称的国有资产是我校占有、使用的，依法确认为国家所有，能以货币计量的各种经济资源的总称。其表现形式包括：货币性资产、固定资产、无形资产、对外投资等。

第三条　本实施细则所称的国有资产使用，是指利用我校资产对外投资、出租、出借等使用行为。

第四条　本实施细则所称的国有资产处置，是指对我校资产无偿调拨（划转）、对外捐赠、出售、出让、转让、置换、报废、报损、货币性资产损失核销等处置行为。

第五条　中央党校财务部是我校国有资产使用和处置的业务主管部门。

第二章　资产使用和处置的基本程序

第六条　单项或批量价值（账面原值，下同）在 100 万元（含）以上的资产使用和处置事项报财政部审批。

各单位拟办理单项或批量价值在 100 万元（含）以上的资产使用或处置事项，有关单位须事先正式申请报批，报批件经本单位主管领导签署意见后，附相关材料报校财务部，校财务部对有关单位所报材料审提意见报主管校长或校委会批示后，上报财政部审批。待财政部批准后才能办理相关事宜。

第七条　经财政部授权，单项或批量价值在 100 万元以下的资产使用和处置事项，由我校按规定审批，报财政部备案。

各单位拟办理单项或批量价值在 100 万元以下的资产使用或处置事项，有关单位须事先正式申请报批，报批件经本单位主管领导签署意见后，附相关材料报校财务部，校财务部对有关单位所报材料审提意见后，上报主管校长审定，并根据校领导意见下发审批通知书，有关单位按通知办理，校内审批文件和相关材料由校财务部报财政部备案。

第八条　我校资产使用和处置事项均按本章第六条、第七条基本程序办理，以下各章具体事项的办理程序不再赘述。

第三章　资产出租、出借事项

第九条　出租出借资产范围包括：设备（包括车辆）、家具、房屋（办公用房、商业及服务业用房、公有住房）和构筑物。

第十条　校有关单位拟出租、出借学校资产需提交以下材料：

（一）拟出租、出借事项的校内报件；

（二）进行出租、出借的可行性分析报告；

（三）出租学校资产的，需提供采用公开招租（不少于 3 家）、邀请招租（不少于 3 家）或第三方中介评审或评估确定租金方式和价格的相关文件；

（四）拟承租承借方的法人证书复印件或企业营业执照复印件、个人身份证复印件等；

（五）与拟承租方签订的合作意向书、协议草案或合同草案。

第十一条 出租、出借合同期限不得超过五年。

第四章 资产报废、报损和核销事项

第十二条 报废是指经资产部门、技术部门鉴定，按有关规定，对已不能继续使用的资产或属于淘汰的资产，进行产权注销的资产处置行为。

（一）校有关单位申请资产报废，需提交以下材料：

1. 拟报废资产事项的校内报件；

2. 拟报废资产的名称、固定资产编号、品牌型号、数量、资产原值，资产开始使用日期或生产日期等；

3. 资产部门会同技术部门的鉴定意见；

4. 房屋拆除需办理资产核销手续的，需提交相关职能部门的房屋拆除批复文件、建设项目拆建立项文件、房屋拆迁补偿协议。

（二）除房屋建筑物外，各使用单位将经批准报废的资产上交财务部资产管理室统一进行处置。具有独立法人资格且单独核算的单位，可将经批准报废的资产自行组织报废处置，也可委托校资产管理室进行报废处置。

第十三条 报损是指由于发生呆账损失、非正常损失等原因，按有关规定对资产损失进行产权注销的资产处置行为。校有关单位申请资产报损，需提交以下材料：

（一）拟报损事项的校内报件；

（二）报损资产名称、数量、型号、价值清单；

（三）非正常损失责任事故的鉴定文件及对责任者的处理文件；

（四）其他相关材料。

第十四条 校有关单位利用学校资产对外投资、担保（抵押）发生损失申请损失处置的，需提交以下材料：

（一）对外投资、担保（抵押）损失处置的校内报件；

（二）被投资单位的清算审计报告及注销文件；

（三）债权或股权凭证、形成呆坏账的情况说明和具有法定依据的证明材料；

（四）申请仲裁或提起诉讼的，提交相关法律文书；

（五）其他相关材料。

第十五条 货币性资产损失核销是指按现行财务与会计制度，对确认形成损失的货币性资产（现金、银行存款、应收账款、应收票据等）进行核销的行为。校有关单位申请货币性资产损失核销需提交以下材料：

（一）货币性资产损失核销事项的校内报件；

（二）债务人已被依法宣告破产、撤销、关闭，用债务人清算财产清偿后仍不能弥补损失的，提供宣告破产的民事裁定书以及财产清算报告、注销工商登记或吊销营业执照的证明、政府有关部门决定关闭的文件；

（三）债务人死亡或者依法被宣告失踪、死亡的，提供其财产或遗产不足清偿的法律文件；

（四）涉及诉讼的，提供判决裁定申报单位败诉的人民法院生效判决书或裁定书，或虽胜诉但因无法执行被裁定终止执行的法律文件。

第五章　资产无偿调拨（划转）和对外捐赠事项

第十六条　无偿调拨（划转）是指在不改变国有资产性质的前提下，以无偿转让的方式变更国有资产占有、使用权的行为。校有关单位拟无偿调拨（划转）学校资产需提交以下材料：

（一）拟无偿调拨（划转）事项的校内报件；

（二）拟无偿调拨（划转）学校资产的名称、数量、规格、单价、总值等清单；

（三）无偿调拨（划转）给地方的，事后附省级主管部门和财政部门同意接收的相关文件。

第十七条　对外捐赠是指依照《中华人民共和国公益事业捐赠法》，自愿无偿将其有权处分的合法财产赠与给合法的受赠人的行为，包括实物资产捐赠、无形资产捐赠和货币性资产捐赠等。

（一）校有关单位拟对外捐赠需提交：拟对外捐赠事项的校内报件，内容包括：捐赠事由、途径、方式、责任人、资产构成及其数额、交接程序等；使用货币资金对外捐赠的，应提供货币资金的来源说明等（财政性资金不得用于对外捐赠）。

（二）实际发生的对外捐赠，应当依据受赠方出具的同级财政部门或主管部门统一印（监）制的捐赠收据或者捐赠资产交接清单确认；对无法索取同级财政部门或主管部门统一印（监）制的捐赠收据的，应当依据受赠方出具的加盖公章的证明确认。

第六章　资产出售、出让、转让和置换事项

第十八条　出售、出让、转让是指变更国有资产所有权或占有、使用权并取得相应收益的行为。

（一）我校国有资产出售、出让、转让，应当通过产权交易机构、证券交易系统、三家以上公司（单位）竞价等方式进行。

（二）我校国有资产出售、出让、转让，以第三方专业评估机构出具的资产评估报告所确认的评估价值作为市场竞价的参考依据，意向交易价格低于评估价值90%的，经校财务部上报财政部重新确认后交易。

（三）校有关单位拟出售、出让、转让学校资产需提交以下材料：

1. 拟出售、出让、转让事项的校内报件；

2. 拟出售、出让、转让方案，包括资产的基本情况，处置的原因、方式等；

3. 第三方专业评估机构出具的资产评估报告；

4. 出售、出让、转让合同草案；

5. 属于股权转让的，还应提交股权转让可行性报告；

6. 其他相关材料。

第十九条　置换是指与其他单位以非货币性资产为主进行的交换。这种交换不涉及或只涉及少量的货币性资产（即补价）。

校有关单位申请学校资产置换需提交以下材料：

（一）拟置换事项的校内报件；

（二）对方单位拟用于置换资产的基本情况说明、是否已被设置为担保物等；

（三）双方草签的置换协议；

（四）第三方专业评估机构出具的资

产评估报告；

（五）对方单位的法人证书或营业执照的复印件（加盖单位公章）；

（六）其他相关材料。

第七章 资产对外投资事项

第二十条 校有关单位拟利用学校资产对外投资需提交以下材料：

（一）拟对外投资事项的校内报件；

（二）进行对外投资的可行性分析报告；

（三）拟合作方法人证书复印件或企业营业执照复印件、个人身份证复印件等；

（四）拟创办经济实体的章程和工商行政管理部门下发的企业名称预先核准通知书；

（五）与拟合作方签订的合作意向书、协议草案或合同草案；

（六）经中介机构审计的拟合作方上年度财务报表；

（七）第三方评估机构出具的对拟投资资产的评估报告；

（八）其他材料。

第二十一条 学校资产不得从事以下对外投资事项：

（一）买卖期货、股票；

（二）购买各种企业债券、各类投资基金和其他任何形式的金融衍生品或进行任何形式的金融风险投资；

（三）其他违反法律、行政法规规定的。

第二十二条 严格控制货币性资金对外投资。不得利用财政拨款和财政拨款结余对外投资。

第八章 附 则

第二十三条 本实施细则由校财务部负责解释。

第二十四条 本实施细则自2012年12月1日起施行。

（财务行政管理局、办公厅供稿）

防灾减灾宣传

全校防灾减灾宣传周主题活动

落实国家防灾减灾委员会关于开展“防灾减灾宣传周”的部署和安排，根据中央直属机关事务管理局通知精神，财务行政管理局与办公厅联合组织全校各单位开展了防灾减灾宣传周主题活动。围绕“弘扬防灾减灾文化，提高防灾减灾意识”

主题，制作防灾减灾宣传展板、横幅，在教学办公场所等人员集中地点进行宣传展示；组织校有关单位对教学办公场所、住宅小区、地下空间、在建工程、房屋经营场所、配电室、燃气管线、车库等重点部位进行风险隐患排查及整治；在中央党校电视台播放科教片《紧急救援》，同时在校园网“党校宽频”提供在线观看；为重点单位和合同制人员发放《城市防灾减灾手册》。

（摘自《财务行政管理局工作简报》2012 年第 7 期）

部门决算公开

中央党校 2012 年度收入支出决算总表

部门：中共中央党校　　　　金额单位：万元

收入			支出		
栏目	行次	决算数	栏目	行次	决算数
栏次		1	栏次		2
一、财政拨款	1	27291.29	一、教育	11	45578.42
栏次		1	栏次		2
二、事业收入	2	7009.38	二、科学技术	12	33.60
三、经营收入	3	6338.03	三、文化体育与传媒	13	210.00
四、附属单位缴款	4	3757.59	四、住房保障支出	14	1576.87
五、其他收入	5	6840.36		15	
	6			16	
本年收入合计	7	51236.64	本年支出合计	17	47398.89
用事业基金弥补收支差额	8	120.17	结余分配	18	2998.14
上年结转和结余	9	10013.90	年末结转和结余	19	10973.69
合计	10	61370.72	合计	20	61370.72

注：本表反映部门本年度的总收支和年末结转结余情况（不含政府性基金）。

7 行 =（1+2+3+4+5+6）行；10 行 =（7+8+9）行；17 行 =（11+12+13+14+15+16）行；20 行 =（17+18+19）行

（摘自校园网，账务行政管理局供稿）

获奖情况

1. 财务行政管理局工程处获得由人力资源和社会保障部、中共中央直属机关事务管理局、国务院机关事务管理局授予的“中共中央直属机关和中央国家机关事务工作先进集体”荣誉称号。

2. 财务部荣获财政部颁发的中央部门预算管理考核评比二等奖。

3. 财务行政管理局综合管理处被人力资源和社会保障部、国家发改委、环境保护部、财政部评为“‘十一五’时期全国节能减排先进集体”。

4. 财务行政管理局被评为2012年北京市无偿献血工作先进集体。

5. 计划生育委员会荣获2012年度北京市人口与计划生育工作先进集体。

（财务行政管理局供稿人：丛　静）

机 关 服 务

编辑：闫景明

概 况

2012年，机关服务局以创建“一流服务”为目标，以保障和改善民生为重点，扎实推进十大“民生工程”建设，积极推动服务社会化、管理企业化、保障规范化、队伍专业化，完成各项工作任务。

【学习贯彻党的十八大精神】 制定《机关服务局关于学习贯彻党的十八大精神的安排意见》，组织干部职工学习党的十八大文件和习近平总书记系列重要讲话精神。局党总支围绕党的十八大主题召开处以上干部学习交流座谈会，各处结合自身情况，开展多种形式的学习教育活动。在校委召开的学习贯彻党的十八大精神会议上，机关服务局作了题为《深入学习贯彻十八大精神，努力开创党校后勤工作新局面》的主题发言，汇报了学习贯彻党的十八大精神、推动后勤工作创新发展的思路和举措。

【推进“民生工程”建设】 以保障和改善民生为重点，完成十大“民生工程”建设。

1. 北门改造工程：北门新增人行道，实行人车分流，减少交通安全隐患，方便方大学工人员出行。

2. 社区自动化洗车房工程：新的洗车场采用循环水和先进的冲洗技术，坚持绿色环保、节能减排原则，既节约水资源又方便学工人员和社区居民洗车。

3. 手机信号增强工程：积极协调北京联通、移动、电信等运营商，通过增设信号设备，缓解校内和社区手机信号差的问题。

4. 春季绿化工程：2012年春植工作从3月中旬开始，到5月中旬结束，进一步美化了校园环境，在突出校园园林景观特色和园林文化方面也进行了有益尝试。

5. 社区地下停车场改造工程：对社区东西地下停车场进行整体维修改造，改造后的车库外观漂亮，布局合理，标识清晰，智能化程度大大提升，保障车辆出入顺畅，安全有序。

6. 动力设备维护工程：对现有设备进行经常性检测和定期保养，延长设备的使用期限；分期分批对动力设备进行大修、更换，厉行节约，保障正常运转。

7. 社区广场改造工程：社区广场路面年久失修，出现塌陷、破损，造成交通不便，也存在安全隐患。通过铺设柏油路面、规划停车位、栽植绿化树木改善社区广场环境。

8. 蔬菜基地建设：建立“农校对接”模式，减少中间环节，从源头上严把粮油蔬菜食品安全关，让广大学工人员吃上新鲜、安全、健康、营养的蔬菜和食品。

9. 交通智能化工程：为车辆配备导航仪和速通卡，推广网络自动派车系统，增强公务用车智能管理，提升了交通服务品质。

10. 医疗健康工程：会同北京大学第三医院举办多场保健养生知识讲座和免费健康咨询活动，及为学员和教职工享受高品质医疗保障服务提供方便。

【推进校园生态环境建设】 机关服务局获“国土绿化突出贡献单位”荣誉称号，受到全国绿化委员会表彰。以党校园林建设由满意度向美誉度提升为理念，全年完成校园五大园林绿化工程：春季绿化工程、腊梅园建设工程、综合教学楼前园林景观改造工程、校园微地形改造工程、水木园湖岸加固维修工程。

【社区管理工作】 提出“四化一治”社区管理工作新思路，即社区服务社会化、管理网格化、安保智能化、生活保障精细化和居民自治，逐步改变以政代治、以政代社状况，使社区居民尽可能地享有知情权、参与权、决策权和监督权。同时，社区工作处配合其他处室完成一系列民生工程，为社区基础建设作出积极贡献。针对离退休老同志就餐难，配合餐饮服务处及大有北里餐饮公司开办社区餐厅。

【规范和创新机关服务工作】 以创建“一流的管理和服务”为主题，完善管理制度，创新管理思路，取得新进展。

餐饮服务处健全完善食品安全责任制。通过定期检查评比，对全校餐饮工作全程监管，严把质量关和安全关；实施食品安全快速检测，餐餐留样备查；严格餐饮从业人员食品安全知识培训，实现培训教育常态化、全覆盖；完成一食堂后厨改造及餐厨垃圾分类工作，为餐厨垃圾无公害处理创造了条件。餐饮服务处 2012 年共收到锦旗 24 面，牌匾 6 块，表扬信 4 封。

综合服务处切实加强服务人员专业化培训，进一步规范“先培训后上岗”制度，分期分批对新招收的合同制员工进行岗前培训和业务考核。倡导人性化服务、精细化服务和贴心服务，形成独具特色的党校服务品牌。截止到 2012 年，综合服务处连续五次被中央直属机关授予“中央直属机关先进文明单位”荣誉称号；综合服务处团支部 2012 年被共青团中央授予“全国五四红旗团支部”光荣称号。

交通服务处启用自动派车系统，在校内各部门积极推广网络派车。车辆管理和调度工作朝着智能化方向发展，缓解了“出车难、难出车，要车难、难要车”的问题。2012 年共行驶 1003300 公里，出动车辆 13800 次，安全高效地完成了学校的车辆服务保障工作。

物业监管处不断健全完善物业托管工作。综合教学楼、礼堂、校史馆等重大教学场所的统筹监管已经到位，初步实现服务管理资源的优化整合和统一配置；新启用的校史馆在 2012 年共接待中央领导同志在内的各类参观人员达 6500 人次，受到校领导和同志们的肯定和好评；积极协调体育馆，筹集资金近 50 万元，引进国外先进的室内模拟高尔夫产品，配备专业教练，使学工人员享受到更加优质的健身服务。

【建设新能源汽车中央党校体验中心】 机关服务局与上海国际汽车城共同建设新能源汽车中央党校体验中心，宣传和推广新能源汽车试乘试驾活动，对倡导节能环保、绿色出行，推进科技校园建设和生态文明建设起到了很好的示范作用。9 月 7 日，举行新能源汽车中央党校体验中心启动仪式。据统计，体验中心运行半年来吸引了 1176 人参观，近 500 人参与试乘试驾活动。

【专题研讨班服务保障】 2013 年 1 月 5 日至 7 日，新进中央委员会的委员、候补委员学习贯彻党的十八大精神专题研讨班在中央党校举办。机关服务局承担了该班后勤保障方面的重要任务。按照中央有关方面及校委的要求，召开专门会议进行动员部署，做好承接专题班的各项准备工作。办班期间，后勤全体干部职工全力以赴，恪尽职守，热情服务，努力做到“零差错，无缝链接”，完成专题班各项服务保障工作，受到研讨班学员的普遍好评，也得到中央有关部门和校领导的充分肯定。

（机关服务局供稿人：杨　迪）

机 构 更 名

后勤服务部更名为机关服务中心（机关服务局）

7 月 11 日，中央编制委员会办公室批准中央党校后勤服务中心（对内使用后勤服务部名称）更名为中共中央党校机关服务中心（对外可使用中共中央党校机关服务局印章）。

后勤服务中心（后勤服务部）更名后，对内也可使用机关服务局的名称。

机关服务局下设机构更名

12月27日，经校委会议讨论，同意机关服务局下设机构餐饮服务中心更名为餐饮服务处、综合服务中心更名为综合服务处、交通服务中心更名为交通服务处、动力保障中心更名为动力保障处、园林修缮环卫中心更名为园林绿化处，物业监管中心更名为物业监管处、社区服务中心更名为社区工作处。

以上7个机构更名后，按照《中央党校后勤部门机构编制改革实施意见》（中校字〔2001〕45号）精神，机构性质仍为服务实体，领导班子按处级配备。领导职务名称相应变更，原服务部主任、副主任分别变更为机关服务局局长、副局长；原各中心主任、副主任变更为处长、副处长。

另根据工作需要，将园林绿化与维修工作剥离，设立机关服务局内设机构：维修服务处。

（机关服务局、组织部供稿）

工 作 会 议

2011年度工作总结表彰大会

3月14日，中央党校后勤服务部在综合楼报告厅召开2011年度工作总结表彰大会。副校长陈宝生、组织部副部长王洋、校工会主席牛卫国出席并与获得“先进个人”的同志合影留念。后勤服务部主任欧亚平，副主任张素峰、刘志刚等干部职工近500人参加大会。

欧亚平作《2011年度工作总结》和《2012年工作要点》报告，全面总结了后勤服务部2011年的工作，指出在校委的领导下，后勤服务部班子和全体职工，认真贯彻党的十七大和十七届六中全会精神，围绕建设“一流学府”，创建“一流管理和服务”，坚持开拓创新，扎实工作，锐意进取，较好地完成了各项工作任务，取得了新的成绩；提出2012年后勤服务部要力争实现“十项民生工程”，努力推动党校事业和后勤工作科学发展，以优异成绩迎接党的十八大胜利召开。

张素峰主持会议，刘志刚宣读了《关于表彰柴文平等67名先进个人的决定》。

（机关服务局供稿人：杨　迪）

工 程 建 设

十大“民生工程”

后勤服务工作坚持“以群众呼声为第一信号，以群众要求为第一选择，以群众满意为第一标准”，始终把满足群众利益和民生需求放在首位，明确提出以关注民生为重点，以服务学工人员为己任，以加强管理为抓手，以建设“四在后勤”为目标。2012年重点推动惠民利民的十大“民生工程”建设。

北门改造工程。改造前的北门因距离马路太近，围墙又是全封闭的，过往行人和车辆无法在视线上形成互动，特别是行人难以看到东西方向过往的机动车，时有交通事故发生，职工群众对此反映强烈。根据离退休老同志和职工群众的要求，后勤服务部新班子上任以后，多次到现场进行调研，召开办公会，形成了北门改造方案。工程方案确定后，又亲临现场进行勘察，在施工期间，还同工程技术人员进行交流，要求确保工程质量。由于施工人员夜以继日、加班加点，在2012年“五一”后完成了北大门围墙、路面铺桩及路灯改造等工程。改造后的北大门，不仅增加了进深，拓展了进出空间，使行人视野开阔，而且新增了人行道，做到人车分流，大大减少了交通隐患。同时利用这一契机对北门周边环境进行了彻底整治和净化，受到了广大学工人员的好评。

社区洗车场工程。党校公务车和党校社区居民机动车数量大，来党校社区办事的其他临时车辆也较多。可是，党校社区周边没有正规的洗车场。经过认真调研，特别是和北京市水务局执法大队、东水西调管理处及马连洼城管大队沟通，将原社区菜市场改建为社区洗车场。新的洗车场坚持环保绿色、节能减排的原则，进行封闭设计，利用循环水和先进的冲洗技术洗车。这个项目的建成，在极大节约水资源的同时，大大方便了学工人员和社区居民洗车。

推进手机信号增强工程。后勤服务部积极协调北京联通、移动、电信等运营商，针对党校手机信号弱的问题进行了专门的调研，提出了改造方案，本着信息安全、辐射达标、便于使用的原则，于2012年3月，在教学区的学员楼陆续开始了加强手机信号的施工工作。

春季绿化工程。本着绿化校园、美化家园的原则，自3月以来，园林员工在校园内共栽植行道树和园林景观树249棵，花灌木3万余株，宿根花卉2万余墩，同时，伐除存在安全隐患和影响校园景观效果的枯死或无头毛白杨26株，移植侧柏62株。春植工作特别注重校园美化建设和园林文化建设，注重园林景观建设及色彩植物的应用。

社区地下停车场的改造工程。随着居民生活水平的提高，社区车辆不断增加，停车难问题越来越突出，而且地下车库的地面、墙面、管线等陆续出现老化问题。春节过后，园林修缮中心先是在花房北侧建成了150多个车位的临时停车场，以便于车主临时停放车辆。同时报请上级主管单位批准，形成了社区地下停车场的改造方案。目前这项工作，已经上报中直机关事务管理局按程序进行招投标，择机施工建设。

动力设备改造工程。坚持勤俭节约的原则，动力保障中心正在对现有动力设备进行检测、检修，在保障工作教学秩序特别是保障重要班次正常教学的前提下，将分期分批对动力设备进行维修、更换。

社区广场改造工程。2012年，在校领导和财务部的大力支持下，申请国家财政部专项资金进行维修，拟将原来水泥路面铺成柏油路面。路面铺成后，还将划出行车线、停车位等，规范车辆存放，方便行人出入，为来商厦购物、就餐的居民提供最大的便利和服务。

蔬菜基地建设工程。从确保食品安全出发，推进粮油蔬菜食品基地建设。目前，河北固安蔬菜基地向中央党校学员食堂提供价廉物美的蔬菜服务。2012年进一步扩大粮油、副食品基地建设的论证和建设，切实做到严把“入口关”，从源头上确保食品、蔬菜的安全，以保障学工人员的身体健康。

交通智能化工程。按照科技后勤的要求，交通服务中心在使用速通卡和电脑派车的基础上，根据后勤服务改革的总体要求，积极推进机关公务用车改革，进一步提高交通服务中心的管理和服务水平，更好的满足公务活动和学工人员日常用车的需要。

医疗健康工程。开设健康讲堂、定期体检、方便就诊等措施，改进和提高北医三院中央党校院区的医疗服务水平。2012年4月已经举行过一次健康知识讲座，受到学工人员的欢迎。

为保证十大“民生工程”的顺利进行，2012年后勤服务部加大学习培训力度，在党员领导干部中开展一系列以全面提升管理服务水平和牢固树立“我为民生作贡献”的主题活动，进一步加强思想政治教育和业务技能培训，强化后勤队伍专业化建设。

（摘自《学习时报》2012年6月18日）

五大“园林绿化工程”

春季绿化工程。校园内共栽植行道树83棵、花灌木3万余株、宿根花卉2万余墩；伐除枯死或无头毛白杨26株，移植侧柏62株、紫玉兰18棵、红叶杨8棵，铺设冷季型草12000平方米。

腊梅园建设工程。从河南省许昌市引进鄢陵腊梅，建起了颇具特色的腊梅园。

综合教学楼前园林景观改造工程。从山东省菏泽市引进1540余株牡丹和2500余株芍药，全部种植在综合教学楼广场，构建起了别具特色的花卉园景。

校园微地形改造工程。对部分地域和场所进行微地形改造，实施局部精细化和园艺化治理，提升了党校园林的绿化、美化和文化品位。

水木园湖岸加固维修工程。重新铺设防渗层、重砌毛石驳岸、码置护坡山石，对水木园已经坍塌、渗漏严重的近200米湖岸进行了加固维修。

（机关服务局供稿）

新能源汽车体验

新能源汽车中央党校体验中心正式启动

9月7日，中央党校举行新能源汽车中央党校体验中心启动仪式。副校长陈宝生、徐伟新，校委委员罗宗毅、黄宪起、赵长茂、梁言顺及校各直属单位负责人和部分学员代表出席启动仪式。上海市委常委、副市长屠光绍，上海市人大常委会副主任吴汉民，科技部党组成员、科技日报社社长王志学，上海嘉定区委书记金建忠应邀出席仪式并讲话。启动仪式由机关服务局局长欧亚平主持。

启动仪式进行时，恰逢全国政协副主席、国家科技部部长万钢在中央党校作报告。报告结束后，万钢来到启动仪式现场，观看了新能源汽车介绍，接受了媒体采访。

他指出发展新能源汽车是我国应对气候变化、保障能源安全、减少温室气体排放、防治城市空气污染的重要途径之一。中央党校体验中心的建成，有助于体验者在试乘、试驾中发现新能源汽车的优势。

陈宝生在讲话中指出，环境问题已经成为众多全球性问题之一，与每个人息息相关，甚至每个人每天都参与制造环境问题的活动，感受环境问题带来的困扰，面临解决环境问题的困难。研究环境问题，会有很多豪言壮语和警示名言，产生“语言的巨人”；解决环境问题，又不知从何着手，不知怎样从自己做起、从现在做起，产生“行动的侏儒”，中央党校既不愿做“语言的巨人”，也不愿做“行动的侏儒”。因此，我们开辟校园一角，建立新能源汽车体验中心，开展体验活动，这个活动是绿色的、洁净的，是为环境问题的解决出一份力，为广大学工人员提供一个体验和展示的平台，一个了解环境问题和新能源汽车发展过程的窗口。因此，“体验”加“展示”就等于中央党校新能源汽车体验活动。通过体验，感受新能源汽车和传统汽车的不同；通过展示，了解新能源汽车发展的进程和取得的成果。这对加强校园文化和景观建设，特别是对于推动新能源汽车产业的宣传、推广和发展有着积极的作用。他还对各合作单位的共同努力表示感谢，对新能源汽车中央党校体验中心正式启动表示祝贺，并希望中央党校和上海方面进一步加强合作，推广高新技术。

新能源汽车中央党校体验中心是中央党校贯彻科学发展观、落实建设创新型国家战略决策、促进新能源汽车示范推广的重要举措，也是党校提倡生态文明、推广低碳环保、丰富校园文化生活，建设绿色校园、人文校园和科技校园的实际行动。该中心由中央党校机关服务局、上海市科学技术委员会、中共嘉定区委和嘉定区人民政府共同承办，上海国际汽车城承建。总占地面积约1500平方米，其中核心功能区超过300平方米，集专题宣传、技术与产品展示、试乘试驾体验为一体，重点介绍新能源汽车的相关知识与最新动态，也可亲身体验国内外各品牌的新能源汽车，在试乘试驾过程中获得最直观的体验和认识。

出席启动仪式的还有中央直属机关、中央国家机关有关部委、国家电网公司、上海市及嘉定区、上海国际汽车城、有关新闻媒体以及部分大型汽车厂商代表。

（机关服务局供稿）

信息化建设

编辑：闫景明

概　　况

2012年，加强信息中心的团队建设，较好地完成各项任务。

【电教保障工作】　全年共保障进修部、培训部各种班次54个，干部教育学院班次80个，及研究生院的正常上课。共安排临时加课、调课400余节。协助校外事办公室保障外事活动近30次。

完成综合楼的电教设备改造工程和育园楼同声传译项目。项目建设范围包括综合楼一至八教室、大报告厅、两个贵宾室、集控中心、三个研讨室以及相关教室的电化教学设备的更新。综合楼电教设备改造之后，各个教室安装了双投影仪，报告厅的音视频都加装了备份设备。

【远程教学工作】　远程教学网全年共安排和播出主体班、当代世界、干部教育学院、"三农"等各类课程1600余讲近3000课时。为丰富教学内容，自主安排《学习宣传党的十八大精神专题访谈》等两个专题的系列节目。继续加强全国党校系统的教学资源征集工作，共有22个地方党校报送了132部资源片。

组织站点建设和维护工作。在上海和贵州举办两期信息化培训，52家省市县级党校近80人参加学习，培训主要涉及信息化课题研究与论文写作、音频技术及设备应用等内容。

推进党员干部现代远程教育工作，强化安全管理，保证中心资源库管理和中心网站更新发布等各项工作顺利开展。党的十八大期间，中心网站策划推出"学习贯彻十八大精神"栏目。中心资源库严格标准、加强审查，完成节目审核工作。

【农村党员干部现代远程教学工作】由中央党校承担的农村党员干部现代化远程教育项目顺利通过验收。经过2003年到2006年期间两个阶段的工程建设，自2004年开通以来，中心资源库和中心网站安全运行近九年。资源库已接收和存储资源25921个，约5.45TB、12008.9小时，向主前端播出平台传送课程470周37766个。截止到2012年12月底，中心网站常设栏目64个，陆续建设专题栏目17个。近年来共发布信息14万余条，共计字数15000多万字，网站点击1580多万人次。专题教材制播工作充分利用中央党校政治理论类师资的优势，系统建设学科体系，保证每周两讲每年52小时的课程制作播出。辅前端播出平台同时传送党员干部现代远程教育节目，将受众扩大到3000余家省地市三级党校系统接收站点。

上半年，中央组织部牵头组织专家对中央党校承担的远程教育项目进行了验收，给予充分肯定。10月11日，中央组织部召开建设项目竣工验收会议，中央农村党员干部现代远程教育工作领导小组对中央党校承担的工作给予称赞。

【网络管理工作】 做好外网改版工作，逐步打造中央党校在互联网上的思想理论平台。9月3日新改版外网上线，进入试运行阶段。2013年1月1日结束试运行，进入正式运行状态。

加强网站内容建设，在校内、外网的新闻报道中，严格执行《中央党校网站信息发布管理办法》，按程序办事，制度化管理。全年内网共更新内容1158篇，原创新闻稿600篇。外网后台一共有文章8023篇，其中试运行以后新建立文章4140篇。制作访谈8个，新建专题6个，制作模板63个，建立并日常维护的基础界面153个。创建并坚持日常维护栏目共211个，其中一级栏目37个，二级栏目77个，三级栏目97个。

加速全国党校虚拟专网建设，探索干部教育新模式，对全国党校系统VPN设备的软件做了一次升级。截止到2012年底通过虚拟专网与中央党校联通的省市党校一共有38家，2012年新增省市党校为12家。全年家属区开通网络1306次，研究生院开通网络715次，学员楼开通网络7377次。根据工业和信息化部与国家保密局《关于加强党政机关和涉密单位互联接入安全管理工作的通知》的要求，起草了《中央党校互联网接入管理规定》。

【新闻报道工作】 推动党校网络媒体和电视媒体的宣传报道工作。电视新闻方面，进一步在新闻内容的拍摄和后期制作方面狠下功夫。党校电视台在拍摄工作量加大、播出时效性提高的基础上，加强了新闻的后期制作。党校电视台还积极制作了专题片，增加了学员访谈，同时还根据学校年度工作，有计划地策划组织一些深度性系列专题报道。

全年拍摄新闻233条。为配合党的十八大宣传，特制作8讲访谈节目。另外专题组还配合学校教学、科研、党委、工会等制作了各类讲座、专题10余部。根据用途做成单条新闻用于校园网文字配发的视频，全年共做249条。此外，用于频媒快发新闻，制作《党校新闻》65期，用于电视与频媒播出的周报新闻制成《本周要闻》38 期（一周一期）。充分利用所拥有的三个平台，大大提高播出次数、宣传效果和宣传范围。

（信息中心供稿人：朱培蕾）

工 作 会 议

干部在线教育研讨会

8 月 23 日，由中共中央党校信息中心、国家开放大学、求索音像出版社、教育部社区教育研究培训中心共同举办的“干部在线教育研讨会”在中央党校召开。教育长贾高建、信息中心主任郭英楼、出版社社长田国良、信息中心副主任张海光、谭荣邦、出版社副社长苏作霖、国家开放大学党委副书记张少刚等出席会议。全国党校系统、电大系统和组织部门的百余名领导和专家出席。

与会者就如何建立“开放、兼容、共享的全国干部教育培训网络”和“功能完备、资源共享、规范高效的干部网络培训体系”，如何进一步促进干部在线教育资源的共建共享进行了深入交流，还就目前干部在线教育中的平台开发、课程资源建设、教学模式等问题开展了广泛而务实的探讨。

（摘自校园网 2012 年 8 月 23 日，信息中心供稿）

工 作 培 训

全国党校系统网络教学新技术培训班

4月20日，中央党校信息中心在深圳举办全国党校系统网络教学新技术培训班，来自全国30多个副省级以上地方党校信息中心主要负责同志参加培训。中央党校信息中心主任郭英楼在培训班上讲话，深信服科技有限公司CEO何朝曦致词，中央党校信息中心副主任谭荣邦对中央党校外网改版工作进行了介绍，中央党校信息中心副主任张海光作简要总结。

郭英楼主要强调以下几点：第一，2012年是党和国家事业发展中具有重要意义的一年，中央党校校委对于信息化建设提出了新要求，信息中心要围绕创建“一流学府”的总体要求，不断探索新条件下党校远程教育的新思路和新模式，积极打造全国党校系统信息资源的互联共享平台，为新时期全国党校教育工作提供坚实的技术保障。第二，加速建立全国党校系统虚拟专网，进一步加强党校系统信息资源整合，充分发挥网络和资源优势，积极探索基于网络的干部培训模式，建设离校学员学习平台，通过移动VPN和身份认证相结合的方式，为离校学员和出差办公教职工提供网络学习资源和平台。第三，充分利用网络这一现代化传播手段，精心打造一个互联网上的中国特色社会主义理论的学习和教育平台，根据校领导批示，探索建立网络学院开展干部培训，充分利用中央党校的信息资源，有效整合各地方党校的特色资源，建立网络教学资源库，满足学员学习的个性化需求，积极和各地方组织部门或者党校进行合作，开办有针对性的、集中的干部网络培训班，拓展干部培训的方式和渠道。中央党校网络学院的建设将会成为党校信息化发展的又一个亮点。第四，运用新技术，提升党校信息化服务水平，利用云技术构建党校信息资源共建共享平台，充分利用现有的各种网络基础设施，节约各级党校人力、物力和财力，充分实现各种资源的共享；充分利用虚拟化技术，提高现有服务器和存储资源的利用率，发挥虚拟化在应用系统低耦合的优势，解决党校系统的大规模、应用情况复杂的难题，构建统一的、可管理的软件服务体系。

谭荣邦详细介绍了新版党校外网的网站定位、版面安排、设计思路和当前进行的工作，期望各地代表为新的中央党校外网改版献计献策，共同打造一个全国党校系统和社会各界的思想理论平台。深信服科技有限公司和大有数字资源有限公司分别做了新技术和行业解决方案的介绍。

安徽省委党校信息中心主任丁毅、江苏省委党校信息管理处处长顾明进、成都市委党校信息中心主任赵刚分别代表地方党校就相关工作进行了交流发言。

与会代表就相关技术问题进行了讨论。

（摘自校园网 2012 年 4 月 26 日，信息中心供稿）

全国党校系统信息化科研课题研究方法与论文写作培训班

5 月 12 日，全国党校系统信息化科研课题研究方法与论文写作培训班在上海市委党校举办，来自全国 30 多家党校的同志参加培训。上海市委党校常务副校长王国平出席开班式并致辞、中央党校信息中心副主任张海光通报了中央党校 2012 年信息化工作的主要设想和安排。大有数字资源有限责任公司副总经理张卫星、常青出席开班式。

此次培训邀请了中央党校科研部中国特色社会主义体系中心研究室主任洪向华就党校系统科学研究工作的几个问题以及论文写作进行了专题讲解。培训还对校园信息化课题研究内容及热点做了简要阐述。上海市委党校信息管理处处长毛庆华就信息化项目研究经验进行了交流，并组织学员参观了上海市委党校第二期信息化工程的建设情况。

座谈会上，学员围绕党校信息化及培训工作展开了热烈的讨论和交流。大家认为，通过培训，学习了知识，交流了经验、增强了信心。同时也对培训工作提出了好的建议，希望能把全国党校系统的信息化培训工作办成精品、办成品牌，在提高信息化工作人员的业务水平上发挥更大作用。

（摘自校园网 2012 年 5 月 17 日，信息中心供稿）

全国党校系统视音频技术及设备应用培训班

10月26日，全国党校系统视音频技术及设备应用培训班在中共贵阳市委党校举行开班式。中央党校信息中心主任郭英楼，中共贵阳市委党校副校长叶春阳、郝强，大有数字资源有限责任公司副总经理常青、王继奎出席开班式。

在开班式上，叶春阳对参加此次培训的各省市党校代表表示热烈欢迎，并简要介绍了中共贵阳市委党校的基本情况特别是近年来中共贵阳市委党校在信息化建设中做的主要工作。

郭英楼在讲话中指出，加强全国党校系统视音频理论及操作技术方面的培训，在一定程度上满足了各级党校在信息化建设方面的学习需求，在全国党校信息化建设方面，起到了很重要的作用。

郭英楼强调，全国党校信息化培训是全国各级党校信息化建设工作人员学习和交流的平台，要以全国党校信息化建设的需求为依据，根据不同岗位的需要，制定科学的培训计划，开展对各级党校信息化建设方面的工作人员进行分层次、分类别的培训。通过培训，辅助各级党校建设起一支宽视野、肯钻研、懂技术、会管理、善协调的信息化工作队伍，增强党校工作人员特别是领导干部应用信息化手段的意识和能力，从而推进全国党校系统的信息化建设的工作，使信息化建设为党校教学科研工作的服务上一个新的台阶。

来自全国34个省市级党校信息部门的负责人、工作人员共42人参加此次培训。

（摘自校园网2012年11月2日，信息中心供稿）

行政办公·新闻报道·安全保卫保密

编辑：闫景明、安　勇

行 政 办 公

制 度 建 设

2012 年，办公厅加强行政办公管理，先后修改、制定印发《中央党校总值班室管理办法》（中校厅字〔2012〕25 号）、《中央党校值班制度》（中校厅发〔2012〕26 号）、《中央党校教学办公区宣传栏管理办法》（中校厅发〔2012〕12 号）、《中央党校介绍信管理规定》（中校厅发〔2012〕14 号）文件。

附 1：

中央党校总值班室管理办法

中校厅字〔2012〕25 号

为保证中央党校值班工作正常运行，推进值班工作规范化、制度化，根据中央办公厅有关要求及《中央党校值班制度》，制定本办法。

一、校总值班室工作由办公厅综合处承担。综合处负责编制每月值班计划，统计汇总值班情况和管理日常工作。

二、总值班室实行24小时值班制度。每日两班，时间为08:00—18:00，18:00—次日08:00。

三、总值班室实行双人在岗值班制度。分为主值班、副值班。主值班员负责当日的值班工作，副值班员协助主值班员工作。

四、节假日期间及遇有特殊情况时，视情充实值班力量。

五、值班室主要职责：

（一）收集、整理值班信息并及时向相关领导报告，做好信息反馈工作，协助处理各类突发事件；

（二）接收、处理有关单位重要信息、文件、来电等；

（三）为校内外来电、来访提供咨询和服务；

（四）负责中国共产党中央委员会党校印章、中国高级干部研究院印章、校领导人名章、中共中央党校办公厅印章及中央党校介绍信、中央党校免检介绍信、中央党校办公厅介绍信等印、信的使用和管理；

（五）负责校、厅领导，厅有关处室机要文件、报刊、信件的收发；

（六）负责密码通信传真专网、红机保密电话的使用和管理；

（七）负责校、厅领导，厅各处室的公务用车管理；

（八）负责各直属单位、厅各处室节假日值班表的汇总及检查值班工作情况；

（九）办理校、厅领导交办的其他事项。

六、总值班室工作要求

（一）校总值班室是重点涉密部位，值班人员应严守党和国家秘密，不得私自拆阅机密文件及私人信函，不得随意公开和扩散值班时掌握的信息；不得将校领导信息告知无关人员，确有需要，应交校领导秘书办理；

（二）值班人员须熟悉工作流程、职责；

（三）值班人员应坚守岗位，不得擅离职守，确保上传下达，信息通畅；

（四）值班人员应认真处理事务，做好记录；急事急办，讲求效率；对校、厅领导交办的事情，妥善办理，及时反馈；

（五）值班人员应认真填写值班日志，做好交接班工作；

（六）值班人员应衣着整洁，做到礼貌、热情、耐心、细致；

（七）值班室应保持环境卫生整洁。

七、值班补贴按校财务行政管理局有关规定执行。

八、本办法由办公厅负责解释。

九、本办法自印发之日起施行。《中央党校总值班室及全校值班管理试行办法》（中校厅字〔2002〕38号）同时废止。

（办公厅供稿）

附2：

中央党校值班制度

中校厅字〔2012〕26号

为保证中央党校值班工作正常运行，根据中央办公厅有关要求，结合党校实际制定本规定。

一、校各直属单位应建立日常值班制度，值班人员由本单位干部轮流担任。值班名单应于每月月底前报校总值班室。

二、各直属单位应落实24小时值班制度。重要部门、重点岗位的值班工作应予加强，确保人员在岗在位。

三、遇有特殊情况，应视情增加值班人员并安排局级领导带班。

四、值班人员主要职责：

（一）接收、处理和传递与本单位有关的重要信息、文件。对需报校领导及有关部门知晓的特殊情况、突发事件等，要及时报校总值班室；

（二）整理有关情况的文字记录；

（三）办理本单位领导交办的其他事项。

五、值班要求：

1. 直属单位带班领导、值班人员应认真履行值班职责；

2. 急事急办，不得拖延；

3. 特殊时期应于每日16：00前向校总值班室报告本单位情况。

六、校总值班室根据中办有关要求负责检查各直属单位值班情况，并将检查情况报分管校领导，视情通报各直属单位。

七、各直属单位可依照本规定制定具体的值班办法。

八、各直属单位的值班补贴，按校财务行政管理局有关规定执行。

九、本规定由办公厅综合处负责解释。

（办公厅供稿）

附3：

中央党校教学办公区宣传栏管理办法

中校厅发〔2012〕12号

为进一步加强中央党校教学办公区宣传栏管理工作的制度化、规范化，充分发挥宣传栏的宣传导向作用，促进校园文化繁荣发展，特制定本办法：

一、宣传内容

（一）党的路线、方针、政策及法律、法规；

（二）校园文化建设的有关活动；

（三）学校组织的教学、科研等活动信息；

（四）科普知识、医疗健康、校园管理等有关信息；

（五）其他信息。

二、责任分工

（一）教学办公区内8个宣传栏由办公厅综合处统一管理协调；

（二）主楼东侧第一、二宣传栏由机关党委具体负责，第三宣传栏由办公厅综合处具体负责；

（三）主楼西侧第一宣传栏由财务行政管理局卫生处具体负责；第二宣传栏由办公厅保卫处具体负责；第三宣传栏由财务行政管理局办公室具体负责；

（四）第一食堂前、第二食堂西侧的宣传栏由办公厅综合处具体负责。

三、使用办法

（一）校各直属单位申请使用教学办公区宣传栏，应当对宣传内容进行审核把关，并承担相应责任；

（二）其他申请使用单位与各宣传栏具体负责单位协商同意后，报办公厅综合处协调并登记备案。

四、管理要求

（一）宣传内容必须张贴在宣传栏内；

（二）宣传栏内容应每月更换，保持整洁；

（三）宣传栏维修和保洁工作由机关服务局负责；

（四）未经允许，私自在宣传栏处乱贴乱挂的，按照《中央党校工作人员纪律与惩戒暂行条例》执行；

（五）办公厅综合处负责定期检查各宣传栏的维护、使用情况；

（六）每年年终，办公厅综合处对宣传栏全年使用情况进行检查评比，对工作成绩优异者给予奖励，所需经费由校财务统一支出。

五、解释与施行

（一）本办法由办公厅负责解释；

（二）本办法自印发之日起施行。

（办公厅供稿）

附 4：

中央党校介绍信管理规定

中校厅发〔2012〕14 号

为进一步规范中央党校介绍信的使用管理，推进我校介绍信管理工作的规范化、制度化、科学化，特制定本规定。

一、介绍信的种类

本规定所指介绍信系中央党校介绍信、中央党校免检介绍信、中央党校办公厅介绍信。

二、介绍信使用范围及审批手续

（一）介绍信使用范围

1. 中央党校介绍信主要用于以中央党校名义对外联系工作；

2. 中央党校免检介绍信主要用于校领导参加公务活动时与有关部门联系免检事宜；

3. 办公厅介绍信主要用于以中央党校办公厅名义或由办公厅代表党校名义对外联系工作。

（二）介绍信审批手续

申领介绍信，须由使用单位作书面申请，单位负责人签字并加盖公章后，送办公厅综合处审核，经办公厅领导审批同意后方可开具。

三、介绍信的使用要求

（一）介绍信须使用标准介绍信文本，不得使用白纸、稿纸或便笺纸等；

（二）填写介绍信须符合标准介绍信文本要求，字迹工整杜绝内容和文字差错；

（三）介绍信存根要与信的内容一致。申请书及领导批示要附于存根上。介绍信存根原则上保存三年以上，届时按领导要求统一销毁；

（四）原则上不允许开具空白介绍信。如确需使用，须经办公厅领导批准，并在存根上注明，申请人签字后方可办理；

（五）介绍信申请人应对介绍信妥善保管，如有遗失，要及时报告备案；

（六）因客观原因未使用的介绍信须退回办公厅综合处，附于原存根处并注明情况，不得自行销毁，以免流失；

（七）因写错或其他原因作废的介绍信，应在显著处标示“作废”字样；

（八）介绍信专事专用，不得转借、涂改、伪造；

（九）介绍信一律不得邮寄。

四、介绍信的管理

（一）中央党校介绍信、免检介绍信、中央党校办公厅介绍信由办公厅综合处统一印制、编号、发放及管理；其他单位如需印制，介绍信文本应报办公厅综合处核审备案；

（二）机密性事项用信，发放人员要注意保密；

（三）其他直属单位介绍信的管理，参照本规定执行；

（四）如有违犯上述规定者，按照《中央党校工作人员纪律与惩戒暂行条例》执行。

五、解释与施行

（一）本办法由办公厅负责解释；

（二）本办法自印发之日起施行。

（办公厅供稿）

新 闻 报 道

新闻工作概况

一、新闻工作开展情况

党的十八大召开前后，中央党校领导和有关专家学者频频出现在电视、网络及各大平面媒体上，就党的十六大以来党中央治国理政的成就、经验和党的十八大的理论创新、突出亮点等问题做出解读和阐释，为营造迎接党的十八大召开的良好舆论环境、推动党的十八大精神的学习宣传贯彻发挥了中央党校应有的作用。新闻发布工作有新进展。

（一）校领导和新闻发言人多次接受媒体记者专访

围绕迎接、学习、宣传、贯彻党的十八大精神，尤其是党的理论创新、《党章》的修改、党的干部教育培训工作等，校领导在采访中就有关问题作了深刻解读，社会各界反响热烈。

11月9日晚8时，党的十八大新闻中心举办首场集体采访，主题为“中国共产党的理论创新”。党的十八大代表、中央党校常务副校长李景田和党的十八大代表、中国社会科学院常务副院长王伟光接受了中外媒体的采访。采访历时一个多小时，先后有中央电视台、香港大公报、中新社、台湾联合报、俄罗斯消息报等9位中外媒体记者作了现场提问。李景田分别对党的十八大报告的理论创新、报告的突出亮点、党的先进性纯洁性建设等问题回答了记者的提问。党的十八大新闻中心网站、人民网·中国共产党新闻网对集体采访进行了现场直播，中央电视台、新华网等各大媒体作了报道或转载，现场和网络上的反响十分热烈，对学习宣传贯彻十八大精神起到了积极推动的作用。

11月14日，中央电视台《焦点访谈》栏目就《中国共产党党章》的修改采访中央党校常务副校长李景田，播出专题节目“科学发展向未来（七）——凝聚意志、与时俱进”。在节目中的权威解读环节，李景田对《党章》的修改作了历史回顾，并就这次党的十八大会议上《党章》修改的最大亮点——将科学发展观列入我们党的指导思想、写在我们党的旗帜上，作了深度解读和阐述。李景田还就《党章》修改问题接受新华社书面采访。

10月23日，人民网·中国共产党新闻网“迎接党的十八大高端系列访谈节目”采访中央党校副校长陈宝生。以“十六大以来干部教育培训工作成果”为主题，陈宝生就干部教育培训工作的总体布局、中央党校干部教育培训主渠道作用发挥等话题回答了记者提问，并与网友在线交流，人民网做了图文、视频直播。访谈引起网友的热烈关注，访谈新闻《中央党校副校长陈宝生：政治体制改革要理直气壮地讲》等文章被新华网、中新网、光明网等各大网站转发，凤凰网24小时点击量达46.3万多次。

11月12日，在党的十八大召开期间，人民日报特刊“人民观点·特别策划·凝聚共识大家谈”栏目刊发了题为《转型中国尤需四大共识——对话中央党校副校长陈宝生》的采访。文章中，陈宝生就凝聚改革开放共识、社会和谐共识、科学发展共识和中国特色共识作了解读，产生良好的社会反响。

11月9日，新华社发专稿《“高举旗帜是十八大报告的灵魂”——十八大代表、中央党校副校长陈宝生谈十八大报告理论创新》。陈宝生就学习党的十八大报告要把握的关键要素、报告在“旗帜”问题上的理论创新等问题作出深刻解读。

11月上旬，先后有中央组织部《党建研究》杂志社、中央宣传部《思想政治工作研究》杂志社围绕学习贯彻党的十八大精神，解读党的十八大提出的新思想新观点新论断，特别是围绕中国特色社会主义道路、理论体系、制度等问题，书面采访中央党校副校长陈宝生。其中采访文章《对中国特色社会主义的认识达到新高度》刊发在《党建研究内参》。

1月，为增进台湾同胞特别是年轻一代对中国共产党及社会主义民主政治制度的认识了解，中央党校应中央对台工作办公室建议，校委委员罗宗毅以新闻发言人身份接受了台湾旺旺中时媒体集团采访团专访，较为系统地介绍了党校基本情况和党的干部教育培训制度。采访在台播出后，效果较好，有关部门给予积极评价。

党的十八大召开前后，中国网络电视台组织的“十八大新视角主题研讨会”论坛，邀请采访中央党校校委委员赵长茂、王东京等7位专家，回顾我党近十年来在理论与实践方面的新进展，解读党的十八大报告的热点问题。王东京还就党校的教学改革及对外开放问题接受中央电视台英语频道采访。

2012 年，中央党校领导还先后 10 余次接受新华社、人民日报、中央电视台等媒体的采访。这些采访从不同角度展示了中央党校在学习型政党建设中发挥的重要作用及开放办学的良好形象，对国内外了解党的干部教育培训事业、解读中国共产党治国理政的伟大业绩，都发挥了应有的作用。

（二）协调组织专家学者接受采访

围绕学习贯彻胡锦涛同志“7·23”重要讲话精神、迎接党的十八大胜利召开等重大主题，2012 年中央党校多位党史、党建和文化方面的专家接受媒体采访，达 30 余次。比较集中的有：

新华社记者采访多位专家学者，十八大前刊发《执政中国·特稿：走进中央党校》，从党校姓党、从严治校、质量立校、与时俱进等角度全面介绍中央党校办学情况，解读党的干部培养工作。

新华社对外部记者专访有关专家，在“十八大前瞻·中国聚焦”主题下发专稿《学习：中共创造奇迹的一个“秘密”》。

中央电视台英语频道在党的十八大期间推出系列节目，就国情政策方面问题做出解读，约请中央党校专家访谈。

中央电视台俄语频道就党的干部教育培训、党校课程设置等问题采访中央党校专家学者。

此外，党的十八大开幕前后及十八届一中全会召开期间，中央电视台还先后约请中央党校多位专家学者做客直播间，现场解读有关问题。

（三）参加中央对外宣传办公室组织的座谈会、交流会等

2012 年，中央党校参加中央对外宣传办公室组织召开的中央国家机关新闻发布工作专题座谈会（3 月 12 日）、中央各部门新闻发言人交流活动（4 月 20 日）、迎接党的十八大新闻发布和舆论引导专题座谈会（8 月 30 日）。座谈会和交流活动中，围绕迎接党的十八大胜利召开、完善新闻发言人机制等，在中央对外宣传办公室的组织下，中央党校与各有关部门进行了经验交流，共同研讨了新闻发布工作的有关问题。

（四）做好重大活动的新闻报道

随着新闻意识的增强，中央党校在制定重要活动方案时均对新闻报道做出专门安排。主要有三类：

有中央领导出席的中央党校重要活动。经中央办公厅等单位协调，邀请新华社、人民日报、中央电视台、中央人民广播电台等单位记者与会报道。这类活动全年有 10 多次。

外国政要和重要国际组织负责人来访等重要外事活动。在与外方达成一致后，一般都邀请媒体记者参与报道。境外记者一部分由外方邀请，一部分由中央对外联络部、外交部邀请。国内记者由中央党校邀请，对一些没在邀请之列的媒体提出的采访要求，一般都予以满足。这类活动全年有 10 多次。

中央党校举办的一些理论研讨会、重要会议等活动。均邀请中央有关媒体单位派记者与会作报道。这类活动全年有 20 多次。

（五）发挥好校办媒体的作用

中央党校主办的《学习时报》，设有专门对党校工作进行宣传报道的“党校教育专刊”。校新闻报道工作小组成立后，对

门户网站（外网）进行了改版，从内容到形式都有了很大程度的提升，新闻信息量和实效性大大提高。11月初，由中央党校报刊社等单位创办的《党员学习手机报》举行开通仪式，使新闻宣传、学术交流有了新的平台和载体。2012年，围绕党的十八大、加强党的先进性纯洁性建设等主题，校办报纸、网站等刊发了多篇专题报道和理论文章，逐渐形成多层次、立体化的新闻报道格局，中央党校开放办学的形象得到进一步提升。

二、新闻工作机制建设情况

2012年，在校领导的高度重视下，在中央对外宣传办公室的大力协助下，中央党校新闻工作体制机制建设取得一定进展。

（一）进一步明确和严格新闻工作流程

近年来，中央党校在新闻工作实践中，研究和总结出一套符合党校实际的具体做法，并提炼形成了一般性的新闻工作程序和流程。一年来，新闻工作严格按照程序办事，认真对待每一次新闻发布和媒体记者的采访活动，为媒体记者采访提供了快速、便捷的服务。同时，根据工作实践不断完善制度、强化措施，加强对新闻工作特点、规律的研究把握，制定发布《中央党校网站信息发布管理办法》等切实可行的规章制度，新闻报道工作有章可循。

（二）不断加强新闻工作体制机制建设

加强和规范新闻报道工作，中央党校成立了新闻报道工作小组，负责全校新闻报道的统筹、协调等工作。10月，召开第二次全校新闻报道工作会议，根据会议精神，加大对新闻报道工作的技术、经费和人力支持。按照校委要求，校门户网站（外网）进行了改版，引进一流的发布后台，选聘新的网站编辑，丰富和完善了新闻工作载体。同时，办公厅新闻处（秘书处）新进两名新闻专业工作人员。

（三）舆情收集及“口径库”建设工作日趋完善

围绕党的十八大召开，2012年媒体记者采访量大幅增加，通过系统地归类整理，中央党校掌握的媒体关注问题清单也进一步丰富完善，对校课程设置、思想库建设和学员管理等媒体关注点也有了更好的把握，并整理形成了一般性的回答口径。在党的十八大召开前后，中央党校积极做好了媒体约请专家解读重要理论问题的预判和准备。同时，校网络舆情监测专门机构进一步加大了舆情监测力度，不断推进舆情收集工作的常态化和规范化。

（四）网络舆情突发事件处置更加规范、稳妥

近年来，在国务院新闻办公室的协助下，中央党校逐步积累起网络舆情突发事件应急处理的初步经验。随着舆情监测工作的加强，以及对网络舆情发展态势的研究把握，掌握了应急处理的基本方式方法，应急处理预案的形成有了较好的基础，网络舆情突发事件处理工作更加规范有序、积极稳妥。2012年，遇到事涉中央党校的网络舆情事件，处置起来都能做到心中有数、有条不紊，较好地维护了党校的良好形象。

（五）新闻发布工作机构沟通媒体、服务媒体的作用彰显

中央党校新闻发布工作机构电话公布以来，已经成为媒体记者约请采访的主渠道。2012年，围绕学习贯彻胡锦涛同志“7·23”重要讲话精神、党的十八大胜利

召开等重大主题，媒体记者提出很多采访要求，中央党校对采访申请基本做到了零拒绝。从直接或间接的反馈来看，媒体记者是比较满意的，并在记者群体中逐步树立起开放、自信的中央党校印象。同时，经常打交道的媒体记者也与中央党校工作人员建立起良好的工作关系。

（办公厅供稿）

新闻报道工作会议

10月23日，中央党校召开全校新闻报道工作会议，会议就2011年党校新闻报道工作会议以来的新闻报道工作进行总结，并就下一步如何更好地开展新闻宣传工作做了安排部署。教育长贾高建出席会议并讲话。校新闻报道工作小组副组长、机关党委常务副书记李庆华，校新闻报道工作小组副组长、信息中心主任郭英楼及全校各直属部门的负责同志、校新闻报道小组成员共60余人参加了会议。办公厅副主任张忠军主持会议。

郭英楼通报了一年来中央党校信息化建设的新进展和落实新闻报道方面的工作，信息中心副主任谭荣邦就中央党校外网改版以及下一步内网改版的设想作了说明。科研部副主任郑权、培训部副主任薛泽洲分别围绕本部门职能介绍了过去一年的新闻报道工作情况，并向大家介绍了本部门做好新闻报道工作的具体做法和经验体会。

贾高建对一年以来全校新闻报道工作取得的成绩给予充分肯定，并提出要不放松，不懈怠，继续从各方面加强改进中央党校的新闻报道工作。他提出七点具体要求：一是各部门要进一步增强对新闻报道工作重要性的认识，充分重视这项工作。各部门都要将新闻报道工作列入领导班子的议事日程，统筹协调和安排，促进这方面工作的进一步落实。二是充分发挥新闻报道工作小组的作用，加强各成员单位之间的协调合作。三是严格按程序办事，坚持制度化管理。四是加强业务学习和能力训练，提高新闻稿件的写作质量。五是尽快建立相应的工作评价机制。要定期对各部门的新闻报道工作进行检查和评比，做得好的要表彰，做得不好的要督促。六是继续做好我校网站的改版工作。外网改版完成之后，内网的改版工作也应及时提上日程。七是及早筹划和安排，做好近期重点专题的新闻报道工作。

贾高建指出，要真正搞好中央党校的新闻报道工作，提高工作质量和水平，还需要大家付出更多的努力。希望全校各部门同志团结一致，共同合作，切实履行好自己的职责，从各个环节继续加强和改进，把这项工作扎扎实实地推向前进。

（摘自《党校信息》2012年第16期，办公厅供稿）

安全保卫保密工作

制度建设

2012年，办公厅为了进一步做好加强全校的安全保卫保密工作，先后制定出台《中央党校治安管理规定》（中校厅字〔2012〕20号）、《中央党校教学办公区交通秩序管理规定》（中校厅字〔2012〕21号）、《中央党校消防安全管理规定》（中校厅字〔2012〕22号）、《中央党校办公厅密码通讯传真专网管理办法》（中校厅发〔2012〕18号）文件。

（办公厅供稿）

附1：

中央党校治安管理规定

中校厅字〔2012〕20号

第一条 为了维护中央党校良好的治安秩序，保障教学、科研等各项工作顺利进行，保护公共财产和学工人员的人身、财产安全，预防、打击犯罪，根据国家有关法律法规，结合我校实际情况，制定本规定。

第二条 治安工作坚持"谁主管、谁负责"的原则，实行"自主管理、积极防范、保障安全"的方针。

第三条 办公厅保卫处是党校治安管理工作的职能部门，对全校治安管理工作进行监督、检查和指导。其职责是：

（一）组织各单位并依靠全体学工人员做好治安管理工作，维护校园治安秩序；

（二）依据有关法律、法规，结合校内实际情况，制定、完善治安管理工作规章制度；

（三）及时掌握全校治安管理工作情

况，定期分析治安形势，有针对性地制定工作预案；

（四）组织开展经常性的安全检查，对发现的安全隐患，及时组织整改；

（五）加强情报信息搜集工作，掌握各类不安定因素，建立治安信息数据库；

（六）对校内发生的刑事、治安案件和重大安全事故现场实施保护，及时向上级领导报告，并配合公安机关做好协查和善后工作；

（七）强化群防群治工作机制，充分发挥驻校武警部队、保安公司、安全工作联络员的作用，形成全员参与、齐抓共管的工作局面；

（八）完成领导临时交办的其他治安管理工作。

第四条 各直属单位主要领导是本单位安全工作的第一责任人，应指定专人具体负责本单位的治安管理工作，并逐级落实责任制。

第五条 保卫处每年与各直属单位签订治安管理责任书。各单位应结合工作实际，逐级签订治安管理责任书。

第六条 各直属单位主要领导和具体负责人的职责是：

（一）对所属人员进行法制和治安管理的宣传教育，增强法制观念和安全防范意识。

（二）认真执行我校治安管理工作的各项规定。结合本单位实际，制定单位内部治安管理制度，落实治安防范措施。

（三）及时发现和消除治安隐患，掌握不安定因素。对职能部门指出的治安问题及时研究解决；对暂时难以解决的，应制定整改计划，并采取有效措施加以防范，确保安全。

（四）单位内部发生刑事、治安案件或安全事故，应注意保护现场，及时报告职能部门并协助调查。

（五）完成职能部门交办的其他各项治安管理工作。

第七条 各单位聘用劳动合同制人员时，必须按照“先审后用”、“谁使用、谁负责”的原则，加强对聘用人员的治安管理。

（一）用工单位必须与保卫处签订《治安责任保证书》，履行以下职责：

1. 认真做好用工前的审查工作。不得聘用无有效身份证明的人员、因违规违纪被校内其他单位辞退人员和有违法记录、犯罪前科人员；

2. 录用务工人员后，用工单位须持组织部人事处开具的《入校通知单》，外地来京人员须持有暂住证，到保卫处办理出入证。办证时每人缴纳100元治安押金；

3. 加强对录用人员遵纪守法和遵守党校各项规章制度的宣传教育；

4. 发现务工人员有违法犯罪行为时，应立即制止，并向保卫处、公安机关报告；

5. 劳动合同制人员解聘、辞职或被辞退后，用工单位应及时收回出入证，并交保卫处注销。

（二）劳动合同制人员必须遵守国家法律法规和党校各项管理规章制度，对违反规定的，给予相应处罚。触犯国家法律的，移交公安机关处理。同时追究用人单位领导相关责任。

第八条 施工单位应遵守以下治安管理规定：

（一）按照“谁主管、谁负责”的原

则，校内主管施工单位的部门（施工合同中的甲方），负责对施工单位的治安管理工作；

（二）施工单位进驻、开工前，校内主管部门应将施工单位名称、施工方案、人员驻地、进驻时间及人员名单、身份证号等相关信息报保卫处备案审查；

（三）校内施工单位主管部门应在开工前，与施工单位签订治安管理责任书，确定双方治安管理负责人，明确各自管理责任；

（四）建立治安管理工作机制，制定治安管理规章制度及应急预案，杜绝施工期间发生治安事件及安全责任事故；

（五）在教学办公区施工的，施工单位应按保卫处指定的校门进出，沿规定路线集体往返施工现场，施工人员不得进入非施工区域。

除值班外，施工人员不得在教学办公区及施工现场滞留、留宿。

第九条 崇学山庄、绿杨宾舍及用于临时对外接待客人的学员楼应遵守以下治安管理规定：

（一）后勤服务部负责崇学山庄、绿杨宾舍及用于临时对外接待客人的学员楼的治安管理，每年度应签订治安管理责任书，明确各自治安管理责任，同时接受校保卫部门、公安机关特种行业管理；

（二）崇学山庄、绿杨宾舍及用于临时对外接待客人的学员楼，应建立治安管理工作机制，制定内部治安管理规章制度及应急预案，杜绝发生治安事件及安全责任事故；

（三）用于临时对外接待客人的学员楼除公务接待、散客及经学校批准举办培训班的参训人员外，其他人员未经保卫处审查同意，一律不得安排住宿；

1. 公务接待客人是指办公厅接待办和各直属单位因公务关系，需要安排临时住宿的客人；散客是指因私找正式职工、在校计划内班次学员本人，需要临时住宿的客人。

2. 住宿审批：

（1）公务接待除办公厅接待办介绍的客人外，其他单位介绍的，需持客人住宿审批单，由直属单位主管安全的领导签字同意并盖公章。

（2）散客由正式职工介绍并担保的，需持客人住宿审批单，由所在直属单位办公室领导签字同意；由在校计划内班次学员介绍的，需持客人住宿审批单，由其组织员签字同意。

（3）特殊情况需经保卫处审批同意后，方可安排入住。

3. 崇学山庄、绿杨宾舍以及与校内单位签订租赁合同的经营、服务单位，不得接待冒用中央党校名义举办的各类会议、培训等活动。

（四）严禁客人携带枪支、弹药、易燃易爆、剧毒、放射性物质及管制刀具等入住，杜绝卖淫、嫖娼、赌博、吸毒等违法行为。

第十条 公有房屋租赁应遵守以下治安管理规定：

（一）公有房屋管理单位

公有房屋管理单位是指公有房屋的实际管理单位和房产管理部门，对租赁房屋治安管理的责任是：

1. 出租前，应了解掌握承租单位（个人）基本情况，双方签订《治安责任保证书》，并报保卫处备案；

2. 不得将房屋出租给无合法证照的单位或无身份证件人员。承租单位（个人）入住后2日内，应将居住人员名单、身份证号、承租目的等基本情况报保卫处备案；

3. 对出租的房屋进行经常性的安全检查，及时发现、排除不安全隐患。发现承租单位（个人）有违法犯罪活动或嫌疑时，应及时向保卫处或公安机关报告。

公有房屋管理单位有下列情形的，责令其停止出租，或移交公安机关予以处罚：

1. 已经出租的房屋存在消防、治安隐患，未进行整改的；

2. 将房屋出租给无合法证照的单位（个人）的；

3. 发现承租单位（个人）利用租赁房屋进行违法犯罪活动，不及时向保卫处或公安机关报告的；

4. 未按规定签订《治安责任保证书》的；

5. 发生刑事、治安案件和安全事故的。

（二）公有房屋承租单位（个人）

公有房屋承租单位（个人）是指租用中央党校公有房屋的单位、集体或个人（外国和港澳台组织、企业及人员除外）。治安管理责任是：

1. 承租单位必须具有法人资格或经营执照，承租个人必须持有有效身份证件；

2. 单位或集体承租房屋时，应确定治安管理责任人，并建立治安管理制度；

3. 不得将承租的房屋用于制造、存储和经营易燃易爆、剧毒、放射性等危险性物品；

4. 严禁利用承租房屋进行违法犯罪活动。发现有违法犯罪活动或嫌疑的，应及时向公安机关或保卫处报告。

承租单位（个人）有下列情形的，责令其停止出租，或移交公安机关予以处罚：

1. 因变更房屋格局导致消防设备损坏或堵塞、占用消防通道的；

2. 不履行《治安责任保证书》或发生刑事、治安案件、重大治安责任事故的；

3. 利用租赁房屋生产、销售、存储和使用易燃易爆、剧毒、放射性等危险物品的；

4. 利用租赁房屋从事其他违法犯罪活动的。

第十一条 经营单位及其校内监管部门和所用房屋的管理单位，应遵守以下治安管理规定：

（一）按照“谁主管、谁负责”的原则，校内监管部门和经营所用房屋的管理单位，负责对经营单位的治安管理；

（二）经营单位进驻前，校内监管部门应将经营单位名称、人员名单、身份证号及经营合同、营业执照、卫生许可证等信息资料报保卫处审查备案；

（三）校内监管单位和所用房屋管理单位应分别与经营单位签订治安管理责任书，明确双方治安管理负责人和管理责任；

（四）经营单位和相关管理部门应建立治安管理工作机制，制定治安管理规章制度及应急预案，杜绝经营期间发生治安事件及安全责任事故；

（五）经营场所不得同时用于生产、经营、储存和人员住宿。

第十二条 社区服务中心应设立专（兼）职治安管理人员，在保卫处、属地派出所的业务指导下，具体负责对家属生活区的治安管理。

第十三条 对执行本规定成绩突出的单位和个人予以表彰或奖励。对违反本规定的单位和个人酌情给予通报批评、停产停业整顿、终止合同、限期离校等处罚，并追究主管单位的领导责任。对触犯法律造成后果的，移送公安机关处理。

第十四条 本规定执行中的具体问题，由保卫处负责解释。

第十五条 本规定自公布之日起施行。《中央党校治安保卫责任制规定》（中校字〔1999〕44号）自行废止。

（办公厅供稿）

附2：

中央党校教学办公区交通秩序管理规定

中校厅字〔2012〕21号

为规范教学办公区交通秩序管理，维护交通安全，创造良好的学习、工作、生活环境，制定本规定。

一、机动车凭保卫处制发的有效车证进校。无证来校办公、办事、会客或接送学员的机动车，原则上不准进校，可停放在校门外停车场。摩托车、出租车不得进校。

二、如遇来校访问、讲课、听课、接送病人、搬运重物等特殊情况确需进校的无证车辆，由校内相关单位提前将进车事由、车号报保卫处，或到传达室联系登记，经确认并报保卫处同意后方可进校。

三、各直属单位须指定一至两名正式职工专门负责向保卫处报车号，其他人员报车号，不予受理。被指定报号人员须保持相对固定并在保卫处备案，更换报号人员应及时报知保卫处。报号人员对所报车辆要严格把关，如实报告进车事由，对虚报、误报并造成严重后果的，将取消该单位的报号资格并追究相关人员责任。

四、学员报到、结业或遇有重大活动时，保卫处根据学校统一安排，放行相关车辆。遇有重大警卫活动，教学办公区实行交通管制，持有车证的车辆进校前须停车接受检查，乘车人员无保卫处制发的有效证件不得进校。

五、进校车辆应在停车场或指定区域有序停放，严禁在道路两侧、消防通道等未划定停车位的区域停放。

六、进校车辆应自觉按交通标志行驶，服从交通管理人员的指挥，主动避让自行车和行人。车速每小时不得超过30公里；严禁逆行、鸣笛、使用警灯和警报器；严禁酒后驾车、无照驾驶。

七、教学办公区内的停车场所及允许停车的区域包括：

（一）1至8号楼学员专用地下停车场、礼堂前及东西两侧停车场、综合楼北侧停车场、体育馆西侧停车场、北门内西侧停车场；

（二）12 号、22 号、23 号楼北侧道路停车位；

（三）主楼后东西两侧交通服务中心公务车专用停车位；

（四）档案馆东侧停车位；

（五）15 号学员楼南侧停车位；

（六）重大活动期间保卫处临时指定的停车区域。

八、党校南门至礼堂之间南北向机动车道、综合楼东侧至22 号楼东侧南北向机动车道为单行线。

九、对违反本规定的机动车驾驶员，情节较轻的给予批评教育；情节较重的给予粘贴违章通知单、车证打孔、锁车、拖车处罚。造成严重后果的没收其车证并追究有关人员责任或交由公安机关处理。违规机动车处理、处罚时，需有保卫处工作人员及保安队长两人以上同时在场，并填写《中央党校机动车违规处理情况登记表》。

十、保卫处对违规车辆进行登记备案。违规记录超过三次（含三次）的教职工车辆，没收其车证并向其所在单位通报情况。再次办证时，暂办理上半年临时车证，在此期间无违章记录的，期满后可办理下半年车证；违章记录超过三次（含三次）或情节严重并造成后果的校外单位车辆，给予没收车证、取消办证资格等处罚。

十一、违规机动车被锁期间按停车场收费标准缴纳停车费，驾驶员需做出书面检查。

十二、各单位主管安全工作的领导、具体负责人以及学员部各班主任、组织员，有责任、有义务向本单位人员及学员宣讲本规定，并按本规定进行管理。

十三、本规定执行中的具体问题，由保卫处负责解释。

十四、本规定自公布之日起施行。《教学办公区机动车管理暂行办法》（中校厅字〔2003〕37 号）自行废止。

（办公厅供稿）

附 3：

中央党校消防安全管理规定

中校厅字〔2012〕22 号

第一章　总　则

第一条　为了预防火灾和减少火灾危害，加强中央党校的消防安全管理和应急救援工作，保护人身、财产安全，维护公共安全，根据《中华人民共和国消防法》、《北京市消防条例》等法律法规，结合我校实际情况，制定本规定。

驻校内非校属单位的消防安全管理，遵照本规定执行。

第二条 消防安全工作必须遵守消防法律法规，贯彻预防为主、防消结合的方针，履行消防安全职责，保障消防安全。

第三条 落实逐级消防安全责任制和岗位消防安全责任制，明确逐级和岗位消防安全职责，确定各级、各岗位消防安全责任人。

第四条 开展消防安全宣传教育培训和消防演练，强化学工人员的消防安全意识，提高检查消除火灾隐患、扑救初起火灾、组织疏散逃生、消防宣传教育的能力。

第五条 依法履行保护消防设施、预防火灾、报告火警和扑救初起火灾等维护消防安全的义务。

第六条 中央党校防火安全委员会依法履行对全校消防安全工作的管理职责，检查、监督和指导全校各单位开展消防安全工作，督促建立健全并落实消防安全责任制和消防安全管理制度。

第二章 消防安全责任

第七条 党校消防安全工作实行防火责任制。由一名校级领导担任防火负责人，与校消防重点单位负责人组成校防火安全委员会（以下简称校防火委，办公室设在保卫处并配备专职干部），全面负责党校的消防安全工作，履行下列消防安全职责：

（一）贯彻落实消防法律法规，审核校消防安全责任制、年度工作计划、经费预算及消防安全管理制度，并报校消防安全负责人批准实施；

（二）定期召开校消防安全工作会议，并与校各单位负责人签订消防安全责任书；

（三）组织实施消防安全检查和火灾隐患的整改；

（四）督促落实消防设施、器材的维护、维修及检测，确保其完好有效，确保疏散通道、安全出口、消防车通道畅通；

（五）组织管理义务消防队等消防组织；

（六）组织开展学工人员消防知识、技能的宣传教育和培训，组织灭火和应急疏散预案的实施和演练。

其他校领导对分管的直属单位消防安全工作负有领导、监督、检查、教育和管理职责。

第八条 党校防火委办公室是全校消防安全工作管理部门，履行下列消防安全职责：

（一）拟订校消防安全年度工作计划、经费预算，拟订校消防安全责任制、灭火和应急疏散等消防安全管理制度；

（二）负责审批校各单位新建、扩建、改建工程的消防专项经费，以及维修、保养各类消防设施的日常项目及费用；

（三）监督检查校内各单位消防安全责任制的落实情况，做好易燃易爆危险品的储存、使用和管理的监督检查工作，审批并监督校内各单位动用明火作业；

（四）监督检查消防设施、设备器材的使用与管理，以及消防基础设施的运转情况，并定期组织检验、检测和维修；

（五）确定校消防安全重点单位（部位）并监督指导其做好消防安全工作；

（六）开展消防安全宣传教育和培训，组织消防演练，普及消防知识，提高学工人员的消防安全意识、扑救初起火灾和自救逃生技能；

（七）定期对义务消防队等消防组织进行消防知识和灭火技能培训；

（八）建立健全校消防工作档案及火灾隐患整改制度；

（九）审批新建、扩建、改建（含室内装修、用途变更）等消防建设工程，督促其依法办理消防设计审核、消防验收或备案手续；

（十）协助公安机关消防机构调查处理火灾事故，协助有关部门做好火灾事故处理及善后工作；

（十一）对在消防安全工作中成绩突出的单位和个人给予表彰奖励；对未依法履行消防安全职责、违反消防安全管理制度及擅自挪用、损坏、破坏消防器材和设施等违反消防安全管理规定且情节严重的，给予通报批评。

第九条 校各单位应履行下列消防安全职责：

（一）落实校消防安全责任制，制定本单位的消防安全制度、操作规程、灭火和应急疏散预案并组织演练；

（二）新建、扩建、改建、维修、保养各类消防设施的项目，应上报校防火委办公室同意；

（三）按规定配置消防设施、器材，设置消防安全标志，并定期组织检验、维修，确保完好有效；

（四）保障疏散通道、安全出口、消防车通道畅通，保证防火防烟、防火间距符合消防技术标准；

（五）组织防火检查，及时消除火灾隐患；

（六）按照规定的程序与措施及时上报并处置火灾事故；

（七）法律、法规规定的其他消防安全职责。

校各单位主要负责人是本单位消防安全责任人，全面负责本单位的消防安全工作。

第十条 校消防重点单位除应遵守第九条规定外，还应履行下列消防安全职责：

（一）确定消防安全管理人，组织实施本单位的消防安全管理工作；

（二）建立消防档案，确定消防安全重点部位，设置防火标志，实行严格管理；

（三）实行每日防火巡查，并建立巡查记录；

（四）对员工进行岗前消防安全培训，每年组织一次消防安全培训，每半年组织一次有针对性的消防演练；

（五）按照检测规范，对建筑消防设施每年至少进行一次全面检测，确保完好有效；不具备检测条件的应由校防火委办公室委托具备相应资质的检测机构进行检测；检测记录应当完整准确，存档备查；

（六）按照消防技术标准和管理规定，对电器设备、燃气用具及其线路管路进行检测；具体使用单位（部门）负责日常管理使用、维护保养；各项记录应当完整准确，存档备查。

第三章 消防安全管理

第十一条 下列单位（部位）列为校消防安全重点单位（部位）：

（一）校重点单位包括：

研究生院、图书馆、财务行政管理局、干部教育学院、后勤服务部、信息中心、出版社。

（二）校重点部位包括：

办公主楼、学员楼、礼堂、综合楼、体育馆、研究生公寓、校史馆、办公厅机要档案处、办公厅文印中心、教务部教材库、组织部档案室、财务部家具库、校园网机房、配电室、锅炉房、食堂、地下车库、临时工公寓、升平署、南院1至8号院、学员超市、书店。

其他易发生火灾、一旦发生火灾可能严重危及人身和财产安全的单位（部位）。

第十二条 在校内举办文艺、体育、大型展览等活动，主办单位须向校防火委办公室申请安全许可，制定灭火和应急疏散预案并组织演练，确定专人负责消防安全工作，以保持消防设施和器材配置齐全、完好有效，保证疏散通道、安全出口、疏散指示标志、应急照明和消防车通道符合消防技术标准和管理规定。

第十三条 驻校施工单位负责施工现场的消防安全，并接受校防火委办公室的监督、检查。竣工后，校内工程主管单位应将建筑工程有关消防设施的图纸、资料、文件等存档，以备消防主管部门检查。

第十四条 易燃易爆危险品的管理和使用，要严格落实国家相关的法律法规。按照“谁主管、谁负责”、“谁使用、谁负责”、“谁施工、谁负责”的原则，具体使用单位（部门）负责本单位（部门）的安全管理工作，须会同地方行政管理部门执行消防技术标准和安全操作规程，定期对各类设施进行检测检验、维修保养。各项记录应当完整准确，存档备查。

管理和使用易燃易爆危险品的人员，须进行岗前培训，持证上岗。

第十五条 配电室、计算机网络机房、安防监控机房、动力保障中心等安装有燃气管道及相关设备的区域，严禁安排人员办公、居住或作为仓库使用。区域内禁止吸烟、使用明火及堆放杂物。

第十六条 人员密集场所不得用于经营、储存、生产易燃易爆危险物品，禁止违规使用大功率电器，在门窗、阳台等部位不得设置影响逃生和灭火救援的障碍物。

地下室、半地下室不得作为人员居住场所，利用地下空间开设公共活动场所，应报校防火委办公室审批备案。

第十七条 禁止在具有禁火标志的场所吸烟、擅自动用明火。确需动用明火作业的，须事先向校防火委办公室办理审批手续。作业人员应遵守消防安全规定，持证上岗并采取严密的消防安全措施。

使用安装电气设备和线路，必须严格执行有关电气安装标准，符合消防安全要求。

第十八条 校公有建筑物以出租、委托等方式交由他方管理使用的，管理使用方应履行消防安全职责。校或校属单位应当与管理使用人签订消防安全协议，监督管理使用人落实消防安全职责和措施，不得向管理使用人提出危及消防安全的要求。

第十九条 发生火灾时，应及时报警并立即启动应急预案，迅速扑救初起火灾，及时疏散人员。火灾扑灭后，应保护现场并接受事故调查，协助公安机关消防机构调查火灾原因、统计火灾损失。未经校防火委办公室和公安机关消防机构同意，任何人不得擅自清理火灾现场。

第二十条 消防重点单位应当建立健全消防档案。

消防档案应包括消防安全基本情况和消防安全管理情况。消防档案应当翔实，并根据情况变化及时更新。

第二十一条 消防控制室必须按规定

配备专职值班人员，持证上岗。消防控制室不得挪作他用。

第四章 消防安全检查和整改

第二十二条 校防火委每季度对各单位进行一次消防安全检查；各单位应开展经常性的防火检查。检查的内容包括：

（一）火灾隐患整改及防范措施的落实情况；

（二）安全疏散通道、疏散指示标志、应急照明和安全出口情况；

（三）消防车通道、消防水源情况；

（四）灭火器材配置及有效情况；

（五）用火、用电有无违章情况；

（六）重点工种人员以及其他员工消防知识掌握情况；

（七）消防安全重点单位（部位）的管理情况；

（八）易燃易爆危险物品的防火防爆措施落实情况以及其他重要物资防火安全情况；

（九）消防值班情况和设施运行、记录情况；

（十）防火巡查情况；

（十一）其他需要检查的内容。

第二十三条 校消防安全重点单位（部位）应进行每日防火巡查，并确定巡查的人员、部位和频次；其他单位定期安排专人组织防火巡查。巡查内容包括：

（一）用火、用电有无违规情况；

（二）安全出口、疏散通道是否畅通，安全疏散指示标志、应急照明是否完好；

（三）消防设施、器材和消防安全标志是否在位、完整；

（四）常闭式防火门是否处于关闭状态，防火卷帘下是否堆放物品影响使用；

（五）消防安全重点部位的人员在岗情况；

（六）易燃易爆危险物品管理和使用场所有无违章情况；

（七）其他消防安全情况。

第二十四条 消防安全检查应填写检查记录，检查人员、被检查单位负责人应在检查记录上签名，对检查中发现的火灾隐患应及时填发《火灾隐患整改通知书》。

第二十五条 校防火委办公室对公安机关消防机构检查发现的各类火灾隐患，应及时予以核查、消除；对责令限期改正的火灾隐患，责成隐患单位在规定的期限内改正。

第二十六条 各单位对不能及时消除的火灾隐患，隐患单位应采取有效措施加以防范，并制定整改计划，确保不发生安全事故。火灾隐患整改完毕，隐患单位将整改情况报校防火委确认后存档备查。

第五章 消防安全宣传教育和培训

第二十七条 各单位应通过多种形式开展经常性的消防安全宣传教育。消防安全重点单位对所属人员应每年进行一次消防安全培训。学员部、研究生院学员（生）入学教育内容应含消防安全知识。主要内容包括：

（一）消防法律法规、安全制度和保障消防安全的操作规程；

（二）本单位（岗位）的火灾危险性和防火措施；

（三）消防设施的性能、灭火器材的使用方法；

（四）报告火警、扑救初起火灾以及

自救逃生的知识和技能。

第二十八条 下列人员应接受消防安全专门培训：

（一）各单位的消防安全责任人及安全管理人；

（二）防火重点部位的管理人员；

（三）消防控制室的值班人员；

（四）每年度新招录、新上岗和进入新岗位的学工人员；

（五）其他依照规定应当接受消防安全培训的人员。

第二十九条 校消防安全重点单位应制定灭火和应急疏散预案，其主要内容包括：设立指挥协调组、灭火行动组、通讯联络组、疏散引导组、防护救护组等组织机构，并明确相应的工作职责、程序和措施。

第六章 消防经费

第三十条 消防经费应纳入校年度经费预算，以保障消防安全工作的需要。年度消防经费预算由校防火委按照校预算规定程序申报，批准后执行。

第三十一条 日常消防经费用于校内灭火器材的配置、维修、更新，以及消防宣传教育、培训、表彰等。

第三十二条 对用于解决火灾隐患，维修、检测、改造消防专用给水管网、消防专用供水系统、灭火系统、自动报警系统、防排烟系统、消防通讯系统、消防监控系统等消防设施的专项经费，按照校预算规定程序申报，批准后执行。

第三十三条 消防经费使用坚持专款专用、统筹兼顾、确保重点、勤俭节约的原则。任何单位和个人不得挤占、挪用消防经费。

第七章 奖 惩

第三十四条 依据国家相关法律法规，驻校内物业公司、经营性单位如违反本规定，有下列行为之一的，由校防火委办公室通知校财务部门，对物业公司扣除5000元以上50000元以下的物业管理费用；对经营性单位扣除2000元以上50000元以下安全保证金。触犯国家法律法规并造成后果的，移送公安消防机构依法处理。

（一）消防设施、器材或者消防安全标志的配置、设置不符合国家标准、行业标准，或未保持完好有效的；

（二）电器产品、燃气用具的安装、使用及其线路、管路的设计、敷设、维护保养、检测不符合消防技术标准和管理规定的；

（三）消防设施管理、值班人员和防火巡查人员未在岗位的；

（四）损坏、挪用或者擅自拆除、停用消防设施、器材的；

（五）占用、堵塞、封闭疏散通道、安全出口或者有其他妨碍安全疏散行为的；

（六）埋压、圈占、遮挡消火栓或者占用防火间距的；

（七）占用、堵塞、封闭消防车通道，妨碍消防车通行的；

（八）人员密集场所在门窗上设置影响逃生和灭火救援障碍物的；

（九）存在火灾隐患经校防火委通知后不及时采取措施消除的；

个人有上述第二、三、四、五、六项行为之一的，处以通报、警告或者500元以下罚款。

第三十五条 依据国家相关法律法规，

在校内施工的单位如违反本规定，有下列行为之一的，责令改正或者停止施工，由校防火委办公室通知校财务部门，并扣除10000元以上100000元以下工程质量保证金。触犯国家法律法规并造成后果的，移送公安消防机构依法处理。

（一）未经校防火委办公室和公安机关消防机构进行消防设计审核、消防验收和备案抽查，擅自施工和投入使用的；擅自改变消防设计，降低消防安全标准、施工质量的；

（二）在开工前未将施工组织设计、施工现场消防安全措施和保卫方案向校防火委办公室备案的；

（三）施工暂设和安全网、围网、施工保温材料不符合消防安全规范或者使用易燃、可燃材料的；

（四）在建设工程内设置宿舍的；

（五）未设置临时消防车通道或在临时消防车通道上堆物、堆料等挤占临时消防车通道的；

（六）未按消防安全管理规定配置消防器材或设置临时消防给水系统的，或违章存放、保管、使用施工材料的；

（七）使用不符合产品质量标准的临时用电设备和电线的。

第三十六条 违反本规定，有下列行为之一，移送公安机关依法处理。

（一）指使或强令他人违反消防安全规定，冒险作业的；违反规定使用明火的；

（二）过失引起火灾的；

（三）违反消防安全规定，进入管理和使用易燃易爆危险品场所，造成安全事故的；

（四）违反规定使用明火作业或者在具有火灾、爆炸危险场所吸烟、使用明火的；

（五）人员密集场所发生火灾，该场所的现场工作人员不履行组织、引导在场人员疏散的义务的；

（六）火灾发生后阻拦报警，或负有报告职责的人员不及时报警的；

（七）扰乱火灾现场秩序，或拒不执行火灾现场指挥员指挥，影响灭火救援的；

（八）故意破坏或伪造火灾现场的；

（九）私自拆封或使用被校防火委办公室、公安机关消防机构查封的场所、部位的。

第三十七条 对未依法履行消防安全职责、违反消防安全管理制度的单位，将责令其整改，并通报批评；对直接负责的主管人和责任人，视情节轻重，给予警告、停职检查等行政处罚。

第三十八条 对违反消防安全管理规定发生火灾事故的，除依据消防法、北京市消防条例规定进行处罚外，取消其单位和主要负责人年度评优评先资格，视情节轻重，对有关主管人员和责任人予以党纪政纪处分；触犯刑法的，移送公安机关处理。

第三十九条 消防安全工作应纳入年度评优评先考核内容，对在消防安全工作中成绩突出的单位、部门（班组）和个人给予表彰奖励。

第四十条 本规定由校防火安全委员会办公室负责解释。

第四十一条 本规定自公布之日起施行。《关于中央党校消防安全工作的若干规定及奖惩办法（修订）》（中校厅〔1994〕42号）自行废止。

（办公厅供稿）

安全保卫保密工作会议

9月25日，中央党校召开全校安全保卫保密工作会议。副校长陈宝生出席会议并讲话。校委委员、科研部主任梁言顺出席会议。国家保密局副局长戴应军应邀出席并作了题为《做好信息化条件下保密工作》的专题报告。

戴应军介绍了当前我国保密工作面临的严峻形势，并结合中央党校保密工作实际通报了有关情况，提出了加强保密管理的措施和意见。

校委对这次会议高度重视，常务副校长李景田专门作了批示，提出明确要求。会上，陈宝生结合当前形势，从中央党校的地位和性质出发，认真分析了学校近年来安全保卫保密工作取得的成绩和存在的问题，要求全校教职工要立足于中央党校"一流学府"建设，紧贴实际，从严治密，不断加强组织性、纪律性，开创安全保卫保密工作的新局面。

办公厅副主任、校保密委常务副主任段宝平主持会议。全校教职工近1000人参加会议。会后，各直属单位分管安全保卫保密工作的负责人和协管员共计50余人参了校安全保卫保密工作培训班。

（摘自《党校信息》2012年第14期，办公厅供稿）

消防安全知识竞赛

11月7日，中央党校举办"中央党校2012年消防安全知识竞赛"。副校长、校机关党委书记徐伟新，校委委员、培训部主任罗宗毅观看比赛，并为获奖参赛队颁奖。

本次知识竞赛旨在提高全校教职工消防安全意识，在党的十八大召开之际，营造校内良好的安全环境，也是围绕"119消防宣传日"举办的系列活动之一。竞赛由研究生院、图书馆、财务行政管理局、出版社、干部教育学院、机关服务局和信息中心共7家防火重点单位组成的8支队伍参加。

出版社社长田国良，办公厅副主任、校防火委常务副主任段宝平，教务部副主任冯鹏志，进修部副主任赵凤珍，图书馆副馆长张瑞红，组织部副部长张进勇，财务行政管理局副局长卢平，信息中心副主任张海光出席并观看比赛。校各直属单位教职工300余人观看比赛。

（摘自《党校信息》2012年第19期，办公厅供稿）

2011年消防安全工作先进单位和个人名单

2011年中央党校的消防安全工作，以强化学工人员的消防安全意识为中心，以抓基层、抓基础为抓手，不断落实单位“四个能力”建设要求，通过强化安全目标责任制管理和各类主题活动，进一步增强学工人员的消防安全意识，提高火灾预防和逃生自救能力，有效防止了各类重、特大火灾事故的发生，保障了我校教学科研等各项工作的顺利进行。综合各单位日常消防安全工作的开展情况，经校防火委研究，决定对消防安全工作8个先进单位、30名先进个人，给予通报表彰。

希望受表彰的单位和个人要再接再厉，全校各单位和广大学工人员要以先进为榜样，认真学习实践科学发展观，不断提高消防安全管理的科学化、规范化、制度化水平，为建设“一流学府”创造良好的消防安全环境。

附：

消防安全工作先进单位及个人名单

一、先进单位

教务部、研究生院、图书馆、财务部、干部教育学院、出版社、办公厅综合处、后勤服务部交通服务中心。

二、先进个人

序号	单　　位	姓　名	序号	单　　位	姓　名
1	办公厅	邵五洲	16	研究生院	杨　靖
2	教务部	李　笺	17	图书馆	苏本英
3	科研部	王兆勤	18	组织部	校月书
4	马克思主义理论教研部	吕晓峰	19	财务行政管理局	庄仁山
5	哲学教研部	冯桂兰	20	财务部	冯济平
6	经济学教研部	鲍永升	21	机关党委	王庆俐
7	科学社会主义教研部	李　玉	22	离退休干部局	姚　巍
8	政法教研部	刘武萍	23	报刊社	王鸣放
9	中共党史教研部	张音梅	24	干部教育学院	石　等

续 表

序号	单 位	姓 名	序号	单 位	姓 名
10	党的建设教研部	陈其光	25	后勤服务部	袁少敏
11	文史教研部	孟庆君	26	信息中心	高立民
12	国际战略研究所	程福生	27	出版社	牛书梅
13	研究室	韩秀莉	28	机要档案处	宋国斌
14	进修部	郝全洪	29	组织部档案室	邱 琳
15	培训部	李永刚	30	后勤服务部交通服务中心	袁建平

（摘自中校厅字〔2012〕8 号文件，办公厅供稿）

对外交流与合作

编辑：闫景明

概　况

2012年，外事工作坚持“服务党和国家总体外交，服务党校一流学府和思想库建设”的理念，对外交往交流更加活跃，数量、规模稳步增加，质量、影响明显提高，服务、管理显著提升，外事工作又上一个新台阶。

【开展党的对外信息传播工程】 围绕党的对外信息传播工程年度工作要点，以迎接党的十八大、学习宣传贯彻十八大精神和全面展示十六大，特别是十七大以来党的建设新探索、新成就为主要内容，立足党校职能，发挥党校优势，坚持把开展对外信息传播工程贯穿于全校外事工作的各个方面和各个环节，推动全校对外信息传播工作进一步取得积极成效。

11月9日，常务副校长李景田出席党的十八大新闻中心举办的首场集体采访。

11月14日，常务副校长李景田就十八大通过的《党章（修正案）》接受中央电视台《焦点访谈》栏目采访。

10月23日，副校长陈宝生做客人民网·中国共产党新闻网，接受“迎接党的十八大高端系列访谈”节目的采访，并与网友在线交流。

11月20日至12月1日，副校长陈宝生率中共友好代表团赴韩国、澳大利亚、新加坡、泰国访问，宣介交流中国共产党第十八次全国代表大会精神。

原副校长李君如率团赴印度、斯里兰卡，宣介交流中国共产党第十八次全国代表大会精神。

校委委员、培训部主任罗宗毅接受台湾媒体采访。

校委委员赵长茂、王东京等参加中国

网络电视台“十八大新视角主题研讨会”系列活动。

党的建设教研部主任王长江率团赴美国宣介中国共产党第十八次全国代表大会精神。

国际战略研究所所长韩保江率团赴英国宣介中国共产党第十八次全国代表大会精神。

【出访工作】 共选派87个团组、503人次出访。出访团组在外期间积极走访相关政府部门、著名大学、知名智库、跨国企业、国际组织和新闻媒体等机构，举办100多场不同主题、规模的研讨、座谈等学术交流活动，与国外政治、经济、学术界人士广泛接触，收到良好效果。

常务副校长李景田率团出访美国、澳大利亚、新加坡。

常务副校长李景田率团出访越南、老挝。

副校长李书磊率“公共政策与治理”培训班赴美访问。

副校长张伯里率团访问巴西、墨西哥。

副校长徐伟新率团访问意大利、德国。

教育长贾高建赴比利时出席第三届中欧政党高层论坛。

教育长贾高建率团访问法国、俄罗斯。

中央党校学员代表团访问韩国、新加坡。

选派专家学者代表团出国访问。此外，还选派多名专家学者参加由中央对外联络部、中央宣传部、国家新闻出版广电总局等单位组织的出访团组，执行有关出访宣介任务。

【来访工作】 中央党校共接待外国政要、知名学者以及研究机构和跨国公司负责人等各类来访代表团140多个，总计1000多人次。由校领导出席的外事活动52场。

3月31日，意大利总理马里奥·蒙蒂一行来校访问。

4月18日，泰国总理英拉·钦那瓦一行来校访问。

9月6日，新加坡总理李显龙一行来校访问。

其他外国副总理、部长级的政要及著名智库、知名大学、跨国企业负责人等重要来访团组约50个。

【对台交往交流工作】 11月，应“中国国民党国家发展研究院”邀请，中央党校代表团成功访问台湾，建立了深化两党交往交流的新渠道。12月，应该院邀请，原教育长郝时晋率中央党校代表团访问台湾，出席双方联合主办的主题为“国共合作：回顾与前瞻”学术研讨会。此访进一步巩固、深化了中央党校与中国国民党国家发展研究院的交流合作，得到了中央对台工作办公室的大力支持和充分肯定。

【开辟对外交往交流新渠道】 截至2012年底，中央党校已与40多个国（境）外的政府部门及知名大学、著名智库、跨国企业等建立了长期、稳定的学术交流合作关系。正式签署合作协议和备忘录35个。其中，与美国战略复兴学会、英国渣打银行、加拿大泰克资源公司、西班牙桑坦德银行、日本财务省财务综合政策研究所、日本住友化学株式会社、德国戴姆勒股份公司及国家留学基金委等机构新签署合作协议和备忘录8个，与意大利高等经济金融学校、日本政策研究大学院续签合作协议2个。

【服务党校学科建设、思想库建设】中央党校在国内外，与国际合作伙伴一起联合主办报告会、研讨会、座谈会等学术交流活动150多场。

3月13日至14日，由中央党校和英国威尔顿庄园国际会议组织主办，英国驻华大使馆协办“世界经济新秩序下的繁荣”国际学术研讨会。

3月16日，中央党校与德国赛德尔基金会合作举办“中国与德国的人口变化——对社会的挑战及其应对措施”国际学术研讨会。

8月7日至9日，由中央党校与意大利阿斯平研究所和美国阿斯平研究所联合主办“2012中欧美学术论坛”。

10月16日，中央党校与西班牙对外贸易发展局、西班牙驻华使馆联合举办第十一届中西发展论坛。

还与外方联合举办了“中德发展道路比较”、“美国总统大选与比较政治体制”、“中德社会结构变化及对国家发展模式的影响”等多场专题学术研讨会，得到了外方积极回应，收到很好的宣传效果。

（办公厅外事办公室供稿人：李德伟）

外宾来访

重要外宾来访

2月27日，美国凯悦基金会主席托马斯·普利兹克一行来校访问，拜会常务副校长李景田，就共同关心的问题进行交流。

3月9日，法国巴黎HEC商学院院长韩马南索一行来校访问，拜会副校长陈宝生。双方就当前世界经济形势、中法关系及双边合作等议题进行交流。

3月20日，经济学教研部邀请壳牌全球首席执行官傅赛来校访问，与该部教师及第51期省部级干部进修班进行学术交流，主题为：全球能源形势及展望。

3月31日，意大利共和国总理马里奥·蒙蒂来校访问，并以“转变中的意大利、欧洲和中国：全球挑战和机遇”为题发表演讲。常务副校长李景田会见来宾并主持演讲。

4月10日，巴基斯坦国防大学校长法鲁克中将一行来校访问。常务副校长李景田会见法鲁克中将一行。校委委员、办公厅主任罗宗毅出席，办公厅副主任张忠军、办公厅外事办主任李德伟、国际战略所研究员秦治来参加会见。由该校高级教官劳尔准将率领的学员代表团来校以“中国共产党的领导与中国的改革开放”为题与中央党校党的建设教研部教授蔡霞、副教授蔡志强座谈。

4月17日，应中央对外联络部安排，由古巴共产党书记处书记维克托·高特率领的古巴共产党代表团一行来校访问。常务副校长李景田会见维克托·高特一行并与来宾座谈。科学社会主义教研部主任王怀超、办公厅副主任张忠军、办公厅外事办主任李德伟参加活动。

4月18日，应温家宝总理邀请，泰国总理英拉·钦那瓦于4月17日至19日访华。4月18日，英拉总理来校访问，并以“泰中战略合作伙伴关系全面发展的方向”为题发表演讲。常务副校长李景田会见来宾并主持演讲。

4月24日，应中国国际问题研究所邀请，美国东西方研究所代表团来华访问。期间，于4月24日上午来校访问，拜会李景田常务副校长，就“影响中美外交政策的内政因素”等议题进行座谈。

5月21日，应中央对外联络部安排，以总书记吴泰乌为团长的缅甸联邦巩固与发展党代表团一行来校访问。校委委员、培训部主任罗宗毅会见吴泰乌一行并与来宾座谈，办公厅副主任张忠军、办公厅外事办主任李德伟参加。

5月22日，意大利国际米兰俱乐部主席马西莫·莫拉蒂来校拜会常务副校长李景田。

5月28日，应瑞典驻华使馆安排，瑞典企业部部长安妮·吕芙女士来校访问，以“变革世界的青年领袖”为题发表演讲，与中央党校培训部部分学员交流。副校长徐伟新会见来宾并主持演讲座谈活动。

6月12日，比利时瓦隆州州长兼法语区政府主席卢迪·德蒙特来校访问，并以“社会党在欧洲发展状况”为题与学者座谈交流。教育长贾高建会见来宾。党的建设教研部主任王长江主持座谈交流。

6月14日，新加坡新任驻华大使罗家良一行来校访问。常务副校长李景田会见来宾。办公厅副主任张忠军、办公厅外事办主任李德伟参加会见。

7月2日，澳大利亚驻华大使孙芳安来校访问，拜会常务副校长李景田，就该国副总理来访等事宜交换意见。

7月2日，应中国国际贸易促进委员会邀请，以日本关西经济联合会会长森详介、大阪商工会议所会头佐藤茂雄为共同团长的日本关西财界访华团一行40人来华访问，期间，于7月2日下午来校访问，常务副校长李景田会见来宾。

7月12日，应澳大利亚驻华使馆安排，澳大利亚副总理兼国库部部长韦恩·斯旺来校访问，以“澳大利亚与亚太地区”为题发表演讲。常务副校长李景田会见来宾，校委委员、培训部主任罗宗毅主持演讲活动。

9月6日，应温家宝总理邀请，新加坡总理李显龙于9月2日至7日访华。期间，于9月6日来校访问，并以“中国与世界，互荣共进”为题发表演讲。常务副校长李景田会见来宾并主持演讲。

10月9日，应中央对外联络部安排，以负责政治事务的主席助理、外事委员会主席里德·贾瓦德·塔基（Redha Jawad Taki）为团长的伊拉克伊斯兰最高委员会代表团一行来校访问。校委委员、进修部主任黄宪起会见。

10 月 26 日，马来西亚华人公会副总会长兼干训局主任、马青年及体育部副部长严炳寿一行来校访问。校委委员、培训部主任罗宗毅会见来宾。

11 月 6 日，应中央对外联络部安排，以党主席、前劳动和就业部长卡洛斯·卢皮为团长的巴西民主工党干部考察团一行来校访问。副校长徐伟新会见代表团并介绍中央党校干部培训有关情况。

11 月 12 日，美国常青实业公司总裁仇非带领美国有关企业家一行来校访问。校委委员、进修部主任黄宪起会见代表团。

11 月 27 日，应意大利驻华使馆安排，意大利经济发展部长科拉多·帕塞拉来校访问，并以“意大利和欧洲的经济形势及其面临的挑战”为题发表演讲。副校长李书磊会见来宾并主持演讲，经济学教研部部分学者及进修部、培训部部分学员参加。

12 月 4 日，应中央对外宣传办公室二局安排，以德国联邦政府新闻和信息局副局长英格鲍格·路德维克斯博士为团长的德国媒体考察团来校访问。研究室主任冯秋婷为代表团介绍中国共产党第十八次全国代表大会有关内容。

12 月 18 日，以莫斯科国际关系学院副院长波德别廖兹金·阿·伊（Podberezkin Alexey）为团长的莫斯科国际关系学院代表团一行来校访问，教育长贾高建会见客人，并介绍中国共产党第十八次全国代表大会有关内容。

12 月 24 日，应中央对外联络部安排，以贾马勒·苏维迪主任为团长的阿联酋战略研究中心代表团来校访问，了解中央党校在向中央提供决策咨询及培养中高级领导干部方面的做法和经验。校委委员、组织部长赵长茂会见代表团一行并主持座谈交流。

（办公厅外事办公室供稿人：郑　红）

出 访 活 动

主 要 出 访 活 动

2 月 13 日至 3 月 12 日，按中国教育国际交流协会来函要求，中央党校组织部选派经济学教研部教授施红赴新加坡参加“中国—新加坡中高级领导者能力建设项目”。

2 月 14 日至 21 日，应美国阿斯平研究所国会项目执行主任丹·格里克曼邀请，国际战略研究所教授门洪华赴美国参加

"中国经济发展与贸易增长对美国经济影响"的国会研讨会。

2 月 21 日至 25 日，应法国电力集团邀请，哲学教研部教授靳凤林赴法国巴黎参加"欧洲企业伦理论坛"第九届年会，并以中国企业伦理及企业社会责任在经济全球化背景下的发展趋势等议题发言。

3 月 11 日至 20 日，应加拿大西蒙·弗雷瑟大学邀请，中共党史教研部王海光教授赴加拿大学术交流，期间参加亚洲研究学会（AAS）年会，并就"20 世纪中期的中国边疆问题"作主题发言。

3 月 11 日至 22 日，应美国全球学术出版社和纽约州立大学旧伯雷分校的邀请，马克思主义研究基金会周炳成赴美国参加"全球化的挑战：中国，西方和世界"论坛。

3 月 12 日至 26 日，根据中央党校与意大利高等经济金融学校的合作协议，机关党委副书记沈黎萍率团一行 20 人赴意大利培训考察（第一批）。

3 月 13 日至 25 日，国际战略研究所副所长刘建飞应英国驻华使馆的邀请，赴英国访问，围绕中英关系问题与英方的专家学者进行访谈。

3 月 18 日至 28 日，应国务院发展研究中心邀请，科学社会主义教研部教授胡岩随团赴巴拿马、哥伦比亚参加由科学与应用基金会主办的以"宗教与社会和经济发展"为主题的国际研讨会，并就西藏问题在研讨会上发言。

3 月 19 日至 22 日，应日本尚味大学邀请，政法教研部教授赵虎吉赴日本参加"东北亚共同体的可能性"学术研讨会，并在会议上以"东北亚地区冲突的基本特征及合作的可能性"为题发言。

3 月 21 日至 30 日，应中央对外联络部安排，常务副校长李景田率中共代表团赴越南、老挝访问。

4 月 2 日至 9 日，应巴基斯坦国防大学校长法如克将军邀请，国际战略研究所副所长刘建飞率团赴巴基斯坦参加"战略环境及其对地区安全与经济发展影响"研讨会。

4 月 14 日至 21 日，应中国外文出版发行事业局邀请，中共党史教研部副主任谢春涛赴英国参加英国伦敦书展业务访问。

4 月 23 日至 25 日，应日本庆应义塾大学邀请，政法教研部教授赵虎吉赴日本参加"东北亚的新时期与日中韩合作"国际学术会议，并在会上以"东北亚地区冲突的基本特征及合作的可能性"为题发言。

5 月 4 日至 12 日，应美国克莱蒙大学中美后现代研究所邀请，哲学教研部教授庞元正和赵建军赴美国参加在洛杉矶和华盛顿举办的"全球视野中绿色发展与创新"国际学术论坛，并在会上发言。

5 月 6 日至 11 日，应中国市长协会的邀请，科学社会主义教研部教授向春玲参加在新加坡举办的市长培训班。

5 月 6 日至 10 日，应澳门亚洲战略管理研究院与香港经纶国际经济研究院邀请，国际战略研究所所长宫力率团一行 7 人赴澳门就"澳门经济发展思路新探索"课题进行调研，并于 5 月 10 日至 12 日赴香港参加"世界经济走势与中国转变发展方式"学术研讨会。

5 月 6 日至 14 日，根据中央党校与德国赛德尔基金会合作项目年度安排，文史教研部主任赵伯英率团一行 8 人赴德国访问，主题为“欧债危机与欧洲的未来”。

5月7日至21日，根据中央党校与意大利高等经济金融学校合作协议，培训部副主任王炳率团一行20人赴意大利培训考察（第二批）。

5月10日至20日，应清华大学公共管理学院邀请，国际战略研究所教授马小军随清华大学“城市化过程中环境政策实践研究——日本的经验教训对中国的影响与借鉴”课题组赴日本开展学术调研。

5月17日至27日，应西班牙桑坦德银行的邀请，副校长张伯里率团一行6人赴巴西、墨西哥进行访问，主要考察巴西、墨西哥经济社会发展情况，探讨中国经济社会发展如何逾越“拉美陷阱”的具体政策建议。

5月18日至27日，应英国渣打银行和瑞典斯德哥尔摩和平研究所邀请，副校长陈宝生率团一行6人赴英国、瑞典进行访问，主要考察欧债危机后的英国和瑞典发展情况。

5月18日至6月2日，按照中央党校与西班牙对外贸易发展局合作项目年度工作计划安排，哲学教研部教授李晓兵率专家学者代表团一行12人赴西班牙进行访问，主要考察西班牙经济社会发展情况。

5月19日至6月11日，按国务院法制办来函要求，组织部选派政法部张勇随团赴美国参加2012年国际出庭学会，考察美国司法体系及法律制度。

5月20日至6月9日，应中央直属机关工委邀请，机关党委赵永红随团赴美国参加“管理创新与科学决策”培训。

5月25日至6月4日，第三届中欧政党高层论坛于5月29日至30日在布鲁塞尔举办，主题为：构建中欧利益共同体视野下的中欧合作。中央对外联络部部长王家瑞率中共代表团出席论坛。校委委员、哲学教研部主任贾高建应邀出席论坛开幕式并在“政党在社会建设进程中的引领作用”议题作主旨发言。6月1日至2日赴布达佩斯出席欧洲社会党研讨会，主题为“政党在社会发展进程中的引领作用”。

5月27日至6月2日，按照中央党校与西班牙对外贸易发展局合作项目年度工作计划安排，马克思主义理论教研部主任周为民教授率专家学者一行5人赴西班牙出席第10届中西发展论坛，主题为“后危机时代的金融措施”。

6月4日至18日，根据中央党校与意大利高等经济金融学校的合作协议，机关服务局副局长张素峰率团一行20人赴意大利培训考察（第三批）。

6月6日至12日，中央对外联络部邀请副校长陈宝生参加由中央政治局委员、中央宣传部部长刘云山同志率领的中共代表团赴越南进行友好访问。

6月16日至26日，应美国伍德罗·威尔逊国际学者中心邀请，中共党史教研部张静赴意大利罗马参加“核扩散国际史项目”夏季研讨会，并作题为“追逐蘑菇云：中国的核战略解读”的发言。

6月24日至29日，应英国斯特拉思克莱德大学邀请，科学社会主义教研部主任王怀超率团一行6人赴英国访问。此访探讨参与该校城市规划研究项目的可能性，同时商讨两校未来开展学术交流合作有关事宜。

6月27日至7月11日，应全国人大常委会办公厅邀请，原常务副校长虞云耀随团赴美国、多米尼克、格林纳达访问。

7月8日至16日，应以色列“中以学术交流促进会”邀请，国际战略研究所所长宫力率团一行赴以色列进行学术交流并探讨双方未来合作事宜。

7月18日至21日，应韩国高等教育财团邀请，干部教育学院副院长刘宝东赴韩国首尔参加以“在韩国生活过的中国学者眼中的韩国”为主题的国际学术会议。

8月6日至18日，应美国阿斯平研究所、澳大利亚国立大学和新加坡公共服务学院邀请，常务副校长李景田携博鳌亚洲论坛秘书长、中美友协副会长、原驻美大使周文重，军事科学院中美防务关系研究中心主任、少将姚云竹教授，外交部部长助理乐玉成等一行8人于8月6日赴美国访问并出席中欧美论坛，而后率中央党校代表团一行6人赴澳大利亚、新加坡访问。

8月6日至9日，应美国阿斯平研究所邀请，校委委员、教务部主任王东京率团一行15人赴美国访问并出席中欧美论坛。国际战略研究所宫力、刘建飞、赵磊、办公厅外事办公室李德伟、教务部薛伟江、经济学教研部李鹏随团出访。

8月9日至17日，根据中央党校与美国英特尔公司合作项目年度计划安排，校委委员、教务部主任王东京率团赴美国访问。

8月9日至30日，应美国大使馆新闻文化处邀请，国际战略研究所副所长刘建飞赴美国参加美国国际访问者领袖计划下自愿访客项目。

8月14日至27日，应美国大使馆新闻文化处邀请，国际战略研究所梁亚滨赴美国参加美国国际访问者领袖计划下自愿访客项目。

8月15日至30日，按照中央组织部、外交部、国家外汇专卖局下发的《关于领导干部境外培训“182计划”2012年班次安排及有关办班工作的通知》（组通字〔2012〕10号），应美国耶鲁大学的邀请，副校长李书磊率2012年“182计划”公共政策与治理专题研讨班一行30人于8月15日至30日赴美国学习考察。

9月10日至24日，根据中央党校与意大利高等经济金融学校合作协议，中共党史教研部副主任曹普率团一行20人赴意大利培训考察（第四批）。

9月13日至19日，应全国政协社会和法制委员会办公室邀请，原副校长李君如随团赴台湾就养老事业和老龄产业进行考察。

9月14日至25日，中央宣传部邀请中共党史教研部教授陈述参加马克思主义理论研究和建设工程考察团，赴法国、西班牙访问，考察主题为从国际金融危机的影响看中国特色社会主义道路。

9月15日至11月14日，根据中央党校与美国乔治城大学合作备忘录安排及组织部建议，政法教研部教授刘启云和党的建设教研部教授祝灵君赴美国乔治城大学访学，就“美国政党及美国总统大选”课题进行访问研究。

9月17日至29日，应中央组织部安排，原常务副校长虞云耀率团赴俄罗斯、保加利亚、罗马尼亚访问，科研部吴泽群参团出访。

9月17日至12月17日，按照中央党校与德国赛德尔基金会合作项目年度计划的安排，科学社会主义教研部武晓超、文史教研部林雅华赴德国进行为期 3 个月的研究和进修。

9 月 18 日至 27 日，应意大利高等经济金融学校和德国大西洋之桥协会的邀请，徐伟新教育长率团一行 6 人赴意大利、德国进行访问，主要考察欧债危机后意、德两国经济社会发展情况。

9 月 23 日至 30 日，根据中央党校与德国艾伯特基金会合作项目年度计划，科学社会主义教研部副主任刘海涛率团一行 8 人赴德国访问，主题为“中德发展道路比较”。

9 月 25 日至 30 日，应德国卢森堡基金会邀请，科学社会主义教研部教授孙劲松赴德国勃兰登堡州波茨坦出席学术研讨会，主题为“中德建交以来德国对中国的政策走向”，并在会议上以“德国对华政策中的意识形态因素”为题进行发言。

10 月 5 日至 20 日，应澳大利亚莫奈什大学中国研究中心邀请，中共党史教研部教授韩钢赴澳大利亚访学。

10 月 8 日至 22 日，根据中央党校与意大利高等经济金融学校的合作协议，报刊社副总编辑卓泽渊率团赴意大利培训考察。

10 月 14 日至 16 日，应日本朝日新闻社邀请，国际战略研究所教授马小军、梁亚滨赴日本参加“朝日地球环境论坛 2012”会议。

10 月 21 日至 28 日，根据中央党校与英国培生集团合作协议，校委委员、组织部长赵长茂率团一行 6 人赴英国访问，出访主题为“新媒体与领导力”。

10 月 27 日至 29 日，应美国电气与电子工程师学会（IEEE）邀请，哲学教研部胡明艳赴新加坡参加由该学会举办的“科技与社会在亚洲”会议暨 IEEE 亚洲分会 2012 年会，并在会上介绍中国纳米技术发展的治理现状及其趋势。

10 月 29 日至 11 月 5 日，应加拿大泰克资源有限公司邀请，研究生院院长韩庆祥率团一行 9 人赴加拿大访问，考察加拿大资源开发与可持续发展问题。

10 月 31 日至 11 月 9 日，应韩国三星电子株式会社邀请，中央组织部巡视专员高选民（副部）率培训部中青年干部培训二班学员一行 75 人赴韩国考察。

10 月 31 日至 11 月 9 日，根据《中华人民共和国外交部与新加坡共和国外交部关于中新两国中、高级官员交流培训项目的框架协议》，校委委员、进修部主任黄宪起率培训部中青年干部培训二班学员一行 59 人赴新加坡考察。

11 月 4 日至 11 日，根据中央党校与美国乔治城大学的合作协议，党的建设教研部主任王长江率团一行 11 人赴美国乔治城大学访问，考察美国政党政治和总统大选。

11 月 18 日至 27 日，应法国 HEC 商学院和俄罗斯国民经济科学院暨俄罗斯联邦总统国家事务局邀请，教育长贾高建率团一行 6 人赴法国、俄罗斯进行考察访问。

11 月 20 日至 12 月 1 日，应中央对外联络部安排，副校长陈宝生率中共代表团赴韩国、澳大利亚、新加坡、泰国访问，宣讲交流中国共产党第十八次全国代表大会精神，经济学教研部副主任韩保江随团出访。

11 月 22 日至 12 月 3 日，应中央对外联络部安排，原副校长李君如率中共代表团赴印度、斯里兰卡访问，宣讲交流中国共产党第十八次全国代表大会精神。

11月25日至12月1日，应英国“更安全世界”组织（Safer World）邀请，国际战略研究所赵磊赴英国伦敦访问。

11月30日至12月4日，应中华炎黄文化研究会邀请，哲学教研部教授王杰赴澳大利亚墨尔本参加由中华炎黄文化研究会、澳大利亚拉筹伯大学和炎黄文化协会联合举办的第七届“21世纪中华文化世界论坛”，会议主题为“多元文明对话与中华文化精神”。

12月9日至19日，应中国人民外交学会邀请，科学社会主义教研部教授谢志强随团赴瑞典、英国、匈牙利宣讲中国共产党第十八次代表大会精神，重点介绍中国社会转型及其对欧洲和世界的影响等。

12月13日至19日，国际战略研究所所长韩保江率国内相关专家学者一行赴英国召开第二届中央党校——威尔顿庄园国际会议组织研讨会，主题为“走向繁荣——十八大带来的启示和机遇”。

（办公厅外事办公室供稿人：范　红）

项目合作

重要交流合作项目

1月18日，三星集团大中华区新任总裁张元基社长来校拜会常务副校长李景田。

2月15日，越共中央政治局委员、书记处书记、中组部部长苏辉若一行2月14日至20日访华期间来校访问。常务副校长李景田会见来宾，校委委员、办公厅主任罗宗毅，办公厅副主任张忠军参加会见。

2月28日、5月25日、7月10日、9月4日，韩国三星电子相关人员来校与办公厅、培训部相关负责同志进行工作会谈。

3月13日至14日，首届中央党校——威尔顿庄园国际会议组织研讨会在中央党校召开，主题为“国际经济新秩序下的繁荣”。常务副校长李景田，副校长张伯里，校委委员、办公厅主任罗宗毅出席开幕式。副校长张伯里在开幕式上致辞。教务部主任王东京、战略所所长宫力、办公厅副主任张忠军等参加有关活动。

3月17日，渣打集团首席执行总裁冼博德访问中央党校。副校长陈宝生会见来宾，并代表中央党校与对方签署合作备忘录。

3月28日，渣打集团公共事务部总裁利兹·罗伊德女士访问中央党校，与科学社会主义教研部、政法教研部部分学者及培训部部分学员座谈交流，主题为“唐宁街10号的运作”。

4月10日，西班牙桑坦德银行有限公司董事长博廷一行来校访问。副校长陈宝生会见来宾，并代表中央党校与对方签署合作协议。

4月16日，法国电力集团亚太区及法国电力集团大学邀请办公厅副主任张忠军，在法国电力集团中青年干部赴中国培训班上介绍中央党校情况。参加培训的人员主要是法国及欧洲的技术和管理干部。

4月26日，中央党校与韩国三星电子集团联合举办中国青年领导干部赴韩学习考察10周年庆典，中央政治局常委、中央书记处书记、国家副主席、中央党校校长习近平发来贺信。

4月28日，美国艾默瑞大学主管全球健康研究的副校长杰福瑞·考普兰等一行来校访问，并与中央党校参与强生控烟政策研究项目课题的成员进行座谈和交流。

5月8日，新加坡公共服务学院主席杨颖仪女士一行来校访问。常务副校长李景田会见来宾。

5月9日，副校长李书磊，党的建设教研部主任王长江参加由中央组织部和新加坡总理公署联合召开的第三届“中新领导力论坛”。新加坡副总理兼内政部长张志贤出席。

5月17日，日本经济团体联合会会长、日本住友化学株式会社社长米仓弘昌一行来校访问，代表日本住友化学株式会社与中央党校签署合作备忘录并以“面向未来，日本经济界在加快技术创新及加强中日合作关系中的重要作用”为题演讲。副校长陈宝生会见来宾并代表中央党校签署备忘录。校委委员、进修部主任黄宪起出席会见并主持演讲活动。

5月20日至27日，根据中央党校与美国乔治城大学合作备忘录安排，美国乔治城大学校长中国事务特别助理孟南水教授率代表团来华访问。期间，与中央党校共同召开“当前美国政党政治现状及美国总统大选”学术座谈会和“医疗体制改革”学术研讨会。会后，代表团赴云南省访问考察当地的医疗体制改革情况。

5月26日，国际战略研究所举办“中国社会发展与中美中英关系”研讨会。邀请美国、英国、香港以及在北京的一些美国学者与会。

6月3日至9日，根据中越两党中央党校（院）的合作备忘录，应中央党校邀请，越南胡志明国家政治行政学院工团主席皇福林为团长的代表团一行10人来华并来校访问，了解中央党校教材改革、学员管理等情况。校委委员、科研部主任梁言顺会见并宴请代表团。

6月12日，美国阿纳达科石油公司董事会主席詹姆斯·哈克特和美国得克萨斯大学教授鲍比·英曼等一行来校访问，拜会副校长张伯里，并就党校与美国得克萨斯大学、阿纳达科石油公司等机构开展学术合作交流交换意见。

6月18日，日本政策研究大学院大学校长白石隆率代表团一行来校拜会副校长陈宝生，共同签署双方学术交流合作备忘录，并出席双方共同举办的研讨会。研讨会主题为“当前日本政治、经济走向及其对中日关系的影响”。

6月19日，英国培生有限公司北京代表处首席代表高倩倩来校访问，拜会教育长贾高建，就培生集团近况及培生与中央党校合作情况等进行交流。

6月26日，美国乔治城大学校长约翰·德吉奥亚率代表团一行来校拜会常务副校长李景田，并共同续签了双方学术合作备忘录。

7月13日，巴西南大河州联邦大学校长卡洛斯·耐托一行来校访问，办公厅副主任张忠军会见来宾。

8月7日至9日，经中央批准，由中央党校与意大利阿斯平研究所、美国阿斯平研究所联合主办的2012中欧美学术论坛在美国科罗拉多州阿斯平市举行。此次论坛的主题是“全球事务变革中的国家责任”。中央党校常务副校长李景田率中方代表团出席会议并发表主旨演讲。

9月11日，应中央对外联络部邀请，以越共中央组织部干部培训司副司长阮名沐为团长的越共中央组织部干部代表团一行9月9日至15日访华，在京期间来校访问并参观。培训部副主任王炳向来宾介绍中央党校干部培训工作概况。

9月25日，率团在德国访问的副校长徐伟新代表中央党校与德国戴姆勒股份公司签署学术交流合作协议。

9月28日，渣打集团大中国区研究主管王志浩先生来校访问，与经济学教研部教授贾华强、李旭章就当前世界及中国热点经济问题进行座谈。

10月12日，中央党校与英国培生集团联合举办“中国教育体制改革创新”研讨会。教育长贾高建出席开幕式并致辞，教育部副部长郝平、刘利民，部长助理林蕙青等出席研讨会。培生集团亚太区总裁康博伦等共15人参加研讨会。

10月16日，中央党校与西班牙对外贸易发展局在校内联合举办第十一届中西发展论坛，主题为：后危机时代金融业的变革。校委委员、进修部主任黄宪起出席开幕式及相关活动。经济学教研部、国际战略研究所部分学者及研究生参加研讨会。西班牙对外贸易发展局执行副主席冈萨雷斯女士及西班牙有关政府部门官员、在华企业代表及驻华使馆官员出席。

10月24日，应中央对外联络部邀请，以劳动和社会福利部副部长贝坎·卡提亚为团长的本年度第六批老挝干部考察团一行来校访问，校委委员、科研部主任梁言顺会见并宴请考察团，教务部副主任王成志、培训部副主任王炳与考察团座谈交流。

10月30日，美国纽约大学理工分校校长杰里·霍尔廷先生和纽约大学上海分校副校长杰夫·雷蒙先生来校访问，探讨两校明年的合作内容，并就中央党校与美国战略复兴学会建立合作关系交换意见。

10月30日，国际战略研究所门洪华教授受邀到英国驻华使馆参加“志奋领”项目面谈。

10月31日，中央党校与国家留学基金管理委员会在中央党校签署《中共中央党校与国家留学基金管理委员会开展公派出国留学人才培养合作备忘录》。常务副校长李景田，副校长陈宝生、李书磊，校委委员赵长茂与到访的教育部副部长郝平、刘利民，部长助理林蕙青等共同出席签署仪式。副校长陈宝生和教育部副部长郝平作为双方代表签署备忘录。

12月5日，英国使馆负责气候变化、能源及知识经济的吴侨文（John Edwards）参赞拜访经济学教研部教授施红，就中国共产党第十八次全国代表大会关于生态文明建设的有关内容进行交流。

12月8日，中央党校与强生公司联合举办“烟草控制：国际经验与中国战略”国际学术研讨会。副校长陈宝生，校委委员、培训部主任罗宗毅出席论坛。

12月19日，美国战略复兴学会董事会主席鲍比·英曼一行来校拜会副校长张伯里，双方共同签署了学术交流合作协议。

12月20日，加拿大泰克资源有限公司总裁兼首席执行官连思来访。校委委员、组织部长赵长茂会见并宴请。

（办公厅外事办公室供稿人：郑　红）

其他交流合作

与港澳台交流合作

2月12日至19日，应台湾国立政治大学国家关系研究中心邀请，国际战略研究所教授高祖贵赴台湾参加“两岸经济合作前景与展望”研讨会及相关学术交流活动。

4月8日至13日，应台湾“爱与和平基金会”董事长邓文聪邀请，国际战略研究所教授门洪华赴台湾参加由中国社会科学院台湾研究所和“爱与和平基金会”合作主办的第二届“爱与和平论坛”，论坛主题为“创建华人新文明”。

5月10日，应中央对台工作办公室安排，国民党副主席蒋孝严来校访问，常务副校长李景田会见来宾。

7月13日至15日，应国务院台湾事务办公室邀请，国际战略研究所张仕荣博士随团赴台湾参加“台北会谈”活动。

7月20日，中国国民党“国家发展研究院”院长兼大陆事务部主任高辉来校访问。校委委员、进修部主任黄宪起会见来宾，就双方交流事宜进行沟通。

8月5日至8日，应澳门特别行政区政府行政公职局邀请，哲学教研部教授李建华赴澳门担任“系统思维与科学发展观”及“系统思维与创新能力”主题讲座的主讲嘉宾。

9月1日至30日，应香港圣贤教育学会邀请，哲学教研部教授刘余莉赴香港访学，就“群书治要政治伦理思想研究”方向展开学术交流。

10月17日至20日，应澳门特别行政区亚洲战略管理研究院邀请，国际战略研究所所长宫力率团一行8人赴澳门调研。

10月30日至11月8日，应国务院台湾事务办公室邀请，培训部组织员宁梅随团赴台湾参加“2012 大陆古籍、艺术图书展暨两岸专业类图书发行研讨会”。

11 月 4 日至 12 月 12 日，应澳门科技大学邀请，哲学教研部教授陈中浙赴澳门为该校授课。

12 月 11 日至 17 日，应台湾“中国国民党国家发展研究院”邀请，原教育长郝时晋率团赴台湾访问，并以“国共合作：回顾与前瞻”为主题与台湾“中国国民党国家发展研究院”进行学术交流。

12 月 16 日至 22 日，应中华全国总工会邀请，培训部李中印参加由国务院对台工作办公室和中华全国总工会联合组织的代表团赴台湾访问。

12 月 21 日至 25 日，应国务院事务办公室邀请，国际战略研究所教授郭建平随团赴台湾参加“两岸关系发展之新情势与发展”研讨会。

（办公厅外事办公室供稿人：郑　红、范　红）

应邀出席外事礼仪与研讨活动

2 月 27 日，应澳大利亚中华全球中心邀请，文史教研部主任赵伯英参加澳大利亚中华全球中心与中国现代国际关系研究院联合举办的庆祝《澳大利亚与中国》报告发表的晚宴。

5 月 2 日，应巴基斯坦驻华大使马苏德汗邀请，国际战略研究所副所长刘建飞、研究员秦治来出席巴基斯坦驻华大使晚宴。

6 月 8 日，国际战略研究所教授左凤荣应邀出席俄罗斯驻华使馆国庆招待会。

9 月 19 日至 20 日，由经合组织与中国商务部、世贸组织及联合国贸发会议联合主办的“21 世纪的全球价值链：对贸易、投资、统计以及发展中国家的政策影响”研讨会在北京召开。国际战略研究所副所长周天勇和教授纪军应邀出席会议。

12 月 19 日，中俄执政党对话机制第三次会议在北京举行，主题为：党的建设与国家发展道路。副校长陈宝生出席会议并作“推进党内民主建设，增强党的团结和统一”主题发言。

（办公厅外事办公室供稿人：郑　红）

为 外 宾 授 课

1月18日，应中央对外联络部安排，党的建设教研部教授张荣臣为以安卡拉省部主席穆拉特·阿尔普阿尔斯兰为团长的土耳其正义与发展党干部考察团授课，专题介绍“中国地方党委与地方行政机构的关系”。

3月7日，应中央对外联络部安排，党的建设教研部教授蔡霞为以中央委员会委员兼革命委员会副秘书长艾哈迈德·萨赫尔为团长的巴勒斯坦民族解放运动干部考察团一行授课，就中国共产党如何处理党政关系做专题介绍。

3月15日，应中央对外联络部安排，中共党史教研部主任柳建辉为前总理、党顾问团主席川·立派为顾问，前总理、党校校长素贴·特素班为团长的泰国民主党高级干部考察团一行授课，专题介绍中国共产党的历史与组织发展情况。

3月20日，应中央对外联络部安排，党的建设教研部王懂棋为以意大利左翼联盟政治委员会成员、意大利重建共产党国际部长法比奥·阿马托为团长的左翼联盟干部考察团一行授课，专题介绍中国共产党加强执政能力建设的做法和经验。

4月9日，党的建设教研部副教授曹鹏飞为以妇女运动主席、国会议员伊莱阿娜·布雷内斯·西门内斯为团长的哥斯达黎加民族解放党干部考察团一行授课，专题介绍中国共产党党建理论的创新与实践、创新的重点与难点。

4月10日，经济学教研部教授孙小兰为以越共中央办公厅副主任黄公环为团长的越南党政干部考察团一行授课，专题介绍中国发展社会主义市场经济的理论和实践经验。

4月24日，应中央对外联络部安排，教务部副主任冯鹏志为以南非共产党中央政治局委员迪普沃·姆维拉塞为团长的南非共干部考察团一行授课，专题介绍中国共产党党校体系、课程设置和运作模式。

5月15日，应中央对外联络部安排，党的建设教研部教授李民为由巴西、阿根廷、智利、哥伦比亚、秘鲁5国青年组织领导人和青年政治精英组成的拉美政党青年干部研修班一行授课，专题介绍中国共产党的执政理念和科学发展观。

5月21日，应中央对外联络部安排，党的建设教研部教授梁妍慧为以“波兰家园”公民协会项目委员会副主席、波兰共和国部长咨询理事会成员约瑟夫·哈珀为团长的中东欧国家非政府组织干部考察团一行授课，专题介绍“中国特色的政党制度与现代国家建设”。

5月24日，应中央对外联络部安排，党的建设教研部副教授董亚炜为以老挝人民革命党中纪委副书记通西·沃拉西为团长的老挝党政干部高级考察团一行授课，专题介绍中国共产党改进党的领导方式和加强党的执政能力建设的做法和经验。

5月29日，应中央对外联络部安排，教务部副主任冯鹏志为以党中央领导委员会人民福利部主席贾斯里·马林为团长的印尼专业集团党干部考察团一行授课，专题介绍中国共产党在党校建设、干部选拔和培训方面的做法和经验。

6月4日，应中央对外联络部安排，党的建设教研部副教授董亚炜为以副主席、议会党团主席斯特列莱茨为团长的摩尔多瓦自由民主党干部考察团一行授课，专题介绍中国共产党加强和改进党的建设的基本做法和经验。

6月13日，应中央对外联络部安排，党的建设教研部教授刘炳香为以波兰民主左派联盟党全国理事会成员、众议院外委会副主席塔杜施·伊文斯基为团长的波兰民主左派联盟党干部考察团一行授课，专题介绍中国共产党发展历程、现状和执政理念。

6月14日，应中央对外联络部安排，党的建设教研部教授祝灵君为以越共中央民运部常驻胡志明市代表处主任胡文定为团长的越南司局级党政干部考察团一行授课，专题介绍中国共产党开展群众工作的理论与实践。

6月28日，党的建设教研部副教授王瑜为由阿根廷共和国方案党、秘鲁基督教人民党等拉美5国7党组成的拉美国家政党干部研修班一行授课，专题介绍中国共产党的发展历程和执政理念。

7月9日，应中央对外联络部安排，党的建设教研部教授梁妍慧为以中央政治执行委员会委员马克·特卡丘克为团长的摩尔多瓦共产党人党干部考察团授课，专题介绍中国共产党加强党建的做法与经验。

7月17日上午，应中央对外联络部邀请，科学社会主义教研部教授向春玲为欧洲社会党青年政治家考察团授课，并与团员进行交流。

9月12日，应中央对外联络部邀请，加勒比多国执政党干部考察团来华访问。政法教研部学者就中国的政治制度、政府运行机制以及党政关系为代表团作专题介绍。

9月19日，应中央对外联络部安排，科学社会主义教研部教授郭强为第一期阿拉伯国家治国理政研修班授课，专题介绍“中国改革开放与经济社会发展经验”。

9月20日，应中央对外联络部安排，党的建设教研部副教授吴辉为突尼斯复兴党、保卫共和大会、争取工作与自由民主论坛执政联盟三党干部考察团授课，专题介绍中国共产党加强执政能力的做法与经验。

10月18日，应中央对外联络部安排，经济学教研部教授施红为以司法部办公厅主任朴同·乔隆马尼为团长的老挝人民革命党干部考察团授课，专题介绍中国如何处理好市场经济与可持续发展的关系。

11月21日，应中央对外联络部安排，党的建设教研部副教授吴辉为第三期西亚北非政党新闻研修班授课，专题介绍如何适应现代媒体运作规律，利用互联网服务于党的中心工作和经济建设。

12月5日，应中央对外联络部安排，科学社会主义教研部教授梁波为来自南非、赞比亚、刚果（金）、埃塞俄比亚、尼日利亚五国知名研究机构和高校的专家学者组成的非洲国家智库学者考察团授课，专题介绍中国特色社会主义。

12 月 21 日，应中央对外联络部安排，经济学教研部教授施红为阿尔及利亚政党干部考察团授课，专题介绍中国统筹城乡发展的做法和经验。

（办公厅外事办公室供稿人：郑 红）

中国马克思主义研究基金会

编辑：闫景明

“三项基金”项目立项

2012年度教学讲题资助奖励项目立项名单*

第一组：省部级干部进修班、厅局级干部进修班各研究专题

（一般项目）

序号	班　次	课程名称	讲　题	推荐单位	承担者
1	省部班（第52期）“战略思维与领导能力”研究专题	战略思维基本理论与经验	战略思维理论与方法	哲学教研部	段培君
2	省部班（第52期）“世界经济与政治格局变化及应对”研究专题	重大理论与现实问题研究	世界格局变动中的美国全球战略调整与影响	国际战略研究所	刘建飞
3	省部班（第52期）“世界经济与政治格局变化及应对”研究专题	热点与难点问题研究	世界格局变化中的领土主权安全问题	国际战略研究所	马小军

* 参见中校厅发〔2012〕5号文件。

续 表

序号	班　　次	课程名称	讲　　题	推荐单位	承担者
4	省部班（第52期）“世界经济与政治格局变化及应对”研究专题	热点与难点问题研究	新形势下的周边环境与国家安全	国际战略研究所	高祖贵
5	省部班（第52期）“转变经济发展方式与经济结构调整”研究专题	基本理论与经验	我国经济发展方式转型：历史经验与路径	经济学教研部	杨秋宝
6	省部班（第52期）“转变经济发展方式与经济结构调整”研究专题	基本理论与经验	统筹城乡发展问题研究	经济学教研部	施　红
7	省部班（第52期）“转变经济发展方式与经济结构调整”研究专题	基本理论与经验	区域经济协调发展研究	经济学教研部	张玉杰
8	省部班（第52期）“转变经济发展方式与经济结构调整”研究专题	政府管理与政策调整	走中国特色新型工业化道路问题研究	经济学教研部	曹　立
9	厅局班（第59期）“民生与社会建设”研究专题	基本理论与经验	以人为本与民生建设	科学社会主义教研部	青连斌
10	厅局班（第59期）“党的执政经验与执政能力建设”研究专题	执政历程与执政经验	苏共丧失执政地位的历史教训	党的建设教研部	姜　跃
11	厅局班（第59期）“文化建设与文化发展”研究专题	文化体制改革与创新	弱势群体的文化权利保障与公共文化服务体系建设（案例教学）	文史教研部	刘　忱
12	厅局班（第59期）“文化建设与文化发展”研究专题	文化建设与发展的热点与难点问题	国家战略视野下的文化产业发展	文史教研部	范玉刚
13	厅局班（第59期）“文化建设与文化发展”研究专题	文化建设与发展的热点与难点问题	文化遗产保护中的问题与对策	文史教研部	马奔腾
14	省部级干部进修班	马列经典著作导读与科学发展观研究	科学发展观的方法论研究	哲学教研部	刘毅强
15	省部级干部进修班	党性教育专题课与党性分析	中国古代官德	哲学教研部	王　杰
16	厅局级干部进修班	党性教育专题课与党性分析	深入学习和执行《中国共产党章程》，增强党性修养	党的建设教研部	张晓燕

（青年项目）

序号	班　　次	课程名称	讲　　题	推荐单位	承担者
1	省部班（第52期）“世界经济与政治格局变化及应对”研究专题	热点与难点问题研究	美欧债务危机走势及其应对	国际战略研究所	陈建奇

第二组：中青年干部培训一班、中青年干部培训二班

（一般项目）

序号	班　次	课程名称	讲　题	推荐单位	承担者
1	中青一班（第33期）	世界眼光与战略思维	国家安全形势新变化与战略应对	国际战略研究所	孙建杭
2	中青一班（第33期）	毛泽东思想基本问题研究	毛泽东思想的科学体系和历史地位	中共党史教研部	祝　彦
3	中青二班（第12期）	中国特色社会主义理论体系基本问题研究	行政体制改革与转变政府职能	政法教研部	黄小勇
4	中青二班（第12期）	领导能力训练	提高依法行政能力（案例教学）	政法教研部	傅思明
5	中青二班（第12期）	法学专题研究	公民物权保障的理论与实践	政法教研部	李雅云
6	中青二班（第12期）	法学专题研究	公民社会权保障的理论与实践	政法教研部	王　静

（青年项目）

序号	班　次	课程名称	讲　题	推荐单位	承担者
1	中青一班（第33期）	世界眼光与战略思维	大国崛起中的软实力建设	国际战略研究所	赵　磊
2	中青二班（第12期）	中国特色社会主义理论体系基本问题研究	推进基层民主政治建设问题研究	政法教研部	肖立辉
3	中青二班（第12期）	政治学专题研究	西方选举制度研究	政法教研部	张　勇
4	中青二班（第12期）	社会实践与党性教育专题	周恩来的人格风范	中共党史教研部	李庆刚

第三组：新疆地厅级民族干部培训班、新疆县处级民族干部培训班、半年制西藏民族干部培训班、一年制西藏民族干部培训班

（一般项目）

序号	班　次	课程名称	讲　题	推荐单位	承担者
1	新疆地厅（第63期）	中国特色社会主义理论体系基本问题研究	走中国特色工业化道路问题	经济学教研部	李继文
2	新疆地厅（第63期）	中国特色社会主义理论体系基本问题研究	积极稳妥地推进社会主义民主政治建设	政法教研部	赵虎吉
3	新疆县处（第64期）	中国特色社会主义理论体系及其实践	中国特色社会主义理论体系是当代中国的马克思主义	马克思主义理论教研部	宋福范

续 表

序号	班　　次	课程名称	讲　　题	推荐单位	承担者
4	新疆县处（第64期）	中国特色社会主义民族理论与宗教理论	中国特色社会主义民族理论及我国现阶段的民族问题	科学社会主义教研部	张建新
5	新疆县处（第64期）	党的历史经验专题研究	中国共产党领导社会主义革命和建设的成就与经验	中共党史教研部	罗平汉
6	半年西藏（第48期）	领导能力训练	提高演讲水平与沟通能力	党的建设教研部	刘玉瑛
7	一年西藏（第47期）	中国特色社会主义理论体系研究	中国特色社会主义理论体系研究	马克思主义理论教研部	李宏伟

（青年项目）

序号	班　　次	课程名称	讲　　题	推荐单位	承担者
1	新疆地厅（第63期）	中国特色社会主义理论体系基本问题研究	深入贯彻落实科学发展观	哲学教研部	董振华
2	新疆地厅（第63期）	中国特色社会主义理论体系基本问题研究	中国社会主义改革的理论与实践	科学社会主义教研部	郭　强
3	半年西藏（第48期）	中国特色社会主义理论体系基本问题研究	积极稳妥地推进社会主义民主政治建设	政法教研部	齐　惠
4	半年西藏（第48期）	中国特色社会主义理论体系基本问题研究	推动社会主义文化大发展大繁荣的若干重要问题	文史教研部	李媛媛
5	一年西藏（第47期）	中国特色社会主义理论体系研究	社会主义核心价值体系建设与文化认同	文史教研部	刘　飞
6	一年西藏（第47期）	中国特色社会主义理论体系研究	和平发展道路与中国对外战略	国际战略研究所	秦治来

（中国马克思主义研究基金会供稿）

2012 年度研究生精品课程资助奖励项目立项名单*

教研部（所）	推荐专业	课程班次	课程名称	负责人
马克思主义理论教研部	思想政治教育	博士	思想政治教育前沿问题研究	李俊伟
哲学教研部	科技哲学	博士	科技哲学经典著作研读	王克迪
经济学教研部	政治经济学	硕士	微观经济学	张玉杰
科学社会主义教研部	科学社会主义与国际共产主义运动	硕士	国际共产主义运动专题研究	孟　鑫
政法教研部	行政管理	硕士	比较公共行政	井　敏
中共党史教研部	中共党史	硕士	史学理论与方法	陈　述
党的建设教研部	党的学说与党的建设	硕士	世界政党比较研究	谢　峰
文史教研部	中国近现代史	硕士	中国近代化历程	刘悦斌
	公共课	博士	第一外语英语必修课	赵伯英
国际战略研究所	国际政治、外交学	硕士	国际组织研究	杨　青

（中国马克思主义研究基金会供稿）

2012 年度科研课题资助奖励项目立项名单**

序号	姓　名	单　　位	职　称	项　目　名　称
1	崔丽华	马克思主义理论教研部	讲师	西方马克思主义与当代中国马克思主义比较研究
2	郑　琦	党的建设教研部	讲师	基层党组织社会化研究
3	张卫波	中共党史教研部	副教授	报刊与延安时期马克思主义中国化、大众化研究
4	胡明艳	哲学教研部	讲师	新兴技术的伦理争议研究
5	刘艳梅	经济学教研部	副教授	国际大宗农产品的定价机制及中国应对策略研究
6	陈建奇	国际战略研究所	讲师	发达国家主权债务风险演变趋势及中国应对策略研究
7	黄相怀	科研部	助理研究员	民主政治的中国特色：基于比较视野的分析
8	孙培军	政法教研部	讲师	基层党组织在社会冲突治理中的角色定位研究
9	王学斌	文史教研部	讲师	中国近代文化政策研究
10	陈积敏	国际战略研究所	助理研究员	中国崛起：美国的认知与战略选择研究

（中国马克思主义研究基金会供稿）

* 参见中校厅发〔2012〕16 号文件。

** 参见中校厅字〔2012〕15 号文件。

2012年度学科建设专项基金资助奖励项目立项名单*

项目类别：重点项目

序号	学科类别	项目名称	推荐单位	项目负责人	成果形式
1	马克思主义	中国特色社会主义生态文明建设研究	马克思主义理论教研部	李宏伟	学术论文
2	经济学	财税体制改革问题研究	经济学教研部	梁　朋	学术论文
3	法学	行政体制改革与行政法治	政法教研部	王雅琴	学术专著
4	国际关系	世界格局变化中的中国软实力建设	国际战略研究所	赵　磊	学术专著

项目类别：一般项目

序号	学科类别	项目名称	推荐单位	项目负责人	成果形式
1	马克思主义理论	中国的现代性建构与西方马克思主义	马克思主义理论教研部	刘莹珠	学术论文
2	马克思主义哲学	当前影响西藏经济社会发展的主要矛盾及化解之策	哲学教研部	焦佩锋	学术论文
3	经济学	中国经济增长的可持续性与跨越“中等收入陷阱”研究	经济学教研部	张慧君	学术论文
4	马列·科社	政府职能转变与基本公共服务体系的构建	科学社会主义教研部	梁　波	学术论文
5	法学	中国市场经济的反思及法律规制	政法教研部	张学博	学术论文
6	中共党史	中国共产党夺取全国政权历史经验及现实启示	中共党史教研部	张旭东	学术论文
7	党史党建	基层组织建设与社会管理创新	党的建设教研部	蔡志强	学术专著
8	历史学	新中国前十七年社会主义价值观的构建	文史教研部	田嵩燕	学术论文
9	历史学	20世纪中国城市建设思想研究	文史教研部	王　煦	学术论文
10	马克思主义文化学	以社会主义核心价值体系引领公民道德建设研究	文史教研部	刘　飞	学术论文
11	国际政治	东亚合作“开放性”的地缘政治分析	国际战略研究所	秦治来	学术论文
12	国际问题研究	美欧主权债务风险演变及中国应对策略研究	国际战略研究所	陈建奇	学术论文

（中国马克思主义研究基金会供稿）

* 参见中校厅发〔2012〕20号文件。

“三项基金”项目结项

2011年度教学讲题资助奖励项目结项名单*

第一组：省部级干部进修班、厅局级干部进修班各研究专题

（一般项目）

序号	班　　次	课程名称	讲　　题	承担人	达标情况
1	省部班（第49期）“转变经济发展方式与经济结构调整”研究专题	转变经济发展方式与经济结构调整热点难点问题研究	国际金融格局变化与中国金融发展	陈启清	达标 9.48
2	省部班（第49期）“党的执政经验和执政能力建设”研究专题	党性教育专题课	中国共产党夺取全国政权的历史经验	刘宝东	达标 9.56
3	省部级干部“中国特色社会主义理论体系”高级研修班（第1期）	毛泽东思想基本问题	毛泽东思想的科学体系和历史地位	祝　彦	达标 9.47
4	省部班（第50期）“社会主义民主政治建设”研究专题	重大理论和实践问题研究	完善共产党领导的多党合作和政治协商制度	刘学军	达标 9.22
5	厅局班（第56期）“转型期的社会稳定”研究专题	社会管理与政策调整	社会管理创新与社会稳定	王　勇	达标 9.54
6	厅局班（第56期）“转型期的社会稳定”研究专题	体制改革与制度创新	法治建设与社会稳定	封丽霞	达标 9.51
7	厅局班（第56期）“战略思维与领导能力”研究专题	战略思维与领导能力的理论问题研究	科学发展与战略思维	董振华	达标 9.03
8	厅局班（第56期）“战略思维与领导能力”研究专题	战略思维与领导能力的理论问题研究	战略机遇期与国家安全形势	宫　力	达标 9.14

* 参见中校厅发〔2012〕4号文件。

续 表

序号	班　　次	课 程 名 称	讲　　题	承担人	达标情况
9	厅局班（第 56 期）“转变经济发展方式与经济结构调整”研究专题	转变经济发展方式与经济结构调整热点难点问题研究	基本公共服务均等化与财税体制改革研究	梁　朋	未达标 8.88
10	厅局班（第 56 期）“中国特色社会主义理论体系”研究专题	马克思列宁主义基本问题研究	《路德维希·费尔巴哈和德国古典哲学的终结》与哲学领域的革命	边立新	达标 9.42
11	厅局班（第 57 期）“民生与社会建设”研究专题	民生与社会建设热点难点问题研究	加强和创新社会管理	向春玲	达标 9.5
12	厅局班（第 57 期）“转变经济发展方式与经济结构调整”研究专题	转变经济发展方式与经济结构调整热点难点问题研究	加快社会保障制度建设	李　蕾	达标 9.12
13	厅局班（第 57 期）“文化建设与文化发展”研究专题	文化热点难点问题研究	城市文化理论的中国化实践问题	陈宇飞	达标 9.54
14	厅局班（第 57 期）“文化建设与文化发展”研究专题	文化建设与文化发展专题研究	新中国文化发展的脉络与经验	田嵩燕	达标 9.51

（青年项目）

序号	班　　次	课 程 名 称	讲　　题	承担人	达标情况
1	省部班（第 49 期）“转变经济发展方式与经济结构调整”研究专题	转变经济发展方式与经济结构调整热点难点问题研究	提高自主创新能力问题研究	陈宇学	达标 9.38
2	厅局级（第 57 期）“民生与社会建设”研究专题	城市化进程中的重大理论和现实问题研究	国外城市化发展的经验与启示	林　梅	达标 9.32

第二组：中青年干部培训一班、中青年干部培训二班、新疆地厅级民族干部培训班

（一般项目）

序号	班　　次	课 程 名 称	讲　　题	承担人	达标情况
1	中青年干部培训一班（第 30 期）	中国特色社会主义理论体系与当代实践	解放思想，实事求是，与时俱进	刘毅强	达标 9.51
2	中青年干部培训一班（第 30 期）	马列原著专题研究	《德意志意识形态》（第一章）导读	侯　才	达标 9.24
3	中青年干部培训一班（第 30 期）	中国特色社会主义理论体系与当代实践	加快城乡经济社会一体化发展	施　红	达标 9.39

续 表

序号	班 次	课程名称	讲 题	承担人	达标情况
4	中青年干部培训二班（第11期）	中国特色社会主义理论体系基本问题研究	中国特色社会主义生态文明研究	李宏伟	达标 9.49
5	中青年干部培训二班（第11期）	中国特色社会主义理论体系基本问题研究	社会主义市场经济理论基本问题	孙小兰	达标 9.47
6	中青年干部培训二班（第11期）	中国特色社会主义理论体系基本问题研究	建立覆盖城乡居民的社会保障体系（案例教学）	青连斌	达标 9.34
7	中青年干部培训二班（第11期）	中国特色社会主义理论体系基本问题研究	行政体制改革的前沿问题研究	黄小勇	达标 9.24
8	中青年干部培训二班（第11期）	中共党史专题研究	延安整风与马克思主义中国化	卢 毅	达标 9.51
9	中青年干部培训二班（第11期）	中国特色社会主义理论体系基本问题研究	党的执政方式研究	张希贤	达标 9.57
10	新疆地厅级民族干部培训班（第57期）	中国特色社会主义民族宗教理论专题研究	我国现阶段的宗教问题和宗教政策	蒲长春	达标 9.18
11	新疆地厅级民族干部培训班（第57期）	毛泽东思想基本问题研究	毛泽东对中国社会主义建设道路的探索	李庆刚	达标 9.33
12	新疆地厅级民族干部培训班（第57期）	中国特色社会主义民族宗教理论专题研究	中国的周边环境与国家安全	孙建杭	达标 9.53

第三组：新疆县处级民族干部培训班、半年制西藏民族干部培训班、一年制西藏民族干部培训班

（一般项目）

序号	班 次	课程名称	讲 题	承担人	达标情况
1	新疆县处级民族干部培训班（第58期）	新疆发展稳定中的重大问题研究	新疆实施优势资源转换战略研究	李 鹏	达标 9.57
2	新疆县处级民族干部培训班（第58期）	领导能力训练	提高演讲水平与沟通能力	刘玉瑛	达标 9.59
3	一年制西藏民族干部培训班（第44期）	中国特色社会主义民族宗教理论与文化理论	正确认识和处理西藏的宗教问题	胡 岩	达标 9.55

（中国马克思主义研究基金会供稿）

2011年度研究生精品课程资助奖励项目结项名单*

教研部（所）	推荐专业	课程班次	课程名称	负责人
马克思主义理论教研部	马克思主义理论	硕士	马克思主义基本原理	牛先锋
哲学教研部	马克思主义哲学	博士	马克思主义哲学经典著作研究	阮　青 边立新
经济学教研部	政治经济学	硕士	《资本论》第一卷	赵锦辉
科学社会主义教研部	社会学	硕士	社会学理论	谢志强
政法教研部	法学理论	硕士	法政治学	张立伟
中共党史教研部	中共党史	硕士	中国现代化问题研究	曹　普
党的建设教研部	党的学说与党的建设	硕士	马克思主义党的学说史与经典著作选读	吴　辉
文史教研部	文艺学	硕士	中国美学史	马奔腾
	公共课	博士	外语	赵伯英
国家战略研究所	国际政治	硕士	当代国际战略思想专题研究	秦治来

（中国马克思主义研究基金会供稿）

2007—2011年度科研课题结项名单**

2007年度中国马克思主义研究基金会课题				
序号	姓名	课题名称	成果名称	出版社/刊物
1	蔡忠强	党在危机治理中的执政能力问题研究，结项形式为论文	媒介在危机治理中的功能分析——以汶川大地震中的媒介为例；关于避免小事件演化成大危机的对策思考；危机治理的价值建构——基于社会良序的分析	发表于《中国行政管理》2008年第7期；《学习时报》2008年9月29日；《辽宁大学学报·哲学社会科学版》2010年第1期
2	谭乃彰	毛泽东与马克思《资本论》，结项形式为论文	毛泽东与马克思《资本论》	发表于《市县领导月刊》，2012年3月

* 参见中校厅发〔2012〕15号文件。

** 参见中校厅字〔2012〕23号文件。

续 表

序号	姓名	课题名称	成果名称	出版社/刊物
2008年度中国马克思主义研究基金会课题				
序号	姓名	课题名称	成果名称	出版社/刊物
3	韩云川	我国城市化进程中的人权问题研究，结项形式为专著	中国城市化进程中的人权问题研究	阳光出版社，2012年1月出版
2009年度中国马克思主义研究基金会课题				
序号	姓名	课题名称	成果名称	出版社/刊物
4	杨玉成	凯恩斯经济理论的哲学基础研究，结项形式为研究报告	概率与不确定性条件下的人类决策行为分析——凯恩斯概率思想演变的启示；凯恩斯的政治哲学及其启示；凯恩斯的政治哲学及其启示	收录于《哲学与社会》(2)、(3)；发表于《世界哲学》2012年第2期
2010年度中国马克思主义研究基金会课题				
序号	姓名	课题名称	成果名称	出版社/刊物
5	赵书刚	近代以来中国台海两岸的分裂及解决之道，结项形式为论文、研究报告	现代台湾政要对“一个中国”的认同；海峡两岸破冰第一人	发表于《徐州师范大学学报》2012年第1期；《两岸关系》，2010年第11期
6	李纪才	马克思主义经典作家的社会主义公平思想研究，结项形式为专著	公平理论比较	中共中央党校出版社，2010年12月出版
7	田国良	省部级干部腐败案例研究，结项形式为研究报告	省部级高官腐败案例剖析	发表于《理论动态》，2012年3月10日，总第1916期
8	刘余莉	领导干部伦理道德教育研究，结项形式为专著	领导干部职业道德建设研究	团结出版社，2012年1月出版
9	李海青	改革攻坚阶段的利益冲突与整合——一种政治哲学的研究，结项形式为研究报告、论文	“更加注重社会公平”是对“效率优先、兼顾公平”的批判与否定么？一种基于文本解读的理论反思；城乡一体化建设与农民土地权益的有效保障；改革进程中的力量转型：在事实与规范之间	发表于《伦理学研究》，2010年第6期；《理论学习》，2011年第9期；《天津社会科学》，2010年第5期

续 表

序号	姓名	课 题 名 称	成 果 名 称	出版社/刊物
10	肖 云	《资本论》与科学发展观，结项形式为研究报告	经济发展方式转变是关系全局的战略举措；加快农业发展方式转变构建现代农业产业体系	发表于《学习时报》2010年7月19日；收录于《中国特色农业现代化与西部大开发》（中国老教授论坛——2010），西北农林科技大学出版社，2010年10月出版
11	张晓玲	劳动权利保障与和谐社会研究，结项形式为论文、研究报告	司法能动主义的理论源流；健全集体谈判制度　构建和谐劳动关系	发表于《理论界》2011年第5期；《理论动态》，2011年5月20日第1887旬刊
2011年度中国马克思主义研究基金会课题				
序号	姓名	课 题 名 称	成 果 名 称	出版社/刊物
12	陈建奇	美国主权债务风险与中国外汇储备安全性研究，结项形式为专著	霸权的危机——美国巨额财政赤字与债务风险研究	中国社会科学出版社，2011年12月出版

（中国马克思主义研究基金会供稿）

2010年度中央党校学科建设专项基金资助奖励项目结项名单*

项目类别：重点项目

序号	学 科 类 别	项 目 名 称	推荐单位	项目负责人	成果形式
1	哲学	哲学学科发展现状研究	哲学教研部	贾高建	研究报告

项目类别：一般项目

序号	学 科 类 别	项 目 名 称	推荐单位	项目负责人	成果形式
1	马克思主义理论	马克思主义中国化研究现状和发展趋势	马克思主义理论教研部	贾建芳	研究报告

* 参见中校厅发〔2012〕10号文件。

续 表

序号	学科类别	项目名称	推荐单位	项目负责人	成果形式
2	民族研究	中国社会主义民族理论前沿问题研究	科学社会主义教研部	张建新	研究报告
3	政治学	政治学学科发展现状研究	政法教研部	李良栋	研究报告
4	公共管理	公共管理学科现状研究报告	政法教研部	黄小勇	研究报告
5	中共党史	中共党史学科建设现状与评估	中共党史教研部	曹 普	研究报告
6	领导学	消失的权力与未来社会：社会主义政治的本质属性与我国领导学构建的基本逻辑	党的建设教研部	董亚炜	研究报告
7	世界经济	世界经济学科发展综述	国际战略研究所	陈江生	研究报告

项目类别：委托项目

序号	学科类别	项目名称	推荐单位	项目负责人	成果形式
1		中央党校学科现状研究	教务部	王东京	研究报告

（中国马克思主义研究基金会供稿）

2011年度中央党校学科建设专项基金资助奖励项目结项名单*

项目类别：重点项目

序号	学科类别	项目名称	推荐单位	项目负责人	成果形式
1	科学社会主义	1978年以来我国理论界关于社会主义研究的进展	科学社会主义教研部	王怀超	研究报告

项目类别：一般项目

序号	学科类别	项目名称	推荐单位	项目负责人	成果形式
1	马克思主义理论	改革开放以来马克思主义发展史学科研究报告	马克思主义理论教研部	韩庆祥	研究报告
2	管理学	管理学理论前沿问题	经济学教研部	李 蕾	研究报告
3	科学社会主义	中国特色社会主义理论体系研究述评	科学社会主义教研部	冯书泉	研究报告

* 参见中校厅发〔2012〕10号文件。

续 表

序号	学科类别	项目名称	推荐单位	项目负责人	成果形式
4	法学	人权法学学科建设研究报告	政法教研部	张晓玲	研究报告
5	中共党史	党的第一代领导人精神风范研究	中共党史教研部	刘宝东	研究报告
6	党的建设	政党比较研究综述	党的建设教研部	姜　跃	研究报告
7	文化研究	文化管理及政策研究现状梳理	文史教研部	范玉刚	研究报告

项目类别：委托项目

序号	学科类别	项目名称	推荐单位	项目负责人	成果形式
1		加强党校精品课建设的若干问题研究	教务部	王东京	研究报告

（中国马克思主义研究基金会供稿）

人才强校专项基金资助项目结项名单*

（一）

根据《中国马克思主义研究基金会“中央党校人才强校专项基金”资助条例（试行）》、《〈中国马克思主义研究基金会“中央党校人才强校专项基金”资助条例（试行）〉优秀管理服务人才项目实施细则》的规定，中央党校组织部与专家评估组对第一批人才强校资助项目“优秀管理服务人才”结项工作进行了集中受理，根据组织部与评估小组的意见，认为李作钦、张瑞红、卢平、梁廷鹏、吕晓峰、王金财6名同志的成果符合结项要求，经“三项基金”工作分管领导批准，同意以上6名同志结项。

（二）

根据《中国马克思主义研究基金会“中央党校人才强校专项基金”资助条例（试行）》、《〈中国马克思主义研究基金会“中央党校人才强校专项基金”资助条例（试行）〉优秀教研人才项目、优秀出版编辑、图书资料人才项目实施细则》的规定，中央党校组织部与专家评估组对第一批人才强校资助项目“优秀教研人才项目和优

* 参见中校厅字〔2012〕17号、28号文件。

秀出版编辑、图书资料人才项目”结项工作进行了集中受理，根据组织部与评估小组的意见，认为卓泽渊、韩庆祥、罗平汉、史世鹏、张春菊5名同志的成果符合结项要求，经“三项基金”工作分管领导批准，同意以上5名同志结项。

《理论视野》文章被转载情况

2012年《理论视野》共被转载文章18篇，其中《新华文摘》2篇、《文摘报》2篇、中国人民大学《复印报刊资料》14篇（根据中南财经政法大学图书馆期刊信息检索中心《信息检索报告》）。择要列举如下：

序号	期　数	原　文　题　录	转载报刊及文摘题录	作者姓名
1	2011年第10期	马克思的现代性思想及其当代价值	《新华文摘》第2期第40页，同名文章	张　琳
2	2012年第5期	村落文化在当前中国农村村级治理中的作用与重构	《新华文摘》第19期第115页，同名文章	李全胜
3	2012年第9期	谈谈理论的检验标准问题	《文摘报》11月20日第6版，理论靠什么检验其真伪	陈曙光
4	2012年第9期	全球反腐败大势对我国反腐倡廉的几点启示	《文摘报》11月22日第6版，全球反腐败大势对我国的启示	单　扬
5	2012年第2—10期	“创先争优”与保持党的先进性等14篇	中国人民大学《复印报刊资料（中国共产党）》等专题	戴焰军等

（中国马克思主义研究基金会供稿）

分 校 工 作

编辑：闫景明

概　　况

中央直属机关分校

【发展概况】 中央党校中央直属机关分校（简称中直机关分校）是中央直属机关工委直属的参照公务员法管理的事业单位，受中央直属机关工委和中央党校双重领导，主要任务是培训轮训中央直属机关 38 个部委局、处级党员领导干部。

中直机关分校前身为 1980 年 8 月成立的中央党校中央直属机关分部，1991 年 3 月更名为中央党校中央直属机关分校。内设办公室、教务部、培训部、行政处、财务处 5 个部门，编制 29 人。

新校区位于北京昌平区南口军都山下，于 2010 年 12 月建成并正式投入使用，占地 89 亩，建筑面积近 4 万平方米。拥有现代化的教学设施和舒适的校园环境，可同期培训学员约 450 人。目前开设局处级干部进修班、青年干部培训班等。

在教学实践中，中直机关分校坚持以马克思列宁主义、毛泽东思想和中国特色社会主义理论体系为指导，贯彻中央关于干部教育培训工作和党校工作的一系列重要指示精神和要求，坚持“以人为本，把学员当学员，把学员当朋友，把学员当亲人”的办学理念和“教学优先、学员为先、服务在先”的工作思路，紧紧围绕党和国家的中心工作，并结合中央直属机关工作实际和干部的成长需要，深化教学体系改革，打造多领域、多层次、多渠道、多形式、多平台的立体化教学模式，构建了具有中直机关分校特色的教学和管理体系，强化理论学习，突出党性教育，重视调查研究，注重能力素质，初步形成了具有中央直属机关特色的办学模式。

2012年，中直机关分校以改革创新精神扎实推进分校的各项工作，培训各类各级干部3011名，其中主体班次学员599名，短期班次学员2412名。

【教学工作】 适应新形势下干部教育培训要求，着力打造具有中直机关分校特色的教学模式，在完成基础理论教学的基础上，开设“部长论坛”、“市委书记论坛”等特色课程，帮助学员提高理论修养、拓宽世界眼光、培养战略思维、锤炼党性修养。

优化师资队伍。克服没有自己教师队伍的不利因素，变劣势为优势，按照“不求所有，但求所用”的原则，完善师资库建设。以中央党校教师队伍为主体，同时，邀请国家行政学院、中国科学院和社会科学院的专家学者，以及省部级领导干部作为兼职教师，进一步优化了教师资源。

加强课程体系设计。按照“一个中心、四个方面”的教学布局，春秋季学期分别安排各类课程70余次，内容涵盖政治、经济、文化、军事、法制、社会管理、国际问题及领导干部语言表达能力、调查研究能力、领导干部心理调适以及新媒体、新信息等相关专题，教学内容丰富，针对性强；建立18个社会调研基地，为学员持续开展“到群众中去，拜人民为师”调研活动奠定基础。

完善班次设置。在办好局、处级干部进修班和青年干部培训一班的基础上，面向中央直属机关年轻干部开设青年干部培训二班；开设“党的十八大精神辅导”、“创新管理与执行力”、“经济与生态文明建设”等专题班，为调研基地的县处级党员领导干部举办专题培训；举办贵州、新疆、西藏、江苏、山西等地党务干部、乡镇干部培训班。

创新培训方法。运用课堂讲授、互动教学、答疑教学、案例教学、体验教学、讨论交流、论坛、沙龙以及社会调研等多种教学手段，引导学员加强研究式学习；采用拓展训练、情景模拟、现场体验等方式对学员进行技能培训，教学更富有吸引力和感染力；发挥学员学习的积极性和主动性，强化支部研讨交流的作用，形成教学相长、学学相长、生动活泼的教学氛围。

加强教材建设。推进中直机关分校特色教材体系建设，邀请中央党校原副校长杨春贵教授等有关专家编写《中国特色社会主义理论体系原著选编》、《中国特色社会主义理论体系原著十讲》等教材；完成学员优秀论文、调研报告选《理论实践思考》的编辑工作。

强化党性教育。组织学员深入学习党的十八大精神，邀请有关专家为学员讲授新《党章》、《领导干部与党性修养》，提升学员党性修养；组织学员观看《杨善洲》、《第一书记》、《廉政中国》等影片，引导学员进一步树立马克思主义世界观、人生观、价值观和正确的权力观、事业观、政绩观；到毛主席纪念堂、西柏坡等红色教育基地开展现场教学，增强学员的党性意识；组织学员深入基层，开展“同吃、同住、同劳动”，引导学员深入群众、拜人民为师，增进了与人民群众的感情；加强学员支部党性分析，学员间互相开展批评与自我批评，查找不足，明确方向。

【学员管理】 尊重学员的主体意识，实行全员管理。坚持用制度管人、管事，严格管理、人本管理、科学管理，不断推进学员管理工作制度化、规范化、科学化；进一步发挥学员主体意识，民主选举主体班各支部书记和支部委员，实现学员自我管理；建立学员考核评估体系，对学员考勤、作业、论文、调研报告、综合表现等内容以不同的权重进行评比。建立学员库，开展延伸教育，利用暑期组织毕业学员代表开展“到群众中去、拜人民为师”主题调研活动；每学期组织部分班级学员返校，加强毕业学员与在校学员的交流沟通；利用学员资源促进学校建设和发展。开展丰富多彩的文体活动，营造团结向上的校园文化氛围，丰富课余生活，增强凝聚力和团队协作精神。

【调研成果】 学员的调研报告《新形势下加强农村基层党组织建设问题研究》、《农村基础教育问题研究》、《化解社会矛盾的有益尝试》、《科技创新对农业生态的推动作用》等受到赵乐际、郭声琨、秦光荣等领导同志的批示；利用暑期组织往届学员开展西部行主题调研，8 月 20 日和 21 日，《人民日报》和《光明日报》分别对调研活动做了专题报道；针对干部思想开展专题调研，形成《领导干部思想状况调研报告》，并报送有关部门。

【队伍建设】 加强思想引导，充分发挥党支部的思想政治工作优势，干部职工在工作中树立起创先争优、为人师表的良好形象；召开专题学习和务虚会，深入学习党的十八大精神，深入探讨实现“规范中运行”的具体方法，统一干部职工的思想认识；拓宽培养渠道，调整部分同志岗位分工；让处级干部兼任主体班次和专题班次班主任，使干部通过多岗位锻炼，进一步提高素质能力；本年度招录、遴选 4 名青年干部充实到学校管理队伍中；出台《关于鼓励干部职工参加在职学历学位教育的暂行规定》，鼓励青年干部参加在职教育；鼓励干部积极参加三所干部学院培训，跟班听课、参与学员支部讨论以及参加社会调研等活动。

【后勤保障】 坚持人性化、个性化、精细化的后勤保障服务。在餐饮、住宿、交通服务等方面为学员提供人性化服务；继续推进特色图书阅览室建设，图书阅览室藏书已达 2 万多册，其中各部委领导同志向分校推荐图书并题写寄语共计 86 册，中央领导刘云山同志、李源潮同志、何勇同志向学员荐书并题写寄语；推进校园网络建设，建设教学服务网络平台，开通校园微博，建设学习园地，建立学员库，实现课表、通知、课程测评、意见建议、签报以及学员提交作业、论文、调研报告等无纸化办公；改进门户网站，开通中国知网数据库，开通视频点播系统；关心职工生活，积极申报青年公寓专项建设，解决干部职工特别是青年干部职工的周转房需求；建设校园背景音乐系统，购置校门石、景观石装饰校园；共栽树木 703 棵，基本实现三年绿化目标任务。

（中央直属机关分校供稿人：潘凤东、邹　欣）

中央国家机关分校

【发展概况】 1980年，为适应改革开放、大规模培训中央国家机关党员领导干部的需要，经中央书记处批准，中央国家机关工委设立干部教育办公室，并成立了中央党校中央国家机关分部。1990年，中央党校中央国家机关分部改称为中央党校中央国家机关分校。1993年，根据中央批准的“三定方案”，中央国家机关工委将干部教育办公室改为事业单位，成立中央国家机关工委培训中心，同时挂“中央国家机关工委干部教育办公室”和“中共中央党校中央国家机关分校”牌子。2009年5月，经中央组织部、中央编办、中央国家机关工委等批准，中央党校中央国家机关分校列入参照《国家公务员法》管理的事业单位。中央国家机关工委常务副书记兼任分校校长。

2012年，中央国家机关分校共开办97个班次，培训学员4095人次。其中春季学期共有42个部门党校开办班次55个，培训学员2231人；秋季学期共有35个部门党校开办班次42个，培训学员1864人。

【教学工作】 紧紧围绕学习宣传贯彻党的十八大精神和中央重大决策部署，做好党校教学工作。春秋两个学期，分别确定了“坚持理论武装、坚定理想信念、坚守共产党人精神家园”和“深入学习贯彻中国特色社会主义理论体系，以优异的学习成果迎接党的十八大胜利召开”的教学主线，并召开两次教学工作会。党的十八大召开后，分校制定并下发《中央党校中央国家机关分校关于学习贯彻党的十八大精神的意见》，指导各分校班开展好学习宣传贯彻党的十八大精神工作，发挥好主阵地作用。

中央国家机关分校分别于6、12月举行了春季、秋季学期主题汇报会。各班集中汇报了围绕教学主线开展理论教学和党性锻炼的整体情况和学员的收获与体会。中央国家机关工委副书记俞贵麟出席汇报会并讲话，给予了充分肯定。

【教学研究】 充分发挥教研室作用，推进教学改革。以课题为研究载体，以研究组为基本形式，深入研究党校改革发展和教学实践中面临的重大课题，创新工作思路和方法机制，开发具有分校特色的精品课程、辅导教材。坚持理论联系实际，指导推动各分校班学习型党组织建设，把保持党的纯洁性作为重点研究课题，结合中央国家机关各部门工作实际，开展研究式学习，以课题研究促学习成果深化。

【教学管理】 一是以教学质量管理体系运行促管理规范。以推动教学质量管理体系建设为重要抓手，不断提升整体教学管理水平。秋季学期开展了教学质量管理体系内审工作，促进规范运行，同时也加强了各分校班之间的交流与合作。年底，中国质量认证中心对分校及所属中央国家机关部门党校班进行了新一轮教学质量管理体系的资格认证，通过质量管理体系认证的党校（班）由13个增加到17个。二是以教学巡查促教学计划落实。督促各分校班严格落实中央党校制定的教学计划，制定了教学巡查制度和具体实施办法。分校对直属班给予大力支持，进行严格管理，分校有关领导多次出席直属班教学活动；按计划对多个部门党校（班）进行全面教学巡查，确保各班严格落实中央党校的办学要求，有力地促进了教学质量的提升。三是以教学管理评优促管理水平提升。2012年是中央党校两年一度的教学管理奖评选年。中央国家机关分校研究制定了评选办法下发各分校班，组织各班认真总结经验，积极报名推荐，最后评选出中央党校中央国家机关分校2010—2012年教学管理先进集体和先进个人，形成一批办学和管理经验成果，并在中央党校分校工作简报上登载。

【队伍建设】 重视加强内部队伍建设，积极开展学习培训和研讨交流活动。为提高各分校班教学管理人员对ISO 9000党校教学质量管理体系的规范运用能力，于3月组织举办了内审员培训班。来自各部门党校班的50余名教学管理人员参加培训，所有参加培训的人员都通过考试并取得内审员资格。11月下旬专门举办分校教学管理人员学习贯彻党的十八大精神专题研讨班，进一步把思想和行动统一到党的十八大精神上来。

（中央国家机关分校供稿人：高　峰、王命财）

国 资 委 分 校

【发展概况】 中央党校国务院国有资产监督管理委员会分校（简称国资委分校）前身是成立于2002年1月的中央企业工委分校。国资委成立后，经中央党校批准，2003年7月更名为国务院国有资产监督管理委员会分校。

分校成立以后，分校本部开设直属班，以北京石油管理干部学院作为教学基地；有18家中央企业党校纳入国资委分校管理，开设分校班，这18家党校是：国家电网公司党校、中国石油天然气集团公司党校、中国石油化工集团公司党校、中国建筑工程总公司党校、中国航空工业集团公司党校、中国航天科技集团公司党校、中国铁道建筑总公司党校、中国华能集团公司党校、中国电力投资集团公司党校、中国核工业集团公司党校、中国航天科工集团公司党校、中国华电集团公司党校、中国大唐集团公司党校、中国航天科工二院党校、中国船舶工业集团公司党校、中国兵器集团公司党校、东风汽车公司党校、中国中煤能源集团公司党校。

国资委分校在国资委党委和中央党校领导下开展工作，按照《中共中央关于面向21世纪加强和改进党校工作的决定》、《中国共产党党校工作条例》的要求，根据新形势下中央企业改革发展的需要，组织中央企业领导人员、后备领导人员、中层管理人员、二级企业领导人员以及国资委机关、直属单位处以上干部参加国资委分校的学习。分校以提高学员的思想政治素质为重点，努力建设一支忠诚于马克思主义、德才兼备的高素质、复合型中央企业经营管理者队伍，为实现国有企业改革发展目标提供可靠的人才保证。

在中央党校和国资委党委的领导下，国资委分校始终坚持“党校姓党”原则，贯彻落实全国党校校长会议精神，坚持质量立校和特色强校，把服务央企、做强做优作为国资委分校和企业党校办出特色的出发点和落脚点，确保分校的办学质量。

2012年，国资委分校共举办36个班次，包括直属青年干部进修班2期、直属处级干部进修班2期，所属企业党校司局级干部进修班9期、处级干部进修班18期、青年干部培训班4期、专题研究班1期，共培训副处以上党员领导干部1572人，其中直属班培训212人。

【教学工作】 在教学内容方面，坚持以中国特色社会主义理论体系教育和党性教育为主线，严格执行中央党校分校教学计划，主体课面授率逐年提高，教学安排更加严谨、科学。秋季学期特别将学习贯彻党的十八大精神作为首要的政治任务和教学任务落实到教学环节中。按照中央党校分校教学要求和《关于组织中央党校分校学员学习党的十八大精神的教学安排意见》精神，及时对所属企业党校学习贯彻党的十八大精神进行整体部署，组织一系列教学活动。特色课教学，分校直属班围绕国资委的重点工作、央企改革发展“一五三”总体思路设置特色课。内容涵盖转型升级、科技创新、国际化经营、和谐发展和人才强企五大战略；还举办“中法国际化经营论坛”，助推“走出去”战略；邀请央企负责人介绍企业成功经验，进行案例教学和案例分析等，紧密联系央企改革发展实际，提升研究解决国企改革发展现实问题的能力。各企业党校分校班也根据各自的行业特点开设“国有企业战略和现实问题研究”特色课程，努力探索学习理论、掌握观点，反思工作、交流经验、研讨问题、指导实践的研究式教学思路，强化理论联系实际的学习效果。

在教学形式方面，在国资委分校领导的重视和大力支持下，分校各有关部门积极配合努力，着手建设“国资委分校远程学习园地”，发挥四个重要功能：党校学员远程在线学习、学员交流论坛、教学成果和经验交流以及管理服务。秋季学期正式面向全分校在校学员及教学管理人员开通。课件内容包括时事政策解读、央企改革发展、五大战略、综合素质提升、党建理论聚焦五个模块44门精品课程，有《大庆魂》、《航天精神》、《旗帜》、《信仰》等专题片供学员课余时间学习；学员利用学员论坛交流学习体会，抒发学习感悟；教学管理人员通过教学动态交流管理经验。分校远程“学习园地”，加强了各企业党校之间、分校班之间、在校学员之间的学习、交流和沟通，实现了资源共享。

在教学管理方面，按照国务院国资委管理提升工作部署和要求，在秋季学期特别加强对所属企业党校分校班的指导检查、对主体课教学执行计划进行严格审核，对执行情况进行巡查，对发现的个别问题如面授率低、主体课安排不合理、缺课等问题及时指出，提出指导意见，督促改进，保证分校整体教学质量。

【学员管理】 印发《国资委分校学员管理办法》，完善各项学员管理制度，使在校学员的每项活动都纳入制度化管理，出勤率和学习效果都有明显提升。在学员考核测评方面，有的企业党校分校班采用了学分制度和引入人才测评方法，学用结合，以用促学。同时积极引导学员自主管理，每课一结、每日一得，取得良好效果，有效提高学习的积极性和主动性。建设学习型班级和学习型小组，培育班级文化营造愉快和浓厚的学习氛围。

【人才队伍建设】 国资委分校领导重视人才队伍建设，特别关注青年干部的培养，对处级干部及重要岗位人员进行国际职业培训师认证培训，青年干部进行岗位轮换，选派企业党校分校班新任班主任或青年干部到直属班进行“一带一”的培养。在召开的年度教学工作总结会上，组织“编制教学实施计划和组织教学研讨”专题培训，提升党校工作人员的素质和水平。

【制度建设】 印发《国资委分校学员管理办法》；梳理、完善国资委分校“直属班教务管理工作流程”和“所属企业党校分校班管理工作流程”，使各项工作有章可循，提高了工作质量和效率。

（国务院国资委分校供稿人：张亚红）

部队分部

【发展概况】 中央党校部队分部是中央党校的重要组成部分，是部队充分利用中央党校教学资源培训部队党员领导干部的主渠道。部队分部成立30年来，始终坚持围绕中心、服务大局，用中国特色社会主义理论体系和现代化建设所需要的各方面知识武装教育干部，为提高部队干部素质和能力做出了积极贡献。

1981年2月13日，解放军总政治部发出通知，成立中央党校部队分部，并由总政干部部、宣传部和原解放军政治学院有关领导同志组成领导小组，统一领导和协调部队分部的工作，分部办公室设在原解放军政治学院，负责教学工作。1985年12月国防大学成立时，部队分部办公室随原解放军政治学院并入国防大学至今。

截至2012年底，部队分部共举办各种班次60期，为部队培训军师团等各级干部学员6000多名，教学工作受到了解放军总政治部和中央党校的肯定，也获得了参训部队和学员的一致好评。

部队分部坚持以教学为中心，以系统开展党的基本理论教育和党性教育为首要任务，以创新的思路不断推进教学改革，发扬党校教学优良传统，注重突出部队特色，严格学员管理，教学培训质量逐年提高。部队分部还定期组织学员到中央党校听取“形势与任务”报告和“当代世界”报告，参加中央党校的开学典礼、毕业典礼。目前，部队分部所属党校班有总装备部党校班和海军党校班。

2012 年，部队分部共举办 2 期培训班，即第 59、60 期总装备部师职干部进修班，培训学员 58 人。

【教学工作】 全年共观看教学录像 61 次（含基本理论课程和综合知识讲座课程），到中央党校听报告 50 次。拓宽领导干部培训新平台，举办领导讲座 10 次，专家讲座 8 次，学员讲坛 10 次。有效利用外部教育资源，全年外请师资 26 次。加强实践教学比重，全年共进行现地教学 16 次。引导学员对党和国家及军队的难点、重点和热点问题进行研究，全年共形成“重大理论与现实问题研究”报告 8 篇。鼓励学员交流学习成果和体会，全年共进行专题讨论 32 次。

通过抢先备、深入研、及时教、持续学等办法，推进党的重要会议精神“进入课堂、进入教材、进入头脑”。尤其是在党的十八大召开后，多次召开“理论班务会”，教员进入学员当中，和学员一起进行理论学习和研讨。

围绕教学内容，深化科研工作。“师团职领导干部任职教育现地教学模式研究与实践”课题获 2012 年总装备部教学成果三等奖；教材《师团领导力概论》一书由国防大学出版社出版。

（部队分部供稿人：钟铁军）

学习贯彻党的十八大精神

按照中央党校校委部署及教务部工作安排，在党的十八大胜利召开前夕，中央党校分校办公室以“中央党校分校教学提示”的形式，及时下发《关于组织中央党校分校学员学习党的十八大精神的教学安排意见》，要求各分校及时组织学员认真学习党的十八大精神，在原原本本认真学习党的十八大报告和党章的基础上，组织专题辅导报告，开展学员研讨交流，扎实推动十八大精神进课堂、进头脑、进教材。

（摘自《分校工作简报》2012 年第 6 期）

中央直属机关分校组织学员学习贯彻党的十八大精神

党的十八大刚刚闭幕，中央直属机关工委常务副书记、中央党校中央直属机关分校校长孟学农就要求中央直属机关分校迅速掀起学习党的十八大精神的高潮。中央党校分校办也及时下发《中央党校分校教学提示》，要求开展多种教学活动，组织学员认真学习十八大报告全文。中央直属机关分校立即做出部署。11 月 15 日上午，为西藏、新疆学习贯彻党的十八大精神专题培训班举行开班仪式；组织全体干部职工、学员集中收看习近平同志在媒体见面会上的讲话实况；安排中央党校党的建设教研部副主任张志明、高新民教授，中共党史教研部副主任谢春涛教授对党的十八大精神进行专门辅导；组织学员进行座谈交流。

学员们一致认为，党的十八大是在我国进入全面建成小康社会决定性阶段召开的一次十分重要的大会，大会高举中国特色社会主义伟大旗帜，全面分析了国际国内形势发展变化，回顾总结了过去五年、十年以来的工作及取得的历史性成就，确立了科学发展观的指导地位，提出了夺取中国特色社会主义新胜利的基本要求，确定了全面建成小康社会和全面深化改革开放的目标，对新的时代条件下推进中国特色社会主义做出了全面部署，对全面提高党的建设科学化水平提出了明确要求，是一篇坚持中国特色社会主义的政治宣言，是适应时代要求和人民愿望的行动纲领，是一篇凝聚力量、振奋人心、指引方向的历史性文献。

一是十八大报告从关乎党和国家前途命运的高度，回答了举什么旗帜、走什么道路的根本问题。二是十八大报告最突出的贡献是把科学发展观作为我们党必须长期坚持的指导思想和行动指南。三是十八大报告明确提出了全面建成小康社会发展的总目标，规划了“五位一体”的总布局。四是十八大报告从确保党始终成为坚强领导核心的高度，拓展了全面提高党的建设科学化水平的崭新视野。

通过学习交流，学员们进一步统一了思想认识，纷纷表示，一定要更加紧密地团结在以习近平同志为总书记的党中央周围，一定不辜负党和人民的重托，自觉肩负起历史和时代赋予的重任，为全面建成小康社会、加快推进社会主义现代化、实现中华民族伟大复兴而贡献力量。

（摘自《分校工作简报》2012 年第 6 期，中央直属机关分校供稿）

中央国家机关分校组织学员学习贯彻党的十八大精神

党的十八大召开后，中央国家机关分校按照中央党校和中央国家机关工委有关部署，及时开展丰富多彩的教学活动，组织各分校班认真学习宣传贯彻党的十八大精神。副校长杨文玖多次主持会议，研究部署分校学习活动安排。各分校班按照要求早准备，早安排，早动员，提前制定好学习计划。财政部等党校班在党的十八大召开一周前，就研究制定了学习方案和宣传计划，下发每位学员着手准备，使全体党校学员做到“先学一步，学深一层”。

各分校班严格按照分校要求，组织学员收看党的十八大开、闭幕式，研读十八大报告原文和新修订党章。国土资源部、国家林业局等分校班还组织学员论坛、交流学习体会、撰写学习心得等学习活动。

分校于11月28日至30日组织各党校班教学人员近60人举办党的十八大精神专题研讨班。人民银行党校也举办系统内教学组织管理人员专题培训班。分校统一组织了部分分校班参加中央国家机关学习贯彻党的十八大精神系列辅导报告会，听取党的十八大报告起草组成员、中共中央党史研究室主任欧阳淞所作的“党的十八大精神解读”等系列讲座。分校还下发了《学习十八大精神》等专家辅导光盘，组织各分校班学员认真收看，帮助学员全面深入把握精神实质。

各分校班围绕学习党的十八大精神，组织学员撰写学习计划和心得体会等，并积极利用板报、简报等多种形式宣传学习活动，展示学习成果。直属局级班等分校班还选编学员的学习成果汇编成学习党的十八大精神专刊，进一步推动了学习活动的深入，学习成果质量也受到上级部门和领导的高度肯定。各分校班要求学员以党的十八大精神为指导撰写毕业论文，将学习成效体现在毕业论文的写作过程当中，进一步拓展了学员的学习思考和研究思路，也为进一步提高毕业论文的质量提供了可靠保障。

12月14日，分校组织了学习党的十八大精神主题汇报会，工委副书记、纪工委书记俞贵麟出席汇报会并讲话。来自分校交通运输部、质检总局、气象局、人民银行、建设银行5个进修班的学员代表对本班围绕分校教学主线，深入开展学习贯彻党的十八大精神的情况进行了详细的汇报，得到了与会领导的高度评价。

（摘自《分校工作简报》2012年第6期，中央国家机关分校供稿）

国资委分校组织学员学习贯彻党的十八大精神

国资委分校及时对分校所属企业党校学习贯彻党的十八大精神进行整体部署，分校和各企业党校认真组织学习活动，全面深刻领会党的十八大精神。

分校组织全体党员干部和学员认真收看党的十八大开幕式，收听胡锦涛同志所做的《坚定不移沿着中国特色社会主义道路前进为全面建成小康社会而奋斗》的工作报告，大家一致认为十八大报告主题突出，内容丰富，目标明确。既回顾了党的发展历程，回答了大家感到困惑的问题，为中国的发展指明了方向，又清醒认识到党面临的困难和现状，提出了国家政治体制改革，加快完善社会主义市场经济的目标。

会后国资委分校组织全体党员干部认真学习《中国共产党第十八次全国代表大会文件汇编》和《十八大报告辅导读本》，发放分校学员十八大报告单行本，认真学习党的十八大精神，深入理解报告提出的一系列新思想、新观点、新论断。

组织安排学习党的十八大精神辅导报告和专题讲座。直属班邀请了中央党校秦刚、宫力两位教授分别就《全面推进中国特色社会主义伟大事业》和《中共十八大与中国的战略机遇期》两个专题作了学习党的十八大精神辅导报告。各企业党校分校班也分别聘请中央党校的教授做《坚持人民的主体地位》和《全面小康、科学发展与制度文明》等辅导报告，并参加集团公司组织的十八大学习活动，听取了集团公司领导所做的辅导报告。及时与授课教师沟通，在《深入学习和贯彻执行党章》、《执政党建设的科学化水平》、《中国特色社会主义文化建设若干问题》等课程增加对党的十八大内容的解读；通过学习使学员全面深刻领会精神，坚定走中国特色社会主义道路的信念和到2020年实现全面建成小康社会的信心。

国资委分校直属班和各企业党校分校班组织学员进行了学习党的十八大精神的专题交流和研讨会。学员们通过对党的十八大精神的系统学习和研讨，进一步领会了报告的精神实质、思想内涵，进一步坚定了信念，明确了方向，增强了搞好国有企业的责任感和使命感。

国资委分校注重把党的十八大精神的学习体现到分校教学的各个环节中，扎实推进党的十八大精神进课堂、进教材、进头脑。

（摘自《分校工作简报》2012年第6期，国资委分校供稿）

部队分部总装备部党校班积极推进十八大精神“三进入”

党的十八大召开后，中央党校部队分部总装备部党校班通过抢先备、深入研、及时教、持续学等办法，推进党的十八大精神“进入课堂、进入教材、进入头脑”，确保了党的十八大精神学习贯彻“有组织、有行动、有效果”。

7月，胡锦涛同志发表了“7·23”重要讲话，党校班的教员提前备课。学员入学以后，教员在入学教育阶段就给学员们开设“7·23”重要讲话内容的理论辅导课，并在随后组织两次“理论班务会”。

总装备部党校班把收看党的十八大开幕式的实况转播列为正式课程。党的十八大召开的第二天，党校班就安排教员开设《十八大报告解读》理论辅导课，并为学员发放有自己的教员参与编写的《前进的旗帜》辅导教材，同时还配发了《中国共产党章程》和《十八大报告辅导材料》。11月28日，围绕党的十八大报告的文本和精神，以“推进中国特色社会主义新胜利”为主题，组织了一次课堂研讨。党的十八大后，总装进行了党的十八大精神远程集中培训，但党校班学员脱岗学习，无法参加，为此，积极组织学员补课，让学员通过光盘观看了总装张又侠部长、王洪尧政委在远程集中培训上的讲话和中央党校谢春涛教授的授课，同时还要求学员们把党的十八大精神结合到毕业论文的写作当中，真正做到学以致用，把学习成果转化为实际工作。

（摘自《分校工作简报》2012年第6期，总装备部党校班供稿）

工 作 会 议

中央直属机关分校召开2012年度党校教学工作会

2013年1月18日，中央直属机关分校召开2012年度党校教学工作会议。中央直属机关分校直属班和各党校班汇报了2012年度培训工作情况和2013年度培训计划；中央直属机关工委干部教育办公室副主任、中央直属机关分校副校长玉淑君传达了中央党校教学工作会议有关精神；中央直属机关分校常务副校长周维现介绍了中央直属机关分校的办学实践和思路。新闻出版广电总局党校副校长李革华主持会议，中央直属机关分校及各党校班相关工作人员参加会议。

会议强调，根据中央党校教学工作会议精神，2013年各党校班的培训重点是深入学习贯彻党的十八大精神，抓好党的十八大精神进头脑、进课堂、进教材的“三进”工作；要进一步坚持党校姓党，找准党校定位，不断巩固党校理论学习和党性修养的教育优势，使党校成为提高各级领导干部政治理论水平、强化作风修养的主阵地；要坚持质量立校，在教学和管理质量上狠下功夫，从严治校、从严施教、从严管理。

新华社党校常务副校长袁小平、新闻出版广电总局党校副校长李革华就如何进一步发挥党校“育人”、“激潜”作用，按照中央精神办好党校提出了自己的思考；新华社党校副校长方小翔、新闻出版广电总局培训中心副主任冀彦伟交流了2012年度干部进修班教学管理等方面的经验，中央办公厅机关党校副校长李建民介绍了开办短期培训班的工作经验。

中央直属机关分校常务副校长周维现充分肯定了各党校班在2012年度所取得的成绩。他说，2012年中央直属机关分校直属班和各党校班在严格执行中央党校教学计划的基础上，圆满完成了中央赋予的各项任务，同时积极开拓创新，在办学内容和办学形式上进行了有益的探索。一是在特色教学上有了新举措。中央直属机关分校继续开设“部长论坛”，增设“市委书记（市长）论坛”，同时开设了“星期二人讲坛”以满足学员个性化学习需求，进一步拓宽学员的视野，提升学员的能力。新闻出版广电总局党校班坚持党校姓“党”也姓“广”的原则，积极开拓系统内外教学资源，凸显广电特色。新华社党校班邀请总社主要领导为学员授课、与学员座谈，进一步帮助学员提升理论联系实际的能力。中央办公厅机关党校坚持开门办学，积极探索利用社会资源开办短期培训的新路子。二是在党性教育内容和形式上有了新突破。中央直属机关分校以打造党性教育平台为重点，不断巩固和深化党性教育成果。新闻出版广电总局党校班以建设党校文化为抓手，发挥党校在党员干部品格作风塑造方面潜移默化的感染和引导作用。新华社党校班通过制作“口袋书”、发红色短信等方式，使党性教育易接受、好接近。三是在规范化建设方面迈出了新步子。中央直属机关分校在总结两年住读教学管理经验上，进一步完善了课程体系和学员管理测评体系、规范了后勤工作，为实现2013 年“规范中运行”的建设目标打下坚实基础。新闻出版广电总局党校班进一步强化师资、课程、教材、实验室教学、现场教学和教学保障“六大体系”建设，使党校教学运行更平稳、更规范。新华社党校班、中央办公厅机关党校也在规范教学秩序、强化学习过程监控方面有了新进展。

周维现还介绍了中央直属机关分校的办学思路。他指出，中央直属机关分校的办学思路是在“规范中运行”的基础上，用5 年时间，努力建成“一流党校”，在校园建设、师资建设、教材建设等方面展现“一流”；在未来更长的时间里，将中央直属机关分校打造成中央直属机关局处级领导干部共同的“精神家园”。他说，“精神家园”是中央直属机关分校梦，有梦想才会有理想，有理想才会有追求，有追求才会有奋斗，有奋斗才会实现理想乃至梦想。他还对2013 年度各党校班的工作提出了要求：一要坚持党校姓党，找准党校定位，紧扣理论学习和党性修养两条主线，做好培训各项工作；二要坚持质量立校，严格管理，圆满完成中央党校教学计划；三要坚持办出特色，结合自身优势和特点，努力打造特色品牌；四要加强交流合作，实现资源共享，不断推进各党校班干部教育培训事业共同繁荣发展。

（摘自《分校工作简报》2013 年第 1 期，中央直属机关分校供稿）

中央国家机关分校召开2012 年暑期教学研讨会

7 月 30 日至 8 月 1 日，中央国家机关分校在吉林省吉林市召开2012 年暑期教学研讨会，主题是“切实做好保持党的纯洁性教育工作，不断提升党校办学质量”。中央国家机关工委副书记、纪工委书记俞贵麟出席开幕式并讲话。分校领导、各部门党校负责人和教学管理人员 80 余人参加会议。会议由分校副校长杨文玖主持。大会共收到 34 个部门党校（班）提交的论文 44 篇。

俞贵麟在开幕式上作了题为“充分发挥党校在保持党的纯洁性教育工作中的重

要作用”的讲话，站在保持党的纯洁性的高度，深刻阐述了新形势下党校发挥自身特点和优势，做好保持党的纯洁性教育工作，不断提升党校办学质量的重大意义，提出了进一步做好保持党的纯洁性教育工作的明确要求。

分校副校长杨文玖传达了全国党校校长会议的有关精神。

分校直属局级班等5个党校（班）的教学管理人员在会上作交流发言。与会代表分为五个小组，就做好保持党的纯洁性教育工作以及贯彻落实全国党校校长会议精神展开深入研讨。分校领导深入各小组，听取代表讨论并与代表们进行深入交流。各小组总结提炼了研讨成果并派代表在大会上作汇报发言。

杨文玖在总结讲话中肯定了本次会议取得的成果，指出本次会议领导重视、准备充分、会风务实，取得了实实在在的成效。他希望分校全体同志，倍加振奋精神，增添信心，鼓足干劲，为党的干部教育事业再创佳绩；倍加珍惜机遇，以全国党校校长会议的召开为契机，在新的历史起点上推动党校工作的新发展；倍加努力工作，解决和克服分校工作中面临的实际困难，为中央国家机关党员干部队伍建设作出应有的贡献。

（摘自《分校工作简报》2012年第3期，中央国家机关分校供稿）

国资委分校召开2011年度教学工作总结会

2月16日至17日，国资委分校在中国石油天然气集团公司党校召开2011年度教学工作总结会。

中央党校教务部副主任冯鹏志出席会议并讲话。他指出，2012年分校教学和教学管理，必须紧紧围绕迎接党的十八大胜利召开和学习宣传党的十八大精神，认真贯彻落实习近平同志关于党校工作的历次重要讲话精神，扎扎实实地开展工作，充分发挥分校的重要作用。

国资委分校常务副校长张志强在讲话中指出，企业党校的教学要坚持正确的办学方向，主要任务是用中国特色社会主义理论武装企业党员领导干部。“十二五”期间中央企业改革发展的核心目标是做优做强，培育具有国际竞争力的世界一流企业。党校班的特色课程设计要围绕这一目标贯彻国资委党委的要求，理论联系实际。另外，他强调国资委分校要在指导和服务企业党校上发挥应有的作用。同时要办好直属班，加强自身建设，起好带头作用，并发挥干部教育培训网的功能，不断丰富学习内容。进一步加强国际交流合作，继续做好世界一流企业的考察参观工作。

会上国资委分校有关领导传达了中央党校2012年第一次教学工作会精神，通报了2011年中央党校国资委分校教学工作总体情况，提出做好2012年国资委分校工作的几点意见。要求2012年分校工作要严格执行中央党校教学计划，做到“主体课不走样、特色课有特色”。教学中重视自学和研讨环节，正确引导学员读原著。同时要重视分校班的制度建设，制定行之有效的教学管理流程，健全管理制度，确保培训质量。

与会各企业党校认真总结和交流了2011年春、秋两季分校班的教学管理经验，并进行了“编制教学实施计划和组织教学研讨”的专题培训。

中央党校教务部、国资委分校和18家企业党校的有关领导及教学管理人员共53人参加会议。

此次会议总结了工作、沟通了情况、明确了任务、交流了经验、研讨了问题、开阔了思路，取得了互通有无、相互促进、共同提高的效果。

（摘自《分校工作简报》2012年第1期，国资委分校供稿）

表彰先进

2010—2012学年教学管理先进集体和个人名单

根据《中央党校分校工作暂行条例》及其实施细则的有关规定，按照《关于中央党校分校2010—2012学年教学管理奖评奖的通知》（中校厅字〔2012〕19号）的要求，中央党校教务部组织开展了2010—2012学年中央党校分校教学管理先进集体和先进个人的评奖工作。经过各分校（部）推荐、分校教学管理评奖工作小组审核评审、教务部部务会讨论审议，并报校领导同意，批准中央直属机关分校直属班等23个单位为中央党校分校2010—2012学年教学管理先进集体，潘风东等62人为中央党校分校2010—2012学年教学管理先进个人。

现决定对获奖单位和个人予以表彰奖励。获奖名单如下：

一、教学管理先进集体（23个）

（一）中央直属机关分校（2个）

中央直属机关分校直属班

新华社党校

（二）中央国家机关分校（13个）

中央国家机关分校直属局级班

国家安全部机关党校

国土资源部党校

交通运输部党校

水利部党校
商务部党校
国家质量监督检验检疫总局直属机关党校
国家林业局党校
国家知识产权局党校
中国气象局培训中心
国家开发银行党校
中国建设银行党校
国家烟草专卖局党校
（三）国有资产监督管理委员会分校（7 个）
国资委分校直属班
中国航空工业集团公司党校
中国石油天然气集团公司党校
中国石油化工集团公司党校
中国华能集团公司党校
中国电力投资集团公司党校
中国建筑工程总公司党校
（四）部队分部（1 个）
总装备部继续教育中心

二、教学管理先进个人（62 人）

（一）中央直属机关分校（4 人）
中央直属机关分校：潘凤东　丁龙广
国家广播电影电视总局党校：王　瑾
新华社党校：汪海燕
（二）中央国家机关分校（45 人）
中央国家机关分校：侯建中　高　峰　田春明
中央国家机关分校直属局级班：吴加志　熊　文
全国人大常委会机关党校：魏　兴
最高人民法院机关党校：郝　磊
最高人民检察院机关党校：李庆发
财政部机关党校：初立辉
国土资源部党校：孙显蔚
住房和城乡建设部直属机关党校：王智勇
交通运输部党校：邱曼丽
水利部党校：陈　楚
农业部党校：邵开封
商务部党校：张　露
卫生部党校：张红文
中国人民银行党校：黄建敏
海关总署党校：胡　鹏
国家税务总局党校：朱诗柱
国家工商行政管理总局直属机关党校：徐建宏
国家质量监督检验检疫总局直属机关党校：董长岭
国家体育总局干部培训中心：王　芬
国家安全生产监督管理总局党校：张国茹
国家统计局统计教育中心：李　朝
国家林业局党校：王　浩
国务院机关事务管理局党校：刘治民
中国科学院党校：苗建明
中国气象局培训中心：王立梅　张淑云
国家开发银行党校：王安玲
中国进出口银行党校：杨莉莉
中国农业发展银行党校：梦　尧
中国工商银行党校：张　伟
中国农业银行党校：陈敬良　刘晓莹
中国建设银行党校：王博之　潘　伟
中国建设银行党校常州分校：庄晓方　叶亚庆
中国建设银行党校哈尔滨分校：孙平生　董　彤

国家烟草专卖局党校：王丹丹

王　玲

国家海洋局机关党校：陈慧芝

国家海洋局机关党校（北海班）：

戚　杰

（三）国有资产监督管理委员会分校（11人）

国资委分校直属班：周　媛

中国航天科技集团公司党校：王文国

中国华能集团公司党校：洪　钧

中国航空工业集团公司党校：李东明

中国石油天然气集团公司党校：

刘义林

中国石油化工集团公司党校：胡　杰

国家电网公司党校：刘建涛

中国华电集团公司党校：刘继伟

中国铁建股份有限公司党校：杨德亮

中国核工业集团公司党校：张信军

中国航天科工集团公司二院党校：

徐　华

（四）部队分部（2人）

部队分部：王玉华

海军干部培训中心：蒋艳冬

（摘自中校厅发〔2012〕8号文件，办公厅、教务部分校工作办公室供稿）

分校大事记

2月16日至17日　国资委分校在中国石油天然气集团公司党校召开国资委分校2011年度教学工作总结会，中央党校教务部、国资委分校和18家企业党校的有关领导及教学管理人员参加会议。

2月17日至3月4日　中央直属机关分校常务副校长周维现、副校长靳伟、王淑君分别带队赴黑龙江大庆市、云南保山市、江西南昌市、陕西安康市、甘肃白银市、重庆市、福建龙岩市和宁德市、湖南湘潭市、浙江绍兴市、江苏淮安市就学员调研基地建设工作进行协商，并签订长期战略合作协议，在当地建立学员调研基地。

3月19日　中央直属机关分校2012年春季学期干部进修班、青年干部培训班举行开学典礼。中央直属机关工委副书记孟学农出席开学典礼并讲话。中央党校副校长李书磊，中央直属机关工委委员、办公室主任李勇，中央直属机关工委委员、宣传部部长龚海燕，中央直属机关工委组织部部长、干部教育办公室主任段余应，中央组织部干部教育局副局长张程，中央党校教务部副主任冯鹏志出席开学典礼。本学期，中央直属机关分校招生班次有司局级干部进修班、处级干部进修班和青年干部培训一班、二班，共计228名学员。

3月27日　中央国家机关分校举行2012年春季学期开学典礼，中央国家机关工委副书记俞贵麟出席开学典礼并讲话。中央党校副校长李书磊、中央组织部干部教育局巡视员张家声、中央党校教务部副主任冯鹏志等应邀出席。开学典礼由中央国家机关分校副校长杨文玖主持，分校副校长侯建中、李延军等出席开学典礼。本学期，中央国家机关分校招生班次有分校直属局级干部进修班等55个，招收学员2231人。

4月6日 国资委分校航天科技集团公司党校举行局级干部进修班2012年春季学期开学典礼。中央党校教务部副主任冯鹏志出席典礼并讲话，分校工作办公室黄印秋参加典礼。

4月10日 国资委分校举行2012年直属班春季学期开学典礼。中央党校分校工作办公室、国资委企业领导人员管理一局、企业领导人员管理二局、党建局、人事局、直属机关党委、国资委分校有关领导及100名学员参加开学典礼。

4月12日 中央组织部干教局局长李小三等深入中央国家机关分校就干部教育培训基地建设的情况开展调研，工委副书记俞贵麟出席座谈会，中央国家机关分校副校长杨文玖汇报有关情况。

4月18日 中央组织部干部教育局局长李小三率调研组来中央直属机关分校调研。李小三一行参观了中直分校教室、图书馆、党性修养主题展室、文体中心和学院宿舍楼，听取了工作汇报，对中央直属机关分校在干部教育培训方面取得的成绩给予高度评价。

5月17日 中央党校教务部分校工作办公室召开分校负责人会议。会议的主要内容是：听取各分校2012年春季学期开学以来教学及教学管理的有关情况、存在问题及建议；就《关于中央党校分校2010—2012学年教学管理奖评奖的通知》征求意见和建议。参加会议的有中央直属机关分校教务处处长潘凤东、中央国家机关分校副校长侯建中、国资委分校副校长黄健、部队分部干事刘力维以及各分校教务处的负责同志。

5月30日 中央党校办公厅下发《关于中央党校分校2010—2012学年教学管理奖评奖的通知》（中校厅字〔2012〕19号）。

6月12日 中央直属机关分校举行2012年春季学期毕业典礼，中直工委常务副书记、中央直属机关分校校长孟学农，中直工委委员、办公室主任李勇，中直工委委员、宣传部部长龚海燕，组织部部长、干教办主任段余应出席并为学员颁发毕业证书。常务副校长周维现做毕业总结报告。副校长王淑君主持毕业典礼，巡视员、副校长靳伟，副校长于东林参加毕业典礼。

6月12日 中央国家机关分校举行春季学期“坚持理论武装，坚定理想信念，坚守共产党员精神家园”主题汇报会，中央国家机关工委副书记俞贵麟出席并讲话。

7月5日 中央党校下发《关于中央党校分校2012年秋季学期招生工作安排意见》，对分校2012年秋季学期的招生对象、教学内容及学制，招生办法，入学资格审查与注册等事项作出安排。

7月6日 国资委分校在北京石油管理干部学院举行2012年春季学期直属班毕业典礼。国资委分校常务副校长张志强出席并讲话。中央党校教务部、国资委直属机关党委、人事局和国资委分校有关负责同志出席典礼。

7月30日至8月1日 中央国家机关分校在吉林省吉林市召开2012年暑期教学研讨会，本次研讨会的主题是“切实做好保持党的纯洁性教育工作，不断提升党校办学质量”。

8月10日 中央党校教务部分校工作办公室在北京石油管理干部学院召开中央党校分校负责人会议。会议的主要内容是：由中央党校教务部分管领导、分校办、各分校负责人组成评奖工作小组，对报送的中央党校分校2010—2012学年教学管理先进集体和先进个人进行审核、审评。参加会议的有中央直属机关分校副校长玉淑君；中央国家机关分校副校长侯建中；国资委分校副校长杨永志、黄健，以及各分校教务处的负责同志等。通过评奖工作小组的审核、审评，共选出先进集体23个，先进个人62人。

9月7日 国资委分校召开国资委分校所属企业党校负责人会议。会议传达全国党校校长会议和中央党校2012年第二次教学工作会议精神，总结分校成立十年取得的成绩和经验，部署秋季学期教学工作。并决定面向在校分校班学员开通网上“学习园地”，以发挥教学和工作平台的功能，实现资源共享。国资委分校领导及22名来自17家所属企业党校的负责人参加会议。

9月10日 中央党校办公厅下发《关于对中央党校分校2010—2012学年教学管理先进集体和先进个人进行表彰的决定》（中校厅发〔2012〕8号），对中直机关分校直属班等23个办学先进单位、潘风东等62名先进个人进行表彰。

9月17日 中央直属机关分校举行2012年秋季学期开学典礼。中央党校副校长李书磊、教务部副主任王成志出席开学典礼。本学期，中央直属机关分校招生班次有司局级干部进修班、处级干部进修班和青年干部培训班，共计220名学员。

10月9日 中央国家机关分校举行2012年秋季学期开学典礼，中央党校副校长李书磊、教务部副主任王成志出席。本学期，中央国家机关分校招生班次有分校直属局级干部进修班等42个，招收学员1864人。

10月16日 国资委分校2012年秋季直属班举行开学典礼，国资委副主任、中央党校国资委分校校长金阳同志出席并讲话。中央党校教务部、企业领导人员管理一局、企业领导人员管理二局、人事局、国资委直属机关党委、国资委分校有关领导及112名学员参加开学典礼。

12月19日 中央直属机关分校举行2012年秋季学期毕业典礼。中直工委常务副书记、中直分校校长孟学农，中直工委委员、办公室主任李勇，中直工委委员、宣传部部长龚海燕，组织部副部长罗建辉出席典礼并为学员颁发证书。中直分校副校长兼工委干教办副主任玉淑君主持典礼，巡视员、副校长靳伟，副校长于东林参加典礼。2012年秋季学期188名学员参加典礼。

12月28日 中央国家机关分校召开2012年教学质量管理体系内审工作总结会暨教研室工作会议。

2013年1月9日至11日 中央国家机关分校副校长杨文玖、侯建中分别参加了2012年秋季学期直属班毕业典礼。本学期分校4个直属班共242名学员顺利毕业并取得中央党校的毕业证书。

2013 年 1 月 11 日 国资委分校 2012 年秋季学期直属班在北京石油管理干部学院举行毕业典礼。国资委分校副校长杨永志出席毕业典礼并讲话。本期直属班共 112 名学员取得中央党校的毕业证书，32 名学员被评为优秀学员，41 名学员的毕业论文被评为优秀毕业论文。中央党校教务部、国资委企业领导人员管理一局、二局、直属机关党委、人事局、国资委分校有关负责同志出席毕业典礼。

（教务部分校工作办公室、中央党校各分校（部）供稿）

地方党校工作

编辑：王超英

工作概述

【北京市委党校】 创建于1950年11月，其前身为建于1949年1月的“中共北平市委干部训练班”；1993年，正式挂牌北京行政学院，实行“两块牌子，一套班子”的办学模式；2011年，挂牌北京市委党校市直机关工委党校一分校、北京市委党校卫生局党校二分校；领导体制为校务委员会负责制，中共北京市委副书记吉林兼任校长，日常工作由常务副校长王民忠主持；下设哲学教研部、经济学教研部、政治学教研部、党史党建教研部、公共管理教研部、工商管理教研部、法学教研部、社会学教研部、外语教研部等25个处级机构，现有教授22人、副教授54人、硕士研究生导师37人；1990年，被国务院学位委员会批准为硕士学位授予单位，现有一级学科专业授权点4个，硕士学位二级学科授权点27个。

2012年，举办各类研修班、进修班、培训班和专题班97个，培训干部10063人次。其中，常规主体班次有区县局级领导干部研修班、区县局级领导干部进修班、正处职干部进修班、中青年干部培训班、处级正职公务员任职培训班、公务员初任培训班等，培训干部1103人；根据市委安排和受有关部门委托，不定期举办的各种短期专题研讨班和培训班，培训干部8960人。硕士研究生17人取得硕士学位；学位研究生培养方式实现了由“国家计划内定向”向“国家计划内非定向”的转变。

学习贯彻党的十八大精神。组织全体教职工集中收看党的十八大开幕式和胡锦涛同志所作的报告，校委理论学习中心组以扩大会形式进行集中学习，安排专家为全体教职工作党的十八大精神辅导报告；及时调整教学内容，把党的十八大精神纳入主体班次的培训课程，承办全市区县局级领导干部学习贯彻党的十八大精神专题研讨班7期，培训干部2700人；举办校内党员干部学习宣传贯彻党的十八大精神培训班2期，培训机关党委委员、纪委委员和支部书记等123人；组织教研人员撰写解读党的十八大报告文章7篇在《前线》网刊载。

教学工作。加强主体班课程研发，进

一步完善主体班核心课程体系，全年开设选修课43门次；开展主体班新课和选修课新课的校级集体备课，重点抓研修班、中青班、中关村企业家班的品牌建设，初步形成品牌模式；不断创新教学形式和方法，在研修班开展个性化教学、研修报告导师制和助手制，尝试自我认知交流的反思式教学方法的运用，在中青班领导力模块中，增加自我认知小传的分享交流环节，在进修班尝试研修成果评优活动；与前线网达成战略合作协议，研修成果转化得到加强；完成10个类别的20家现场教学基地建设，开展18个现场教学教材的编撰工作；启动第一届精品课评选活动，召开教研部发展规划专题会。

科研工作。制定《科研津贴实施办法》、《科研组织奖的评奖办法》、《校内科研项目的管理办法》，规范科研管理；获准立项国家社科基金项目7项，立项市社科规划重大项目1项、青年项目2项、一般项目4项，立项中央党校调研课题7项、市社科联重大决策咨询招标课题1项和市社科联青年社科人才资助项目4项，组织立项校级调研课题18项、学科建设项目20项、青年课题8项和决策咨询课题3项，推进全市党校系统科研协作，23项科研协作项目获得立项；获得全国党校系统科研成果一等奖2项、二等奖2项和优秀管理工作者奖2名，获市哲学社会科学成果二等奖5项；在《求是》、《中国特色社会主义研究》、《北京日报》、《中国党政干部论坛》等重要刊物发表论文18篇，《以争先创优为契机，健全基层党的群众工作机制》发表在《求是》杂志（2012年1月第1期），《用社会主义核心价值体系引领首都精神文明建设研究》得到中央政治局委员、北京市委书记刘淇批示；《新视野》、《行政学院学报》被市新闻出版局评为“新闻出版工作先进集体”，《行政学院学报》入选为中国人民大学书报资料中心2012年版“复印报刊资料”重要转载来源期刊。

学员管理。加强学员管理的特点研究，注重以学员为主体，实现学员的“自我学习、自我管理、自我服务”，细化两级班委会管理方式，直接参与班级服务的学员达到三分之一以上；抓好主体班次的学习型班级建设，在中青班实行“五个一”考核方式：撰写一篇马克思主义基本理论学习体会文章、一份党性分析材料、一份成长经验交流提纲、一份研修案例报告和参加一次综合素质答辩。

队伍建设。新招收博士6人，接收军队转业干部4人，公开招考国家公务员6人；任命正处级领导3人，副处级领导5人，聘任事业编制部门的正、副主任（馆长）38人，聘任2人为教授、5人为副教授。

机关党建。推荐评选市直机关先进基层党组织1个和优秀共产党员1名，评选表彰先进党支部9个和优秀共产党员16个，组织开展“践行北京精神，弘扬中华优秀传统文化”主题党日活动、“身边的感动”征文和“唱出心中的歌”卡拉OK比赛等活动，获第三届市直机关文化艺术节突出贡献奖和优秀组织奖，获“首都之光”第九套广播操比赛二等奖，连续7年获得“首都文明单位”荣誉称号。

信息化建设。完成学员宿舍、计算机教室的计算机更新安装和系统调试工作，建成并开通校短信通信平台，开发主体班教务管理系统和参公人员考核软件，完成校园网络结构调整和核心机房配套改造的设计方案；完成《北京党史数据库》和《北京市情研究与地方志文库》的初步建库工作，制定《领导文萃》办刊方案，编辑刊印《北京市情数据手册2012》。

行政后勤。完成“综合教学楼”主体结构工程，确定二次装修设计方案，完成利玛窦墓地保护修复工程，新建无障碍坡道3条，向市财政局教育处提交“后勤服务保障社会化”的初步设想。

业务指导。建立会议指导、教学观摩等长效机制，召开区县党校、企业党校常务副校长两个层次座谈会；建立全市党校系统主体班教师师资库，收录58所党校186名教师；建立全市党校系统现场教学基地库，收录16所党校50个现场教学基地。

对外交流。组织出访团组12批次33人，接待来访团组36批次531人、参观“利玛窦与外国传教士墓地”的团组及宾客70批1000人和中联部派来的党宾团组8批130人，接待斯洛文尼亚驻华大使、德国驻华使馆文化参赞、意大利之友代表团等，举办与德国北威州行政学院合作十周年庆典活动。

【天津市委党校】 创建于1949年2月。2001年10月，与天津行政学院合并，实行“一套人马、两块牌子”；领导体制为校务委员会负责制，中共中央政治局委员、天津市委书记张高丽兼任校长，日常工作由常务副校长祝宝钟主持；下设哲学教研部、经济学教研部、党建教研部、党史教研部、科学社会主义教研部、公共管理教研部、法学教研部、计算机教研部、基础课教研部、党建研究所、经济发展战略研究所等34个处级机构，现有教授26人、副教授69人和享受国务院政府特殊津贴专家2人。

2012年，举办各类班次51期，包括进修一班4期、进修二班2期、处级公务员任职培训班2期，培训一班2期，选调生公务员初任培训班3期，公务员初任培训班11期，公务员社会管理创新专题培训班2期，公务员职业道德建设专题培训班，局处级领导干部应急管理培训班，滨海新区领导干部应急管理培训班，宣传部长培训班2期，高校哲学社会科学骨干研修班2期，新疆和田地区基层干部“科学发展主题”培训班8期，天津市局级领导干部学习十八大精神专题培训班7期，广西保税港区建设与应急管理培训班，西部、东北地区培训管理者培训班2期，培训干部3656人。此外，开展全市干部自主选学，培训干部461人次。接待全国各省、市行政学院来院短期培训的干部1840人次。

学习贯彻党的十八大精神。与市有关部门联合举办学习贯彻党的十八大精神专题培训班15期，轮训1200名部委办区县局领导干部；及时调整和充实教学内容，新增“党的十八大与中国经济社会发展”、“全面认识和把握科学发展观的历史地位和指导意义”等教学专题10个；邀请专家学者作专题学习辅导报告，与天津市党建研究会、天津市党校教育研究会联合举办学习宣传贯彻党的十八大精神理论研讨会，征集论文247篇；在报刊发表理论文章，其中《铸就兴国之魂实现伟大梦想》发表在《光明日报》（2012年12月12日），《建设学习型服务型创新型的马克思主义执政党》《天津日报》(2012年11月26日)；常务副校长等校委领导带领教研人员深入滨海新区、南开大学等各级机关、企事业单位、社区，为广大党员干部群众宣讲、诠释党的十八大精神和市委的一系列重大决策部署。

教学工作。开设和完善“滨海新区创新发展专题讲授”、“公共服务体系建设：模式、标准及实现形式”、“应急体系建设与突发事件的处理”等新的教学专题和精品课程，新设教学专题、课程120余门，专题更新率达到80%；组织进修一班学员两次赴上海开展主题为“创新驱动，科学发展”的异地现场教学活动，开设“京沪干部论坛”，学习交流发展经验和理念；继续加大自主选学力度，新开设多门自主选学课程；在中央党校组织的全国党校系统教学质量评选中，获“全国党校系统第一届教学管理奖”。

科研工作。获准立项国家社科基金项目2项、全国党校系统重点调研课题7项、国家行政学院项目2项、市社科规划项目7项、市委重点调研课题6项、市政府决策咨询项目3项、市教育科学项目7项和市思想文化项目21项，首次与市公务员局共同承担国家人力资源和社会保障部研究课题《全国处科级公务员任职培训大纲研究》；完成中央党校调研课题6项、国家行政学院基地项目2项、市社科规划项目3项、市重点调研课题7项和市委宣传部调研课题14项。

队伍建设。招聘7名博士，公开招考3名参公人员，接收7名军转干部；提拔3名处长、4名副处长，调任1名副处长；选派11名教师分别参加中央党校、国家行政学院和井冈山、延安、浦东干部学院组织的进修培训，选派7名处级领导干部参加进修二班学习，安排6名公务员参加公务员初任培训班；发展新党员4名，6名预备党员按期转正。

行政后勤管理。争取市财政支持，公用支出财政拨款净增加500万元，申请专项经费150万元用于校园基础设施维护，规范公务用车、公务接待和因公出国（境）等管理制度。

业务指导。召开区县党校常务副校长会议，传达全国党校校长会议和全国县级党校工作座谈会精神，组织区县党校教师参加中央党校举办的师资培训班；研究起草《区县委党校办学体制改革的实施意见（征求意见稿）》和《关于加强区县党校工作意见》；出版《天津党校》报6期。

对外交流。派出2人赴新加坡做访问学者，开设“国际问题讲坛”，邀请德国科隆大学经济学博士、锡根大学格哈特·布林克曼教授等来校作主题为“欧元区的危机——中国如何应对”的学术讲座，接待美国“九日英语”专家授课团来访，完成中德灾害风险管理项目天津项目“第一响应培训”相关培训任务。

【河北省委党校】　成立于1949年8月1日，由原冀中、冀南和冀东3个区委党校合并而成；领导体制为校务委员会负责制，中共河北省委副书记车俊兼任校长，日常工作由常务副校长梁志忠主持；下设哲学社会学教研部、经济学教研部、科学社会主义教研部、党史教研部、党的建设教研部、管理学教研部、科技文化教研部、政策法律教研部和河北省发展战略研究所等24个处级机构，现有教授37人、副教授

53人、享受国务院政府特殊津贴专家2人、省管专家1人、省突出贡献中青年专家6人和省社会科学优秀青年专家3人。

2012年，举办各类班次67个，培训干部4870人。其中，举办常规主体班次有市厅级领导干部进修班、县处级领导干部进修班、乡镇党委书记进修班等14个，培训干部721人；举办社会管理创新专题研讨班、工业企业转型升级专题研讨班、加强生态环境建设专题研讨班、优化发展环境专题研讨班等35个，培训干部1563人；省委在党校举办的专题研讨班有学习贯彻党的十八大精神专题研讨班8个，培训省管干部1747人；受有关部门委托，举办省通信管理局强化基层组织建设培训班、省国资委处级干部学习贯彻党的十八大精神专题培训班、石家庄民营企业家培训班等计划外班次10个，培训干部839人。全年培训人数比前一年增长67%。

学习贯彻党的十八大精神。校委中心组进行集中学习，校委成员带头撰写体会文章，以校委中心组名义在《河北日报》(2012年11月21日）发表文章《实现中华民族伟大复兴的政治宣言和行动纲领》；组织全体干部职工集中收听收看党的十八大开幕式和胡锦涛同志所作的报告，安排8位专家教授为教职工进行系统辅导；及时调整授课内容，连续举办8期省管干部学习贯彻党的十八大精神专题研讨班，培训省管干部1747人；选派1名校领导参加省委宣讲团，组织专家教授到机关、企业等单位进行理论辅导58人次，深入10个县市、乡村开展宣讲，受众4000人。

教学工作。坚持突出以中国特色社会主义理论体系特别是科学发展观为中心内容的理论教育，突出以强化忠诚、尽职尽责、道德情操和拒腐防变为主要内容的党性教育，突出河北科学发展重大现实问题研究为主要内容的省情教育，突出领导干部履职必备知识的教育；实践研讨式、情景模拟式、团队式等新的教学方法，特别是在加强和创新社会管理专题研讨班探索实行全案例式教学，组织市厅级和县处级进修班70多名学员，开展“重温两个‘务必’，重走‘赶考’之路”党性教育体验式活动（《河北日报》、河北新闻网等省内主流媒体对此进行报道，中国共产党新闻网、人民网、光明网等随后转载）；出台《关于实行年度最低教学科研工作量考核的规定》、《主体班教学计划制定规程》和《教学质量评估工作管理规程》等14项规章制度，建立教学管理和运行机制。

科研工作。获准立项国家社科基金项目2项和省社科规划项目22项，获第十三届河北省社科优秀成果奖6项，获全国党校系统优秀成果奖4项和科研工作进步奖；完成省领导委托调研项目8项，其中《关于推进我省“三农”工作的政策建议》、《关于建立承德市传统资源型产业文化升级示范区的建议——建立河北省级综合配套改革试验区系列研究报告之二》分别得到省委书记张庆黎和省长张庆伟批示，参加省委、省政府决策咨询专题会及省委重要文件和省委主要领导讲话起草24人次；出版专著8部、编著10部，在国家级报刊和核心期刊发表论文115篇，比上年增长80%，教研人员参加各类学术研讨会议80人次，入选研讨会论文64篇；出台《加强为省委省政府决策服务工作的意见》、《决策服务项目管理办法》和《科研项目与学术著作出版资助办法》等9项制度；《领导之友》首次获省社科类“十佳期刊”称号。

学员管理。出台《主体班次学员党性锻炼实施办法》，坚持每周一次党性教育课，采用“入村住户体验式”、“情景模拟体验式”和“走访英模找差距”等形式，定期组织学员到西柏坡等省内外红色基地和监狱、军营等地进行党性锻炼；在常规班次实施“双组织员制”，针对大规模主体培训班次建立团队式班级管理新模式；组织学员论坛、课前演讲等一系列展示和提升学员能力的班级活动，开展“我最难忘的一件事”和“我为省委省政府建言献策”征文活动，学员撰写读书心得和建言献策等文章1000余篇。

队伍建设。制定实施《专业技术岗位设置管理实施办法》、《参照公务员法管理工作人员年度考核办法》和《教研人员外出讲课管埋办法》等9项制度，完成新一轮专业技术岗聘工作，2名教师入选享受国务院政府特殊专家，1名教师入选省有突出贡献中青年专家；实行年满58周岁处级领导职务提前转任的改革措施，选拔和调整18人次处级干部和60人次科级干部；公开招聘博士2名、硕士2名，公开遴选参公人员14名；选派6名教师和干部分别到石家庄、唐山和邢台的6个县（市）挂职常委锻炼1年，6名教师分别参加中央党校、浦东、延安和井冈山干部学院培训。

开展“标准化管理年”活动。出台《中共河北省委党校标准化管理制度汇编》和《中共河北省委党校标准化工作流程图汇编》，涉及教学、科研、组织人事、行政管理、后勤服务等100余项制度，开展标准化知识书面测试、公文写作技能测试、教学观摩课、决策咨询报告会、后勤服务技能比武等岗位大练兵活动，校领导不定期到有关处室座谈并检查指导，推动标准化管理引向深入。

机关党建。继续深入开展创先争优活动，常务副校长为全校教职工讲党课两次；成立校团委和团总支，首次将进城务工青年纳入机关党建管理之中，1个支部被评为省直机关先进党支部，1个处室被省妇联评为河北省妇女创先争优先进集体，被评为省直机关优秀共产党员和优秀党务工作者各1人；举办全省党校系统迎接党的十八大书画摄影展和迎新年文艺联欢会等文体活动，校广播体操在省直机关运动会上获得二等奖，被命名为省直文明单位，1名同志被评为省直精神文明建设先进个人；为张家口、承德灾区组织捐款4.5万元，及时救济生活困难职工，校工会获省直工委“先进之家”称号。

信息化建设。校园网开通与中央党校校园网的VPN连接服务，建成具有新闻发布、专题访谈、来宾会见等功能的媒体沟通与应对实验室；制作党的基本理论方面的教学资源片24部，均被全省农村党员干部远程教育中心采用；完成校园网站等信息化系统的定期维护、咨询服务等任务，在2012年省重点门户网站渗透测试情况最好的网站中综合排名第一，获“党的十八大期间河北省网络与信息安全保障先进单位”称号。

业务指导。协调省委组织部、省财政厅、省人社厅和省教育厅组成联合调查组，对全省11所市委党校和22所县级党校建设情况进行调研，起草《关于全省市县党校建设情况的调研报告》和《关于推进市县党校改革与发展的意见》；举办党校系统新入职教师进修班、教学管理工作专题研讨班和学习贯彻党的十八大精神师资培训班，培训教师315人；组织开展全省党校系统第八届优秀科研成果奖和科研工作组织奖评选活动，共评出获奖成果49项，2所党校获市级党校科研工作组织奖，6所党校获县级党校科研工作组织奖。

【山西省委党校】 创建于1949年9月1日，与山西行政学院实行“一套人马、两块牌子”的办学模式。领导体制为校务委员会负责制，日常工作由常务副校长李福明主持；下设哲学教研部、政经教研部、科社教研部、党史教研部、党建教研部、经管教研部、文化基础教研部、法学教研部、公共管理教研部、现代科技教研部、信息网络教研部、省情与发展研究所、现代领导能力训练中心等35个处级机构和忻州分校，现有教授17人、副教授48人、享受国务院政府特殊津贴专家2人、全国宣传文化系统“四个一批”人才1人和省学术技术带头人3人。

2012年，举办各类班次111期，培训干部10625人。其中，首次举办省管领导干部学习贯彻十八大精神轮训班8期，培训干部1067人；举办常规主体班次有省管领导干部进修班（3期）、中青年领导干部培训班（2期）、正处级公务员任职培训班、正处级公务员轮训班、全省党校行政学院系统师资培训班共8期，培训干部488人；举办专题培训班有全省党校系统学习党的十八大精神骨干教师培训班、山西省领导干部依法行政专题研讨班（2期）、山西省应急管理干部能力素质提升专题培训班（2期）、山西省交通运输系统预防职务犯罪法制教育培训班共6期，培训干部630人；举办干部选学培训班16期，培训人数1623人；受有关部门委托举办培训班62期，培训人数6278人；外省市党校及培训机构来校进行异地培训的班次有新疆阜康市委党校第18期中青年后备干部培训班、新疆兵团农六师党委党校第11期中青年干部培训班、新疆生产建设兵团农六师五家渠市组织人事干部培训班、山西省暨新疆建设兵团农六师县级人口计生局长培训班、新疆兵团农六师党委党校团职干部培训班、重庆市海事局培训班、深圳劳教局依法行政专题培训班两期、贵州省安顺市平坝县国税局干部延伸培训班两期、柳州市组织系统“着力打造‘三个组工’全面提升能力素质”专题进修班共11期，培训人数539人。此外，开展干部送学培训77场次，培训干部23000人次。

学习贯彻党的十八大精神。组织教职工收看党的十八大开幕式，及时发放十八大辅导资料，举办全校十八大精神的辅导报告，举办“推进学习型党组织建设迎接党的十八大”为主题的读书交流会、“喜迎党的十八大理论知识竞赛”、“学习党的十八大精神交流会”和“喜迎十八大、创优软环境、岗位作奉献”系列活动等；开展省管领导干部学习贯彻十八大精神集中轮训8期，培训省管干部1067人；与山西科学社会主义学会联合举办学习贯彻十八大精神研讨会，1篇论文入选“全国党校系统学习贯彻党的十八大精神理论研讨会”。

教学工作。综合运用讲授式、案例式、体验式、模拟式等教学方法，大力推行

"2+1"课堂互动教学，加大常规班次案例教学比重；开展集体备课、硕博论坛、教师赛讲、外请报告等教研活动；加强教学基地建设，建立省国防教育学院和省应急管理培训基地。

学科建设。根据《省校院2011—2015年学科建设规划》，配套制订《学科建设的评估及资助暂行办法》，召开2011—2015年重点学科建设评审暨启动会，审定《马克思主义导读》和《马克思主义经典名著名言警句汇编》两本教材（由中共中央党校出版社出版），着手编写《政府公共管理实用案例选编》等教材。

科研工作。全年申请立项国家社科基金项目23项，获得立项国家社科基金项目3项，获得立项中央党校重点课题4项和省社科项目23项，6项国家社科基金项目结项；获得全国党校系统科研成果一等奖1项、二等奖2项，获省哲学社会科学成果一等奖2项、二等奖4项和优秀奖3项；出版学术著作6部，在国家一级报刊发表文章15篇，其中《高度重视网络时代的党员意愿表达》发表在《人民日报》（2012年8月21日），《凝练核心价值的三重选择》发表在《光明日报》（2012年4月28日），《正确引导和规范民间借贷的几点建议》发表在《光明日报》（2012年10月14日），研究成果《当前我省领导干部思想动态调查——省委党校主体班问卷调查分析报告》、《农民收入翻番面临的困难、期盼及对策建议》和《增强干部选学实效性的七点建议》得到省委书记袁纯清的批示；《理论探索》、《中共山西省委党校学报》被评为山西省一级期刊，其中《理论探索》被评为CSSCI来源期刊。

学员管理。定期开展学员论坛，举办以"贯彻省第十次党代会精神，山西如何推动文化旅游产业做大做强"、"市场经济体制下领导干部应当有什么样的人生追求"、"从个人成长经历——谈加强党性锻炼的必要性"和"结合本阶段学习及工作谈体会"等为题的学员论坛，组织中青班学员赴太原第一监狱、省委党校警示教育基地等处开展体验式教学和警示教育，加强中青年干部的党性锻炼。

队伍建设。招聘6名博士充实师资力量，调整任用22名副处级干部、3名调研员，推荐全省宣传文化系统"四个一批"人才3名，3名教研人员获评省学术技术带头人；组织10批20名教师到国内外重点院校进修培训，选派1名干部到省级转型综改试点县挂职，6名教师赴基层挂职锻炼。

机关党建。制定改进工作作风实施办法，提出全体党员干部要坚持锤炼"在党爱党、在党信党、在党为党、在党捍卫党"的政治品质，不断修炼全局观念、敬业精神、奉献思想、务实作风、合作意识，形成认真研究问题、努力创新工作、坚持创先争优的浓厚氛围和良好风气；开展创先争优、保持党的纯洁性学习教育、基层党组织建设年、学习型校院建设、文明和谐创建等活动。

保障与服务。党校危房改造项目进入收尾阶段，行政学院综合教学楼项目获准立项，完成校园维修改造，特别是路网改造工程，研发党校学历在线查询系统，启动"八路军总部在山西"数据库建设项目。

业务指导。印发《关于加强全省县级

党校工作的意见》，举办全省党校校长会议、党校系统师资培训班、教学交流评奖及教师赛讲等活动，制定全省党校系统优秀教学成果及优秀教师评选办法等。

【内蒙古自治区委党校】 创建于1948年，与行政学院实行“一套人马、两块牌子”的办学模式；领导体制为校务委员会负责制，中共内蒙古自治区党委副书记李佳兼任校长，日常工作由常务副校长杨飞云主持；下设哲学教研部、经济学教研部、政治学教研部、党史党建教研部、公共管理教研部、民族理论教研部、法学教研部、社会管理和文化教研部等23个处级机构，现有教授23人、副教授38人和享受国务院政府特殊津贴专家1人。

2012年，共举办各类班次40个，培训干部3336人。其中，首次举办呼伦贝尔民族干部培训班，培训干部40人；举办主体常规班次有盟市厅局级干部专题研讨班、盟市厅局级干部进修班、中青年干部培训班、全区政法系统中青班、苏木乡镇党委书记培训班、党校系统师资培训班、区直机关处级公务员培训班、盟市处级公务员培训班、新任处级公务员培训班、副旗县长专题研讨班等22个，培训干部980人；举办11个干部自主选学培训班，培训干部1464人；与自治区有关部门合作举办6个计划外培训班，培训干部852人，学习贯彻党的十八大精神。在党的十八大召开之前就组织全区党校系统骨干教师参加中央党校举办的学习宣传十八大精神培训班，组织全校教职工、学员集中收看党的十八大开幕式；选派教学科研骨干参加自治区党委宣传部举办的内蒙古学习十八大精神理论骨干培训班，并赴全区各地宣讲十八大精神；校委中心组集体学习党的十八大文件，召开全校各支部学习贯彻党的十八大精神会议，在各个班次的教学中安排党的十八大精神解读。

教学工作。优化和调整教学内容，及时安排党的十八大精神相关专题课，还根据班次特点安排差异性教学内容，专题更新率达到51.1%，较上年提升11个百分点；开展研究式、互动式、案例式和情景模拟、现场教学、警示教育等教学方法，探索使用“桌面推演”等新的教学方式，主体班学员满意率达到97.8%，较上年提升0.7个百分点；确定恩格贝生态示范区为现场教学基地，举办外请报告22次。

科研工作。申请立项国家社科基金项目6项，获准立项国家社科基金项目6项，立项中央党校重点课题5项、国家行政学院课题6项、自治区社科项目5项，结项国家社科基金项目1项、全国党校系统重点课题5项，获自治区哲学社会科学成果一等奖1项、二等奖3项和优秀奖8项，出版学术著作4部。

学员管理。认真执行《关于加强调训学员培训管理工作的通知》要求，增强调训工作的刚性约束，坚持学员听课座位实名制和考勤公示制度，完善班主任管理责任制。

队伍建设。通过公开招考，引进1名博士、11名硕士和4名专业技术人员；推荐6人为“西部之光”访问学者、“新世纪321人才工程”人选、参加新世纪百千万人才工程和“草原之光”硕士创业行动，推荐2人申请自治区人才开发基金；制订《2013—2017年队伍建设规划》，调整任用8名处级干部。

机关党建。建立完善创先争优活动的长效机制，召开创先争优活动总结表彰大会；深入学习贯彻党的十八大精神，组织多名骨干教师参与自治区宣讲和解读党的十八大精神；完成26个支部换届工作，深入开展定点帮扶、万名干部下基层和社区共建活动。

基础设施建设。完成文体活动中心的主体施工，开始内外装修和设施配套工程；推进校园"一卡通"工程建设，完成设计招标工作，开始布线施工；供电专线竣工并投入使用，改造太阳能路灯，更换广场两侧的景观灯，安装安防设备和综合楼顶吸塑发光字，配合完成新华社在校安装视频终端项目；制定实施8项财务管理制度和学员自助餐制度。

业务指导工作。推进全区旗县党校改革发展和评估工作，深入全区旗县党校调研基层党校办学情况，并代自治区党委起草《关于进一步促进旗县党校改革发展的意见》，制定《评估指标体系》和《实施办法》，举办全区党校系统师资培训班2期，培训100名骨干教师。

【辽宁省委党校】 创建于1946年，前身是中共中央东北局党校、中共中央第一中级党校，中共中央第一中级党校于1957年与辽宁省初级党校合并，统称为中共辽宁省委党校；领导体制为校务委员会负责制，中共辽宁省委副书记夏德仁兼任校长，日常工作由常务副校长于言良主持；下设哲学教研部、经济学教研部、政治学教研部、党史教研部、党建教研部、工商管理教研部、法学教研部、基础教研部、公共管理教研部、省情研究所等25个处级部门，现有教授31人、副教授30人、硕士研究生导师19人和享受国务院政府特殊津贴专家2人；2004年，被国务院学位委员会批准为硕士学位授予单位，现有一级学科专业授权点1个，二级学科专业授权点5个。

2012年，举办各类班次90个，培训干部9238人。其中，举办主体班次59个，培训干部6335人次；举办对外培训班次31个，培训干部2903人。此外，举办学习贯彻党的十八大精神培训班3期，全省各市市委书记、市长、市委副书记，省直各厅局、省委直接管理的国有企业、省属本科高校的党政一把手、党组（党委）副书记和省国资委管理的国有企业、省属专科院校党政一把手，全省100个县（市）区党政一把手共600人参加培训。

学习贯彻党的十八大精神。举办市厅级党政主要领导干部、市厅级党政领导干部和县（市）区党政主要领导干部学习贯彻党的十八大精神培训轮训班3期，组织各级党校开展贯彻党的十八大精神培训轮训活动；召开校委理论学习中心组（扩大）会议和专题理论研讨会，两位校领导参加省宣讲团，分别到鞍山、本溪宣讲党的十八大精神，组织教研人员深入到省直机关、企事业单位进行宣讲，在《辽宁党校报》和辽宁干部教育网开设专栏等。

教学工作。开设新专题26个，改造专题19个，教学内容的更新改造率达到30.1%；全年课程优秀率达到87.4%，学员对教学内容的满意率达到99.53%；加大省情教学，强化党性锻炼；要求教师站立讲课，在每个专题教学中都留出10分钟时间，现场解答学员提出的问题，首次在中青班开展毕业论文答辩。

科研工作。中标国家社科基金项目6

项、全国党校系统课题3项、省社科规划课题21项（其中重点项目8项）；获得全国党校系统科研成果一等奖2项、二等奖2项，连续第8次获得优秀科研工作组织奖；在国家一级报刊发表文章33篇，《关于锦州建设辽宁沿海第二大城市的研究报告》得到陈政高省长的批示，18项成果分别发表在《学习时报》、《辽宁日报》等媒体上；组织召开“坚持和完善中国特色社会主义制度”学术研讨会，选派教研人员39人次参加各类高层次学术会议；《党政干部学刊》实现核心期刊的评价位次前移，并被评为人大《复印报刊资料》重要转载来源期刊。

队伍建设。引进博士5名、硕士1名，录用省委组织部选调生1名，选派70人参加由中央党校、浦东干部学院、北京大学等单位组织的业务培训和进修学习，选派20人赴韩国京畿道人才开发院研修学习，选派5人（其中首次选派2名参公人员）到基层挂职锻炼，选派12名青年教员任主体班副班主任，另有1人作为省委组织部选拔的100名年轻干部到朝阳市挂任副区长。

业务指导。加强县级党校建设，省委召开全省县级党校工作会议，正式印发由本校起草的《关于进一步加强县级党校建设的意见》、《辽宁省县（市）委党校评估办法》及《指标体系》，并开展第一批全省县级党校建设优秀单位的评估审核工作；开展对下级党校师资、管理人员的业务培训和全省党校系统职称评审工作。

【吉林省委党校】 创建于1948年5月。2006年3月，与吉林省行政学院合并，实行“一套机构，两块牌子”；2008年8月，吉林省妇女干部学校并入吉林省委党校，对外保留吉林省妇女干部学校的牌子；领导体制为校务委员会负责制，中共吉林省委副书记竺延风兼任校长，日常工作由常务副校长倪连山主持，下设哲学教研部、经济学教研部、政治学教研部、中共党史党建教研部、公共管理教研部、经济管理教研部、法学教研部、社会学教研部、基础教研部、应急管理教研一部、应急管理教研二部、马克思主义理论研究所、经济与社会发展战略研究所和吉林省行政科学研究所等45个处级机构，现有教授39人、副教授41人、硕士生导师28人、享受国务院政府特殊津贴专家5人、省拔尖创新人才1人和省有突出贡献的中青年专业技术人才3人（同时享受省政府津贴）；1990年，被国务院学位委员会批准硕士授予单位，现有一级学科专业授权点1个、二级学科专业授权点8个。

2012年，共举办各类进修班、培训班、师资班和专题研究班103个，培训领导干部和公务员6924人。举办常规主体班次有省管干部进修班、新任省管干部培训班、市州直属部门主要领导干部进修班、省直部门正处级领导干部进修班、全省哲学社会科学教学科研骨干研修班、省属重要企业高级经营管理者进修班、处级中青年女干部培训班、省直机关处级职务公务员在职进修班、省直机关处级职务公务员任职培训班、省直机关新录用公务员初任培训班、全省街道党工委书记培训班30个，培训领导干部和公务员1789人；举办新疆阿勒泰地区县乡领导干部赴吉林省培训班17个，培训干部724人；举办全省党校系统师资培训班4个，培训教师361人；

省委在党校举办新一届县（市、区）长培训班，培训干部54人；与省妇联共同举办妇联干部进修班2个，培训干部83人；配合省委组织举办清华、北大选调生培训班，培训干部136人；配合省教育厅举办高校发展战略班，培训干部38人；配合省总工会，举办工会干部培训班，培训干部110人；举办领导干部自主选学班21个，培训领导干部766人；举办公务员自主选学短期培训班25个，培训公务员2863人。毕业硕士研究生16人，并取得硕士学位。

学习贯彻党的十八大精神。将宣传解读党的十八大精神纳入第四学期主体班次教学计划，举办2期全省党校系统学习十八大精神师资培训班，培训师资284人；举办4期领导干部自主选学短期培训“十八大精神解读”专题班，培训人数500人；为教职工举办学习党的十八大精神专题辅导讲座10场，组织全省党校系统教研人员参加“全国党校系统学习贯彻党的十八大精神理论研讨会”征文活动；组织骨干教师到伊通县宣讲党的十八大精神，联合省委宣传部、省社科联、吉林日报社、新长征杂志社等分别召开省社科理论界学习贯彻党的十八大精神理论座谈会和理论研讨会，24篇论文在《吉林日报》整版刊发。

教学工作。举办全省党校系统首届精品课评选活动，评出10门精品课；开展实践教学，安排学员“重走抗联路”，到农村开展“与农民同吃、同住、同劳动”教育，到企业、社区、经济开发区进行实践教学，到廉政教育基地、禁毒总队开展党风廉政和禁毒教育；进行知识教育，主体班次安排外请报告110人次；促进学习成果转化，将学员研究成果编辑成册，报省委、省政府有关部门供决策参考；开展援教活动，安排教师131人次到32个县市区进行“送专题培训项目，提供师资服务和专题服务”，选派教师21人次赴4个县级党校援教；开展应急管理培训，初步建立应急管理培训教学案例库，在白山市交通局建立省委党校应急管理培训基地，并举办白山市交通运输系统应急演练。

科研工作。申请立项国家社科基金课题14项，获准立项3项，实现国家课题立项历史零的突破，受到省规划办通报表扬；获得立项中央党校重点课题3项、国家行政学院课题13项和省级课题16项（其中重点课题6项）；结项全国党校系统重点课题2项、省社科基金课题5项，获得第九届全国党校系统优秀科研成果二等奖2项、三等奖1项；出版学术著作16部，在国家一级报刊发表文章3篇，其中《努力践行党的根本宗旨》发表在《人民日报》（2012年1月9日理论版），《党内民主建设：执政党的生命、活力和优势所在》发表在《光明日报》（2012年9月11日），《完善低保政策，避免福利依赖》发表在《光明日报》（2012年9月14日），还在《吉林日报》、《中国经济时报》和《新长征》发表论文40余篇；与省委、省政府有关部门合作完成16项调研课题，其中有7项调研报告获省领导批示；《长白学刊》被选举为中国期刊协会及全国文科学报研究会理事单位，《行政与法》加入国家行政学院组织的“中国党政系列专业网络期刊”团队，通过“中国知网”进行全球传播。

学员管理。实行校委带班制，提升学员管理效果；丰富党性教育形式，组织学员捐款帮助贫困学生；开展“走基层、送温暖”活动，重建东北抗联集安长岗战斗英雄纪念碑。

队伍建设。深化和完善全省党校系统“名师培养工程”，重点实施省委党校“中青年骨干教师培养工程”，选出16名中年骨干教师、17名青年骨干教师进行个性化培养，举办全省“名师培养工程”教学擂台选拔赛；1人获得国务院政府特殊津贴，1人被评为省拔尖创新人才，2人被评为省有突出贡献的中青年专业技术人才；破格提拔11名40岁以下的年轻教师担任教研部副处级领导干部，提拔副处级以上领导干部13人，晋升副处级以上非领导职务24人；改革全省党校系统职称评审办法，58人通过评审。

机关党建。组织职工开展“新时期新阶段，办什么样的党校，怎样办党校”大讨论活动，开展全员专题培训；召开第一次党代会，选举产生新一届机关党委和机关纪委；开展以“增强党的凝聚力、政府的公信力、干部的执行力、制度的约束力”为主题的基层组织建设年活动，到贫困农村开展帮扶困难群众、困难党员和薄弱基层党组织活动，完成第二批帮扶干部接续工作；组织各部门（单位）负责人签订党风廉政建设责任书，组织处级以上干部在主体班次接受党风廉政教育，定期向党员干部发送警示短信；在省直机关“建功十二五”活动评选中获突出业绩奖和建设学习型党组织先进单位，并再次被评为全省精神文明单位。

信息化建设。开发校园“一卡通”管理系统和手机短信发布系统，加强“中国知网”数据库链接维护，完成“马克思列宁主义研究数据库”、“吉林省情方志数据库”和“吉林省地方党史数据库”建设任务，新建“长吉图开发开放先导区数据库”和“东北抗联史数据库”两个省情研究数据库。

基础设施建设。启动教学综合楼建设工程和省委党校长白山分校建设工程。

业务指导。推动县级党校办学体制改革，召开由市（州）党校常务副校长和县级党校常务副校长参加的县级党校办学体制改革座谈会2次，校领导分赴9个市州调研，代省委起草《中共吉林省委关于推进县级党校改革的实施意见》，起草《吉林省县级党校办学质量评估办法（试行）》和《吉林省县级党校办学质量评估标准》2个县级党校改革配套文件。

【黑龙江省委党校】 创建于1948年，与黑龙江省行政学院实行“两块牌子、一个办学实体”的办学模式；领导体制为校务委员会负责制，中共黑龙江省委常委、组织部长徐泽洲兼任校长，日常工作由常务副校长马志勇主持；下设哲学教研部、经济学教研部、政治学教研部、中共党史党建教研部、领导科学教研部、社会与文化教研部、公共管理教研部、法学教研部、基础教研部和经济社会发展战略研究中心等30个处级机构，还被确定为省应用经济学研究基地、省委党风廉政教育基地和省哲学社会科学党建研究基地；现有教授32人、副教授41人、硕士生导师25人、有享受国务院政府特殊津贴专家2人、省政府特殊津贴专家6人和省学术技术带头人3人；1998年被国务院学位委员会批准为硕士学位授予单位，拥有一级学科硕士学位授权点3个，二级学科硕士学位授权点6个。

2012年，共举办各类培训班66个，培训干部6613人次，办班数量和参训人数分别比前一年增长40%和41%。其中，举办省管干部进修班（经济、政治、文化方向）、正处级干部进修班（经济、政治、科教文卫方向）、全省哲学社会科学教学科研骨干研修班、省直处级公务员任职培训班、省直新录用公务员初任培训班、高校处级干部进修班、对口援疆地区干部培训班、乡镇党委书记进修班、全省党校（行政学院）学员管理人员培训班、提高教学能力师资培训班、省直新录用公务员初任培训班和组工干部培训班等44个，培训干部3893人；举办其他班次22个，培训学员2720人。毕业硕士研究生18人，并取得硕士学位。

学习贯彻党的十八大精神。下发《关于全省党校系统认真学习贯彻党的十八大精神的意见》，将十八大精神和省十一次党代会精神纳入教学培训内容，开设新教学专题；举办全省学习贯彻党的十八大精神理论骨干培训班、党校（院）系统师资培训班和领导干部培训班，邀请中央和省内有关部门领导、专家学者来校作专题辅导报告，深度解读十八大精神；举办校（院）贯彻落实十八大精神理论研讨会，选派6名骨干教师参加中央党校举办的十八大精神培训班，选派3名理论工作者参加省委十八大精神宣讲团到市（地）和省直单位进行宣讲。

教学工作。进一步突出中国特色社会主义理论体系的主课地位，增设胡锦涛同志“7·23”重要讲话和党的十八大精神、加强领导干部历史文化修养，马列经典原著辅导、省十一次党代会等新专题内容，增设领导干部必备的法律、保密、公文、社交礼仪、沟通协调等专题内容；健全完善自主选学课程体系，推进差别化、个性化培训；推进“2+X”教学、结构化研讨、应急培训等新教学形式，举办青年教师教学竞赛，开展观摩教学，实施精品课和案例课，首批18家现场教学基地正式授牌；建立青年教师指导机制，逐步完善教学评估和评奖制度，规范集体备课制度，推行授课教师对学员评估打分办法，实行下班指导教师制度和单元负责人制度。

学科建设。首次设立目录外二级学科（马克思主义社会发展理论），硕士研究生专业增设到14个。

科研工作。全年申请立项国家社科项目57项，获准立项国家社科项目4项，立项中央党校重点课题6项、国家行政学院课题6项和省社科项目14项，结项国家社科基金项目8项、全国党校系统重点课题6项和省社科项目15项；获得全国党校系统科研成果一等奖1项、二等奖2项和科研工作组织奖，获省哲学社会科学成果一等奖1项、二等奖2项和三等奖2项；出版学术著作3部，在国家一级报刊发表文章3篇，其中《凝练核心价值观要以实践为源泉》发表在《光明日报》（2012年2月25日），《运用整合规律实现全球化发展的探索之作》发表在《光明日报》（2012年10月25日），《凝练社会主义核心价值观的基本路径》发表在《光明日报》（2012年10月28日）；研究成果《关于进一步推进我省小城镇建设的对策建议》、《加快发展黑龙江省地产品对俄出口的建议》和《推进王兆至香坊火车站铁路沿线改造可带动哈市跨越式大发展的建议》等得到省委领导批示。

队伍建设。全年引进博士2人、硕士8人；政治学（领导科学）和中共党史（党建）两个学科同时获得2012年度新建省级领军人才梯队称号，其中1人为政治学（领导科学）专业领军人才梯队带头人、2人为后备带头人，1人为中共党史（党建）专业领军人才梯队带头人、2人为后备带头人；选拔配备教研部门副主任7人，正、副科级干部44人，交流科级干部14人，调整教研人员22人、管理和工勤人员14人；加大兼职教师选聘力度，全年外请国（省）外专家6人次、省内专家61人次；全年共培训教职工2260人次，其中组织赴境外和香港培训考察28人。

机关党建。开展“建优秀队伍、树优良形象、创优质业绩”三优创建活动，加强机关党的建设、和谐校园建设和校园文化建设；完成基层党组织换届选举工作；开展岗位学雷锋、社会志愿服务等各项创先争优活动，命名表彰雷锋窗口10个、雷锋岗18个。

信息化建设。创办《龙江党校》校报，举办龙江发展讲坛8期，制定《校园网上网内容管理办法（修订）》和《校园网上网信息考核评估办法（试行）》，对校园网站进行升级改版，重新规划调整网站栏目，启动特色馆藏建设工作，完成“三大文库”专项资金的申报工作。

业务指导。完成县级党校建设与发展情况调研、基层行政学院专项调研工作，制订《县级党校达标评估方案》和《指标体系》，推进党（干）校教学质量评估试点，加大基层党校经验信息交流，举办全省党校系统第十一届职工乒乓球比赛。

【上海市委党校】 创建于1949年6月，与上海行政学院实行“两块牌子、一个办学实体”的办学模式；领导体制为校务委员会负责制，中共上海市委常委、市委组织部部长李希担任校长，日常工作由常务副校长王国平主持；下设哲学教研部、经济学教研部、科社教研部、党史党建教研部、公共管理教研部、社会学教研部、现代人力资源测评研究中心等27个处级机构，现有教授30人、副教授44人、硕士生导师58人、享受国务院政府特殊津贴专家5人和上海领军人才3人；2003年被国务院学位委员会批准为硕士学位授予单位，拥有2个硕士学位授权一级学科点和8个硕士学位授权二级学科点。

2012年，共举办各类计划内培训班次70个，培训干部5013人次。其中，举办主体班次有领导干部进修班、中青年干部培训班、党政机关正处级干部轮训班等21个，培训干部1693人次；举办专题培训班有第2期文化体制改革与文化创新专题研修班、第23期思想政治工作专题研修班、第1期转型发展期社会热点问题专题研讨班、第29期干部必备综合能力专题研修班等9个，培训干部447人次；受市委组织部、市纪委、市保密局、市司法局等部门委托，举办市司法局系统第3期中青年干部培训班、第12期高技能人才研修班、上海市对口支援地区纪检监察干部培训班、第11期西藏日喀则地区党政干部培训班、第3期女性人才开发专题培训班等40个，培训干部2873人次。

学习贯彻党的十八大精神。举办领导干部学习贯彻党的十八大精神专题研讨班

3期，对本市713名局级干部进行轮训；与市委宣传部联合举办上海市党的十八大精神宣讲骨干培训班、上海市党校系统党的十八大精神宣讲师资培训班，培训骨干教师409人。与上海市马克思主义研究会联合主办“马克思主义与党的十八大精神研讨会”，与市领导科学学会联合主办“全面建成小康社会与提高党的领导力暨党的十八大精神研讨会”，承办“城市化进程中的社会管理研讨会暨2012年全国行政学院系统社会管理教研协作会议”；在《文汇报》上组织党校学习、宣传党的十八大精神论文专版，在《党政论坛》开设学习贯彻党的十八大精神专栏，与东方网联合策划连续推出以“回眸十年路 迈步新征程——党的十八大报告导读”为主题的12期访谈节目。

教学工作。紧扣“党政”二字，逐步形成由“马学”、“中学”、“党学”、“力学”和“沪学”构成的特色课程体系，推出32种37期新的培训项目，比上年增加10种11期；举办首届教学竞赛，48名教师参赛，“《共产党宣言》及其当代价值”和“群体性突发事件处置模拟演练”获奖，“《共产党宣言》及其当代价值”还申报全国党校系统精品课评比；通过教学竞赛，运用选修课、教学项目组、运用现代培训方式等形式为专职教师，特别是青年教师提供更多教学空间，全体授课教师平均满意率达到99.09%，平均好评率达到92.31%；课堂互动、讨论不仅得到普遍执行，而且延伸到网上学员社区；制定《外请教师管理办法（试行）》，规范外请教师管理；在《学习时报》党校教育专刊发表教学研究文章5篇，新华社、《文汇报》《组织人事报》《环球时报》（英文版）《新闻晨报》《东方早报》先后报道或专题（7篇）介绍本校教学培训情况。

科研工作。出台《中共上海市委党校国家重大招标项目申报奖励办法》、《中共上海市委党校决策咨询研究奖励暂行办法》、《中共上海市委党校决策咨询研究奖励暂行办法补充规定》、《中共上海市委党校学术著作出版资助条例》和《中共上海市委党校学术规范（试行）》等规章制度；申请立项国家社科基金项目64项，获准立项国家社科项目10项，立项中央党校重点课题7项和省社科项目14项，结项国家社科基金项目7项、全国党校系统重点课题6项和市社科项目2项；获得全国党校系统科研成果一等奖2项、二等奖3项和科研工作组织奖，获市哲学社会科学成果二等奖4项和优秀奖1项；出版学术著作14部，在权威期刊、核心期刊分别发表论文22篇和214篇，其中《深刻认识信息化对党的建设的影响——关于信息化与党的建设研究综述》发表在《人民日报》（2012年9月14日），《社会主义核心价值体系的文化人格构建功能》发表在《光明日报》（2012年7月21日），研究成果《日本公民道德的政治主义色彩与发展路径》同时获中央政治局常委李长春和中央政治局委员、中宣部部长刘云山批示，《上海北京的生活成本高过纽约?》得到中央政治局委员、中宣部部长刘云山批示。

队伍建设。招聘学科带头人1名，博士6名；1名教研人员被列入第七批上海领军人才“地方队”培养计划，1名教研人员为第四批领军人才中期考核优秀者；6名新进校的教研人员与带教导师签署《青年教师导师和助教制责任书》，5名青年教研人员通过导师助教制考核；组织全市党校系统高级职称评审，评审通过教授1名和副教授8名；选派以青年教研人员为主的教职工19人次参加中央党校、国家行政学院、中国浦东干部学院、中国井冈山干部学院、中国延安干部学院、北京大学等举办的师资培训班，选派1名教研人员赴基层挂职锻炼。

国际交流与合作。全年组织外事出访22批87人，比上年多12人，接待来访42批402人次。选派教职工出国（境）参加学术交流、考察和培训等67人次，选派访问学者5人；与意大利弗迈兹行政学院续签合作备忘录，与俄罗斯西北公共行政学院签署两院研究生互访协议，与英国牛津大学联合举办中英社会管理创新专题研修班，与美国哈佛大学联合举办中美高级公共管理研修班；举办“社会管理与社会政策”、“全球化时代的中国经济和美国经济”、“领导力研究进展：理论与应用”、“欧债危机与中国经济新态势”和“政党与民意调查：理论、方法及应用”等国际学术研讨会6场。

【江苏省委党校】 成立于1953年1月，与创建于1992年12月的江苏省行政学院实行“两块牌子、一套班子”办学模式；领导体制为校务委员会负责制，中共江苏省委副书记石泰峰兼任校长，日常工作由常务副校长王军主持；下设哲学教研部、经济学教研部、科学社会主义教研部、党史党建教研部、工商管理教研部、行政学教研部、社会学教研部、法政教研部、世界经济和政治教研部、现代科技教研部、基础学教研部经济社会发展研究所等33个处级机构；现有教授59人、副教授57人、享受国务院特殊津贴专家4人、省突出贡献中青年专家9人；1998年，被国务院学位委员会批准为硕士学位授予单位，拥有一级学科专业授权点3个，硕士学位授权点19个。

2012年，举办常规主体班25个、专题培训班14个和“876培训计划”培训班14个，培训干部5300人次；举办校直属单位江苏省青年管理干部学院、江苏省省级机关管理干部学院举办各类培训班48个，培训干部2000人次。毕业硕士研究生38人，并取得硕士学位。

学习贯彻落实党的十八大精神。组织全校职工、学员近千人集中收看党的十八大开幕盛况、聆听党的十八大报告，校委中心组带头学习党的十八大报告，以支部为单位，组织全校党员学习，举办学习交流会、学员论坛和系列报告讲座；承办省管领导干部400人参加的学习贯彻党的十八大精神轮训班（2期），举办全省党校系统以及校内专家学习党的十八大精神理论研讨会和专题培训班；调整教学重点，更新教学专题；组织编写《党的十八大精神解读》，在《新华日报》理论版、《群众》杂志发表理论宣传文章36篇。

教学工作。及时更新教学专题，有11个学习贯彻十八大精神的新专题及时进入主体班课堂；通过重大讲题招标立项和科研成果转化等形式，推出“江苏转型升级工程研究”、“江苏科技创新工程研究”、“江苏率先基本实现现代化问题研究”和“十二五”时期江苏开放型经济发展战略研究等贯彻落实省十二次党代会精神的系列专题；实施精品课建设工程，出台精品课评选试行办法，组织全省党校系统精品课评选、精品课教学观摩研讨，推出一批精品系列课程，并开展送案例教学和精品课程到基层党校活动；加大新的教学方法的开发力度，推出“媒体沟通情景模拟实践课程演练”、“应急管理桌面推演现场情景模拟教学”、“行动学习法”和以课题调研为学员学习考核方式等新教学方法（《学习时报》和《新华日报》对本校教学改革与创新进行报道）；举办报告会24场，开设选修课15次、开办“周一晚讲堂”12讲；整合学科资源、部门资源、教师资源，推行专题招标制、专题预审制、试讲制、开设选修课，采取集体备课、以老带新、录像评课的方式，使13位年轻教师站上主体班讲台。

科研工作。获准立项国家社科基金项目6项、中央党校课题5项、省政府研究室重大招标和省重点项目1项、省软科学课题4项；首次围绕省委省政府工作要点发布校重大课题，并制定校重大课题管理规则；结项国家社科基金项目3项、中央党校课题5项和全省党校系统课题项21项，第九次获得全国党校系统优秀科研组织奖，获省十二届哲学社会科学成果一等奖1项、二等奖5项和三等奖4项，获省社科应用研究精品工程优秀成果一等奖6项、二等奖2项；首次举办全省党校系统决策咨询研修班，举办第六届全省党校系统科研协作会议、第七届科研工作会议和华东地区党校系统科研协作会议，举办第二届“江苏党的建设高层论坛”，举办建设阳光政府与培育公民社会理论研讨会；出版《江苏调查》（2010—2011），《唯实》改版升级，《江苏行政学院学报》在《光明日报》（2012年3月27日）公布的全国党政干部院校学报转载量、转载率、综合指数均排名第一。

队伍建设。2位教师分别获省“六大人才高峰”项目资助和省政府留学奖学金项目资助；开展公务员职业道德主题教育活动，组织处级干部参加“876”培训和网络在线学习；召开青年教师听课心得交流会，汇编听课心得成果；推行青年教师挂职调研锻炼制度，首批选派6名教研骨干赴无锡新区、扬州邗江区挂职调研锻炼，安排4批次16名年轻教师到主体班次跟班学习，参加国家行政学院等师资培训；套改调整事业人员基础性绩效工资标准，并制订教研人员奖励性绩效工资考核方案。

机关党建。校委中心组带头学习，全年共组织学习7次；落实省委关于开展“三解三促”活动的要求，把“送培训到基层”作为活动开展的主题，由校领导分别带队，深入基层开展党员干部教育培训，培训基层党员、干部和入党积极分子近4000人；坚持党风廉政学习教育月制度，对全校党员干部进行党风廉政宣传教育；举办华东地区党校第三次机关党的工作研讨会，探讨进一步加强和改进机关党的工作的举措；组建5个文体协会，开展系列读书活动，举办祖国建设成就展、职工书画摄影展，组织元旦登山、第九套广播操比赛、省直机关跳绳比赛等活动，举办全省党校系统第十四届大众体育活动。

信息化建设。制定校信息化建设五年发展规划，启用一卡通卡，完成信息化配套招标项目建设和全校室内无线网覆盖工作；举办全省党校系统信息化工作座谈会，承办华东地区党校行政学院信息化和图书馆科学发展合作会议；建设中央党校特色数据库项目、江苏地方党史文献、江苏党校教研文献库，召开全省党校图书馆特色资源建设协作会，被评为年度全省信息安全工作先进单位。

行政后勤工作。成立财务结算中心，对全校财务实行统一核算；首次开展“年度工作项目创新奖”评选，评出行政工作创新奖9项；组建后勤服务中心，实现与服务外包团队的对接，建立健全工作运行机制和监管制度，确保任务流转、采购供应、技术保障三项管理体系良性运转，获省级机关第六届“标兵食堂”称号。

【浙江省委党校】 创建于1949年9月24日。1988年12月1日设立浙江行政学院，实行“两块牌子，一套工作班子”的管理体制；领导体制为校务委员会负责制，中共浙江省委常委、组织部长蔡奇担任校长，日常工作由常务副校长李德忠主持；下设哲学教研部、经济学教研部、政治学（科社）教研部、党史党建教研部、公共管理教研部、工商管理教研部、法学教研部、社会学文化学教研部、区域经济学教研部等32个处级机构，现有教授29人、副教授64人、享受国务院政府特殊津贴专家5人和省“新世纪151人才工程”重点资助对象2人；1993年被国务院学位委员会批准为硕士学位授予单位，拥有一级学科硕士学位点5个和硕士学位二级学科授权点16个。

2012年，全年共举办省管干部学习贯彻十八大精神轮训班、新任省管领导干部党性教育专题培训班、新进县（市、区）党政班子年轻干部培训班等主体班次52个，培训干部4600人次；举办计划外班次102个，培训干部6350人；硕士研究生21人毕业并取得硕士学位。

学习贯彻党的十八大精神。举办专题辅导报告、校委中心组学习、专题理论研讨会；及时调整教学计划，把党的十八大精神纳入主体班次的重要教学内容；完成1500名省管领导干部学习贯彻党的十八大精神轮训任务，协助中央党校举办全国党校系统学习党的十八大精神师资培训班，来自全国25个省（市、区）近600名教师参加培训；组织举办全省学习贯彻党的十八大精神专题培训班，培训理论骨干300人。

教学工作。重点突出党的十八大精神和省十三次党代会提出的两富现代化浙江建设的学习，在“名师讲坛”、“学员论坛”的基础上，首次举办“浙江党政干部论坛”，邀请省委宣传部、省文化厅、杭州文创办、嘉善县的有关负责人来校作主题报告；全面实施研究式、案例式、模拟式、体验式、现场式教学，建成公共危机管理实验室并投入试用；成立干部教育研究处，以《干部教育研究》为载体，加强对干部教育规律等重大问题的研究。

学科建设。制定出台《关于加强学科管理的意见》，建立以校学科建设领导小组为指导、一级学科管理为中心、具体学科方向为基础的学科管理体制，形成以一级学科为主体的学科发展机制；在每年100万元研究经费的基础上，逐步增加到每年200万元；以党的建设学科和5个一级学科为依托，打造反映党的建设和五位一体总体布局的“1+5”教学科研综合基地，在上城区建立首个“1+5”教学科研综合基地，深入研究社会精细化管理。

科研工作。获准立项国家社科基金项目6项、省哲学社会科学规划课题7项、省自然科学基金项目1项、省委省政府领导重点调研课题3项、全国党校系统重点调研课题5项、全国行政学院科研合作课题6项和省社联课题5项，结项国家社科基金项目3项、省哲学社会科学规划课题4项、省委省政府领导调研课题3项、中央党校重点调研课题5项和省社联课题3项；获全国党校系统第九届优秀科研成果奖5项、省科学技术奖1项、省社科联第四届社科研究优秀成果奖2项和省自然科学学术奖3项，有3项科研咨询报告获赵洪祝书记批示；出版著作24部，发表学术性论文244篇（权威期刊10篇），其中《〈论十大关系〉传播史考略》发表在《光明日报》（2012年5月2日），论文转载13篇，其中《中国社会科学文摘》全文转载1篇，《高等学校文科学术文摘》转载1篇，《新华文摘》论点摘编1篇，SSCI收录1篇，人大《复印报刊资料》全文转载9篇。

机构与队伍。研究制定新一轮机构、编制、岗位设置方案，撤销函授学院、经管职大和培训部3个参公部门，建立干部教育学院、干部教育研究处和校院工作处，增设国际合作交流中心、报刊部和教材中心3个事业部门，科研处增挂省情研究中心，社会学文化学教研部增挂舆情研究中心，软科学研究所更名为区域经济学教研部并同时挂软科学研究所的牌子；制定出台《关于加强领导班子自身建设的意见》和《关于进一步提升青年教师综合素质的实施意见》，修订完善《关于专职教师引进工作的规定》等制度，启动实施中特理论名师培养工程和青年博士培养工程，审议通过绩效工资实施方案并实施。

机关党建。独立设置校纪委、监察机构，增加校机关党委的职数和编制，提高校工会主要负责人的职级；在全校开展“推进党校更好发展”主题实践活动，制定出台《关于进一步加强和改进思想政治工作的意见》，集中20天时间，分层次进行谈心、广泛座谈，听取全校教职工的意见建议，确定“152计划”。

校园建设。发挥新老两个校区的优势，明确新校区以主体班次为主、研究生教育和其他班次为辅，老校区以对外培训为主、主体班次和其他班次为辅的新老校区功能定位；推进“智慧党校”两大平台建设，管理服务平台开始试运行并向部分市级党校延伸。

【安徽省委党校】 1951年11月，由原中共皖南区委党校和中共皖北区委党校合并成立；领导体制为校务委员会负责制，中共安徽省委副书记孙金龙兼任校长，日常工作由常务副校长刘长功主持；下设哲学教研部、经济学教研部、科学社会主义教研部、管理学教研部、法学教研部、党史党建教研部、科学文化教研部和理论研究所等处级部门23个，现有教授16人、副高专业技术职称42人，享受国务院政府特殊津贴专家3人。

2012年，共举办各类班次29期，培训干部3135人。其中，举办美好安徽建设战略发展专题培训班、全省党政领导干部学习党的十八大精神培训班等7期，培训干部2039人；举办常规主体班次有市厅级干部进修班、县处级干部进修班、中青年干部培训班、市厅级干部任职培训班、县

（市、区）长任职培训班、全省干部教育师资培训班等14期，培训干部665人；举办的专题研讨班有皖北地区县处级干部专题研讨班、中青年专家理论研讨班、市厅级干部全面转型加速崛起专题研讨班、全省高校负责人研修班、哲学社会科学教学科研骨干研修班等7期，培训干部383人；外省来安徽省委党校进行异地培训的班次有贵州省施秉县科级干部培训班，培训干部48人。

学习贯彻党的十八大精神。组织全校教职工收看党的十八大开幕式，召开校委理论学习中心组会议和全校教职工大会学习党的十八大精神，向全省党校系统下发《认真学习宣传贯彻党的十八大精神的通知》；及时调整教学计划，开设党的十八大精神系列专题；举办全省党校系统学习贯彻党的十八大精神理论研讨会和师资培训班，选派教研骨干参加中央党校举办的党的十八大精神师资培训班；常务副校长作为省委宣讲团成员参加宣讲，选派骨干教师深入基层宣讲党的十八大精神。

教学工作。开展“革命传统教育”和“时代先锋”教育等党性锻炼教育活动，新设“社会管理创新若干问题研究”、“坚持扩大内需战略、保持经济平稳较快发展”等系列专题；编辑出版《精选马克思主义著作导读》、《安徽科学发展专题研究》等培训教材，获得“2010—2012年度全国党校系统教材建设与出版工作”一等奖；建立健全学员学习考核和教师教学测评制度，设置年度新专题教学优秀奖、课堂教学新人奖；制定《全省党校系统优秀教学专题征集办法》和《全省党校系统教学基地推选使用办法》，推进全省党校系统教学资源共享；召开以“教学专题优化和教学方式创新”为主题的全省党校系统教学改革研讨会，举办全省党校系统优秀教学比赛，获首届“全国党校系统教学管理优秀奖”。

科研工作。全年立项国家社科基金项目2项、中央党校重点课题5项和省社科项目4项，结项全国党校系统重点课题6项和省社科项目6项；获得全国党校系统科研成果三等奖4项和省哲学社会科学成果三等奖2项；出版学术著作4部，在国家一级报刊发表文章17篇。

学员管理。修改完善学员管理制度37条，提高学员管理工作的规范化程度；把学员在校学习期间的党性锻炼作为重要的必修课，把理想信念教育、拒腐防变教育、革命传统教育和端正学风、遵守校规校纪作为党性锻炼重要的内容，贯穿于学员在党校学习、生活的全过程；加强组织管理，要求学员撰写党性分析报告，把每一位学员都纳入到学员支部的管理之中。

队伍建设。全年安排32人次参加各类培训，组织全省党校系统16名优秀教研人员（本校8名）赴新加坡培训；轮岗交流和转任处级干部10人，选拔处级干部28人；修订《全省党校系统专业技术资格评审标准》，全省党校系统共评出教授资格4人、副教授资格19人和高级讲师资格17人，本校取得教授资格1人、副教授资格2人和编审资格1人。

机关党建。围绕迎接党的十八大开展创先争优活动，开展“保持党的纯洁性、迎接党的十八大”主题教育实践活动、“党建提升年”和纪念建党91周年活动；做好效能建设和廉政风险防控工作，校机关党委进行换届选举，改选党支部21个，发展党员5名；开展丰富多彩的校园文化活动，举办春季运动会和国庆联欢会。

信息化建设。安装新增EMC存储和汇聚交换机，改造电话通信网，搬迁通信机房；摄制5部全省党校系统优秀教师讲课片和1部精品专题片并报送中央党校，收集教学视频资料100部；增加党校学科建设精品书储备，采购图书1620种，订购社科新书380种，录入数据1820种，采集书目数据1420余条；与各市县党校共建共享中央党校三大文库子库项目，即安徽区域经济与文化研究数据库、安徽地方志文库和安徽新四军研究文库。

行政后勤。完善校内审计制度，严格落实政府采购制度；开展职工岗位技能培训，规范服务标准；教学综合楼主体结构封顶，被评为"优质结构工程"。

业务指导。召开全省县级党校工作座谈会。确定8所县委党校为第七批创建申报党校，13所县级党校为第八批创建重点指导对象。

【福建省委党校】 创建于1950年6月，2011年10月与福建行政学院实施"一套人马、两块牌子"的办学模式；领导体制为校务委员会负责制，中共福建省委常委、组织部部长姜信治兼任校长，日常工作由常务副校长陈雄主持；下设哲学教研部、经济学教研部、科社教研部、法学教研部、党史教研部、党建教研部、管理学教研部、科技文史教研部、马克思主义研究所等29个处级机构，现有教授40人，副教授68人、硕士生导师17人、享受国务院特殊津贴专家1人和省青年优秀社科专家1人；与福建师范大学联办中共党史与党的建设、马克思主义基本原理两个专业的硕士研究生。

2012年，举办进修班、培训班、专题研讨班等各类班次76个，培训干部6054人次。其中，首次举办文化体制改革专题研讨班、转方式调结构促发展稳增长专题培训班、金融业务培训班，培训干部146人；举办常规主体班次有厅级干部进修班、中青年干部培训班、处级任职培训班等21个，培训干部981人；举办专题培训班有全省"三农"工作专题研讨班、大中型企业负责人专题研讨班、转方式调结构促发展稳增长专题培训班共9个，培训干部509人；省委在党校举办的专题研讨班有厅级领导干部学习贯彻党的十八大精神轮训班等2个，培训干部486人；受有关部门委托，举办新疆昌吉州县市四套班子领导成员轮训班、云南省委党校中青班、西藏林芝地区组织部门人才工作培训班共31个，培训干部2160人；与省委组织部、福州市人民银行共同举办金融业务培训班，培训干部83人；外省市党校及培训机构来党校进行异地培训的班次有广西党校县处级公务员培训班、浙江舟山市委党校领导干部培训班等9个，培训干部367人。毕业硕士研究生14人，并取得硕士学位。

学习贯彻党的十八大精神。制定《关于学习宣传贯彻党的十八大精神的通知》、《关于学习宣传贯彻党的十八大精神工作方案》、《关于全省党校、行政学院系统学习宣传贯彻党的十八大精神的通知》和《校院委中心组党的十八大精神学习计划》，校（院）委班子成员围绕11个系列专题开展学习研讨，组织全体党员干部认真学习党的十八大重要文献，把学习党的十八大精神情况作为考察学员在校学习的一项重要内容；举办校院教职工“学习贯彻党的十八大精神，建设一流省级校院”主题论坛，举办全省党校（行政学院）系统理论研讨会，组织教研骨干参与省委组织的宣讲活动；完成省委交给的“第一、二期厅级领导干部学习贯彻党的十八大精神研讨班”的相关工作，组织骨干教师参与研讨班的教学工作；举办全省党校（院）系统学习贯彻党的十八大精神师资培训班，在中央党校举办全省县（市、区）党校常务副校长学习贯彻党的十八大精神培训班；及时刊发一批研究文章和学习体会文章，深入实施“下基层、解民忧、办实事、促发展”主题活动。

教学工作。推进主体班次教学模块及专题的开发工作，重点开发6个新教学模块；组织开展辩论式教学、情景模拟、新闻发布会、党政干部竞争性选拔问题研究——无领导小组讨论情景模拟和桌面推演等教学方法，推广结构化研讨；“《费尔巴哈论》与马克思主义哲学变革”教学专题获得全国党校系统第二届精品课，获全国党校系统第一届教学管理优秀奖；组织开展全省党校系统精品课评选活动；举办海西大讲堂4场和全校大讲座12场，邀请国内专家学者来校作专题报告；建立全省党校（院）系统现场教学基地共享平台，增设上海复旦大学异地培训点，新辟长汀水土流失治理现场教学基地；搭建网络学习交流平台，发挥“福建干部学习在线”优势，建立网上班级，目前已注册学员2万余人。

科研工作。全年申请立项国家社科基金项目38项，获准立项国家社科基金项目4项，获得立项中央党校重点课题7项、国家行政学院课题6项和省社科项目9项；结项国家社科基金项目3项、全国党校系统重点课题5项、省社科项目13项，获得全国党校系统科研成果一等奖1项和三等奖3项；出版学术著作7部，发表于一类刊物以上的论文9篇。创办《决策参考》，研究成果《促进平潭综合实验区民营工业项目就地转型的若干建议》得到省委书记孙春兰等省委领导的批示；《中共福建省委党校学报》再次入选CSSCI扩展版，并被评为全国中文核心期刊和华东地区优秀期刊，《党史研究与教学》首次同时进入CSSCI来源期刊和全国中文核心期刊，被人大报刊资料中心授予“重要转载来源期刊”称号，《领导文萃》杂志社完成转企改制工作，单期发行量21.6万册，被评选为华东地区优秀期刊。

队伍建设。经与省公务员局协商，校院高级专业技术岗位提高5%，达到50%，实际增加高级专业技术岗位10个；选送25名教师和管理人员到中央党校、井冈山干部学院等进修培训，组织全省校院系统40位教师到国家行政学院进行现代培训理念和方法培训，选送40名教学骨干和管理人员到新加坡学习培训、台湾考察交流或赴国外当访问学者。

机关党建。制定《关于校院贯彻落实中央改进工作作风、密切联系群众的八项规定和省委贯彻落实〈办法〉的实施意见》，获福州市委、市政府授予的“福州市创建全国文明城市工作先进单位”称号；组织开展全省校院系统“庆十八大、迎新春”书画作品展、合唱节、登山、气排球比赛和迎新运动会等文体活动，校工会获“福建省职工之家”称号。

信息化建设。启动校院协同办公（OA）系统，建成第一期“福建地方党史教研信息资源库”、“古田会议和中央苏区教研信息资源库”等数据库，拓展“福建干部学习在线”平台功能，增加校园网站的信息量。

业务指导。召开全省党校校长会议，举办全省县（市、区）党校校长培训班，颁布《省委党校系统建设与业务指导办法（试行）》，联合省委组织部开展全省党校（院）工作调研，完成全省9个设区市县级党校办学质量评估工作；首次举办全省市、县党校校长培训班，并纳入省委党校主体教学班次；召开全省党校系统教学工作座谈会，举办全省党校系统科研课题立项、结项和评奖活动，召开全省党校系统学习贯彻党的十八大精神理论研讨会暨2012年年会和科研决策咨询工作协调会。

对外交流合作。接待奥地利伦纳尔学院、加拿大阿尔伯塔大学、台湾中山大学和台湾中原大学分别来校（院）开展学术交流活动，组织2批次出国考察团分别赴美国、加拿大、墨西哥、古巴和澳大利亚、新西兰学习考察，组织赴台湾培训团（2批次）和新加坡培训团，选派1位教授赴美国爱荷华大学作为期半年的访问学者，与奥地利伦纳尔学院签署合作办学协议。

【江西省委党校】 创建于1950年，与江西行政学院实行“一套人马、两块牌子”的办学模式；领导体制为校务委员会负责制，中共江西省委副书记尚勇兼任校长，日常工作由常务副校长陈春明主持；下设哲学教研部、经济学教研部、科学社会主义教研部、党史党建教研部、法学教研部、公共管理学教研部、工商管理学教研部、现代科技教研部、文史教研部和外语教研部等36个处级机构，现有教授24人、副教授62人、享受国务院政府特殊津贴专家2人、享受省政府特殊津贴专家4人和省新世纪百千万人才工程8人。

2012年，举办各类班次143个，培训干部6820人。其中，常规主体班有市厅级干部进修班、县处级干部进修班、中青年干部培训班、县处级国家公务员任职培训班、乡镇（街道）党委书记进修班等26个，培训干部1229人；受有关部门委托，举办新疆克州阿克陶县三级干部赴赣学习班、新疆克州党政干部培训班共6个，培训干部141人；与省委组织部、省委宣传部、省法制办等部门共同举办江西省哲学社会科学教学科研骨干研修班、中美研修班、法治政府建设专题研讨班等27个，培训干部2110人；外省市党校及培训机构来校进行异地培训的班次有84个，培训干部3340人。

学习贯彻党的十八大精神。调整主体班教学计划，围绕党的十八大报告中的新思想、新观点、新论断设置科研课题；开展专题讲座、学员论坛等，把学习贯彻党的十八大精神贯穿教学全过程；召开校（院）学习贯彻党的十八大精神理论研讨会和全省党校系统理论研讨会，组织专家对党的十八大报告进行解读；通过校园网等校内媒体搭建学习党的十八大精神平台，开展“党校姓党，忠诚于党”主题实践活动。

教学工作。把学习贯彻党的十七届六中全会、江西省第十三次党代会、胡锦涛同志“7·23”重要讲话和党的十八大精神作为重要培训内容，以开展“学经典读原著”活动为抓手，推进经典理论的研读和教学，优化“马克思主义与中国特色社会主义理论”教学板块，开设建设富裕和谐秀美江西系列专题；拓宽学习途径，创建手机学习平台、完善校园网视频点播功能；制定《校（院）教师参加校外活动管理办法》等管理制度，出台主体班精品课评选实施办法和实施细则，开展首届主体班精品课评选活动；坚持校领导带头讲课听课评课制度，对所有主体班专题实行“一课一评”；加快轮训节奏，常规主体班学制缩短为1个月。

科研工作。获得立项全国党校系统调研课题2项和省社科项目7项，结项国家社科基金项目2项、全国党校系统调研课题5项和江西省社科项目7项，获得全国党校系统科研成果一等奖1项、二等奖2项和三等奖1项；出版学术著作3部，在国家一级报刊发表文章3篇，其中《以科学发展观指导执政能力建设》和《核心价值体系融入党的建设的基本途径》发表在《光明日报》（2012年5月9日和8月13日），《推进生态文明建设走可持续发展之路》发表在《经济日报》（2012年9月21日）；编写《建设鄱阳湖生态经济区学习读本》和《江西省情手册（2012年版）》，前者被评为第二届江西省优秀社科普及读物。

学员管理。出台《学员现场教学与省内调研实施办法》、《主体班课前巡查制度》，把学员管理、党性锻炼和形势政策教育相结合，组织学员学习党的十八大报告和新党章，开展“如何转变作风，切实解决干部作风突出问题”大讨论。

队伍建设。制定并实施《中青年骨干教师选拔与管理暂行办法》，选拔确定7名骨干教师为培养对象，引进博士3人，通过竞争上岗方式选拔任用处级干部36人次，处级干部轮岗交流15人次。

信息化建设。改版升级校园网并发布《江西党校》数字报，图书馆建成融纸质资源、数字资源、网络资源和特色资源一体的一站式检索平台，“井冈山革命根据地和中央苏区数据库”、“江西省情文库”获中央党校“三大文库”立项并投入使用。

【山东省委党校】 创建于1938年10月；实行校务委员会领导体制，中共山东省委书记姜异康兼任校长，日常工作由常务副校长安世银主持；下设哲学教研部、经济学教研部、科学社会主义教研部、中共党史教研部、党的建设教研部、管理学教研部、文史教研部、政法教研部、马克思主义研究所等28个处级机构，现有教授35人、副教授48人、硕士生导师49人，有享受国务院政府特殊津贴专家3人、全国干部教育师资库入选人员1人、泰山学者特聘专家1人、省有突出贡献的中青年专家2人、省先进工作者2人、齐鲁文化英才3人、省社会科学学科新秀4人、理论人才“百人工程”入选人员9人和省重点学科带头人1人；2003年被国务院学位委员会批准为硕士学位授予单位，拥有2个一级学科硕士学位授权点，硕士学位二级学科授权点15个。

2012年，共举办各类班次46期，培训干部6170人。其中，举办常规主体班次有市厅级领导干部进修班、人大、政协领导干部进修班、县（市、区）委领导干部进修班、处级领导干部进修班、中青年干部培训班、全省党校系统教学管理专题研讨班、全省党校系统教师进修班和全省党校系统学习党的十八大精神理论骨干培训班等14期，培训干部1552人；联合省委组织部、省委宣传部举办全省领导干部学习贯彻党的十八大精神专题培训班，联合省委组织部举办全省乡（镇）党委书记培训班12期，培训干部2671人；根据省委安排和受有关部门委托，不定期举办的各种短期专题研讨班有全省社科理论骨干和高校哲学社会科学教学科研骨干研修班、国电山东电力有限公司中青年干部培训班、全省市县团委书记学习党的十八大精神专题培训班、省管企业学习贯彻党的十八大精神专题培训班等20期，培训干部1947人。毕业硕士研究生18人，并取得硕士学位。

学习贯彻党的十八大精神。连续举办全省领导干部学习贯彻党的十八大精神专题培训班7期，集中培训省管干部1600人；举办全省党校系统学习贯彻党的十八大精神理论骨干培训班，召开全省党校系统学习贯彻党的十八大精神暨科研工作会议；在省以上报刊发表学习党的十八大精神专题文章21篇，组织本校专家学者60人次在山东电视台、《大众日报》等媒体对党的十八大报告进行解读，选派教学骨干深入党政机关、企事业单位和基层宣讲党的十八大精神。

教学工作。围绕经典著作和重大战略思想，打造基本理论教学品牌；每个主体班次安排3—4天的党性教育体验课，打造党性教育特色品牌；把中青班、乡镇党委书记班作为示范班，打造教学班次品牌；试行“两段式”教学方法，开展非传统方式教学349次、1396课时；推进“三个一批工程”，邀请领导和专家141人次来校作报告；组织第二届精品课评选推荐活动，开展“每人一堂精品课”、新专题试讲、教学观摩、听课评课等教学活动，在全国党校系统教材建设与出版工作会议上被评为“业绩突出奖”；落实《主体班次实行项目制的若干规定》，开展对项目组的招标、考核与评比工作；实行教务处跟班协调制，修订完善《教学质量评估的实施意见》、《主体班次教学工作量及教学质量评估的补充办法》等。

学科建设。拟定首个“十二五”省重点学科（马克思主义中国化研究）学科带头人及各研究方向带头人、学术骨干人员名单，研究解决本校的省重点学科队伍建设及资金配套问题，制定党校重点学科期中考核初步意见。

科研工作。申报立项国家社科基金项目43项，获准立项国家社科基金项目4项，立项中央党校重点课题5项和省社科项目9项，结项国家社科基金项目1项、全国党校系统重点课题5项和省社科项目10项；获得全国党校系统科研成果一等奖2项、二等奖2项和全国党校系统科研工作组织奖，获省哲学社会科学成果重大成果奖1项、二等奖3项和三等奖8项；出版学术著作8部，在省级以上刊物发表文章411篇，其中《重视推动实体经济稳健发展》和《深入推进用科学发展观统领发展全局》发表在《人民日报》（2012年2月1日和6月26日），《共产党精神体系的重要组成部分》发表在《光明日报》（2012年6月4日），《以民生为本调结构》发表在《求是》（2012年第5期）。

学员管理。召开学员管理和班主任队

伍建设工作研讨会，举办“加强学风建设，提高班主任素质”培训班，细化《中共山东省委党校班主任管理办法》；实施方案严格落实“十不准”纪律要求，依照省委组织部《关于干部在培训期间德的表现的考察办法》进行考核，将学员在校表现记入个人档案；组织学员到临沂党性教育基地进行党性锻炼，将学校管理与学员自我管理相结合，探索班级文化建设新路子。

队伍建设。省委为党校充实加强校级领导班子6人，通过竞争上岗选拔处级干部33人，提拔科级干部41人；公开招聘、考录、引进各类人才28名，15名新录用专业技术人员聘用到具体岗位，36名专业技术人员聘用到高一级岗位；选派20人挂职锻炼，3人到村担任“第一书记”，组建2个考察团（12人）到国外考察学习；利用岗位练兵、技术比武、业务学习交流等方式，培养行政后勤管理人才。

信息化建设。建立学科馆员制度，开展“个人数字图书馆”使用服务月活动，《沂蒙精神文库》被收入《中国共产党历史文库》，校园网站改版升级，发布信息1500余条。

行政管理。制定出台《经费支出审批实施细则》、《学校临时周转房使用管理暂行办法》等规章制度，完成开学典礼、全省党校校长会议等重要活动的后勤保障工作，完成新校一期工程结算审计工作，推动二期工程立项。

【河南省委党校】 创建于1949年，与河南行政学院实行“一套人马、两块牌子”的办学模式；领导体制为校委负责制，中共河南省委副书记邓凯兼任校长，日常工作由常务副校长赵鹏主持；下设哲学教研部、经济学教研部、科学社会主义教研部、中共党史教研部、党的建设教研部等23个处级机构，现有教授25人、副教授45人，有享受国务院政府特殊津贴专家12人，省优秀专家9人，省优秀青年社科专家、省学术技术带头人12人，省宣传文化系统“四个一批”人才5人。

2012年，举办主体班次26个，培训轮训干部1397人次；举办自主选学专题班24个，培训干部3035人次；全年累计举办各类班次50个，培训干部4432人次。

学习贯彻落实党的十八大精神。组织全体教职工集中收看党的十八大开幕式和胡锦涛同志所作的报告，校委理论学习中心组以扩大会形式进行集中学习，安排专家为全体教职工作十八大精神理论辅导报告；把党的十八大精神纳入主体班培训课程，举办全省党校系统学习党的十八大精神师资培训班和“学习贯彻十八大精神理论研讨会”；累计抽调13名专家学者参加省委组织的党的十八大精神宣讲活动，参与、组织各类宣讲报告60余场次；利用《学习论坛》、《科研信息》和校园网络等平台，开设学习贯彻党的十八大精神专栏。

教学工作。完善新专题论证制度，调整教学布局和教学专题的设置，突出马克思主义中国化专题；组织编写具有省情特征的案例教材，修订教材《中国特色社会主义概论》；增设“文化大讲堂”、“市长大讲堂”，聘请中央党校、清华大学、中科院和省领导作专题报告29次；实行教学指导小组制度，规范教学计划论证、教学运行值班、学员需求分析、教学考评、运行分析和教师集体备课等制度。

科研工作。全年申请立项国家社科基

金项目80项，获准立项国家社科基金项目5项，获得立项全国党校系统重点调研课题7项、省社科项目13项；结项国家社科基金项目1项、全国党校系统重点调研课题6项和省社科项目9项；获得全国党校系统第九届科研工作进步奖及优秀科研成果一等奖1项、二等奖2项和三等奖1项，获省社会科学优秀成果奖一等奖1项、二等奖4项和三等奖7项；出版学术著作5部，在国家一级报刊发表文章28篇，其中《以高度文化自觉和文化自信实现文化自强》发表在《人民日报》（2012年2月22日），《提高文化产品质量的基本要求》发表在《人民日报》（2012年7月3日），《积极倡导可持续消费》发表在《人民日报》（2012年7月24日），《保持党员干部的纯洁性，永葆共产党人政治本色》发表在《光明日报》（2012年4月17日），《现代服务业发展要实现新突破》发表在《经济日报》（2012年7月27日），《用科学技术武装农民》发表在《经济日报》（2012年8月9日），《在不断创新中推进社会管理》发表在《经济日报》（2012年8月26日），《关于扎实推进我省新型农村社区建设的若干建议》等7项研究成果得到省长郭庚茂等省领导批示。

学员管理。认真落实中央组织部、省委组织部关于加强学员管理工作的指示精神，完善制度，大胆管理，营造风清气正的学习环境；把党性教育、党性锻炼贯穿于学员在校学习、生活整个过程；实行党校管理和学员自我管理相结合，加强学员管理队伍建设，充分发挥班主任的表率作用。

队伍建设。引进4名博士，选拔、交流科级干部21名，接收军转干部6名，完成6名拟录用公务员的公示、报批和岗前培训工作，为近两年按有关政策规定新接收的20名职工申请编制；安排8名处以上干部参加各类干部培训班学习，组织13名教研人员到中央党校、国家行政学院和知名高校进修培训，安排5名青年教师到乡镇挂职锻炼。

机关党建。继续推进“创先争优”活动，完成年度先进党支部、优秀党员、文明单位创建先进个人等的评选表彰工作和有关党支部设置及调整改选工作，召开教职工（工会会员）代表大会，认真办理职工提案91件，组织开展文体活动20余场，通过2012年度省级文明单位考核验收。

信息化建设。完成新校区信息化、电教设备的招标工作和重大活动的音响、摄像服务，为中组部和全校重大活动拍摄各类素材33次；为新校区部署实施网络设备、数据中心和校园信息化系统，在新老校区各新装一条百兆独享上网电路，维修调试各类设备百余次；实现学员住宿、餐饮、考勤一卡通。

行政后勤与校园建设。完成搬迁及新校区启用工作，实现新校区整体正常运转；将新校区物业委托河南省中州宾馆管理，实现经营权与服务运行管理权分离；成立后勤服务中心，与行政处一个机构，两块牌子；完成各项政府采购招标和内部采购招标37次，合同金额约8463万元；绿化公共区域面积86500平方米，加强节水、节电、节油、节煤、节材工作，被省政府命名为节能减排工作先进单位。

业务指导。会同省委办公厅、省委组织部等部门组成6个联合督查组，深入18

个省辖市和20个县（市），督查各省辖市委和党校贯彻落实党的十八大精神和《党校工作条例》、省委《实施意见》的情况；理顺办学体制，县级党校作为省辖市委党校的分校，同时挂县级党校和省辖市委党校分校两个牌子；省辖市委党校成立分校工作处，实施教学“六统筹”活动；开展教学质量评估，35家县级党校通过办学质量评估初评；举办2期基层党校（行政学院）领导干部培训班和骨干教师培训班，完成党校系统教师职称评审工作。

【湖北省委党校】 创建于1950年，与行政学院实行“一套工作机构，两个学校名称”的体制；实行校务委员会负责制，中共湖北省委常委、组织部长楼阳生兼任校长，日常工作由常务副校长马哲军主持；下设马克思主义基础理论教研部、中共党史党建教研部、经济学与经济管理教研部、公共管理教研部、政法教研部、综合教研部、战略与省情研究室等23个处级机构，现有教授21人、副教授50人、博士生导师1人和硕士生导师53人、享受国务院政府特殊津贴专家1人、省政府特殊津贴专家6人和省有突出贡献中青年专家4人；2003年被国务院学位委员会批准为硕士学位授予单位，拥有一级学科硕士学位点1个，硕士学位二级学科授权点7个。

2012年，举办各类班次58个，培训学员6702人。其中，举办常规主体班次有厅级干部进修班、县处级干部进修班、中青年干部培训班、乡镇党委书记进修班、往届选调生培训班、党校系统师资培训班等26个，培训干部1878人；省委在省委党校举办的专题研讨班有全省领导干部学习贯彻党的十八大精神研修班、全省市州、县人大常委会新任主任培训班，全省市州、县政协新任主席专题研讨班等班次12个，培训干部3586人；受有关部门委托，举办省公安厅处级干部培训班、全省供销社系统市县社新任主任培训班等3个，培训干部218人；与省直部门、省内企事业单位联合举办培训班13个，培训干部837人；外省市党校及培训机构来省委党校进行异地培训的班次有新疆党校中青班异地培训班等4个，培训干部183人。

学习贯彻党的十八大精神。举办全省领导干部学习贯彻党的十八大精神研修班，各市（州）、县（市、区）和省直各单位主要负责同志，在汉省属高校、国有企业主要负责人和部分领导班子成员，共2867人参加研修；举办全省党校系统学习贯彻党的十八大精神师资培训班，对220名基层党校骨干教师进行集中培训；举办全省党校系统理论研讨会，2位校领导和2位教授应邀做客湖北电视台解读十八大报告，常务副校长参加省委宣讲团到黄石等地宣讲党的十八大精神，抽调骨干教师深入机关、企业、学校和基层一线开展党的十八大精神的宣讲。

教学工作。在省“年轻干部成长工程”中青年干部培训班实行“择优遴选+理论培训+测试考核+面对面考察”四位一体的培训模式；推进“双百”工程，外请领导和专家来校作报告近300人次；与中科院联合举办“科学思维与决策”院士专家讲坛2期，邀请9位院士专家学者来校讲学；深入推进“四名”工程，评选出教学名课6讲，在全省党校系统评选出精品课程6门；推行网络培训，继“湖北省干部在线学习中心”被中组部确定为示范平台，“中国公务员培训网湖北分中心”运行管理推广模式被国家行政学院总结为“湖北模式”。

学科建设。政治学学科被列入“十二五”省重点学科，理论经济学被列入“十二五”省重点（培育）学科。

科研工作。全年申请立项国家社科基金项目36项，获准立项国家社科基金项目9项，立项中央党校重点课题5项、国家行政学院课题1项、省社科项目17项和省重大调研课题2项；结项国家社科基金项目3项、全国党校系统重点课题5项、省社科项目17项、省重大调研课题2项和武汉市社科基金项目1项；获得全国党校系统优秀调研成果二等奖2项和三等奖1项，获省优秀调研成果一等奖1项、省科技进步二等奖1项，获湖北发展研究二等奖1项、三等奖1项；出版学术著作6部，在国家一级报刊发表文章3篇，其中《彰显劳动价值是公平正义第一要求》发表在《光明日报》（2012年5月1日），《党员领导干部要做实事求是的表率》发表在《光明日报》（2012年6月19日），《财富、权力与20世纪前期中国乡村的社会分层——兼论地主阶级统治的形成》（原载《湖北行政学院学报》2012年第4期）被《新华文摘》（2012年第21期）全文转载；研究成果《高扬“中国建桥之都”旗帜，大力促进湖北省桥梁产业跨越式发展》获王国生省长等省领导批示，并转化为实际成果。

队伍建设。公开招聘4名教研人员，招录4名参公管理人员，安置5名军转干部；选拔任用3名正处长，4名调研员、1名正处级组织员，完成1个二级岗位、3个三级岗位人选推荐工作；选派36名教职工到中央党校、国家行政学院、浦东干部学院等培训学习，向美国密歇根大学选送访问学者1名，选派2位校领导和8名教职工参加“万名干部进万村挖万塘”和“万名干部进万村洁万家”活动。

业务指导。与省委组织部、省编办、省发改委、省财政厅和省人社厅等部门组成3个调研组，分赴12个市（州）党校和37个县级党校，就市县党校改革进行专项调研；组织召开“党的十八大理论创新”专题座谈会，举办党校系统师资培训班3期，配合国家行政学院在红安干部教育学院举办送教下基层培训班，135名基层教学骨干参加学习；为24名基层党校教师评定正、副高级职称。

【湖南省委党校】 创建于1951年8月，与湖南行政学院实行“一套人马、两块牌子”的办学模式；领导体制为校务委员会负责制，中共湖南省委副书记梅克保兼任校长，日常工作由常务副校长徐晨光主持；下设哲学教研部、经济学教研部、党史教研部、党建教研部、科学社会主义教研部（政治学教研部）、公共管理教研部（湖南行政管理学会）、工商管理教研部、法学教研部、社会和文化教研部、现代科技教研部、共青团理论教研部（湖南省共产主义青年团学校）、妇女理论教研部（湖南省妇女干部学校）、信息技术部、湖南经济社会发展研究中心（决策咨询中心）等36个处级机构，现有教授68人、副教授96人，博士生导师2人、硕士生导师51人，享受国务院政府特殊津贴专家7人，省优秀专家、省优秀社科专家、新世纪百千万人才工程国家级人选、省新世纪121人才工程第一层次人选各1人；2003年被国务院学位委员会批准为硕士学位授予单位，拥有政治学、公共管理2个一级学科硕士学位点，硕士学位二级学科授权点8个。

2012年，共举办各类班次145个，培训干部16525人。其中，首次举办吐鲁番地区基层干部集中轮训班、省直单位办公室主任任职培训班、全省县市区委办公室主任培训班共5个，培训干部519人；举办常规主体班次20个，培训干部930人，培训两个月及两个月以上的班次有地厅级干部进修班、处级干部进修班、中青年干部培训班、处级公务员任职培训班，培训一个月的班次有乡镇党委书记任职培训班、乡镇长任职培训班；举办专题培训班有组织人事部（处）长任职培训班、宣传部长培训班等7个，培训干部848人；省委在党校举办的专题研讨班有省管干部学习贯彻党的十八大精神集中轮训班共5期，培训干部2232人；受有关部门委托，省委省政府在党校举办的培训班4个，培训人数1288人；其他部门委托举办或共同举办班次76个，培训人数9777人；外省党校及其他培训机构组织的异地教学、进修类班次28个，培训人数931人。此外，招收硕士研究生28人，硕士研究生27人毕业并取得硕士学位。

学习贯彻党的十八大精神。组织集中收看党的十八大开幕式和习近平总书记在新一届政治局常委中外记者见面会上的重要讲话，组织学员、教授100余人聆听中央宣讲团党的十八大精神报告会；校理论学习中心组（扩大）集体学习十八大精神，组织全校党员干部深入学习党的十八大精神；举行2012年下学期第二轮主体班开学典礼暨十八大精神传达大会，举办党的十八大精神专题学习辅导报告会，外请5位专家教授来校宣讲十八大精神；常务副校长等校领导参加省委宣讲团宣讲党的十八大精神，组织教研人员深入基层开展党的十八大宣讲活动100场，组织编写党的十八大精神教学辅导资料，发放《新党章》和《党的十八大文件汇编》等资料2000份，举办“学习党的十八大、迈向新征程”知识竞赛，与湖南金鹰纪实频道联合打造“领航三湘——十八大精神下基层”活动。

教学工作。主体班共安排256个教学专题，其中新专题73个；安排选修课24次，新聘请36名兼职教授，组织外请报告40余场次，有10位省级领导和10位市委书记、市长、厅局长来校授课；教学平均优秀率达70%以上、优良率达95%以上；开展精品课评选活动，评出一等奖2名、二等奖2名和三等奖4名；举办全省党校系统党的十八大精神学习辅导师资培训班，300人参加培训；新编教材《创新型湖南建设的理论与实践》（研究出版社）等2部，被中央党校评为“2010—2012年度教材建设与出版工作先进单位”。

科研工作。申请立项国家社科基金项目48项，获准立项国家社科基金项目4项，立项中央党校重点课题7项、国家行政学院课题6项和省社科项目25项；结项国家社科基金项目1项、全国党校系统重点课题3项和省社科项目16项；获得全国党校系统科研成果一等奖1项、二等奖1项、三等奖2项、优秀科研管理工作者2项和科研工作组织奖，获省哲学社会科学成果一等奖1项、二等奖3项和三等奖1项；出版学术著作28部，在国家一级报刊发表文章13篇，其中《永葆共产党人纯洁性的政治本色》发表在《人民日报》（2012年2月10日），《如何大力培养文化产业人才》发表在《人民日报》（2012年2月15日），《对文化地位和作用认识的新高度》发表在《人民日报》（2012年4月16日），《毫不动摇地坚持改革开放》发表在《人民日报》（2012年4月23日），《用理想信念凝聚推动力量》发表在《人民日报》（2012年7月30日），《使基层党建工作成为科学发展的强大引擎》发表在《人民日报》（2012年8月1日），《以“两型社会”推动生态文明建设》发表在《人民日报》（2012年11月20日），《神圣道德殿堂——参观雷锋纪念馆有感》发表在《光明日报》（2012年3月1日），《创新思想政治工作的社会调节》发表在《光明日报》（2012年7月29日），《建设生态文明是发展理论的重要创新》发表在《光明日报》（2012年8月29日）；研究成果《争取国家离岸金融试点政策着力发展湖南结算经济》和《资政镜鉴——〈朱镕基讲话实录〉研究》获得省委书记周强批示，《被征地农民安置洞井模式及相关建议》和《湖南省城乡居民医疗保险发展调研报告》得到省长徐守盛批示。

学员管理。在完善百分制量化考核办法的基础上，总结形成10个方面的制度：联动“破冰”制（学校及学员部集中进行，班主任分班组织，学员自学）、签到制（课前签到，课后点名复查）、请销假制（按规定请假）、座签制（按规定座位入座）、全程跟班制（班主任、组织员全程跟班听课）、公示制（定期公布到课率、自学率、住宿率、就餐率等情况）、外出活动审批制、重要活动报告制、安全责任制、多头反馈制（《学员考核登记表》寄送单位组织人事部门、学习培训情况寄送单位负责同志）；全年管理主体班35个、4000余人，共组织模拟教学20次、学员论坛30场次、学员辩论赛2场、班级学习交流32次、异地教学4次、社会调研活动70次、拓展培训13次、革命传统教育24次、警示教育9次、国防教育14次和“驻村入户察民情”体验式培训2次（《湖南日报》和《红网》等先后对“驻村入户察民情”体验式培训进行报道）。

队伍建设。引进专业技术人员8名，其中3名博士；入选“湖南省优秀专家”1人，新增享受国务院政府特殊津贴专家2人，2人成为全国干部教育培训师资人选，1人成为省宣传文化系统“五个一批”人才，1人成为省哲学社科成果评审委员会委员，11人成为省委组织部考试测评专家；评选出本年度明星教师1名、优秀教师6名和优秀教育工作者4名；制定施行《中共湖南省委党校专业技术岗位设置与首次聘任实施办法》、《专业技术职务聘任管理办法》和《专业技术人员年度考核办法》，组织完成首次岗位设置和聘任工作；组织教师参加出国培训10人次、省外培训25人次、省内培训39人次和网络在线学习191人次。

信息化建设。完成东区网络建设工程，新建网络机房1间，新增网络接入点700个；德政楼多媒体教室建设工程完工，新建多媒体教室12间、媒体应对实训室1间和多媒体控制机房1间；完成数据中心的基础架构建设工作，新增应用防火墙、上网行为管理系统各1台和服务器6台；图书馆藏书67万册，其中数字图书10万册，新增中文图书册数15000册、中文期刊759种、报刊72种和港文及外文期刊14种，拥有清华同方期刊网、人大《复印报刊资料》、中宏网、超星数字图书数据库4种。

校园建设。学员住宿楼德政楼交付使用，建筑面积16500平方米，共396个单间；完成12000平方米的东区教学楼改造，可容纳1000人同时上课；完成校园东区管网、道路、锅炉房、配电间改造；新建3个小型停车场，占地面积4900平方米。

业务指导。收集整理全省15所市级党校、113所县级党校年报统计资料，将分析材料送至省委组织部、发至各市州党校；完成72所县级党校办学水平评估终审工作，评出58所甲等、14所乙等党校；与省委组织部组建省干部教育培训名师名课库，经单位推荐、专家评审，71位名师、141堂名课入库，组织30位专家教授为12个市州送名课45堂；召开全省科研工作暨理论研讨会，通报全省党校系统第九次优秀科研成果奖评选结果；全年编辑《湖南党校》报12期，出版发行5.4万份。

对外交流。全年接待意大利、尼泊尔、印尼、巴西等国政党干部考察团来校考察访问5批次、外宾53人；组团（5人）赴澳大利亚墨尔本大学、新西兰奥克兰国际学院进行访问，1人出访美国对洛杉矶郡政府进行友好访问，1人赴日本千叶市参加东京经济大学举办的第八次国际社会保障学术交流会议，1人应加拿大约克大学邀请赴加作“中国传统文化背景下的人生观”的学术演讲。

【广东省委党校】 创办于1950年3月，与广东行政学院实行“一套人员、两块牌子”的办学模式。领导体制为校务委员会负责制，中共广东省委常委、组织部部长李玉妹任校长，日常工作由常务副校长谭泽中主持。内设哲学教研部、经济学教研部、管理学教研部、行政学教研部、法学教研部、科学社会主义教研部、中共党史和党的建设教研部、外语教研部、社会和文化教研部、信息技术教研部、中国特色社会主义研究所等30个处级机构，现有教授57人、副教授84人、硕士生导师71人和享受国务院特殊津贴专家6人；1993年，被国务院学位委员会批准为硕士学位授予单位，拥有一级学科硕士学位授权点1个，二级学科硕士学位授权点8个。

2012年，举办各类班次179个，培训干部20506人次。其中，主体班次有市厅级领导干部进修班、县处级领导干部进修班、中青年领导干部培训班、政法综治领导干部培训班、省直单位处级干部进修班、中青年女干部培训班、公务员任职班、市县人力资源和社会保障局长班等36个，培训干部2997人；承担省委交办的重要论坛7期、重要班次7个，包括广东干部大讲坛、全省市县党政主要领导集中培训班、省第十一期领导干部党纪政纪法纪教育培训班和全省领导干部学习党的十八大精神专题培训班等，培训干部10691人。承担省委重要部门的班次有广东省第10、11、12期领导干部美国高级培训班、广东省第5期领导干部赴法国培训班、全省“两新”组织党组织书记培训示范班和4期全省中心镇镇长（书记）村镇建设专题研讨班等19个，培训干部1946人；承担省内外有关单位委托的培训班次包括省关工委主任培训班、广东省盐业集团领导干部“经济转型与领导能力”培训班、中山市民众镇村干部培训班、省邮政管理局领导干部培训班、广东检验检疫局处级领导干部“领导力提升”班、北京市朝阳区处级干部赴广东考察培训班及澳门合作班等84个，培训干部4872人。招收学位硕士研究生33人，26人毕业并取得硕士学位。

学习贯彻党的十八大精神。校（院）委举行中心组理论专题学习（扩大）会，传达贯彻落实党的十八大精神；协助省委组织部举办全省领导干部学习党的十八大精神专题报告会7场，参训干部超过30万人次；举办全省党校系统学习贯彻党的十八大精神师资培训班和理论研讨会；及时把党的十八大和省第十一次党代会提出的新思想、新观点、新论断纳入所有班次教学内容，确保党的最新理论成果进教材、进课堂、进头脑；组织教师深入机关、基层作学习党的十八大和省第十一次党代会精神辅导报告800场次，通过广播、电视、网络等媒体宣讲解读文件近200人次，接受报刊电台专访150人次。

教学工作。及时开设学习贯彻党的十八大和省十一次党代会精神辅导课、“科学思维与决策”教学模块和“经济安全总论”等专题课，开展课题组、案例研究式和互动式教学活动，初步建成全省干部党性教育现场教学基地11个；干部在线选学教学管理注册学员44689人、完成课程考核量46841人。

科研工作。获准立项国家社科基金项目2项、省哲学社会科学规划项目6项和省政府重大招标课题1项，组织全省党校（院）系统哲学社会科学“十二五”规划2012年度课题的申报工作，设立重点课题40项，成果结项25项，获省部级科研奖13项，其中全国党校系统第九届优秀科研成果奖4项；出版著作2部，在二类以上刊物发表论文85篇，有6份决策咨询研究成果获得省领导批示，教研人员参加全国性学术会议122人次；法治广东研究中心、省政协理论研究会省委党校工作站和政府ISO应用研究中心揭牌成立；《岭南学刊》和《广东行政学院学报》入选中国人民大学人文社会科学学术成果评价研究中心与书报资料中心共同研制的2012年版“复印报刊资料”重要转载来源期刊，承接并主办全国党政系统《中国党政系列专业期刊（网刊）》中的《法治政府》专刊。

队伍建设。配合省委组织部选拔3名省管干部，制定出台《校（院）行政部门处级干部选拔任用工作暂行办法》，选拔任用行政部门处级干部26人；制定《校院事业编制工作人员绩效工资实施方案》，评审全省党校（院）系统教师高级专业技术资格53人、中级专业技术资格13人。

机关党建。申报“打造广东品牌党性锻炼基地”的“书记项目”，被省直机关工委批准为重点项目；落实“党员公开承诺”，表彰8个“先进党支部”和47名“优秀共产党员”，成为首批获“广东省法治文化建设示范点”称号的单位；举办“党校情，红旗颂”书画摄影作品展，参与“扶贫济困日”活动，组织对逝世教职工家属的慰问捐赠，共捐款13万元。

信息化建设。建成领导干部社会与公共管理实训中心、领导干部应急管理实训中心工程的500个无限接收终端、可同时接收6种不同语言的同声传译系统，完成校园公共部分视频系统，建成校园治安、消防、交通指挥中心等监控系统。

后勤保障。完成学员职工食堂及室内运动场工程项目可行性研究报告，完成校园防洪排涝、供水系统扩容改造和治安消防交通指挥中心工程。

【广西壮族自治区委党校】 创办于1950年5月25日，与广西行政学院实行“一套人马、两块牌子”的办学模式；领导体制为校务委员会负责制，中共广西壮族自治区党委副书记危朝安任校长，日常工作由常务副校长黄学权主持；下设党史党建教研部、哲学（社会学）教研部、经济学教研部、政治学（科学社会主义）教研部、公共管理教研部、文史教研部、法学教研部、领导力拓展教研部、应急管理培训部和广西人口研究所等23个处级机构，现有教授25人、副教授27人、享受省级政府特殊津贴专家3人、省级学术技术带头人和省级优秀社科专家各1人。

2012年，共举办各类班次70个，培训干部4598人。其中，举办常规主体班次有中青年干部培训班、县处级领导干部进修一班、县处级领导干部进修二班、县处级公务员任职培训班、少数民族领导干部培训班和县处级女干部培训班共12个，培训干部607人；举办专题培训班有乡镇党委书记培训一班、乡镇党委书记培训二班和市县党校教学管理培训班共6个，培训干部286人；自治区党委、政府在党校举办的专题研讨班有新任厅级领导干部专题培训班、自治区管理干部民族文化建设专题研讨班、自治区管理干部金融与工业化专题研讨班、全区领导干部学习党的十八大精神专题研讨班等6个，培训干部671人；受自治区有关直属部门委托，举办全区应急管理与政务公开研讨班、全区应急管理培训基地建设专题研讨班、全区食品安全应急管理培训班，全区密码工作专题研讨班、全区党委系统公文处理培训班、全区司法系统领导干部专题培训班、全区工商系统领导干部专题培训班等46个，培训干部3034人。此外，承办外省市党校及培训机构来校进行异地培训的班次25个，培训干部980人。

学习贯彻党的十八大精神。召开全校学习宣传贯彻党的十八大精神动员大会，常务副校长黄学权给全校学员和教职工作学习宣传贯彻党的十八大精神辅导报告，配合自治区党委开展全区宣讲活动，抽调3名教授参加自治区宣讲团赴全区各地宣讲，组织35位教师分别为各市县、各部门作学习辅导和宣讲；承办全区领导干部学习党的十八大精神研讨班，自治区党委、人大、政府、政协领导班子成员和驻桂部队领导，各设区市党政主要领导，自治区直属各单位主要领导30位省级领导干部、120位厅级领导干部参加。

教学工作。优化课程设计，实行新专题试讲和末位专题调整等创新制度，创新“高效班级学习团队建设”专题教学和“领导经验分享”互动教学；创设“高端讲坛”，邀请国内高层领导和权威专家来桂讲学，同时邀请自治区相关部门处级以上干部到校听课；组织编写全区应急管理培训教材——《领导干部应急管理理论与实务》，与自治区政府应急办合作举办全区应急管理与政务公开研讨班等。

科研工作。立项国家社科基金项目7项、全国党校系统重点调研课题4项、自治区哲学社会科学规划重点课题1项和广西马克思主义理论研究与建设工程基地课题6项，组织立项校级咨政类重大课题12项、一般项目课题37项和全区党校系统调研课题40项；结项国家社科基金项目1项，2项课题入选国家社科基金文库；获得自治区第十二次社会科学优秀成果11项和全国党校系统第九届优秀科研成果奖3项；出版学术著作9部，公开发表论文300篇，其中核心期刊62篇，参加各类学术研讨会论文100篇，决策咨询报告《广西申遗工作如何走出受挫困境》获得自治区党委书记郭声琨批示；制定《决策咨询工作管理暂行办法》和《理论宣传成果奖励办法（试行）》，“桂理昕”、“校委中心组”和“马克思主义理论研究基地”已初步形成品牌。

学员管理。开展竞争选举学员党支部委员会（班委会）和小组长，建立轮值班长和周班会制度；组织学员开展形式多样的“晚聚习”活动，包括进行专题研讨的求是社区，即席演讲、辩论赛，与党的十八大代表和先进人物交流的心湖沙龙、国旗教育和优秀学习成果颁奖晚会等，尤其是学员在校园网的“学员论坛”板块积极发表学习感悟文章，每天都被快速刷新，成为学员交流研讨的重要方式，形成与“晚聚习”互相对应、互为补充的“网聚习”。

队伍建设。制定《学科带头人和学术骨干选拔及管理暂行办法》和《广西壮族自治区党校学科建设管理暂行办法》，公开招录18人，竞争性选拔7个处长岗位和6个处级非领导职位；举办“领导力提升”专题培训班，组织37名处级领导干部到北京大学参加学习培训；举办“公共行政管理”专题培训班，选派16名教研和管理骨干到香港培训；举办3期“坚定理想信念，创新社会管理”专题培训班，有90名教职工到重庆参加培训；组织6批29人次教研和管理骨干赴澳大利亚、新西兰、俄罗斯、英国、美国、加拿大、日本和越南等国进行考察和学术交流。

机关党建。专门布置进一步深化学习党的十八大精神研讨活动，迅速兴起学习贯彻党的十八大精神热潮；开展“解放思想、赶超跨越，建设一流省级党校”大讨论活动和基层组织建设年活动，加强党风廉政建设，廉政党课被评为区直机关最佳廉政党课，并获全区廉政党课一等奖；以党建带团建，共青团争创“青年文明号”活动深入开展，获得“自治区级文明单位”、“自治区和谐单位”、“自治区军（警）民共建精神文明先进单位”等荣誉；举办以“阅读经典、解放思想、创新工作、感恩奉献”为主题的第二届读书活动周，开展教职工广播体操比赛和运动会，完善“导师论学”雕塑园，建设柳心湖校（院）标识大型雕塑。

业务指导。起草《广西市级党校办学水平达标评估实施办法（试行）》、《广西县级党校办学水平升级评估工作实施意见（征求意见稿）》两个文件，督查各级党校贯彻落实全国党校校长会议、全国县级党校工作座谈会精神情况，召开全区党校校长会议、全区党校业务指导工作分析会；首次开展广西党校系统优秀教师、“十佳教师”和工作创新成果评选活动，评出优秀教师50名、“十佳教师”10名，评选党校工作创新成果15项。

【海南省委党校】 1987年12月23日，根据海南建省办经济特区的需要，中共海南行政区委党校与中共海南黎族苗族自治州委党校合并，升格为中共海南省委党校；与海南省行政学院和省社会主义学院实行“三校合一”的办学模式，领导体制为党委负责制，中共海南省委副书记李宪生兼任校长，日常工作由党委书记、常务副校长彭京宜主持；下设哲学教研部、经济学教研部、工商管理教研部、公共管理（社会学与社会管理）教研部、党史党建教研部、法学教研部、政治学（统战理论）教研部、文史教研部等23个处级机构，现有教授8人、副教授23人、享受国务院政府特殊津贴专家1人和省有突出贡献的优秀专家4人。

2012年，举办各类培训班47期，培训干部16346人次。其中，常规主体班次有海南省十八大精神宣讲骨干培训班、海南省第六次党代会精神宣讲骨干培训班、海南省新闻发言人专题培训班、海南省三沙市新任领导干部培训班、海南省党校系统师资培训班、海南省高校哲学社会科学教学科研骨干研修班、海南省乡（镇）长培训班、海南省农村党支部书记村委会主任培训班（4期）、海南省离退休老干部培训班、海南省军转干部培训班等20期，培训干部2229人次；专题培训班有海南省领导干部学习贯彻省第六次党代会精神专题培训班、海南省2012年“国际旅游岛建设产业发展”专题培训班共5期，培训干部1051人次；专题研讨班有2012年海南省领导干部学习贯彻党的十八大精神专题研讨班共4期，培训干部1256人次；承办省直单位处级干部选学班7期，培训干部11064人次；来校进行异地培训班次共11期，培训干部746人次。

学习贯彻党的十八大精神。组织全体教职工集中收看党的十八大开幕式并听取胡锦涛同志作的报告，召开校中心组学习党的十八大精神会议，邀请知名专家学者为党的十八大精神专题轮训班作专题报告，在校内各培训班开设“党的十八大精神解读”专题课；举办海南省领导干部学习贯彻党的十八大精神专题研讨班4期，培训干部1256人次；选派骨干教师到中央党校、浦东干部学院等参加党的十八大精神培训班，召开全省党校系统“学习贯彻党的十八大精神”理论研讨会，举办以“学习党的十八大精神”为主题的校学术沙龙活动；选派9名领导和教学骨干参加省委宣讲团，在全省各市县开展党的十八大精神宣讲活动200场。

教学工作。规范秋季主体班的培训形式、培训内容、培训经费等，在课程设置上形成中国特色社会主义理论体系、省情学习研究、党性锻炼、能力素质提升、省内考察或异地教学共5个基本模块；抓好新课程的开发，共27个专题课通过试讲；制订《精品课程评选实施办法》，积极培育精品课程；抓好数据库的建设，专题库、师资库、教务工作信息库与流程、学员资料库4个数据库初步建成。

科研工作。获准立项国家社科基金项目3项、中央党校2项、国家行政学院12项和省社科联课题13项；获得全国党校系统第九届优秀科研成果一等奖1项、二等奖1项和三等奖3项，获得海南省第七次社会科学优秀成果一等奖1项、二等奖1项和三等奖2项；在核心期刊和权威报刊上发表论文20篇，侧重国际旅游岛建设的各类成果70项，研究报告《海南党建工作的调查与思考》、《加强海南文化古迹原真性保护的建议》和《海南省三级人大代表选举和履职情况调研报告》被省委有关部门采纳。

队伍建设。引进6名专业技术人员，招录2名参公人员；新聘请3名省内领导干部担任兼职教授，共聘请兼职教授13名；选派教研人员34人次到中央党校、国家行政学院、中央社会主义学院、干部院校和中国人民大学等学习深造，行政人员56人次参加学习培训和岗位培训，选派1名厅级干部参加省委组织部“金砖国家城市公共服务管理”赴巴西培训班学习，安排1名处级领导干部赴陵水县挂职锻炼；组织全省市县党校负责人及教学骨干到中国人民大学学习，赴山东等地党校学习考察。

机关党建。完成支部换届工作，组织支部书记进行培训，支部数量达24个；深入开展创先争优活动，确立以“提高干部教育培训能力，服务海南国际旅游岛建设”为主题的实践活动，有1个党支部被评为省直机关先进党支部，1名党员被评为省直机关优秀共产党员；集中整治“庸懒散贪”，从学习教育、对照检查、集中整改、检查验收4个阶段，对“庸懒散贪”方面存在的17个问题进行集中整治。

行政后勤管理。新出台《财务管理办法》、《科研资助管理办法》、《物业管理办法》、《公有住房管理办法》和《校园机动车辆进出停放管理办法》等制度，重新修订《规章制定汇编》，建成比较完善、相互配套、运转有效的制度体系；承办中南、西南省级党校（院）和副省级城市党校（院）财务后勤工作会议、全国党校系统教材建设与出版工作会议。

校园建设。新建马恩文化广场，打造马恩雕像和《海洋》雕塑文化墙等；推进数字图书馆建设，成立海南省教育科研数字图书馆分馆；对12号楼进行生态木格栅工程改造，对15号楼和17号楼进行整体装修改造，对校园道路进行调整改造和西区校园环境的整治。

对外交流。接待纳米比亚人组党总书记伊塔娜一行、津巴布韦行政能力建设官员研修班学员和蒙古国家行政能力建设官员研修班学员，协办“国际旅游岛讲坛”讲座32期。

【重庆市委党校】 1997年9月1日，在原中共四川省委第二党校、重庆市委党校、重庆行政学院的基础上组建而成，1999年9月15日市委讲师团并入，与行政学院实施“两块牌子、一套班子”的办学模式；领导体制为校务委员会负责制，中共重庆市委副书记张轩担任校长，日常工作由常务副校长吴康明主持；下设哲学教研部、经济学教研部、科学社会主义教研部、中共党史教研部、党的建设教研部、公理管理学教研部、法学教研部、经济社会发展研究所等32个处级机构，还有中央党校教学基地、国家行政学院教学科研基地和重庆市应急管理培训基地，与民进重庆市委合作组建重庆公共管理学院，与北京大学合作开展MPA3培训；现有教授30人、副教授35人和硕士生导师30人，有享受国务院特殊津贴专家7人、市学术技术带头人3人、市委直接联系专家1人、市宣传文化“五个一批”人才2人和“巴渝新秀”青年文化人才2人；2003年被国务院学位委员会批准为硕士学位授予单位，拥有一级学科硕士学位授权点1个、二级学科硕士学位授权点12个。

2012年，共举办各类班次142个，培训干部10446人次。举办厅局班、区县党政班、区县人大班、处长班、选调生班等常规主体班40个，培训干部2352人；首次举办全市乡镇（街道）党（工）委书记加强社会管理培训班、全市“两新”组织党建工作市级示范党组织负责人培训班、市政系统中青年干部培训班等7个，培训干部1390人；举办学习贯彻党的十八大精神宣讲骨干培训班、全市学习贯彻第四次党代会精神暨区县换届后新进领导班子成员任职培训班等专题培训班等15个，培训干部2229人；举办广西处级干部培训班、社科联班、太原政法班等对外培训班80个，培训干部4475人。毕业硕士研究生12人，并取得硕士学位。

学习贯彻党的十八大精神。组织全体教职工和主体班学员集中收看党的十八大开幕式，通过校委中心组学习、全校干部大会、知识竞赛和座谈会等形式深入学习宣传贯彻党的十八大精神，选派专家和59名党校系统骨干教师参加中宣部、中央党校举办的十八大精神专题研讨班；举办全市党政主要领导干部学习贯彻党的十八大精神专题培训班，集中培训“一把手”208名，视频培训7000名区县和乡镇干部；举办组织、宣传、政法、市级机关系统专题培训班5期，培训干部902名；组织7名专家参加市委宣讲团宣讲31场、教学骨干赴市级机关和区县开展社会宣讲100场，安排8名专家接受重庆卫视采访，解读十八大精神，在学校报刊、网站开辟党的十八大精神学习宣传专栏。

教学工作。探索建立由7个基本单元（理论武装、世界眼光、党性修养、市外培训、重庆战略、能力建设、学业汇报）和2个辅助单元（重庆干部论坛、学员讲坛）构成的“7+2”教学内容体系，集中开设中国特色社会主义理论体系的基本问题、科学发展与转变经济发展方式、中国特色社会主义政治发展道路、社会主义核心价值体系等系列专题，细化设计“统筹城乡综合配套改革，着力破解城乡二元结构突出矛盾”和“重庆走新型工业化道路研究”等19个教学专题；广泛运用“两段式”教学、研究式教学、体验式教学、“2+X”等教学方式。

学科建设。实现硕士研究生招生指标扩招，由12名增至20名，完成全国第三轮学科评估的组织和申报工作，申报市研究生教育教改项目10项，其中重点项目1项、一般项目3项。

科研工作。申请立项国家社科基金项目41项，获准立项国家社科基金项目5项，立项中央党校重点课题6项、国家行政学院课题2项、省社科项目20项；结项国家社科基金项目5项、省社科项目6项，获得全国党校系统科研成果一等奖1项、二等奖3项和科研工作组织奖，获第四届重庆市发展研究奖二等奖和三等奖各1项，获得全球通献计重庆科学发展“金点子”征集大赛一、二、三等奖；上报资政报告52篇，其中《关于“创新小城镇发展模式”的建议》得到中央政治局委员、国务院副总理、重庆市委书记张德江批示；出版学术著作4部，在国家一级报刊发表文章3篇，其中《采取切实措施保持党的纯洁性》和《分享改革发展成果应注重体现“三性”》分别发表在2012年7月30日和8月22日的《人民日报》上。

学员管理。修订《主体班学员管理手册》，建立学员管理网络系统，制定出台《主体班优秀学员评选办法》，在主体班中全面开展创先争优活动，组织评选优秀学员。

服务与保障。制定出台《关于切实加强对外培训工作的意见》、《关于进一步加强和改进区县党校、行政学院（校）工作的意见》和《校园文化建设规划》，校园“一卡通”建成投用。

【四川省委党校】 成立于1952年10月，前身是中共中央西南局党校；2001年6月与四川行政学院合并，实行“一套机构、两块牌子”的办学模式；领导体制为校务委员会负责制，中共四川省委常委、省委组织部长柯尊平兼任校长，日常工作由常务副校长刘毅主持；下设哲学教研部、经济学教研部（四川经济社会发展战略研究所）、科学社会主义教研部、中共党史党建教研部、区域经济教研部、会计金融教研部、文史教研部、计算机科学与工程教研部、工商管理教研部、公共管理教研部、法学教研部、外语教研部、综合教研部等38个处级机构，现有教授41人、副教授108人和硕士研究生导师28人，有全国宣传文化系统“四个一批”人才1名、享受国务院政府津贴专家6人、省学术和技术带头人6人和省有突出贡献优秀专家6人；1990年经国务院学位委员会批准为硕士学位授予单位，拥有一级学科硕士学位授权点3个、二级学科硕士学位授权点11个。

2012年，共举办各类班次177个，培训干部10124人。其中，举办主体班次有市厅级干部进修班、县处级干部进修班、中青年干部培训班、高层次复合型人才进修班、全省党校系统师资培训班、新任乡镇书记培训班等38个，培训干部1724人；举办专题研讨班有全省加强和创新青年群众工作专题培训班、全省党委政法委“新形势下群众工作”专题培训班和全省纪检监察领导干部专题培训班等6个，培训干部369人；受38部门委托举办专题培训班133个，培训干部8031人。此外，接待国外访客6批次20人，为国外公务员培训团组5批次175人安排专题讲座和专题考察，首次独立举办30名新加坡政府公务员培训班。

学习贯彻党的十八大精神。配合省委组织部，组织举办省厅级干部学习贯彻党的十八大精神专题培训班4期，培训全省厅级干部1000人；举办全省党校党的十八大精神专题培训班4期，集中培训县市党校骨干160人；设置“深入学习领会党的十八大精神”专题教学单元，开设“党的十八大报告解读”、“党的十八大新党章解读”等学习专题课，组织学员专题讨论和学员论坛交流学习党的十八大精神的心得体会；由常务副校长带领7名专家参加省委党的十八大精神宣讲团，深入到省内有关市州、县（市、区）和省直机关、高等院校、国有企业宣讲党的十八大精神150场次，受众数万人；由副校长带领10名专家教授参加省委宣传部“党的十八大精神走基层宣讲活动”，深入乡镇村社、街道社区、企业班组和牧区藏区，为基层干部群众宣讲100场次；承办全国党校系统学习贯彻党的十八大精神理论研讨会，举办四川省党校系统暨四川省科学社会主义学会“学习贯彻党的十八大精神”理论研讨会；组织教师参加学习贯彻党的十八大专家座谈会，报送理论文章2篇、选题11个，在《人民日报》、《光明日报》等主流刊物发表学习十八大精神理论文章21篇，组织10名专家学者接受四川省电视台、四川日报社、成都电视台等新闻媒体的采访，解读党的十八大精神。

教学工作。及时将党的十八大和省第十次党代会精神转化为教学培训的重点内容，增设“5·12”汶川地震灾害应对研究与培训中心，构建主体班课程体系10个系列、46个模块和476个专题；首次举办党校和行政学院主体班联合学员论坛，开展以公共突发事件信息公开与媒体应对为主题的课堂模拟实训；实行主体班分班负责制管理，对每个主体班配备教学管理人员，实行专人管理；开展“异地教学”，与延安干部学院、井冈山干部学院建立两段式教学模式；组织开展全省党校（院）系统主体班精品课程评选，确定《四川基层民主政治建设的实施与思考》等3门课程为主体班精品课。

科研工作。获准立项国家社科基金课题5项、全国党校系统课题3项、全国宣传文化系统“四个一批”人才资助项目1项、省社科规划课题3项和成都市规划课题1项，组织立项重大研究课题校内项目6项、重点调研课题2项、青年课题5项和全省党校系统一般调研课题253项；结项课题224项，其中53个课题评为优秀调研课题；在全省第十五次哲学社会科学优秀成果评奖中，获省政府荣誉奖1项、一等奖1项、二等奖2项、三等奖5项和优秀奖5项，获全国党校系统第九届优秀科研一等奖1项、二等奖2项、三等奖1项和科研组织奖；出版学术著作22部，在国家一级报刊发表文章3篇，其中《从悲壮走向豪迈的制胜法宝》和《深化改革应高度重视改革发展成果共享》发表在《人民日报》（2012年5月11日和12月25日），《诚信是生命中灿烂的鲜花》发表在《光明日报》（2012年8月20日）；增设决策咨询部，承办全国党校系统学习贯彻党的十八大精神理论研讨会暨第九届科研评奖颁奖会及中国特色御灾模式研讨会，组织策划党校系统《党的建设传承与创新》研究项目，成为四川省中国特色社会主义理论体系重点研究基地年度重大项目；提交调研报告、工作建议20项，研究成果《推进我省服务外包产业园区建设的建议》得到省委副书记、省长蒋巨峰批示；《理论与改革》、《四川省委党校学报》、《四川行政学院学报》和《四川党校报》编发文章被人大《复印报刊资料》转载14篇。

队伍建设。引进7名急需人员，其中博士、硕士3名；创新和完善干部选任机制，增设个人自荐材料网上公示环节，提拔正处级领导干部6名、副处级领导干部8名、调研员7名和副调研员11名，调整交流处级干部11名；任用7名骨干教师担任教研部门领导，推荐评审4名中青年骨干教师正高级专业技术职称，调整交流专业技术人员12名；制定《绩效工资实施暂行方案》，实施绩效工资改革；举办青年教师主体班教学研讨会，选派1名干部到中央部委挂职锻炼，8名干部到市县挂职锻炼，抽调7名青年教师骨干到教学一线部门跟班学习、轮岗锻炼，选派2人赴美国做访问学者，选送100人次参加专业培训和学术交流。

机关党建。深入开展创建“四好班子”活动，获“‘四好’活动先进班子”、“省直机关中心组学习先进单位”、“落实党建责任制工作先进单位”和“推进学习型党组织建设先进单位”称号；初步建立完善惩治和预防腐败体系制度的“三早”机制和定期分析党风廉政建设制度，开展保持党的纯洁性教育活动和“三项建设”活动，组织开展专题学习中纪委和省纪委全会精神以及《廉政准则》，邀请省纪委领导做党风廉政专场报告；加大对基建工程项目及大宗物资设备采购的招投标监督力度，开展小金库治理工作，加强出国（境）经费管理，清理各类庆典会议；推进“创先争优”活动，完善机关党建工作责任制，坚持“两会一课”和民主评议制度，1个党支部获“全国妇女创先争优先进集体”，2名党员被评为省“三·八红旗手”和省“妇女儿童工作先进个人”；开展“挂包帮”广元市旺苍县和对口扶贫南充高坪区。

信息化建设。全省干部教育培训综合智能化信息管理平台试运行，现代化仿真训练与评估环境初步建成；召开全省党校（院）系统信息化工作会，开展全省干教管理综合平台和课件制作技术培训，完成中国西部开发远程学习网（CDDLN）直播教学培训83批次，参训人数3254人次；完成中央党校“三大文库”建设中期评估工作，组织《5·12汶川特大地震抗震救灾专题数据库》第二批资源收集，组织开展全省党校系统、全国党校文献信息学会四川分会、四川省图书馆学会党校系统分会2009—2011年优秀科研成果评奖。

行政管理。建立健全公文报批、审核、流转等程序，完成《四川党校年鉴》、《大事记》和《规章制度汇编》编撰工作，被评为省直机关先进单位；档案规范化管理工作通过省级机关最高标准验收，被授予“档案工作规范化管理一级单位”；落实消防安全责任制，组织开展安全应急疏散演练；加强公务用车管理，实施管理节能和技术节能，完成节能目标任务。

基础设施建设。新建教学综合楼蜀华大厦主体工程竣工，网络系统、监控系统等弱电工程投入运行，完成校（院）发展史陈列室、图书馆多媒体实验室、教学模拟实验室等重点工程。

业务指导。开展专题调研基层党校（院）办学实情，督促检查市州贯彻落实《条例》和《纲要》情况，支持甘孜、阿坝、凉山3个州党校建设发展；召开全省党校常务副校长会议，举办4期师资培训班，完成全省党校系统教师高级职务评审，安排教学管理骨干上挂锻炼，组织赴河南、湖南等地学习考察。

【贵州省委党校】 创建于1950年，与贵州行政学院实行“一班人员、两块牌子”的办学模式；领导体制为校务委员会负责制，中共贵州省委常委、省委组织部部长孙永春兼任校长，日常工作由常务副校长韩卫东主持；下设哲学教研部、经济学教研部、科学社会主义教研部、党史党建教研部、经济管理教研部、行政管理教研部、法学教研部、文史教研部、现代科技教研部、发展研究院等32个处级机构，现有教授26人、副教授62人、享受国务院政府特殊津贴专家、省政府特殊津贴专家和省管专家12人。

2012年，共举办各类主体班次53期，包括调训班15期、专题班7期、部门班24期、党校系统师资班3期和“四帮四促”村干部培训班4期，培训地厅级领导干部151人次、县处级干部1403人次、党校系统骨干教师319人次和科级干部1688人次；结合“四帮四促”、“帮联驻”工作，在六枝特区乡镇开展巡回培训19期，培训村干部2850人次；开展“月末大讲堂”10期，培训各级干部3120人次。

学习贯彻党的十八大精神。围绕党的十八大和省第十一次党代会精神，组织各主体班教学和外请报告；常务副校长等校领导带头分赴全省各地开展党的十八大精神宣讲辅导，组织6名专家参加贵州卫视“解放思想、推动跨越”大讨论，16名专家参与贵州卫视“贵州新闻联播”和贵州人民广播电台的系列专题宣传解读活动，20名专家应邀外出开展宣讲辅导120场，受众22000人次；邀请中央党校、国家行政学院4名专家，组织本校院20名专家分别撰文，对党的十八大报告进行深度解读，当党的十八大报告在媒体公开发布之日，在《贵州日报》同步推出8个整版的《学习导读特刊》。

教学工作。新增保持党的纯洁性、学习贯彻党的十八大和省第十一次党代会精神、国发〔2012〕2号文件的贯彻落实、构筑贵州精神高地和推进贵州“三化同步”等专题104个，更新率达34%；围绕中央重大战略部署和省委省政府中心工作，及时开设学习贯彻国发2号文件和省第十一次党代会精神系列专题班；注重加强干部领导经济发展的能力培训，在主体班次中增加经济发展方面的内容；与省委组织部联合建立覆盖9个市（州）的教学实践基地43个，类型涉及党性教育、工业园区、新农村建设、社会管理等方面，全年共组织28个主体班开展46次省内外现场教学和实践活动。

科研工作。组织申报国家社科基金项目19项，获准立项国家社科基金项目4项，立项省纪委（监察厅）反腐倡廉课题选题3项，组织立项校级重点课题23项、一般课题117项；出版专著1部，在省级以上刊物公开发表论文162篇，组织专家参加2012年中欧行政改革论坛征文、全省“解放思想、推动跨越”研讨会等活动；以支持六盘水市开展保持党的纯洁性教育试点为契机，完成纯洁性教育试点课题研究4项，汇编学员论文和教研人员研究报告5期送省委领导参阅。

学员管理。严格执行省纪委、省委组织部、省委党校联合制定的《干部在党校学习培训期间加强作风建设的十五项规定（试行）》，不断完善配套机制；组织召开学员作风建设协调小组专题会议，组织学员签订《作风建设承诺书》，对学员在校期间公车伴读、禁酒禁赌、课堂纪律等情况进行14次公示；开展党性教育，学员撰写党性分析材料、思想汇报材料或学习心得，组织校级“学员讲坛”2次，班级“学员讲坛”、“学员论坛”24次，开展劳动体验、“学雷锋”主题歌会等；建立“双百分”考核体系（理论学习、党性锻炼各100分），实行量化考评，评出优秀班支部6个、优秀班干部76名和优秀学员159名。

队伍建设。引进博士8名，公开招考

专业技术人员8名和参公管理人员6名，面向社会考调、遴选有实践经验的基层干部和选调生8名。

机关党建。全年研究党建工作10次，落实党建日常工作经费、专项经费30万元，将党支部由14个调整为22个，通过签订《党建工作责任状》，将省委部署的“十大行动、百项任务”、省直机关“五个项目”及校院自选项目分解为26项具体任务，明确责任单位、责任人和完成时限；开展“五级五评”分类定级和党组织、党员评优活动，3名党员获省直机关工委表彰；召开一届三次职代会，完成工会换届，发展党员5名，审批转正9名；探索机关党建、学校党建、社区党建“三位一体”党建新模式，获“省直单位年度目标管理考核优秀奖”。

信息化建设。开通“人民公仆网贵州行政学院在线学习平台”，与中央党校远程教育贵州教学网、全球发展学习网络贵州远程学习中心、贵州希望网、贵州省农村党员干部现代远程教育资源库形成“四网一库”现代远程教育体系；全球发展学习网络贵州远程学习中心直播课程和在线培训居全国62个远程中心中综合排名第一，第五次受到国家发改委西部开发司表彰；开展远程教育直播课程16期、在线学习3期，培训党员干部1767人次；针对省内各站点开展远程教育视频教学30次，视频教学管理、技术保障40次，帮助六枝特区建成“六枝党建和信息工作平台”。

后勤管理。严格执行财务管理制度，资金运行安全，获省直部门财务决算评比一等奖；完成《中共贵州省委党校校园建设规划方案》并获立项，部分单体设计已初步完成。

业务指导。完成对六盘水市委党校大专体制规格评审与黔南、黔东南、安顺3所党校的预评指导工作，全省9市（州）委党校已有6家完成评估；与省委组织部、省编办共同起草《中共贵州省委关于加强和改进新形势下县级党校工作的意见（代拟稿）》，并报省委；举办市县两级党校（院）师资培训班（2期）、“十二五”期间哲学社会科学教学科研骨干研修班（4期），培训骨干教师257人，选派49人赴国家行政学院培训、26人参加全省千人赴港培训计划人力资源管理培训班、16名县级行政学校校长赴国家行政学院学习；完成市县两级党校教师24人申报高级职称、23人申报中级职称的评审工作；校级课题向市县倾斜，有21项校级课题立项；在《贵州干部教育》开设“市县党校传真”、“市县党校工作”等栏目，反映市县两级党校改革发展情况。

【云南省委党校】 建于1950年9月1日，与云南行政学院合办；领导体制为党委制，中共云南省委副书记李纪恒担任校长，日常工作由党委书记、常务副校长黄顺主持；下设哲学教研部、经济学教研部、科学社会主义教研部、党史教研部、党建教研部、经济管理教研部、公共管理教研部、法学教研部、文化与科技教研部、省情与政策研究所等25个处级机构，现有教授25人、副教授60人和享受省政府特殊津贴专家5人。

2012年，举办各类班次54个，培训干部4728人。其中，举办厅级领导干部进修班、县委书记培训班、县处级领导干部进修班、中青年干部培训班、云南省贯彻党的十八大精神厅级领导干部重点培训班等36个，培训干部1900人次；举办专题研讨班16个，培训厅级领导干部及县市区党政主要领导干部2643人次；举办全省基层干部“四群教育”培训示范班和第十期全省党校系统“四群教育”师资培训班，培训干部185人次。

学习贯彻党的十八大精神。组织全校教职工和在校学员集体观看党的十八大开幕式，校党委召开扩大会议研究十八大精神的学习贯彻工作，建立健全新课调研制度，加大新课备课投入；省委在省委党校召开传达学习十八大精神大会，在校的各班次学员、教职工600人参加会议；举办云南省贯彻党的十八大精神厅级领导干部重点培训班，近200名厅级干部参加培训；邀请省委副书记、省委组织部部长、省委宣传部部长到校为学员作专题辅导，解读十八大精神报告。

教学工作。突出党的十八大精神和省第九次党代会精神的学习贯彻，及时将党的十八大精神安排进入课堂，建立马克思主义经典著作和党性修养专题课程库；各班次以加强中国特色社会主义理论体系学习为首要任务，根据省委、省政府的中心工作，县处级领导干部培训班围绕加强和创新社会管理、云南特色城镇化道路和产业转型升级，理论骨干培训班结合学习六中全会和社会主义核心价值体系建设，迪庆培训班围绕经济社会发展与民族团结进步、新时期藏区对外宣传工作的政策及知识等专题开展教学；建立杨善洲精神教育基地和大理州祥云县“红色传承”教学基地，在《党的建设与党性教育》教学单元，专门以“学习杨善洲，加强党性锻炼”为主题进行党性分析；开设深入开展“四群教育”、着力增强党同人民群众的血肉联系等专题课，组织中青年干部培训班到井冈山干部学院、武定县插甸乡“三深入”驻村入户践行群众路线等体验式教学。

科研工作。获准立项国家社科基金项目6项、全国党校系统调研课题2项，结项国家社科基金重点项目1项和一般项目5项。对30个教学专题每个5000元教学资助，推进科研成果向教学转化。

学员管理。出台《中共云南省委党校、云南行政学院学员管理规定》，对学员的党性锻炼、学习管理、组织管理、生活管理做出明确规定；以学风建设为重点，强化党性教育，实行签到、考勤公布、组织员和学员值班制度；利用开班、支部活动等促使学员实现“三个转变”，通过论坛、讨论、支部交流、现场教学促进学员学有所思、学有所得。

队伍建设。引进人才6人，提拔正、副处级干部各3人，完成和实施事业人员奖励性绩效工资和教学、科研和教辅部门领导人员聘任管理工作；开展优秀教师评选活动，评选优秀教师12名，并在教师节大会上进行表彰；组织28人到中央党校、国家行政学院等学习培训，派出新农村工作队总队长2人、新农村指导员6人、“兴边富民工程”挂钩点挂职锻炼教师3人、西山区挂职锻炼干部教师10人和扶贫挂职干部1人，选派18名教研人员赴美国、韩国等参加学术研讨会和培训。

【西藏自治区委党校】 成立于1961年4月，与西藏行政学院实行“一套机构、两块牌子”的办学模式；领导体制为校务委员会负责制，中共西藏自治区党委常务副书记郝鹏兼任校长，日常工作由常务副校长石俊华主持；下设马列主义理论教研部、党史党建教研部、综合教研部、行政管理教研部等12个处级机构，现有教授8人、副教授22人、享受国务院政府特殊津贴专家3人、享受自治区政府特殊津贴专家1人和自治区学术技术带头人3人。

2012年，举办各类班次26个，培训干部1536人。其中，首次举办全区公路系统基层党务干部培训班、全区从村干部和大学生村官中选拔的乡镇（街道）党委委员培训班和全区边境县领导干部培训班，培训干部196人；举办常规主体班次有全区中高级专业技术人员公需科目培训班、区中直单位公务员初任培训班、全区纪检监察干部业务培训班、全区妇联干部培训班、哲学社会科学教学科研骨干研究班、全区团干部培训班、区中直单位科级干部培训班共7个，培训干部298人；区党委在党校举办的专题研讨班有学习胡锦涛总书记“五个继续着力”重要讲话精神专题研讨班、全区地厅级领导干部学习十八大精神专题研讨班、全区政法系统加强和创新社会管理专题研讨班等4个，培训干部300人；受自治区有关部门委托培训的班次有全区退休人员党支部书记培训班、全区计划分配军队转业干部培训班、自治区工商行政管理系统监管执法骨干培训班、拉萨市优秀中青年干部培训班、全区住房和城乡建设系统行政管理干部培训班、全区统计调查系统处级领导干部及后备干部能力提升培训班、自治区教育系统基层党组织书记示范培训班、全区从优秀村（居）党支部书记中选拔乡（镇）公务员培训班、全区新任村（社区）党组织书记示范培训班、墨竹工卡县村“两委”主职干部培训班、全区新成立县政协领导干部任职培训班、全区生产和工作第一线十八大代表培训班共12个，培训干部742人。

学习贯彻党的十八大精神。组织全自治区党校系统教职工重点学习党的十八大报告，调整教学内容，突出党的十八大精神在教学中的比重，在各班次开设党的十八大精神专题；召开全区党校系统党的十八大精神集体备课会，把党的十八大精神的研究作为党校科研的重点；举办全区地（厅）级领导干部学习贯彻党的十八大精神专题研讨班，培训地（厅）级领导干部100人；召开学习党的十八大精神理论研讨会，推荐教研人员20人参加全区十八大精神宣讲团和接受新闻媒体访谈，组织教研人员在《西藏日报》和《西藏发展论坛》发表解读党的十八大精神的理论文章10余篇。

教学工作。建立教学协调、课程设计和培训项目管理等制度，完善教师集体备课制度、试讲制度、教师岗位责任制度、教师在职学习培训和挂职锻炼制度等，整合部门间学科专业，实现学科专业间教学研讨的常态化；调整和优化教学内容，推广案例式、菜单式、体验式教学，开展现场教学、社会调研和拓展训练；加强教学案例库和教学基地建设，召开研究式教学研讨会。

科研工作。申请立项国家社科基金项目9项，获准立项国家社科基金项目4项，立项中央党校重点课题4项和自治区社科规划项目4项，结项国家社科基金项目2项、全国党校系统重点课题2项，获得全国党校系统科研成果一等奖1项，出版学术著作4部。

学员管理。加强组织员队伍建设，对班主任进行量化管理；制定完善各种管理制度，狠抓制度落实；把理想信念教育、拒腐防变教育、警示教育、革命传统教育和端正学风、遵守校规校纪作为党性教育的重要内容，贯穿于学员学习、生活的全过程。

队伍建设。区党委从校委班子中提升1人交流任职，提拔1名校级领导，调入4名工作人员，公开招聘藏族硕士2人，引进博士1人；开展职称评审工作，评审通过13人的任职资格；选派32人次参加出国培训、学术交流、进修培训、学习考察，借调38人次到区直有关部门参与相关工作。

机关党建。制定和印发《2012—2014年党建工作规划》、《党建工作制度汇编》和《党的基层组织党务公开目录》等，同各支部签订《2012—2014年基层党建工作责任书》和《党风廉政建设责任书》；发展党员5人，培养入党积极分子3人，开展社会主义核心价值观教育、扶贫济困和“六五”普法工作等；完成强基惠民第一批驻村工作队工作，落实项目15项，项目资金1061.4万元，为群众寻找到致富门路8个，解决群众实际问题500个。

信息化建设。召开全区党校系统信息化工作会议，建成全区党校系统VPN远程访问及视频教学会议系统，开发符合党校教学科研特点的专题数据库3个。

校园建设。新建学员宿舍楼和图书馆正式投入使用，完成“十二五”基本建设项目可行性调研报告和方案设计，启动东北院规划咨询论证，完成旧办公楼和旧讲师楼的维修等。

【陕西省委党校】 创建于1934年；领导体制为校务委员会负责制，中共陕西省委副书记孙清云兼任校长，日常工作由常务副校长薛引娥主持；下设哲学教研部、政治经济学教研部、科学社会主义教研部、中共党史教研部、党的建设教研部、经济管理教研部、文史教研部、政治学教研部、陕西经济社会发展研究所等31个处级机构，现有教授26人、副教授68人、硕士导师53人、享受国务院政府特殊津贴专家2人、省政府特殊津贴专家2人、省学术技术带头人1人；1993年被国务院学位委员会批准为硕士学位授予单位，拥有3个一级学科硕士学位点，硕士学位二级学科授权点25个。

2012年，举办各类班次216个，培训干部11478人次。其中，首次承办中共陕西省委委员、候补委员学习贯彻党的十八大精神培训班，培训干部400人；举办常规主体班次有市厅级领导干部进修班、中青年干部培训一班、中青年干部培训二班等43个，培训干部819人；举办专题和技能培训班有“领导力与领导艺术”班、“国学智慧与当代社会生活”班、“现代公文写作与规范化处理”班等133个，培训干部4050人；举办延安精神现场教学培训班40个，培训干部2000人。毕业硕士研究生22名，并取得硕士学位。

学习贯彻党的十八大精神。校委中心组集中学习党的十八大报告14次、全校性学习传达、研讨座谈12次，全校撰写学习体会文章500篇；承办中共陕西省委委员、候补委员学习贯彻党的十八大精神培训班，400人参加培训；接受新闻媒体专采50人次，在校报校刊和校园网开辟专栏刊发宣传信息300条，上报舆情信息600篇；集中全校40名教研骨干组成党的十八大精神宣讲团，为全省各级党政机关和企事业单位作专题辅导400次，听众4万人次。

教学工作。组织开发学习党的十八大精神等教学专题22个，将经典著作纳入主体班教学课程，主体班教学内容更新率超过20%；申报13个专题及90门课程入围省自主选学专题“主菜单”，向中组部和中国干部网络学院推荐3部精品课程教学片，向中央党校推荐5部专题教学片，获全国党校系统首届教学管理优秀奖；组织学员围绕全省经济社会热难点问题调研20次，形成成果34项，汇编调研报告集4册，并上报省委。

科研工作。申请立项国家社科基金项目16项，获准立项国家社科基金项目6项，立项中央党校重点课题2项、省社科项目3项；结项国家社科基金项目3项、全国党校系统重点课题4项和省社科项目2项，获得全国党校系统科研成果一等奖1项和优秀奖3项；出版学术著作18部，调研成果《关于解决我省固定资产投资中的几个主要问题的建议》得到省委书记赵正永批示，《理论导刊》被评为省优秀社科期刊。

学员管理。依据《党校工作条例》、省委《实施办法》和学员实际，完善制度规定并确保落实，抓到课率，由签到改为相对固定学员座位；严格考试纪律，落实违纪处罚规定；建立临时党支部，加强对流动党员管理教育，提高学员的组织观念和党性修养意识。

队伍建设。制定《处级干部晋升职级实施办法》，晋升处级干部30名和专业技术人员职称11名，安置11名军转干部，对13名行政管理干部进行轮岗交流；1名教授受聘担任国防大学抗大研究中心研究员，推荐2名教授成为省“四个一批”人才人选、4名教授成为“三五人才”省重点领域顶尖遴选人才；选送8名专业技术人员参加延安、浦东、井冈山干部学院培训，推荐2名博士参加全省首批博士服务团。

机关党建。制定下发《关于开展基层组织建设年活动的实施方案》，召开党建暨宣传工作会议，提出“敬业、求实、奉献、拼搏、奋斗”党校机关精神；校委领导讲党课20次，撰写创先争优论文入编《全国创先争优理论研讨会论文集》并与会交流；开展支部书记培训，组织40名机关干部赴红色基地进行党性教育；完成11个支部换届，按照《机关基层组织工作条例》要求签订承诺书；开展社会主义核心价值观、精神文明创建和学雷锋活动，组织喜迎党的十八大校园文化节活动。

信息化建设。建成覆盖全省党校系统网络教学视频会议系统、44个多媒体教室和全省干部教育音像库；教学资源库点击率超过90万余次，播放远程教学节目168次，直播开学典礼等视频会议，全省党校系统受众7000人次；开辟“学习贯彻党的十八大精神”专栏，及时更新特色专栏5个，完善《科学发展观研究》数据库，加工发布信息4万条，自建的《陕西省情资料与地方志文库》和《党在延安十三年及延安精神研究数据库》发布信息5000条，图书馆被评为“省图书馆学会2008—2011年度先进集体”。

校园建设。建成热交换站、垃圾处理站，配置新的教学设备，升级校园安防系统；成立“一站式”后勤服务中心和节能减排机构，出台实施方案和考核办法，引进技术，杜绝跑、冒、滴、漏，获省、市、区颁发的绿色机关等20项奖励；校园安保工作被西安市公安局评为先进单位，妇女基地被评为“全省妇女创先争优先进集体”。

业务指导。按照省委要求起草《加强党校工作的若干意见》，向省委常委会专题汇报贯彻落实全国党校校长会议精神具体意见；召开全省党校校长会议，制定《全省县级党校办学水平达标评估办法》；举办全省党校系统师资培训班，培训教师44人；完成全省党校系统52人的高级、中级职称任职资格评审工作。

【甘肃省委党校】 成立于1952年11月7日；领导体制为校务委员会负责制，中共甘肃省委副书记欧阳坚兼任校长，日常工作由常务副校长王渊主持；下设哲学教研部、经济学教研部、党史党建教研部、政治学教研部、工商管理教研部、公共管理教研部、法学教研部、文史教研部、党建研究所和经济社会发展研究所等26个处级机构，现有教授36人、副教授78人、享受国务院特殊津贴专家1人和省政府特殊津贴专家1人。

2012年，举办各类班次98个，培训干部16796人。其中，首次举办新提拔进市（州）领导班子成员培训班、新提拔进县（市、区）党政班子人员培训班、新提拔进县（市、区）人大政协领导班子人员培训班、新进乡（镇）领导班子的村干部、大学生村官专题研讨班、新提拔进市县领导班子成员任职培训补训班、全省藏区县处级后备干部培训班共7个，培训干部554人；举办常规主体班次有地厅级领导干部进修班、县处级干部进修班、企业领导人员进修班、中青年干部培训班、妇女干部培训班、市县党校骨干师资培训班、环县百名基层干部培训班、全省哲学社会科学教学科研骨干研修班等20个，培训干部693人；举办专题培训班有发展循环经济专题培训班、扶贫开发专题培训班、舟曲百名干部扶贫专题培训班、公务员管理部门负责人专题研讨班共4个，培训干部266人；省委在党校举办的专题研讨班有省市主要领导干部“学习研究政策经验，谋划推动转型跨越”研讨班，培训干部285人；与省委组织部、省交通运输厅、省气象局、省地税局、省地方史志办、国家开发银行甘肃省分行、建行甘肃省分行、金昌市委组织部、中国水电甘肃能源投资有限公司等单位联合，举办了全省大学生村官省级示范培训班、基层党组织书记学习贯彻党的十八大精神培训班、全省交通运输系统《行政强制法》骨干培训班、全省气象系统处（科）级干部培训班、全省第二轮修志业务培训班等66个班次，培训干部14998人。此外，省委启动以在兰副厅级以上领导干部为主要对象的甘肃省领导干部“富民兴陇”系列讲座，每月举办一次，以省委党校为主会场，各市（州）委党校和县（市、区）委党校设立分会场，通过远程视频会议系统向全省各级领导干部直播讲座内容。全年邀请著名专家和领导作专题讲座8场，在主会场参加听讲的在兰地厅级干部达6487人次。

学习贯彻党的十八大精神。组织主体

班次学员和教研人员集体收看党的十八大开幕式，校委及时下发《中共甘肃省委党校关于学习宣传贯彻党的十八大精神的安排意见》和学习贯彻党的十八大精神轮训班实施方案；把学习贯彻党的十八大精神纳入各主体班次教学计划，设置专门的教学模块、开设系列教学专题，邀请省委领导为全省各市州党校校长、主体班次学员和全校教研人员作学习党的十八大精神辅导报告；常务副校长带领校理论学习中心组在《甘肃日报》上连续刊发党的十八大精神解读文章6篇，《甘肃党校报》、《甘肃理论学刊》和校园网开设学习宣传党的十八大精神的专栏和专版；6名教研人员参加省委宣讲团，25名教授参与各新闻媒体党的十八大精神解读宣讲。

教学工作。把理论教育摆在党校教学首位，突出三观教育、理想信念教育、道德情操教育、拒腐防变教育，突出中国特色社会主义经济建设、政治建设、文化建设、社会建设、生态文明建设和党的建设教育培训，把党的十八大精神和省第十二次党代会精神纳入教学计划；深化省情教育，组织各类专题报告84场次；推广案例式、研讨式、互动式、体验式、辩论式教学，倡导开放式教学和学员自主选学，组织学员论坛，实现学员主体作用和教员主导作用的有机结合；继续坚持集体讨论教学计划、集体备课制度、学员学习考核制度和教学分析与总结制度，完善教学质量考核评估工作。

科研工作。全年申报国家社科基金项目45项，获准立项国家社科基金项目7项，省社科规划项目7项；结项国家社科基金项目4项、全国党校系统重点调研课题3项、省社科规划项目1项；获全国党校系统第九届课题项目中标奖1项，优秀科研成果二等奖1项、三等奖2项和优秀科研管理工作者2人，获省科技进步二等奖2项，获省第十三次社科一等奖1项、二等奖5项和三等奖14项；出版著作21部，在国家级报刊发表论文34篇、省级报刊发表论文223篇，其中《弘扬南梁精神推动转型跨越》发表在《光明日报》(2012年12月8日)。

队伍建设。录用硕士2名，提拔正处级领导干部3名、副处级领导干部3名，晋升正高级专业技术职务6名（破格1名）、副高级专业技术职务1名；对年度考核中被确定为优秀等次的19名参公人员给予嘉奖，表彰优秀教师13名、先进工作者23名、先进生产者7名；选派3名教师到中央党校、8名教师参加全省哲学社会科学教学科研骨干研修班学习培训，选派2名优秀年轻干部分别到临夏回族自治州和甘南藏族自治州挂职锻炼。

机关党建。召开第六次党员代表大会，完成机关党委纪委的换届选举工作，对全校38个基层党组织进行分类定级；对在创先争优活动中涌现出的7个优秀党支部、45名优秀共产党员、8名优秀党务工作者和7个文明处室进行表彰奖励；全校162名干部分9批深入甘南藏族自治州卓尼县扎古录镇6个贫困村和255户特困户，开展“联村联户、为民富民”行动，自筹资金给6个联系村配备电脑及打印机等办公设备；召开“回顾与展望”校庆专题座谈会，编辑出版《中共甘肃省委党校60年》和《中共甘肃省委党校年鉴》(2002—2011)。

信息化建设。建成“全省党校视频会议系统”，完成“省市主要领导干部研讨班”、“富民兴陇”系列讲座的技术保障工作；党校历史图片库新增图片400张，党校教学视频资源库新增视频讲座210部；完成清华同方CNKI“中国学术期刊全文数据库”和“中国博硕士论文全文数据库”的续订工作，新增数据150万条，完成《甘肃党校报》数据库、《中共甘肃省委党校年鉴》的数字化建设任务。

业务指导。召开全省党校系统业务指导工作座谈会，深入全省各市（州）及部分县（市、区），就县级党校办学体制改革和评估工作开展专题调研，组织全省党校系统校长、骨干教师赴东北考察学习，组织召开全省党校系统教师高级职务任职资格评审委员会会议，表彰奖励全省党校系统在教学科研工作中做出突出成绩的115名教师。

【青海省委党校】 成立于1951年3月9日，与青海省行政学院和社会主义学院实行“一套人马、三块牌子”的办学模式；领导体制为校务委员会负责制，中共青海省委副书记王建军兼任校长，日常工作由常务副校长武伟生主持；下设哲学教研部、经济学教研部、政治学（科学社会主义）教研部、党史党建教研部、公共管理教研部、民族宗教学教研部、法学教研部和现代科技教研部等24个处级机构，现有教授33人、副教授29人、享受国务院政府特殊津贴专家4人、省级优秀专家3人和省级优秀专业技术人才4人。

2012年，共举办各类轮训培训班185个，培训干部9827人次。其中，举办主体班次111个，培训干部5145人次；举办计划外班次74个，培训干部4682人次。此外，完成省直机关干部自主选学12个班次493名干部的培训任务。

学习贯彻党的十八大精神。制定印发《省委党校关于全省党校系统学习宣传贯彻党的十八大精神的通知》，组织召开校委中心组专题会议、教职工大会，传达学习和专题研讨党的十八大精神，对全体处级干部和党员进行轮训；成立“学习贯彻十八大精神”教学项目组，设置教学专题，组织教学模块，开展教学轮训；举办党的十八大精神轮训班，轮训全省州厅级党政主要领导干部和县（市、区）党政主要负责同志200人；组织教研人员赴农村牧区、厂矿企业、机关单位、社区学校一线开展党的十八大精神的宣讲，在《青海日报》、《青海学习报》发表学习、解读党的十八大精神文章；组织召开全省党校系统学习贯彻党的十八大精神理论研讨会，联合省委宣传部、省广播电视台举办“学习党的十八大精神，推进新青海建设纵横谈”电视论坛。

教学工作。加强省情研究教育，设置“青海经济社会发展重大理论与现实问题研究”教学模块，围绕“社会管理及其创新”、“转变经济发展方式”、“四个发展”、“幸福青海建设”等专题组织教学和开展学员论坛，开发应急管理、媒体运用、电子政务课程，开展案例演示、情景模拟、现场体验等研究式教学；在主体班开设专题230个，其中新开发“中国特色社会主义理论体系的新发展”、“当前宏观经济形势与青海经济发展”等专题63个；制定实施《教学工作考评办法（试行）》，补充修改校（院）“十佳”专题评选办法、外聘教师讲课报酬标准等办法和制度，从党政领导干部和专家学者中聘请特邀教授60名、客座教授48名；在苏州大学挂牌成立教学科研实践基地，在中国联通青海省分公司挂牌成立现代传媒、电子政务和信息化建设教学实践基地；邀请省委省政府及有关部门领导干部来校（院）授课106场次，聘请专家学者来校（院）作学术报告30场次。

科研工作。获准立项国家社科基金项目9项、全国党校系统重点调研课题2项、科技部软科学研究计划项目1项、国家级科技思想库决策咨询调研课题3项和全省校院系统重点招标课题6项，“青海绿色政绩考核机制研究”课题获亚洲开发银行技术援助“政策改革与能力建设”便利项目（TA7862）立项；结项全国党校系统重点课题6项和省社科项目9项，获得全国党校系统科研成果二等奖1项、三等奖1项、科研工作进步奖和优秀科研管理工作者2人，1人被评为全省理论宣传先进个人；在权威报刊发表理论文章10篇，其中《为民族文化产业发展提供人才保证》发表在《人民日报》（2012年4月16日），《农村反贫困：中国特色扶贫开发道路》发表在《光明日报》（2012年12月2日），10篇论文入选全省“新青海、新成就、新征程”理论研讨会，《玉树地震应急处置与救援阶段工作评估报告》通过国家专家组评审鉴定并出版发行；完成省委省政府及相关部门委托的重大课题13项，其中“用创先争优推动富裕文明和谐新青海建设”入选全国创先争优理论研讨会；《青海学习报》正式出版发行，编辑出版汉文版《攀登》6期、编发文章188篇，藏文版《攀登》4期、编发文章81篇。

队伍建设。招聘6名硕士，1名教授被授予享受国务院政府特殊津贴专家，1名教授被省政府授予“青海省优秀专家”称号，2名教授被聘为二级教授；制定《专业技术人员工作量化考核办法》和《专业技术人员对岗办法》，完成116名专业技术人员对岗聘任工作（正常晋升55人、破格2人），完成处科级干部第三轮竞争竞聘上岗工作（处级岗位76个、科级以下岗位119个）；选派19名教职工参加中央党校等国内知名高校学习、作访问学者，选派13名教职工赴美国、意大利及台湾等境外考察学习，选派5名教研人员挂职锻炼，组织121名处科级干部参加全省干部自主选学；组建“青海省中国特色社会主义理论体系研究中心特约研究员队伍”，聘请22名特约研究员。

机关党建。制定出台《关于进一步加强和领导班子思想政治建设的实施办法》，完成新一届机关党委和机关纪委换届工作；修订完善公务用车管理规定，组织开展党风廉政主题教育宣传月活动，举办教职工廉政书法展、参观反腐倡廉警示教育基地、观看警示教育片等活动；组织教职工捐款39542元，组织26个党支部同民和县巴州垣村、尖扎县康扬镇宗子拉村联系点结对帮扶，争取住房改造资金40万元，改造危房15户，筹措防洪堤和防洪桥维修资金30万元，为“党政军企共建示范村”玛沁县拉加镇赛什托村筹措资金40万元建设活动室和医务室。

信息化建设。建成危机应对情景模拟教室，启动教学教务管理信息系统、科研咨询工作管理系统建设和专业技术人员业务工作量考核查询系统程序编写，完成广域网优化系统、虚拟专网远程登录系统等有关设备安装调试，对校园网进行优化升级，搭建州地市党校学习中央党校、省委党校网络资源的快速通道。

业务指导。会同省委组织部开展全省县级党校工作调研活动，举办全省党校系统师资培训班和全省藏语口语强化师资培训班4期，培训教师139人；组织基层党校申报国家社科基金项目3项、青海省社会科学规划课题17项，组织申报全省党校系统重点招标课题14项，立项课题6项；向全省29个州（地、市）、县委党校转赠中央党校捐赠的图书16167册，并派相关人员对部分基层党校图书馆（室）建设开展业务指导；指导基层党校做好基础设施建设规划，促成9所基层党校《教学业务用房建设项目可行性研究报告》通过省发改委评审。

【宁夏回族自治区委党校】 创建于1958年，与宁夏行政学院实行“一套机构、两块牌子”的办学模式；领导体制为校务委员会负责制，中共宁夏回族自治区党委常委、组织部部长傅兴国兼任校长，日常工作由常务副校长郑震主持；下设哲学教研部、经济学教研部、政治学教研部、党史党建教研部、经济管理教研部、社会与文化教研部、公共管理教研部、法学教研部和信息技术部等22个处级机构，现有教授18人、副教授32人、享受国务院政府特殊津贴专家1人、自治区政府特殊津贴专家3人、自治区学术技术带头人8人和自治区优秀社科专家2人。

2012年，举办主体班次38个，培训领导干部1050人，其中厅级干部63人，县处级干部421人，中青年干部75人，固原市处、科级干部77人和“中阿经贸论坛”等各类专题研讨班414人，培训公务员1242人；举办各类计划外班次55个，培训干部5372人次；承接湖南、陕西、河北等省委党校异地培训班11个，培训干部400人。

学习贯彻党的十八大精神。组织全体教职工集中收看党的十八大开幕，召开校委理论中心组学习会学习党的十八大报告、新《党章》和自治区党委十一届二次会议精神；安排主管教学的副校长先期参加中央党校举办的“如何在党校教学工作中贯彻落实党的十八大精神”教学改革研讨会，安排3名教师参加中央党校举办党的十八大精神学习辅导班，组织全校专业技术人员、科级以上干部分2批跟班参加全区厅级干部学习贯彻党的十八大精神专题研修班；设置党的十八大精神学习板块，确定45个专题进行备课、辅导，邀请中央党校和国家行政学院有关专家来校解读党的十八大报告7场次；举办全区组织部长、干部（人事）处长，厅级干部、处级干部专题研修和全区党校教师学习贯彻党的十八大精神培训班，培训干部721人；设立3项学习党的十八大精神校级专项调研咨询课题、10项校（院）重点调研咨询课题；抽调69名专家教授和骨干教师组成党的十八大精神宣讲团，向区直单位和市、县宣讲近百场次，组织教研人员在《学习时报》《宁夏日报》《共产党人》等党报党刊发表学习贯彻党的十八大精神理论文章10篇。

教学工作。及时调整研究方向和主题，将第60期县处级干部进修班细化为高效服务型政府建设、转变经济发展方式与经济结构调整、保障和改善民生、保持党的先进性和纯洁性、加强社会管理5个研究方向；推行桌面推演和结构化研讨的教学方式，在厅级领导干部进修班中采取写对策建议并进行交流的方式进行考核，在县处级干部进修班中采取半结构化面试的方式进行考核，在中青年干部培训班中采取抽签答辩的方式进行考核；开通教学微博，为学员之间、学员与教师之间、学员与教学管理人员之间搭建交流平台；规范网上教学质量评估，有效提高了教学培训质量；探索"送教下基层"的新模式，举办大武口区干部培训班等；邀请国内知名专家学者和领导干部到校作报告31人次；中标2012年国家行政学院组织编写培训教材（7本）的竞标，成为《依法行政教程》一书的主编单位。

科研工作。全年获准立项国家社科基金课题6项、国家软科学课题1项、省部级课题25项和自治区软科学课题8项，组织设立重大委托调研咨询课题4项、校（院）招投标调研咨询课题12项；发表学术论文150篇，其中在核心期刊发表20篇，《中国共产党加强自身纯洁性建设的宝贵历史经验》发表在《光明日报》（2012年10月21日）。

队伍建设。聘用事业人员8名，提拔9名处级领导干部，新增享受自治区政府特殊津贴2人，入选自治区新世纪"313人才工程"1人；新增高级专业技术岗位10个，申报党校系列职称评审24人；选调教职工参加各类教育培训320人次，选派3名处级干部和1名科级干部到基层帮助工作，1名处级干部到自治区信访局挂职锻炼，10名骨干教师到市县挂职锻炼。

机关党建。按照《党章》规定，完成1个党总支、24个党支部的换届选举及委员增补工作，表彰先进基层党组织8个、优秀党务工作者10名；抽调66名参公人员开展机关干部"下基层"活动，为养殖专业户争取项目资金10万元和小流域治理专项资金180万元。

信息化建设。对全校的终端计算机进行统一登记，建立完整的计算机和中心机房档案资料，完成中心机房设备的千兆线路升级、中心机房的温度、电力的实时监控改造和党务内网与政务内网在校内的物理分离，优化改版校园网和图书馆网站，完成《宁夏区情数据手册》《宁夏党校学报》和《宁夏党校报》的数字化工程。

后勤保障。制定《办公室耗材管理办法》，完善《员工岗位职责》、《固定资产管理办法》和《资产管理流程》等管理制度，严格控制开支，加强车辆管理，降低运行成本，公务用车比上年节油3%，水、电、气比上年分别节约9%、4.7%和11%，超额完成自治区下达的节能降耗工作目标。

业务指导。会同自治区党委组织部制定并印发《全区市、县党校办学水平评估办法》及评估指标体系，由自治区党委组织部和自治区党校牵头，会同自治区编办、发改委、财政厅、人社厅等单位组成调研评估小组，对全区各市、县党校进行办学水平调研和评估；组织召开全区党校校长会议，开展全区党校系统教学比赛，有50名教师参加比赛，推出一批精品课程。

【新疆维吾尔自治区委党校】 创建于1950年3月，与新疆行政学院实行"两块牌子、一套班子”的办学模式；领导体制为校务委员会负责制，中共新疆维吾尔自治区党委副书记、组织部部长韩勇担任校长，日常工作由常务副校长牟振江主持；下设哲学教研部、政治学教研部、经济学教研部、党史党建教研部、民族宗教理论教研部、法学教研部、文化学教研部、行政学教研部和新疆经济社会发展研究中心等31个处级机构，现有教授12人、副教授49人、享受国务院政府特殊津贴专家3人。

2012年，举办各类班次89个，培训干部6566人。其中，首次举办基层公务员遴选岗前培训班，培训干部154人；举办常规主体班次有地厅领导干部进修班、县处级领导干部进修班、中青年领导干部培训班、县处级国家公务员培训班、理论师资培训班等28个，培训干部1081人；举办专题培训班有新任厅级领导干部培训、领导干部“赴基层转作风服务群众”专题培训班、提高依法行政能力班、现代文化发展班、维护新疆社会稳定班等28个，培训干部1184人；自治区党委在党校举办的专题研讨班有联系服务群众、创新社会管理班和全区党校系统骨干教师“学习党的十八大精神”班，培训干部1728人；受有关部门委托，举办国投新疆罗布泊钾盐股份有限公司中层领导能力提升培训班、自治区林业厅领导干部专题理论培训班、招商引资业务培训班等30个，培训干部2419人。

学习贯彻党的十八大精神。组织校（院）委中心组、教职工和学员深入学习领会、讨论交流党的十八大精神，组织全疆党校系统300名骨干教师进行专题培训，召开全疆党校校长会议和全疆党校系统理论研讨会；组织专家教授利用广播、电视、网络、报纸等媒体解读党的十八大精神，深入各地县、到自治区机关、部队、企业进行宣讲，听众达20万人次；制作《高举中国特色社会主义伟大旗帜》等9部电教片，在省级以上报刊发表理论文章34篇，完成自治区有关部委组织的《党的十八大精神在新疆》等书籍的撰写工作。

教学工作。及时把党的十八大精神、中央新疆工作座谈会、自治区第八次党代会和自治区党委八届四次全委（扩大）会议精神纳入教学重要内容，更新教学专题1/3以上；推进研讨式、案例式和体验式教学，举办学员讲坛和每周大讲堂；聘请60人任客座教授，在区内外建立调研和教学基地20个；组织学员赴内地开展异地培训，开展“重走人民解放军进军新疆路”体验式教学活动；健全完善教学管理、检查、督导、考核等制度机制，注重教学评估的分析、反馈和运用，形成比较完整、规范的教学管理体系。

学科建设。巩固和深化马克思主义基本理论学科，重点发展区域经济、民族宗教、党史党建等特色优势学科，积极扶持公共管理、政治学、现代文化、社会建设和应急管理等学科。

科研工作。全年申请立项国家社科基金项目29项，获准立项国家社科基金项目5项，立项中央党校重点课题3项和自治区社科项目6项，结项自治区社科项目1项，获得全国党校系统科研成果一等奖1项、二等奖3项、三等奖1项、优秀奖1项和课题中标奖，获得自治区第九届哲学社会科学奖二等奖4项、三等奖1项和优秀奖1项，《为科学发展提供有力组织保证》发表在《光明日报》(2012 年 9 月 12 日)。

学员管理。建立和完善学员党支部(班委)工作制度、学员党性锻炼与学习考核办法和毕业鉴定制度，加强作风和学风建设，开展入学军训、革命传统教育、构建和谐班集体等活动；成立学员俱乐部，开展健康有益的文体活动，推进校(院)文化建设。

队伍建设。选送 22 名教师到内地高校深造，有 2 名教师考取博士研究生；继续实施全疆党校系统百名骨干教师培养计划，培训骨干教师 124 名；调整选任处级干部 40 人，加强对机关干部和后勤职工的培训。

机关党建。开展“基层组织建设年”活动和“弘扬廉政文化，恪守职业道德，促进跨越发展”主题教育活动；调整党总支书记配备，制定印发《机关党委规章制度汇编》，严格落实党风廉政建设责任制；规范反腐倡廉教育基地的管理服务工作，接待参观学习的领导干部 86 批、近万人次；争取项目资金 80 万元，使 160 户贫困家庭从中收益，为“四老”人员和贫困户送去价值 3 万元的慰问品，组织扶贫点中心小学的师生来校开展为期一周的夏令营活动，向社区和扶贫村捐助资金 4 万元。

后勤保障。开展“创建优秀文明服务示范单位”和“后勤制度建设年”活动，完成“自治区(兵团)公开选拔厅级领导干部”的保障工作；投入 1500 万元，维修改造基础设施，购置更新教学设备，升级扩容校园网络；保持了全国“民族团结进步单位”、自治区“文明单位”和乌鲁木齐市“花园式单位”、“卫生达标单位”等荣誉。

业务指导。召开全疆党校校长会议、教学、科研工作会议和片区座谈会，组织集体备课、教学观摩比赛和科研成果评选表彰等活动；在县级党校和行政学院加挂地(州、市)党校、行政学院分校(院)牌子，落实“三统一”、“六统筹”的要求。

【新疆生产建设兵团党校】 创建于 1983 年 10 月 23 日，与新疆生产建设兵团行政学院实行“一套人马、两块牌子”的办学模式；领导体制为校务委员会负责制，中共新疆生产建设兵团党委常委、组织部部长刘向松兼任校长，中共新疆生产建设兵团党委常委、组织部部长宋浩从 2012 年 10 月 31 日起兼任校长(行政学院院长)，日常工作由常务副校长赵柳成主持；下设哲学教研部、经济学教研部、科学社会主义教研部、中共党史和党的建设教研部、经济管理教研部、文史教研部、法学教研部、兵团史教研部和行政学教研部等 25 个处级机构，现有教授 10 人、副教授 23 人、享受国务院政府特殊津贴专家 1 人、自治区有突出贡献中青年专家 1 人和兵团学术技术带头人 1 人。

2012 年，共举办各类班次 80 个，培训干部 10838 人次。其中，常规主体班有进修一班、中青年干部培训一班、中青年干部培训二(甲)班、中青年干部培训二(乙)班、进修二(乙)班、进修二(丙)班、进修三班、处级公务员任职培训班、科级公务员任职培训班、初任公务员培训班、基层团委书记培训班、基层连队指导员培训班、兵团哲学社会科学骨干研修班、政委团长进修班等班次 21 个，培训干部

838人；专题研讨班有兵团“三化”协同推进和经济转型升级专题研讨班、新疆兵团干部在线学习平台管理员培训班、学习贯彻党的十七届六中全会暨兵团党委六届十次全委（扩大）会议精神专题研讨班、社区建设与社会管理专题研讨班、做好新形势下群众工作专题研讨班、维护社会和谐稳定综合素质提升专题研讨班、民族宗教工作专题研讨班、推动兵团文化发展繁荣专题研讨班、领导干部人文素养专题研讨班、妇女干部能力提升专题研讨班、中国特色社会主义理论体系专题研讨班、社区建设专题研讨班、财政金融发展专题培训班、国家公务员局委托江苏省送教上门的社会管理创新专题培训班等班次19个，培训干部3166人；承办各类对外培训班40个，培训干部6834人。

学习贯彻党的十八大精神。组织召开兵团党校系统学习宣传贯彻党的十八大精神理论座谈会，在《兵团党校学报》开设学习宣传贯彻党的十八大精神专栏；举办兵团学习贯彻党的十八大精神师资培训班和专题研讨班（5期），培训各师党委组织部、宣传部、党校有关领导和骨干教师及兵团师级干部、团场党政主要领导、兵团机关处长（主任）、兵团党委管理的企业和兵团二类一级以上企业正职领导1347人，其中培训师级领导干部512人。

教学工作。把学习贯彻党的十八大精神作为党校工作的主线，新开培训专题占专题总数的2/3以上；在进修一班开展研究式教学，综合运用讲授式、案例式、模拟式、体验式等教学方法，在常规主体班实现现场教学、学员论坛全覆盖，全面落实2+0.5授课模式（教师讲授2小时，与学员互动0.5小时），在中青年干部培训二（甲）班开展“三进三同”活动（进团场、进连队、进职工家庭，同吃、同住、同劳动）；外请专题讲座和报告144人次，优选中央党校、国家行政学院课程资源1055门1344个课时满足学员个性化和差异化需求；完善新专题集体备课、试讲听课制度、教学质量评估制度和优秀教学奖评奖制度等，加强专题研讨班项目管理，严格教学工作流程管理。

科研工作。申请立项国家社科基金项目23项，获准立项国家社科基金项目6项，立项自治区社科项目4项、全国党校系统重点课题4项；获得全国党校系统科研成果二等奖1项和课题项目中标奖，获自治区哲学社会科学成果和优秀奖1项；出版学术著作2部，1篇党建研究论文在兵团机关党建研究专业委员会第六次会议暨机关党建理论研讨会上获“特别奖”。

学员管理。探索实行“四查”（查课堂学习、自习在位、饭堂就餐、宿舍卫生），实行“三评三考”制度（三评：学员评教师的教学质量，授课教师评学员的学习态度，授课教师评组织员的跟班情况；三考：学员党工委考核学员支部，学员支部考核学员，学员考核组织员），开展“一带来，三留下”工作（带来需要在教学中讨论、深化的理论问题，留下对校（院）工作的建议、自己工作中一个成功的案例和对兵团党委的建议），开展学员读书心得交流、学员论坛、红歌展唱、书法摄影展等活动。

队伍建设。制定并实施《兵团党委党校兵团行政学院干部任职试用期管理、考核暂行办法》，修订并印发《兵团党委党校兵团行政学院部门工作职责》和《关于重申考勤工作和病、事假管理有关规定的通知》；招录参公人员2人，调整处级干部7人、科级干部9人，1位教授被中国社会科学院边疆史地研究中心聘为特邀研究员；选送教职工赴疆内外和国（境）外培训70人次，其中出国（境）培训11人次（首次独立组团出国培训，8人赴德国执行“小城市（镇）规划建设管理综合培训”项目），选派处级干部1人赴少数民族聚居团场三师44团进行为期两年的挂职锻炼，选送教师3人赴团场挂职锻炼，组织骨干教师18人为兵团及师有关单位和喀什师范学院授课50余次。

机关党建。开展“发扬优良传统、践行兵团精神”、“创先争优”、“深化干部作风建设年”、公民道德建设月和民族团结教育月等主题教育活动，组织校处两级干部赴六师一〇一团开展“下基层、知民情、送服务、解难题”活动；开展党风廉政教育活动，调整廉政建设责任制领导小组成员，出台党风廉政建设责任制；组织理论中心学习10次、教职工集中学习15次；组织廉洁从政知识考试、普法考试、精神文明建设基础知识和文明礼仪常识考试，举办普法专题讲座9次和消防安全知识讲座2次，获“‘热爱伟大祖国、建设美好家园’主题教育活动先进单位”、“兵团先进单位”和“兵团文明部局”称号，在兵团机关党建目标管理工作考评中为优秀。

行政后勤管理。制定出台加强车辆、财务、集资房、校园环境和考勤管理等制度和措施，建立健全各项财务规章制度，财政拨款比上年增长2.24%；严格执行政府采购管理规定，节约采购成本近30万元，资金节约率17%；对校园道路及主要建筑物周边场地进行全面改造，综合教学楼开工建设，3幢集资楼建成并交付使用；解决了教职工的津补贴、住房公积金、医保金等问题。

信息化建设。正式启动“兵团公务员在线学习”，累计实现注册干部15774人，上传1121门计1380学时的课程；校政务网站建设工作正式启动，将国家行政学院援助的340台计算机，安装配备到学员宿舍、机房、电子阅览室，争取到国家行政学院和中央党校赠送价值近30万元网络和电教设备，争取到在线学习平台每年68万元运行管理经费和新华传媒集团免费提供8台42英寸液晶电视；录制中央党校主体班和研究生班远程教学课程近400讲，为主体班和研讨班播放远程课程、教育教学片30余次。

【铁道部党校】 创建于1955年11月15日，1995年与北京铁道管理干部学院合并；领导体制为校务委员会负责制，铁道部党组书记、部长盛光祖兼任校长、校务委员会主任，日常工作由常务副校长、校务委员会副主任赵庆国主持；下设党建和基本理论教研部、经济学法学教研部、工运与基础学科教研部、管理学教研部、铁路企业管理教研部、科研所等24个处级机构，现有教授6人、副教授18人和享受铁道部特殊津贴青年科技拔尖人才2人。

2012年，举办铁路系统计划内各类班次28个，培训干部2409人。其中，铁道部党组举办全路学习贯彻党的十八大精神领导干部专题研讨班，培训部属各单位党政正职以及部管理的铁路公司主要负责人168人；举办铁路机车车辆装备评标专家培训班、基层站段关工委常务副主任培训班，培训干部822人；举办常规主体班次有工会主席任职培训班、铁路局非运输企业总经理培训班、铁路公安处职干部培训班、新入部机关公务员培训班等15个，培训干部1419人。

学习贯彻党的十八大精神。校委把学习贯彻党的十八大精神作为贯穿全年工作主线，组织开设“党的十八大的理论创新”和“新党章解读”等教学专题，并进入部、局两级党校培训课堂；落实在京直属单位局处级领导干部党的十八大精神学习培训任务，培训局处级干部307人；2名校领导和骨干教师到11个铁路局开展宣讲；组织全校教职工开展“喜迎党的十八大、岗位当先锋”和“知党情、议发展、学先进、创佳绩”主题活动。

教学工作。开发学习贯彻党的十八大精神和党的群众工作、美丽中国与绿色铁路、企业用工行为及其法律责任等31个教学新专题，完成铁路局党政正职、副职和纪检监察、工会、公安系统领导干部等18个班次的培训教学方案设计；组织教师“送教上门”（包括12个铁路局基层单位以及北京大学、北京交通大学、西南交通大学等高校举办的铁路相关培训班次）92人次，讲授专题42个，累计350课时；拓展远程教育培训新领域，全力打造9个重点教学专题，其中“企业用工行为及其法律责任”和“坚持和发挥党的最大优势，增强做好群众工作的本领”两个专题获中央党校本年度远程教学优秀资源片奖；制定出台《铁道部党校教学新专题开发管理办法》和《铁道部党校动态考核暂行办法》，加大对教师授课的奖励力度。

科研工作。获得立项省部级社科项目6项和全国党校系统重点课题1项，完成中央国家机关纪工委课题和铁道部软科学课题6项，获得第九届全国党校系统优秀科研成果三等奖4项；“我国铁路运价改革”、“铁路安全风险管理及风险防控”、“服务是铁路的本质属性”等资政研究成果，部分被吸纳进政策文件；在中央国家机关工委、中央党校等单位征文活动中获二等奖、优秀奖各1篇，入选理论研讨会4篇；与中国铁道企业管理协会等8个单位联合主办铁路企业管理论坛“2012—铁路运输安全和风险管理”学术征文活动，组织全路党校系统学习载人航天精神和学习党的十八大精神两次主题征文并召开理论研讨会；全年取得科研成果173项，其中，中文核心期刊及以上30项、国家正式刊号学术论文32篇、著作3部（含1部译著）和研究报告等23篇。

队伍建设。制定《关于进一步加强教研部职能作用的意见》，强化教研部门教学科研创新主体职能；开展优秀教学科研奖评选活动，对获得2010—2012年度优秀教学奖、优秀科研奖的10名教研人员表彰奖励；1名教师被列为铁道部青年科技拔尖人才予以重点培养，选派7名新入校青年教师到沈阳铁路局主要运输站段实习锻炼。

机关党建。推进创先争优和基层党组织建设，表彰创先争优先进党支部7个和优秀共产党员49名，健全完善包括6方面机制、17项具体制度措施的创先争优长效机制；完成党支部分类定级考核，开展党支部书记岗位业务培训，加强党员教育培训；开展以“严格管理和关爱职工”为主题的党员谈心活动，组织开展学习雷锋、郭明义、孙奇等先进事迹和载人航天精神活动；组织干部教师学习《廉政准则》、《廉政从业规定》等，针对干部任用、财务管理、基建工程管理、物资设备采购管理、低值易耗品采购管理等重点项目和关键岗位，建立健全14项相关规章制度，落实机关纪委参与学校基建工程、大宗物资采购招投标监督和经济合同会审制度。

信息化建设。开通与各铁路局党校连接的视频教学会议系统，具备利用部党校网络学习平台组织全路党员干部进行在线考试培训；加强数字图书馆建设，完善外购资源与自建特色资源相结合的数字资源体系，实现国研网、中国学术期刊、方正电子图书、中宏政府决策等10余种优质数字资源全路党校系统共享；建成OA办公系统并投入使用。

业务指导。校委主要领导和班子成员深入兰州、乌鲁木齐铁路局和青藏铁路公司等11所局级党校调研指导，召开全国铁路党校校长会议，制定《关于加强对铁路局（公司）党校业务指导，提高铁路党校整体办学水平的意见》，从教学、科研、信息化、工作交流和办学评估5个方面明确对各铁路局（公司）党校业务指导的思路措施。

【广州市委党校】 创建于1953年11月，与广州行政学院实行“一套人马、两块牌子”的办学模式；领导体制为校务委员会负责制，中共广州市委常委、组织部长张虎兼任校长，广州市委常委、组织部部长王世彤从2012年12月起兼任校长，日常工作由常务副校长王永平主持；下设哲学与文化教研部、政治学与法学教研部、公共管理教研部、经济学教研部、党史党建教研部、市情研究所等16个处级机构，有分校12所；现有教授8人、副教授22人、市优秀专家3人和市“121人才梯队工程”第三梯队后备人才1人。

2012年，共办班27个，培训干部1512人次。其中，常规主体班次包括局、处级领导干部进修班，处级公务员任职培训班、一年制青年干部培训班等15个，培训干部610人次；自主选学短班8个，培训干部461人次；其他委托班次4个，培训干部441人次。

学习贯彻党的十八大精神。组织校中心组学习研讨党的十八大精神，邀请有关专家为学员和教职工作学习辅导报告；在秋季班专门设置学习党的十八大精神单元；完成500名市管干部来校参加党的十八大精神专题学习的组织和服务保障任务，举办全市党校系统学习贯彻党的十八大精神交流（研讨）会，市有关部门领导、专家和本校教职工300人参加；派出教研骨干参加中央党校的有关培训和市委宣讲团，全校领导和教研骨干应邀作辅导报告30场次、接受媒体采访近10人次。

教学工作。重点加强学员的党性教育，构建有党校特色的教学新体系；创新“小班项目教学”、“单元项目教学”和“异地培训”等教学形式，采取“小组导师制”等方法，开展研究式教学；在广东省党校系统首届教学评奖中，获教学管理奖、精品课程二等奖和三等奖各一项，还获得广东省委组织部、省委党校联合颁发的首批“广东省干部党性教育现场教学基地”授牌。

科研工作。获准立项国家社科基金课题1项、省部级课题5项和市级课题13

项，结项市级以上课题16项；获得市哲学社会科学优秀成果二等奖1项、三等奖4项和招标成果二、三等奖各1项，获全国党校系统第九届优秀科研成果二等奖1项、三等奖1项、科研工作进步奖和优秀科研管理工作者2人；出版《小世界与大结果——面向未来的纳米哲学》（中国社会科学出版社出版）等5本著作（编著），发表各类文章200篇，其中在《情报科学》、《中山大学学报》等核心刊物发表的论文15篇，《中国共产党社会主义文化建设思想的创新与发展》（文章论点摘编）被《新华文摘》转载，文章《从珠三角看劳资关系走向》被《中国社会科学文摘》转载，《领导干部与群众关系模式研究》、《地方政协参与地方党委决策制度创新模式研究》、《读者服务视角下的图书馆资源发现服务》、《地方政府大部制改革研究》等文章被人大《复印报刊资料》转载。

学员管理。严格考勤制度，考勤情况每周公示，缺勤累计占总课时25%以上者不发毕业证书；严格考核评估，把学员研究成果、考试成绩、平时表现、读书笔记等情况纳入综合考核评估体系，全部合格才予以毕业（结业），并把综合考核情况纳入学员学习档案交给组织人事部门；加强与组织部门的协调联动，探索如何将学员在党校的学习情况与干部的选拔、培养、考核、任用等环节有机结合起来，促进学员真学真用。

队伍建设。注重校委班子自身建设，学习贯彻《中国共产党党员领导干部廉洁从政若干准则》，落实公务接待、公务用车、因公出国（境）有关规定；加强教师执教能力和职业道德教育培训，选派教研骨干参加中央党校等高等学府进修培训，组织中青年教师分期分批外出调研、观摩交流。

机关党建。配齐配强党组织负责人，健全和完善党建工作机制，在完成校委的重大工作部署和全校中心任务中凝心聚力；城乡党组织互帮互助和“双到”扶贫工作取得实效，1个支部和1名党员分别被广州市直机关工委评为先进党支部和优秀党员。

校园建设。新教学楼正式启用，完成有关教学场所的维修改造和校园绿化等。

【武汉市委党校】 创建于1951年9月，与行政学院实施“一套人马、两块牌子”的办学模式；领导体制为校务委员会负责制，中共武汉市委副书记、政法委书记胡曙光兼任校长，日常工作由常务副校长王观松主持；下设马克思主义基础理论教研部、党史党建教研部、行政管理教研部、经济管理教研部、法学教研部、信息中心和理论中心等28个处级机构，现有教授11人、副教授24人，新增享受市政府专项津贴人员1名和市突出贡献中青年专家1名。

2012年，举办各类班次81个，培训干部8861人。其中，首次举办新疆博乐市基层干部轮训班（4期）、换届后市管领导干部任职培训班（2期）、第一期党外市管干部班、干部职业道德教育示范班、街乡镇公务员培训班、市直机关新提拔处级领导干部培训班共10个，培训干部724人；举办常规主体班市管干部进修班、换届后市管领导干部任职培训班、党外市管干部班、神农架林区2012年中青年干部理论培训班、处级公务员任职培训班、处级公务员任职培训班、科级公务员任职培训班、

科级公务员任职培训班、新录用公务员初任培训班等21个，培训干部1136人；举办专题培训班有街乡领导干部科学发展主题培训班、新疆博乐市基层干部轮训班、年轻干部成长工程培训对象培训班、科学发展主题培训班等18个，培训干部1529人；市委在党校举办的专题研讨班有学习贯彻党的十八大精神培训班、市党政领导干部自主选学城市精神与幸福武汉模块课程培训班和名家讲坛等13个，培训干部4512人；受有关部门委托，举办市水务局领导能力与水平专题培训班、市城投集团公司入党积极分子培训班、武汉石化新任职干部培训班、市教育局直属单位基层党组织书记专题培训班、全市政法战线后备处级干部培训班、市供销社“年轻干部成长工程”培训班等7个，培训干部511人；外省市党校及培训机构来党校进行异地培训的班次有四川省南充市委党校乡镇领导干部培训班、博乐市委党校主体班学员培训班、广西贵港市公安交警党性教育培训班、成都市金牛区处级干部城市改造建设专题培训班、西安市领导干部社会管理与舆情应对专题培训班、四川郫县社会管理研究专题培训班和贵阳市委党校中青年干部培训班等12个，培训干部449人。

学习贯彻党的十八大精神。组织全校教职工收看党的十八大开幕式，以校中心学习组扩大会、青年教师座谈会、“博士论坛”、全市党校系统教学工作座谈会等学习形式，结合武汉市第12次党代会精神，深入贯彻落实党的十八大精神，完成市委在党校举办学习贯彻党的十八大精神培训班（共6期干部1314人）的组织和服务保障任务。

教学工作。全面推广案例教学改革，法学教研部带头在主体班探索“结构化讨论”教学方法；春季市管干部班围绕“建设国家中心城市，复兴大武汉”的主题，完成调研报告90篇，邀请市政府相关专家举行学习成果鉴评会，对重点调研成果进行点评；秋季市管班干部班撰写案例报告作为结业成绩并进入本人干部档案，形成101篇案例，收入《成果汇编》；完善心理素质拓展室设备，根据学员个体的测试结果进行心理健康疏导。

科研工作。获准立项国家社科基金项目2项、中央党校重点调研课题4项、省社科基金课题3项、省党校系统调研课题3项、市社科基金项目2项、市软科学项目5项和市委组织部课题10项，参与市监察学会重点调研课题“治理庸懒散问题长效机制研究”，组织立项校级课题10项；获第九届全国党校系统科研课题中标奖和科研成果二等奖1项、三等奖2项；出版著作3部，在报刊上公开发表论文150篇（含增刊），其中省部级以上和核心刊物发表20篇，有5篇文章入选国家行政学院和欧盟共同承办的2012年中欧行政改革论坛；调研成果《开展结构化讨论探索党校教学改革新路径》、《提高舆情导控能力应对网络时代挑战》、《从蔓延到射点：武汉城市扩张新路径》、《关于打造大东湖的几点设想》和《广州、深圳城市管理经验对武汉推进“城管革命”的启示》被市领导签批。

学员管理。建立和完善“带着问题参加学习、带着成果回到单位”的学员管理新模式，加强学员来党校学习“两个承诺”的管理和考核，并细化为10项具体考核内容，通过学员的自评和互评，量化百分制，成绩计入个人培训档案；建立激励机制，进行加分奖励；实施教考分离，由市委组织部和党校共同负责对学员学习效果和实际能力的考试考核，保障考核结果的公平、公正；制定《学员请假规定》以及教学监督员制度，指定值日生每天统计考勤并填写教室张挂的宣传板和考勤板，进行公布。

队伍建设。录聘博士1名，完成2名市管副局级领导干部的任职工作；常务副校长率领青年教师博士团赴延安、西安、南昌、井冈山、瑞金等地党校，围绕师德建设开展现场教学等活动；先后派遣15名青年教师分别参加各类师资培训班，以及赴英国格拉斯哥大学开展学术交流活动。

机关党建。重点加强以深化治庸问责为载体的制度建设，出台《岗位责任奖惩办法（试行）》、《教职工平时考核办法（试行）》、《武汉市委党校实施岗位责任制工作方案》、《校务公开实施意见》、《校委领导接待日制度》、《重大事项决策制度》等制度，被市直机关工委授予“学习型机关创建工作试点单位”，“省级文明单位”创建已经过市直工委和江汉区文明委两级检查考评。

后勤服务。完成主体班、市管干部菜单式选学、名家论坛、计划外办班及会议接待共17425人次的后勤服务保障，完成校园9985平方米的绿化改造，教学配套设施工程的学员楼主体工程封顶，更新244台学员楼电视，获“湖北省卫生先进单位”称号。

业务指导。召开武汉城市圈党校系统教研工作联席会、全市党校系统基层党员干部教育培训工作现场会、武汉市城市圈党校系统学习贯彻党的十八大精神暨第五届“两型社会”建设理论研讨会及全市基层党校师资培训班；校领导9次集体赴硚口、洪山、青山、黄陂、新洲、江汉6家区委党校进行调研；常务副校长率各部门负责人赴厦门、广州、深圳等地党校学习考察，组织基层党校分管教学的副校长及骨干教师赴美国孟菲斯大学、台湾公务员培训机构考察学习。

【哈尔滨市委党校】 创建于1948年9月，与行政学院实行“一套人马、两块牌子”的办学模式；领导体制为校务委员会负责制，中共哈尔滨市委常委、组织部长凌振国兼任校长，日常工作由常务副校长姜宏主持；下设哲学教研部、经济学教研部、科学社会主义教研部、行政管理教研部、党史党建教研部、党风廉政教育教研部、经济（工商）管理教研部等25个处级机构，现有教授16人、副教授36人、市级重点学科带头人1人和市有突出贡献中青年专家5人。

2012年，共举办各类班次56期，培训干部7530人。其中，举办市管领导干部“着力保障和改善民生”、“统筹城乡发展与城乡一体化建设”、“建设全省对外开放前导区”、“加强和创新社会管理”专题进修班，“推进文化产业发展，建设文化名城”、“调整经济结构，助推经济发展”专题研讨班，新任职市管领导干部、正处级干部和处级公务员能力提升培训班和新一届乡镇党政正职干部培训班，优秀中青年干部、优秀党外干部、女干部、少数民族干部培训班，新疆干部培训班等27期主体班，培训学员1852人；通过参加“龙江发展讲坛”、市委中心组学习、哈尔滨大讲堂等20期，共培训干部4323人次；与市委宣传部、哈电集团等联合举办“全市宣传干部新闻业务培训班”、“哈尔滨电气集团党支部书记培训班”等9期，培训干部1355人次。

学习贯彻党的十八大精神。围绕党的十八大精神制定培训计划、设计教学专题，举办“学习党的十八大精神，推动经济结构战略性调整，加快转变经济发展方式”专题培训班和“学习党的十八大精神村支书培训班”；组织市级领导干部，市直各部门、各单位主要负责人，各区、县（市）委书记，区、县（市）长，通过“龙江发展讲坛”哈尔滨市委党校分会场收看中央宣讲团成员作“党的十八大精神”专题辅导报告；组织党校教师到社区、农村、企业、非公组织开设讲坛53场次，培训10000人次；召开全市党校系统学习贯彻党的十八大精神交流会，汇集征文50篇；在《哈尔滨日报》、《哈尔滨市委党校学报》等刊发学习党的十八大精神理论研究文章5篇，组织教师在市广播电视台以访谈等形式解读党的十八大精神，播发专题32个。

教学工作。将市委重大决策纳入主体班必修课程，采取“三级备课、两级试讲”方式，更新教学专题31个；在新疆干部培训班推行专题讲座和参观考察相结合的“10+4”、“6+4”培训模式，在优秀中青年干部培训班建立军事拓展培训1周、重大理论及知识能力培训2周、党性教育1周的“1+2+1”培训模式；邀请34位国内省内知名专家学者、项目建设牵头单位领导和一线“英模”为主体班授课48场次，组织15个班次学员开展现场教学32场次；开展“教师上一线、理论下基层，服务大发展”活动，选送优秀教师到基层开设讲坛144场次，培训近30000人次；与哈尔滨广播电视台等媒体联合，传播党的声音，解读市委、市政府决策部署，全年播发专题50个。

科研工作。获准立项全国党校系统重点课题4项、省社科项目5项，牵头基层党校完成全市党校系统课题立项18项；完成市软科学课题、市专顾委和市级实现新跨越重点调研课题等7项，结项全国党校系统重点课题4项、省社科项目5项；有17项成果获全国党校系统第九届课题项目中标奖、优秀科研成果奖和省党干校系统优秀科研工作组织奖，有34项调研成果获市领导批示，其中《关于发展临空经济的设想与建议》获市委书记林铎批示，《我市城乡统筹发展存在的主要问题及解决对策》、《关于哈尔滨城市经济发展的几点思考》和《关于统筹我市县域经济发展的调研报告》获市长宋希斌批示。

队伍建设。公开招聘参公人员6人，调整交流干部13人，29人受聘或获得正高、副高、中级职称，有3人被评为市第八批有突出贡献中青年专家，选派11人挂职锻炼，组织中青年教师36人赴国家行政学院培训。

机关党建。推进创建“首善机关”、“创先争优”、“共产党员先锋岗”系列主题实践活动，打造“最佳处室”、“最佳窗口”、“最佳教研部”，有10个党支部获市直机关“共产党员先锋岗”称号，1个党支部获市直机关“优秀共产党员先锋岗”称号。

校园建设。1.68万平方米新建教学综合楼主体封顶，设置安保执勤点，学员宿舍配置计算机，升级教学多媒体设备。

【沈阳市委党校】 始建于1949年10月4日。2002年1月与沈阳行政学院、沈阳市社会主义学院实行“一个班子、三块牌子”的办学模式；领导体制为校务委员会负责制，中共沈阳市委副书记邢凯兼任校长，日常工作由常务副校长韩玉奇主持；下设哲学教研部、经济学教研部、法学教研部、党史党建教研部、公共管理教研部、政治学与统战理论教研部、现代科技教研部、基础教研部和市情研究所等25个处级机构；现有教授18人、副教授43人，享有国务院政府特殊津贴专家2人、省学术技术带头人2人。

2012年，共举办各类班次61个，培训干部19964人。其中，举办党的十八大精神专题培训班有市管领导干部班、市直处级干部和乡镇领导干部班等13个，培训干部7620人；举办常规主体班次有市管领导干部进修班、中青年干部理论培训班、公务员任职（处级）培训班、公务员初任培训班、市街道党工委书记办事处主任培训班、市公务员电子政务班、市教科系统处级干部培训班、统战干部培训班等共33个，培训干部8966人；举办新疆塔城基层干部轮训班、与市委组织部协办名家讲堂等班次15个，培训干部3378人。

学习贯彻党的十八大精神。组织全体教职工观看党的十八大开幕式，聆听胡锦涛同志所作的十八大报告；召开学习贯彻党的十八大精神动员大会，邀请沈阳市参加党的十八大代表为全校职工作党的十八大专题辅导；选派10名教师赴中央党校、国家行政学院、中央社会主义学院、北京大学学习党的十八大精神，举办学习党的十八大精神轮训班，对全市市管领导干部、市直处级干部和乡镇领导干部班进行轮训；作为市党的十八大精神宣讲团单位，深入省市部门机关和部队宣讲56场次。

教学工作。完善以信仰教育、忠诚教育、敬畏教育、廉耻教育和智慧教育为核心的“五大教育”体系，突出“五大教育”板块、市情研究板块和热点问题研究板块，形成以党性教育为主线，以提高干部执政能力为重点，以研究当前热点问题为补充的教育体系；用近50%的专题课时强化党的基础理论，全年教学专题更新改造率超过30%；把专题辅导授课与自学、研讨、交流结合起来，把校内教学与校外考察结合起来，把理论教学与现实问题研究结合起来，综合运用研究式、模拟式、案例式、体验式等方法，实现教学的双向互动；在处级领导干部培训中，开展行动式教学，更强调学员主体、学用结合；建立学员每周教学质量评估与结业问卷相结合的教师评价体系，推进校风、学风、教风的全面建设。

学科建设。初步建立以“五大教育（信仰教育、忠诚教育、敬畏教育、廉耻教育和智慧教育）”为龙头，以“三大板块（‘五大教育’板块、市情研究板块和热点问题研究板块）”为主干，以其他应用性学科和新兴学科为辅助的学科体系；成立学科建设领导小组，负责对重点学科建设工作的指导与管理，资助重点学科有计划地出版学科著作或教材，开展课题调研和教学改革，推出高质量的精品课件；每年拨付学术活动经费，对任期内重点学科的带头人、后备带头人、学术骨干给予奖励。

科研工作。获得立项全国党校系统重点课题1项和市决策咨询重大研究课题中标课题3个，在省委组织的“沈阳经济区建设专题调研”课题组中，本校是唯一一家市级单位；结项课题21项，其中省社科项目6项；获得全国党校系统第九届优秀科研成果二等奖3项和科研工作进步奖，获得辽宁省社会主义学院系统科研工作先进单位、全省行政学院系统科研咨询工作组织奖和市委优秀调研单位奖，《建设养老文化，推进沈阳养老事业发展研究》研究成果获得市政府科技进步二等奖；主编（参编）著作、教材14部，发表论文100篇，完成调研报告10篇。

学员管理。实行严格的签到制、请假制、座签制、跟班制、公示制、责任制，由学员处和教务处组成专门的考勤小组，每天检查学员出勤情况，并在电子屏公示，学员出勤率保持在90%以上；建立学员每周教学质量评估与结业问卷相结合的教师评价体系，对教师教学进行全方位、多角度、立体化的评价，推进校风、学风和教风全面建设。

【成都市委党校】 创建于1952年10月，2003年9月与成都行政学院正式合并，经市委研究决定，成都市社会主义学院于2005年3月并入，实行“一套机构，三块牌子”的办学模式；领导体制为校务委员会负责制，中共成都市委常委、组织部长朱志宏兼任校长，常务副校（院）长郭建平主持日常工作；下设哲学教研部、科学社会主义教研部、经济管理教研部、党史党建教研部、公共管理教研部、领导科学教研部、法学教研部、文史教研部、统一战线教研部、现代科技教研部、发展战略研究所等30个处级机构，现有教授18人、副教授31人、享受国务院特殊津贴专家2人、四川省政府特殊津贴专家3人、四川省学术和技术带头人和四川省有突出贡献专家各1人。

2012年，全年举办各类主体班次181个，培训干部5505人。其中，围绕重大工作设置成都市社会建设与社会管理创新研究等127个专题培训班，培训干部3123人；举办公务员任职班、党外干部培训班、理论学习与党性教育轮训班、区（市）县部门主要负责人培训班、乡镇（街道）主要负责人培训班和中青班等54个，培训干部2382人。此外，对外联合办班74个，培训干部4700人；依托中国浦东干部学院等国家级干部培训机构开展网络培训，中浦院成都网络培训基地举办32个培训班次，培训干部6000人。

学习贯彻党的十八大精神。组织召开全市党校系统学习贯彻党的十八大精神理论研讨会，组织专家教授围绕学习宣传党的十八大精神和市委市政府中心工作开展大规模宣传宣讲50场，其中有11位专家教授参加市委宣讲团。

教学工作。在主体班课堂开出“成都市总体定位与发展战略分析”等60个新专题，组织高端专题讲座；鼓励教师开展案例教学，已有10余个专题采用案例教学方式；增加课堂讲授中的互动环节，坚持教师和实践者“双讲”教学模式，运用实训室开展教学的专题有15个；进一步完善现场体验式教学，新开发现场教学基地20个；完善教学质量评价和反馈体系，制定不同教学方式的课程质量评价标准，探索开展教学质量的第三方评价；新开发现场教学基地20余个。

学科建设。理清校（院）学科体系，新组建或重构了社会管理教研部、文化建设教研部、市情研究所等紧密服务重大工作的教研部（所），为优质服务重大决策部署提供了组织保障。

科研工作。申报国家社科基金项目15项，获准立项国家社科基金项目1项，立项省部级课题3项、市级课题5项和全国党校系统等系统内各级课题130项，组织立项校级重点课题3项和服务教学的课题25项；获全国党校系统课题项目中标奖1项、科研成果奖2项、省政府奖1项和市政府奖9项；公开发表文章318篇，其中《老龄化社会的法治隐忧》发表在《人民日报》（2012年4月20日），10篇理论文章刊发在《四川日报》、《成都日报》等党报理论版，《关于把成都建设成为“数字化舞美科技产业应用基地”示范城市的建议》两篇资政报告被成都市委书记黄新初批示，《找准校园文化建设的着力点》获得成都市人大主任王东洲批示；举办中欧社会论坛（成都）活动、现代化进程中的城市社会管理国际学术研讨会、公共部门改革学术研讨会和成都社科2012年度论坛，与法国蒙彼利埃一大行政学院签订学术交流合作协议；编辑出版《中共成都市委党校学报》《成都行政学院学报》各6期、《成都党校报》16期。

学员管理。首次召开全市党校系统班主任工作研讨会，加强班主任队伍建设；收集学员对成都发展、党校办学的意见建议；制定《优秀班主任评选办法》，评选出成都市党校系统优秀班主任24名。

队伍建设。引进博士9名，公开招聘专业技术人员4名和参公人员3名。选拔处级干部8名、副职处级干部14名，轮岗交流22人；培训教职工386人次，参加国家级培训机构和高校培训62人次，前往法国、德国等学习培训12人，选派1名年轻教师驻村帮扶、7名教师到区（市）县和市级部门挂职锻炼、5名教研骨干参与市政府政策研究室相关工作。

召开建校60周年庆祝大会，制作校史展、各级优秀专家和学术委员会委员简介展板，编印《历程》画册和《校大事记》，举办篮球比赛、文艺演出。

信息化建设。综合信息管理系统建设一期工程基本完成，教务管理系统、学员管理系统建成并按时投入使用，科研管理系统、财务管理系统和协调办公系统试运行；“一卡通”和校园无线网工程建设前期工作准备就绪，建设资金基本落实。

校园建设。完成教学楼空间文化打造，校园文化建设取得进展。图书馆综合改造基本完成。文体馆的设计、《可行性研究报告》和概算完成并获发改委批复。

业务指导。组织召开区（市）县委党校（行政学校）常务副校长座谈会和工作会8次，举办师资培训班5期，培训骨干教师110人次，组织区（市）县委党校赴外地党校学习考察24人次，完成全市党校系统干训资源调研。

【南京市委党校】 创建于1949年7月，与南京市行政学院实行“两块牌子、一套班子”的办学模式；领导体制为校务委员会负责制，中共南京市委副书记陈绍泽兼任校长，日常工作由常务副校长张丽主持；内设哲学教研部、科学社会主义教研部、经济学教研部、工商管理教研部、党史党建教研部、公共管理教研部和科技文化教研部等18个处级机构和机关党委，现有专职教师41人，其中教授11人、副教授14人。

2012年，共举办各类班次61期，培训干部7709人次。其中，主体班次35期，培训干部3165人次；计划外联合办班26期，培训干部4544人次。此外，完成市委在党校举办的5个专题、1000名处以上干部“双提升”专题培训的教学管理和服务保障任务。

学习贯彻党的十八大精神。校委中心组召开党的十八大精神学习会，机关党委专门下发通知，要求迅速掀起学习宣传贯彻的热潮；调整教学计划，把“宣传解读党的十八大精神”作为主体班主课，组织学员研讨；举办以学习宣传贯彻党的十八大精神为主题的全市党校系统师资培训班，开设3场专题讲座；副校长、党史党建专家为第二期基层干部科学发展与社会管理研讨班全体学员和全校党员干部教师作党的十八大精神、新党章的学习辅导，组织教研人员发表学习党的十八大精神的文章；选派4名专家教授参加市委学习党的十八大精神宣讲团，分别到各区进行宣讲20场次。

教学工作。针对不同班次的培训目标设计培训专题，更新、丰富培训内容，拓展校外“第二课堂”；首次举办基层干部社会管理专题研讨班，组织不同层面的基层干部研究社会建设与社会管理问题；首次组织中青班学员到广电新闻发布大厅模拟召开新闻发布会，为学员提供面对媒体的实践机会；首次在市管副职干部人选班试行无班委管理模式，获中央党校首次评选的教学管理奖和全省党校系统评选的首批精品课2节。

科研工作。获得立项省市级重大课题18项，结项13项，完成调研报告25篇，获优秀科研成果奖44项，连续第七次获得全国党校系统优秀科研工作组织奖；在省级以上报刊发表文章185篇，入选全国或省市学术研讨会的论文34篇；在中国人民大学人文社会科学学术成果评价研究中心发布的2011年度机构学术论文指数排名中，《中共南京市委党校学报》以9篇的转载量列全国党政干部院校第10名

队伍建设。引进博士4名、硕士1名，公开招录公务员2名；申报享受政府特殊津贴人员1人次，完成江苏省第四期“333高层次人才培养工程”双向目标责任书签订上报2人，推荐上报省宣传文化系统“五个一批”人才3人、青年文化人才1人、市宣传文化系统“五个一批”人才5人和青年文化人才9人；完成10名正处职、6名副处职领导干部试用期考核及聘任工作，有3名教师取得高级技术资格，1名教师被市委、市政府授予“南京市第六批中青年拔尖人才”称号；选送干部和教师参加各类进修学习和培训174人次。

机关党建。组织党员干部学习党的十七届六中全会精神和十八大精神，开展各类专题讲座和形势报告会，观看《走向辉煌》、《郭明义》等教育片；落实党建工作标准化管理，将党员公开承诺与创先争优结合起来，开展基层组织建设年和“三争一创”实践活动，校机关党委被市级机关工委评为“先进基层党组织”。

业务指导。协助省委党校召开全省县

级党校建设与发展座谈会（南京片），对县级党校改革与发展、办学达标评估等提出意见建议；起草并修改制定区县党校办学水平评估指标体系和考核办法，与市委组织部、市委宣传部、市编办、市人社局组成评估工作委员会，组织4个评估组对全市13个区县党校开展考核评估工作；开展中青年教师岗位练兵和讲课竞赛，组织区县党校师资出国培训、赴外省市学习考察和参加“双提升”专题课跟班培训。

【西安市委党校】 创建于1949年7月，与西安市行政学院和西安社会主义学院实行“一校两院”的办学模式；领导体制为校务委员会负责制，中共西安市委副书记、市纪委书记刘春雁兼任校长，日常工作由常务副校长张长乐主持；下设哲学教研部、经济学教研部、党史党建教研部、管理学教研部、法学教研部、文化教研部、科社教研部、市情研究中心等24个处级机构，现有教授13人、副教授17人。

2012年，举办各类班次44个，培训干部3625人。其中，举办主体班有市管干部进修班、青年干部培训班、换届新进领导班子成员轮训班、处级领导干部培训班、处级公务员培训班、党外代表人士培训班、优秀年轻干部培训班、选调生培训班、全市镇街党委书记示范培训班、村党组织书记示范培训班等28个，培训干部1425人；举办专题班有专家读书班、公开遴选干部培训班和全市领导干部自主选学班等16个，培训干部2200人次。

学习贯彻党的十八大精神。组织全体教职工和学员集体收看党的十八大开幕式，召开校委中心组扩大学习会专题学习党的十八大精神，邀请西安市出席中共十八大代表为全体教职工和学员作专题辅导；组织教研人员集中学习、集体研讨，迅速开发党的十八大精神相关教学专题；举办市管党员领导干部学习贯彻党的十八大精神专题轮训班和市委委员、候补委员学习贯彻党的十八大精神研讨班；撰写有关党的十八大精神的理论文章，安排专家教授接受省市电视台的专题采访和解读，抽调教研骨干参加西安市委党的十八大精神宣讲团，到区县、市级部门、街道乡镇、企事业单位进行专题辅导和宣讲100场次，听讲干部群众1万人次。

教学工作。坚持把中国特色社会主义理论体系作为教学的核心内容，突出马克思主义世界观和方法论；开展依法行政、廉政教育、高新技术产业发展等现场教学活动；召开教学工作座谈会，举办年度招标专题试讲，实施专题资助制度、教学督导制度、教学评估制度。

科研工作。获准立项国家社科基金项目1项、省部级课题7项，组织立项校（院）级课题18项，首次设立区县党校科研课题12项，获奖科研成果13项；出版专著3部，发表学术论文70余篇，报送各类征文20篇；修订完善《校（院）科研成果奖励办法》，组织开展青年优秀科研成果评奖活动；协助市委举办西安市社会事业发展与改革座谈会，组织部分教研人员到成都、长沙、武汉等地党校学习考察科研工作经验。

队伍建设。引进3名博士和3名专业技术人才，实施骨干教师对年轻教师的“传、帮、带”，举办中层干部“加强文化修养、坚定理想信念”专题培训班、行政干部职业道德专题培训班和专业技术人员继续教育公修科目培训班；制定《部分岗位领导职位竞争上岗的实施方案》，选拔7名年轻干部担任处部室副职；组织离退休同志参加市老干局举办的“两会精神”和“党的十八大精神”辅导报告会等。

机关党建。全年共组织12次校委中心组（扩大）学习会，组织各党支部召开专题民主生活会；校领导带领相关处室负责同志深入到各区县委党校、部分困难群众和各教研部等帮助解决困难和问题，各党支部组织党员和入党积极分子到照金陕甘边革命根据地、蓝田县葛牌镇等革命老区接受红色传统教育，开展党日活动10次；以“处室文化建设年”为主题，举办文化大讲堂2期、文化论坛1期和校园读书交流会2次，为全体教职工配发书籍；各处部室开展学习交流会，组织时事政治、国学经典、职业规划、专业技能以及和谐团队文化等专题讲座。

【长春市委党校】 创建于1952年8月，与长春市行政学院实行“一套机构、两块牌子”的办学模式；领导体制为校务委员会负责制，中共长春市委常委、组织部部长杨子明兼任校长，日常工作由常务副校长林姗主持；下设哲学教研部、经济学教研部、党史党建教研部、公共管理教研部、政治学教研部、法律教研部等24个处级机构，现有教授13人、副教授22人。

2012年，举办各类班次168个，培训干部13927人。其中，首次举办公检法培训班150个，培训干部12000人；举办主体班12个，培训干部968人；举办副处长进修班2个班，培训干部109人；举办双阳区在职公务员知识更新培训班4个，培训干部850人。此外，举办计划外培训班次（包括合作交流班）共74个和大学生创业培训班81个，分别培训学员10400人和2350人。

学习贯彻党的十八大精神。组织召开全校理论工作者学习贯彻党的十八大精神座谈会，为全校教职工举办“学习贯彻党的十八大精神，全面推进质量立校”专题培训班，组织骨干教师下基层宣讲党的十八大精神。

教学工作。推出《传统文化与党性修养》、《从政为官的典范——“老三篇”的时代精神》、《推进“三化”统筹，实施“三动”战略》和《发展现代服务业，实现长春经济“双拉动”》等一批新专题，课程滚动更新率近70%；新推出“自学+导读+研讨”式、年轻干部“三练一管”（心智模式+优良传统+实战能力训练+全程跟踪管理）等特色能力训练模式，现代教学方法采用率达到85%；在“双百工程”选调生培训中，采取选调生导师制和“四同”教育等活动；首次将公检法队伍纳入党校培训中，采用电化教学为主，结合网络教学、送教上门等培训方式，被省公务员局作为创新模式予以推广；在主体班开办“带着问题来，留下建议走”研讨课7次，提出创新性意见或建议近百条；首次邀请10位国内外知名专家学者为“荣誉教授”，有市级领导5人次、局级领导15人次和专家教授20人次走进党校讲堂；主体班坚持每周一次外请报告，邀请领导和专家学者举办讲座25场；中国第一汽车集团公司、中国北车长春轨道客车股份有限公司在党校建立“党员干部实践教学基地”和“企业管理人员理论教育基地”，组织学员到长春轨道客车、文化产业园区等教学基地进行党性锻炼和现场教学13次。

理论宣讲。发挥依托市委党校成立的长春市党的创新理论宣讲团作用，继续组织实施“百场万人送理论下基层活动”，开展“幸福长春”市党代会精神解读、“美好吉林”省党代会精神解读、社会主义核心价值体系教育、胡锦涛同志在省部级领导干部学习班讲话辅导和学习贯彻党的十八大精神共5轮宣讲；以市委党校骨干教师和下派挂职锻炼的中青年教师为主组成的宣讲团成员，坚持走进机关、学校、企业、社区和军营开展宣讲活动，全年累计宣讲150余场次，受众达6万人次。

科研工作。全年获得课题立项50项，其中承担市级资政类课题4项；结项课题18项，其中2项获得市领导的肯定性签批；公开发表论文60篇，出版著作2部，其中《旗帜的力量》一书被中组部评选为全国党员教育培训优秀教材；制定出台《科研成果资助与奖励办法》和《科研绩效考核暂行办法》等系列科研管理制度，有2名教授被评为全省党校系统优秀科研工作者。

人才建设。制定全员培训、重点培训和多层次培训相结合的“四个一”大培训计划，举办全校教职工参加的“全面推进质量立校”专题培训班；选派11名学科带头人到新加坡、韩国和清华大学、中央党校、国家行政学院做访问交流，接受培训；安排15名青年教师到中国第一汽车集团公司等国有大型企业、驻区街道办事处及党政机关进行挂职锻炼；组织骨干教师参加省委党校和兄弟党校举办的专业学科理论培训班和师资培训班，组织全市党校系统教师50人到天津市委党校进行集中培训。

行政后勤和新校建设。推进目标责任制管理，强化日常管理，解决历史遗留问题；推进专家治学、民主治校，设立由资深教授和教研室主任组成的专家委员会；制定固定资产管理办法，严控经费支出；新校区在长春高新区落成，在“沈、哈、长”3市优质工程观摩活动中，新校区建设工程获金奖第一名。

【济南市委党校】 创建于1949年7月，与济南市行政学院和济南市社会主义学院实行“一校两院”的办学模式；领导体制为党委负责制，中共山东省委常委、济南市委书记王敏兼任校长，日常工作由党委书记、常务副校长李好臣主持，从2012年2月3日起由纪宝华主持；内设哲学教研部、科学社会主义教研部、经济学教研部、党史党建教研部、经济管理教研部、行政管理教研部和政法教研部等副局级部门21个、处级部门2个和分校1所；现有教授11人、副教授23人、享受国务院政府特殊津贴专家2人、山东省优秀社科专家1人和省理论人才百人工程3人；2012年获得山东省级文明单位、省级花园式单位、省级绿色社区和省级卫生先进单位等荣誉称号。

2012年，举办各类班次34个，培训干部3012人。其中，首次举办济南市处级事业单位主要负责人培训班、济南市“两新”组织党组织书记专题培训班、济南市城市社区党组织书记“社会管理创新”专题培训班等15个，培训干部150人；举办常规主体班次有济南市第十七期中青年干部培训班、济南市市管领导干部进修班、济南市市直机关处级干部进修班等11个，培训干部471人；举办专题培训班有济南市十八大精神专题轮训班、济南市党委中心组学习党的十八大精神及理论宣传骨干专题培训班、济南市城市社区党组织书记专题培训班和济南市“两新”组织党组织负责人专题培训班共4个，培训干部1870人；受有关部门委托，举办济南市第十三期女中青年干部培训班和济南市市属国有企业领导人员班，培训干部188人；与市委宣传部共同举办济南市新闻宣传干部班，培训干部175人，兼办西藏日喀则地区处级干部班，培训干部158人。

学习贯彻党的十八大精神。组织全校教职工集体收听收看党的十八大开幕式，编写党的十八大精神学习辅导材料印发全市；在所有主体班次专设学习贯彻党的十八大精神教学单元和教学专题35个，内容涵盖党的十八大主题、“五位一体”总体布局和党的建设等；连续举办领导干部学习贯彻党的十八大精神专题培训班6期，对全市1536名市管领导干部进行集中培训，还举办党委理论学习中心组秘书及理论宣传骨干培训班，对全市260名干部进行党的十八大精神专题培训；选派优秀教师参加全市学习贯彻党的十八大精神宣讲团，到市直部门和街道社区、乡镇农村、企业宣讲党的十八大精神100场，为18000人作辅导报告。

教学工作。完善教学管理制度18项，对主体班教学质量考评、课时量计算和优秀教学奖确定等各项制度进行全面修订；新增学习贯彻党的十八大精神、省市十次党代会精神、经典原著导读、职务犯罪预防等教学内容，推出应急决策桌面推演教学、现场教学课程等；完善项目参与式、情景模拟式、研讨式和案例式等互动式教学，开发互动式、体验式、模拟式教学，开展中青班“三同”实践锻炼、井冈山党性锻炼体验教学等教学活动。

科研工作。获得立项全国党校系统重点课题2项和山东省社科重点研究项目3项，结项全国党校系统重点课题4项，有27项科研成果获奖，包括山东省哲学社会科学成果奖、全国党校系统优秀科研成果奖3项和科研工作组织奖等；在国家一级报刊发表文章26篇，其中《改革开放是决定当代中国命运的关键抉择》发表在《人民日报》(2012年4月23日)，《新起点上再铸中华文化辉煌》和《不断在制度建设和创新方面迈出新步伐》发表在《光明日报》(2012年3月5日和8月26日)，《为人民管理城市——济南市创新城市管理的实践及启示》发表在《求是》(2012年第5期)；研究成果《关于积极推动省会南部生态经济区科学发展的建议报告》得到中共山东省委书记、省人大常委会主任姜异康和山东省委副书记、省长姜大明以及山东省委常委、济南市委书记王敏的批示，《关于积极推进济南“北跨”战略进一步拓展省会城市发展空间的建议报告》得到山东省委常委、济南市委书记王敏的批示；《关于加快构建残疾人社会保障体系的调研报告》得到济南市委副书记、市长杨鲁豫的批示；《关于积极推进济南“北跨”战略进一步拓展省会城市发展空间的议案》被市第十五届人大一次全会列为大会议案。

学员管理。建立“五四三二”学员管理机制，校领导、组织员、临时党支部(班委会)、主办单位联络员、教学小组5个层级的学员管理体系，调训、导学、学员建议征集与反馈、跟踪调研4个环节，学员、组织员、任课教师3方承诺制度，考核与管理合一的学员管理制度体系。

队伍建设。提拔3名同志进入校领导班子，7名同志为市管副局级领导干部；选派40名干部、教师到中央党校、国家行政学院进修和参加全市干部培训，1名青年教师参加国外学术交流活动，9名年轻教师到乡镇、街道挂职锻炼；公开招聘4名博士，新聘3名教授、4名副教授，并有4名教师被评为教授、2名教师被评为副教授，1人获得山东省社会科学突出贡献奖，3人入选山东省理论人才百人工程，2人获山东省党校系统优秀教学奖，1人被评为市“三八红旗手”。

信息化建设。校园网开通VPN（虚拟专用网），建立数据库，分配用户权限，方便教职工远程登录校园内网查阅资料，向县（市）区党校开放账号以共享图书信息资源，对信息员进行专项培训。

【杭州市委党校】 始建于1952年1月。1991年6月以后，杭州市社会主义学院、杭州行政学院、市委讲师团先后并入党校，实行“四块牌子、一套班子”的办学模式；2008年10月，6个城区党校并入市委党校，萧山、余杭党校改为市委党校分校；领导体制为校务委员会负责制，中共浙江省委常委、市委书记黄坤明任校长，中共杭州市委常委、组织部部长张仲灿任第一副校长，日常工作由常务副校长陈建一主持；下设政治学与统战教研部、党史党建教研部、经济学教研部、公共管理教研部、哲学与法学教研部、社会学教研部、市情研究所等21个处级机构，现有教授8人、副教授31人。

2012年，首次举办对口援助城市阿克苏市县处级领导干部培训班、科级干部轮训班等11个，培训干部547人；举办常规主体班次有市领导干部进修班、市中青一班、区进修班、区中青班、处级公务员任职班等，培训干部8802人；举办专题研讨班有文化体制改革与文化产业发展研讨班、市管领导干部社会管理创新研讨班、拱墅区新任区管干部能力素质提升专题研讨班等7个，培训干部371人；受有关部门委托，举办全市工会财务业务培训班、市直机关纪委书记培训班、信访干部培训班、政协非中共委员培训班等181个，培训干部10750人；与市关工委、交通局、市直机关工委等共同举办培训班54个，培训干部4742人；外省市党校及培训机构来党校进行异地培训的班次124个，培训干部6679人。

学习贯彻党的十八大精神。出台《关于认真学习宣传贯彻党的十八大精神的意见》，开设党的十八大精神系列教学专题，组织教师集体备课；及时做好党的十八大精神入课堂，对全市1200多名市管干部和1700多名社区（村）书记主任分别进行专题轮训；举办“学习贯彻党的十八大精神”基层理论宣讲骨干专题培训班，组织党校教师开展“学习贯彻党的十八大精神专题宣讲”48场次，受众达10560人次；组织科研人员设立14项“学习宣传党的十八大精神”专项研究。

教学工作。教学布局重新设计为基本理论研修、现实问题研究、能力素质提升、党性修养教育4大板块，强化理论和党性教育，丰富杭州市情教学，首次实行杭州、广州两地党校联合办班模式，优势互补，充分整合两地教学资源。

科研工作。获准立项国家社科基金项目3项、浙江省社科规划课题6项，结项国家社科基金项目1项、全国党校系统调研课题3项、中央社会主义学院招标课题2项和浙江省哲学社会科学规划课题7项；获全国党校系统学习贯彻党的十八大精神理论研讨会优秀论文优秀奖1项、全国党校系统第九届优秀科研成果奖一等奖1项和二等奖2项，连续4次获得第九届全国党校系统的科研组织奖；在核心及以上刊物发表文章25篇，其中《加强历史村镇文化遗产保护的有效途径》发表在《光明日报》（2012年2月1日第11版国家社科基金专刊）；《中共杭州市委党校学报》全年编发6期，被人大《复印报刊资料》全文转载7篇。

学员管理。严格执行“平衡计分式”量化考核暂行办法，切实加强学风建设，加强班级建设，充分发挥班委作用，强化学员自我教育、自我管理、自我约束的意识，主体班次利用简报、微博等媒介广泛宣传班级活动队伍建设。引进博士2人，新增高级专业职称5人；开展“名师”评选工，推动“名师”梯队建设；制订并完善《岗位设置实施方案》，完成事业人员岗位设置，解决事业人员的绩效工资问题。

机关党建。认真学习贯彻习近平校长在全国党校校长会议上的讲话精神，开展“科学办校、争创一流”的主题实践活动，解决“目标在哪里，特色在哪里，作为在哪里”的问题，弘扬奋发有为、奋勇争先的风气，实事求是、开拓创新的风气，团结协作、和谐共事的风气，敢于负责、精益求精的风气，认真学习，尊师重教的风气，艰苦奋斗、勤俭办校的风气。

信息化建设。启动校园一卡通项目，开设市图书馆流通点，启动移动图书馆，实现电子图书资源教职工、学员以及县区党校学员共享。

行政后勤。打造安全和绿色校园，全校未发生安全责任事故，无严重安全隐患；与上年相比，全年水、电、气用量下降4%，汽车油耗百公里下降1.5%。

【大连市委党校】 始建于1947年5月，1996年11月与大连行政学院和大连社会主义学院实行“一校两院”的办学模式；领导体制为校务委员会负责制，中共大连市委副书记里景瑞兼任第一校长，日常工作由王元新校长主持；下设哲学教研部、科社教研部、经济学教研部、党史党建教研部、法学教研部、公共管理教研部、应急管理、统战与文化教研部、市情研究中心等22个处级机构，现有教授11人、副教授24人。

2012年，举办各类班次134个，培训干部12020人。举办常规主体班次有市管干部进修班、正处级干部进修班、青年干部培训班、处级女干部培训班等9个，培训干部370人；举办专题研讨班有市管干部专题研讨班、正处级干部专题研讨班等6个，培训干部260人；举办街道社区干部培训有街道党工委书记、街道办事处主任、社区党组织书记、街道党委委员培训班等21个，培训干部1404人；继续实施基层干部素质提升工程，完成街道社区干部培训任务，培训3900人次，并选送其中38名优秀学员赴新加坡和香港特别行政区学习培训；举办大连市出资企业党委部门负责人“提高新闻宣传工作综合能力”中级研修班、大连市出资企业中层干部“社会管理创新”专题研修班、大连市国资委系统企业党委书记培训班3个，培训干部125人；举办处级公务员任职培训班、公务员初任培训班、公务员基本功训练示范培训班、公务员职业道德示范培训班等33个，培训干部1579人；举办党外代表人士后备人才培训班、各民主党派加强自身建设专题研讨班、各民主党派新任市委委员培训班、无党派人士研讨班等5个，培训干部282人；完成委托合作培训班次有新疆农八师卫生系统干部培训班、贵州六盘水扶贫系统干部培训班、国家开发银行大连分行培训等57个，培训干部4100人。

学习贯彻党的十八大精神。组织全校学员和教职工收看党的十八大开幕式，召开校委中心组学习会、学员班支部和教职工支部会议，讨论学习党的十八大报告；制定《大连市市管干部学习贯彻党的十八大精神轮训班的实施方案》，举办党的十八大精神轮训培训班，完成7期1313名市管干部轮训任务，为全市70家单位的党员干部近4000人次举办专题辅导报告；在《大连日报》理论专栏专题登载学习党的十八大理论宣传文章13篇，在《大连干部学刊》开设“迎接党的十八大专栏”，组织发表相关文章70篇；利用市干部在线学习平台设置党的十八大精神学习园地，上传外请专家辅导报告三分屏课件（20讲）和相关资源，为全市4万名在线注册的公务员和企事业单位党员干部提供学习平台。

教学工作。召开大连市干部教育培训资源建设工作会议，设立首批大连市造船厂、大连商品交易所等39家教学科研基地，聘任170名兼职教师，依托教研基地组织市内现场教学84次和外埠教学18次；干部在线培训教育在全市党政机关实现100%开通，并向民主党派、事业单位和国有企业有序拓展，国家开发银行大连分行、大连职业技术学院等已开通干部在线培训平台，自主开发具有区域特色的《大连市“十二五”规划和当前经济形势》和《关于新市区管理体制改革实施意见的解读》等课程，线上教育选课近万人；承办全国行政学院系统网络课程开发培训研讨会，探索和研究在线教育规律，课题调研报告《大连市公务员在线培训环境及需求调研分析报告》获得市委领导批示；继续面向全市机关和企事业单位举办“一校两院”大讲堂37期，受众1.5万人次，被中共大连市直属机关工作委员会评为“创先争优最佳服务成果”；出台《“一校两院”关于开展“送教下基层”活动的实施意见》，为街道、社区、乡村、企事业单位“送课”64场次，受众5000人次。

科研工作。获得立项中央党校重点课题4项、国家行政学院课题7项和省社科项目3项，结项全国党校系统重点课题4项、省社科项目4项，获得全国党校系统科研成果一等奖1项、二等奖1项、三等奖1项和科研工作组织奖；出版学术专著1部，在省级以上报刊发表论文181篇；研究成果9项获市领导批示，其中《加强保护大连蔬菜基地的建议》和《进一步优先发展我市公共交通的对策建议》得到市委书记唐军批示。

学员管理。实行以学员管理百分制量化考核为代表的一系列管理制度，在初任公务员培训班实行军事化管理，将管理与教学活动有机结合起来，以“培训作风、规范行为、训练技能”为主线的管理新模式；在优秀青年干部培训班开展班委竞争上岗，民主推选学员党支部（班委会）成员，并在学习中期组织班委会的换届改选，学员对班主任工作满意率达95%。

人才强校。引进教职工10人，其中博士5名；组织实施干部竞聘上岗2次，提拔14名正副处长，一批青年教师通过竞争充实到教研部门的领导岗位；修订完善《教师教学行为规范》等规章制度，选派进修培训、挂职和实践锻炼83人次，继续选派5名骨干教师到市内四区和高新园区挂任区长（主任）助理。

文化建设。制定和实施《“一校两院”深入贯彻落实十七届六中全会精神开展文化强校大讨论活动实施方案》，培育优良校风、教风、学风和作风；增设大型文化石和墙体文化作品，新建传统文化教室进修堂和养心轩书店；强化教职工礼仪和行为举止的培训，推进校（院）统一标识的应用，确定校徽为“三人行”图案，校训为“实事求是进德修业”。

国际交流与合作。完成赴澳大利亚、意大利和新加坡10个团75人次的学习培训任务，首次受邀选派2人参加中央党校赴意大利和日本的高级研修班；接待土库曼斯坦民主党等外国代表团6个69人次，邀请美国伊利诺伊大学香槟分校消防服务培训学院和日本东洋学园大学人文学部等3位专家来校讲学；与美国伊利诺伊大学香槟分校消防服务培训学院合作举办大连市应急管理人员培训班，培训干部80人。

【青岛市委党校】 始建于1950年9月，与青岛行政学院实行“一套班子、两块牌子”的办学模式；领导体制为党委负责制，中共山东省委常委、青岛市委书记李群兼任校长，日常工作由校党委书记、常务副校长李玉珍主持；内设马克思主义教研部、经济学教研部、中共党史党建教研部、公共管理教研部、法学教研部、文史教研部、政治学教研部和现代科技教研部等19个副局级机构，现有教授16人、副教授26人、享受国务院政府特殊津贴专家1人和市拔尖人才2人。

2012年，举办各类班次151期，培训干部11853人。其中，举办主体班有市管领导干部进修班、中青年干部培训班、处级干部进修班、公务员任职培训班、理论宣传干部培训班、市管领导干部党风廉政建设培训班、纪检监察业务培训班、政法系统处级干部培训班、区市部门正职专题研讨班、工会干部培训班、优秀团干部培训班、公务员初任培训班等57期，培训干部4540人；受有关部门委托，举办计划外培训班94期，培训干部7313人。

学习贯彻党的十八大精神。组织教师深入学习党的十八大精神，集中举办6期市管领导干部学习党的十八大精神培训班，培训干部1200人；选派骨干教师到市直、区市有关部门和企业、社区、农村宣讲党的十八大精神。

教学工作。紧紧围绕党的十八大精神、市委市政府中心任务和干部队伍建设实际，推行顶层设计，突出理论武装，强化能力培训，加大体验式、研讨式、案例教学、现场教学、项目组教学等现代教学方法的应用力度；举办外请报告149次，同比增长43%；创新教学管理，实施主体班次教学门槛制，强化教学评估，把学员评估和专家评估相结合，推行量化考核，教学评估优秀率达到96.35%，比上年提高2.45个百分点。

科研工作。获准立项国家社科基金课题项2项、国家自然基金课题1项、山东省社科规划课题1项和全国党校系统调研课题6项；获得各类奖项17项，获全国党校系统第九届优秀科研工作组织奖；出版著作4部，发表论文351篇，其中三类以上重要报纸及核心期刊52篇；有38项咨政成果获得副市级以上领导批示进入决策，同比增长44%。

学员管理。坚决执行省市委“十不准”要求，严格落实廉洁自律承诺践诺制度、百分制考核等管理制度，出勤率在95%以上，学员没有出现违反“十不准”要求现象；加强党性锻炼，举办春季和秋季学期党性大讲堂活动，营造人人讲党性、个个受教育的良好氛围。

队伍建设。引进2名博士，选派16名干部教师到中央党校、国家行政学院等进行培训，首次安排34名干部教师到浦东干部学院培训，首次安排6名教师担任主体班次助理组织员，选派7名教师跟班学习，安排2名教师到基层挂职锻炼。

信息化建设。完成一卡通系统、上网行为管理系统、视频点播系统和网络存储系统，参与中央党校三大文库建设，建立青岛党史、青岛市情与地方史志特色数据库。

校园建设。新建学员综合楼正式投入使用，完成修建1号停车场、篮（排）球场地塑胶铺设和空气源热泵工程等。

业务指导。召开全市党校校长会议，研究部署全市党校系统工作。首次组织区市党校常务副校长赴中央党校学习培训，安排部分区市党校负责人参加国家行政学院举办的县区级行政学院院长培训班；出版8期《青岛党校工作动态》，建立区市党校信息员队伍和信息通报制度，《山东党校通讯》用稿数量居全省第一。

【深圳市委党校】 创建于1979年，与深圳行政学院、深圳社会主义学院、深圳经济管理学院和深圳中华文化学院实行“五块牌子、一套人马”的办学模式；领导体制为校务委员会负责制，中共深圳市委常委、组织部部长戴北方兼任校长，日常工作由常务副校长陈图深主持；下设哲学教研部、党史党建教研部、科学社会主义教研部、公共管理学教研部、经济管理教研部、文史教研部、法学教研部、中国特色社会主义理论研究中心、政治经济学教研部、统一战线理论教研部等18个处级机构，有分校6所；现有教授18人、副教授18人、博士生导师1人和硕士生导师5人。

2012年，举办各类培训班次171个，培训干部24506人。其中，举办主体培训班次42个，培训干部2612人；举办处以上干部学习党的十八大精神大轮训班5个，培训干部5936人；统筹各区举办科级干部学习党的十八大精神培训班22个，培训干部8553人；开设在线班级25个，培训干部940人；举办新疆喀什市三级干部深圳轮训班3个，培训干部169人；举办自选培训班32个，培训干部3892人；外省市党校及培训机构来党校进行异地培训的班次有42个，培训干部2404人。

学习贯彻党的十八大精神。组织全体教职工和主体班学员收看党的十八大开幕式，组织理论中心组学习、专题辅导和各部门学习讨论，选派教师参加中央党校、国家行政学院等组织的党的十八大精神师资培训班；组织全市局处级领导干部开展学习贯彻党的十八大精神大轮训活动，轮训干部5936人；精选27门党的十八大精神宣讲课程，选派10个宣讲小组到全市10个区宣讲88场，对8553名科级干部进行轮训；安排教师赴基层单位进行50余场次辅导活动，组织多部门专家学者参加党的十八大精神理论座谈会，联合兄弟党校开展学习党的十八大征文活动；组织教师撰写系列解读文章在《深圳特区报》专版发表，接受广播、电视、网络等媒体采访，阐释党的十八大精神；依托在线学习及远程教育平台开展网上学习，在校园门户网站开辟党的十八大精神学习专栏。

教学工作。课程开发从“有什么讲什么”向“需要什么开发什么”转变，采取分主题、分时段的培训新模式；突出现场教学基地作用，已授牌教学基地25家，被广东省委党校授予第一批党性教育现场教学基地；组织编写《突发事件情景模拟实训课程设计与实训》（国家行政学院出版）教材，《政府公共管理的理论与实践》中标全国行政学院系统首批系列教材；开展干部在线学习平台课程建设工作，有注册学员47470人，累计在线学习时间超过130万小时，在广东省党校系统首届教学评奖中获得“教学管理奖”。

学科建设。出台《中共深圳市委党校学科建设规划纲要（试行）》，通过建立有实力、有优势、有特色并较为完善的学科体系，努力打造出名师、名著、名课、名课题和名教材。

科研工作。获得立项中央党校重点课题2项、国家行政学院课题2项，结项全国党校系统重点课题2项，获得全国党校系统科研成果二等奖2项、三等奖1项；出版学术著作6部，在核心期刊上发表文章18篇，研究成果《深莞惠（坪新清）产业合作示范区规划研究》得到中央政治局委员、广东省委书记汪洋批示；深圳创新思想库立项课题43项，完成上年度29项课题的评审结项工作，编著、出版系列丛书《深圳经济特区党的建设科学化的探索与实践》。

学员管理。设立教学督导和学员管理办公室，专职负责学员管理；出台《主体班学员管理暂行办法》，对学员的学习、考勤、纪律、生活等进行严格考核；明确班主任是班级管理第一责任人，并实行学员考勤通报制度；采取学风巡查、在教室启用通讯屏蔽器等措施，对在学习期间缺勤超过培训总天数15%的学员，予以退学处理。

队伍建设。打造学科带头人、学术骨干、青年教师3个梯队，以老带新，突出传帮带，制定“技术岗位评聘制度”，形成由品德、知识、能力和教学科研业绩等要素构成的可量化评估的综合评价体系。

机关党建。开展“先学先行”、“创先争优”、“结对共建”活动，推动机关党员参与党建课题申报，邀请党建学科教师参与市直机关工委组织的“书记项目”立项；对口帮扶广东省吴川市吴阳镇水洒村，为其捐建公路，培养村官大学生，帮建小学教学楼，建立扶贫项目等。

信息化建设。草拟《深圳市委党校信息化建设升级改造综合方案》，自制课件在全省党校系统精品课件评比中分别获得一等奖和三等奖，专题片《大山深处的爱》

在中国电视艺术家协会行业电视委员会举办的“第十六届中国行业电视节目展评”中获一等奖。

后勤管理。健全各项后勤管理制度，做好吃、住、行、管、保5个方面的管理与服务工作，获“深圳市餐饮服务食品安全示范单位”、“中国酒店业最佳业主代表”称号和市“安全文明标兵小区”称号。

业务指导。组织各区党校共同参与“深圳创新思想库”建设，制定市区党校科研一体化管理制度，组织各区分校参与各级各类课题的申报、各级各类科研评奖、教研人员参与重大科研项目及各类学术活动等。

【厦门市委党校】 创建于1956年4月，与厦门市行政学院和市社会主义学院实行“一套班子、三块牌子”的办学模式；领导体制为校务委员会负责制，中共厦门市委常委、组织部部长陈秋雄兼任校长，日常工作由常务副校长陈二加主持；下设哲学教研部、政治学教研部、党史党建教研部、经济学教研部、公共管理教研部、统战理论教研部和法学教研部等16个处级机构，现有教授7人、副教授29人、享受国务院政府特殊津贴专家2人和市拔尖人才2人。

2012年，举办各类班次30个，培训干部1402人。其中，举办常规主体班次有市管领导干部培训班、处级领导干部进修班、处级干部任职班、军队师团职转业干部培训班、宣传干部培训班、市属国有企业高级经营管理人员培训班、选调生培训班、选聘生中期提高班、科级干部培训班和公务员初任培训班等26个，培训干部1229人；举办专题培训班包括新任镇（街）主要领导培训班、民主党派多党合作理论研修班、党外领导干部培训班、厦门市宗教界代表人士培训班4个，培训干部173人。此外，承办各类培训及会议76个，培训干部5382人次。

学习贯彻党的十八大精神。联合市委组织部举办市管干部学习党的十八大精神专题培训班3期，培训市管领导干部897人；3期培训全部安排在本校进行，由本校7位教师作专题辅导，学员对教学质量测评满意度达95.05%；召开全市党校系统党的十八大精神“三进”教学研讨会，切实推进党的十八大精神进课堂、进教材、进头脑。

教学工作。完善课程生成机制，开展需求调研，召开教学联席会讨论、研究、确立教学模块的主题，并在校内公开招标，确定项目负责人，形成新课程；推出11个课程模块面向全校公开招标，更新主体班次课程，更新率达80%；通过教学团队集体备课、中标团队教学专题试讲会审制度，收集汇总学员对每个专题课的教学综合评价和改进意见建议，交给授课教师作改进教学的参考；继续探索教学方式创新，法学教研室在各主体班的专题教学中开展论辩式教学；举办领导讲坛8场、专家讲坛29场、学员论坛6场和外请讲座76场。

科研工作。获得立项全国党校系统重点课题1项、国家行政学院课题6项和省社科项目3项；结项国家社科基金项目1项、全国党校系统重点课题3项；出版学术著作1部，提交决策咨询报告3份，其中《关于推广海沧区和谐征迁基本经验的建议》和《关于推进国有企业党员模范力建设的建议》得到市委领导批示，并由市相关部门转发。

学员管理。修订完善学员管理规定，强化学员管理的制度建设；严格考勤考核制度，各班次学员人均出勤率达到92%以上，初任培训班、军转班、选聘班的出勤率达100%。

队伍建设。招聘博士1人，公开招考公务员1人；选拔副校长2人，提拔处长1人、调研员2人和副处长2人，聘任高级专业技术职称3人，轮岗中层干部2人；选派2名老师到新加坡、3名教师到台湾学习考察培训，安排2位教师到区直单位挂职锻炼；翔安区委党校常务副校长1人来校挂职。

【宁波市委党校】 建于1949年12月，与宁波行政学院和宁波市社会主义学院实行“一校两院”的办学模式；领导体制为校务委员会负责制，中共宁波市委常委、组织部部长朱伟任校长，日常工作由常务副校长周健主持；下设哲学教研部、经济学教研部、政法教研部、党史党建教研部、公共管理教研部、社会学教研部、统战理论教研部和市情研究所等20个处级机构；现有教授10人，副教授26人和享受国务院特殊津贴专家1人。

2012年，举办主体班86个，培训干部11841人次；举办非主体班424个，培训干部30000人次；举办异地培训班51个，培训干部2785人次。此外，完成新疆库车县150名来甬实习的大学生、青海天峻县4批挂职锻炼人员的接待任务。

认真学习党的十八大精神。从指导思想、具体任务、阶段划分、基本要求四个方面对学习党的十八大精神进行统一部署和规范，把学习十八大精神与学习《党章》结合起来，与促进党校全面发展进步结合起来，与解决工作问题结合起来；列出习近平同志重要讲话参考书单，组织全校学员和教职工认真研读习近平总书记系列重要讲话精神；安排全校54名处级以上干部分3批参加市直机关统一组织的党的十八大精神轮训班，分专题听讲座、完成轮训班规定的作业，达到网上学习必修课学分的要求；利用校园网“机关党建”栏目积极宣传《之江新语》有关内容。

在党的群众路线教育实践活动中，把学习好《学习文件选编》作为重点突出出来，同时还要求广大党员干部自觉深刻学习理解习近平总书记在全国组织工作会议、全国宣传思想工作会议上的重要讲话精神。校委理论学习中心组和机关党委组织学校中层以上干部认真学习《中共中央党校关于深入学习贯彻习近平总书记系列讲话精神的意见》和11月4日刘云山同志在第一期省部级干部学习贯彻习近平总书记系列讲话研讨班上的讲话精神，筑牢“党校姓党”的思想基础。

教学工作。推行项目化运作形式，分别由几个教研部共同承担相关项目，综合运用专题讲座、互动答疑、结构化研讨、情景模拟、现场教学、学员论坛等教学方式，媒体沟通情景模拟教学在主体班教学中全面推行。

科研工作。获准立项国家社科基金课题4项、全国党校系统调研课题3项、浙江省社科规划课题3项、浙江省社科联研究课题3项、省党校系统第十二批规划课题8项、市社会科学规划课题7项、市自然科学基金1项和市政府决策咨询课题1

项等，有34项成果获奖；出版编著3部，发表各类论文56篇，其中核心期刊19篇，在《光明日报》（2012年3月27日）公布的中国人民大学《复印报刊资料》转载学术论文指数排名中，《中共宁波市委党校学报》在全国党政干部院校主办的145种期刊中继续保持在前30位，获第五届华东地区优秀期刊荣誉称号。

队伍建设。提拔处长6人、副处长15人、调研员1人、副调研员6人，完成事业单位岗位设置工作，聘用三级岗4人、四级岗6人、五级岗4人、六级岗9人等；分3批组织全体教职工到中央党校、国家行政学院参加培训，选派到中央组织部、市委宣传部帮助工作各1人，到中国社会科学研究院做访问学者1人，到市委政策研究室挂职锻炼1人。

机关党建。选举产生党校机关党委和机关纪委，成立妇委会，制订出台《校妇委会工作规定》；邀请“两代表一委员”、社区干部、市民代表和新闻媒体记者作为“特邀监督员”走进党校，了解党校；深化“双讲双树”（讲党性、讲奉献，树形象、树新风）主题教育活动，开展“我们的价值观”大讨论、攻坚破难创优、走基层访民声等活动，举办主题为“同心、同向、同力”的全市党校系统运动会。

信息化建设。完成智慧校院一卡通建设，OA办公和短信平台子系统进入初步运行阶段；推进“宁波市情和地方文献数据库”、“浙东革命根据地数据库”的建设，探索建设构建基于移动互联网的数字图书馆。

大事记

1月5日 深圳市批准深圳市委党校等14家单位设立博士后创新实践基地。

1月7—9日 全国关心下一代工作会议在深圳市委党校召开。中共中央政治局委员、广东省委书记汪洋出席并讲话，中国关工委主任顾秀莲出席会议并作工作报告，中共广东省委常委、深圳市委书记王荣致辞。

1月10日 经铁道部党组研究并报中央组织部备案，铁道部党组书记、部长盛光祖兼任铁道部党校校长、校务委员会主任（铁党任〔2012〕2号）。

1月31日 北京市第3期区县局级领导干部研修班结业式在北京市委党校举行。中共中央政治局委员、北京市委书记刘淇出席并讲话。中共北京市委副书记、市政协主席、市委党校校长王安顺主持结业式。

2月20—23日 湖南省市州、县市区委书记培训班在湖南省委党校举办。中共湖南省委书记、省人大常委会主任周强出席并讲话。

2月21日 全国铁路组织人事工作会议暨组织人事干部培训班开班式在铁道部党校举行。中共铁道部党组书记、部长、党校校长盛光祖出席并讲话。

2月23日 由上海市委党校、市政协和市委组织部共同主办的第3期人民政协理论专题研讨班在上海市委党校开班。上海市政协主席冯国勤出席并讲话。

2月20—23日 湖南省市州、县市区委书记培训班在湖南省委党校举办。中共湖南省委书记、省人大常委会主任周强出席并讲话。

2月25日 黑龙江省新一届市（地）、县（市、区）领导干部培训班在黑龙江省委党校主会场和各市（地）15个分会场开班。中共黑龙江省委书记、省人大常委会主任吉炳轩作题为“领导干部要知责任长本领守纪律”的首场辅导报告。

2月25日 济南市委党校举行2012年春季开学典礼。中共山东省委常委、济南市委书记、市委党校校长王敏出席并讲话。同日，王敏校长前往市委党校新校区视察建设工程。

2月27日 北京市委党校召开会议宣布市委市政府决定，王民忠同志任北京市委党校常务副校长、北京行政学院常务副院长。

2月28日 广东省委党校举行2012年春季开学典礼。中共广东省委常委、组织部部长、省委党校校长李玉妹出席并讲话。

2月28日 西安市委党校举行2012年春季开学典礼，中共西安市委副书记、市纪委书记刘春雁出席并讲话。同日，刘春雁对市委党校工作进行调研。

3月1日 北京市委党校举行2012年春季学期开学典礼。中共北京市委副书记、市政协主席、市委党校校长王安顺出席并讲话。

3月1日 上海市委党校举行2012年春季开学典礼。中共上海市委副书记殷一璀为学员作专题报告。

3月1日 河南省委党校（院）暨高校干部培训分部2012年春季学期开学典礼在河南省委党校举行。中共河南省委副书记、组织部部长、省委党校校长、河南行政学院院长邓凯出席开学典礼，并以“党员领导干部要在推进中原经济区建设的实践中自觉树立‘三种形象’”为题作动员报告。

3月1日 新疆自治区党委党校举行2012年春季学期常规班开学典礼。中共新疆自治区党委副书记、组织部部长、党校校长韩勇出席并讲话。

3月1日 深圳市委党校召开春季主体班专题报告会。中共广东省委常委、深圳市委书记王荣就“加强新形势下领导班子建设、深入开展‘五好’班子创建活动”作辅导报告。

3月5日 中共福建省委、组织部部长、党校校长姜信治组织省委组织部、省发改委、省财政厅和省公务员局有关负责人到福建省委党校召开办学工作座谈会，帮助研究解决党校办学经费、运转经费和职称职数等问题，并形成专题会议纪要。

3月6日 青岛市委党校举行2012年春季学期开学典礼。中共山东省委常委、青岛市委书记、市委党校校长李群出席并讲话。

3月13日 由青海省委党校、中国联通青海省分公司、青海中华文化学院共同主办的联通三江大讲堂在青海省委党校正式启动。中共青海省委副书记、省委党校校长王建军，省人大常委会副主任刘春耀，省政协副主席李忠保出席启动仪式并为大讲堂揭幕。

3月15日 中共青海省委组织部和省委党校共同下发《关于开展全省县级党校调研工作的通知》，从3月至9月联合开展全省县级党校大调研活动。

3月19日 甘肃省市主要领导干部学习研究政策经验、谋划推动转型跨越研讨班开班式在甘肃省委党校举行。中共甘肃省委书记、省人大常委会主任王三运出席并讲话。开班式由省委副书记、省长刘伟平主持，省政协主席冯健身出席。

3月19日 哈尔滨市委党校举行2012年春季学期开学式。中共黑龙江省委常委、哈尔滨市委书记林铎作首场辅导报告。

3月23日 甘肃省市主要领导干部学习研究政策经验、谋划推动转型跨越研讨班结业式在甘肃省委党校举行。中共甘肃省委书记、省人大常委会主任王三运出席并讲话。省委副书记、省长刘伟平作总结讲话。省政协主席冯健身出席。

3月27日 浙江省委党校举办首期“浙江党政干部论坛”。

4月7日 中央党校副校长孙庆聚和张伯里一行到海南省委党校考察。

4月10日 全国铁路思想宣传文化工作会议在铁道部党校召开。中共铁道部党组书记、部长、党校校长盛光祖出席并讲话。

4月13日 天津市委党校（院）召开会议宣布市委决定，赵晓呼任天津市委党校副校长、校委会委员、天津行政学院副院长（试用期1年）。

4月13日 山西省委党校召开会议宣布省委、省政府决定：李福明担任山西省委党校（山西行政学院）常务副校（院）长。

4月17日 湖北省“年轻干部成长工程”2012年第1期中青年干部培训班开学典礼在湖北省委党校举行。中共湖北省委书记、省人大常委会主任李鸿忠出席。7月17日，李鸿忠书记出席该班结业典礼。

4月18日 西藏自治区党员干部廉政

教育基地揭牌仪式在自治区委党校举行。中共西藏自治区党委常务副书记、自治区委党校校长郝鹏出席并为基地揭牌。

4月19日 中共四川省委书记、省人大常委会主任刘奇葆率四川省党政代表团考察广西壮族自治区委党校，四川省省长蒋巨峰随团考察。中共广西自治区党委书记、自治区人大常委会主任郭声琨，自治区主席马飚，自治区政协主席陈际瓦陪同考察。

4月 美好安徽建设战略发展专题培训班（两期）在安徽省委党校举办。中共安徽省委书记、省人大常委会主任张宝顺出席第一期开班式并讲话。

5月8日 浙江省新任省管领导干部党性教育专题培训班在浙江省委党校举行。中共浙江省委书记、省人大常委会主任赵洪祝作题为《领导干部要带头维护党的先进性和纯洁性》的首场报告。

5月11日 中央党校副校长张伯里应邀到辽宁省委党校作题为“当代世界经济发展主要趋势”的报告。

5月20日 全国创先争优理论研讨会在北京召开。广州市委党校尹德慈教授出席并作题为“在创先争优中加强两新组织党组织建设”交流发言。

5月25日 中共辽宁省委在辽宁省委党校召开县级党校工作会议。中共辽宁省委副书记、省委党校校长夏德仁出席并讲话。

5月25日 武汉市委党校代表武汉市接受国家国防教育检查组的检查，常务副校长代表党校进行工作汇报。

5月28日 西安市人口和计划生育干部教育培训基地在西安市委党校揭牌成立。

5月31日 中国少年先锋队江苏省第六次代表大会在江苏省委党校召开。中共江苏省委书记、省人大常委会主任罗志军，江苏省委副书记、省长李学勇，省委副书记，省政协主席张连珍出席开幕式。会后，罗志军书记考察省委党校。

6月1日 河北省领导干部思想政治素质提升工程主体报告会在河北省委党校举行。中共河北省委书记、省人大常委会主任张庆黎出席并讲话。报告会前，张庆黎书记等省领导考察省委党校，看望哲学社会学教研部全体教师和西藏阿里干部理论培训班全体学员，参观语音教室、计算机教室和图书馆，听取关于省委党校校园规划和建设情况介绍。

6月19日 湖北省市、县人大常委会新任主任培训班开班式在湖北省委党校举行。中共湖北省委书记、省人大常委会主任李鸿忠出席。

6月21日 由纳米比亚人组党总书记、政府司法部长伊塔娜女士率领的纳米比亚人组党代表团一行到海南省委党校（院）考察，了解地方党校建设情况。

6月26日 江西省委党校召开全省县级党校工作会议。中共江西省委副书记、省纪委书记、省委党校校长尚勇出席。会后，由江西省委办公厅下发《进一步加强和改进县级党校行政学校工作的意见》，江西省委党校会同省委组织部、省人力资源和社会保障厅联合下发《关于做好市县两级党校行政学院办学质量评估工作的通知》。

7月11日 中共北京市委决定，任命吉林同志为北京市委党校校长、北京行政学院院长（兼）。

7月19日 首期“重庆学习论坛”在重庆市委党校举办。论坛由中共中央政治局委员、国务院副总理、重庆市委书记张德江主持，重庆市长黄奇帆和市政协主席邢元敏等市领导，市级有关部门主要负责人，各民主党派、工商联主要负责人等参加。

7月20日 中共山西省委办公厅印发《关于加强全省县级党校工作的意见》的通知（晋办发〔2012〕22号）。

7月20日 江苏省县级党校工作会议在江苏省委党校召开。中共江苏省委副书记、省委党校校长石泰峰出席并讲话。

7月26日 中共中央政治局委员、天津市委书记张高丽主持召开市委常委会会议，听取天津市委党校关于全国党校校长会议精神的汇报。

7月27日 四川省县级党校工作会议在成都召开。会议颁发《关于推进县级党校（校）办学体制改革切实提高办学水平的实施意见》。

8月3日 中共大连市委常委会听取大连市委党校关于全国党校校长会议、全省县级党校建设工作会议精神和贯彻落实意见的汇报，研究加强区（市）县党校建设问题。

8月7日 中共云南省委书记、省人大常委会主任秦光荣主持召开省委第16次常委会议，听取省委党校关于全国党校校长会议和全国县级党校工作座谈会精神的汇报，并对《关于加强县级党校建设发展的意见》（送审稿）进行审议。

8月10日 中共山西省委书记、省人大常委会主任袁纯清主持召开省委常委会会议，听取山西省委党校工作汇报，研究部署党校工作。

8月12日 江西省农业领导干部“发展现代农业”专题培训班在青岛市委党校开班。中共山东省委副书记王军民，中共江西省委副书记、省纪委书记尚勇，中共山东省委常委、青岛市委书记、市委党校校长李群等出席开班式并讲话。

8月17日 中共福建省委任命福建行政学院新领导班子，陈雄任福建行政学院常务副院长，游龙波、王宜新、姜华、叶锦文、刘大可和顾越利任福建行政学院副院长。

8月17日 云南省党校工作视频会在昆明召开，中共云南省委常委、宣传部长赵金主持会议，省委副书记、省委党校校长仇和出席会议并讲话。各州市、县电子政务网络视频会议中心设分会场，共1000余人参加会议。

8月20日—9月3日 中共福建省委组织部、省委党校联合开展全省党校工作调研。代拟《关于全省市县党校贯彻落实〈党校工作条例〉和省委〈实施意见〉的调研情况报告》和《中共福建省委关于进一步加强和改进县级党校工作的意见》。

8月22日 云南省中青年干部培训班在云南省委党校举行开班式。中共云南省委书记、省人大常委会主任秦光荣出席并讲话。同日，中共云南省委办公厅下发文件（云办发［2012］24号），转发《中共云南省委组织部、省委党校关于加强县级党校建设发展的意见》。

8月23日 第二期“重庆学习论坛”在重庆市委党校举办。论坛由中共中央政治局委员、国务院副总理、重庆市委书记张德江主持。重庆市长黄奇帆和市人大常委会主任陈存根等市领导，市级有关部门主要负责人，各民主党派、工商联主要负责人等参加。

8月24日 中共中央政治局委员、国务院副总理、重庆市委书记张德江主持召开重庆四届市委第七次常委会，专题听取市委党校关于全国党校校长会议精神及贯彻落实意见的汇报，并对进一步做好党校工作做出部署。

8月27日 中共河南省委书记、省人大常委会主任卢展工主持召开河南省委常委会议，听取河南省委党校关于全国党校校长会议精神和河南省贯彻意见的汇报并作重要讲话。

8月31日 山东省党校校长会议在山东省委党校召开。中共山东省委书记、省人大常委会主任姜异康出席并讲话。山东省党建领导小组成员，省直有关部门负责人，各市市委党校、四大企业党校、省直分校的常务副校长和有关负责人参加会议。

9月3日 北京市委党校举行2012年秋季学期开学典礼。中共北京市委副书记、市委党校校长吉林出席并讲话。

9月3日 大连市委党校举行2012年秋季学期开学典礼。中共辽宁省委常委、大连市委书记唐军出席并讲话。

9月10日 第三期“重庆学习论坛”在重庆市委党校举办。中共中央政治局委员、国务院副总理、重庆市委书记张德江主持。市长黄奇帆、市人大常委会主任陈存根和市政协主席邢元敏等市领导出席，市级有关部门主要负责人，各民主党派、工商联主要负责人等参加。

9月11日 西安市委党校举行2012年秋季开学典礼。中共西安市委副书记、市纪委书记刘春雁出席并讲话。

9月13日 以道·恩赫图尔为团长的蒙古人民党干部考察团一行到内蒙古自治区委党校考察交流。

9月13日 湖北省“年轻干部成长工程”2012年第2期中青年干部培训班开学典礼在湖北省委党校举行。中共湖北省委书记、省人大常委会主任李鸿忠出席。11月29日，李鸿忠书记出席该班结业典礼。

9月14—15日 内蒙古全区党校（院）系统“坚持科学发展，推进富民强区”理论研讨会暨科研工作会议在阿拉善盟召开。中央党校副校长张伯里出席并讲话，自治区政协副主席杨成旺出席会议。会议对全区党校系统第五届科研工作组织奖、优秀科研成果奖和优秀科研管理工作者称号获得者进行表彰。

9月17日 哈尔滨市委党校举行2012年秋季学期开学式。中共哈尔滨市委副书记、市长宋希斌出席并讲话。

9月24日 中共山西省委在省委党校举办山西省出席党的十八大代表履职培训班开班式。中共山西省委书记、省人大常委会主任袁纯清出席并讲话。

9月27日 青岛市党校校长会议在青岛市委党校召开。中共山东省委常委、青岛市委书记、市委党校校长李群出席并讲话。

9月28日 中共济南市委印发《关于进一步加强党校工作的意见》（济发〔2012〕17号）。次日，召开济南市党校校长会议。中共山东省委常委、济南市委书记、市委党校校长王敏出席并讲话。

10月10日 在中央宣传部、中央统战部、教育部、国家民委和新疆维吾尔自治区党委召开的“热爱伟大祖国、建设美好家园”主题教育活动表彰大会上，新疆生产建设兵团党校获“‘热爱伟大祖国、建设美好家园’主题教育活动先进单位”称号。

10月12日 中共湖北省委办公厅印发《关于推进县级党校改革建设的意见》（鄂办发〔2012〕46号）。

10月12日 四川省委党校成立60周年、四川行政学院成立15周年庆祝大会在成都举行。中共四川省委书记、省人大常委会主任刘奇葆出席并讲话，中央党校副校长陈宝生，国家行政学院党委委员、纪委书记杨文明出席并致辞，四川省省委、省人大、省政府、省政协四大班子领导出席。

10月19日 国家行政学院党组书记、常务副院长李建华等一行7人到新疆自治区委党校（院）考察调研。

10月24日 中共湖南省委文件（湘委干〔2012〕203号）通知：刘丹同志任湖南省委党校副校长。

10月26日 甘肃省委党校举行建校60周年庆祝大会。中共甘肃省委书记、省人大常委会主任王三运，中央党校副校长徐伟新出席并讲话。省政协主席冯健身，省委常委、省委组织部部长吴德刚，省委常委、副省长、省委秘书长李建华，省委原副书记、省委党校原校长李虎林出席大会。大会由省委副书记、省委党校校长欧阳坚主持。常务副校长王渊致辞，学员代表和教职工代表在会上发言。省委党校历任常务副校长、现任领导班子成员，省直有关部门、在兰高等院校、科研院所、企事业单位的负责人，各市州党委和党校的负责人，以及省委党校全体教职工、离退休职工、主体班次学员参加庆祝大会。

10月26日 第四期“重庆学习论坛”在重庆市委党校举办。中共中央政治局委员、国务院副总理、重庆市委书记张德江主持。市长黄奇帆、市人大常委会主任陈存根和市政协主席邢元敏等市领导出席，市级有关部门主要负责人，各民主党派、工商联主要负责人等参加。

10月29日 广东省干部党性教育现场教学基地建设会议暨全省党校系统首届教学评奖表彰大会在广东省委党校举行。中共广东省委常委、组织部部长、省委党校校长李玉妹出席并讲话。

10月31日 成都市委党校举行建校60周年庆祝大会。中共四川省委常委、成都市委书记黄新初出席并讲话，在蓉的12位市委常委等领导参加。

11月2日 浙江省委党校与阿里巴巴（中国）有限公司签订战略合作协议。

11月19日 湖北省领导干部学习贯彻党的十八大精神研修班第1期开班式在湖北省委党校举行。中共湖北省委书记、省人大常委会主任李鸿忠出席并作辅导报告。

11月23日 中央党校“全国党校系统学习十八大精神师资培训班”在浙江省委党校开班。

11月24—25日 全国党校系统第五次教学改革研讨会在贵州省委党校举行。中央党校常务副校长李景田出席开幕式并作主题报告。中共贵州省委副书记、省长赵克志致辞。

11月29日 中共黑龙江省委在省委党校举办学习贯彻党的十八大精神报告会。

中央宣讲团成员、教育部部长袁贵仁作专题辅导报告。中共黑龙江省委书记、省人大常委会主任吉炳轩主持报告会。

11月29—30日 广西全区领导干部学习党的十八大精神研讨班在广西自治区委党校举办。中共广西壮族自治区党委书记、自治区人大常委会主任郭声琨出席并讲话。自治区党委、人大、政府、政协领导班子成员，各设区市党政主要负责人、自治区直属部门主要负责人参加培训。

11月30日 中共大连市委组织部和大连市委党校联合下发《转发〈辽宁省县（市）委党校评估办法〉的通知》。

11月—12月 安徽省领导干部党的十八大精神学习培训班（五期）在安徽省委党校举办。中共安徽省委书记、省人大常委会主任张宝顺出席第一期开班式并讲话，省长李斌等省领导出席第一期开班式。

12月3—27日 中共山西省委在省委党校连续举办8期省管领导干部学习贯彻党的十八大精神集中轮训班。中共山西省委书记、省人大常委会主任袁纯清，省委副书记、省长王君为第1期轮训班学员作报告。

12月6日 第一期全省领导干部学习贯彻党的十八大精神专题培训班在山东省委党校开班。中共山东省委书记、省人大常委会主任姜异康作动员讲话。

12月7—9日 深圳市委党校与中国社会科学院、中国辩证唯物主义学会等单位联合举办“马克思主义哲学与中国特色社会主义道路”理论研讨会。中国社会科学院常务副院长、中国辩证唯物主义研究会会长王伟光作主题报告。

12月9日 新疆生产建设兵团第一期学习贯彻党的十八大精神专题研讨班开班式在兵团党校举行。中共新疆生产建设兵团党委书记、政委车俊出席并讲话。会后，车俊政委视察兵团党校“新疆生产建设兵团干部在线学习平台”和屯垦资料中心。

12月10日 辽宁省市厅级主要领导干部学习贯彻党的十八大精神培训班在辽宁省委党校开班。中共辽宁省委书记、省人大常委会主任王珉出席并讲话。

12月10—11日 全国党校系统学习贯彻十八大精神理论研讨会在四川省委党校举行。中央党校副校长陈宝生、李书磊、张伯里、徐伟新，教育长贾高建等出席会议。来自中央党校和全国省级党校、副省级城市党校的专家学者及有关单位同志共260人参加会议。

12月11日 辽宁省长陈政高到辽宁省委党校为全省市厅级主要领导干部学习贯彻党的十八大精神培训班作学习辅导报告。

12月16—18日 全国铁路学习贯彻党的十八大精神领导干部专题研讨班在铁道部党校举办。中共铁道部党组书记、部长、党校校长盛光祖作专题报告。铁道部党组成员、铁道部总工程师、总经济师、总规划师、安全总监、政治部副主任、纪委副书记、副总工程师、铁总副主席和部内各部门负责同志，部属各单位党政正职以及铁道部管理的铁路公司的主要负责同志168人参加研讨。

12月18日 福建省委党校、福建行政学院新校牌揭牌。同时，按照省委、省政府关于两校联合办学“五统一”的要求，成立两校联合办学领导小组，开展校院联合办学。

12月18日 中共西藏自治区党委副书记、自治区常务副主席、自治区行政学院院长吴英杰到自治区委党校就教学、科研、基建和信息化建设等工作调研。

12月18日 大连市市管领导干部正职学习贯彻党的十八大精神培训班在大连市委党校开班。中共辽宁省委常委、大连市委书记唐军出席并作首场报告。

12月23日 中共新疆生产建设兵团党委常委会听取兵团党校关于全国党校校长会议精神的汇报，批准适时召开兵团党校校长会贯彻会议精神，并印发《中共新疆生产建设兵团委员会关于进一步加强和改进党校工作的意见》。

12月24日 中央党校常务副校长李景田到河北省委党校调研。

12月24日 中共陕西省委委员、候补委员学习贯彻党的十八大精神培训班开班式在陕西省委党校举行。中共陕西省委副书记、省长赵正永出席并作辅导报告。

12月25日 杭州市委党校召开建校60周年座谈会。中共中央党校致信祝贺。中共浙江省委常委、杭州市委书记、市人大常委会主任、市委党校校长黄坤明出席并讲话。

12月26日 内蒙古自治区委党校与北京市委党校合作框架协议签约仪式在北京市委党校举行。根据协议约定，双方将按照“突出重点、发挥特色、优势互补、共同发展”的原则，在拓展合作办学和交流办学渠道、师资培训、科研咨询和图书信息资源共享等方面开展广泛合作。

12月28日 甘肃“省、市、县、乡四级领导干部警示教育大会”在甘肃省委党校举行。中共甘肃省委书记、省人大常委会主任王三运出席并讲话。省委副书记、省长刘伟平，省政协主席冯健身等省领导出席会议。

教职工简况

序号	党校名称	在职人员总数（人）	教研人员（人）	教辅人员（人）	行政管理人员（人）	工勤技能人员（人）
1	北京市委党校	348	100	65	131	52
2	天津市委党校	395	138	91	101	65
3	河北省委党校	345	100	48	121	76
4	山西省委党校	406	124	83	134	65
5	内蒙古自治区委党校	291	108	31	89	63
6	辽宁省委党校	312	100	32	100	80
7	吉林省委党校	520	144	79	193	104
8	黑龙江省委党校	422	109	69	160	84
9	上海市委党校	339	93	38	120	88
10	江苏省委党校	542	197	129	143	73
11	浙江省委党校	361	110	45	160	46
12	安徽省委党校	280	82	33	103	62
13	福建省委党校	443	170	48	148	77
14	江西省委党校	427	115	90	145	77
15	山东省委党校	428	142	52	173	61
16	河南省委党校	428	116	28	170	114
17	湖北省委党校	270	76	24	154	25
18	湖南省委党校	508	114	82	209	103
19	广东省委党校	406	138	41	171	56
20	广西壮族自治区委党校	261	76	75	84	44
21	海南省委党校	212	71	25	77	39
22	重庆市委党校	352	106	80	95	71
23	四川省委党校	542	172	65	232	73
24	贵州省委党校	290	79	65	36	110
25	云南省委党校	377	163	0	113	101
26	西藏自治区党委党	160	50	0	71	39
27	陕西省委党校	479	131	65	217	66
28	甘肃省委党校	397	129	46	159	63
29	青海省委党校	311	74	43	145	49
30	宁夏回族自治区委党校	238	65	48	80	45
31	新疆维吾尔自治区委党校	438	111	50	163	114
32	新疆生产建设兵团党校	197	65	26	73	33
33	铁道部党校	295	47	61	84	103
34	广州市委党校	143	37	28	60	18
25	武汉市委党校	182	47	22	84	29
36	哈尔滨市委党校	184	46	28	81	29
37	沈阳市委党校	217	64	13	73	67

续 表

序号	党 校 名 称	在职人员总数（人）	教研人员（人）	教辅人员（人）	行政管理人员（人）	工勤技能人员（人）
38	成都市委党校	243	64	51	83	45
39	南京市委党校	137	36	19	61	21
40	西安市委党校	157	57	20	69	11
41	长春市委党校	147	62	14	51	20
42	济南市委党校	166	66	9	79	12
43	杭州市委党校	162	49	28	75	10
44	大连市委党校	162	53	12	73	24
45	青岛市委党校	195	63	25	80	27
46	深圳市委党校	133	44	9	62	18
47	厦门市委党校	89	31	18	30	10
48	宁波市委党校	111	25	29	38	19

在 职 教 授 名 单

北京市委党校（22 人）

教 授：

袁吉富 鄂振辉（女） 梁 骏

侯且岸 张 军 张耀南

王志捷（回族） 赵 莉（女）

朱晓青 袁达毅 孟凡驰 马占稳

李明伟 靳连芳（女） 董 武

鄯爱红（女） 吴 刚 曾宪植

金国坤 嘎日达（蒙古族）

侯亚非（女）

研究员：

高寿仙

天津市委党校（28 人）

教 授：

王重高 王晓霞（女） 王 蔚（女）

王慧军 刘书祥 刘 竞（女）

齐冬梅（女） 何敬文 张玉庆

张 健 张维真 张新华（女）

李亚东 李国旗 李 燕（女）

杨升祥 杨 彧 郑海峰

段志超（白族） 赵晓呼 徐 中

徐秀红（女） 贾锡萍（女）

康之国 臧学英（女） 蔡承荣（女）

研究员：

张殿兴 祝宝钟

河北省委党校（44 人）

教 授：

陈春生 薛建中 郝建国 庞立平

穆瑞丽（女） 杨亚佳 陈秀梅（女）

王金池 王建政 李胜茹（女）

徐慈贤 王 卿 贾志刚 景 枫

李彦青 康桂芬（女） 孙翠萍（女）

种坤霞（女） 程瑞山 刘晓辉（女）

赵文丁 王秀华（女） 李凤瑞

冷宣荣（女） 郭君铭

王宇飞（女，满族） 花永兰

付文明　宋迎军　李辉敏（女）
杜成功　李兰色　张　敏
张聚芹（女）　裴志宏　王锦栋
金志奇
研究员：
王晓海　唐凤朝　李聚山
编　审：
孙英臣　胡鸣铎　于亚博
朱艳秋（女）

山西省委党校（共21人）

教　授：
李廷荣　郭华红（女）　范俊彦
孙锋刚　郭　湧（女）　孙兴玲（女）
牛　芳（女）　宋　军　郑延涛
赵公社　贺建萍（女）　李　青（女）
赵　诚　安　洪　高　飞
于秀娥（女）　郭玉兰（女）
研究员：
刘　宁（女）　王瑞娟（女）　冯耀明
李英姿（女）

内蒙古自治区委党校（共26人）

教　授：
马桂英（女，蒙古族）　徐贵恒（女）
梁鲜桃（女）　兰　芳（女）
李香兰（女）　杨東芳（女）
李　红（女）　毛　原（女）
孛·吉尔格勒（蒙古族）
巴根那（蒙古族）　张德民（蒙古族）
乌力更（蒙古族）　杨　耀　薛建华
安静赜　郭文祥　李玉贵　扑　杰
于连锐　李树林　马俊林　王有星
贾　清
研究员：
赵常欣（女，蒙古族）
编　审：
王晓娟（女）　齐秀华（女）

辽宁省委党校（35人）

教　授：
康瑞华　李　英　王行伟　胡亚莲
唐晓清　储　霞　潘立魁　王恩宝
林海斌　李角奇　赵　实　常　丽
薛　巍　王晓非　李　玮　杨立新
张　唯　刘丽伟　陈丽华　王憲瞳
周维强　孙学敏　沈　伟　荣宏庆
宋延旭　魏子扬　姚黎君　宫秀芬
侯　琦　杜福洲　王　虹
译　审：
崔亚平
研究馆员：
刘　江　宋丽娟　薛艳荣

吉林省委党校（共51人）

教　授：
宋文新（女）　王雪雁（女）
孙艳霜（女）　徐恩仲
贾云泉（满族）　赵连中（满族）
李振宇　邱信利　耿洪彬
丁卫平（女）　赫雅书（女）
陶玉霞（女）　刘金福　郑吉萍（女）
高立群（女）　苏向坤　杜凤英（女）
李　红（女）　蔡　跃　陆　琳（女）
赵艳荣（女）　李军国　徐秀霞（女）
闫　英（女）　迟建民　乔桂华（女）
焦淑英（女）　马丽华（女）　顾铭新
来丽梅（女，蒙古族）　薛桂莲（女）
马冬梅（女）　魏芙蓉（女）
金盛红（女，朝族）　张柏英
吴祖鲲　高　静（女）　宋延君
王英林

研究员：
朱艳丽（女） 郭永学 李大光
张 力
编 审：
袁福珍（女） 赵连君 于延晓（女）
钟淑洁（女） 韩 松（女）
赵亚杰（女） 王玉华（女）
研究馆员：
宛福成

黑龙江省委党校（39人）

教 授：
项武生 高原丽（女） 闫喜凤（女）
张聚昌 赫修贵 梁 謇（女）
王宪章 郭 毳（女） 亓 利（女）
王 曼（女） 陈绍义 王树春
孙艳春（女） 朴 林 秦慧杰（女）
麻秀荣（女，回） 李 军
李素艳（女） 刘瑞华（女）
韩丽杰（女） 于升云 张书海
王 丽（女） 杨德军 杨志晨
许丽英（女） 马边防 于健慧（女）
逯洪秀（女） 杜爱萍（女，鄂温克）
王奇英（女） 温美荣（女）
研究员：
姜国忠
编 审：
刘建明 刘晓英（女） 陈景云
朱永良
研究馆员：
张春艳（女） 王晓燕（女）

上海市委党校（31人）

教 授：
梅丽红（女） 张春美（女） 陈胜云
黄力之 刘卫平 王建国 王志平
鞠立新 唐珏岚（女） 徐根兴
庄荣盛 陈勇鸣 程竹汝 王公龙
官进胜 袁 峰 刘宗洪
张忆军（女） 周敬青（女）
陈丽凤（女） 刘红凛 陈奇星
陈保中 罗 峰 陈尤文（女）
沈士光 马西恒 潘鸿雁（女）
毛军权 陶柏康
研究员：
周耀虹（女）

江苏省委党校（63人）

教 授：
王庆五 桑学成 杨 明 胡志军
谈 镇 梁作民 邱飒爽（女）
隋月娟（女） 孙月平 周俭初（女）
黄 红（女） 徐民华（女） 陶卫平
刘长江 董连翔（女） 孙 铭
李继锋 汪汉忠 方建中 赵常林
王 平（女） 王 建（女）
徐泰玲（女） 荚莺敏（女）
邹 红（女） 刘 阳（女）
黄 菡（女） 凌 宁 李 阳（女）
胡宗仁 冯必扬 王培智
扈海鹂（女） 倪洪兰（女） 尤 佳
布成良 孙 霞（女） 刘大生
黄瑞玲（女） 王新军（女） 刘万文
黄希惠（女） 杨夏鸣 王 英（女）
袁志田 吴 宏 刘 俊（女）
张舒屏 廖礼平（女） 周善乔
冯 治 钱一舟（女） 范 金
朱坚强 蒋海益 彭安玉 沈利华
王世谊 米寿江（回族）
研究员：
廖 进
研究馆员：
陈晓丽 丁晓文 仲 明

浙江省委党校（35 人）
教　授：
陆立军　吴锦良　郭祥才（回族）
董根洪　任玉秋（女）　何建华（女）
汪岩桥　李　一　李　炯（回族）
陈时兴　石婷婷（女）　方柏华
董　明（女）　董建萍（女）　郭亚丁
张静蓉（女）　何圣东　向新民
徐邦友　张志勇　孙　雄　曾小华
曹文彪　王祖强　王立军　李　涛
徐竹青（女）　王　侃　林学飞
研究员：
徐明华　胡　建　胡承槐　何显明
陈立旭
研究馆员：
周　全（女）
安徽省委党校（18 人）
教　授：
张克敏　祝国华　李昌龙（女）
高淮成（女）　安　群（女）　李本和
郝欣富　张复俊　胡忠明　胡东升
华兴顺　王星闽　汪兴福
周　焱（女）　罗　红（女）
张　珉（女）
编　审：
宋周尧
研究馆员：
杨肥生
福建省委党校（42 人）
教　授：
林默彪　李新生　李烈满　史　策
林　怡（女）　杨小冬　林建华
何福平（女）　陈　新　陈丽华（女）
曾行伟　田恒国　王海英（女）
曹敏华　郭若平（回族）　郭为桂
林　红（女）　蔡加福　郑冬梅（女）
周　青（女）　查英青（女）
郑少春（女）　王　岑（女）
叶志坚　张君良　周　玉（女）
程丽香（女）　林　星（女）　陈　耀
高飞乐　吴志澄　温敬元　肖庆文
吴兴军　肖文涛　罗海成　邢　亮
陈宜安（女）　刘明辉　李四能
研究馆员：
阮孟禹　柳丹枫（女）
江西省委党校（30 人）
教　授：
王仕国　赵兴良　毛日清
吴海燕（女）　郭爱萍（女）　吴晓敏
刘金东　舒小庆　黄毓哲（女）
高莉娟（女）　万高隆　陈洪生
李才平　魏星河（女）　郭金丰（女）
陈剑峰　胡长生　刘本锋
程爱娣（女）　周晓红（女）　周　明
程家健　魏佐国　张剑萍（女）
研究员：
黄世贤　江泰然　欧阳兵
编　审：
胡启南　郑百灵（女）
研究馆员：
黄　勇
山东省委党校（40 人）
教　授：
牛竹梅（女）　王　敏（女）
王巧玲（女）　王申贺　王立新
王培芝（女）　丛颖超（女）
刘淑珍（女）　刘跃奎　孙建昌
成素英（女）　宋协娜（女）
张　杰　张友谊　张文珍（女）
张传鹤（女）　张春光（女）

张洪修　张勤书　李　剑　杨明清
杨　珍（女，回族）　迟树功
赵丽娜（女）　赵英奎　赵　泉（女）
贾英健　郭振宗　崔永刚　戚汝庆
章猷才　董风枝（女）　翟　霞（女）
裴传永　魏　磊
研究馆员：
王爱云（女）　王爱平　卢丽娜（女）
吴怡青（女）　张　旭

河南省委党校（27人）

教　授：
杨　建　丁　素　于咏华（女）
廖富洲　田宪臣　张廷银　赵新浩
樊怀洪　梁　丹（女）　涂永珍（女）
胡隆辉　汪俊英（女）　王爱英（女）
杜　爽　朱耀先（女）　刘玉忠
秦　健（女）　赵冰波　韩　华（女）
赵士红　李国友　郭献功
康来云（女）　彭　迈（女）　蒋仁勇
研究员：
柳昌清
编　审：
徐学庆

湖北省委党校（21人）

教　授：
陶良虎　邹德文　于文俊
陶笑眉（女）　刘　丹（女）　任大立
陈家超　舒艾香（女）　徐仲韬
张继久　叶翔凤（女）　李津燕（女）
罗　莉（女）　蔡　玲（女）　孙大敏
李又才　吴礼林　黄金桥
张秋实（女）　何正欣（女）　汪志强

湖南省委党校（77人）

教　授：
徐晨光　袁　准　雷国珍
邓　微（女）　黄高荣　刘　丹（女）
张思京　吴传毅　周正刚　彭富国
陈远章　黄象品　唐月娥（女）
杨正辉　卢　红　覃正爱　林国标
谢维楚　戴　军　黄湘燕（女）
胡新良　易可君　霍修勇　许顺富
刘华清　周敏之　戴安林　陈平其
龚永爱　何隆德　王　蔚（女）
张建民　龙志贵（苗）　唐琦玉
艾医卫　赵达军　王学杰
彭益民（女）　吴厚庆　丁丽琼（女）
谢自强　傅端林（女）　吕灵华（女）
文秋林（女）　谢芬芳（女）　黄升旗
沈素素（女）　胡　海　周湘伟
段红柳（女）　伍先禄　张飞燕（女）
洪　艳（女）　陈建越（女）
张业菊（女）　何美荣（女）
刘爱平（女）　袁望冬　匡跃辉（女）
曹山河　吴洁平（女）　艾理生
刘　艺（女）　唐娅辉（女）　肖万春
王克修　刘布光　何良安
研究员：
张友良　刘强伦　吴焕新　王习贤
谭桔华（女）　刘剑康　詹花秀（女）
周育平　彭劲杰(研究员级高级工程师)

广东省委党校（68人）

教　授：
陈鸿宇　郑楚宣　苟志效　陈　述
陈创生　周　峰　吴灿新　佘正荣
詹颂生　余甫功　谢林平　韩　锐
杨建伟　张　卿　杨　平　谢仁寿
黄铁苗　傅尔林　姚作为　赵　祥
唐晓阳　王玉明　宋儒亮　吴军辉
郑志国　成　龙　袁友军　邱世绪
毕　德　梁　荣　张　谨　张　艺

蔡　兵　方　真　杨　劲　林盛根
李绥州　吴克辉　韦华腾　吕晓阳
黎旺星　张求会　王玉云（女）
杨丹娜（女）陈江玲（女）
周建华（女）汪晓红（女）
王小萍（女）管　华（女）
张海梅（女）胡　霞（女）
杨　波（女）叶志华（女）
岳芳敏（女）谢西庆（女）
林子英（女）尹继卫（女）
研究员：
段华明　许桂灵（女）龙秋霞（女）
编　审：
李　云（女）武　晟　曾　慧（女）
刘锡桓　李艳中
研究馆员：
李　青　张丽红（女）何炳祥

广西壮族自治区委党校（30 人）

教　授：
黄学权　张　敦　陈林杰
唐秀玲（女）卞　谦　宁　健
潘志清（女）刘小兵
许进品（壮族）黄　飚　贺先平
凌海金　马　宁　陶建平
卢尚纯（壮族）甘安顺　张家寿
陈　华（女）董友涛　赵禹骅
莫　龙　申华林　何　颖（壮族）
李肇忠　覃翠生（壮族）
研究员：
何成学（侗族）凌经球（壮族）
陈新建
编　审：
任浩明　谭　焰

海南省委党校（10 人）

教　授：
王白娇（女）王和平　王建国
包亚宁　江彩云（女）林晓妹（女）
赵　丽（女）程良波
研究员：
彭京宜　廖　逊

重庆市委党校（30 人）

教　授：
文国伟　何关银　王顺达　甘　强
何　伟　卞　彬　钟德友　谢来位
钟　宜　胡大牛　黄远固　陈文权
陈建先　罗德刚　傅　琼（女）
颜如春（女）谭兴中　谭光定
杨　杰　滕亚为（女）宋爱苏
崔如波　李沛君（女）周定溶（女）
周学馨（女）谢　菊（女）杨顺湘
苏　伟　王　骏　张新华

四川省委党校（44 人）

教　授：
郭　伟　周治滨　杨　颖　周和风
杨静光　黄　辉　曾繁亮　文大会
付泽平　陈　钊　丁　英（女）
张星炜　王　科　杨继荣　付建民
邓　达　李禄俊　彭穗宁　王光华
裴泽庆　王友平　谢显弟
孙超英（女）江世银　杨伟霖
徐　平　陈　煦（回族）王卫平
罗振宇　朱恪钧　王　蓉（女）
江　渝　赵　明　李延铸
李　蜜（女）孙　彪　王建华
王　卉（女）杨华书　孟德泉
周　立

编　审：
李翔宇　唐若兰
研究馆员：
施文义
贵州省委党校（28人）
教　授：
韩卫东　唐宗举　陈　扬　汤正仁
吴巨平　周感华　唐正繁
高林英（女）　李向红（女）　邓献辉
孔　岭（女，朝鲜族）
王爱平（女，彝族）　陈建刚
胡晋源　邱中慧（女）　刘旭友
漆明春　张顺昌　伍小涛
唐　皓（女，纳西族）　赵晓芬（女）
陈　石　张　犁（女）　任继琼（女）
邸晶鑫（女）　董　韦（女）
研究馆员：
贺洪明
编　审：
刘遗伦（黎族）
云南省委党校（31人）
教　授：
欧黎明　李　锐　缪家福
马金书（回族）　李晓南
溥德书（彝族）　钱素华（女）
盛世兰（女）　张雷军（锡伯族）
赵晓彪　王　靖（回族）
李曼琳（女）　王丽华（女）
高　旗（女）　吴家骥　朱　红（女）
许青萍　杨庆东　李晓冰　吉龙华
樊泳湄（女）　谢　倩（女）
朱　秦（女）　祁苑玲（女）
赵　玲（女，哈尼族）
研究员：
刘小龙
研究馆员：
沈　群（女）
编　审：
高　云（回族）　杨宇白　杨文杰
马　黎（女，回族）
西藏自治区委党校（8人）
教　授：
牛治富　普布次仁　续文辉
潘建生（藏族）　杜　莉（女）
赵　萍（女，藏族）
陈　丽（女，满族）　李　宏
陕西省委党校（27人）
教　授：
曹　飞　魏长学（女）　查培轩
张　辉　钟卫国　康芳民（女）
刘旨贤　陈少康　李晓燕（女）
白　琳　罗凤琳（女）　毕远佞
闫　朦（女）　岳东峰　王彦军
柯淑娥（女）　马红光　冯　光
刘世明　李延长　卢飞鹰　吴晓民
傅小青（女）　范增录　康喜平（女）
侯建会
编　审：
常黎峰
甘肃省委党校（38人）
教　授：
王　渊　冯　湖　李润强　李景铭
李君才　朱　宁　张秀英（女）
宋圭武　王克钧　聂佃忠
王晓平（女）　陈永胜　刘亚军
康　民　陈永恭　张嘉选　刘务勇
鲜静林　王继荣　武　劼（女）
张平军　王文行　曹建民　肖安鹿
吴晓军　杨光祖　刘永哲　曹　殊
李含琳　郭继强　魏奋子　张建君

张希君　徐秀玲（女）　王晋林
牛亚莉（女）
编　审：
张林祥
研究馆员：
鲜　鹏（回族）

青海省委党校（36 人）

教　授：
张卫东　石德生　王　霞（女）
张玉良　严维青　薛红焰
杜敏学（女）　梁代生
马占彪（回族）　吴玉敏（女）
袁志平（女）　王兰英（女）
马桂芳（女，回族）　鲁临琴（女）
严　琼（女）　何　颖（女）
王亚玲（女）　马晓红（女，回族）
马学勤（回族）　李广斌
关桂霞（女，满族）　何启林
韩官却加（蒙古族）　陈永进
来　君（女）　苏多杰（女）
高明森　南补习　沈秀丽（女）
伍海峰　桑才让（藏族）
孙洲霞（女）　朱宏才
编（译）审：
王乃明　刘玉英（女）
才旦多杰（藏族）

宁夏回族自治区委党校（23 人）

教　授：
杨旭东　何银玲（女，回族）
霍岩松　翟桂荣（女）　李　喆
狄国忠　刘文长　周　玲（女）
潘　华（女）　柏建华（女）
周泽超　白启辉（女）
吴素芳（女）　李晋红（女）
马荣芳（女）　芮云凤（女）
唐　利　马忠莲（女，回族）
编　审：
崔　岷（女）　王学平
研究馆员：
梁春阳　马秀霞（女）
王霞（女，回族）

新疆维吾尔自治区委党校（14 人）

教　授：
丁守庆　姬肃林　哈尔克木（回族）
贺　萍（女）　陈奇彪　程建江
段　良（女）　曾庆忠　沈君立
王玉岱
阿不都沙拉木·吐尔逊（维吾尔族）
热合木江·沙吾提（哈萨克族）
编（译）审：
黄　璜
艾海提·吐尼牙孜（维吾尔族）

新疆生产建设兵团党校（10 人）

教　授：
赵柳成　强始学　李海江
王治强　王小平　王晓娟（女）
卢玉文（女）　王新华（女）
吴　珍（女）　田燕秋（女）

铁道部党校（6 人）

教　授：
巩联军（女）　刘　刚　戴文宪
刘瑞全（女）　林　淼（女）
李　颖（女）

广州市委党校（9 人）

教　授：
李仁武　霍秀媚（女）　史浩林
朱殊洋　尹德慈　李三虎　敖带芽
温朝霞
研究馆员：
冯仿娅（女）

武汉市委党校（11人）

教　授：

王观松　汪德明　袁超越　叶卫东

涂克明　龙小康　刘建平

毛　敏（女）　柯燕凌（女）

徐学福　李珞山

哈尔滨市委党校（18人）

教　授：

陶利波（女）　赵卓莉（女）

李　勇　王殿珍（女）

赫鸿雁（女）　汪　波（女）

李桂芹（女）　王双立（女）

徐　荔（女）　胡永琴（女）

闵慧男（女）　栾凤廷　李天明（女）

卢琰华（女）　崔　丹（女）　赵延民

研究馆员：

李奕南（女）　王咏梅（女）

沈阳市委党校（18人）

教　授：

才秉性　刘工力　李　力（女）

杨秀英（女）　于天英（女）

孙　政（女）　闫质杰（女）

朱卫东　陈　萍（女）　陈　欣（女）

邵桂花（女）　肖桂斌　张立丽（女）

张延安　赵颖萍（女）　赵东阜

徐　静（女）　盛　涛（女）

成都市委党校（21人）

教　授：

刘益飞　黄国华　李仁彬　孙恪廉

孟大川　陈朝异　王　凡　李友民

宁金和　梁光晨　张宏彬　路小昆

刘文杰　孙　鸣（女）　王光龙

赵文舟　黄仕红　薛成有

编　审：

王承云　何周富　谢培丽

南京市委党校（11人）

教　授：

刘喜发　王玉珍（女）　吴　抒

曾向阳　孙景坛　方辉振　赵小谛

郝继明　王建莲（女）　马建珍（女）

郭榛树

西安市委党校（13人）

教　授：

刘　琦　马晓琴（女）　张王定

苏凤昌　张钧巨　周　丰

裴　蓓（女）　李清芳（女）　李俊岭

王琪玖　唐　震　王雪婴（女）

霍稳利

长春市委党校（13人）

教　授：

祁铁华　王　健　赵义河　武绍春

于　平（女）　刘淑英（女）　于恒魁

张宝忠　叶爱萍（女）　刘志铭

王慧慧（女）　董金荣（女）

赵延芳（女）

济南市委党校（12人）

教　授：

翟芳玲（女）　王济萍（女）　张吉清

冯　雷　李金泉　王克群　孔祥敏

张爱军（女）　吴学军　陈　可（女）

张　静（女）

研究馆员：

丛文娟（女）

杭州市委党校（9人）

教　授：

胡序杭　高国舫　孙铁民　李宗开

吴思红　周乾松　钱家栋　周顺卿

研究员：

朱明芬（女）

大连市委党校（12人）

教　授：

杨青山　于晓静（女）　杨　虹（女）

郑雪梅（女）　解秀玲（女）

孙畅雪（女）　姚克利　张爱军（女）

杨晓猛（女）　李　飞　张桂华（女）

研究馆员：

孙长怡

青岛市委党校（16人）

教　授：

尹焕三　杜成君　李少莉（女）

陈洪泉　陈玉光　黄建明　赵立波

刘文俭　敬志伟　刘增禄

于忠珍（女）　程国有　刘小利（女）

王　义　马秀贞（女）　柴方胜

深圳市委党校（23人）

教　授：

罗归国　余文烈　傅小随　朱兴有

袁晓江　林　祥　申　勇

孟　伟（女）　张岩鸿（女）　王　鑫

李永清　范宏云　刘　琳（女）

宋腊梅（女）　王连喜　卞苏徽（女）

黄伊梅（女）　周笑冰（女）

研究员：

谭　刚　熊哲文（白族）

曾宇青（女）　李荣华

编　审：

祝林浩

厦门市委党校（7人）

教　授：

石仑山　尹　彦（回族）　周明伟

方和荣（女）　尤京文　谢启标

李树毅

宁波市委党校（13人）

教　授：

郑湘娟（女）　陈鹏键　吴翔阳

乐承耀　任春晓（女）　张雅静（女）

刘彦昌　胡国民　张荣昌

钱亚仙（女）

研究员：

梁一群　杨黎源　张永明

硕士学位学科、专业授权点

序号	党校名称	学科门类	一级学科	二级学科、专业
1	北京市委党校	哲　学	哲　学	马克思主义哲学
2	北京市委党校	哲　学	哲　学	中国哲学
3	北京市委党校	哲　学	哲　学	外国哲学
4	北京市委党校	哲　学	哲　学	逻辑学
5	北京市委党校	哲　学	哲　学	伦理学
6	北京市委党校	哲　学	哲　学	美学
7	北京市委党校	哲　学	哲　学	宗教学
8	北京市委党校	哲　学	哲　学	科学技术哲学
9	北京市委党校	经济学		国民经济学
10	北京市委党校	法　学	政治学	政治学理论
11	北京市委党校	法　学	政治学	中外政治制度
12	北京市委党校	法　学	政治学	科学社会主义与国际共产主义运动
13	北京市委党校	法　学	政治学	国际政治
14	北京市委党校	法　学	政治学	中共党史（含党的学说和党的建设）
15	北京市委党校	法　学	政治学	国际关系
16	北京市委党校	法　学	政治学	外交学
17	北京市委党校	法　学	马克思主义理论	马克思主义基本原理
18	北京市委党校	法　学	马克思主义理论	马克思主义发展史
19	北京市委党校	法　学	马克思主义理论	马克思主义中国化研究
20	北京市委党校	法　学	马克思主义理论	国外马克思主义研究
21	北京市委党校	法　学	马克思主义理论	思想政治教育
22	北京市委党校	法　学	马克思主义理论	中国近现代史基本问题研究
23	北京市委党校	法　学	社会学	社会学
24	北京市委党校	法　学	社会学	人口学
25	北京市委党校	法　学	社会学	人类学
26	北京市委党校	法　学	社会学	民俗学
27	北京市委党校	管理学		行政管理
28	辽宁省委党校	法　学	政治学	政治学理论
29	辽宁省委党校	法　学	政治学	科学社会主义与国际共产主义运动
30	辽宁省委党校	法　学	政治学	中共党史（含党的学说和党的建设）
31	辽宁省委党校	法　学		马克思主义基本原理
32	辽宁省委党校	法　学		马克思主义中国化研究
33	吉林省委党校	哲　学		马克思主义哲学
34	吉林省委党校	经济学		政治经济学
35	吉林省委党校	法　学	政治学	中共党史（含党的学说和党的建设）
36	吉林省委党校	法　学	政治学	政治学概论
37	吉林省委党校	法　学	政治学	中外政治制度

续 表

序号	党校名称	学科门类	一级学科	二级学科、专业
38	吉林省委党校	法　学	政治学	科学社会主义
39	吉林省委党校	法　学	政治学	宪政与法治
40	吉林省委党校	法　学	政治学	政治社会学
41	黑龙江省委党校	经济学		政治经济学
42	黑龙江省委党校	经济学	应用经济学	区域经济学
43	黑龙江省委党校	法　学	政治学	科学社会主义与国际共产主义运动
44	黑龙江省委党校	法　学	政治学	中共党史（含党的学说与党的建设）
45	黑龙江省委党校	法　学	马克思主义理论	马克思主义中国化研究
46	黑龙江省委党校	管理学		行政管理
47	上海市委党校	哲　学		马克思主义哲学
48	上海市委党校	经济学		国民经济学
49	上海市委党校	法　学	政治学	政治学理论
50	上海市委党校	法　学	政治学	科学社会主义与国际共产主义运动
51	上海市委党校	法　学	政治学	中共党史（含党的学说和党的建设）
52	上海市委党校	法　学	政治学	政府管理
53	上海市委党校	法　学	马克思主义理论	马克思主义基本原理
54	上海市委党校	法　学	马克思主义理论	马克思主义中国化研究
55	江苏省委党校	哲　学		马克思主义哲学
56	江苏省委党校	经济学	理论经济学	政治经济学
57	江苏省委党校	经济学	理论经济学	世界经济
58	江苏省委党校	经济学	理论经济学	人口资源与环境经济学
59	江苏省委党校	经济学		国民经济学
60	江苏省委党校	经济学		区域经济学
61	江苏省委党校	经济学		劳动经济学
62	江苏省委党校	经济学		政府经济学
63	江苏省委党校	法　学	政治学	科学社会主义与国际共产主义运动
64	江苏省委党校	法　学	政治学	中共党史（含党的学说与党的建设）
65	江苏省委党校	法　学	政治学	政治学理论
66	江苏省委党校	法　学	政治学	国际政治
67	江苏省委党校	法　学	政治学	宪法学与行政法学
68	江苏省委党校	法　学	政治学	中外政治制度比较
69	江苏省委党校	法　学	政治学	当代中国政治与廉政建设
70	江苏省委党校	法　学	社会学	社会学
71	江苏省委党校	法　学	社会学	社会管理与社会政策
72	江苏省委党校	管理学		企业管理
73	江苏省委党校	管理学		行政管理
74	浙江省委党校	哲　学	哲　学	马克思主义哲学
75	浙江省委党校	哲　学	哲　学	中国哲学
76	浙江省委党校	哲　学	哲　学	伦理学
77	浙江省委党校	经济学		区域经济学
78	浙江省委党校	经济学	理论经济学	政治经济学

续 表

序号	党校名称	学科门类	一级学科	二级学科、专业
79	浙江省委党校	经济学	理论经济学	产业经济学
80	浙江省委党校	经济学	理论经济学	国际经济与金融
81	浙江省委党校	法　学	政治学	政治学理论
82	浙江省委党校	法　学	政治学	中共党史（含党的学说与党的建设）
83	浙江省委党校	法　学	政治学	科学社会主义与国际共产主义运动
84	浙江省委党校	法　学	马克思主义理论	马克思主义基本原理
85	浙江省委党校	法　学	马克思主义理论	马克思主义中国化研究
86	浙江省委党校	法　学	马克思主义理论	马克思主义社会学理论
87	浙江省委党校	管理学	公共管理	行政管理
88	浙江省委党校	管理学	公共管理	社会保障
89	浙江省委党校	管理学	公共管理	法治政府
90	山东省委党校	哲　学		马克思主义哲学
91	山东省委党校	经济学		政治经济学
92	山东省委党校	法　学	政治学	政治学理论
93	山东省委党校	法　学	政治学	中外政治制度
94	山东省委党校	法　学	政治学	科学社会主义与国际共产主义运动
95	山东省委党校	法　学	政治学	中共党史（含党的学说与党的建设）
96	山东省委党校	法　学	政治学	国际政治
97	山东省委党校	法　学	政治学	国际关系
98	山东省委党校	法　学	政治学	外交学
99	山东省委党校	法　学	马克思主义理论	马克思主义基本原理
100	山东省委党校	法　学	马克思主义理论	马克思主义发展史
101	山东省委党校	法　学	马克思主义理论	马克思主义中国化研究
102	山东省委党校	法　学	马克思主义理论	国外马克思主义研究
103	山东省委党校	法　学	马克思主义理论	思想政治教育
104	山东省委党校	法　学	马克思主义理论	中国近现代史基本问题研究
105	湖北省委党校	经济学		政治经济学
106	湖北省委党校	法　学		宪法学与行政法学
107	湖北省委党校	法　学	政治学	政治学理论
108	湖北省委党校	法　学	政治学	中外政治制度
109	湖北省委党校	法　学	政治学	科学社会主义与国际共产主义运动
110	湖北省委党校	法　学	政治学	中共党史（含党的学说和党的建设）
111	湖北省委党校	法　学		马克思主义基本原理
112	湖南省委党校	哲　学		马克思主义哲学
113	湖南省委党校	哲　学		科学技术哲学
114	湖南省委党校	经济学		政治经济学
115	湖南省委党校	法　学	政治学	科学社会主义与国际共产主义运动
116	湖南省委党校	法　学	政治学	中共党史（含党的学说和党的建设）
117	湖南省委党校	法　学	政治学	思想政治教育
118	湖南省委党校	法　学		马克思主义基本原理
119	湖南省委党校	管理学	公共管理	行政管理

续 表

序号	党校名称	学科门类	一级学科	二级学科、专业
120	广东省委党校	哲　学		马克思主义哲学
121	广东省委党校	哲　学		伦理学
122	广东省委党校	经济学	理论经济学	政治经济学
123	广东省委党校	经济学	理论经济学	西方经济学
124	广东省委党校	经济学	理论经济学	人口、资源与环境经济学
125	广东省委党校	法　学		科学社会主义与国际共产主义运动
126	广东省委党校	法　学		中共党史（含党的学说与党的建设）
127	广东省委党校	法　学		马克思主义中国化研究
128	重庆市委党校	哲　学		马克思主义哲学
129	重庆市委党校	经济学		政治经济学
130	重庆市委党校	法　学		宪法学与行政法学
131	重庆市委党校	法　学	政治学	政治学理论
132	重庆市委党校	法　学	政治学	中外政治制度
133	重庆市委党校	法　学	政治学	科学社会主义与国际共产主义运动
134	重庆市委党校	法　学	政治学	中共党史（含党的学说与党的建设）
135	重庆市委党校	法　学	政治学	国际政治
136	重庆市委党校	法　学	政治学	国际关系
137	重庆市委党校	法　学	政治学	外交学
138	重庆市委党校	法　学		马克思主义中国化研究
139	重庆市委党校	管理学		行政管理
140	四川省委党校	哲　学		马克思主义哲学
141	四川省委党校	经济学		政治经济学
142	四川省委党校	经济学	应用经济学	区域经济学
143	四川省委党校	经济学	应用经济学	产业经济学
144	四川省委党校	经济学	应用经济学	金融学
145	四川省委党校	法　学	政治学	科学社会主义与国际共产主义运动
146	四川省委党校	法　学	政治学	中共党史（党的学说与党的建设）
147	四川省委党校	法　学	政治学	政治学理论
148	四川省委党校	法　学	政治学	中外政治制度
149	四川省委党校	法　学	马克思主义理论	马克思主义基本原理
150	四川省委党校	法　学	马克思主义理论	马克思主义中国化研究
151	陕西省委党校	哲　学		马克思主义哲学
152	陕西省委党校	经济学		政治经济学
153	陕西省委党校	经济学	应用经济学	国民经济学
154	陕西省委党校	经济学	应用经济学	区域经济学
155	陕西省委党校	经济学	应用经济学	财政学
156	陕西省委党校	经济学	应用经济学	金融学
157	陕西省委党校	经济学	应用经济学	产业经济学
158	陕西省委党校	经济学	应用经济学	国际贸易学
159	陕西省委党校	经济学	应用经济学	劳动经济学
160	陕西省委党校	经济学	应用经济学	统计学

续 表

序号	党校名称	学科门类	一级学科	二级学科、专业
161	陕西省委党校	经济学	应用经济学	数量经济学
162	陕西省委党校	经济学	应用经济学	国防经济
163	陕西省委党校	法　学	政治学	科学社会主义与国际共产主义运动
164	陕西省委党校	法　学	政治学	中共党史（含党的学说与党的建设）
165	陕西省委党校	法　学	政治学	政治学理论
166	陕西省委党校	法　学	政治学	中外政治制度
167	陕西省委党校	法　学	政治学	国际政治
168	陕西省委党校	法　学	政治学	国际关系
169	陕西省委党校	法　学	政治学	外交学
170	陕西省委党校	法　学	马克思主义理论	马克思主义基本原理
171	陕西省委党校	法　学	马克思主义理论	马克思主义中国化研究
172	陕西省委党校	法　学	马克思主义理论	思想政治教育
173	陕西省委党校	法　学	马克思主义理论	马克思主义发展史
174	陕西省委党校	法　学	马克思主义理论	中国近现代史基本问题研究
175	陕西省委党校	法　学	马克思主义理论	国外马克思主义研究

立项国家社科基金项目

序号	批准号	项目类别	项　目　名　称	负责人	工作单位
1	12BDJ044	一般	构建党内民主参与机制研究	薛　梅	北京市委党校
2	12BSH020	一般	农民工文化与城市主流文化的融合路径研究	洪小良	北京市委党校
3	12BGL124	一般	以公众为中心的政务微博运行机制研究	张　玲	北京市委党校
4	12CKS012	青年	中国特色社会主义的宏观调控理论范式研究	张　勇	北京市委党校
5	12CZZ027	青年	城镇化进程中乡村文化的保护与发展研究	蔡　杨	北京市委党校
6	12CGJ026	青年	企业异质性与我国出口市场多元化研究	马相东	北京市委党校
7	12CFX018	青年	京津冀地区区域立法研究	王　轩	北京市委党校
8	12BDJ034	一般	党政领导干部教育培训科学化研究	赵晓呼	天津市委党校
9	12FZZ004	后期资助	个体自由与社会团结：理查德·罗蒂政治思想研究	郑维伟	天津市委党校
10	12BJY006	一般	连片特困地区经济发展动力与路径研究	赵　玉	河北省委党校
11	12BJY066	一般	首都地区 PM2.5 防治与京津冀重化工产业发展研究	朱立新	河北省委党校
12	12BZZ025	一般	我国公务员职业道德建设研究	丰存斌	山西省委党校
13	12BDJ035	一般	干部选拔任用与以德为先标准研究	张志蓬	山西省委党校
14	12CZX082	青年	黄河传统文化在当代文化建设中的传承和创新研究	刘建霞	山西省委党校

续 表

序号	批准号	项目类别	项 目 名 称	负责人	工作单位
15	12BZZ016	一般	民族自治地方社会管理创新研究	李树林	内蒙古自治区委党校
16	12XSH001	西部	边疆民族地区社会稳定长效机制研究——以内蒙自治区为例	贺 静	内蒙古自治区委党校
17	12XMZ108	西部	民族文化资源与特色文化城市建设问题研究	萨 仁	内蒙古自治区委党校
18	12XMZ055	西部	西部民族地区文化产业转型发展研究	安静赜	内蒙古自治区委党校
19	12XMZ049	西部	中东铁路与东蒙古地区社会变迁	达日夫	内蒙古自治区委党校
20	12XGL016	西部	转型时期民族地区的社会风险评估与应急管理问题研究	莎日娜	内蒙古自治区委党校
21	12BJY007	一般	区域经济整合与地方政府治理模式创新研究	王行伟	辽宁省委党校
22	12BJY107	一般	文化创意与科技创新耦合驱动农业经济发展方式转变的路径研究	刘丽伟	辽宁省委党校
23	12BSH042	一般	当代农村消费文化研究	张小莉	辽宁省委党校
24	12BDJ043	一般	建设县级党政权力公开透明运行机制研究	牟广东	辽宁省委党校
25	12CKS019	青年	当代中国社会利益组织化的规范路径研究	宋桂祝	辽宁省委党校
26	12CZZ052	青年	政府监管与行业自律互动合作的实现机制研究	郭 薇	辽宁省委党校
27	12BKS098	一般	社会主义核心价值体系引领社会主义文化建设路径研究	吴 琳	吉林省委党校
28	12BKS058	一般	社会主义与资本主义价值体系比较研究	李振宇	吉林省委党校
29	12CJY059	青年	现代农业支持体系评价与优化研究	黄宇慧	吉林省委党校
30	12BJY026	一般	国家重点森林生态功能区生态移民对策研究	闫喜凤	黑龙江省委党校
31	12BTQ025	一般	农家书屋后续发展研究	杨智慧	黑龙江省委党校
32	12CDJ009	青年	党员主体地位的现状及保障机制研究	兰丽影	黑龙江省委党校
33	12CTQ013	青年	图书馆保障弱势群体公共信息获取权益的对策研究	洪伟达	黑龙江省委党校
34	12&ZD078	重大	国外执政党治党理政比较研究	周敬青	上海市委党校
35	12BGL103	一般	公共安全管理系统脆弱性与重大事故治理研究	董幼鸿	上海市委党校
36	12BGJ022	一般	金融危机后拉美社会主义思潮研究	官进胜	上海市委党校
37	12CGL082	青年	领导行为与政府绩效：基于中国县级政府的实证研究	马佳铮	上海市委党校
38	12BDJ030	一般	信息化发展对党的建设的重大影响及其对策研究	刘红凛	上海市委党校
39	12CKS046	青年	社会主义核心价值体系引领中国文化产业发展道路研究	杨 悦	上海市委党校
40	12CJY035	青年	我国区际产业梯度转移的生态效应及对策研究	李敦瑞	上海市委党校

续　表

序号	批准号	项目类别	项　目　名　称	负责人	工作单位
41	12CJY098	青年	完善结构性减税政策与促进税收负担合理化问题研究	潘文轩	上海市委党校
42	12CZZ043	青年	提高农村基层政权公信力研究	陶　振	上海市委党校
43	12CSH036	青年	“共治”框架下社区治理新路径研究	何海兵	上海市委党校
44	12BZZ001	一般	社会化媒体政治影响力的形成机制与干预策略研究	周晓平	江苏省委党校
45	12BZZ030	一般	两岸政治认同的形成机制研究	王　英	江苏省委党校
46	12BFX067	一般	民事行政交叉案件审理问题研究	曹达全	江苏省委党校
47	12CSH096	青年	戒毒人员回归社会的长效机制构建研究	韩　丹	江苏省委党校
48	12CJL061	青年	科技金融引导区域自主创新能力提升的对策研究	薛　莉	江苏省委党校
49	12CJY072	青年	构建扩大消费长效机制的着力点研究	袁小慧	江苏省委党校
50	12BZX065	一般	马克思的公平正义思想与社会主义核心价值观研究	何建华	浙江省委党校
51	12BJY047	一般	城乡统筹视角下新型城市化的实现路径与制度创新研究	俞云峰	浙江省委党校
52	12BZZ058	一般	微博问政的政府规制研究	王景玉	浙江省委党校
53	12BSH073	一般	民政事业城乡一体化的理论与政策研究	胡文木	浙江省委党校
54	12CZZ041	青年	政府管理与社会自治的良性互动及实现机制研究	汪锦军	浙江省委党校
55	12CGL075	青年	新生代农民工城市融入的进程测度及政策创新研究	许　光	浙江省委党校
56	12BZJ034	一般	闽台客家民间信仰的互动发展与文化认同研究	刘大可	福建省委党校
57	12BDJ006	一般	邓子恢文稿的收集整理与研究	蒋伯英	福建省委党校
58	12BFX106	一般	文化创意产业版权保护法律问题研究	王海英	福建省委党校
59	12CSH068	青年	大陆台商社会适应与社会认同研究	严志兰	福建省委党校
60	12bDJ017	一般	改革开放以来党应对重大挑战的机制研究	章猷才	山东省委党校
61	12bSH032	一般	转型期政府参与劳资关系调整的社会学研究	谭　泓	山东省委党校
62	12bZZ008	一般	地方人大常委会重大事项决定权研究	钟丽娟	山东省委党校
63	12FZS021	后期资助	清代中缅关系与西南边疆	王巨新	山东省委党校
64	12BKS038	一般	城乡文化一体化发展研究	徐学庆	河南省委党校
65	12BKS093	一般	社会主义核心价值体系融入国民教育的方法途径研究	康来云	河南省委党校
66	12BDJ029	一般	提高党依法管理宗教事务能力研究	杨合理	河南省委党校
67	12BZZ059	一般	工会组织在构建和谐劳动关系中的功能研究	涂永珍	河南省委党校
68	12CSH078	青年	当前我国慈善组织公信力建设研究	郭晓莉	河南省委党校
69	12BKS006	一般	列宁对党内民主的探索及其当代启示研究	叶剑锋	湖北省委党校
70	12BDJ037	一般	社会主义核心价值体系与党的思想文化建设研究	赵理富	湖北省委党校

续 表

序号	批准号	项目类别	项 目 名 称	负责人	工作单位
71	12BDJ007	一般	瞿秋白与俄罗斯解密档案研究	张秋实	湖北省委党校
72	12BJY049	一般	我国新型城镇化的动力机制及其优化研究	张继久	湖北省委党校
73	12BZZ044	一般	政务诚信测度与政府公信力提升研究	李津燕	湖北省委党校
74	12BZS059	一般	南京国民政府时期的乡村地籍整理研究	李铁强	湖北省委党校
75	12CZZ032	青年	公共服务均等化视角下农村小型水利政策改革研究	柯高峰	湖北省委党校
76	12CFX040	青年	程序正义均衡论	汪 沛	湖北省委党校
77	12CFX111	青年	国际经济争端解决机制新发展与中国对策研究	王 辉	湖北省委党校
78	12BDJ042	一般	防范和消除党脱离群众危险的实践路径与制度创新研究	龚永爱	湖南省委党校
79	12BZX024	一般	现代技术风险的多元形成与整合规避机制研究	毛明芳	湖南省委党校
80	12CSH028	青年	社会结构变迁视角下农村土地流转制度研究	张四梅	湖南省委党校
81	12CGL099	青年	城市公共安全的合作网络治理研究	李 礼	湖南省委党校
82	12BSH024	一般	我国灾害损失评估的社会学研究	段华明	广东省委党校
83	12BJL031	一般	治理三公经费问题研究	黄铁苗	广东省委党校
84	12BZZ026	一般	发展民族文化与完善民族区域自治制度互动关系研究	赵 静	广西壮族自治区委党校
85	12CGL111	青年	顾客满意视角的电子商务服务质量研究	李海英	广西壮族自治区委党校
86	12CZZ045	青年	西部贫困地区县级政府扶贫开发政策执行力问题研究	谭英俊	广西壮族自治区委党校
87	12XDJ011	西部	十六大以来党在民族地区创新社会管理实践与经验研究	韩 勇	广西壮族自治区委党校
88	12XGJ004	西部	美国重返亚洲的中国因素及中国的战略选择	张 辉	广西壮族自治区委党校
89	12XSS003	西部	近代欧洲种族主义研究	李肇忠	广西壮族自治区委党校
90	12KRK001	成果文库	人口老龄化对中国人口发展战略的制约及对策	莫 龙	广西壮族自治区委党校
91	12BJY110	一般	以国际旅游岛战略为导向的海南农业形态构建研究	包亚宁	海南省委党校
92	12BZX093	一般	海南地域文化研究	王建国	海南省委党校
93	12CMZ019	青年	北部湾地区中越京族海洋民俗研究	黄安辉	海南省委党校
94	12XJL010	西部	“西三角”经济圈与中国内陆经济增长极研究	何 伟	重庆市委党校
95	12XJL011	西部	加快转变经济发展方式与内陆开放模式创新研究	李继樊	重庆市委党校
96	12XZZ008	西部	“裸官”的监管研究	谢撼澜	重庆市委党校
97	12XDJ016	西部	新中国成立初期党领导社会建设的历史经验研究	扶小兰	重庆市委党校

续 表

序号	批准号	项目类别	项 目 名 称	负责人	工作单位
98	12XZX022	西部	制度创新与西部统筹城乡发展的哲学研究	张志勇	重庆市委党校
99	12CJL033	青年	推动文化产业成为西部民族地区支柱性产业研究	尹宏祯	四川省委党校
100	12XDJ019	西部	社会主义核心价值体系教育实践与党的建设研究	裴泽庆	四川省委党校
101	12XJL003	西部	通货膨胀预期管理研究	江世银	四川省委党校
102	12XMZ037	西部	金融支持与西部少数民族减贫策略研究	孙超英	四川省委党校
103	12XKS027	西部	多元化文化背景下大众文化价值底线研究	李　刚	四川省委党校
104	12XZX020	西部	亚里士多德的德性思想研究	任继琼	贵州省委党校
105	12XKS006	西部	马克思恩格斯的公平思想与科学发展观研究	漆明春	贵州省委党校
106	12XDJ009	西部	建国初期西南民族地区基层政府的政权建设研究	黄亦君	贵州省委党校
107	12XDJ021	西部	中国共产党价值观建设的基本经验研究	郑东升	贵州省委党校
108	12BZZ018	一般	整合少数民族乡村传统社会资源与创新基层社会管理研究	王丽华	云南省委党校
109	12BZZ023	一般	基于协同理论视角的廉政文化建设研究	高　旗	云南省委党校
110	12XZX011	西部	中国传统和合文化与边疆民族地区社会和谐稳定	黄　静	云南省委党校
111	12XZZOO5	西部	民族地区农村社会风险防范与群体事件治理研究	蒋　健	云南省委党校
112	12XMZ050	西部	加快西部民族地区经济社会发展中的现代文化产业建设	熊黎明	云南省委党校
113	12XMZ001	西部	风险社会视角下西部边疆稳定研究	李　诚	云南省委党校
114	12BFX018	一般	藏民族民事习惯研究	陈隆建	西藏自治区委党校
115	12BMZ016	一般	西藏藏族人口城镇化及其就业取向和特点研究	史云峰	西藏自治区委党校
116	12XMZ018	西部	文化建设与推动西藏发展和维护西藏稳定研究	李　宏	西藏自治区委党校
117	12XZZ009	西部	西藏重大突发事件的舆情监控机制研究	钟振明	西藏自治区委党校
118	12BDJ039	一般	中国共产党人学习观与建设马克思主义学习型政党研究	纪　昱	陕西省委党校
119	12CKS036	青年	多元开放条件下中国社会主义意识形态安全研究	郝保权	陕西省委党校
120	12XDJ008	西部	延安时期中国共产党应对各种困局的历史经验研究	吴　永	陕西省委党校
121	12XKS036	西部	经济全球化背景下中国共产党意识形态建设研究	段鹏飞	陕西省委党校

续 表

序号	批准号	项目类别	项 目 名 称	负责人	工作单位
122	12XZX004	西部	人活动的私人性与公共性研究	曹延莉	陕西省委党校
123	12XZW017	西部	晚清小说广告研究	刘颖慧	陕西省委党校
124	12BJL007	一般	全球化视域下的中国发展道路研究	张建君	甘肃省委党校
125	12BZZ034	一般	跨越式发展与甘青藏区社会稳定机制建设研究	刘务勇	甘肃省委党校
126	12XDJ001	西部	马克思主义文化思想与儒学的会通融合研究	董爱玲	甘肃省委党校
127	12XDJ003	西部	中国工农红军西路军人物志	张 曼	甘肃省委党校
128	12XDJ006	西部	从俄界会议到“七七”事变——党应对重大风险考验的决策与经验研究	吴晓军	甘肃省委党校
129	12XDJ007	西部	改革开放以来党充分发挥社会主义制度政治优势的基本经验研究	王 锐	甘肃省委党校
130	12XFX004	西部	西部地区民族特色文化产业的法律保障研究	卫 霞	甘肃省委党校
131	12AMZ003	重点	青海藏族聚居区公共文化产品和服务供给研究	关桂霞	青海省委党校
132	12BZX076	一般	民族地区基层公务员行政道德问题研究	袁志萍	青海省委党校
133	12BZZ014	一般	民族地区新社会阶层政治参与问题研究	马晓红	青海省委党校
134	12CMZ030	青年	青海热贡十二部落历史文化变迁研究	索南旺杰	青海省委党校
135	12XDJ010	西部	民族地区党建实践及其对马克思主义党建学说的贡献研究	马学勤	青海省委党校
136	12XMZ023	西部	维护藏区社会稳定的政策保障问题研究	韩官却加	青海省委党校
137	12XMZ026	西部	新时期藏传佛教与信众关系研究	桑才让	青海省委党校
138	12XMZ044	西部	三江源生态移民的生活重建和反贫困研究	韦仁忠	青海省委党校
139	12XSH014	西部	西部民族地区城市社区文化建设研究	张鲁宁	青海省委党校
140	12BZZ017	一般	少数民族地区应对与化解网络舆情危机策略研究	梁春阳	宁夏回族自治区委党校
141	12BSH007	一般	伊斯兰教与社会秩序的关系研究	马晓梅	宁夏回族自治区委党校
142	12XMZ039	西部	我国连片特困地区农村公益文化设施建设研究	狄国忠	宁夏回族自治区委党校
143	12XJL009	西部	贫困地区大规模生态移民可持续发展研究	马荣芳	宁夏回族自治区委党校
144	12XJY021	西部	现阶段西北地区文化消费调查研究	李 园	宁夏回族自治区委党校
145	12XZZ013	西部	呼包银经济区政府间合作机制研究	魏向前	宁夏回族自治区委党校
146	12BSH045	一般	新疆少数民族地区农村文化惠民工程及其成效的调查研究	王习农	新疆维吾尔自治区委党校
147	12CGJ018	青年	我国能源安全与国际战略研究	祝 辉	新疆维吾尔自治区委党校
148	12XRK002	西部	西北民族地区流动人口与公共文化服务体系建设的调查研究	李西琴	新疆维吾尔自治区委党校

续 表

序号	批准号	项目类别	项 目 名 称	负责人	工作单位
149	12XDJ013	西部	新中国成立以来党在新疆解决和改善民生问题的历史经验研究	热合木江·沙吾提	新疆维吾尔自治区委党校
150	12XMZ097	西部	新疆少数民族聚居地边境扶贫试点及其成效的调查研究	杨引官	新疆维吾尔自治区委党校
151	12BMZ042	一般	新疆生态移民与城镇化发展研究	白 燕	新疆生产建设兵团党校
152	12BDJ026	一般	中国共产党治理新疆的战略思想研究	柯 伟	新疆生产建设兵团党校
153	12XZZ010	西部	新疆现代文化建设的政策研究	张全峰	新疆生产建设兵团党校
154	12XSH006	西部	新疆城市社区居民自治问题研究	付 英	新疆生产建设兵团党校
155	12XMZ048	西部	屯垦戍边对促进新疆各民族共有精神家园构建的作用研究	李迎春	新疆生产建设兵团党校
156	12XMZ002	西部	新疆兵团多民族文化互动与共融研究	张 彦	新疆生产建设兵团党校
157	12CZZ035	青年	基于产权结构与利益群体的城市治理模式创新研究	王桢桢	广州市委党校
158	12CGL098	青年	社区小商贩社会管理创新研究	周 昕	武汉市委党校
159	12CKS043	青年	社会主义核心价值体系认同研究	薛金华	武汉市委党校
160	12XJL007	西部	农民土地财产权实现机制创新与政策选择研究	邵 昱	成都市委党校
161	12XGL021	西部	西部文化创意人才队伍建设研究	石建莹	西安市委党校
162	12BDJ038	一般	完善“以德为先”用人机制研究	高国舫	杭州市委党校
163	12CSH048	青年	风险社会视域中的“网络暴力”问题及其治理研究	姜方炳	杭州市委党校
164	12CGL095	青年	“乡—城”移民视野下新生代农民工城市融入的社区支持研究	郎晓波	杭州市委党校
165	12BDJ033	一般	党政领导干部道德建设研究	刘小利	青岛市委党校
166	12CKS026	青年	西方对我国文化误读的影响与应对策略研究	潘娜娜	青岛市委党校
167	12BKS044	一般	社会主义生态文明建设的发展逻辑研究	任春晓	宁波市委党校
168	12BDJ027	一般	科学发展观视域下党建理论的创新规律研究	刘彦昌	宁波市委党校
169	12BRK005	一般	农民工城市化发展机制与评价指标体系研究	杨黎源	宁波市委党校
170	12CGL076	青年	社会养老服务体系的产业支持研究	钟春洋	宁波市委党校

立项国家自然科学基金项目

序号	批准号	项目类别	项目名称	负责人	工作单位
1	41201132	青年	战略性新兴产业发展政策的CGE分析	朱艳鑫	青岛市委党校

结项国家社科基金项目

序号	结项证书号	项目名称	成果名称	鉴定等级	负责人	工作单位
1	20120595	中国城市流动人口聚居社区与城市贫困问题研究	聚居的城市流动人口研究	良好	侯亚非	北京市委党校
2	20120601	选人用人公信度与干部公选量化指标体系研究	选人用人公信度与干部公选量化指标体系研究	良好	李高山	山西省委党校
3	20120602	发展党内民主中的党员权利保障研究	发展党内民主中的党员权利保障研究	合格	原方	山西省委党校
4	20120603	中部贫困农村知识服务体系建设研究——以山西省35个国家级贫困县为例	中部贫困农村知识服务体系建设研究——以山西省35个国家级贫困县为例	良好	郝玉宾	山西省委党校
5	20121022	社会主义新农村建设中资源型地区“富人当政”问题研究	社会主义新农村建设中资源型地区“富人当政”问题研究	良好	冯耀明	山西省委党校
6	20121023	低收入群体问题的预警指标体系研究	低收入群体问题的预警指标体系研究	合格	潘峰	山西省委党校
7	20120732	意识形态、经济因素与冷战新边疆：美国第四点计划研究	意识形态、经济因素与冷战新边疆：美国第四点计划研究	后期资助	谢华	山西省委党校
8	20121152	科学发展观的普适性人学价值研究	科学发展观的普适性人学价值研究	合格	王虎	内蒙古自治区委党校
9	20120474	建立健全密切农村干群关系机制问题研究	建立健全密切农村干群关系机制问题研究	良好	潘立魁	辽宁省委党校
10	20120377	工业化过程中农业补贴政策演变趋势的国际化比较研究	工业化过程中农业补贴政策演变趋势的国际化比较研究	优秀	梁謇	黑龙江省委党校

续 表

序号	结项证书号	项目名称	成果名称	鉴定等级	负责人	工作单位
11	20120479	科学发展观指导下运用和拓展党执政资源的对策研究	科学发展观指导下运用和拓展党执政资源的对策研究	良好	祝福恩	黑龙江省委党校
12	20120227	当代资本主义意识形态新变化对社会主义发展的影响与对策	当代资本主义意识形态新变化对社会主义发展的影响与对策	良好	韩健鹏	黑龙江省委党校
13	20121450	提高领导干部网上舆论引导能力问题及对策研究	提高领导干部网上舆论引导能力问题及对策研究	良好	王晓燕	黑龙江省委党校
14	20120893	中国传统文化在网络文化中传承与发展对策研究	中国传统文化在网络文化中传承与发展对策研究	良好	曹学娜	黑龙江省委党校
15	20120896	电子政务信息资源整合机制研究	电子政务信息资源整合机制研究	良好	商晓帆	黑龙江省委党校
16	20120047	中国特色农业现代化道路的内涵与实施策略研究	中国特色农业现代化道路的内涵与实施策略研究	合格	赫修贵	黑龙江省委党校
17	20120478	中国共产党的民意资源研究	中国共产党的民意资源研究	合格	孙艳春	黑龙江省委党校
18	20120252	“党内潜规则”研究	“党内潜规则”研究	合格	周敬青	上海市委党校
19	20120251	综合配套改革中服务型政府的构建：以浦东为个案的研究	综合配套改革中服务型政府的构建：以浦东为个案的研究	良好	陈奇星	上海市委党校
20	20120246	改革开放以来中国政治发展模式研究	改革开放时代的中国政治发展	良好	程竹汝	上海市委党校
21	20120630	中国共产党执政资源研究	中国共产党执政资源研究	合格	刘宗洪	上海市委党校
22	20120664	政党关系和谐与中国特色政党制度建设	政党关系和谐与中国特色政党制度建设	合格	刘红凛	上海市委党校
23	20121175	党的基层民主建设与党整合社会的能力研究	党的基层民主建设与党整合社会的能力研究	合格	丁晓强	上海市委党校
24	20121174	现代领导与新闻媒体	现代领导与新闻媒体	合格	张志海	上海市委党校
25	20120506	民主执政的路径依赖和体制创新	民主执政的路径依赖和体制创新	良好	布成良	江苏省委党校
26	20120517	国际金融危机对我国外向型经济的影响——基于江浙沪粤鲁的比较	国际金融危机对我国外向型经济的影响	合格	黄瑞玲	江苏省委党校
27	20121056	公共事业民营问题研究	公共事业民营问题研究	良好	周义程	江苏省委党校

续 表

序号	结项证书号	项目名称	成果名称	鉴定等级	负责人	工作单位
28	20120275	村镇党组织化解农村社会矛盾的整合机制研究——基于浙江新枫桥经验成功实践的理论启示	基层党组织化解基层社会矛盾的整合机制研究——基于浙江新枫桥经验创新发展的视角	免予鉴定	吴锦良	浙江省委党校
29	20120644	科学发展观的历史地位和理论体系——马克思主义中国化最新理论成果研究	科学发展观的历史地位和理论体系——马克思主义中国化最新理论成果研究	良好	郭祥才	浙江省委党校
30	20120643	发展正义研究	发展正义研究	合格	何建华	浙江省委党校
31	20121068	我国产业转移的结构传导效应与区域互动机制	国际产业转移的结构传导与区域互动——基于中国承接国际产业转移的实证分析	良好	陈明森	福建省委党校
32	20121066	当代中国中等收入阶层的实证研究	当代中国中等收入阶层的实证研究——以福建省东南沿海县域为例	免予鉴定	程丽香	福建省委党校
33	20121500	科学发展观对马克思主义中国化的推进	科学发展观对马克思主义中国化的推进	良好	郑　镇	福建省委党校
34	20120928	社会主义新农村建设中政府主导与乡村社会自主性的关联性研究	乡村治理：一项关于村民自治的政策学研究 政治博弈：权力互动与乡村治理：社会主义新农村建设中政府主导与乡村社会自主性的关联实证分析	良好	陈洪生	江西省委党校
35	20120526	我国公民网络参与研究	我国公民网络参与研究	良好	魏星河	江西省委党校
36	20120658	以人为本在科学发展中的地位和意义研究	以人为本在科学发展中的地位和意义研究	优秀	张友谊	山东省委党校
37	20121193	基于创业活动差异分析的创业型经济发展政策分类设计研究	基于创业活动差异分析的创业型经济发展政策分类设计研究	合格	李剑力	河南省委党校
38	20120302	提升装备制造业竞争力对策研究	提升装备制造业竞争力对策研究	良好	陶良虎	湖北省委党校
39	20121345	《中国青年》周刊研究(1923—1927)	《中国青年》周刊研究(1923—1927)	良好	王鹏程	湖北省委党校
40	20121512	中国共产党党员主体地位及其实现途径研究	中国共产党党员主体地位及其实现途径研究	良好	郭群英	湖北省委党校

续 表

序号	结 项 证书号	项 目 名 称	成 果 名 称	鉴定 等级	负责人	工作单位
41	20120789	社会主义和谐社会构建机制研究	社会主义和谐社会构建机制研究	合格	彭福清	湖南省委党校
42	20120797	论虚拟技术的人文价值	论虚拟技术的人文价值	合格	曾 慧	广东省委党校
43	20120951	产业集群扩散与区域经济协调发展研究	产业集聚、扩散与区域经济协调发展	良好	赵 祥	广东省委党校
44	20120817	人口老龄化对中国人口发展战略的制约与影响	人口老龄化对中国人口发展战略的制约及对策	优秀	莫 龙	广西壮族自治区委党校
45	20120557	中国特色廉政文化建设的思路和方法研究	中国特色廉政文化建设的思路和方法研究	良好	唐秀玲	广西壮族自治区委党校
46	20121085	少数民族地区建设社会主义新农村研究——财政支持体系研究	少数民族地区建设社会主义新农村研究——财政支持体系研究	合格	罗继红	广西壮族自治区委党校
47	20120702	中国产业结构转换的路径选择与城乡就业统筹	中国产业结构转换的路径选择与城乡就业统筹	良好	王燕飞	重庆市委党校
48	20120836	我国政府公共决策利益博弈的路径和机制研究	我国政府公共决策利益博弈的路径和机制研究	合格	陈建先	重庆市委党校
49	20120834	老少边穷连片地区区域合作路径与机制研究	老少边穷连片地区区域合作机制与路径研究	合格	宋爱苏	重庆市委党校
50	20120131	信息网络技术与基层党组织建设科学化研究	信息网络技术与基层党组织建设科学化研究	合格	何 伟	重庆市委党校
51	20121371	构建统筹城乡发展的制度框架研究——以重庆城乡统筹综合配套改革试验为例	构建统筹城乡发展的制度框架研究——以重庆城乡统筹综合配套改革试验为例	合格	余 凡	重庆市委党校
52	20121088	中国西部农村基层政府改革与财政体制创新	中国西部农村基层政府改革与财政体制创新	合格	师 丽	四川省委党校
53	20121537	科学发展观理论体系研究	科学发展观理论体系研究	合格	曾繁亮	四川省委党校
54	20120708	党的执政能力与提高民族工作水平研究	党的执政能力与提高民族工作水平研究	合格	缪家福	云南省委党校
55	20120975	边疆民族地区贯彻落实科学发展观与加强党的执政能力建设研究	边疆民族地区贯彻落实科学发展观与加强党的执政能力建设研究	良好	鲁彩荣	云南省委党校
56	20121103	中国特色社会主义进程中不发达地区树立和落实科学发展观研究	中国特色社会主义进程中不发达地区树立和落实科学发展观研究	合格	李晓南	云南省委党校
57	20121102	县级政府行政权配置研究	县级政府行政权配置研究	良好	邓 博	云南省委党校

续 表

序号	结项证书号	项目名称	成果名称	鉴定等级	负责人	工作单位
58	20121376	中国特色社会主义公民社会与社会主义和谐社会的契合性内在机理研究	中国特色社会主义公民社会与社会主义和谐社会的契合性内在机理研究	合格	苏咏喜	云南省委党校
59	20121560	创造性思维过程的信息加工机制研究	创造性思维过程的信息加工机制研究	良好	洪昆辉	云南省委党校
60	20121230	藏传佛教寺庙管理长效机制建设研究	藏传佛教寺庙管理长效机制建设研究	免予鉴定	普布次仁	西藏自治区委党校
61	20121568	依法管理西藏宗教活动场所及其相关政策研究	依法管理西藏宗教活动场所及其相关政策研究	良好	潘建生	西藏自治区委党校
62	20120389	西部地区党组织执政能力建设	西部地区党组织执政能力建设	优秀	王彦军	陕西省委党校
63	20121114	以人为本为核心价值的社会主义核心价值体系研究	以人为本为核心价值的社会主义核心价值体系研究	优秀	曹　飞	陕西省委党校
64	20120364	源头防腐机制研究	源头防腐机制研究	良好	薛引娥	陕西省委党校
65	20120713	产业集群理论与西北地区新型工业化道路研究	产业集群理论与西北地区新型工业化道路研究	良好	王成勇	甘肃省委党校
66	20120714	电子政府形态下的行政伦理研究	电子政府形态下的行政伦理研究——网络行政伦理规约研究	合格	王亚强	甘肃省委党校
67	20121237	西北农村地区道德生态的变迁与现状解析	西北农村地区道德生态的变迁与现状解析	良好	符晓波	甘肃省委党校
68	20121679	金融危机视阈中的负所得税中国化研究	金融危机视阈中的负所得税中国化研究	良好	李庆梅	甘肃省委党校
69	20121266	基于竞争力视角的我国制造业体系升级问题研究	基于竞争力视角的我国制造业体系升级问题研究	良好	胡　昱	青岛市委党校
70	20120666	阶层分化与新时期人民内部矛盾问题研究	阶层分化与新时期人民内部矛盾问题研究	良好	彭心安	厦门市委党校

主办报刊

序号	报刊名称	国际标准刊号	国内统一刊号	主办单位	备注
1	新视野	ISSN1006-0138	CN11-3257/D	北京市委党校	中文核心期刊 CSSCI 来源期刊

续 表

序号	报刊名称	国际标准刊号	国内统一刊号	主办单位	备注
2	北京行政学院学报	ISSN1008-7621	CN11-4054/D	北京行政学院	中文核心期刊 CSSCI 来源期刊
3	中共天津市委党校学报	ISSNI008-410X	CN12-1285/D	天津市委党校	中文核心期刊 CSSCI 来源期刊
4	天津行政学院学报	ISSNI008-7168	CN12-1284/D	天津行政学院	CSSCI 来源期刊
5	领导之友	ISSN1671-198X	CN13-1311/D	河北省委党校	
6	河北党校报		CN13-0831/(G)	河北省委党校	
7	理论探索	ISSN1004-4175	CN14-1079/C	山西省委党校等	中文核心期刊 CSSCI 来源期刊
8	中共山西省委党校学报	ISSN1009-1203	CN14-1237/D	山西省委党校等	
9	山西党校报		CN14-0822/(G)	山西省委党校	
10	理论研究	ISSN1672-5573	CN15-1122/C	内蒙古自治区委党校	中文核心期刊
11	党政干部学刊	ISSN1672-2426	CN21-1254/D	辽宁省委党校	
12	辽宁党校报		CN21-0843/(G)	辽宁省委党校	
13	长白学刊	ISSN1003-5478	CN22-1009/D	吉林省委党校	
14	行政与法	ISSN1007-8207	CN22-1235/D	吉林省行政学院	
15	吉林党校报		CN22-0836/G	吉林省委党校	
16	理论探讨	ISSN1000-8594	CN23-1013/D	黑龙江省委党校	CSSCI 来源期刊
17	党政论坛	ISSN1006-1754	CN31-1203/D	上海市委党校	
18	上海行政学院学报	ISSN1009-3176	CN31-1815/C	上海行政学院	中文核心期刊 CSSCI 来源期刊
19	上海党校通讯		CN31-0832/(G)	上海市委党校	
20	唯实	ISSN1004-1605	CN32-1083/D	江苏省委党校	
21	江苏行政学院学报	ISSN1009-8860	CN32-1562/C	江苏省行政学院	中文核心期刊 CSSCI 来源期刊
22	江苏党校报		CN32-0867/G	江苏省委党校	
23	中共浙江省委党校学报	ISSN1007-9092	CN33-1010/D	浙江省委党校	CSSCI 扩展版来源期刊
24	理论建设	ISSN1007-4767	CN34-1136/D	安徽省委党校	
25	安徽党校报		CN34-0834/G	安徽省委党校	
26	中共福建省委党校学报	ISSN1008-4088	CN35-1198/C	福建省委党校	中文核心期刊
27	党史研究与教学	ISSN1003-708X	CN35-1059/A	福建省委党校	CSSCI 来源期刊
28	领导文萃	ISSN1005-720X	CN35-1168/D	福建省委党校等	
29	求实	ISSN1007-8487	CN36-1003/D	江西省委党校	中文核心期刊 CSSCI 来源期刊
30	江西行政学院学报	ISSN1008-6463	CN36-1233/D	江西行政学院	
31	理论学刊	ISSN1002-3909	CN37-1059/D	山东省委党校	中文核心期刊

续 表

序号	报刊名称	国际标准刊号	国内统一刊号	主办单位	备注
32	学习论坛	ISSN1003-7608	CN41-1023/D	河南省委党校等	
33	党政干部论坛	ISSN1003-837X	CN42-1099/D	湖北省委党校等	
34	湖北行政学院学报	ISSN1671-7155	CN42-1653/C	湖北省行政学院	中文核心期刊
35	干部教育报		CN42-0814(G)	湖北省委党校等	
36	湖湘论坛	ISSN1004-3160	CN43-1160/D	湖南省委党校	
37	岭南学刊	ISSN1003-7462	CN44-1005/C	广东省委党校	
38	广东行政学院学报	ISSN1008-4533	CN44-1447/D	广东行政学院	CSSI 扩展版来源期刊
39	桂海论丛	ISSN1004-1494	CN45-1180/D	广西壮族自治区委党校等	
40	新东方	ISSN1004-700X	CN46-1023/D	海南省委党校	
41	探索	ISSN1007-5194	CN50-1019/D	重庆市委党校	CSSCI 来源期刊
42	重庆行政	ISSN1008-4029	CN50-1031/C	重庆行政学院	
43	重庆党校报		CN50-0824/G	重庆市委党校	
44	理论与改革	ISSN1006-7426	CN51-1036/D	四川省委党校	CSSCI 来源期刊
45	中共四川省委党校学报	ISSN1008-5955	CN51-1540/D	四川省委党校	
46	四川行政学院学报	ISSN1008-6323	CN51-1537/D	四川行政学院	
47	四川党校报		CN51-0834/(G)	四川省委党校	
48	中共贵州省委党校学报	ISSN1009-5381	CN52-5023/D	贵州省委党校	
49	贵州干部教育		CN52-0808/(G)	贵州省委党校	
50	创造	ISSN1004-9797	CN53-1097/D	云南省委党校	
51	中共云南省委党学报	ISSN1671-2994	CN53-1159/C	云南省委党	
52	云南行政学院学报	ISSN1671-0681	CN53-1134/D	云南行政学院	CSSCI（扩展版）来源期刊
53	西藏发展论坛	ISSN1673-2669	CN54-1047/C	西藏自治区委党校	
54	理论导刊	ISSN1002-7408	CN61-1003/C	陕西省委党校	CSSCI 扩展版来源期刊
55	陕西党校报		CN61-0841/(G)	陕西省委党校	
56	甘肃理论学刊	ISSN1003-4307	CN62-1002/D	甘肃省委党校	CSSCI 扩展版来源期刊
57	攀登（汉文版为哲学社会科学理论）	ISSN1001-5647	CN63-1015/C	青海省委党校	
58	攀登（藏文版为民族政治理论类综合）	ISSN1005-2089	CN63-1015/C-G	青海省委党校	
59	党校教育		CN63-0801/(G)	青海省委党校	
60	宁夏党校学报	ISSN1008-2921	CN64-1034/D	宁夏回族自治区区委党校	

续 表

序号	报刊名称	国际标准刊号	国内统一刊号	主办单位	备注
61	宁夏党校报		CN64-0804/(G)	宁夏回族自治区委党校	
62	实事求是	ISSN1003-4641	CN65-1005/D	新疆维吾尔自治区委党校	
63	兵团党校学报	ISSN1009-0274	CN65-1199/D	新疆生产建设兵团党校	
64	理论学习与探索	ISSN1006-8279	CN11-3138/D	铁道部党校	
65	探求	ISSN1003-8744	CN44-1309/D	广州市委党校等	
66	长江论坛	ISSN1005-3980	CN42-1344/D	武汉市委党校等	
67	哈尔滨市委党校学报	ISSN1008-8520	CN23-1463/D	哈尔滨市委党校	
68	沈阳干部学刊	ISSN1672-5840	CN21-1499/D	沈阳市委党校	
69	中共成都市委党校学报	ISSN1008-679X	CN51-1541/D	成都市委党校	
70	成都党校报		CN51-0837/(G)	成都市委党校	
71	中共南京市委党校学报	ISSN1672-1071	CN32-1783/D	南京市委党校等	
72	长春市委党校学报	ISSN1008-8466	CN22-1299/D	长春市委党校	
73	中共济南市委党校学报	ISSN1672-6359	CN37-1396/C	济南市委党校等	
74	中共杭州市委党校学报		CN33-1243/D	杭州市委党校等	
75	大连干部学刊	ISSN1671-6183	CN21-1409/D	大连市委党校	
76	中共青岛市委党校青岛行政学院学报	ISSN1008-3642	CN37-1293/D	青岛市委党校等	
77	特区实践与理论	ISSN1673-5706	CN44-1629/D	深圳市委党校	
78	厦门特区党校学报	ISSN1673-5684	CN35-1207/C	厦门市委党校	
79	中共宁波市委党校学报	ISSNI008-4479	CN33-1228/D	宁波市委党校	

党校设置

序号	地方行政区划			地方党校设置			
	名称	地级区划数	县级区划数	省级（含副省级）党校数	市（地）级党校数	县（市）级党校数	
						市（地）辖区党校数	县（市）党校数
1	北京市	16	0	1	16	0	0
2	天津市	16	0	1	16	0	0

续 表

序号	地方行政区划			地方党校设置			
	名　称	地级区划数	县级区划数	省级（含副省级）党校数	市（地）级党校数	县（市）级党校数	
						市（地）辖区党校数	县（市）党校数
3	河北省	11	173	1	13	35	138
4	山西省	11	119	1	11	21	98
5	内蒙古自治区	12	102	1	12	11	77
6	辽宁省	14	100	3	12	56	44
7	吉林省	9	60	2	8	20	40
8	黑龙江省	13	64	2	17	2	64
9	上海市	17	0	7	17	0	0
10	江苏省	13	92	2	12	42	50
11	浙江省	11	90	3	9	11	70
12	安徽省	16	105	1	17	16	60
13	福建省	10	84	2	9	26	57
14	江西省	11	100	1	11	19	80
15	山东省	17	140	3	20	49	91
16	河南省	18	108	1	19	33	108
17	湖北省	13	103	2	12	30	66
18	湖南省	14	122	1	15	24	86
19	广东省	21	121	3	19	43	65
20	广西壮族自治区	14	109	1	14	13	74
21	海南省	3	16	1	2	0	16
22	重庆市	19	19	1	19	0	19
23	四川省	21	181	3	20	38	140
24	贵州省	8	88	1	8	84	88
25	云南省	16	129	1	16	21	108
26	西藏自治区	7	73	1	7	1	50
27	陕西省	9	107	2	9	106	1
28	甘肃省	14	86	1	14	15	69
29	青海省	8	46	1	8	0	39
30	宁夏回族自治区	5	22	1	5	13	13
31	新疆维吾尔自治区	14	101	2	13	7	81
32	新疆生产建设兵团	0	0	1	14	0	0
33	铁道部	0	0	1	18	0	0

大　事　记

编辑：刘能杰

中央党校大事记

3月1日　中央党校举行2012年春季学期开学典礼，中共中央政治局常委、中央书记处书记、中央党校校长习近平出席并作题为《扎实做好保持党的纯洁性各项工作》的重要讲话。

3月1—12日　县委书记任职培训班（第4期）在中央党校举办。3月12日，中共中央政治局委员、中央书记处书记、中央组织部部长李源潮与本期学员座谈。中央组织部常务副部长沈跃跃，常务副校长李景田等出席座谈会。

3月13—14日　首届中央党校——威尔顿庄园国际会议组织研讨会在中央党校召开，主题为“国际经济新秩序下的繁荣”。常务副校长李景田，副校长张伯里，校委委员、办公厅主任罗宗毅出席开幕式。张伯里在开幕式上致辞。

3月13日　在建校79周年之际，中央党校举行校史馆开馆揭幕仪式。常务副校长李景田出席并为校史馆揭幕，副校长陈宝生主持。副校长孙庆聚、李书磊、张伯里，教育长徐伟新，校委委员罗宗毅、黄宪起、赵长茂出席仪式。

3月17日　渣打集团首席执行总裁冼博德访问中央党校。副校长陈宝生会见来宾，并代表中央党校与对方签署合作备忘录。

3月20日　常务副校长李景田主持召开校委会议，听取校史展工作领导小组关于校史馆建设工作总结及工作建议的汇报。

3月31日　意大利总理马里奥·蒙蒂一行访问中央党校并发表演讲，常务副校长李景田会见来宾并主持演讲活动。副校长陈宝生、孙庆聚、李书磊、张伯里，教育长徐伟新，校委委员贾高建、罗宗毅、黄宪起出席相关活动。进修部、培训部学员和有关专家学者，共560多人参加演讲活动。

4月10日　巴基斯坦国防大学校长法鲁克中将一行来中央党校访问。常务副校长李景田会见来宾，校委委员、办公厅主任罗宗毅出席。

4月11日　原中共中央政治局常委、国家副主席、中央书记处书记、中央党校校长曾庆红在校委成员陪同下参观中央党校校史馆。

4月17日　古巴共产党中央书记处书记维克托·高特一行访问中央党校，常务副校长李景田会见来宾。

4月18日　泰国总理英拉一行访问中央党校并发表演讲。常务副校长李景田会见来宾并主持演讲活动。副校长陈宝生、李书磊、张伯里，教育长贾高建，校委委员罗宗毅、黄宪起、赵长茂、梁言顺、王东京出席相关活动。进修部、培训部学员和有关专家学者，共600多人参加演讲活动。

4月23日　为纪念中央新疆工作座谈会召开两周年，中央党校培训部、新疆发展研究中心联合举办2012年春季"新疆发展论坛"。副校长李书磊，新疆维吾尔自治区人大副主任乔吉甫，新疆维吾尔自治区政协副主席约尔古丽·加帕尔，校委委员、培训部主任罗宗毅出席。中央新疆工作协调小组办公室、国家发展和改革委员会、教育部等中央部委有关领导和中央党校直属单位的有关领导和专家教授以及新疆班的全体学员共120多人参加论坛。

4月26日　中央党校与韩国三星电子集团联合举办中国青年领导干部赴韩学习考察10周年庆典。中共中央政治局常委、中央书记处书记、中央党校校长习近平为庆典发来贺信。常务副校长李景田会见来校出席庆典的韩国三星电子集团首席执行官崔志成一行，并在庆典上致辞。

4月28日　中央党校举行2012年春季学期第一批进修班学员毕业典礼。中共中央政治局常委、中央书记处书记、中央党校校长习近平出席并为学员颁发毕业证书。中央党校各直属单位主要负责人和全体毕业学员共270多人参加。

5月5日　"首届中国国际战略研讨会"在中央党校召开。中央党校副校长张伯里、中国工商银行行长杨凯生、中央对外联络部副部长于洪君、外交部部长助理乐玉成、中央党校校委委员梁言顺等出席会议。来自中共中央党校、军事科学院、国防大学等单位的40余位专家学者参加研讨会。

5月11日　中央党校离退休干部局为80、85岁老同志举办集体生日茶话会。副校长徐伟新出席并代表校委向老同志们致祝寿贺词。

5月16日　中央党校2012年春季学期第二批入学学员开学典礼，中共中央政治局常委、中央书记处书记、中央党校校长习近平出席并作题为《坚持实事求是的思想路线》的重要讲话。

5月17日　中共中央政治局委员、中央书记处书记、中央组织部部长李源潮与国家特聘专家研修班学员座谈。中央组织部常务副部长沈跃跃、中央党校常务副校长李景田等出席座谈会。

5月17日　日本经济团体联合会会

长、日本住友化学株式会社会长米仓弘昌一行来校访问，代表日本住友化学株式会社与中央党校签署合作备忘录并作“面向未来，日本经济界在加快技术创新及加强中日合作关系中的重要作用”的主题演讲。副校长陈宝生会见来宾，并代表中央党校签署备忘录。校委委员、进修部主任黄宪起主持演讲。

5月23日 中央党校召开2012年机关党的工作会议。常务副校长李景田出席并讲话，副校长、机关党委书记徐伟新作工作报告。校委委员罗宗毅、黄宪起、赵长茂、梁言顺、王东京出席会议。会议由机关党委常务副书记李庆华主持。校机关党委委员、机关纪委委员，各直属单位主要负责人，各基层党组织负责人，校“文明窗口”单位负责人，约130人参加会议。

5月25日 中共中央政治局委员、中央书记处书记、中央组织部部长李源潮与市地党政主要领导干部任职培训班（第1期）学员座谈。中央组织部常务副部长沈跃跃、中央党校副校长李书磊等出席座谈会。

5月28日 中央党校举行市地党政主要领导干部任职培训班（第1期）毕业典礼。常务副校长李景田讲话并为学员代表颁发毕业证书。副校长陈宝生主持，中央组织部副部长王尔乘，中央党校副校长李书磊、徐伟新，校委委员黄宪起、王东京出席。

5月28日 瑞典企业部部长安妮·吕芙女士访问中央党校，以“变革世界的青年领袖”为题发表演讲，与中央党校培训部部分学员交流。副校长徐伟新会见来宾并主持演讲和座谈活动。

6月1日 国家行政学院党委书记、常务副院长李建华带领院领导班子和有关部门主要负责人一行17人来中央党校考察交流。常务副校长李景田主持座谈会并讲话。副校长陈宝生、李书磊、张伯里、徐伟新，校委委员罗宗毅、黄宪起、赵长茂、梁言顺出席座谈会。

6月6日 中央党校举行“中国特色社会主义理论体系”研究专题省部级干部高级研修班（第2期）、厅局级干部进修班（第58期）毕业典礼。常务副校长李景田讲话并为学员颁发毕业证书。副校长李书磊主持，副校长张伯里、徐伟新，教育长贾高建，校委委员黄宪起、王东京出席。

6月12日 中央党校召开全校离退休老同志通气会。副校长徐伟新通报了校领导变动和分工调整情况，并传达和解读了中央有关会议精神。

6月13日 中央党校教务部召开教学相关部门负责人会议。副校长李书磊出席会议并讲话。

6月14日 新加坡新任驻华大使罗家良一行访问中央党校。常务副校长李景田会见来宾。

6月15日 中央党校培训部举办以“足迹、心路、感悟”为主题的春季学期学员论坛。常务副校长李景田出席并讲话。

6月18日 日本政策研究大学院大学校长白石隆率代表团一行访问中央党校。副校长陈宝生会见来宾，共同签署了双方学术交流合作备忘录，并出席了双方共同举办的研讨会。研讨会主题为“当前日本政治、经济走向及其对中日关系的影响”。

6月19日 中央党校培训部举办“花

儿还是这样红——2012 级学员迎‘七一’文艺晚会”。常务副校长李景田，副校长张伯里、徐伟新，校委委员罗宗毅、黄宪起、梁言顺、王东京出席晚会，校内各直属单位领导、教师和离退休老干部也应邀观看演出。

6 月 20 日 中央党校召开校庆 80 周年筹备工作协调会。副校长陈宝生主持并讲话。

6 月 26 日 美国乔治城大学校长约翰·德吉奥亚率代表团一行访问中央党校。常务副校长李景田会见来宾，并共同续签了学术合作备忘录。

6 月 29 日 中央党校召开工会第三次会员代表大会。副校长、机关党委书记徐伟新出席并讲话。

7 月 2 日 澳大利亚驻华大使孙芳安访问中央党校。常务副校长李景田会见来宾，就澳大利亚副总理来访等事宜交换意见。

7 月 3 日 中共中央政治局委员、中央书记处书记、中央组织部部长李源潮与中央党校中青年干部培训班（第 32 期）学员座谈。中央组织部常务副部长沈跃跃、中央党校副校长徐伟新等出席座谈会。

7 月 5 日 中央党校召开 2012 年第二次教学工作会议。常务副校长李景田、副校长李书磊出席并讲话。教育长贾高建主持会议。

7 月 6 日 中央党校召开学位评定委员会会议，审核马克思主义文化学、战略哲学 2 个自设二级学科；审定 2 名博士生导师兼岗及资格确认，同意 3 名同志转岗、兼岗申请，决定 12 名同志为新任硕士后导师；审议通过 2012 年申请学位人员名单（博士 86 人、硕士 117 人、同等学力 30 人）。

7 月 9 日 中央党校召开学习贯彻习近平同志重要批示精神暨《思想理论内参》出刊 500 期座谈会。副校长陈宝生主持并讲话。校委委员罗宗毅、黄宪起、梁言顺、王东京出席会议。校各直属单位主要负责人，《思想理论内参》作者代表，教员代表、组织员代表、学员代表及有关人员 50 多人参加座谈会。

7 月 11 日 中央编制委员会办公室批准中央党校后勤服务中心（对内使用后勤服务部名称）更名为中共中央党校机关服务中心（对外可使用中共中央党校机关服务局印章）。

7 月 12 日 常务副校长李景田主持召开校委会议，讨论并原则同意办公厅提交的《中央党校建校 80 周年庆祝活动方案（送审稿）》。

7 月 12 日 澳大利亚副总理兼国库部部长韦恩·斯旺访问中央党校并发表演讲。常务副校长李景田会见来宾，校委委员、培训部主任罗宗毅主持演讲。

7 月 13 日 中共中央政治局常委、中央书记处书记、中央党校校长习近平出席中央党校 2012 年春季学期毕业典礼，并为学员颁发毕业证书。中央党校各直属单位主要负责人、在校全体学员、分校学员代表共 1000 多人参加毕业典礼。

7 月 13 日 中央党校举行学位与研究生教育 30 周年纪念大会。中共中央政治局常委、中央书记处书记、中央党校校长习近平发来贺信。常务副校长李景田出席并讲话。副校长陈宝生宣读习近平同志的贺信。副校长李书磊主持会议。副校长张伯里、徐伟新，教育长贾高建，校委委员罗宗毅、黄宪起、赵长茂、梁言顺、王东京出席会议。

7月17日 全国党校校长会议在中央党校召开。中共中央政治局常委、中央书记处书记、中央党校校长习近平出席并作重要讲话。常务副校长李景田主持开幕式。全国党校校长会议代表及列席人员，共400多人参加开幕式。

7月18日 全国党校校长会议在中央党校举行闭幕式。常务副校长李景田作总结。副校长陈宝生主持会议。副校长李书磊、张伯里、徐伟新，教育长贾高建，校委委员罗宗毅、黄宪起、赵长茂、梁言顺、王东京，中央组织部干部教育局局长李小三等出席会议。

7月19日 常务副校长李景田主持召开校委会议，学习讨论习近平7月17日在全国党校校长会议上的重要讲话精神。

7月19日 由中国学位与研究生教育学会文理科工作委员会主办，中央党校研究生院承办的“全国学位与研究生教育文理科工作委员会2012年学术年会”在中央党校开幕。开幕式由文理科工作委员会副主任、中国科技大学副校长张淑林主持，中央党校副校长李书磊致欢迎词。

8月7—9日 由中央党校、意大利阿斯平研究所和美国阿斯平研究所联合主办的2012中欧美学术论坛在美国科罗拉多州的阿斯平市举行。常务副校长李景田率团出席并发表主旨演讲。

9月1日 中共中央政治局常委、中央书记处书记、中央党校校长习近平出席中央党校2012年秋季学期开学典礼，并作题为《关于党校的学习》的重要讲话。

9月6日 新加坡总理李显龙访问中央党校。并以“中国与世界，互荣共进”为题发表演讲。常务副校长李景田会见来宾并主持演讲活动。副校长陈宝生、李书磊、张伯里、徐伟新，教育长贾高建，校委委员罗宗毅、黄宪起、赵长茂、梁言顺、王东京出席相关活动。进修部、培训部学员和有关专家学者共计600余人参加演讲活动。

9月7日 中央党校通过远程教学网召开全国党校系统远程教学电视会议。教育长贾高建出席会议并讲话。

9月8日 中央党校举行2012级在职研究生开学典礼。副校长李书磊出席并讲话。

9月10日 中央党校召开2012年教师节庆祝表彰大会。常务副校长李景田出席并讲话。副校长陈宝生主持会议。

9月25日 中央党校召开安全保卫保密工作会议。副校长陈宝生出席并讲话。校委委员、科研部主任梁言顺出席会议。国家保密局副局长戴应军应邀出席并作题为《做好信息化条件下保密工作》的专题报告。

10月12—13日 中央党校召开学位与研究生教育工作座谈会暨新任导师培训会。副校长李书磊出席和主持座谈会。研究生院、“八部一所”主要负责人及学位研究生工作秘书和中央党校2011年、2012年遴选的新任硕士、博士生导师参加会议。

10月18日 中央党校进修部举办学员乒乓球团体赛。常务副校长李景田，乒乓球世界冠军、中央电视台体育频道节目主持人杨影，校委委员、进修部主任黄宪起观看比赛，并为获奖代表队颁奖。

10月23日 人民网·中国共产党新闻网“迎接党的十八大高端系列访谈节目”采访中央党校副校长陈宝生。

10月23日 中央党校召开全校新闻报道工作会议，教育长贾高建出席并讲话。

10月29日 中央党校召开建校80周年校庆活动调度会。副校长陈宝生出席会议并就筹备工作有关问题作了部署和协调。

10月30日 中央党校召开纪念干部离退休制度建立30周年座谈会。副校长徐伟新、原副校长张志新出席并讲话。

10月31日 中央党校与国家留学基金管理委员会签署合作备忘录。常务副校长李景田，副校长陈宝生、李书磊，校委委员、组织部长赵长茂和教育部副部长郝平、刘利民，部长助理林蕙青出席签署仪式。

11月2日 中央党校举行2012年秋季学期第一批进修班毕业典礼。常务副校长李景田讲话并为学员代表颁发毕业证书。副校长陈宝生主持会议。副校长李书磊、徐伟新，教育长贾高建，校委委员罗宗毅、赵长茂、梁言顺、王东京出席。校各直属单位主要负责人和314名学员参加毕业典礼。

11月5日 纪念马文瑞同志诞辰100周年座谈会在人民大会堂举行。中共中央政治局常委、全国政协主席贾庆林出席座谈会。全国政协副主席兼秘书长钱运录主持座谈会。中央党校副校长陈宝生代表中央党校发言。中央党史研究室副主任李忠杰、人力资源和社会保障部部长尹蔚民、中共陕西省委书记赵乐际先后发言。全国政协办公厅、各民主党派中央和全国工商联、中共甘肃省委、中国延安精神研究会等有关方面负责同志，马文瑞同志亲属、生前友好和身边工作人员代表出席座谈会。

11月7日 中央党校举办“中央党校2012年消防安全知识竞赛”。副校长、校机关党委书记徐伟新，校委委员、培训部主任罗宗毅观看比赛，并为获奖参赛队颁奖。

11月9日 中国共产党第十八次全国代表大会新闻中心举行首场集体采访，主题为“中国共产党的理论创新”。党的十八大代表、中央党校常务副校长李景田，党的十八大代表、中国社会科学院常务副院长王伟光接受了中外媒体的采访。大会新闻中心副主任、中央宣传部新闻局副局长夏学平主持集体采访。

11月14日 中央电视台《焦点访谈》栏目就《中国共产党党章》的修改采访了常务副校长李景田。李景田对《党章》的修改作了历史回顾，并就党的十八大会议上《党章》修改，将科学发展观列入中国共产党的指导思想，作了深度解读和阐述。

11月17日 中央党校举行2012年秋季学期第二批进修班开学典礼。全体学员观看了习近平校长9月1日在秋季学期开学典礼上的重要讲话录像。副校长陈宝生出席并讲话。副校长李书磊主持开学典礼。

11月17日 中央党校召开全校教职工和全体学员大会，传达学习党的十八大精神。常务副校长李景田传达党的十八大精神并作专题辅导报告。副校长陈宝生主持会议。全校教职工、离退休老同志、全体在校学员和在校研究生共2200多人参加会议。

11月18日 国家开发银行在中央党校组织召开中央党校——国家开发银行重

大、重点及一般科研项目结项鉴定会。副校长张伯里会见国家开发银行方面有关人员。校委委员、科研部主任梁言顺主持会议。

11 月 20 日—12 月 1 日 中央党校副校长陈宝生率中共友好代表团赴韩国、澳大利亚、新加坡、泰国访问，宣介和交流中国共产党第十八次全国代表大会精神。

11 月 22 日 原中共中央政治局常委、国务院副总理李岚清给中央党校学员和教职工作辅导报告。

11 月 24—25 日 全国党校系统第五次教学改革研讨会在贵州省委党校举行。开幕式上，中共贵州省委书记、省长赵克志致辞，常务副校长李景田作主题报告。闭幕式上，副校长李书磊作总结讲话。

11 月 25 日 “三高（高级干部、高级军官、高级知识分子）”爱乐之友业余交响乐团、合唱团集训汇报演出在中央党校礼堂举行。原中共中央政治局常委、国务院原副总理李岚清观看演出并讲话。

11 月 26—27 日 中央党校召开校委理论中心组扩大会议，集中学习讨论党的十八大精神。常务副校长李景田和副校长李书磊主持会议。李景田讲话，李书磊作主题发言。副校长张伯里、徐伟新，校委委员罗宗毅、黄宪起、赵长茂、梁言顺、王东京出席并发言。

11 月 27 日 意大利经济发展部长科拉多·帕塞拉来中央党校访问，并以“意大利和欧洲的经济形势极其面临的挑战”为题发表演讲。副校长李书磊会见来宾并主持演讲，经济学教研部部分教师及进修部、培训部部分学员参加。

11 月 27—29 日 中国井冈山干部学院常务副院长梅黎明一行 30 人来中央党校考察交流。常务副校长李景田会见客人。校委委员、培训部主任罗宗毅主持座谈会。

11 月 29 日—12 月 1 日 “党校报刊学习贯彻党的十八大精神研讨会暨全国党校系统报刊研究会理事会”在广东省东莞市召开。中央党校副校长徐伟新出席开幕式并讲话。

11 月 29 日 中共中央政治局委员、中央书记处书记、中央组织部部长赵乐际与市地党政主要领导干部任职培训班（第 2 期）学员座谈。中央组织部常务副部长沈跃跃，中央党校副校长李书磊等出席座谈。

11 月 30 日 中央党校召开理论工作者学习贯彻党的十八大精神理论研讨会。副校长张伯里出席并讲话。副校长、机关党委书记徐伟新主持会议。校委委员、科研部主任梁言顺出席。校各直属单位有关负责人和部分理论工作者等 60 余人参加会议。

12 月 2 日 中央党校举行市地党政主要领导干部任职培训班（第 2 期）毕业典礼。副校长李书磊作了讲话并为学员代表颁发毕业证书。副校长张伯里主持。副校长徐伟新，教育长贾高建，校委委员黄宪起、王东京出席。校有关直属单位负责同志，教学及工作人员和市地党政主要领导干部任职培训班（第 2 期）100 名学员参加毕业典礼。

12 月 4 日 中央党校培训部举办以“亲历与感悟——十八大代表谈十八大”为主题的秋季学期学员论坛，中青年干部培训一班学员的 10 位十八大代表作主题发言。副校长徐伟新，校委委员、培训部主任罗宗毅等出席论坛。论坛由培训部学员俱乐部学术交流协会会长、中青年干部培训一班学员孙潮主持。培训部全体学员和工作人员约400人参加论坛。

12月4—5日 中央党校机关党委举办党务干部学习贯彻党的十八大精神培训班。副校长、机关党委书记徐伟新出席并讲话，校委委员、科研部主任梁言顺参加会议并发言。10多位机关党委委员发言。马克思主义理论教研部教授宋福范以“时局变化与执政党应对之策”为题，对十八大报告进行了全面介绍和系统解读。校机关党委委员、纪委委员，各直属单位党组织负责人与宣传委员共90多人参加开班式。

12月6日 中共中央总书记、中央军委主席习近平，中共中央政治局常委刘云山与中央党校校委成员进行座谈。

12月6日 中央党校举行“中国特色社会主义理论体系”研究专题厅局级干部进修班（第59期）毕业典礼。副校长陈宝生讲话并为学员代表颁发结业证书。副校长李书磊主持。副校长张伯里、徐伟新，教育长贾高建，校委委员黄宪起、王东京出席。校有关直属单位负责人、教学及工作人员和“中国特色社会主义理论体系”研究专题厅局级干部进修班（第59期）31名学员参加典礼。

12月10—11日 “全国党校系统学习贯彻党的十八大精神理论研讨会暨第九届科研评奖颁奖会”在四川省成都市召开。副校长陈宝生、李书磊、张伯里、徐伟新，教育长贾高建，校委委员罗宗毅、黄宪起、赵长茂、梁言顺、王东京出席会议。中共四川省委常委、组织部长、党校校长柯尊平在开幕式上致辞。来自中央党校和全国省级党校、副省级城市党校的专家学者以及其他有关单位同志共260多人参加会议。

12月16日 “全国党校系统教材建设与出版工作会议”在海南省三亚市委党校召开。中央党校教育长贾高建，海南省委党校常务副校长彭京宜，中共三亚市委常委、组织部长、三亚市委党校校长苗延红出席并讲话。中共中央党校出版社社长田国良和副社长崔宪涛分别主持会议。来自全国省级、副省级党校及部分地（市）级党校的有关副校长和有关负责同志及中央党校相关部门代表120余人参加会议。

12月17日 中共中央政治局常委、中央书记处书记、中央党校校长刘云山深入中央党校调研。在常务副校长李景田和其他校委成员陪同下，刘云山视察学校食堂、学员宿舍，参观校史馆，并召开座谈会。座谈会上，李景田介绍了中央党校的工作情况，汇报了2013年工作打算。其他校委成员也提出了一些建议。

12月28日 中央党校举行“中国马克思主义论坛2012暨中国马克思主义研究基金会成立20周年纪念大会”。常务副校长李景田代表中央党校校委致辞。副校长、中国马克思主义研究基金会理事长陈宝生致辞并作开题演讲。副校长、中国马克思主义研究基金会副理事长张伯里，教育长贾高建，国务院发展研究中心副主任韩俊等出席论坛开幕式。

12月28日 中央党校培训部举办2012级学员毕业暨迎新年文艺晚会。副校长李书磊、张伯里、徐伟新，校委委员罗宗毅、黄宪起、赵长茂、梁言顺、王东京出席。校内各直属单位领导和教职工也应邀观看演出。

2013 年 1 月 5 日 新进中央委员会的委员、候补委员学习贯彻党的十八大精神研讨班在中央党校开班。中共中央总书记、中共中央军委主席习近平在开班式上发表重要讲话。中共中央政治局常委、国务院总理李克强主持开班式。在京中共中央政治局委员、中央书记处书记，以及有关方面负责同志出席开班式。

2013 年 1 月 6 日 中共中央政治局常委刘云山、中共中央政治局常委张高丽，分别在新进中央委员会的委员、候补委员学习贯彻党的十八大精神研讨班上作辅导报告。中共中央政治局委员赵乐际主持。研讨班全体学员认真听取了辅导报告。

2013 年 1 月 7 日 新进中央委员会的委员、候补委员学习贯彻党的十八大精神研讨班在中央党校结业。中共中央政治局常委、中央书记处书记、中央党校校长刘云山出席结业式并作总结讲话。中共中央政治局委员赵乐际主持结业式。中共中央政治局委员王沪宁、刘奇葆、栗战书，中共中央书记处书记杜青林、赵洪祝、杨晶，以及有关方面负责同志出席。

2013 年 1 月 10 日 中央党校召开各直属单位负责人会议。副校长陈宝生传达习近平同志、刘云山同志在 2012 年 12 月 6 日与校委座谈时的重要讲话和刘云山同志 12 月 17 日来校调研时的重要讲话。常务副校长李景田代表校委作 2012 年工作述职报告。副校长李书磊主持会议。校委成员出席会议。

2013 年 1 月 10 日 中央党校召开 2012 年劳动合同制人员表彰大会，副校长、校劳动合同制人员综合管理委员会主任陈宝生出席会议并讲话。

2013 年 1 月 15 日 中共中央政治局常委、中央书记处书记、中央党校校长刘云山出席中央党校 2012 年秋季学期毕业典礼，并为学员颁发毕业证书。中共中央政治局委员、中央书记处书记、中央组织部部长赵乐际，中共中央政治局委员、中央书记处书记、中央办公厅主任栗战书，中央书记处书记、中央纪律检查委员会副书记赵洪祝出席毕业典礼。中央党校各直属单位主要负责人、在校全体学员、分校学员代表共 1000 多人参加毕业典礼。毕业典礼结束后，在常务副校长李景田、副校长陈宝生陪同下，刘云山亲切看望慰问中央党校离退休老同志江流、经济学教研部教师李鹏。

2013 年 1 月 17—20 日 全国党校系统第二届精品课评选暨第一届教学管理奖评选活动在中央党校举行。常务副校长李景田、副校长李书磊出席动员会并讲话。校委委员、进修部主任黄宪起，校委委员、教务部主任王东京参加了评选活动。王公龙教授的“《共产党宣言》及其当代价值”等 17 堂课获“全国党校系统精品课”；北京市委党校等 24 家地方党校获得“全国党校系统教学管理优秀奖”。

附　　录

编辑：苏　丹、安　勇

校发部分文件目录

中　校　发

文件号	标　　题
中校发〔2012〕1号	中共中央党校2012年工作要点
中校发〔2012〕2号	关于中央党校2011年学员选调工作的通知
中校发〔2012〕3号	中共中央党校关于我校主管的两个报刊出版单位不列入转企改制单位的请示
中校发〔2012〕4号	中共中央党校关于徐伟新同志率中央党校代表团访问意大利、德国的请示
中校发〔2012〕5号	关于侯才、郭焕永同志免职的备案报告
中校发〔2012〕6号	中共中央党校关于2012年秋季学期开学典礼活动安排的请示
中校发〔2012〕7号	中共中央党校关于举办第二届全国党校系统精品课评选活动的通知
中校发〔2012〕8号	中共中央党校关于举办第一届全国党校系统教学管理奖评选活动的通知
中校发〔2012〕9号	中共中央党校关于对获奖个人和单位进行表彰的决定
中校发〔2012〕10号	关于徐伟新同志率中央党校代表团访问意大利、德国的请示
中校发〔2012〕11号	关于贾高建同志率中央党校代表团访问法国、俄罗斯的请示
中校发〔2012〕12号	中共中央党校关于2012年秋季学期第一批进修班毕业典礼活动安排的请示
中校发〔2012〕13号	中共中央党校关于2012年秋季学期第二批进修班开学典礼活动安排的请示
中校发〔2012〕14号	关于高选民同志率中国青年领导干部代表团赴韩国考察的请示
中校发〔2012〕15号	中共中央党校关于2012年秋季学期第二批进修班开学典礼活动安排的请示
中校发〔2012〕16号	关于举办“中美学术论坛”的请示
中校发〔2012〕17号	中共中央党校组织部关于郭允中同志申请赴新马泰旅游的备案报告
中校发〔2012〕18号	中共中央党校校委关于周熙明等4名同志职务任免的备案报告
中校发〔2012〕19号	中共中央党校校委关于学习贯彻党的十八大精神的安排意见

续 表

文 件 号	标 题
中校发〔2012〕20 号	中共中央党校校委关于宫力等 3 名同志职务任免的备案报告
中校发〔2012〕21 号	中共中央党校关于收听收看十八大开幕式盛况及学习贯彻十八大精神有关情况的报告
中校发〔2012〕22 号	中共中央党校关于学习贯彻党的十八大精神的报告
中校发〔2012〕23 号	中共中央党校关于对全国党校系统第九届优秀科研工作组织奖、科研工作进步奖、课题项目中标奖、优秀科研成果奖、优秀科研管理工作者奖等获奖单位和个人进行表彰的决定
中校发〔2012〕24 号	中共中央党校关于调整离退休干部工作领导小组成员的通知
中校发〔2012〕25 号	中共中央党校关于 2012 年秋季学期毕业典礼安排的请示
中校发〔2012〕26 号	中共中央党校校委关于十二届全国人大常委人选推荐报告
中校发〔2012〕27 号	中共中央党校关于落实“十八届中央政治局改进工作作风、密切联系群众八项规定”的报告
中校发〔2012〕28 号	关于李景田同志率中央党校代表团访问瑞士、巴西、哥伦比亚的请示
中校发〔2012〕29 号	中共中央党校校委关于十二届全国政协委员、常委人选推荐报告

（根据办公厅提供文件整理）

中 校 字

文 件 号	标 题
中校字〔2012〕1 号	关于中央党校分校 2012 年春季学期招生安排的意见
中校字〔2012〕2 号	关于印发《中共中央党校校级科研项目 2012 年年度课题指南》的通知
中校字〔2012〕3 号	关于杨春贵同志赴澳门出席画展事的请示
中校字〔2012〕4 号	中央党校关于建设师资和涉外培训基地的报告
中校字〔2012〕5 号	中央党校关于对部分学员楼进行功能扩展和节能改造的报告
中校字〔2012〕6 号	关于中央党校 2012 年春季学期开学典礼活动安排的请示
中校字〔2012〕7 号	中央党校 2012 年春季学期学员入学有关事项的通知
中校字〔2012〕8 号	中央党校清理规范工作情况报告
中校字〔2012〕9 号	关于印发《中共中央党校文化作品展览和文艺演出管理办法（试行）》的通知
中校字〔2012〕10 号	关于印发《中央党校 2012 年预算方案》的通知
中校字〔2012〕11 号	关于李文堂同志任职的备案报告
中校字〔2012〕12 号	对政协十一届全国委员会第五次会议第 1605 号（人事福利类 153 号）提案的答复
中校字〔2012〕13 号	关于贾高建、徐伟新同志职务任免的备案报告
中校字〔2012〕14 号	关于徐伟新等 5 名同志职务任免的请示
中校字〔2012〕15 号	关于罗宗毅、徐伟新同志职务任免的备案报告
中校字〔2012〕16 号	关于印发《关于离退休干部原工作单位协助做好离退休干部工作的意见》的通知
中校字〔2012〕17 号	关于中央党校 2012 年春季学期第一批进修班毕业典礼活动安排的请示

续 表

文 件 号	标 题
中校字〔2012〕18 号	关于校领导工作分工调整的通知
中校字〔2012〕19 号	关于陈宝生同志率中央党校代表团访问英国、瑞典的请示
中校字〔2012〕20 号	关于张伯里同志率中央党校代表团访问巴西、墨西哥的请示
中校字〔2012〕21 号	关于中央党校 2012 年春季学期第二批入学学员开学典礼活动安排的请示
中校字〔2012〕22 号	关于中央党校 2012 年党校系统师资培训班招生工作的通知
中校字〔2012〕23 号	接待美国乔治城大学代表团来华访问计划
中校字〔2012〕24 号	关于 2012 年全国党校校长会议有关安排的请示
中校字〔2012〕25 号	对十一届全国人大五次会议第 3680 号建议的答复
中校字〔2012〕26 号	关于徐伟新同志率中央党校代表团访问意大利、德国的请示
中校字〔2012〕27 号	关于公布中央党校 2012 年度重点科研项目立项名单的通知
中校字〔2012〕28 号	关于印发《中央党校科研项目经费管理办法（试行)》的通知
中校字〔2012〕29 号	关于科学社会主义教研部部分下设机构及职能调整的通知
中校字〔2012〕30 号	关于印发《中央党校关于 2012 年事业单位专业技术岗位聘用工作的意见》的通知
中校字〔2012〕31 号	关于中央党校 2012 年春季学期中国特色社会主义理论体系专题班毕业典礼活动安排的请示
中校字〔2012〕32 号	接待越南胡志明国家政治行政学院代表团访华计划
中校字〔2012〕33 号	关于调整我校党务公开工作领导小组成员的通知
中校字〔2012〕34 号	关于中共中央党校后勤服务中心（后勤服务部）更名为中共中央党校机关服务中心（机关服务局）的请示
中校字〔2012〕35 号	关于李景田同志率团出席中欧美学术论坛并访问澳大利亚和新加坡的请示
中校字〔2012〕36 号	关于中央党校 2012 年秋季学期毕业典礼活动安排的请示
中校字〔2012〕37 号	关于中央党校分校 2012 年秋季学期招生安排的意见
中校字〔2012〕38 号	中央党校 2012 年秋季学期学员入学有关事项的通知
中校字〔2012〕39 号	关于设立中共中央党校校务委员会纪检组的请示
中校字〔2012〕40 号	关于贾高建等 4 名同志职务任免的备案报告

（根据办公厅提供文件整理）

中 校 通

文 件 号	标 题
中校通〔2012〕1 号	关于吕建华等 5 名同志退休的通知
中校通〔2012〕2 号	关于印发《关于在全校利用 3 个副局级机动职数选拔副巡视员的实施方案》的通知
中校通〔2012〕3 号	关于侯典明同志明确为正局级干部的通知
中校通〔2012〕4 号	关于李文堂、孙胜利同志任职的通知
中校通〔2012〕5 号	关于李燕生等 2 名同志退休的通知
中校通〔2012〕6 号	关于贾高建等 3 名同志职务任免的通知
中校通〔2012〕7 号	转发中共中央《关于徐伟新、孙庆聚同志职务任免的通知》的通知

续 表

文 件 号	标 题
中校通〔2012〕8号	转发中共中央组织部《关于明确贾高建同志职级的通知》的通知
中校通〔2012〕9号	转发中共中央组织部关于梁言顺、王东京同志任职的通知
中校通〔2012〕10号	关于刘晓云同志任职的通知
中校通〔2012〕11号	关于王虹等3名同志任职的通知
中校通〔2012〕12号	关于返聘庞元正等6名同志继续工作的通知
中校通〔2012〕13号	关于印发《关于在全校范围选拔4名副局级组织员的实施方案》的通知
中校通〔2012〕14号	关于印发《关于在财务行政管理局、出版社内部差额选拔2名副巡视员的实施方案》的通知
中校通〔2012〕15号	关于王虹等3名同志退休的通知
中校通〔2012〕16号	关于调整校奖励工作领导小组成员的通知
中校通〔2012〕17号	印发《关于评选2011至2012学年教学优秀奖、教学组织优秀集体奖的实施意见》等三个文件的通知
中校通〔2012〕18号	关于印发《关于在全校选拔4名正局级非领导职务干部的实施方案》的通知
中校通〔2012〕19号	关于公布我校专业技术二级岗位聘用人员的通知
中校通〔2012〕20号	关于公布2011年局级干部年度考核等次的通知
中校通〔2012〕21号	关于孙佃香同志退休的通知
中校通〔2012〕22号	关于卓泽渊同志职务任免的通知
中校通〔2012〕23号	关于李晓兵等7名同志职务任免的通知
中校通〔2012〕24号	关于包驰同志职务任免的通知
中校通〔2012〕25号	关于孙胜利、牛卫国同志职务任免的通知
中校通〔2012〕26号	关于牛卫国同志职务任免的通知
中校通〔2012〕27号	关于李连明等10名同志职务任免的通知
中校通〔2012〕28号	关于后勤服务中心（后勤服务部）更名的通知
中校通〔2012〕29号	关于李连明等4名同志退休的通知
中校通〔2012〕30号	中共中央党校校委关于侯才同志免职的通知
中校通〔2012〕31号	中共中央党校校委关于印发《关于部分副局级领导职务竞争上岗的实施方案》的通知
中校通〔2012〕32号	中共中央党校校委关于印发《关于在全校选拔哲学教研部副巡视员工作的实施方案》的通知
中校通〔2012〕33号	中共中央党校校委关于孙琰等4名同志退休的通知
中校通〔2012〕34号	中共中央党校校委关于车继先同志退休的通知
中校通〔2012〕36号	中共中央党校校委关于任尊严同志任职的通知
中校通〔2012〕37号	中共中央党校校务委员会关于刘晓云等3名同志退休的通知
中校通〔2012〕38号	中共中央党校校务委员会关于哲学教研部战略学教研室更名的通知
中校通〔2012〕39号	中共中央党校校委关于周熙明等10名同志职务任免的通知
中校通〔2012〕40号	中共中央党校校委关于韩保江等3名同志职务任免的通知
中校通〔2012〕41号	中共中央党校校务委员会关于葛巍巍同志退休的通知
中校通〔2012〕42号	中共中央党校校委关于印发《中央党校2012年度考核工作安排》的通知
中校通〔2012〕43号	中共中央党校关于批准李鹏等同志高级专业技术职务任职资格的通知
中校通〔2012〕44号	中共中央党校校务委员会关于办公厅保卫处工作职能调整等问题的通知

续 表

文 件 号	标 题
中校通〔2012〕45 号	中共中央党校校务委员会关于文史教研部历史教研室增加编制的通知
中校通〔2012〕46 号	中共中央党校校务委员会关于机关服务局部分下设机构更名的通知
中校通〔2012〕47 号	中共中央党校校务委员会关于刘久深等 2 名同志退休的通知
中校通〔2012〕48 号	中共中央党校校委关于梁朋、刘学军同志任职的通知

（根据办公厅提供文件整理）

中 校 厅 字

文 件 号	标 题
中校厅字〔2012〕1 号	关于印发《2011 年校离退休干部工作领导小组会议纪要》的通知
中校厅字〔2012〕2 号	关于印发《中共中央党校函授教育学院档案管理办法》的通知
中校厅字〔2012〕3 号	关于调整我校交通安全委员会成员的通知
中校厅字〔2012〕4 号	关于张琳、周炳成同志职务任免的通知
中校厅字〔2012〕5 号	关于张琳同志的任职通知
中校厅字〔2012〕6 号	关于召开全国党校系统第三次教学工作恳谈会的通知
中校厅字〔2012〕7 号	关于 2012 年度全国党校系统重点调研课题申报的通知
中校厅字〔2012〕8 号	关于印发《中央党校 2012 年消防安全工作计划》、《中央党校 2011 年消防安全工作总结》、《关于表彰 2011 年消防安全工作先进单位和个人的通报》的通知
中校厅字〔2012〕9 号	关于调整我校爱国卫生运动委员会成员的通知
中校厅字〔2012〕10 号	关于调整我校人口与计划生育委员会成员的通知
中校厅字〔2012〕11 号	关于联合开展全国县级党校工作座谈会精神贯彻落实情况督察工作的通知
中校厅字〔2012〕12 号	关于开展全国党校系统第九届优秀科研成果奖、优秀科研工作组织奖和优秀科研管理工作者奖评选工作的通知
中校厅字〔2012〕13 号	关于 2011 学年优秀讲稿和讲稿管理先进单位评选结果的通知
中校厅字〔2012〕14 号	关于印发《中央党校关于集中开展安全生产领域“打非治违”专项行动的实施方案》的通知
中校厅字〔2012〕15 号	关于印发中国马克思主义研究基金会“中央党校教学科研专项基金”2012 年度科研课题资助奖励项目入选名单的通知
中校厅字〔2012〕16 号	关于印发《中央党校自筹科研项目经费管理实施细则（暂行）》的通知
中校厅字〔2012〕17 号	中国马克思主义研究基金会“中央党校教学科研专项基金”第一批人才强校项目结项通知
中校厅字〔2012〕18 号	关于印发《中央党校办公厅密码通信传真专网管理办法》的通知
中校厅字〔2012〕19 号	关于印发《关于中央党校分校 2010—2012 学年教学管理奖评奖的通知》的通知
中校厅字〔2012〕20 号	关于印发《中央党校治安管理规定》的通知
中校厅字〔2012〕21 号	关于印发《中央党校教学办公区交通秩序管理规定》的通知
中校厅字〔2012〕22 号	关于印发《中央党校消防安全管理规定》的通知

续 表

文 件 号	标 题
中校厅字〔2012〕23 号	关于中国马克思主义研究基金会“中央党校教学科研专项基金”科研课题结项通知
中校厅字〔2012〕24 号	关于召开全国党校校长会议的通知
中校厅字〔2012〕25 号	关于印发《中央党校总值班室管理办法》的通知
中校厅字〔2012〕26 号	关于印发《中央党校值班制度》的通知
中校厅字〔2012〕27 号	关于学习贯彻习近平同志重要批示精神的通知
中校厅字〔2012〕28 号	中国马克思主义研究基金会“中央党校教学科研专项基金”第一批人才强校项目部分人员结项通知
中校厅字〔2012〕29 号	关于召开全国党校工作处处长（办公室主任）座谈会的通知

（根据办公厅提供文件整理）

中 校 厅 发

文 件 号	标 题
中校厅发〔2012〕1 号	办公厅 2012 年工作要点
中校厅发〔2012〕2 号	中共中央党校办公厅关于 2012 年度全国党校系统重点调研课题立项的通知
中校厅发〔2012〕3 号	中共中央党校办公厅关于调整中央党校社区建设领导小组的通知
中校厅发〔2012〕4 号	中共中央党校办公厅关于印发中国马克思主义研究基金会“中央党校教学科研专项基金”2011 年度教学讲题资助奖励项目结项的通知
中校厅发〔2012〕5 号	中共中央党校办公厅关于印发中国马克思主义研究基金会“中央党校教学科研专项基金”2012 年度教学讲题资助奖励项目立项的通知
中校厅发〔2012〕6 号	中共中央党校办公厅关于召开全国党校系统远程教学电视会议的通知
中校厅发〔2012〕7 号	中共中央党校办公厅关于调整学科建设专项基金资助奖励项目评审委员会及专家组成员名单的通知
中校厅发〔2012〕8 号	中共中央党校办公厅印发《关于对中央党校分校 2010—2012 学年教学管理先进集体和先进个人进行表彰的决定》的通知
中校厅发〔2012〕9 号	中共中央党校办公厅关于调整中央党校职工住房委员会成员的通知
中校厅发〔2012〕10 号	中共中央党校办公厅关于 2010 年度和 2011 年度中央党校学科专项基金资助奖励项目结项的通知
中校厅发〔2012〕11 号	中共中央党校办公厅关于召开全国党校系统第五次教学改革研讨会的通知
中校厅发〔2012〕12 号	中共中央党校办公厅关于印发《中央党校教学办公区宣传栏管理办法》的通知
中校厅发〔2012〕14 号	中共中央党校办公厅关于印发《中央党校介绍信管理规定》的通知
中校厅发〔2012〕15 号	中共中央党校办公厅关于中国马克思主义研究基金会“中央党校教学科研专项基金”2011 年研究生课程类资助课程结项的通知
中校厅发〔2012〕16 号	中共中央党校办公厅关于中国马克思主义研究基金会“中央党校教学科研专项基金”2012 年研究生课程类资助课程立项的通知

续　表

文件号	标题
中校厅发〔2012〕17号	中共中央党校办公厅关于做好2013年度党报党刊订阅工作的通知
中校厅发〔2012〕18号	中共中央党校办公厅关于召开全国党校系统教材建设与出版工作会议的通知
中校厅发〔2012〕19号	中共中央党校办公厅关于召开全国党校系统学习贯彻党的十八大精神理论研讨会暨第九届科研评奖颁奖会的通知
中校厅发〔2012〕20号	中共中央党校办公厅关于印发中国马克思主义研究基金会2012年度学科建设专项基金资助奖励项目立项的通知
中校厅发〔2012〕21号	中共中央党校办公厅关于选派全国党校系统精品课评审专家和教学管理奖评选专家的通知
中校厅发〔2012〕22号	中共中央党校办公厅关于印发《中央党校国有资产使用和处置管理实施细则》的通知

（根据办公厅提供文件整理）

校　科　字

文件号	标题
校科字〔2012〕1号	关于继续做好国家社科基金项目申报组织工作的通知
校科字〔2012〕2号	关于2012年度校级重点、一般和青年科研项目申报工作的通知
校科字〔2012〕3号	关于重新制作《全国党校科研系统通讯录》的通知
校科字〔2012〕4号	关于转发国务院侨办《关于征集对国务院侨办2013—2014年课题意见和建议的通知》的通知
校科字〔2012〕5号	关于召开2011年度校级重大科研项目直接责任人和2010、2011年度校级重点科研项目负责人座谈会的通知
校科字〔2012〕6号	关于召开2011年度校级一般、青年科研项目负责人座谈会的通知
校科字〔2012〕7号	关于召开2012年中央党校中国特色社会主义理论体系研究中心特约撰稿人会议的通知
校科字〔2012〕8号	关于将《成果要报》采用情况作为国家社科基金项目结项重要依据的通知
校科字〔2012〕9号	关于做好2012年国家社科基金后期资助项目申报组织工作的通知
校科字〔2012〕10号	关于做好2012年国家社科基金中华学术外译项目申报组织工作的通知
校科字〔2012〕11号	关于做好2012年度国家社科基金项目通讯初评工作的通知
校科字〔2012〕12号	关于申报2011年度基本科研津贴的通知
校科字〔2012〕13号	关于做好2012年《国家哲学社会科学成果文库》申报组织工作的通知
校科字〔2012〕14号	关于做好全国性社会团体2011年年度检查工作的通知
校科字〔2012〕15号	关于做好第十二届精神文明建设“五个一工程”评选作品申报工作的通知
校科字〔2012〕16号	关于转发全国清理和规范庆典研讨会论坛活动工作领导小组办公室《关于调研博览会（展会）举办情况的通知》的通知
校科字〔2012〕17号	关于2011年度全国党校系统调研课题结项及成果内容和格式要求的通知
校科字〔2012〕18号	关于“中央党校—国家开发银行合作研究课题校外结项具体要求”的通知

续　表

文　件　号	标　　题
校科字〔2012〕19号	关于组织做好2012年度国家社会科学基金重大项目（第二批）投标工作的通知
校科字〔2012〕20号	2012年国家社科基金项目评审工作会议通知
校科字〔2012〕21号	关于对中央党校2012年度校级科研一般项目和青年项目拟立项名单进行公示的通知
校科字〔2012〕22号	关于对中央党校2012年度校级科研重点项目拟立项名单进行公示的通知
校科字〔2012〕23号	关于划拨2012年科研经费的通知
校科字〔2012〕24号	关于2012年度国家社会科学基金第一批重大项目（文化类）立项工作的通知
校科字〔2012〕25号	关于2012年度国家社会科学基金重点项目立项工作的通知
校科字〔2012〕26号	关于公布中央党校2012年度校级科研一般项目立项名单的通知
校科字〔2012〕27号	中央国家机关2012年度国家社会科学基金项目立项情况通报
校科字〔2012〕28号	关于召开2012年度国家社科基金项目培训会议的通知
校科字〔2012〕29号	关于2012年度国家社会科学基金项目立项工作的通知
校科字〔2012〕31号	关于对部分国家社科基金重大项目（基础类）进行中期评估的通知
校科字〔2012〕32号	关于开展国家社科基金重大项目（基础类）中期检查工作的通知
校科字〔2012〕33号	关于组织做好2012年度国家社会科学基金重大项目（第三批）投标工作的通知
校科字〔2012〕34号	关于做好国家社科基金第二批学术期刊资助申报工作的通知
校科字〔2012〕35号	关于转发《关于加强和改进国家社科基金年度项目和西部项目中后期管理工作的通知》的通知
校科字〔2012〕36号	关于拨付国家社科基金项目启动经费及反馈项目预算表的通知
校科字〔2012〕37号	关于2012年度国家社会科学基金重大项目（第二批）立项工作通知
校科字〔2012〕38号	关于2012年度国家社会科学基金重点项目立项工作的通知
校科字〔2012〕39号	关于对中央国家机关在研国家社科基金项目进行中期检查与清理2006年立项的逾期未完成项目的通知
校科字〔2012〕40号	关于制定“中共中央党校校级科研项目2013年年度课题指南”征求意见的通知
校科字〔2012〕41号	关于做好2012年下半年国家社科基金后期资助项目和中华学术外译项目申报组织工作的通知
校科字〔2012〕42号	关于组织做好2012年度国家社会科学基金重大项目（第四批）投标工作的通知
校科字〔2012〕43号	关于开展国家社科基金重大项目（应用对策类）检查工作的通知
校科字〔2012〕44号	关于对国家社科基金重大项目（基础类和跨学科类）阶段性成果开展检查的通知
校科字〔2012〕45号	关于要求国家社科基金重大项目（应用对策类）提交代表性成果的通知
校科字〔2012〕46号	关于拨付国家社科基金项目启动经费及反馈项目预算表的通知
校科字〔2012〕47号	关于中共中央党校80周年校庆征文活动的通知
校科字〔2012〕48号	关于召开中央党校理论工作者学习贯彻党的十八大精神理论研讨会的通知

续　表

文　件　号	标　　题
校科字〔2012〕49号	关于制定“中共中央党校校级科研项目2013年年度课题指南”第二次征求意见的通知
校科字〔2012〕50号	关于印发《中共中央党校科研重点津贴发放办法（试行）》的通知
校科字〔2012〕51号	关于申报2010年度、2011年度科研重点津贴的通知
校科字〔2012〕52号	关于征集和推荐2013年度国家社科基金重大招标项目选题的通知
校科字〔2012〕53号	全国党校系统学习贯彻党的十八大精神理论研讨会论文入选通知

（根据科研部提供文件整理）

校　组　字

文　件　号	标　　题
校组字〔2012〕1号	关于李亚新同志的任职通知
校组字〔2012〕2号	关于杨兰等9名同志职务任免的通知
校组字〔2012〕3号	关于张小苑等3名同志退休的通知
校组字〔2012〕4号	关于解决焦佩锋同志夫妻两地分居问题的请示
校组字〔2012〕5号	关于2012年选录高校毕业生的请示
校组字〔2012〕6号	关于徐伟新等4名同志确定为组织考察对象的公示通知
校组字〔2012〕7号	关于邱淑珍等5名同志退休的通知
校组字〔2012〕8号	关于李文堂、孙胜利同志任职的公示通知
校组字〔2012〕9号	关于高祖贵、张仕荣同志任职的通知
校组字〔2012〕10号	关于罗霞等3名同志退休的通知
校组字〔2012〕11号	关于徐春同志改定行政职务的通知
校组字〔2012〕12号	关于张伟等3名同志职务任免的通知
校组字〔2012〕13号	关于王志强同志任职的通知
校组字〔2012〕14号	关于刘晓云同志任职的公示通知
校组字〔2012〕15号	关于王虹等3名同志任职的公示通知
校组字〔2012〕16号	关于吴宁等4名同志退休的通知
校组字〔2012〕17号	组织部2011年工作总结
校组字〔2012〕18号	组织部2012年工作要点
校组字〔2012〕19号	关于聂磊等11名同志职务任免的通知
校组字〔2012〕20号	关于解决陈积敏同志夫妻两地分居问题的请示
校组字〔2012〕21号	关于解决李海清同志夫妻两地分居问题的请示
校组字〔2012〕22号	关于2012年享受政府特殊津贴人员推荐人选公示的通知
校组字〔2012〕23号	关于杨燕华等5名同志退休的通知
校组字〔2012〕24号	关于孙要良同志任职的通知
校组字〔2012〕25号	关于张军等8名同志职务任免的通知
校组字〔2012〕26号	关于挂职干部王洪明同志任职的通知
校组字〔2012〕27号	关于公布全校范围选拔4名副局级组织员报名情况的通知
校组字〔2012〕28号	关于公布2011年年度考核确定为优秀等次人员名单的通知

续 表

文 件 号	标 题
校组字〔2012〕29 号	关于解决曹海波同志夫妻两地分居问题的请示
校组字〔2012〕30 号	关于湖振良等 5 名同志职务任免的通知
校组字〔2012〕31 号	关于李晓兵等 4 名同志任职的公示通知
校组字〔2012〕32 号	关于报送《中央党校参公人员管理信息建设工作实施方案》的报告
校组字〔2012〕33 号	关于李大风等 2 名同志退休的通知
校组字〔2012〕34 号	关于公布在全校范围选拔 4 名副局级组织员组织考察对象名单的通知
校组字〔2012〕35 号	关于 2012 年中央党校考试录用公务员的请示
校组字〔2012〕36 号	关于王兆勤等 3 名同志职务任免的通知
校组字〔2012〕37 号	关于李连明等 10 名同志任职的公示通知
校组字〔2012〕38 号	中共中央党校组织部关于成立校工勤技能岗位聘用工作领导小组的通知
校组字〔2012〕39 号	中共中央党校组织部关于公布我校 2012 年专业技术三至十二级岗位聘任人员名单的通知
校组字〔2012〕40 号	中共中央党校组织部关于公布我校 2012 年工勤技能一至五级岗位聘任人员名单的通知
校组字〔2012〕41 号	关于郭鲁江等 11 名同志任职的通知
校组字〔2012〕42 号	关于全国新闻出版行业第三批领军人才推荐人选公示的通知
校组字〔2012〕43 号	关于方力平等 5 名同志退休的通知
校组字〔2012〕44 号	关于接收留学人员冯淳、丁丽娜到我校工作的请示
校组字〔2012〕45 号	关于李胜利同志退休的通知
校组字〔2012〕46 号	关于对拟获奖个人和单位进行公示的通知
校组字〔2012〕47 号	关于陈建奇等 16 名同志职务任免的通知
校组字〔2012〕48 号	关于吕立峰同志任职的通知
校组字〔2012〕49 号	关于刘旭等 4 名同志任职的通知
校组字〔2012〕50 号	关于马沪宁同志任职的通知
校组字〔2012〕51 号	关于刘勇、李新生同志职务任免的通知
校组字〔2012〕52 号	关于任尊严同志任职的公示通知
校组字〔2012〕53 号	关于公布部分副局级领导职位竞争上岗组织考察对象名单的通知
校组字〔2012〕54 号	关于赵震等 3 名同志退休的通知
校组字〔2012〕55 号	关于解决齐小林同志夫妻两地分居问题的请示
校组字〔2012〕56 号	关于解决徐浩然同志夫妻两地分居问题的请示
校组字〔2012〕57 号	关于选录王巍等 44 名高校毕业生的请示
校组字〔2012〕58 号	关于王巍等 19 名同志初定专业技术职务任职资格的通知
校组字〔2012〕59 号	关于黄相怀同志初定专业技术职务资格的通知
校组字〔2012〕60 号	关于李朝旭、任尊严同志职务任免的通知
校组字〔2012〕61 号	关于孙征同志任职的通知
校组字〔2012〕62 号	关于赵杰等 6 名同志任职的公示通知
校组字〔2012〕63 号	关于孔宁同志任职的公示通知
校组字〔2012〕64 号	关于周熙明同志任职的公示通知
校组字〔2012〕65 号	关于梁廷鹏同志任职的公示通知
校组字〔2012〕66 号	关于刘健等 6 名同志任职的通知
校组字〔2012〕67 号	关于韩彦等 6 名同志退休的通知

续　表

文　件　号	标　　题
校组字〔2012〕68号	关于韩保江、董振华同志任职的公示通知
校组字〔2012〕69号	关于解决王开鹏同志夫妻两地分居问题的请示
校组字〔2012〕70号	关于解决王毅同志夫妻两地分居问题的请示
校组字〔2012〕71号	关于印发马克思主义理论教研部专业权威期刊目录的通知
校组字〔2012〕72号	关于桑瑜等4名同志职务任免的通知
校组字〔2012〕73号	关于何春光同志任职的通知
校组字〔2012〕74号	关于成立我校教研系列各中级专业技术职务任职资格评审委员会的通知
校组字〔2012〕75号	关于董振华等6名同志免职的通知
校组字〔2012〕76号	关于陈型颖等18名同志初定专业技术职务任职资格的通知
校组字〔2012〕77号	关于校月书、董晓燕同志职务任免的通知
校组字〔2012〕78号	关于报送2013—2015年行政干部培训和挂职锻炼计划的通知
校组字〔2012〕79号	关于陈姝等12名同志正式任职的通知
校组字〔2012〕80号	关于侯悦等7名同志任职的通知
校组字〔2012〕81号	关于赵晓红等3名同志退休的通知
校组字〔2012〕83号	关于贾廷余、巍平平同志职务任免的通知
校组字〔2012〕84号	关于柳永刚、李亚新同志职务任免的通知
校组字〔2012〕85号	关于李鹏等同志高级专业技术职务任职资格公示的通知
校组字〔2012〕86号	关于沈根泉等5名同志职务任免的通知
校组字〔2012〕87号	关于丁丽娜等2名同志初定专业技术职务任职资格的通知
校组字〔2012〕88号	关于陈型颖等3名同志任职的通知
校组字〔2012〕89号	关于葛宁等3名同志退休的通知
校组字〔2012〕90号	关于梁朋、刘学军同志任职的公示通知
校组字〔2012〕91号	关于批准刘梅同志中级专业技术职务任职资格的通知
校组字〔2012〕92号	关于调整校劳动合同制人员综合管理委员会成员的通知
校组字〔2012〕93号	关于赵若玉等4名同志职务任免的通知

（根据组织部、办公厅提供文件整理）

校　管　字

文　件　号	标　　题
校管字〔2012〕1号	财务行政管理局2011年工作总结
校管字〔2012〕2号	财务行政管理局2012年工作要点
校管字〔2012〕3号	关于张临等五位同志拟任职务的公示的通知
校管字〔2012〕4号	关于赵文华同志住房补贴发放公示的通知
校管字〔2012〕5号	关于李莹等50名同志住房补贴发放安排及公示的通知
校管字〔2012〕6号	关于吴昊同志任职事项的通知
校管字〔2012〕7号	关于张兵、韩玉水同志任职事项的通知

（根据财务行政管理局、办公厅提供文件整理）

校机党发

文件号	标题
校机党发〔2012〕1号	关于印发中直机关党代表会议代表初步人选征求意见名单的通知
校机党发〔2012〕2号	关于认真学习贯彻胡锦涛同志在十七届中央纪委第七次全会上重要讲话精神的通知
校机党发〔2012〕3号	中央党校在创先争优活动中开展基层组织建设年实施方案
校机党发〔2012〕4号	中央党校机关党委2012年工作要点
校机党发〔2012〕5号	关于2010、2011年校直属单位党组织工作目标管理责任制考核成绩的通报
校机党发〔2012〕6号	关于授予办公厅综合处值班室等7个单位“文明窗口单位标兵”称号、办公厅保卫处收发室等7个单位“文明窗口单位”称号的决定
校机党发〔2012〕7号	关于再次下发党的十八大代表候选人初步人选征求意见名单的通知
校机党发〔2012〕8号	中央党校机关党委书记变动的请示
校机党发〔2012〕9号	关于开展遵守党的政治纪律情况专项检查的通知
校机党发〔2012〕10号	中央党校关于更换出席党的十八大代表候选人初步人选的情况报告
校机党发〔2012〕11号	中央党校关于出席党的十八大代表候选人初步人选考察工作的情况报告
校机党发〔2012〕12号	中央党校关于确定中央直属机关党代表会议代表候选人预备人选的情况报告
校机党发〔2012〕13号	关于徐伟新、孙庆聚同志职务任免的通知
校机党发〔2012〕14号	关于组织开展好网上投票推荐全国创先争优优秀共产党员活动的通知
校机党发〔2012〕15号	关于出席中央直属机关党代表会议代表推选结果的情况报告
校机党发〔2012〕16号	关于印发李景田同志和徐伟新同志在中央党校2012年机关党的工作会议上讲话的通知
校机党发〔2012〕17号	中央党校关于中央直属机关出席党的十八大代表候选人初步人选进行公示的情况报告
校机党发〔2012〕18号	关于李景田等3名同志为中央直属机关出席党的十八大代表的通知
校机党发〔2012〕19号	关于中央党校“2011年首都文明单位”“2009—2011年度中央直属机关文明单位”获奖情况的通报
校机党发〔2012〕20号	关于我校经济学教研部党总支荣获“全国创先争优先进基层党组织”荣誉称号的通报
校机党发〔2012〕21号	中共中央党校机关党委关于高承禹同志荣获全国组织系统嘉奖的通报
校机党发〔2012〕22号	中共中央党校机关党委关于开展“纪念中央党校建校80周年”主题党日活动的通知
校机党发〔2012〕23号	关于认真学习贯彻党的十八大精神的通知
校机党发〔2012〕24号	关于印发徐伟新同志在中央党校机关党委学习贯彻党的十八大精神扩大会议上的讲话的通知

（根据机关党委、办公厅提供文件整理）

校发主要内部刊物目录

《党校信息》

期　数	目　录
第 1 期 （总第 398 期）	中央党校举行 2011 年秋季学期毕业典礼 习近平看望慰问中央党校教师 中央党校举行 2012 年迎新春茶话会 校领导看望慰问驻校武警
第 2 期 （总第 399 期）	中央党校举行 2012 年春季学期开学典礼 进修部举行 2012 年春季学期第一批入校学员迎新会
第 3 期 （总第 400 期）	李源潮与中央党校第 4 期县委书记培训班学员座谈 常务副校长李景田为校史馆揭幕
第 4 期 （总第 401 期）	校旧住宅加装电梯工作领导小组召开第二次会议 有关校领导出席学习型党组织建设理论研讨会
第 5 期 （总第 402 期）	中央党校举行 2012 年春季学期第一批进修班毕业典礼 中央党校举行中国青年领导干部赴韩学习考察 10 周年庆典 办公厅机关党委与北京市房山区委开展党建共建活动
第 6 期 （总第 403 期）	中央党校举行春季学期第二批入学学员开学典礼 李源潮与国家特聘专家研修班学员座谈 进修部举行 2012 年春季学期第二批入学学员迎新会
第 7 期 （总第 404 期）	全国创先争优理论探讨会在京举行 李源潮与市地党政主要领导干部任职培训班学员座谈 中央党校举行市地党政主要领导干部任职培训班结业式 副校长张伯里出席光明日报创先争优理论研讨征文颁奖暨座谈会并致辞
第 8 期 （总第 405 期）	国家行政学院党委书记、常务副院长李建华一行来我校考察 中央党校举行中国特色社会主义理论体系专题班毕业典礼
第 9 期 （总第 406 期）	马克思主义理论研究和建设工程工作会议在京召开 中央党校召开校庆 80 周年筹备工作协调会
第 10 期 （总第 407 期）	李源潮与我校中青年干部培训班学员座谈 中央党校召开学习贯彻习近平同志重要批示精神暨《思想理论内参》出刊 500 期座谈会 中央党校召开工会第三次会员代表大会
第 11 期 （总第 408 期）	中央党校举行 2012 年春季学期毕业典礼 中央党校举行学位与研究生教育 30 周年纪念大会 副校长陈宝生慰问驻校武警官兵 中央党校举办党政机关公文格式培训讲座

续 表

期 数	目 录
第 12 期 （总第 409 期）	习近平出席全国党校校长会议开幕式并讲话 全国党校校长会议在中央党校闭幕
第 13 期 （总第 410 期）	中央党校举行 2012 年秋季学期开学典礼 中央党校召开 2012 年教师节庆祝表彰大会 中央党校召开 2012 年全国党校系统远程教学电视会议
第 14 期 （总第 411 期）	中央党校召开安全保卫保密工作会议 教育长贾高建出席“中国教育体制改革创新”研讨会并致辞 中央党校机关党委举办直属单位党组织纪检委员培训班
第 15 期 （总第 412 期）	中央党校召开 2012 年学位研究生工作座谈会暨新任导师培训会 培训部召开中青一班体验式教学、党性分析和社会调研动员会 第十一届中西发展论坛在中央党校举办 简讯两则
第 16 期 （总第 413 期）	培训部召开中青二班国际调研动员会 中央党校召开 2012 年新闻报道工作会议
第 17 期 （总第 414 期）	“社会主义理论前沿问题高层论坛·2012” 在中央党校举行 教务部召开教研部（所）负责人会议 进修部召开秋季学期第一批进修班学员支部书记、学习委员座谈会 简讯两则
第 18 期 （总第 415 期）	纪念马文瑞同志诞辰 100 周年座谈会在京举行 中央党校与国家留学基金管理委员会签署合作备忘录 中央党校举行 2012 年秋季学期第一批进修班毕业典礼 中央党校召开纪念干部离退休制度建立 30 周年座谈会
第 19 期 （总第 416 期）	十八大新闻中心举办首场集体采访，李景田、王伟光接受采访 副校长陈宝生检查我校南院“一卡通”工程建设情况 中央党校举办消防安全知识竞赛
第 20 期 （总第 417 期）	中央党校与第四军医大学西京医院共建功能社区卫生服务站 中央党校举行《党员学习手机报》开通仪式 中直管理局建设项目综合检查组来中央党校检查在建工程
第 21 期 （总第 418 期）	中央党校召开学习传达党的十八大精神大会 中央党校举行 2012 年秋季学期第二批进修班开学典礼
第 22 期 （总第 419 期）	“三高” 爱乐之友业余交响乐团、合唱团演出在中央党校举行 全国党校系统第五次教学研讨会在贵阳召开 中央党校召开学习贯彻党的十八大精神校委理论中心组扩大会议 中国井冈山干部学院一行来中央党校考察交流 全国党校系统学习党的十八大精神师资培训班在京举行 国家开发银行在中央党校组织召开科研项目结项鉴定会
第 23 期 （总第 420 期）	赵乐际与第 2 期市地党政主要领导干部任职培训班学员座谈 中央党校举行中国特色社会主义理论体系专题班毕业典礼 中央党校举行第 2 期市地党政主要领导干部任职培训班毕业典礼 中央党校召开理论工作者学习贯彻党的十八大精神理论研讨会

续　表

期　数	目　　录
第 24 期 （总第 421 期）	中央党校召开会议学习传达中央经济工作会议精神 全国党校系统学习贯彻党的十八大精神理论研讨会暨第九届科研评奖颁奖会在成都召开 机关党委举办党务干部学习贯彻党的十八大精神培训班 中央党校档案工作顺利通过国家档案局年度工作检查 离退休干部局召开党政联席会学习贯彻党的十八大精神

（根据办公厅提供刊物整理）

《校 内 通 报》

期　数	目　　录
第 1 期 （总第 222 期）	李景田在全校局以上干部大会上的工作总结报告
第 2 期 （总第 223 期）	李景田在中央党校 2012 年春季学期第一批进修班毕业典礼上的讲话
第 3 期 （总第 224 期）	李景田在第 1 期市地党政主要领导干部任职培训班结业式上的讲话
第 4 期 （总第 225 期）	李景田在中国特色国有企业发展道路主题研讨班结业式上的讲话
第 5 期 （总第 226 期）	李景田在中国特色社会主义理论体系专题班毕业典礼上的讲话
第 6 期 （总第 227 期）	李景田在中央党校培训部学员论坛上的讲话
第 7 期 （总第 228 期）	李景田在中央党校学位与研究生教育 30 周年纪念大会上的讲话
第 8 期 （总第 229 期）	李景田在中央党校春季学期毕业典礼上的讲话
第 9 期 （总第 230 期）	李景田在全国党校校长会议上的总结讲话
第 10 期 （总第 231 期）	陈宝生在学习贯彻习近平同志重要批示暨《思想理论内参》出刊 500 期座谈会上的讲话
第 11 期 （总第 232 期）	李景田在中央党校 2012 年教师节庆祝表彰大会上的讲话
第 12 期 （总第 233 期）	李景田在中央党校 2012 年秋季学期第一批进修班毕业典礼上的讲话
第 13 期 （总第 234 期）	陈宝生在纪念马文瑞同志诞辰 100 周年座谈会上的发言
第 14 期 （总第 235 期）	陈宝生在中央党校 2012 年秋季学期第二批进修班开学典礼上的讲话

续 表

期 数	目 录
第 15 期（总第 236 期）	李书磊在市地党政主要领导干部任职培训班（第 2 期）毕业典礼上的讲话
第 16 期（总第 237 期）	陈宝生在厅局级干部进修班（第 59 期）“中国特色社会主义理论体系”研究专题毕业典礼上的讲话

（根据办公厅提供刊物整理）

《党校工作通讯》

期 数	目 录
第 1 期（总第 682 期）	中共中央党校 2010 年工作要点 2011 年度《党校工作通讯》目录 2011 年度《党校工作通讯》刊稿情况统计表
第 2 期（总第 683 期）	扎实做好保持党的纯洁性各项工作 ——在中央党校 2012 年春季学期开学典礼上的讲话 （中共中央政治局常委、中央书记处书记、中央党校校长 习近平）
第 3 期（总第 684 期）	努力做一名新时期合格的党员领导干部 （中共甘肃省委副书记、省委党校校长 欧阳坚） 发挥三种作用、加强四项建设、推进四个创新，提高在经济强省和谐河北建设中的贡献率 （中共河北省委副书记、省委党校校长 赵 勇） 发挥智力优势，助推重庆发展 （中共重庆市委党校）
第 4 期（总第 685 期）	健全激励机制，强化队伍建设 （中共成都市委党校常务副校长 郭建平） 多措并举提升党性修养，与时俱进宣讲创新理论 （中共长春市委党校常务副校长 林 姗） 构建多层次干部教育培训体系，充分发挥党校的职能作用 （中共天津市滨海新区区委党校常务副校长 张 剑）
第 5 期（总第 686 期）	落实《中国共产党党校工作条例》，强化指导，推动基层党校的建设和发展 （中共山东省委党校） 积极推进教学和管理体制改革，整体提升县级党校办学水平 （中共广西壮族自治区委党校） 创新体制，健全机制，努力提升县级党校办学水平 （中共陕西省咸阳市委党校）
第 6 期（总第 687 期）	提升领导干部“三力”是新形势下党校教育的重要使命 （中共厦门市委党校常务副校长 陈二加） 锻炼人文精神，推动创新发展 （中共深圳市委党校常务副校长 陈图深） 办好县级党校是县级党委义不容辞的责任 （中共四川省江油市委书记 宋开慧）

续 表

期　数	目　　录
第7期 （总第688期）	加强教学顶层设计，努力提高教学质量 （中共青岛市委党校常务副校长　李玉珍） 抓好干部培训，充分发挥党校在建设学习型党组织中的职能作用 （中共湖南省常德市委党校校长　李娥皇） 建设三个品牌，服务发展大局 （中共安徽省六安市委党校常务副校长　刘德新）
第8期 （总第689期）	坚持实事求是的思想路线 ——在中央党校2011年春季学期第二批入学学员开学典礼上的讲话 （中共中央政治局常委、中央书记处书记、中央党校校长　习近平）
第9期 （总第690期）	坚持从校委领导班子做起，扎实推进学习型党组织建设 （中共甘肃省委党校常务副校长　王　渊） 坚持创新发展，彰显办学特色，不断提升党校工作科学化水平 （中共浙江省温州市委党校常务副校长　张纯芳）
第10期 （总第691期）	强化立校之本　推动党校科学发展 （中共铁道部党委党校常务副校长　赵庆国） 在干部教育培训中体现地方党校特色 （中共江苏省连云港市委党校常务副校长　江行舟）
第11期 （总第692期）	坚持“六结合”做强主渠道 （中共湖南省委党校常务副校长　徐晨光） 努力践行“六个突出”大力提升领导干部思想政治素质 （中共河北省委党校）
第12期 （总第693期）	讨巧之风不可长 ——在中央党校培训部学员论坛上的讲话 （中共中央党校常务副校长　李景田）
第13期 （总第694期）	学习贯彻习近平同志重要批示精神暨《思想理论内参》出刊500期座谈会议纪要
第14期 （总第695期）	在全国党校校长会议上的总结讲话 （中共中央党校常务副校长　李景田）
第15期 （总第696期）	在中央党校2012年秋季学期开学典礼上的讲话 （中共中央政治局常委、中央书记处书记、中央党校校长　习近平）
第16期 （总第697期）	强化五种意识，聚集五方合力，努力提高学员管理工作水平 （中共山东省东营市委党校） 坚持党校姓党，体现“四个当好” （中共湖南省岳阳市委党校校长　朱葆芝）
第17期 （总第698期）	中共山西省委办公厅印发《关于加强全省县级党校工作的意见》的通知
第18期 （总第699期）	中共重庆市委党校关于贯彻全国党校校长会议精神的情况报告
第19期 （总第700期）	突出四个坚持，扎实推进一流党校建设 （中共青岛市委党校常务副校长　李玉珍） 实施大教育、大宣传、大调研，以改革创新精神努力服务经济社会发展 （中共哈尔滨市委党校常务副校长　姜　宏）

续 表

期 数	目 录
第20期 (总第701期)	抢抓机遇，主动作为，以改革创新精神创建一流省会城市党校 （中共河北省石家庄市委党校常务副校长　孙晋康） 坚持“六化”抓干部教育培训上水平 （中共北京市丰台区委党校常务副校长　李富国） 坚持“五措并举”，不断提高党校工作科学化水平 （中共山东省青州市委党校常务副校长　刘庆斌）
第21期 (总第702期)	积极推进三维科研平台建设，打造具有党校特色的科研体系 （中共杭州市委党校副校长　徐　晖） 坚持党校姓党原则，推进党校科学发展 （中共北京市大兴区委党校常务副校长　李颍华）
第22期 (总第703期)	加强党校学风建设，坚持从严管理从严施教 （中共大连市委党校校长、组织部副部长　王元新） 突出特色创新机制，在加快发展中努力建设一流党校 （中共陕西省渭南市委党校常务副校长　党国栋）
第23期 (总第704期)	办好领导干部专题培训班要抓好七个环节 （中共海南省委党校常务副校长　彭京宜） 坚持科学发展，实施党校“六大建设提升工程” （中共广西壮族自治区南宁市委党校常务副校长　施日全）
第23期 (总第705期)	下气力培养“党的理论战线忠诚战士”，不断夯实质量立校的师资人才基础 （中共江西省委党校常务副校长　陈春明） 党校如何跟好第突出“三大特色” （中共成都市委党校常务副校长　郭建平） 实施“六个突破”，提升党校办学水平 （中共河南省南阳市委党校常务副校长　郑德扬）

（根据办公厅提供刊物整理）